The Greek New Testament Analyzed

Le Nouveau Testament Grec Analysé

Análisis del Nuevo Testamento Griego

Analyse des Griechischen Neuen Testaments

Il Nuovo Testamento Greco Analizzato

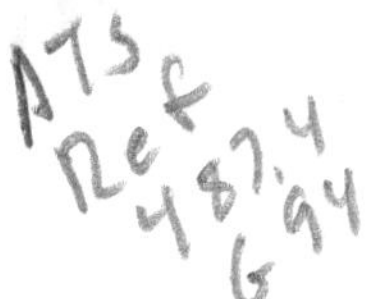

The Greek New Testament Analyzed

Le Nouveau Testament Grec Analysé

Análisis del Nuevo Testamento Griego

Analyse des Griechischen Neuen Testaments

Il Nuovo Testamento Greco Analizzato

Pierre Guillemette

HERALD PRESS
Kitchener, Ontario
Scottdale, Pennsylvania
1986

Canadian Cataloguing in Publication Data
Guillemette, Pierre, 1943-
The Greek New Testament analysed = Le Nouveau Testament grec analysé = Análisis del Nuevo Testamento griego = Analyse des griechischen Neuen Testaments = Il Nuovo Testamento greco analizzato

Text in English, French, Spanish, German, and Italian.
ISBN 0-8361-3418-4

1. Greek language, Biblical - Dictionaries - Polyglot. 2. Greek language, Biblical - Glossaries, vocabularies, etc. 3. Bible. N. T. - Dictionaries - Polyglot. I. Title. II. Title: Le Nouveau Testament grec analysé. III. Title: Análisis del Nuevo Testamento griego. IV. Title: Analyse des griechischen Neuen Testaments. V. Title: Il Nuovo Testamento greco analizzato.

PA881.G85 1986 487'.4 C86-094087-XE

Données de catalogage avant publication (Canada)
Guillemette, Pierre, 1943-
The Greek New Testament analysed = Le Nouveau Testament grec analysé = Análisis del Nuevo Testamento griego = Analyse des griechischen Neuen Testaments = Il Nuovo Testamento greco analizzato

Texte en anglais, en français, en espagnol, en allemand, et en italien.
ISBN 0-8361-3418-4

1. Grec biblique (Langue) - Dictionnaires polyglottes. 2. Grec biblique (Langue) - Glossaires, vocabulaires, etc. 3. Bible. N. T. - Dictionnaires polyglottes. I. Titre. II. Titre: Le Nouveau Testament grec analysé. III. Titre: Análisis del Nuevo Testamento griego. IV. Titre: Analyse des griechischen Neuen Testaments. V. Titre: Il Nuovo Testamento greco analizzato.

PA881.G85 1986 487'.4 C86-094087-XF

"N-A 26th" refers to the Nestle-Aland *Novum Testamentum Graece,* ed. by Kurt Aland, et al., twenty-sixth edition (Deutsche Bibelstiftung, 1979). "UBS 3d" refers to *The Greek New Testament,* ed. by Kurt Aland, et al., third edition (United Bible Societies, 1983). "Bagster-Moulton" refers to the *Analytical Greek Lexicon Revised,* revised edition edited by Harold K. Moulton (Zondervan, 1978).

THE GREEK NEW TESTAMENT ANALYZED
LE NOUVEAU TESTAMENT GREC ANALYSÉ
ANÁLISIS DEL NUEVO TESTAMENTO GRIEGO
ANALYSE DES GRIECHISCHEN NEUEN TESTAMENTS
IL NUOVO TESTAMENTO GRECO ANALIZZATO

Library of Congress Catalog Card Number: 86-81317
International Standard Book Number: 0-8361-3418-4
Printed in the United States of America
Design by David Hiebert

90 89 88 87 86 10 9 8 7 6 5 4 3 2 1

ἱερὰ γράμματα οἶδας, τὰ δυνάμενά σε σοφίσαι εἰς σωτηρίαν διὰ πίστεως τῆς ἐν Χριστῷ Ἰησοῦ.

The Holy Scriptures are able to give you the wisdom that leads to salvation through faith in Christ Jesus.

Les Saintes Escritures sont à même de te procurer la sagesse qui conduit au salut par la foi dans le Christ Jésus.

Las Sagradas Escrituras te pueden hacer sabio para la salvación por la fe que es en Cristo Jesús.

Die heiligen Schriften kräftig sind, dich mit Weisheit zur Errettung zu erfüllen durch Glauben, der in Christus Jesus ist.

Le sacre lettere te possono render savio a salute per la fede che è in Christo Gesù.

(2 Tm 3,15b)

Contents
Table des matières
Indice general
Inhalt
Indice

Preface

The parsing of the words used in the Greek New Testament has been dealt with in many books. Several follow the usual sequence of the parts of the New Testament, i.e., from Mt. 1,1 to Apc. 22,21.

Most of those works provide brief and rather general information on parsing; they explain a certain number of grammar rules and offer a translation in a single language.

Bagster-Moulton's work is the only one that classifies all its data in alphabetic order, but it is only for English-speaking people.

It seemed possible to me to produce a book which would require less translation—a multilingual work—which would also endeavor to combine the best qualities of the two types of previously published works and would also supply original information. This book has been completed and has been given the title *The Greek New Testament Analyzed.* English-, French-, Spanish-, German-, and Italian-speaking people can make use of it.

This volume contains the parsing of all the words in the Greek text of the New Testament and of all the variant readings mentioned in the critical apparatus of Nestle-Aland (26th edition) and of the United Bible Societies (UBS) Greek text (3d edition) arranged in alphabetic order.

Bagster-Moulton, Zerwick, Rienecker, and others have been of precious assistance to those desiring to read the New Testament in its original Greek language without being adequately acquainted with it. I hope our new book will follow the same path.

—Pierre Guillemette

Introduction

In 1852, Samuel Bagster and Sons Limited published in London *The Analytical Greek Lexicon.* The work contains:

a) the parsing of all the words in the Greek New Testament listed in alphabetic order;
b) a Greek-English dictionary of the root words;
c) a mini-concordance of biblical references for some grammatical forms;
d) the parsing of important variant readings;
e) a grammar of the Greek New Testament;
f) tables of paradigms.

It was necessary to wait until 1977 for a revised edition which was prepared by H. K. Moulton. In fact, it had become necessary.

Bagster-Moulton did an immeasurable service to those studying the Greek of the New Testament. Their book is unique in its way. However, serious drawbacks have been noted in it:

a) We do not know on which Greek text Bagster-Moulton's work was based.
b) About 150 of the forms in modern editions of the Greek text (Nestle-Aland 26th and UBS 3d) were not analyzed.
c) In about 3650 instances, Bagster-Moulton's parsing was incomplete. Nouns, adjectives, or pronouns often lack the case and/or the gender and/or the number. The verbs often lack the mood and/or the voice and/or the tense. Therefore there was a need to improve the accuracy.
d) Since 1852, progress has been made in the knowledge of Greek orthography, grammar, and lexicography. To keep abreast of those improvements one would have to correct in Bagster-Moulton's work about 1,000 inadequacies.
e) Bagster-Moulton included about 700 forms found in the variant readings he considered important. The readings found in manuscripts A, B, C, D, the Textus Receptus, and those accepted in the critical editions published in his days (Griesbach, Scholz, Lachmann, Tischendorf, Elzevir, Stephens) were also included. To take into account the critical apparatus of modern editions, about 1,900 should be added to the list.
f) To sum up, about 2,050 new entries should be added and about 4,650 revised

so that Bagster-Moulton's analysis may be brought up-to-date, completed, corrected, and given precision.

All these deficiencies indicate the need for a new book on the subject.

Nestle-Aland 26th edition is our basic Greek text. To determine the various Greek forms and their frequency, we referred to the *Computer-Konkordanz zum Novum Testamentum Graece* (Computerized Concordance of the Greek New Testament. Berlin, De Gruyter, 1980).

I cannot forget to mention how much my colleagues have helped me and encouraged me in my work. I wish to express my heartfelt thanks to Mrs. Odette Mainville, my research assistant. She has contributed greatly to this publication. It has required careful attention and accuracy in many minute particulars. I also wish to express my thanks to Mrs. Line Petroff, who typed the Greek and to Mrs. Mireille Brisebois, who reread the manuscript and proposed some corrections.

Finally, may the Faculty of Theology of the University of Montreal who, via the Donor's Funds, has subsidized our project, accept my sincere gratefulness.

Directions for Use

In order to make the best use of this book, the user should take note of the following directions. They provide explanations on how various forms are analyzed (I), on the presentation and the choice of materials, and on the limits set in this work (II).

I. Explanation of the Parsing of Forms

Three principal types of forms are studied in this volume. More or less information is supplied with each type. The numbers in square brackets refer to the explanations given in paragraph B.

A. The various types

type a:	17	*2Tm 4,11	ἄγαγε		2 p sg imper...	ἄγω
	[1]	[2]	[4]		[6]	[7]
type b:	5	2Co 11,9	ἀβαρῆ	(1)	acc mas sg ...	ἀβαρής
	[1]	[3]	[4]	[5]	[6]	[7]
type c:	14		ἄβυσσον	(3)	acc sg ...	ἄβυσσος
	[1]		[4]	[5]	[6]	[7]

B. Explanation of the parsing

[1] Entry number

In this book, each form has its particular number that precedes it.

[2] Reference with an asterisk

When an asterisk precedes the reference, it indicates that the form analyzed is in a critical apparatus and that it is met for the first time at that place.

[3] Reference without an asterisk

Here appears the reference of a form that is found only once in the text of the Greek New Testament.

[4] The form to be parsed

[5] The frequency

A number in parentheses indicates how many times the form is used in the text of the Greek New Testament.

[6] The parsing of the given form

The parsing is made according to the following sequence: for a noun, we give first the case, then the number; for an adjective, we give first the case, then the gender and the number; for a verb, we give first the person, then the number, the mood, the tense and the voice.

[7] The lexicographic entry

This is the dictionary form of the word being analyzed.

C. Summary of the various types

In brief, type a is a form that appears in the critical apparatus;

type b is a form that appears only once in the text of the Greek New Testament;

type c is a form that appears more than once in the Greek New Testament.

II. Particulars

A. The forms are written in this book as they are in the Greek New Testament.

B. The movable *ν* was maintained. When in parenthesis, it indicates that in the Greek text we meet that form with or without the movable *ν*.

C. Crases, except *κἀκεῖνος* and its different forms, have been analyzed and counted as two different words.

D. When a verb is deponent (of middle or passive form) or deponent only in some tenses, the parsing does not indicate the voice of such a verb. However, some deponent verbs conjugated in the passive voice have some tenses in the middle voice. Other deponent verbs conjugated in the middle voice have some tenses in the passive voice. In those cases, the voice appears in parentheses.

E. Some forms can be parsed differently. This is the case with the following:

ἅ, ἅγιον, αὐτό, αὐτοῦ, αὐτῷ, αὐτῶν. ὅ, οἷς, οὗ, τά, ταύτα, τί, τι, τίνι, τίς, τις, τό, τοῦτο, τούτοις, τούτου, τούτῳ, τούτων, τῶν, ᾧ.

In this book, they have not been analyzed separately. The various possibilities are simply mentioned.

F. Generally, we abide by the data of the *Computer-Konkordanz zum Novum Testamentum Graece* (Computerized Concordance of the Greek New Testament) except in the following cases:

(1) some forms of ἐρῶ have been attributed to λέγω;

(2) some verbs given as deponent by the *Konkordanz* have not been accepted in that category;

(3) the *Konkordanz,* hesitating for some words, classified them in two different places; we retained only one.

G. Few libraries have a good number of manuscripts of the Greek New Testament (uncials, minuscules, or lectionaries) and of works of reference on this very specialized field. As I could not visit any of them, 10 forms have not been analyzed, all of which are found in the critical apparatus of the editions I used. They are included in the book, however, followed by the symbol (?).

Préface

Il existe maints ouvrages d'analyse grammaticale du Nouveau Testament grec sur le marché. Plusieurs suivent la séquence des livres du Nouveau Testament, i.e., de Mt. 1,1 à Apc. 22,21.

Ces ouvrages fournissent habituellement des informations d'analyse grammaticale brèves, ils expliquent certaines règles de grammaire et ils offrent une traduction dans une seule langue.

Un seul ouvrage a organisé ses matériaux selon l'ordre alphabétique, c'est celui de Bagster-Moulton. Il s'adresse par ailleurs surtout aux gens de langue anglaise.

Il m'est apparu possible de produire un livre qui nécessite moins de traduction—un livre multilingue—et qui tente de conjuger les avantages des deux types d'ouvrages déjà parus en plus de fournir des informations inédites. Le produit fini se nomme *Le Nouveau Testament grec analysé*. Il peut être utilisé par des personnes de langue anglaise, espagnole, française, allemande, et italienne.

Ce volume contient l'analyse grammaticale de tous les mots du texte grec du Nouveau Testament et de toutes les leçons qui apparaissent dans les apparats critiques de Nestle-Aland, 26e édition, et du texte grec produit par The United Bible Societies (UBS), 3e édition, distribuée selon l'ordre alphabétique.

Bagster-Moulton, Zerwick, Rienecker et d'autres ont rendu de précieux services à ceux et celles qui ont voulu lire le Nouveau Testament dans sa langue originale, le grec, mais qui n'en possédaient pas une connaissance suffisante. J'espère seulement que ce nouveau livre se situera dans la même veine.

—Pierre Guillemette

Introduction

En 1852, Samuel Bagster and Sons Limited publiait à Londres *The Analytical Greek Lexicon.* L'ouvrage contient:

(a) une analyse grammaticale de tous les mots du Nouveau Testament grec présentée selon l'ordre alphabétique;
(b) un dictionnaire grec-anglais des mots-racines;
(c) une mini-concordance des références bibliques pour certaines formes grammaticales;
(d) l'analyse grammaticale de leçons importantes;
(e) une grammaire du Nouveau Testament grec;
(f) des tables de paradygmes.

Il a fallu attendre en 1977 pour que paraisse une édition révisée. C'est H. K. Moulton qui l'a faite et elle était vraiment nécessaire.

Bagster-Moulton a rendu d'immenses services aux personnes qui ont étudié le grec du Nouveau Testament. Il reste encore aujourd'hui unique en son genre. Toutefois, ce livre comporte des inconvénients sérieux:

(a) on ne connaît pas le texte grec dont s'est servi Bagster-Moulton;
(b) environ 150 formes qui se trouvent dans les éditions modernes du texte grec (Nestle-Aland 26e et UBS 3e) ne sont pas analysées;
(c) dans environ 3650 cas, l'analyse grammaticale de Bagster-Moulton est incomplète. Le cas et/ou le genre et/ou le nombre des noms, adjectifs ou pronoms font défaut; le mode et/ou la voix et/ou le temps des verbes manquent. Il y a donc place pour beaucoup plus de précision;
(d) l'orthographe, la grammaire et la lexicographie grecques n'ont cessé de progresser depuis 1852. Il faudrait opérer des changements dans environ 1000 cas pour tenir compte des progrès enregistrés dans ces domaines;
(e) Bagster-Moulton analyse environ 700 formes qui se trouvent dans les leçons qu'il juge importantes (manuscrits: A, B, C, D, Textus Receptus) ou qui sont acceptées par certaines éditions critiques de son temps (Griesbach, Scholz, Lachmann, Tischendorf, Elzevir, Stephane). Il faut en ajouter environ 1900 pour tenir compte des apparats critiques de nos éditions modernes;
(f) en résumé, il faudrait ajouter environ 2050 entrées et refaire l'analyse dans en-

viron 4650 cas pour que l'analyse grammaticale de Bagster-Moulton soit mise à jour, complétée, corrigée et précisée.

Toutes ces faiblesses démontrent la nécessité d'un nouvel ouvrage sur ce sujet.

L'édition critique de Nestle-Aland (26e édition) sert de texte grec de base. La *Computer-Konkordanz zum Novum Testamentum Graece* (Concordance du Nouveau Testament grec faite par ordinateur, Berlin, De Gruyter, 1980) a été utilisée pour déterminer les différentes formes et leur fréquence.

Je ne peux passer sous silence l'encouragement que mes collègues m'ont prodigué et l'aide qu'ils m'ont apportée à un moment ou l'autre. Je veux remercier de tout coeur Madame Odette Mainville, mon auxiliaire de recherche. Elle a grandement contribué à la parution de ce travail exigeant beaucoup de minutie, d'attention et de précision. Je veux aussi remercier Madame Line Petroff qui a dactylographié le grec et Madame Mireille Brisebois qui a relu le manuscrit et proposé des corrections.

Je veux enfin remercier le Conseil de la Faculté de Théologie de l'Université de Montréal qui, via le Fonds des Donateurs, a subventionné le projet.

Guide pour l'usager

Pour utiliser le présent volume de la meilleure façon possible, l'usager aura avantage à lire les remarques qui suivent. Elles portent sur l'explication de l'analyse des formes (I) de même que sur la présentation et la sélection des matériaux et les limites du travail accompli (II).

I. Explications de l'analyse des formes

Il existe trois principaux types de formes analysées dans le volume. Chaque type contient un certain nombre de renseignements qui varie naturellement selon le type. Les numéros entre crochets sous les soulignés font référence à l'explication qui suit les trois types.

A. Les divers types

type a:	17	*2Tm 4,11	ἄγαγε		2 p sg imper..	ἄγω
	[1]	[2]	[4]		[6]	[7]
type b:	5	2Co 11,9	ἀβαρῆ	(1)	acc mas sg ...	ἀβαρής
	[1]	[3]	[4]	[5]	[6]	[7]
type c:	14		ἄβυσσον	(3)	acc sg ...	ἄβυσσος
	[1]		[4]	[5]	[6]	[7]

B. Explication de l'analyse

[1] Le numéro d'entrée

Toutes les formes de ce volume sont précédées d'un numéro d'entrée.

[2] La référence

Si cette référence est précédée d'un astérisque, cela signifie que la forme à analyser se retrouve dans l'apparat critique et que c'est le lieu où elle apparaît pour la première fois.

[3] La référence

Lorsqu'une forme n'apparaît qu'une seule fois dans le texte du Nouveau Testament grec, on en indique la référence.

[4] La forme à analyser

[5] La fréquence

Un chiffre entre parenthèses indique le nombre de fois qu'on trouve cette forme dans le texte du Nouveau Testament grec.

[6] L'analyse de la forme

L'analyse grammaticale est faite selon la séquence suivante: s'il s'agit d'un substantif, on indique tout d'abord le cas puis le nombre. S'il s'agit d'un adjectif, on fournit le cas, le genre puis le nombre. S'il s'agit d'un verbe, on indique tout d'abord la personne, puis le nombre, le mode, le temps et la voix.

[7] L'entrée lexicographique

L'entrée lexicographique à laquelle appartient la forme analysée.

C. Retour aux divers types pour les expliquer

En résumé le type a est une forme qui apparaît dans l'apparat critique;
le type b est une forme qui apparaît une seule fois dans le Nouveau Testament grec;
le type c est une forme qui apparaît plus d'une fois dans le Nouveau Testament grec.

II. Remarques particulières

A. Les formes sont écrites comme elles apparaissent dans le Nouveau Testament grec.

B. Le *ν* mobile a donc été conservé. Lorsqu'il est entre parenthèses, cela signifie que cette forme se retrouve dans le Nouveau Testament grec avec ou sans *ν* mobile.

C. Les crases, sauf *κἀκεῖνος* et ses différentes formes, ont été analysées et comptées comme deux mots différents.

D. Lorsqu'un verbe est déponent (de forme moyenne ou de forme passive) ou déponent seulement à certains temps, l'analyse grammaticale n'indique pas la voix d'un tel verbe. Toutefois, certains verbes déponents qui se conjugent au passif ont certains temps au moyen. D'autres verbes déponents qui se conjugent au moyen ont certains temps au passif. Dans ces cas, la voix apparaît entre parenthèses.

E. Certaines formes offrent plusieurs possibilités au niveau de l'analyse grammaticale; c'est le cas des formes suivantes:

ἅ, ἅγιον, αὐτό, αὐτοῦ, αὐτῷ, αὐτῶν, ὅ, οἷς, οὗ, τά, ταῦτα, τί, τι, τίνι, τίς, τις, τό, τοῦτο, τούτοις, τούτου, τούτῳ, τούτων, τῶν, ᾧ.

Ces formes n'ont pas été analysées et comptées séparément dans ce volume. On s'est contenté d'indiquer les diverses possibilités.

F. D'une facon générale, la présentation des mots ou des formes faite par la *Computer-Konkordanz zum Novum Testamentum Graece* (Concordance du Nouveau Testament grec faite par ordinateur) a été respectée sauf dans les cas suivants:

(1) certaines formes du verbe ἐρῶ ont etè attribués à λέγω;

(2) certains verbes présentés par la *Konkordanz* comme déponents n'ont pas été retenus comme tels;

(3) la *Konkordanz* hésitait pour certains mots et elle les entrait à deux endroits. Une seule possibilité a été retenue dans le livre.

G. Peu de bibliothèques possèdent un nombre important de manuscrits du Nouveau Testament grec (majuscules, minuscules ou lectionnaires) et d'ouvrages de référence dans ce domaine très spécialisé. N'ayant pu me rendre aux endroits où elles se trouvent, 10 formes appartenant toutes aux apparats critiques des éditions utilisées n'ont pas été analysées. Ces formes sont quand même incluses dans le livre et elles sont suivies du symbole (?).

Prefacio

Existen muchas obras de análisis gramatical del Nuevo Testamento griego en el comercio. Muchas de ellas siguen la secuencia de los libros del Nuevo Testamento, es decir de Mt. 1,1 a Apc. 22,21.

Estas obras proporcionan habitualmente informaciones de análisis gramatical muy breves, explican ciertas reglas de gramática, y ofrecen una traducción en una sola lengua.

La única obra que ha organizado su material según el orden alfabético es la de Bagster-Moulton. Ella está dirigida principalmente a la gente de lengua inglesa.

Me pareció posible producir un libro que necesitara menos traducción—un libro multilingue—y que tratara de conjugar las ventajas de dos tipos de obras ya aparecidas, además de proporcionar informaciones inéditas. El producto terminado se llama *Análisis del Nuevo Testamento Griego.* Puede ser utilizado por personas de lengue inglesa, española, francesa, alemana, y italiana.

Este volumen contiene el análisis gramatical de todas las palabras del texto griego del Nuevo Testamento y de todos los textos que aparecen en los aparatos críticos de Nestle-Aland, edición 26, y del texto griego de The United Bible Societies (UBS) edición 3a distribuída según el orden alfabético.

Bagster-Moulton, Zerwick, Rienecker, y otros han prestado un inmenso servicio a los que han preferido leer el Nuevo Testamento en su lengua original, el griego, y que no poseían un conocimiento suficiente. Espero únicamente que éste nuevo libro se situe en la misma línea. —Pierre Guillemette

Introducción

In 1852, Samuel Bagster and Sons Limited publicaba en Londres *The Analytical Greek Lexicon,* obra que contiene:

(a) un análisis gramatical de todas las palabras del Nuevo Testamento griego presentado según el orden alfabético;

(b) un diccionario griego inglés de palabras-raíces;

(c) una mini-concordancia de referencias bíblicas para ciertas formas gramaticales;

(d) un análisis gramatical de lecciones importantes;

(e) una gramática del Nuevo Testamento griego;

(f) listas de paradigmas.

Fué necesario esperar hasta 1977 a que apareciera una edición revisada. Fué H. K. Moulton quien la hizo ya que era verdaderamente necesario.

Bagster-Moulton ha prestado un valioso servicio a las personas que han estudiado el griego del Nuevo Testamento. El es hasta hoy el único en su género. Sin embargo este libro presenta serios inconvenientes:

(a) no se conoce el texto griego que Bagster-Moulton utilizó;

(b) alrededor de 150 formas que se encuentran en las ediciones modernas del texto griego (Nestle-Aland 26a y UBS 3a) no han sido analizadas;

(c) en casi 3650 casos, el análisis gramatical de Bagster-Moulton es incompleto. El caso y/o el género y/o el número de nombres, adjetivos o pronombres hacen falta; el modo y/o la voz y/o el tiempo de los verbos no aparecen. Por lo tanto, se puede buscar mas precisión;

(d) la ortografía, la gramática y la lexicografía griega no han cesado de progresar desde 1852. Sería necesario hacer cambios en casi 1000 casos para tener en cuenta los progresos adquiridos en este campo;

(e) Bagster-Moulton analiza alrededor de 700 formas que se encuentran en las lecciones que él juzga importantes (Manuscritos: A, B, C, D, Textus receptus) o que son aceptadas por ciertas ediciones críticas de su tiempo (Griesbach, Scholz, Lachmann, Tischendorf, Elzevir, Stephane). Es necesario añadir alrededor de 1900 más para tener en cuenta los aparatos críticos de nuestras ediciones modernas;

(f) en resumen sería necesario añadir alrededor de 2050 entradas y rehacer el análisis de casi 4650 casos para que el análisis gramatical de Bagster-Moulton sea puesto al día, completado, corregido, y precisado.

Todas estas deficiencias justifican la aparición de una nueva obra con un análisis gramatical enteramente reconstruído y que proporciona nuevas informaciones.

La edición crítica de Nestle-Aland 26a sirve de texto griego de base. La *Computer-Konkordanz zum Novum Testamentum Graece* (Concordancia del Nuevo Testamento griego hecho por ordinador. Berlin, De Gruyter, 1980) ha sido utilizada para determinar las diferentes formas y su frecuencia.

No puedo omitir el apoyo que mis colegas me han manifestado y la ayuda que me han dado en todo momento. Quiero agradecer de todo corazón a la Sra. Odette Mainville, mi ayudante de investigación. Ella ha contribuído grandemente a la realización de este trabajo que exige minuciosidad, atención y precisión. Quiero también agradecer a la Sra. Line Petroff que ha pasado a máquina el griego y a la Sra. Mireille Brisebois que ha leído de nuevo el manuscrito y propuesto enmiendas.

Quiero finalmente agradecer al Consejo de la Facultad de Teología de la Universidad de Montreal que por medio del Fonde de Benefactores subvencionó el proyecto.

Guía de Utilización

Para utilizar el presente volumen de la mejor manera posible, el que lo utilice tendrá la ventaja de leer las observaciones que se darán enseguida. Ellas tratan de la explicación del análisis de las formas (I) al mismo tiempo que de la presentación y la selección de materiales y de los límites del trabajo realizado (II).

I. Explicaciones del análisis de las formas

Existen tres principales tipos de formas analizadas en el volumen. Cada tipo contiene un cierto número de informaciones que varía naturalmente según el tipo. Los números entre llaves debajo de los subrayados se refieren a la explicación que sigue a los tres tipos.

A. Los diversos tipos

tipo a:	17	*2Tm 4,11	ἄγαγε		2 p sg imper..	ἄγω
	[1]	[2]	[4]		[6]	[7]
tipo b:	5	2Co 11,9	ἀβαρῆ	(1)	acc mas sg ...	ἀβαρής
	[1]	[3]	[4]	[5]	[6]	[7]
tipo c:	14		ἄβυσσον	(3)	acc sg ...	ἄβυσσος
	[1]		[4]	[5]	[6]	[7]

B. Explicaciones del análisis

[1] El número de entrada
Todas las formas de este volumen están precedidas por un número de entrada.

[2] La referencia con un asterisco
Si esta referencia está precedida por un asterisco, ello significa que la forma que hay que analizar se encuentra en el aparato crítico y que es el lugar en donde ella aparece por primera vez.

[3] La referencia sin un asterisco
Cuando una forma aparece una sola vez en el texto del Nuevo Testamento griego, se indica la referencia.

[4] La forma que hay que analizar

[5] La frecuencia
Una cifra entre parénteses indica el número de veces que se encuentra esta forma en el texto del Nuevo Testamento griego.

[6] El análisis de la forma
El análisis gramatical está hecho según la secuencia siguiente: si se trata de un substantivo, se indica primero el caso y después el número. Si se trata de un adjetivo, se da el caso, el género y después el número. Si se trata de un verbo, se indica primero la persona, después el número, el modo, el tiempo y la voz.

[7] La entrada lexicografica
La palabra del diccionario a la que pertenece la forma analizada.

C. Regreso a los diversos tipos para explicarlos

En resumen, el tipo a es una forma que aparece en el aparato crítico;
el tipo b es una forma que aparece una sola vez en el Nuevo Testamento griego;
el tipo c es una forma que aparece más de una vez en el Nuevo Testamento griego.

II. Observaciones particulares

A. Las formas son escritas como ellas aparecen en el Nuevo Testamento griego.

B. La *ν* movible por lo tanto ha sido conservada. Cuando está entre paréntesis, eso significa que esta forma se encuentra en el Nuevo Testamento griego con o sin *ν* movible.

C. Las crasis, excepto *κἀκεῖνος* y sus diferentes formas, han sido analizadas y contadas como dos palabras diferentes.

D. Cuando un verbo es deponente (de forma media o de forma pasiva) o deponente solamente en ciertos tiempos, el análisis gramatical no indica la voz de tal verbo. Sin embargo ciertos verbos deponentes que se conjugan en el pasivo tienen algunos tiempos en el medio. Y otros verbos deponentes que se conjugan en el medio, tienen algunos tiempos en el pasivo. En estes casos, la voz aparece entre parénteses.

E. Ciertas formas ofrecen ciertas posibilidades a nivel de análisis gramatical; este es el caso de las formas siguientes:

ἅ, ἅγιον, αὐτό, αὐτοῦ, αὐτῷ, αὐτῶν, ὅ, οἷς, οὗ,
τά, ταύτα, τί, τι, τίνι, τίς, τις, τό, τοῦτο,
τούτοις, τούτου, τούτῳ, τούτων, τῶν, ᾧ.

Estas formas no han sido analizadas y contadas separadamente en este volumen. Se indican unicamente las diversas posibilidades.

F. De manera general, la presentación de palabras o de formas hecha por la *Computer-Konkordanz zum Novum Testamentum Graece* (Concordancia del Nuevo Testamento griego hecho por ordinador) ha sido respetada excepto en los casos siguientes:

(1) ciertas formas del verbo ἐρῶ han sido atribuídas a λέγω;
(2) ciertos verbos presentados por la *Konkordanz* como deponentes no han sido retenidos como tales;
(3) la *Konkordanz* dudaba para ciertas palabras y ella las colocaba en dos lugares. Una sola posibilidad ha sido retenida en el libro.

G. Pocas bibliotecas poseen un número importante de manuscritos del Nuevo Testamento griego (mayúsculas, minúsculas o leccionarias) y obras de referencia en este campo bien especializado. No habiendo podido ir a los lugares en donde ellas se encuentran, 10 formas pertenecientes todas ellas a los aparatos críticos de las ediciones utilizadas no han sido analizadas. Estas formas están sin embargo incluidas en el libro y están seguidas del símbolo (?).

Vorwort

Es gibt zahlreiche grammatische Analysen des griechischen Neuen Testaments auf dem Büchermarkt. Eine beträchtliche Anzahl davon folgen der Ordnung der Schriften des Neuen Testaments, d.h. die beginnen mit Mt. 1,1 und enden bei Apc. 22,21.

Diese Werke bieten normalerweise relativ kurze Informationen zur grammatischen Analyse; sie erläutern gewisse Grammatikregeln und geben eine Übersetzung in einer einzigen Sprache.

Nur eine einzige Arbeit organisiert ihr Material in alphabetischer Reihenfolge der Stichworte. Es handelt sich um die Arbeit Bagster-Moultons, die sich jedoch hauptsächlich an den englischsprachigen Leser wendet.

Mir erschien es möglich, ein Buch zu erstellen, das weniger Übersetzungsarbeit von seiten des Lesers erfordern wurde—ein mehrsprachiges Buch also—und das zugleich die Vorteile der bereits vorhandenen Arbeitsbuch-Typen in sich vereinigte, nicht ohne zusätzlich noch unveröffentlichte Informationen zu bieten. Das Endprodukt meiner Arbeit liegt hiermit vor, unter dem Titel *Analyse des griechischen Neuen Testaments*. Es kann von allen Lesern benutzt werden, die die englische, spanische, französische, deutsche, oder italienische Sprache beherrschen.

Dieser Band enthält die grammatikalische Analyse des allen Wörter des griechischen Neuen Testaments und all der Texte, die im Kritischen Apparat von Nestle-Aland, 26. Auflage, und von dem griechischen Text der The United Bible Societies (UBS), 3. Auflage vorkommen, vergeteilt in alphabetischer Reihenfolge.

All denen, die das Neue Testament in der Originalsprache lesen wollten ohne jedoch eine ausreichende Kenntnis des Griechischen zu besitzen, haben Autoren wie Bagster-Moulton, Zerwick, Rienecker und andere wertvolle Dienste geleistet. Ich möchte hoffen, dass dieses neue Buch sich als ähnlich nutzlich erweist.

—Pierre Guillemette

Einleitung

Im Jahre 1852 veröffentlichte Samuel Bagster and Sons Limited in London sein *Analytical Greek Lexicon*. Das Werk enthält:

(a) eine grammatikalische Analyse aller Wörter des griechischen Neuen Testaments in alphabetischer Reihenfolge;
(b) ein griechisch-englisches Wörterverzeichnis der Stammwörter;
(c) eine Mini-Konkordanz biblischer Stellen für bestimmte grammatische Formen;
(d) die grammatikalische Analyse wichtiger Lesarten;
(e) eine Grammatik des griechischen Neuen Testaments;
(f) Paradigmatafeln.

Erst im Jahre 1977 erschien eine revidierte Fassung dieses Lexikons. Betreut von H. K. Moulton, war sie wirklich notwendig.

Bagster-Moulton hat all denen, die das Griechisch des Neuen Testaments studiert haben, unermessliche Dienste geleistet. Sein Lexikon ist noch heute einzig in seiner Art. Es weist dennoch ernstzunehmende Nachteile auf:

(a) wir wissen nicht, welchen griechischen Text Bagster-Moulton zugrunde gelegt hat;
(b) etwa 150 Formen des Textes, wie er in den modernen Ausgaben des griechischen Neuen Testaments erscheint (Nestle-Aland, 26. Auflage und UBS, 3. Auflage), sind im Bagster-Moulton nicht analysiert;
(c) in etwa 3650 Fallen ist die grammatikalische Analyse Bagster-Moulton unvollständig. Es fehlt entweder die Angabe von Kasus und/oder vom Genus und/oder vom Numerus der Substantive, Adjektive oder Pronomina. Bei den Verben fehlen zuweilen die Angaben von Modus und/oder von der Zustandsform und/oder vom Tempus. Eine wesentlich grössere Präzision ist also möglich;
(d) unsere Kenntnisse in der Rechtschreibung, der Grammatik und der Lexikographie des neutestamentlichen Griechisch haben sich seit 1852 unaufhörlich vermehrt. Um dem Fortschritt der Forschung auf diesen Gebieten Rechnung zu tragen, müssten in etwa 1000 Fällen Verbesserungen angebracht werden;

(e) Bagster-Moulton analysiert etwa 700 Formen, die sich in den Lesarten des Textes finden, die er für wichtig hält, (Manuskripte: A, B, C, D, Textus Receptus), und die von gewissen kritischen Ausgaben seiner Zeit akzeptiert waren (Griesbach, Scholz, Lachmann, Tischendorf, Elzevir, Stephane). Will man den kritischen Apparaten unserer modernen Ausgaben Rechnung tragen, so muss man etwa 1900 Formanalysen hinzufügen.

(f) Kurz gesagt: Will man die grammatikalische Analyse Bagster-Moultons auf den neuesten Stand bringen, so muss man seinen Werk etwa 2050 Formen hinzufügen und die grammatikalische Analyse in etwa 4650 Fällen neu durchführen, um seine Arbeit zu vervollständigen, zu korrigieren und zu präzisieren.

All diese Gründe rechtfertigen, so scheint uns, ein neues Werk.

Die kritische Ausgabe von Nestle-Aland, 26. Auflage, liegt unserer Arbeit als griechischer Text zugrunde. Zur Bestimmung der verschiedenen Formen und der Häufigkeit ihrer Vorkommens haben wir die *Computer-Konkordanz zum Novum Testamentum Graece,* Berlin, de Gruyter, 1980, herangezogen.

Die Ermutigungen meiner Kollegen und die Hilfe, die sie mir zum gegebenen Zeitpunkt haben zukommen lassen, sollen hier nicht unerwähnt bleiben. Ich möchte meiner Forschungsassistentin, Frau Odette Mainville, von ganzen Herzen danken. Sie hat Wesentliches beigetragen zum Erscheinen dieser Arbeit, die viel Genauigkeit, Aufmerksamkeit und Präzision erfordert hat. Ebenso möchte ich danken Frau Line Petroff, die das Griechische mit der Maschine schrieb, und Frau Mireille Brisebois, die das Manuskript gegenlas und Verbesserungen vorbrachte.

Schliesslich sei dem Fakultätsrat der Theologischen Fakultät der Universitat von Montreal Dank gesagt, der über den "Fonds des Donateurs" mein Projekt subventionniert hat.

Hinweise zum Gebrauch

Um aus der vorliegenden Arbeit den grösstmöglichen Nutzen zu ziehen, sei dem Leser empfohlen, die folgenden Hinweise zur Kenntnis zu nehmen. Sie behandeln die Erklärung der Formanalyse (I) und die Darbietungsweise, die Auswahl des Materials sowie die Grenzen der vorliegenden Arbeit (II).

I. Erklärung der Formanalyse

Die in diesem Band analysierten Formen gliedern sich in drei Haupttypen. Jeder Typ bietet eine gewisse Anzahl von Informationen, die natürlicherweise entsprechend den Charaktereigenschaften des jeweiligen Typs variieren. Die Ziffern in eckigen Klammern, die unter den unterstrichenen Angaben vermerkt sind, bezeihen sich auf die Erläuterungen, die im Anschluss an die Aufzählung der drei Typen zu finden sind.

A. Die drei Typen

Typ a:	17	*2Tm 4,11	ἄγαγε		2 p sg imper..	ἄγω
	[1]	[2]	[4]		[6]	[7]
Typ b:	5	2Co 11,9	ἀβαρῆ	(1)	acc mas sg ...	ἀβαρής
	[1]	[3]	[4]	[5]	[6]	[7]
Typ c:	14		ἄβυσσον	(3)	acc sg ...	ἄβυσσος
	[1]		[4]	[5]	[6]	[7]

B. Erklärungen zur Analyse

[1] Die Eingangsnummer

Allen Formen dieses Bandes geht eine Eingangsnummer voraus.

[2] Die Verweisung auf die Fundstelle

Geht dieser Verweisung ein * voraus, so bedeutet dies, dass die zu analysierende Form sich im kritischen Apparat findet und dass sie an dieser Stelle zum ersten Mal vorkommt.

[3] Die Verweisung auf die Fundstelle

Kommt eine Form nur ein einziges Mal im griechischen Neuen Testament vor, so ist die Stelle angegeben.

[4] Die zu analysierende Form

[5] Die Häufigkeit des Vorkommens

Eine Ziffer in Klammern gibt an, wie oft diese Form im griechischen Neuen Testament vorkommt.

[6] Die Formanalyse

Die grammatikalische Analyse folgt folgendem Muster: Handelt es sich um ein Substantiv, so wird zunächst der Casus und dann der Numerus angegeben. Handelt es sich um ein Adjektiv, so wird erst der Casus, dann das Genus und schliesslich der Numerus verzeichnet. Handelt es sich um ein Verb, so ist zunächst die Person angegeben, gefolgt von Numerus, Modus, Tempus und Zustandsform.

[7] Die lexikographische Angabe

Das Stammwort, dem die analysierte Form angehort.

C. Zusammenfassung

Der Typ a ist eine Form, die dem kritischen Apparat entstammt.

Der Typ b ist eine Form, die nur ein einziges Mal im griechischen Neuen Testament vorkommt.

Der Typ c ist eine Form, die mehr als einmal im griechischen Neuen Testament vorkommt.

II. Zusätzliche Hinweise

A. Die Formen sind so geschrieben, wie sie im griechischen Text erscheinen.

B. Das bewegliche *ν* wurde infolgedessen beibehalten. Wenn es in Klammern steht, so bedeutet dies, dass diese Form im griechischen Neuen Testament mit und ohne bewegliches *ν* vorkommt.

C. Mischwörter, mit Ausnahme von *κἀκεῖνος* und seinen verschiedenen Formen, wurden als zwei verschiedene Wörter analysiert und gezählt.

D. Wenn es sich bei einem Verb (im Medium oder im Passiv) um ein Deponens handelt, oder wenn es nur in bestimmten Tempi deponent ist, so gibt die grammatikalische Analyse die Zustandsform eines solchen Verbs nicht an. Nun formen aber einige deponente Verben, die im Passiv konjugiert werden, gewisse Tempi im Medium. Andere deponente Verben, die im Medium konjugiert werden, formen gewisse Tempi im Passiv. In diesen beiden Fällen erscheint in der grammatikalischen Analyse die Zustandsform des Verbs in Klammern.

E. Bestimmte Formen können auf verschiedene Weise grammatikalisch analysiert werden. Dies ist der Fall bei den folgenden Formen:

ἅ, ἅγιον, αὐτό, αὐτοῦ, αὐτῷ, αὐτῶν, ὅ, οἷς, οὗ, τά, ταύτα, τί, τι, τίνι, τίς, τις, τό, τοῦτο, τούτοις, τούτου, τούτῳ, τούτων, τῶν, ᾧ.

Sie wurden in diesem Band nicht gesondert analysiert und gezählt, sondern wir haben uns darauf beschränkt, auf die verschiedenen Analysierungsmöglichkeiten hinzuweisen.

F. Im allgemeinen entspricht die Darbietung der Wörter und der Formen der *Computer-Konkordanz zum Novum Testamentum Graece,* mit folgenden Ausnahem:

(1) bestimmte Formen des Verb ἐρῶ mit λέγω gekoppelt wurden;
(2) bestimmte Verben, die von der *Konkordanz* als Deponentien bezeichnet werden, wurden nicht als solche aufgefasst;
(3) die *Konkordanz* hegt für einige Wörter Zweifel und lässt sie an zwei verschiedenen Stellen erscheinen. Wir haben uns jeweils für eine der beiden Möglichkeiten entschieden.

G. Wenige Bibliotheken der Welt besitzen eine bedeutende Anzahl von Handschriften des griechischen Neuen Testaments (Majuskeln, Minuskeln und Lektionare) und die Sekundärliteratur auf diesem hochspezialisierten Gebiet. Da es mir nicht möglich war, die in meinen Buch benutzten Ausgaben der Handschriften an Ort und Stelle zu konsultieren, musste ich auf die Analyse von zehn Formen, die sämtlich den Kritischen Apparaten der benutzten Ausgaben angehören, verzichten. Diese Formen sind trotzdem in meinem Buch verzeichnet und mit dem Symbol (?) versehen.

Prefazione

Esistono numerose opere de analisi grammaticale del Nuovo Testamento Greco sul mercato. Molte seguono la sequenza dei libri del Nuovo Testamento, come dal Mt. 1,1 al Apc. 22,21.

Queste opere forniscono abitualmente delle informazioni di analisi grammaticale molto brevi, esse spiegano alcune regole di grammatica ed offrono una traduzione in una sola lingua.

Una sola opera ha organizzato il proprio materiale in ordine alfabetico, ed è quella di Bagster-Moulton. È orientata comunque soprattutto a persone di lingua inglese.

Mi è parso possibile produrre un libro che necessiti di meno traduzione, un libro multilingue—che cerchi di unire i vantaggi dei due tipi di opere già apparse ed a fornire delle informazioni inedite. Il prodotto finito si chiama *Il Nuovo Testamento greco analizzato.* Può essere utilizzato da persone di lingua inglese, spagnola, francese, tedesca, ed italiana.

Questo volume contiene l'analisi grammaticale di tutte le parole del testo greco del Nuovo Testamento e di tutti i testi che appaiono negli apparati critici del Nestle-Aland, 26ma edizione, e del testo greco di The United Bible Societies (UBS), terza edizione, distribuita in ordine alfabetico.

Bagster-Moulton, Zerwick, Rienecker ed altri hanno reso dei preziosi servigi a coloro che hanno voluto leggere il Nuovo Testamento nella sua lingua originale, il greco, ma che non ne possedevano una sufficiente conoscenza. Spero soltanto che questo nuovo libro si inquadrerà nella stessa vena. —Pierre Guillemette

Introduzione

Nel 1852, Samuel Bagster and Sons Limited publicò a Londra *The Analytical Greek Lexicon*. L'opera contiene:

(a) una analisi grammaticale di tutte le parole del Nuovo Testamento greco presentata in ordine alfabetico;
(b) un dizionario greco-inglese delle parole radice;
(c) una mini concordanza delle referenze bibliche per alcune forme grammaticali;
(d) l'analisi grammaticale di lezione importanti;
(e) una grammatica del Nuovo Testamento greco;
(f) delle tavole di paradigma.

Fu necessario attendere fino al 1977 prima che apparisse una edizione riveduta fatta da H. K. Moulton e che fu veramente necessaria.

Bagster-Moulton ha reso degli immensi servigi alle persone che hanno studiato il greco del Nuovo Testamento. Ancora oggi rimane unica nel suo genere. Comunque questo libro comporta seri inconvenienti:

(a) non si conosce il testo greco del quale si è servito Bagster-Moulton;
(b) circa 150 forme che si trovano nelle edizioni moderne del testo greco (Nestle-Aland 26ma e UBS 3a) non sono analizzate;
(c) in circa 3650 casi, l'analisi grammaticale de Bagster-Moulton è incompleta. Il caso e/o il genere e/o il numero delle nomi, aggettivi e pronomi fanno difetto. Il modo e/o la voce e/o il tempo dei verbi mancano. C'è dunque posto per molto più precisione;
(d) l'ortografia, la grammatica e la lessicografia greche non hanno cessato di progredire dal 1852. Bisognerebbe operare dei cambiamenti in circa 1000 casi per tener conto dei progressi registrati in questo campo;
(e) Bagster-Moulton analizza circa 700 forme che si trovano nelle lezioni che giudica importanti (manoscritti A, B, C, D, Textus Receptus) o che sono state accettate da alcune edizioni critiche del suo tempo (Griesbach, Scholz, Lachmann, Tischendorf, Elzevir, Stephane). Bisogna aggiungerne circa 1900 per tener conto degli apparati critici delle nostre edizioni moderne;
(f) concludendo, bisognerebbe aggiungere 2050 entrate e rifare l'analisi in circa

4650 casi in modo che l'analisi grammaticale di Bagster-Moulton sia messa a giorno, completata, corretta e precisata.

Tutte queste debolezze dimostrano la necessità di una nuova opera.

L'edizione critica di Nestle-Aland (26ma edizione) serve di testo greco di base. La *Computer Konkordanz zum Novum Testamentum Graece* (Concordanza del Nuovo Testamento greco fatta tramite computer. Berlin, De Gruyter, 1980) è stata utilizzata per determinare le differenti forme e la loro frequenza.

Non posso passare sotto silenzio l'incoraggiamento che i miei colleghi mi hanno prodigato e l'aiuto che mi hanno apportato in varie occasioni. Desidero ringraziare di tutto cuore la Sig.ra Odette Mainville, la mia aiutante di ricerca. Ella ha grandemente contribuito alla pubblicazione di questo minuzioso lavoro che ha richiesto molta attenzione e precisione. Vorrei anche ringraziare la Sig.ra Line Petroff che ha dattilografato il greco e la Sig.ra Mireille Brisebois che ha riletto il manoscritto e proposto delle correzioni.

Infine voglio ringraziare il consiglio della facoltà di Teologia dell'Università di Montreal che, tramite i Fondi dei Donatori, ha sovvenzionato il progetto.

Guida dell'utente

Per utilizzare il presente volume nel modo migliore possibile, l'utente si avvantaggerà leggendo le osservazioni che seguono. Esse vertono sulla spiegazione dell'analisi delle forme (I) e sulla presentazione e la selezione del materiale ed i limiti del lavoro compiuto (II).

I. Spiegazioni dell'analisi delle forme

Esistono tre principali tipi di forme analizzate nel volume. Ogni tipo contiene un certo numero di informazioni che variano naturalmente secondo il tipo. I numeri tra parentesi indicati qui sotto si riferiscono alla spiegazione che segue i tre tipi.

A. I diversi tipi

typo a:	17	*2Tm 4,11	ἄγαγε		2 p sg imper..	ἄγω
	[1]	[2]	[4]		[6]	[7]
typo b:	5	2Co 11,9	ἀβαρῆ	(1)	acc mas sg ...	ἀβαρής
	[1]	[3]	[4]	[5]	[6]	[7]
typo c:	14		ἄβυσσον	(3)	acc sg ...	ἄβυσσος
	[1]		[4]	[5]	[6]	[7]

B. Spiegazione dell'analisi

[1] Il numero d'entrata

Tutte le forme di questo volume sono precedute da un numero di entrata.

[2] Il riferimento

Se questo riferimento è preceduto da un asterisco, vuol dire che la forma da analizzare si ritrova nell'apparato critico e rappresenta il luogo ove esso appare per la prima volta.

[3] Il riferimento

Quando una forma non appare che una sola volta nel testo del Nuovo Testamento greco, se ne indica il riferimento.

[4] La forma da analizzare

[5] La frequenza

Una cifra fra parentesi indica quante volte si trova questa forma nel testo del Nuovo Testamento greco.

[6] L'analisi della forma

L'analisi grammaticale è fatta secondo la seguente sequenza: se si tratta di un sostantivo, si indica prima di tutto il caso, poi il numero. Se si tratta di un aggettivo, si indica il caso, il genere e quindi il numero. Se si tratta di un verbo, si indica prima di tutto la persona, poi il numero, il modo, il tempo e la voce.

[7] L'entrata lessicografica

La parola del dizionario alla quale appartiene la forma analizzata.

C. Ritorno ai diversi tipi per la spiegazione

Concludendo il tipo a è una forma che appare nell'apparato critico;
il tipo b è una forma che appare una sola volta nel Nuovo Testamento greco;
il tipo c è una forma che appare più di una volta nel Nuovo Testamento greco.

II. Note particolari

A. Le forme sono scritte così come appaiono nel Nuovo Testamento greco.

B. La ν mobile è stata quindi conservata. Quando è fra parentesi, significa che questa forma si trova nel Nuovo Testamento greco con o senza ν mobile.

C. Le crasi, eccetto κἀκεῖνος e le sue differenti forme sono state analizzate e contate per due parole diverse.

D. Quando un verbo è deponente (di forma media o di forma passive) o deponente soltanto in certi tempi, l'analisi grammaticale non indica la voce di tale verbo. Comunque alcuni verbi deponenti che si coniugano al passivo, hanno alcuni tempi al medio. Altri verbi deponenti che si coniugano al medio hanno alcuni tempi al passivo. In tali casi la voce appare fra parentesi.

E. Alcune forme offrono varie possibilità al livello dell'analisi grammaticale: è il caso delle seguenti forme:

ἅ, ἅγιον, αὐτό, αὐτοῦ, αὐτῷ, αὐτῶν, ὅ, οἷς, οὗ, τά, ταύτα, τί, τι, τίνι, τίς, τις, τό, τοῦτο, τούτοις, τούτου, τούτῳ, τούτων, τῶν, ᾧ.

Queste forme non sono state analizzate e contate separatamente in questo volume. Ci si è accontentati di indicare le diverse possibilità.

F. In generale, la presentazione delle parole o delle forme fatta dalla *Computer-Konkordanz zum Novum Testamentum Graece* (Concordanze del Nuovo Testamento greco fatta tramite computer) è stata rispettata, salvo i seguenti casi:

(1) alcune forme del verbo ἐρῶ sono state attribuite a λέγω;

(2) alcuni verbi presentati dalla *Konkordanz* come deponenti non sono stati accettati come tali;

(3) la *Konkordanz* esitava su alcune parole e le ha entrate in due posti. Una sola possibilità è stata accettata dal libro.

G. Poche biblioteche possedono un numero importante di manoscritti del Nuovo Testamento greco (maiuscole, minuscole e lezionarie) ed i lavori di referenza in questo campo così specializzato. Essendo impossibilitato a recarmi nei luoghi ove si trovano, 10 forme tutte appartenenti agli apparati critici delle edizioni utilizzate, non sono state analizzate. Queste forme sono comunque incluse nel libro e sono seguite dal simbolo (?).

List of general abbreviations and symbols

Table des abréviations générales et des symboles

Lista de las principales abreviaturas y de los simbolos

Verzeichnis der allgemeinen Abkürzungen und der Symbole

Tavola delle abbreviazioni generali e dei simboli

	English	Français	Español	Deutsch	Italiano	
a	active	actif	activo	Aktiv	attivo	a
acc	accusative	accusatif	acusativo	Akkusativ	accusativo	acc
ad	addition	ajout	añadido	Zusatz	aggiunto	ad
adv	adverb	adverbe	adverbio	Adverb	avverbio	adv
ao	first aorist	aoriste premier	aoristo primero	schwacher Aorist	aoristo primo	ao
ao2	second aorist	aoriste second	aoristo segundo	starker Aorist	aoristo secondo	ao2
aram	Aramean	araméen	arameo	Aramäisch	aramaico	aram
att	Attic dialect	dialecte attique	dialecto ático	attischer Dialekt	dialetto attico	att
cf	confer	confer	confer	vergl	confronta	cf
comp	comparative	comparatif	comparativo	Komparativ	comparativo	comp
conj	conjunction	conjonction	conjunción	Konjunktion	congiunzione	conj
dat	dative	datif	dativo	Dativ	dativo	dat
err	error	erreur	error	Irrtum	errore	err
fem	femenine	féminin	femenino	Femininum	femminile	fem
fut	future	futur	futuro	Futur	futuro	fut
fut2	second future	futur second	futuro segundo	starkes Futur	futuro secondo	fut2
gen	genitive	génitif	genitivo	Genitiv	genitivo	gen
id	the same	le même	el mismo	dasselbe	lo stesso	id
imper	imperative	impératif	imperativo	Imperativ	imperativo	imper
impers	impersonal	impersonnel	impersonal	Unpersönlich	impersonale	impers
impf	imperfect	imparfait	imperfecto	Imperfekt	imperfetto	impf
ind	indicative	indicatif	indicativo	Indikativ	indicativo	ind
inde	indeclinable	indéclinable	indeclinable	Undeklinierbar	indeclinabile	inde
inf	infinitive	infinitif	infinitivo	Infinitiv	infinito	inf
inscr	title	titre	titulo	Überschrift	titolo	inscr
interj	interjection	interjection	interjección	Interjektion	interiezione	interj
ion	Ionic dialect	dialecte ionien	dialecto jónico	jonischer Dialekt	dialetto ionico	ion
m	middle	moyen	medio	Medium	medio	m
mas	masculine	masculin	masculino	Maskulinum	maschile	mas
neg	negation	négation	negación	Negation	negazione	neg
neut	neuter	neutre	neutro	Neutrum	neutro	neut
nom	nominative	nominatif	nominativo	Nominativ	nominativo	nom
opt	optative	optatif	optativo	Optativ	optativo	opt
p	person	personne	persona	Person	persona	p
part	participium	participe	participio	Partizip	participio	part
parti	particle	particule	partícula	Partikel	particella	parti
pass	passive	passif	pasivo	Passiv	passivo	pass

	English	Français	Español	Deutsch	Italiano	
pf	perfect	parfait	perfecto	Perfekt	perfetto	pf
pf2	second perfect	parfait second	perfecto segundo	starkes Perfekt	perfetto secondo	pf2
pl	plural	pluriel	plural	Plural	plurale	pl
plpf	pluperfect	plus-que-parfait	pluscuamperfecto	Plusquamperfekt	piuccheperfetto	plpf
pr	present	présent	presente	Präsens	presente	pr
prpo	preposition	préposition	preposición	Präposition	preposizione	prpo
sbj	subjonctive	subjonctif	subjuntivo	Konjunktiv	congiuntivo	sbj
sg	singular	singulier	singular	Singular	singolare	sg
subsc	inscription at the bottom	inscription au bas de	inscripción al pie de	Einschreibung unten an	scritta a piè di	subsc
superl	superlative	superlatif	superlativo	Superlativ	superlativo	superl
vo	vocative	vocatif	vocativo	Vokativ	vocativo	vo
/	or	ou	ú	oder	o	/
(!)	make no sense	n'a pas de sens	sin significación	unsinning	non hanno senso	(!)
(?)	not analysed	pas analysé	no analizado	nicht analysiert	non analizzato	(?)
[sic]	abnormality	anomalie	anomalía	Abweichung	anomalia	[sic]
#1	short ending of Mc	finale breve de Mc	finale breve de Mc	kurzer Schluss des Mc	finale breve di Mc	#1
#2	long ending of Mc	finale longue de Mc	finale larga de Mc	langer Schluss des Mc	finale lungo di Mc	#2

List of abbreviations of the books of the New Testament

Table des abréviations des livres du Nouveau Testament

Lista de abreviaturas de los libros del Nuevo Testamento

Verzeichnis der Abkürzungen der neutestamentlichen Schriften

Tavola delle abbreviazioni dei libri del Nuovo Testamento

	English	Français	Español	Deutsch	Italiano	
Mt	Matthew	Matthieu	Mateo	Matthäus	Matteo	Mt
Mc	Mark	Marc	Marcos	Markus	Marco	Mc
Lc	Luke	Luc	Lucas	Lukas	Luca	Lc
Jh	John	Jean	Juan	Johannes	Giovanni	Jh
Ac	Acts	Actes	Hechos	Apostelgeschichte	Atti	Ac
Rm	Romans	Romains	Romanos	Römer	Romani	Rm
1Co	1 Corinthians	1 Corinthiens	1 Corintios	1 Korinther	1Corinzi	1Co
2Co	2 Corinthians	2 Corinthiens	2 Corintios	2 Korinther	2Corinzi	2Co
Ga	Galatians	Galates	Gálatas	Galater	Galati	Ga
Eph	Ephesians	Ephésiens	Efesios	Epheser	Efesini	Eph
Php	Philippians	Philippiens	Filipenses	Philipper	Filippesi	Php
Col	Colossians	Colossiens	Colosenses	Kolosser	Colossesi	Col
1Th	1 Thessalonians	1 Thessaloniciens	1 Tesalonicenses	1 Thessalonicher	1Tessalonicesi	1Th
2Th	2 Thessalonians	2 Thessaloniciens	2 Tesalonicenses	2 Thessalonicher	2Tessalonicesi	2Th
1Tm	1 Timothy	1 Thimothée	1 Timoteo	1 Timotheus	1Timoteo	1Tm
2Tm	2 Timothy	2 Thimothée	2 Timoteo	2 Timotheus	2Timoteo	2Tm
Tit	Titus	Tite	Tito	Titus	Tito	Tit
Phm	Philemon	Philémon	Filemón	Philemon	Filemone	Phm
Heb	Hebrews	Hébreux	Hebreos	Hebräer	Ebrei	Heb
Ja	James	Jacques	Santiago	Jakobus	Giacomo	Ja
1Pt	1 Peter	1 Pierre	1 Pedro	1 Petrus	1Petro	1Pt
2Pt	2 Peter	2 Pierre	2 Pedro	2 Petrus	2Petro	2Pt
1Jh	1 John	1 Jean	1 Juan	1 Johannes	1Giovanni	1Jh
2Jh	2 John	2 Jean	2 Juan	2 Johannes	2Giovanni	2Jh
3Jh	3 John	3 Jean	3 Juan	3 Johannes	3Giovanni	3Jh
Ju	Jude	Jude	Judas	Judas	Guida	Ju
Apc	Revelation	Apocalypse	Apocalipsis	Offenbarung	Apocalisse	Apc

The Greek New Testament Analyzed

Le Nouveau Testament Grec Analysé

Análisis del Nuevo Testamento Griego

Analyse des Griechischen Neuen Testaments

Il Nuovo Testamento Greco Analizzato

α

No.	Ref.	Form	Freq.	Analysis	Lemma
1	*Apc 1,11	Ἄ		inde	Ἄ
2	*1Co subsc	α'		cf εἷς	
3		ἅ	(118)	nom/acc neut pl	ὅς
4		Ἀαρών	(5)	inde	Ἀαρών
5	Apc 9,11	Ἀβαδδών	(1)	inde	Ἀβαδδών
6	2Co 11,9	ἀβαρῆ	(1)	acc mas sg	ἀβαρής
7		αββα	(3)	inde	αββα
8	*Apc 9,11	Ἀβ(β)α(α)δ(δ)ών		inde	Ἀβ(β)α(α)δ(δ)ών
9		Ἅβελ	(4)	inde	Ἅβελ
10		Ἀβιά	(3)	inde	Ἀβιά
11	Mc 2,26	Ἀβιαθάρ	(1)	inde	Ἀβιαθάρ
12	Lc 3,1	Ἀβιληνῆς	(1)	gen sg	Ἀβιληνή
13		Ἀβιούδ	(2)	inde	Ἀβιούδ
14		Ἀβραάμ	(73)	inde	Ἀβραάμ
15		ἄβυσσον	(3)	acc sg	ἄβυσσος
16		ἀβύσσου	(6)	gen sg	Id
17		Ἅγαβος	(2)	nom sg	Ἅγαβος
18	*2Tm 4,11	ἄγαγε		2 p sg imper ao2 a	ἄγω
19		ἀγαγεῖν	(2)	inf ao2 a	Id
20		ἀγάγετε	(3)	2 p pl imper ao2 a	Id
21		ἀγάγῃ	(2)	3 p sg sbj ao2 a	Id
22	Heb 2,10	ἀγαγόντα	(1)	acc mas sg part ao2 a	Id
23	Ac 5,27	ἀγαγόντες	(1)	nom mas pl part ao2 a	Id
24		ἀγαθά	(11)	acc neut pl	ἀγαθός
25		ἀγαθάς	(2)	acc fem pl	Id
26		ἀγαθέ	(5)	vo mas sg	Id
27		ἀγαθή	(2)	nom fem sg	Id
28		ἀγαθῇ	(2)	dat fem sg	Id
29		ἀγαθήν	(8)	acc fem sg	Id
30		ἀγαθῆς	(2)	gen fem sg	Id
31	1Tm 6,18	ἀγαθοεργεῖν	(1)	inf pr a	ἀγαθοεργέω
32	*Rm 13,3	ἀγαθοεργῷ		dat neut sg	ἀγαθοεργός
33	1Pt 2,18	ἀγαθοῖς	(1)	dat mas pl	ἀγαθός
34		ἀγαθοῖς	(2)	dat neut pl	Id
35		ἀγαθόν	(2)	acc mas sg	Id
36		ἀγαθόν	(7)	nom neut sg	Id
37		ἀγαθόν	(25)	acc neut sg	Id
38	Lc 6,35	ἀγαθοποιεῖτε	(1)	2 p pl imper pr a	ἀγαθοποιέω
39	Lc 6,9	ἀγαθοποιῆσαι	(1)	inf ao a	Id
40	Lc 6,33	ἀγαθοποιῆτε	(1)	2 p pl sbj pr a	Id
41	1Pt 4,19	ἀγαθοποιΐᾳ	(1)	dat sg	ἀγαθοποιΐα
42	*1Pt 4,19	ἀγαθοποιΐαις		dat pl	Id
43		ἀγαθοποιοῦντας	(3)	acc mas pl part pr a	ἀγαθοποιέω
44	1Pt 2,20	ἀγαθοποιοῦντες	(1)	nom mas pl part pr a	Id
45	1Pt 3,6	ἀγαθοποιοῦσαι	(1)	nom fem pl part pr a	Id
46	3Jh 11	ἀγαθοποιῶν	(1)	nom mas sg part pr a	Id
47	1Pt 2,14	ἀγαθοποιῶν	(1)	gen mas pl	ἀγαθοποιός
48		ἀγαθός	(10)	nom mas sg	ἀγαθός
49		ἀγαθοῦ	(3)	gen mas sg	Id

50		ἀγαθοῦ	(5)	gen neut sg	ἀγαθός
51	Ac 14,17	ἀγαθουργῶν	(1)	nom mas sg part pr a	ἀγαθουργέω
52		ἀγαθούς	(2)	acc mas pl	ἀγαθός
53	2Th 2,17	ἀγαθῷ	(1)	dat mas sg	Id
54		ἀγαθῷ	(6)	dat neut sg	Id
55	Ja 3,17	ἀγαθῶν	(1)	gen mas pl	Id
56		ἀγαθῶν	(5)	gen neut pl	Id
57	Ga 5,22	ἀγαθωσύνη	(1)	nom sg	ἀγαθωσύνη
58	Eph 5,9	ἀγαθωσύνῃ	(1)	dat sg	Id
59		ἀγαθωσύνης	(2)	gen sg	Id
60	Jh 5,35	ἀγαλλιαθῆναι	(1)	inf ao pass	ἀγαλλιάω
61	*1Pt 1,6	ἀγαλλιάσαντες		nom mas pl part ao a	Id
62		ἀγαλλιάσει	(3)	dat sg	ἀγαλλίασις
63	Heb 1,9	ἀγαλλιάσεως	(1)	gen sg	Id
64		ἀγαλλιᾶσθε	(2)	2 p pl ind pr	ἀγαλλιάομαι
65	Mt 5,12	ἀγαλλιᾶσθε	(1)	2 p pl imper pr	Id
66	Lc 1,14	ἀγαλλίασις	(1)	nom sg	ἀγαλλίασις
67	*1Pt 1,8	ἀγαλλιᾶτε		2 p pl imper pr a	ἀγαλλιάω
68	*Apc 19,7	ἀγαλλιώμεθα		1 p pl sbj pr m	Id
69	Apc 19,7	ἀγαλλιῶμεν	(1)	1 p pl sbj pr a	Id
70	1Pt 4,13	ἀγαλλιώμενοι	(1)	nom mas pl part pr	ἀγαλλιάομαι
71	1Co 7,8	ἀγάμοις	(1)	dat mas pl	ἄγαμος
72	1Co 7,32	ἄγαμος	(1)	nom mas sg	Id
73		ἄγαμος	(2)	nom fem sg	Id
74	Mc 10,41	ἀγανακτεῖν	(1)	inf pr a	ἀγανακτέω
75	2Co 7,11	ἀγανάκτησιν	(1)	acc sg	ἀγανάκτησις
76	Mc 14,4	ἀγανακτοῦντες	(1)	nom mas pl part pr a	ἀγανακτέω
77	Lc 13,14	ἀγανακτῶν	(1)	nom mas sg part pr a	Id
78		ἀγαπᾷ	(9)	3 p sg ind pr a	ἀγαπάω
79		ἀγαπᾷ	(3)	3 p sg sbj pr a	Id
80	Ju 12	ἀγάπαις	(1)	dat pl	ἀγάπη
81	*2Co 12,15	ἀγαπᾶμε	[sic]		
82		ἀγαπᾶν	(8)	inf pr a	ἀγαπάω
83		ἀγαπᾷς	(2)	2 p sg ind pr a	Id
84		ἀγαπᾶτε	(3)	2 p pl ind pr a	Id
85		ἀγαπᾶτε	(7)	2 p pl imper pr a	Id
86		ἀγαπᾶτε	(5)	2 p pl sbj pr a	Id
87	Eph 5,33	ἀγαπάτω	(1)	3 p sg imper pr a	Id
88		ἀγάπη	(35)	nom sg	ἀγάπη
89		ἀγάπῃ	(28)	dat sg	Id
90	Jh 14,21	ἀγαπηθήσεται	(1)	3 p sg ind fut pass	ἀγαπάω
91		ἀγάπην	(34)	acc sg	ἀγάπη
92		ἀγάπης	(18)	gen sg	Id
93	*Rm 8,37	ἀγαπήσαντα		acc mas sg part ao a	ἀγαπάω
94	*Apc 1,5	ἀγαπήσαντι		dat mas sg part ao a	Id
95		ἀγαπήσαντος	(2)	gen mas sg part ao a	Id
96		ἀγαπήσας	(3)	nom mas sg part ao a	Id
97	1Pt 1,22	ἀγαπήσατε	(1)	2 p pl imper ao a	Id
98		ἀγαπήσει	(4)	3 p sg ind fut a	Id
99		ἀγαπήσεις	(10)	2 p sg ind fut a	Id

100	Mt 5,46	ἀγαπήσητε	(1)	2 p pl sbj ao a	ἀγαπάω
101	Jh 14,21	ἀγαπήσω	(1)	1 p sg ind fut a	Id
102		ἀγαπητά	(2)	nom neut pl	ἀγαπητός
103		ἀγαπητέ	(3)	vo mas sg	Id
104	*Phm 2	ἀγαπητῇ		dat fem sg	Id
105	Rm 16,12	ἀγαπητήν	(1)	acc fem sg	Id
106		ἀγαπητοί	(3)	nom mas pl	Id
107		ἀγαπητοί	(27)	vo mas pl	Id
108		ἀγαπητοῖς	(2)	dat mas pl	Id
109		ἀγαπητόν	(6)	acc mas sg	Id
110	1Co 4,17	ἀγαπητόν	(1)	nom neut sg	Id
111		ἀγαπητός	(11)	nom mas sg	Id
112	Col 1,7	ἀγαπητοῦ	(1)	gen mas sg	Id
113		ἀγαπητῷ	(3)	dat mas sg	Id
114	2Tm 1,2	ἀγαπητῷ	(1)	dat neut sg	Id
115	*1Jh 4,19	ἀγαπομεν		[sic]	
116		ἀγαπῶ	(6)	1 p sg ind pr a	ἀγαπάω
117	2Co 12,15	ἀγαπῶμαι	(1)	1 p sg ind pr pass	Id
118		ἀγαπῶμεν	(3)	1 p pl ind pr a	Id
119		ἀγαπῶμεν	(7)	1 p pl sbj pr a	Id
120		ἀγαπῶν	(13)	nom mas sg part pr a	Id
121		ἀγαπῶντας	(3)	acc mas pl part pr a	Id
122	Apc 1,5	ἀγαπῶντι	(1)	dat mas sg part pr a	Id
123	Eph 6,24	ἀγαπώντων	(1)	gen mas pl part pr a	Id
124	Lc 6,32	ἀγαπῶσι(ν)	(1)	3 p pl ind pr a	Id
125		ἀγαπῶσι(ν)	(4)	dat mas pl part pr a	Id
126		Ἁγάρ	(2)	inde	Ἁγάρ
127	Mc 15,21	ἀγγαρεύουσιν	(1)	3 p pl ind pr a	ἀγγαρεύω
128	Mt 5,41	ἀγγαρεύσει	(1)	3 p sg ind fut a	Id
129	*Mt 13,48	ἀγγεῖα		acc pl	ἀγγεῖον
130	Mt 25,4	ἀγγείοις	(1)	dat pl	Id
131	*Mt 13,48	ἀγγεῖον		acc sg	Id
132		ἀγγελία	(2)	nom sg	ἀγγελία
133	Jh 20,18	ἀγγέλλουσα	(1)	nom fem sg part pr a	ἀγγέλλω
134		ἄγγελοι	(23)	nom pl	ἄγγελος
135		ἀγγέλοις	(9)	dat pl	Id
136		ἄγγελον	(22)	acc sg	Id
137		ἄγγελος	(48)	nom sg	Id
138		ἀγγέλου	(14)	gen sg	Id
139		ἀγγέλους	(20)	acc pl	Id
140		ἀγγέλῳ	(9)	dat sg	Id
141		ἀγγέλων	(31)	gen pl	Id
142	Mt 13,48	ἄγγη	(1)	acc pl	ἄγγος
143		ἄγε	(2)	interj	ἄγε
144	2Tm 4,11	ἄγε	(1)	2 p sg imper pr a	ἄγω
145		ἄγει	(2)	3 p sg ind pr a	Id
146	Ac 23,10	ἄγειν	(1)	inf pr a	Id
147	Ac 21,34	ἄγεσθαι	(1)	inf pr pass	Id
148	Ga 5,18	ἄγεσθε	(1)	2 p pl ind pr pass	Id

149		ἀγέλη	(6)	nom sg	ἀγέλη
150	Mt 8,31	ἀγέλην	(1)	acc sg	Id
151	Heb 7,3	ἀγενεαλόγητος	(1)	nom mas sg	ἀγενεαλόγητος
152	1Co 1,28	ἀγενῆ	(1)	acc neut pl	ἀγενής
153	*Mt 21,2	ἄγετε		2 p pl imper pr a	ἄγω
154		ἁγία	(6)	nom fem sg	ἅγιος
155		ἅγια	(7)	nom neut pl	Id
156	2Tm 1,9	ἁγίᾳ	(1)	dat fem sg	Id
157	Heb 9,13	ἁγιάζει	(1)	3 p sg ind pr a	ἁγιάζω
158	1Tm 4,5	ἁγιάζεται	(1)	3 p sg ind pr pass	Id
159	Heb 2,11	ἁγιαζόμενοι	(1)	nom mas pl part pr pass	Id
160	Heb 10,14	ἁγιαζομένους	(1)	acc mas pl part pr pass	Id
161	Mt 23,19	ἁγιάζον	(1)	nom neut sg part pr a	Id
162	Jh 17,19	ἁγιάζω	(1)	1 p sg ind pr a	Id
163	Heb 2,11	ἁγιάζων	(1)	nom mas sg part pr a	Id
164	1Pt 3,5	ἅγιαι	(1)	nom fem pl	ἅγιος
165		ἁγίαις	(3)	dat fem pl	Id
166		ἁγίαν	(6)	acc fem sg	Id
167		ἁγίας	(3)	gen fem sg	Id
168	*Ac 4,29	ἁγίας		acc fem pl	Id
169	1Th 5,23	ἁγιάσαι	(1)	3 p sg opt ao a	ἁγιάζω
170	Mt 23,17	ἁγιάσας	(1)	nom mas sg part ao a	Id
171	1Pt 3,15	ἁγιάσατε	(1)	2 p pl imper ao a	Id
172		ἁγιάσῃ	(2)	3 p sg sbj ao a	Id
173		ἁγιασθήτω	(3)	3 p sg imper ao pass	Id
174		ἁγιασμόν	(3)	acc sg	ἁγιασμός
175		ἁγιασμός	(2)	nom sg	Id
176		ἁγιασμῷ	(5)	dat sg	Id
177	Jh 17,17	ἁγίασον	(1)	2 p sg imper ao a	ἁγιάζω
178	Jh 17,11	ἅγιε	(1)	vo mas sg	ἅγιος
179		ἅγιοι	(8)	nom mas pl	Id
180		ἁγίοις	(19)	dat mas pl	Id
181		ἅγιον	(46)	acc mas sg/nom neut sg/acc neut sg	Id
182		ἅγιος	(13)	nom mas sg	Id
183	*2Co 1,12	ἁγιότητι		dat sg	ἁγιότης
184	Heb 12,10	ἁγιότητος	(1)	gen sg	Id
185		ἁγίου	(3)	gen mas sg	ἅγιος
186		ἁγίου	(39)	gen neut sg	Id
187		ἁγίους	(12)	acc mas pl	Id
188		ἁγίῳ	(2)	dat mas sg	Id
189		ἁγίῳ	(24)	dat neut sg	Id
190		ἁγίων	(35)	gen mas pl	Id
191		ἁγίων	(3)	gen neut pl	Id
192	1Th 3,13	ἁγιωσύνῃ	(1)	dat sg	ἁγιωσύνη
193	2Co 7,1	ἁγιωσύνην	(1)	acc sg	Id
194	Rm 1,4	ἁγιωσύνης	(1)	gen sg	Id
195	Ju 20	ἁγιωτάτῃ	(1)	superl dat fem sg	ἅγιος
196	Lc 2,28	ἀγκάλας	(1)	acc pl	ἀγκάλη
197	Mt 17,27	ἄγκιστρον	(1)	acc sg	ἄγκιστρον

No.	Ref	Form	Freq	Parsing	Lemma
198	Heb 6,19	ἄγκυραν	(1)	acc sg	ἄγκυρα
199		ἀγκύρας	(3)	acc pl	Id
200	Php 4,8	ἀγνά	(1)	nom neut pl	ἀγνός
201	Tit 2,5	ἀγνάς	(1)	acc fem pl	Id
202		ἀγνάφου	(2)	gen neut sg	ἄγναφος
203	*Ga 5,23	ἀγνεία		nom sg	ἀγνεία
204		ἀγνείᾳ	(2)	dat sg	Id
205	*Ju 24	ἀγνευομένους		acc mas pl part pr m	ἀγνεύω
206	Ja 3,17	ἀγνή	(1)	nom fem sg	ἀγνός
207		ἀγνήν	(2)	acc fem sg	Id
208	1Jh 3,3	ἀγνίζει	(1)	3 p sg ind pr a	ἀγνίζω
209	Ja 4,8	ἀγνίσατε	(1)	2 p pl imper ao a	Id
210	Ac 21,26	ἀγνισθείς	(1)	nom mas sg part ao pass	Id
211	Ac 21,24	ἀγνίσθητι	(1)	2 p sg imper ao pass	Id
212	Ac 21,26	ἀγνισμοῦ	(1)	gen sg	ἀγνισμός
213	Jh 11,55	ἀγνίσωσιν	(1)	3 p pl sbj ao a	ἀγνίζω
214	1Co 14,38	ἀγνοεῖ	(1)	3 p sg ind pr a	ἀγνοέω
215		ἀγνοεῖν	(6)	inf pr a	Id
216	1Co 14,38	ἀγνοεῖται	(1)	3 p sg ind pr pass	Id
217		ἀγνοεῖτε	(2)	2 p pl ind pr a	Id
218	*1Co 14,38	ἀγνοείτω		3 p sg imper pr a	Id
219	Heb 9,7	ἀγνοημάτων	(1)	gen pl	ἀγνόημα
220	Ac 13,27	ἀγνοήσαντες	(1)	nom mas pl part ao a	ἀγνοέω
221	1Pt 1,14	ἀγνοίᾳ	(1)	dat sg	ἄγνοια
222	*2Pt 2,13	ἀγνοίαις		dat pl	Id
223		ἄγνοιαν	(2)	acc sg	Id
224	Ac 17,30	ἀγνοίας	(1)	gen sg	Id
225	1Tm 5,22	ἀγνόν	(1)	acc mas sg	ἀγνός
226	1Jh 3,3	ἀγνός	(1)	nom mas sg	Id
227	2Co 2,11	ἀγνοοῦμεν	(1)	1 p pl ind pr a	ἀγνοέω
228	2Co 6,9	ἀγνοούμενοι	(1)	nom mas pl part pr pass	Id
229	Ga 1,22	ἀγνοούμενος	(1)	nom mas sg part pr pass	Id
230		ἀγνοοῦντες	(2)	nom mas pl part pr a	Id
231	2Pt 2,12	ἀγνοοῦσιν	(1)	3 p pl ind pr a	Id
232	Heb 5,2	ἀγνοοῦσιν	(1)	dat mas pl part pr a	Id
233	2Co 6,6	ἀγνότητι	(1)	dat sg	ἀγνότης
234	2Co 11,3	ἀγνότητος	(1)	gen sg	Id
235	2Co 7,11	ἀγνούς	(1)	acc mas pl	ἀγνός
236		ἀγνοῶν	(2)	nom mas sg part pr a	ἀγνοέω
237	Php 1,17	ἀγνῶς	(1)	adv	ἀγνῶς
238		ἀγνωσίαν	(2)	acc sg	ἀγνωσία
239	Ac 17,23	ἀγνώστῳ	(1)	dat mas sg	ἄγνωστος
240	2Tm 3,6	ἀγόμενα	(1)	acc neut pl part pr pass	ἄγω
241	*Mt 14,6	ἀγομένοις		dat neut pl part pr pass	Id
242	*Mt 14,6	ἀγομένων		gen neut pl part pr pass	Id
243		ἄγονται	(2)	3 p pl ind pr pass	Id
244	Ac 21,16	ἄγοντες	(1)	nom mas pl part pr a	Id
245		ἀγορᾷ	(3)	dat sg	ἀγορά
246		ἀγοράζει	(2)	3 p sg ind pr a	ἀγοράζω

No.	Ref.	Form	Freq.	Parsing	Lemma
247		ἀγοράζοντας	(2)	acc mas pl part pr a	ἀγοράζω
248	1Co 7,30	ἀγοράζοντες	(1)	nom mas pl part pr a	Id
249	Ac 19,38	ἀγοραῖοι	(1)	nom mas pl	ἀγοραῖος
250		ἀγοραῖς	(6)	dat pl	ἀγορά
251	Ac 17,5	ἀγοραίων	(1)	gen mas pl	ἀγοραῖος
252	Ac 16,19	ἀγοράν	(1)	acc sg	ἀγορά
253	Mc 7,4	ἀγορᾶς	(1)	gen sg	Id
254		ἀγοράσαι	(3)	inf ao a	ἀγοράζω
255	2Pt 2,1	ἀγοράσαντα	(1)	acc mas sg part ao a	Id
256	*Ga 2,20	ἀγοράσαντος		gen mas sg part ao a	Id
257	Mc 15,46	ἀγοράσας	(1)	nom mas sg part ao a	Id
258	Mt 25,9	ἀγοράσατε	(1)	2 p pl imper ao a	Id
259	Lc 22,36	ἀγορασάτω	(1)	3 p sg imper ao a	Id
260	Jh 13,29	ἀγόρασον	(1)	2 p sg imper ao a	Id
261		ἀγοράσωμεν	(3)	1 p pl sbj ao a	Id
262		ἀγοράσωσιν	(3)	3 p pl sbj ao a	Id
263		ἄγουσιν	(3)	3 p pl ind pr a	ἄγω
264	Lc 5,9	ἄγρᾳ	(1)	dat sg	ἄγρα
265	Ac 4,13	ἀγράμματοι	(1)	nom mas pl	ἀγράμματος
266	Lc 5,4	ἄγραν	(1)	acc sg	ἄγρα
267	Lc 2,8	ἀγραυλοῦντες	(1)	nom mas pl part pr a	ἀγραυλέω
268	Mc 12,13	ἀγρεύσωσιν	(1)	3 p pl sbj ao a	ἀγρεύω
269	Ju 13	ἄγρια	(1)	nom neut pl	ἄγριος
270	Rm 11,17	ἀγριέλαιος	(1)	nom mas sg	ἀγριέλαιος
271	Rm 11,24	ἀγριελαίου	(1)	gen mas sg	Id
272	Mt 3,4	ἄγριον	(1)	nom neut sg	ἄγριος
273	Mc 1,6	ἄγριον	(1)	acc neut sg	Id
274	Ac 25,23	Ἀγρίππα	(1)	gen	Ἀγρίππας
275		Ἀγρίππα	(5)	vo	Id
276		Ἀγρίππας	(5)	nom	Id
277		ἀγρόν	(7)	acc sg	ἀγρός
278		ἀγρός	(3)	nom sg	Id
279		ἀγροῦ	(7)	gen sg	Id
280		ἀγρούς	(9)	acc pl	Id
281		ἀγρυπνεῖτε	(2)	2 p pl imper pr a	ἀγρυπνέω
282		ἀγρυπνίαις	(2)	dat pl	ἀγρυπνία
283	Eph 6,18	ἀγρυπνοῦντες	(1)	nom mas pl part pr a	ἀγρυπνέω
284	Heb 13,17	ἀγρυπνοῦσιν	(1)	3 p pl ind pr a	Id
285		ἀγρῷ	(10)	dat sg	ἀγρός
286	Mc 11,8	ἀγρῶν	(1)	gen pl	Id
287	Jh 19,4	ἄγω	(1)	1 p sg ind pr a	ἄγω
288	2Tm 3,10	ἀγωγῇ	(1)	dat sg	ἀγωγή
289		ἄγωμεν	(7)	1 p pl sbj pr a	ἄγω
290		ἀγῶν		gen pl	ἄγος
291		ἀγῶνα	(5)	acc sg	ἀγών
292	1Th 2,2	ἀγῶνι	(1)	dat sg	Id
293	*Lc 22,44	ἀγωνίᾳ		dat sg	ἀγωνία
294	Lc 13,24	ἀγωνίζεσθε	(1)	2 p pl imper pr	ἀγονίζομαι
295	1Tm 4,10	ἀγωνιζόμεθα	(1)	1 p pl ind pr	Id

No.	Ref.	Form	Freq.	Analysis	Lemma
296	*Heb 12,4	ἀγωνιζόμενοι		nom mas pl part pr .	ἀγωνίζομαι
297		ἀγωνιζόμενος	(3)	nom mas sg part pr	Id
298	1Tm 6,12	ἀγωνίζου	(1)	2 p sg imper pr .	Id
299	Mc 13,11	ἄγωσιν	(1)	3 p pl sbj pr a . .	ἄγω
300		'Αδάμ	(9)	inde	'Αδάμ
301	1Co 9,18	ἀδάπανον	(1)	acc neut sg . . .	ἀδάπανος
302	Lc 3,28	'Αδδί	(1)	inde	'Αδδί
303		ἀδελφαί	(4)	nom pl	ἀδελφή
304		ἀδελφάς	(5)	acc pl	Id
305		ἀδελφέ	(6)	vo sg	ἀδελφός
306		ἀδελφή	(8)	nom sg	ἀδελφή
307	Phm 2	ἀδελφῇ	(1)	dat sg	Id
308		ἀδελφήν	(5)	acc sg	Id
309		ἀδελφῆς	(3)	gen sg	Id
310		ἀδελφοί	(35)	nom pl	ἀδελφός
311		ἀδελφοί	(110)	vo pl	Id
312		ἀδελφοῖς	(17)	dat pl	Id
313		ἀδελφόν	(41)	acc sg	Id
314		ἀδελφός	(43)	nom sg	Id
315	1Pt 2,17	ἀδελφότητα	(1)	acc sg	ἀδελφότης
316	1Pt 5,9	ἀδελφότητι	(1)	dat sg	Id
317		ἀδελφοῦ	(17)	gen sg	ἀδελφός
318		ἀδελφούς	(39)	acc pl	Id
319		ἀδελφῷ	(14)	dat sg	Id
320		ἀδελφῶν	(21)	gen pl	Id
321	Lc 16,23	ᾅδῃ	(1)	dat sg	ᾅδης
322	*1Co 15,55	ᾅδη		vo sg	Id
323	Lc 11,44	ἄδηλα	(1)	nom neut pl	ἄδηλος
324	1Co 14,8	ἄδηλον	(1)	acc fem sg	Id
325	1Tm 6,17	ἀδηλότητι	(1)	dat sg	ἀδηλότης
326	1Co 9,26	ἀδήλως	(1)	adv	ἀδήλως
327		ἀδημονεῖν	(2)	inf pr a . . .	ἀδημονέω
328	Php 2,26	ἀδημονῶν	(1)	nom mas sg part pr a .	Id
329		ᾅδην	(2)	acc sg	ᾅδης
330		ᾅδης	(3)	nom sg	Id
331	Ja 3,17	ἀδιάκριτος	(1)	nom fem sg . .	ἀδιάκριτος
332	2Tm 1,3	ἀδιάλειπτον	(1)	acc fem sg . .	ἀδιάλειπτος
333	Rm 9,2	ἀδιάλειπτος	(1)	nom fem sg . .	Id
334		ἀδιαλείπτως	(4)	adv	ἀδιαλείπτως
335	*Tit 2,7	ἀδιαφθορίαν		acc sg	ἀδιαφθορία
336	1Co 6,7	ἀδικεῖσθε	(1)	2 p pl ind pr pass .	ἀδικέω
337		ἀδικεῖτε	(2)	2 p pl ind pr a . .	Id
338	2Co 7,12	ἀδικηθέντος	(1)	gen mas sg part ao pass	Id
339	Apc 2,11	ἀδικηθῇ	(1)	3 p sg sbj ao pass . .	Id
340		ἀδίκημα	(2)	nom sg	ἀδίκημα
341	Apc 18,5	ἀδικήματα	(1)	acc pl	Id
342		ἀδικῆσαι	(4)	inf ao a	ἀδικέω
343	2Co 7,12	ἀδικήσαντος	(1)	gen mas sg part ao a .	Id
344	Apc 22,11	ἀδικησάτω	(1)	3 p sg imper ao a . .	Id

345	*Lc 10,19	ἀδικήσει		3 p sg ind fut a . . .	ἀδικέω
346	Lc 10,19	ἀδικήσῃ	(1)	3 p sg sbj ao a . .	Id
347	Apc 6,6	ἀδικήσῃς	(1)	2 p sg sbj ao a . .	Id
348	Apc 7,3	ἀδικήσητε	(1)	2 p pl sbj ao a . .	Id
349	*Apc 9,4	ἀδικήσωσιν		3 p pl sbj ao a . . .	Id
350		ἀδικία	(4)	nom sg	ἀδικία
351		ἀδικίᾳ	(5)	dat sg	Id
352	Heb 8,12	ἀδικίαις	(1)	dat pl	Id
353		ἀδικίαν	(2)	acc sg	Id
354		ἀδικίας	(13)	gen sg	Id
355		ἄδικοι	(2)	nom mas pl	ἄδικος
356	*Tit 1,9	ἀδικοκρίτας		acc pl	ἀδικοκρίτης
357		ἄδικος	(4)	nom mas sg	ἄδικος
358	*Lc 16,9	ἀδίκου		gen mas sg	Id
359	2Pt 2,13	ἀδικούμενοι	(1)	nom mas pl part pr pass	ἀδικέω
360	Ac 7,24	ἀδικούμενον	(1)	acc mas sg part pr pass	Id
361	*Ac 7,26	ἀδικοῦντας		acc mas pl part pr a . .	Id
362		ἀδίκους	(2)	acc mas pl . . .	ἄδικος
363	Apc 9,19	ἀδικοῦσιν	(1)	3 p pl ind pr a . .	ἀδικέω
364	Lc 16,11	ἀδίκῳ	(1)	dat mas sg	ἄδικος
365		ἀδικῶ	(2)	1 p sg ind pr a . . .	ἀδικέω
366		ἀδίκων	(3)	gen mas pl	ἄδικος
367		ἀδικῶν	(4)	nom mas sg part pr a . .	ἀδικέω
368	1Pt 2,19	ἀδίκως	(1)	adv	ἀδίκως
369	*Lc 3,33	Ἀδμί		inde	Ἀδμί
370	Lc 3,33	Ἀδμίν	(1)	inde	Ἀδμίν
371		ἀδόκιμοι	(5)	nom mas pl . . .	ἀδόκιμος
372	Rm 1,28	ἀδόκιμον	(1)	acc mas sg . . .	Id
373		ἀδόκιμος	(2)	nom mas sg . . .	Id
374	1Pt 2,2	ἄδολον	(1)	acc neut sg	ἄδολος
375	*Apc 15,3	ᾄδοντας		acc mas pl part pr a . . .	ᾄδω
376		ᾄδοντες	(2)	nom mas pl part pr a .	Id
377		ᾅδου	(4)	gen sg	ᾅδης
378		ᾄδουσιν	(3)	3 p pl ind pr a . .	ᾄδω
379	*Ac 27,2	Ἀδραμυντηνῷ		dat neut sg .	Ἀδραμυντηνός
380	Ac 27,2	Ἀδραμυττηνῷ	(1)	dat neut sg	Ἀδραμυττηνός
381	Ac 27,27	Ἀδρίᾳ	(1)	dat sg	Ἀδρίας
382	2Co 8,20	ἁδρότητι	(1)	dat sg	ἁδρότης
383	Lc 18,27	ἀδύνατα	(1)	nom neut pl . . .	ἀδύνατος
384		ἀδυνατήσει	(2)	3 p sg ind fut a . .	ἀδυνατέω
385		ἀδύνατον	(7)	nom neut sg . . .	ἀδύνατος
386	Ac 14,8	ἀδύνατος	(1)	nom mas sg . . .	Id
387	Rm 15,1	ἀδυνάτων	(1)	gen mas pl . . .	Id
388	*Mt 23,4	ἀδυσβάστακτα		acc neut pl .	ἀδυσβάστακτος
389		ἀεί	(7)	adv	ἀεί
390		ἀέρα	(5)	acc sg	ἀήρ
391	Eph 2,2	ἀέρος	(1)	gen sg	Id
392		ἀετοί	(2)	nom pl	ἀετός
393		ἀετοῦ	(2)	gen sg	Id

No.	Ref	Form	Count	Parse	Lemma
394	Apc 4,7	ἀετῷ	(1)	dat sg	ἀετός
395	Mc 14,1	ἄζυμα	(1)	nom neut pl	ἄζυμος
396	1Co 5,7	ἄζυμοι	(1)	nom mas pl	Id
397	1Co 5,8	ἀζύμοις	(1)	dat neut pl	Id
398		ἀζύμων	(6)	gen neut pl	Id
399		Ἀζώρ	(2)	inde	Ἀζώρ
400	Ac 8,40	Ἄζωτον	(1)	acc	Ἄζωτος
401	*Lc 23,12	ἀηδίᾳ		dat sg	ἀηδία
402	Apc 9,2	ἀήρ	(1)	nom sg	ἀήρ
403		ἀθανασίαν	(3)	acc sg	ἀθανασία
404	*Apc 6,8	ἀθάνατος		nom mas sg	ἀθάνατος
405	*1Tm 1,17	ἀθανάτῳ		dat mas sg	Id
406	1Pt 4,3	ἀθεμίτοις	(1)	dat fem pl	ἀθέμιτος
407	Ac 10,28	ἀθέμιτον	(1)	nom neut sg	Id
408	Eph 2,12	ἄθεοι	(1)	nom mas pl	ἄθεος
409		ἀθέσμων	(2)	gen mas pl	ἄθεσμος
410		ἀθετεῖ	(4)	3 p sg ind pr a	ἀθετέω
411	Mc 7,9	ἀθετεῖτε	(1)	2 p pl ind pr a	Id
412	Mc 6,26	ἀθετῆσαι	(1)	inf ao a	Id
413	Heb 10,28	ἀθετήσας	(1)	nom mas sg part ao a	Id
414	Heb 9,26	ἀθέτησιν	(1)	acc sg	ἀθέτησις
415	Heb 7,18	ἀθέτησις	(1)	nom sg	Id
416	1Co 1,19	ἀθετήσω	(1)	1 p sg ind fut a	ἀθετέω
417	Ju 8	ἀθετοῦσιν	(1)	3 p pl ind pr a	Id
418	Ga 2,21	ἀθετῶ	(1)	1 p sg ind pr a	Id
419		ἀθετῶν	(4)	nom mas sg part pr a	Id
420	Ac 17,21	Ἀθηναῖοι	(1)	nom mas pl	Ἀθηναῖος
421	Ac 17,22	Ἀθηναῖοι	(1)	vo mas pl	Id
422		Ἀθήναις	(2)	dat	Ἀθῆναι
423		Ἀθηνῶν	(2)	gen	Id
424	2Tm 2,5	ἀθλῇ	(1)	3 p sg sbj pr a	ἀθλέω
425	2Tm 2,5	ἀθλήσῃ	(1)	3 p sg sbj ao a	Id
426	Heb 10,32	ἄθλησιν	(1)	acc sg	ἄθλησις
427	Col 3,21	ἀθυμῶσιν	(1)	3 p pl sbj pr a	ἀθυμέω
428	Mt 27,4	ἀθῷον	(1)	acc neut sg	ἀθῷος
429	Mt 27,24	ἀθῷος	(1)	nom mas sg	Id
430		αἱ	(149)	nom fem pl	ὁ
431		αἵ	(5)	nom fem pl	ὅς
432	Heb 11,37	αἰγείοις	(1)	dat neut pl	αἴγειος
433		αἰγιαλόν	(6)	acc sg	αἰγιαλός
434	*Mc 4,1	αἰγιαλῷ		dat sg	Id
435	Heb 11,29	Αἰγύπτιοι	(1)	nom masc pl	Αἰγύπτιος
436		Αἰγύπτιον	(2)	acc mas sg	Id
437	Ac 21,38	Αἰγύπτιος	(1)	nom mas sg	Id
438	Ac 7,22	Αἰγυπτίων	(1)	gen mas pl	Id
439		Αἴγυπτον	(12)	acc	Αἴγυπτος
440	Apc 11,8	Αἴγυπτος	(1)	nom	Id
441		Αἰγύπτου	(8)	gen	Id
442		Αἰγύπτῳ	(4)	dat	Id

443	*Lc 15,29	αἰγῶν		err cf ἀγῶν	
444	Ju 6	ἀϊδίοις	(1)	dat mas pl	ἀΐδιος
445	Rm 1,20	ἀΐδιος	(1)	nom fem sg	Id
446	1Tm 2,9	αἰδοῦς	(1)	gen sg	αἰδώς
447	Ac 8,27	Αἰθιόπων	(1)	gen pl	Αἰθίοψ
448	Ac 8,27	Αἰθίοψ	(1)	nom sg	Id
449		αἷμα	(26)	nom sg	αἷμα
450		αἷμα	(17)	acc sg	Id
451	*Apc 18,24	αἵματα		nom pl	Id
452	*Apc 16,6	αἵματα		acc pl	Id
453	Heb 9,22	αἱματεκχυσίας	(1)	gen sg	αἱματεκχυσία
454		αἵματι	(20)	dat sg	αἷμα
455		αἵματος	(33)	gen sg	Id
456	Jh 1,13	αἱμάτων	(1)	gen pl	Id
457	Mt 9,20	αἱμορροοῦσα	(1)	nom fem sg part pr a	αἱμορροέω
458	Ac 9,34	Αἰνέα	(1)	vo	Αἰνέας
459	Ac 9,33	Αἰνέαν	(1)	acc	Id
460	Lc 19,37	αἰνεῖν	(1)	inf pr a	αἰνέω
461		αἰνεῖτε	(2)	2 p pl imper pr a	Id
462	Heb 13,15	αἰνέσεως	(1)	gen sg	αἴνεσις
463	1Co 13,12	αἰνίγματι	(1)	dat sg	αἴνιγμα
464		αἶνον	(2)	acc sg	αἶνος
465	Ac 3,9	αἰνοῦντα	(1)	acc mas sg part pr a	αἰνέω
466		αἰνοῦντες	(2)	nom mas pl part pr a	Id
467	Lc 2,13	αἰνούντων	(1)	gen fem pl part pr a	Id
468	Ac 3,8	αἰνῶν	(1)	nom mas sg part pr a	Id
469	Jh 3,23	Αἰνών	(1)	inde	Αἰνών
470		αἶρε	(3)	2 p sg imper pr a	αἴρω
471		αἴρει	(8)	3 p sg ind pr a	Id
472		αἴρεις	(2)	2 p sg ind pr a	Id
473	Ga 5,20	αἱρέσεις	(1)	nom pl	αἵρεσις
474		αἱρέσεις	(2)	acc pl	Id
475		αἱρέσεως	(3)	gen sg	Id
476		αἵρεσιν	(2)	acc sg	Id
477	Ac 5,17	αἵρεσις	(1)	nom sg	Id
478	Ac 8,33	αἴρεται	(1)	3 p sg ind pr pass	αἴρω
479	Lc 9,3	αἴρετε	(1)	2 p pl imper pr a	Id
480	Tit 3,10	αἱρετικόν	(1)	acc mas sg	αἱρετικός
481	Php 1,22	αἱρήσομαι	(1)	1 p sg ind fut m	αἱρέω
482	*Php 1,22	αἱρήσωμαι		1 p sg sbj ao m	Id
483	Mc 2,3	αἰρόμενον	(1)	acc mas sg part pr pass	αἴρω
484		αἴροντος	(2)	gen mas sg part pr a	Id
485	*Lc 19,22	αἴρω		1 p sg ind pr a	Id
486		αἴρων	(2)	nom mas sg part pr a	Id
487	Mc 6,8	αἴρωσιν	(1)	3 p pl sbj pr a	Id
488		αἷς	(14)	dat fem pl	ὅς
489	Php 1,9	αἰσθήσει	(1)	dat sg	αἴσθησις
490	Heb 5,14	αἰσθητήρια	(1)	acc pl	αἰσθητήριον
491	Lc 9,45	αἴσθωνται	(1)	3 p pl sbj ao2	αἰσθάνομαι

No.	Ref.	Form	Freq.	Parsing	Lemma
492	1Tm 3,8	αἰσχροκερδεῖς	(1)	acc mas pl	αἰσχροκερδής
493	Tit 1,7	αἰσχροκερδῆ	(1)	acc mas sg	Id
494	1Pt 5,2	αἰσχροκερδῶς	(1)	adv	αἰσχροκερδῶς
495	Col 3,8	αἰσχρολογίαν	(1)	acc sg	αἰσχρολογία
496		αἰσχρόν	(3)	nom neut sg	αἰσχρός
497	Eph 5,4	αἰσχρότης	(1)	nom sg	αἰσχρότης
498	Tit 1,11	αἰσχροῦ	(1)	gen neut sg	αἰσχρός
499	Ju 13	αἰσχύνας	(1)	acc pl	αἰσχύνη
500	1Pt 4,16	αἰσχυνέσθω	(1)	3 p sg imper pr pass	αἰσχύνω
501	Apc 3,18	αἰσχύνη	(1)	nom sg	αἰσχύνη
502	Php 3,19	αἰσχύνῃ	(1)	dat sg	Id
503		αἰσχύνης	(3)	gen sg	Id
504		αἰσχυνθήσομαι	(2)	1 p sg ind fut pass	αἰσχύνω
505	1Jh 2,28	αἰσχυνθῶμεν	(1)	1 p pl sbj ao pass	Id
506	*1Pt 3,16	αἰσχυνθῶσιν		3 p pl sbj ao pass	Id
507	Lc 16,3	αἰσχύνομαι	(1)	1 p sg ind pr pass	Id
508	*Mt 16,4	αἰτεῖ		3 p sg ind pr a	αἰτέω
509	Ac 3,2	αἰτεῖν	(1)	inf pr a	Id
510	Jh 4,9	αἰτεῖς	(1)	2 p sg ind pr a	Id
511		αἰτεῖσθαι	(2)	inf pr m	Id
512		αἰτεῖσθε	(4)	2 p pl ind pr m	Id
513	*1Pt 5,12	αἰτεῖτε		2 p pl ind pr a	Id
514		αἰτεῖτε	(4)	2 p pl imper pr a	Id
515		αἰτείτω	(2)	3 p sg imper pr a	Id
516	Lc 23,24	αἴτημα	(1)	nom sg	αἴτημα
517		αἰτήματα	(2)	acc pl	Id
518	Mt 6,8	αἰτῆσαι	(1)	inf ao a	αἰτέω
519		αἰτήσας	(2)	nom mas sg part ao a	Id
520	*Jh 15,7	αἰτήσασθαι		inf ao m	Id
521	Jh 15,7	αἰτήσασθε	(1)	2 p pl imper ao m	Id
522		αἰτήσει	(5)	3 p sg ind fut a	Id
523	*Mt 7,9	αἰτήσεις		2 p sg ind fut a	Id
524	*Jh 15,7	αἰτήσεσθαι		inf fut m	Id
525	Jh 16,26	αἰτήσεσθε	(1)	2 p pl ind fut m	Id
526	*Mt 7,9	αἰτήσῃ		3 p sg sbj ao a	Id
527	Jh 11,22	αἰτήσῃ	(1)	2 p sg sbj ao m	Id
528	Mc 6,23	αἰτήσῃς	(1)	2 p sg sbj ao a	Id
529	Mt 14,7	αἰτήσηται	(1)	3 p sg sbj ao m	Id
530		αἰτήσητε	(5)	2 p pl sbj ao a	Id
531	Mc 6,22	αἴτησον	(1)	2 p sg imper ao a	Id
532	Lc 12,48	αἰτήσουσιν	(1)	3 p pl ind fut a	Id
533	Mc 6,24	αἰτήσωμαι	(1)	1 p sg sbj ao m	Id
534	Mc 10,35	αἰτήσωμεν	(1)	1 p pl sbj ao a	Id
535		αἰτήσωνται	(2)	3 p pl sbj ao m	Id
536	*Jh 14,13	αἰτῆτε		2 p pl sbj pr a	Id
537		αἰτία	(2)	nom sg	αἰτία
538		αἰτίαν	(16)	acc sg	Id
539	Mc 15,26	αἰτίας	(1)	gen sg	Id
540	Ac 25,27	αἰτίας	(1)	acc pl	Id

No.	Ref	Form	Count	Parsing	Lemma
541		αἵτινες	(10)	nom fem pl	ὅστις
542	*Ac 19,40	αἴτιοι		nom mas pl	αἴτιος
543		αἴτιον	(3)	acc neut sg	Id
544	Heb 5,9	αἴτιος	(1)	nom mas sg	Id
545	Ac 19,40	αἰτίου	(1)	gen neut sg	Id
546	Ac 25,7	αἰτιώματα	(1)	acc pl	αἰτίωμα
547	Eph 3,13	αἰτοῦμαι	(1)	1 p sg ind pr m	αἰτέω
548	Eph 3,20	αἰτούμεθα	(1)	1 p pl ind pr m	Id
549		αἰτούμενοι	(4)	nom mas pl part pr m	Id
550		αἰτοῦντι	(3)	dat mas sg part pr a	Id
551	Mt 20,20	αἰτοῦσα	(1)	nom fem sg part pr a	Id
552	1Co 1,22	αἰτοῦσιν	(1)	3 p pl ind pr a	Id
553		αἰτοῦσιν	(2)	dat mas pl part pr a	Id
554		αἰτώμεθα	(2)	1 p pl sbj pr m	Id
555	1Jh 3,22	αἰτῶμεν	(1)	1 p pl sbj pr a	Id
556		αἰτῶν	(2)	nom mas sg part pr a	Id
557		αἰφνίδιος	(2)	nom sg	αἰφνίδιος
558		αἰχμαλωσίαν	(3)	acc sg	αἰχμαλωσία
559	*Heb 7,1	αἰχμαλωσίας		gen sg	Id
560	*2Tm 3,6	αἰχμαλωτεύοντες		nom mas pl part pr a	αἰχμαλωτεύω
561	*Apc 13,10	αἰχμαλωτίζει		3 p sg ind pr a	αἰχμαλωτίζω
562	Rm 7,23	αἰχμαλωτίζοντα	(1)	acc mas sg part pr a	Id
563		αἰχμαλωτίζοντες	(2)	nom mas pl part pr a	Id
564	*Apc 13,10	αἰχμαλωτισθήσεται		3 p sg ind fut pass	Id
565	Lc 21,24	αἰχμαλωτισθήσονται	(1)	3 p pl ind fut pass	Id
566	Lc 4,18	αἰχμαλώτοις	(1)	dat mas pl	αἰχμάλωτος
567		αἰῶνα	(31)	acc sg	αἰών
568		αἰῶνας	(30)	acc pl	Id
569		αἰῶνι	(8)	dat sg	Id
570	2Co 4,18	αἰώνια	(1)	nom neut pl	αἰώνιος
571		αἰωνίαν	(2)	acc fem sg	Id
572	Rm 16,25	αἰωνίοις	(1)	dat mas pl	Id
573	2Th 1,9	αἰώνιον	(1)	acc mas sg	Id
574		αἰώνιον	(40)	acc fem sg	Id
575		αἰώνιον	(2)	nom neut sg	Id
576		αἰώνιον	(3)	acc neut sg	Id
577		αἰώνιος	(4)	nom fem sg	Id
578	Rm 16,26	αἰωνίου	(1)	gen mas sg	Id
579		αἰωνίου	(11)	gen fem sg	Id
580		αἰωνίου	(2)	gen neut sg	Id
581	Lc 16,9	αἰωνίους	(1)	acc fem pl	Id
582		αἰωνίων	(2)	gen mas pl	Id
583		αἰῶνος	(25)	gen sg	αἰών
584		αἰώνων	(27)	gen pl	Id
585	Eph 2,7	αἰῶσιν	(1)	dat pl	Id
586		ἀκαθαρσία	(2)	nom sg	ἀκαθαρσία
587		ἀκαθαρσίᾳ	(3)	dat sg	Id
588		ἀκαθαρσίαν	(2)	acc sg	Id
589		ἀκαθαρσίας	(3)	gen sg	Id

590		ἀκάθαρτα	(4)	nom neut pl	ἀκάθαρτος
591		ἀκάθαρτα	(2)	acc neut pl	Id
592		ἀκαθάρτοις	(2)	dat neut pl	Id
593	Ac 10,28	ἀκάθαρτον	(1)	acc mas sg	Id
594		ἀκάθαρτον	(4)	nom neut sg	Id
595	Mc 5,8	ἀκάθαρτον	(1)	vo neut sg	Id
596		ἀκάθαρτον	(3)	acc neut sg	Id
597	Eph 5,5	ἀκάθαρτος	(1)	nom mas sg	Id
598		ἀκαθάρτου	(5)	gen neut sg	Id
599		ἀκαθάρτῳ	(5)	dat neut sg	Id
600		ἀκαθάρτων	(4)	gen neut pl	Id
601	2Tm 4,2	ἀκαίρως	(1)	adv	ἀκαίρως
602	Heb 7,26	ἄκακος	(1)	nom mas sg	ἄκακος
603	Rm 16,18	ἀκάκων	(1)	gen mas pl	Id
604		ἄκανθαι	(2)	nom pl	ἄκανθα
605		ἀκάνθας	(6)	acc pl	Id
606		ἀκάνθινον	(2)	acc mas sg	ἀκάνθινος
607		ἀκανθῶν	(6)	gen pl	ἄκανθα
608	Ju 12	ἄκαρπα	(1)	nom neut pl	ἄκαρπος
609	Tit 3,14	ἄκαρποι	(1)	nom mas pl	Id
610	Eph 5,11	ἀκάρποις	(1)	dat neut pl	Id
611		ἄκαρπος	(3)	nom mas sg	Id
612	2Pt 1,8	ἀκάρπους	(1)	acc mas pl	Id
613	Tit 2,8	ἀκατάγνωστον	(1)	acc mas sg	ἀκατάγνωστος
614	1Co 11,13	ἀκατακάλυπτον	(1)	acc fem sg	ἀκατακάλυπτος
615	1Co 11,5	ἀκατακαλύπτῳ	(1)	dat fem sg	Id
616	Ac 22,25	ἀκατάκριτον	(1)	acc mas sg	ἀκατάκριτος
617	Ac 16,37	ἀκατακρίτους	(1)	acc mas pl	Id
618	Heb 7,16	ἀκαταλύτου	(1)	gen fem sg	ἀκατάλυτος
619	*2Pt 2,14	ἀκαταπάστους		acc mas pl	ἀκατάπαστος
620	*2Pt 2,14	ἀκαταπαύστου		gen fem sg	ἀκατάπαυστος
621	2Pt 2,14	ἀκαταπαύστους	(1)	acc mas pl	Id
622	Ja 3,16	ἀκαταστασία	(1)	nom sg	ἀκαταστασία
623	2Co 12,20	ἀκαταστασίαι	(1)	nom pl	Id
624	2Co 6,5	ἀκαταστασίαις	(1)	dat pl	Id
625	1Co 14,33	ἀκαταστασίας	(1)	gen sg	Id
626	Lc 21,9	ἀκαταστασίας	(1)	acc pl	Id
627	Ja 3,8	ἀκατάστατον	(1)	nom neut sg	ἀκατάστατος
628	Ja 1,8	ἀκατάστατος	(1)	nom mas sg	Id
629	*Ja 3,8	ἀκατάσχετον		nom neut sg	ἀκατάσχετος
630	*Ac 1,19	Ἀκελδαιμάχ		inde	Ἀκελδαιμάχ
631	*Ac 1,19	Ἀκέλδαμα		inde	Ἀκέλδαμα
632	*Ac 1,19	Ἀκελδαμάκ		inde	Ἀκελδαμάκ
633	Ac 1,19	Ἁκελδαμάχ	(1)	inde	Ἁκελδαμάχ
634		ἀκέραιοι	(2)	nom mas pl	ἀκέραιος
635	Rm 16,19	ἀκεραίους	(1)	acc mas pl	Id
636	*Mc 14,33	ἀκηδεμονεῖν		inf pr a	ἀκηδεμονέω
637	*Ac 7,34	ἀκήκοα	att	1 p sg ind pf2 a	ἀκούω
638		ἀκηκόαμεν	(6)	1 p pl ind pf2 a	Id
639	Rm 15,21	ἀκηκόασιν	(1)	3 p pl ind pf2 a	Id

640		ἀκηκόατε	(2)	2 p pl ind pf2 a	ἀκούω
641	Jh 18,21	ἀκηκοότας	(1)	acc mas pl part pf2 a	Id
642	Heb 10,23	ἀκλινῆ	(1)	acc fem sg	ἀκλινής
643	Mt 15,16	ἀκμήν	(1)	adv	ἀκμήν
644	Mc 7,35	ἀκοαί	(1)	nom pl	ἀκοή
645	Heb 5,11	ἀκοαῖς	(1)	dat pl	Id
646		ἀκοάς	(4)	acc pl	Id
647		ἀκοή	(5)	nom sg	Id
648		ἀκοῇ	(5)	dat sg	Id
649		ἀκοήν	(23)	acc sg	Id
650		ἀκοῆς	(5)	gen sg	Id
651	*Lc 8,12	ἀκολοθοῦντες		err cf ἀκολουθοῦντες	
652		ἀκολουθεῖ	(5)	3 p sg ind pr a	ἀκολουθέω
653		ἀκολούθει	(11)	2 p sg imper pr a	Id
654	Mc 8,34	ἀκολουθεῖν	(1)	inf pr a	Id
655		ἀκολουθείτω	(4)	3 p sg imper pr a	Id
656	*Mc 9,38	ἀκολουθῆ		3 p sg sbj pr a	Id
657		ἀκολουθῆσαι	(2)	inf ao a	Id
658	Mt 19,28	ἀκολουθήσαντες	(1)	nom mas pl part ao a	Id
659	Jh 1,40	ἀκολουθησάντων	(1)	gen mas pl part ao a	Id
660		ἀκολουθήσατε	(2)	2 p pl imper ao a	Id
661	*Mc 16,17	ἀκολουθήσει		3 p sg ind fut a	Id
662	Jh 13,36	ἀκολουθήσεις	(1)	2 p sg ind fut a	Id
663	Jh 10,5	ἀκολουθήσουσιν	(1)	3 p pl ind fut a	Id
664		ἀκολουθήσω	(3)	1 p sg ind fut a	Id
665	*Jh 10,5	ἀκολουθήσωσιν		3 p pl sbj ao a	Id
666	Jh 21,20	ἀκολουθοῦντα	(1)	acc mas sg part pr a	Id
667	Jh 1,38	ἀκολουθοῦντας	(1)	acc mas pl part pr a	Id
668		ἀκολουθοῦντες	(4)	nom mas pl part pr a	Id
669	Lc 7,9	ἀκολουθοῦντι	(1)	dat mas sg part pr a	Id
670	1Co 10,4	ἀκολουθούσης	(1)	gen fem sg part pr a	Id
671		ἀκολουθοῦσιν	(2)	3 p pl ind pr a	Id
672	Mt 8,10	ἀκολουθοῦσιν	(1)	dat mas pl part pr a	Id
673		ἀκολουθῶν	(2)	nom mas sg part pr a	Id
674	Mc 12,29	ἄκουε	(1)	2 p sg imper pr a	ἀκούω
675		ἀκούει	(14)	3 p sg ind pr a	Id
676		ἀκούειν	(21)	inf pr a	Id
677		ἀκούεις	(4)	2 p sg ind pr a	Id
678	1Co 5,1	ἀκούεται	(1)	3 p sg ind pr pass	Id
679		ἀκούετε	(14)	2 p pl ind pr a	Id
680		ἀκούετε	(5)	2 p pl imper pr a	Id
681		ἀκουέτω	(8)	3 p sg imper pr a	Id
682	*Mc 13,7	ἀκούητε		2 p pl sbj pr a	Id
683		ἀκούομεν	(3)	1 p pl ind pr a	Id
684		ἀκούοντα	(2)	acc mas sg part pr a	Id
685		ἀκούοντας	(6)	acc mas pl part pr a	Id
686		ἀκούοντες	(14)	nom mas pl part pr a	Id
687	Apc 22,18	ἀκούοντι	(1)	dat mas sg part pr a	Id
688		ἀκούοντος	(2)	gen mas sg part pr a	Id

No.	Ref	Form	Freq	Analysis	Lemma
689		ἀκουόντων	(2)	gen mas pl part pr a .	ἀκούω
690		ἀκούουσιν	(7)	3 p pl ind pr a .	Id
691		ἀκούουσιν	(2)	dat mas pl part pr a .	Id
692		ἀκοῦσαι	(17)	inf ao a . . .	Id
693		ἀκούσαντες	(52)	nom mas pl part ao a .	Id
694		ἀκουσάντων	(3)	gen mas pl part ao a .	Id
695		ἀκούσας	(35)	nom mas sg part ao a .	Id
696		ἀκούσασα	(2)	nom fem sg part ao a .	Id
697	*Mc 16,8	ἀκούσασαι		nom fem pl part ao a . .	Id
698	Heb 4,2	ἀκούσασιν	(1)	dat mas pl part ao a .	Id
699		ἀκούσατε	(10)	2 p pl imper ao a . .	Id
700		ἀκουσάτω	(8)	3 p sg imper ao a . .	Id
701	Lc 16,29	ἀκουσάτωσαν	(1)	3 p pl imper ao a .	Id
702		ἀκούσει	(2)	3 p sg ind fut a . .	Id
703	Ac 3,22	ἀκούσεσθε	(1)	2 p pl ind fut m . .	Id
704		ἀκούσετε	(2)	2 p pl ind fut a . .	Id
705	Ac 25,22	ἀκούσῃ	(1)	2 p sg ind fut m . .	Id
706		ἀκούσῃ	(7)	3 p sg sbj ao a . .	Id
707		ἀκούσητε	(5)	2 p pl sbj ao a . .	Id
708	Heb 2,1	ἀκουσθεῖσιν	(1)	dat neut pl part ao pass	Id
709		ἀκουσθῇ	(4)	3 p sg sbj ao pass . .	Id
710	Lc 12,3	ἀκουσθήσεται	(1)	3 p sg ind fut pass .	Id
711	*Heb 4,2	ἀκούσμασιν		dat pl	ἄκουσμα
712	*Ac 23,35	ἀκούσομαι		1 p sg ind fut m . . .	ἀκούω
713	Ac 17,32	ἀκουσόμεθα	(1)	1 p pl ind fut m . .	Id
714		ἀκούσονται	(2)	3 p pl ind fut m . .	Id
715	*Ac 21,22	ἀκούσοντες		nom mas pl part fut a . .	Id
716		ἀκούσουσιν	(3)	3 p pl ind fut a . .	Id
717	*Ac 11,1	ἀκουστόν		nom neut sg	ἀκουστός
718	*Php 1,27	ἀκούσω		1 p sg sbj ao a	ἀκούω
719	*Rm 10,14	ἀκούσωνται		3 p pl sbj ao m . . .	Id
720		ἀκούσωσιν	(8)	3 p pl sbj ao a . .	Id
721		ἀκούω	(4)	1 p sg ind pr a . . .	Id
722		ἀκούω	(2)	1 p sg sbj pr a . . .	Id
723		ἀκούων	(14)	nom mas sg part pr a .	Id
724	Mc 4,12	ἀκούωσι	(1)	3 p pl sbj pr a . .	Id
725	1Co 7,5	ἀκρασίαν	(1)	acc sg	ἀκρασία
726	Mt 23,25	ἀκρασίας	(1)	gen sg	Id
727	2Tm 3,3	ἀκρατεῖς	(1)	nom mas pl . . .	ἀκρατής
728	Apc 14,10	ἀκράτου	(1)	gen mas sg . . .	ἄκρατος
729	Ac 22,3	ἀκρίβειαν	(1)	acc sg	ἀκρίβεια
730	Ac 26,5	ἀκριβεστάτην	(1)	superl acc fem sg .	ἀκριβής
731		ἀκριβῶς	(9)	adv	ἀκριβῶς
732	Mc 1,6	ἀκρίδας	(1)	acc pl	ἀκρίς
733		ἀκρίδες	(2)	nom pl	Id
734	Apc 9,7	ἀκρίδων	(1)	gen pl	Id
735		ἀκροαταί	(2)	nom pl	ἀκροατής
736	Ac 25,23	ἀκροατήριον	(1)	acc sg . .	ἀκροατήριον
737		ἀκροατής	(2)	nom sg	ἀκροατής

738		ἀκροβυστία	(9)	nom sg	ἀκροβυστία
739		ἀκροβυστίᾳ	(6)	dat sg	Id
740		ἀκροβυστίαν	(3)	acc sg	Id
741		ἀκροβυστίας	(2)	gen sg	Id
742	1Pt 2,6	ἀκρογωνιαῖον	(1)	acc mas sg	ἀκρογωνιαῖος
743	Eph 2,20	ἀκρογωνιαίου	(1)	gen mas sg	Id
744	Heb 7,4	ἀκροθινίων	(1)	gen pl	ἀκροθίνιον
745		ἄκρον	(2)	acc sg	ἄκρον
746		ἄκρου	(2)	gen sg	Id
747		ἄκρων	(2)	gen pl	Id
748	*Ac 18,7	Ἀκύλα		gen	Ἀκύλας
749		Ἀκύλαν	(3)	acc	Id
750		Ἀκύλας	(3)	nom	Id
751	*Mc 9,43	ἀκύμητος		nom mas sg	ἀκύμητος
752	Ga 3,17	ἀκυροῖ	(1)	3 p sg ind pr a	ἀκυρόω
753	Mc 7,13	ἀκυροῦντες	(1)	nom mas pl part pr a	Id
754	*Mc 9,38	ἀκωλουθεῖ		cf ἀκολουθεῖ	
755	Ac 28,31	ἀκωλύτως	(1)	adv	ἀκωλύτως
756	1Co 9,17	ἄκων	(1)	nom mas sg	ἄκων
757	*Mc 9,50	ἅλα		nom sg	ἅλα
758	Mc 9,50	ἅλα	(1)	acc sg	ἅλας
759		ἀλάβαστρον	(4)	acc sg	ἀλάβαστρον
760	1Jh 2,16	ἀλαζονεία	(1)	nom sg	ἀλαζονεία
761	Ja 4,16	ἀλαζονείαις	(1)	dat pl	Id
762	Rm 1,30	ἀλαζόνας	(1)	acc mas pl	ἀλαζών
763	2Tm 3,2	ἀλαζόνες	(1)	nom mas pl	Id
764	1Co 13,1	ἀλαλάζον	(1)	nom neut sg part pr a	ἀλαλάζω
765	Mc 5,38	ἀλαλάζοντας	(1)	acc mas pl part pr a	Id
766	*Mc 5,38	ἀλαλαζόντων		gen mas pl part pr a	Id
767	Rm 8,26	ἀλαλήτοις	(1)	dat mas pl	ἀλάλητος
768	Mc 9,17	ἄλαλον	(1)	acc neut sg	ἄλαλος
769	Mc 9,25	ἄλαλον	(1)	vo neut sg	Id
770	Mc 7,37	ἀλάλους	(1)	acc mas pl	Id
771		ἅλας	(6)	nom sg	ἅλας
772	*Ac 27,8	Ἄλασσα		nom	Ἄλασσα
773	Col 4,6	ἅλατι	(1)	dat sg	ἅλας
774	Mt 6,17	ἄλειψαι	(1)	2 p sg imper ao m	ἀλείφω
775	Ja 5,14	ἀλείψαντες	(1)	nom mas pl part ao a	Id
776	Jh 11,2	ἀλείψασα	(1)	nom fem sg part ao a	Id
777	Mc 16,1	ἀλείψωσιν	(1)	3 p pl sbj ao a	Id
778		ἀλέκτορα	(5)	acc sg	ἀλέκτωρ
779	Mc 13,35	ἀλεκτοροφωνίας	(1)	gen sg	ἀλεκτοροφωνία
780		ἀλέκτωρ	(7)	nom sg	ἀλέκτωρ
781	Ac 18,24	Ἀλεξανδρεύς	(1)	nom sg	Ἀλεξανδρεύς
782	Ac 6,9	Ἀλεξανδρέων	(1)	gen pl	Id
783	Ac 27,6	Ἀλεξανδρῖνον	(1)	acc neut sg	Ἀλεξανδρῖνος
784	Ac 28,11	Ἀλεξανδρίνῳ	(1)	dat neut sg	Id
785	Ac 19,33	Ἀλέξανδρον	(1)	acc	Ἀλέξανδρος
786		Ἀλέξανδρος	(4)	nom	Id
787	Mc 15,21	Ἀλεξάνδρου	(1)	gen	Id
788		ἀλεύρου	(2)	gen sg	ἄλευρον

789		ἀλήθεια	(14)	nom sg	ἀλήθεια
790		ἀληθείᾳ	(30)	dat sg	Id
791		ἀλήθειαν	(22)	acc sg	Id
792		ἀληθείας	(43)	gen sg	Id
793	2Co 6,8	ἀληθεῖς	(1)	nom mas pl	ἀληθής
794		ἀληθές	(3)	nom neut sg	Id
795	Jh 4,18	ἀληθές	(1)	acc neut sg	Id
796	Eph 4,15	ἀληθεύοντες	(1)	nom mas pl part pr a	ἀληθεύω
797	Ga 4,16	ἀληθεύων	(1)	nom mas sg part pr a	Id
798	1Pt 5,12	ἀληθῆ	(1)	acc fem sg	ἀληθής
799		ἀληθῆ	(2)	nom neut pl	Id
800	Jh 19,35	ἀληθῆ	(1)	acc neut pl	Id
801		ἀληθής	(6)	nom mas sg	Id
802		ἀληθής	(10)	nom fem sg	Id
803		ἀληθιναί	(3)	nom fem pl	ἀληθινός
804		ἀληθινή	(3)	nom fem sg	Id
805	*Mc 16,14	ἀληθινήν		acc fem sg	Id
806		ἀληθινῆς	(2)	gen fem sg	Id
807		ἀληθινοί	(4)	nom mas pl	Id
808		ἀληθινόν	(2)	acc mas sg	Id
809		ἀληθινόν	(2)	nom neut sg	Id
810		ἀληθινόν	(2)	acc neut sg	Id
811		ἀληθινός	(7)	nom mas sg	Id
812		ἀληθινῷ	(2)	dat mas sg	Id
813	Heb 9,24	ἀληθινῶν	(1)	gen neut pl	Id
814	2Pt 2,22	ἀληθοῦς	(1)	gen fem sg	ἀληθής
815		ἀλήθουσαι	(2)	nom fem pl part pr a	ἀλήθω
816		ἀληθῶς	(18)	adv	ἀληθῶς
817	*Mc 9,49	ἁλί		dat sg	ἅλς
818		ἁλιεῖς	(3)	nom pl	ἁλιεύς
819		ἁλιεῖς	(2)	acc pl	Id
820	Jh 21,3	ἁλιεύειν	(1)	inf pr a	ἁλιεύω
821	*Mc 9,49	ἀλισγηθήσεται		3 p sg ind fut pass	ἀλισγέω
822	Ac 15,20	ἀλισγημάτων	(1)	gen pl	ἀλίσγημα
823		ἁλισθήσεται	(2)	3 p sg ind fut pass	ἁλίζω
824		ἀλλ' cf ἀλλά			
825		ἀλλά	(638)	conj	ἀλλά
826		ἄλλα	(17)	nom neut pl	ἄλλος
827		ἀλλαγησόμεθα	(2)	1 p pl ind fut2 pass	ἀλλάσσω
828	Heb 1,12	ἀλλαγήσονται	(1)	3 p pl ind fut2 pass	Id
829	Mc 15,41	ἄλλαι	(1)	nom fem pl	ἄλλος
830	Ga 4,20	ἀλλάξαι	(1)	inf ao a	ἀλλάσσω
831	Ac 6,14	ἀλλάξει	(1)	3 p sg ind fut a	Id
832	*Heb 1,12	ἀλλάξεις		2 p sg ind fut a	Id
833	2Co 11,8	ἄλλας	(1)	acc fem pl	ἄλλος
834	Jh 10,1	ἀλλαχόθεν	(1)	adv	ἀλλαχόθεν
835	Mc 1,38	ἀλλαχοῦ	(1)	adv	ἀλλαχοῦ
836		ἄλλη	(12)	nom fem sg	ἄλλος
837	*Mt 10,23	ἄλλῃ		dat fem sg	Id
838	Ga 4,24	ἀλληγορούμενα	(1)	nom neut pl part pr pass	ἀλληγορέω

839		ἀλλήλοις	(11)	dat mas pl	ἀλλήλων
840		ἀλλήλοις	(2)	dat neut pl	Id
841		ἀλληλουϊά	(4)	inde	ἀλληλουϊά
842		ἀλλήλους	(67)	acc mas pl	ἀλλήλων
843		ἀλλήλων	(19)	gen mas pl	Id
844	1Co 12,25	ἀλλήλων	(1)	gen neut pl	Id
845		ἄλλην	(9)	acc fem sg	ἄλλος
846		ἄλλης	(3)	gen fem sg	Id
847		ἄλλο	(12)	nom neut sg	Id
848	Lc 17,18	ἀλλογενής	(1)	nom mas sg	ἀλλογενής
849		ἄλλοι	(27)	nom mas pl	ἄλλος
850		ἄλλοις	(5)	dat mas pl	Id
851	Ac 3,8	ἁλλόμενος	(1)	nom mas sg part pr	ἅλλομαι
852	Jh 4,14	ἁλλομένου	(1)	gen neut sg part pr	Id
853		ἄλλον	(17)	acc mas sg	ἄλλος
854		ἄλλος	(25)	nom mas sg	Id
855	Ac 7,6	ἀλλοτρίᾳ	(1)	dat fem sg	ἀλλότριος
856	1Tm 5,22	ἀλλοτρίαις	(1)	dat fem pl	Id
857	Heb 11,9	ἀλλοτρίαν	(1)	acc fem sg	Id
858	1Pt 4,15	ἀλλοτριεπίσκοπος	(1)	nom mas sg	ἀλλοτριεπίσκοπος
859	*1Pt 4,15	ἀλλοτριοεπίσκοπος		nom sg	ἀλλοτριοεπίσκοπος
860	2Co 10,15	ἀλλοτρίοις	(1)	dat mas pl	ἀλλότριος
861		ἀλλότριον	(2)	acc mas sg	Id
862	*Mt 17,26	ἀλλότριος		nom mas sg	Id
863		ἀλλοτρίῳ	(2)	dat mas sg	Id
864		ἀλλοτρίῳ	(2)	dat neut sg	Id
865		ἀλλοτρίων	(4)	gen mas pl	Id
866	Jh 19,32	ἄλλου	(1)	gen mas sg	ἄλλος
867		ἄλλους	(12)	acc mas pl	Id
868	*Heb 7,1	ἀλλοφύλους		acc mas pl	ἀλλόφυλος
869	Ac 10,28	ἀλλοφύλῳ	(1)	dat mas sg	Id
870	*Ac 13,19	ἀλλοφύλων		gen mas pl	Id
871		ἄλλῳ	(10)	dat mas sg	ἄλλος
872		ἄλλων	(3)	gen mas pl	Id
873	1Tm 5,25	ἄλλως	(1)	adv	ἄλλως
874	*Lc 3,33	’Αλμεί		inde	’Αλμεί
875		ἄλογα	(2)	nom neut pl	ἄλογος
876	Ac 25,27	ἄλογον	(1)	nom neut sg	Id
877	Jh 19,39	ἀλόης	(1)	gen sg	ἀλόη
878	1Co 9,10	ἀλοῶν	(1)	nom mas sg part pr a	ἀλοάω
879		ἀλοῶντα	(2)	acc mas sg part pr a	Id
880	Ja 3,12	ἁλυκόν	(1)	acc neut sg	ἁλυκός
881	Php 2,28	ἀλυπότερος	(1)	comp nom mas sg	ἄλυπος
882		ἁλύσει	(2)	dat sg	ἅλυσις
883	Ac 12,7	ἁλύσεις	(1)	nom pl	Id
884	Mc 5,4	ἁλύσεις	(1)	acc pl	Id
885		ἁλύσεσι(ν)	(4)	dat pl	Id
886		ἅλυσιν	(3)	acc sg	Id
887	Heb 13,17	ἀλυσιτελές	(1)	nom neut sg	ἀλυσιτελής

No.	Ref	Form	Freq	Parsing	Lemma
888	*Ju 6	ἀλύτοις		dat mas pl	ἄλυτος
889		ἄλφα	(3)	inde	ἄλφα
890		Ἁλφαίου	(5)	gen sg	Ἁλφαῖος
891		ἅλωνα	(2)	acc sg	ἅλων
892		ἀλώπεκες	(2)	nom pl	ἀλώπηξ
893	Lc 13,32	ἀλώπεκι	(1)	dat sg	Id
894	2Pt 2,12	ἅλωσιν	(1)	acc sg	ἅλωσις
895		ἅμα	(10)	adv/prpo	ἅμα
896	2Pt 3,16	ἀμαθεῖς	(1)	nom mas pl	ἀμαθής
897	1Pt 5,4	ἀμαράντινον	(1)	acc mas sg	ἀμαράντινος
898	1Pt 1,4	ἀμάραντον	(1)	acc fem sg	ἀμάραντος
899		ἁμάρτανε	(2)	2 p sg imper pr a	ἁμαρτάνω
900		ἁμαρτάνει	(6)	3 p sg ind pr a	Id
901	1Jh 3,9	ἁμαρτάνειν	(1)	inf pr a	Id
902	1Co 8,12	ἁμαρτάνετε	(1)	2 p pl ind pr a	Id
903		ἁμαρτάνετε	(2)	2 p pl imper pr a	Id
904	*1Jh 2,1	ἁμαρτάνητε		2 p pl sbj pr a	Id
905	1Jh 5,16	ἁμαρτάνοντα	(1)	acc mas sg part pr a	Id
906	1Tm 5,20	ἁμαρτάνοντας	(1)	acc mas pl part pr a	Id
907		ἁμαρτάνοντες	(2)	nom mas pl part pr a	Id
908	*1Jh 5,16	ἁμαρτάνοντι		dat mas sg part pr a	Id
909	Heb 10,26	ἁμαρτανόντων	(1)	gen mas pl part pr a	Id
910	1Jh 5,16	ἁμαρτάνουσιν	(1)	dat mas pl part pr a	Id
911	1Jh 3,6	ἁμαρτάνων	(1)	nom mas sg part pr a	Id
912		ἁμάρτῃ	(2)	3 p sg sbj ao2 a	Id
913	1Co 6,18	ἁμάρτημα	(1)	nom sg	ἁμάρτημα
914	Mc 3,28	ἁμαρτήματα	(1)	nom pl	Id
915	*Lc 11,4	ἁμαρτήματα		acc pl	Id
916	Mc 3,29	ἁμαρτήματος	(1)	gen sg	Id
917	Rm 3,25	ἁμαρτημάτων	(1)	gen pl	Id
918	Rm 5,14	ἁμαρτήσαντας	(1)	acc mas pl part ao a	ἁμαρτάνω
919	Rm 5,16	ἁμαρτήσαντος	(1)	gen mas sg part ao a	Id
920	2Pt 2,4	ἁμαρτησάντων	(1)	gen mas pl part ao a	Id
921	Heb 3,17	ἁμαρτήσασιν	(1)	dat mas pl part ao a	Id
922	Mt 18,21	ἁμαρτήσει	(1)	3 p sg ind fut a	Id
923		ἁμαρτήσῃ	(2)	3 p sg sbj ao a	Id
924	*Rm 6,15	ἁμαρτήσομεν		1 p pl ind fut a	Id
925	Rm 6,15	ἁμαρτήσωμεν	(1)	1 p pl sbj ao a	Id
926	*Mc 16,14	ἁμαρτήσωσιν		3 p pl sbj ao a	Id
927	1Jh 2,1	ἁμάρτητε	(1)	2 p pl sbj ao2 a	Id
928		ἁμαρτία	(28)	nom sg	ἁμαρτία
929		ἁμαρτίᾳ	(7)	dat sg	Id
930		ἁμαρτίαι	(12)	nom pl	Id
931		ἁμαρτίαις	(9)	dat pl	Id
932		ἁμαρτίαν	(27)	acc sg	Id
933		ἁμαρτίας	(31)	gen sg	Id
934		ἁμαρτίας	(27)	acc pl	Id
935	*1Pt 3,18	ἁμαρτινῶν	(?)		
936		ἁμαρτιῶν	(32)	gen pl	ἁμαρτία
937	Ac 14,17	ἀμάρτυρον	(1)	acc mas sg	ἀμάρτυρος

No.	Ref.	Form	Count	Analysis	Lemma
938		ἁμαρτωλοί	(11)	nom mas pl	ἁμαρτωλός
939	Ja 4,8	ἁμαρτωλοί	(1)	vo mas pl	Id
940		ἁμαρτωλοῖς	(2)	dat mas pl	Id
941	Ja 5,20	ἁμαρτωλόν	(1)	acc mas sg	Id
942		ἁμαρτωλός	(6)	nom mas sg	Id
943		ἁμαρτωλός	(3)	nom fem sg	Id
944		ἁμαρτωλούς	(5)	acc mas pl	Id
945		ἁμαρτωλῷ	(4)	dat mas sg	Id
946	Mc 8,38	ἁμαρτωλῷ	(1)	dat fem sg	Id
947		ἁμαρτωλῶν	(13)	gen mas pl	Id
948	*Mt 1,8	Ἀμασίαν		acc	Ἀμασίας
949	*Mt 1,8	Ἀμασίας		nom	Id
950	*Lc 3,28	Ἀμασίου		gen	Id
951	1Tm 3,3	ἄμαχον	(1)	acc mas sg	ἄμαχος
952	Tit 3,2	ἀμάχους	(1)	acc mas pl	Id
953	*Apc 21,20	ἀμέθυσος		nom sg	ἀμέθυσος
954	*Apc 21,20	ἀμεθύστινος		nom mas sg	ἀμεθύστινος
955	Apc 21,20	ἀμέθυστος	(1)	nom sg	ἀμέθυστος
956	1Tm 4,14	ἀμέλει	(1)	2 p sg imper pr a	ἀμελέω
957		ἀμελήσαντες	(2)	nom mas pl part ao a	Id
958	*2Pt 1,12	ἀμελήσω		1 p sg ind fut a	Id
959		ἄμεμπτοι	(2)	nom mas pl	ἄμεμπτος
960	Php 3,6	ἄμεμπτος	(1)	nom mas sg	Id
961	Heb 8,7	ἄμεμπτος	(1)	nom fem sg	Id
962	*Ju 24	ἀμέμπτους		acc mas pl	Id
963	1Th 3,13	ἀμέμπτους	(1)	acc fem pl	Id
964		ἀμέμπτως	(2)	adv	ἀμέμπτως
965		ἀμερίμνους	(2)	acc mas pl	ἀμέριμνος
966	Heb 6,17	ἀμετάθετον	(1)	acc neut sg	ἀμετάθετος
967	Heb 6,18	ἀμεταθέτων	(1)	gen neut pl	Id
968	1Co 15,58	ἀμετακίνητοι	(1)	nom mas pl	ἀμετακίνητος
969	Rm 11,29	ἀμεταμέλητα	(1)	nom neut pl	ἀμεταμέλητος
970	2Co 7,10	ἀμεταμέλητον	(1)	acc fem sg	Id
971	Rm 2,5	ἀμετανόητον	(1)	acc fem sg	ἀμετανόητος
972		ἄμετρα	(2)	acc neut pl	ἄμετρος
973		ἀμήν	(130)	inde	ἀμήν
974	Ja 5,4	ἀμησάντων	(1)	gen mas pl part ao a	ἀμάω
975	Heb 7,3	ἀμήτωρ	(1)	nom sg	ἀμήτωρ
976	1Pt 1,4	ἀμίαντον	(1)	acc fem sg	ἀμίαντος
977	Heb 7,26	ἀμίαντος	(1)	nom mas sg	Id
978		ἀμίαντος	(2)	nom fem sg	Id
979		Ἀμιναδάβ	(3)	inde	Ἀμιναδάβ
980	*Lc 3,33	Ἀμιναδάμ		inde	Ἀμιναδάμ
981	*Rm 4,18	ἄμμον		nom sg	ἄμμον
982		ἄμμον	(2)	acc sg	ἄμμος
983		ἄμμος	(3)	nom sg	Id
984	*Ac 7,24	ἄμμῳ		dat sg	Id
985	*Mt 1,10	Ἀμμών		inde	Ἀμμών
986		ἀμνός	(3)	nom sg	ἀμνός

987	1Pt 1,19	ἀμνοῦ	(1)	gen sg	ἀμνός
988	1Tm 5,4	ἀμοιβάς	(1)	acc pl	ἀμοιβή
989	*1Co 12,2	ἄμορφα		acc neut pl	ἄμορφος
990	Apc 14,19	ἄμπελον	(1)	acc sg	ἄμπελος
991		ἄμπελος	(3)	nom sg	Id
992		ἀμπέλου	(4)	gen sg	Id
993	Lc 13,7	ἀμπελουργόν	(1)	acc sg	ἀμπελουργός
994	Jh 15,4	ἀμπέλῳ	(1)	dat sg	ἄμπελος
995		ἀμπελῶνα	(11)	acc sg	ἀμπελών
996		ἀμπελῶνι	(2)	dat sg	Id
997		ἀμπελῶνος	(10)	gen sg	Id
998	*Rm 16,8	Ἀμπλίαν		acc	Ἀμπλίας
999	Rm 16,8	Ἀμπλιᾶτον	(1)	acc sg	Ἀμπλιᾶτος
1000	Mc 1,16	ἀμφιβάλλοντας	(1)	acc mas pl part pr a	ἀμφιβάλλω
1001	Mt 4,18	ἀμφίβληστρον	(1)	acc sg	ἀμφίβληστρον
1002	Lc 12,28	ἀμφιέζει	(1)	3 p sg ind pr a	ἀμφιέζω
1003	Mt 6,30	ἀμφιέννυσιν	(1)	3 p sg ind pr a	ἀμφιέννυμι
1004	Ac 17,1	Ἀμφίπολιν	(1)	acc	Ἀμφίπολις
1005	*Ac 19,28	ἄμφοδον		acc sg	ἄμφοδον
1006	Mc 11,4	ἀμφόδου	(1)	gen sg	Id
1007		ἀμφότερα	(4)	acc neut	ἀμφότεροι
1008		ἀμφότεροι	(7)	nom mas	Id
1009	Lc 7,42	ἀμφοτέροις	(1)	dat mas	Id
1010	Eph 2,16	ἀμφοτέρους	(1)	acc mas	Id
1011	Ac 19,16	ἀμφοτέρων	(1)	gen mas	Id
1012	*Apc 14,5	ἄμω		err cf ἄμωμοι	
1013	Php 2,15	ἄμωμα	(1)	nom neut pl	ἄμωμος
1014	*Php 2,15	ἀμώμητα		nom neut pl	ἀμώμητος
1015	2Pt 3,14	ἀμώμητοι	(1)	nom mas pl	Id
1016	Apc 14,5	ἄμωμοι	(1)	nom mas pl	ἄμωμος
1017	Heb 9,14	ἄμωμον	(1)	acc mas sg	Id
1018	Apc 18,13	ἄμωμον	(1)	acc sg	ἄμωμον
1019	Eph 5,27	ἄμωμος	(1)	nom fem sg	ἄμωμος
1020	1Pt 1,19	ἀμώμου	(1)	gen mas sg	Id
1021		ἀμώμους	(3)	acc mas pl	Id
1022	*Mt 1,10	Ἀμών		inde	Ἀμών
1023		Ἀμώς	(2)	inde	Ἀμώς
1024		ἄν	(167)	parti	ἄν
1025		ἀνά	(3)	prpo	ἀνά
1026	Apc 4,1	ἀνάβα	(1)	2 p sg imper ao2 a	ἀναβαίνω
1027	Ac 21,35	ἀναβαθμούς	(1)	acc pl	ἀναβαθμός
1028	Ac 21,40	ἀναβαθμῶν	(1)	gen pl	Id
1029		ἀναβαίνει	(4)	3 p sg ind pr a	ἀναβαίνω
1030		ἀναβαίνειν	(3)	inf pr a	Id
1031		ἀναβαίνομεν	(3)	1 p pl ind pr a	Id
1032	Apc 11,7	ἀναβαῖνον	(1)	nom neut sg part pr a	Id
1033		ἀναβαῖνον	(2)	acc neut sg part pr a	Id
1034		ἀναβαίνοντα	(3)	acc mas sg part pr a	Id
1035	Jh 1,51	ἀναβαίνοντας	(1)	acc mas pl part pr a	Id

No.	Ref.	Form	Freq.	Analysis	Lemma
1036	Mc 10,32	ἀναβαίνοντες	(1)	nom mas pl part pr a	ἀναβαίνω
1037		ἀναβαινόντων	(2)	gen mas pl part pr a	Id
1038	Lc 24,38	ἀναβαίνουσιν	(1)	3 p pl ind pr a	Id
1039		ἀναβαίνω	(2)	1 p sg ind pr a	Id
1040		ἀναβαίνων	(4)	nom mas sg part pr a	Id
1041		ἀναβάντα	(2)	acc mas sg part ao2 a	Id
1042	Lc 5,19	ἀναβάντες	(1)	nom mas pl part ao2 a	Id
1043	Mt 14,32	ἀναβάντων	(1)	gen mas pl part ao2 a	Id
1044		ἀναβάς	(7)	nom mas sg part ao2 a	Id
1045	Apc 11,12	ἀνάβατε	(1)	2 p pl imper ao2 a	Id
1046	Jh 20,17	ἀναβέβηκα	(1)	1 p sg ind pf a	Id
1047	Jh 3,13	ἀναβέβηκεν	(1)	3 p sg ind pf a	Id
1048	*Lc 8,22	ἀναβῆναι		inf ao2 a	Id
1049	Rm 10,6	ἀναβήσεται	(1)	3 p sg ind fut	Id
1050	Jh 7,8	ἀνάβητε	(1)	2 p pl imper ao2 a	Id
1051	Mt 13,48	ἀναβιβάσαντες	(1)	nom mas pl part ao a	ἀναβιβάζω
1052		ἀναβλέπουσιν	(2)	3 p pl ind pr a	ἀναβλέπω
1053	Jh 9,18	ἀναβλέψαντος	(1)	gen mas sg part ao a	Id
1054		ἀναβλέψας	(7)	nom mas sg part ao a	Id
1055	Mc 16,4	ἀναβλέψασαι	(1)	nom fem pl part ao a	Id
1056	*Mt 24,31	ἀναβλέψατε		2 p pl imper ao a	Id
1057	Ac 9,12	ἀναβλέψῃ	(1)	3 p sg sbj ao a	Id
1058	Ac 9,17	ἀναβλέψῃς	(1)	2 p sg sbj ao a	Id
1059	Lc 4,18	ἀνάβλεψιν	(1)	acc sg	ἀνάβλεψις
1060		ἀνάβλεψον	(2)	2 p sg imper ao a	ἀναβλέπω
1061		ἀναβλέψω	(2)	1 p sg sbj ao a	Id
1062	*Mc 15,8	ἀναβοήσας		nom mas sg part ao a	ἀναβοάω
1063	Ac 25,17	ἀναβολήν	(1)	acc sg	ἀναβολή
1064		ἀναγαγεῖν	(2)	inf ao2 a	ἀνάγω
1065		ἀνάγαιον	(2)	acc sg	ἀνάγαιον
1066		ἀναγαγών	(3)	nom mas sg part ao2 a	ἀνάγω
1067		ἀναγγεῖλαι	(2)	inf ao a	ἀναγγέλλω
1068	*Mc 5,19	ἀνάγγειλον		2 p sg imper ao a	Id
1069		ἀναγγελεῖ	(4)	3 p sg ind fut a	Id
1070	*Ac 4,2	ἀναγγέλλειν		inf pr a	Id
1071	1Jh 1,5	ἀναγγέλλομεν	(1)	1 p pl ind pr a	Id
1072	Ac 19,18	ἀναγγέλλοντες	(1)	nom mas pl part pr a	Id
1073	*Jh 20,18	ἀναγγέλλουσα		nom fem sg part pr a	Id
1074	2Co 7,7	ἀναγγέλλων	(1)	nom mas sg part pr a	Id
1075	*Jh 16,25	ἀναγγελῶ		1 p sg ind fut a	Id
1076	1Pt 1,23	ἀναγεγεννημένοι	(1)	nom mas pl part pf pass	ἀναγεννάω
1077	*Mt 17,1	ἀνάγει		3 p sg ind pr a	ἀνάγω
1078	1Pt 1,3	ἀναγεννήσας	(1)	nom mas sg part ao a	ἀναγεννάω
1079		ἀνάγεσθαι	(2)	inf pr m	ἀνάγω
1080	*Mc 13,14	ἀναγινώσκει		3 p sg ind pr a	ἀναγινώσκω
1081		ἀναγινώσκεις	(2)	2 p sg ind pr a	Id
1082	*2Co 3,15	ἀναγινώσκεται		3 p sg ind pr pass	Id
1083	2Co 1,13	ἀναγινώσκετε	(1)	2 p pl ind pr a	Id
1084	2Co 3,15	ἀναγινώσκηται	(1)	3 p sg sbj pr pass	Id

1085	Ac 13,27	ἀναγινωσκομένας	(1)	acc fem pl part pr pass	ἀναγινώσκω
1086	2Co 3,2	ἀναγινωσκομένη	(1)	nom fem sg part pr pass	Id
1087	Ac 15,21	ἀναγινωσκόμενος	(1)	nom mas sg part pr pass	Id
1088	Eph 3,4	ἀναγινώσκοντες	(1)	nom mas pl part pr a	Id
1089	Ac 8,30	ἀναγινώσκοντος	(1)	gen mas sg part pr a	Id
1090		ἀναγινώσκων	(3)	nom mas sg part pr a	Id
1091	Ga 2,14	ἀναγκάζεις	(1)	2 p sg ind pr a	ἀναγκάζω
1092	Ga 6,12	ἀναγκάζουσιν	(1)	3 p pl ind pr a	Id
1093	1Co 12,22	ἀναγκαῖα	(1)	nom neut pl	ἀναγκαῖος
1094	Tit 3,14	ἀναγκαίας	(1)	acc fem pl	Id
1095		ἀναγκαῖον	(4)	nom neut sg	Id
1096	Php 1,24	ἀναγκαιότερον	(1)	comp nom neut sg	Id
1097	Ac 10,24	ἀναγκαίους	(1)	acc mas pl	Id
1098		ἀνάγκαις	(2)	dat pl	ἀνάγκη
1099	Lc 14,23	ἀνάγκασον	(1)	2 p sg imper ao a	ἀναγκάζω
1100	*1Pt 5,2	ἀναγκαστικῶς		adv	ἀναγκαστικῶς
1101	1Pt 5,2	ἀναγκαστῶς	(1)	adv	ἀναγκαστῶς
1102		ἀνάγκη	(6)	nom sg	ἀνάγκη
1103	1Th 3,7	ἀνάγκῃ	(1)	dat sg	Id
1104		ἀνάγκην	(7)	acc sg	Id
1105		ἀνάγκης	(2)	gen sg	Id
1106	Ac 15,31	ἀναγνόντες	(1)	nom mas pl part ao2 a	ἀναγινώσκω
1107	Ac 23,34	ἀναγνούς	(1)	nom mas sg part ao2 a	Id
1108	Lc 4,16	ἀναγνῶναι	(1)	inf ao2 a	Id
1109		ἀναγνώσει	(2)	dat sg	ἀνάγνωσις
1110		ἀναγνωσθῇ	(2)	3 p sg sbj ao pass	ἀναγινώσκω
1111	1Th 5,27	ἀναγνωσθῆναι	(1)	inf ao pass	Id
1112	Ac 13,15	ἀνάγνωσιν	(1)	acc sg	ἀνάγνωσις
1113	Ac 28,10	ἀναγομένοις	(1)	dat mas pl part pr m	ἀνάγω
1114	*Jh 6,15	ἀναδεικνύναι		inf pr a	ἀναδείκνυμι
1115	Lc 1,80	ἀναδείξεως	(1)	gen sg	ἀνάδειξις
1116	Ac 1,24	ἀνάδειξον	(1)	2 p sg imper ao a	ἀναδείκνυμι
1117		ἀναδεξάμενος	(2)	nom mas sg part ao m	ἀναδέχομαι
1118	Ac 23,33	ἀναδόντες	(1)	nom mas pl part ao2 a	ἀναδίδωμι
1119	Ac 11,25	ἀναζητῆσαι	(1)	inf ao a	ἀναζητέω
1120	Lc 2,45	ἀναζητοῦντες	(1)	nom mas pl part pr a	Id
1121	*Ac 11,25	ἀναζητῶν		nom mas sg part pr a	Id
1122	2Tm 1,6	ἀναζωπυρεῖν	(1)	inf pr a	ἀναζωπυρέω
1123	1Pt 1,13	ἀναζωσάμενοι	(1)	nom mas pl part ao m	ἀναζώννυμι
1124		ἀνάθεμα	(5)	nom sg	ἀνάθεμα
1125	*Lc 21,5	ἀναθέμασιν		dat pl	Id
1126	Ac 23,14	ἀναθέματι	(1)	dat sg	Id
1127	Mc 14,71	ἀναθεματίζειν	(1)	inf pr a	ἀναθεματίζω
1128	Heb 13,7	ἀναθεωροῦντες	(1)	nom mas pl part pr a	ἀναθεωρέω
1129	Ac 17,23	ἀναθεωρῶν	(1)	nom mas sg part pr a	Id
1130	Lc 21,5	ἀναθήμασιν	(1)	dat pl	ἀνάθημα
1131	Lc 11,8	ἀναίδειαν	(1)	acc sg	ἀναίδεια
1132		ἀναιρεθῆναι	(2)	inf ao pass	ἀναιρέω
1133	Heb 10,9	ἀναιρεῖ	(1)	3 p sg ind pr a	Id

No.	Ref	Form	Freq	Parsing	Lemma
1134	Ac 16,27	ἀναιρεῖν	(1)	inf pr a	ἀναιρέω
1135	Ac 23,27	ἀναιρεῖσθαι	(1)	inf pr pass	Id
1136	Ac 8,1	ἀναιρέσει	(1)	dat sg	ἀναίρεσις
1137	*Ac 13,28	ἀναίρεσιν		acc sg	Id
1138	Ac 26,10	ἀναιρουμένων	(1)	gen mas pl part pr pass	ἀναιρέω
1139	Ac 22,20	ἀναιρούντων	(1)	gen mas pl part pr a	Id
1140	Mt 12,5	ἀναίτιοι	(1)	nom mas pl	ἀναίτιος
1141	Mt 12,7	ἀναιτίους	(1)	acc mas pl	Id
1142	Heb 6,6	ἀνακαινίζειν	(1)	inf pr a	ἀνακαινίζω
1143	Col 3,10	ἀνακαινούμενον	(1)	acc mas sg part pr pass	ἀνακαινόω
1144	2Co 4,16	ἀνακαινοῦται	(1)	3 p sg ind pr pass	Id
1145	Rm 12,2	ἀνακαινώσει	(1)	dat sg	ἀνακαίνωσις
1146	Tit 3,5	ἀνακαινώσεως	(1)	gen sg	Id
1147	2Co 3,14	ἀνακαλυπτόμενον	(1)	nom neut sg part pr pass	ἀνακαλύπτω
1148	*Lc 21,28	ἀνακαλύψατε		2 p pl imper ao a	Id
1149		ἀνακάμψαι	(2)	inf ao a	ἀνακάμπτω
1150	Lc 10,6	ἀνακάμψει	(1)	3 p sg ind fut a	Id
1151	Ac 18,21	ἀνακάμψω	(1)	1 p sg ind fut a	Id
1152		ἀνακειμένοις	(2)	dat mas pl part pr	ἀνάκειμαι
1153	*Mc 5,40	ἀνακείμενον		nom neut sg part pr	Id
1154		ἀνακείμενος	(3)	nom mas sg part pr	Id
1155		ἀνακειμένου	(2)	gen mas sg part pr	Id
1156		ἀνακειμένους	(2)	acc mas pl part pr	Id
1157		ἀνακειμένων	(4)	gen mas pl part pr	Id
1158	2Co 3,18	ἀνακεκαλυμμένῳ	(1)	dat neut sg part pf pass	ἀνακαλύπτω
1159	*Mc 16,4	ἀνακεκύλισται		3 p sg ind pf pass	ἀνακυλίω
1160	Rm 13,9	ἀνακεφαλαιοῦται	(1)	3 p sg ind pr pass	ἀνακεφαλαιόω
1161	Eph 1,10	ἀνακεφαλαιώσασθαι	(1)	inf ao m	Id
1162	Mt 14,19	ἀνακλιθῆναι	(1)	inf ao pass	ἀνακλίνω
1163		ἀνακλιθήσονται	(2)	3 p pl ind fut pass	Id
1164	Mc 6,39	ἀνακλῖναι	(1)	inf ao a	Id
1165	Lc 12,37	ἀνακλινεῖ	(1)	3 p sg ind fut a	Id
1166	*Mt 20,28	ἀνακλίνεσθε		2 p pl imper pr m	Id
1167	*Apc 14,15	ἀνακράζων		nom mas sg part pr a	ἀνακράζω
1168	Lc 8,28	ἀνακράξας	(1)	nom mas sg part ao a	Id
1169	*Lc 4,35	ἀνακραυγάσαν		nom neut sg part ao a	ἀνακραυγάζω
1170	1Co 4,3	ἀνακριθῶ	(1)	1 p sg sbj ao pass	ἀνακρίνω
1171	*Ac 11,12	ἀνακρίναντα		acc mas sg part ao a	Id
1172	Ac 28,18	ἀνακρίναντες	(1)	nom mas pl part ao a	Id
1173		ἀνακρίνας	(3)	nom mas sg part ao a	Id
1174	1Co 2,15	ἀνακρίνει	(1)	3 p sg ind pr a	Id
1175		ἀνακρίνεται	(3)	3 p sg ind pr pass	Id
1176	Ac 4,9	ἀνακρινόμεθα	(1)	2 p pl ind pr pass	Id
1177		ἀνακρίνοντες	(3)	nom mas pl part pr a	Id
1178	1Co 9,3	ἀνακρίνουσιν	(1)	dat mas pl part pr a	Id
1179	1Co 4,3	ἀνακρίνω	(1)	1 p sg ind pr a	Id
1180	1Co 4,4	ἀνακρίνων	(1)	nom mas sg part pr a	Id
1181	Ac 25,26	ἀνακρίσεως	(1)	gen sg	ἀνάκρισις
1182	Lc 13,11	ἀνακύψαι	(1)	inf ao a	ἀνακύπτω

1183	Jh 8,10	ἀνακύψας	(1)	nom mas sg part ao a .	ἀνακύπτω
1184	Lc 21,28	ἀνακύψατε	(1)	2 p pl imper ao a .	Id
1185	Eph 6,13	ἀναλάβετε	(1)	2 p pl imper ao2 a	ἀναλαμβάνω
1186		ἀναλαβόντες	(3)	nom mas pl part ao2 a	Id
1187	2Tm 4,11	ἀναλαβών	(1)	nom mas sg part ao2 a	Id
1188	Ac 20,13	ἀναλαμβάνειν	(1)	inf pr a . .	Id
1189	Ac 1,11	ἀναλημφθείς	(1)	nom mas sg part ao pass	Id
1190	Lc 9,51	ἀναλήμψεως	(1)	gen sg . . .	ἀνάλημψις
1191	Rm 12,6	ἀναλογίαν	(1)	acc sg	ἀναλογία
1192	Heb 12,3	ἀναλογίσασθε	(1)	2 p pl imper ao m	ἀναλογίζομαι
1193	*2Th 2,8	ἀναλοῖ		3 p sg ind pr a	ἀναλόω
1194	Mc 9,50	ἄναλον	(1)	nom neut sg	ἄναλος
1195	Php 1,23	ἀναλῦσαι	(1)	inf ao a	ἀναλύω
1196	2Tm 4,6	ἀναλύσεως	(1)	gen sg	ἀνάλυσις
1197	Lc 12,36	ἀναλύσῃ	(1)	3 p sg sbj ao a . .	ἀναλύω
1198	*Mc 9,49	ἀναλωθήσεται		3 p sg ind fut pass . .	ἀναλίσκω
1199	Ga 5,15	ἀναλωθῆτε	(1)	2 p pl sbj ao pass .	Id
1200	Lc 9,54	ἀναλῶσαι	(1)	inf ao a	Id
1201	*2Th 2,8	ἀναλώσει		3 p sg ind fut a . . .	Id
1202	Jh 8,7	ἀναμάρτητος	(1)	nom mas sg . .	ἀναμάρτητος
1203	1Th 1,10	ἀναμένειν	(1)	inf pr a . . .	ἀναμένω
1204	*Lc 11,51	ἀναμέσον		cf ἀνὰ μέσον	
1205	Heb 10,32	ἀναμιμνῄσκεσθε	(1)	2 p pl imper pr m	ἀναμιμνῄσκω
1206	2Co 7,15	ἀναμιμνῃσκομένου	(1)	gen mas sg part pr m	Id
1207	2Tm 1,6	ἀναμιμνῄσκω	(1)	1 p sg ind pr a . .	Id
1208	1Co 4,17	ἀναμνήσει	(1)	3 p sg ind fut a . .	Id
1209	Mc 11,21	ἀναμνησθείς	(1)	nom mas sg part ao pass	Id
1210	*Ac 16,35	ἀναμνησθέντες		nom mas pl part ao pass .	Id
1211		ἀνάμνησιν	(3)	acc sg . . .	ἀνάμνησις
1212	Heb 10,3	ἀνάμνησις	(1)	nom sg . . .	Id
1213	Eph 4,23	ἀνανεοῦσθαι	(1)	inf pr pass . .	ἀνανεόω
1214	*Eph 4,23	ἀνανεοῦσθε		2 p pl imper pr pass . .	Id
1215	2Tm 2,26	ἀνανήψωσιν	(1)	3 p pl sbj ao a . .	ἀνανήφω
1216		Ἁνανία	(2)	vo	Ἁνανίας
1217	Ac 9,12	Ἁνανίαν	(1)	acc	Id
1218		Ἁνανίας	(8)	nom	Id
1219	Ac 19,36	ἀναντιρρήτων	(1)	gen neut pl	ἀναντίρρητος
1220	Ac 10,29	ἀναντιρρήτως	(1)	adv . .	ἀναντιρρήτως
1221	1Co 6,2	ἀνάξιοι	(1)	nom mas pl	ἀνάξιος
1222	1Co 11,27	ἀναξίως	(1)	adv	ἀναξίως
1223	Apc 14,13	ἀναπαήσονται	(1)	3 p pl ind fut2 m .	ἀναπαύω
1224		ἀναπαύεσθε	(2)	2 p pl imper pr m .	Id
1225	1Pt 4,14	ἀναπαύεται	(1)	3 p sg ind pr m . .	Id
1226	*Lc 16,23	ἀναπαυόμενον		acc mas sg part pr m . .	Id
1227	Lc 12,19	ἀναπαύου	(1)	2 p sg imper pr m . .	Id
1228	Mc 6,31	ἀναπαύσασθε	(1)	2 p pl imper ao m .	Id
1229	*Apc 6,11	ἀναπαύσασθαι		inf ao m . . .	Id
1230		ἀνάπαυσιν	(5)	acc sg . . .	ἀνάπαυσις
1231	*Rm 15,32	ἀναπαύσομαι		1 p sg ind fut m . . .	ἀναπαύω
1232	Phm 20	ἀνάπαυσον	(1)	2 p sg imper ao a . .	ἀναπαύω

1233	Apc 6,11	ἀναπαύσονται	(1)	3 p sg ind fut m .	ἀναπαύω
1234	Mt 11,28	ἀναπαύσω	(1)	1 p sg ind fut a . .	Id
1235	*Apc 6,11	ἀναπαύσωνται		3 p pl sbj ao m . .	Id
1236	Ac 18,13	ἀναπείθει	(1)	3 p sg ind pr a . .	ἀναπείθω
1237		ἀναπείρους	(2)	acc mas pl . . .	ἀνάπειρος
1238	*1Pt 4,14	ἀναπέμπεται		3 p sg ind pr pass . .	ἀναπέμπω
1239	*Ac 26,32	ἀναπέμψαι		inf ao a	Id
1240	Ac 25,21	ἀναπέμψω	(1)	1 p sg sbj ao a . .	Id
1241		ἀναπέπαυται	(2)	3 p sg ind pf pass .	ἀναπαύω
1242		ἀνάπεσε	(2)	2 p sg imper ao2 a . .	ἀναπίπτω
1243		ἀναπεσεῖν	(3)	inf ao2 a . . .	Id
1244	*Mt 20,28	ἀναπέσῃς		2 p sg sbj ao2 a . . .	Id
1245	Jh 13,25	ἀναπεσών	(1)	nom mas sg part ao2 a .	Id
1246	Mc 10,50	ἀναπηδήσας	(1)	nom mas sg part ao a .	ἀναπηδάω
1247	Mt 13,14	ἀναπληροῦται	(1)	3 p sg ind pr pass	ἀναπληρόω
1248	1Co 14,16	ἀναπληρῶν	(1)	nom mas sg part pr a	Id
1249	1Th 2,16	ἀναπληρῶσαι	(1)	inf ao a . . .	Id
1250	*Ga 6,2	ἀναπληρώσατε		2 p pl imper ao a . .	Id
1251	Ga 6,2	ἀναπληρώσετε	(1)	2 p pl ind fut a .	Id
1252	Php 2,30	ἀναπληρώσῃ	(1)	3 p sg sbj ao a . .	Id
1253	Rm 2,1	ἀναπολόγητος	(1)	nom mas sg	ἀναπολόγητος
1254	Rm 1,20	ἀναπολογήτους	(1)	acc mas pl .	Id
1255	Ja 3,5	ἀνάπτει	(1)	3 p sg ind pr a . .	ἀνάπτω
1256	Lc 4,17	ἀναπτύξας	(1)	nom mas sg part ao a	ἀναπτύσσω
1257	Heb 11,12	ἀναρίθμητος	(1)	nom mas sg	ἀναρίθμητος
1258	Lc 23,5	ἀνασείει	(1)	3 p sg ind pr a . .	ἀνασείω
1259	Ac 15,24	ἀνασκευάζοντες	(1)	nom mas pl part pr a	ἀνασκευάζω
1260	Lc 14,5	ἀνασπάσει	(1)	3 p sg ind fut a . .	ἀνασπάω
1261		ἀνάστα	(2)	2 p sg imper ao2 a . .	ἀνίστημι
1262	Lc 23,1	ἀναστάν	(1)	nom neut sg part ao2 a .	Id
1263		ἀναστάντες	(6)	nom mas pl part ao2 a .	Id
1264		ἀναστάς	(36)	nom mas sg part ao2 a .	Id
1265		ἀναστᾶσα	(2)	nom fem sg part ao2 a .	Id
1266	*Lc 4,39	ἀναστᾶσαν		acc fem sg part ao2 a . .	Id
1267		ἀναστάσει	(7)	dat sg . . .	ἀνάστασις
1268		ἀναστάσεως	(17)	gen sg . . .	Id
1269		ἀνάστασιν	(12)	acc sg . . .	Id
1270		ἀνάστασις	(6)	nom sg	Id
1271	Ga 5,12	ἀναστατοῦντες	(1)	nom mas pl part pr a	ἀναστατόω
1272	Ac 17,6	ἀναστατώσαντες	(1)	nom mas pl part ao a	Id
1273	Ac 21,38	ἀναστατώσας	(1)	nom mas sg part ao a .	Id
1274	Heb 6,6	ἀνασταυροῦντας	(1)	acc mas pl part pr a	ἀνασταυρόω
1275	Mc 8,12	ἀναστενάξας	(1)	nom mas sg part ao a	ἀναστενάζω
1276		ἀναστῇ	(2)	3 p sg sbj ao2 a . .	ἀνίστημι
1277		ἀνάστηθι	(7)	2 p sg imper ao2 a . .	Id
1278		ἀναστῆναι	(7)	inf ao2 a . . .	Id
1279	*Ac 2,30	ἀναστῆσαι		inf ao a	Id
1280		ἀναστήσας	(3)	nom mas sg part ao a .	Id
1281		ἀναστήσει	(3)	3 p sg ind fut a . .	Id

No.	Ref	Form	Count	Parsing	Lemma
1282	*Ac 2,30	ἀναστήσειν		inf fut a	ἀνίστημι
1283		ἀναστήσεται	(5)	3 p sg ind fut m	Id
1284	*1Co 15,51	ἀναστησόμεθα		1 p pl ind fut m	Id
1285		ἀναστήσονται	(4)	3 p pl ind fut m	Id
1286		ἀναστήσω	(3)	1 p sg ind fut a	Id
1287	Jh 6,39	ἀναστήσω	(1)	1 p sg sbj ao a	Id
1288	1Pt 1,17	ἀναστράφητε	(1)	2 p pl imper ao2 pass	ἀναστρέφω
1289		ἀναστρέφεσθαι	(2)	inf pr pass	Id
1290	2Pt 2,18	ἀναστρεφομένους	(1)	acc mas pl part pr pass	Id
1291	Heb 10,33	ἀναστρεφομένων	(1)	gen mas pl part pr pass	Id
1292	Ac 5,22	ἀναστρέψαντες	(1)	nom mas pl part ao a	Id
1293	Ac 15,16	ἀναστρέψω	(1)	1 p sg ind fut a	Id
1294	2Pt 3,11	ἀναστροφαῖς	(1)	dat pl	ἀναστροφή
1295		ἀναστροφῇ	(2)	dat sg	Id
1296		ἀναστροφήν	(5)	acc sg	Id
1297		ἀναστροφῆς	(5)	gen sg	Id
1298		ἀναστῶσιν	(2)	3 p pl sbj ao2 a	ἀνίστημι
1299	*Mc 12,23	ἀναστωσολσι		[sic]	
1300	*Heb 10,14	ἀνασωζομένους		acc mas pl part pr pass	ἀνασώζω
1301	Lc 1,1	ἀνατάξασθαι	(1)	inf ao	ἀνατάσσομαι
1302	Ac 22,3	ἀνατεθραμμένος	(1)	nom mas sg part pf pass	ἀνατρέφω
1303		ἀνατείλαντος	(2)	gen mas sg part ao a	ἀνατέλλω
1304	2Pt 1,19	ἀνατείλῃ	(1)	3 p sg sbj ao a	Id
1305	Mt 5,45	ἀνατέλλει	(1)	3 p sg ind pr a	Id
1306	*Mc 16,2	ἀνατέλλοντος		gen mas sg part pr a	Id
1307	Lc 12,54	ἀνατέλλουσαν	(1)	acc fem sg part pr a	Id
1308	Heb 7,14	ἀνατέταλκεν	(1)	3 p sg ind pf a	Id
1309	Lc 1,78	ἀνατολή	(1)	nom sg	ἀνατολή
1310		ἀνατολῇ	(2)	dat sg	Id
1311		ἀνατολῆς	(4)	gen sg	Id
1312	*Ac 19,1	ἀνατολικά		acc neut pl	ἀνατολικός
1313		ἀνατολῶν	(4)	gen pl	ἀνατολή
1314		ἀνατρέπουσιν	(2)	3 p pl ind pr a	ἀνατρέπω
1315	Lc 19,11	ἀναφαίνεσθαι	(1)	inf pr pass	ἀναφαίνω
1316	Ac 21,3	ἀναφάναντες	(1)	nom mas pl part ao a	Id
1317	*Ac 21,3	ἀναφανέντες		nom mas pl part ao2 pass	ἀναφαίνω
1318		ἀναφέρει	(2)	3 p sg ind pr a	ἀναφέρω
1319	Heb 7,27	ἀναφέρειν	(1)	inf pr a	Id
1320	Heb 13,15	ἀναφέρωμεν	(1)	1 p pl sbj pr a	Id
1321		ἀναχθέντες	(3)	nom mas pl part ao pass	ἀνάγω
1322		ἀναχθῆναι	(2)	inf ao pass	Id
1323	1Pt 4,4	ἀνάχυσιν	(1)	acc sg	ἀνάχυσις
1324	Mt 9,24	ἀναχωρεῖτε	(1)	2 p pl imper pr a	ἀναχωρέω
1325	Ac 26,31	ἀναχωρήσαντες	(1)	nom mas pl part ao a	Id
1326	Mt 2,13	ἀναχωρησάντων	(1)	gen mas sg part ao a	Id
1327	Ac 23,19	ἀναχωρήσας	(1)	nom mas sg part ao a	Id
1328	*Ac 28,2	ἀνάψαντες		nom mas pl part ao a	ἀνάπτω
1329	Ac 3,20	ἀναψύξεως	(1)	gen sg	ἀνάψυξις
1330	*Rm 15,32	ἀναψύξω		1 p sg sbj ao a	ἀναψύχω
1331	*Rm 15,32	ἀναψύχω		1 p sg ind pr a	Id

No.	Ref.	Form	Freq.	Parsing	Lemma
1332		ἄνδρα	(31)	acc sg	ἀνήρ
1333	1Tm 1,10	ἀνδραποδισταῖς	(1)	dat pl	ἀνδραποδιστής
1334		ἄνδρας	(21)	acc pl	ἀνήρ
1335		ἀνδράσιν	(7)	dat pl	Id
1336	Jh 12,22	Ἀνδρέᾳ	(1)	dat	Ἀνδρέας
1337		Ἀνδρέαν	(4)	acc	Id
1338		Ἀνδρέας	(6)	nom	Id
1339		Ἀνδρέου	(2)	gen	Id
1340		ἄνδρες	(30)	nom pl	ἀνήρ
1341		ἄνδρες	(33)	vo pl	Id
1342		ἀνδρί	(19)	dat sg	Id
1343	1Co 16,13	ἀνδρίζεσθε	(1)	2 p pl imper pr m	ἀνδρίζω
1344	Rm 16,7	Ἀνδρόνικον	(1)	acc	Ἀνδρόνικος
1345		ἀνδρός	(16)	gen sg	ἀνήρ
1346	1Tm 1,9	ἀνδροφόνοις	(1)	dat mas pl	ἀνδροφόνος
1347		ἀνδρῶν	(7)	gen pl	ἀνήρ
1348	Ac 21,15	ἀνεβαίνομεν	(1)	1 p pl ind impf a	ἀναβαίνω
1349	Ac 3,1	ἀνέβαινον	(1)	3 p pl ind impf a	Id
1350	Ac 24,22	ἀνεβάλετο	(1)	3 p sg ind ao2 m	ἀναβάλλω
1351		ἀνέβη	(22)	3 p sg ind ao2 a	ἀναβαίνω
1352	Ac 21,6	ἀνέβημεν	(1)	1 p pl ind ao2 a	Id
1353		ἀνέβην	(3)	1 p sg ind ao2 a	Id
1354		ἀνέβησαν	(10)	3 p pl ind ao2 a	Id
1355	*Mt 13,48	ἀνεβίβασαν		3 p pl ind ao a	ἀναβιβάζω
1356		ἀνέβλεψα	(2)	1 p sg ind ao a	ἀναβλέπω
1357	Mt 20,34	ἀνέβλεψαν	(1)	3 p pl ind ao a	Id
1358		ἀνέβλεψεν	(5)	3 p sg ind ao a	Id
1359	Mt 27,46	ἀνεβόησεν	(1)	3 p sg ind ao a	ἀναβοάω
1360		ἀνεγίνωσκεν	(2)	3 p sg ind impf a	ἀναγινώσκω
1361	*Php 3,14	ἀνεγκλησίας		gen sg	ἀνεγκλησία
1362	1Tm 3,10	ἀνέγκλητοι	(1)	nom mas pl	ἀνέγκλητος
1363	Tit 1,7	ἀνέγκλητον	(1)	acc mas sg	Id
1364	Tit 1,6	ἀνέγκλητος	(1)	nom mas sg	Id
1365		ἀνεγκλήτους	(2)	acc mas pl	Id
1366	Ac 7,13	ἀνεγνωρίσθη	(1)	3 p sg ind ao pass	ἀναγνωρίζω
1367	Jh 19,20	ἀνέγνωσαν	(1)	3 p pl ind ao2 a	ἀναγινώσκω
1368		ἀνέγνωτε	(11)	2 p pl ind ao2 a	Id
1369	Lc 10,1	ἀνέδειξεν	(1)	3 p sg ind ao a	ἀναδείκνυμι
1370		ἀνέζησεν	(2)	3 p sg ind ao a	ἀναζάω
1371	Lc 2,44	ἀνεζήτουν	(1)	3 p pl ind impf a	ἀναζητέω
1372	Php 4,10	ἀνεθάλετε	(1)	2 p pl ind ao2 a	ἀναθάλλω
1373	Ac 23,14	ἀνεθεματίσαμεν	(1)	1 p pl ind ao a	ἀναθεματίζω
1374		ἀνεθεμάτισαν	(2)	3 p pl ind ao a	Id
1375	Ga 2,2	ἀνεθέμην	(1)	1 p sg ind ao2 m	ἀνατίθημι
1376	Ac 25,14	ἀνέθετο	(1)	3 p sg ind ao2 m	Id
1377	Ac 16,26	ἀνέθη	(1)	3 p sg ind ao pass	ἀνίημι
1378	Ac 7,21	ἀνεθρέψατο	(1)	3 p sg ind ao m	ἀνατρέφω
1379	Ac 10,39	ἀνεῖλαν	(1)	3 p pl ind ao2 a	ἀναιρέω
1380	Ac 2,23	ἀνείλατε	(1)	2 p pl ind ao2 a	Id

1381	Ac 7,21	ἀνείλατο	(1)	3 p sg ind ao2 m	ἀναιρέω
1382		ἀνεῖλεν	(2)	3 p sg ind ao2 a	Id
1383	Ac 7,28	ἀνεῖλες	(1)	2 p sg ind ao2 a	Id
1384	2Co 11,1	ἀνείχεσθε	(1)	2 p pl ind impf m	ἀνέχω
1385		ἀνεκάθισεν	(2)	3 p sg ind ao a	ἀνακαθίζω
1386	2Co 9,15	ἀνεκδιηγήτῳ	(1)	dat fem sg	ἀνεκδιήγητος
1387	Mt 26,20	ἀνέκειτο	(1)	3 p sg ind impf	ἀνάκειμαι
1388	1Pt 1,8	ἀνεκλαλήτῳ	(1)	dat fem sg	ἀνεκλάλητος
1389	Lc 12,33	ἀνέκλειπτον	(1)	acc mas sg	ἀνέκλειπτος
1390	*Lc 7,36	ἀνεκλίθη		3 p sg ind ao pass	ἀνακλίνω
1391	Lc 2,7	ἀνέκλινεν	(1)	3 p sg ind ao a	Id
1392	*Mc 1,26	ἀνέκραγεν		3 p sg ind ao2 a	ἀνακράζω
1393	Lc 23,18	ἀνέκραγον	(1)	3 p pl ind ao2 a	Id
1394	Mc 6,49	ἀνέκραξαν	(1)	3 p pl ind ao a	Id
1395		ἀνέκραξεν	(2)	3 p sg ind ao a	Id
1396		ἀνεκτότερον	(5)	comp nom neut sg	ἀνεκτός
1397	Jh 8,7	ἀνέκυψεν	(1)	3 p sg ind ao a	ἀνακύπτω
1398	Ac 7,43	ἀνελάβετε	(1)	2 p pl ind ao2 a	ἀναλαμβάνω
1399	Rm 1,31	ἀνελεήμονας	(1)	acc mas pl	ἀνελέημων
1400	2Th 2,8	ἀνελεῖ	(1)	3 p sg ind fut a	ἀναιρέω
1401		ἀνελεῖν	(6)	inf ao2 a	Id
1402	Ja 2,13	ἀνέλεος	(1)	nom fem sg	ἀνέλεος
1403		ἀνελήμφθη	(5)	3 p sg ind ao pass	ἀναλαμβάνω
1404	*Ac 10,16	ἀνελήφθη		3 p sg ind ao pass	Id
1405	*Ac 21,11	ἀνελθών		nom mas sg part ao2	ἀνέρχομαι
1406	*2Th 2,8	ἀνέλοι		3 p sg opt ao2 a	ἀναιρέω
1407	*Ac 16,26	ἀνελύθη		3 p sg ind ao pass	ἀναλύω
1408		ἀνέλωσιν	(3)	3 p pl sbj ao2 a	ἀναιρέω
1409	Ja 1,6	ἀνεμιζομένῳ	(1)	dat mas sg part pr pass	ἀνεμίζω
1410	Mc 14,72	ἀνεμνήσθη	(1)	3 p sg ind ao pass	ἀναμιμνήσκω
1411		ἄνεμοι	(3)	nom pl	ἄνεμος
1412		ἀνέμοις	(2)	dat pl	Id
1413	Mt 14,30	ἄνεμον	(1)	acc sg	Id
1414		ἄνεμος	(8)	nom sg	Id
1415		ἀνέμου	(7)	gen sg	Id
1416		ἀνέμους	(2)	acc pl	Id
1417		ἀνέμῳ	(4)	dat sg	Id
1418		ἀνέμων	(4)	gen pl	Id
1419	Lc 17,1	ἀνένδεκτον	(1)	nom neut sg	ἀνένδεκτος
1420	1Pt 2,5	ἀνενέγκαι	(1)	inf ao2 a	ἀναφέρω
1421		ἀνενέγκας	(2)	nom mas sg part ao2 a	Id
1422	Heb 9,28	ἀνενεγκεῖν	(1)	inf ao2 a	Id
1423	*Ac 18,22	ἀνενεχθείς		nom mas sg part ao pass	Id
1424	Ac 27,40	ἀνέντες	(1)	nom mas pl part ao2 a	ἀνίημι
1425	Rm 11,33	ἀνεξεραύνητα	(1)	nom neut pl	ἀνεξεραύνητος
1426	2Tm 2,24	ἀνεξίκακον	(1)	acc mas sg	ἀνεξίκακος
1427	Rm 11,33	ἀνεξιχνίαστοι	(1)	nom fem pl	ἀνεξιχνίαστος
1428	Eph 3,8	ἀνεξιχνίαστον	(1)	acc neut sg	Id
1429		ἀνέξομαι	(3)	1 p sg ind fut m	ἀνέχω

1430	2Tm 4,3	ἀνέξονται	(1)	3 p pl ind fut m . .	ἀνέχω
1431	2Tm 2,15	ἀνεπαίσχυντον	(1)	acc mas sg	ἀνεπαίσχυντος
1432	1Co 16,18	ἀνέπαυσαν	(1)	3 p pl ind ao a . .	ἀναπαύω
1433	*Ac 14,19	(ἀν)έπεισαν		3 p pl ind ao a . .	(ἀνα)πείθω
1434	Phm 12	ἀνέπεμψα	(1)	1 p sg ind ao a . .	ἀναπέμπω
1435	*Lc 23,15	ἀνέπεμψαν		3 p pl ind ao a . . .	Id
1436		ἀνέπεμψεν	(3)	3 p sg ind ao a . .	Id
1437		ἀνέπεσαν	(2)	3 p pl ind ao2 a . .	ἀναπίπτω
1438		ἀνέπεσεν	(4)	3 p sg ind ao2 a . .	Id
1439	1Tm 5,7	ἀνεπίλημπτοι	(1)	nom mas pl	ἀνεπίλημπτος
1440	1Tm 3,2	ἀνεπίλημπτον	(1)	acc mas sg .	Id
1441	1Tm 6,14	ἀνεπίλημπτον	(1)	acc fem sg .	Id
1442	1Co 16,17	ἀνεπλήρωσαν	(1)	3 p pl ind ao a .	ἀναπληρόω
1443	*Lc 19,23	ἀνέπραξα		1 p sg ind ao a . .	ἀναπράσσω
1444	Mc 15,11	ἀνέσεισαν	(1)	3 p pl ind ao a . .	ἀνασείω
1445		ἄνεσιν	(4)	acc sg	ἄνεσις
1446	2Co 8,13	ἄνεσις	(1)	nom sg	Id
1447	*Ac 15,16	ἀνεσκαμμένα		acc neut pl part pf pass	ἀνασκάπτω
1448	Ac 11,10	ἀνεσπάσθη	(1)	3 p sg ind ao pass .	ἀνασπάω
1449	*Mc 7,34	ἀνεστέναξεν		3 p sg ind ao a . .	ἀναστενάζω
1450		ἀνέστη	(15)	3 p sg ind ao2 a . .	ἀνίστημι
1451		ἀνέστησαν	(2)	3 p pl ind ao a . .	Id
1452		ἀνέστησεν	(4)	3 p sg ind ao a . .	Id
1453		ἀνεστράφημεν	(2)	1 p pl ind ao2 pass	ἀναστρέφω
1454	*Jh 2,15	ἀνέστρεψεν		3 p sg ind ao a . . .	Id
1455	Ac 18,14	ἀνεσχόμην	(1)	1 p sg ind ao2 m . .	ἀνέχω
1456	Ac 22,29	ἀνετάζειν	(1)	inf pr a . . .	ἀνετάζω
1457	Ac 22,24	ἀνετάζεσθαι	(1)	inf pr pass . .	Id
1458		ἀνέτειλεν	(3)	3 p sg ind ao a . .	ἀνατέλλω
1459	Ac 7,20	ἀνετράφη	(1)	3 p sg ind ao2 pass .	ἀνατρέφω
1460	Jh 2,15	ἀνέτρεψεν	(1)	3 p sg ind ao a . .	ἀνατρέπω
1461		ἄνευ	(3)	prpo	ἄνευ
1462	Ac 27,12	ἀνευθέτου	(1)	gen mas sg . .	ἀνεύθετος
1463	Lc 2,16	ἀνεῦραν	(1)	3 p pl ind ao2 a .	ἀνευρίσκω
1464	Ac 21,4	ἀνευρόντες	(1)	nom mas pl part ao2 a .	Id
1465	Lc 24,51	ἀνεφέρετο	(1)	3 p sg ind impf pass .	ἀναφέρω
1466	Lc 1,42	ἀνεφώνησεν	(1)	3 p sg ind ao a . .	ἀναφωνέω
1467	*Heb 13,22	ἀνέχεσθαι		inf pr	ἀνέχομαι
1468		ἀνέχεσθε	(4)	2 p pl ind pr m . .	ἀνέχω
1469		ἀνέχεσθε	(2)	2 p pl imper pr m . .	Id
1470	1Co 4,12	ἀνεχόμεθα	(1)	1 p pl ind pr m . .	Id
1471		ἀνεχόμενοι	(2)	nom mas pl part pr m .	Id
1472	Mt 2,12	ἀνεχώρησαν	(1)	3 p pl ind ao a . .	ἀναχωρέω
1473		ἀνεχώρησεν	(9)	3 p sg ind ao a . .	Id
1474	Col 4,10	ἀνεψιός	(1)	nom sg	ἀνεψιός
1475	2Tm 1,16	ἀνέψυξεν	(1)	3 p sg ind ao a . .	ἀναψύχω
1476		ἀνέῳγεν	(2)	3 p sg ind pf2 a . .	ἀνοίγω
1477	Ac 16,27	ἀνεῳγμένας	(1)	acc fem pl part pf pass	Id
1478	2Co 2,12	ἀνεῳγμένης	(1)	gen fem sg part pf pass	Id
1479	Ac 10,11	ἀνεῳγμένον	(1)	acc mas sg part pf pass	Id

1480 Rm 3,13 ἀνεῳγμένος (1) nom mas sg part pf pass ἀνοίγω
1481 *Ac 7,56 ἀνεωγμένους acc mas pl part pf pass . Id
1482 Ac 9,8 ἀνεῳγμένων (1) gen mas pl part pf pass Id
1483 Jh 1,51 ἀνεῳγότα (1) acc mas sg part pf2 a . Id
1484 Jh 9,14 ἀνέῳξεν (1) 3 p sg ind ao a . . Id
1485 Lc 1,64 ἀνεῴχθη (1) 3 p sg ind ao pass . . Id
1486 Lc 3,21 ἀνεῳχθῆναι (1) inf ao pass . . Id
1487 Mt 27,52 ἀνεῴχθησαν (1) 3 p pl ind ao pass . Id
1488 ἀνήγαγον (3) 3 p pl ind ao2 a . . ἀνάγω
1489 Ac 15,4 ἀνήγγειλαν (1) 3 p pl ind ao a . ἀναγγέλλω
1490 Jh 5,15 ἀνήγγειλεν (1) 3 p sg ind ao a . . Id
1491 ἀνηγγέλη (2) 3 p sg ind ao2 pass . Id
1492 Ac 14,27 ἀνήγγελλον (1) 3 p pl ind impf a . Id
1493 *1Co 12,2 ἀνήγεσθε 2 p pl ind impf pass . . ἀνάγω
1494 Mt 23,23 ἄνηθον (1) acc sg . . . . ἄνηθον
1495 ἀνῆκεν (2) 3 p sg ind impf a . . ἀνήκω
1496 Phm 8 ἀνῆκον (1) acc neut sg part pr a . Id
1497 *Ac 14,10 ἀνήλατο 3 p sg ind ao . . . . ἀνάλλομαι
1498 Jh 6,3 ἀνῆλθεν (1) 3 p sg ind ao2 a . ἀνέρχομαι
1499 ἀνῆλθον (2) 1 p sg ind ao2 a . . Id
1500 2Tm 3,3 ἀνήμεροι (1) nom mas pl . . . ἀνήμερος
1501 1Pt 2,24 ἀνήνεγκεν (1) 3 p sg ind ao2 a . . ἀναφέρω
1502 ἀνήρ (52) nom sg . . . . ἀνήρ
1503 Ac 5,36 ἀνῃρέθη (1) 3 p sg ind ao pass . . ἀναιρέω
1504 Lc 12,49 ἀνήφθη (1) 3 p sg ind ao pass . . ἀνάπτω
1505 *Ac 18,22 ἀνηχθείς nom mas sg part ao pass . . ἀνάγω
1506 ἀνήχθη (2) 3 p sg ind ao pass . . Id
1507 ἀνήχθημεν (4) 1 p pl ind ao pass . Id
1508 Lc 8,22 ἀνήχθησαν (1) 3 p pl ind ao pass . Id
1509 ἀνθ' cf ἀντί
1510 *Ac 23,13 ἀνθεματίσαντες nom mas pl part ao a ἀναθεματίζω
1511 ἀνθέξεται (2) 3 p sg ind fut m . . ἀντέχω
1512 ἀνθέστηκεν (2) 3 p sg ind pf a . ἀνθίστημι
1513 Rm 13,2 ἀνθεστηκότες (1) nom mas pl part pf a Id
1514 2Tm 3,8 ἀνθίστανται (1) 3 p pl ind pr m . . Id
1515 Ac 13,8 ἀνθίστατο (1) 3 p sg ind impf m . . Id
1516 ἄνθος (4) nom sg . . . . . ἄνθος
1517 Rm 12,20 ἄνθρακας (1) acc pl . . . . ἄνθραξ
1518 ἀνθρακιάν (2) acc sg . . . . ἀνθρακιά
1519 ἀνθρωπάρεσκοι (2) nom pl . ἀνθρωπάρεσκος
1520 ἄνθρωπε (9) vo sg . . . . ἄνθρωπος
1521 ἀνθρωπίνῃ (2) dat fem sg . . ἀνθρώπινος
1522 ἀνθρωπίνης (2) gen fem sg . . . Id
1523 Rm 6,19 ἀνθρώπινον (1) acc neut sg . . Id
1524 1Co 10,13 ἀνθρώπινος (1) nom mas sg . . . Id
1525 Ac 17,25 ἀνθρωπίνων (1) gen fem pl . . . Id
1526 ἄνθρωποι (27) nom pl . . . ἄνθρωπος
1527 ἀνθρώποις (44) dat pl . . . Id
1528 ἀνθρωποκτόνος (3) nom mas sg ἀνθρωποκτόνος
1529 ἄνθρωπον (62) acc sg . . . . ἄνθρωπος
1530 ἄνθρωπος (123) nom sg . . . . Id

1531		ἀνθρώπου	(131)	gen sg	ἄνθρωπος
1532		ἀνθρώπους	(31)	acc pl	Id
1533		ἀνθρώπῳ	(26)	dat sg	Id
1534		ἀνθρώπων	(98)	gen pl	Id
1535	Ac 19,38	ἀνθύπατοι	(1)	nom pl	ἀνθύπατος
1536	Ac 13,8	ἀνθύπατον	(1)	acc sg	Id
1537	Ac 13,12	ἀνθύπατος	(1)	nom sg	Id
1538	Ac 18,12	ἀνθυπάτου	(1)	gen sg	Id
1539	Ac 13,7	ἀνθυπάτῳ	(1)	dat sg	Id
1540	Lc 2,38	ἀνθωμολογεῖτο	(1)	3 p sg ind impf a	ἀνθομολογέομαι
1541	Eph 6,9	ἀνιέντες	(1)	nom mas pl part pr a	ἀνίημι
1542		ἀνίπτοις	(2)	dat fem pl	ἄνιπτος
1543	Rm 15,12	ἀνιστάμενος	(1)	nom mas sg part pr m	ἀνίστημι
1544	Heb 7,11	ἀνίστασθαι	(1)	inf pr m	Id
1545	Heb 7,15	ἀνίσταται	(1)	3 p sg ind pr m	Id
1546	*Lc 3,33	Ἀνμεί		inde	Ἀνμεί
1547	Lc 2,36	Ἅννα	(1)	nom	Ἅννα
1548	Lc 3,2	Ἅννα	(1)	gen	Ἅννας
1549	Jh 18,13	Ἅνναν	(1)	acc	Id
1550		Ἅννας	(2)	nom	Id
1551		ἀνόητοι	(2)	nom mas pl	ἀνόητος
1552		ἀνόητοι	(2)	vo mas pl	Id
1553	Rm 1,14	ἀνοήτοις	(1)	dat mas pl	Id
1554	1Tm 6,9	ἀνοήτους	(1)	acc fem pl	Id
1555	2Tm 3,9	ἄνοια	(1)	nom sg	ἄνοια
1556	Lc 6,11	ἀνοίας	(1)	gen sg	Id
1557		ἀνοίγει	(3)	3 p sg ind pr a	ἀνοίγω
1558	Ac 18,14	ἀνοίγειν	(1)	inf pr a	Id
1559	*Mt 7,8	ἀνοίγεται		3 p sg ind pr pass	Id
1560	*Apc 3,7	ἀνοίγῃ		3 p sg sbj pr a	Id
1561		ἀνοιγήσεται	(4)	3 p sg ind fut2 pass	Id
1562	Apc 3,7	ἀνοίγων	(1)	nom mas sg part pr a	Id
1563	Mt 20,33	ἀνοιγῶσιν	(1)	3 p pl sbj ao2 pass	Id
1564	*Ju 20	ἀνοικοδομεῖσθε		2 p pl imper pr pass	ἀνοικοδομέω
1565		ἀνοικοδομήσω	(2)	1 p sg ind fut a	Id
1566		ἀνοῖξαι	(7)	inf ao a	ἀνοίγω
1567		ἀνοίξαντες	(3)	nom mas pl part ao a	Id
1568		ἀνοίξας	(6)	nom mas sg part ao a	Id
1569	*Apc 3,7	ἀνοίξει		3 p sg ind fut a	Id
1570	Eph 6,19	ἀνοίξει	(1)	dat sg	ἄνοιξις
1571		ἀνοίξῃ	(2)	3 p sg sbj ao a	ἀνοίγω
1572		ἄνοιξον	(2)	2 p sg imper ao a	Id
1573	Mt 13,35	ἀνοίξω	(1)	1 p sg ind fut a	Id
1574	Lc 12,36	ἀνοίξωσιν	(1)	3 p pl sbj ao a	Id
1575	*Mt 7,8	ἀνοιχθήσεται		3 p sg ind fut pass	Id
1576	1Jh 3,4	ἀνομία	(1)	nom sg	ἀνομία
1577		ἀνομίᾳ	(2)	dat sg	Id
1578	Rm 4,7	ἀνομίαι	(1)	nom pl	Id
1579		ἀνομίαν	(6)	acc sg	Id

No.	Ref.	Form	Freq.	Analysis	Lemma
1580		ἀνομίας	(4)	gen sg	ἀνομία
1581	*Heb 1,9	ἀνομίας		acc pl	Id
1582	Heb 10,17	ἀνομιῶν	(1)	gen pl	Id
1583		ἀνόμοις	(2)	dat mas pl	ἄνομος
1584	2Pt 2,8	ἀνόμοις	(1)	dat neut pl	Id
1585		ἄνομος	(3)	nom mas sg	Id
1586	1Co 9,21	ἀνόμους	(1)	acc mas pl	Id
1587		ἀνόμων	(3)	gen mas pl	Id
1588		ἀνόμως	(2)	adv	ἀνόμως
1589	*1Tm 6,9	ἀνοήτους		acc mas pl	ἀνόητος
1590	*Heb subsc	ἀνονύμως		adv	ἀνονύμως
1591	Heb 12,12	ἀνορθώσατε	(1)	2 p pl imper ao a	ἀνορθόω
1592	Ac 15,16	ἀνορθώσω	(1)	1 p sg ind fut a	Id
1593	2Tm 3,2	ἀνόσιοι	(1)	nom mas pl	ἀνόσιος
1594	1Tm 1,9	ἀνοσίοις	(1)	dat mas pl	Id
1595	Rm 3,26	ἀνοχῇ	(1)	dat sg	ἀνοχή
1596	Rm 2,4	ἀνοχῆς	(1)	gen sg	Id
1597	Heb 12,4	ἀνταγωνιζόμενοι	(1)	nom mas pl part pr	ἀνταγωνίζομαι
1598		ἀντάλλαγμα	(2)	acc sg	ἀντάλλαγμα
1599	Col 1,24	ἀνταναπληρῶ	(1)	1 p sg ind pr a	ἀνταναπληρόω
1600		ἀνταποδοθήσεται	(2)	3 p sg ind fut pass	ἀνταποδίδωμι
1601	Lc 14,12	ἀνταπόδομα	(1)	nom sg	ἀνταπόδομα
1602	Rm 11,9	ἀνταπόδομα	(1)	acc sg	Id
1603	*Rm 2,5	ἀνταποδόσεως		gen sg	ἀνταπόδοσις
1604	Col 3,24	ἀνταπόδοσιν	(1)	acc sg	Id
1605		ἀνταποδοῦναι	(3)	inf ao2 a	ἀνταποδίδωμι
1606		ἀνταποδώσω	(2)	1 p sg ind fut a	Id
1607	Lc 14,6	ἀνταποκριθῆναι	(1)	inf ao	ἀνταποκρίνομαι
1608	Rm 9,20	ἀνταποκρινόμενος	(1)	nom mas sg part pr	Id
1609		ἀντειπεῖν	(2)	inf ao2 a	ἀντιλέγω
1610	Lc 1,54	ἀντελάβετο	(1)	3 p sg ind ao2 m	ἀντιλαμβάνω
1611	Ac 13,45	ἀντέλεγον	(1)	3 p pl ind impf a	ἀντιλέγω
1612	1Pt 2,23	ἀντελοιδόρει	(1)	3 p sg ind impf a	ἀντιλοιδορέω
1613	2Tm 4,15	ἀντέστη	(1)	3 p sg ind ao2 a	ἀνθίστημι
1614	Ga 2,11	ἀντέστην	(1)	1 p sg ind ao2 a	Id
1615	2Tm 3,8	ἀντέστησαν	(1)	3 p pl ind ao2 a	Id
1616	*1Pt 2,23	ἀντέτυπτε		3 p sg ind impf a	ἀντιτύπτω
1617	1Th 5,14	ἀντέχεσθε	(1)	2 p pl imper pr m	ἀντέχω
1618	Tit 1,9	ἀντεχόμενον	(1)	acc mas sg part pr m	Id
1619		ἀντί	(22)	prpo	ἀντί
1620	Lc 24,17	ἀντιβάλλετε	(1)	2 p pl ind pr a	ἀντιβάλλω
1621	*Mc #1	ἀντιγράφοις		dat pl	ἀντίγραφον
1622	*Mc #1	ἀντιγράφων		nom mas sg part pr a	ἀντιγράφω
1623	2Tm 2,25	ἀντιδιατιθεμένους	(1)	acc mas pl part pr m	ἀντιδιατίθημι
1624		ἀντίδικος	(2)	nom mas sg	ἀντίδικος
1625		ἀντιδίκου	(2)	gen mas sg	Id
1626	Mt 5,25	ἀντιδίκῳ	(1)	dat mas sg	Id
1627	1Tm 6,20	ἀντιθέσεις	(1)	acc pl	ἀντίθεσις
1628	Lc 14,12	ἀντικαλέσωσιν	(1)	3 p pl sbj ao a	ἀντικαλέω

1629	Heb 12,4	ἀντικατέστητε	(1)	2 p pl ind ao2 a	ἀντικαθίστημι
1630		ἀντικείμενοι	(3)	nom mas pl part pr	ἀντίκειμαι
1631	2Th 2,4	ἀντικείμενος	(1)	nom mas sg part pr	Id
1632	1Tm 5,14	ἀντικειμένῳ	(1)	dat mas sg part pr .	Id
1633	Php 1,28	ἀντικειμένων	(1)	gen mas pl part pr .	Id
1634		ἀντίκειται	(2)	3 p sg ind pr . .	Id
1635	Ac 20,15	ἄντικρυς	(1)	adv	ἄντικρυς
1636	Ac 20,35	ἀντιλαμβάνεσθαι	(1)	inf pr m .	ἀντιλαμβάνω
1637	1Tm 6,2	ἀντιλαμβανόμενοι	(1)	nom mas pl part pr m	Id
1638	*Rm 1,27	ἀντιλαμβάνοντες		nom mas pl part pr a	Id
1639	Jh 19,12	ἀντιλέγει	(1)	3 p sg ind pr a . .	ἀντιλέγω
1640	*Ac 6,10	ἀντιλέγειν		inf pr a	Id
1641	Ac 28,22	ἀντιλέγεται	(1)	3 p sg ind pr pass .	Id
1642	Lc 2,34	ἀντιλεγόμενον	(1)	acc neut sg part pr pass	Id
1643	Rm 10,21	ἀντιλέγοντα	(1)	acc mas sg part pr a .	Id
1644		ἀντιλέγοντας	(2)	acc mas pl part pr a	Id
1645	Lc 20,27	ἀντιλέγοντες	(1)	nom mas pl part pr a	Id
1646	Ac 28,19	ἀντιλεγόντων	(1)	gen mas pl part pr a	Id
1647	1Co 12,28	ἀντιλήμψεις	(1)	acc pl . .	ἀντίλημψις
1648	Ju 11	ἀντιλογίᾳ	(1)	dat sg . .	ἀντιλογία
1649	Heb 12,3	ἀντιλογίαν	(1)	acc sg . . .	Id
1650		ἀντιλογίας	(2)	gen sg . . .	Id
1651	1Tm 2,6	ἀντίλυτρον	(1)	acc sg . .	ἀντίλυτρον
1652	Lc 6,38	ἀντιμετρηθήσεται	(1)	3 p sg ind fut pass	ἀντιμετρέω
1653		ἀντιμισθίαν	(2)	acc sg . .	ἀντιμισθία
1654	Ac 6,5	Ἀντιοχέα	(1)	acc . . .	Ἀντιοχεύς
1655		Ἀντιοχείᾳ	(4)	dat . .	Ἀντιόχεια
1656		Ἀντιόχειαν	(11)	acc . .	Id
1657		Ἀντιοχείας	(3)	gen . .	Id
1658		ἀντιπαρῆλθεν	(2)	3 p sg ind ao2	ἀντιπαρέρχομαι
1659	Apc 2,13	Ἀντιπᾶς	(1)	nom	Ἀντιπᾶς
1660	Ac 23,31	Ἀντιπατρίδα	(1)	acc . .	Ἀντιπατρίς
1661	Lc 8,26	ἀντιπέρα	(1)	adv	ἀντιπέρα
1662	Ac 7,51	ἀντιπίπτετε	(1)	2 p pl ind pr a	ἀντιπίπτω
1663		ἀντιστῆναι	(4)	inf ao2 a . .	ἀνθίστημι
1664		ἀντίστητε	(2)	2 p pl imper ao2 a .	Id
1665	Rm 7,23	ἀντιστρατευόμενον	(1)	acc mas sg part pr	ἀντιστρατεύομαι
1666		ἀντιτάσσεται	(3)	3 p sg ind pr m	ἀντιτάσσω
1667	Rm 13,2	ἀντιτασσόμενος	(1)	nom mas sg part pr m	Id
1668	Ac 18,6	ἀντιτασσομένων	(1)	gen mas pl part pr m	Id
1669	Heb 9,24	ἀντίτυπα	(1)	acc neut pl .	ἀντίτυπος
1670	1Pt 3,21	ἀντίτυπον	(1)	nom neut sg . .	Id
1671	1Jh 2,18	ἀντίχριστοι	(1)	nom pl . .	ἀντίχριστος
1672		ἀντίχριστος	(3)	nom sg . . .	Id
1673	1Jh 4,3	ἀντιχρίστου	(1)	gen sg . . .	Id
1674	Jh 4,15	ἀντλεῖν	(1)	inf pr a . . .	ἀντλέω
1675	Jh 4,11	ἄντλημα	(1)	acc sg . . .	ἄντλημα
1676	Jh 4,7	ἀντλῆσαι	(1)	inf ao a . . .	ἀντλέω
1677	Jh 2,8	ἀντλήσατε	(1)	2 p pl imper ao a .	Id

1678	Ac 27,15	ἀντοφθαλμεῖν	(1)	inf pr a	ἀντοφθαλμέω
1679		ἄνυδροι	(2)	nom fem pl	ἄνυδρος
1680		ἀνύδρων	(2)	gen mas pl	Id
1681	1Pt 1,22	ἀνυπόκριτον	(1)	acc fem sg	ἀνυπόκριτος
1682		ἀνυπόκριτος	(2)	nom fem sg	Id
1683		ἀνυποκρίτου	(2)	gen fem sg	Id
1684	2Co 6,6	ἀνυποκρίτῳ	(1)	dat fem sg	Id
1685	Tit 1,6	ἀνυπότακτα	(1)	acc neut pl	ἀνυπότακτος
1686	Tit 1,10	ἀνυπότακτοι	(1)	nom mas pl	Id
1687	1Tm 1,9	ἀνυποτάκτοις	(1)	dat mas pl	Id
1688	Heb 2,8	ἀνυπότακτον	(1)	acc neut sg	Id
1689		ἄνω	(9)	adv	ἄνω
1690	Heb 13,5	ἀνῶ	(1)	1 p sg sbj ao2 a	ἀνίημι
1691		ἄνωθεν	(13)	adv	ἄνωθεν
1692	Lc 13,13	ἀνωρθώθη	(1)	3 p sg ind ao pass	ἀνορθόω
1693	Ac 19,1	ἀνωτερικά	(1)	acc neut pl	ἀνωτερικός
1694		ἀνώτερον	(2)	adv	ἀνώτερον
1695	Tit 3,9	ἀνωφελεῖς	(1)	nom fem pl	ἀνωφελής
1696	Heb 7,18	ἀνωφελές	(1)	acc neut sg	ἀνωφελής
1697	1Th 4,14	ἄξει	(1)	3 p sg ind fut a	ἄγω
1698	Mt 10,13	ἀξία	(2)	nom fem sg	ἄξιος
1699	Rm 8,18	ἄξια	(1)	nom neut pl	Id
1700		ἄξια	(3)	acc neut pl	Id
1701		ἀξίνη	(2)	nom sg	ἀξίνη
1702	*Lc 13,7	ἀξίνην		acc sg	Id
1703		ἄξιοι	(4)	nom mas pl	ἄξιος
1704	Mt 3,8	ἄξιον	(1)	acc mas sg	Id
1705		ἄξιον	(5)	nom neut sg	Id
1706		ἄξιον	(3)	acc neut sg	Id
1707		ἄξιος	(19)	nom mas sg	Id
1708	Ac 28,22	ἀξιοῦμεν	(1)	1 p pl ind pr a	ἀξιόω
1709	*Ac 13,43	ἀξιοῦντες		nom mas pl part pr a	Id
1710		ἀξίους	(3)	acc mas pl	ἄξιος
1711	1Tm 5,17	ἀξιούσθωσαν	(1)	3 p pl imper pr pass	ἀξιόω
1712	Heb 10,29	ἀξιωθήσεται	(1)	3 p sg ind fut pass	Id
1713		ἀξίως	(6)	adv	ἀξίως
1714	2Th 1,11	ἀξιώσῃ	(1)	3 p sg sbj ao a	ἀξιόω
1715	Ac 22,5	ἄξων	(1)	nom mas sg part fut a	ἄγω
1716		ἀόρατα	(2)	nom neut pl	ἀόρατος
1717	Heb 11,27	ἀόρατον	(1)	acc mas sg	Id
1718	Col 1,15	ἀοράτου	(1)	gen mas sg	Id
1719	1Tm 1,17	ἀοράτῳ	(1)	dat mas sg	Id
1720	*Rm 16,15	Ἀουλίαν		acc	Ἀουλία
1721		ἀπ'		cf ἀπό	
1722	Ac 23,17	ἀπάγαγε	(1)	2 p sg imper ao2 a	ἀπάγω
1723	Lc 13,15	ἀπαγαγών	(1)	nom mas sg part ao2 a	Id
1724		ἀπαγγεῖλαι	(3)	inf ao a	ἀπαγγέλλω
1725		ἀπαγγείλατε	(5)	2 p pl imper ao a	Id
1726	Mc 5,19	ἀπάγγειλον	(1)	2 p sg imper ao a	Id
1727	Mt 12,18	ἀπαγγελεῖ	(1)	3 p sg ind fut a	Id

No.	Ref.	Form	Analysis	Lemma
1728	*Ac 17,11	ἀπαγγέλλει	3 p sg ind pr a	ἀπαγγέλλω
1729		ἀπαγγέλλομεν	(2) 1 p pl ind pr a	Id
1730	Ac 15,27	ἀπαγγέλλοντας	(1) acc mas pl part pr a	Id
1731	Lc 13,1	ἀπαγγέλλοντες	(1) nom mas pl part pr a	Id
1732	*Jh 20,18	ἀπαγγέλλουσα	nom fem sg part pr a	Id
1733	1Th 1,9	ἀπαγγέλλουσιν	(1) 3 p pl ind pr a	Id
1734	*Jh 16,25	ἀπαγγέλλω	1 p sg ind pr a	Id
1735	1Co 14,25	ἀπαγγέλλων	(1) nom mas sg part pr a	Id
1736	*Ac 15,27	ἀπαγγελοῦντας	acc mas pl part fut a	Id
1737		ἀπαγγελῶ	(2) 1 p sg ind fut a	Id
1738	*Ac 23,17	ἄπαγε	2 p sg imper pr a	ἀπάγω
1739	*Apc 13,10	ἀπάγει	3 p sg ind pr a	Id
1740	Mc 14,44	ἀπάγετε	(1) 2 p pl imper pr a	Id
1741	1Co 12,2	ἀπαγόμενοι	(1) nom mas pl part pr pass	Id
1742	Lc 21,12	ἀπαγομένους	(1) acc mas pl part pr pass	Id
1743		ἀπάγουσα	(2) nom fem sg part pr a	Id
1744	*Jh 21,18	ἀπάγουσιν	3 p pl ind pr a	Id
1745	*Lc 13,15	ἀπάγων	nom mas sg part pr a	Id
1746	2Tm 2,23	ἀπαιδεύτους	(1) acc fem pl	ἀπαίδευτος
1747	Lc 6,30	ἀπαίτει	(1) 3 p sg imper pr a	ἀπαιτέω
1748	*Lc 12,48	ἀπαιτήσουσιν	3 p pl ind fut a	Id
1749	*1Pt 3,15	ἀπαιτοῦντι	dat mas sg part pr a	Id
1750	Lc 12,20	ἀπαιτοῦσιν	(1) 3 p pl ind pr a	Id
1751	Heb 2,15	ἀπαλλάξῃ	(1) 3 p sg sbj ao a	ἀπαλλάσσω
1752	*Lc 9,40	ἀπαλλάξωσιν	3 p pl sbj ao a	Id
1753	Ac 19,12	ἀπαλλάσσεσθαι	(1) inf pr pass	Id
1754		ἁπαλός	(2) nom mas sg	ἁπαλός
1755		ἅπαν	(4) nom neut sg	ἅπας
1756		ἅπαντα	(2) acc mas sg	Id
1757		ἅπαντα	(2) nom neut pl	Id
1758		ἅπαντα	(7) acc neut pl	Id
1759		ἅπαντας	(4) acc mas pl	Id
1760		ἅπαντες	(10) nom mas pl	Id
1761	*Ac 16,16	ἀπαντῆσαι	inf ao a	ἀπαντάω
1762	Mc 14,13	ἀπαντήσει	(1) 3 p sg ind fut a	Id
1763		ἀπάντησιν	(3) acc sg	ἀπάντησις
1764	Mt 6,32	ἁπάντων	(1) gen neut pl	ἅπας
1765		ἅπαξ	(14) adv	ἅπαξ
1766	Heb 7,24	ἀπαράβατον	(1) acc fem sg	ἀπαράβατος
1767	2Co 9,4	ἀπαρασκευάστους	(1) acc mas pl	ἀπαρασκεύαστος
1768		ἀπαρθῇ	(3) 3 p sg sbj ao pass	ἀπαίρω
1769	Lc 12,9	ἀπαρνηθήσεται	(1)3 p sg ind fut (pass)	ἀπαρνέομαι
1770		ἀπαρνησάσθω	(2) 3 p sg imper ao (m)	Id
1771	*Mt 26,34	ἀπαρνήσει	att 2 p sg ind fut	Id
1772		ἀπαρνήσῃ	(6) 2 p sg ind fut	Id
1773		ἀπαρνήσομαι	(2) 1 p sg ind fut	Id
1774	*Mc 14,31	ἀπαρνήσωμαι	1 p sg sbj ao (m)	Id
1775	Lc 14,28	ἀπαρτισμόν	(1) acc sg	ἀπαρτισμός
1776		ἀπαρχή	(6) nom sg	ἀραρχή

No.	Ref.	Form	Parsing	Lemma
1777		ἀπαρχήν (3)	acc sg	ἀπαρχή
1778		ἅπας (2)	nom mas sg	ἅπας
1779	*Ja 4,16	ἅπασα	nom fem sg	Id
1780		ἅπασαν (2)	acc fem sg	Id
1781	*Mc 4,19	ἀπάται	nom pl	ἀπάτη
1782	2Pt 2,13	ἀπάταις (1)	dat pl	Id
1783	Eph 5,6	ἀπατάτω (1)	3 p sg imper pr a	ἀπατάω
1784		ἀπάτη (2)	nom sg	ἀπάτη
1785		ἀπάτῃ (2)	dat sg	Id
1786	*1Tm 2,14	ἀπατηθεῖσα	nom fem sg part ao pass	ἀπατάω
1787		ἀπάτης (2)	gen sg	ἀπάτη
1788	Ja 1,26	ἀπατῶν (1)	nom mas sg part pr a	ἀπατάω
1789	Heb 7,3	ἀπάτωρ (1)	nom sg	ἀπάτωρ
1790	Heb 1,3	ἀπαύγασμα (1)	nom sg	ἀπαύγασμα
1791	*Ju 13	ἀπαφρίζοντα	nom neut pl part pr a	ἀπαφρίζω
1792	Ac 12,19	ἀπαχθῆναι (1)	inf ao pass	ἀπάγω
1793	Jh 21,9	ἀπέβησαν (1)	3 p pl ind ao2 a	ἀποβαίνω
1794	Heb 11,26	ἀπέβλεπεν (1)	3 p sg ind impf a	ἀποβλέπω
1795	1Co 4,9	ἀπέδειξεν (1)	3 p sg ind ao a	ἀποδείκνυμι
1796	Ac 21,17	ἀπεδέξαντο (1)	3 p pl ind ao	ἀποδέχομαι
1797	Lc 8,40	ἀπεδέξατο (1)	3 p sg ind ao	Id
1798	Heb 12,16	ἀπέδετο (1)	3 p sg ind ao2 m	ἀποδίδωμι
1799	Ac 28,30	ἀπεδέχετο (1)	3 p sg ind impf	ἀποδέχομαι
1800	*Ac 15,4	ἀπεδέχθησαν	3 p pl ind ao (pass)	Id
1801		ἀπεδήμησεν (5)	3 p sg ind ao a	ἀποδημέω
1802	Ac 4,33	ἀπεδίδουν (1)	3 p pl ind impf a	ἀποδίδωμι
1803		ἀπεδοκίμασαν (4)	3 p pl ind ao a	ἀποδοκιμάζω
1804	Heb 12,17	ἀπεδοκιμάσθη (1)	3 p sg ind ao pass	Id
1805	Ac 7,9	ἀπέδοντο (1)	3 p pl ind ao2 m	ἀποδίδωμι
1806	Ac 5,8	ἀπέδοσθε (1)	2 p pl ind ao2 m	Id
1807		ἀπέδωκεν (2)	3 p sg ind ao a	Id
1808		ἀπέθανεν (32)	3 p sg ind ao2 a	ἀποθνῄσκω
1809		ἀπεθάνετε (2)	2 p pl ind ao2 a	Id
1810		ἀπεθάνομεν (2)	1 p pl ind ao2 a	Id
1811		ἀπέθανον (2)	1 p sg ind ao2 a	Id
1812		ἀπέθανον (10)	3 p pl ind ao2 a	Id
1813	Ac 7,58	ἀπέθεντο (1)	3 p pl ind ao2 m	ἀποτίθημι
1814	Mt 14,3	ἀπέθετο (1)	3 p sg ind ao2 m	Id
1815	Lc 8,42	ἀπέθνῃσκεν (1)	3 p sg ind impf a	ἀποθνήσκω
1816	Rm 11,30	ἀπειθείᾳ (1)	dat sg	ἀπείθεια
1817		ἀπείθειαν (2)	acc sg	Id
1818		ἀπειθείας (4)	gen sg	Id
1819		ἀπειθεῖς (3)	nom mas pl	ἀπειθής
1820		ἀπειθεῖς (2)	acc mas pl	Id
1821	Ac 26,19	ἀπειθής (1)	nom mas sg	Id
1822	Ac 14,2	ἀπειθήσαντες (1)	nom mas pl part ao a	ἀπειθέω
1823		ἀπειθήσασιν (3)	dat mas pl part ao a	Id
1824	Rm 10,21	ἀπειθοῦντα (1)	acc mas sg part pr a	Id
1825	1Pt 2,8	ἀπειθοῦντες (1)	nom mas pl part pr a	Id
1826	*1Pt 2,8	ἀπειθοῦντι	dat mas sg part pr a	Id

No.	Ref.	Form	Freq.	Analysis	Lemma
1827		ἀπειθούντων	(2)	gen mas pl part pr a	ἀπειθέω
1828	1Pt 3,1	ἀπειθοῦσιν	(1)	3 p pl ind pr a	Id
1829	Rm 2,8	ἀπειθοῦσι	(1)	dat mas pl part pr a	Id
1830	Jh 3,36	ἀπειθῶν	(1)	nom mas sg part pr a	Id
1831	Ac 4,29	ἀπειλάς	(1)	acc pl	ἀπειλή
1832	*Ac 4,17	ἀπειλῇ		dat sg	Id
1833	Eph 6,9	ἀπειλήν	(1)	acc sg	Id
1834	Ac 9,1	ἀπειλῆς	(1)	gen sg	Id
1835	Ac 4,17	ἀπειλησώμεθα	(1)	1 p pl sbj ao m	ἀπειλέω
1836	Col 2,5	ἄπειμι	(1)	1 p sg ind pr	ἄπειμι
1837	2Co 4,2	ἀπειπάμεθα	(1)	1 p pl ind ao2 m	ἀπολέγω
1838	Ja 1,13	ἀπείραστος	(1)	nom mas sg	ἀπείραστος
1839	Heb 5,13	ἄπειρος	(1)	nom mas sg	ἄπειρος
1840	Mt 14,24	ἀπεῖχεν	(1)	3 p sg ind impf a	ἀπέχω
1841		ἀπεκαλύφθη	(3)	3 p sg ind ao pass	ἀποκαλύπτω
1842		ἀπεκάλυψας	(2)	2 p sg ind ao a	Id
1843		ἀπεκάλυψεν	(2)	3 p sg ind ao a	Id
1844		ἀπεκατεστάθη	(3)	3 p sg ind ao pass	ἀποκαθίστημι
1845	Mc 8,25	ἀπεκατέστη	(1)	3 p sg ind ao2 a	Id
1846	*Col 1,22	ἀπεκατήλλαξεν		3 p sg ind ao a	ἀποκαταλλάσσω
1847	Rm 8,19	ἀπεκδέχεται	(1)	3 p sg ind pr	ἀπεκδέχομαι
1848		ἀπεκδεχόμεθα	(3)	1 p pl ind pr	Id
1849	Rm 8,23	ἀπεκδεχόμενοι	(1)	nom mas pl part pr	Id
1850	Heb 9,28	ἀπεκδεχομένοις	(1)	dat mas pl part pr	Id
1851	1Co 1,7	ἀπεκδεχομένους	(1)	acc mas pl part pr	Id
1852	Col 3,9	ἀπεκδυσάμενοι	(1)	nom mas pl part ao	ἀπεκδύομαι
1853	Col 2,15	ἀπεκδυσάμενος	(1)	nom mas sg part ao	Id
1854	Col 2,11	ἀπεκδύσει	(1)	dat sg	ἀπέκδυσις
1855		ἀπεκεφάλισα	(2)	1 p sg ind ao a	ἀποκεφαλίζω
1856		ἀπεκεφάλισεν	(2)	3 p sg ind ao a	Id
1857	Ac 27,32	ἀπέκοψαν	(1)	3 p pl ind ao a	ἀποκόπτω
1858		ἀπέκοψεν	(2)	3 p sg ind ao a	Id
1859		ἀπεκρίθη	(84)	3 p sg ind ao (pass)	ἀποκρίνομαι
1860	Ac 25,16	ἀπεκρίθην	(1)	1 p sg ind ao (pass)	Id
1861	Lc 10,28	ἀπεκρίθης	(1)	2 p sg ind ao (pass)	Id
1862		ἀπεκρίθησαν	(19)	3 p pl ind ao (pass)	Id
1863		ἀπεκρίνατο	(7)	3 p sg ind ao (m)	Id
1864	Lc 10,21	ἀπέκρυψας	(1)	2 p sg ind ao a	ἀποκρύπτω
1865	*Mt 25,18	ἀπέκρυψεν		3 p sg ind ao a	Id
1866	Apc 2,13	ἀπεκτάνθη	(1)	3 p sg ind ao pass	ἀποκτείνω
1867		ἀπεκτάνθησαν	(4)	3 p pl ind ao pass	Id
1868		ἀπέκτειναν	(10)	3 p pl ind ao a	Id
1869	Ac 3,15	ἀπεκτείνατε	(1)	2 p pl ind ao a	Id
1870		ἀπέκτεινεν	(2)	3 p sg ind ao a	Id
1871	Ja 1,18	ἀπεκύησεν	(1)	3 p sg ind ao a	ἀποκυέω
1872	Mt 28,2	ἀπεκύλισεν	(1)	3 p sg ind ao a	ἀποκυλίω
1873	Lc 15,27	ἀπέλαβεν	(1)	3 p sg ind ao2 a	ἀπολαμβάνω
1874	Lc 16,25	ἀπέλαβες	(1)	2 p sg ind ao2 a	Id
1875	*Ac 18,25	ἀπελάλει		3 p sg ind impf a	ἀπολαλέω

1876	Ac 19,27	ἀπελεγμόν	(1)	acc sg	ἀπελεγμός
1877	*2Tm 4,13	ἀπέλειπον		1 p sg ind impf a	ἀπολείπω
1878	*Lc 16,21	ἀπέλειχον		3 p pl ind impf a	ἀπολείχω
1879	1Co 7,22	ἀπελεύθερος	(1)	nom sg	ἀπελεύθερος
1880	Rm 15,28	ἀπελεύσομαι	(1)	1 p sg ind fut	ἀπέρχομαι
1881	Jh 6,68	ἀπελευσόμεθα	(1)	1 p pl ind fut	Id
1882	Mt 25,46	ἀπελεύσονται	(1)	3 p pl ind fut	Id
1883	Jh 4,8	ἀπεληλύθεισαν	(1)	3 p pl ind plpf	Id
1884	Ja 1,24	ἀπελήλυθεν	(1)	3 p sg ind pf	Id
1885		ἀπελθεῖν	(11)	inf ao2	Id
1886	Mt 5,30	ἀπέλθῃ	(1)	3 p sg sbj ao2	Id
1887	Mt 10,5	ἀπέλθητε	(2)	2 p pl sbj ao2	Id
1888	*Lc 9,59	ἀπελθόντα		acc mas sg part ao2	Id
1889		ἀπελθόντες	(9)	nom mas pl part ao2	Id
1890	Lc 9,59	ἀπελθόντι	(1)	dat mas sg part ao2	Id
1891	Lc 7,24	ἀπελθόντων	(1)	gen mas pl part ao2	Id
1892	Mc 7,30	ἀπελθοῦσα	(1)	nom fem sg part ao2	Id
1893		ἀπελθοῦσαι	(2)	nom fem pl part ao2	Id
1894		ἀπέλθω	(2)	1 p sg sbj ao2	Id
1895		ἀπελθών	(16)	nom mas sg part ao2	Id
1896	Mt 28,10	ἀπέλθωσιν	(1)	3 p pl sbj ao2	Id
1897		ἀπέλιπον	(3)	1 p sg ind ao2 a	ἀπολείπω
1898	Rm 16,10	Ἀπελλῆν	(1)	acc	Ἀπελλῆς
1899	*Ac 18,24	Ἀπελλῆς		nom	Id
1900	Ac 26,1	ἀπελογεῖτο	(1)	3 p sg ind impf	ἀπολογέομαι
1901	*Mc 16,14	ἀπελογοῦντο		3 p pl ind impf	Id
1902	1Co 6,11	ἀπελούσασθε	(1)	2 p pl ind ao m	ἀπολούω
1903	Lc 6,35	ἀπελπίζοντες	(1)	nom mas pl part pr a	ἀπελπίζω
1904	Mc 15,6	ἀπέλυεν	(1)	3 p sg ind impf a	ἀπολύω
1905	Ac 15,33	ἀπελύθησαν	(1)	3 p pl ind ao pass	Id
1906	Ac 28,25	ἀπελύοντο	(1)	3 p pl ind impf m	Id
1907		ἀπέλυσαν	(4)	3 p pl ind ao a	Id
1908		ἀπέλυσεν	(9)	3 p sg ind ao a	Id
1909	*Lc 2,43	ἀπέμεινεν		3 p sg ind ao a	ἀπομένω
1910		ἀπέναντι	(5)	adv	ἀπέναντι
1911	*Lc 19,24	ἀπενέγκατε		2 p pl imper ao2 a	ἀποφέρω
1912	1Co 16,3	ἀπενεγκεῖν	(1)	inf ao2 a	Id
1913	Lc 16,22	ἀπενεχθῆναι	(1)	inf ao pass	Id
1914	Mt 27,24	ἀπενίψατο	(1)	3 p sg ind ao m	ἀπονίπτω
1915	1Pt 3,20	ἀπεξεδέχετο	(1)	3 p sg ind impf	ἀπεκδέχομαι
1916	*Jh 17,3	ἀπέπεμψας		2 p sg ind ao a	ἀποπέμπω
1917	Ac 9,18	ἀπέπεσαν	(1)	3 p pl ind ao2 a	ἀποπίπτω
1918	1Tm 6,10	ἀπεπλανήθησαν	(1)	3 p pl ind ao pass	ἀποπλανάω
1919		ἀπέπλευσαν	(2)	3 p pl ind ao a	ἀποπλέω
1920	*Lc 5,2	ἀπέπλυν(α)ν		3 p pl ind ao a	ἀποπλύνω
1921	Lc 8,33	ἀπεπνίγη	(1)	3 p sg ind ao2 pass	ἀποπνίγω
1922	Lc 8,7	ἀπέπνιξαν	(1)	3 p pl ind ao a	Id
1923	1Tm 1,4	ἀπεράντοις	(1)	dat fem pl	ἀπέραντος
1924	*1Co 7,35	ἀπερισπάστους		acc mas pl	ἀπερίσπαστος

1925	1Co 7,35	ἀπερισπάστως (1)	adv .	ἀπερισπάστως
1926	Ac 7,51	ἀπερίτμητοι (1)	vo mas pl .	ἀπερίτμητος
1927	*1Tm 6,5	ἀπερριμμένων	gen mas pl part pf pass .	ἀπορίπτω
1928	Ac 23,32	ἀπέρχεσθαι (1)	inf pr . . .	ἀπέρχομαι
1929		ἀπέρχῃ (2)	2 p sg sbj pr . . .	Id
1930	Mt 25,10	ἀπερχομένων (1)	gen fem pl part pr .	Id
1931	Mt 26,51	ἀπέσπασεν (1)	3 p sg ind ao a . .	ἀποσπάω
1932	Lc 22,41	ἀπεσπάσθη (1)	3 p sg ind ao pass .	Id
1933		ἀπεστάλη (2)	3 p sg ind ao2 pass	ἀποστέλλω
1934		ἀπεστάλην (3)	1 p sg ind ao2 pass .	Id
1935		ἀπέσταλκα (2)	1 p sg ind pf a . .	Id
1936	Ac 15,27	ἀπεστάλκαμεν (1)	1 p pl ind pf a .	Id
1937	Ac 16,36	ἀπέσταλκαν (1)	3 p pl ind pf a .	Id
1938	Jh 5,33	ἀπεστάλκατε (1)	2 p pl ind pf a .	Id
1939		ἀπέσταλκεν (7)	3 p sg ind pf a .	Id
1940	*Lc 4,43	ἀπέσταλμαι	1 p sg ind pf pass . .	Id
1941	*Apc 5,6	ἀπεσταλμένα	nom neut pl part pf pass .	Id
1942		ἀπεσταλμένοι (5)	nom mas pl part pf pass	Id
1943		ἀπεσταλμένος (3)	nom mas sg part pf pass	Id
1944		ἀπεσταλμένους (2)	acc mas pl part pf pass	Id
1945	Mc 2,4	ἀπεστέγασαν (1)	3 p pl ind ao a	ἀποστεγάζω
1946		ἀπέστειλα (4)	1 p sg ind ao a .	ἀποστέλλω
1947	*Ac 21,25	ἀπεστείλαμεν	1 p pl ind ao a . .	Id
1948		ἀπέστειλαν (13)	3 p pl ind ao a .	Id
1949		ἀπέστειλας (7)	2 p sg ind ao a . .	Id
1950		ἀπέστειλεν (38)	3 p sg ind ao a .	Id
1951	Ja 5,4	ἀπεστερημένος (1)	nom mas sg part pf pass	ἀποστερέω
1952	1Tm 6,5	ἀπεστερημένων (1)	gen mas pl part pf pass	Id
1953	*Ac 16,19	ἀπεστερῆσθαι	inf pf pass . . .	Id
1954		ἀπέστη (2)	3 p sg ind ao2 a . .	ἀφίστημι
1955	Ac 22,29	ἀπέστησαν (1)	3 p pl ind ao2 a .	Id
1956	Ac 5,37	ἀπέστησεν (1)	3 p sg ind ao a . .	Id
1957	*1Tm 6,5	ἀπεστραμμένων	gen mas pl part pf pass	ἀποστρέφω
1958	2Tm 1,15	ἀπεστράφησαν (1)	3 p pl ind ao2 pass	Id
1959	*Mt 27,3	ἀπέστρεψεν	3 p sg ind ao a . .	Id
1960	Ac 2,14	ἀπεφθέγξατο (1)	3 p sg ind ao	ἀποφθέγγομαι
1961		ἀπέχει (3)	3 p sg ind pr a . .	ἀπέχω
1962		ἀπέχεσθαι (5)	inf pr m . . .	Id
1963	1Th 5,22	ἀπέχεσθε (1)	2 p pl imper pr m . .	Id
1964	Lc 6,24	ἀπέχετε (1)	2 p pl ind pr a . .	Id
1965	Phm 15	ἀπέχῃς (1)	2 p sg sbj pr a . .	Id
1966	*Ac 1,12	ἄπεχον	nom neut sg part pr a . .	Id
1967	*Ac 17,27	ἀπέχοντα	acc mas sg part pr a . .	Id
1968		ἀπέχοντος (2)	gen mas sg part pr a .	Id
1969	*Ju 7	ἀπέχουσαι	nom fem pl part pr a . .	Id
1970	Lc 24,13	ἀπέχουσαν (1)	acc fem sg part pr a .	Id
1971		ἀπέχουσιν (3)	3 p pl ind pr a . .	Id
1972	Php 4,18	ἀπέχω (1)	1 p sg ind pr a . .	Id
1973	Apc 6,14	ἀπεχωρίσθη (1)	3 p sg ind ao pass	ἀποχωρίζω
1974	*Ac 24,7	ἀπήγαγεν	3 p sg ind ao2 a . .	ἀπάγω
1975		ἀπήγαγον (7)	3 p pl ind ao2 a . .	ἀπάγω

No.	Ref.	Form	Freq.	Analysis	Lemma
1976		ἀπήγγειλαν	(15)	3 p pl ind ao a	ἀπαγγέλλω
1977		ἀπήγγειλεν	(10)	3 p sg ind ao a	Id
1978	Lc 8,20	ἀπηγγέλη	(1)	3 p sg ind ao2 pass	Id
1979	Ac 26,20	ἀπήγγελλον	(1)	1 p sg ind impf a	Id
1980	Mt 27,5	ἀπήγξατο	(1)	3 p sg ind ao m	ἀπάγχω
1981	*Lc 23,26	ἀπῆγον		3 p pl ind ao2 a	ἀπάγω
1982	Ac 17,10	ἀπῄεσαν	(1)	3 p pl ind impf	ἄπειμι
1983	Ac 18,16	ἀπήλασεν	(1)	3 p sg ind ao a	ἀπελαύνω
1984	Eph 4,19	ἀπηλγηκότες	(1)	nom mas pl part pf a	ἀπαλγέω
1985	Apc 10,9	ἀπῆλθα	(1)	1 p sg ind ao2	ἀπέρχομαι
1986		ἀπῆλθαν	(3)	3 p pl ind ao2	Id
1987		ἀπῆλθεν	(40)	3 p sg ind ao2	Id
1988	Ga 1,17	ἀπῆλθον	(1)	1 p sg ind ao2	Id
1989		ἀπῆλθον	(17)	3 p pl ind ao2	Id
1990	*Col 1,22	ἀπήλλαξεν		3 p sg ind ao a	ἀπαλλάσσω
1991	*Ac 5,15	ἀπηλλάσσοντο		3 p pl ind impf pass	Id
1992	Lc 12,58	ἀπηλλάχθαι	(1)	inf pf m	Id
1993		ἀπηλλοτριωμένοι	(2)	nom mas pl part pf pass	ἀπαλλοτριόω
1994	Col 1,21	ἀπηλλοτριωμένους	(1)	acc mas pl part pf pass	Id
1995	*Eph 4,19	ἀπηλπικότες		nom mas pl part pf a	ἀπελπίζω
1996	Mc 15,1	ἀπήνεγκαν	(1)	3 p pl ind ao2 a	ἀποφέρω
1997		ἀπήνεγκεν	(2)	3 p sg ind ao2 a	Id
1998	Lc 17,12	ἀπήντησαν	(1)	3 p pl ind ao a	ἀπαντάω
1999	*Mt 28,9	ἀπήντησεν		3 p sg ind ao a	Id
2000	Ac 21,6	ἀπησπασάμεθα	(1)	1 p pl ind ao	ἀπασπάζομαι
2001	*Ac 1,9	ἀπήρθη		3 p sg ind ao pass	ἀπαίρω
2002	*Ac 18,21	ἀπήχθη		3 p sg ind ao pass	ἀπάγω
2003	*Mc 9,19	ἄπιστε		vo mas sg	ἄπιστος
2004	*Mc 16,16	ἀπιστήσας		nom mas sg part ao a	ἀπιστέω
2005	*Heb 3,18	ἀπιστήσασιν		dat mas pl part ao a	Id
2006	Rm 3,3	ἀπιστία	(1)	nom sg	ἀπιστία
2007		ἀπιστίᾳ	(5)	dat sg	Id
2008		ἀπιστίαν	(4)	acc sg	Id
2009	Heb 3,12	ἀπιστίας	(1)	gen sg	Id
2010	*Mt 13,58	ἀπιστίας		acc pl	Id
2011	1Co 14,23	ἄπιστοι	(1)	nom mas pl	ἄπιστος
2012		ἀπίστοις	(5)	dat mas pl	Id
2013	1Co 7,13	ἄπιστον	(1)	acc mas sg	Id
2014	1Co 7,12	ἄπιστον	(1)	acc fem sg	Id
2015	Ac 26,8	ἄπιστον	(1)	nom neut sg	Id
2016		ἄπιστος	(4)	nom mas sg	Id
2017	1Co 7,14	ἄπιστος	(1)	nom fem sg	Id
2018		ἄπιστος	(3)	vo fem sg	Id
2019		ἀπίστου	(2)	gen mas sg	Id
2020	*1Co 10,29	ἀπίστου		gen fem sg	Id
2021	2Tm 2,13	ἀπιστοῦμεν	(1)	1 p pl ind pr a	ἀπιστέω
2022	*1Pt 2,8	ἀπιστοῦντες		nom mas pl part pr a	Id
2023	Lc 24,41	ἀπιστούντων	(1)	gen mas pl part pr a	Id
2024	1Pt 2,7	ἀπιστοῦσιν	(1)	dat mas pl part pr a	Id

No.	Ref	Form	Freq	Analysis	Lemma
2025		ἀπίστων	(4)	gen mas pl	ἄπιστος
2026	2Co 9,11	ἁπλότητα	(1)	acc sg	ἁπλότης
2027		ἁπλότητι	(5)	dat sg	Id
2028		ἁπλότητος	(2)	gen sg	ἁπλότης
2029		ἁπλοῦς	(2)	nom mas sg	ἁπλοῦς
2030	*Mt 10,16	ἁπλούστατοι		superl nom mas pl	Id
2031	Ja 1,5	ἁπλῶς	(1)	adv	ἁπλῶς
2032		ἀπό	(646)	prpo	ἀπό
2033	Heb 10,35	ἀποβάλητε	(1)	2 p pl sbj ao2 a	ἀποβάλλω
2034	*Apc 3,2	ἀποβάλλειν		inf pr a	Id
2035	*Rm 13,12	ἀποβαλώμεθα		1 p pl sbj ao2 m	Id
2036	Mc 10,50	ἀποβαλών	(1)	nom mas sg part ao2 a	Id
2037	Lc 5,2	ἀποβάντες	(1)	nom mas pl part ao2 a	ἀποβαίνω
2038		ἀποβήσεται	(2)	3 p sg ind fut	Id
2039	1Tm 4,4	ἀπόβλητον	(1)	nom neut sg	ἀπόβλητος
2040		ἀποβολή	(2)	nom sg	ἀποβολή
2041	Heb 12,23	ἀπογεγραμμένων	(1)	gen mas pl part pf pass	ἀπογράρω
2042	1Pt 2,24	ἀπογενόμενοι	(1)	nom mas pl part ao2	ἀπογίνομαι
2043	Lc 2,3	ἀπογράφεσθαι	(1)	inf pr m	ἀπογράφω
2044	Lc 2,1	ἀπογράφεσθαι	(1)	inf pr pass	Id
2045	Lc 2,2	ἀπογραφή	(1)	nom sg	ἀπογραφή
2046	Ac 5,37	ἀπογραφῆς	(1)	gen sg	Id
2047	Lc 2,5	ἀπογράψασθαι	(1)	inf ao m	ἀπογράφω
2048	Ac 2,22	ἀποδεδειγμένον	(1)	acc mas sg part pf pass	ἀποδείκνυμι
2049	1Pt 2,4	ἀποδεδοκιμασμένον	(1)	acc mas sg part pf pass	ἀποδοκιμάζω
2050	2Th 2,4	ἀποδεικνύντα	(1)	acc mas sg part pr a	ἀποδείκνυμι
2051	Ac 25,7	ἀποδεῖξαι	(1)	inf ao a	Id
2052	1Co 2,4	ἀποδείξει	(1)	dat sg	ἀπόδειξις
2053	*Lc 18,12	ἀποδεκατεύω		1 p sg ind pr a	ἀποδεκατεύω
2054	Heb 7,5	ἀποδεκατοῦν	(1)	inf pr a	ἀποδεκατόω
2055		ἀποδεκατοῦτε	(2)	2 p pl ind pr a	Id
2056	Lc 18,12	ἀποδεκατῶ	(1)	1 p sg ind pr a	Id
2057		ἀπόδεκτον	(2)	nom neut sg	ἀπόδεκτος
2058	Ac 2,41	ἀποδεξάμενοι	(1)	nom mas pl part ao	ἀποδέχομαι
2059	Lc 9,11	ἀποδεξάμενος	(1)	nom mas sg part ao	Id
2060	Ac 18,27	ἀποδέξασθαι	(1)	inf ao	Id
2061	*Ac 18,27	ἀποδέξωνται		3 p pl sbj ao	Id
2062	Ac 24,3	ἀποδεχόμεθα	(1)	1 p pl ind pr	Id
2063	Mc 13,34	ἀπόδημος	(1)	nom mas sg	ἀπόδημος
2064	*2Co 5,6	ἀποδημοῦμεν		1 p pl ind pr a	ἀποδημέω
2065	Mt 25,14	ἀποδημῶν	(1)	nom mas sg part pr a	ἀποδημέω
2066	1Tm 5,4	ἀποδιδόναι	(1)	inf pr a	ἀποδίδωμι
2067		ἀποδιδόντες	(2)	nom mas pl part pr a	Id
2068	1Co 7,3	ἀποδιδότω	(1)	3 p sg imper pr a	Id
2069	Apc 22,2	ἀποδιδοῦν	(1)	nom neut sg part pr a	Id
2070	*Apc 22,2	ἀποδιδούς		nom mas sg part pr a	Id
2071	Lc 19,8	ἀποδίδωμι	(1)	1 p sg ind pr a	Id
2072	Heb 12,11	ἀποδίδωσιν	(1)	3 p sg ind pr a	Id
2073	Ju 19	ἀποδιορίζοντες	(1)	nom mas pl part pr a	ἀποδιορίζω
2074		ἀποδοθῆναι	(2)	inf ao pass	ἀποδίδωμι

No.	Ref.	Form	Parsing	Lemma
2075	*Lc 12,59	ἀποδοῖς	2 p sg sbj ao2 a	ἀποδίδωμι
2076		ἀποδοκιμασθῆναι	(3) inf ao pass	ἀποδοκιμάζω
2077		ἀπόδος	(3) 2 p sg imper ao2 a	ἀποδίδωμι
2078		ἀπόδοτε	(5) 2 p pl imper ao2 a	Id
2079		ἀποδοῦναι	(4) inf ao2 a	Id
2080	Lc 4,20	ἀποδούς	(1) nom mas sg part ao2 a	Id
2081		ἀποδοχῆς	(2) gen sg	ἀποδοχή
2082		ἀποδῷ	(3) 3 p sg sbj ao2 a	ἀποδίδωμι
2083	*2Tm 4,14	ἀποδῴη	3 p sg opt ao2 a	Id
2084		ἀποδῷς	(2) 2 p sg sbj ao2 a	Id
2085		ἀποδώσει	(7) 3 p sg ind fut a	Id
2086	Mt 5,33	ἀποδώσεις	(1) 2 p sg ind fut a	Id
2087	*Heb 13,17	ἀποδώσονται	3 p pl ind fut m	Id
2088	Heb 13,17	ἀποδώσοντες	(1) nom mas pl part fut a	Id
2089		ἀποδώσουσιν	(3) 3 p pl ind fut a	Id
2090		ἀποδώσω	(3) 1 p sg ind fut a	Id
2091		ἀποθανεῖν	(16) inf ao2 a	ἀποθνῄσκω
2092		ἀποθανεῖσθε	(3) 2 p pl ind fut	Id
2093	Rm 5,7	ἀποθανεῖται	(1) 3 p sg ind fut	Id
2094		ἀποθάνῃ	(13) 3 p sg sbj ao2 a	Id
2095	Ju 12	ἀποθανόντα	(1) nom neut pl part ao2 a	Id
2096	Rm 7,6	ἀποθανόντες	(1) nom mas pl part ao2 a	Id
2097	2Co 5,15	ἀποθανόντι	(1) dat mas sg part ao2 a	Id
2098	1Th 5,10	ἀποθανόντος	(1) gen mas sg part ao2 a	Id
2099	*Mt 26,52	ἀποθανοῦνται	3 p pl ind fut	Id
2100	Jh 11,16	ἀποθάνωμεν	(1) 1 p pl sbj ao2 a	Id
2101		ἀποθανών	(3) nom mas sg part ao2 a	Id
2102		ἀποθέμενοι	(4) nom mas pl part ao2 m	ἀποτίθημι
2103	Eph 4,22	ἀποθέσθαι	(1) inf ao2 m	Id
2104	Col 3,8	ἀπόθεσθε	(1) 2 p pl imper ao2 m	Id
2105		ἀπόθεσις	(2) nom sg	ἀπόθεσις
2106		ἀποθήκας	(2) acc pl	ἀποθήκη
2107	Lc 12,24	ἀποθήκη	(1) nom sg	Id
2108		ἀποθήκην	(3) acc sg	Id
2109	1Tm 6,19	ἀποθησαυρίζοντας	(1) acc mas pl part pr a	ἀποθησαυρίζω
2110	Lc 8,45	ἀποθλίβουσιν	(1) 3 p pl ind pr a	ἀποθλίβω
2111		ἀποθνῄσκει	(5) 3 p sg ind pr a	ἀποθνῄσκω
2112		ἀποθνῄσκειν	(5) inf pr a	Id
2113	*Jh 21,23	ἀποθνῄσκεις	2 p sg ind pr a	Id
2114	*Jh 6,50	ἀποθνῄσκῃ	3 p sg sbj pr a	Id
2115		ἀποθνῄσκομεν	(2) 1 p pl ind pr a	Id
2116		ἀποθνῄσκοντες	(3) nom mas pl part pr a	Id
2117	*Lc 8,42	ἀποθνῄσκουσα	nom fem sg part pr a	Id
2118	1Co 15,22	ἀποθνῄσκουσιν	(1) 3 p pl ind pr a	Id
2119	1Co 15,31	ἀποθνῄσκω	(1) 1 p sg ind pr a	Id
2120		ἀποθνῄσκωμεν	(2) 1 p pl sbj pr a	Id
2121		ἀποθνῄσκων	(2) nom mas sg part pr a	Id
2122	Rm 13,12	ἀποθώμεθα	(1) 1 p pl sbj ao2 m	ἀποτίθημι
2123	*Jh 21,18	ἀποίσῃ	2 p sg ind fut pass	ἀποφέρω
2124	*Jh 21,18	ἀποίσουσιν	3 p pl ind fut a	Id

2125	*Mc 9,12	ἀποκαθιστᾷ		3 p sg ind pr a . .	ἀποκαθίστημι
2126	Mc 9,12	ἀποκαθιστάνει	(1)	3 p sg ind pr a .	Id
2127	Ac 1,6	ἀποκαθιστάνεις	(1)	2 p sg ind pr a	Id
2128	1Pt 5,1	ἀποκαλύπτεσθαι	(1)	inf pr pass .	ἀποκαλύπτω
2129		ἀποκαλύπτεται	(4)	3 p sg ind pr pass .	Id
2130		ἀποκαλυφθῇ	(2)	3 p sg sbj ao pass .	Id
2131		ἀποκαλυφθῆναι	(4)	inf ao pass . .	Id
2132		ἀποκαλυφθήσεται	(3)	3 p sg ind fut pass	Id
2133	Lc 2,35	ἀποκαλυφθῶσιν	(1)	3 p pl sbj ao pass .	Id
2134		ἀποκαλύψαι	(3)	inf ao a . . .	Id
2135	Php 3,15	ἀποκαλύψει	(1)	3 p sg ind fut a . .	Id
2136		ἀποκαλύψει	(5)	dat sg . . .	ἀποκάλυψις
2137	2Co 12,1	ἀποκαλύψεις	(1)	acc pl . . .	Id
2138	2Co 12,7	ἀποκαλυψέων	(1)	gen pl . . .	Id
2139		ἀποκαλύψεως	(3)	gen sg	Id
2140		ἀποκάλυψιν	(7)	acc sg	Id
2141	Apc 1,1	ἀποκάλυψις	(1)	nom sg	Id
2142	*Mc 16,14	ἀποκαλῦψον		2 p sg imper ao a .	ἀποκαλύπτω
2143	Rm 8,19	ἀποκαραδοκία	(1)	nom sg . .	ἀποκαραδοκία
2144	Php 1,20	ἀποκαραδοκίαν	(1)	acc sg . . .	Id
2145	*Col 1,22	ἀποκαταλλαγέντες		nom mas pl part ao2 pass	ἀποκαταλλάσσω
2146	*Col 1,22	ἀποκαταλλαγῆτε		2 p pl sbj ao2 pass	Id
2147	Col 1,20	ἀποκαταλλάξαι	(1)	inf ao a . .	Id
2148	Eph 2,16	ἀποκαταλλάξῃ	(1)	3 p sg sbj ao a	Id
2149	*Mc 9,12	ἀποκαταστάνει		3 p sg ind pr a .	ἀποκαταστάνω
2150	Heb 13,19	ἀποκατασταθῶ	(1)	1 p sg sbj ao pass	ἀποκαθίστημι
2151	Ac 3,21	ἀποκαταστάσεως	(1)	gen sg .	ἀποκατάστασις
2152	*Mt 17,11	ἀποκαταστῆσαι		3 p sg opt ao a	ἀποκαθίστημι
2153	Mt 17,11	ἀποκαταστήσει	(1)	3 p sg ind fut a	Id
2154	*Col 1,22	ἀποκατηλλάγητε		2 p pl ind ao2 pass	ἀποκαταλλάσσω
2155		ἀποκατηλλάγται		3 p sg ind pf pass	Id
2156	*Col 1,22	ἀποκατηλλάκηται		cf ἀποκατηλλάγται	
2157	*Col 1,22	ἀποκατηλλάκται		cf ἀποκατηλλάγται	
2158	Col 1,22	ἀποκατήλλαξεν	(1)	3 p sg ind ao a	ἀποκαταλλάσσω
2159		ἀποκειμένην	(2)	acc fem sg part pr	ἀπόκειμαι
2160		ἀπόκειται	(2)	3 p sg ind pr . . .	Id
2161	1Co 2,7	ἀποκεκρυμμένην	(1)	acc fem sg part pf pass	ἀποκρύπτω
2162	Col 1,26	ἀποκεκρυμμένον	(1)	acc neut sg part pf pass	Id
2163	Eph 3,9	ἀποκεκρυμμένου	(1)	gen neut sg part pf pass	Id
2164	Lc 24,2	ἀποκεκυλισμένον	(1)	acc mas sg part pf pass	ἀποκυλίω
2165	Mc 16,4	ἀποκεκύλισται	(1)	3 p sg ind pf pass	Id
2166	Lc 13,25	ἀποκλείσῃ	(1)	3 p sg sbj ao a . .	ἀποκλείω
2167		ἀπόκοψον	(2)	2 p sg imper ao a . .	ἀποκόπτω
2168	Ga 5,12	ἀποκόψονται	(1)	3 p pl ind fut m .	Id
2169	*Ga 5,12	ἀποκόψωνται		3 p pl sbj ao m . . .	Id
2170		ἀποκριθείς	(95)	nom mas sg part ao	ἀποκρίνομαι
2171	Lc 1,60	ἀποκριθεῖσα	(1)	nom fem sg part ao .	Id
2172	Ac 19,15	ἀποκριθέν	(1)	nom neut sg part ao .	Id
2173		ἀποκριθέντες	(7)	nom mas pl part ao .	Id
2174	Mt 22,46	ἀποκριθῆναι	(1)	inf ao . . .	Id

No.	Ref	Form	Freq	Parsing	Lemma
2175	Mt 25,45	ἀποκριθήσεται	(1)	3 p sg ind fut	ἀποκρίνομαι
2176		ἀποκριθήσονται	(2)	3 p pl ind fut	Id
2177	Lc 22,68	ἀποκριθῆτε	(1)	2 p pl sbj ao	Id
2178		ἀποκρίθητε	(2)	2 p pl imper ao	Id
2179	Mc 14,40	ἀποκριθῶσιν	(1)	3 p pl sbj ao	Id
2180	2Co 1,9	ἀπόκριμα	(1)	acc sg	ἀπόκριμα
2181	Col 4,6	ἀποκρίνεσθαι	(1)	inf pr	ἀποκρίνομαι
2182		ἀποκρίνεται	(3)	3 p sg ind pr	Id
2183		ἀποκρίνῃ	(4)	2 p sg ind pr	Id
2184	Lc 20,26	ἀποκρίσει	(1)	dat sg	ἀπόκρισις
2185	Lc 2,47	ἀποκρίσεσιν	(1)	dat pl	Id
2186		ἀπόκρισιν	(2)	acc sg	Id
2187	Col 2,3	ἀπόκρυφοι	(1)	nom mas pl	ἀπόκρυφος
2188		ἀπόκρυφον	(2)	nom neut sg	Id
2189	*Apc 13,10	ἀποκταινεῖ		3 p sg ind fut a	ἀποκταίνω
2190	Mc 9,31	ἀποκτανθείς	(1)	nom mas sg part ao pass	ἀποκτείνω
2191		ἀποκτανθῆναι	(6)	inf ao pass	Id
2192	Apc 13,15	ἀποκτανθῶσιν	(1)	3 p pl sbj ao pass	Id
2193		ἀποκτεῖναι	(16)	inf ao a	Id
2194	1Th 2,15	ἀποκτεινάντων	(1)	gen mas pl part ao a	Id
2195		ἀποκτείνας	(2)	nom mas sg part ao a	Id
2196	*2Co 3,6	ἀποκτείνει		3 p sg ind pr a	Id
2197	Lc 12,4	ἀποκτεινόντων	(1)	gen mas pl part pr a	Id
2198		ἀποκτείνουσα	(2)	nom fem sg part pr a	Id
2199		ἀποκτείνωμεν	(4)	1 p pl sbj pr a	Id
2200		ἀποκτείνωσιν	(8)	3 p pl sbj pr a	Id
2201	*Apc 13,10	ἀποκτέμνει		cf ἀποκτέννει	
2202	*2Co 3,6	ἀποκτένει		3 p sg ind pr a	ἀποκτένω
2203		ἀποκτενεῖ	(2)	3 p sg ind fut a	ἀποκτείνω
2204	*Apc 13,10	ἀποκτενεῖν		inf fut a	Id
2205	Mt 23,34	ἀποκτενεῖτε	(1)	2 p pl ind fut a	Id
2206	2Co 3,6	ἀποκτέννει	(1)	3 p sg ind pr a	ἀποκτέννω
2207	Apc 6,11	ἀποκτέννεσθαι	(1)	inf pr pass	Id
2208	Mc 12,5	ἀποκτέννοντες	(1)	nom mas pl part pr a	Id
2209	Mt 10,28	ἀποκτεννόντων	(1)	gen mas pl part pr a	Id
2210		ἀποκτενοῦσιν	(6)	3 p pl ind fut a	ἀποκτείνω
2211	Apc 2,23	ἀποκτενῶ	(1)	1 p sg ind fut a	Id
2212	Ja 1,15	ἀποκυεῖ	(1)	3 p sg ind pr a	ἀποκυέω
2213	*Lc 24,1	ἀποκυλῖσαι		inf ao a	ἀποκυλίω
2214	Mc 16,3	ἀποκυλίσει	(1)	3 p sg ind fut a	Id
2215	*2Jh 8	ἀπολάβετε		2 p pl imper ao2 a	ἀπολαμβάνω
2216	Lc 18,30	ἀπολάβῃ	(1)	3 p sg sbj ao2 a	Id
2217	2Jh 8	ἀπολάβητε	(1)	2 p pl sbj ao2 a	Id
2218	*2Jh 8	ἀπολάβομεν		cf ἀπολάβωμεν	
2219	*Ac 18,17	ἀπολαβόμενοι		nom mas pl part ao2	ἀπολαμβάνομαι
2220	Mc 7,33	ἀπολαβόμενος	(1)	nom mas sg part ao2 m	ἀπολαμβάνω
2221	Ga 4,5	ἀπολάβωμεν	(1)	1 p pl sbj ao2 a	Id
2222	Lc 6,34	ἀπολάβωσιν	(1)	3 p pl sbj ao2 a	Id
2223	*3Jh 8	ἀπολαμβάνειν		inf pr a	Id
2224	Lc 23,41	ἀπολαμβάνομεν	(1)	1 p pl ind pr a	Id
2225	Rm 1,27	ἀπολαμβάνοντες	(1)	nom mas pl part pr a	Id

2226		ἀπόλαυσιν	(2)	acc sg . . .	ἀπόλαυσις
2227		ἀπολείπεται	(3)	3 p sg ind pr pass .	ἀπολείπω
2228		ἀπολεῖσθε	(2)	2 p pl ind fut m . .	ἀπόλλυμι
2229	Ac 27,34	ἀπολεῖται	(1)	3 p sg ind fut2 m . .	Id
2230		ἀπολελυμένην	(2)	acc fem sg part pf pass	ἀπολύω
2231	Heb 13,23	ἀπολελυμένον	(1)	acc mas sg part pf pass	Id
2232	Lc 13,12	ἀπολέλυσαι	(1)	2 p sg ind pf pass. .	Id
2233	Ac 26,32	ἀπολελύσθαι	(1)	inf pf pass. . .	Id
2234		ἀπολέσαι	(7)	inf ao a . . .	ἀπόλλυμι
2235		ἀπολέσας	(3)	nom mas sg part ao a .	Id
2236	*Lc 15,8	ἀπολέσασα		nom fem sg part ao a . .	Id
2237		ἀπολέσει	(10)	3 p sg ind fut a . .	Id
2238		ἀπολέσῃ	(7)	3 p sg sbj ao a . .	Id
2239	2Jh 8	ἀπολέσητε	(1)	2 p pl sbj ao a . .	Id
2240		ἀπολέσθαι	(2)	inf ao2 m . . .	Id
2241	*2Jh 8	ἀπολέσομεν		cf ἀπολέσωμεν	
2242	Jh 6,39	ἀπολέσω	(1)	1 p sg sbj ao a . . .	ἀπόλλυμι
2243	*2Jh 8	ἀπολέσωμεν		1 p pl sbj ao a . . .	Id
2244		ἀπολέσωσιν	(4)	3 p pl sbj ao a . .	Id
2245	*2Jh 8	ἀπολήθειτε		2 p pl sbj pr a . . .	ἀπολήθω
2246	Col 3,24	ἀπολήμψεσθε	(1)	2 p pl ind fut .	ἀπολαμβάνω
2247	*2Jh 8	ἀπόλησθε		2 p pl sbj ao2 m . . .	ἀπόλλυμι
2248		ἀπόληται	(7)	3 p sg sbj ao2 m . .	Id
2249	*2Jh 8	ἀπόλητε		2 p pl ind fut a . . .	Id
2250	*1Pt 2,21	ἀπολιμπάνων		nom mas sg part pr a .	ἀπολιμπάνω
2251	Ju 6	ἀπολιπόντας	(1)	acc mas pl part ao2 a	ἀπολείπω
2252	Rm 14,15	ἀπόλλυε	(1)	2 p sg imper pr a . .	ἀπόλλυμι
2253	Jh 12,25	ἀπολλύει	(1)	3 p sg ind pr a . .	Id
2254	Lc 15,17	ἀπόλλυμαι	(1)	1 p sg ind pr m . .	Id
2255		ἀπολλύμεθα	(3)	1 p pl ind pr m . .	Id
2256	Jh 6,27	ἀπολλυμένην	(1)	acc fem sg part pr m .	Id
2257	2Co 4,9	ἀπολλύμενοι	(1)	nom mas pl part pr pass	Id
2258		ἀπολλυμένοις	(4)	dat mas pl part pr m	Id
2259	1Pt 1,7	ἀπολλυμένου	(1)	gen neut sg part pr m	Id
2260	Mt 9,17	ἀπόλλυνται	(1)	3 p pl ind pr m . .	Id
2261		ἀπόλλυται	(2)	3 p sg ind pr m . .	Id
2262	Apc 9,11	Ἀπολλύων	(1)	nom . . .	Ἀπολλύων
2263		Ἀπολλῶ	(3)	gen	Ἀπολλῶς
2264	Ac 19,1	Ἀπολλῶ	(1)	acc	Id
2265		Ἀπολλῶν	(2)	acc	Id
2266	Ac 17,1	Ἀπολλωνίαν	(1)	acc . . .	Ἀπολλωνία
2267	*Ac 17,1	Ἀπολλωνίδα		acc	Ἀπολλωνίς
2268	*Ac 18,24	Ἀπολλώνιος		nom	Ἀπολλώνιος
2269		Ἀπολλῶς	(4)	nom	Ἀπολλῶς
2270		ἀπολογεῖσθαι	(2)	inf pr .	ἀπολογέομαι
2271	Lc 21,14	ἀπολογηθῆναι	(1)	inf ao (pass)	Id
2272	Lc 12,11	ἀπολογήσησθε	(1)	2 p pl sbj ao .	Id
2273	1Co 9,3	ἀπολογία	(1)	nom sg . . .	ἀπολογία
2274		ἀπολογίᾳ	(2)	dat sg . . .	Id
2275		ἀπολογίαν	(3)	acc sg . . .	Id

2276		ἀπολογίας	(2)	gen sg	ἀπολογία
2277	Ac 24,10	ἀπολογοῦμαι	(1)	1 p sg ind pr .	ἀπολογέομαι
2278	2Co 12,19	ἀπολογούμεθα	(1)	1 p pl ind pr . .	Id
2279		ἀπολογουμένου	(2)	gen mas sg part pr	Id
2280	Rm 2,15	ἀπολογουμένων	(1)	gen mas pl part pr	Id
2281	Lc 11,51	ἀπολομένου	(1)	gen mas sg part ao2 m .	ἀπόλλυμι
2282	*Mc 2,22	ἀπόλονται		err cf ἀπόλυνται	
2283		ἀπολοῦνται	(4)	3 p pl ind fut m . .	Id
2284	Ac 22,16	ἀπόλουσαι	(1)	2 p sg imper ao m . .	ἀπολούω
2285	Mc 6,45	ἀπολύει	(1)	3 p sg ind pr . . .	ἀπολύω
2286		ἀπολύειν	(3)	inf pr a . . .	Id
2287	Lc 2,29	ἀπολύεις	(1)	2 p sg ind pr a . .	Id
2288	Lc 6,37	ἀπολύετε	(1)	2 p pl imper pr a . .	Id
2289		ἀπολυθέντες	(2)	nom mas pl part ao pass	Id
2290	Lc 6,37	ἀπολυθήσεσθε	(1)	2 p pl ind fut pass	Id
2291	Ac 16,36	ἀπολυθῆτε	(1)	2 p pl sbj ao pass . .	Id
2292	*Mc 2,22	ἀπόλυνται		3 p pl ind pr pass/m . .	Id
2293		ἀπολῦσαι	(11)	inf ao a . . .	Id
2294		ἀπολύσας	(2)	nom mas sg part ao a .	Id
2295	Mc 10,12	ἀπολύσασα	(1)	nom fem sg part ao a .	Id
2296	*Mc 6,45	ἀπολύσει		3 p sg ind fut a . . .	Id
2297	*Lc 22,68	ἀπολύσετε		2 p pl ind fut a . . .	Id
2298		ἀπολύσῃ	(5)	3 p sg sbj ao a . .	Id
2299	Jh 19,12	ἀπολύσῃς	(1)	2 p sg sbj ao a . .	Id
2300	*Lc 22,68	ἀπολύσητε		2 p pl sbj ao a . . .	Id
2301		ἀπόλυσον	(6)	2 p sg imper ao a . .	Id
2302		ἀπολύσω	(2)	1 p sg ind fut a . .	Id
2303		ἀπολύσω	(6)	1 p sg sbj ao a . .	Id
2304		ἀπολυτρώσεως	(2)	gen sg . .	ἀπολύτρωσις
2305		ἀπολύτρωσιν	(6)	acc sg . . .	Id
2306		ἀπολύτρωσις	(2)	nom sg . . .	Id
2307		ἀπολύων	(2)	nom mas sg part pr a . .	ἀπολύω
2308	1Co 1,19	ἀπολῶ	(1)	1 p sg ind fut a . .	ἀπόλλυμι
2309		ἀπολωλός	(4)	acc neut sg part pf2 a .	Id
2310		ἀπολωλότα	(2)	acc neut pl part pf2 a .	Id
2311		ἀπολωλώς	(2)	nom mas sg part pf2 a .	Id
2312	Jh 10,28	ἀπόλωνται	(1)	3 p pl sbj ao2 m . .	Id
2313	Lc 10,11	ἀπομασσόμεθα	(1)	1 p pl ind pr m .	ἀπομάσσω
2314	1Pt 3,7	ἀπονέμοντες	(1)	nom mas pl part pr a	ἀπονέμω
2315	2Co 10,11	ἀπόντες	(1)	nom mas pl part pr . .	ἄπειμι
2316	Mc 13,22	ἀποπλανᾶν	(1)	inf pr a . .	ἀποπλανάω
2317	Ac 27,1	ἀποπλεῖν	(1)	inf pr a . . .	ἀποπλέω
2318	Ac 20,15	ἀποπλεύσαντες	(1)	nom mas pl part ao a	Id
2319	*Ga 6,2	ἀποπληρώσετε		2 p pl ind fut a .	ἀποπληρόω
2320	Lc 24,4	ἀπορεῖσθαι	(1)	inf pr m . . .	ἀπορέω
2321	*Lc 21,25	ἀπορία		nom sg	ἀπορία
2322	Lc 21,25	ἀπορίᾳ	(1)	dat sg	Id
2323	Ac 27,43	ἀπορίψαντας	(1)	acc mas pl part ao a .	ἀπορίπτω
2324	*1Pt 5,7	ἀπορίψαντες		nom mas pl part ao a .	Id
2325	Ga 4,20	ἀποροῦμαι	(1)	1 p sg ind pr m . .	ἀπορέω

No.	Ref.	Form	Freq.	Parsing	Lemma
2326		ἀπορούμενοι	(2)	nom mas pl part pr m	ἀπορέω
2327	Ac 25,20	ἀπορούμενος	(1)	nom mas sg part pr m	Id
2328	1Th 2,17	ἀπορφανισθέντες	(1)	nom mas pl part ao pass	ἀπορφανίζω
2329	Ja 1,17	ἀποσκίασμα	(1)	nom sg	ἀποσκίασμα
2330	*Ja 1,17	ἀποσκιάσματος		gen sg	Id
2331	Ac 20,30	ἀποσπᾶν	(1)	inf pr a	ἀποσπάω
2332	Ac 21,1	ἀποσπασθέντας	(1)	acc mas pl part ao pass	Id
2333	*Ac 21,1	ἀποσπασθέντων		gen mas pl part ao pass	Id
2334	1Pt 1,12	ἀποσταλέντι	(1)	dat neut sg part ao2 pass	ἀποστέλλω
2335	Rm 10,15	ἀποσταλῶσιν	(1)	3 p pl sbj ao2 pass	Id
2336	Ac 15,38	ἀποστάντα	(1)	acc mas sg part ao2 a	ἀφίστημι
2337	Ac 19,9	ἀποστάς	(1)	nom mas sg part ao2 a	Id
2338	2Th 2,3	ἀποστασία	(1)	nom sg	ἀποστασία
2339	Ac 21,21	ἀποστασίαν	(1)	acc sg	Id
2340	Mt 5,31	ἀποστάσιον	(1)	acc sg	ἀποστάσιον
2341		ἀποστασίου	(2)	gen sg	Id
2342	*Heb 11,1	ἀπόστασις		nom sg	ἀπόστασις
2343	*Ja 2,11	ἀποστάτης		nom sg	ἀποστάτης
2344	*Lc 5,19	ἀποστεγάσαντες		nom mas pl part ao a	ἀποστεγάζω
2345	Lc 4,18	ἀποστεῖλαι	(1)	inf ao a	ἀποστέλλω
2346		ἀποστείλαντα	(4)	acc mas sg part ao a	Id
2347	Ac 15,33	ἀποστείλαντας	(1)	acc mas pl part ao a	Id
2348	Ac 11,30	ἀποστείλαντες	(1)	acc mas pl part ao a	Id
2349	*Lc 10,16	ἀποστειλάντος		gen mas sg part ao a	Id
2350		ἀποστείλας	(7)	nom mas sg part ao a	Id
2351		ἀποστείλῃ	(2)	3 p sg sbj ao a	Id
2352		ἀπόστειλον	(2)	2 p sg imper ao a	Id
2353	Ac 7,34	ἀποστείλω	(1)	1 p sg sbj ao a	Id
2354		ἀποστελεῖ	(4)	3 p sg ind fut a	Id
2355	Mc 4,29	ἀποστέλλει	(4)	3 p sg ind pr a	Id
2356	Mc 6,7	ἀποστέλλειν	(1)	inf pr a	Id
2357	Mc 3,14	ἀποστέλλῃ	(1)	3 p sg sbj pr a	Id
2358	Heb 1,14	ἀποστελλόμενα	(1)	nom neut pl part pr pass	Id
2359	Mt 22,16	ἀποστέλλουσιν	(2)	3 p pl ind pr a	Id
2360		ἀποστέλλω	(8)	1 p sg ind pr a	Id
2361	Lc 11,49	ἀποστελῶ	(1)	1 p sg ind fut a	Id
2362	1Co 6,7	ἀποστερεῖσθε	(1)	2 p pl ind pr pass	ἀποστερέω
2363	1Co 6,8	ἀποστερεῖτε	(1)	2 p pl ind pr a	Id
2364	1Co 7,5	ἀποστερεῖτε	(1)	2 p pl imper pr a	Id
2365	Mc 10,19	ἀποστερήσῃς	(1)	2 p sg sbj ao a	Id
2366	2Co 12,8	ἀποστῇ	(1)	3 p sg sbj ao2 a	ἀφίστημι
2367	Heb 3,12	ἀποστῆναι	(1)	inf ao2 a	Id
2368	1Tm 4,1	ἀποστήσονται	(1)	3 p pl ind fut m	Id
2369		ἀπόστητε	(2)	2 p pl imper ao2 a	Id
2370	2Tm 2,19	ἀποστήτω	(1)	3 p sg imper ao2 a	Id
2371		ἀποστολήν	(2)	acc sg	ἀποστολή
2372		ἀποστολῆς	(2)	gen sg	Id
2373		ἀπόστολοι	(16)	nom pl	ἀπόστολος
2374		ἀποστόλοις	(6)	dat pl	Id
2375		ἀπόστολον	(2)	acc sg	Id

No.	Ref	Form	Freq	Parsing	Lemma
2376		ἀπόστολος	(18)	nom sg	ἀπόστολος
2377	2Co 12,12	ἀποστόλου	(1)	gen sf	Id
2378		ἀποστόλους	(15)	acc pl	Id
2379		ἀποστόλων	(22)	gen pl	Id
2380	Lc 11,53	ἀποστοματίζειν	(1)	inf pr a	ἀποστοματίζω
2381	Mt 5,42	ἀποστραφῇς	(1)	2 p sg sbj ao2 pass	ἀποστρέφω
2382	Ac 3,26	ἀποστρέφειν	(1)	inf pr a	Id
2383	Heb 12,25	ἀποστρεφόμενοι	(1)	nom mas pl part pr m	Id
2384	Tit 1,14	ἀποστρεφομένων	(1)	gen mas pl part pr m	Id
2385	Lc 23,14	ἀποστρέφοντα	(1)	acc mas sg part pr a	Id
2386	Rm 11,26	ἀποστρέψει	(1)	3 p sg ind fut a	Id
2387	Mt 26,52	ἀπόστρεψον	(1)	2 p sg imper ao a	Id
2388	2Tm 4,4	ἀποστρέψουσιν	(1)	3 p pl ind fut a	Id
2389	Rm 12,9	ἀποστυγοῦντες	(1)	nom mas pl part pr a	ἀποστυγέω
2390	Jh 12,42	ἀποσυνάγωγοι	(1)	nom mas pl	ἀποσυνάγωγος
2391	Jh 9,22	ἀποσυνάγωγος	(1)	nom mas sg	Id
2392	Jh 16,2	ἀποσυναγώγους	(1)	acc mas pl	Id
2393	*Ac 5,39	ἀπόσχεσθε		2 p pl imper ao2 m	ἀπέχω
2394	*Ac 21,15	ἀποταξάμενοι		nom mas pl part ao m	ἀποτάσσω
2395		ἀποταξάμενος	(4)	nom mas sg part ao m	Id
2396	Lc 9,61	ἀποτάξασθαι	(1)	inf ao m	Id
2397	Lc 14,33	ἀποτάσσεται	(1)	3 p sg ind pr m	Id
2398	Ja 1,15	ἀποτελεσθεῖσα	(1)	nom fem sg part ao pass	ἀποτελέω
2399	*Lc 13,32	ἀποτελοῦμαι		1 p sg ind pr m	Id
2400	Lc 13,32	ἀποτελῶ	(1)	1 p sg ind pr a	Id
2401	*Ac 28,5	ἀποτιναξάμενος		nom mas sg part ao m	ἀποτινάσσω
2402	Ac 28,5	ἀποτινάξας	(1)	nom mas sg part ao a	Id
2403	Lc 9,5	ἀποτινάσσετε	(1)	2 p pl imper pr a	Id
2404	Phm 19	ἀποτίσω	(1)	1 p sg ind fut a	ἀποτίνω
2405	Rm 10,20	ἀποτολμᾷ	(1)	3 p sg ind pr a	ἀποτολμάω
2406	Rm 11,22	ἀποτομία	(1)	nom sg	ἀποτομία
2407	Rm 11,22	ἀποτομίαν	(1)	acc sg	Id
2408		ἀποτόμως	(2)	adv	ἀποτόμως
2409	2Tm 3,5	ἀποτρέπου	(1)	2 p sg imper pr m	ἀποτρέπω
2410	Php 2,12	ἀπουσίᾳ	(1)	dat sg	ἀπουσία
2411	Ac 19,12	ἀποφυγόντες	(1)	inf pr pass	ἀποφέρω
2412	2Pt 2,18	ἀποφεύγοντας	(1)	acc mas pl part pr a	ἀποφεύγω
2413	Ac 2,4	ἀποφθέγγεσθαι	(1)	inf pr	ἀποφθέγγομαι
2414	Ac 26,25	ἀποφθέγγομαι	(1)	1 p sg ind pr	Id
2415	Ac 21,3	ἀποφορτιζόμενον	(1)	nom neut sg part pr	ἀποφορτίζομαι
2416	*2Pt 2,18	ἀποφυγόντας		acc mas pl part ao2 a	ἀποφεύγω
2417		ἀποφυγόντες	(2)	nom mas pl part ao2 a	Id
2418	Col 2,22	ἀποχρήσει	(1)	dat sg	ἀπόχρησις
2419	Lc 9,39	ἀποχωρεῖ	(1)	3 p sg ind pr a	ἀποχωρέω
2420	Mt 7,23	ἀποχωρεῖτε	(1)	2 p pl imper pr a	Id
2421	*Lc 20,20	ἀποχωρήσαντες		nom mas pl part ao a	Id
2422	Ac 13,13	ἀποχωρήσας	(1)	nom mas sg part ao a	Id
2423	Ac 15,39	ἀποχωρισθῆναι	(1)	inf ao pass	ἀποχωρίζω
2424	Lc 21,26	ἀποψυχόντων	(1)	gen mas pl part pr a	ἀποψύχω

2425	Ac 28,15	Ἀππίου	(1)	gen sg	Ἄππιος
2426	*Php 2,6	ἀπράγμον		acc neut sg	ἀπράγμων
2427	1Tm 6,16	ἀπρόσιτον	(1)	acc neut sg	ἀπρόσιτον
2428		ἀπρόσκοποι	(2)	nom mas pl	ἀπρόσκοπος
2429	Ac 24,16	ἀπρόσκοπον	(1)	acc fem sg	Id
2430	1Pt 1,17	ἀπροσωπολήμπτως	(1)	adv	ἀπροσωπολήμπτως
2431	Ju 24	ἀπταίστους	(1)	acc mas pl	ἄπταιστος
2432	Lc 15,8	ἅπτει	(1)	3 p sg ind pr a	ἅπτω
2433		ἅπτεσθαι	(2)	inf pr m	Id
2434	2Co 6,17	ἅπτεσθε	(1)	2 p pl imper pr m	Id
2435		ἅπτεται	(2)	3 p sg ind pr m	Id
2436	Lc 18,15	ἅπτηται	(1)	3 p sg sbj pr m	Id
2437	Jh 20,17	ἅπτου	(1)	2 p sg imper pr m	Id
2438	*Lc 4,17	ἀπτύξας		err cf ἀναπτύξας	
2439	Phm 2	Ἀπφίᾳ	(1)	dat	Ἀπφία
2440	*Phm subsc	Ἀπφίαν		acc	Id
2441	Ac 13,46	ἀπωθεῖσθε	(1)	2 p pl ind pr m	ἀπωθέω
2442		ἀπώλεια	(4)	nom sg	ἀπώλεια
2443		ἀπώλειαν	(9)	acc sg	Id
2444		ἀπωλείας	(5)	gen sg	Id
2445		ἀπώλεσα	(2)	1 p sg ind ao a	ἀπόλλυμι
2446		ἀπώλεσεν	(4)	3 p sg ind ao a	Id
2447		ἀπώλετο	(5)	3 p sg ind ao2 m	Id
2448	1Co 10,9	ἀπώλλυντο	(1)	3 p pl ind impf m	Id
2449		ἀπώλοντο	(3)	3 p pl ind ao2 m	Id
2450		ἀπών	(5)	nom mas sg part pr	ἄπειμι
2451	1Tm 1,19	ἀπωσάμενοι	(1)	nom mas pl part ao m	ἀπωθέω
2452	Ac 7,39	ἀπώσαντο	(1)	3 p pl ind ao m	Id
2453		ἀπώσατο	(3)	3 p sg ind ao m	Id
2454	*Jh 13,7	αρ	(!)		
2455		ἄρα	(49)	parti	ἄρα
2456		ἆρα	(3)	parti	ἆρα
2457	Ac 2,11	Ἄραβες	(1)	nom pl	Ἄραψ
2458	Ga 4,25	Ἀραβίᾳ	(1)	dat	Ἀραβία
2459	Ga 1,17	Ἀραβίαν	(1)	acc	Id
2460	*Ac 2,11	Ἄραβοι		nom pl err	
2461		ἆραι	(6)	inf ao a	αἴρω
2462		Ἀράμ	(2)	inde	Ἀράμ
2463		ἄραντες	(2)	nom mas pl part ao a	αἴρω
2464		ἄρας	(5)	nom mas sg part ao a	Id
2465	Rm 3,14	ἀρᾶς	(1)	gen sg	ἀρά
2466		ἄρατε	(5)	2 p pl imper ao a	αἴρω
2467		ἀράτω	(4)	3 p sg imper ao a	Id
2468	Jh 19,23	ἄραφος	(1)	nom mas sg	ἄραφος
2469	*2Pt 3,10	ἀργά		nom neut pl	ἀργός
2470		ἀργαί	(3)	nom fem pl	Id
2471	2Pt 2,3	ἀργεῖ	(1)	3 p sg ind pr a	ἀργέω
2472	Ja 2,20	ἀργή	(1)	nom fem sg	ἀργός
2473	Mt 20,6	ἀργοί	(1)	nom mas pl	Id
2474	Mt 12,36	ἀργόν	(1)	nom neut sg	Id

No.	Ref.	Form	Freq.	Parsing	Lemma
2475		ἀργούς	(2)	acc mas pl	ἀργός
2476	2Tm 2,20	ἀργυρᾶ	(1)	nom neut pl	ἀργυροῦς
2477	Apc 9,20	ἀργυρᾶ	(1)	acc neut pl	Id
2478		ἀργύρια	(8)	acc pl	ἀργύριον
2479	Ac 8,20	ἀργύριον	(1)	nom sg	Id
2480		ἀργύριον	(7)	acc sg	Id
2481		ἀργυρίου	(3)	gen sg	Id
2482	1Pt 1,18	ἀργυρίῳ	(1)	dat sg	Id
2483	Ac 19,24	ἀργυροκόπος	(1)	nom sg	ἀργυροκόπος
2484		ἄργυρον	(2)	acc sg	ἄργυρος
2485	Ja 5,3	ἄργυρος	(1)	nom sg	Id
2486	Apc 18,12	ἀργύρου	(1)	gen sg	Id
2487	*Apc 18,12	ἀργυροῦν		acc mas sg	ἀργυροῦς
2488	Ac 19,24	ἀργυροῦς	(1)	acc mas pl	Id
2489	Ac 17,29	ἀργύρῳ	(1)	dat sg	ἄργυρος
2490	*Jh 16,22	ἀρεῖ		3 p sg ind fut a	αἴρω
2491	Ac 17,19	Ἄρειον	(1)	acc sg	Ἄρειος
2492	Ac 17,22	Ἀρείου	(1)	gen sg	Id
2493	Ac 17,34	Ἀρεοπαγίτης	(1)	nom sg	Ἀρεοπαγίτης
2494	Rm 8,8	ἀρέσαι	(1)	inf ao a	ἀρέσκω
2495	*Mc 6,22	ἀρεσάσης		gen fem sg part ao a	Id
2496		ἀρέσῃ	(4)	3 p sg sbj ao a	Id
2497	Col 1,10	ἀρεσκείαν	(1)	acc sg	ἀρεσκεία
2498		ἀρέσκειν	(3)	inf pr a	ἀρέσκω
2499	Rm 15,2	ἀρεσκέτω	(1)	3 p sg imper pr a	Id
2500	1Th 2,4	ἀρέσκοντες	(1)	nom mas pl part pr a	Id
2501	1Th 2,15	ἀρεσκόντων	(1)	gen mas pl part pr a	Id
2502	1Co 10,33	ἀρέσκω	(1)	1 p sg ind pr a	Id
2503		ἀρεστά	(2)	acc neut pl	ἀρεστός
2504		ἀρεστόν	(2)	nom neut sg	Id
2505	2Co 11,32	Ἁρέτα	(1)	gen	Ἁρέτας
2506	1Pt 2,9	ἀρετάς	(1)	acc pl	ἀρετή
2507	Php 4,8	ἀρετή	(1)	nom sg	Id
2508		ἀρετῇ	(2)	dat sg	Id
2509	2Pt 1,5	ἀρετήν	(1)	acc sg	Id
2510	*2Pt 1,3	ἀρετῆς		gen sg	Id
2511		ἄρῃ	(5)	3 p sg sbj ao a	αἴρω
2512	*Lc 3,33	Ἀρηί		inde	Ἀρηί
2513	Jh 17,15	ἄρῃς	(1)	2 p sg sbj ao a	αἴρω
2514	1Co 5,2	ἀρθῇ	(1)	3 p sg sbj ao pass	Id
2515		ἀρθήσεται	(6)	3 p sg ind fut pass	Id
2516		ἄρθητι	(2)	2 p sg imper ao pass	Id
2517	Eph 4,31	ἀρθήτω	(1)	3 p sg imper ao pass	Id
2518	Jh 19,31	ἀρθῶσιν	(1)	3 p pl sbj ao pass	Id
2519	Apc 7,9	ἀριθμῆσαι	(1)	inf ao a	ἀριθμέω
2520		ἀριθμόν	(5)	acc sg	ἀριθμός
2521		ἀριθμός	(10)	nom sg	Id
2522		ἀριθμοῦ	(2)	gen sg	Id
2523	Ac 16,5	ἀριθμῷ	(1)	dat sg	Id
2524		Ἁριμαθαίας	(4)	gen	Ἁριμαθαία

No.	Ref	Form	Count	Parsing	Lemma
2525	*Lc 23,51	Ἁριμαθίας		gen	Ἁριμαθία
2526	Ac 19,29	Ἀρίσταρχον	(1)	acc	Ἀρίσταρχος
2527		Ἀρίσταρχος	(3)	nom	Id
2528	Ac 27,2	Ἀριστάρχου	(1)	gen	Id
2529	Mt 6,3	ἀριστερά	(1)	nom fem sg	ἀριστερός
2530		ἀριστερῶν	(3)	gen neut pl	Id
2531	Jh 21,12	ἀριστήσατε	(1)	2 p pl imper ao a	ἀριστάω
2532	Lc 11,37	ἀριστήσῃ	(1)	3 p sg sbj ao a	Id
2533	*Lc 15,29	ἀριστήσω		1 p sg sbj ao a	Id
2534	Rm 16,10	Ἀριστοβούλου	(1)	gen	Ἀριστόβουλος
2535		ἄριστον	(2)	acc sg	ἄριστον
2536	Lc 11,38	ἀρίστου	(1)	gen sg	Id
2537		ἀρκεῖ	(2)	3 p sg ind pr a	ἀρκέω
2538	Lc 3,14	ἀρκεῖσθε	(1)	2 p pl imper pr pass	Id
2539	Mt 25,9	ἀρκέσῃ	(1)	3 p sg sbj ao a	Id
2540	1Tm 6,8	ἀρκεσθησόμεθα	(1)	1 p pl ind fut pass	Id
2541		ἀρκετόν	(2)	nom neut sg	ἀρκετός
2542	1Pt 4,3	ἀρκετός	(1)	nom mas sg	Id
2543	Apc 13,2	ἄρκου	(1)	gen sg	ἄρκος
2544	Heb 13,5	ἀρκούμενοι	(1)	nom mas pl part pr pass	ἀρκέω
2545	3Jh 10	ἀρκούμενος	(1)	nom mas sg part pr pass	Id
2546	Jh 6,7	ἀρκοῦσιν	(1)	3 p pl ind pr a	Id
2547	Ac 8,38	ἅρμα	(1)	nom sg	ἅρμα
2548	Apc 16,16	Ἁρμαγεδών	(1)	inde	Ἁρμαγεδών
2549	Ac 8,29	ἅρματι	(1)	dat sg	ἅρμα
2550	Ac 8,28	ἅρματος	(1)	gen sg	Id
2551	Apc 9,9	ἁρμάτων	(1)	gen pl	Id
2552	*Lc 3,33	Ἀρμίν		inde	Ἀρμίν
2553	Heb 4,12	ἁρμῶν	(1)	gen pl	ἁρμός
2554	Lc 10,3	ἄρνας	(1)	acc pl	ἀρήν
2555	Ac 4,16	ἀρνεῖσθαι	(1)	inf pr	ἀρνέομαι
2556	Tit 2,12	ἀρνησάμενοι	(1)	nom mas pl part ao	Id
2557	Lc 12,9	ἀρνησάμενος	(1)	nom mas sg part ao	Id
2558	2Tm 2,13	ἀρνήσασθαι	(1)	inf ao	Id
2559	Lc 9,23	ἀρνησάσθω	(1)	3 p sg imper ao	Id
2560	2Tm 2,12	ἀρνήσεται	(1)	3 p sg ind fut	Id
2561	Jh 13,38	ἀρνήσῃ	(1)	2 p sg sbj ao	Id
2562	Mt 10,33	ἀρνήσηται	(1)	3 p sg sbj ao	Id
2563	Mt 10,33	ἀρνήσομαι	(1)	1 p sg ind fut	Id
2564	2Tm 2,12	ἀρνησόμεθα	(1)	1 p pl ind fut	Id
2565	Lc 3,33	Ἀρνί	(1)	inde	Ἀρνί
2566	Jh 21,15	ἀρνία	(1)	acc pl	ἀρνίον
2567	*Lc 3,33	Ἀρνίν		inde	Ἀρνίν
2568		ἀρνίον	(7)	nom sg	ἀρνίον
2569	Apc 5,6	ἀρνίον	(1)	acc sg	Id
2570		ἀρνίου	(16)	gen sg	Id
2571		ἀρνίῳ	(5)	dat sg	Id
2572	*2Tm 2,12	ἀρνούμεθα		1 p pl ind pr	ἀρνέομαι
2573		ἀρνούμενοι	(2)	nom mas pl part pr	Id
2574		ἀρνούμενος	(3)	nom mas sg part pr	Id

2575	Lc 8,45	ἀρνουμένων	(1)	gen mas pl part pr	ἀρνέομαι
2576	Tit 1,16	ἀρνοῦνται	(1)	3 p pl ind pr	Id
2577		ἀρξάμενοι	(2)	nom mas pl part ao m	ἄρχω
2578	*Lc 24,47	ἀρξάμενον		nom neut sg part ao m	Id
2579	*Ac 10,37	ἀρξάμενον		acc neut sg part ao m	Id
2580		ἀρξάμενος	(8)	nom mas sg part ao m	Id
2581	Mt 18,24	ἀρξαμένου	(1)	gen mas sg part ao m	Id
2582	*Lc 24,47	ἀρξαμένων		gen neut pl part ao m	Id
2583		ἄρξασθαι	(2)	inf ao m	Id
2584	Lc 13,26	ἄρξεσθε	(1)	2 p pl ind fut m	Id
2585	Lc 14,9	ἄρξῃ	(1)	2 p sg ind fut m	Id
2586		ἄρξησθε	(2)	2 p pl sbj ao m	Id
2587		ἄρξηται	(2)	3 p sg sbj ao m	Id
2588	Lc 23,30	ἄρξονται	(1)	3 p pl ind fut m	Id
2589	Lc 14,29	ἄρξωνται	(1)	3 p pl sbj ao m	Id
2590		ἆρον	(10)	2 p sg imper ao a	αἴρω
2591	1Co 9,10	ἀροτριᾶν	(1)	inf pr a	ἀροτριάω
2592	1Co 9,10	ἀροτριῶν	(1)	nom mas sg part pr a	Id
2593	Lc 17,7	ἀροτριῶντα	(1)	acc mas sg part pr a	Id
2594	Lc 9,62	ἄροτρον	(1)	acc sg	ἄροτρον
2595		ἀροῦσιν	(4)	3 p pl ind fut a	αἴρω
2596	*Tit 1,9	ἁρπαγάς		acc pl	ἁρπαγή
2597	2Co 12,2	ἁρπαγέντα	(1)	acc mas sg part ao2 pass	ἁρπάζω
2598		ἅρπαγες	(3)	nom mas pl	ἅρπαξ
2599	Heb 10,34	ἁρπαγήν	(1)	acc sg	ἁρπαγή
2600		ἁρπαγῆς	(2)	gen sg	Id
2601	1Th 4,17	ἁρπαγησόμεθα	(1)	1 p pl ind fut2 pass	ἁρπάζω
2602	Php 2,6	ἁρπαγμόν	(1)	acc sg	ἁρπαγμός
2603		ἁρπάζει	(2)	3 p sg ind pr a	ἁρπάζω
2604		ἁρπάζειν	(2)	inf pr a	Id
2605	*Ju 23	ἁρπάζετε		2 p pl imper pr a	Id
2606	Ju 23	ἁρπάζοντες	(1)	nom mas pl part pr a	Id
2607	Mt 11,12	ἁρπάζουσι	(1)	3 p pl ind pr a	Id
2608	1Co 5,11	ἅρπαξ	(1)	nom mas sg	ἅρπαξ
2609	1Co 5,10	ἅρπαξιν	(1)	dat mas pl	Id
2610		ἁρπάσαι	(2)	inf ao a	ἁρπάζω
2611	*Ac 23,25	ἁρπάσαντες		nom mas pl part ao a	Id
2612	*Ju 23	ἁρπάσατε		2 p pl imper ao a	Id
2613	Jh 10,28	ἁρπάσει	(1)	3 p sg ind fut a	Id
2614	*Jh 10,28	ἁρπάσῃ		3 p sg sbj ao a	Id
2615	Eph 1,14	ἀρραβών	(1)	nom sg	ἀρραβών
2616		ἀρραβῶνα	(2)	acc sg	Id
2617	*Ac 7,19	ἄρρενα		acc sg	ἄρρην
2618	2Co 12,4	ἄρρητα	(1)	acc neut pl	ἄρρητος
2619	1Co 11,30	ἄρρωστοι	(1)	nom mas pl	ἄρρωστος
2620	Mc 6,5	ἀρρώστοις	(1)	dat mas pl	Id
2621	*Mt 14,14	ἀρρωστοῦντας		acc mas pl part pr a	ἀρρωστέω
2622		ἀρρώστους	(3)	acc mas pl	ἄρρωστος
2623		ἄρσεν	(2)	nom neut sg	ἄρσην

No.	Ref.	Form	Freq.	Parsing	Lemma
2624		ἄρσεν	(3)	acc neut sg	ἄρσην
2625	Apc 12,13	ἄρσενα	(1)	acc mas sg	Id
2626		ἄρσενες	(2)	nom mas pl	Id
2627	1Co 6,9	ἀρσενοκοῖται	(1)	nom pl	ἀρσενοκοίτης
2628	1Tm 1,10	ἀρσενοκοίταις	(1)	dat pl	Id
2629	Rm 1,27	ἄρσεσιν	(1)	dat mas pl	ἄρσην
2630	Tit 3,12	Ἀρτεμᾶν	(1)	acc	Ἀρτεμᾶς
2631		Ἀρτέμιδος	(3)	gen	Ἄρτεμις
2632		Ἄρτεμις	(2)	nom	Id
2633	Ac 27,40	ἀρτέμωνα	(1)	acc sg	ἀρτέμων
2634		ἄρτι	(36)	adv	ἄρτι
2635	1Pt 2,2	ἀρτιγέννητα	(1)	nom neut pl	ἀρτιγέννητος
2636	2Tm 3,17	ἄρτιος	(1)	nom mas sg	ἄρτιος
2637		ἄρτοι	(4)	nom pl	ἄρτος
2638	Mc 6,52	ἄρτοις	(1)	dat pl	Id
2639		ἄρτον	(38)	acc sg	Id
2640		ἄρτος	(10)	nom sg	Id
2641		ἄρτου	(5)	gen sg	Id
2642		ἄρτους	(30)	acc pl	Id
2643	Lc 14,34	ἀρτυθήσεται	(1)	3 p sg ind fut pass	ἀρτύω
2644	Mc 9,50	ἀρτύσετε	(1)	2 p pl ind fut a	Id
2645		ἄρτῳ	(2)	dat sg	ἄρτος
2646		ἄρτων	(7)	gen pl	Id
2647	Lc 3,36	Ἀρφαξάδ	(1)	inde	Ἀρφαξάδ
2648	Ju 9	ἀρχάγγελος	(1)	nom sg	ἀρχάγγελος
2649	1Th 4,16	ἀρχαγγέλου	(1)	gen sg	Id
2650		ἀρχαί	(2)	nom pl	ἀρχή
2651	2Co 5,17	ἀρχαῖα	(1)	nom neut pl	ἀρχαῖος
2652		ἀρχαίοις	(2)	dat mas pl	Id
2653	*Apc 20,2	ἀρχαῖον		acc mas sg	Id
2654		ἀρχαῖος	(2)	nom mas sg	Id
2655	2Pt 2,5	ἀρχαίου	(1)	gen mas sg	Id
2656		ἀρχαῖς	(4)	dat pl	ἀρχή
2657	Ac 21,16	ἀρχαίῳ	(1)	dat mas sg	ἀρχαῖος
2658		ἀρχαίων	(2)	gen mas pl	Id
2659		ἀρχαίων	(2)	gen fem pl	Id
2660		ἀρχάς	(4)	acc pl	ἀρχή
2661		ἄρχειν	(2)	inf pr a	ἄρχω
2662	Mt 2,22	Ἀρχέλαος	(1)	nom	Ἀρχέλαος
2663		ἀρχή	(7)	nom sg	ἀρχή
2664		ἀρχῇ	(5)	dat sg	Id
2665		ἀρχηγόν	(4)	acc sg	ἀρχηγός
2666		ἀρχήν	(7)	acc sg	ἀρχή
2667		ἀρχῆς	(26)	gen sg	Id
2668	*Ac 16,36	ἀρχιδεσμοφύλαξ		nom sg	ἀρχιδεσμοφύλαξ
2669	Ac 4,6	ἀρχιερατικοῦ	(1)	gen neut sg	ἀρχιερατικός
2670		ἀρχιερέα	(9)	acc sg	ἀρχιερεύς
2671		ἀρχιερεῖ	(3)	dat sg	Id
2672		ἀρχιερεῖς	(41)	nom pl	Id
2673		ἀρχιερεῖς	(10)	acc pl	Id

2674		ἀρχιερεύς	(28)	nom sg	ἀρχιερεύς
2675		ἀρχιερεῦσιν	(6)	dat pl	Id
2676		ἀρχιερέων	(10)	gen pl	Id
2677		ἀρχιερέως	(15)	gen sg	Id
2678	1Pt 5,4	ἀρχιποίμενος	(1)	gen sg	ἀρχιποίμην
2679	*Phm subsc	Ἄρχιππον		acc	Ἄρχιππος
2680		Ἀρχίππῳ	(2)	dat	Id
2681	Ac 13,15	ἀρχισυνάγωγοι	(1)	nom pl	ἀρχισυνάγωγος
2682	Ac 18,17	ἀρχισυνάγωγον	(1)	acc sg	Id
2683		ἀρχισυνάγωγος	(2)	nom sg	Id
2684		ἀρχισυναγώγου	(3)	gen sg	Id
2685	Mc 5,36	ἀρχισυναγώγῳ	(1)	dat sg	Id
2686	Mc 5,22	ἀρχισυναγώγων	(1)	gen pl	Id
2687	1Co 3,10	ἀρχιτέκτων	(1)	nom sg	ἀρχιτέκτων
2688	Lc 19,2	ἀρχιτελώνης	(1)	nom sg	ἀρχιτελώνης
2689		ἀρχιτρίκλινος	(2)	nom sg	ἀρχιτρίκλινος
2690	Jh 2,8	ἀρχιτρικλίνῳ	(1)	dat sg	Id
2691	2Co 3,1	ἀρχόμεθα	(1)	1 p pl ind pr m	ἄρχω
2692	Lc 3,23	ἀρχόμενος	(1)	nom mas sg part pr m	Id
2693	Lc 21,28	ἀρχομένων	(1)	gen mas pl part pr m	Id
2694		ἄρχοντα	(6)	acc sg	
2695		ἄρχοντας	(3)	acc pl	Id
2696		ἄρχοντες	(8)	nom pl	Id
2697	Ac 4,8	ἄρχοντες	(1)	vo pl	Id
2698		ἄρχοντι	(4)	dat sg	Id
2699	Mt 9,23	ἄρχοντος	(1)	gen sg	Id
2700		ἀρχόντων	(5)	gen pl	Id
2701	*1Co 3,3	ἀρχοστασία		nom sg	ἀρχοστασία
2702	Ac 14,5	ἄρχουσιν	(1)	dat pl	ἄρχων
2703		ἄρχων	(8)	nom sg	Id
2704	Jh 20,15	ἀρῶ	(1)	1 p sg ind fut a	αἴρω
2705		ἀρώματα	(3)	acc pl	ἄρωμα
2706	Jh 19,40	ἀρωμάτων	(1)	gen pl	Id
2707	*Mc 6,8	ἄρωσιν		cf αἴρωσιν	
2708		ἄς	(2)	acc fem pl	ὅς
2709	*Mt 1,7	Ἀσά		inde	Ἀσά
2710	*1Th 3,3	ἀσαίνεσθαι		inf pr pass	ἀσαίνω
2711	Heb 12,28	ἀσάλευτον	(1)	acc fem sg	ἀσάλευτος
2712	Ac 27,41	ἀσάλευτος	(1)	nom fem sg	Id
2713		Ἀσάφ	(2)	inde	Ἀσάφ
2714	Mc 9,43	ἄσβεστον	(1)	acc neut sg	ἄσβεστος
2715	*Mc 9,43	ἀσβέστου		gen neut sg	Id
2716		ἀσβέστῳ	(2)	dat neut sg	Id
2717	*2Pt 2,6	ἀσεβεῖ		dat mas sg	ἀσεβής
2718	*Ju 16	ἀσεβείᾳ		dat sg	ἀσέβεια
2719		ἀσέβειαν	(2)	acc sg	Id
2720	Ju 15	ἀσεβείας	(1)	gen sg	Id
2721		ἀσεβείας	(2)	acc pl	Id
2722	*2Pt 2,6	ἀσεβεῖν		inf pr a	ἀσεβέω
2723		ἀσεβεῖς	(2)	nom mas pl	ἀσεβής

No.	Ref.	Form		Parsing	Lemma
2724	*Lc 5,32	ἀσεβεῖς		acc mas pl	ἀσεβής
2725	Ju 18	ἀσεβειῶν	(1)	gen pl	ἀσέβεια
2726		ἀσεβέσιν	(2)	dat mas pl	ἀσεβής
2727	Rm 4,5	ἀσεβῆ	(1)	acc mas sg	Id
2728	1Pt 4,18	ἀσεβής	(1)	nom mas sg	Id
2729	*2Pt 2,6	ἀσεβι	[sic]		
2730		ἀσεβῶν	(3)	gen mas pl	Id
2731		ἀσέλγεια	(2)	nom sg	ἀσέλγεια
2732		ἀσελγείᾳ	(3)	dat sg	Id
2733		ἀσελγείαις	(4)	dat pl	Id
2734	Ju 4	ἀσέλγειαν	(1)	acc sg	Id
2735	*2Pt 2,18	ἀσέλγειας		acc pl	Id
2736	Ac 21,39	ἀσήμου	(1)	gen fem sg	ἄσημος
2737		Ἀσήρ	(2)	inde	Ἀσήρ
2738		ἀσθενεῖ	(5)	3 p sg ind pr a	ἀσθενέω
2739	Jh 11,4	ἀσθένεια	(1)	nom sg	ἀσθένεια
2740		ἀσθενείᾳ	(5)	dat sg	Id
2741		ἀσθενείαις	(4)	dat pl	Id
2742		ἀσθένειαν	(4)	acc sg	Id
2743		ἀσθενείας	(5)	gen sg	Id
2744		ἀσθένείας	(3)	acc pl	Id
2745		ἀσθενεῖς	(2)	nom mas pl	ἀσθενής
2746		ἀσθενεῖς	(5)	acc mas pl	Id
2747		ἀσθενειῶν	(2)	gen pl	ἀσθένεια
2748	1Co 1,25	ἀσθενές	(1)	nom neut sg	ἀσθενής
2749	Heb 7,18	ἀσθενές	(1)	acc neut sg	Id
2750		ἀσθενέσιν	(2)	dat mas pl	Id
2751	1Co 12,22	ἀσθενέστερα	(1)	comp nom neut pl	Id
2752	1Pt 3,7	ἀσθενεστέρῳ	(1)	comp dat neut sg	Id
2753	Mt 25,44	ἀσθενῆ	(1)	acc mas sg	Id
2754		ἀσθενῆ	(2)	acc neut pl	Id
2755	Rm 15,1	ἀσθενήματα	(1)	acc pl	ἀσθένημα
2756		ἀσθενής	(2)	nom mas sg	ἀσθενής
2757		ἀσθενής	(4)	nom fem sg	Id
2758	Rm 4,19	ἀσθενήσας	(1)	nom mas sg part ao a	ἀσθενέω
2759	Ac 9,37	ἀσθενήσασαν	(1)	acc fem sg part ao a	Id
2760	2Co 13,4	ἀσθενοῦμεν	(1)	1 p pl ind pr a	Id
2761		ἀσθενοῦντα	(3)	acc mas sg part pr a	Id
2762		ἀσθενοῦντας	(4)	acc mas pl part pr a	Id
2763		ἀσθενούντων	(3)	gen mas pl part pr a	Id
2764		ἀσθενοῦς	(2)	gen mas sg	ἀσθενής
2765	*1Co 8,7	ἀσθενοῦσα		nom fem sg part pr a	ἀσθενέω
2766	1Co 8,12	ἀσθενοῦσαν	(1)	acc fem sg part pr a	Id
2767	2Co 11,29	ἀσθενῶ	(1)	1 p sg ind pr a	Id
2768	2Co 12,10	ἀσθενῶ	(1)	1 p sg sbj pr a	Id
2769	2Co 13,9	ἀσθενῶμεν	(1)	1 p pl sbj pr a	Id
2770		ἀσθενῶν	(4)	nom mas sg part pr a	Id
2771		ἀσθενῶν	(2)	gen mas pl	ἀσθενής
2772	Ac 19,27	Ἀσία	(1)	nom	Ἀσία
2773		Ἀσίᾳ	(5)	dat	Id

2774		᾿Ασίαν	(5)	acc	᾿Ασία
2775	Ac 20,4	᾿Ασιανοί	(1)	nom mas pl	᾿Ασιανός
2776	Ac 19,31	᾿Ασιαρχῶν	(1)	gen pl	᾿Ασιάρχης
2777		᾿Ασίας	(7)	gen	᾿Ασία
2778	Ac 27,21	ἀσιτίας	(1)	gen sg	ἀσιτία
2779	Ac 27,33	ἄσιτοι	(1)	nom mas pl	ἄσιτος
2780		ἀσκοί	(4)	nom pl	ἀσκός
2781		ἀσκούς	(8)	acc pl	Id
2782	Ac 24,16	ἀσκῶ	(1)	1 p sg ind pr a	ἀσκέω
2783	Ac 21,17	ἀσμένως	(1)	adv	ἀσμένως
2784	Eph 5,15	ἄσοφοι	(1)	nom mas pl	ἄσοφος
2785	Mc 15,18	ἀσπάζεσθαι	(1)	inf pr	ἀσπάζομαι
2786		ἀσπάζεται	(11)	3 p sg ind pr	Id
2787	Rm 16,22	ἀσπάζομαι	(1)	1 p sg ind pr	Id
2788	*Mt 5,47	ἀσπαζομένους		acc mas pl part pr	Id
2789	*Ac 20,12	ἀσπαζομένων		gen mas pl part pr	Id
2790		ἀσπάζονται	(9)	3 p pl ind pr	Id
2791	3Jh 15	ἀσπάζου	(1)	2 p sg imper pr	Id
2792		ἄσπασαι	(2)	2 p sg imper ao	Id
2793		ἀσπασάμενοι	(3)	nom mas pl part ao	Id
2794		ἀσπασάμενος	(3)	nom mas sg part ao	Id
2795		ἀσπάσασθε	(24)	2 p pl imper ao	Id
2796		ἀσπάσησθε	(2)	2 p pl sbj ao	Id
2797	Lc 1,41	ἀσπασμόν	(1)	acc sg	ἀσπασμός
2798		ἀσπασμός	(4)	nom sg	Id
2799	Lc 1,44	ἀσπασμοῦ	(1)	gen sg	Id
2800		ἀσπασμούς	(4)	acc pl	Id
2801	*Ac 25,13	ἀσπασόμενοι		nom mas pl part fut	ἀσπάζομαι
2802	Rm 3,13	ἀσπίδων	(1)	gen pl	ἀσπίς
2803	2Pt 3,14	ἄσπιλοι	(1)	nom mas pl	ἄσπιλος
2804	Ja 1,27	ἄσπιλον	(1)	acc mas sg	Id
2805	1Tm 6,14	ἄσπιλον	(1)	acc fem sg	Id
2806	1Pt 1,19	ἀσπίλου	(1)	gen mas sg	Id
2807	*Ja 1,27	ἀσπίλους		acc mas pl	Id
2808	2Tm 3,3	ἄσπονδοι	(1)	nom mas pl	ἄσπονδος
2809	*Rm 1,31	ἀσπόνδους		acc mas pl	Id
2810	*Mt 1,7	᾿Ασσά		inde	᾿Ασσά
2811	Mt 10,29	ἀσσαρίου	(1)	gen sg	ἀσσάριον
2812	Lc 12,6	ἀσσαρίων	(1)	gen pl	Id
2813	*Ac 9,35	᾿Ασσαρῶνα		inde	᾿Ασσαρῶνα
2814	Ac 27,13	ἆσσον	(1)	adv	ἆσσον
2815		Ἆσσον	(2)	acc	Ἆσσος
2816	1Co 4,11	ἀστατοῦμεν	(1)	1 p pl ind pr a	ἀστατέω
2817	Heb 11,23	ἀστεῖον	(1)	acc neut sg	ἀστεῖος
2818	Ac 7,20	ἀστεῖος	(1)	nom mas sg	Id
2819		ἀστέρα	(4)	acc sg	ἀστήρ
2820		ἀστέρας	(3)	acc pl	Id
2821		ἀστέρες	(5)	nom pl	Id
2822		ἀστέρος	(3)	gen sg	Id
2823		ἀστέρων	(5)	gen pl	Id

2824		ἀστήρ	(4)	nom sg	ἀστήρ
2825	2Pt 3,16	ἀστήρικτοι	(1)	nom mas pl	ἀστήρικτος
2826	2Pt 2,14	ἀστηρίκτους	(1)	acc fem sg	Id
2827	2Tm 3,3	ἄστοργοι	(1)	nom mas pl	ἄστοργος
2828	Rm 1,31	ἀστόργους	(1)	acc mas pl	Id
2829	1Tm 1,6	ἀστοχήσαντες	(1)	nom mas pl part ao a	ἀστοχέω
2830	Heb 11,12	ἄστρα	(1)	nom pl	ἄστρον
2831		ἀστραπαί	(4)	nom pl	ἀστραπή
2832		ἀστραπή	(3)	nom sg	Id
2833	Lc 11,36	ἀστραπῇ	(1)	dat sg	Id
2834	Lc 10,18	ἀστραπήν	(1)	acc sg	Id
2835	*Lc 17,24	ἀστράπτει		3 p sg ind pr a	ἀστράπτω
2836	Lc 17,24	ἀστράπτουσα	(1)	nom fem sg part pr a	Id
2837	*Lc 24,4	ἀστραπτούσαις		dat fem pl part pr a	Id
2838	Lc 24,4	ἀστραπτούσῃ	(1)	dat fem sg part pr a	Id
2839	Lc 21,25	ἄστροις	(1)	dat pl	ἄστρον
2840	Ac 7,43	ἄστρον	(1)	acc sg	Id
2841	Ac 27,20	ἄστρων	(1)	gen pl	Id
2842	Rm 16,14	Ἀσύγκριτον	(1)	acc	Ἀσύγκριτος
2843	Ac 28,25	ἀσύμφωνοι	(1)	nom mas pl	ἀσύμφωνος
2844		ἀσύνετοι	(2)	nom mas pl	ἀσύνετος
2845	Rm 1,21	ἀσύνετος	(1)	nom fem sg	Id
2846	Rm 1,31	ἀσυνέτους	(1)	acc mas pl	Id
2847	Rm 10,19	ἀσυνέτῳ	(1)	dat neut sg	Id
2848	Rm 1,31	ἀσυνθέτους	(1)	acc mas pl	ἀσύνθετος
2849	1Th 5,3	ἀσφάλεια	(1)	nom sg	ἀσφάλεια
2850	Ac 5,23	ἀσφαλείᾳ	(1)	dat sg	Id
2851	Lc 1,4	ἀσφάλειαν	(1)	acc sg	Id
2852	Php 3,1	ἀσφαλές	(1)	nom neut sg	ἀσφαλής
2853		ἀσφαλές	(3)	acc neut sg	Id
2854	Heb 6,19	ἀσφαλῆ	(1)	acc fem sg	Id
2855	*Ac 16,30	ἀσφαλισάμενος		nom mas sg part ao m	ἀσφαλίζω
2856	*Mt 27,65	ἀσφαλίσασθαι		inf ao m	Id
2857	Mt 27,65	ἀσφαλίσασθε	(1)	2 p pl imper ao m	Id
2858	Mt 27,64	ἀσφαλισθῆναι	(1)	inf ao pass	Id
2859		ἀσφαλῶς	(3)	adv	ἀσφαλῶς
2860	1Co 12,23	ἀσχήμονα	(1)	nom neut pl	ἀσχήμων
2861	1Co 13,5	ἀσχημονεῖ	(1)	3 p sg ind pr a	ἀσχημονέω
2862	1Co 7,36	ἀσχημονεῖν	(1)	inf pr a	Id
2863	*Apc 3,18	ἀσχημοσύνη		nom sg	ἀσχημοσύνη
2864		ἀσχημοσύνην	(2)	acc sg	Id
2865	Eph 5,18	ἀσωτία	(1)	nom sg	ἀσωτία
2866		ἀσωτίας	(2)	gen sg	Id
2867	Lc 15,13	ἀσώτως	(1)	adv	ἀσώτως
2868	1Th 5,14	ἀτάκτους	(1)	acc mas pl	ἄτακτος
2869		ἀτάκτως	(2)	adv	ἀτάκτως
2870	*Apc 11,8	ἄταφα		nom neut pl	ἄταφος
2871		ἄτεκνος	(2)	nom mas sg	ἄτεκνος
2872	Ac 3,12	ἀτενίζετε	(1)	2 p pl ind pr a	ἀτενίζω

2873 ἀτενίζοντες (2) nom mas pl part pr a ἀτενίζω
2874 ἀτενίσαι (2) inf ao a Id
2875 Ac 6,15 ἀτενίσαντες (1) nom mas pl part ao a Id
2876 ἀτενίσας (7) nom mas sg part ao a Id
2877 Lc 22,56 ἀτενίσασα (1) nom fem sg part ao a Id
2878 *Ac 3,4 ἀτενῖσον 2 p sg imper ao a Id
2879 ἄτερ (2) prpo ἄτερ
2880 Rm 2,23 ἀτιμάζεις (1) 2 p sg ind pr a ἀτιμάζω
2881 Rm 1,24 ἀτιμάζεσθαι (1) inf pr pass Id
2882 Jh 8,49 ἀτιμάζετε (1) 2 p pl ind pr a Id
2883 Lc 20,11 ἀτιμάσαντες (1) nom mas pl part ao a Id
2884 Ac 5,41 ἀτιμασθῆναι (1) inf ao pass Id
2885 1Co 11,14 ἀτιμία (1) nom sg ἀτιμία
2886 1Co 15,43 ἀτιμίᾳ (1) dat sg Id
2887 ἀτιμίαν (3) acc sg Id
2888 ἀτιμίας (2) gen sg Id
2889 1Co 4,10 ἄτιμοι (1) nom mas pl ἄτιμος
2890 ἄτιμος (2) nom mas sg Id
2891 1Co 12,23 ἀτιμότερα (1) comp acc neut pl Id
2892 ἅτινα (5) nom neut pl ὅστις
2893 Ac 2,19 ἀτμίδα (1) acc sg ἀτμίς
2894 Ja 4,14 ἀτμίς (1) nom sg Id
2895 1Co 15,52 ἀτόμῳ (1) dat neut sg ἄτομος
2896 Ac 25,5 ἄτοπον (1) nom neut sg ἄτοπος
2897 ἄτοπον (2) acc neut sg Id
2898 2Th 3,2 ἀτόπων (1) gen mas pl Id
2899 Ac 14,25 Ἀττάλειαν (1) acc Ἀττάλεια
2900 2Co 4,4 αὐγάσαι (1) inf ao a αὐγάζω
2901 Ac 20,11 αὐγῆς (1) gen sg αὐγή
2902 Lc 2,1 Αὐγούστου (1) gen Αὐγοῦστος
2903 2Pt 2,10 αὐθαδεις (1) nom mas pl αὐθάδης
2904 Tit 1,7 αὐθαδῆ (1) acc mas sg Id
2905 2Co 8,3 αὐθαίρετοι (1) nom mas pl αὐθαίρετος
2906 2Co 8,17 αὐθαίρετος (1) nom mas sg Id
2907 1Tm 2,12 αὐθεντεῖν (1) inf pr a αὐθεντέω
2908 αὐλῇ (2) dat sg αὐλή
2909 αὐλήν (6) acc sg Id
2910 αὐλῆς (4) gen sg Id
2911 Mt 9,23 αὐλητάς (1) acc pl αὐλητής
2912 Apc 18,22 αὐλητῶν (1) gen pl Id
2913 1Co 14,7 αὐλός (1) nom sg αὐλός
2914 1Co 14,7 αὐλούμενον (1) nom neut sg part pr pass αὐλέω
2915 Lc 12,27 αὐξάνει (1) 3 p sg ind pr a αὐξάνω
2916 Jh 3,30 αὐξάνειν (1) inf pr a Id
2917 *Mt 6,28 αὔξανεν cf ηὔξανεν
2918 *2Pt 3,18 αὐξάνεσθε 2 p pl imper pr pass αὐξανώ
2919 2Pt 3,18 αὐξάνετε (1) 2 p pl imper pr a Id
2920 *2Pt 3,18 αὐξάνητε 2 p pl sbj pr a Id
2921 Mc 4,8 αὐξανόμενα (1) nom neut pl part pr pass Id

2922	2Co 10,15	αὐξανομένης	(1)	gen fem sg part pr pass	αὐξάνω
2923	Col 1,10	αὐξανόμενοι	(1)	nom mas pl part pr pass	Id
2924	*Mc 4,8	αὐξανόμενον		acc mas sg part pr pass	Id
2925	Col 1,6	αὐξανόμενον	(1)	nom neut sg part pr pass	Id
2926	*Mc 4,8	αὐξάνοντα		acc mas sg part pr a	Id
2927	Mt 6,28	αὐξάνουσιν	(1)	3 p pl ind pr a	Id
2928	1Co 3,7	αὐξάνων	(1)	nom mas sg part pr a	Id
2929		αὔξει	(2)	3 p sg ind pr a	αὔξω
2930	Mt 13,32	αὐξηθῇ	(1)	3 p sg sbj ao pass	αὐξάνω
2931	1Pt 2,2	αὐξηθῆτε	(1)	2 p pl sbj ao pass	Id
2932	*Mt 20,28	αὐξῆσαι		3 p sg opt ao a	Id
2933	2Co 9,10	αὐξήσει	(1)	3 p sg ind fut a	Id
2934	*Mt 13,32	αὐξήσῃ		3 p sg sbj ao a	Id
2935		αὔξησιν	(2)	acc sg	αὔξησις
2936	Eph 4,15	αὐξήσωμεν	(1)	1 p pl sbj ao a	αὐξάνω
2937		αὔριον	(14)	adv	αὔριον
2938		αὐστηρός	(2)	nom mas sg	αὐστηρός
2939		αὐτά	(57)	nom/acc neut pl	αὐτός
2940		αὗται	(3)	nom fem pl	οὗτος
2941		αὐταῖς	(20)	dat fem pl	αὐτός
2942	2Co 9,8	αὐτάρκειαν	(1)	acc sg	αὐτάρκεια
2943	1Tm 6,6	αὐταρκείας	(1)	gen sg	Id
2944	Php 4,11	αὐτάρκης	(1)	nom mas sg	αὐτάρκης
2945		αὐτάς	(12)	acc fem pl	αὐτός
2946		αὐτή	(11)	nom fem sg	Id
2947		αὕτη	(73)	nom fem sg	οὗτος
2948	*Mt 22,39	αὕτῃ		dat fem sg	Id
2949		αὐτῇ	(108)	dat fem sg	αὐτός
2950		αὐτήν	(138)	acc fem sg	Id
2951		αὐτῆς	(168)	gen fem sg	Id
2952		αὐτό	(105)	nom/acc neut sg	Id
2953		αὐτοί	(85)	nom mas pl	Id
2954		αὐτοῖς	(560)	dat mas pl	Id
2955	Tit 3,11	αὐτοκατάκριτος	(1)	nom mas sg	αὐτοκατάκριτος
2956		αὐτομάτη	(2)	nom fem sg	αὐτόματος
2957	*Ga 1,1	αὐτόν		acc mas sg	αὐτοῦ
2958		αὐτόν	(961)	acc mas sg	αὐτός
2959	Lc 1,2	αὐτόπται	(1)	nom pl	αὐτόπτης
2960		αὐτός	(168)	nom mas sg	αὐτός
2961		αὐτοῦ	(1422)	gen mas/neut sg	Id
2962	*Col 1,20	αὐτοῦ		gen mas sg	αὐτοῦ
2963		αὐτοῦ	(4)	adv	αὐτοῦ
2964	*Heb 12,3	αὐτούς		acc mas pl	αὐτοῦ
2965		αὐτούς	(358)	acc mas pl	αὐτός
2966	Jh 8,4	αὐτοφώρῳ	(1)	dat neut sg	αὐτόφωρος
2967	Ac 27,19	αὐτόχειρες	(1)	nom mas pl	αὐτόχειρ
2968	*Php 3,21	αὐτῷ		dat mas sg	αὐτοῦ
2969		αὐτῷ	(859)	dat mas/neut sg	αὐτός
2970		αὐτῶν	(569)	gen mas/fem/neut pl	Id
2971	Ja 3,5	αὐχεῖ	(1)	3 p sg ind pr a	αὐχέω

No.	Ref	Form	Freq	Parsing	Lemma
2972	2Pt 1,19	αὐχμηρῷ	(1)	dat mas sg	αὐχμηρός
2973		ἀφ'		cf ἀπό	
2974	*Mc 2,5	ἀφαίοντα	(?)		
2975	*Mc 2,9	ἀφαίονται		cf ἀφίονται	
2976	Lc 10,42	ἀφαιρεθήσεται	(1)	3 p sg ind fut pass	ἀφαιρέω
2977	*Jh 16,22	ἀφαίρει		3 p sg ind pr a	ἀφαιρέω
2978	Heb 10,4	ἀφαιρεῖν	(1)	inf pr a	Id
2979	Lc 16,3	ἀφαιρεῖται	(1)	3 p sg ind pr m	Id
2980	Heb 4,13	ἀφανής	(1)	nom fem sg	ἀφανής
2981		ἀφανίζει	(2)	3 p sg ind pr a	ἀφανίζω
2982	Ja 4,14	ἀφανιζομένη	(1)	nom fem sg part pr pass	Id
2983	Mt 6,16	ἀφανίζουσιν	(1)	3 p pl ind pr a	Id
2984	*2Pt 3,10	ἀφανισθήσονται		3 p pl ind fut pass	Id
2985	Ac 13,41	ἀφανίσθητε	(1)	2 p pl imper ao pass	Id
2986	Heb 8,13	ἀφανισμοῦ	(1)	gen sg	ἀφανισμός
2987	Lc 24,31	ἄφαντος	(1)	nom mas sg	ἄφαντος
2988		ἀφεδρῶνα	(2)	acc sg	ἀφεδρών
2989		ἀφεθῇ	(3)	3 p sg sbj ao pass	ἀφίημι
2990	Rm 4,7	ἀφέθησαν	(1)	3 p pl ind ao pass	Id
2991		ἀφεθήσεται	(13)	3 p sg ind fut pass	Id
2992	*Mc 4,12	ἀφεθήσομαι		1 p sg ind fut pass	Id
2993	*Ja 5,15	ἀφεθήσονται		3 p pl ind fut pass	Id
2994	Col 2,23	ἀφειδίᾳ	(1)	dat sg	ἀφειδία
2995		ἀφεῖλεν	(3)	3 p sg ind ao2 a	ἀφαιρέω
2996	Lc 5,21	ἀφεῖναι	(1)	inf ao2 a	ἀφίημι
2997	*Jh 20,23	ἀφείονται		cf ἀφέωνται	
2998		ἀφείς	(5)	nom mas sg part ao2 a	ἀφίημι
2999	Apc 2,20	ἀφεῖς	(1)	2 p sg ind pr a	Id
3000	Apc 22,19	ἀφελεῖ	(1)	3 p sg ind fut2 a	ἀφαιρέω
3001	Lc 1,25	ἀφελεῖν	(1)	inf ao2 a	Id
3002	Apc 22,19	ἀφέλῃ	(1)	3 p sg sbj ao2 a	Id
3003	Ac 2,46	ἀφελότητι	(1)	dat sg	ἀφελότης
3004	Rm 11,27	ἀφέλωμαι	(1)	1 p sg sbj ao2 m	ἀφαιρέω
3005		ἀφέντες	(15)	nom mas pl part ao2 a	ἀφίημι
3006	*Mc 2,5	ἀφέονται		err cf ἀφέωνται	
3007	*Mc 2,5	ἀφέοντε		err cf ἀφέονται	
3008	*Jh 16,22	ἀφέρει		cf ἀφαίρει	
3009		ἄφες	(15)	2 p sg imper ao2 a	ἀφίημι
3010		ἀφέσει	(2)	dat sg	ἄφεσις
3011		ἄφεσιν	(12)	acc sg	Id
3012		ἄφεσις	(3)	nom sg	Id
3013		ἄφετε	(10)	2 p pl imper ao2 a	ἀφίημι
3014		ἀφέωνται	(6)	3 p pl ind pf pass	Id
3015		ἀφῇ	(3)	3 p sg sbj ao2 a	Id
3016	Mt 18,32	ἀφῆκα	(1)	1 p sg ind ao a	Id
3017		ἀφήκαμεν	(3)	1 p pl ind ao a	Id
3018		ἀφῆκαν	(2)	3 p pl ind ao a	Id
3019	*Apc 2,20	ἀφῆκας		2 p sg ind ao a	Id
3020	Mt 23,23	ἀφήκατε	(1)	2 p pl ind ao a	Id
3021		ἀφῆκεν	(20)	3 p sg ind ao a	Id

No.	Ref.	Form	Freq.	Analysis	Lemma
3022	Apc 2,4	ἀφῆκες	(1)	2 p sg ind ao a	ἀφίημι
3023	Eph 4,16	ἀφῆς	(1)	gen sg	ἀφή
3024		ἀφήσει	(4)	3 p sg ind fut a	ἀφίημι
3025	Lc 17,4	ἀφήσεις	(1)	2 p sg ind fut a	Id
3026	Lc 19,44	ἀφήσουσιν	(1)	3 p pl ind fut a	Id
3027		ἀφήσω	(2)	1 p sg ind fut a	Id
3028		ἀφῆτε	(5)	2 p pl sbj ao2 a	Id
3029		ἀφθαρσίᾳ	(2)	dat sg	ἀφθαρσία
3030		ἀφθαρσίαν	(5)	acc sg	Id
3031	1Co 15,52	ἄφθαρτοι	(1)	nom mas pl	ἄφθαρτος
3032	1Co 9,25	ἄφθαρτον	(1)	acc mas sg	Id
3033	1Pt 1,4	ἄφθαρτον	(1)	acc fem sg	Id
3034	*Mc 16 #1	ἄφθαρτον		nom neut sg	Id
3035	Rm 1,23	ἀφθάρτου	(1)	gen mas sg	Id
3036	1Pt 1,23	ἀφθάρτου	(1)	gen fem sg	Id
3037	1Tm 1,17	ἀφθάρτῳ	(1)	dat mas sg	Id
3038	1Pt 3,4	ἀφθάρτῳ	(1)	dat neut sg	Id
3039	*Tit 2,7	ἀφθονίαν		acc sg	ἀφθονία
3040	Tit 2,7	ἀφθορίαν	(1)	acc sg	ἀφθορία
3041	Php 2,23	ἀφίδω	(1)	1 p sg sbj ao2 a	ἀφοράω
3042	*Mt 6,12	ἀφίεμεν		1 p pl ind pr a	ἀφίημι
3043		ἀφιέναι	(6)	inf pr a	Id
3044		ἀφίενται	(4)	3 p pl ind pr pass	Id
3045		ἀφίεται	(5)	3 p sg ind pr pass	Id
3046		ἀφίετε	(3)	2 p pl ind pr a	Id
3047	Mc 11,25	ἀφίετε	(1)	2 p pl imper pr a	Id
3048		ἀφιέτω	(2)	3 p sg imper pr a	Id
3049		ἀφίημι	(2)	1 p sg ind pr a	Id
3050		ἀφίησιν	(4)	3 p sg ind pr a	Id
3051	Rm 16,19	ἀφίκετο	(1)	3 p sg ind ao2	ἀφικνέομαι
3052	2Tm 3,3	ἀφιλάγαθοι	(1)	nom mas pl	ἀφιλάγαθος
3053	1Tm 3,3	ἀφιλάργυρον	(1)	acc mas sg	ἀφιλάργυρος
3054	Heb 13,5	ἀφιλάργυρος	(1)	nom mas sg	Id
3055	*Ac 24,7	ἀφίλετο	(?)		
3056	Ac 20,29	ἄφιξιν	(1)	acc sg	ἄφιξις
3057	Lc 11,4	ἀφίομεν	(1)	1 p pl ind pr a	ἀφίω
3058	*Jh 20,23	ἀφίονται		3 p pl ind pr pass	ἀφίημι
3059	Apc 11,9	ἀφίουσιν	(1)	3 p pl ind pr a	ἀφίω /ἀφίημι
3060	Lc 8,13	ἀφίστανται	(1)	3 p pl ind pr m	ἀφίστημι
3061	*1Tm 6,5	ἀφίστασο		2 p sg imper pr m	Id
3062	Lc 2,37	ἀφίστατο	(1)	3 p sg ind impf m	Id
3063	*Mc 2,5	ἀφιῶνται		3 p pl sbj pr pass	ἀφίημι
3064		ἄφνω	(3)	adv	ἄφνω
3065		ἀφόβως	(4)	adv	ἀφόβως
3066	Mt 25,32	ἀφορίζει	(1)	3 p sg ind pr a	ἀφορίζω
3067	Mt 13,49	ἀφοριοῦσιν	(1)	3 p pl ind fut a	Id
3068	Ga 1,15	ἀφορίσας	(1)	nom mas sg part ao a	Id
3069	Ac 13,2	ἀφορίσατε	(1)	2 p pl imper ao a	Id
3070	Mt 25,32	ἀφορίσει	(1)	3 p sg ind fut a	Id

3071	2Co 6,17	ἀφορίσθητε	(1)	2 p pl imper ao pass	ἀφορίζω
3072	Lc 6,22	ἀφορίσωσιν	(1)	3 p pl sbj ao a . .	Id
3073		ἀφορμήν	(7)	acc sg	ἀφορμή
3074	Heb 12,2	ἀφορῶντες	(1)	nom mas pl part pr a .	ἀφοράω
3075	Mc 9,18	ἀφρίζει	(1)	3 p sg ind pr a . . .	ἀφρίζω
3076	Mc 9,20	ἀφρίζων	(1)	nom mas sg part pr a . .	Id
3077		ἄφρονα	(2)	acc mas sg	ἄφρων
3078	Eph 5,17	ἄφρονες	(1)	nom mas pl	Id
3079	Lc 11,40	ἄφρονες	(1)	vo mas pl	Id
3080		ἀφρόνων	(3)	gen mas pl	Id
3081	Mc 7,22	ἀφροσύνη	(1)	nom sg	ἀφροσύνη
3082		ἀφροσύνῃ	(2)	dat sg	Id
3083	2Co 11,1	ἀφροσύνης	(1)	gen sg	Id
3084	Lc 9,39	ἀφροῦ	(1)	gen sg	ἀφρός
3085		ἄφρων	(4)	nom mas sg	ἄφρων
3086	Lc 8,23	ἀφύπνωσεν	(1)	3 p sg ind ao a . .	ἀφυπνόω
3087	*Ja 5,4	ἀφυστερημένος		nom mas sg part pf pass	ἀφυστερέω
3088	Jh 11,48	ἀφῶμεν	(1)	1 p pl sbj ao2 a . . .	ἀφίημι
3089	Heb 7,3	ἀφωμοιωμένος	(1)	nom mas sg part pf pass	ἀφομοιόω
3090	Col 2,19	ἀφῶν	(1)	gen pl	ἀφή
3091	1Co 12,2	ἄφωνα	(1)	acc neut pl	ἄφωνος
3092		ἄφωνον	(2)	nom neut sg	Id
3093	Ac 8,32	ἄφωνος	(1)	nom mas sg	Id
3094	Ga 2,12	ἀφώριζεν	(1)	3 p sg ind impf a . .	ἀφορίζω
3095	Ac 19,9	ἀφώρισεν	(1)	3 p sg ind ao a . .	Id
3096	Rm 1,1	ἀφωρισμένος	(1)	nom mas sg part pf pass	Id
3097		Ἀχάζ	(2)	inde	Ἀχάζ
3098		Ἀχαΐα	(2)	nom	Ἀχαΐα
3099		Ἀχαΐᾳ	(3)	dat	Id
3100		Ἀχαΐαν	(2)	acc	Id
3101		Ἀχαΐας	(3)	gen	Id
3102	1Co 16,17	Ἀχαϊκοῦ	(1)	gen	Ἀχαϊκός
3103	2Tm 3,2	ἀχάριστοι	(1)	nom mas pl . . .	ἀχάριστος
3104	Lc 6,35	ἀχαρίστους	(1)	acc mas pl . . .	Id
3105	*Mt 1,9	Ἀχάς		inde	Ἀχάς
3106	Mc 14,58	ἀχειροποίητον	(1)	acc mas sg	ἀχειροποίητος
3107	2Co 5,1	ἀχειροποίητον	(1)	acc fem sg .	Id
3108	Col 2,11	ἀχειροποιήτῳ	(1)	dat fem sg .	Id
3109	*Ac 1,19	Ἀχελδαμάχ		inde	Ἀχελδαμάχ
3110		ἀχθῆναι	(4)	inf ao pass . . .	ἄγω
3111	Mt 10,18	ἀχθήσεσθε	(1)	2 p pl ind fut pass .	Id
3112		Ἀχίμ	(2)	inde	Ἀχίμ
3113	Ac 13,11	ἀχλύς	(1)	nom sg	ἀχλύς
3114	Lc 17,10	ἀχρεῖοι	(1)	nom mas pl	ἀχρεῖος
3115	Mt 25,30	ἀχρεῖον	(1)	acc mas sg	Id
3116	*2Tm 3,2	ἄχρηστοι		nom mas pl	ἄχρηστος
3117	Phm 11	ἄχρηστον	(1)	acc mas sg	Id
3118		ἄχρι	(46)	prpo/conj	ἄχρι
3119		ἄχρις	(3)	prpo/conj . . .	ἄχρις
3121		ἄχυρον	(2)	nom sg	ἄχυρον

No.	Ref	Form	Count	Parsing	Lemma
3122	*Mc 5,23	ἅψαι		inf ao a	ἅπτω
3123		ἁψάμενος	(3)	nom mas sg part ao m	Id
3124	Ac 28,2	ἅψαντες	(1)	nom mas pl part ao a	Id
3125	*Lc 22,55	ἁψάντων		gen mas pl part ao a	Id
3126		ἅψας	(2)	nom mas sg part ao a	Id
3127	*Jh 20,16	ἅψασθαι		inf ao m	Id
3128	*Jh 20,16	ἅψεσθαι		inf fut a	Id
3129	Tit 1,2	ἀψευδής	(1)	nom mas sg	ἀψευδής
3130	Col 2,21	ἅψῃ	(1)	2 p sg sbj ao m	ἅπτω
3131		ἅψηται	(2)	3 p sg sbj ao m	Id
3132	*Apc 8,11	Ἀψίνθιον		nom	Ἀψίνθιον
3133	Apc 8,11	ἄψινθον	(1)	acc sg	ἄψινθος
3134	Apc 8,11	ἄψινθος	(1)	nom sg	Id
3135	1Co 14,7	ἄψυχα	(1)	nom neut pl	ἄψυχος
3136		ἅψωμαι	(2)	1 p sg sbj ao m	ἅπτω
3137		ἅψωνται	(3)	3 p pl sbj ao m	Id

β

No.	Ref	Form	Count	Parsing	Lemma
3138		Β′/β′ cf δύω			
3139	Rm 11,4	Βάαλ	(1)	inde	Βάαλ
3140		Βαβυλών	(6)	nom	Βαβυλών
3141	1Pt 5,13	Βαβυλῶνι	(1)	dat	Id
3142		Βαβυλῶνος	(5)	gen	Id
3143	*Lc 16,6	βάδους		acc pl	βάδος
3144	Apc 2,24	βαθέα	(1)	acc neut pl	βαθύς
3145	Ac 20,9	βαθεῖ	(1)	dat mas sg	Id
3146	Lc 24,1	βαθέως	(1)	adv	βαθέως
3147	1Co 2,10	βάθη	(1)	acc pl	βάθος
3148	1Tm 3,13	βαθμόν	(1)	acc sg	βαθμός
3149	*Ac 12,10	βαθμούς		acc pl	Id
3150		βάθος	(2)	nom sg	βάθος
3151		βάθος	(3)	acc sg	Id
3152	Rm 11,33	βάθος	(1)	vo sg	Id
3153	2Co 8,2	βάθους	(1)	gen sg	Id
3154	Jh 4,11	βαθύ	(1)	nom neut sg	βαθύς
3155	Jh 12,13	βαία	(1)	acc pl	βαίον
3156	*Ju 11	Βαλαάκ		inde	Βαλαάκ
3157		Βαλαάμ	(3)	inde	Βαλαάμ
3158	Apc 2,14	Βαλάκ	(1)	inde	Βαλάκ
3159		βάλε	(9)	2 p sg imper ao2 a	βάλλω
3160	Lc 12,58	βαλεῖ	(1)	3 p sg ind fut a	Id
3161		βαλεῖν	(8)	inf ao2 a	Id
3162	Jh 21,6	βάλετε	(1)	2 p pl imper ao2 a	Id
3163	Jh 8,7	βαλέτω	(1)	3 p sg imper ao2 a	Id
3164		βάλῃ	(2)	3 p sg sbj ao2 a	Id
3165	Mt 7,6	βάλητε	(1)	2 p pl sbj ao2 a	Id
3166	Lc 12,33	βαλλάντια	(1)	acc pl	βαλλάντιον
3167		βαλλάντιον	(2)	acc sg	Id
3168	Lc 22,35	βαλλαντίου	(1)	gen sg	Id
3169		βάλλει	(6)	3 p sg ind pr a	βάλλω

3170	Apc 2,10	βάλλειν (1)	inf pr a	βάλλω
3171		βάλλεται (3)	3 p sg ind pr pass . .	Id
3172	*Lc 5,38	βάλληται	3 p sg sbj pr pass . . .	Id
3173	Ja 3,3	βάλλομεν (1)	1 p pl ind pr a . .	Id
3174	Jh 12,6	βαλλόμενα(1)	acc neut pl part pr pass .	Id
3175		βαλλόμενον (2)	acc mas sg part pr pass .	Id
3176		βάλλοντας (2)	acc mas pl part pr a .	Id
3177		βάλλοντες (2)	nom mas pl part pr a .	Id
3178		βαλλόντων (2)	gen mas pl part pr a .	Id
3179	*Apc 6,13	βάλλουσα	nom fem sg part pr a . .	Id
3180	Lc 21,2	βάλλουσαν (1)	acc fem sg part pr a .	Id
3181		βάλλουσιν (4)	3 p pl ind pr a . .	Id
3182		βάλλω (2)	1 p sg ind pr a . . .	Id
3183	*Lc 23,34	βαλόντες	nom mas pl part ao2 a . .	Id
3184	*Jh 21,6	βαλοῦμεν	1 p pl ind fut a . . .	Id
3185	Mt 26,12	βαλοῦσα (1)	nom fem sg part ao2 a .	Id
3186		βαλοῦσιν (3)	3 p pl ind fut a . .	Id
3187	*Apc 2,22	βαλῶ	1 p sg ind fut a	Id
3188		βαλῶ (3)	1 p sg sbj ao2 a . . .	Id
3189	Jh 8,59	βάλωσιν (1)	3 p pl sbj ao2 a . .	Id
3190		βαπτίζει (2)	3 p sg ind pr a . .	βαπτίζω
3191		βαπτίζειν (2)	inf pr a	Id
3192	Jh 1,25	βαπτίζεις (1)	2 p sg ind pr a . .	Id
3193		βαπτίζομαι (2)	1 p sg ind pr pass .	Id
3194	1Co 15,29	βαπτιζόμενοι (1)	nom mas pl part pr pass	Id
3195	1Co 15,29	βαπτίζονται (1)	3 p pl ind pr pass .	Id
3196	Mt 28,19	βαπτίζοντες (1)	nom mas pl part pr a .	Id
3197	Mc 6,24	βαπτίζοντος (1)	gen mas sg part pr a .	Id
3198		βαπτίζω (3)	1 p sg ind pr a . . .	Id
3199		βαπτίζων (7)	nom mas sg part pr a . .	Id
3200	*Mc 7,4	βαπτίζωνται	3 p pl sbj pr pass . .	Id
3201	Ac 22,16	βάπτισαι (1)	2 p sg imper ao m . .	Id
3202	*Mt 28,19	βαπτίσαντες	nom mas pl part ao a . .	Id
3203		βαπτίσει (3)	3 p sg ind fut a . .	Id
3204		βαπτισθείς (3)	nom mas sg part ao pass .	Id
3205		βαπτισθέντες (2)	nom mas pl part ao pass	Id
3206	Lc 3,21	βαπτισθέντος (1)	gen mas sg part ao pass	Id
3207		βαπτισθῆναι (10)	inf ao pass . . .	Id
3208		βαπτισθήσεσθε (3)	2 p pl ind fut pass .	Id
3209	Ac 2,38	βαπτισθήτω (1)	3 p sg imper ao pass .	Id
3210		βάπτισμα (5)	nom sg	βάπτισμα
3211		βάπτισμα (12)	acc sg	Id
3212	*Col 2,12	βαπτίσματι	dat sg	Id
3213		βαπτίσματος (2)	gen sg . . .	Id
3214	Heb 9,10	βαπτισμοῖς (1)	dat pl . . .	βαπτισμός
3215	Mc 7,4	βαπτισμούς (1)	acc pl	Id
3216	Col 2,12	βαπτισμῷ (1)	dat sg	Id
3217	Heb 6,2	βαπτισμῶν (1)	gen pl	Id
3218	*Mc 7,4	βαπτίσονται	3 p pl ind fut m . . .	βαπτίζω

3219		βαπτιστήν	(3)	acc sg	βαπτιστής
3220		βαπτιστής	(4)	nom sg	Id
3221		βαπτιστοῦ	(5)	gen sg	Id
3222	Mc 7,4	βαπτίσωνται	(1)	3 p pl sbj ao m	βαπτίζω
3223		Βαραββᾶν	(9)	acc	Βαραββᾶς
3224		Βαραββᾶς	(2)	nom	Id
3225	Heb 11,32	Βαράκ	(1)	inde	Βαράκ
3226	Mt 23,35	Βαραχίου	(1)	gen	Βαραχίας
3227		βάρβαροι	(2)	nom pl	βάρβαρος
3228	Rm 1,14	βαρβάροις	(1)	dat pl	Id
3229		βάρβαρος	(3)	nom sg	Id
3230		βαρέα	(2)	acc neut pl	βαρύς
3231	1Th 2,7	βάρει	(1)	dat sg	βάρος
3232		βαρεῖαι	(2)	nom fem pl	βαρύς
3233	Ac 20,29	βαρεῖς	(1)	nom mas pl	Id
3234	1Tm 5,16	βαρείσθω	(1)	3 p sg imper pr pass	βαρέω
3235		βαρέως	(2)	adv	βαρέως
3236	Ga 6,2	βάρη	(1)	acc pl	βάρος
3237	Lc 21,34	βαρηθῶσιν	(1)	3 p pl sbj ao pass	βαρέω
3238		Βαρθολομαῖον	(2)	acc	Βαρθολομαῖος
3239		Βαρθολομαῖος	(2)	nom	Id
3240	Ac 13,6	Βαριησοῦ	(1)	gen	Βαριησοῦς
3241	*Ac 13,6	Βαριησουαν	(?)		
3242	*Ac 13,6	Βαριησοῦμ	[sic]		
3243	*Ac 13,6	Βαριησοῦν		acc	Βαριησοῦς
3244	*Ac 13,6	Βαριησοῦς		nom	Id
3245	*Mc 10,46	Βαριτιμιας	(?)		
3246	*Mt 16,17	Βὰρ Ἰωνᾶ		inde	Βὰρ Ἰωνᾶ
3247	Mt 16,17	Βαριωνᾶ	(1)	inde	Βαριωνᾶ
3248		Βαρναβᾶ	(4)	gen	Βαρναβᾶς
3249		Βαρναβᾷ	(6)	dat	Id
3250		Βαρναβᾶν	(8)	acc	Id
3251		Βαρναβᾶς	(10)	nom	Id
3252		βάρος	(4)	acc sg	βάρος
3253	2Co 5,4	βαρούμενοι	(1)	nom mas pl part pr pass	βαρέω
3254	*Ac 1,23	Βαρσαβᾶν		acc	Βαρσαβᾶς
3255		Βαρσαββᾶν	(2)	acc	Βαρσαββᾶς
3256	*Ac 4,36	Βαρσαββᾶς		nom	Id
3257	*Ac 13,6	Βαρσουμα	(?)		
3258	Mc 10,46	Βαρτιμαῖος	(1)	nom	Βαρτιμαῖος
3259	*2Co 5,4	βαρυνόμενοι		nom mas pl part pr pass	βαρύνω
3260	Mt 23,23	βαρύτερα	(1)	comp acc neut pl	βαρύς
3261	Mt 26,7	βαρυτίμου	(1)	gen neut sg	βαρύτιμος
3262	Apc 12,2	βασανιζομένη	(1)	nom fem sg part pr pass	βασανίζω
3263	Mt 14,24	βασανιζόμενον	(1)	nom neut sg part pr pass	Id
3264	Mt 8,6	βασανιζόμενος	(1)	nom mas sg part pr pass	Id
3265	Mc 6,48	βασανιζομένους	(1)	acc mas pl part pr pass	Id
3266	Mt 8,29	βασανίσαι	(1)	inf ao a	Id
3267		βασανίσῃς	(2)	2 p sg sbj ao a	Id
3268	Apc 14,10	βασανισθήσεται	(1)	3 p sg ind fut pass	Id
3269		βασανισθήσονται	(2)	3 p pl ind fut pass	Id

No.	Ref.	Form	Count	Parsing	Lemma
3270	*Apc 9,5	βασανισθῶσιν		3 p pl sbj ao pass	βασανίζω
3271	Apc 18,7	βασανισμόν	(1)	acc sg	βασανισμός
3272		βασανισμός	(2)	nom sg	Id
3273		βασανισμοῦ	(3)	gen sg	Id
3274	Mt 18,34	βασανισταῖς	(1)	dat pl	βασανιστής
3275		βασάνοις	(2)	dat pl	βάσανος
3276	Lc 16,28	βασάνου	(1)	gen sg	Id
3277	Ac 3,7	βάσεις	(1)	nom pl	βάσις
3278		βασιλέα	(15)	acc sg	βασιλεύς
3279		βασιλεῖ	(6)	dat sg	Id
3280		βασιλεία	(55)	nom sg	βασιλεία
3281		βασιλείᾳ	(21)	dat sg	Id
3282	*Apc 11,15	βασιλεῖαι		nom pl	Id
3283		βασιλείαν	(61)	acc sg	Id
3284		βασιλείας	(22)	gen sg	Id
3285		βασιλείας	(3)	acc pl	Id
3286	Lc 7,25	βασιλείοις	(1)	dat pl	βασίλειος
3287	1Pt 2,9	βασίλειον	(1)	nom neut sg	Id
3288	*Apc 1,6	βασίλειον		acc mas sg	Id
3289		βασιλεῖς	(12)	nom pl	βασιλεύς
3290		βασιλεῖς	(4)	acc pl	Id
3291	*Mt 11,8	βασιλείων		gen pl	βασίλειος
3292		βασιλεῦ	(9)	vo sg	βασιλεύς
3293	Mt 2,22	βασιλεύει	(1)	3 p sg ind pr a	βασιλεύω
3294	1Co 15,25	βασιλεύειν	(1)	inf pr a	Id
3295	Rm 6,12	βασιλευέτω	(1)	3 p sg imper pr a	Id
3296	1Tm 6,15	βασιλευόντων	(1)	gen mas pl part pr a	Id
3297	*Apc 5,10	βασιλεύουσιν		3 p pl ind pr a	Id
3298		βασιλεύς	(48)	nom sg	βασιλεύς
3299		βασιλεῦσαι	(2)	inf ao a	βασιλέυω
3300		βασιλέυσει	(2)	3 p sg ind fut a	Id
3301	Rm 5,21	βασιλεύσῃ	(1)	3 p sg sbj ao a	Id
3302	Apc 10,11	βασιλεῦσιν	(1)	dat pl	βασιλεύς
3303	*Apc 5,10	βασιλέυσομεν		1 p pl ind fut a	βασιλεύω
3304		βασιλεύσουσιν	(4)	3 p pl ind fut a	Id
3305		βασιλέων	(11)	gen pl	βασιλεύς
3306		βασιλέως	(9)	gen sg	Id
3307	Ac 12,21	βασιλικήν	(1)	acc fem sg	βασιλικός
3308	Ac 12,20	βασιλικῆς	(1)	gen fem sg	Id
3309	Ja 2,8	βασιλικόν	(1)	acc mas sg	Id
3310		βασιλικός	(2)	nom mas sg	Id
3311	*Jh 4,46	βασιλίσκος		nom sg	βασιλίσκος
3312		βασίλισσα	(3)	nom sg	βασίλισσα
3313	Ac 8,27	βασιλίσσης	(1)	gen sg	Id
3314	Lc 14,27	βαστάζει	(1)	3 p sg ind pr a	βαστάζω
3315		βαστάζειν	(2)	inf pr a	Id
3316	Rm 11,18	βαστάζεις	(1)	2 p sg ind pr a	Id
3317	Ac 21,35	βαστάζεσθαι	(1)	inf pr pass	Id
3318		βαστάζετε	(2)	2 p pl imper pr a	Id

3319	Lc 7,14	βαστάζοντες	(1)	nom mas pl part pr a .	βαστάζω
3320	Apc 17,7	βαστάζοντος	(1)	gen neut sg part pr a .	Id
3321	Ga 6,17	βαστάζω	(1)	1 p sg ind pr a . . .	Id
3322		βαστάζων	(3)	nom mas sg part pr a .	Id
3323	*Apc 2,2	βαστάξαι		inf ao a	Id
3324		βαστάσαι	(4)	inf ao a	Id
3325	Lc 11,27	βαστάσασα	(1)	nom fem sg part ao a .	Id
3326	Mt 20,12	βαστάσασι	(1)	dat mas pl part ao a .	Id
3327		βαστάσει	(2)	3 p sg ind fut a . .	Id
3328		βάτου	(4)	gen sg	βάτος
3329	Lc 16,6	βάτους	(1)	acc pl	Id
3330	Apc 16,13	βάτραχοι	(1)	nom pl	βάτραχος
3331	*Apc 16,13	βατράχους		acc pl	Id
3332	Mt 6,7	βατταλογήσητε	(1)	2 p pl sbj ao a .	βατταλογέω
3333	*Lc 11,2	βαττολογεῖτε		2 p pl imper pr a .	βαττολογέω
3334	Ac 7,35	βάτῳ	(1)	dat sg	βάτος
3335	*Apc 9,11	Βαττών		inde	Βαττών
3336	Jh 13,26	βάψας	(1)	nom mas sg part ao a . .	βάπτω
3337	Lc 16,24	βάψῃ	(1)	3 p sg sbj ao a . . .	Id
3338	Jh 13,26	βάψω	(1)	1 p sg ind fut a . . .	Id
3339		βδέλυγμα	(2)	nom sg	βδέλυγμα
3340		βδέλυγμα	(2)	acc sg	Id
3341		βδελυγμάτων	(2)	gen pl	Id
3342	Tit 1,16	βδελυκτοί	(1)	nom mas pl . .	βδελυκτός
3343	Rm 2,22	βδελυσσόμενος	(1)	nom mas sg part pr m	βδελύσσω
3344		βεβαία	(2)	nom fem sg	βέβαιος
3345		βεβαίαν	(4)	acc fem sg	Id
3346	Heb 2,2	βέβαιος	(1)	nom mas sg	Id
3347	2Pt 1,19	βεβαιότερον	(1)	comp acc mas sg . .	Id
3348	Col 2,7	βεβαιούμενοι	(1)	nom mas pl part pr pass	βεβαιόω
3349	*Mc 16,20	βεβαιοῦντος		gen mas sg part pr a .	Id
3350	Heb 13,9	βεβαιοῦσθαι	(1)	inf pr pass . .	Id
3351	2Co 1,21	βεβαιῶν	(1)	nom mas sg part pr a .	Id
3352	*Heb 3,6	βεβαίως		adv	βεβαίως
3353	Rm 15,8	βεβαιῶσαι	(1)	inf ao a	βεβαιόω
3354	1Co 1,8	βεβαιώσει	(1)	3 p sg ind fut a . .	Id
3355	Php 1,7	βεβαιώσει	(1)	dat sg . . .	βεβαίωσις
3356	Heb 6,16	βεβαίωσιν	(1)	acc sg	Id
3357	Apc 19,13	βεβαμμένον	(1)	acc neut sg part pf pass	βάπτω
3358	Ac 8,16	βεβαπτισμένοι	(1)	nom mas pl part pf pass	βαπτίζω
3359		βεβαρημένοι	(2)	nom mas pl part pf pass	βαρέω
3360	1Tm 1,9	βεβήλοις	(1)	dat mas pl . . .	βέβηλος
3361	Heb 12,16	βέβηλος	(1)	nom mas sg . . .	Id
3362	1Tm 4,7	βεβήλους	(1)	acc mas pl . . .	Id
3363		βεβήλους	(2)	acc fem pl . . .	Id
3364	Mt 12,5	βεβηλοῦσιν	(1)	3 p pl ind pr a . .	βεβηλόω
3365	Ac 24,6	βεβηλῶσαι	(1)	inf ao a	Id
3366	*Mc 12,43	βέβληκεν		3 p sg ind pf a . . .	βάλλω
3367	Jh 13,2	βεβληκότος	(1)	gen mas sg part pf a .	Id

3368	Mt 8,14	βεβλημένην	(1)	acc fem sg part pf pass	βάλλω
3369		βεβλημένον	(3)	acc mas sg part pf pass	Id
3370	Jh 3,24	βεβλημένος	(1)	nom mas sg part pf pass	Id
3371		βέβληται	(2)	3 p sg ind pf pass . .	Id
3372	Jh 6,13	βεβρωκόσιν	(1)	dat mas pl part pf a .	βιβρώσκω
3373	*Mt 10,25	Βεεζεβούλ		inde	Βεεζεβούλ
3374		Βεελζεβούλ	(7)	inde . .	Βεελζεβούλ
3375	*Jh 5,2	Βελζεθά		inde	Βελζεθά
3376	Eph 6,16	βέλη	(1)	acc pl	βέλος
3377	*2Co 6,15	Βελιάβ		inde	Βελιάβ
3378	*2Co 6,15	Βελιάλ		inde	Βελιάλ
3379	*2Co 6,15	Βελιάν		inde	Βελιάν
3380	2Co 6,15	Βελιάρ	(1)	inde	Βελιάρ
3381	Lc 18,25	βελόνης	(1)	gen sg	βελόνη
3382	2Tm 1,18	βέλτιον	(1)	nom neut sg . . .	βελτίων
3383		Βενιαμίν	(4)	inde	Βενιαμίν
3384	*Ac 25,13	Βερενίκη		nom	Βερενίκη
3385	*Ac 25,13	Βερηνίκη		nom	Βερηνίκη
3386		Βερνίκη	(2)	nom	Βερνίκη
3387	Ac 25,23	Βερνίκης	(1)	gen	Id
3388	Ac 17,13	Βεροίᾳ	(1)	dat	Βέροια
3389	Ac 20,4	βεροιαῖος	(1)	nom mas sg . .	βεροιαῖος
3390	Ac 17,10	Βέροιαν	(1)	acc	Βέροια
3391	*Ac 20,4	Βέρου		gen	Βέρος
3392	*2Pt 2,15	Βεωορσόρ		inde	Βεωορσόρ
3393	*2Pt 2,15	Βεώρ		inde	Βεώρ
3394	*Jh 5,2	Βηδζαθά		inde	Βηδζαθά
3395	*Lc 9,10	Βηδσαϊδά		inde	Βηδσαϊδά
3396	*Jh 5,2	Βηζαθά		nom	Βηζαθά
3397	*Jh 1,28	Βηθαβαρᾷ		dat	Βηθαβαρά
3398	Jh 11,18	Βηθανία	(1)	nom	Βηθανία
3399		Βηθανίᾳ	(3)	dat	Id
3400		Βηθανίαν	(6)	acc	Id
3401		Βηθανίας	(2)	gen	Id
3402	*Jh 1,28	Βηθαραβᾷ		err cf Βηθαβαρᾷ	
3403	*Jh 5,2	Βηθεσδά		inde	Βηθασδά
3404	*Jh 5,2	Βηθζαδάν		inde	Βηθζαδάν
3405	Jh 5,2	Βηθζαθά	(1)	inde	Βηθζαθά
3406		Βηθλέεμ	(8)	inde	Βηθλέεμ
3407		Βηθσαϊδά	(5)	inde	Βηθσαϊδά
3408		Βηθσαϊδάν	(2)	inde	Βηθσαϊδάν
3409	*Mc 11,1	Βηθσφαγή		inde	Βηθσφαγή
3410		Βηθφαγή	(3)	inde	Βηθφαγή
3411		βῆμα	(2)	acc sg	βῆμα
3412	Rm 14,10	βήματι	(1)	dat sg	Id
3413		βήματος	(9)	gen sg	Id
3414	*Rm 16,15	Βηρέα		acc	Βηρεύς
3415	Apc 21,20	βήρυλλος	(1)	nom sg	βήρυλλος
3416	*Jh 5,2	Βησσαϊδά		inde	Βησσαϊδά

No.	Ref.	Form	Freq.	Analysis	Lemma
3417	*Ac 23,29	βίᾳ		dat sg	βία
3418	Mt 11,12	βιάζεται	(1)	3 p sg ind pr pass	βιάζω
3419	Lc 16,16	βιάζεται	(1)	3 p sg ind pr m	Id
3420	Ac 2,2	βιαίας	(1)	gen fem sg	βίαιος
3421	Ac 21,35	βίαν	(1)	acc sg	βία
3422		βίας	(3)	gen sg	Id
3423	Mt 11,12	βιασταί	(1)	nom pl	βιαστής
3424		βιβλαρίδιον	(3)	acc sg	βιβλαρίδιον
3425	*Apc 10,2	βιβλάριον		acc sg	βιβλάριον
3426	Apc 20,12	βιβλία	(1)	nom pl	βιβλίον
3427		βιβλία	(2)	acc pl	Id
3428	*Apc 10,2	βιβλιδάριον		acc sg	βιβλιδάριον
3429	*Apc 10,10	βιβλίδιον		acc sg	βιβλίδιον
3430	Apc 20,12	βιβλίοις	(1)	dat pl	βιβλίον
3431		βιβλίον	(2)	nom sg	Id
3432		βιβλίον	(16)	acc sg	Id
3433		βιβλίου	(6)	gen sg	Id
3434		βιβλίῳ	(6)	dat sg	Id
3435	*Apc 20,12	βίβλοις		dat pl	βίβλος
3436	Mt 1,1	βίβλος	(1)	nom sg	Id
3437	Apc 3,5	βίβλου	(1)	gen sg	Id
3438	Ac 19,19	βίβλους	(1)	acc pl	Id
3439		βίβλῳ	(7)	dat sg	Id
3440	*Jh 1,28	Βιθαρᾷ		dat	Βιθαρά
3441	Ac 16,7	Βιθυνίαν	(1)	acc	Βιθυνία
3442	1Pt 1,1	Βιθυνίας	(1)	gen	Id
3443		βίον	(7)	acc sg	βίος
3444		βίου	(3)	gen sg	Id
3445	1Pt 4,2	βιῶσαι	(1)	inf ao a	βιόω
3446	Ac 26,4	βίωσιν	(1)	acc sg	βίωσις
3447		βιωτικά	(2)	acc neut pl	βιωτικός
3448	Lc 21,34	βιωτικαῖς	(1)	dat fem pl	Id
3449	1Tm 6,9	βλαβεράς	(1)	acc fem pl	βλαβερός
3450	*Apc 18,4	βλαβῆτε		2 p pl sbj ao2 pass	βλάπτω
3451	Mc 4,27	βλαστᾷ	(1)	3 p sg sbj pr a	βλαστάνω
3452	Heb 9,4	βλαστήσασα	(1)	nom fem sg part ao a	Id
3453	Ac 12,20	Βλάστον	(1)	acc	Βλάστος
3454	Ac 6,11	βλάσφημα	(1)	acc neut pl	βλάσφημος
3455		βλασφημεῖ	(2)	3 p sg ind pr a	βλασφημέω
3456		βλασφημεῖν	(3)	inf pr a	Id
3457	Jh 10,36	βλασφημεῖς	(1)	2 p sg ind pr a	Id
3458	Rm 14,16	βλασφημείσθω	(1)	3 p sg imper pr pass	Id
3459	Rm 2,24	βλασφημεῖται	(1)	3 p sg ind pr pass	Id
3460	2Pt 2,2	βλασφημηθήσεται	(1)	3 p sg ind fut pass	Id
3461	Apc 13,6	βλασφημῆσαι	(1)	inf ao a	Id
3462	Lc 12,10	βλασφημήσαντι	(1)	dat mas sg part ao a	Id
3463	Mc 3,29	βλασφημήσῃ	(1)	3 p sg sbj ao a	Id
3464	Mc 3,28	βλασφημήσωσιν	(1)	3 p pl sbj ao a	Id
3465		βλασφημῆται	(2)	3 p sg sbj pr pass	Id

3466		βλασφημία	(4)	nom sg	βλασφημία
3467		βλασφημίαι	(3)	nom pl	Id
3468		βλασφημίαν	(3)	acc sg	Id
3469		βλασφημίας	(4)	gen sg . . .	Id
3470		βλασφημίας	(4)	acc pl . . .	Id
3471	2Tm 3,2	βλάσφημοι	(1)	nom mas pl . . .	βλάσφημος
3472	1Tm 1,13	βλάσφημον	(1)	acc mas sg . . .	Id
3473	2Pt 2,11	βλάσφημον	(1)	acc fem sg . . .	Id
3474	1Co 10,30	βλασφημοῦμαι	(1)	1 p sg ind pr pass	βλασφημέω
3475	Rm 3,8	βλασφημούμεθα	(1)	1 p pl ind pr pass .	Id
3476	*1Co 4,13	βλασφημούμενοι		nom mas pl part pr pass	Id
3477	Ac 19,37	βλασφημοῦντας	(1)	acc mas pl part pr a	Id
3478		βλασφημοῦντες	(5)	nom mas pl part pr a	Id
3479	Ac 18,6	βλασφημούντων	(1)	gen mas pl part pr a	Id
3480		βλασφημοῦσιν	(3)	3 p pl ind pr a . .	Id
3481	Lc 4,35	βλάψαν	(1)	nom neut sg part ao a .	βλάπτω
3482	*Mc 16,18	βλάψῃ		3 p sg sbj ao a . . .	Id
3483	2Pt 2,8	βλέμματι	(1)	dat sg	βλέμμα
3484	Col 4,17	βλέπε	(1)	2 p sg imper pr a . . .	βλέπω
3485		βλέπει	(10)	3 p sg ind pr a . .	Id
3486		βλέπειν	(10)	inf pr a	Id
3487		βλέπεις	(10)	2 p sg ind pr a . .	Id
3488		βλέπετε	(8)	2 p pl ind pr a . .	Id
3489		βλέπετε	(25)	2 p pl imper pr a . .	Id
3490		βλεπέτω	(2)	3 p sg imper pr a . .	Id
3491	Jh 5,19	βλέπῃ	(1)	3 p sg sbj pr a . . .	Id
3492	Apc 3,18	βλέπῃς	(1)	2 p sg sbj pr a . . .	Id
3493		βλέπομεν	(6)	1 p pl ind pr a . .	Id
3494		βλεπόμενα	(2)	nom neut pl part pr pass	Id
3495		βλεπόμενα	(2)	acc neut pl part pr pass	Id
3496	Rm 8,24	βλεπομένη	(1)	nom fem sg part pr pass	Id
3497	Heb 11,3	βλεπόμενον	(1)	acc neut sg part pr pass	Id
3498		βλεπομένων	(2)	gen mas pl part pr pass	Id
3499	Ac 27,12	βλέποντα	(1)	acc mas sg part pr a . .	Id
3500		βλέποντας	(2)	acc mas pl part pr a .	Id
3501		βλέποντες	(10)	nom mas pl part pr a .	Id
3502		βλεπόντων	(2)	gen mas pl part pr a .	Id
3503		βλέπουσι(ν)	(5)	3 p pl ind pr a . .	Id
3504		βλέπω	(5)	1 p sg ind pr a . . .	Id
3505	*Mt 20,32	βλέπωμεν		1 p pl sbj pr a . . .	Id
3506		βλέπων	(12)	nom mas sg part pr a .	Id
3507		βλέπωσιν	(7)	3 p pl sbj pr a . .	Id
3508		βλέψετε	(2)	2 p pl ind fut a . .	Id
3509	Ac 3,4	βλέψον	(1)	2 p sg imper ao a . .	Id
3510	Lc 23,19	βληθείς	(1)	nom mas sg part ao pass .	βάλλω
3511	Mt 13,47	βληθείσῃ	(1)	dat fem sg part ao pass .	Id
3512	Mt 5,13	βληθέν	(1)	nom neut sg part ao pass .	Id
3513	Mt 5,29	βληθῇ	(1)	3 p sg sbj ao pass . .	Id
3514		βληθῆναι	(4)	inf ao pass . . .	Id

3515	Apc 18,21	βληθήσεται	(1) 3 p sg ind fut pass .	βάλλω
3516	Mt 5,25	βληθῇς	(1) 2 p sg ind fut pass . .	Id
3517	*Apc 19,20	βληθήσονται	3 p pl ind fut pass . .	Id
3518		βλήθητι	(2) 2 p sg imper ao pass . .	Id
3519	Lc 5,38	βλητέον	(1) nom neut sg . . .	βλητέος
3520	*2Co 1,7	βλιβαία	(?)	
3521	Ja 5,4	βοαί	(1) nom pl	βοή
3522	Mc 3,17	Βοανηργές	(1) inde	Βοανηργές
3523		βόας	(2) acc pl	βοῦς
3524		Βόες	(2) inde	Βόες
3525		βοήθει	(2) 2 p sg imper pr a . .	βοηθέω
3526	Ac 27,17	βοηθείαις	(1) dat pl	βοήθεια
3527	Heb 4,16	βοήθειαν	(1) acc sg	Id
3528	*Ac 27,17	βοήθειας	acc pl	Id
3529	*Lc 5,7	βοηθεῖν	inf pr a	βοηθέω
3530	Ac 21,28	βοηθεῖτε	(1) 2 p pl imper pr a . .	Id
3531	Heb 2,18	βοηθῆσαι	(1) inf ao a	Id
3532		βοήθησον	(2) 2 p sg imper ao a . .	Id
3533	Heb 13,6	βοηθός	(1) nom mas sg	βοηθός
3534	Ga 4,27	βόησον	(1) 2 p sg imper ao a . .	βοάω
3535	*Mt 15,14	Βόθρον	acc	Βόθρος
3536		βόθυνον	(3) acc sg	βόθυνος
3537	Lc 22,41	βολήν	(1) acc sg	βολή
3538	*Heb 12,20	βολίδι	dat sg	βολίς
3539		βολίσαντες	(2) nom mas pl part ao a .	βολίζω
3540	*Mt 1,5	Βοόζ	inde	Βοόζ
3541	Lc 3,32	Βόος	(1) inde	Βόος
3542	2Pt 2,22	βορβόρου	(1) gen sg	βόρβορος
3543		βορρᾶ	(2) gen sg	βορρᾶς
3544		βόσκε	(2) 2 p sg imper pr a . .	βόσκω
3545	Lc 15,15	βόσκειν	(1) inf pr a	Id
3546		βοσκομένη	(3) nom fem sg part pr pass	Id
3547	*Lc 8,32	βοσκομένων	gen mas pl part pr m . .	Id
3548		βόσκοντες	(3) nom mas pl part pr a .	Id
3549	2Pt 2,15	Βοσόρ	(1) inde	Βόσορ
3550	*2Pt 2,15	Βοσύρ	inde	Βοσύρ
3551	Heb 6,7	βοτάνην	(1) acc sg	βοτάνη
3552	Apc 14,18	βότρυας	(1) acc pl	βότρυς
3553	1Co 4,5	βουλάς	(1) acc pl	βουλή
3554	Lc 22,42	βούλει	(1) att 2 p sg ind pr	βούλομαι
3555		βούλεσθε	(2) 2 p pl ind pr . . .	Id
3556		βούλεται	(2) 3 p sg ind pr . . .	Id
3557	*Lc 14,31	βουλεύεται	3 p sg ind pr m . . .	βουλεύω
3558		βουλεύομαι	(2) 1 p sg ind pr m . .	Id
3559	*2Co 1,17	βουλευόμενος	nom mas sg part pr m . .	Id
3560	Lc 14,31	βουλεύσεται	(1) 3 p sg ind fut m .	Id
3561		βουλευτής	(2) nom sg	βουλευτής
3562		βουλή	(3) nom sg	βουλή
3563		βουλῇ	(3) dat sg	Id
3564	Ja 1,18	βουληθείς	(1) nom mas sg part ao (pass)	βούλομαι
3565				

3566	Ja 4,4	βουληθῇ	(1)	3 p sg sbj ao (pass) . .	βούλομαι
3567	1Pt 4,3	βούλημα	(1)	acc sg	βούλημα
3568	Rm 9,19	βουλήματι	(1)	dat sg	Id
3569	Ac 27,43	βουλήματος	(1)	gen sg	Id
3570		βουλήν	(4)	acc sg	βουλή
3571	Heb 6,17	βουλῆς	(1)	gen sg	Id
3572		βούληται	(2)	3 p sg sbj pr . . .	βούλομαι
3573	Ac 25,20	βούλοιτο	(1)	3 p sg opt pr . . .	Id
3574		βούλομαι	(6)	1 p sg ind pr . . .	Id
3575	Ac 17,20	βουλόμεθα	(1)	1 p pl ind pr . . .	Id
3576	1Tm 6,9	βουλόμενοι	(1)	nom mas pl part pr .	Id
3577		βουλόμενος	(8)	nom mas sg part pr .	Id
3578		βουλομένου	(2)	gen mas sg part pr .	Id
3579	3Jh 10	βουλομένους	(1)	acc mas pl part pr .	Id
3580		βοῦν	(3)	acc sg	βοῦς
3581	Lc 23,30	βουνοῖς	(1)	dat pl	βουνός
3582	Lc 3,5	βουνός	(1)	nom sg	Id
3583	Lc 14,5	βοῦς	(1)	nom sg	βοῦς
3584		βοῶν	(2)	gen pl	Id
3585	Ac 8,7	βοῶντα	(1)	nom neut pl part pr a .	βοάω
3586		βοῶντες	(2)	nom mas pl part pr a . .	Id
3587		βοῶντος	(4)	gen mas sg part pr a . .	Id
3588	Lc 18,7	βοώντων	(1)	gen mas sg part pr a . .	Id
3589		βραβεῖον	(2)	acc sg	βραβεῖον
3590	Col 3,15	βραβευέτω	(1)	3 p sg imper pr a . .	βραβεύω
3591	Lc 24,25	βραδεῖς	(1)	nom mas pl . . .	βραδύς
3592	2Pt 3,9	βραδύνει	(1)	3 p sg ind pr a . .	βραδύνω
3593	*2Pt 3,9	βραδυνεῖ		3 p sg ind fut a . . .	Id
3594	1Tm 3,15	βραδύνω	(1)	1 p sg sbj pr a . .	Id
3595	Ac 27,7	βραδυπλοοῦντες	(1)	nom mas pl part pr a	βραδυπλοέω
3596		βραδύς	(2)	nom mas sg	βραδύς
3597	2Pt 3,9	βραδύτητα	(1)	acc sg	βραδυτής
3598	*Ac 27,29	βραχεῖς		acc mas pl	βραχύς
3599	Heb 13,22	βραχέων	(1)	gen neut pl . . .	Id
3600	Lc 1,51	βραχίονι	(1)	dat sg	βραχίων
3601	Ac 13,17	βραχίονος	(1)	gen sg	Id
3602	Jh 12,38	βραχίων	(1)	nom sg	Id
3603		βραχύ	(6)	acc neut sg	βραχύς
3604	Ja 5,17	βρέξαι	(1)	inf ao a	βρέχω
3605	*Ja 5,17	βρέξῃ		3 p sg sbj ao a	Id
3606	1Pt 2,2	βρέφη	(1)	nom pl	βρέφος
3607		βρέφη	(2)	acc pl	Id
3608		βρέφος	(2)	nom sg	Id
3609		βρέφος	(2)	acc sg	Id
3610	2Tm 3,15	βρέφους	(1)	gen sg	Id
3611	Mt 5,45	βρέχει	(1)	3 p sg ind pr a . . .	βρέχω
3612	Lc 7,38	βρέχειν	(1)	inf pr a	Id
3613	Apc 11,6	βρέχῃ	(1)	3 p sg sbj pr a . . .	Id
3614		βρονταί	(7)	nom pl	βροντή

No.	Ref	Form	Freq	Parsing	Lemma
3615	Jh 12,29	βροντήν	(1)	acc sg	βροντή
3616		βροντῆς	(3)	gen sg	Id
3617	Apc 19,6	βροντῶν	(1)	gen pl	Id
3618		βροχή	(2)	nom sg	βροχή
3619	1Co 7,35	βρόχον	(1)	acc sg	βρόχος
3620		βρυγμός	(7)	nom sg	βρυγμός
3621	Ja 3,11	βρύει	(1)	3 p sg ind pr a	βρύω
3622	*Lc 22,16	βρωθῇ		3 p sg sbj ao pass	βιβρώσκω
3623		βρῶμα	(3)	nom sg	βρῶμα
3624		βρῶμα	(3)	acc sg	Id
3625		βρώμασιν	(3)	dat pl	Id
3626	1Co 6,13	βρώματα	(1)	nom pl	Id
3627		βρώματα	(4)	acc pl	Id
3628	Rm 14,15	βρώματι	(1)	dat sg	Id
3629	Rm 14,20	βρώματος	(1)	gen sg	Id
3630	1Tm 4,3	βρωμάτων	(1)	gen pl	Id
3631	Col 2,16	βρώσει	(1)	dat sg	βρῶσις
3632		βρώσεως	(2)	gen sg	Id
3633	Lc 24,41	βρώσιμον	(1)	acc neut sg	βρώσιμος
3634		βρῶσιν	(4)	acc sg	βρῶσις
3635		βρῶσις	(4)	nom sg	Id
3636	Lc 5,7	βυθίζεσθαι	(1)	inf pr pass	βυθίζω
3637	1Tm 6,9	βυθίζουσιν	(1)	3 p pl ind pr a	Id
3638	2Co 11,25	βυθῷ	(1)	dat sg	βυθός
3639		βυρσεῖ	(2)	dat sg	βυρσεύς
3640	Ac 10,32	βυρσέως	(1)	gen sg	Id
3641	Apc 19,8	βύσσινον	(1)	nom neut sg	βύσσινος
3642		βύσσινον	(3)	acc neut sg	Id
3643	Apc 18,12	βυσσίνου	(1)	gen neut sg	Id
3644	*Apc 18,12	βυσσίνων		gen neut pl	Id
3645	Lc 16,19	βύσσον	(1)	acc sg	βύσσος
3646	*Apc 18,12	βύσσου		gen sg	Id
3647	Ac 17,23	βωμόν	(1)	acc sg	βωμός

γ

No.	Ref	Form	Freq	Parsing	Lemma
3648		γʹ / Γʹ		cf τρεῖς	
3649	Jh 19,13	Γαββαθά	(1)	inde	Γαββαθά
3650		Γαβριήλ	(2)	inde	Γαβριήλ
3651	2Tm 2,17	γάγγραινα	(1)	nom sg	γάγγραινα
3652	Apc 7,5	Γάδ	(1)	inde	Γάδ
3653	Mt 8,28	Γαδαρηνῶν	(1)	gen mas pl	Γαδαρηνός
3654	Ac 8,26	Γάζαν	(1)	acc	Γάζα
3655	*Mt 8,28	Γαζαρηνῶν		gen mas pl	Γαζαρηνός
3656	Ac 8,27	γάζης	(1)	gen sg	γάζα
3657		γαζοφυλάκιον	(3)	acc sg	γαζοφυλάκιον
3658	Mc 12,41	γαζοφυλακίου	(1)	gen sg	Id
3659	Jh 8,20	γαζοφυλακίῳ	(1)	dat sg	Id
3660		Γάϊον	(2)	acc	Γάϊος
3661		Γάϊος	(2)	nom	Id

No.	Ref.	Form	Freq.	Analysis	Lemma
3662	3Jh 1	Γαίῳ	(1)	dat	Γάϊος
3663		γάλα	(2)	acc sg	γάλα
3664		γάλακτος	(3)	gen sg	Id
3665	Ga 3,1	Γαλάται	(1)	vo	Γαλάται
3666	*Ga subsc	Γαλάτας		acc	Id
3667	2Tm 4,10	Γαλατίαν	(1)	acc	Γαλατία
3668		Γαλατίας	(3)	gen	Id
3669		Γαλατικήν	(2)	acc fem sg	Γαλατικός
3670		γαλήνη	(3)	nom sg	γαλήνη
3671	Mt 4,15	Γαλιλαία	(1)	nom	Γαλιλαία
3672		Γαλιλαίᾳ	(6)	dat	Id
3673		Γαλιλαίαν	(17)	acc	Id
3674		Γαλιλαίας	(37)	gen	Id
3675		Γαλιλαῖοι	(3)	nom mas pl	Γαλιλαῖος
3676	Ac 1,11	Γαλιλαῖοι	(1)	vo mas pl	Id
3677		Γαλιλαῖος	(4)	nom mas sg	Id
3678	Mt 26,69	Γαλιλαίου	(1)	gen mas sg	Id
3679	Lc 13,2	Γαλιλαίους	(1)	acc mas pl	Id
3680	Lc 13,1	Γαλιλαίων	(1)	gen mas pl	Id
3681	*2Tm 4,10	Γαλλίαν		acc	Γαλλία
3682	Ac 18,14	Γαλλίων	(1)	nom	Γαλλίων
3683	Ac 18,17	Γαλλίωνι	(1)	dat	Id
3684	Ac 18,12	Γαλλίωνος	(1)	gen	Id
3685		Γαμαλιήλ	(2)	inde	Γαμαλιήλ
3686		γαμεῖν	(3)	inf pr a	γαμέω
3687	*1Co 7,36	γαμείτω		3 p sg imper pr a	Id
3688	1Co 7,36	γαμείτωσαν	(1)	3 p pl imper pr a	Id
3689	*Mc 10,12	γαμηθῇ		3 p sg sbj ao pass	Id
3690	1Co 7,39	γαμηθῆναι	(1)	inf ao pass	Id
3691		γαμῆσαι	(2)	inf ao a	Id
3692	1Co 7,33	γαμήσας	(1)	nom mas sg part ao a	Id
3693	1Co 7,34	γαμήσασα	(1)	nom fem sg part ao a	Id
3694	1Co 7,9	γαμησάτωσαν	(1)	3 p pl imper ao a	Id
3695	*Mt 5,32	γαμήσει		3 p sg ind fut a	Id
3696		γαμήσῃ	(4)	3 p sg sbj ao a	Id
3697	1Co 7,28	γαμήσῃς	(1)	2 p sg sbj ao a	Id
3698		γαμίζονται	(3)	3 p pl ind pr pass	γαμίζω
3699	Mt 24,38	γαμίζοντες	(1)	nom mas pl part pr a	Id
3700		γαμίζων	(2)	nom mas sg part pr a	Id
3701	Lc 20,34	γαμίσκονται	(1)	3 p pl ind pr pass	γαμίσκω
3702	*Mt 24,38	γαμίσκοντες		nom mas pl part pr a	Id
3703	Jh 2,2	γάμον	(1)	acc sg	γάμος
3704		γάμος	(5)	nom sg	Id
3705		γάμου	(3)	gen sg	Id
3706	Mt 24,38	γαμοῦντες	(1)	nom mas pl part pr a	γαμέω
3707		γάμους	(6)	acc pl	γάμος
3708		γαμοῦσιν	(4)	3 p pl ind pr a	γαμέω
3709	*1Co 7,39	γάμῳ		dat sg	γάμος
3710	Lc 12,36	γάμων	(1)	gen pl	Id

No.	Ref.	Form	Freq.	Analysis	Lemma
3711		γαμῶν	(2)	nom mas sg part pr a	γαμέω
3712		γάρ	(1042)	conj	γάρ
3713	Tit 1,12	γαστέρες	(1)	nom pl	γαστήρ
3714		γαστρί	(8)	dat sg	Id
3715	*Ac 27,16	Γαύδην		acc	Γαύδη
3716		γέ	(28)	parti	γέ
3717	1Co 7,10	γεγαμηκόσιν	(1)	dat mas pl part pf a	γαμέω
3718	*Jh 8,41	γεγενήμεθα		1 p pl ind pf (pass)	γίνομαι
3719	*2Pt 2,12	γεγενημένα		nom neut pl part pf (pass)	Id
3720	Jh 2,9	γεγενημένον	(1)	acc neut sg part pf (pass)	Id
3721	*Ja 3,9	γεγενημένους		acc mas pl part pf (pass)	Id
3722	*Ac 3,10	γεγενημένῳ		dat neut sg part pf (pass)	Id
3723	Rm 15,8	γεγενῆσθαι	(1)	inf pf (pass)	Id
3724	*1Th 2,8	γεγένησθε		2 p pl ind pf (pass)	Id
3725		γεγέννηκα	(3)	1 p sg ind pf a	γεννάω
3726		γεγέννημαι	(2)	1 p sg ind pf pass	Id
3727	Jh 8,41	γεγεννήμεθα	(1)	1 p pl ind pf pass	Id
3728	2Pt 2,12	γεγεννημένα	(1)	nom neut pl part pf pass	Id
3729	1Jh 5,1	γεγεννημένον	(1)	acc mas sg part pf pass	Id
3730		γεγεννημένον	(3)	nom neut sg part pf pass	Id
3731		γεγεννημένος	(4)	nom mas sg part pf pass	Id
3732	Jh 9,32	γεγεννημένου	(1)	gen mas sg part pf pass	Id
3733		γεγέννηται	(5)	3 p sg ind pf pass	Id
3734		γέγονα	(5)	1 p sg ind pf2	γίνομαι
3735		γεγόναμεν	(2)	1 p pl ind pf2	Id
3736		γέγοναν	(2)	3 p pl ind pf2	Id
3737		γέγονας	(3)	2 p sg ind pf2	Id
3738		γεγόνασιν	(2)	3 p pl ind pf2	Id
3739		γεγόνατε	(2)	2 p pl ind pf2	Id
3740	Ac 4,22	γεγόνει	(1)	3 p sg ind plpf	Id
3741		γέγονεν	(29)	3 p sg ind pf2	Id
3742		γεγονέναι	(4)	inf pf2	Id
3743	Mc 5,14	γεγονός	(1)	nom neut sg part pf2	Id
3744		γεγονός	(6)	acc neut sg part pf2	Id
3745	*Ac 16,35	γεγονότα		acc mas sg part pf2	Id
3746	Ja 3,9	γεγονότας	(1)	acc mas pl part pf2	Id
3747		γεγονότες	(2)	nom mas pl part pf2	Id
3748	Ac 4,21	γεγονότι	(1)	dat neut sg part pf2	Id
3749	1Tm 5,9	γεγονυῖα	(1)	nom fem sg part pf2	Id
3750	Ga 3,17	γεγονώς	(1)	nom mas sg part pf2	Id
3751		γεγραμμένα	(4)	nom neut pl part pf pass	γράφω
3752		γεγραμμένα	(3)	acc neut pl part pf pass	Id
3753	Apc 22,18	γεγραμμένας	(1)	acc fem pl part pf pass	Id
3754	*Lc 23,38	γεγραμμένη		nom fem sg part pf pass	Id
3755	Mt 27,37	γεγραμμένην	(1)	acc fem sg part pf pass	Id
3756	Apc 21,27	γεγραμμένοι	(1)	nom mas pl part pf pass	Id
3757		γεγραμμένοις	(2)	dat neut pl part pf pass	Id
3758		γεγραμμένον	(13)	nom neut sg part pf pass	Id
3759		γεγραμμένον	(4)	acc neut sg part pf pass	Id

No.	Ref.	Form	Count	Parsing	Lemma
3760		γεγραμμένος	(3)	nom mas sg part pf pass	γράφω
3761		γεγραμμένων	(2)	gen neut pl part pf pass	Id
3762		γέγραπται	(67)	3 p sg ind pf pass	Id
3763		γέγραφα	(2)	1 p sg ind pf a	Id
3764	Heb 5,14	γεγυμνασμένα	(1)	acc neut pl part pf pass	γυμνάζω
3765	2Pt 2,14	γεγυμνασμένην	(1)	acc fem sg part pf pass	Id
3766	Heb 12,11	γεγυμνασμένοις	(1)	dat mas pl part pf pass	Id
3767	Heb 11,32	Γεδεών	(1)	inde	Γεδεών
3768		γέενναν	(8)	acc sg	γέεννα
3769	Mt 10,28	γεέννῃ	(1)	dat sg	Id
3770		γεέννης	(3)	gen sg	Id
3771		Γεθσημανί	(2)	inde	Γεθσημανί
3772		γείτονας	(2)	acc mas pl	γείτων
3773	Lc 15,9	γείτονας	(1)	acc fem pl	Id
3774	Jh 9,8	γείτονες	(1)	nom mas pl	Id
3775	Lc 6,21	γελάσετε	(1)	2 p pl ind fut a	γελάω
3776	*Lc 6,21	γελάσουσιν		3 p pl ind fut a	Id
3777	Lc 6,25	γελῶντες	(1)	nom mas pl part pr a	Id
3778	Ja 4,9	γέλως	(1)	nom sg	γέλως
3779		γέμει	(2)	3 p sg ind pr a	γέμω
3780	Mc 4,37	γεμίζεσθαι	(1)	inf pr pass	γεμίζω
3781	*Lc 15,16	γεμίσαι		inf ao a	Id
3782	Mc 15,36	γεμίσας	(1)	nom mas sg part ao a	Id
3783	Jh 2,7	γεμίσατε	(1)	2 p pl imper ao a	Id
3784	Lc 14,23	γεμισθῇ	(1)	3 p sg sbj ao pass	Id
3785	Apc 17,4	γέμον	(1)	acc neut sg part pr a	γέμω
3786	Apc 17,3	γέμοντα	(1)	acc mas sg part pr a	Id
3787	Apc 4,6	γέμοντα	(1)	nom neut pl part pr a	Id
3788	Apc 21,9	γεμόντων	(1)	gen mas pl part pr a	Id
3789		γεμούσας	(2)	acc fem pl part pr a	Id
3790		γέμουσιν	(3)	3 p pl ind pr a	Id
3791	*Apc 17,4	γέμων		nom mas sg part pr a	Id
3792	*Apc 1,1	γεναμένης		gen fem sg part ao2	γίνομαι
3793	*Jh 13,2	γεναμένου		gen neut sg part ao2	Id
3794	*Heb 9,11	γεναμένων		gen neut pl part ao2	Id
3795		γενεά	(8)	nom sg	γενεά
3796		γενεά	(3)	vo sg	Id
3797		γενεᾷ	(6)	dat sg	Id
3798		γενεαί	(5)	nom pl	Id
3799		γενεαῖς	(2)	dat pl	Id
3800	1Tm 1,4	γενεαλογίαις	(1)	dat pl	γενεαλογία
3801	Tit 3,9	γενεαλογίας	(1)	acc pl	Id
3802	Heb 7,6	γενεαλογούμενος	(1)	nom mas sg part pr pass	γενεαλογέω
3803		γενεάν	(4)	acc sg	γενεά
3804		γενεᾶς	(10)	gen sg	Id
3805		γενεάς	(3)	acc pl	Id
3806		γένει	(5)	dat sg	γένος
3807	Lc 1,14	γενέσει	(1)	dat sg	γένεσις
3808		γενέσεως	(3)	gen sg	Id

3809		γενέσθαι	(37) inf ao2	γίνομαι
3810	*1Pt 1,16	γένεσθε	2 p pl imper ao2	Id
3811	1Co 3,18	γενέσθω	(1) 3 p sg imper ao2 . .	Id
3812		γενεσίοις	(2) dat	γενέσια
3813	Mt 1,18	γένεσις	(1) nom sg	γένεσις
3814	*Mt 14,6	γενεσίων	gen	γενέσια
3815	Jh 9,1	γενετῆς	(1) gen sg	γενετή
3816		γενεῶν	(2) gen pl	γενεά
3817		γένη	(2) nom pl	γένος
3818	1Co 12,28	γένη	(1) acc pl	Id
3819	Heb 6,4	γενηθέντας	(1) acc mas pl part ao (pass)	γίνομαι
3820		γενηθέντες	(2) nom mas pl part ao (pass)	Id
3821	Heb 4,3	γενηθέντων	(1) gen neut pl part ao (pass)	Id
3822	*Ac 20,16	γενηθῇ	3 p sg sbj ao (pass) . . .	Id
3823	Heb 5,5	γενηθῆναι	(1) inf ao (pass) . .	Id
3824	1Pt 1,15	γενήθητε	(1) 2 p pl imper ao (pass) .	Id
3825		γενηθήτω	(7) 3 p sg imper ao (pass) .	Id
3826	Tit 3,7	γενηθῶμεν	(1) 1 p pl sbj ao (pass) .	Id
3827	2Co 9,10	γενήματα	(1) acc pl	γένημα
3828		γενήματος	(3) gen sg	Id
3829		γενήσεσθε	(2) 2 p pl ind fut . .	γίνομαι
3830		γενήσεται	(9) 3 p sg ind fut . .	Id
3831		γένησθε	(7) 2 p pl sbj ao2 . . .	Id
3832	1Co 15,37	γενησόμενον	(1) acc neut sg part fut .	Id
3833	Jh 10,16	γενήσονται	(1) 3 p pl ind fut . .	Id
3834		γένηται	(46) 3 p sg sbj ao2 . . .	Id
3835	Mt 2,4	γεννᾶται	(1) 3 p sg ind pr pass . .	γεννάω
3836		γεννηθείς	(3) nom mas sg part ao pass .	Id
3837	Mt 1,20	γεννηθέν	(1) nom neut sg part ao pass .	Id
3838	Mt 2,1	γεννηθέντος	(1) gen mas sg part ao pass	Id
3839	Rm 9,11	γεννηθέντων	(1) gen mas pl part ao pass	Id
3840		γεννηθῇ	(3) 3 p sg sbj ao pass . .	Id
3841		γεννηθῆναι	(3) inf ao pass . . .	Id
3842		γεννήματα	(4) vo pl	γέννημα
3843	1Jh 5,1	γεννήσαντα	(1) acc mas sg part ao a .	γεννάω
3844	*Mt 14,34	Γεννησάρ	inde	Γεννησάρ
3845	*Mt 14,34	Γεννησαράτ	inde	Γεννησαράτ
3846	*Mt 14,34	Γεννησαρέθ	inde	Γεννησαρέθ
3847		Γεννησαρέτ	(3) inde . . .	Γεννησαρέτ
3848	*Lc 1,14	γεννήσει	dat sg	γέννησις
3849	Lc 1,13	γεννήσει	(1) 3 p sg ind fut a . .	γεννάω
3850	*Jh 10,16	γεννήσεται	3 p sg ind fut m . . .	Id
3851	Jh 16,21	γεννήσῃ	(1) 3 p sg sbj ao a . .	Id
3852	*Mt 1,18	γέννησις	nom sg	γέννησις
3853	*1Co 15,37	γεννησόμενον	acc neut sg part fut a .	γεννάω
3854		γεννητοῖς	(2) dat mas pl . . .	γεννητός
3855	*Lc 1,35	γεννόμενον	err cf γεννώμενον	
3856	Lc 1,35	γεννώμενον	(1) nom neut sg part pr pass	γεννάω
3857	*Rm 1,3	γεννωμένου	gen mas sg part pr pass .	Id

No.	Ref	Form	Count	Parsing	Lemma
3858	*Lc 20,34	γεννῶνται		3 p pl ind pr pass	γεννάω
3859	Ga 4,24	γεννῶσα	(1)	nom fem sg part pr a	Id
3860	2Tm 2,23	γεννῶσιν	(1)	3 p pl ind pr a	Id
3861	*1Pt 3,13	γένοισθε		2 p pl opt ao2	γίνομαι
3862		γένοιτο	(17)	3 p sg opt ao2	Id
3863		γενόμενα	(7)	acc neut pl part ao2	Id
3864		γενόμεναι	(4)	nom fem pl part ao2	Id
3865		γενομένην	(4)	acc fem sg part ao2	Id
3866		γενομένης	(34)	gen fem sg part ao2	Id
3867		γενόμενοι	(6)	nom mas pl part ao2	Id
3868	*Mc 16,10	γενομένοις		dat mas pl part ao2	Id
3869		γενομένοις	(3)	dat neut pl part ao2	Id
3870		γενόμενον	(5)	acc mas sg part ao2	Id
3871	Ac 10,37	γενόμενον	(1)	acc neut sg part ao2	Id
3872		γενόμενος	(26)	nom mas sg part ao2	Id
3873		γενομένου	(6)	gen mas sg part ao2	Id
3874	Ac 28,9	γενομένου	(1)	gen neut sg part ao2	Id
3875	*Ja 3,9	γενομένους		acc mas pl part ao2	Id
3876		γενομένων	(2)	gen mas pl part ao2	Id
3877	Heb 9,11	γενομένων	(1)	gen neut pl part ao2	Id
3878		γένος	(6)	nom sg	γένος
3879		γένος	(2)	acc sg	Id
3880		γένους	(5)	gen sg	Id
3881		γένωμαι	(2)	1 p sg sbj ao2	γίνομαι
3882	2Co 5,21	γενώμεθα	(1)	1 p pl sbj ao2	Id
3883		γένωνται	(5)	3 p pl sbj ao2	Id
3884		Γερασηνῶν	(3)	gen mas pl	Γερασηνός
3885	*Lc 8,37	Γεργαρσηνῶν		gen mas pl	Γεργαρσηνός
3886	*Mt 8,28	Γεργεσηνῶν		gen mas pl	Γερηεσηνός
3887	*Mc 5,1	Γεργεσινῶν		gen mas pl	Γεργεσινός
3888	*Mc 5,1	Γεργυστήνων		gen mas pl	Γεργύστηνος
3889	Ac 5,21	γερουσίαν	(1)	acc sg	γερουσία
3890	*Mt 8,28	Γερσινῶν		gen mas pl	Γερσινός
3891	Jh 3,4	γέρων	(1)	nom sg	γέρων
3892		γευσάμενος	(2)	nom mas sg part ao	γεύομαι
3893		γευσαμένους	(2)	acc mas pl part ao	Id
3894		γεύσασθαι	(2)	inf ao	Id
3895	Lc 14,24	γεύσεται	(1)	3 p sg ind fut	Id
3896	Col 2,21	γεύσῃ	(1)	2 p sg sbj ao	Id
3897		γεύσηται	(2)	3 p sg sbj ao	Id
3898		γεύσωνται	(3)	3 p pl sbj ao	Id
3899	Heb 6,7	γεωργεῖται	(1)	3 p sg ind pr pass	γεωργέω
3900	1Co 3,9	γεώργιον	(1)	nom sg	γεώργιον
3901		γεωργοί	(5)	nom pl	γεωργός
3902		γεωργοῖς	(5)	dat pl	Id
3903	2Tm 2,6	γεωργόν	(1)	acc sg	Id
3904		γεωργός	(2)	nom sg	Id
3905		γεωργούς	(5)	acc pl	Id
3906	Mc 12,2	γεωργῶν	(1)	gen pl	Id

3907		γῆ	(22)	nom sg	γῆ
3908		γῆ	(3)	vo sg	Id
3909		γῇ	(12)	dat sg	Id
3910	Mt 22,25	γήμας	(1)	nom mas sg part ao a . .	γαμέω
3911	1Co 7,28	γήμῃ	(1)	3 p sg sbj ao a . . .	Id
3912		γῆν	(65)	acc sg	γῆ
3913	Jh 21,18	γηράσῃς	(1)	2 p sg sbj ao a . . .	γηράσκω
3914	Heb 8,13	γηράσκον	(1)	nom neut sg part pr a	Id
3915	Lc 1,36	γήρει	(1)	dat sg	γῆρας
3916		γῆς	(135)	gen sg	γῆ
3917		γίνεσθαι	(10)	inf pr	γίνομαι
3918		γίνεσθε	(24)	2 p pl imper pr . .	Id
3919		γινέσθω	(7)	3 p sg imper pr . . .	Id
3920		γίνεται	(26)	3 p sg ind pr . . .	Id
3921		γινόμενα	(4)	acc neut pl part pr . .	Id
3922	Mc 6,2	γινόμεναι	(1)	nom fem pl part pr . .	Id
3923	Ac 8,13	γινομένας	(1)	acc fem pl part pr . .	Id
3924		γινομένη	(2)	nom fem sg part pr . .	Id
3925	*Mc 6,35	γινομένης		gen fem sg part pr . . .	Id
3926		γινόμενοι	(2)	nom mas pl part pr . .	Id
3927	Lc 13,17	γινομένοις	(1)	dat mas pl part pr .	Id
3928	Ac 12,9	γινόμενον	(1)	nom neut sg part pr .	Id
3929		γινόμενον	(2)	acc neut sg part pr .	Id
3930	*Ac 18,6	γινομένου		gen mas sg part pr . .	Id
3931	Jh 13,2	γινομένου	(1)	gen neut sg part pr .	Id
3932	Ac 24,2	γινομένων	(1)	gen neut pl part pr .	Id
3933	*Mc 6,2	γίνονται		3 p pl ind pr	Id
3934		γίνου	(5)	2 p sg imper pr . . .	Id
3935		γινώμεθα	(2)	1 p pl sbj pr . . .	Id
3936	*Mc 6,2	γίνωνται		3 p pl sbj pr	Id
3937	2Tm 3,1	γίνωσκε	(1)	2 p sg imper pr a . .	γινώσκω
3938		γινώσκει	(11)	3 p sg ind pr a . .	Id
3939		γινώσκειν	(2)	inf pr a	Id
3940		γινώσκεις	(7)	2 p sg ind pr a . .	Id
3941		γινώσκεται	(2)	3 p sg ind pr pass . .	Id
3942		γινώσκετε	(17)	2 p pl ind pr a . .	Id
3943		γινώσκετε	(6)	2 p pl imper pr a . .	Id
3944		γινωσκέτω	(3)	3 p sg imper pr a . .	Id
3945	Jh 17,23	γινώσκῃ	(1)	3 p sg sbj pr a . . .	Id
3946	Jh 10,38	γινώσκητε	(1)	2 p pl sbj pr a . .	Id
3947	*Jh 10,14	γινώσκομαι		1 p sg ind pr pass . .	Id
3948		γινώσκομεν	(9)	1 p pl ind pr a . .	Id
3949	2Co 3,2	γινωσκομένη	(1)	nom fem sg part pr pass	Id
3950		γινώσκοντες	(6)	nom mas pl part pr a .	Id
3951	Jh 10,14	γινώσκουσι	(1)	3 p pl ind pr a . .	Id
3952	Rm 7,1	γινώσκουσιν	(1)	dat mas pl part pr a .	Id
3953		γινώσκω	(7)	1 p sg ind pr a . . .	Id
3954	1Jh 5,20	γινώσκωμεν	(1)	1 p pl sbj pr a . .	Id
3955		γινώσκων	(2)	nom mas sg part pr a .	Id
3956	Jh 17,3	γινώσκωσιν	(1)	3 p pl sbj pr a . .	Id

3957	Ac 2,13	γλεύκους	(1)	gen sg	γλεῦκος
3958		γλυκύ	(2)	nom neut sg	γλυκύς
3959		γλυκύ	(2)	acc neut sg	Id
3960		γλῶσσα	(7)	nom sg	γλῶσσα
3961		γλῶσσαι	(4)	nom pl	Id
3962		γλώσσαις	(15)	dat pl	Id
3963		γλῶσσαν	(7)	acc sg	Id
3964	Apc 16,10	γλώσσας	(1)	acc pl	Id
3965		γλώσσῃ	(7)	dat sg	Id
3966		γλώσσης	(4)	gen sg	Id
3967		γλωσσόκομον	(2)	acc sg	γλωσσόκομον
3968		γλωσσῶν	(5)	gen pl	γλῶσσα
3969	Mc 9,3	γναφεύς	(1)	nom sg	γναφεύς
3970	Php 4,3	γνήσιε	(1)	vo mas sg	γνήσιος
3971	2Co 8,8	γνήσιον	(1)	acc neut sg	Id
3972		γνησίῳ	(2)	dat neut sg	Id
3973	Php 2,20	γνησίως	(1)	adv	γνησίως
3974		γνοῖ	(3)	3 p sg sbj ao2 a	γινώσκω
3975	2Co 5,21	γνόντα	(1)	acc mas sg part ao2 a	Id
3976		γνόντες	(5)	nom mas pl part ao2 a	Id
3977		γνούς	(12)	nom mas sg part ao2 a	Id
3978	Heb 12,18	γνόφῳ	(1)	dat sg	γνόφος
3979	2Co 2,9	γνῶ	(1)	1 p sg sbj ao2 a	γινώσκω
3980		γνῷ	(3)	3 p sg sbj ao2 a	Id
3981	Heb 8,11	γνῶθι	(1)	2 p sg imper ao2 a	Id
3982	*Jh 14,7	γνώκειτε		cf ἐγνώκειτε	
3983	1Co 1,10	γνώμῃ	(1)	dat sg	γνώμη
3984		γνώμην	(6)	acc sg	Id
3985		γνώμης	(2)	gen sg	Id
3986		γνῶναι	(15)	inf ao2 a	γινώσκω
3987	Php 4,6	γνωριζέσθω	(1)	3 p sg imper pr pass	γνωρίζω
3988	2Co 8,1	γνωρίζομεν	(1)	1 p pl ind pr a	Id
3989		γνωρίζω	(4)	1 p sg ind pr a	Id
3990		γνωρίσαι	(3)	inf ao a	Id
3991	Eph 1,9	γνωρίσας	(1)	nom mas sg part ao a	Id
3992		γνωρίσει	(2)	3 p sg ind fut a	Id
3993	Rm 9,23	γνωρίσῃ	(1)	3 p sg sbj ao a	Id
3994	Rm 16,26	γνωρισθέντος	(1)	gen neut sg part ao pass	Id
3995	Eph 3,10	γνωρισθῇ	(1)	3 p sg sbj ao pass	Id
3996	Col 4,9	γνωρίσουσιν	(1)	3 p pl ind fut a	Id
3997	Jh 17,26	γνωρίσω	(1)	1 p sg ind fut a	Id
3998	Apc 3,3	γνῷς	(1)	2 p sg sbj ao2 a	γινώσκω
3999		γνώσει	(8)	dat sg	γνῶσις
4000	*1Co 13,8	γνώσεις		nom pl	Id
4001		γνώσεσθε	(6)	2 p pl ind fut m	γινώσκω
4002	Jh 7,17	γνώσεται	(1)	3 p sg ind fut m	Id
4003		γνώσεως	(12)	gen sg	γνῶσις
4004	Jh 13,7	γνώσῃ	(1)	2 p sg ind fut m	γινώσκω
4005	Ga 4,9	γνωσθέντες	(1)	nom mas pl part ao pass	Id
4006	Lc 8,17	γνωσθῇ	(1)	3 p sg sbj ao pass	Id

No.	Ref	Form	Freq	Parsing	Lemma
4007		γνωσθήσεται	(4)	3 p sg ind fut pass	γινώσκω
4008	Php 4,5	γνωσθήτω	(1)	3 p sg imper ao pass	Id
4009		γνῶσιν	(6)	acc sg	γνῶσις
4010	Apc 3,9	γνῶσιν	(1)	3 p pl sbj ao2 a	γινώσκω
4011		γνῶσις	(3)	nom sg	γνῶσις
4012		γνώσομαι	(2)	1 p sg ind fut m	γινώσκω
4013	1Jh 3,19	γνωσόμεθα	(1)	1 p pl ind fut m	Id
4014		γνώσονται	(3)	3 p pl ind fut m	Id
4015	Ac 15,18	γνωστά	(1)	acc neut pl	γνωστός
4016	Ac 26,3	γνώστην	(1)	acc sg	γνώστης
4017	Lc 23,49	γνωστοί	(1)	nom mas pl	γνωστός
4018	Lc 2,44	γνωστοῖς	(1)	dat mas pl	Id
4019		γνωστόν	(10)	nom neut sg	Id
4020		γνωστός	(2)	nom mas sg	Id
4021	*Apc 3,9	γνώσωσιν		err cf γνῶσιν	
4022		γνῶτε	(5)	2 p pl sbj ao2 a	γινώσκω
4023	Lc 21,20	γνῶτε	(1)	2 p pl imper ao2 a	Id
4024	Mt 6,3	γνώτω	(1)	3 p sg imper ao2 a	Id
4025		γογγύζετε	(2)	2 p pl imper pr a	γογγύζω
4026	Jh 7,32	γογγύζοντος	(1)	gen mas sg part pr a	Id
4027	Jh 6,61	γογγύζουσιν	(1)	3 p pl ind pr a	Id
4028	*1Co 10,10	γογγύζωμεν		1 p pl sbj pr a	Id
4029		γογγυσμός	(2)	nom sg	γογγυσμός
4030	1Pt 4,9	γογγυσμοῦ	(1)	gen sg	Id
4031	Php 2,14	γογγυσμῶν	(1)	gen pl	Id
4032	Ju 16	γογγυσταί	(1)	nom pl	γογγυστής
4033	2Tm 3,13	γόητες	(1)	nom pl	γόης
4034	*Jh 19,17	Γολγόθ		err cf Γολγοθᾶ	
4035		Γολγοθᾶ	(2)	nom	Γολγοθᾶ
4036	Mc 15,22	Γολγοθάν	(1)	acc	Id
4037		γόμον	(3)	acc sg	γόμος
4038		Γόμορρα	(2)	nom sg	Γόμορρα
4039	2Pt 2,6	Γομόρρας	(1)	gen sg	Id
4040	*Mc 6,11	Γομόρροις		dat pl	Γόμορρα
4041	Mt 10,15	Γομόρρων	(1)	gen pl	Id
4042	Lc 5,8	γόνασιν	(1)	dat pl	γόνυ
4043		γόνατα	(8)	acc pl	Id
4044		γονεῖς	(9)	nom pl	γονεύς
4045		γονεῖς	(5)	acc pl	Id
4046		γονεῦσιν	(5)	dat pl	Id
4047	Lc 21,16	γονέων	(1)	gen pl	Id
4048		γόνυ	(2)	nom sg	γόνυ
4049	Rm 11,4	γόνυ	(1)	acc sg	Id
4050	Mt 27,29	γονυπετήσαντες	(1)	nom mas pl part ao a	γονυπετέω
4051	Mc 10,17	γονυπετήσας	(1)	nom mas sg part ao a	Id
4052		γονυπετῶν	(2)	nom mas sg part pr a	Id
4053	2Co 3,6	γράμμα	(1)	nom sg	γράμμα
4054	*Lc 16,6	γράμμα		acc sg	Id
4055		γράμμασιν	(3)	dat pl	Id

No.	Ref.	Form		Analysis	Lemma
4056	Ac 26,24	γράμματα	(1)	nom pl	γράμμα
4057		γράμματα	(5)	acc pl	Id
4058		γραμματεῖς	(28)	nom pl	γραμματεύς
4059		γραμματεῖς	(5)	acc pl	Id
4060		γραμματεῖς	(7)	vo pl	Id
4061		γραμματεύς	(5)	nom sg	Id
4062		γραμματεῦσιν	(2)	dat pl	Id
4063		γραμματέων	(17)	gen pl	Id
4064	Rm 2,29	γράμματι	(1)	dat sg	γράμμα
4065		γράμματος	(3)	gen sg	Id
4066	Rm 2,15	γραπτόν	(1)	acc neut sg	γραπτός
4067		γραφαί	(3)	nom pl	γραφή
4068		γραφαῖς	(4)	dat pl	Id
4069		γραφάς	(9)	acc pl	Id
4070	Jh 19,21	γράφε	(1)	2 p sg imper pr a	γράφω
4071	Rm 10,5	γράφει	(1)	3 p sg ind pr a	Id
4072		γράφειν	(7)	inf pr a	Id
4073	*Apc 10,4	γράφεις		2 p sg ind pr a	Id
4074	1Th 5,1	γράφεσθαι	(1)	inf pr pass	Id
4075		γραφή	(22)	nom sg	γραφή
4076		γραφῇ	(2)	dat sg	Id
4077	*Apc 10,4	γράφην		cf γράφειν	
4078		γραφήν	(4)	acc sg	γραφή
4079		γραφῆς	(3)	gen sg	Id
4080	Jh 21,25	γράφηται	(1)	3 p sg sbj pr pass	γράφω
4081		γράφομεν	(2)	1 p pl ind pr a	Id
4082	Jh 21,25	γραφόμενα	(1)	acc neut pl part pr pass	Id
4083		γράφω	(13)	1 p sg ind pr a	Id
4084	2Jh 5	γράφων	(1)	nom mas sg part pr a	Id
4085		γραφῶν	(4)	gen pl	γραφή
4086		γράψαι	(5)	inf ao a	γράφω
4087	Ac 15,23	γράψαντες	(1)	nom mas pl part ao a	Id
4088		γράψας	(3)	nom mas sg part ao a	Id
4089	Apc 10,4	γράψῃς	(1)	2 p sg sbj ao a	Id
4090		γράψον	(14)	2 p sg imper ao a	Id
4091	Apc 3,12	γράψω	(1)	1 p sg ind fut a	Id
4092	Ac 25,26	γράψω	(1)	1 p sg sbj ao a	Id
4093	1Tm 4,7	γραώδεις	(1)	acc mas pl	γραώδης
4094		γρηγορεῖτε	(10)	2 p pl imper pr a	γρηγορέω
4095	Mc 13,34	γρηγορῇ	(1)	3 p sg sbj pr a	Id
4096		γρηγορῆσαι	(2)	inf ao a	Id
4097	1Pt 5,8	γρηγορήσατε	(1)	2 p pl imper ao a	Id
4098	Apc 3,3	γρηγορήσῃς	(1)	2 p sg sbj ao a	Id
4099	Lc 12,37	γρηγοροῦντας	(1)	acc mas pl part pr a	Id
4100	Col 4,2	γρηγοροῦντες	(1)	nom mas pl part pr a	Id
4101		γρηγορῶμεν	(2)	1 p pl sbj pr a	Id
4102		γρηγορῶν	(2)	nom mas sg part pr a	Id
4103	*Ac 20,15	Γύλλιον		acc	Γύλλιον
4104	Heb 4,13	γυμνά	(1)	nom neut pl	γυμνός

4105	1Tm 4,7	γύμναζε (1)	2 p sg imper pr a . .	γυμνάζω
4106	1Tm 4,8	γυμνασία (1)	nom sg	γυμνασία
4107	Apc 17,16	γυμνήν (1)	acc fem sg	γυμνός
4108	*1Co 4,11	γυμνητεύομεν	1 p pl ind pr a . .	γυμνητεύω
4109	1Co 4,11	γυμνιτεύομεν (1)	1 p pl ind pr a	γυμνιτεύω
4110		γυμνοί (2)	nom mas pl	γυμνός
4111		γυμνόν (3)	acc mas sg	Id
4112		γυμνός (6)	nom mas sg	Id
4113	Rm 8,35	γυμνότης (1)	nom sg	γυμνότης
4114	2Co 11,27	γυμνότητι (1)	dat sg	Id
4115	Apc 3,18	γυμνότητος (1)	gen sg	Id
4116	Mc 14,51	γυμνοῦ (1)	gen neut sg	γυμνός
4117	Ac 19,16	γυμνούς (1)	acc mas pl	Id
4118		γύναι (10)	vo sg	γυνή
4119		γυναῖκα (52)	acc sg	Id
4120	2Tm 3,6	γυναικάρια (1)	acc pl . . .	γυναικάριον
4121		γυναῖκας (11)	acc pl	γυνή
4122	1Pt 3,7	γυναικείῳ (1)	dat neut sg . .	γυναικεῖος
4123		γυναῖκες (15)	nom pl	γύνη
4124		γυναικί (15)	dat sg	Id
4125		γυναικός (22)	gen sg	Id
4126		γυναικῶν (11)	gen pl	Id
4127		γυναιξίν (6)	dat pl	Id
4128		γυνή (73)	nom sg	Id
4129	Apc 20,8	Γώγ (1)	inde	Γώγ
4130	Ac 26,26	γωνίᾳ (1)	dat sg	γωνία
4131		γωνίαις (2)	dat pl	Id
4132		γωνίας (5)	gen sg	Id
4133	Apc 7,1	γωνίας (1)	acc pl	Id

δ

4134		δ' cf δέ		
4135	*Mc 3,18	Δαδδαῖον	acc	Δαδδαῖος
4136	Mt 8,31	δαίμονες (1)	nom pl	δαίμων
4137		δαιμόνια (5)	nom pl . . .	δαιμόνιον
4138		δαιμόνια (27)	acc pl	Id
4139	Mt 15,22	δαιμονίζεται (1)	3 p sg ind pr	δαιμονίζομαι
4140	Mt 8,28	δαιμονιζόμενοι (1)	nom mas pl part pr	Id
4141		δαιμονιζόμενον (2)	acc mas sg part pr	Id
4142	Mt 12,22	δαιμονιζόμενος (1)	nom mas sg part pr	Id
4143	Jh 10,21	δαιμονιζομένου (1)	gen mas sg part pr	Id
4144		δαιμονιζομένους (3)	acc mas pl part pr	Id
4145	Mc 5,16	δαιμονιζομένῳ (1)	dat mas sg part pr	Id
4146	Mt 8,33	δαιμονιζομένων (1)	gen mas pl part pr	Id
4147	1Co 10,20	δαιμονίοις (1)	dat pl . . .	δαιμόνιον
4148		δαιμόνιον (5)	nom sg	Id
4149		δαιμόνιον (10)	acc sg	Id
4150		δαιμονίου (4)	gen sg	Id
4151		δαιμονισθείς (2)	nom mas sg part ao	δαιμονίζομαι
4152	*Lc 8,29	δαιμονίῳ	dat sg	δαιμόνιον

4153	Ja 3,15	δαιμονιώδης	(1)	nom sg	δαιμονιώδης
4154		δαιμονίων	(11)	gen pl	δαιμόνιον
4155	*Lc 8,29	δαίμονος		gen sg	δαίμων
4156	*Apc 16,14	δαιμόνων		gen pl	Id
4157	Ga 5,15	δάκνετε	(1)	2 p pl ind pr a	δάκνω
4158		δάκρυον	(2)	acc sg	δάκρυον
4159		δάκρυσιν	(2)	dat pl	δάκρυ
4160		δακρύων	(6)	gen pl	δάκρυον
4161	Lc 15,22	δακτύλιον	(1)	acc sg	δακτύλιος
4162		δάκτυλον	(2)	acc sg	δάκτυλος
4163	Lc 16,24	δακτύλου	(1)	gen sg	Id
4164	Mc 7,33	δακτύλους	(1)	acc pl	Id
4165		δακτύλῳ	(3)	dat sg	Id
4166	Lc 11,46	δακτύλων	(1)	gen pl	Id
4167	Mc 8,10	Δαλμανουθά	(1)	inde	Δαλμανουθά
4168	*Mc 8,10	Δαλμανοῦναι		inde	Δαλμανοῦναι
4169	*Mc 8,10	Δαλμανουνθά		inde	Δαλμανουνθά
4170	2Tm 4,10	Δαλματίαν	(1)	acc	Δαλματία
4171	*Mc 8,10	Δαλμοῦναι		inde	Δαλμοῦναι
4172	Ja 3,7	δαμάζεται	(1)	3 p sg ind pr pass	δαμάζω
4173	Heb 9,13	δαμάλεως	(1)	gen sg	δάμαλις
4174	Ac 17,34	Δάμαρις	(1)	nom	Δάμαρις
4175		δαμάσαι	(2)	inf ao a	δαμάζω
4176	2Co 11,32	Δαμασκηνῶν	(1)	gen pl	Δαμασκηνός
4177		Δαμασκόν	(7)	acc	Δαμασκός
4178		Δαμασκῷ	(8)	dat	Id
4179	*Apc 7,5	Δάν		inde	Δάν
4180	Mt 18,27	δάνειον	(1)	acc sg	δάνειον
4181	Lc 6,35	δανίζετε	(1)	2 p pl imper pr a	δανίζω
4182	Lc 6,34	δανίζουσιν	(1)	3 p pl ind pr a	Id
4183	Mt 24,15	Δανιήλ	(1)	inde	Δανιήλ
4184	Mt 5,42	δανίσασθαι	(1)	inf ao m	δανίζω
4185	Lc 6,34	δανίσητε	(1)	2 p pl sbj ao a	Id
4186	Lc 7,41	δανιστῇ	(1)	dat sg	δανιστής
4187	Lc 14,28	δαπάνην	(1)	acc sg	δαπάνη
4188	Lc 15,14	δαπανήσαντος	(1)	gen mas sg part ao a	δαπανάω
4189	Mc 5,26	δαπανήσασα	(1)	nom fem sg part ao a	Id
4190	Ja 4,3	δαπανήσητε	(1)	2 p pl sbj ao a	Id
4191	Ac 21,24	δαπάνησον	(1)	2 p sg imper ao a	Id
4192	2Co 12,15	δαπανήσω	(1)	1 p sg ind fut a	Id
4193	Mc 13,9	δαρήσεσθε	(1)	2 p pl ind fut2 pass	δέρω
4194		δαρήσεται	(2)	3 p sg ind fut2 pass	
4195		Δαυίδ	(59)	inde	Δαυίδ
4196		δέ	(2801)	parti	δέ
4197	Ja 3,7	δεδάμασται	(1)	3 p sg ind pf pass	δαμάζω
4198	Heb 7,6	δεδεκάτωκεν	(1)	3 p sg ind pf a	δεκατόω
4199	Heb 7,9	δεδεκάτωται	(1)	3 p sg ind pf pass	Id
4200	Ac 8,14	δέδεκται	(1)	3 p sg ind pf	δέχομαι
4201	Ac 22,29	δεδεκώς	(1)	nom mas sg part pf a	δέω
4202	Col 4,3	δέδεμαι	(1)	1 p sg ind pf pass	Id
4203	Mt 18,18	δεδεμένα	(1)	nom neut pl part pf pass	Id

No.	Ref.	Form	Freq.	Parsing	Lemma
4204	Mt 21,2	δεδεμένην	(1)	acc fem sg part pf pass	δέω
4205		δεδεμένον	(5)	acc mas sg part pf pass	Id
4206	Mt 16,19	δεδεμένον	(1)	nom neut sg part pf pass	Id
4207		δεδεμένος	(4)	nom mas sg part pf pass	Id
4208		δεδεμένους	(4)	acc mas pl part pf pass	Id
4209	1Co 7,27	δέδεσαι	(1)	2 p sg ind pf pass	Id
4210	Mc 5,4	δεδέσθαι	(1)	inf pf pass	Id
4211		δέδεται	(3)	3 p sg ind pf pass	Id
4212	*Php 3,12	δεδικαίομαι		err cf δεδικαίωμαι	
4213	1Co 4,4	δεδικαίωμαι	(1)	1 p sg ind pf pass	δικαιόω
4214	*Heb 12,23	δεδικαιωμένοις		dat neut pl part pf pass	Id
4215	Lc 18,14	δεδικαιωμένος	(1)	nom mas sg part pf pass	Id
4216	Rm 6,7	δεδικαίωται	(1)	3 p sg ind pf pass	Id
4217	Mt 5,10	δεδιωγμένοι	(1)	nom mas pl part pf pass	διώκω
4218	1Th 2,4	δεδοκιμάσμεθα	(1)	1 p pl ind pf pass	δοκιμάζω
4219	*Ac 2,22	δεδοκιμασμένον		acc mas sg part pf pass	Id
4220	2Co 8,1	δεδομένην	(1)	acc fem sg part pf pass	δίδωμι
4221		δεδομένον	(4)	nom neut sg part pf pass	Id
4222	Jh 17,10	δεδόξασμαι	(1)	1 p sg ind pf pass	δοξάζω
4223	1Pt 1,8	δεδοξασμένῃ	(1)	dat fem sg part pf pass	Id
4224	2Co 3,10	δεδοξασμένον	(1)	nom neut sg part pf pass	Id
4225	2Co 3,10	δεδόξασται	(1)	3 p sg ind pf pass	Id
4226		δέδοται	(6)	3 p sg ind pf pass	δίδωμι
4227	Jh 8,33	δεδουλεύκαμεν	(1)	1 p pl ind pf a	δουλεύω
4228	Tit 2,3	δεδουλωμένας	(1)	acc fem pl part pf pass	δουλόω
4229	Ga 4,3	δεδουλωμένοι	(1)	nom mas pl part pf pass	Id
4230		δεδούλωται	(2)	3 p sg ind pf pass	Id
4231		δέδωκα	(5)	1 p sg ind pf a	δίδωμι
4232		δέδωκας	(11)	2 p sg ind pf a	Id
4233		δεδώκει	(2)	3 p sg ind plpf a	Id
4234	Jh 11,57	δεδώκεισαν	(1)	3 p pl ind plpf a	Id
4235		δέδωκεν	(13)	3 p sg ind pf a	Id
4236	*Apc 13,4	δεδωκότι		dat mas sg part pf a	Id
4237	*Jh 10,29	δεδωκώς		nom mas sg part pf a	Id
4238	2Pt 1,3	δεδωρημένης	(1)	gen fem sg part pf	δωρέομαι
4239	2Pt 1,4	δεδώρηται	(1)	3 p sg ind pf	Id
4240		δέῃ	(2)	sbj pr	δεῖ
4241	Ac 4,31	δεηθέντων	(1)	gen mas pl part ao (pass)	δέομαι
4242		δεήθητε	(3)	2 p pl imper ao (pass)	Id
4243	Ac 8,22	δεήθητι	(1)	2 p sg imper ao (pass)	Id
4244		δεήσει	(5)	dat sg	δέησις
4245		δεήσεις	(3)	acc pl	Id
4246		δεήσεσιν	(3)	dat pl	Id
4247		δεήσεως	(2)	gen sg	Id
4248		δέησιν	(2)	acc sg	Id
4249		δέησις	(3)	nom sg	Id
4250		δεθῆναι	(2)	inf ao pass	δέω
4251		δεῖ	(77)	impers 3 p sg ind pr a	δέω
4252	Ju 7	δεῖγμα	(1)	nom sg	δεῖγμα

4253	Mt 1,19	δειγματίσαι	(1)	inf ao a	δειγματίζω
4254	Mt 16,21	δεικνύειν	(1)	inf pr a	δεικνύω
4255	Jh 2,18	δεικνύεις	(1)	2 p sg ind pr a	Id
4256	1Co 12,31	δείκνυμι	(1)	1 p sg ind pr a	δείκνυμι
4257	Apc 22,8	δεικνύοντος	(1)	gen mas sg part pr a	δεικνύω
4258		δείκνυσιν	(2)	3 p sg ind pr a	δείκνυμι
4259	2Tm 1,7	δειλίας	(1)	gen sg	δειλία
4260	Jh 14,27	δειλιάτω	(1)	3 p sg imper pr a	δειλιάω
4261	*Ac 3,1	δειλινόν		acc neut sg	δειλινός
4262		δειλοί	(2)	nom mas pl	δειλός
4263	Apc 21,8	δειλοῖς	(1)	dat mas pl	Id
4264		δεῖν	(3)	inf pr	δεῖ
4265	Mt 26,18	δεῖνα	(1)	acc sg	δεῖνα
4266	*Mc 16,14	δεινά		nom neut pl	δεινός
4267		δεινῶς	(2)	adv	δεινῶς
4268		δεῖξαι	(2)	inf ao a	δείκνυμι
4269	Lc 20,24	δείξατε	(1)	2 p pl imper ao a	Id
4270	Ja 3,13	δειξάτω	(1)	3 p sg imper ao a	Id
4271		δείξει	(4)	3 p sg ind fut a	Id
4272		δεῖξον	(6)	2 p sg imper ao a	Id
4273		δείξω	(4)	1 p sg ind fut a	Id
4274	Ac 7,3	δείξω	(1)	1 p sg sbj ao a	Id
4275		δειπνῆσαι	(2)	inf ao a	δειπνέω
4276		δειπνήσω	(2)	1 p sg ind fut a	Id
4277		δείπνοις	(3)	dat pl	δεῖπνον
4278	*Mt 20,28	δειπνοκλήτωρ		nom sg	δειπνοκλήτωρ
4279		δεῖπνον	(8)	acc sg	δεῖπνον
4280		δείπνου	(4)	gen sg	Id
4281	Jh 21,20	δείπνῳ	(1)	dat sg	Id
4282		δείραντες	(4)	nom mas pl part ao a	δέρω
4283	Ac 17,22	δεισιδαιμονεστέρους	(1)	comp acc mas pl	δεισιδαίμων
4284	Ac 25,19	δεισιδαιμονίας	(1)	gen sg	δεισιδαιμονία
4285	Heb 8,5	δειχθέντα	(1)	acc mas sg part ao pass	δείκνυμι
4286		δέκα	(24)	inde	δέκα
4287	*Apc 21,16	δεκαδύο		inde	δεκαδύο
4288	Lc 13,16	δεκακαιοκτώ	(1)	inde	δεκακαιοκτώ
4289		δεκαοκτώ	(2)	inde	δεκαοκτώ
4290		δεκαπέντε	(3)	inde	δεκαπέντε
4291	Mc 5,20	Δεκαπόλει	(1)	dat	Δεκάπολις
4292		Δεκαπόλεως	(2)	gen	Id
4293	Heb 7,9	δεκάτας	(1)	acc fem pl	δέκατος
4294		δεκάτας	(2)	acc pl	δεκάτη
4295		δεκατέσσαρες	(3)	nom fem	δεκατέσσαρες
4296		δεκατεσσάρων	(2)	gen neut	Id
4297	Jh 1,39	δεκάτη	(1)	nom fem sg	δέκατος
4298		δεκάτην	(2)	acc sg	δεκάτη
4299	*Ac 19,9	δεκάτης		gen fem sg	δέκατος
4300	Apc 11,13	δέκατον	(1)	nom neut sg	Id
4301	Php 4,18	δεκτήν	(1)	acc fem sg	δεκτός
4302	Apc 21,20	δέκατος	(1)	nom mas sg	δέκατος
4303	Lc 4,19	δεκτόν	(1)	acc mas sg	δεκτός

4304		δεκτός	(2)	nom mas sg	δεκτός
4305	2Co 6,2	δεκτῷ	(1)	dat mas sg	Id
4306	Ja 1,14	δελεαζόμενος	(1)	nom mas sg part pr pass	δελεάζω
4307	2Pt 2,14	δελεάζοντες	(1)	nom mas pl part pr a	Id
4308	2Pt 2,18	δελεάζουσιν	(1)	3 p pl ind pr a	Id
4309	Ju 12	δένδρα	(1)	nom pl	δένδρον
4310		δένδρα	(3)	acc pl	Id
4311		δένδρον	(12)	nom sg	Id
4312		δένδρον	(5)	acc sg	Id
4313	*Apc 7,1	δένδρου		gen sg.	Id
4314		δένδρων	(4)	gen pl	Id
4315		δέξαι	(3)	2 p sg imper ao	δέχομαι
4316	Heb 11,31	δεξαμένη	(1)	nom fem sg part ao	Id
4317	1Th 1,6	δεξάμενοι	(1)	nom mas pl part ao	Id
4318		δεξάμενος	(3)	nom mas sg part ao	Id
4319		δέξασθαι	(3)	inf ao	Id
4320		δέξασθε	(4)	2 p pl imper ao	Id
4321		δέξηται	(8)	3 p sg sbj ao	Id
4322		δεξιά	(3)	nom fem sg	δεξιός
4323	Jh 21,6	δεξιά	(1)	acc neut pl	Id
4324		δεξιᾷ	(13)	dat fem sg	Id
4325		δεξιάν	(4)	acc fem sg	Id
4326		δεξιᾶς	(4)	gen fem sg	Id
4327	Ga 2,9	δεξιάς	(1)	acc fem pl	Id
4328	*Ac 23,23	δεξιοβόλους		acc pl	δεξιοβόλος
4329	Mc 16,5	δεξιοῖς	(1)	dat neut pl	δεξιός
4330	Ac 23,23	δεξιολάβους	(1)	acc pl.	δεξιολάβος
4331		δεξιόν	(3)	acc neut sg	δεξιός
4332	Mt 5,29	δεξιός	(1)	nom mas sg	Id
4333		δεξιῶν	(23)	gen neut pl	Id
4334		δέξωνται	(2)	3 p pl sbj ao	δέχομαι
4335		δέομαι	(7)	1 p sg ind pr	δέομαι
4336	2Co 5,20	δεόμεθα	(1)	1 p pl ind pr	Id
4337		δεόμενοι	(3)	nom mas pl part pr	Id
4338		δεόμενος	(2)	nom mas sg part pr	Id
4339		δέον	(2)	nom neut sg part pr	δεῖ
4340	1Tm 5,13	δέοντα	(1)	acc neut pl part pr	Id
4341	Heb 12,28	δέους	(1)	gen sg	δέος
4342	Ac 20,4	Δερβαῖος	(1)	nom mas sg	Δερβαῖος
4343		Δέρβην	(3)	acc	Δέρβη
4344	2Co 11,20	δέρει	(1)	3 p sg ind pr a	δέρω
4345	Jh 18,23	δέρεις	(1)	2 p sg ind pr a	Id
4346	Heb 11,37	δέρμασιν	(1)	dat pl	δέρμα
4347		δερματίνην	(2)	acc fem sg	δερμάτινος
4348		δέροντες	(2)	nom mas pl part pr a	δέρω
4349	*Mc 1,6	δέρριν		acc sg	δέρρις
4350		δέρων	(2)	nom mas sg part pr a	δέρω
4351	Ac 20,23	δεσμά	(1)	nom pl	δεσμός
4352		δεσμά	(2)	acc pl	Id

No.	Ref.	Form	Freq.	Parsing	Lemma
4353	Mt 13,30	δέσμας	(1)	acc pl	δέσμη
4354	*Heb 10,34	δεσμείοις		dat pl	δέσμειος
4355	Mt 23,4	δεσμεύουσιν	(1)	3 p pl ind pr a	δεσμεύω
4356	Ac 22,4	δεσμεύων	(1)	nom mas sg part pr a	Id
4357	Ac 16,25	δέσμιοι	(1)	nom pl	δέσμιος
4358	Heb 10,34	δεσμίοις	(1)	dat pl	Id
4359		δέσμιον	(5)	acc sg	Id
4360	*Lc 23,16	δεσμιὄν		[sic]	
4361		δέσμιος	(7)	nom sg	Id
4362	Ac 16,27	δεσμίους	(1)	acc pl	Id
4363	Heb 13,3	δεσμίων	(1)	gen pl	Id
4364		δεσμοῖς	(6)	dat pl	δεσμός
4365	Mc 7,35	δεσμός	(1)	nom sg	Id
4366	Lc 13,16	δεσμοῦ	(1)	gen sg	Id
4367	Php 1,13	δεσμούς	(1)	acc pl	Id
4368	Ac 16,23	δεσμοφύλακι	(1)	dat sg	δεσμοφύλαξ
4369		δεσμοφύλαξ	(2)	nom sg	Id
4370		δεσμῶν	(6)	gen pl	δεσμός
4371		δεσμώτας	(2)	acc pl	δεσμώτης
4372		δεσμωτήριον	(2)	acc sg	δεσμωτήριον
4373	Ac 16,26	δεσμωτηρίου	(1)	gen sg	Id
4374	Mt 11,2	δεσμωτηρίῳ	(1)	dat sg	Id
4375		δέσποτα	(2)	vo sg	δεσπότης
4376		δεσπόταις	(2)	dat pl	Id
4377		δεσπότας	(2)	acc pl	Id
4378	2Tm 2,21	δεσπότῃ	(1)	dat sg	Id
4379		δεσπότην	(2)	acc sg	Id
4380	Apc 6,10	δεσπότης	(1)	nom sg	Id
4381		δεῦρο	(9)	adv	δεῦρο
4382		δεῦτε	(12)	adv	δεῦτε
4383		δευτέρα	(3)	nom fem sg	δεύτερος
4384	Lc 12,38	δευτέρᾳ	(1)	dat fem sg	Id
4385	Ac 28,13	δευτεραῖοι	(1)	nom mas pl	δευτεραῖος
4386		δευτέραν	(6)	acc fem sg	δεύτερος
4387	Heb 8,7	δευτέρας	(1)	gen fem sg	Id
4388	Apc 4,7	δεύτερον	(1)	nom neut sg	Id
4389		δεύτερον	(3)	acc neut sg	Id
4390		δεύτερον	(6)	adv nom neut sg	Id
4391	*Lc 6,1	δευτεροπρώτῳ		dat neut sg	δευτερόπρωτος
4392		δεύτερος	(12)	nom mas sg	δεύτερος
4393		δευτέρου	(2)	gen mas sg	Id
4394		δευτέρου	(6)	gen neut sg	Id
4395	Ac 13,33	δευτέρῳ	(1)	dat mas sg	Id
4396	Ac 7,13	δευτέρῳ	(1)	dat neut sg	Id
4397		δέχεται	(8)	3 p sg ind pr	δέχομαι
4398	Mc 9,37	δέχηται	(1)	3 p sg sbj pr	Id
4399		δεχόμενος	(4)	nom mas sg part pr	Id
4400	Lc 8,13	δέχονται	(1)	3 p pl ind pr	Id
4401		δέχωνται	(3)	3 p pl sbj pr	Id
4402		δή	(5)	parti	δή

4403	*Mc 8,25	δηλαυγῶς		adv	δηλαυγῶς
4404	*Mc 4,40	δηλοί		cf δειλοί	
4405	Heb 12,27	δηλοῖ	(1)	3 p sg ind pr a	δηλόω
4406	Mt 26,73	δῆλον	(1)	acc mas sg	δῆλος
4407		δῆλον	(2)	nom neut sg	Id
4408	Heb 9,8	δηλοῦντος	(1)	gen neut sg part pr a	δηλόω
4409	*1Co 16,12	δηλῶ		1 p sg ind pr a	Id
4410	Col 1,8	δηλώσας	(1)	nom mas sg part ao a	Id
4411	1Co 3,13	δηλώσει	(1)	3 p sg ind fut a	Id
4412		Δημᾶς	(3)	nom	Δημᾶς
4413		Δημήτριος	(2)	nom	Δημήτριος
4414	3Jh 12	Δημητρίῳ	(1)	dat	Id
4415	Heb 11,10	δημιουργός	(1)	nom sg	δημιουργός
4416		δῆμον	(2)	acc sg	δῆμος
4417	Ac 12,22	δῆμος	(1)	nom sg	Id
4418	Ac 5,18	δημοσίᾳ	(1)	dat fem sg	δημόσιος
4419		δημοσίᾳ	(3)	adv dat fem sg	Id
4420	Ac 19,33	δήμῳ	(1)	dat sg	δῆμος
4421		δηνάρια	(2)	acc pl	δηνάριον
4422		δηνάριον	(6)	acc sg	Id
4423		δηναρίου	(4)	gen sg	Id
4424		δηναρίων	(4)	gen pl	Id
4425	*Jh 5,4	δήποτε		adv	δήποτε
4426	Heb 2,16	δήπου	(1)	adv	δήπου
4427		δῆσαι	(2)	inf ao a	δέω
4428		δήσαντες	(3)	nom mas pl part ao a	Id
4429	Ac 21,11	δήσας	(1)	nom mas sg part ao a	Id
4430	Mt 13,30	δήσατε	(1)	2 p pl imper ao a	Id
4431		δήσῃ	(2)	3 p sg sbj ao a	Id
4432	Mt 16,19	δήσῃς	(1)	2 p sg sbj ao a	Id
4433	Mt 18,18	δήσητε	(1)	2 p pl sbj ao a	Id
4434	Ac 21,11	δήσουσιν	(1)	3 p pl ind fut a	Id
4435		δι'		cf διά	
4436		διά	(668)	prpo	διά
4437	Ac 14,12	Δία	(1)	acc	Ζεύς
4438	Ac 16,9	διαβάς	(1)	nom mas sg part ao2 a	διαβαίνω
4439	1Tm 1,7	διαβεβαιοῦνται	(1)	3 p pl ind pr	διαβεβαιόομαι
4440	Tit 3,8	διαβεβαιοῦσθαι	(1)	inf pr	Id
4441	*Ja 4,12	διαβήματα		nom pl	διάβημα
4442	Lc 16,26	διαβῆναι	(1)	inf ao2 a	διαβαίνω
4443		διαβλέψεις	(2)	2 p sg ind fut a	διαβλέπω
4444	*Ju 9	διάβολε		vo sg	διάβολος
4445	2Tm 3,3	διάβολοι	(1)	nom mas pl	διάβολος
4446	Heb 2,14	διάβολον	(1)	acc sg	διάβολος
4447		διάβολος	(16)	nom sg	Id
4448		διαβόλου	(13)	gen sg	Id
4449		διαβόλους	(2)	acc fem pl	διάβολος
4450		διαβόλῳ	(4)	dat sg	διάβολος
4451	*Mc 5,19	διάγγειλον		2 p sg imper ao a	διαγγέλλω
4452	Rm 9,17	διαγγελῇ	(1)	3 p sg sbj ao2 pass	Id

No.	Ref.	Form	Freq.	Parsing	Lemma
4453	Lc 9,60	διάγγελλε	(1)	2 p sg imper pr a	διαγγέλλω
4454	Ac 21,26	διαγγέλλων	(1)	nom mas sg part pr a	Id
4455	Ac 27,9	διαγενομένου	(1)	gen mas sg part ao2	διαγίνομαι
4456	Mc 16,1	διαγενομένου	(1)	gen neut sg part ao2	Id
4457	Ac 25,13	διαγενομένων	(1)	gen fem pl part ao2	Id
4458	Ac 23,15	διαγινώσκειν	(1)	inf pr a	διαγινώσκω
4459	Ac 25,21	διάγνωσιν	(1)	acc sg	διάγνωσις
4460	Ac 24,22	διαγνώσομαι	(1)	1 p sg ind fut	διαγινώσκω
4461	Tit 3,3	διάγοντες	(1)	nom mas pl part pr a	διάγω
4462	Lc 9,32	διαγρηγορήσαντες	(1)	nom mas pl part ao a	διαγρηγορέω
4463	1Tm 2,2	διάγωμεν	(1)	1 p pl sbj pr a	διάγω
4464	Ac 7,45	διαδεξάμενοι	(1)	nom mas pl part ao	διαδέχομαι
4465	Apc 19,12	διαδήματα	(1)	nom pl	διάδημα
4466		διαδήματα	(2)	acc pl	Id
4467	*Lc 12,42	διαδιδόναι		inf pr a	διαδίδωμι
4468	Lc 11,22	διαδίδωσιν	(1)	3 p sg ind pr a	Id
4469	Lc 18,22	διάδος	(1)	2 p sg imper ao2 a	Id
4470	*Lc 12,42	διαδοῦναι		inf ao2 a	Id
4471	Ac 24,27	διάδοχον	(1)	acc mas sg	διάδοχος
4472	Heb 9,17	διαθέμενος	(1)	nom mas sg part ao2 m	διατίθημι
4473	Heb 9,16	διαθεμένου	(1)	gen mas sg part ao2 m	Id
4474		διαθῆκαι	(2)	nom pl	διαθήκη
4475		διαθήκη	(7)	nom sg	Id
4476		διαθήκῃ	(2)	dat sg	Id
4477		διαθήκην	(5)	acc sg	Id
4478		διαθήκης	(16)	gen sg	Id
4479	Eph 2,12	διαθηκῶν	(1)	gen pl	Id
4480		διαθήσομαι	(2)	1 p sg ind fut m	διατίθημι
4481		διαιρέσεις	(3)	nom pl	διαίρεσις
4482	1Co 12,11	διαιροῦν	(1)	nom neut sg part pr a	διαιρέω
4483	Lc 3,17	διακαθᾶραι	(1)	inf ao a	διακαθαίρω
4484	Mt 3,12	διακαθαριεῖ	(1)	3 p sg ind fut a	διακαθαρίζω
4485	Ac 18,28	διακατηλέγχετο	(1)	3 p sg ind impf	διακατελέγχομαι
4486	*Jh 8,5	διακελεύει		3 p sg ind pr a	διακελεύω
4487	1Pt 4,11	διακονεῖ	(1)	3 p sg ind pr a	διακονέω
4488	Lc 17,8	διακόνει	(1)	2 p sg imper pr a	Id
4489		διακονεῖν	(2)	inf pr a	Id
4490	1Tm 3,10	διακονείτωσαν	(1)	3 p pl imper pr a	Id
4491		διακονῇ	(3)	3 p sg sbj pr a	Id
4492	2Co 3,3	διακονηθεῖσα	(1)	nom fem sg part ao pass	Id
4493		διακονηθῆναι	(2)	inf ao pass	Id
4494		διακονῆσαι	(2)	inf ao a	Id
4495		διακονήσαντες	(2)	nom mas pl part ao a	Id
4496	Lc 12,37	διακονήσει	(1)	3 p sg ind fut a	Id
4497	*Rm 15,25	διακονήσων		nom mas sg part fut a	Id
4498		διακονία	(6)	nom sg	διακονία
4499		διακονίᾳ	(4)	dat sg	Id
4500		διακονίαν	(16)	acc sg	Id
4501		διακονίας	(7)	gen sg	Id

4502 *Heb 1,14 διακονίας acc pl . . . . . διακονία
4503 1Co 12,5 διακονιῶν (1) gen pl . . . . Id
4504 διάκονοι (7) nom mas pl . . . διάκονος
4505 διακόνοις (3) dat mas pl . . . Id
4506 Rm 15,8 διάκονον (1) acc mas sg . . . Id
4507 Rm 16,1 διάκονον (1) acc fem sg . . . Id
4508 διάκονος (15) nom mas sg . . . Id
4509 διακονουμένῃ (2) dat fem sg part pr pass διακονέω
4510 διακονοῦντες (2) nom mas pl part pr a . Id
4511 Ac 19,22 διακονούντων (1) gen mas pl part pr a . Id
4512 διακόνους (2) acc pl . . . . διάκονος
4513 Mt 27,55 διακονοῦσαι (1) nom fem pl part pr a . διακονέω
4514 διακονῶν (4) nom mas sg part pr a . Id
4515 Ac 27,37 διακοσιαιεβδομηκονταέξ (1) nom fem/inde . .
. . . . . διακοσιοιεβδομηκονταέξ
4516 διακοσίους (2) acc mas . . . διακόσιοι
4517 Jh 21,8 διακοσίων (1) gen fem . . . Id
4518 διακοσίων (2) gen neut . . . Id
4519 Ac 23,35 διακούσομαι (1) 1 p sg ind fut m . διακούω
4520 Mc 11,23 διακριθῇ (1) 3 p sg sbj ao pass/m . διακρίνω
4521 Mt 21,21 διακριθῆτε (1) 2 p pl sbj ao pass/m . Id
4522 1Co 6,5 διακρῖναι (1) inf ao a . . . Id
4523 Ac 11,12 διακρίναντα (1) acc mas sg part ao a . Id
4524 1Co 4,7 διακρίνει (1) 3 p sg ind pr a . . Id
4525 Mt 16,3 διακρίνειν (1) inf pr a . . . Id
4526 1Co 14,29 διακρινέτωσαν (1) 3 p pl imper pr a . Id
4527 *Ju 22 διακρινόμενοι nom mas pl part pr m . Id
4528 *Ac 11,12 διακρινόμενον acc mas sg part pr m . Id
4529 διακρινόμενος (5) nom mas sg part pr m Id
4530 Ju 22 διακρινομένους (1) acc mas pl part pr m Id
4531 *Ju 22 διακρινομένῳ dat mas sg part pr m . . Id
4532 *Ac 11,12 διακρίνοντα acc mas sg part pr a . . Id
4533 1Co 11,29 διακρίνων (1) nom mas sg part pr a . Id
4534 1Co 12,10 διακρίσεις (1) nom pl . . . διάκρισις
4535 Rm 14,1 διακρίσεις (1) acc pl . . . . . Id
4536 Heb 5,14 διάκρισιν (1) acc sg . . . . . Id
4537 *Ac 4,32 διάκρισις nom sg . . . . . . Id
4538 Heb 12,5 διαλέγεται (1) 3 p sg ind pr . διαλέγομαι
4539 Ac 24,12 διαλεγόμενον (1) acc mas sg part pr . Id
4540 διαλεγόμενος (2) nom mas sg part pr . Id
4541 διαλεγομένου (2) gen mas sg part pr . Id
4542 *Ac 14,19 διαλεγομένων gen mas pl part pr . . Id
4543 *Ac 2,8 διάλεκτον acc sg . . . . . διάλεκτος
4544 διαλέκτῳ (6) dat sg . . . . . Id
4545 Mt 5,24 διαλλάγηθι (1) 2 p sg imper ao2 pass διαλλάσσω
4546 Lc 5,21 διαλογίζεσθαι (1) inf pr . διαλογίζομαι
4547 διαλογίζεσθε (4) 2 p pl ind pr . Id
4548 Mc 2,6 διαλογιζόμενοι (1) nom mas pl part pr Id
4549 Lc 3,15 διαλογιζομένων (1) gen mas pl part pr Id
4550 Mc 2,8 διαλογίζονται (1) 3 p pl ind pr . Id

No.	Ref.	Form	Parsing	Lemma
4551		διαλογισμοί	(4) nom pl	διαλογισμός
4552	Rm 1,21	διαλογισμοῖς	(1) dat pl	Id
4553	Lc 9,47	διαλογισμόν	(1) acc sg	Id
4554	Lc 9,46	διαλογισμός	(1) nom sg	Id
4555	1Tm 2,8	διαλογισμοῦ	(1) gen sg	Id
4556		διαλογισμούς	(3) acc pl	Id
4557		διαλογισμῶν	(3) gen pl	Id
4558	Ac 8,25	διαμαρτυράμενοι	(1) nom mas pl part ao	διαμαρτύρομαι
4559	*Ac 28,23	διαμαρτυράμενος	nom mas sg part ao	Id
4560		διαμαρτύρασθαι	(2) inf ao	Id
4561	Ac 20,23	διαμαρτύρεται	(1) 3 p sg ind pr	Id
4562	Lc 16,28	διαμαρτύρηται	(1) 3 p sg sbj pr	Id
4563		διαμαρτύρομαι	(2) 1 p sg ind pr	Id
4564		διαμαρτυρόμενος	(4) nom mas sg part pr	Id
4565	*Ac 10,48	διαμεῖναι	inf ao a	διαμένω
4566	Ga 2,5	διαμείνῃ	(1) 3 p sg sbj ao a	Id
4567	Lc 22,28	διαμεμενηκότες	(1) nom mas pl part pf a	Id
4568	Lc 12,52	διαμεμερισμένοι	(1) nom mas sg part pf pass	διαμερίζω
4569	2Pt 3,4	διαμένει	(1) 3 p sg ind pr a	διαμένω
4570	Heb 1,11	διαμένεις	(1) 2 p sg ind pr a	Id
4571	*Heb 1,11	διαμενεῖς	2 p sg ind fut a	Id
4572	*Ga 2,5	διαμένῃ	3 p sg sbj pr a	Id
4573	Ac 2,3	διαμεριζόμεναι	(1) nom fem pl part pr pass	διαμερίζω
4574	Lc 23,34	διαμεριζόμενοι	(1) nom mas pl part pr m	Id
4575	Mc 15,24	διαμερίζονται	(1) 3 p pl ind pr m	Id
4576	Lc 22,17	διαμερίσατε	(1) 2 p pl imper ao a	Id
4577	Lc 11,17	διαμερισθεῖσα	(1) nom fem sg part ao pass	Id
4578	Lc 12,53	διαμερισθήσονται	(1) 3 p pl ind fut pass	Id
4579	Lc 12,51	διαμερισμόν	(1) acc sg	διαμερισμός
4580	*Ac 14,12	Δίαν	acc	Δία
4581	Ac 4,17	διανεμηθῇ	(1) 3 p sg sbj ao pass	διανέμω
4582	Lc 1,22	διανεύων	(1) nom mas sg part pr a	διανεύω
4583	Lc 11,17	διανοήματα	(1) acc pl	διανόημα
4584	*2Tm 3,9	διάνοια	nom sg	διάνοια
4585		διανοίᾳ	(5) dat sg	Id
4586		διάνοιαν	(4) acc sg	Id
4587		διανοίας	(2) gen sg	Id
4588	Lc 2,23	διανοῖγον	(1) nom neut sg part pr a	διανοίγω
4589	Ac 17,3	διανοίγων	(1) nom mas sg part pr a	Id
4590	Mc 7,34	διανοίχθητι	(1) 2 p sg imper ao pass	Id
4591	Eph 2,3	διανοιῶν	(1) gen pl	διάνοια
4592	Lc 6,12	διανυκτερεύων	(1) nom mas sg part pr a	διανυκτερεύω
4593	Ac 21,7	διανύσαντες	(1) nom mas pl part ao a	διανύω
4594	1Tm 6,5	διαπαρατριβαί	(1) nom pl	διαπαρατριβή
4595	*Lc 16,26	διαπερᾶσαι	inf ao a	διαπεράω
4596		διαπεράσαντες	(2) nom mas pl part ao a	Id
4597	Mc 5,21	διαπεράσαντος	(1) gen mas sg part ao a	Id
4598	Ac 21,2	διαπερῶν	(1) acc neut sg part pr a	Id
4599	Lc 16,26	διαπερῶσιν	(1) 3 p pl sbj pr a	Id

No.	Ref	Form	Freq	Parsing	Lemma
4600	Ac 27,5	διαπλεύσαντες	(1)	nom mas pl part ao a	διαπλέω
4601	Ac 16,18	διαπονηθεὶς	(1)	nom mas sg part ao	διαπονέομαι
4602	Ac 4,2	διαπονούμενοι	(1)	nom mas pl part pr	Id
4603	*Lc 24,4	διαπορεῖν		inf pr a	διαπορέω
4604	*Lc 24,4	διαπορεῖσθαι		inf pr pass	Id
4605	Lc 6,1	διαπορεύεσθαι	(1)	inf pr	διαπορεύομαι
4606	Rm 15,24	διαπορευόμενος	(1)	nom mas sg part pr	Id
4607	Lc 18,36	διαπορευομένου	(1)	gen mas sg part pr	Id
4608	*Mc 2,22	διαρήσσονται		3 p pl ind pr pass	διαρήσσω
4609	Mc 3,27	διαρπάσαι	(1)	inf ao a	διαρπάζω
4610		διαρπάσει	(2)	3 p sg ind fut a	Id
4611	*Mt 12,29	διαρπάσῃ		3 p sg sbj ao a	Id
4612	*Mt 12,30	διαρπάστω	(?)		
4613	Ac 14,14	διαρρήξαντες	(1)	nom mas pl part ao a	διαρρήσσω
4614	Mc 14,63	διαρρήξας	(1)	nom mas sg part ao a	Id
4615	Lc 8,29	διαρρήσσων	(1)	nom mas sg part pr a	Id
4616	Mt 13,36	διασάφησον	(1)	2 p sg imper ao a	διασαφέω
4617	Lc 3,14	διασείσητε	(1)	2 p pl sbj ao a	διασείω
4618	Lc 16,1	διασκορπίζων	(1)	nom mas sg part pr a	διασκορπίζω
4619	*Mt 26,31	διασκορπισθήσεται		3 p sg ind fut pass	Id
4620		διασκορπισθήσονται	(2)	3 p pl ind fut pass	Id
4621	*Mt 26,31	διασκορπίσω		1 p sg ind fut a	Id
4622		διασπαρέντες	(2)	nom mas pl part ao2 pass	διασπείρω
4623	Ac 23,10	διασπασθῇ	(1)	3 p sg sbj ao pass	διασπάω
4624	Ja 1,1	διασπορᾷ	(1)	dat sg	διασπορά
4625	Jh 7,35	διασποράν	(1)	acc sg	Id
4626	1Pt 1,1	διασπορᾶς	(1)	gen sg	Id
4627	Lc 22,59	διαστάσης	(1)	gen fem sg part ao2 a	διίστημι
4628	Heb 12,20	διαστελλόμενον	(1)	acc neut sg part pr pass	διαστέλλω
4629	Ac 5,7	διάστημα	(1)	nom sg	διάστημα
4630	Ac 27,28	διαστήσαντες	(1)	nom mas pl part ao a	διίστημι
4631		διαστολή	(2)	nom sg	διαστολή
4632	1Co 14,7	διαστολήν	(1)	acc sg	Id
4633	Lc 23,2	διαστρέφοντα	(1)	acc mas sg part pr a	διαστρέφω
4634	Ac 13,10	διαστρέφων	(1)	nom mas sg part pr a	Id
4635	Ac 13,8	διαστρέψαι	(1)	inf ao a	Id
4636	Ac 28,4	διασωθέντα	(1)	acc mas sg part ao pass	διασῴζω
4637	Ac 28,1	διασωθέντες	(1)	nom mas pl part ao pass	Id
4638	Ac 27,44	διασωθῆναι	(1)	inf ao pass	Id
4639	Ac 27,43	διασῶσαι	(1)	inf ao a	Id
4640	Lc 7,3	διασώσῃ	(1)	3 p sg sbj ao a	Id
4641	Ac 23,24	διασώσωσι	(1)	3 p pl sbj ao a	Id
4642	Ac 7,53	διαταγάς	(1)	acc pl	διαταγή
4643	Ga 3,19	διαταγεὶς	(1)	nom mas sg part ao2 pass	διατάσσω
4644	Rm 13,2	διαταγῇ	(1)	dat sg	διαταγή
4645	Heb 11,23	διάταγμα	(1)	acc sg	διάταγμα
4646	Ac 24,23	διαταξάμενος	(1)	nom mas sg part ao m	διατάσσω
4647	1Co 11,34	διατάξομαι	(1)	1 p sg ind fut m	Id
4648	1Co 7,17	διατάσσομαι	(1)	1 p sg ind pr m	Id
4649	Mt 11,1	διατάσσων	(1)	nom mas sg part pr a	διατάσσω
4650		διαταχθέντα	(2)	acc neut pl part ao pass	Id

No.	Ref.	Form	Freq.	Analysis	Lemma
4651	Ac 27,33	διατελεῖτε	(1)	2 p pl ind pr a	διατελέω
4652	*Lc 17,9	διατεταγμένα		acc neut pl part pf pass	διατάσσω
4653		διατεταγμένον	(2)	acc neut sg part pf pass	διατάσσω
4654	Ac 20,13	διατεταγμένος	(1)	nom mas sg part pf pass	Id
4655	Ac 18,2	διατεταχέναι	(1)	inf pf a	Id
4656	Ac 15,29	διατηροῦντες	(1)	nom mas pl part pr a	διατηρέω
4657	Lc 22,29	διατίθεμαι	(1)	1 p sg ind pr m	διατίθημι
4658	Ac 16,12	διατρίβοντες	(1)	nom mas pl part pr a	διατρίβω
4659	*Ac 14,19	διατριβόντων		gen mas pl part pr a	Id
4660	*Ac 14,3	διατρίψαντες		nom mas pl part ao a	Id
4661	Ac 25,6	διατρίψας	(1)	nom mas sg part ao a	Id
4662	1Tm 6,8	διατροφάς	(1)	acc pl	διατροφή
4663	*1Tm 6,8	διατροφήν		acc sg	Id
4664	*2Co 4,4	διαυγάσαι		inf ao a	διαυγάζω
4665	2Pt 1,19	διαυγάσῃ	(1)	3 p sg sbj ao a	Id
4666	Apc 21,21	διαυγής	(1)	nom fem sg	διαυγής
4667		διαφέρει	(4)	3 p sg ind pr a	διαφέρω
4668		διαφέρετε	(4)	2 p pl ind pr a	Id
4669	Ac 27,27	διαφερομένων	(1)	gen mas pl part pr pass	Id
4670		διαφέροντα	(2)	acc neut pl part pr a	Id
4671	Mc 1,45	διαφημίζειν	(1)	inf pr a	διαφημίζω
4672	Apc 11,18	διαφθεῖραι	(1)	inf ao a	διαφθείρω
4673	*Apc 11,18	διαφθείραντας		acc mas pl part ao a	Id
4674	Lc 12,33	διαφθείρει	(1)	3 p sg ind pr a	Id
4675	2Co 4,16	διαφθείρεται	(1)	3 p sg ind pr pass	Id
4676	Apc 11,18	διαφθείροντας	(1)	acc mas pl part pr a	Id
4677		διαφθοράν	(6)	acc sg	διαφθορά
4678	Rm 12,6	διάφορα	(1)	acc neut pl	διάφορος
4679	Heb 9,10	διαφόροις	(1)	dat mas pl	Id
4680	Heb 8,6	διαφορωτέρας	(1)	comp gen fem sg	Id
4681	Heb 1,4	διαφορώτερον	(1)	comp acc neut sg	Id
4682	Ac 27,42	διαφύγῃ	(1)	3 p sg sbj ao2 a	διαφεύγω
4683	Lc 4,10	διαφυλάξαι	(1)	inf ao a	διαφυλάσσω
4684	Ac 26,21	διαχειρίσασθαι	(1)	inf ao m	διαχειρίζω
4685	Ac 2,13	διαχλευάζοντες	(1)	nom mas pl part pr a	διαχλευάζω
4686	Lc 9,33	διαχωρίζεσθαι	(1)	inf pr	διαχωρίζομαι
4687	*Tit 1,9	διγαμίας		gen sg	διγαμία
4688	*Tit 1,9	διγάμους		acc mas pl	δίγαμος
4689		διδακτικόν	(2)	acc mas sg	διδακτικός
4690	Jh 6,45	διδακτοί	(1)	nom mas pl	διδακτός
4691		διδακτοῖς	(2)	dat mas pl	Id
4692		διδάξαι	(3)	inf ao a	διδάσκω
4693		διδάξει	(2)	3 p sg ind fut a	Id
4694		διδάξῃ	(2)	3 p sg sbj ao a	Id
4695	Lc 11,1	δίδαξον	(1)	2 p sg imper ao a	Id
4696	Heb 8,11	διδάξωσιν	(1)	3 p pl sbj ao a	Id
4697		διδάσκαλε	(31)	vo sg	διδάσκαλος
4698	1Tm 6,1	διδασκαλία	(1)	nom sg	διδασκαλία
4699		διδασκαλίᾳ	(10)	dat sg	Id
4700	1Tm 4,1	διδασκαλίαις	(1)	dat pl	Id
4701		διδασκαλίαν	(3)	acc sg	Id

4702		διδασκαλίας	(3)	gen sg . . .	διδασκαλία
4703		διδασκαλίας	(3)	acc pl	Id
4704		διδάσκαλοι	(4)	nom pl	διδάσκαλος
4705		διδάσκαλον	(6)	acc sg	Id
4706		διδάσκαλος	(15)	nom sg . . .	Id
4707		διδασκάλους	(2)	acc pl	Id
4708	Lc 2,46	διδασκάλων	(1)	gen pl	Id
4709		δίδασκε	(2)	2 p sg imper pr a . .	διδάσκω
4710		διδάσκει	(3)	3 p sg ind pr a . .	Id
4711		διδάσκειν	(13)	inf pr a . . .	Id
4712		διδάσκεις	(7)	2 p sg ind pr a . .	Id
4713	*Heb 5,12	διδάσκεσθαι		inf pr m	Id
4714	1Jh 2,27	διδάσκῃ	(1)	3 p sg sbj pr a . .	Id
4715		διδάσκοντες	(10)	nom mas pl part pr a	Id
4716	Mt 21,23	διδάσκοντι	(1)	dat mas sg part pr a .	Id
4717	Lc 20,1	διδάσκοντος	(1)	gen mas sg part pr a .	Id
4718	*Ac 14,19	διδασκόντων		gen mas pl part pr a . .	Id
4719	1Co 4,17	διδάσκω	(1)	1 p sg ind pr a . .	Id
4720		διδάσκων	(23)	nom mas sg part pr a .	Id
4721	Heb 13,9	διδαχαῖς	(1)	dat pl	διδαχή
4722		διδαχή	(3)	nom sg	Id
4723		διδαχῇ	(13)	dat sg	Id
4724		διδαχήν	(7)	acc sg	Id
4725		διδαχῆς	(6)	gen sg	Id
4726	Apc 17,13	διδόασιν	(1)	3 p pl ind pr a . .	δίδωμι
4727	Lc 22,19	διδόμενον	(1)	nom neut sg part pr pass	Id
4728		διδόναι	(6)	inf pr a	Id
4729	1Th 4,8	διδόντα	(1)	acc mas sg part pr a . .	Id
4730	1Co 14,7	διδόντα	(1)	nom neut pl part pr a .	Id
4731		διδόντες	(2)	nom mas pl part pr a .	Id
4732		διδόντι	(2)	dat mas sg part pr a . .	Id
4733		διδόντος	(2)	gen mas sg part pr a .	Id
4734		δίδοται	(3)	3 p sg ind pr pass . .	Id
4735		δίδοτε	(2)	2 p pl imper pr a . .	Id
4736		δίδου	(2)	2 p sg imper pr a . .	Id
4737		διδούς	(5)	nom mas sg part pr a . .	Id
4738		δίδραχμα	(2)	acc pl . . .	δίδραχμον
4739	*Lc 6,15	Δίδυμον		acc	Δίδυμος
4740		Δίδυμος	(3)	nom	Id
4741	Apc 3,9	διδῶ	(1)	1 p sg ind pr a . . .	δίδωμι
4742		δίδωμι	(9)	1 p sg ind pr a . . .	Id
4743		δίδωσιν	(11)	3 p sg ind pr a . .	Id
4744	Heb 11,29	διέβησαν	(1)	3 p pl ind ao2 a . .	διαβαίνω
4745	Mc 8,25	διέβλεψεν	(1)	3 p sg ind ao a . .	διαβλέπω
4746	Lc 16,1	διεβλήθη	(1)	3 p sg ind ao pass . .	διαβάλλω
4747	*Mc 4,38	διεγείραντες		nom mas pl part ao a . .	διεγείρω
4748	2Pt 1,13	διεγείρειν	(1)	inf pr a . . .	Id
4749	Jh 6,18	διεγείρετο	(1)	3 p sg ind impf pass .	Id
4750	*Mc 4,38	διεγείρουσιν		3 p pl ind pr a . . .	Id

4751	2Pt 3,1	διεγείρω	(1)	1 p sg ind pr a	διεγείρω
4752		διεγερθείς	(2)	nom mas sg part ao pass	Id
4753	*Lc 2,17	διεγνώρισαν		3 p pl ind ao a	διαγνωρίζω
4754		διεγόγγυζον	(2)	3 p pl ind impf a	διαγογγύζω
4755	Ac 4,35	διεδίδετο	(1)	3 p sg ind impf pass	διαδίδωμι
4756	Jh 6,11	διέδωκεν	(1)	3 p sg ind ao a	Id
4757	Jh 21,7	διεζώσατο	(1)	3 p sg ind ao m	διαζώννυμι
4758	Jh 13,4	διέζωσεν	(1)	3 p sg ind ao a	Id
4759	Jh 13,5	διεζωσμένος	(1)	nom mas sg part pf pass	Id
4760		διέθετο	(2)	3 p sg ind ao2 m	διατίθημι
4761	Lc 15,12	διεῖλεν	(1)	3 p sg ind ao2 a	διαιρέω
4762	Rm 4,20	διεκρίθη	(1)	3 p sg ind ao pass	διακρίνω
4763	Ja 2,4	διεκρίθητε	(1)	2 p pl ind ao pass	Id
4764	*Ac 15,9	διεκρίναμεν		1 p pl ind ao a	Id
4765	Ac 15,9	διέκρινεν	(1)	3 p sg ind ao a	Id
4766	1Co 11,31	διεκρίνομεν	(1)	1 p pl ind impf a	Id
4767	Ac 11,2	διεκρίνοντο	(1)	3 p pl ind impf m	Id
4768	Mt 3,14	διεκώλυεν	(1)	3 p sg ind impf a	διακωλύω
4769	Lc 1,65	διελαλεῖτο	(1)	3 p sg ind impf pass	διαλαλέω
4770	Lc 6,11	διελάλουν	(1)	3 p pl ind impf a	Id
4771		διελέγετο	(4)	3 p sg ind impf	διαλέγομαι
4772	*Lc 7,45	διέλειπεν		3 p sg ind impf a	διαλείπω
4773		διελέξατο	(2)	3 p sg ind ao	διαλέγομαι
4774	Lc 2,35	διελεύσεται	(1)	3 p sg ind fut	διέρχομαι
4775	*Ac 18,19	διελέχθη		3 p sg ind ao	διαλέγομαι
4776	Mc 9,34	διελέχθησαν	(1)	3 p pl ind ao (pass)	Id
4777	Heb 4,14	διεληλυθότα	(1)	acc mas sg part pf2	διέρχομαι
4778		διελθεῖν	(6)	inf ao2	Id
4779	Ac 19,1	διελθόντα	(1)	acc mas sg part ao2	Id
4780		διελθόντες	(4)	nom mas pl part ao2	Id
4781	1Co 16,5	διέλθω	(1)	1 p sg sbj ao2	Id
4782		διέλθωμεν	(3)	1 p pl sbj ao2	Id
4783		διελθών	(3)	nom mas sg part ao2	Id
4784	*Ac 8,24	διελίμπανεν		3 p sg ind impf a	διαλιμπάνω
4785	*Ac 17,13	διελίμπανον		3 p pl ind impf a	Id
4786	Lc 7,45	διέλιπεν	(1)	3 p sg ind ao2 a	διαλείπω
4787	Mc 9,33	διελογίζεσθε	(1)	2 p pl ind impf	διαλογίζομαι
4788		διελογίζετο	(2)	3 p sg ind impf	Id
4789		διελογίζοντο	(5)	3 p pl ind impf	Id
4790	*Ac 27,41	διελύετο		3 p sg ind impf pass	διαλύω
4791	*Ac 5,36	διελύθη		3 p sg ind ao pass	Id
4792	Ac 5,36	διελύθησαν	(1)	3 p pl ind ao pass	Id
4793	1Th 4,6	διεμαρτυράμεθα	(1)	1 p pl ind ao	διαμαρτύρομαι
4794		διεμαρτύρατο	(2)	3 p sg ind ao	Id
4795	Ac 23,11	διεμαρτύρω	(1)	2 p sg ind ao	Id
4796	Ac 23,9	διεμάχοντο	(1)	3 p pl ind impf	διαμάχομαι
4797	Lc 1,22	διέμενεν	(1)	3 p sg ind impf a	διαμένω
4798	Ac 2,45	διεμέριζον	(1)	3 p pl ind impf a	διαμερίζω
4799	*Lc 23,34	διεμερίζοντο		3 p pl ind impf m	Id

4800	*Mt 27,35	διεμέρισαν	3 p pl ind ao a	διαμερίζω
4801		διεμερίσαντο	(2) 3 p pl ind ao m	Id
4802	Lc 11,18	διεμερίσθη	(1) 3 p sg ind ao pass	Id
4803	Mc 11,16	διενέγκῃ	(1) 3 p sg sbj ao2 a	διαφέρω
4804	Ac 10,19	διενθυμουμένου	(1) gen mas sg part pr	διενθυμέομαι
4805	*1Pt 1,12	διενόουντο	3 p pl ind impf	διανοέομαι
4806	*Ac 28,3	διεξελθοῦσα	nom fem sg part ao2	διεξέρχομαι
4807	Mt 22,9	διεξόδους	(1) acc pl	διέξοδος
4808	Mt 9,1	διεπέρασεν	(1) 3 p sg ind ao a	διαπεράω
4809	*Mc 14,4	διεπονοῦντο	3 p pl ind impf	διαπονέομαι
4810	Lc 13,22	διεπορεύετο	(1) 3 p sg ind impf	διαπορεύομαι
4811	Ac 16,4	διεπορεύοντο	(1) 3 p pl ind impf	Id
4812	Lc 19,15	διεπραγματεύσαντο	(1) 3 p pl ind ao	διαπραγματεύομαι
4813	*Lc 19,15	διεπραγματεύσατο	3 p sg ind ao	Id
4814		διεπρίοντο	(2) 3 p pl ind impf pass	διαπρίω
4815	*1Co 12,10	διερμηνεία	nom sg	διερμηνεία
4816	*1Co 14,5	διερμηνεύει	3 p sg ind pr a	διερμηνεύω
4817	*Lc 24,27	διερμηνεύειν	inf pr a	
4818	*Lc 24,27	διερμήνευεν	3 p sg ind impf a	Id
4819	1Co 14,27	διερμηνευέτω	(1) 3 p sg imper pr a	Id
4820		διερμηνεύῃ	(2) 3 p sg sbj pr a	Id
4821	Ac 9,36	διερμηνευομένη	(1) nom fem sg part pr pass	Id
4822	*Ac 18,6	διερμηνευομένων	gen mas pl part pr pass	Id
4823	1Co 12,30	διερμηνεύουσιν	(1) 3 p pl ind pr a	Id
4824	Lc 24,27	διερμήνευσεν	(1) 3 p sg ind ao a	Id
4825	1Co 14,28	διερμηνευτής	(1) nom sg	διερμηνευτής
4826	*1Co 14,5	διερμηνεύων	nom mas sg part pr a	διερμηνεύω
4827	*Lc 5,6	διερρήγνυτο	3 p sg ind impf pass	διαρρήγνυμι
4828	Mt 26,65	διέρρηξεν	(1) 3 p sg ind ao a	διαρρήσσω
4829	Lc 5,6	διερρήσσετο	(1) 3 p sg ind impf pass	Id
4830		διέρχεσθαι	(2) inf pr	διέρχομαι
4831		διέρχεται	(2) 3 p sg ind pr	Id
4832	1Co 16,5	διέρχομαι	(1) 1 p sg ind pr	Id
4833	*Ac 16,4	διερχόμενοι	nom mas pl part pr	Id
4834	Ac 9,32	διερχόμενον	(1) acc mas sg part pr	Id
4835		διερχόμενος	(3) nom mas sg part pr	Id
4836	Jh 4,15	διέρχωμαι	(1) 1 p sg sbj pr	Id
4837	Ac 10,17	διερωτήσαντες	(1) nom mas pl part ao a	διερωτάω
4838	Mt 18,31	διεσάφησαν	(1) 3 p pl ind ao a	διασαφέω
4839	*Ac 10,25	διεσάφησεν	3 p sg ind ao a	Id
4840	Mt 25,26	διεσκόρπισα	(1) 1 p sg ind ao a	διασκορπίζω
4841	Mt 25,24	διεσκόρπισας	(1) 2 p sg ind ao a	Id
4842		διεσκόρπισεν	(2) 3 p sg ind ao a	Id
4843	Ac 5,37	διεσκορπίσθησαν	(1) 3 p pl ind ao pass	Id
4844	Jh 11,52	διεσκορπισμένα	(1) acc neut pl part pf pass	Id
4845	*Mc 5,4	διεσπακέναι	inf pf a	διασπάω
4846	Ac 8,1	διεσπάρησαν	(1) 3 p pl ind ao pass	διασπείρω
4847	*Jh 11,52	διεσπαρμένα	acc neut pl part pf pass	Id
4848	Mc 5,4	διεσπάσθαι	(1) inf pf pass	διασπάω
4849	Ac 15,24	διεστειλάμεθα	(1) 1 p pl ind ao m	διαστέλλω

4850		διεστείλατο	(4) 3 p sg ind ao m .	διαστέλλω
4851		διεστέλλετο	(2) 3 p sg ind impf m	Id
4852	Lc 24,51	διέστη	(1) 3 p sg ind ao2 a . .	διΐστημι
4853	Ac 20,30	διεστραμμένα	(1) acc neut pl part pf pass	διαστρέφω
4854		διεστραμμένη	(2) nom fem sg part pf pass	Id
4855	Php 2,15	διεστραμμένης	(1) gen fem sg part pf pass	Id
4856		διεσώθησαν	(2) 3 p pl ind ao pass .	διασώζω
4857	1Co 16,1	διέταξα	(1) 1 p sg ind ao a . . .	διατάσσω
4858	Tit 1,5	διεταξάμην	(1) 1 p sg ind ao m . .	Id
4859	Ac 7,44	διετάξατο	(1) 3 p sg ind ao m . .	Id
4860		διέταξεν	(2) 3 p sg ind ao a . .	Id
4861	Lc 1,29	διεταράχθη	(1) 3 p sg ind ao pass	διαταράσσω
4862	Lc 2,51	διετήρει	(1) 3 p sg ind impf a . .	διατηρέω
4863	Ac 28,30	διετίαν	(1) acc sg	διετία
4864	Ac 24,27	διετίας	(1) gen sg	Id
4865	Mt 2,16	διετοῦς	(1) gen neut sg . . .	διετής
4866		διέτριβεν	(2) 3 p sg ind impf a . .	διατρίβω
4867		διέτριβον	(3) 3 p pl ind impf a . .	Id
4868	Ac 20,6	διετρίψαμεν	(1) 1 p pl ind ao a . .	Id
4869	Ac 14,3	διέτριψαν	(1) 3 p pl ind ao a . .	Id
4870	Ac 13,49	διεφέρετο	(1) 3 p sg ind impf pass .	διαφέρω
4871	Mt 9,31	διεφήμισαν	(1) 3 p pl ind ao a .	διαφημίζω
4872	Mt 28,15	διεφημίσθη	(1) 3 p sg ind ao pass .	Id
4873	Apc 8,9	διεφθάρησαν	(1) 3 p pl ind ao2 pass	διαφθείρω
4874	1Tm 6,5	διεφθαρμένων	(1) gen mas pl part pf pass	Id
4875	*Apc 19,2	διέφθειρεν	3 p sg ind impf a . .	Id
4876	Ac 5,30	διεχειρίσασθε	(1) 2 p pl ind ao m	διαχειρίζω
4877	Lc 8,24	διήγειραν	(1) 3 p pl ind ao a . .	διεγείρω
4878	*Ac 21,19	διηγεῖτο	3 p sg ind impf . .	διηγέομαι
4879		διηγήσαντο	(2) 3 p pl ind ao . .	Id
4880		διηγήσατο	(2) 3 p sg ind ao . . .	Id
4881	Ac 8,33	διηγήσεται	(1) 3 p sg ind fut . .	Id
4882	Lc 1,1	διήγησιν	(1) acc sg	διήγησις
4883	Mc 9,9	διηγήσωνται	(1) 3 p pl sbj ao .	διηγέομαι
4884	Lc 8,39	διηγοῦ	(1) 2 p sg imper pr . . .	Id
4885	Heb 11,32	διηγούμενον	(1) acc mas sg part pr .	Id
4886		διηκόνει	(4) 3 p sg ind impf a . .	διακονέω
4887	Mt 25,44	διηκονήσαμεν	(1) 1 p pl ind ao a . .	Id
4888	2Tm 1,18	διηκόνησεν	(1) 3 p sg ind ao a . .	Id
4889		διηκόνουν	(5) 3 p pl ind impf a . .	Id
4890		διῆλθεν	(2) 3 p sg ind ao2 . .	διέρχομαι
4891	Ac 20,25	διῆλθον	(1) 1 p sg ind ao2 . . .	Id
4892		διῆλθον	(4) 3 p pl ind ao2 . . .	Id
4893		διηνεκές	(4) acc neut sg . . .	διηνεκής
4894	Lc 24,32	διήνοιγεν	(1) 3 p sg ind impf a . .	διανοίγω
4895	*Mc 7,35	διηνοίγησαν	3 p pl ind ao2 pass . .	Id
4896	Ac 7,56	διηνοιγμένους	(1) acc mas pl part pf pass	Id
4897		διήνοιξεν	(2) 3 p sg ind ao a . .	Id
4898	Lc 24,31	διηνοίχθησαν	(1) 3 p pl ind ao pass .	Id
4899		διηπόρει	(2) 3 p sg ind impf a . .	διαπορέω

4900		διηπόρουν	(2)	3 p pl ind impf a	διαπορέω
4901	*Ac 2,12	διηποροῦντο		3 p pl ind impf m	Id
4902		διήρχετο	(4)	3 p sg ind impf	διέρχομαι
4903		διήρχοντο	(2)	3 p pl ind impf	Id
4904	Ac 27,41	διθάλασσον	(1)	acc mas sg	διθάλασσος
4905	Heb 4,12	διϊκνούμενος	(1)	nom mas sg part pr	διικνέομαι
4906	*Ac 17,23	διιστορῶν		nom mas sg part pr a	διιστορέω
4907		διϊσχυρίζετο	(2)	3 p sg ind impf	διισχυρίζομαι
4908	*Ac 15,2	διισχυριζόμενος		nom mas sg part pr	Id
4909		δικαία	(2)	nom fem sg	δίκαιος
4910		δίκαια	(2)	nom neut pl	Id
4911		δίκαιαι	(3)	nom fem pl	Id
4912		δικαίαν	(2)	acc fem sg	Id
4913	2Th 1,5	δικαίας	(1)	gen fem sg	Id
4914	Jh 17,25	δίκαιε	(1)	vo mas sg	Id
4915	Ga 3,8	δικαιοῖ	(1)	3 p sg ind pr a	δικαιόω
4916		δίκαιοι	(9)	nom mas pl	δίκαιος
4917	Lc 15,7	δικαίοις	(1)	dat mas pl	Id
4918	Rm 2,5	δικαιοκρισίας	(1)	gen sg	δικαιοκρισία
4919		δίκαιον	(8)	acc mas sg	δίκαιος
4920		δίκαιον	(5)	nom neut sg	Id
4921		δίκαιον	(5)	acc neut sg	Id
4922		δίκαιος	(20)	nom mas sg	Id
4923		δικαιοσύνη	(12)	nom sg	δικαιοσύνη
4924		δικαιοσύνῃ	(14)	dat sg	Id
4925		δικαιοσύνην	(37)	acc sg	Id
4926		δικαιοσύνης	(29)	gen sg	Id
4927		δικαίου	(6)	gen mas sg	δίκαιος
4928	Rm 3,24	δικαιούμενοι	(1)	nom mas pl part pr pass	δικαιόω
4929	*Lc 10,29	δικαιοῦν		inf pr a	Id
4930		δικαιοῦντα	(2)	acc mas sg part pr a	Id
4931	Lc 16,15	δικαιοῦντες	(1)	nom mas pl part pr a	Id
4932		δικαίους	(6)	acc mas pl	δίκαιος
4933	Rm 3,28	δικαιοῦσθαι	(1)	inf pr pass	δικαιόω
4934	Ga 5,4	δικαιοῦσθε	(1)	2 p pl ind pr pass	Id
4935		δικαιοῦται	(4)	3 p sg ind pr pass	Id
4936		δικαίῳ	(2)	dat mas sg	δίκαιος
4937		δικαιωθέντες	(3)	nom mas pl part ao pass	δικαιόω
4938		δικαιωθῆναι	(2)	inf ao pass	Id
4939	Rm 3,4	δικαιωθῇς	(1)	2 p sg sbj ao pass	Id
4940		δικαιωθήσεται	(2)	3 p sg ind fut pass	Id
4941	Mt 12,37	δικαιωθήσῃ	(1)	2 p sg ind fut pass	Id
4942	Rm 2,13	δικαιωθήσονται	(1)	3 p pl ind fut pass	Id
4943	*Apc 22,11	δικαιωθήτω		3 p sg imper ao pass	Id
4944		δικαιωθῶμεν	(2)	1 p pl sbj ao pass	Id
4945	Rm 8,4	δικαίωμα	(1)	nom sg	δικαίωμα
4946		δικαίωμα	(2)	acc sg	Id
4947	*Php 3,12	δικαιῶμαι		1 p sg sbj pr pass	δικαιόω
4948	Lc 1,6	δικαιώμασιν	(1)	dat pl	δικαίωμα

4949		δικαιώματα	(3)	nom pl	δικαίωμα
4950		δικαιώματα	(2)	acc pl	Id
4951	Rm 5,18	δικαιώματος	(1)	gen sg	Id
4952	Rm 8,33	δικαιῶν	(1)	nom mas sg part pr a	δικαιόω
4953		δικαίων	(6)	gen mas pl	δίκαιος
4954		δικαίως	(5)	adv	δικαίως
4955	Lc 10,29	δικαιῶσαι	(1)	inf ao a	δικαιόω
4956	Rm 3,30	δικαιώσει	(1)	3 p sg ind fut a	Id
4957		δικαίωσιν	(2)	acc sg	δικαίωσις
4958		δικαστήν	(2)	acc sg	δικαστής
4959	Ac 28,4	δίκη	(1)	nom sg	δίκη
4960		δίκην	(2)	acc sg	Id
4961	Lc 5,6	δίκτυα	(1)	nom pl	δίκτυον
4962		δίκτυα	(7)	acc pl	Id
4963	Jh 21,11	δίκτυον	(1)	nom sg	Id
4964		δίκτυον	(3)	acc sg	Id
4965	1Tm 3,8	διλόγους	(1)	acc mas pl	δίλογος
4966		διό	(53)	conj	διό
4967	Ac 17,1	διοδεύσαντες	(1)	nom mas pl part ao a	διοδεύω
4968	Ac 17,34	Διονύσιος	(1)	nom	Διονύσιος
4969		διόπερ	(2)	conj	διόπερ
4970	Ac 19,35	διοπετοῦς	(1)	gen neut sg	διοπετής
4971	Ac 24,2	διορθωμάτων	(1)	gen pl	διόρθωμα
4972	Heb 9,10	διορθώσεως	(1)	gen sg	διόρθωσις
4973	*Mt 24,43	διορυγῆναι		inf ao2 pass	διορύσσω
4974		διορύσσουσιν	(2)	3 p pl ind pr a	Id
4975		διορυχθῆναι	(2)	inf ao pass	Id
4976	Ac 14,13	Διός	(1)	gen	Ζεύς
4977	*Ac 28,11	Διοσκόροις		dat	Διόσκοροι
4978	Ac 28,11	Διοσκούροις	(1)	dat	Διόσκουροι
4979	*Ac 19,35	διοσπετοῦς		err cf διοπετοῦς	
4980		διότι	(23)	conj	διότι
4981	3Jh 9	Διοτρέφης	(1)	nom	Διοτρέφης
4982	Apc 18,6	διπλᾶ	(1)	acc neut pl	διπλοῦς
4983	1Tm 5,17	διπλῆς	(1)	gen fem sg	Id
4984	Mt 23,15	διπλότερον	(1)	comp acc mas sg	Id
4985	Apc 18,6	διπλοῦν	(1)	acc neut sg	Id
4986	Apc 18,6	διπλώσατε	(1)	2 p pl imper ao a	διπλόω
4987		δίς	(6)	adv	δίς
4988	*Mt 23,4	δισβάστακτα		acc neut pl	δισβάστακτος
4989	Apc 9,16	δισμυριάδες	(1)	nom pl	δισμυριάς
4990	*Apc 9,16	δισμυριαδῶν		gen pl	Id
4991		δίστομον	(2)	acc fem sg	δίστομος
4992	Apc 1,16	δίστομος	(1)	nom fem sg	Id
4993	Mc 5,13	δισχίλιοι	(1)	nom mas	δισχίλιοι
4994	Mt 23,24	διυλίζοντες	(1)	nom mas pl part pr a	διυλίζω
4995	Mt 10,35	διχάσαι	(1)	inf ao a	διχάζω
4996	*1Co 3,3	διχοστασία		nom sg	διχοστασία
4997	Ga 5,20	διχοστασίαι	(1)	nom pl	Id
4998	Rm 16,17	διχοστασίας	(1)	acc pl	Id

No.	Ref.	Form	Freq.	Analysis	Lemma
4999		διχοτομήσει	(2)	3 p sg ind fut a	διχοτομέω
5000		διψᾷ	(2)	3 p sg sbj pr a	διψάω
5001	2Co 11,27	δίψει	(1)	dat sg	δίψος
5002		διψήσει	(3)	3 p sg ind fut a	διψάω
5003	*Jh 4,14	διψήσῃ		3 p sg sbj ao a	Id
5004	Apc 7,16	διψήσουσιν	(1)	3 p pl ind fut a	Id
5005	Ja 4,8	δίψυχοι	(1)	nom mas pl	δίψυχος
5006	Ja 1,8	δίψυχος	(1)	nom mas sg	Id
5007	Jh 19,28	διψῶ	(1)	1 p sg ind pr a	διψάω
5008	Jh 4,15	διψῶ	(1)	1 p sg sbj pr a	Id
5009	1Co 4,11	διψῶμεν	(1)	1 p pl sbj pr a	Id
5010	Apc 22,17	διψῶν	(1)	nom mas sg part pr a	Id
5011		διψῶντα	(2)	acc mas sg part pr a	Id
5012	Mt 5,6	διψῶντες	(1)	nom mas pl part pr a	Id
5013	Apc 21,6	διψῶντι	(1)	dat mas sg part pr a	Id
5014		διωγμοῖς	(3)	dat pl	διωγμός
5015	Ac 13,50	διωγμόν	(1)	acc sg	Id
5016		διωγμός	(2)	nom sg	Id
5017		διωγμοῦ	(2)	gen sg	Id
5018	2Tm 3,11	διωγμούς	(1)	acc pl	Id
5019	Mc 10,30	διωγμῶν	(1)	gen pl	Id
5020	Lc 8,1	διώδευεν	(1)	3 p sg ind impf a	διοδεύω
5021		δίωκε	(2)	2 p sg imper pr a	διώκω
5022		διώκεις	(6)	2 p sg ind pr a	Id
5023		διώκετε	(3)	2 p pl imper pr a	Id
5024	Ga 5,11	διώκομαι	(1)	1 p sg ind pr pass	Id
5025	*Rm 14,19	διώκομεν		1 p pl ind pr a	Id
5026		διωκόμενοι	(2)	nom mas pl part pr pass	Id
5027	Rm 9,30	διώκοντα	(1)	nom neut pl part pr a	Id
5028	*Ga 6,12	διώκονται		3 p pl ind pr pass	Id
5029	Rm 12,14	διώκοντας	(1)	acc mas pl part pr a	Id
5030	Rm 12,13	διώκοντες	(1)	nom mas pl part pr a	Id
5031	Mt 5,44	διωκόντων	(1)	gen mas pl part pr a	Id
5032	1Tm 1,13	διώκτην	(1)	acc sg	διώκτης
5033		διώκω	(2)	1 p sg ind pr a	διώκω
5034	Rm 14,19	διώκωμεν	(1)	1 p pl sbj pr a	Id
5035		διώκων	(3)	nom mas sg part pr a	Id
5036	Ga 6,12	διώκωνται	(1)	3 p pl sbj pr pass	Id
5037	Mt 10,23	διώκωσιν	(1)	3 p pl sbj pr a	Id
5038	1Pt 3,11	διωξάτω	(1)	3 p sg imper ao a	Id
5039	Mt 23,34	διώξετε	(1)	2 p pl ind fut a	Id
5040	Lc 17,23	διώξητε	(1)	2 p pl sbj ao a	Id
5041		διώξουσιν	(3)	3 p pl ind fut a	Id
5042	Mt 5,11	διώξωσιν	(1)	3 p pl sbj ao a	Id
5043	2Tm 3,12	διωχθήσονται	(1)	3 p pl ind fut pass	Id
5044	Lc 2,1	δόγμα	(1)	nom sg	δόγμα
5045	*Heb 11,23	δόγμα		acc sg	Id
5046		δόγμασιν	(2)	dat pl	Id
5047	Ac 16,4	δόγματα	(1)	acc pl	Id

5048	Col 2,20	δογματίζεσθε	(1)	2 p pl ind pr pass	δογματίζω
5049	Ac 17,7	δογμάτων	(1)	gen pl	δόγμα
5050	Mc 6,2	δοθεῖσα	(1)	nom fem sg part ao pass .	δίδωμι
5051		δοθεῖσαν	(7)	acc fem sg part ao pass .	Id
5052	1Co 1,4	δοθείσῃ	(1)	dat fem sg part ao pass .	Id
5053		δοθείσης	(3)	gen fem sg part ao pass .	Id
5054	Rm 5,5	δοθέντος	(1)	gen neut sg part ao pass	Id
5055		δοθῇ	(3)	3 p sg sbj ao pass . .	Id
5056		δοθῆναι	(5)	inf ao pass . . .	Id
5057		δοθήσεται	(16)	3 p sg ind fut pass .	Id
5058	Mc 8,37	δοῖ	(1)	3 p sg sbj ao2 a . . .	Id
5059		δοκεῖ	(20)	3 p sg ind pr a . . .	δοκέω
5060	Lc 19,11	δοκεῖν	(1)	inf pr a	Id
5061	Mt 26,53	δοκεῖς	(1)	2 p sg ind pr a . . .	Id
5062		δοκεῖτε	(9)	2 p pl ind pr a . . .	Id
5063	Jh 5,45	δοκεῖτε	(1)	2 p pl imper pr a . .	Id
5064	Heb 4,1	δοκῇ	(1)	3 p sg sbj pr a . . .	Id
5065	Rm 14,22	δοκιμάζει	(1)	3 p sg ind pr a . .	δοκιμάζω
5066		δοκιμάζειν	(4)	inf pr a . . .	Id
5067	Rm 2,18	δοκιμάζεις	(1)	2 p sg ind pr a . .	Id
5068	1Tm 3,10	δοκιμαζέσθωσαν	(1)	3 p pl imper pr pass	Id
5069	*Lc 12,56	δοκιμάζεται		3 p sg ind pr pass . .	Id
5070	*Lc 12,56	δοκιμάζετε		2 p pl ind pr a . . .	Id
5071		δοκιμάζετε	(3)	2 p pl imper pr a .	Id
5072		δοκιμαζέτω	(2)	3 p sg imper pr a .	Id
5073	1Pt 1,7	δοκιμαζομένου	(1)	gen neut sg part pr pass	Id
5074	Eph 5,10	δοκιμάζοντες	(1)	nom mas pl part pr a	Id
5075	1Th 2,4	δοκιμάζοντι	(1)	dat mas sg part pr a .	Id
5076	*2Co 8,8	δοκιμάζω		1 p sg ind pr a . . .	Id
5077	2Co 8,8	δοκιμάζων	(1)	nom mas sg part pr a .	Id
5078	Lc 14,19	δοκιμάσαι	(1)	inf ao a . . .	Id
5079	1Co 3,13	δοκιμάσει	(1)	3 p sg ind fut a . .	Id
5080	1Co 16,3	δοκιμάσητε	(1)	2 p pl sbj ao a . .	Id
5081	*Mc 9,49	δοκιμασθήσεται		3 p sg ind fut pass .	Id
5082	Heb 3,9	δοκιμασίᾳ	(1)	dat sg . . .	δοκιμασία
5083	Rm 5,4	δοκιμή	(1)	nom sg	δοκιμή
5084	2Co 8,2	δοκιμῇ	(1)	dat sg	Id
5085		δοκιμήν	(4)	acc sg	Id
5086	2Co 9,13	δοκιμῆς	(1)	gen sg	Id
5087		δοκίμιον	(2)	nom sg	δοκίμιον
5088		δόκιμοι	(2)	nom mas pl . . .	δόκιμος
5089	*Rm 14,18	δοκίμοις		dat mas pl	Id
5090		δόκιμον	(2)	acc mas sg . . .	Id
5091	*1Pt 1,7	δόκιμον		nom neut sg	Id
5092	*Ja 1,3	δόκιμον		acc neut sg	Id
5093		δόκιμος	(3)	nom mas sg . . .	Id
5094		δοκόν	(5)	acc sg	δοκός
5095	Mt 7,4	δοκός	(1)	nom sg	Id
5096	1Co 12,23	δοκοῦμεν	(1)	1 p pl ind pr a . .	δοκέω

5097	Heb 12,10	δοκοῦν	(1)	acc neut sg part pr a . .	δοκέω
5098	1Co 12,22	δοκοῦντα	(1)	nom neut pl part pr a .	Id
5099		δοκοῦντες	(3)	nom mas pl part pr a .	Id
5100	Ga 2,6	δοκούντων	(1)	gen mas pl part pr a .	Id
5101	Jh 20,15	δοκοῦσα	(1)	nom fem sg part pr a . .	Id
5102	Mt 6,7	δοκοῦσιν	(1)	3 p pl ind pr a . .	Id
5103	Ga 2,2	δοκοῦσιν	(1)	dat mas pl part pr a .	Id
5104		δοκῶ	(2)	1 p sg ind pr a . . .	Id
5105	1Co 10,12	δοκῶν	(1)	nom mas sg part pr a . .	Id
5106	2Co 11,13	δόλιοι	(1)	nom mas pl	δόλιος
5107	*1Co 5,6	δολοῖ		3 p sg ind pr a	δολόω
5108		δόλον	(2)	acc sg	δόλος
5109		δόλος	(3)	nom sg	Id
5110		δόλου	(2)	gen sg	Id
5111	2Co 4,2	δολοῦντες	(1)	nom mas pl part pr a .	δολόω
5112		δόλῳ	(4)	dat sg	δόλος
5113	Php 4,17	δόμα	(1)	acc sg	δόμα
5114		δόματα	(3)	acc pl	Id
5115	*Lc 3,33	Δονεῖ	inde	. . . .	Δονεῖ
5116		δόντα	(2)	acc mas sg part ao2 a .	δίδωμι
5117	2Co 8,16	δόντι	(1)	dat mas sg part ao2 a . .	Id
5118		δόντος	(2)	gen mas sg part ao2 a .	Id
5119		δόξα	(35)	nom sg	δόξα
5120	Mc 2,12	δοξάζειν	(1)	inf pr a . . .	δοξάζω
5121	1Co 12,26	δοξάζεται	(1)	3 p sg ind pr pass . .	Id
5122	1Pt 4,16	δοξαζέτω	(1)	3 p sg imper pr a . .	Id
5123		δοξάζηται	(2)	3 p sg sbj pr pass . .	Id
5124	Rm 15,6	δοξάζητε	(1)	2 p pl sbj pr a . .	Id
5125	Lc 4,15	δοξαζόμενος	(1)	nom mas sg part pr pass	Id
5126		δοξάζοντες	(2)	nom mas pl part pr a .	Id
5127	Rm 11,13	δοξάζω	(1)	1 p sg ind pr a . . .	Id
5128		δοξάζων	(4)	nom mas sg part pr a . .	Id
5129		δόξαν	(59)	acc sg	δόξα
5130		δόξαντες	(2)	nom mas pl part ao a .	δοκέω
5131		δόξας	(3)	acc pl	δόξα
5132	Rm 15,9	δοξάσαι	(1)	inf ao a	δοξάζω
5133	1Co 6,20	δοξάσατε	(1)	2 p pl imper ao a . .	Id
5134		δοξάσει	(5)	3 p sg ind fut a . .	Id
5135	Jh 17,1	δοξάσῃ	(1)	3 p sg sbj ao a . . .	Id
5136		δοξασθῇ	(3)	3 p sg sbj ao pass . .	Id
5137	Mt 6,2	δοξασθῶσιν	(1)	3 p pl sbj ao pass .	Id
5138		δόξασον	(3)	2 p sg imper ao a . .	Id
5139		δοξάσω	(2)	1 p sg ind fut a . .	Id
5140		δοξάσωσιν	(2)	3 p pl sbj ao a . .	Id
5141		δόξῃ	(2)	3 p sg sbj ao a . . .	δοκέω
5142		δόξῃ	(21)	dat sg	δόξα
5143		δόξης	(48)	gen sg	Id
5144	*Apc 15,4	δοξήσει		cf δοξάσει	
5145	Mt 3,9	δόξητε	(1)	2 p pl sbj ao a . . .	δοκέω

5146	2Co 10,9	δόξω	(1)	1 p sg sbj ao a	δοκέω
5147		Δορκάς	(2)	nom	Δορκάς
5148		δός	(16)	2 p sg imper ao2 a	δίδωμι
5149	Php 4,15	δόσεως	(1)	gen sg	δόσις
5150	*Mt 6,1	δόσιν		acc sg	Id
5151	Ja 1,17	δόσις	(1)	nom sg	Id
5152		δότε	(14)	2 p pl imper ao2 a	δίδωμι
5153	2Co 9,7	δότην	(1)	acc sg	δότης
5154	Mt 5,31	δότω	(1)	3 p sg imper ao2 a	δίδωμι
5155	*Ac 20,4	Δουβ(έ)ριος		nom mas sg	Δουβ(έ)ριος
5156		δοῦλα	(2)	acc neut pl	δοῦλος
5157	1Co 9,27	δουλαγωγῶ	(1)	1 p sg ind pr a	δουλαγωγέω
5158	Ac 2,18	δούλας	(1)	acc pl	δούλη
5159		δοῦλε	(6)	vo sg	δοῦλος
5160	Ga 4,24	δουλείαν	(1)	acc sg	δουλεία
5161		δουλείας	(4)	gen sg	Id
5162	Ga 4,25	δουλεύει	(1)	3 p sg ind pr a	δουλεύω
5163		δουλεύειν	(8)	inf pr a	Id
5164	Col 3,24	δουλεύετε	(1)	2 p pl ind pr a	Id
5165	Ga 5,13	δουλεύετε	(1)	2 p pl imper pr a	Id
5166	1Tm 6,2	δουλευέτωσαν	(1)	3 p pl imper pr a	Id
5167		δουλεύοντες	(3)	nom mas pl part pr a	Id
5168	Rm 16,18	δουλεύουσιν	(1)	3 p pl ind pr a	Id
5169	*Ga 4,9	δουλεῦσαι		inf ao a	Id
5170	Rm 9,12	δουλεύσει	(1)	3 p sg ind fut a	Id
5171	Ac 7,7	δουλεύσουσιν	(1)	3 p pl ind fut a	Id
5172	*Ac 7,7	δουλεύσωσιν		3 p pl sbj ao a	Id
5173		δουλεύω	(2)	1 p sg ind pr a	Id
5174		δουλεύων	(2)	nom mas sg part pr a	Id
5175	Lc 1,38	δούλη	(1)	nom sg	δούλη
5176	Lc 1,48	δούλης	(1)	gen sg	Id
5177		δοῦλοι	(22)	nom pl	δοῦλος
5178		δούλοις	(7)	dat pl	Id
5179		δοῦλον	(18)	acc sg	Id
5180		δοῦλος	(35)	nom sg	Id
5181		δούλου	(6)	gen sg	Id
5182		δούλους	(19)	acc pl	Id
5183		δούλῳ	(6)	dat sg	Id
5184	Rm 6,22	δουλωθέντες	(1)	nom mas pl part ao pass	δουλόω
5185		δούλων	(5)	gen pl	δοῦλος
5186	Ac 7,6	δουλώσουσιν	(1)	3 p pl ind fut a	δουλόω
5187		δοῦναι	(33)	inf ao2 a	δίδωμι
5188		δούς	(11)	nom mas sg part ao2 a	Id
5189		δοχήν	(2)	acc sg	δοχή
5190	Apc 20,2	δράκοντα	(1)	acc sg	δράκων
5191	Apc 13,4	δράκοντι	(1)	dat sg	Id
5192		δράκοντος	(2)	gen sg	Id
5193		δράκων	(9)	nom sg	Id
5194	*Ac 19,28	δραμόντες		nom mas pl part ao2 a	τρέχω
5195		δραμών	(3)	nom mas sg part ao2 a	Id

5196	1Co 3,19	δρασσόμενος	(1)	nom mas sg part pr	δράσσομαι
5197	Lc 15,8	δραχμάς	(1)	acc pl	δραχμή
5198		δραχμήν	(2)	acc sg	Id
5199		δρέπανον	(8)	acc sg	δρέπανον
5200		δρόμον	(3)	acc sg	δρόμος
5201	*Ac 24,27	Δρούσιλλαν		acc	Δρούσιλλα
5202	Ac 24,24	Δρουσίλλῃ	(1)	dat	Id
5203	Ac 8,31	δυναίμην	(1)	1 p sg opt pr . .	δύναμαι
5204		δύναιντο	(2)	3 p pl opt pr . .	Id
5205		δύναμαι	(7)	1 p sg ind pr . . .	Id
5206		δυνάμεθα	(9)	1 p pl ind pr . . .	Id
5207		δυνάμει	(26)	dat sg	δύναμις
5208		δυνάμεις	(13)	nom pl	Id
5209		δυνάμεις	(7)	acc pl	Id
5210		δυνάμενα	(2)	acc neut pl part pr . .	δύναμαι
5211	Heb 9,9	δυνάμεναι	(1)	nom fem pl part pr . .	Id
5212	Lc 13,11	δυναμένη	(1)	nom fem sg part pr . .	Id
5213		δυνάμενοι	(3)	nom mas pl part pr . .	Id
5214		δυνάμενον	(4)	acc mas sg part pr . .	Id
5215		δυνάμενος	(5)	nom mas sg part pr . .	Id
5216		δυναμένου	(2)	gen mas sg part pr . .	Id
5217	Ac 27,15	δυναμένου	(1)	gen neut sg part pr .	Id
5218	Ac 27,43	δυναμένους	(1)	acc mas pl part pr .	Id
5219		δυναμένῳ	(4)	dat mas sg part pr . .	Id
5220	Mt 10,28	δυναμένων	(1)	gen mas pl part pr . .	Id
5221		δυνάμεσι	(3)	dat pl	δύναμις
5222		δυνάμεων	(3)	gen pl	Id
5223		δυνάμεως	(21)	gen sg	Id
5224		δύναμιν	(33)	acc sg	Id
5225		δύναμις	(13)	nom sg	Id
5226	Col 1,11	δυναμούμενοι	(1)	nom mas pl part pr pass	δυναμόω
5227	*Eph 6,10	δυναμοῦσθε		2 p pl imper pr pass . .	Id
5228		δύνανται	(10)	3 p pl ind pr	δύναμαι
5229	*Lc 4,40	δύναντος		gen mas sg part ao2 a . .	δύνω
5230		δύνασαι	(7)	2 p sg ind pr . . .	δύναμαι
5231	*Mc 9,23	δύνασε		cf δύνασαι	
5232		δύνασθαι	(8)	inf pr	δύναμαι
5233		δύνασθε	(27)	2 p pl ind pr . . .	Id
5234	Lc 1,52	δυνάστας	(1)	acc pl	δυνάστης
5235		δυνάστης	(2)	nom sg	Id
5236		δυνατά	(6)	nom neut pl . . .	δυνατός
5237		δύναται	(70)	3 p sg ind pr . . .	δύναμαι
5238		δυνατεῖ	(3)	3 p sg ind pr a . . .	δυνατέω
5239		δυνατοί	(4)	nom mas pl	δυνατός
5240		δυνατόν	(8)	nom neut sg . . .	Id
5241	Rm 9,22	δυνατόν	(1)	acc neut sg . . .	Id
5242		δυνατός	(13)	nom mas sg . . .	Id
5243		δύνῃ	(4)	2 p sg ind pr . . .	δύναμαι
5244	Eph 6,13	δυνηθῆτε	(1)	2 p pl sbj ao . . .	Id

5245		δυνήσεσθε	(2)	2 p pl ind fut	δύναμαι
5246		δυνήσεται	(5)	3 p sg ind fut	Id
5247	Ac 24,8	δυνήσῃ	(1)	2 p sg ind fut	Id
5248	Ac 19,40	δυνησόμεθα	(1)	1 p pl ind fut	Id
5249	Lc 21,15	δυνήσονται	(1)	3 p pl ind fut	Id
5250	Apc 13,17	δύνηται	(1)	3 p sg sbj pr	Id
5251	Lc 4,40	δύνοντος	(1)	gen mas sg part pr a	δύνω
5252	Lc 16,26	δύνωνται	(1)	3 p pl sbj pr	δύναμαι
5253		δύο	(124)	inde/nom/acc/gen	δύο
5254	*Lc 4,40	δύσαντος		gen mas sg part ao a	δύνω
5255	*Mt 23,4	δυσβάκτατα		err cf δυσβάστακτα	
5256		δυσβάστακτα	(2)	acc neut pl	δυσβάστακτος
5257	Ac 28,8	δυσεντερίῳ	(1)	dat sg	δυσεντέριον
5258	Heb 5,11	δυσερμήνευτος	(1)	nom mas sg	δυσερμήνευτος
5259	*Mc #1	δύσεως		gen sg	δύσις
5260		δυσί	(8)	dat	δύο
5261	Mc 10,24	δύσκολον	(1)	nom neut sg	δύσκολος
5262		δυσκόλως	(3)	adv	δυσκόλως
5263		δυσμῶν	(5)	gen pl	δυσμή
5264	2Pt 3,16	δυσνόητα	(1)	nom neut pl	δυσνόητος
5265	2Co 6,8	δυσφημίας	(1)	gen sg	δυσφημία
5266	1Co 4,13	δυσφημούμενοι	(1)	nom mas pl part pr pass	δυσφημέω
5267		δῷ	(6)	3 p sg sbj ao2 a	δίδωμι
5268		δώδεκα	(75)	inde	δώδεκα
5269	Apc 21,20	δωδέκατος	(1)	nom mas sg	δωδέκατος
5270	Ac 26,7	δωδεκάφυλον	(1)	nom sg	δωδεκάφυλον
5271		δώῃ	(2)	3 p sg sbj ao2 a	δίδωμι
5272		δῴη	(4)	3 p sg opt ao2 a	Id
5273		δῶμα	(2)	acc sg	δῶμα
5274		δώματος	(3)	gen sg	Id
5275		δωμάτων	(2)	gen pl	Id
5276		δῶμεν	(5)	1 p pl sbj ao2 a	δίδωμι
5277	Heb 9,9	δῶρα	(1)	nom pl	δῶρον
5278		δῶρα	(7)	acc pl	Id
5279		δωρεά	(2)	nom sg	δωρεά
5280	2Co 9,15	δωρεᾷ	(1)	dat sg	Id
5281		δωρεάν	(5)	acc sg	Id
5282		δωρεάν	(9)	adv	δωρεάν
5283		δωρεᾶς	(3)	gen sg	δωρεά
5284		δώρημα	(2)	nom sg	δώρημα
5285	Heb 11,4	δώροις	(1)	dat pl	δῶρον
5286		δῶρον	(4)	nom sg	Id
5287		δῶρον	(5)	acc sg	Id
5288	*Rm 15,31	δωροφορία		nom sg	δωροφορία
5289	Mt 23,18	δώρῳ	(1)	dat sg	δῶρον
5290	Mc 6,25	δῷς	(1)	2 p sg sbj ao2 a	δίδωμι
5291		δώσει	(19)	3 p sg ind fut a	Id
5292		δώσεις	(2)	2 p sg ind fut a	Id
5293	Jh 17,2	δώσῃ	(1)	3 p sg sbj ao a	Id

5294	Apc 13,16	δῶσιν	(1)	3 p pl sbj ao2 a . . .	δίδωμι
5295	Mc 6,37	δώσομεν	(1)	1 p pl ind fut a . .	Id
5296		δώσουσιν	(5)	3 p pl ind fut a . .	Id
5297		δώσω	(23)	1 p sg ind fut a . . .	Id
5298	Apc 19,7	δώσωμεν	(1)	1 p pl sbj ao a . .	Id
5299	*Apc 4,9	δώσωσιν		3 p pl sbj ao a . . .	Id
5300		δῶτε	(3)	2 p pl sbj ao2 a . . .	Id

ε

5301		ε´ / Ε´ cf πέντε			
5302	Lc 4,34	ἔα	(1)	interj	ἔα
5303		ἐάν	(351)	conj	ἐάν
5304		ἐάνπερ	(3)	conj	ἐάνπερ
5305	Ac 23,32	ἐάσαντες	(1)	nom mas pl part ao a .	ἐάω
5306	*Ac 5,38	ἐάσατε		2 p pl imper ao a . . .	Id
5307	1Co 10,13	ἐάσει	(1)	3 p sg ind fut a . .	Id
5308	Lc 22,51	ἐᾶτε	(1)	2 p pl imper pr a . .	Id
5309	1Jh 5,21	ἑαυτά	(1)	acc neut pl	ἑαυτοῦ
5310	Mt 25,9	ἑαυταῖς	(1)	dat fem pl . . .	Id
5311		ἑαυτάς	(4)	acc fem pl . . .	Id
5312		ἑαυτῇ	(2)	dat fem sg	Id
5313		ἑαυτήν	(7)	acc fem sg . . .	Id
5314		ἑαυτῆς	(6)	gen fem sg	Id
5315	*Mt 6,34	ἑαυτό		acc neut sg	Id
5316		ἑαυτοῖς	(51)	dat mas pl . . .	Id
5317		ἑαυτόν	(68)	acc mas sg . . .	Id
5318		ἑαυτοῦ	(48)	gen mas/neut sg . .	Id
5319		ἑαυτούς	(64)	acc mas pl . . .	Id
5320		ἑαυτῷ	(29)	dat mas sg	Id
5321		ἑαυτῶν	(40)	gen mas/fem/neut pl . .	Id
5322	Lc 6,48	ἐβάθυνεν	(1)	3 p sg ind ao a . .	βαθύνω
5323	Ac 16,37	ἔβαλαν	(1)	3 p pl ind ao2 a . .	βάλλω
5324		ἔβαλεν	(21)	3 p sg ind ao2 a . .	Id
5325	*Mc 14,65	ἔβαλλον		3 p pl ind impf a . . .	Id
5326		ἔβαλον	(9)	3 p pl ind ao2 a . .	Id
5327		ἐβάπτιζεν	(2)	3 p sg ind impf a . .	βαπτίζω
5328		ἐβαπτίζοντο	(5)	3 p pl ind impf pass .	Id
5329		ἐβάπτισα	(4)	1 p sg ind ao a . .	Id
5330	*1Co 10,2	ἐβαπτίσαντο		3 p pl ind ao m . . .	Id
5331	*Lc 11,38	ἐβαπτίσατο		3 p sg ind ao m . . .	Id
5332		ἐβάπτισεν	(4)	3 p sg ind ao a . .	Id
5333		ἐβαπτίσθη	(5)	3 p sg ind ao pass . .	Id
5334		ἐβαπτίσθημεν	(3)	1 p pl ind ao pass .	Id
5335		ἐβαπτίσθησαν	(3)	3 p pl ind ao pass .	Id
5336		ἐβαπτίσθητε	(4)	2 p pl ind ao pass .	Id
5337	2Co 1,8	ἐβαρήθημεν	(1)	1 p pl ind ao pass .	βαρέω
5338	*2Co 12,16	ἐβάρησα		1 p sg ind ao a . . .	Id
5339	*Ac 3,14	ἐβαρύνατε		2 p pl ind ao a . . .	βαρύνω
5340	*Ac 28,27	ἐβαρύνθη		3 p sg ind ao pass . . .	Id
5342	2Pt 2,8	ἐβασάνιζεν	(1)	3 p sg ind impf a .	βασανίζω

No.	Ref.	Form	Freq.	Parsing	Lemma
5343	Apc 11,10	ἐβασάνισαν	(1)	3 p pl ind ao a	βασανίζω
5344	Apc 20,4	ἐβασίλευσαν	(1)	3 p pl ind ao a	βασιλεύω
5345	Apc 11,17	ἐβασίλευσας	(1)	2 p sg ind ao a	Id
5346		ἐβασιλεύσατε	(2)	2 p pl ind ao a	Id
5347		ἐβασίλευσεν	(4)	3 p sg ind ao a	Id
5348	Ga 3,1	ἐβάσκανεν	(1)	3 p sg ind ao a	βασκαίνω
5349	Jh 12,6	ἐβάσταζεν	(1)	3 p sg ind impf a	βαστάζω
5350	Ac 3,2	ἐβαστάζετο	(1)	3 p sg ind impf pass	Id
5351	Jh 10,31	ἐβάστασαν	(1)	3 p pl ind ao a	Id
5352		ἐβάστασας	(2)	2 p sg ind ao a	Id
5353	Mt 8,17	ἐβάστασεν	(1)	3 p sg ind ao a	Id
5354	Apc 21,8	ἐβδελυγμένοις	(1)	dat mas pl part pf pass	βδελύσσω
5355	Heb 4,4	ἑβδόμῃ	(1)	dat fem sg	ἕβδομος
5356	Ac 23,23	ἑβδομήκοντα	(1)	inde	ἑβδομήκοντα
5357		ἑβδομηκονταδύο	(2)	inde	ἑβδομηκονταδύο
5358	Mt 18,22	ἑβδομηκοντάκις	(1)	adv	ἑβδομηκοντάκις
5359	Ac 7,14	ἑβδομηκονταπέντε	(1)	inde	ἑβδομηκονταπέντε
5360		ἑβδόμην	(2)	acc fem sg	ἕβδομος
5361	Heb 4,4	ἑβδόμης	(1)	gen fem sg	Id
5362		ἕβδομος	(4)	nom mas sg	Id
5363	Apc 10,7	ἑβδόμου	(1)	gen mas sg	Id
5364		ἐβεβαιώθη	(2)	3 p sg ind ao pass	βεβαιόω
5365	Lc 16,20	ἐβέβλητο	(1)	3 p sg ind plpf pass	βάλλω
5366	Lc 3,35	Ἔβερ	(1)	inde	Ἔβερ
5367		ἐβλάστησεν	(2)	3 p sg ind ao a	βλαστάνω
5368	Lc 23,39	ἐβλασφήμει	(1)	3 p sg ind impf a	βλασφημέω
5369		ἐβλασφήμησαν	(3)	3 p pl ind ao a	Id
5370	Mt 26,65	ἐβλασφήμησεν	(1)	3 p sg ind ao a	Id
5371		ἐβλασφήμουν	(2)	3 p pl ind impf a	Id
5372	Ac 9,8	ἔβλεπεν	(1)	3 p sg ind impf a	βλέπω
5373	*Ac 22,11	ἔβλεπον		1 p sg ind impf a	Id
5374	Jh 13,22	ἔβλεπον	(1)	3 p pl ind impf a	Id
5375	Apc 22,8	ἔβλεψα	(1)	1 p sg ind ao a	Id
5376		ἐβλήθη	(9)	3 p sg ind ao pass	βάλλω
5377		ἐβλήθησαν	(3)	3 p pl ind ao pass	Id
5378	2Co 6,2	ἐβοήθησα	(1)	1 p sg ind ao a	βοηθέω
5379	Apc 12,16	ἐβοήθησεν	(1)	3 p sg ind ao a	Id
5380		ἐβόησεν	(3)	3 p sg ind ao a	βοάω
5381	Ac 15,37	ἐβούλετο	(1)	3 p sg ind impf	βούλομαι
5382	Ac 27,39	ἐβουλεύοντο	(1)	3 p pl ind impf m	βουλεύω
5383		ἐβουλεύσαντο	(2)	3 p pl ind ao m	Id
5384	Mt 1,19	ἐβουλήθη	(1)	3 p sg ind ao	βούλομαι
5385	*Ac 24,6	ἐβουλήθημεν		1 p pl ind ao	Id
5386	2Jh 12	ἐβουλήθην	(1)	1 p sg ind ao	Id
5387		ἐβουλόμην	(3)	1 p sg ind impf	Id
5388		ἐβούλοντο	(2)	3 p pl ind impf	Id
5389	*Lc 23,38	Ἑβραηκοῖς		dat neut pl	Ἑβραηκός
5390		Ἑβραΐδι	(3)	dat sg	Ἑβραΐς
5391	*Lc 23,38	Ἑβραϊκοῖς		dat neut pl	Ἑβραϊκός

5392	2Co 11,22	Ἑβραῖοι	(1)	nom pl	Ἑβραῖος
5393	Php 3,5	Ἑβραῖος	(1)	nom sg	Id
5394	Ac 6,1	Ἑβραίους	(1)	acc pl	Id
5395		Ἑβραϊστί	(7)	adv	Ἑβραϊστί
5396	Php 3,5	Ἑβραίων	(1)	gen pl	Ἑβραῖος
5397		ἔβρεξεν	(3)	3 p sg ind ao a . .	βρέχω
5398	Ac 7,54	ἔβρυχον	(1)	3 p pl ind impf a . .	βρύχω
5399	Mc 6,17	ἐγάμησεν	(1)	3 p sg ind ao a . .	γαμέω
5400	Lc 17,27	ἐγαμίζοντο	(1)	3 p pl ind impf pass .	γαμίζω
5401	Lc 17,27	ἐγάμουν	(1)	3 p pl ind impf a . .	γαμέω
5402	*Mt 24,38	ἐγγαμίζοντες		nom mas pl part pr a . .	ἐγγαμίζω
5403	*Mt 5,41	ἐγγαρεύσῃ		3 p sg sbj ao a . .	ἐγγαρεύζω
5404		ἐγγεγραμμένη	(2)	nom fem sg part pf pass	ἐγγράφω
5405	Lc 10,20	ἐγγέγραπται	(1)	3 p sg ind pf pass .	Id
5406	Ja 4,8	ἐγγιεῖ	(1)	3 p sg ind fut a . .	ἐγγίζω
5407		ἐγγίζει	(2)	3 p sg ind pr a . .	Id
5408		ἐγγίζειν	(2)	inf pr a	Id
5409	Heb 7,19	ἐγγίζομεν	(1)	1 p pl ind pr a . .	Id
5410	Lc 15,1	ἐγγίζοντες	(1)	nom mas pl part pr a .	Id
5411	Ac 22,6	ἐγγίζοντι	(1)	dat mas sg part pr a .	Id
5412	Lc 19,37	ἐγγίζοντος	(1)	gen mas sg part pr a .	Id
5413	Ac 10,9	ἐγγιζόντων	(1)	gen mas pl part pr a .	Id
5414	Heb 10,25	ἐγγίζουσαν	(1)	acc fem sg part pr a .	Id
5415	Mc 11,1	ἐγγίζουσιν	(1)	3 p pl ind pr a . .	Id
5416	Ac 23,15	ἐγγίσαι	(1)	inf ao a	Id
5417	Lc 18,40	ἐγγίσαντος	(1)	gen mas sg part ao a .	Id
5418		ἐγγίσας	(2)	nom mas sg part ao a .	Id
5419	Ja 4,8	ἐγγίσατε	(1)	2 p pl imper ao a . .	Id
5420	*Ja 4,8	ἐγγίσει		3 p sg ind fut a . . .	Id
5421	Heb 7,22	ἔγγυος	(1)	nom mas sg	ἔγγυος
5422		ἐγγύς	(31)	adv	ἐγγύς
5423	Jh 6,17	ἐγεγόνει	(1)	3 p sg ind plpf . .	γίνομαι
5424	*Ac 23,25	ἐγέγραπτο		3 p sg ind plpf pass . .	γράφω
5425		ἐγεῖραι	(2)	inf ao a	ἐγείρω
5426	*Ac 3,6	ἔγειραι		2 p sg imper ao m . . .	Id
5427		ἐγείραντα	(2)	acc mas sg part ao a .	Id
5428	*Mc 4,38	ἐγείραντες		nom mas pl part ao a . .	Id
5429	*2Co 1,9	ἐγείραντι		dat mas sg part ao a . .	Id
5430		ἐγείραντος	(3)	gen mas sg part ao a .	Id
5431		ἐγείρας	(3)	nom mas sg part ao a . .	Id
5432		ἔγειρε	(14)	2 p sg imper pr a . .	Id
5433		ἐγείρει	(2)	3 p sg ind pr a . .	Id
5434		ἐγείρειν	(2)	inf pr a	Id
5435		ἐγείρεσθε	(6)	2 p pl imper pr m . .	Id
5436		ἐγείρεται	(6)	3 p sg ind pr pass .	Id
5437	Mt 10,8	ἐγείρετε	(1)	2 p pl imper pr a . .	Id
5438	Mc 4,27	ἐγείρηται	(1)	3 p sg sbj pr pass .	Id
5439	Mt 27,63	ἐγείρομαι	(1)	1 p sg ind pr pass .	Id
5440		ἐγείρονται	(9)	3 p pl ind pr pass .	Id
5441	2Co 1,9	ἐγείροντι	(1)	dat mas sg part pr a .	Id

5442	*Mc 2,9	ἐγείρου	2 p sg imper pr m . . .	ἐγείρω
5443	Mc 4,38	ἐγείρουσιν	(1) 3 p pl ind pr a . .	Id
5444		ἐγέμισαν	(2) 3 p pl ind ao a . .	γεμίζω
5445	Apc 8,5	ἐγέμισεν	(1) 3 p sg ind ao a . .	Id
5446	Apc 15,8	ἐγεμίσθη	(1) 3 p sg ind ao pass . .	Id
5447		ἐγένεσθε	(4) 2 p pl ind ao2 . .	γίνομαι
5448		ἐγένετο	(204) 3 p sg ind ao2 . .	Id
5449		ἐγενήθη	(12) 3 p sg ind ao (pass) .	Id
5450		ἐγενήθημεν	(7) 1 p pl ind ao (pass) .	Id
5451	Eph 3,7	ἐγενήθην	(1) 1 p sg ind ao (pass) .	Id
5452		ἐγενήθησαν	(6) 3 p pl ind ao (pass) .	Id
5453		ἐγενήθητε	(5) 2 p pl ind ao (pass) .	Id
5454		ἐγεννήθη	(7) 3 p sg ind ao pass . .	γεννάω
5455	Ac 2,8	ἐγεννήθημεν	(1) 1 p pl ind ao pass .	Id
5456	Jh 9,34	ἐγεννήθης	(1) 2 p sg ind ao pass . .	Id
5457		ἐγεννήθησαν	(3) 3 p pl ind ao pass .	Id
5458		ἐγέννησα	(2) 1 p sg ind ao a . .	Id
5459	Lc 23,29	ἐγέννησαν	(1) 3 p pl ind ao a . .	Id
5460		ἐγέννησεν	(42) 3 p sg ind ao a . .	Id
5461	*Ac 21,16	ἐγενόμεθα	1 p pl ind ao2 . . .	γίνομαι
5462		ἐγενόμην	(12) 1 p sg ind ao2 . .	Id
5463		ἐγένοντο	(13) 3 p pl ind ao2 . .	Id
5464		ἐγένου	(2) 2 p sg ind ao2 . . .	Id
5465		ἐγερεῖ	(3) 3 p sg ind fut a . .	ἐγείρω
5466	Jh 2,20	ἐγερεῖς	(1) 2 p sg ind fut a . .	Id
5467		ἐγερθείς	(10) nom mas sg part ao pass	Id
5468	*Ac 5,21	ἐγερθέντες	nom mas pl part ao pass .	Id
5469		ἐγερθέντι	(2) dat mas sg part ao pass	Id
5470		ἐγερθῇ	(2) 3 p sg sbj ao pass . . .	Id
5471		ἐγερθῆναι	(5) inf ao pass . . .	Id
5472		ἐγερθήσεται	(7) 3 p sg ind fut pass .	Id
5473		ἐγερθήσονται	(4) 3 p pl ind fut pass .	Id
5474	Mt 17,7	ἐγέρθητε	(1) 2 p pl imper ao pass .	Id
5475	Lc 7,14	ἐγέρθητι	(1) 2 p sg imper ao pass .	Id
5476	Mt 27,53	ἔγερσιν	(1) acc sg	ἔγερσις
5477	Jh 2,19	ἐγερῶ	(1) 1 p sg ind fut a . . .	ἐγείρω
5478	1Pt 2,3	ἐγεύσασθε	(1) 2 p pl ind ao . .	γεύομαι
5479	Jh 2,9	ἐγεύσατο	(1) 3 p sg ind ao . . .	Id
5480		ἐγηγερμένον	(2) acc mas sg part pf pass	ἐγείρω
5481		ἐγήγερται	(9) 3 p sg ind pf pass .	Id
5482	Lc 14,20	ἔγημα	(1) 1 p sg ind ao a . . .	γαμέω
5483		ἐγίνετο	(4) 3 p sg ind impf . .	γίνομαι
5484	*Ac 2,43	ἐγίνοντο	3 p pl ind impf	Id
5485		ἐγίνωσκεν	(4) 3 p sg ind impf a . .	γινώσκω
5486	*Jh 14,7	ἐγινώσκετε	2 p pl ind impf a . . .	Id
5487	Lc 18,34	ἐγίνωσκον	(1) 3 p pl ind impf a . .	Id
5488	Lc 20,20	ἐγκαθέτους	(1) acc mas pl . .	ἐγκάθετος
5489	Jh 10,22	ἐγκαίνια	(1) nom	ἐγκαίνια
5490		ἐγκακεῖν	(2) inf pr a . . .	ἐγκακέω
5491	*2Th 3,13	ἐγκακεῖτε	2 p pl imper pr a . .	Id

5492	2Th 3,13	ἐγκακήσητε (1)	2 p pl sbj ao a . .	ἐγκακέω
5493		ἐγκακοῦμεν (2)	1 p pl ind pr a . .	Id
5494	Ga 6,9	ἐγκακῶμεν (1)	1 p pl sbj pr a . .	Id
5495	Ac 19,40	ἐγκαλεῖσθαι (1)	inf ao pass . .	ἐγκαλέω
5496	Ac 19,38	ἐγκαλείτωσαν (1)	3 p pl imper pr a .	Id
5497	Rm 8,33	ἐγκαλέσει (1)	3 p sg ind fut a . .	Id
5498		ἐγκαλοῦμαι (2)	1 p sg ind pr pass .	Id
5499	Ac 23,29	ἐγκαλούμενον (1)	acc mas sg part pr pass	Id
5500	2Co 4,9	ἐγκαταλειπόμενοι (1)	nom mas pl part pr pass	ἐγκαταλείπω
5501	Heb 10,25	ἐγκαταλείποντες (1)	nom mas pl part pr a	Id
5502	*Heb 13,5	ἐγκαταλείπω	1 p sg sbj pr a . . .	Id
5503	Ac 2,27	ἐγκαταλείψεις (1)	2 p sg ind fut a .	Id
5504	Heb 13,5	ἐγκαταλίπω (1)	1 p sg sbj ao2 a . .	Id
5505	*Mc 15,34	ἐγκατέλειπας	2 p sg ind impf a . .	Id
5506	*2Tm 4,10	ἐγκατέλειπεν	3 p sg ind impf a . .	Id
5507	*Mc 15,34	ἐγκατέλειπες	2 p sg ind impf a . .	Id
5508	*2Tm 4,16	ἐγκατέλειπον	3 p pl ind impf a . .	Id
5509	Ac 2,31	ἐγκατελείφθη (1)	3 p sg ind ao pass .	Id
5510	*Mc 15,34	ἐγκατέλιπας	2 p sg ind ao2 a . .	Id
5511		ἐγκατέλιπεν (2)	3 p sg ind ao2 a .	Id
5512		ἐγκατέλιπες (2)	2 p sg ind ao2 a .	Id
5513	2Tm 4,16	ἐγκατέλιπον (1)	3 p pl ind ao2 a .	Id
5514	2Pt 2,8	ἐγκατοικῶν (1)	nom mas sg part pr a	ἐγκατοικέω
5515	2Th 1,4	ἐγκαυχᾶσθαι (1)	inf pr . . .	ἐγκαυχάομαι
5516	Heb 9,18	ἐγκεκαίνισται (1)	3 p sg ind pf pass	ἐγκαινίζω
5517	Rm 11,23	ἐγκεντρίσαι (1)	inf ao a . .	ἐγκεντρίζω
5518		ἐγκεντρισθήσονται (2)	3 p pl ind fut pass	Id
5519	Rm 11,19	ἐγκεντρισθῶ (1)	1 p sg sbj ao pass .	Id
5520	Ac 23,29	ἔγκλημα (1)	acc sg	ἔγκλημα
5521	*Ac 23,25	ἐγκλήμασιν	dat pl	Id
5522	Ac 25,16	ἐγκλήματος (1)	gen sg . . .	Id
5523	1Pt 5,5	ἐγκομβώσασθε (1)	2 p pl imper ao	ἐγκομβόομαι
5524	1Co 9,12	ἐγκοπήν (1)	acc sg	ἐγκοπή
5525	1Pt 3,7	ἐγκόπτεσθαι (1)	inf pr pass . .	ἐγκόπτω
5526	Ac 24,4	ἐγκόπτω (1)	1 p sg sbj pr a . .	Id
5527	Ga 5,23	ἐγκράτεια (1)	nom sg . . .	ἐγκράτεια
5528	2Pt 1,6	ἐγκρατείᾳ (1)	dat sg	Id
5529	2Pt 1,6	ἐγκράτειαν (1)	acc sg . . .	Id
5530	Ac 24,25	ἐγκρατείας (1)	gen sg . . .	Id
5531	1Co 9,25	ἐγκρατεύεται (1)	3 p sg ind pr	ἐγκρατεύομαι
5532	1Co 7,9	ἐγκρατεύονται (1)	3 p pl ind pr .	Id
5533	Tit 1,8	ἐγκρατῆ (1)	acc mas sg . . .	ἐγκρατής
5534	2Co 10,12	ἐγκρῖναι (1)	inf ao a . . .	ἐγκρίνω
5535	Lc 2,5	ἐγκύῳ (1)	dat fem sg	ἔγκυος
5536		ἔγνω (17)	3 p sg ind ao2 a . . .	γινώσκω
5537		ἔγνωκα (2)	1 p sg ind pf a . . .	Id
5538		ἐγνώκαμεν (6)	1 p pl ind pf a . .	Id
5539	Jh 17,7	ἔγνωκαν (1)	3 p pl ind pf a . . .	Id
5540	Jh 14,9	ἔγνωκας (1)	2 p sg ind pf a . . .	Id

5541		ἐγνώκατε	(5) 2 p pl ind pf a	γινώσκω
5542	Mt 12,7	ἐγνώκειτε	(1) 2 p pl ind plpf a	Id
5543		ἔγνωκεν	(3) 3 p sg ind pf a	Id
5544	1Co 8,2	ἐγνωκέναι	(1) inf pf a	Id
5545	*Jh 14,7	ἐγνώκετε	err cf ἐγνώκειτε	
5546	2Jh 1	εγνωκότες	(1) nom mas pl part pf a	Id
5547		ἔγνων	(6) 1 p sg ind ao2 a	Id
5548		ἐγνώρισα	(2) 1 p sg ind ao a	γνωρίζω
5549	2Pt 1,16	ἐγνωρίσαμεν	(1) 1 p pl ind ao a	Id
5550	Lc 2,17	ἐγνώρισαν	(1) 3 p pl ind ao a	Id
5551	Ac 2,28	ἐγνώρισας	(1) 2 p sg ind ao a	Id
5552	Lc 2,15	ἐγνώρισεν	(1) 3 p sg ind ao a	Id
5553		ἐγνωρίσθη	(2) 3 p sg ind ao pass	Id
5554		ἔγνως	(3) 2 p sg ind ao2 a	γινώσκω
5555		ἔγνωσαν	(17) 3 p pl ind ao2 a	Id
5556		ἐγνώσθη	(2) 3 p sg ind ao pass	Id
5557	1Co 8,3	ἔγνωσται	(1) 3 p sg ind pf pass	Id
5558		ἐγόγγυζον	(3) 3 p pl ind impf a	γογγύζω
5559	1Co 10,10	ἐγόγγυσαν	(1) 3 p pl ind ao a	Id
5560	Jh 8,8	ἔγραφεν	(1) 3 p sg ind impf a	γράφω
5561		ἐγράφη	(4) 3 p sg ind ao2 pass	Id
5562		ἔγραψα	(19) 1 p sg ind ao a	Id
5563	Ac 18,27	ἔγραψαν	(1) 3 p pl ind ao a	Id
5564	*3Jh 9	ἔγραψας	2 p sg ind ao a	Id
5565	1Co 7,1	ἐγράψατε	(1) 2 p pl ind ao a	Id
5566		ἔγραψεν	(8) 3 p sg ind ao a	Id
5567	Mt 24,43	ἐγρηγόρησεν	(1) 3 p sg ind ao a	γρηγορέω
5568	*Ac 7,18	Ἔγυπτον	acc	Ἔγυπτος
5569	Apc 3,18	ἐγχρῖσαι	(1) inf ao a	ἐγχρίω
5570	*Apc 3,18	ἐγχρίσῃ	3 p sg sbj ao a	Id
5571	*Apc 3,18	ἔγχρισον	2 p sg imper ao a	Id
5572		ἐγώ	(423) nom	ἐγώ
5573	Jh 11,35	ἐδάκρυσεν	(1) 3 p sg ind ao a	δακρύω
5574	Lc 19,44	ἐδαφιοῦσιν	(1) 3 p pl ind fut a	ἐδαφίζω
5575	Ac 22,7	ἔδαφος	(1) acc sg	ἔδαφος
5576	Lc 5,12	ἐδεήθη	(1) 3 p sg ind ao (pass)	δέομαι
5577		ἐδεήθην	(2) 1 p sg ind ao (pass)	Id
5578		ἔδει	(16) 3 p sg ind impf	δεῖ
5579	Col 2,15	ἐδειγμάτισεν	(1) 3 p sg ind ao a	δειγματίζω
5580	Jh 10,32	ἔδειξα	(1) 1 p sg ind ao a	δείκνυμι
5581	*Lc 20,24	ἔδειξαν	3 p pl ind ao a	Id
5582		ἔδειξεν	(6) 3 p sg ind ao a	Id
5583		ἔδειραν	(2) 3 p pl ind ao a	δέρω
5584	Lc 8,38	ἐδεῖτο	(1) 3 p sg ind impf	δέομαι
5585	Ac 28,21	ἐδεξάμεθα	(1) 1 p pl ind ao	δέχομαι
5586		ἐδέξαντο	(5) 3 p pl ind ao	Id
5587		ἐδέξασθε	(4) 2 p pl ind ao	Id
5588		ἐδέξατο	(3) 3 p sg ind ao	Id
5589	Lc 8,29	ἐδεσμεύετο	(1) 3 p sg ind impf pass	δεσμεύω
5590	*1Pt 3,20	ἐδέχετο	3 p sg ind impf	δέχομαι

5591	1Pt 1,11	ἐδήλου	(1)	3 p sg ind impf a	δηλόω
5592	*1Pt 1,11	ἐδηλοῦτο		3 p sg ind impf pass	Id
5593	1Co 1,11	ἐδηλώθη	(1)	3 p sg ind ao pass	Id
5594	2Pt 1,14	ἐδήλωσεν	(1)	3 p sg ind ao a	Id
5595	Ac 12,21	ἐδημηγόρει	(1)	3 p sg ind impf a	δημηγορέω
5596		ἔδησαν	(2)	3 p pl ind ao a	δέω
5597		ἔδησεν	(4)	3 p sg ind ao a	Id
5598	Jh 18,20	ἐδίδαξα	(1)	1 p sg ind ao a	διδάσκω
5599	Mc 6,30	ἐδίδαξαν	(1)	3 p pl ind ao a	Id
5600	Lc 13,26	ἐδίδαξας	(1)	2 p sg ind ao a	Id
5601		ἐδίδαξεν	(3)	3 p sg ind ao a	Id
5602		ἐδίδασκεν	(14)	3 p sg ind impf a	Id
5603		ἐδίδασκον	(2)	3 p pl ind impf a	Id
5604	Ga 1,12	ἐδιδάχθην	(1)	1 p sg ind ao pass	Id
5605	Mt 28,15	ἐδιδάχθησαν	(1)	3 p pl ind ao pass	Id
5606		ἐδιδάχθητε	(3)	2 p pl ind ao pass	Id
5607	Jh 19,3	ἐδίδοσαν	(1)	3 p pl ind impf a	δίδωμι
5608		ἐδίδου	(9)	3 p sg ind impf a	Id
5609		ἐδίδουν	(2)	3 p pl ind impf a	Id
5610		ἐδικαιώθη	(6)	3 p sg ind ao pass	δικαιόω
5611	1Co 6,11	ἐδικαιώθητε	(1)	2 p pl ind ao pass	Id
5612	Lc 7,29	ἐδικαίωσαν	(1)	3 p pl ind ao a	Id
5613		ἐδικαίωσεν	(2)	3 p sg ind ao a	Id
5614	Mt 28,17	ἐδίστασαν	(1)	3 p pl ind ao a	διστάζω
5615	Mt 14,31	ἐδίστασας	(1)	2 p sg ind ao a	Id
5616		ἐδίψησα	(2)	1 p sg ind ao a	διψάω
5617	Ga 4,29	ἐδίωκεν	(1)	3 p sg ind impf a	διώκω
5618		ἐδίωκον	(2)	1 p sg ind impf a	Id
5619	Jh 5,16	ἐδίωκον	(1)	3 p pl ind impf a	Id
5620		ἐδίωξα	(2)	1 p sg ind ao a	Id
5621		ἐδίωξαν	(3)	3 p pl ind ao a	Id
5622	Apc 12,13	ἐδίωξεν	(1)	3 p sg ind ao a	Id
5623		ἐδόθη	(31)	3 p sg ind ao pass	δίδωμι
5624		ἐδόθησαν	(2)	3 p pl ind ao pass	Id
5625	Ac 12,9	ἐδόκει	(1)	3 p sg ind impf a	δοκέω
5626	2Co 8,22	ἐδοκιμάσαμεν	(1)	1 p pl ind ao a	δοκιμάζω
5627	Rm 1.28	ἐδοκίμασαν	(1)	3 p pl ind ao a	Id
5628		ἐδόκουν	(2)	3 p pl ind impf a	δοκέω
5629	Rm 3,13	ἐδολιοῦσαν	(1)	3 p pl ind impf a	δολιόω
5630	Ac 26,9	ἔδοξα	(1)	1 p sg ind ao a	δοκέω
5631		ἐδόξαζεν	(2)	3 p sg ind impf a	δοξάζω
5632		ἐδόξαζον	(6)	3 p pl ind impf a	Id
5633		ἔδοξαν	(2)	3 p pl ind ao a	δοκέω
5634		ἐδόξασα	(2)	1 p sg ind ao a	δοξάζω
5635		ἐδόξασαν	(4)	3 p pl ind ao a	Id
5636	*Jh 17,10	ἐδόξασας		2 p sg ind ao a	Id
5637		ἐδόξασεν	(4)	3 p sg ind ao a	Id
5638		ἐδοξάσθη	(6)	3 p sg ind ao pass	Id
5639		ἔδοξε(ν)	(5)	3 p sg ind ao a	δοκέω

5640	Ga 4,8	ἐδουλεύσατε	(1)	2 p pl ind ao a . .	δουλεύω
5641	Php 2,22	ἐδούλευσεν	(1)	3 p sg ind ao a . .	Id
5642	Rm 6,18	ἐδουλώθητε	(1)	2 p pl ind ao pass .	δουλόω
5643	1Co 9,19	ἐδούλωσα	(1)	1 p sg ind ao a . .	Id
5644		ἑδραῖοι	(2)	nom mas pl	ἑδραῖος
5645	1Co 7,37	ἑδραῖος	(1)	nom mas sg . . .	Id
5646	1Tm 3,15	ἑδραίωμα	(1)	nom sg . . .	ἑδραίωμα
5647		ἔδραμεν	(2)	3 p sg ind ao2 a . .	τρέχω
5648		ἔδραμον	(2)	1 p sg ind ao2 a . .	Id
5649	Mt 28,8	ἔδραμον	(1)	3 p pl ind ao2 a . .	Id
5650	Mc 1,32	ἔδυ	(1)	3 p sg ind ao2 a . . .	δύνω
5651	Heb 11,34	ἐδυναμώθησαν	(1)	3 p pl ind ao pass .	δυναμόω
5652	1Co 3,2	ἐδύνασθε	(1)	2 p pl ind impf . .	δύναμαι
5653		ἐδύνατο	(12)	3 p sg ind impf . .	Id
5654	*Mc 1,32	ἔδυσεν		3 p sg ind ao a	δύνω
5655		ἔδωκα	(2)	1 p sg ind ao a . . .	δίδωμι
5656	1Th 4,2	ἐδώκαμεν	(1)	1 p pl ind ao a . .	Id
5657		ἔδωκαν	(8)	3 p pl ind ao a . . .	Id
5658		ἔδωκας	(8)	2 p sg ind ao a . . .	Id
5659		ἐδώκατε	(3)	2 p pl ind ao a . .	Id
5660		ἔδωκεν	(64)	3 p sg ind ao a . .	Id
5661	Mc 15,45	ἐδωρήσατο	(1)	3 p sg ind ao . .	δωρέομαι
5662	*Lc 3,27	Ἑζεκία		inde	Ἑζεκίας
5663	Mt 1,9	Ἑζεκίαν	(1)	acc	Id
5664	Mt 1,10	Ἑζεκίας	(1)	nom	Id
5665	Php 3,8	ἐζημιώθην	(1)	1 p sg ind ao pass .	ζημιόω
5666	Ac 26,5	ἔζησα	(1)	1 p sg ind ao a . . .	ζάω
5667		ἔζησαν	(2)	3 p pl ind ao a . .	Id
5668		ἔζησεν	(4)	3 p sg ind ao a . .	Id
5669	Col 3,7	ἐζῆτε	(1)	2 p pl ind impf a . . .	Id
5670		ἐζήτει	(8)	3 p sg ind impf a . .	ζητέω
5671	Lc 2,49	ἐζητεῖτε	(1)	2 p pl ind impf a . .	Id
5672	Heb 8,7	ἐζητεῖτο	(1)	3 p sg ind impf pass .	Id
5673	Ac 16,10	ἐζητήσαμεν	(1)	1 p pl ind ao a . .	Id
5674	Lc 20,19	ἐζήτησαν	(1)	3 p pl ind ao a . .	Id
5675	2Tm 1,17	ἐζήτησεν	(1)	3 p sg ind ao a . .	Id
5676	Lc 2,48	ἐζητοῦμεν	(1)	1 p pl ind impf a . .	Id
5677		ἐζήτουν	(18)	3 p pl ind impf a . .	Id
5678		ἐζυμώθη	(2)	3 p sg ind ao pass . .	ζυμόω
5679	2Tm 2,26	ἐζωγρημένοι	(1)	nom mas pl part pf pass	ζωγρέω
5680	Rm 7,9	ἔζων	(1)	1 p sg ind impf a . . .	ζάω
5681	Jh 21,18	ἐζώννυες	(1)	2 p sg ind impf a . .	ζώννυμι
5682	Mc 1,27	ἐθαμβήθησαν	(1)	3 p pl ind ao pass .	θαμβέω
5683		ἐθαμβοῦντο	(2)	3 p pl ind impf pass .	Id
5684	Rm 7,4	ἐθανατώθητε	(1)	2 p pl ind ao pass .	θανατόω
5685		ἐθαύμαζεν	(2)	3 p sg ind impf a . .	θαυμάζω
5686		ἐθαύμαζον	(7)	3 p pl ind impf a . .	Id
5687	Apc 17,6	ἐθαύμασα	(1)	1 p sg ind ao a . .	Id
5688		ἐθαύμασαν	(8)	3 p pl ind ao a . .	Id
5689	Apc 17,7	ἐθαύμασας	(1)	2 p sg ind ao a . .	Id

5690		ἐθαύμασεν	(4)	3 p sg ind ao a . .	θαυμάζω
5691	Apc 13,3	ἐθαυμάσθη	(1)	3 p sg ind ao pass . .	Id
5692		ἔθαψαν	(3)	3 p pl ind ao a . . .	θάπτω
5693	*Mc 16,11	ἐθεάθη		3 p sg ind ao (pass) . .	θεάομαι
5694		ἐθεασάμεθα	(2)	1 p pl ind ao . .	Id
5695		ἐθεάσαντο	(2)	3 p pl ind ao . . .	Id
5696	Ac 1,11	ἐθεάσασθε	(1)	2 p pl ind ao . . .	Id
5697	Lc 5,27	ἐθεάσατο	(1)	3 p sg ind ao . . .	Id
5698	*Ac 22,9	ἐθεᾶτο		3 p sg ind impf	Id
5699	Ac 15,1	ἔθει	(1)	dat sg	ἔθος
5700	Col 2,23	ἐθελοθρησκίᾳ	(1)	dat sg .	ἐθελοθρησκία
5701	Heb 1,10	ἐθεμελίωσας	(1)	2 p sg ind ao a . .	θεμελιόω
5702		ἔθεντο	(4)	3 p pl ind ao2 m . . .	τίθημι
5703	Lc 4,40	ἐθεράπευεν	(1)	3 p sg ind impf a . .	θεραπεύω
5704		ἐθεραπεύθη	(3)	3 p sg ind ao pass .	Id
5705	Ac 8,7	ἐθεραπεύθησαν	(1)	3 p pl ind ao pass .	Id
5706	Mc 6,13	ἐθεράπευον	(1)	3 p pl ind impf a . .	Id
5707		ἐθεραπεύοντο	(3)	3 p pl ind impf pass .	Id
5708		ἐθεράπευσεν	(13)	3 p sg ind ao a . .	Id
5709	Apc 14,16	ἐθερίσθη	(1)	3 p sg ind ao pass . .	θερίζω
5710	Jh 18,18	ἐθερμαίνοντο	(1)	3 p pl ind impf m .	θερμαίνω
5711	Ac 5,25	ἔθεσθε	(1)	2 p pl ind ao2 m . . .	τίθημι
5712		ἔθεσι(ν)	(2)	dat pl	ἔθος
5713		ἔθετο	(7)	3 p sg ind ao2 m . . .	τίθημι
5714	Mc 12,41	ἐθεώρει	(1)	3 p sg ind impf a . .	θεωρέω
5715	Apc 11,12	ἐθεώρησαν	(1)	3 p pl ind ao a . .	Id
5716	Lc 10,18	ἐθεώρουν	(1)	1 p sg ind impf a . .	Id
5717		ἐθεώρουν	(3)	3 p pl ind impf a . .	Id
5718		ἔθη	(2)	acc pl	ἔθος
5719		ἔθηκα	(3)	1 p sg ind ao a . . .	τίθημι
5720		ἔθηκαν	(7)	3 p pl ind ao a . . .	Id
5721		ἔθηκας	(2)	2 p sg ind ao a . . .	Id
5722		ἔθηκεν	(11)	3 p sg ind ao a . .	Id
5723	*Lc 23,29	ἐθήλασαν		3 p pl ind ao a . . .	θηλάζω
5724	Lc 11,27	ἐθήλασας	(1)	2 p sg ind ao a . .	Id
5725	1Co 15,32	ἐθηριομάχησα	(1)	1 p sg ind ao a .	θηριομαχέω
5726	Ja 5,3	ἐθησαυρίσατε	(1)	2 p pl ind ao a	θησαυρίζω
5727	2Co 11,32	ἐθνάρχης	(1)	nom sg	ἐθνάρχης
5728		ἔθνει	(7)	dat sg	ἔθνος
5729		ἔθνεσιν	(32)	dat pl	Id
5730		ἔθνη	(25)	nom pl	Id
5731		ἔθνη	(27)	acc pl	Id
5732		ἐθνικοί	(2)	nom mas pl	ἐθνικός
5733	Mt 18,17	ἐθνικός	(1)	nom mas sg	Id
5734	3Jh 7	ἐθνικῶν	(1)	gen mas pl	Id
5735	Ga 2,14	ἐθνικῶς	(1)	adv	ἐθνικῶς
5736		ἔθνος	(7)	nom sg	ἔθνος
5737		ἔθνος	(11)	acc sg	Id
5738		ἔθνους	(7)	gen sg	Id

No.	Ref.	Form	Freq.	Analysis	Lemma
5739		ἐθνῶν	(46)	gen pl	ἔθνος
5740	Ac 17,5	ἐθορύβουν	(1)	3 p pl ind impf a	θορυβέω
5741	*Ac 17,5	ἐθορύβουσαν		3 p pl ind ao a	Id
5742		ἔθος	(3)	nom sg	ἔθος
5743		ἔθος	(3)	acc sg	Id
5744	Ac 5,4	ἔθου	(1)	2 p sg ind ao2 m	τίθημι
5745	Mt 25,37	ἐθρέψαμεν	(1)	1 p pl ind ao a	τρέφω
5746	Lc 23,29	ἔθρεψαν	(1)	3 p pl ind ao a	Id
5747	Ja 5,5	ἐθρέψατε	(1)	2 p pl ind ao a	Id
5748		ἐθρηνήσαμεν	(2)	1 p pl ind ao a	θρηνέω
5749	Lc 23,27	ἐθρήνουν	(1)	3 p pl ind impf a	Id
5750	Mt 2,16	ἐθυμώθη	(1)	3 p sg ind ao pass	θυμόω
5751	Mc 14,12	ἔθυον	(1)	3 p pl ind impf a	θύω
5752	Lc 15,30	ἔθυσας	(1)	2 p sg ind ao a	Id
5753	Lc 15,27	ἔθυσεν	(1)	3 p sg ind ao a	Id
5754	Ac 26,3	ἐθῶν	(1)	gen pl	ἔθος
5755		εἶ	(91)	2 p sg ind pr	εἰμί
5756		εἰ	(507)	conj	εἰ
5757	Lc 4,41	εἴα	(1)	3 p sg ind impf a	ἐάω
5758	Ac 27,32	εἴασαν	(1)	3 p pl ind ao a	Id
5759		εἴασεν	(4)	3 p sg ind ao a	Id
5760		εἴδαμεν	(2)	1 p pl ind ao2 a	ὁράω
5761		εἶδαν	(5)	3 p pl ind ao2 a	Id
5762	*Ja 3,3	εἴδε	[sic]		
5763	*Mt 28,3	εἰδέ		err cf εἰδέα	
5764	Mt 28,3	εἰδέα	(1)	nom sg	εἰδέα
5765	Lc 3,22	εἴδει	(1)	dat sg	εἶδος
5766		εἶδεν	(44)	3 p sg ind ao2 a	ὁράω
5767		εἰδέναι	(11)	inf pf a	οἶδα
5768		εἶδες	(8)	2 p sg ind ao2 a	ὁράω
5769		εἴδετε	(5)	2 p pl ind ao2 a	Id
5770	*Jh 8,56	εἰδῇ		3 p sg sbj	οἶδα
5771	1Tm 3,15	εἰδῇς	(1)	2 p sg sbj	Id
5772	Heb 8,11	εἰδήσουσιν	(1)	3 p pl ind fut	Id
5773		εἰδῆτε	(6)	2 p pl sbj	Id
5774		εἴδομεν	(8)	1 p pl ind ao2 a	ὁράω
5775		εἶδον	(54)	1 p sg ind ao2 a	Id
5776		εἶδον	(22)	3 p pl ind ao2 a	Id
5777	*Mt 9,4	εἰδός		cf εἰδώς	
5778	Lc 9,29	εἶδος	(1)	nom sg	εἶδος
5779	Jh 5,37	εἶδος	(1)	acc sg	Id
5700	2Th 1,8	εἰδόσιν	(1)	dat mas pl part	οἶδα
5781	1Th 4,5	εἰδότα	(1)	nom neut pl part	Id
5782		εἰδότας	(2)	acc mas pl part	Id
5783		εἰδότες	(23)	nom mas pl part	Id
5784	Ja 4,17	εἰδότι	(1)	dat mas sg part	Id
5785		εἴδους	(2)	gen sg	εἶδος
5786		εἰδυῖα	(2)	nom fem sg part	οἶδα
5787		εἰδῶ	(2)	1 p sg sbj	Id
5788		εἴδωλα	(3)	acc pl	εἴδωλον
5789	1Co 8,10	εἰδωλείῳ	(1)	dat sg	εἰδωλεῖον

5790		εἰδωλόθυτα	(3)	acc pl	εἰδωλόθυτον
5791	1Co 10,19	εἰδωλόθυτον	(1)	nom sg	Id
5792		εἰδωλόθυτον	(2)	acc sg	Id
5793		εἰδωλοθύτων	(3)	gen pl	Id
5794		εἰδωλολάτραι	(3)	nom pl	εἰδωλολάτρης
5795		εἰδωλολάτραις	(2)	dat pl	Id
5796		εἰδωλολάτρης	(2)	nom sg	Id
5797		εἰδωλολατρία	(2)	nom sg	εἰδωλολατρία
5798	1Pt 4,3	εἰδωλολατρίαις	(1)	dat pl	Id
5799	1Co 10,14	εἰδωλολατρίας	(1)	gen sg	Id
5800		εἴδωλον	(2)	nom sg	εἴδωλον
5801	1Co 8,7	εἰδώλου	(1)	gen sg	Id
5802	Ac 7,41	εἰδώλῳ	(1)	dat sg	Id
5803		εἰδώλων	(4)	gen pl	Id
5804	1Co 2,12	εἰδῶμεν	(1)	1 p pl sbj	οἶδα
5805	*Mt 12,25	εἰδών		err cf ἰδών	
5806		εἰδώς	(21)	nom mas sg part	οἶδα
5807		εἴη	(12)	3 p sg opt pr	εἰμί
5808	Lc 2,27	εἰθισμένον	(1)	acc neut sg part pf pass	ἐθίζω
5809		εἰκῆ	(6)	adv	εἰκῆ
5810		εἰκόνα	(10)	acc sg	εἰκών
5811		εἰκόνι	(4)	dat sg	Id
5812		εἰκόνος	(3)	gen sg	Id
5813		εἴκοσι	(2)	inde	εἴκοσι
5814	Jh 6,19	εἰκοσιπέντε	(1)	inde	εἰκοσιπέντε
5815	Apc 4,4	εἰκοσιτέσσαρας	(1)	acc mas	εἰκοσιτέσσαρες
5816		εἰκοσιτέσσαρες	(5)	nom mas	Id
5817	1Co 10,8	εἰκοσιτρεῖς	(1)	nom mas	εἰκοσιτρεῖς
5818		εἰκών	(6)	nom sg	εἰκών
5819	2Th 2,13	εἵλατο	(1)	3 p sg ind ao2 m	αἱρέω
5820	*Ga 5,1	εἰλευθέρωσεν		cf ἠλευθέρωσεν	
5821	*Jh 8,4	εἴληπται		3 p sg ind pf pass	λαμβάνω
5822	Apc 2,28	εἴληφα	(1)	1 p sg ind pf a	Id
5823		εἴληφας	(2)	2 p sg ind pf a	Id
5824		εἴληφεν	(3)	3 p sg ind pf a	Id
5825	Mt 25,24	εἰληφώς	(1)	nom mas sg part pf a	Id
5826	2Co 1,12	εἰλικρινείᾳ	(1)	dat sg	εἰλικρίνεια
5827		εἰλικρινείας	(2)	gen sg	Id
5828	Php 1,10	εἰλικρινεῖς	(1)	nom mas pl	εἰλικρινής
5829	2Pt 3,1	εἰλικρινῆ	(1)	acc fem sg	Id
5830	Ac 21,30	εἷλκον	(1)	3 p pl ind impf a	ἕλκω
5831	Ac 16,19	εἵλκυσαν	(1)	3 p pl ind ao a	ἑλκύω
5832		εἵλκυσεν	(2)	3 p sg ind ao a	Id
5833	Lc 16,20	εἱλκωμένος	(1)	nom mas sg part pf pass	ἑλκόω
5834		εἰμί	(139)	1 p sg ind pr	εἰμί
5835		εἶναι	(127)	inf pr	Id
5836		εἵνεκεν	(3)	prpo	εἵνεκεν
5837	Ga 2,5	εἴξαμεν	(1)	1 p pl ind ao a	εἴκω
5838		εἶπα	(3)	1 p sg ind ao2 a	λέγω
5839		εἶπαν	(95)	3 p pl ind ao2 a	Id
5840		εἶπας	(7)	2 p sg ind ao2 a	Id

5841	Ac 22,24	εἴπας	(1) nom mas sg part ao2 a . .	λέγω
5842	Lc 12,3	εἴπατε	(1) 2 p pl ind ao2 a . . .	Id
5843		εἴπατε	(13) 2 p pl imper ao2 a . .	Id
5844	Apc 22,17	εἰπάτω	(1) 3 p sg imper ao2 a . .	Id
5845	Ac 24,20	εἰπάτωσαν	(1) 3 p pl imper ao2 a . .	Id
5846		εἰπέ	(15) 2 p pl imper ao2 a . .	Id
5847		εἰπεῖν	(16) inf ao2 a	Id
5848		εἶπεν	(614) 3 p sg ind ao2 a . .	Id
5849		εἴπερ	(6) conj	εἴπερ
5850	Mc 12,32	εἶπες	(1) 2 p sg ind ao2 a . . .	Id
5851		εἴπῃ	(22) 3 p sg sbj ao2 a . . .	Id
5852		εἴπῃς	(4) 2 p sg sbj ao2 a . . .	Id
5853		εἴπητε	(7) 2 p pl sbj ao2 a . . .	Id
5854		εἶπον	(32) 1 p sg ind ao2 a . . .	Id
5855		εἶπον	(26) 3 p pl ind ao2 a . . .	Id
5856		εἰπόν	(4) 2 p sg imper ao2 a . .	Id
5857	*Ac 4,25	εἰπόν	cf εἰπών	
5858		εἰπόντα	(2) acc mas sg part ao2 a .	Id
5859	*Mc 5,12	εἰπόντα	nom neut pl part ao2 a . . .	Id
5860		εἰπόντες	(3) nom mas pl part ao2 a .	Id
5861	*Mt 12,48	εἰπόντι	dat mas sg part ao2 a . .	Id
5862		εἰπόντος	(5) gen mas sg part ao2 a .	Id
5863	*Ac 1,9	εἰπόντων	gen mas pl part ao2 a . .	Id
5864		εἰποῦσα	(3) nom fem sg part ao2 a .	Id
5865		εἴπω	(7) 1 p sg sbj ao2 a . . .	Id
5866		εἴπωμεν	(10) 1 p pl sbj ao2 a . .	Id
5867		εἰπών	(29) nom mas sg part ao2 a .	Id
5868		εἴπωσιν	(6) 3 p pl sbj ao2 a . .	Id
5869	*Ac 18,3	εἰργάζετο	3 p sg ind impf . .	ἐργάζομαι
5870	*Ac 18,3	εἰργάζοντο	3 p pl ind impf . .	Id
5871	2Jh 8	εἰργασάμεθα	(1) 1 p pl ind ao . .	Id
5872	Heb 11,33	εἰργάσαντο	(1) 3 p pl ind ao . .	Id
5873	*2Jh 8	εἰργάσασθε	2 p pl ind ao . . .	Id
5874	*2Jh 8	εἴργασθε	2 p pl ind pf	Id
5875	Jh 3,21	εἰργασμένα	(1) nom neut pl part pf .	Id
5876	*2Jh 8	εἰργασόμεθα	err cf εἰργασάμεθα	
5877		εἴρηκα	(4) 1 p sg ind pf a . . .	λέγω
5878	Apc 19,3	εἴρηκαν	(1) 3 p pl ind pf a . . .	Id
5879	Jh 4,18	εἴρηκας	(1) 2 p sg ind pf a . . .	Id
5880	Ac 17,28	εἰρήκασιν	(1) 3 p pl ind pf a . .	Id
5881	Ac 8,24	εἰρήκατε	(1) 2 p pl ind pf a . .	Id
5882		εἰρήκει	(3) 3 p sg ind plpf a . .	Id
5883		εἴρηκεν	(8) 3 p sg ind pf a . . .	Id
5884	Heb 10,15	εἰρηκέναι	(1) inf pf a	Id
5885	Mt 26,75	εἰρηκότος	(1) gen mas sg part pf a .	Id
5886	*Apc 10,4	εἰρημένα	att acc neut pl part pf pass .	ῥέω
5887	*Ac 15,12	εἰρημένοις	att dat mas pl part pf pass .	Id
5888		εἰρημένον	(2) att nom neut sg part pf pass	Id
5889		εἰρημένον	(2) att acc neut sg part pf pass	Id
5890		εἰρηνεύετε	(3) 2 p pl imper pr a . .	εἰρηνεύω
5891	Rm 12,18	εἰρηνεύοντες	(1) nom mas pl part pr a .	Id

5892		εἰρήνη	(40)	nom sg	εἰρήνη
5893		εἰρήνῃ	(8)	dat sg	Id
5894		εἰρήνην	(25)	acc sg	Id
5895		εἰρήνης	(19)	gen sg	Id
5896	Ja 3,17	εἰρηνική	(1)	nom fem sg . .	εἰρηνικός
5897	Heb 12,11	εἰρηνικόν	(1)	acc mas sg . . .	Id
5898	Col 1,20	εἰρηνοποιήσας	(1)	nom mas sg part ao a	εἰρηνοποιέω
5899	Mt 5,9	εἰρηνοποιοί	(1)	nom mas pl . .	εἰρηνοποιός
5900	Lc 4,12	εἴρηται	(1)	3 p sg ind pf pass . .	λέγω
5901		εἰς	(1768)	prpo	εἰς
5902		εἷς	(98)	nom mas sg	εἷς
5903	Lc 14,21	εἰσάγαγε	(1)	2 p sg imper ao2 a . .	εἰσάγω
5904	Lc 2,27	εἰσαγαγεῖν	(1)	inf ao2 a . . .	Id
5905	Heb 1,6	εἰσαγάγῃ	(1)	3 p sg sbj ao2 a . .	Id
5906	*Ac 10,23	εἰσαγαγών		nom mas sg part ao2 a . .	Id
5907		εἰσάγεσθαι	(2)	inf pr pass . . .	Id
5908	Heb 5,7	εἰσακουσθείς	(1)	nom mas sg part ao pass	εἰσακούω
5909	Mt 6,7	εἰσακουσθήσονται	(1)	3 p pl ind fut pass	Id
5910	1Co 14,21	εἰσακούσονται	(1)	3 p pl ind fut . .	Id
5911	2Co 6,17	εἰσδέξομαι	(1)	1 p sg ind fut .	εἰσδέχομαι
5912	Ac 12,14	εἰσδραμοῦσα	(1)	nom fem sg part ao2 a .	εἰστρέχω
5913	Heb 3,18	εἰσελεύσεσθαι	(1)	inf fut . .	εἰσέρχομαι
5914		εἰσελεύσεται	(3)	3 p sg ind fut . .	Id
5915	Apc 3,20	εἰσελεύσομαι	(1)	1 p sg ind fut . .	Id
5916	*Jh 14,23	εἰσελευσόμεθα		1 p pl ind fut . . .	Id
5917		εἰσελεύσονται	(5)	3 p pl ind fut . .	Id
5918	*Ja 5,4	εἰσελήλυθαν		3 p pl ind pf2 . . .	Id
5919	Ja 5,4	εἰσεληλύθασιν	(1)	3 p pl ind pf2 . .	Id
5920	Jh 4,38	εἰσεληλύθατε	(1)	2 p pl ind pf2 . .	Id
5921	Mt 7,13	εἰσέλθατε	(1)	2 p pl imper ao2 . .	Id
5922	Mc 13,15	εἰσελθάτω	(1)	3 p sg imper ao2 . .	Id
5923		εἴσελθε	(4)	2 p sg imper ao2 . .	Id
5924		εἰσελθεῖν	(36)	inf ao2 . . .	Id
5925		εἰσέλθῃ	(9)	3 p sg sbj ao2 . . .	Id
5926		εἰσέλθῃς	(4)	2 p sg sbj ao2 . . .	Id
5927		εἰσέλθητε	(10)	2 p pl sbj ao2 . .	Id
5928		εἰσελθόντα	(2)	acc mas sg part ao2 .	Id
5929		εἰσελθόντα	(2)	nom neut pl part ao2 .	Id
5930		εἰσελθόντες	(5)	nom mas pl part ao2 .	Id
5931	Lc 17,7	εἰσελθόντι	(1)	dat mas sg part ao2 .	Id
5932		εἰσελθόντος	(3)	gen mas sg part ao2 .	Id
5933		εἰσελθόντων	(2)	gen mas pl part ao2 .	Id
5934	Mc 6,25	εἰσελθοῦσα	(1)	nom fem sg part ao2 .	Id
5935		εἰσελθοῦσαι	(2)	nom fem pl part ao2 .	Id
5936	Mc 6,22	εἰσελθούσης	(1)	gen fem sg part ao2 .	Id
5937	Mc 5,12	εἰσέλθωμεν	(1)	1 p pl sbj ao2 . .	Id
5938		εἰσελθών	(20)	nom mas sg part ao2 .	Id
5939		εἰσέλθωσιν	(2)	3 p pl sbj ao2 . .	Id
5940	Lc 5,18	εἰσενεγκεῖν	(1)	inf ao2 a . . .	εἰσφέρω

No.	Ref	Form	Count	Parse	Lemma
5941		εἰσενέγκῃς	(2)	2 p sg sbj ao2 a	εἰσφέρω
5942	Lc 5,19	εἰσενέγκωσιν	(1)	3 p pl sbj ao2 a	Id
5943	*Lc 11,4	(εἰσ)ενεχθῆναι		inf ao2 pass	Id
5944	Ac 16,29	εἰσεπήδησεν	(1)	3 p sg ind ao a	εἰσπηδάω
5945	Mc 6,56	εἰσεπορεύετο	(1)	3 p sg ind impf	εἰσπορεύομαι
5946	Mt 23,13	εἰσέρχεσθε	(1)	2 p pl ind pr	εἰσέρχομαι
5947	Lc 21,21	εἰσερχέσθωσαν	(1)	3 p pl imper pr	Id
5948	Heb 9,25	εἰσέρχεται	(1)	3 p sg ind pr	Id
5949	Lc 10,8	εἰσέρχησθε	(1)	2 p pl sbj pr	Id
5950	Heb 4,3	εἰσερχόμεθα	(1)	1 p pl ind pr	Id
5951	Heb 6,19	εἰσερχομένην	(1)	acc fem sg part pr	Id
5952		εἰσερχόμενοι	(2)	nom mas pl part pr	Id
5953	Mt 15,11	εἰσερχόμενον	(1)	nom neut sg part pr	Id
5954		εἰσερχόμενος	(3)	nom mas sg part pr	Id
5955	Lc 17,12	εἰσερχομένου	(1)	gen mas sg part pr	Id
5956		εἰσερχομένους	(2)	acc mas pl part pr	Id
5957	*Mc 3,20	εἰσέρχονται		3 p pl ind pr	Id
5958	*Heb 4,3	εἰσερχώμεθα		1 p pl sbj pr	Id
5959		εἰσήγαγεν	(3)	3 p sg ind ao2 a	εἰσάγω
5960		εἰσήγαγον	(3)	3 p pl ind ao2 a	Id
5961		εἰσῄει	(2)	3 p sg ind impf	εἴσειμι
5962		εἰσηκούσθη	(2)	3 p sg ind ao pass	εἰσακούω
5963	Lc 11,52	εἰσήλθατε	(1)	2 p pl ind ao2	εἰσέρχομαι
5964		εἰσῆλθεν	(43)	3 p sg ind ao2	Id
5965		εἰσῆλθες	(2)	2 p sg ind ao2	Id
5966		εἰσήλθομεν	(2)	1 p pl ind ao2	Id
5967		εἰσῆλθον	(2)	1 p sg ind ao2	Id
5968		εἰσῆλθον	(10)	3 p pl ind ao2	Id
5969	1Tm 6,7	εἰσηνέγκαμεν	(1)	1 p pl ind ao2 a	εἰσφέρω
5970	*Jh 18,16	εἰσήνεγκεν		3 p sg ind ao2 a	Id
5971	Heb 9,6	εἰσίασιν	(1)	3 p pl ind pr	εἴσειμι
5972	Ac 3,3	εἰσιέναι	(1)	inf pr	Id
5973		εἰσίν	(157)	3 p pl ind pr	εἰμί
5974	Ac 10,23	εἰσκαλεσάμενος	(1)	nom mas sg part ao m	εἰσκαλέω
5975		εἴσοδον	(3)	acc sg	εἴσοδος
5976	2Pt 1,11	εἴσοδος	(1)	nom sg	Id
5977	Ac 13,24	εἰσόδου	(1)	gen sg	Id
5978	*1Pt 2,3	εἴσπερ		err cf εἴπερ	
5979		εἰσπορεύεται	(3)	3 p sg ind pr	εἰσπορεύομαι
5980	Mc 4,19	εἰσπορευόμεναι	(1)	nom fem pl part pr	Id
5981		εἰσπορευόμενοι	(4)	nom mas pl part pr	Id
5982		εἰσπορευόμενον	(3)	nom neut sg part pr	Id
5983		εἰσπορευόμενος	(2)	nom mas sg part pr	Id
5984	Ac 28,30	εἰσπορευομένους	(1)	acc mas pl part pr	Id
5985	Ac 3,2	εἰσπορευομένων	(1)	gen mas pl part pr	Id
5986		εἰσπορεύονται	(2)	3 p pl ind pr	Id
5987		εἱστήκει	(7)	3 p sg ind plpf a	ἵστημι
5988		εἱστήκεισαν	(7)	3 p pl ind plpf a	Id
5989	*Ac 17,20	εἰσφέρει		3 p sg ind pr a	εἰσφέρω
5990	Ac 17,20	εἰσφέρεις	(1)	2 p sg ind pr a	Id

No.	Ref	Form	Freq	Analysis	Lemma
5991	Heb 13,11	εἰσφέρεται	(1)	3 p sg ind pr pass . .	εἰσφέρω
5992	Lc 12,11	εἰσφέρωσιν	(1)	3 p pl sbj pr a . .	Id
5993		εἶτα	(15)	adv	εἶτα
5994		εἴτε	(65)	conj	εἴτε
5995	*Ac 4,28	εἶτεν		adv	εἶτεν
5996	*Mc 8,16	εἶχαν		3 p pl ind impf a	ἔχω
5997	*Mt 13,44	εἴχε		err cf ἔχει	
5998		εἶχε(ν)	(25)	3 p sg ind impf a . .	Id
5999	Jh 19,11	εἶχες	(1)	2 p sg ind impf a . . .	Id
6000		εἴχετε	(2)	2 p pl ind impf a . . .	Id
6001		εἴχομεν	(2)	1 p pl ind impf a . .	Id
6002		εἶχον	(3)	1 p sg ind impf a . . .	Id
6003		εἶχον	(16)	3 p pl ind impf a . .	Id
6004		εἴχοσαν	(2)	3 p pl ind impf a . .	Id
6005		εἰώθει	(2)	3 p sg ind plpf a . .	εἴωθα
6006		εἰωθός	(2)	acc neut sg part pf2 a . .	Id
6007		εἴων	(2)	3 p pl ind impf a . . .	ἐάω
6008		ἐκ	(916)	prpo	ἐκ
6009		ἐκαθάρισεν	(2)	3 p sg ind ao a . .	καθαρίζω
6010		ἐκαθαρίσθη	(3)	3 p sg ind ao pass .	Id
6011		ἐκαθαρίσθησαν	(2)	3 p pl ind ao pass .	Id
6012		ἐκαθέζετο	(2)	3 p sg ind impf .	καθέζομαι
6013	Mt 26,55	ἐκαθεζόμην	(1)	1 p sg ind impf . .	Id
6014	Mt 8,24	ἐκάθευδεν	(1)	3 p sg ind impf a . .	καθεύδω
6015	Mt 25,5	ἐκάθευδον	(1)	3 p pl ind impf a . .	Id
6016	*Mc 11,7	ἐκάθησαν		cf ἐκάθισαν	
6017		ἐκάθητο	(11)	3 p sg ind impf . .	κάθημαι
6018	Apc 3,21	ἐκάθισα	(1)	1 p sg ind ao a . . .	καθίζω
6019		ἐκάθισαν	(3)	3 p pl ind ao a . .	Id
6020		ἐκάθισεν	(13)	3 p sg ind ao a . .	Id
6021	Ac 14,2	ἐκάκωσαν	(1)	3 p pl ind ao a . .	κακόω
6022	Ac 7,19	ἐκάκωσεν	(1)	3 p sg ind ao a . .	Id
6023	Mt 2,15	ἐκάλεσα	(1)	1 p sg ind ao a . . .	καλέω
6024	*Mt 10,25	ἐκάλεσαν		3 p pl ind ao a . . .	Id
6025		ἐκάλεσεν	(10)	3 p sg ind ao a . .	Id
6026		ἐκάλουν	(2)	3 p pl ind impf a . .	Id
6027		ἐκάμμυσαν	(2)	3 p pl ind ao a . .	καμμύω
6028	Rm 11,4	ἔκαμψαν	(1)	3 p pl ind ao a . . .	κάμπτω
6029	*Mc 16,#2	ἐκανόνισεν		3 p sg ind ao a . .	κανονίζω
6030	Heb 11,27	ἐκαρτέρησεν	(1)	3 p sg ind ao a . .	καρτερέω
6031	1Co 7,2	ἑκάστη	(1)	nom fem sg	ἕκαστος
6032	Heb 3,13	ἑκάστην	(1)	acc fem sg	Id
6033	Php 2,4	ἕκαστοι	(1)	nom mas pl	Id
6034		ἕκαστον	(11)	acc mas sg	Id
6035	Lc 6,44	ἕκαστον	(1)	nom neut sg	Id
6036	1Co 12,18	ἕκαστον	(1)	acc neut sg	Id
6037		ἕκαστος	(40)	nom mas sg . . .	Id
6038	2Pt 1,15	ἑκάστοτε	(1)	adv	ἑκάστοτε
6039		ἑκάστου	(6)	gen mas sg	ἕκαστος
6040	Eph 4,16	ἑκάστου	(1)	gen neut sg	Id
6041		ἑκάστῳ	(18)	dat mas sg	Id

6042	1Co 15,38	ἑκάστῳ (1)	dat neut sg	ἕκαστος
6043	*Heb 2,7	ἐκατέστησας	2 p sg ind ao a	καθίστημι
6044		ἑκατόν (11)	inde	ἑκατόν
6045	Ac 1,15	ἑκατονείκοσι (1)	inde	ἑκατονείκοσι
6046	Jh 21,11	ἑκατονπεντηκοντατριῶν (1)	gen	ἑκατονπεντηκοντατρεῖς
6047	Rm 4,19	ἑκατονταετής (1)	nom mas sg	ἑκατονταετής
6048	*Mt 19,29	ἑκατονταπλασίον	acc neut sg	ἑκατονταπλασίων
6049		ἑκατονταπλασίονα (3)	acc mas sg	Id
6050	Ac 21,32	ἑκατοντάρχας (1)	acc pl	ἑκατοντάρχης
6051		ἑκατοντάρχῃ (4)	dat sg	Id
6052		ἑκατοντάρχης (8)	nom sg	Id
6053	Ac 22,25	ἑκατόνταρχον (1)	acc sg	ἑκατόνταρχος
6054		ἑκατόνταρχος (3)	nom sg	Id
6055	Lc 7,2	ἑκατοντάρχου (1)	gen sg	Id
6056		ἑκατονταρχῶν (2)	gen pl	Id
6057		ἑκατοντεσσερακοντατέσσαρες (3)	nom fem pl	ἑκατοντεσσερακοντατέσσαρες
6058	Apc 21,17	ἑκατοντεσσερακοντατεσσάρων (1)	gen mas pl	Id
6059		ἐκαυματίσθη (2)	3 p sg ind ao pass	καυματίζω
6060	Apc 16,9	ἐκαυματίσθησαν (1)	3 p pl ind ao pass	Id
6061	*Mt 13,6	ἐκαυματώθη	3 p sg ind ao pass	καυματόω
6062		ἔκβαλε (5)	2 p sg imper ao2 a	ἐκβάλλω
6063		ἐκβαλεῖν (4)	inf ao2 a	Id
6064		ἐκβάλετε (2)	2 p pl imper ao2 a	Id
6065		ἐκβάλῃ (5)	3 p sg sbj ao2 a	Id
6066		ἐκβάλλει (10)	3 p sg ind pr a	Id
6067		ἐκβάλλειν (6)	inf pr a	Id
6068	Mt 8,31	ἐκβάλλεις (1)	2 p sg ind pr a	Id
6069	Mt 15,17	ἐκβάλλεται (1)	3 p sg ind pr pass	Id
6070	Mt 10,8	ἐκβάλλετε (1)	2 p pl imper pr a	Id
6071	Ac 27,38	ἐκβαλλόμενοι (1)	nom mas pl part pr m	Id
6072	Lc 13,28	ἐκβαλλομένους (1)	acc mas pl part pr pass	Id
6073		ἐκβάλλοντα (2)	acc mas sg part pr a	Id
6074		ἐκβάλλουσιν (3)	3 p pl ind pr a	Id
6075		ἐκβάλλω (5)	1 p sg ind pr a	Id
6076		ἐκβάλλων (2)	nom mas sg part pr a	Id
6077		ἐκβαλόντες (2)	nom mas pl part ao2 a	Id
6078	*Lc 11,14	ἐκβαλόντος	gen mas sg part ao2 a	Id
6079	Ja 2,25	ἐκβαλοῦσα (1)	nom fem sg part ao2 a	Id
6080	*Mc 16,17	ἐκβαλοῦσιν	3 p pl ind fut a	Id
6081		ἐκβάλω (3)	1 p sg sbj ao2 a	Id
6082		ἐκβαλών (3)	nom mas sg part ao2 a	Id
6083		ἐκβάλωσιν (3)	3 p pl sbj ao2 a	Id
6084		ἔκβασιν (2)	acc sg	ἔκβασις
6085	*Mc 16,9	ἐκβεβλήκει	3 p sg ind plpf a	ἐκβαλλω
6086	Mt 9,33	ἐκβληθέντος (1)	gen neut sg part ao pass	Id
6087	Jh 12,31	ἐκβληθήσεται (1)	3 p sg ind fut pass	Id
6088	Mt 8,12	ἐκβληθήσονται (1)	3 p pl ind fut pass	Id
6089	Ac 27,18	ἐκβολήν (1)	acc sg	ἐκβολή

6090	*Mt 22,30	ἐκγαμίζονται		3 p pl ind pr pass	ἐκγαμίζω
6091	*Mt 24,38	ἐκγαμίζοντες		nom mas pl part pr a	Id
6092	*1Co 7,38	ἐκγαμίζων		nom mas sg part pr a	Id
6093	*Mt 24,38	ἐκγαμίσκοντες		nom mas pl part pr a	ἐκγαμίσκω
6094	1Tm 5,4	ἔκγονα	(1)	acc neut pl	ἔκγονος
6095	2Co 12,15	ἐκδαπανηθήσομαι	(1)	1 p sg ind fut pass	ἐκδαπανάω
6096	*Ac 10,11	ἐκδεδεμένον		nom neut sg part pf pass	ἐκδέω
6097	1Co 11,33	ἐκδέχεσθε	(1)	2 p pl imper pr	ἐκδέχομαι
6098	Ja 5,7	ἐκδέχεται	(1)	3 p sg ind pr	Id
6099	1Co 16,11	ἐκδέχομαι	(1)	1 p sg ind pr	Id
6100	*Jh 5,3	ἐκδεχόμενοι		nom mas pl part pr	Id
6101	Heb 10,13	ἐκδεχόμενος	(1)	nom mas sg part pr	Id
6102	Ac 17,16	ἐκδεχομένου	(1)	gen mas sg part pr	Id
6103	*Jh 5,3	ἐκδεχομένων		gen mas pl part pr	Id
6104	2Tm 3,9	ἔκδηλος	(1)	nom fem sg	ἔκδηλος
6105	2Co 5,8	ἐκδημῆσαι	(1)	inf ao a	ἐκδημέω
6106	2Co 5,6	ἐκδημοῦμεν	(1)	1 p pl ind pr a	Id
6107	2Co 5,9	ἐκδημοῦντες	(1)	nom mas pl part pr a	Id
6108	Ac 13,41	ἐκδιηγῆται	(1)	3 p sg sbj pr	ἐκδιηγέομαι
6109	Ac 15,3	ἐκδιηγούμενοι	(1)	nom mas pl part pr	Id
6110	Apc 6,10	ἐκδικεῖς	(1)	2 p sg ind pr a	ἐκδικέω
6111	2Co 10,6	ἐκδικῆσαι	(1)	inf ao a	Id
6112	Lc 21,22	ἐκδικήσεως	(1)	gen sg	ἐκδίκησις
6113		ἐκδίκησιν	(6)	acc sg	Id
6114		ἐκδίκησις	(2)	nom sg	Id
6115	Lc 18,3	ἐκδίκησον	(1)	2 p sg imper ao a	ἐκδικέω
6116	Lc 18,5	ἐκδικήσω	(1)	1 p sg ind fut a	Id
6117		ἔκδικος	(2)	nom mas sg	ἔκδικος
6118	Rm 12,19	ἐκδικοῦντες	(1)	nom mas pl part pr a	ἐκδικέω
6119	*Apc 12,13	ἐκδιῶξαι		inf ao a	ἐκδιώκω
6120	1Th 2,15	ἐκδιωξάντων	(1)	gen mas pl part ao a	Id
6121	*Mt 10,23	ἐκδιώξουσιν		3 p pl ind fut a	Id
6122	Ac 2,23	ἔκδοτον	(1)	acc mas sg	ἔκδοτος
6123	Heb 10,27	ἐκδοχή	(1)	nom sg	ἐκδοχή
6124	2Co 5,3	ἐκδυσάμενοι	(1)	nom mas pl part ao m	ἐκδύω
6125		ἐκδύσαντες	(2)	nom mas pl part ao a	Id
6126	2Co 5,4	ἐκδύσασθαι	(1)	inf ao m	Id
6127	Mt 21,41	ἐκδώσεται	(1)	3 p sg ind fut m	ἐκδίδωμι
6128		ἐκεῖ	(105)	adv	ἐκεῖ
6129		ἐκεῖθεν	(37)	adv	ἐκεῖθεν
6130	Ac 20,2	ἐκεῖνα	(1)	acc neut pl	ἐκεῖνος
6131		ἐκεῖναι	(5)	nom fem pl	Id
6132		ἐκείναις	(16)	dat fem pl	Id
6133		ἐκείνας	(2)	acc fem pl	Id
6134		ἐκείνη	(9)	nom fem sg	Id
6135		ἐκείνῃ	(38)	dat fem sg	Id
6136		ἐκείνην	(10)	acc fem sg	Id
6137		ἐκείνης	(19)	gen fem sg	Id
6138	Mc 7,20	ἐκεῖνο	(1)	nom neut sg	Id
6139		ἐκεῖνο	(3)	acc neut sg	Id

6140		ἐκεῖνοι	(16)	nom mas pl	ἐκεῖνος
6141		ἐκείνοις	(8)	dat mas pl	Id
6142		ἐκεῖνον	(12)	acc mas sg	Id
6143		ἐκεῖνος	(58)	nom mas sg	Id
6144		ἐκείνου	(20)	gen mas sg	Id
6145		ἐκείνου	(2)	gen neut sg	Id
6146		ἐκείνους	(5)	acc mas pl	Id
6147		ἐκείνῳ	(9)	dat mas sg	Id
6148		ἐκείνων	(6)	gen mas pl	Id
6149	Mt 24,29	ἐκείνων	(1)	gen fem pl	Id
6150		ἐκείνων	(2)	gen neut pl	Id
6151		ἐκεῖσε	(2)	adv	ἐκεῖσε
6152		ἔκειτο	(4)	3 p sg ind impf	κεῖμαι
6153	*Mt 25,22	ἐκεκέρδησα		1 p sg ind ao a	ἐκκερδαίνω
6154	Ac 24,21	ἐκέκραξα	(1)	1 p sg ind ao a	κράζω
6155	Ac 16,22	ἐκέλευον	(1)	3 p pl ind impf a	κελεύω
6156		ἐκέλευσα	(2)	1 p sg ind ao a	Id
6157		ἐκέλευσεν	(15)	3 p sg ind ao a	Id
6158	Php 2,7	ἐκένωσεν	(1)	3 p sg ind ao a	κενόω
6159	Apc 18,6	ἐκέρασεν	(1)	3 p sg ind ao a	κεράννυμι
6160		ἐκέρδησα	(2)	1 p sg ind ao a	κερδαίνω
6161	Mt 18,15	ἐκέρδησας	(1)	2 p sg ind ao a	Id
6162		ἐκέρδησεν	(2)	3 p sg ind ao a	Id
6163	Mc 12,4	ἐκεφαλίωσαν	(1)	3 p pl ind ao a	κεφαλιόω
6164	Lc 11,50	ἐκζητηθῇ	(1)	3 p sg sbj ao pass	ἐκζητέω
6165	Lc 11,51	ἐκζητηθήσεται	(1)	3 p sg ind fut pass	Id
6166	Heb 12,17	ἐκζητήσας	(1)	nom mas sg part ao a	Id
6167	1Tm 1,4	ἐκζητήσεις	(1)	acc pl	ἐκζήτησις
6168	Ac 15,17	ἐκζητήσωσιν	(1)	3 p pl sbj ao a	ἐκζητέω
6169	Heb 11,6	ἐκζητοῦσιν	(1)	dat mas pl part pr a	Id
6170	Rm 3,11	ἐκζητῶν	(1)	nom mas sg part pr a	Id
6171		ἐκηρύξαμεν	(2)	1 p pl ind ao a	κηρύσσω
6172		ἐκήρυξαν	(2)	3 p pl ind ao a	Id
6173		ἐκήρυξεν	(2)	3 p sg ind ao a	Id
6174		ἐκήρυσσεν	(3)	3 p sg ind impf a	Id
6175	Mc 7,36	ἐκήρυσσον	(1)	3 p pl ind impf a	Id
6176	1Tm 3,16	ἐκηρύχθη	(1)	3 p sg ind ao pass	Id
6177	Mc 14,33	ἐκθαμβεῖσθαι	(1)	inf pr pass	ἐκθαμβέω
6178	Mc 16,6	ἐκθαμβεῖσθε	(1)	2 p pl imper pr pass	Id
6179	Ac 3,11	ἔκθαμβοι	(1)	nom mas pl	ἔκθαμβος
6180	Ac 7,19	ἔκθετα	(1)	acc neut pl	ἔκθετος
6181	*Mt 14,24	ἐκινδύνευεν		3 p sg ind impf a	κινδυνεύω
6182	Lc 8,23	ἐκινδύνευον	(1)	3 p pl ind impf a	Id
6183	Ac 21,30	ἐκινήθη	(1)	3 p sg ind ao pass	κινέω
6184	Apc 6,14	ἐκινήθησαν	(1)	3 p pl ind ao pass	Id
6185	1Co 5,7	ἐκκαθάρατε	(1)	2 p pl imper ao a	ἐκκαθαίρω
6186	2Tm 2,21	ἐκκαθάρῃ	(1)	3 p sg sbj ao a	Id
6187	*Eph 3,13	ἐκκακεῖν		inf pr a	ἐκκακέω
6188	*2Th 3,13	ἐκκακήσητε		2 p pl sbj ao a	Id

6189	*Ga 6,9	ἐκκακήσωμεν		1 p pl sbj ao a	ἐκκακέω
6190	*2Co 4,1	ἐκκακοῦμεν		1 p pl ind pr a	Id
6191	*Ga 6,9	ἐκκακῶμεν		1 p pl sbj pr a	Id
6192	Lc 11,50	ἐκκεχυμένον	(1)	nom neut sg part pf pass	ἐκχύννω
6193		ἐκκέχυται	(2)	3 p sg ind pf pass	Id
6194	Ga 4,17	ἐκκλεῖσαι	(1)	inf ao a	ἐκκλείω
6195		ἐκκλησία	(9)	nom sg	ἐκκλησία
6196		ἐκκλησίᾳ	(24)	dat sg	Id
6197		ἐκκλησίαι	(7)	nom pl	Id
6198		ἐκκλησίαις	(18)	dat pl	Id
6199		ἐκκλησίαν	(20)	acc sg	Id
6200		ἐκκλησίας	(26)	gen sg	Id
6201		ἐκκλησίας	(3)	acc pl	Id
6202	*2Pt 2,10	ἐκκλησιαστικάς		acc fem pl	ἐκκλησιαστικός
6203		ἐκκλησιῶν	(7)	gen pl	ἐκκλησία
6204	*Rm 16,17	ἐκκλίνατε		2 p pl imper ao a	ἐκκλίνω
6205	1Pt 3,11	ἐκκλινάτω	(1)	3 p sg imper ao a	Id
6206	Rm 16,17	ἐκκλίνετε	(1)	2 p pl imper pr a	Id
6207	Ac 27,42	ἐκκολυμβήσας	(1)	nom mas sg part ao a	ἐκκολυμβάω
6208	*1Co 9,12	ἐκκοπήν		acc sg	ἐκκοπή
6209	Rm 11,22	ἐκκοπήσῃ	(1)	2 p sg ind fut2 pass	ἐκκόπτω
6210		ἐκκόπτεται	(3)	3 p sg ind pr pass	Id
6211	Lc 13,9	ἐκκόψεις	(1)	2 p sg ind fut a	Id
6212		ἔκκοψον	(3)	2 p sg imper ao a	Id
6213	2Co 11,12	ἐκκόψω	(1)	1 p sg sbj ao a	Id
6214		ἔκλαιεν	(2)	3 p sg ind impf a	κλαίω
6215	Apc 5,4	ἔκλαιον	(1)	1 p sg ind impf a	Id
6216	Lc 8,52	ἔκλαιον	(1)	3 p pl ind impf a	Id
6217	Ac 23,22	ἐκλαλῆσαι	(1)	inf ao a	ἐκλαλέω
6218	Mt 13,43	ἐκλάμψουσιν	(1)	3 p pl ind fut a	ἐκλάμπω
6219	Mc 8,19	ἔκλασα	(1)	1 p sg ind ao a	κλάω
6220		ἔκλασεν	(6)	3 p sg ind ao a	Id
6221	*Rm 11,20	ἐκλάσθησαν		3 p pl ind ao pass	Id
6222	*Apc 18,19	ἔκλαυσαν		3 p pl ind ao a	κλαίω
6223	Lc 7,32	ἐκλαύσατε	(1)	2 p pl ind ao a	Id
6224		ἔκλαυσεν	(3)	3 p sg ind ao a	Id
6225	*Lc 6,44	ἐκλέγονται		3 p pl ind pr m	ἐκλέγω
6226	*Ac 18,19	ἔκλειπεν err ἐξέλειπεν		3 p sg ind impf a	ἐκλείπω
6227	*Lc 23,45	ἐκλειπόντος		gen mas sg part pr a	Id
6228	Apc 20,3	ἔκλεισεν	(1)	3 p sg ind ao a	κλείω
6229		ἐκλείσθη	(2)	3 p sg ind ao pass	Id
6230	Ac 21,30	ἐκλείσθησαν	(1)	3 p pl ind ao pass	Id
6231	Heb 1,12	ἐκλείψουσιν	(1)	3 p pl ind fut a	ἐκλείπω
6232	2Jh 1	ἐκλεκτῇ	(1)	dat fem sg	ἐκλεκτός
6233	2Jh 13	ἐκλεκτῆς	(1)	gen fem sg	Id
6234		ἐκλεκτοί	(3)	nom mas pl	Id
6235	1Pt 1,1	ἐκλεκτοῖς	(1)	dat mas pl	Id
6236		ἐκλεκτόν	(3)	acc mas sg	Id
6237	1Pt 2,9	ἐκλεκτόν	(1)	nom neut sg	Id
6238	Lc 23,35	ἐκλεκτός	(1)	nom mas sg	Id

6239		ἐκλεκτούς	(7)	acc mas pl . . .	ἐκλεκτός
6240		ἐκλεκτῶν	(4)	gen mas pl . . .	Id
6241	Lc 9,35	ἐκλελεγμένος	(1)	nom mas sg part pf (pass)	ἐκλέγομαι
6242	Heb 12,5	ἐκλέλησθε	(1)	2 p pl ind pf .	ἐκλανθάνομαι
6243	*Mt 9,36	ἐκλελυμένοι		nom mas pl part pf pass . .	ἐκλύω
6244	Ac 15,25	ἐκλεξαμένοις	(1)	dat mas pl part ao	ἐκλέγομαι
6245	Lc 6,13	ἐκλεξάμενος	(1)	nom mas sg part ao .	Id
6246	Ac 15,22	ἐκλεξαμένους	(1)	acc mas pl part ao .	Id
6247	Mt 28,13	ἔκλεψαν	(1)	3 p pl ind ao a . .	κλέπτω
6248		ἐκλήθη	(7)	3 p sg ind ao pass . .	καλέω
6249	*Eph 1,11	ἐκλήθημεν		1 p pl ind ao pass . . .	Id
6250		ἐκλήθης	(2)	2 p sg ind ao pass . .	Id
6251		ἐκλήθητε	(7)	2 p pl ind ao pass . .	Id
6252	Eph 1,11	ἐκληρώθημεν	(1)	1 p pl ind ao pass .	κληρόω
6253	Heb 11,34	ἔκλιναν	(1)	3 p pl ind ao a . . .	κλίνω
6254		ἐκλίπη	(2)	3 p sg sbj ao2 a . .	ἐκλείπω
6255	Lc 23,45	ἐκλιπόντος	(1)	gen mas sg part ao2 a .	Id
6256	Rm 11,7	ἐκλογή	(1)	nom sg	ἐκλογή
6257		ἐκλογήν	(5)	acc sg	Id
6258	Ac 9,15	ἐκλογῆς	(1)	gen sg	Id
6259	Mc 8,3	ἐκλυθήσονται	(1)	3 p pl ind fut pass .	ἐκλύω
6260	Mt 15,32	ἐκλυθῶσιν	(1)	3 p pl sbj ao pass . .	Id
6261		ἐκλυόμενοι	(2)	nom mas pl part pr pass .	Id
6262	Heb 12,5	ἐκλύου	(1)	2 p sg imper pr pass . .	Id
6263	*2Co 5,3	ἐκλυσάμενοι		nom mas pl part ao m . .	Id
6264	*Jh 12,32	ἐκλύσω		1 p sg ind fut a	ἐκλύω
6265	*2Tm 3,6	ἐκμαλωτίζοντες		nom mas pl part pr a .	ἐκμαλωτίζω
6266	Jh 11,2	ἐκμάξασα	(1)	nom fem sg part ao a . .	ἐκμάσσω
6267	Jh 13,5	ἐκμάσσειν	(1)	inf pr a	Id
6268	1Co 15,34	ἐκνήψατε	(1)	2 p pl imper ao a . .	ἐκνήφω
6269		ἐκοιμήθη	(2)	3 p sg ind ao pass . .	κοιμάω
6270		ἐκοιμήθησαν	(2)	3 p pl ind ao pass . .	Id
6271	Rm 15,27	ἐκοινώνησαν	(1)	3 p pl ind ao a . .	κοινωνέω
6272	Php 4,15	ἐκοινώνησεν	(1)	3 p sg ind ao a . .	Id
6273	Mt 26,67	ἐκολάφισαν	(1)	3 p pl ind ao a . .	κολαφίζω
6274	Lc 15,15	ἐκολλήθη	(1)	3 p sg ind ao pass . .	κολλάω
6275	Apc 18,5	ἐκολλήθησαν	(1)	3 p pl ind ao pass .	Id
6276	Mt 24,22	ἐκολοβώθησαν	(1)	3 p pl ind ao pass .	κολοβόω
6277		ἐκολόβωσεν	(2)	3 p sg ind ao a . .	Id
6278	Mt 25,27	ἐκομισάμην	(1)	1 p sg ind ao m . .	κομίζω
6279	Heb 11,39	ἐκομίσαντο	(1)	3 p pl ind ao m . .	Id
6280	Heb 11,19	ἐκομίσατο	(1)	3 p sg ind ao m . .	Id
6281		ἐκόπασεν	(3)	3 p sg ind ao a . .	κοπάζω
6282		ἐκοπίασα	(2)	1 p sg ind ao a . .	κοπιάω
6283	*Jh 21,6	ἐκοπιάσαμεν		1 p pl ind ao a . . .	Id
6284	*Apc 2,3	ἐκοπίασας		2 p sg ind ao a . . .	Id
6285		ἐκοπίασεν	(2)	3 p sg ind ao a . .	Id
6286	Mt 21,8	ἔκοπτον	(1)	3 p pl ind impf a . .	κόπτω
6287		ἐκόπτοντο	(2)	3 p pl ind impf m . .	Id

6288	Mt 25,7	ἐκόσμησαν (1)	3 p pl ind ao a . .	κοσμέω
6289	1Pt 3,5	ἐκόσμουν (1)	3 p pl ind impf a . .	Id
6290	Rm 8,20	ἑκοῦσα (1)	nom fem sg	ἑκών
6291	Phm 14	ἑκούσιον (1)	acc neut sg . . .	ἑκούσιος
6292		ἑκουσίως (2)	adv	ἑκουσίως
6293	Ac 27,38	ἐκούφιζον (1)	3 p pl ind impf a . .	κουφίζω
6294	Mt 11,17	ἐκόψασθε (1)	2 p pl ind ao m . . .	κόπτω
6295		ἔκπαλαι (2)	adv	ἔκπαλαι
6296	*Jh 8,4	ἐκπειράζοντες	nom mas pl part pr a .	ἐκπειράζω
6297	1Co 10,9	ἐκπειράζωμεν (1)	1 p pl sbj pr a . .	Id
6298	Lc 10,25	ἐκπειράζων (1)	nom mas sg part pr a .	Id
6299		ἐκπειράσεις (2)	2 p sg ind fut a . .	Id
6300	Ac 13,4	ἐκπεμφθέντες (1)	nom mas pl part ao pass	ἐκπέμπω
6301	Ac 13,33	ἐκπεπλήρωκεν (1)	3 p sg ind pf a . .	ἐκπληρόω
6302	*Apc 2,5	ἐκπέπτωκας	2 p sg ind pf a . . .	ἐκπίπτω
6303	Rm 9,6	ἐκπέπτωκεν (1)	3 p sg ind pf a . .	Id
6304	*1Th 5,13	ἐκπερισσοῦ	cf ἐκ περισσοῦ	
6305	Mc 14,31	ἐκπερισσῶς (1)	adv . . .	ἐκπερισσῶς
6306		ἐκπεσεῖν (2)	inf ao2 a . . .	ἐκπίπτω
6307	2Pt 3,17	ἐκπέσητε (1)	2 p pl sbj ao2 a . .	Id
6308	Ac 27,29	ἐκπέσωμεν (1)	1 p pl sbj ao2 a . .	Id
6309	Ac 27,17	ἐκπέσωσιν (1)	3 p pl sbj ao a . .	Id
6310	Ac 16,27	ἐκπεφευγέναι (1)	inf pf2 a . . .	ἐκφεύγω
6311	*Ac 10,25	ἐκπηδήσας	nom mas sg part ao a . .	ἐκπηδάω
6312	*1Co 13,8	ἐκπίπτει	3 p sg ind pr a . . .	ἐκπίπτω
6313	*Mc 13,25	ἐκπίπτοντες	nom mas pl part pr a . .	Id
6314	Ac 15,39	ἐκπλεῦσαι (1)	inf ao a . . .	ἐκπλέω
6315	Ac 21,26	ἐκπλήρωσιν (1)	acc sg . . .	ἐκπλήρωσις
6316	Mt 13,54	ἐκπλήσσεσθαι (1)	inf pr pass . .	ἐκπλήσσω
6317	Ac 13,12	ἐκπλησσόμενος (1)	nom mas sg part pr pass	Id
6318	*1Pt 3,3	ἐκπλοκῆς	gen sg	ἐκπλοκή
6319		ἐκπορεύεσθαι (2)	inf pr . .	ἐκπορεύομαι
6320	Eph 4,29	ἐκπορευέσθω (1)	3 p sg imper pr . .	Id
6321		ἐκπορεύεται (8)	3 p sg ind pr . .	Id
6322		ἐκπορευόμενα (2)	nom neut pl part pr .	Id
6323	Apc 1,16	ἐκπορευομένη (1)	nom fem sg part pr .	Id
6324	Mc 6,11	ἐκπορευόμενοι (1)	nom mas pl part pr .	Id
6325		ἐκπορευομένοις (2)	dat mas pl part pr .	Id
6326	Apc 22,1	ἐκπορευόμενον (1)	acc mas sg part pr .	Id
6327		ἐκπορευόμενον (2)	nom neut sg part pr .	Id
6328	Ac 9,28	ἐκπορευόμενος (1)	nom mas sg part pr .	Id
6329		ἐκπορευομένου (3)	gen mas sg part pr .	Id
6330	Apc 9,18	ἐκπορευομένου (1)	gen neut sg part pr .	Id
6331	Mt 4,4	ἐκπορευομένῳ (1)	dat neut sg part pr .	Id
6332	Mt 20,29	ἐκπορευομένων (1)	gen mas pl part pr .	Id
6333		ἐκπορεύονται (2)	3 p pl ind pr . .	Id
6334	Jh 5,29	ἐκπορεύσονται (1)	3 p pl ind fut . .	Id
6335	Ju 7	ἐκπορνεύσασαι (1)	nom fem pl part ao a	ἐκπορνεύω
6336	*2Pt 3,10	ἐκπυρωθήσεται	3 p sg ind fut pass . .	ἐκπυρόω

6337		ἔκραζεν	(5)	3 p sg ind impf a	κράζω
6338		ἔκραζον	(8)	3 p pl ind impf a	Id
6339		ἔκραξαν	(7)	3 p pl ind ao a	Id
6340		ἔκραξεν	(10)	3 p sg ind ao a	Id
6341		ἐκραταιοῦτο	(2)	3 p sg ind impf pass	κραταιόω
6342	*Mc 14,49	ἐκρατεῖτε		2 p pl ind impf a	κρατέω
6343	Ac 24,6	ἐκρατήσαμεν	(1)	1 p pl ind ao a	Id
6344		ἐκράτησαν	(4)	3 p pl ind ao a	Id
6345		ἐκρατήσατε	(2)	2 p pl ind ao a	Id
6346		ἐκράτησεν	(3)	3 p sg ind ao a	Id
6347	Lc 24,16	ἐκρατοῦντο	(1)	3 p pl ind impf pass	Id
6348	Jh 12,13	ἐκραύγαζον	(1)	3 p pl ind impf a	κραυγάζω
6349		ἐκραύγασαν	(4)	3 p pl ind ao a	Id
6350	Jh 11,43	ἐκραύγασεν	(1)	3 p sg ind ao a	Id
6351	Ju 12	ἐκριζωθέντα	(1)	nom neut pl part ao pass	ἐκριζόω
6352	Mt 15,13	ἐκριζωθήσεται	(1)	3 p sg ind fut pass	Id
6353	Lc 17,6	ἐκριζώθητι	(1)	2 p sg imper ao pass	Id
6354	Mt 13,29	ἐκριζώσητε	(1)	2 p pl sbj ao a	Id
6355	Ac 27,1	ἐκρίθη	(1)	3 p sg ind ao pass	κρίνω
6356		ἐκρίθησαν	(2)	3 p pl ind ao pass	Id
6357		ἔκρινα	(3)	1 p sg ind ao a	Id
6358		ἔκρινας	(2)	2 p sg ind ao a	Id
6359		ἔκρινεν	(2)	3 p sg ind ao a	Id
6360	1Co 11,31	ἐκρινόμεθα	(1)	1 p pl ind impf pass	Id
6361		ἐκρύβη	(4)	3 p sg ind ao2 pass	κρύπτω
6362	Mt 25,25	ἔκρυψα	(1)	1 p sg ind ao a	Id
6363	Apc 6,15	ἔκρυψαν	(1)	3 p pl ind ao a	Id
6364	Mt 11,25	ἔκρυψας	(1)	2 p sg ind ao a	Id
6365	*Lc 11,52	ἐκρύψατε		2 p pl ind ao a	Id
6366		ἔκρυψεν	(2)	3 p sg ind ao a	Id
6367		ἐκστάσει	(3)	dat sg	ἔκστασις
6368	Ac 3,10	ἐκστάσεως	(1)	gen sg	Id
6369		ἔκστασις	(3)	nom sg	Id
6370	*Ac 27,39	ἐκσῶσαι		inf ao a	ἐκσῴζω
6371	Ac 16,20	ἐκταράσσουσιν	(1)	3 p pl ind pr a	ἐκταράσσω
6372	Ac 7,21	ἐκτεθέντος	(1)	gen mas sg part ao pass	ἐκτίθημι
6373		ἐκτείνας	(7)	nom mas sg part ao a	ἐκτείνω
6374		ἐκτείνειν	(2)	inf pr a	Id
6375		ἔκτεινον	(3)	2 p sg imper ao a	Id
6376		ἐκτελέσαι	(2)	inf ao a	ἐκτελέω
6377	Ac 26,7	ἐκτενείᾳ	(1)	dat sg	ἐκτένεια
6378	Jh 21,18	ἐκτενεῖς	(1)	2 p sg ind fut a	ἐκτείνω
6379	*Lc 22,44	ἐκτενέστερον		adv	ἐκτενέστερον
6380	1Pt 4,8	ἐκτενῆ	(1)	acc fem sg	ἐκτενής
6381	*Ac 12,5	ἐκτενής		nom fem sg	Id
6382		ἐκτενῶς	(3)	adv	ἐκτενῶς
6383		ἕκτη	(3)	nom fem sg	ἕκτος
6384		ἕκτην	(3)	acc fem sg	Id
6385		ἕκτης	(2)	gen fem sg	Id

6386 Ac 22,28 ἐκτησάμην (1) 1 p sg ind ao . . . κτάομαι
6387 Ac 1,18 ἐκτήσατο (1) 3 p sg ind ao . . . Id
6388 Ac 13,51 ἐκτιναξάμενοι (1) nom mas pl part ao m ἐκτινάσσω
6389 Ac 18,6 ἐκτιναξάμενος (1) nom mas sg part ao m . Id
6390 ἐκτινάξατε (2) 2 p pl imper ao a . . Id
6391 Apc 4,11 ἔκτισας (1) 2 p sg ind ao a . . κτίζω
6392 ἔκτισεν (3) 3 p sg ind ao a . . . Id
6393 ἐκτίσθη (2) 3 p sg ind ao pass . . Id
6394 Apc 4,11 ἐκτίσθησαν (1) 3 p pl ind ao pass . . Id
6395 Col 1,16 ἔκτισται (1) 3 p sg ind pf pass . . Id
6396 ἐκτός (8) adv . . . . . . ἐκτός
6397 ἕκτος (4) nom mas sg . . . . . ἕκτος
6398 Heb 12,13 ἐκτραπῇ (1) 3 p sg sbj ao2 pass . . ἐκτρέπω
6399 2Tm 4,4 ἐκτραπήσονται (1) 3 p pl ind fut2 pass . Id
6400 1Tm 6,20 ἐκτρεπόμενος (1) nom mas sg part pr m . Id
6401 Eph 5,29 ἐκτρέφει (1) 3 p sg ind pr a . . ἐκτρέφω
6402 Eph 6,4 ἐκτρέφετε (1) 2 p pl imper pr a . . Id
6403 *Apc 12,6 ἐκτρέφωσιν 3 p pl sbj pr a . . . Id
6404 *Heb 12,21 ἔκτρομος nom sg . . . . . . ἔκτρομος
6405 1Co 15,8 ἐκτρώματι (1) dat sg . . . . . ἔκτρωμα
6406 ἕκτῳ (2) dat mas sg . . . . . ἕκτος
6407 Apc 20,9 ἐκύκλευσαν (1) 3 p pl ind ao a . . κυκλεύω
6408 Jh 10,24 ἐκύκλωσαν (1) 3 p pl ind ao a . . κυκλόω
6409 Mc 9,20 ἐκυλίετο (1) 3 p sg ind impf . . κυλίομαι
6410 ἐκύλιον 3 p pl ind impf a . . . κυλίω
6411 *Lc 23,53 ἐκύλισον err cf ἐκύλιον
6412 Ac 5,15 ἐκφέρειν (1) inf pr a . . . . . ἐκφέρω
6413 Heb 6,8 ἐκφέρουσα (1) nom fem sg part pr a . Id
6414 Rm 2,3 ἐκφεύξῃ (1) 2 p sg ind fut m . . ἐκφεύγω
6415 Heb 2,3 ἐκφευξόμεθα (1) 1 p pl ind fut m . . Id
6416 *1Th 5,3 ἐκφεύξονται 3 p pl ind fut m . . Id
6417 2Co 10,9 ἐκφοβεῖν (1) inf pr a . . . . . ἐκφοβέω
6418 Mc 9,6 ἔκφοβοι (1) nom mas pl . . . . . ἔκφοβος
6419 Heb 12,21 ἔκφοβος (1) nom mas sg . . . . . Id
6420 ἐκφυγεῖν (2) inf ao2 a . . . . . ἐκφεύγω
6421 1Th 5,3 ἐκφύγωσιν (1) 3 p pl sbj ao2 a . . Id
6422 ἐκφύῃ (2) 3 p sg sbj pr a . . . ἐκφύω
6423 Rm 3,15 ἐκχέαι (1) inf ao a . . . . . ἐκχέω
6424 Apc 16,1 ἐκχέετε (1) 2 p pl imper pr a . . Id
6425 Mt 9,17 ἐκχεῖται (1) 3 p sg ind pr pass . . Id
6426 ἐκχεῶ (2) 1 p sg ind fut a . . . Id
6427 Lc 5,37 ἐκχυθήσεται (1) 3 p sg ind fut pass . ἐκχύννω
6428 ἐκχυννόμενον (5) nom neut sg part pr pass ἐκχύννω
6429 Lc 21,21 ἐκχωρείτωσαν (1) 3 p pl imper pr a . ἐκχωρέω
6430 *Ac 17,15 ἐκωλύθη 3 p sg ind ao pass . . . κωλύω
6431 Rm 1,13 ἐκωλύθην (1) 1 p sg ind ao pass . . Id
6432 ἐκωλύομεν (2) 1 p pl ind impf a . . Id
6433 *Ac 19,30 ἐκώλυον 3 p pl ind impf a . . . Id
6434 *Mc 9,38 ἐκωλύσαμεν 1 p pl ind ao a . . . Id

No.	Ref.	Form	Freq.	Analysis	Lemma
6435	Lc 11,52	ἐκωλύσατε	(1)	2 p pl ind ao a	κωλύω
6436		ἐκώλυσεν	(2)	3 p sg ind ao a	Id
6437	1Co 9,17	ἑκών	(1)	nom mas sg	ἑκών
6438		ἔλαβε(ν)	(22)	3 p sg ind ao2 a	λαμβάνω
6439		ἔλαβες	(2)	2 p sg ind ao2 a	Id
6440		ἐλάβετε	(12)	2 p pl ind ao2 a	Id
6441		ἐλάβομεν	(7)	1 p pl ind ao2 a	Id
6442		ἔλαβον	(6)	1 p sg ind ao2 a	Id
6443		ἔλαβον	(20)	3 p pl ind ao2 a	Id
6444	*2Th 3,6	ἐλάβοσαν		3 p pl ind ao2 a	Id
6445	Lc 8,47	ἔλαθεν	(1)	3 p sg ind ao2 a	λανθάνω
6446	Heb 13,2	ἔλαθον	(1)	3 p pl ind ao2 a	Id
6447	Rm 11,24	ἐλαίᾳ	(1)	dat sg	ἐλαία
6448	Apc 11,4	ἐλαῖαι	(1)	nom pl	Id
6449	Rm 11,17	ἐλαίας	(1)	gen sg	Id
6450	Ja 3,12	ἐλαίας	(1)	acc pl	Id
6451		ἔλαιον	(6)	acc sg	ἔλαιον
6452		ἐλαίου	(2)	gen sg	Id
6453		ἐλαίῳ	(3)	dat sg	Id
6454		ἐλαιῶν	(9)	gen pl	ἐλαία
6455		ἐλαιών	(2)	nom sg	ἐλαιών
6456	Ac 1,12	ἐλαιῶνος	(1)	gen sg	Id
6457	Ac 1,18	ἐλάκησεν	(1)	3 p sg ind ao a	λακάω
6458		ἐλάλει	(20)	3 p sg ind impf a	λαλέω
6459	*Lc 24,32	ἐλάλη		cf ἐλάλει	
6460		ἐλαλήθη	(2)	3 p sg ind ao pass	Id
6461		ἐλάλησα	(8)	1 p sg ind ao a	Id
6462	2Co 7,14	ἐλαλήσαμεν	(1)	1 p pl ind ao a	Id
6463		ἐλάλησαν	(11)	3 p pl ind ao a	Id
6464	Lc 12,3	ἐλαλήσατε	(1)	2 p pl ind ao a	Id
6465		ἐλάλησεν	(31)	3 p sg ind ao a	Id
6466	Ac 16,13	ἐλαλοῦμεν	(1)	1 p pl ind impf a	Id
6467	1Co 13,11	ἐλάλουν	(1)	1 p sg ind impf a	Id
6468		ἐλάλουν	(5)	3 p pl ind impf a	Id
6469	Ac 8,17	ἐλάμβανον	(1)	3 p pl ind impf a	λαμβάνω
6470	Ac 2,9	Ἐλαμῖται	(1)	nom pl	Ἐλαμίτης
6471		ἔλαμψεν	(3)	3 p sg ind ao a	λάμπω
6472	*Ju 23	ἐλάσατε		2 p pl imper ao a	ἐλάω
6473	*2Co 12,15	ἔλασσον		nom neut sg	ἐλάσσων
6474	Rm 9,12	ἐλάσσονι	(1)	dat mas sg	Id
6475	Jh 2,10	ἐλάσσω	(1)	acc mas sg	Id
6476	Mt 27,60	ἐλατόμησεν	(1)	3 p sg ind ao a	λατομέω
6477	Rm 1,25	ἐλάτρευσαν	(1)	3 p pl ind ao a	λατρεύω
6478	Heb 7,7	ἔλαττον	(1)	nom neut sg	ἐλάσσων
6479	1Tm 5,9	ἔλαττον	(1)	adv	Id
6480	Jh 3,30	ἐλαττοῦσθαι	(1)	inf pr pass	ἐλαττόω
6481	*2Co 12,13	ἐλαττωθῆτε		2 p pl sbj ao pass	Id
6482	Mc 6,48	ἐλαύνειν	(1)	inf pr a	ἐλαύνω
6483	Ja 3,4	ἐλαυνόμενα	(1)	nom neut pl part pr pass	Id
6484	2Pt 2,17	ἐλαυνόμεναι	(1)	nom fem pl part pr pass	Id

6485	*2Pt 2,17	ἐλαυνομένη	nom fem sg part pr pass .	ἐλαύνω
6486	*Mc 6,48	ἐλαύνοντας	acc mas pl part pr a . .	Id
6487	2Co 1,17	ἐλαφρίᾳ	(1) dat sg	ἐλαφρία
6488		ἐλαφρόν	(2) nom neut sg . . .	ἐλαφρός
6489		ἔλαχε(ν)	(2) 3 p sg ind ao2 a . .	λαγχάνω
6490	Mt 2,6	ἐλαχίστη	(1) nom fem sg . .	ἐλάχιστος
6491		ἐλάχιστον	(2) acc neut sg . . .	Id
6492		ἐλάχιστος	(2) nom mas sg . . .	Id
6493	Eph 3,8	ἐλαχιστοτέρῳ	(1) superl dat mas sg .	Id
6494	Ja 3,4	ἐλαχίστου	(1) gen neut sg . . .	Id
6495		ἐλαχίστῳ	(3) dat neut sg . . .	Id
6496		ἐλαχίστων	(2) gen mas pl . . .	Id
6497	Mt 5,19	ἐλαχίστων	(1) gen fem pl . . .	Id
6498	1Co 6,2	ἐλαχίστων	(1) gen neut pl . . .	Id
6499		Ἐλεάζαρ	(2) inde	Ἐλεάζαρ
6500		ἐλεᾶτε	(2) 2 p pl imper pr a . .	ἐλεάω
6501		ἔλεγεν	(72) 3 p sg ind impf a . .	λέγω
6502	Lc 17,6	ἐλέγετε	(1) 2 p pl ind impf a . .	Id
6503	*1Th 2,5	ἐλέγετο	3 p sg ind impf pass . .	λέγω
6504	2Tm 3,16	ἐλεγμόν	(1) acc sg	ἐλεγμός
6505	Ju 15	ἐλέγξαι	(1) inf ao a	ἐλέγχω
6506	Jh 16,8	ἐλέγξει	(1) 3 p sg ind fut a . .	Id
6507	2Pt 2,16	ἔλεγξιν	(1) acc sg	ἔλεγξις
6508		ἔλεγξον	(2) 2 p sg imper ao a . .	ἐλέγχω
6509	*Jh 8,48	ἐλέγομεν	1 p pl ind impf a . . .	λέγω
6510		ἔλεγον	(3) 1 p sg ind impf a . .	Id
6511		ἔλεγον	(76) 3 p pl ind impf a . .	Id
6512	*Mc 6,14	ἐλέγοσαν	3 p pl ind impf a . . .	Id
6513		ἔλεγχε	(3) 2 p sg imper pr a . .	ἐλέγχω
6514	Jh 8,46	ἐλέγχει	(1) 3 p sg ind pr a . .	Id
6515	Tit 1,9	ἐλέγχειν	(1) inf pr a . . .	Id
6516	*Ac 6,10	ἐλέγχεσθαι	inf pr pass . . .	Id
6517	1Co 14,24	ἐλέγχεται	(1) 3 p sg ind pr pass .	Id
6518	Eph 5,11	ἐλέγχετε	(1) 2 p pl imper pr a . .	Id
6519	Jh 3,20	ἐλεγχθῇ	(1) 3 p sg sbj ao pass . .	Id
6520	Eph 5,13	ἐλεγχόμενα	(1) nom neut pl part pr pass	Id
6521	Ja 2,9	ἐλεγχόμενοι	(1) nom mas pl part pr pass	Id
6522		ἐλεγχόμενος	(2) nom mas sg part pr pass	Id
6523	*2Tm 3,16	ἔλεγχον	acc sg	ἔλεγχος
6524	Heb 11,1	ἔλεγχος	(1) nom sg	Id
6525	Apc 3,19	ἐλέγχω	(1) 1 p sg ind pr a . . .	ἐλέγχω
6526		ἐλέει	(2) dat sg	ἔλεος
6527	Rm 9,18	ἐλεεῖ	(1) 3 p sg ind pr a . . .	ἐλεέω
6528	Apc 3,17	ἐλεεινός	(1) nom mas sg . . .	ἐλεεινός
6529	1Co 15,19	ἐλεεινότεροι	(1) comp nom mas pl .	Id
6530	*Ju 22	ἐλεεῖτε	2 p pl imper pr a . . .	ἐλεέω
6531	1Pt 2,10	ἐλεηθέντες	(1) nom mas pl part ao pass	Id
6532	Mt 5,7	ἐλεηθήσονται	(1) 3 p pl ind fut pass .	Id
6533	Rm 11,31	ἐλεηθῶσιν	(1) 3 p pl sbj ao pass .	Id
6534	Mt 5,7	ἐλεήμονες	(1) nom mas pl . . .	ἐλεήμων
6535		ἐλεημοσύναι	(2) nom pl . .	ἐλεημοσύνη

No.	Ref.	Form	Analysis	Lemma
6536		ἐλεημοσύνας	(2) acc pl	ἐλεημοσύνη
6537	Mt 6,4	ἐλεημοσύνη	(1) nom sg	Id
6538		ἐλεημοσύνην	(7) acc sg	Id
6539	Ac 9,36	ἐλεημοσυνῶν	(1) gen pl	Id
6540	Heb 2,17	ἐλεήμων	(1) nom mas sg	ἐλεήμων
6541	Mt 18,33	ἐλεῆσαι	(1) inf ao a	ἐλεέω
6542	Rm 11,32	ἐλεήσῃ	(1) 3 p sg sbj ao a	Id
6543		ἐλέησον	(11) 2 p sg imper ao a	Id
6544	Rm 9,15	ἐλεήσω	(1) 1 p sg ind fut a	Id
6545	*Lc 16,21	ἔλειχον	3 p pl ind impf a	λείχω
6546	*Mt 23,23	ἔλεον	acc sg	ἔλεος
6547		ἔλεος	(8) nom sg	Id
6548		ἔλεος	(12) acc sg	Id
6549		ἐλέους	(5) gen sg	Id
6550	*Jh 9,28	ἐλευδόρησαν	cf ἐλοιδόρησαν	
6551		ἐλευθέρα	(3) nom fem sg	ἐλεύθερος
6552		ἐλευθέρας	(4) gen fem sg	Id
6553		ἐλευθερία	(2) nom sg	ἐλευθερία
6554		ἐλευθερίᾳ	(2) dat sg	Id
6555		ἐλευθερίαν	(5) acc sg	Id
6556		ἐλευθερίας	(2) gen sg	Id
6557		ἐλεύθεροι	(6) nom mas pl	ἐλεύθερος
6558		ἐλεύθερος	(8) nom mas sg	Id
6559	Apc 13,16	ἐλευθέρους	(1) acc mas pl	Id
6560	*Rm 8,21	ἐλευθεροῦται	3 p sg ind pr pass	ἐλευθερόω
6561		ἐλευθερωθέντες	(2) nom mas pl part ao pass	Id
6562	*Eph 3,12	ἐλευθερωθῆναι	inf ao pass	Id
6563	Rm 8,21	ἐλευθερωθήσεται	(1) 3 p sg ind fut pass	Id
6564	Apc 19,18	ἐλευθέρων	(1) gen mas pl	ἐλεύθερος
6565	Jh 8,32	ἐλευθερώσει	(1) 3 p sg ind fut a	ἐλευθερόω
6566	*Ga 5,1	ἐλευθέρωσεν	err cf ἠλευθέρωσεν	
6567	Jh 8,36	ἐλευθερώσῃ	(1) 3 p sg sbj ao a	Id
6568	Apc 7,14	ἐλεύκαναν	(1) 3 p pl ind ao a	λευκαίνω
6569		ἐλεύσεται	(5) 3 p sg ind fut	ἔρχομαι
6570	Ac 7,52	ἐλεύσεως	(1) gen sg	ἔλευσις
6571		ἐλεύσομαι	(6) 1 p sg ind fut	ἔρχομαι
6572	Jh 14,23	ἐλευσόμεθα	(1) 1 p pl ind fut	Id
6573		ἐλεύσονται	(10) 3 p pl ind fut	Id
6574	Apc 18,12	ἐλεφάντινον	(1) acc neut sg	ἐλεφάντινος
6575	Rm 9,15	ἐλεῶ	(1) 1 p sg sbj pr a	ἐλεέω
6576	Rm 12,8	ἐλεῶν	(1) nom mas sg part pr a	Id
6577	Rm 9,16	ἐλεῶντος	(1) gen mas sg part pr a	ἐλεάω
6578	Jh 6,19	ἐληλακότες	(1) nom mas pl part pf a	ἐλαύνω
6579		ἐλήλυθα	(7) 1 p sg ind pf2	ἔρχομαι
6580		ἐλήλυθας	(2) 2 p sg ind pf2	Id
6581	*Ja 5,4	ἐλήλυθασιν	3 p pl ind pf2	Id
6582		ἐλήλυθει	(6) 3 p sg ind plpf	Id
6583	Jh 11,19	ἐληλύθεισαν	(1) 3 p pl ind plpf	Id
6584		ἐλήλυθεν	(8) 3 p sg ind pf2	Id
6585	*1Jh 4,2	ἐληλυθέναι	inf pf2	Id
6586		ἐληλυθότα	(2) acc mas sg part pf2	Id

6587	Lc 5,17	ἐληλυθότες	(1)	nom mas pl part pf2 .	ἔρχομαι
6588	*Lc 6,17	ἐληλυθοτῶν		gen fem pl part pf2 . .	Id
6589	Mc 9,1	ἐληλυθυῖαν	(1)	acc fem sg part pf2 .	Id
6590	Mt 10,13	ἐλθάτω	(1)	3 p sg imper ao2 . .	Id
6591		ἐλθέ	(2)	2 p sg imper ao2 . . .	Id
6592		ἐλθεῖν	(40)	inf ao2	Id
6593		ἐλθέτω	(2)	3 p sg imper ao2 . .	Id
6594		ἔλθῃ	(31)	3 p sg sbj ao2 . . .	Id
6595	Lc 23,42	ἔλθῃς	(1)	2 p sg sbj ao2 . . .	Id
6596	Mc 14,38	ἔλθητε	(1)	2 p pl sbj ao2 . . .	Id
6597		ἐλθόν	(2)	nom neut sg part ao2 . .	Id
6598	Mt 17,25	ἐλθόντα	(1)	acc mas sg part ao2 . .	Id
6599	Mt 13,4	ἐλθόντα	(1)	nom neut pl part ao2 .	Id
6600	Lc 5,7	ἐλθόντας	(1)	acc mas pl part ao2 .	Id
6601		ἐλθόντες	(21)	nom mas pl part ao2 .	Id
6602	Mt 9,28	ἐλθόντι	(1)	dat mas sg part ao2 .	Id
6603		ἐλθόντος	(6)	gen mas sg part ao2 .	Id
6604		ἐλθόντων	(3)	gen mas pl part ao2 .	Id
6605	*Jh 6,23	ἐλθόντων		gen neut pl part ao2 . .	Id
6606		ἐλθοῦσα	(5)	nom fem sg part ao2 . .	Id
6607	Mc 16,1	ἐλθοῦσαι	(1)	nom fem pl part ao2 .	Id
6608		ἐλθούσης	(2)	gen fem sg part ao2 .	Id
6609		ἔλθω	(6)	1 p sg sbj ao2 . . .	Id
6610		ἐλθών	(50)	nom mas sg part ao2 . .	Id
6611		ἔλθωσιν	(4)	3 p pl sbj ao2 . .	Id
6612	*Mt 1,11	Ἐλιακείμ		inde	Ἐλιακείμ
6613		Ἐλιακίμ	(3)	inde	Ἐλιακίμ
6614	*Jh 19,39	ἕλιγμα		acc sg	ἕλιγμα
6615	Lc 3,29	Ἐλιέζερ	(1)	inde	Ἐλιέζερ
6616	2Co 11,25	ἐλιθάσθην	(1)	1 p sg ind ao pass .	λιθάζω
6617	Heb 11,37	ἐλιθάσθησαν	(1)	3 p pl ind ao pass .	Id
6618	Mt 21,35	ἐλιθοβόλησαν	(1)	3 p pl ind ao a	λιθοβολέω
6619		ἐλιθοβόλουν	(2)	3 p pl ind impf a .	Id
6620	Heb 1,12	ἑλίξεις	(1)	2 p sg ind fut a . .	ἑλίσσω
6621		Ἐλιούδ	(2)	inde	Ἐλιούδ
6622		Ἐλισάβετ	(9)	inde . . .	Ἐλισάβετ
6623	Lc 4,27	Ἐλισαίου	(1)	gen . . .	Ἐλισαῖος
6624	Apc 6,14	ἑλισσόμενον	(1)	nom neut sg part pr pass	ἑλίσσω
6625	*Apc 6,14	ἑλισσόμενος		nom mas sg part pr pass .	Id
6626	Lc 16,21	ἕλκη	(1)	acc pl	ἕλκος
6627	Apc 16,2	ἕλκος	(1)	nom sg	Id
6628	Ja 2,6	ἕλκουσιν	(1)	3 p pl ind pr a . .	ἕλκω
6629	Jh 21,6	ἑλκύσαι	(1)	inf ao a . . .	Id
6630	Jh 6,44	ἑλκύσῃ	(1)	3 p sg sbj ao a . . .	Id
6631	Jh 12,32	ἑλκύσω	(1)	1 p sg ind fut a . .	Id
6632	Apc 16,11	ἑλκῶν	(1)	gen pl	ἕλκος
6633	Ac 20,2	Ἑλλάδα	(1)	acc	Ἑλλάς
6634		Ἕλλην	(4)	nom sg	Ἕλλην
6635		Ἕλληνας	(5)	acc pl	Id

6636		῞Ελληνες	(3)	nom pl	῞Ελλην
6637		῞Ελλησι	(2)	dat sg	Id
6638	Ac 17,12	Ἑλληνίδων	(1)	gen pl	Ἑλληνίς
6639	Apc 9,11	Ἑλληνικῇ	(1)	dat fem sg	Ἑλληνικός
6640	*Lc 23,38	Ἑλληνικοῖς		dat neut pl	Id
6641	Mc 7,26	Ἑλληνίς	(1)	nom sg	Ἑλληνίς
6642		Ἑλληνιστάς	(2)	acc pl	Ἑλληνιστής
6643		Ἑλληνιστί	(2)	adv	Ἑλληνιστί
6644	Ac 6,1	Ἑλληνιστῶν	(1)	gen pl	Ἑλληνιστής
6645		῞Ελληνος	(3)	gen sg	῞Ελλην
6646		Ἑλλήνων	(3)	gen pl	Id
6647		῞Ελλησιν	(5)	dat pl	Id
6648	*Lc 23,38	Ἑλλινηκοῖς		dat neut pl	Ἑλλινηκός
6649	Phm 18	ἐλλόγα	(1)	2 p sg imper pr a	ἐλλογάω
6650	*Rm 5,13	ἐλλογᾶται		3 p sg ind pr pass	Id
6651	*Rm 5,13	ἐλλογᾶτο		3 p sg imper pr pass	Id
6652	*Phm 18	ἐλλόγει		2 p sg imper pr a	ἐλλογέω
6653	Rm 5,13	ἐλλογεῖται	(1)	3 p sg ind pr pass	Id
6654	Lc 3,28	Ἐλμαδάμ	(1)	inde	Ἐλμαδάμ
6655	*Lc 3,28	Ἐλμασάμ		inde	Ἐλμασάμ
6656	*Lc 3,28	Ἐλμωδάμ		inde	Ἐλμωδάμ
6657	1Co 13,11	ἐλογιζόμην	(1)	1 p sg ind impf	λογίζομαι
6658	*Mc 11,31	ἐλογίζοντο		3 p pl ind impf	Id
6659		ἐλογίσθη	(10)	3 p sg ind ao (pass)	Id
6660	Rm 8,36	ἐλογίσθημεν	(1)	1 p pl ind ao (pass)	Id
6661	Jh 9,28	ἐλοιδόρησαν	(1)	3 p pl ind ao a	λοιδορέω
6662	Heb 11,25	ἑλόμενος	(1)	nom mas sg part ao2 m	αἱρέω
6663	*Jh 5,4	ἐλούετο		3 p sg ind impf pass	λούω
6664	Ac 16,33	ἔλουσεν	(1)	3 p sg ind ao a	Id
6665		ἐλπίδα	(18)	acc sg	ἐλπίς
6666		ἐλπίδι	(12)	dat sg	Id
6667		ἐλπίδος	(13)	gen sg	Id
6668		ἐλπίζει	(3)	3 p sg ind pr a	ἐλπίζω
6669	Lc 6,34	ἐλπίζετε	(1)	2 p pl ind pr a	Id
6670	Rm 8,25	ἐλπίζομεν	(1)	1 p pl ind pr a	Id
6671	Heb 11,1	ἐλπιζομένων	(1)	gen neut pl part pr pass	Id
6672	1Pt 3,5	ἐλπίζουσαι	(1)	nom fem pl part pr a	Id
6673		ἐλπίζω	(10)	1 p sg ind pr a	Id
6674		ἐλπίζων	(2)	nom mas sg part pr a	Id
6675		ἐλπιοῦσιν	(2)	3 p pl ind fut a	Id
6676		ἐλπίς	(10)	nom sg	ἐλπίς
6677	1Pt 1,13	ἐλπίσατε	(1)	2 p pl imper ao a	ἐλπίζω
6678	Jh 5,18	ἔλυεν	(1)	3 p sg ind impf a	λύω
6679	Ac 27,41	ἐλύετο	(1)	3 p sg ind impf pass	Id
6680	Mc 7,35	ἐλύθη	(1)	3 p sg ind ao pass	Id
6681	Apc 9,15	ἐλύθησαν	(1)	3 p pl ind ao pass	Id
6682	Ac 8,3	ἐλυμαίνετο	(1)	3 p sg ind impf	λυμαίνομαι
6683	Ac 13,8	Ἐλύμας	(1)	nom sg	Ἐλύμας
6684	Jh 21,17	ἐλυπήθη	(1)	3 p sg ind ao pass	λυπέω

6685		ἐλυπήθησαν	(2)	3 p pl ind ao pass	λυπέω
6686		ἐλυπήθητε	(3)	2 p pl ind ao pass	Id
6687	2Co 7,8	ἐλύπησα	(1)	1 p sg ind ao a	Id
6688	2Co 7,8	ἐλύπησεν	(1)	3 p sg ind ao a	Id
6689	Ac 22,30	ἔλυσεν	(1)	3 p sg ind ao a	λύω
6690	1Pt 1,18	ἐλυτρώθητε	(1)	2 p pl ind ao pass	λυτρόω
6691		ἐλωί	(2)	inde	ἐλωί
6692		ἐμά	(7)	nom neut pl	ἐμός
6693		ἐμά	(2)	acc neut pl	Id
6694	Heb 5,8	ἔμαθεν	(1)	3 p sg ind ao2 a	μανθάνω
6695		ἔμαθες	(2)	2 p sg ind ao2 a	Id
6696		ἐμάθετε	(4)	2 p pl ind ao2 a	Id
6697	Mt 27,57	ἐμαθητεύθη	(1)	3 p sg ind ao pass	μαθητεύω
6698	*Mt 27,57	ἐμαθήτευσεν		3 p sg ind ao a	Id
6699	Php 4,11	ἔμαθον	(1)	1 p sg ind ao2 a	μανθάνω
6700	Jh 12,17	ἐμαρτύρει	(1)	3 p sg ind impf a	μαρτυρέω
6701	Ac 16,2	ἐμαρτυρεῖτο	(1)	3 p sg ind impf pass	Id
6702	Heb 11,4	ἐμαρτυρήθη	(1)	3 p sg ind ao pass	Id
6703	Heb 11,2	ἐμαρτυρήθησαν	(1)	3 p pl ind ao pass	Id
6704	1Co 15,15	ἐμαρτυρήσαμεν	(1)	1 p pl ind ao a	Id
6705	3Jh 6	ἐμαρτύρησαν	(1)	3 p pl ind ao a	Id
6706		ἐμαρτύρησεν	(5)	3 p sg ind ao a	Id
6707	Lc 4,22	ἐμαρτύρουν	(1)	3 p pl ind impf a	Id
6708	Jh 14,15	ἐμάς	(1)	acc fem pl	ἐμός
6709	Jh 19,1	ἐμαστίγωσεν	(1)	3 p sg ind ao a	μαστιγόω
6710	Apc 16,10	ἐμασῶντο	(1)	3 p sg ind impf	μασάομαι
6711	Rm 1,21	ἐματαιώθησαν	(1)	3 p pl ind ao pass	ματαιόομαι
6712		ἐμαυτόν	(18)	acc mas	ἐμαυτοῦ
6713		ἐμαυτοῦ	(14)	gen mas	Id
6714		ἐμαυτῷ	(5)	dat mas	Id
6715	Jh 6,52	ἐμάχοντο	(1)	3 p pl ind impf	μάχομαι
6716	Mc 5,18	ἐμβαίνοντος	(1)	gen mas sg part pr a	ἐμβαίνω
6717	Lc 12,5	ἐμβαλεῖν	(1)	inf ao2 a	ἐμβάλλω
6718	*Mt 13,42	ἐμβαλοῦσιν		3 p pl ind fut a	Id
6719		ἐμβάντα	(2)	acc mas sg part ao2 a	ἐμβαίνω
6720	Jh 6,17	ἐμβάντες	(1)	nom mas pl part ao2 a	Id
6721	Mt 8,23	ἐμβάντι	(1)	dat mas sg part ao2 a	Id
6722	*Mt 14,32	ἐμβάντων		gen mas pl part ao2 a	Id
6723	Mc 14,20	ἐμβαπτόμενος	(1)	nom mas sg part pr m	ἐμβάπτω
6724		ἐμβάς	(6)	nom mas sg part ao2 a	ἐμβαίνω
6725	Col 2,18	ἐμβατεύων	(1)	nom mas sg part pr a	ἐμβατεύω
6726	Mt 26,23	ἐμβάψας	(1)	nom mas sg part ao a	ἐμβάπτω
6727		ἐμβῆναι	(2)	inf ao2 a	ἐμβαίνω
6728	Ac 1,11	ἐμβλέποντες	(1)	nom mas pl part pr a	ἐμβλέπω
6729		ἐμβλέψας	(6)	nom mas sg part ao a	Id
6730	Mc 14,67	ἐμβλέψασα	(1)	nom fem sg part ao a	Id
6731	Mt 6,26	ἐμβλέψατε	(1)	2 p pl imper ao a	Id
6732	*Mt 8,12	ἐμβληθήσονται		3 p pl ind fut pass	ἐμβάλλω
6733	Mc 1,43	ἐμβριμησάμενος	(1)	nom mas sg part ao	ἐμβριμάομαι

No.	Ref.	Form	Freq.	Analysis	Lemma
6734	*Jh 11,33	ἐμβριμούμενος		nom mas sg part pr	ἐμβριμόομαι
6735	Jh 11,38	ἐμβριμώμενος	(1)	nom mas sg part pr	ἐμβριμάομαι
6736	*Jh 11,38	ἐμβριμῶν		nom mas sg part pr a	ἐμβριμάω
6737		ἐμέ	(92)	acc	ἐγώ
6738		ἐμεγάλυνεν	(2)	3 p sg ind impf a	μεγαλύνω
6739	Ac 19,17	ἐμεγαλύνετο	(1)	3 p sg ind impf pass	μεγαλύνω
6740	Apc 17,2	ἐμεθύσθησαν	(1)	3 p pl ind ao pass	μεθύω
6741		ἐμείναμεν	(2)	1 p pl ind ao a	μένω
6742		ἔμειναν	(2)	3 p pl ind ao a	Id
6743		ἔμεινεν	(10)	3 p sg ind ao a	Id
6744		ἔμελεν	(2)	3 p sg ind impf a	μέλει
6745	Ac 4,25	ἐμελέτησαν	(1)	3 p pl ind ao a	μελετάω
6746		ἔμελλεν	(3)	3 p sg ind impf a	μέλλω
6747		ἔμελλον	(3)	3 p pl ind impf a	Id
6748	*Mc 7,2	ἐμέμψαντο		3 p pl ind ao	μέμφομαι
6749		ἔμενεν	(3)	3 p sg ind impf a	μένω
6750	Ac 20,5	ἔμενον	(1)	3 p pl ind impf a	Id
6751		ἐμέρισεν	(5)	3 p sg ind ao a	μερίζω
6752		ἐμερίσθη	(2)	3 p sg ind ao pass	Id
6753	Apc 3,16	ἐμέσαι	(1)	inf ao a	ἐμέω
6754	Heb 6,17	ἐμεσίτευσεν	(1)	3 p sg ind ao a	μεσιτεύω
6755	*Apc 11,12	ἐμέτρησαν		3 p pl ind ao a	μετρέω
6756		ἐμέτρησεν	(2)	3 p sg ind ao a	Id
6757		ἐμή	(12)	nom fem sg	ἐμός
6758		ἐμῇ	(6)	dat fem sg	Id
6759		ἐμήν	(13)	acc fem sg	Id
6760	Lc 20,37	ἐμήνυσεν	(1)	3 p sg ind ao a	μηνύω
6761		ἐμῆς	(2)	gen fem sg	ἐμός
6762	Lc 13,1	ἔμιξεν	(1)	3 p sg ind ao a	μίγνυμι
6763	*Jh 15,18	ἐμίσει		3 p sg ind impf a	μισέω
6764	Rm 9,13	ἐμίσησα	(1)	1 p sg ind ao a	Id
6765		ἐμίσησαν	(2)	3 p pl ind ao a	Id
6766	Heb 1,9	ἐμίσησας	(1)	2 p sg ind ao a	Id
6767		ἐμίσησεν	(2)	3 p sg ind ao a	Id
6768	Mt 20,7	ἐμισθώσατο	(1)	3 p sg ind ao	μισθόομαι
6769	Lc 19,14	ἐμίσουν	(1)	3 p pl ind impf a	μισέω
6770	Ac 26,11	ἐμμαινόμενος	(1)	nom mas sg part pr	ἐμμαίνομαι
6771	Mt 1,23	Ἐμμανουήλ	(1)	inde	Ἐμμανουήλ
6772	Lc 24,13	Ἐμμαοῦς	(1)	inde	Ἐμμαοῦς
6773	Ga 3,10	ἐμμένει	(1)	3 p sg ind pr a	ἐμμένω
6774	Ac 14,22	ἐμμένειν	(1)	inf pr a	Id
6775	Ac 7,16	Ἑμμώρ	(1)	inde	Ἑμμώρ
6776	Heb 11,15	ἐμνημόνευον	(1)	3 p pl ind impf a	μνημονεύω
6777	*Heb 11,15	ἐμνημόνευσαν		3 p pl ind ao a	Id
6778		ἐμνημόνευσεν	(2)	3 p sg ind ao a	Id
6779		ἐμνήσθη	(2)	3 p sg ind ao	μιμνήσκομαι
6780	Mt 27,63	ἐμνήσθημεν	(1)	1 p pl ind ao	Id
6781	Ac 11,16	ἐμνήσθην	(1)	3 p sg ind ao	Id
6782		ἐμνήσθησαν	(5)	3 p pl ind ao	Id

No.	Ref.	Form	Freq.	Analysis	Lemma
6783	Lc 2,5	ἐμνηστευμένῃ	(1)	dat fem sg part pf pass	μνηστεύω
6784	Lc 1,27	ἐμνηστευμένην	(1)	acc fem sg part pf pass	Id
6785		ἐμοί	(97)	dat	ἐγώ
6786		ἐμοί	(3)	nom mas pl	ἐμός
6787		ἐμοῖς	(2)	dat neut pl	Id
6788	Mt 5,28	ἐμοίχευσεν	(1)	3 p sg ind ao a . .	μοιχεύω
6789	Apc 3,4	ἐμόλυναν	(1)	3 p pl ind ao a . .	μολύνω
6790	Apc 14,4	ἐμολύνθησαν	(1)	3 p pl ind ao pass .	Id
6791		ἐμόν	(2)	acc mas sg	ἐμός
6792		ἐμόν	(3)	nom neut sg	Id
6793		ἐμόν	(6)	acc neut sg	Id
6794		ἐμός	(6)	nom mas sg	Id
6795	Ac 7,41	ἐμοσχοποίησαν	(1)	3 p pl ind ao a	μοσχοποιέω
6796		ἐμοῦ	(109)	gen	ἐγώ
6797		ἐμοῦ	(4)	gen neut sg	ἐμός
6798		ἐμούς	(3)	acc mas pl	Id
6799	2Pt 3,3	ἐμπαιγμονῇ	(1)	dat sg . .	ἐμπαιγμονή
6800	*2Pt 3,3	ἐμπαιγμονῆς		gen sg . . .	Id
6801	Heb 11,36	ἐμπαιγμῶν	(1)	gen pl	ἐμπαιγμός
6802	Lc 14,29	ἐμπαίζειν	(1)	inf pr a . . .	ἐμπαίζω
6803		ἐμπαίζοντες	(2)	nom mas pl part pr a .	Id
6804		ἐμπαῖκται	(2)	nom pl . . .	ἐμπαίκτης
6805	Mt 20,19	ἐμπαῖξαι	(1)	inf ao a . . .	ἐμπαίζω
6806	Lc 23,11	ἐμπαίξας	(1)	nom mas sg part ao a .	Id
6807	Mc 10,34	ἐμπαίξουσιν	(1)	3 p pl ind fut a .	Id
6808	Lc 18,32	ἐμπαιχθήσεται	(1)	3 p sg ind fut pass	Id
6809	Lc 6,25	ἐμπεπλησμένοι	(1)	nom mas pl part pf pass	ἐμπίμπλημι
6810	2Co 6,16	ἐμπεριπατήσω	(1)	1 p sg ind fut a	ἐμπεριπατέω
6811	Heb 10,31	ἐμπεσεῖν	(1)	inf ao2 a . . .	ἐμπίπτω
6812		ἐμπέσῃ	(3)	3 p sg sbj ao2 a . .	Id
6813	Lc 10,36	ἐμπεσόντος	(1)	gen mas sg part ao2 a .	Id
6814	Lc 6,39	ἐμπεσοῦνται	(1)	3 p pl ind fut . .	Id
6815	Ac 14,17	ἐμπιπλῶν	(1)	nom mas sg part pr a	ἐμπίμπλημι
6816	*Ac 28,6	ἐμπίπρασθαι		inf pr pass . . .	ἐμπίμπρημι
6817	1Tm 6,9	ἐμπίπτουσιν	(1)	3 p pl ind pr a . .	ἐμπίπτω
6818	2Pt 2,20	ἐμπλακέντες	(1)	nom mas pl part ao2 pass	ἐμπλέκω
6819	2Tm 2,4	ἐμπλέκεται	(1)	3 p sg ind pr pass .	Id
6820	Rm 15,24	ἐμπλησθῶ	(1)	1 p sg sbj ao pass	ἐμπίμπλημι
6821	1Pt 3,3	ἐμπλοκῆς	(1)	gen sg	ἐμπλοκή
6822	Ac 9,1	ἐμπνέων	(1)	nom mas sg part pr a .	ἐμπνέω
6823	Ja 4,13	ἐμπορευσόμεθα	(1)	1 p pl ind fut	ἐμπορεύομαι
6824	2Pt 2,3	ἐμπορεύσονται	(1)	3 p pl ind fut	Id
6825	*Ja 4,13	ἐμπορευσώμεθα		1 p pl sbj ao . .	Id
6826	Mt 22,5	ἐμπορίαν	(1)	acc sg	ἐμπορία
6827	Jh 2,16	ἐμπορίου	(1)	gen sg	ἐμπόριον
6828		ἔμποροι	(4)	nom pl	ἔμπορος
6829	Mt 13,45	ἐμπόρῳ	(1)	dat sg	Id
6830		ἔμπροσθεν	(48)	adv	ἔμπροσθεν
6831	Mc 14,65	ἐμπτύειν	(1)	inf pr a . . .	ἐμπτύω

6832	Mt 27,30	ἐμπτύσαντες	(1)	nom mas pl part ao a .	ἐμπτύω
6833	Lc 18,32	ἐμπτυσθήσεται	(1)	3 p sg ind fut pass .	Id
6834	Mc 10,34	ἐμπτύσουσιν	(1)	3 p pl ind fut a .	Id
6835	Ac 10,40	ἐμφανῆ	(1)	acc mas sg . . .	ἐμφανής
6836	Rm 10,20	ἐμφανής	(1)	nom mas sg . . .	Id
6837	Jh 14,22	ἐμφανίζειν	(1)	inf pr a . . .	ἐμφανίζω
6838	Heb 11,14	ἐμφανίζουσιν	(1)	3 p pl ind pr a .	Id
6839	Ac 23,15	ἐμφανίσατε	(1)	2 p pl imper ao a .	Id
6840	Heb 9,24	ἐμφανισθῆναι	(1)	inf ao pass . .	Id
6841	Jh 14,21	ἐμφανίσω	(1)	1 p sg ind fut a . .	Id
6842		ἔμφοβοι	(2)	nom mas pl . . .	ἔμφοβος
6843		ἔμφοβος	(2)	nom mas sg . . .	Id
6844	Lc 24,5	ἐμφόβων	(1)	gen mas pl . . .	Id
6845	Ja 1,21	ἔμφυτον	(1)	acc mas sg . . .	ἔμφυτος
6846	Jh 8,31	ἐμῷ	(1)	dat mas sg	ἐμός
6847		ἐμῷ	(2)	dat neut sg	Id
6848	Jh 10,26	ἐμῶν	(1)	gen neut pl	Id
6849	1Co 1,20	ἐμώρανεν	(1)	3 p sg ind ao a . .	μωραίνω
6850	Rm 1,22	ἐμωράνθησαν	(1)	3 p pl ind ao pass .	Id
6851	*Mc 4,8	εν cf ἐν / ἕν			
6852		ἐν	(2757)	prpo	ἐν
6853		ἕν	(40)	nom neut sg	εἷς
6854		ἕν	(31)	acc neut sg	Id
6855		ἕνα	(43)	acc mas sg	Id
6856	*Rm 2,4	ἐνάγει		3 p sg ind pr a	ἐνάγω
6857		ἐναγκαλισάμενος	(2)	nom mas sg part ao	ἐναγκαλίζομαι
6858	Ja 3,7	ἐναλίων	(1)	gen neut pl . . .	ἐνάλιος
6859	*Ac 19,16	ἐναλλόμενος		nom mas sg part pr .	ἐνάλλομαι
6860	*1Jh 4,17	ἐνανθρωπήσαντα		acc mas sg part ao a	ἐνανθρωπέω
6861		ἔναντι	(2)	adv	ἔναντι
6862	Ac 26,9	ἐναντία	(1)	acc neut pl . . .	ἐναντίος
6863		ἐναντίας	(2)	gen fem sg . . .	Id
6864	Ac 28,17	ἐναντίον	(1)	acc neut sg . . .	Id
6865		ἐναντίον	(8)	adv	ἐναντίον
6866		ἐναντίος	(2)	nom mas sg . . .	ἐναντίος
6867	*Ac 13,45	ἐναντιούμενοι		nom mas pl part pr .	ἐναντιόομαι
6868	Ac 27,4	ἐναντίους	(1)	acc mas pl . . .	ἐναντίος
6869	1Th 2,15	ἐναντίων	(1)	gen mas pl . . .	Id
6870	*Heb 4,12	ἐναργής		nom mas sg	ἐναργής
6871	Ga 3,3	ἐναρξάμενοι	(1)	nom mas pl part ao	ἐνάρχομαι
6872	Php 1,6	ἐναρξάμενος	(1)	nom mas sg part ao .	Id
6873	Mc 15,34	ἐνάτῃ	(1)	dat fem sg . . .	ἔνατος
6874		ἐνάτην	(5)	acc fem sg . . .	Id
6875		ἐνάτης	(3)	gen fem sg . . .	Id
6876	Apc 21,20	ἔνατος	(1)	nom mas sg . . .	Id
6877	2Co 11,25	ἐναυάγησα	(1)	1 p sg ind ao a . .	ναυαγέω
6878	1Tm 1,19	ἐναυάγησαν	(1)	3 p pl ind ao a . .	Id
6879	*Mc 7,12	ἐναφίετε		2 p pl ind pr a . . .	ἐναφίημι
6880	*Jh 13,26	ἐνβάψας		nom mas sg part ao a . .	ἐνβάπτω
6881		ἐνδεδυμένοι	(2)	nom mas pl part pf m	ἐνδύω

6882	*Apc 19,14	ἐνδεδυμένοις		dat mas pl part pf m .	ἐνδύω
6883		ἐνδεδυμένον	(2)	acc mas sg part pf m .	Id
6884	Mc 1,6	ἐνδεδυμένος	(1)	nom mas sg part pf m .	Id
6885	*Mc 6,9	ἐνδεδύσθαι		inf pf m	Id
6886	Ac 4,34	ἐνδέης	(1)	nom mas sg . . .	ἐνδέης
6887	2Th 1,5	ἔνδειγμα	(1)	nom sg	ἔνδειγμα
6888	2Co 8,24	ἐνδεικνύμενοι	(1)	nom mas pl part pr m	ἐνδείκνυμι
6889		ἐνδεικνυμένους	(2)	acc mas pl part pr m	Id
6890	Rm 2,15	ἐνδείκνυνται	(1)	3 p pl ind pr m .	Id
6891	Heb 6,11	ἐνδείκνυσθαι	(1)	inf pr m . .	Id
6892	Rm 9,22	ἐνδείξασθαι	(1)	inf ao m . .	Id
6893	*2Co 8,24	ἐνδείξασθε		2 p pl imper ao m . .	Id
6894		ἐνδείξηται	(2)	3 p sg sbj ao m . .	Id
6895		ἔνδειξιν	(3)	acc sg	ἔνδειξις
6896	Php 1,28	ἔνδειξις	(1)	nom sg	Id
6897	Rm 9,17	ἐνδείξωμαι	(1)	1 p sg sbj ao m .	ἐνδείκνυμι
6898		ἕνδεκα	(6)	inde	ἕνδεκα
6899		ἐνδεκάτην	(2)	acc fem sg . .	ἑνδέκατος
6900	Apc 21,20	ἑνδέκατος	(1)	nom mas sg . . .	Id
6901	Lc 13,33	ἐνδέχεται	(1)	impers 3 p sg ind pr	ἐνδέχομαι
6902	2Co 5,8	ἐνδημῆσαι	(1)	inf ao a . . .	ἐνδημέω
6903		ἐνδημοῦντες	(2)	nom mas pl part pr a .	Id
6904	Mc 15,17	ἐνδιδύσκουσιν	(1)	3 p pl ind pr a	ἐνδιδύσκω
6905	Heb 2,2	ἔνδικον	(1)	acc fem sg . . .	ἔνδικος
6906	Rm 3,8	ἔνδικον	(1)	nom neut sg . . .	Id
6907	2Th 1,12	ἐνδοξασθῇ	(1)	3 p sg sbj ao pass .	ἐνδοξάζω
6908	2Th 1,10	ἐνδοξασθῆναι	(1)	inf ao pass . .	Id
6909	1Co 4,10	ἔνδοξοι	(1)	nom mas pl . . .	ἔνδοξος
6910	Lc 13,17	ἐνδόξοις	(1)	dat neut pl . . .	Id
6911	Eph 5,27	ἔνδοξον	(1)	acc fem sg . . .	Id
6912	*Mt 20,28	ἐνδοξότερος		comp nom mas sg . . .	Id
6913	Lc 7,25	ἐνδόξῳ	(1)	dat mas sg . . .	Id
6914	Mt 28,3	ἔνδυμα	(1)	nom sg	ἔνδυμα
6915		ἔνδυμα	(3)	acc sg	Id
6916	Mt 7,15	ἐνδύμασιν	(1)	dat pl	Id
6917		ἐνδύματος	(3)	gen sg	Id
6918	2Tm 2,1	ἐνδυναμοῦ	(1)	2 p sg imper pr pass	ἐνδυναμόω
6919	Php 4,13	ἐνδυναμοῦντι	(1)	dat mas sg part pr a	Id
6920	Eph 6,10	ἐνδυναμοῦσθε	(1)	2 p pl imper pr pass	Id
6921	1Tm 1,12	ἐνδυναμώσαντι	(1)	dat mas sg part ao a	Id
6922	2Tm 3,6	ἐνδύνοντες	(1)	nom mas pl part pr a .	ἐνδύνω
6923		ἐνδυσάμενοι	(3)	nom mas pl part ao m .	ἐνδύω
6924	Ac 12,21	ἐνδυσάμενος	(1)	nom mas sg part ao m .	Id
6925	*Mt 27,28	ἐνδύσαντες		nom mas pl part ao a . .	Id
6926		ἐνδύσασθαι	(3)	inf ao m . . .	Id
6927		ἐνδύσασθε	(3)	2 p pl imper ao m . .	Id
6928	Lc 15,22	ἐνδύσατε	(1)	2 p pl imper ao a . .	Id
6929	*1Co 15,54	ἐνδύσεσθαι		inf fut m	Id
6930	1Pt 3,3	ἐνδύσεως	(1)	gen sg	ἔνδυσις

6931		ἐνδύσησθε	(4)	2 p pl sbj ao m . .	ἐνδύω
6932		ἐνδύσηται	(2)	3 p sg sbj ao m . .	Id
6933	Rm 13,12	ἐνδυσώμεθα	(1)	1 p pl sbj ao m . .	Id
6934	Apc 21,18	ἐνδώμησις	(1)	nom sg . . .	ἐνδώμησις
6935		ἐνέβη	(2)	3 p sg ind ao2 a . .	ἐμβαίνω
6936	*Ac 21,6	ἐνέβημεν		1 p pl ind ao2 a . . .	Id
6937		ἐνέβησαν	(2)	3 p pl ind ao2 a . .	Id
6938	Ac 27,6	ἐνεβίβασεν	(1)	3 p sg ind ao a . .	ἐμβιβάζω
6939	Mc 8,25	ἐνέβλεπεν	(1)	3 p sg ind impf a . .	ἐμβλέπω
6940	Ac 22,11	ἐνέβλεπον	(1)	1 p sg ind impf a . .	Id
6941	*Ac 22,13	ἐνέβλεψα		1 p sg ind ao a . . .	Id
6942	Lc 22,61	ἐνέβλεψεν	(1)	3 p sg ind ao a . .	Id
6943	Mt 9,30	ἐνεβριμήθη	(1)	3 p sg ind ao (pass)	ἐμβριμάομαι
6944	Jh 11,33	ἐνεβριμήσατο	(1)	3 p sg ind ao .	Id
6945	*Mc 14,5	ἐνεβριμοῦντο		3 p pl ind impf .	Id
6946	Mc 14,5	ἐνεβριμῶντο	(1)	3 p pl ind impf .	Id
6947	Mc 6,27	ἐνέγκαι	(1)	inf ao2 a . . .	φέρω
6948	*Lc 15,23	ἐνέγκαντες		nom mas pl part ao2 a . .	Id
6949		ἐνέγκας	(2)	nom mas sg part ao2 a .	Id
6950	Jh 21,10	ἐνέγκατε	(1)	2 p pl imper ao2 a . .	Id
6951	*Lc 14,21	ἔνεγκε		2 p sg imper ao2 a . . .	Id
6952	*Mt 7,18	ἐνεγκεῖ		cf ἐνεγκεῖν	
6953	*Mt 7,18	ἐνεγκεῖν		inf ao2 a	φέρω
6954	Heb 6,10	ἐνεδείξασθε	(1)	2 p pl ind ao m .	ἐνδείκνυμι
6955	2Tm 4,14	ἐνεδείξατο	(1)	3 p sg ind ao m .	Id
6956	Lc 16,19	ἐνεδιδύσκετο	(1)	3 p sg ind impf m	ἐνδιδύσκω
6957		ἐνέδραν	(2)	acc sg	ἐνέδρα
6958	Lc 11,54	ἐνεδρεύοντες	(1)	nom mas pl part pr a	ἐνεδρεύω
6959	Ac 23,21	ἐνεδρεύουσιν	(1)	3 p pl ind pr a .	Id
6960	Ac 9,22	ἐνεδυναμοῦτο	(1)	3 p sg ind impf pass	ἐνδυναμόω
6961	Rm 4,20	ἐνεδυναμώθη	(1)	3 p sg ind ao pass .	Id
6962	*Heb 11,34	ἐνεδυναμώθησαν		3 p pl ind ao pass . .	Id
6963	2Tm 4,17	ἐνεδυνάμωσεν	(1)	3 p sg ind ao a .	Id
6964		ἐνέδυσαν	(2)	3 p pl ind ao a . .	ἐνδύω
6965	Ga 3,27	ἐνεδύσασθε	(1)	2 p pl ind ao m . .	Id
6966	Lc 8,27	ἐνεδύσατο	(1)	3 p sg ind ao m . .	Id
6967	Mc 15,46	ἐνείλησεν	(1)	3 p sg ind ao a . .	ἐνειλέω
6968	Mc 6,19	ἐνεῖχεν	(1)	3 p sg ind impf a . .	ἐνέχω
6969		ἕνεκα	(4)	prpo	ἕνεκα
6970	Heb 10,20	ἐνεκαίνισεν	(1)	3 p sg ind ao a .	ἐγκαινίζω
6971	Ac 23,28	ἐνεκάλουν	(1)	3 p pl ind impf a . .	ἐγκαλέω
6972		ἕνεκεν	(19)	prpo	ἕνεκεν
6973		ἐνεκεντρίσθης	(2)	2 p sg ind ao pass	ἐγκεντρίζω
6974	Rm 15,22	ἐνεκοπτόμην	(1)	1 p sg ind impf pass .	ἐγκόπτω
6975		ἐνέκοψεν	(2)	3 p sg ind ao a . .	Id
6976		ἐνέκρυψεν	(2)	3 p sg ind ao a . .	ἐγκρύπτω
6977	*Rm 5,13	ἐνελογεῖται		err cf ἐνελογεῖτο	
6978	*Rm 5,13	ἐνελογεῖτο		3 p sg ind impf pass . .	ἐλλογέω
6979	Heb 8,9	ἐνέμειναν	(1)	3 p pl ind ao a . .	ἐμμένω

No.	Ref	Form	Freq	Parsing	Lemma
6980	Ac 28,30	ἐνέμεινεν	(1)	3 p sg ind ao a	ἐμμένω
6981	Lc 1,62	ἐνένευον	(1)	3 p pl ind impf a	ἐννεύω
6982		ἐνενηκονταεννέα	(4)	inde	ἐνενηκονταεννέα
6983	Ac 9,7	ἐνεοί	(1)	nom mas pl	ἐνεός
6984	Lc 22,63	ἐνέπαιζον	(1)	3 p pl ind impf a	ἐμπαίζω
6985		ἐνέπαιξαν	(4)	3 p pl ind ao a	Id
6986	Mt 2,16	ἐνεπαίχθη	(1)	3 p sg ind ao pass	Id
6987	*Lc 19,14	ἐνέπεμψαν		3 p pl ind ao a	ἐμπέμπω
6988	Lc 1,53	ἐνέπλησεν	(1)	3 p sg ind ao a	ἐμπίμπλημι
6989	Jh 6,12	ἐνεπλήσθησαν	(1)	3 p pl ind ao pass	Id
6990	Mt 22,7	ἐνέπρησεν	(1)	3 p sg ind ao a	ἐμπίμπρημι
6991	Mc 15,19	ἐνέπτυον	(1)	3 p pl ind impf a	ἐμπτύω
6992	Mt 26,67	ἐνέπτυσαν	(1)	3 p pl ind ao a	Id
6993	1Co 12,11	ἐνεργεῖ	(1)	3 p sg ind pr a	ἐνεργέω
6994	*1Co 12,10	ἐνέργεια		nom sg	ἐνέργεια
6995		ἐνέργειαν	(7)	acc sg	Id
6996	Col 2,12	ἐνεργείας	(1)	gen sg	Id
6997	Php 2,13	ἐνεργεῖν	(1)	inf pr a	ἐνεργέω
6998		ἐνεργεῖται	(3)	3 p sg ind pr m	Id
6999	1Co 12,10	ἐνεργήματα	(1)	nom pl	ἐνέργημα
7000	1Co 12,6	ἐνεργημάτων	(1)	gen pl	Id
7001	Heb 4,12	ἐνεργής	(1)	nom mas sg	ἐνεργής
7002		ἐνεργής	(2)	nom fem sg	Id
7003	Ga 2,8	ἐνεργήσας	(1)	nom mas sg part ao a	ἐνεργέω
7004		ἐνεργουμένη	(2)	nom fem sg part pr m	Id
7005		ἐνεργουμένην	(2)	acc fem sg part pr m	Id
7006	2Co 1,6	ἐνεργουμένης	(1)	gen fem sg part pr m	Id
7007	Eph 1,11	ἐνεργοῦντος	(1)	gen mas sg part pr a	Id
7008	Eph 2,2	ἐνεργοῦντος	(1)	gen neut sg part pr a	Id
7009		ἐνεργοῦσιν	(2)	3 p pl ind pr a	Id
7010		ἐνεργῶν	(3)	nom mas sg part pr a	Id
7011	2Th 2,2	ἐνέστηκεν	(1)	3 p sg ind pf a	ἐνίστημι
7012	Heb 9,9	ἐνεστηκότα	(1)	acc mas sg part pf a	Id
7013	1Co 7,26	ἐνεστῶσαν	(1)	acc fem sg part pf a	Id
7014		ἐνεστῶτα	(2)	nom neut pl part pf a	Id
7015	Ga 1,4	ἐνεστῶτος	(1)	gen mas sg part pf a	Id
7016	Mt 28,20	ἐνετειλάμην	(1)	1 p sg ind ao	ἐντέλλομαι
7017		ἐνετείλατο	(8)	3 p sg ind ao	Id
7018	Heb 12,9	ἐνετρεπόμεθα	(1)	1 p pl ind impf pass	ἐντρέπω
7019		ἐνετύλιξεν	(2)	3 p sg ind ao a	ἐντυλίσσω
7020	*Ac 25,24	ἐνέτυχεν		3 p sg ind ao2 a	ἐντυγχάνω
7021	Ac 25,24	ἐνέτυχον	(1)	3 p pl ind ao2 a	Id
7022		ἐνευλογηθήσονται	(2)	3 p pl ind fut pass	ἐνευλογέω
7023	*Jh 5,13	ἔνευσεν		3 p sg ind ao a	νεύω
7024		ἐνεφάνισαν	(3)	3 p pl ind ao a	ἐμφανίζω
7025	Ac 23,22	ἐνεφάνισας	(1)	2 p sg ind ao a	Id
7026	Mt 27,53	ἐνεφανίσθησαν	(1)	3 p pl ind ao pass	Id
7027	Jh 20,22	ἐνεφύσησεν	(1)	3 p sg ind ao a	ἐμφυσάω
7028	Lc 11,53	ἐνέχειν	(1)	inf pr a	ἐνέχω

7029	Ga 5,1	ἐνέχεσθε	(1)	2 p pl imper pr pass .	ἐνέχω
7030	2Pt 1,18	ἐνεχθεῖσαν	(1)	acc fem sg part ao pass	φέρω
7031	2Pt 1,17	ἐνεχθείσης	(1)	gen fem sg part ao pass	Id
7032	*Mc 6,27	ἐνεχθῆναι		inf ao pass	Id
7033	Rm 7,5	ἐνηργεῖτο	(1)	3 p sg ind impf m . .	ἐνεργέω
7034	*Eph 1,20	ἐνήργηκεν		3 p sg ind pf a . . .	Id
7035		ἐνήργησεν	(2)	3 p sg ind ao a . .	Id
7036	*2Co 8,10	ἐνήρξασθε		2 p pl ind ao . .	ἐνάρχομαι
7037	*2Co 8,6	ἐνήρξατο		3 p sg ind ao	Id
7038		ἐνθάδε	(8)	adv	ἐνθάδε
7039		ἔνθεν	(2)	adv	ἔνθεν
7040	Mt 9,4	ἐνθυμεῖσθε	(1)	2 p pl ind pr .	ἐνθυμέομαι
7041	Mt 1,20	ἐνθυμηθέντος	(1)	gen mas sg part ao	Id
7042		ἐνθυμήσεις	(2)	acc pl . .	ἐνθύμησις
7043	Heb 4,12	ἐνθυμήσεων	(1)	gen pl . . .	Id
7044	Ac 17,29	ἐνθυμήσεως	(1)	gen sg . . .	Id
7045		ἔνι	(6)	cf ἔνεστι	
7046		ἑνί	(13)	dat mas sg	εἷς
7047		ἑνί	(9)	dat neut sg	Id
7048		ἐνιαυτόν	(8)	acc sg	ἐνιαυτός
7049		ἐνιαυτοῦ	(4)	gen sg	Id
7050		ἐνιαυτούς	(2)	acc pl . . .	Id
7051	Apc 3,21	ἐνίκησα	(1)	1 p sg ind ao a . .	νικάω
7052	Apc 12,11	ἐνίκησαν	(1)	3 p pl ind ao a . .	Id
7053	Apc 5,5	ἐνίκησεν	(1)	3 p sg ind ao a . .	Id
7054	*Mt 17,15	ἐνίοτε		adv	ἐνίοτε
7055	*Ac 9,19	ἐνισχύθη		3 p sg ind ao pass . . .	ἐνισχύω
7056	Ac 9,19	ἐνίσχυσεν	(1)	3 p sg ind ao a . .	Id
7057	*Lc 22,43	ἐνισχύων		nom mas sg part pr a .	Id
7058	Jh 13,14	ἔνιψα	(1)	1 p sg ind ao a . . .	νίπτω
7059	Jh 9,15	ἐνιψάμην	(1)	1 p sg ind ao m . .	Id
7060	Jh 9,7	ἐνίψατο	(1)	3 p sg ind ao m . .	Id
7061		ἔνιψεν	(2)	3 p sg ind ao a . . .	Id
7062	Lc 17,17	ἐννέα	(1)	inde	ἐννέα
7063	1Pt 4,1	ἔννοιαν	(1)	acc sg	ἔννοια
7064	Heb 4,12	ἐννοιῶν	(1)	gen pl	Id
7065	1Co 9,21	ἔννομος	(1)	nom mas sg . . .	ἔννομος
7066	Ac 19,39	ἐννόμῳ	(1)	dat fem sg . . .	Id
7067	*Rm 2,12	ἐννόμως		adv	ἐννόμως
7068	Mc 1,35	ἔννυχα	(1)	adv	ἔννυχα
7069	*Ac 16,10	ἐνοήσαμεν		1 p pl ind ao a . . .	νοέω
7070	*Rm 1,32	ἐνόησαν		3 p pl ind ao a . . .	Id
7071	Col 3,16	ἐνοικείτω	(1)	3 p sg imper pr a . .	ἐνοικέω
7072	2Co 6,16	ἐνοικήσω	(1)	1 p sg ind fut a . .	Id
7073	*Rm 8,11	ἐνοικοῦν		acc neut sg part pr a . .	Id
7074	*Lc 13,4	ἐνοικοῦντας		acc mas pl part pr a . .	Id
7075		ἐνοικοῦντος	(2)	gen neut sg part pr a	Id
7076	*Rm 7,17	ἐνοικοῦσα		nom fem sg part pr a . .	Id
7077	*2Jh 2	ἐνοικοῦσαν		acc fem sg part pr a . .	Id

No.	Ref.	Form	Freq.	Parsing	Lemma
7078	*Ac 16,13	ἐνομίζαμεν		1 p pl ind impf a	νομίζω
7079	Ac 7,25	ἐνόμιζεν	(1)	3 p sg ind impf a	Id
7080	Lc 3,23	ἐνομίζετο	(1)	3 p sg ind impf pass	Id
7081	Ac 16,13	ἐνομίζομεν	(1)	1 p pl ind impf a	Id
7082	Ac 21,29	ἐνόμιζον	(1)	3 p pl ind impf a	Id
7083	*Ac 16,13	ἐνομίζοντο		3 p pl ind impf pass	Id
7084	*Ac 21,29	ἐνομίσαμεν		1 p pl ind ao a	Id
7085	Mt 20,10	ἐνόμισαν	(1)	3 p pl ind ao a	Id
7086	Ac 8,20	ἐνόμισας	(1)	2 p sg ind ao a	Id
7087	Lc 11,41	ἐνόντα	(1)	acc neut pl part pr	ἔνειμι
7088	1Th 5,27	ἐνορκίζω	(1)	1 p sg ind pr a	ἐνορκίζω
7089		ἑνός	(27)	gen mas sg	εἷς
7090		ἑνός	(6)	gen neut sg	Id
7091	Ac 5,2	ἐνοσφίσατο	(1)	3 p sg ind ao m	νοσφίζω
7092		ἑνότητα	(2)	acc sg	ἑνότης
7093	*Col 3,14	ἑνότητος		gen sg	Id
7094	Heb 12,15	ἐνοχλῇ	(1)	3 p sg sbj pr a	ἐνοχλέω
7095	Lc 6,18	ἐνοχλούμενοι	(1)	nom mas pl part pr pass	Id
7096	Heb 2,15	ἔνοχοι	(1)	nom mas pl	ἔνοχος
7097	Mc 14,64	ἔνοχον	(1)	acc mas sg	Id
7098		ἔνοχος	(8)	nom mas sg	Id
7099	2Tm 3,1	ἐνστήσονται	(1)	3 p pl ind fut m	ἐνίστημι
7100	*Tit 1,14	ἐντάλμασιν		dat pl	ἔνταλμα
7101		ἐντάλματα	(3)	acc pl	Id
7102	Jh 19,40	ἐνταφιάζειν	(1)	inf pr a	ἐνταφιάζω
7103	Mt 26,12	ἐνταφιάσαι	(1)	inf ao a	Id
7104	Mc 14,8	ἐνταφιασμόν	(1)	acc sg	ἐνταφιασμός
7105	Jh 12,7	ἐνταφιασμοῦ	(1)	gen sg	Id
7106	Ac 1,2	ἐντειλάμενος	(1)	nom mas sg part ao	ἐντέλλομαι
7107		ἐντελεῖται	(2)	3 p sg ind fut	Id
7108	*Ac 13,47	ἐντέλλεται		3 p sg ind pr	Id
7109		ἐντέλλομαι	(2)	1 p sg ind pr	Id
7110	*Ac 13,47	ἐντέταλκεν		3 p sg ind pf a	ἐντέλλω
7111	Ac 13,47	ἐντέταλται	(1)	3 p sg ind pf	ἐντέλλομαι
7112	Jh 20,7	ἐντετυλιγμένον	(1)	acc neut sg part pf pass	ἐντυλίσσω
7113	2Co 3,7	ἐντετυπωμένη	(1)	nom fem sg part pf pass	ἐντυπόω
7114		ἐντεῦθεν	(10)	adv	ἐντεῦθεν
7115	1Tm 2,1	ἐντεύξεις	(1)	nom pl	ἔντευξις
7116	1Tm 4,5	ἐντεύξεως	(1)	gen sg	Id
7117	*Ac 18,4	ἐντιθείς		nom mas sg part pr a	ἐντίθημι
7118		ἔντιμον	(2)	acc mas sg	ἔντιμος
7119	Lc 7,2	ἔντιμος	(1)	nom mas sg	Id
7120	Lc 14,8	ἐντιμότερος	(1)	comp nom mas sg	Id
7121	Php 2,29	ἐντίμους	(1)	acc mas pl	Id
7122	1Jh 5,3	ἐντολαί	(1)	nom pl	ἐντολή
7123		ἐντολαῖς	(3)	dat pl	Id
7124		ἐντολάς	(18)	acc pl	Id
7125		ἐντολή	(14)	nom sg	Id
7126		ἐντολήν	(19)	acc sg	Id
7127		ἐντολῆς	(9)	gen sg	Id
7128		ἐντολῶν	(3)	gen pl	Id

No.	Ref	Form	Parsing	Lemma
7129	Ac 21,12	ἐντόπιοι	(1) nom mas pl	ἐντόπιος
7130		ἐντός	(2) adv	ἐντός
7131	*Mt 23,26	ἔντος	acc sg	ἔντος
7132		ἐντραπῇ	(2) 3 p sg sbj ao2 pass	ἐντρέπω
7133		ἐντραπήσονται	(3) 3 p pl ind fut2 pass	Id
7134	Lc 18,4	ἐντρέπομαι	(1) 1 p sg ind pr pass	Id
7135	Lc 18,2	ἐντρεπόμενος	(1) nom mas sg part pr pass	Id
7136	1Co 4,14	ἐντρέπων	(1) nom mas sg part pr a	Id
7137	1Tm 4,6	ἐντρεφόμενος	(1) nom mas sg part pr pass	ἐντρέφω
7138		ἔντρομος	(3) nom mas sg	ἔντρομος
7139		ἐντροπήν	(2) acc sg	ἐντροπή
7140	2Pt 2,13	ἐντρυφῶντες	(1) nom mas pl part pr a	ἐντρυφάω
7141		ἐντυγχάνει	(3) 3 p sg ind pr a	ἐντυγχάνω
7142	Heb 7,25	ἐντυγχάνειν	(1) inf pr a	Id
7143	Heb 10,29	ἐνυβρίσας	(1) nom mas sg part ao a	ἐνυβρίζω
7144	Jh 19,34	ἔνυξεν	(1) 3 p sg ind ao a	νύσσω
7145	Ju 8	ἐνυπνιαζόμενοι	(1) nom mas pl part pr	ἐνυπνιάζομαι
7146	Ac 2,17	ἐνυπνιασθήσονται	(1) 3 p pl ind fut	Id
7147	Ac 2,17	ἐνυπνίοις	(1) dat pl	ἐνύπνιον
7148	Mt 25,5	ἐνύσταξαν	(1) 3 p pl ind ao a	νυστάζω
7149	*Heb 12,15	ενχ[.] λη	(!)	
7150	2Tm 1,5	ἐνῴκησεν	(1) 3 p sg ind ao a	ἐνοικέω
7151		ἐνώπιον	(94) prpo	ἐνώπιον
7152	Lc 3,38	Ἐνώς	(1) inde	Ἐνώς
7153	Ac 2,14	ἐνωτίσασθε	(1) 2 p pl imper ao	ἐνωτίζομαι
7154	*Ac 2,14	ἐνωτίσατε	2 p pl ind ao a	νωτίζω
7155		Ἑνώχ	(3) inde	Ἑνώχ
7156		ἕξ	(10) inde	ἕξ
7157		ἐξ	cf ἐκ	
7158	Heb 8,9	ἐξαγαγεῖν	(1) inf ao2 a	ἐξάγω
7159	Ac 16,37	ἐξαγαγέτωσαν	(1) 3 p pl imper ao2 a	Id
7160	Ac 16,39	ἐξαγαγόντες	(1) nom mas pl part ao2 a	Id
7161		ἐξαγαγών	(2) nom mas sg part ao2 a	Id
7162	1Pt 2,9	ἐξαγγείλητε	(1) 2 p pl sbj ao a	ἐξαγγέλλω
7163	Jh 10,3	ἐξάγει	(1) 3 p sg ind pr a	ἐξάγω
7164		ἐξαγοραζόμενοι	(2) nom mas pl part pr m	ἐξαγοράζω
7165	Ga 4,5	ἐξαγοράσῃ	(1) 3 p sg sbj ao a	Id
7166	Mc 15,20	ἐξάγουσιν	(1) 3 p pl ind pr a	ἐξάγω
7167	*1Co 5,13	ἐξαίρετε	2 p pl imper pr a	ἐξαιρέω
7168	Ac 26,17	ἐξαιρούμενος	(1) nom mas sg part pr m	Id
7169		ἐξαίφνης	(5) adv	ἐξαίφνης
7170		ἐξακολουθήσαντες	(2) nom mas pl part ao a	ἐξακολουθέω
7171	2Pt 2,2	ἐξακολουθήσουσιν	(1) 3 p pl ind fut a	Id
7172	*Apc 13,18	ἐξακόσια	nom neut	ἐξακόσιοι
7173	*Apc 13,18	ἐξακόσιαι	nom fem	Id
7174	Apc 13,18	ἑξακοσιοιεξηκονταέξ	(1) inde	ἑξακοσιοιεξηκονταέξ
7175	Apc 14,20	ἑξακοσίων	(1) gen	ἑξακόσιοι
7176	Ac 3,19	ἐξαλειφθῆναι	(1) inf ao pass	ἐξαλείφω
7177	Col 2,14	ἐξαλείψας	(1) nom mas sg part ao a	Id
7178		ἐξαλείψει	(2) 3 p sg ind fut a	Id

No.	Ref.	Form	(n)	Analysis	Lemma
7179	Apc 3,5	ἐξαλείψω	(1)	1 p sg ind fut a	ἐξαλείφω
7180	Ac 3,8	ἐξαλλόμενος	(1)	nom mas sg part pr	ἐξάλλομαι
7181	*Ac 15,28	ἐξάναγκες		err cf ἐπάναγκες	
7182	Php 3,11	ἐξανάστασιν	(1)	acc sg	ἐξανάστασις
7183	*Ac 21,38	ἐξαναστατώσας		nom mas sg part ao a	ἐξαναστατόω
7184		ἐξαναστήσῃ	(2)	3 p sg sbj ao a	ἐξανίστημι
7185	Ac 15,5	ἐξανέστησαν	(1)	3 p pl ind ao2 a	Id
7186		ἐξανέτειλεν	(2)	3 p sg ind ao a	ἐξανατέλλω
7187	*Ac 12,16	ἐξανοίξαντες		nom mas pl part ao a	ἐξανοίγω
7188	1Co 3,18	ἐξαπατάτω	(1)	3 p sg imper pr a	ἐξαπατάω
7189	1Tm 2,14	ἐξαπατηθεῖσα	(1)	nom fem sg part ao pass	Id
7190	2Th 2,3	ἐξαπατήσῃ	(1)	3 p sg sbj ao a	Id
7191	Rm 16,18	ἐξαπατῶσιν	(1)	3 p pl ind pr a	Id
7192	Ac 13,26	ἐξαπεστάλη	(1)	3 p sg ind ao2 pass	ἐξαποστέλλω
7193		ἐξαπέστειλαν	(5)	3 p pl ind ao a	Id
7194		ἐξαπέστειλεν	(6)	3 p sg ind ao a	Id
7195	Mc 9,8	ἐξάπινα	(1)	adv	ἐξάπινα
7196	2Co 1,8	ἐξαπορηθῆναι	(1)	inf ao	ἐξαπορέομαι
7197	2Co 4,8	ἐξαπορούμενοι	(1)	nom mas pl part pr	Id
7198	*Lc 24,49	ἐξαποστέλλω		1 p sg ind pr a	ἐξαποστέλλω
7199	Ac 22,21	ἐξαποστελῶ	(1)	1 p sg ind fut a	Id
7200	1Co 5,13	ἐξάρατε	(1)	2 p pl imper ao a	ἐξαίρω
7201	*1Co 5,13	ἐξαρεῖτε		2 p pl ind fut a	Id
7202	*1Co 5,2	ἐξαρθῇ		3 p sg sbj ao pass	Id
7203	*Ac 23,25	ἐξαρπάσαντες		nom mas pl part ao a	ἐξαρπάζω
7204	Ac 21,5	ἐξαρτίσαι	(1)	inf ao a	ἐξαρτίζω
7205	Lc 9,29	ἐξαστράπτων	(1)	nom mas sg part pr a	ἐξαστράπτω
7206		ἐξαυτῆς	(6)	adv	ἐξαυτῆς
7207		ἐξέβαλεν	(5)	3 p sg ind ao2 a	ἐκβάλλω
7208	Mc 6,13	ἐξέβαλλον	(1)	3 p pl ind impf a	Id
7209	Mt 7,22	ἐξεβάλομεν	(1)	1 p pl ind ao2 a	Id
7210		ἐξέβαλον	(7)	3 p pl ind ao2 a	Id
7211	Heb 11,15	ἐξέβησαν	(1)	3 p pl ind ao2 a	ἐκβαίνω
7212	*Mc 4,5	ἐξεβλάστησεν		3 p sg ind ao a	ἐκβλαστάνω
7213	Mt 9,25	ἐξεβλήθη	(1)	3 p sg ind ao pass	ἐκβάλλω
7214	*Lc 17,27	ἐξεγαμίζοντο		3 p pl ind impf pass	ἐκγαμίζω
7215	*1Co 6,14	ἐξεγείρει		3 p sg ind pr a	ἐξεγείρω
7216	1Co 6,14	ἐξεγερεῖ	(1)	3 p sg ind fut a	Id
7217	*Jh 4,45	ἐξεδέξαντο		3 p pl ind ao	ἐκδέχομαι
7218		ἐξέδετο	(3)	3 p sg ind ao2 m	ἐκδίδωμι
7219	Heb 11,10	ἐξεδέχετο	(1)	3 p sg ind impf	ἐκδέχομαι
7220	Apc 19,2	ἐξεδίκησεν	(1)	3 p sg ind ao a	ἐκδικέω
7221	*Apc 12,13	ἐξεδίωξεν		3 p sg ind ao a	ἐκδιώκω
7222		ἐξέδυσαν	(2)	3 p pl ind ao a	ἐκδύω
7223	1Pt 1,10	ἐξεζήτησαν	(1)	3 p pl ind ao a	ἐκζητέω
7224		ἐξεθαμβήθησαν	(2)	3 p pl ind ao pass	ἐκθαμβέω
7225	Mc 12,17	ἐξεθαύμαζον	(1)	3 p pl ind impf a	ἐκθαυμάζω
7226	Ac 18,26	ἐξέθεντο	(1)	3 p pl ind ao2 m	ἐκτίθημι
7227	*Ac 28,23	ἐξέθετο		3 p sg ind ao2 m	Id

No.	Ref.	Form	Freq.	Parsing	Lemma
7228	*Lc 23,29	ἐξέθρεψαν		3 p pl ind ao a	ἐκτρέφω
7229		ἕξει	(6)	3 p sg ind fut a	ἔχω
7230	Ac 23,27	ἐξειλάμην	(1)	1 p sg ind ao2 m	ἐξαιρέω
7231		ἐξείλατο	(2)	3 p sg ind ao2 m	Id
7232		ἕξεις	(4)	2 p sg ind fut a	ἔχω
7233	Rm 1,27	ἐξεκαύθησαν	(1)	3 p pl ind ao pass	ἐκκαίω
7234		ἐξεκέντησαν	(2)	3 p pl ind ao a	ἐκκεντέω
7235		ἐξεκλάσθησαν	(3)	3 p pl ind ao pass	ἐκκλάω
7236	Rm 3,27	ἐξεκλείσθη	(1)	3 p sg ind ao pass	ἐκκλείω
7237	Rm 3,12	ἐξέκλιναν	(1)	3 p pl ind ao a	ἐκκλίνω
7238	Lc 7,12	ἐξεκομίζετο	(1)	3 p sg ind impf pass	ἐκκομίζω
7239	Rm 11,24	ἐξεκόπης	(1)	2 p sg ind ao2 pass	ἐκκόπτω
7240	Lc 19,48	ἐξεκρέματο	(1)	3 p sg ind impf m	ἐκκρεμάννυμι
7241		ἔξελε	(2)	2 p sg imper ao2 a	ἐξαιρέω
7242	Lc 14,7	ἐξελέγοντο	(1)	3 p pl ind impf	ἐκλέγομαι
7243	*Ac 15,25	ἐξελεξαμένους		err cf ἐκλεξαμένους	
7244		ἐξελεξάμην	(4)	1 p sg ind ao	ἐκλέγομαι
7245	Ac 6,5	ἐξελέξαντο	(1)	3 p pl ind ao	Id
7246	Jh 15,16	ἐξελέξασθε	(1)	2 p pl ind ao	Id
7247		ἐξελέξατο	(10)	3 p sg ind ao	Id
7248	Ac 1,24	ἐξελέξω	(1)	2 p sg ind ao	Id
7249	Ac 7,34	ἐξελέσθαι	(1)	inf ao2 m	ἐξαιρέω
7250		ἐξελεύσεται	(3)	3 p sg ind fut	ἐξέρχομαι
7251		ἐξελεύσονται	(2)	3 p pl ind fut	Id
7252	*Mc 1,38	ἐξελήλυθα		1 p sg ind pf	Id
7253	1Jh 4,1	ἐξεληλύθασιν	(1)	3 p pl ind pf	Id
7254	*Lc 7,26	ἐξεληλύθατε		2 p pl ind pf	Id
7255		ἐξεληλύθει	(2)	3 p sg ind plpf	Id
7256		ἐξελήλυθεν	(2)	3 p sg ind pf	Id
7257	Mc 7,30	ἐξεληλυθός	(1)	acc neut sg part pf	Id
7258	Heb 7,5	ἐξεληλυθότας	(1)	acc mas pl part pf	Id
7259	Lc 8,46	ἐξεληλυθυῖαν	(1)	acc fem sg part pf	Id
7260	Ga 1,4	ἐξέληται	(1)	3 p sg sbj ao2 m	ἐξαιρέω
7261		ἐξέλθατε	(2)	2 p pl imper ao2	ἐξέρχομαι
7262		ἔξελθε	(10)	2 p sg imper ao2	Id
7263		ἐξελθεῖν	(9)	inf ao2	Id
7264		ἐξέλθῃ	(3)	3 p sg sbj ao2	Id
7265		ἐξέλθῃς	(2)	2 p sg sbj ao2	Id
7266		ἐξέλθητε	(3)	2 p pl sbj ao2	Id
7267	Mt 26,71	ἐξελθόντα	(1)	acc mas sg part ao2	Id
7268		ἐξελθόντα	(2)	nom neut pl part ao2	Id
7269		ἐξελθόντες	(18)	nom mas pl part ao2	Id
7270	Lc 8,27	ἐξελθόντι	(1)	dat mas sg part ao2	Id
7271		ἐξελθόντος	(2)	gen mas sg part ao2	Id
7272	Lc 11,14	ἐξελθόντος	(1)	gen neut sg part ao2	Id
7273		ἐξελθόντων	(2)	gen mas pl part ao2	Id
7274		ἐξελθοῦσα	(3)	nom fem sg part ao2	Id
7275	Mc 16,8	ἐξελθοῦσαι	(1)	nom fem pl part ao2	Id
7276	Mc 5,30	ἐξελθοῦσαν	(1)	acc fem sg part ao2	Id

7277	Apc 19,21	ἐξελθούσῃ	(1)	dat fem sg part ao2	ἐξέρχομαι
7278		ἐξελθών	(21)	nom mas sg part ao2 .	Id
7279	Ja 1,14	ἐξελκόμενος	(1)	nom mas sg part pr pass	ἐξέλκω
7280		ἐξέμαξεν	(2)	3 p sg ind ao a . .	ἐκμάσσω
7281	Lc 7,38	ἐξέμασσεν	(1)	3 p sg ind impf a .	Id
7282		ἐξεμυκτήριζον	(2)	3 p pl ind impf a	ἐκμυκτηρίζω
7283		ἐξενέγκαντες	(2)	nom mas pl part ao2 a	ἐκφέρω
7284	Lc 15,22	ἐξενέγκατε	(1)	2 p pl imper ao2 a .	Id
7285	1Tm 6,7	ἐξενεγκεῖν	(1)	inf ao2 a . . .	Id
7286	Jh 5,13	ἐξένευσεν	(1)	3 p sg ind ao a . .	ἐκνεύω
7287		ἐξένισεν	(2)	3 p sg ind ao a . .	ξενίζω
7288	1Tm 5,10	ἐξενοδόχησεν	(1)	3 p sg ind ao a .	ξενοδοχέω
7289	*1Co 10,9	ἐξεπείρασαν		3 p pl ind ao a . .	ἐκπειράζω
7290	Ac 17,10	ἐξέπεμψαν	(1)	3 p pl ind ao a . .	ἐκπέμπω
7291	Ac 12,7	ἐξέπεσαν	(1)	3 p pl ind ao a . .	ἐκπίπτω
7292	Ga 5,4	ἐξεπέσατε	(1)	2 p pl ind ao2 a . .	Id
7293		ἐξέπεσεν	(2)	3 p sg ind ao2 a . .	Id
7294	Rm 10,21	ἐξεπέτασα	(1)	1 p sg ind ao a .	ἐκπετάννυμι
7295	Ac 14,14	ἐξεπήδησαν	(1)	3 p pl ind ao a . .	ἐκπηδάω
7296	Lc 2,48	ἐξεπλάγησαν	(1)	3 p pl ind ao2 pass .	ἐκπλήσσω
7297	Ac 18,18	ἐξέπλει	(1)	3 p sg ind impf a . .	ἐκπλέω
7298	Ac 20,6	ἐξεπλεύσαμεν	(1)	1 p pl ind ao a .	Id
7299	*Ac 18,18	ἐξέπλευσεν		3 p sg ind ao a . .	ἐκπλέω
7300	Mc 11,18	ἐξεπλήσσετο	(1)	3 p sg ind impf pass .	ἐκπλήσσω
7301		ἐξεπλήσσοντο	(9)	3 p pl ind impf pass .	Id
7302		ἐξέπνευσεν	(3)	3 p sg ind ao a . .	ἐκπνέω
7303		ἐξεπορεύετο	(3)	3 p sg ind impf .	ἐκπορεύομαι
7304	Mc 11,19	ἐξεπορεύοντο	(1)	3 p pl ind impf .	Id
7305	Ga 4,14	ἐξεπτύσατε	(1)	2 p pl ind ao a . .	ἐκπτύω
7306	2Pt 2,22	ἐξέραμα	(1)	acc sg	ἐξέραμα
7307		ἐξέρχεσθε	(2)	2 p pl imper pr .	ἐξέρχομαι
7308		ἐξέρχεται	(3)	3 p sg ind pr . .	Id
7309		ἐξερχόμενοι	(5)	nom mas pl part pr .	Id
7310	Lc 21,37	ἐξερχόμενος	(1)	nom mas sg part pr .	Id
7311	Mt 9,32	ἐξερχομένων	(1)	gen mas pl part pr .	Id
7312		ἐξέρχονται	(2)	3 p pl ind pr . .	Id
7313	Heb 13,13	ἐξερχώμεθα	(1)	1 p pl sbj pr . .	Id
7314	Ac 8,11	ἐξεστακέναι	(1)	inf pf m . . .	ἐξίστημι
7315	*Ac 8,9	ἐξεστανε	(!)		
7316	Mc 3,21	ἐξέστη	(1)	3 p sg ind ao2 a . .	ἐξίστημι
7317	2Co 5,13	ἐξέστημεν	(1)	1 p pl ind ao2 a . .	Id
7318		ἐξέστησαν	(5)	3 p pl ind ao2 a . .	Id
7319		ἔξεστιν	(29)	impers	ἔξεστιν
7320	Tit 3,11	ἐξέστραπται	(1)	3 p sg ind pf pass .	ἐκστρέφω
7321	*Ac 15,24	ἐξετάραξαν		3 p pl ind ao a . .	ἐκταράσσω
7322	Jh 21,12	ἐξετάσαι	(1)	inf ao a	ἐξετάζω
7323		ἐξετάσατε	(2)	2 p pl imper ao a . .	Id
7324	Apc 2,10	ἕξετε	(1)	2 p pl ind fut a . . .	ἔχω
7325	Lc 22,53	ἐξετείνατε	(1)	2 p pl ind ao a . .	ἐκτείνω
7326		ἐξέτεινεν	(2)	3 p sg ind ao a . .	Id

7327		ἐξετίθετο	(2)	3 p sg ind impf m . .	ἐκτίθημι
7328		ἐξετράπησαν	(2)	3 p pl ind ao2 pass .	ἐκτρέπω
7329	2Co 11,33	ἐξέφυγον	(1)	1 p sg ind ao2 a . .	ἐκφεύγω
7330	Heb 12,25	ἐξέφυγον	(1)	3 p pl ind ao2 a . .	Id
7331	Apc 16,6	ἐξέχεαν	(1)	3 p pl ind ao2 a . .	ἐκχέω
7332		ἐξέχεεν	(10)	3 p sg ind ao2 a . .	Id
7333	*Jh 16,33	ἐξέχετε		2 p pl ind pr a	ἐξέχω
7334	*Mt 20,28	ἐξέχοντας		acc mas pl part pr a . .	Id
7335	Ac 1,18	ἐξεχύθη	(1)	3 p sg ind ao pass . .	ἐκχύννω
7336	Ju 11	ἐξεχύθησαν	(1)	3 p pl ind ao pass .	Id
7337	Ac 22,20	ἐξεχύννετο	(1)	3 p sg ind impf pass .	Id
7338		ἐξέψυξεν	(3)	3 p sg ind ao a . .	ἐκψύχω
7339	*Ac 27,39	ἐξεῶσαι		cf ἐξῶσαι	
7340	*Ac 7,45	ἐξέωσεν		att 3 p sg ind ao a . . .	ἐξωθέω
7341		ἐξήγαγεν	(5)	3 p sg ind ao2 a . .	ἐξάγω
7342	*Ac 23,29	ἐξήγαγον		1 p sg ind ao2 a . . .	Id
7343	*Mc #1	ἐξήγγειλαν		3 p pl ind ao a .	ἐξαγγέλλω
7344	Rm 9,17	ἐξήγειρα	(1)	1 p sg ind ao a . .	ἐξεγείρω
7345	*1Co 6,14	ἐξήγειρεν		3 p sg ind ao a . . .	Id
7346	Ac 21,19	ἐξηγεῖτο	(1)	3 p sg ind impf .	ἐξηγέομαι
7347	Ac 10,8	ἐξηγησάμενος	(1)	nom mas sg part ao .	Id
7348		ἐξηγήσατο	(2)	3 p sg ind ao . .	Id
7349	Ga 3,13	ἐξηγόρασεν	(1)	3 p sg ind ao a .	ἐξαγοράζω
7350	Ac 15,12	ἐξηγουμένων	(1)	gen mas pl part pr	ἐξηγέομαι
7351	Lc 24,35	ἐξηγοῦντο	(1)	3 p pl ind impf . .	Id
7352	Ac 17,15	ἐξῄεσαν	(1)	3 p pl ind impf . .	ἔξειμι
7353		ἑξήκοντα	(6)	inde	ἑξήκοντα
7354		ἐξῆλθαν	(2)	3 p pl ind ao2 .	ἐξέρχομαι
7355		ἐξήλθατε	(9)	2 p pl ind ao2 . . .	Id
7356		ἐξῆλθεν	(67)	3 p sg ind ao2 . .	Id
7357	Jh 16,30	ἐξῆλθες	(1)	2 p sg ind ao2 . . .	Id
7358	Ac 16,13	ἐξήλθομεν	(1)	1 p pl ind ao2 . .	Id
7359		ἐξῆλθον	(9)	1 p sg ind ao2 . . .	Id
7360		ἐξῆλθον	(14)	3 p pl ind ao2 . .	Id
7361	*Ac 14,10	ἐξήλλατο		3 p sg ind impf . .	ἐξάλλομαι
7362	*Ac 5,10	ἐξήνεγκαν		3 p pl ind ao2 a . . .	ἐκφέρω
7363	Mc 8,23	ἐξήνεγκεν	(1)	3 p sg ind ao2 a . .	Id
7364		ἐξηπάτησεν	(2)	3 p sg ind ao a . .	ἐξαπατάω
7365		ἐξηραμμένην	(2)	acc fem sg part pf pass	ξηραίνω
7366	Ja 1,11	ἐξήρανεν	(1)	3 p sg ind ao a . .	Id
7367		ἐξηράνθη	(10)	3 p sg ind ao pass .	Id
7368	*Mt 13,6	ἐξηράνθησαν		3 p pl ind ao pass . .	Id
7369	Mc 11,21	ἐξήρανται	(1)	3 p sg ind pf pass .	Id
7370	1Pt 1,10	ἐξηραύνησαν	(1)	3 p pl ind ao a .	ἐξεραυνάω
7371	2Tm 3,17	ἐξηρτισμένος	(1)	nom mas sg part pf pass	ἐξαρτίζω
7372		ἐξήρχετο	(2)	3 p sg ind impf .	ἐξέρχομαι
7373		ἐξήρχοντο	(2)	3 p pl ind impf . .	Id
7374		ἑξῆς	(5)	adv	ἑξῆς
7375	*Jh 16,22	ἕξητε		2 p pl sbj ao a	ἔχω

7376	Lc 22,31	ἐξητήσατο	(1)	3 p sg ind ao .	ἐξαιτέομαι
7377	1Th 1,8	ἐξήχηται	(1)	3 p sg ind pf pass . .	ἐξηχέω
7378		ἐξιέναι	(2)	inf pr	ἔξειμι
7379	Heb 5,14	ἕξιν	(1)	acc sg	ἕξις
7380	*Ac 21,17	ἐξιόντες		nom mas pl part pr . . .	ἔξειμι
7381	Ac 13,42	ἐξιόντων	(1)	gen mas pl part pr . .	Id
7382		ἐξίσταντο	(6)	3 p pl ind impf m . .	ἐξίστημι
7383	Ac 8,9	ἐξιστάνων	(1)	nom mas sg part pr a .	Id
7384	Mc 2,12	ἐξίστασθαι	(1)	inf pr m . . .	Id
7385	Ac 8,13	ἐξίστατο	(1)	3 p sg ind impf m . .	Id
7386	*Ac 8,9	ἐξιστῶν		nom mas sg part pr a . . .	ἐξιστάω
7387	Eph 3,18	ἐξισχύσητε	(1)	2 p pl sbj ao a . .	ἐξισχύω
7388		ἔξοδον	(2)	acc sg	ἔξοδος
7389	Heb 11,22	ἐξόδου	(1)	gen sg	Id
7390	Ac 5,9	ἐξοίσουσιν	(1)	3 p pl ind fut a . .	ἐκφέρω
7391	Ac 3,23	ἐξολεθρευθήσεται	(1)	3 p sg ind fut pass	ἐξολεθρεύω
7392	*1Pt 3,12	ἐξολοθρεῦσαι		inf ao a . . .	Id
7393	Ja 5,16	ἐξομολογεῖσθε	(1)	2 p pl imper pr m	ἐξομολογέω
7394	Rm 14,11	ἐξομολογήσεται	(1)	3 p sg ind fut .	Id
7395	Php 2,11	ἐξομολογήσηται	(1)	3 p sg sbj ao m .	Id
7396	Rm 15,9	ἐξομολογήσομαι	(1)	1 p sg ind fut .	Id
7397		ἐξομολογοῦμαι	(2)	1 p sg ind pr m .	Id
7398		ἐξομολογούμενοι	(3)	nom mas pl part pr m	Id
7399		ἐξόν	(3)	nom neut sg part pr . .	ἔξεστιν
7400	*Ac 19,14	ἐξορκίζειν		inf pr a	ἐξορκίζω
7401	*Ac 19,13	ἐξορκίζομεν		1 p pl ind pr a . . .	Id
7402	Mt 26,63	ἐξορκίζω	(1)	1 p sg ind pr a . .	Id
7403	Ac 19,13	ἐξορκιστῶν	(1)	gen pl . .	ἐξορκιστής
7404		ἐξορύξαντες	(2)	nom mas pl part ao a .	ἐξορύσσω
7405	Mc 9,12	ἐξουδενηθῇ	(1)	3 p sg sbj ao pass	ἐξουδενέω
7406	*Mc 9,12	ἐξουδενωθῇ		3 p sg sbj ao pass .	ἐξουδενόω
7407	Rm 14,10	ἐξουθενεῖς	(1)	2 p sg ind pr a .	ἐξουθενέω
7408	1Th 5,20	ἐξουθενεῖτε	(1)	2 p pl imper pr a .	Id
7409	Rm 14,3	ἐξουθενείτω	(1)	3 p sg imper pr a .	Id
7410	Ac 4,11	ἐξουθενηθείς	(1)	nom mas sg part ao pass	Id
7411	*Mc 9,12	ἐξουθενηθῇ		3 p sg sbj ao pass . .	Id
7412	1Co 1,28	ἐξουθενημένα	(1)	acc neut pl part pf pass	Id
7413	2Co 10,10	ἐξουθενημένος	(1)	nom mas sg part pf pass	Id
7414	1Co 6,4	ἐξουθενημένους	(1)	acc mas pl part pf pass	Id
7415	Lc 23,11	ἐξουθενήσας	(1)	nom mas sg part ao a	Id
7416	Ga 4,14	ἐξουθενήσατε	(1)	2 p pl ind ao a .	Id
7417	1Co 16,11	ἐξουθενήσῃ	(1)	3 p sg sbj ao a . .	Id
7418	Lc 18,9	ἐξουθενοῦντας	(1)	acc mas pl part pr a	Id
7419	*Lc 18,9	ἐξουθενοῦντες		nom mas pl part pr a .	Id
7420	*Mc 9,12	ἐξουθενωθῇ		3 p sg sbj ao pass . .	Id
7421		ἐξουσία	(13)	nom sg	ἐξουσία
7422		ἐξουσίᾳ	(16)	dat sg	Id
7423		ἐξουσιάζει	(2)	3 p sg ind pr a .	ἐξουσιάζω
7424	Lc 22,25	ἐξουσιάζοντες	(1)	nom mas pl part pr a	Id

No.	Ref	Form	Freq	Parsing	Lemma
7425	Col 1,16	ἐξουσίαι	(1)	nom pl	ἐξουσία
7426		ἐξουσίαις	(3)	dat pl	Id
7427		ἐξουσίαν	(56)	acc sg	Id
7428		ἐξουσίας	(10)	gen sg	Id
7429		ἐξουσίας	(2)	acc pl	Id
7430	1Co 6,12	ἐξουσιασθήσομαι	(1)	1 p sg ind fut pass	ἐξουσιάζω
7431	*Mc 1,28	ἐξουσιαστική		nom fem sg	ἐξουσιαστικός
7432		ἕξουσιν	(2)	3 p pl ind fut a	ἔχω
7433	1Pt 3,22	ἐξουσιῶν	(1)	gen pl	ἐξουσία
7434	Ac 25,23	ἐξοχήν	(1)	acc sg	ἐξοχή
7435	Jh 11,11	ἐξυπνίσω	(1)	1 p sg sbj ao a	ἐξυπνίζω
7436	Ac 16,27	ἔξυπνος	(1)	nom mas sg	ἔξυπνος
7437	1Co 11,5	ἐξυρημένῃ	(1)	dat fem sg part pf pass	ξυράω
7438		ἔξω	(63)	adv	ἔξω
7439		ἔξωθεν	(13)	adv	ἔξωθεν
7440	Lc 22,6	ἐξωμολόγησεν	(1)	3 p sg ind ao a	ἐξομολογέω
7441	Ac 27,39	ἐξῶσαι	(1)	inf ao a	ἐξωθέω
7442	Ac 7,45	ἐξῶσεν	(1)	3 p sg ind ao a	Id
7443		ἐξώτερον	(3)	acc neut sg	ἐξώτερος
7444		ἔοικεν	(2)	3 p sg ind pf2 a	εἴκω
7445	1Co 9,1	ἑόρακα	(1)	1 p sg ind pf a	ὁράω
7446	Col 2,1	ἑόρακαν	(1)	3 p pl ind pf a	Id
7447	Col 2,18	ἑόρακεν	(1)	3 p sg ind pf a	Id
7448	1Co 5,8	ἑορτάζωμεν	(1)	1 p pl sbj pr a	ἑορτάζω
7449		ἑορτή	(4)	nom sg	ἑορτή
7450		ἑορτῇ	(7)	dat sg	Id
7451		ἑορτήν	(10)	acc sg	Id
7452		ἑορτῆς	(5)	gen sg	Id
7453		ἐπ’		cf ἐπί	
7454	Ac 5,28	ἐπαγαγεῖν	(1)	inf ao2 a	ἐπάγω
7455	Heb 11,11	ἐπαγγειλάμενον	(1)	acc mas sg part ao	ἐπαγγέλλομαι
7456		ἐπαγγειλάμενος	(2)	nom mas sg part ao	Id
7457		ἐπαγγελία	(6)	nom sg	ἐπαγγελία
7458	Eph 6,2	ἐπαγγελίᾳ	(1)	dat sg	Id
7459		ἐπαγγελίαι	(3)	nom pl	Id
7460	Heb 8,6	ἐπαγγελίαις	(1)	dat pl	Id
7461		ἐπαγγελίαν	(16)	acc sg	Id
7462		ἐπαγγελίας	(17)	gen sg	Id
7463		ἐπαγγελίας	(6)	acc pl	Id
7464		ἐπαγγελιῶν	(2)	gen pl	Id
7465	1Tm 2,10	ἐπαγγελλομέναις	(1)	dat fem pl part pr	ἐπαγγέλλομαι
7466		ἐπαγγελλόμενοι	(2)	nom mas pl part pr	Id
7467	2Pt 3,13	ἐπάγγελμα	(1)	acc sg	ἐπάγγελμα
7468	2Pt 1,4	ἐπαγγέλματα	(1)	nom pl	Id
7469	*2Pt 3,13	ἐπαγγέλματα		acc pl	Id
7470	2Pt 2,1	ἐπάγοντες	(1)	nom mas pl part pr a	ἐπάγω
7471	Ju 3	ἐπαγωνίζεσθαι	(1)	inf pr	ἐπαγωνίζομαι
7472		ἔπαθεν	(5)	3 p sg ind ao2 a	πάσχω
7473		ἐπάθετε	(2)	2 p pl ind ao2 a	Id
7474	Mt 27,19	ἔπαθον	(1)	1 p sg ind ao2 a	Id

7475	Lc 11,29	ἐπαθροιζομένων	(1)	gen mas pl part pr pass	ἐπαθροίζω
7476		ἐπαιδεύθη	(2)	3 p sg ind ao pass .	παιδεύω
7477	Heb 12,10	ἐπαίδευον	(1)	3 p pl ind impf a .	Id
7478	*Rm 15,11	ἐπαινέσατε		2 p pl imper ao a . .	ἐπαινέω
7479	Rm 15,11	ἐπαινεσάτωσαν	(1)	3 p pl imper ao a .	Id
7480	1Co 11,22	ἐπαινέσω	(1)	1 p sg ind fut a . .	Id
7481	Rm 16,5	Ἐπαίνετον	(1)	acc . . .	Ἐπαίνετος
7482		ἔπαινον	(7)	acc sg	ἔπαινος
7483		ἔπαινος	(4)	nom sg	Id
7484		ἐπαινῶ	(3)	1 p sg ind pr a . . .	ἐπαινέω
7485	*1Co 11,17	ἐπαινῶν		nom mas sg part pr a . . .	Id
7486	2Co 11,20	ἐπαίρεται	(1)	3 p sg ind pr pass .	ἐπαίρω
7487	2Co 10,5	ἐπαιρόμενον	(1)	acc neut sg part pr pass	Id
7488	1Tm 2,8	ἐπαίροντας	(1)	acc mas pl part pr a .	Id
7489		ἔπαισεν	(2)	3 p sg ind ao a . .	παίω
7490	Rm 6,21	ἐπαισχύνεσθε	(1)	2 p pl ind pr	ἐπαισχύνομαι
7491		ἐπαισχύνεται	(2)	3 p sg ind pr .	Id
7492	2Tm 1,16	ἐπαισχύνθη	(1)	3 p sg ind ao .	Id
7493		ἐπαισχυνθῇ	(3)	3 p sg sbj ao .	Id
7494	2Tm 1,8	ἐπαισχυνθῇς	(1)	2 p sg sbj ao .	Id
7495		ἐπαισχυνθήσεται	(2)	3 p sg ind fut	Id
7496		ἐπαισχύνομαι	(2)	1 p sg ind pr .	Id
7497	Lc 16,3	ἐπαιτεῖν	(1)	inf pr a . . .	ἐπαιτέω
7498	Lc 18,35	ἐπαιτῶν	(1)	nom mas sg part pr a . .	Id
7499	1Pt 2,21	ἐπακολουθήσητε	(1)	2 p pl sbj ao a	ἐπακολουθέω
7500	*Lc 5,27	ἐπακολουθοῦντα		acc mas sg part pr a	Id
7501	*Mc 16,20	ἐπακολουθούντων		gen neut pl part pr a	Id
7502	1Tm 5,24	ἐπακολουθοῦσιν	(1)	3 p pl ind pr a	Id
7503		ἐπάν	(3)	conj	ἐπάν
7504	Lc 5,4	ἐπανάγαγε	(1)	2 p sg imper ao2 a .	ἐπανάγω
7505	Lc 5,3	ἐπαναγαγεῖν	(1)	inf ao2 a . . .	Id
7506	*Mt 21,18	ἐπαναγαγών		nom mas sg part ao2 a . .	Id
7507	Ac 15,28	ἐπάναγκες	(1)	adv	ἐπάναγκες
7508	Mt 21,18	ἐπανάγων	(1)	nom mas sg part pr a .	ἐπανάγω
7509	Rm 15,15	ἐπαναμιμνήσκων	(1)	nom mas sg part pr a	ἐπαναμιμνήσκω
7510	Lc 10,6	ἐπαναπαήσεται	(1)	3 p sg ind fut m	ἐπαναπαύω
7511	*1Pt 4,14	ἐπαναπαύεται		3 p sg ind pr m . .	Id
7512	Rm 2,17	ἐπαναπαύῃ	(1)	2 p sg ind pr m . .	Id
7513	*Lc 10,6	ἐπαναπαύσεται		3 p sg ind fut m . .	Id
7514	*1Pt 4,14	ἐπαναπέπαυται		3 p sg ind pf m . .	Id
7515	*Mt 10,21	ἐπαναστήσεται		3 p sg ind fut m .	ἐπανίστημι
7516		ἐπαναστήσονται	(2)	3 p pl ind fut m	Id
7517	Lc 19,15	ἐπανελθεῖν	(1)	inf ao2 . .	ἐπανέρχομαι
7518	*Lc 11,22	ἐπανελθών		nom mas sg part ao2 .	Id
7519	Lc 10,35	ἐπανέρχεσθαι	(1)	inf pr . . .	Id
7520	*Mt 2,21	ἐπανῆλθεν		3 p sg ind ao2 . .	Id
7521	2Tm 3,16	ἐπανόρθωσιν	(1)	acc sg . .	ἐπανόρθωσις
7522		ἐπάνω	(19)	adv	ἐπάνω
7523	2Pt 2,5	ἐπάξας	(1)	nom mas sg part ao a . .	ἐπάγω
7524	Lc 18,13	ἐπᾶραι	(1)	inf ao a	ἐπαίρω

No.	Ref	Form	Freq	Parsing	Lemma
7525		ἐπάραντες	(2)	nom mas pl part ao a	ἐπαίρω
7526		ἐπάρας	(5)	nom mas sg part ao a	Id
7527	Lc 11,27	ἐπάρασα	(1)	nom fem sg part ao a	Id
7528		ἐπάρατε	(2)	2 p pl imper ao a	Id
7529	Jh 7,49	ἐπάρατοι	(1)	nom mas pl	ἐπάρατος
7530	*1Tm 5,16	ἐπαρκείσθω		3 p sg imper pr m	ἐπαρκέω
7531	1Tm 5,16	ἐπαρκείτω	(1)	3 p sg imper pr a	Id
7532	1Tm 5,16	ἐπαρκέσῃ	(1)	3 p sg sbj ao a	Id
7533	Ac 19,8	ἐπαρρησιάζετο	(1)	3 p sg ind impf	παρρησιάζομαι
7534	1Th 2,2	ἐπαρρησιασάμεθα	(1)	1 p pl ind ao	Id
7535	Ac 9,27	ἐπαρρησιάσατο	(1)	3 p sg ind ao	Id
7536	Ac 25,1	ἐπαρχείᾳ	(1)	dat sg	ἐπαρχεία
7537	Ac 23,34	ἐπαρχείας	(1)	gen sg	Id
7538	*Ac 25,1	ἐπαρχ(ε)ίῳ		dat fem sg	ἐπάρχειος
7539		ἐπάταξεν	(2)	3 p sg ind ao a	πατάσσω
7540	Apc 14,20	ἐπατήθη	(1)	3 p sg ind ao pass	πατέω
7541	Ac 1,20	ἔπαυλις	(1)	nom sg	ἔπαυλις
7542		ἐπαύριον	(17)	adv	ἐπαύριον
7543	Ac 5,42	ἐπαύοντο	(1)	3 p pl ind impf m	παύω
7544	Ac 20,31	ἐπαυσάμην	(1)	1 p sg ind ao m	Id
7545		ἐπαύσαντο	(3)	3 p pl ind ao m	Id
7546		ἐπαύσατο	(2)	3 p sg ind ao m	Id
7547	Col 1,7	Ἐπαφρᾶ	(1)	gen	Ἐπαφρᾶς
7548		Ἐπαφρᾶς	(2)	nom	Id
7549	Ju 13	ἐπαφρίζοντα	(1)	nom neut pl part pr a	ἐπαφρίζω
7550	Php 2,25	Ἐπαφρόδιτον	(1)	acc	Ἐπαφρόδιτος
7551	Php 4,18	Ἐπαφροδίτου	(1)	gen	Id
7552		ἐπαχύνθη	(2)	3 p sg ind ao pass	παχύνω
7553		ἐπέβαλεν	(3)	3 p sg ind ao2 a	ἐπιβάλλω
7554	Mc 4,37	ἐπέβαλλεν	(1)	3 p sg ind impf a	Id
7555		ἐπέβαλον	(5)	3 p pl ind ao2 a	Id
7556	*Ac 21,6	ἐπέβημεν		1 p pl ind ao2 a	ἐπιβαίνω
7557	Ac 20,18	ἐπέβην	(1)	1 p sg ind ao2 a	Id
7558	Lc 19,35	ἐπεβίβασαν	(1)	3 p pl ind ao a	ἐπιβιβάζω
7559	Lc 1,48	ἐπέβλεψεν	(1)	3 p sg ind ao a	ἐπιβλέπω
7560	Ac 17,23	ἐπεγέγραπτο	(1)	3 p sg ind plpf pass	ἐπιγράφω
7561	*Ac 27,27	ἐπεγένετο		3 p sg ind ao2	ἐπιγίνομαι
7562		ἐπεγίνωσκον	(3)	3 p pl ind impf a	ἐπιγινώσκω
7563	2Pt 2,21	ἐπεγνωκέναι	(1)	inf pf a	Id
7564	1Tm 4,3	ἐπεγνωκόσι	(1)	dat mas pl part pf a	Id
7565	Ac 28,1	ἐπέγνωμεν	(1)	1 p pl ind ao2 a	Id
7566		ἐπέγνωσαν	(4)	3 p pl ind ao2 a	Id
7567	1Co 13,12	ἐπεγνώσθην	(1)	1 p sg ind ao pass	Id
7568	Col 1,6	ἐπέγνωτε	(1)	2 p pl ind ao2 a	Id
7569	*Lc 24,40	ἐπέδειξεν		3 p sg ind ao a	ἐπιδείκνυμι
7570	*Ac 28,10	ἐπεδημοῦμεν		1 p pl ind impf a	ἐπιδημέω
7571	Lc 24,30	ἐπεδίδου	(1)	3 p sg ind impf a	ἐπιδίδωμι
7572	Lc 4,17	ἐπεδόθη	(1)	3 p sg ind ao pass	Id
7573		ἐπέδωκαν	(2)	3 p pl ind ao a	Id

7574	*Rm 11,7	ἐπεζητεῖ	3 p sg ind impf a . . .	ἐπιζητέω
7575	Ac 13,7	ἐπεζήτησεν	(1) 3 p sg ind ao a . .	Id
7576	Lc 4,42	ἐπεζήτουν	(1) 3 p pl ind impf a . .	Id
7577	*1Pt 2,21	ἐπέθανεν	3 p sg ind ao2 a . .	ἐπιθνήσκω
7578	Ac 28,10	ἐπέθεντο	(1) 3 p pl ind ao2 m .	ἐπιτίθημι
7579		ἐπέθηκαν	(6) 3 p pl ind ao a . .	Id
7580		ἐπέθηκεν	(5) 3 p sg ind ao a . .	Id
7581	Lc 15,16	ἐπεθύμει	(1) 3 p sg ind impf a . .	ἐπιθυμέω
7582		ἐπεθύμησα	(2) 1 p sg ind ao a . .	Id
7583		ἐπεθύμησαν	(2) 3 p pl ind ao a . .	Id
7584		ἐπεί	(26) conj	ἐπεί
7585	Lc 1,25	ἐπεῖδεν	(1) 3 p sg ind ao2 a . .	ἐφοράω
7586		ἐπειδή	(10) conj	ἐπειδή
7587	Lc 1,1	ἐπειδήπερ	(1) conj . . .	ἐπειδήπερ
7588	Ac 18,4	ἔπειθεν	(1) 3 p sg ind impf a . .	πείθω
7589	Ac 27,11	ἐπείθετο	(1) 3 p sg ind impf m . .	Id
7590	Ac 13,43	ἔπειθον	(1) 3 p pl ind impf a . .	Id
7591		ἐπείθοντο	(3) 3 p pl ind impf m . .	Id
7592		ἐπείνασα	(2) 1 p sg ind ao a . .	πεινάω
7593	Mt 12,1	ἐπείνασαν	(1) 3 p pl ind ao a . .	Id
7594		ἐπείνασεν	(7) 3 p sg ind ao a . .	Id
7595	*Rm 3,30	ἐπείπερ	conj	ἐπείπερ
7596	Ac 9,26	ἐπείραζεν	(1) 3 p sg ind impf a . .	πειράζω
7597	Ac 16,7	ἐπείραζον	(1) 3 p pl ind impf a . .	Id
7598		ἐπείρασαν	(2) 3 p pl ind ao a . .	Id
7599	Apc 2,2	ἐπείρασας	(1) 2 p sg ind ao a . .	Id
7600		ἐπείρασεν	(2) 3 p sg ind ao a . .	Id
7601	*Heb 11,37	ἐπειράσθησαν	3 p pl ind ao pass . .	Id
7602	Ac 26,21	ἐπειρῶντο	(1) 3 p pl ind impf .	πειράομαι
7603	Heb 7,19	ἐπεισαγωγή	(1) nom sg . .	ἐπεισαγωγή
7604	Mt 27,20	ἔπεισαν	(1) 3 p pl ind ao a . .	πείθω
7605	*Ac 14,19	ἐπεισείσαντες cf ἐπισείσαντες		
7606	Lc 21,35	ἐπεισελεύσεται	(1) 3 p sg ind fut	ἐπεισέρχομαι
7607		ἐπείσθησαν	(2) 3 p pl ind ao pass .	πείθω
7608		ἔπειτα	(16) adv	ἔπειτα
7609	Ac 3,5	ἐπεῖχεν	(1) 3 p sg ind impf a . .	ἐπέχω
7610	Mt 21,7	ἐπεκάθισεν	(1) 3 p sg ind ao a .	ἐπικαθίζω
7611	Mt 10,25	ἐπεκάλεσαν	(1) 3 p pl ind ao a . .	ἐπικαλέω
7612	*Mt 10,25	ἐπεκαλέσαντο	3 p pl ind ao m . .	Id
7613	Rm 4,7	ἐπεκαλύφθησαν	(1) 3 p pl ind ao pass	ἐπικαλύπτω
7614	Ac 27,41	ἐπέκειλαν	(1) 3 p pl ind ao a . .	ἐπικέλλω
7615	Ac 7,43	ἐπέκεινα	(1) adv	ἐπέκεινα
7616	Lc 23,23	ἐπέκειντο	(1) 3 p pl ind impf .	ἐπίκειμαι
7617	Jh 11,38	ἐπέκειτο	(1) 3 p sg ind impf . .	Id
7618	Ac 26,32	ἐπεκέκλητο	(1) 3 p sg ind plpf pass .	ἐπικαλέω
7619	*Mt 25,20	ἐπεκέρδησα	1 p sg ind ao a . .	ἐπικερδαίνω
7620	Ac 1,23	ἐπεκλήθη	(1) 3 p sg ind ao pass . .	ἐπικαλέω
7621	Lc 23,24	ἐπέκρινεν	(1) 3 p sg ind ao a . .	ἐπικρίνω
7622	Php 3,13	ἐπεκτεινόμενος	(1) nom mas sg part pr	ἐπεκτείνομαι
7623		ἐπελάβετο	(2) 3 p sg ind ao2	ἐπιλαμβάνομαι

No.	Ref	Form	Parsing	Lemma
7624	Ja 1,24	ἐπελάθετο	(1) 3 p sg ind ao2	ἐπιλανθάνομαι
7625		ἐπελάθοντο	(2) 3 p pl ind ao2	Id
7626	*Ac 12,7	ἐπέλαμψεν	3 p sg ind ao a	ἐπιλάμπω
7627	Lc 16,21	ἐπέλειχον	(1) 3 p pl ind impf a	ἐπιλείχω
7628	Lc 1,35	ἐπελεύσεται	(1) 3 p sg ind fut	ἐπέρχομαι
7629		ἐπέλθῃ	(2) 3 p sg sbj ao2	Id
7630	*Ac 13,40	ἐπελθοί	3 p sg opt ao2	Id
7631	Ac 1,6	ἐπελθόντος	(1) gen neut sg part ao2	Id
7632	*Jh 6,23	ἐπελθόντων	gen neut pl part ao2	Id
7633	Lc 11,22	ἐπελθών	(1) nom mas sg part ao2	Id
7634	*Ac 3,20	ἐπέλθωσιν	3 p pl sbj ao2	Id
7635	Mc 4,34	ἐπέλυεν	(1) 3 p sg ind impf a	ἐπιλύω
7636	Ga 1,18	ἐπέμεινα	(1) 1 p sg ind ao a	ἐπιμένω
7637		ἐπεμείναμεν	(2) 1 p pl ind ao a	Id
7638	Lc 10,34	ἐπεμελήθη	(1) 3 p sg ind ao	ἐπιμελέομαι
7639	Ac 12,16	ἐπέμενεν	(1) 3 p sg ind impf a	ἐπιμένω
7640	Jh 8,7	ἐπέμενον	(1) 3 p pl ind impf a	Id
7641	Lc 4,26	ἐπέμφθη	(1) 3 p sg ind ao pass	πέμπω
7642	*Ac 15,38	ἐπέμφθησαν	3 p pl ind ao pass	Id
7643		ἔπεμψα	(9) 1 p sg ind ao a	Id
7644	1Th 3,2	ἐπέμψαμεν	(1) 1 p pl ind ao a	Id
7645	Php 4,16	ἐπέμψατε	(1) 2 p pl ind ao a	Id
7646		ἔπεμψεν	(3) 3 p sg ind ao a	Id
7647		ἐπενδύσασθαι	(2) inf ao	ἐπενδύομαι
7648	Jh 21,7	ἐπενδύτην	(1) acc sg	ἐπενδύτης
7649	Ju 9	ἐπενεγκεῖν	(1) inf ao2 a	ἐπιφέρω
7650	Ac 18,20	ἐπένευσεν	(1) 3 p sg ind ao a	ἐπινεύω
7651	1Co 5,2	ἐπενθήσατε	(1) 2 p pl ind ao a	πενθέω
7652	*Phm 12	ἔπενψα	err cf ἔπεμψα	
7653	Rm 15,3	ἐπέπεσαν	(1) 3 p pl ind ao2 a	ἐπιπίπτω
7654		ἐπέπεσεν	(7) 3 p sg ind ao2 a	Id
7655	*Mt 12,16	ἐπέπληξεν	3 p sg ind ao a	ἐπιπλήσσω
7656	Lc 11,22	ἐπεποίθει	(1) 3 p sg ind plpf a	πείθω
7657	Ac 16,5	ἐπερίσσευον	(1) 3 p pl ind impf a	περισσεύω
7658	Jh 6,13	ἐπερίσσευσαν	(1) 3 p pl ind ao a	Id
7659		ἐπερίσσευσεν	(4) 3 p sg ind ao a	Id
7660	*Lc 19,35	ἐπέρριψαν	3 p pl ind ao a	ἐπιρρίπτω
7661	Ja 5,1	ἐπερχομέναις	(1) dat fem pl part pr	ἐπέρχομαι
7662	Eph 2,7	ἐπερχομένοις	(1) dat mas pl part pr	Id
7663	Lc 21,26	ἐπερχομένων	(1) gen mas pl part pr	Id
7664	Lc 20,40	ἐπερωτᾶν	(1) inf pr a	ἐπερωτάω
7665	*Jh 18,21	ἐπερωτᾷς	2 p sg ind pr a	Id
7666	1Co 14,35	ἐπερωτάτωσαν	(1) 3 p pl imper pr a	Id
7667	Lc 17,20	ἐπερωτηθείς	(1) nom mas sg part ao pass	Id
7668	1Pt 3,21	ἐπερώτημα	(1) nom sg	ἐπερώτημα
7669		ἐπερωτῆσαι	(3) inf ao a	ἐπερωτάω
7670	Ac 23,34	ἐπερωτήσας	(1) nom mas sg part ao a	Id
7671	Jh 9,23	ἐπερωτήσατε	(1) 2 p pl imper ao a	Id
7672	*Jh 18,21	ἐπερώτησον	2 p sg imper ao a	Id
7673	Mc 11,29	ἐπερωτήσω	(1) 1 p sg ind fut a	Id
7674	*Jh 1,19	ἐπερωτήσωσιν	3 p pl sbj ao a	Id

No.	Ref.	Form	Freq.	Parsing	Lemma
7675	Lc 6,9	ἐπερωτῶ	(1)	1 p sg ind pr a	ἐπερωτάω
7676	Lc 2,46	ἐπερωτῶντα	(1)	acc mas sg part pr a	Id
7677	Mc 7,5	ἐπερωτῶσιν	(1)	3 p pl ind pr a	Id
7678	Rm 10,20	ἐπερωτῶσιν	(1)	dat mas pl part pr a	Id
7679		ἔπεσα	(4)	1 p sg ind ao2 a	πίπτω
7680		ἔπεσαν	(12)	3 p pl ind ao2 a	Id
7681		ἔπεσεν	(29)	3 p sg ind ao2 a	Id
7682		ἐπεσκέψασθε	(2)	2 p pl ind ao	ἐπισκέπτομαι
7683		ἐπεσκέψατο	(3)	3 p sg ind ao	Id
7684	Lc 9,34	ἐπεσκίαζεν	(1)	3 p sg ind impf a	ἐπισκιάζω
7685	Mt 17,5	ἐπεσκίασεν	(1)	3 p sg ind ao a	Id
7686	*Ac 22,7	ἔπεσον		1 p sg ind ao2 a	πίπτω
7687	*Mt 13,25	ἐπέσπαρκεν		3 p sg ind pf a	ἐπισπείρω
7688	Mt 13,25	ἐπέσπειρεν	(1)	3 p sg ind ao a	Id
7689	Heb 13,22	ἐπέστειλα	(1)	1 p sg ind ao a	ἐπιστέλλω
7690	Ac 21,25	ἐπεστείλαμεν	(1)	1 p pl ind ao a	Id
7691		ἐπέστη	(3)	3 p sg ind ao2 a	ἐφίστημι
7692	Ac 15,32	ἐπεστήριξαν	(1)	3 p pl ind ao a	ἐπιστηρίζω
7693		ἐπέστησαν	(5)	3 p pl ind ao2 a	ἐφίστημι
7694	1Pt 2,25	ἐπεστράφητε	(1)	2 p pl ind ao2 pass	ἐπιστρέφω
7695	Apc 1,12	ἐπέστρεψα	(1)	1 p sg ind ao a	Id
7696		ἐπέστρεψαν	(2)	3 p pl ind ao a	Id
7697	1Th 1,9	ἐπεστρέψατε	(1)	2 p pl ind ao a	Id
7698		ἐπέστρεψεν	(2)	3 p sg ind ao a	Id
7699	Ac 19,22	ἐπέσχεν	(1)	3 p sg ind ao2 a	ἐπέχω
7700	Lc 14,22	ἐπέταξας	(1)	2 p sg ind ao a	ἐπιτάσσω
7701		ἐπέταξεν	(3)	3 p sg ind ao a	Id
7702	Ac 8,17	ἐπετίθεσαν	(1)	3 p pl ind impf a	ἐπιτίθημι
7703	*Ac 8,17	ἐπετίθουν		3 p pl ind impf a	Id
7704	Mc 3,12	ἐπετίμα	(1)	3 p sg ind impf a	ἐπιτιμάω
7705		ἐπετίμησαν	(2)	3 p pl ind ao a	Id
7706		ἐπετίμησεν	(14)	3 p sg ind ao a	Id
7707		ἐπετίμων	(3)	3 p pl ind impf a	Id
7708	Ac 28,16	ἐπετράπη	(1)	3 p sg ind ao2 pass	ἐπιτρέπω
7709		ἐπέτρεψεν	(6)	3 p sg ind ao a	Id
7710		ἐπέτυχεν	(3)	3 p sg ind ao2 a	ἐπιτυγχάνω
7711	Heb 11,33	ἐπέτυχον	(1)	3 p pl ind ao2 a	Id
7712	*Ac 3,25	ἐπευλογηθήσονται		3 p pl ind fut pass	ἐπευλογέω
7713		ἐπεφάνη	(2)	3 p sg ind ao2 pass	ἐπιφαίνω
7714	*Ac 25,18	ἐπέφερον		3 p pl ind impf a	ἐπιφέρω
7715	Ac 12,22	ἐπεφώνει	(1)	3 p sg ind impf a	ἐπιφωνέω
7716		ἐπεφώνουν	(3)	3 p pl ind impf a	Id
7717	Lc 23,54	ἐπέφωσκεν	(1)	3 p sg ind impf a	ἐπιφώσκω
7718	1Tm 4,16	ἔπεχε	(1)	2 p sg imper pr a	ἐπέχω
7719		ἐπεχείρησαν	(2)	3 p pl ind ao a	ἐπιχειρέω
7720	Ac 9,29	ἐπεχείρουν	(1)	3 p pl ind impf a	Id
7721	Php 2,16	ἐπέχοντες	(1)	nom mas pl part pr a	ἐπέχω
7722	*Ju 7	ἐπέχουσαι		nom fem pl part pr a	Id
7723		ἐπέχρισεν	(2)	3 p sg ind ao a	ἐπιχρίω

7724	Lc 14,7	ἐπέχων	(1)	nom mas sg part pr a	ἐπέχω
7725	*Ac 14,2	ἐπήγαγον		3 p pl ind ao2 a	ἐπάγω
7726	Mc 14,11	ἐπηγγείλαντο	(1)	3 p pl ind ao	ἐπαγγέλλομαι
7727		ἐπηγγείλατο	(5)	3 p sg ind ao	Id
7728		ἐπήγγελται	(3)	3 p sg ind pf	Id
7729		ἐπήγειραν	(2)	3 p pl ind ao a	ἐπεγείρω
7730	1Tm 5,10	ἐπηκολούθησεν	(1)	3 p sg ind ao a	ἐπακολουθέω
7731	2Co 6,2	ἐπήκουσα	(1)	1 p sg ind ao a	ἐπακούω
7732	Ac 16,25	ἐπηκροῶντο	(1)	3 p pl ind impf	ἐπακροάομαι
7733	Ac 14,19	ἐπῆλθαν	(1)	3 p pl ind ao2	ἐπέρχομαι
7734	*Ac 14,19	ἐπῆλθον		3 p pl ind ao2	Id
7735	Lc 16,8	ἐπήνεσεν	(1)	3 p sg ind ao a	ἐπαινέω
7736	Heb 8,2	ἔπηξεν	(1)	3 p sg ind ao a	πήγνυμι
7737		ἐπῆραν	(2)	3 p pl ind ao a	ἐπαίρω
7738	1Pt 3,16	ἐπηρεάζοντες	(1)	nom mas pl part pr a	ἐπηρεάζω
7739	Lc 6,28	ἐπηρεαζόντων	(1)	gen mas pl part pr a	Id
7740	*Mt 5,44	ἐπηρεάζουσιν		dat mas pl part pr a	Id
7741		ἐπῆρεν	(2)	3 p sg ind ao a	ἐπαίρω
7742	Ac 1,9	ἐπήρθη	(1)	3 p sg ind ao pass	Id
7743	*Jh 13,18	ἐπῆρκεν		3 p sg ind pf a	Id
7744	1Tm 5,10	ἐπήρκεσεν	(1)	3 p sg ind ao a	ἐπαρκέω
7745	*Ac 5,3	ἐπήρωσεν		3 p sg ind ao a	πηρόω
7746		ἐπηρώτα	(10)	3 p sg ind impf a	ἐπερωτάω
7747		ἐπηρώτησαν	(7)	3 p pl ind ao a	Id
7748		ἐπηρώτησεν	(16)	3 p sg ind ao a	Id
7749		ἐπηρώτων	(10)	3 p pl ind impf a	Id
7750		ἐπί	(891)	prpo	ἐπί
7751	Jh 21,3	ἐπίασαν	(1)	3 p pl ind ao a	πιάζω
7752	Jh 21,10	ἐπιάσατε	(1)	2 p pl ind ao a	Id
7753	Jh 8,20	ἐπίασεν	(1)	3 p sg ind ao a	Id
7754	Apc 19,20	ἐπιάσθη	(1)	3 p sg ind ao pass	Id
7755	Ac 21,4	ἐπιβαίνειν	(1)	inf pr a	ἐπιβαίνω
7756	Lc 20,19	ἐπιβαλεῖν	(1)	inf ao2 a	ἐπιβάλλω
7757		ἐπιβάλλει	(2)	3 p sg ind pr a	Id
7758	Lc 15,12	ἐπιβάλλον	(1)	acc neut sg part pr a	Id
7759	Mc 11,7	ἐπιβάλλουσιν	(1)	3 p pl ind pr a	Id
7760	*Lc 9,62	ἐπιβαλλών		nom mas sg part pr a	Id
7761	*Ac 4,3	ἐπιβαλόντες		nom mas pl part ao2 a	Id
7762	Lc 21,12	ἐπιβαλοῦσιν	(1)	3 p pl ind fut a	Id
7763	1Co 7,35	ἐπιβάλω	(1)	1 p sg sbj ao2 a	Id
7764		ἐπιβαλών	(2)	nom mas sg part ao2 a	Id
7765		ἐπιβάντες	(2)	nom mas pl part ao2 a	ἐπιβαίνω
7766		ἐπιβαρῆσαι	(2)	inf ao a	ἐπιβαρέω
7767	2Co 2,5	ἐπιβαρῶ	(1)	1 p sg sbj pr a	Id
7768	Ac 25,1	ἐπιβάς	(1)	nom mas sg part ao2 a	ἐπιβαίνω
7769	Mt 21,5	ἐπιβεβηκώς	(1)	nom mas sg part pf a	Id
7770	Ac 23,24	ἐπιβιβάσαντες	(1)	nom mas pl part ao a	ἐπιβιβάζω
7771	Lc 10,34	ἐπιβιβάσας	(1)	nom mas sg part ao a	Id
7772	Lc 9,38	ἐπιβλέψαι	(1)	inf ao a	ἐπιβλέπω

7773	Ja 2,3	ἐπιβλέψητε	(1) 2 p pl sbj ao a . .	ἐπιβλέπω
7774	*Lc 9,38	ἐπίβλεψον	2 p sg imper ao a . . .	Id
7775		ἐπίβλημα	(4) acc sg	ἐπίβλημα
7776	Ac 20,19	ἐπιβουλαῖς	(1) dat pl	ἐπιβουλή
7777	Ac 9,24	ἐπιβουλή	(1) nom sg	Id
7778		ἐπιβουλῆς	(2) gen sg	Id
7779	*Ac 25,24	ἐπιβοῶντες	nom mas pl part pr a . .	ἐπιβοάω
7780	Mt 22,24	ἐπιγαμβρεύσει	(1) 3 p sg ind fut a	ἐπιγαμβρεύω
7781	Apc 21,12	ἐπιγεγραμμένα	(1) acc neut pl part pf pass	ἐπιγράφω
7782	Mc 15,26	ἐπιγεγραμμένη	(1) nom fem sg part pf pass	Id
7783	1Co 15,40	ἐπίγεια	(1) nom neut pl . . .	ἐπίγειος
7784		ἐπίγεια	(2) acc neut pl . . .	Id
7785		ἐπίγειος	(2) nom mas sg . . .	Id
7786		ἐπιγείων	(2) gen neut pl . . .	Id
7787	Ac 28,13	ἐπιγενομένου	(1) gen mas sg part ao2	ἐπιγίνομαι
7788		ἐπιγινώσκει	(2) 3 p sg ind pr a .	ἐπιγινώσκω
7789	Ac 25,10	ἐπιγινώσκεις	(1) 2 p sg ind pr a .	Id
7790		ἐπιγινώσκετε	(2) 2 p pl ind pr a .	Id
7791	1Co 16,18	ἐπιγινώσκετε	(1) 2 p pl imper pr a	Id
7792	1Co 14,37	ἐπιγινωσκέτω	(1) 3 p sg imper pr a	Id
7793	2Co 6,9	ἐπιγινωσκόμενοι	(1) nom mas pl part pr pass	Id
7794	*Rm 1,32	ἐπιγινώσκοντες	nom mas pl part pr a	Id
7795		ἐπιγνόντες	(5) nom mas pl part ao2 a	Id
7796		ἐπιγνούς	(5) nom mas sg part ao2 a	Id
7797		ἐπιγνοῦσα	(2) nom fem sg part ao2 a	Id
7798	2Pt 2,21	ἐπιγνοῦσιν	(1) dat mas pl part ao2 a	Id
7799	Ac 22,24	ἐπιγνῷ	(1) 3 p sg sbj ao2 a . .	Id
7800		ἐπιγνῶναι	(4) inf ao2 a . .	Id
7801	Lc 1,4	ἐπιγνῷς	(1) 2 p sg sbj ao2 a .	Id
7802		ἐπιγνώσει	(7) dat sg	ἐπίγνωσις
7803		ἐπιγνώσεσθε	(4) 2 p pl ind fut	ἐπιγινώσκω
7804		ἐπιγνώσεως	(2) gen sg . . .	ἐπίγνωσις
7805	*Jh 7,51	ἐπιγνώσθῃ	3 p sg sbj ao pass . .	ἐπιγινώσκω
7806		ἐπίγνωσιν	(10) acc sg . . .	ἐπίγνωσις
7807	Rm 3,20	ἐπίγνωσις	(1) nom sg . . .	Id
7808	1Co 13,12	ἐπιγνώσομαι	(1) 1 p sg ind fut .	ἐπιγινώσκω
7809		ἐπιγραφή	(4) nom sg	ἐπιγραφή
7810	Lc 20,24	ἐπιγραφήν	(1) acc sg	Id
7811		ἐπιγράψω	(2) 1 p sg ind fut a . .	ἐπιγράφω
7812	Ac 4,29	ἔπιδε	(1) 2 p sg imper ao2 a . .	ἐφοράω
7813	Ac 9,39	ἐπιδεικνύμεναι	(1) nom fem pl part pr m	ἐπιδείκνυμι
7814	Ac 18,28	ἐπιδεικνύς	(1) nom mas sg part pr a	Id
7815		ἐπιδεῖξαι	(3) inf ao a . . .	Id
7816	*Heb 6,17	ἐπιδείξασθαι	inf ao m . . .	Id
7817		ἐπιδείξατε	(2) 2 p pl imper ao a .	Id
7818	*Ac 15,40	ἐπιδεξάμενος	nom mas sg part ao .	ἐπιδέχομαι
7819		ἐπιδέχεται	(2) 3 p sg ind pr .	Id
7820	*3Jh 10	ἐπιδεχομένους	acc mas pl part pr .	Id
7821	*Ac 18,27	ἐπιδημήσας	nom mas sg part ao a . .	ἐπιδημέω

No.	Ref.	Form	Freq.	Analysis	Lemma
7822		ἐπιδημοῦντες	(2)	nom mas pl part pr a	ἐπιδημέω
7823	Ga 3,15	ἐπιδιατάσσεται	(1)	3 p sg ind pr	ἐπιδιατάσσομαι
7824	*Ac 27,35	ἐπιδιδούς		nom mas sg part pr a	ἐπιδίδωμι
7825	*Jh 10,11	ἐπιδίδωσιν		3 p sg ind pr a	Id
7826	Tit 1,5	ἐπιδιορθώσῃ	(1)	2 p sg sbj ao m	ἐπιδιορθόω
7827	*Tit 1,5	ἐπιδιορθώσῃς		2 p sg sbj ao a	Id
7828	Ac 27,15	ἐπιδόντες	(1)	nom mas pl part ao2 a	ἐπιδίδωμι
7829	Eph 4,26	ἐπιδυέτω	(1)	3 p sg imper pr a	ἐπιδύω
7830	*Jh 13,26	ἐπιδῷ		3 p sg sbj ao2 a	ἐπιδίδωμι
7831		ἐπιδώσει	(4)	3 p sg ind fut a	Id
7832	*Jh 13,26	ἐπιδώσω		1 p sg ind fut a	Id
7833		ἔπιεν	(4)	3 p sg ind ao2 a	πίνω
7834	Ac 24,4	ἐπιεικείᾳ	(1)	dat sg	ἐπιείκεια
7835	2Co 10,1	ἐπιεικείας	(1)	gen sg	Id
7836	Tit 3,2	ἐπιεικεῖς	(1)	nom mas pl	ἐπιεικής
7837	Php 4,5	ἐπιεικές	(1)	nom neut sg	Id
7838	1Pt 2,18	ἐπιεικέσιν	(1)	dat mas pl	Id
7839	1Tm 3,3	ἐπιεικῆ	(1)	acc mas sg	Id
7840	Ja 3,17	ἐπιεικής	(1)	nom mas sg	Id
7841		ἐπιζητεῖ	(3)	3 p sg ind pr a	ἐπιζητέω
7842	Ac 19,39	ἐπιζητεῖτε	(1)	2 p pl ind pr a	Id
7843	Ac 12,19	ἐπιζητήσας	(1)	nom mas sg part ao a	Id
7844	Heb 13,14	ἐπιζητοῦμεν	(1)	1 p pl ind pr a	Id
7845		ἐπιζητοῦσιν	(3)	3 p pl ind pr a	Id
7846		ἐπιζητῶ	(2)	1 p sg ind pr a	Id
7847	1Co 4,9	ἐπιθανατίους	(1)	acc mas pl	ἐπιθανάτιος
7848	Ac 15,10	ἐπιθεῖναι	(1)	inf ao2 a	ἐπιτίθημι
7849		ἐπιθείς	(5)	nom mas sg part ao2 a	Id
7850	Ac 9,12	ἐπιθέντα	(1)	acc mas sg part ao2 a	Id
7851		ἐπιθέντες	(3)	nom mas pl part ao2 a	Id
7852		ἐπιθέντος	(2)	gen mas sg part ao2 a	Id
7853	Mt 9,18	ἐπίθες	(1)	2 p sg imper ao2 a	Id
7854		ἐπιθέσεως	(4)	gen sg	ἐπίθεσις
7855		ἐπιθῇ	(3)	3 p sg sbj ao2 a	ἐπιτίθημι
7856	Mc 5,23	ἐπιθῇς	(1)	2 p sg sbj ao2 a	Id
7857	Apc 22,18	ἐπιθήσει	(1)	3 p sg ind fut a	Id
7858	Ac 18,10	ἐπιθήσεται	(1)	3 p sg ind fut m	Id
7859	*Mc 16,18	ἐπιθήσουσιν		3 p pl ind fut a	Id
7860	*Ac 14,13	ἐπιθύειν		inf pr a	ἐπιθύω
7861		ἐπιθυμεῖ	(2)	3 p sg ind pr a	ἐπιθυμέω
7862	Ja 4,2	ἐπιθυμεῖτε	(1)	2 p pl ind pr a	Id
7863	Mt 5,28	ἐπιθυμῆσαι	(1)	inf ao a	Id
7864		ἐπιθυμήσεις	(2)	2 p sg ind fut a	Id
7865	Lc 17,22	ἐπιθυμήσετε	(1)	2 p pl ind fut a	Id
7866	*Rm 13,9	ἐπιθυμήσῃς		2 p sg sbj ao a	Id
7867	Apc 9,6	ἐπιθυμήσουσιν	(1)	3 p pl ind fut a	Id
7868	1Co 10,6	ἐπιθυμητάς	(1)	acc pl	ἐπιθυμητής
7869		ἐπιθυμία	(4)	nom sg	ἐπιθυμία
7870		ἐπιθυμίᾳ	(4)	dat sg	Id
7871	Mc 4,19	ἐπιθυμίαι	(1)	nom pl	Id

7872		ἐπιθυμίαις	(10)	dat pl	ἐπιθυμία
7873		ἐπιθυμίαν	(5)	acc sg	Id
7874		ἐπιθυμίας	(3)	gen sg	Id
7875		ἐπιθυμίας	(10)	acc pl	Id
7876	1Pt 2,11	ἐπιθυμιῶν	(1)	gen pl	Id
7877	Heb 6,11	ἐπιθυμοῦμεν	(1)	1 p pl ind pr a	ἐπιθυμέω
7878	1Pt 1,12	ἐπιθυμοῦσιν	(1)	3 p pl ind pr a	Id
7879	Lc 16,21	ἐπιθυμῶν	(1)	nom mas sg part pr a	Id
7880	Ac 8,19	ἐπιθῶ	(1)	1 p sg sbj ao2 a	ἐπιτίθημι
7881	Heb 11,16	ἐπικαλεῖσθαι	(1)	inf pr pass	ἐπικαλέω
7882	1Pt 1,17	ἐπικαλεῖσθε	(1)	2 p pl ind pr m	Id
7883		ἐπικαλεῖται	(2)	3 p sg ind pr pass	Id
7884	Ac 22,16	ἐπικαλεσάμενος	(1)	nom mas sg part ao m	Id
7885		ἐπικαλεσαμένου	(2)	gen mas sg part ao m	Id
7886	Ac 28,19	ἐπικαλέσασθαι	(1)	inf ao m	Id
7887		ἐπικαλέσηται	(2)	3 p sg sbj ao m	Id
7888	Rm 10,14	ἐπικαλέσωνται	(1)	3 p pl sbj ao m	Id
7889		ἐπικαλοῦμαι	(2)	1 p sg ind pr m	Id
7890	1Co 1,2	ἐπικαλουμένοις	(1)	dat mas pl part pr m	Id
7891	Ac 11,13	ἐπικαλούμενον	(1)	acc mas sg part pr pass	Id
7892	Ac 7,59	ἐπικαλούμενον	(1)	acc mas sg part pr m	Id
7893	Ac 10,18	ἐπικαλούμενος	(1)	nom mas sg part pr pass	Id
7894	Ac 12,12	ἐπικαλουμένου	(1)	gen mas sg part pr pass	Id
7895		ἐπικαλουμένους	(3)	acc mas pl part pr m	Id
7896	2Tm 2,22	ἐπικαλουμένων	(1)	gen mas pl part pr m	Id
7897	1Pt 2,16	ἐπικάλυμμα	(1)	acc sg	ἐπικάλυμμα
7898		ἐπικατάρατος	(2)	nom mas sg	ἐπικατάρατος
7899	Heb 9,10	ἐπικείμενα	(1)	nom neut pl part pr	ἐπίκειμαι
7900	Jh 21,9	ἐπικείμενον	(1)	acc neut sg part pr	Id
7901	Ac 27,20	ἐπικειμένου	(1)	gen mas sg part pr	Id
7902	Lc 5,1	ἐπικεῖσθαι	(1)	inf pr	Id
7903	1Co 9,16	ἐπίκειται	(1)	3 p sg ind pr	Id
7904	Ac 25,12	ἐπικέκλησαι	(1)	2 p sg ind pf m	ἐπικαλέω
7905	Ac 15,17	ἐπικέκληται	(1)	3 p sg ind pf m	Id
7906	*Mc 12,14	ἐπικεφάλαιον		acc sg	ἐπικεφάλαιον
7907	*Lc 1,78	ἐπικέφεται		err cf ἐπισκέφεται	
7908	Ac 4,36	ἐπικληθείς	(1)	nom mas sg part ao pass	ἐπικαλέω
7909	Ja 2,7	ἐπικληθέν	(1)	acc neut sg part ao pass	Id
7910	Ac 12,25	ἐπικληθέντα	(1)	acc mas sg part ao pass	Id
7911	Ac 17,18	Ἐπικουρείων	(1)	gen pl	Ἐπικούρειος
7912	Ac 26,22	ἐπικουρίας	(1)	gen sg	ἐπικουρία
7913	*Ac 16,39	ἐπικράζοντες		nom mas pl part pr a	ἐπικράζω
7914	*Ac 28,19	ἐπικραζόντων		gen mas pl part pr a	Id
7915	Apc 10,10	ἐπικράνθη	(1)	3 p sg ind ao pass	πικραίνω
7916	Apc 8,11	ἐπικράνθησαν	(1)	3 p pl ind ao pass	Id
7917	Lc 20,26	ἐπιλαβέσθαι	(1)	inf ao2	ἐπιλαμβάνομαι
7918		ἐπιλαβόμενοι	(5)	nom mas pl part ao2	Id
7919		ἐπιλαβόμενος	(5)	nom mas sg part ao2	Id
7920	Heb 8,9	ἐπιλαβομένου	(1)	gen mas sg part ao2	Id

No.	Ref	Form	Freq	Parse	Lemma
7921	1Tm 6,12	ἐπιλαβοῦ	(1)	2 p sg imper ao2	ἐπιλαμβάνομαι
7922	*Mc 14,72	ἐπιλαβών		nom mas sg part ao2 a	ἐπιλαμβάνω
7923		ἐπιλάβωνται	(2)	3 p pl sbj ao2	ἐπιλαμβάνομαι
7924	Heb 6,10	ἐπιλαθέσθαι	(1)	inf ao2	ἐπιλανθάνομαι
7925		ἐπιλαμβάνεται	(2)	3 p sg ind pr	ἐπιλαμβάνομαι
7926		ἐπιλανθάνεσθε	(2)	2 p pl imper pr	ἐπιλανθάνομαι
7927	Php 3,13	ἐπιλανθανόμενος	(1)	nom mas sg part pr	Id
7928	Jh 5,2	ἐπιλεγομένη	(1)	nom fem sg part pr pass	ἐπιλέγω
7929	Heb 11,32	ἐπιλείψει	(1)	3 p sg ind fut a	ἐπιλείπω
7930	Lc 12,6	ἐπιλελησμένον	(1)	nom neut sg part pf	ἐπιλανθάνομαι
7931	Ac 15,40	ἐπιλεξάμενος	(1)	nom mas sg part ao	ἐπιλέγομαι
7932	Ja 1,25	ἐπιλησμονῆς	(1)	gen sg	ἐπιλησμονή
7933	*Lc 24,43	ἐπίλοιπα		acc neut pl	ἐπίλοιπος
7934	1Pt 4,2	ἐπίλοιπον	(1)	acc mas sg	Id
7935	Ac 19,39	ἐπιλυθήσεται	(1)	3 p sg ind fut pass	ἐπιλύω
7936	2Pt 1,20	ἐπιλύσεως	(1)	gen sg	ἐπίλυσις
7937	1Pt 5,12	ἐπιμαρτυρῶν	(1)	nom mas sg part pr a	ἐπιμαρτυρέω
7938		ἐπιμεῖναι	(4)	inf ao a	ἐπιμένω
7939	*Ac 28,14	ἐπιμείναντες		nom mas pl part ao a	Id
7940	*Rm 11,22	ἐπιμείνῃς		2 p sg sbj ao a	Id
7941	*Rm 11,23	ἐπιμείνωσιν		3 p pl sbj ao a	Id
7942	Ac 27,3	ἐπιμελείας	(1)	gen sg	ἐπιμέλεια
7943	*1Pt 5,9	ἐπιμελεῖσθε		2 p pl ind pr	ἐπιμελέομαι
7944	Lc 10,35	ἐπιμελήθητι	(1)	2 p sg imper ao	Id
7945	1Tm 3,5	ἐπιμελήσεται	(1)	3 p sg ind fut (m)	Id
7946	Lc 15,8	ἐπιμελῶς	(1)	adv	ἐπιμελῶς
7947	1Tm 4,16	ἐπίμενε	(1)	2 p sg imper pr a	ἐπιμένω
7948	Php 1,24	ἐπιμένειν	(1)	inf pr a	Id
7949	Col 1,23	ἐπιμένετε	(1)	2 p pl ind pr a	Id
7950	Rm 11,22	ἐπιμένῃς	(1)	2 p sg sbj pr a	Id
7951	*Rm 6,1	ἐπιμένομεν		1 p pl ind pr a	Id
7952	Ac 21,10	ἐπιμενόντων	(1)	gen mas pl part pr a	Id
7953	*Rm 6,1	ἐπιμενοῦμεν		1 p pl ind fut a	Id
7954	*1Co 16,8	ἐπιμένω		1 p sg ind pr a	Id
7955	1Co 16,8	ἐπιμενῶ	(1)	1 p sg ind fut a	Id
7956	Rm 6,1	ἐπιμένωμεν	(1)	1 p pl sbj pr a	Id
7957	Rm 11,23	ἐπιμένωσιν	(1)	3 p pl sbj pr a	Id
7958	Ac 8,22	ἐπίνοια	(1)	nom sg	ἐπίνοια
7959	Lc 13,26	ἐπίομεν	(1)	1 p pl ind ao2 a	πίνω
7960		ἔπινον	(2)	3 p pl ind impf a	Id
7961	Mc 14,23	ἔπιον	(1)	3 p pl ind ao2 a	Id
7962	*Ac 18,19	ἐπιόντι		dat neut sg part pr	ἔπειμι
7963	Mt 5,33	ἐπιορκήσεις	(1)	2 p sg ind fut a	ἐπιορκέω
7964	1Tm 1,10	ἐπιόρκοις	(1)	dat mas pl	ἐπίορκος
7965		ἐπιούσῃ	(5)	dat fem sg part pr	ἔπειμι
7966		ἐπιούσιον	(2)	acc mas sg	ἐπιούσιος
7967	Ac 8,16	ἐπιπεπτωκός	(1)	nom neut sg part pf a	ἐπιπίπτω
7968	Ac 20,37	ἐπιπεσόντες	(1)	nom mas pl part ao2 a	Id
7969	*Jh 13,25	ἐπιπεσών		nom mas sg part ao2 a	Id

No.	Ref	Form	(n)	Parsing	Lemma
7970	Mc 3,10	ἐπιπίπτειν	(1)	inf pr a	ἐπιπίπτω
7971	1Tm 5,1	ἐπιπλήξῃς	(1)	2 p sg sbj ao a	ἐπιπλήσσω
7972	*Lc 23,43	ἐ(πι)πλήσσοντι		dat mas sg part pr a	Id
7973	Ja 4,5	ἐπιποθεῖ	(1)	3 p sg ind pr a	ἐπιποθέω
7974	1Pt 2,2	ἐπιποθήσατε	(1)	2 p pl imper ao a	Id
7975		ἐπιπόθησιν	(2)	acc sg	ἐπιπόθησις
7976	Php 4,1	ἐπιπόθητοι	(1)	nom mas pl	ἐπιπόθητος
7977	Rm 15,23	ἐπιποθίαν	(1)	acc sg	ἐπιποθία
7978		ἐπιποθοῦντες	(2)	nom mas pl part pr a	ἐπιποθέω
7979	2Co 9,14	ἐπιποθούντων	(1)	gen mas pl part pr a	Id
7980		ἐπιποθῶ	(2)	1 p sg ind pr a	Id
7981		ἐπιποθῶν	(2)	nom mas sg part pr a	Id
7982	Lc 8,4	ἐπιπορευομένων	(1)	gen mas pl part pr	ἐπιπορεύομαι
7983	Ac 2,45	ἐπίπρασκον	(1)	3 p pl ind impf a	πιπράσκω
7984	Mc 14,35	ἔπιπτεν	(1)	3 p sg ind impf a	πίπτω
7985	Mc 2,21	ἐπιράπτει	(1)	3 p sg ind pr a	ἐπιράπτω
7986	*Heb 11,37	ἐπιράσθησαν		cf ἐπειράσθησαν	
7987		ἐπιρίψαντες	(2)	nom mas pl part ao a	ἐπιρίπτω
7988	*1Pt 5,7	ἐπιρίψατε		2 p pl imper ao a	Id
7989	*Ac 14,19	ἐπισείσαντες		nom mas pl part ao a	ἐπισείω
7990	Rm 16,7	ἐπίσημοι	(1)	nom mas pl	ἐπίσημος
7991	Mt 27,16	ἐπίσημον	(1)	acc mas sg	Id
7992	Lc 9,12	ἐπισιτισμόν	(1)	acc sg	ἐπισιτισμός
7993	Ja 1,27	ἐπισκέπτεσθαι	(1)	inf pr	ἐπισκέπτομαι
7994	*Ja 1,27	ἐπισκέπτεσθε		2 p pl imper pr	Id
7995	Heb 2,6	ἐπισκέπτῃ	(1)	2 p sg ind pr	Id
7996	Ac 21,15	ἐπισκευασάμενοι	(1)	nom mas pl part ao	ἐπισκευάζομαι
7997	Ac 7,23	ἐπισκέψασθαι	(1)	inf ao	ἐπισκέπτομαι
7998	Ac 6,3	ἐπισκέψασθε	(1)	2 p pl imper ao	Id
7999	Lc 1,78	ἐπισκέψεται	(1)	3 p sg ind fut	Id
8000	Ac 15,36	ἐπισκεψώμεθα	(1)	1 p pl sbj ao	Id
8001	2Co 12,9	ἐπισκηνώσῃ	(1)	3 p sg sbj ao a	ἐπισκηνόω
8002	Mc 9,7	ἐπισκιάζουσα	(1)	nom fem sg part pr a	ἐπισκιάζω
8003	Lc 1,35	ἐπισκιάσει	(1)	3 p sg ind fut a	Id
8004	Ac 5,15	ἐπισκιάσῃ	(1)	3 p sg sbj ao a	Id
8005	*1Pt 5,2	ἐπισκοπεύοντες		nom mas pl part pr a	ἐπισκοπεύω
8006	Ac 1,20	ἐπισκοπήν	(1)	acc sg	ἐπισκοπή
8007		ἐπισκοπῆς	(3)	gen sg	Id
8008	Php 1,1	ἐπισκόποις	(1)	dat pl	ἐπίσκοπος
8009		ἐπίσκοπον	(3)	acc sg	Id
8010	*1Pt 4,15	ἐπίσκοπος		nom sg	Id
8011		ἐπισκοποῦντες	(2)	nom mas pl part pr a	ἐπισκοπέω
8012	Ac 20,28	ἐπισκόπους	(1)	acc pl	ἐπίσκοπος
8013	1Co 7,18	ἐπισπάσθω	(1)	3 p sg imper pr	ἐπισπάομαι
8014		ἐπίσταμαι	(2)	1 p sg ind pr	ἐπίσταμαι
8015	*Ac 3,17	ἐπιστάμεθα		1 p pl ind pr	Id
8016		ἐπιστάμενος	(4)	nom mas sg part pr	Id
8017		ἐπίστανται	(2)	3 p pl ind pr	Id
8018		ἐπιστάντες	(2)	nom mas pl part ao2 a	ἐφίστημι

8019		ἐπιστάς	(4)	nom mas sg part ao2 a .	ἐφίστημι
8020		ἐπιστᾶσα	(2)	nom fem sg part ao2 a .	Id
8021	*Ac 26,24	ἐπίστασθαι		inf pr	ἐπίσταμαι
8022		ἐπίστασθε	(5)	2 p pl ind pr . .	Id
8023	Ac 24,12	ἐπίστασιν	(1)	acc sg . . .	ἐπίστασις
8024	2Co 11,28	ἐπίστασις	(1)	nom sg . . .	ἐπίστασις
8025		ἐπιστάτα	(7)	vo sg . . .	ἐπιστάτης
8026	Ac 26,26	ἐπίσταται	(1)	3 p sg ind pr . .	ἐπίσταμαι
8027	Ac 15,20	ἐπιστεῖλαι	(1)	inf ao a . .	ἐπιστέλλω
8028	Jh 2,24	ἐπίστευεν	(1)	3 p sg ind impf a . .	πιστεύω
8029		ἐπιστεύετε	(2)	2 p pl ind impf a . .	Id
8030		ἐπιστεύθη	(2)	3 p sg ind ao pass . .	Id
8031		ἐπιστεύθην	(2)	1 p sg ind ao pass .	Id
8032	Rm 3,2	ἐπιστεύθησαν	(1)	3 p pl ind ao pass .	Id
8033		ἐπίστευον	(4)	3 p pl ind impf a . .	Id
8034	2Co 4,13	ἐπίστευσα	(1)	1 p sg ind ao a . .	Id
8035		ἐπιστεύσαμεν	(2)	1 p pl ind ao a . .	Id
8036		ἐπίστευσαν	(22)	3 p pl ind ao a . .	Id
8037		ἐπίστευσας	(2)	2 p sg ind ao a . .	Id
8038		ἐπιστεύσατε	(7)	2 p pl ind ao a . .	Id
8039		ἐπίστευσεν	(14)	3 p sg ind ao a . .	Id
8040	Lc 21,34	ἐπιστῇ	(1)	3 p sg sbj ao2 a . .	ἐφίστημι
8041	2Tm 4,2	ἐπίστηθι	(1)	2 p sg imper ao2 a . .	Id
8042	*Php 4,8	ἐπιστήμης		gen sg	ἐπιστήμη
8043	Ja 3,13	ἐπιστήμων	(1)	nom mas sg . .	ἐπιστήμων
8044	Ac 14,22	ἐπιστηρίζοντες	(1)	nom mas pl part pr a	ἐπιστηρίζω
8045		ἐπιστηρίζων	(2)	nom mas sg part pr a	Id
8046	*Ac 11,2	ἐπιστηρίξας		nom mas sg part ao a .	Id
8047	2Co 10,10	ἐπιστολαί	(1)	nom pl	ἐπιστολή
8048	2Pt 3,16	ἐπιστολαῖς	(1)	dat pl	Id
8049		ἐπιστολάς	(2)	acc pl	Id
8050		ἐπιστολή	(4)	nom sg	Id
8051		ἐπιστολῇ	(3)	dat sg	Id
8052		ἐπιστολήν	(6)	acc sg	Id
8053		ἐπιστολῆς	(3)	gen sg	Id
8054		ἐπιστολῶν	(4)	gen pl	Id
8055	*Tit 1,11	ἐπιστομίζε		2 p sg imper pr a . .	ἐπιστομίζω
8056	Tit 1,11	ἐπιστομίζειν	(1)	inf pr a . .	Id
8057		ἐπιστραφείς	(3)	nom mas sg part ao2 pass	ἐπιστρέφω
8058	Mt 10,13	ἐπιστραφήτω	(1)	3 p sg imper ao2 pass	Id
8059	*Jh 12,40	ἐπιστραφῶσιν		3 p pl sbj ao2 pass .	Id
8060		ἐπιστρέφειν	(2)	inf pr a . .	Id
8061	Ga 4,9	ἐπιστρέφετε	(1)	2 p pl ind pr a .	Id
8062	*Ac 14,15	ἐπιστρέφητε		2 p pl sbj pr a . .	Id
8063	Ac 15,19	ἐπιστρέφουσιν	(1)	dat mas pl part pr a	Id
8064		ἐπιστρέψαι	(2)	inf ao a . .	Id
8065	Ac 15,36	ἐπιστρέψαντες	(1)	nom mas pl part ao a	Id
8066		ἐπιστρέψας	(6)	nom mas sg part ao a	Id
8067	Ac 3,19	ἐπιστρέψατε	(1)	2 p pl imper ao a	Id

8068 ἐπιστρεψάτω (3) 3 p sg imper ao a ἐπιστρέφω
8069 Lc 1,16 ἐπιστρέψει (1) 3 p sg ind fut a . Id
8070 ἐπιστρέψῃ (3) 3 p sg sbj ao a . Id
8071 *Ac 14,15 ἐπιστρέψητε 2 p pl sbj ao a . . Id
8072 *Lc 22,32 ἐπιστρέψον 2 p sg imper ao a . Id
8073 *Ac 28,27 ἐπιστρέψουσιν 3 p pl ind fut a . Id
8074 Mt 12,44 ἐπιστρέψω (1) 1 p sg ind fut a . Id
8075 ἐπιστρέψωσιν (3) 3 p pl sbj ao a . Id
8076 Ac 15,3 ἐπιστροφήν (1) acc sg . . . ἐπιστροφή
8077 *2Th 1,10 ἐπιστώθη 3 p sg ind ao pass . . . πιστόω
8078 2Tm 3,14 ἐπιστώθης (1) 2 p sg ind ao pass . . Id
8079 Mt 23,37 ἐπισυναγαγεῖν (1) inf ao2 a . . ἐπισυνάγω
8080 Mt 23,37 ἐπισυνάγει (1) 3 p sg ind pr a . Id
8081 Heb 10,25 ἐπισυναγωγήν (1) acc sg . . ἐπισυναγωγή
8082 2Th 2,1 ἐπισυναγωγῆς (1) gen sg . . Id
8083 Lc 13,34 ἐπισυνάξαι (1) inf ao a . . ἐπισυνάγω
8084 Mc 13,27 ἐπισυνάξει (1) 3 p sg ind fut a . Id
8085 Mt 24,31 ἐπισυνάξουσιν (1) 3 p pl ind fut a Id
8086 Lc 12,1 ἐπισυναχθεισῶν (1) gen fem pl part ao pass Id
8087 Lc 17,37 ἐπισυναχθήσονται (1) 3 p pl ind fut pass Id
8088 Mc 1,33 ἐπισυνηγμένη (1) nom fem sg part pf pass Id
8089 Mc 9,25 ἐπισυντρέχει (1) 3 p sg ind pr a . ἐπισυντρέχω
8090 *Ac 24,12 ἐπισύστασιν acc sg . . . . . ἐπισύστασις
8091 *2Co 11,28 ἐπισύστασις nom sg . . . . . Id
8092 Ac 27,9 ἐπισφαλοῦς (1) gen mas sg . . ἐπισφαλής
8093 Lc 23,5 ἐπίσχυον (1) 3 p pl ind impf a . . ἐπισχύω
8094 2Tm 4,3 ἐπισωρεύσουσιν (1) 3 p pl ind fut a ἐπισωρεύω
8095 ἐπιταγήν (6) acc sg . . . . . ἐπιταγή
8096 Tit 2,15 ἐπιταγῆς (1) gen sg . . . . . Id
8097 Lc 8,31 ἐπιτάξῃ (1) 3 p sg sbj ao a . . . ἐπιτάσσω
8098 ἐπιτάσσει (3) 3 p sg ind pr a . . Id
8099 Phm 8 ἐπιτάσσειν (1) inf pr a . . . Id
8100 Mc 9,25 ἐπιτάσσω (1) 1 p sg ind pr a . . Id
8101 Heb 8,5 ἐπιτελεῖν (1) inf pr a . . . ἐπιτελέω
8102 1Pt 5,9 ἐπιτελεῖσθαι (1) inf pr pass/m . . Id
8103 Ga 3,3 ἐπιτελεῖσθε (1) 2 p pl ind pr pass/m . Id
8104 *1Pt 5,9 ἐπιτελεῖται 3 p sg ind pr pass . . Id
8105 2Co 8,11 ἐπιτελέσαι (1) inf ao a . . . Id
8106 Rm 15,28 ἐπιτελέσας (1) nom mas sg part ao a . Id
8107 2Co 8,11 ἐπιτελέσατε (1) 2 p pl imper ao a . Id
8108 Php 1,6 ἐπιτελέσει (1) 3 p sg ind fut a . . Id
8109 2Co 8,6 ἐπιτελέσῃ (1) 3 p sg sbj ao a . . Id
8110 ἐπιτελοῦντες (2) nom mas pl part pr a . Id
8111 *Lc 13,32 ἐπιτελῶ 1 p sg ind pr a . . . . . Id
8112 *1Co 14,34 ἐπιτέτραπται 3 p sg ind pf pass . . ἐπιτρέπω
8113 Ja 2,16 ἐπιτήδεια (1) acc neut pl . . ἐπιτήδειος
8114 *Ac 24,25 ἐπιτηδείῳ dat mas sg . . . Id
8115 Mt 23,4 ἐπιτιθέασιν (1) 3 p pl ind pr a . ἐπιτίθημι
8116 1Tm 5,22 ἐπιτίθει (1) 2 p sg imper pr a . Id

8117	Lc 4,40	ἐπιτιθείς	(1)	nom mas sg part pr a	ἐπιτίθημι
8118	Ac 15,28	ἐπιτίθεσθαι	(1)	inf pr pass .	Id
8119	Lc 15,5	ἐπιτίθησιν	(1)	3 p sg ind pr a .	Id
8120		ἐπιτιμᾶν	(2)	inf pr a	ἐπιτιμάω
8121	Ju 9	ἐπιτιμήσαι	(1)	3 p sg opt ao a . .	Id
8122	Lc 9,21	ἐπιτιμήσας	(1)	nom mas sg part ao a .	Id
8123		ἐπιτίμησον	(3)	2 p sg imper ao a . .	Id
8124	2Co 2,6	ἐπιτιμία	(1)	nom sg	ἐπιτιμία
8125		ἐπιτιμῶν	(2)	nom mas sg part pr a .	ἐπιτιμάω
8126		ἐπιτρέπεται	(2)	3 p sg ind pr pass .	ἐπιτρέπω
8127	Heb 6,3	ἐπιτρέπῃ	(1)	3 p sg sbj pr a . .	Id
8128	1Tm 2,12	ἐπιτρέπω	(1)	1 p sg ind pr a . .	Id
8129	*Ac 21,39	ἐπιτρέψαι		inf ao a . . .	Id
8130	Ac 21,40	ἐπιτρέψαντος	(1)	gen mas sg part ao a .	Id
8131		ἐπιτρέψῃ	(2)	3 p sg sbj ao a . .	Id
8132		ἐπίτρεψον	(4)	2 p sg imper ao a . .	Id
8133	*Lc 3,1	ἐπιτροπεύοντος		gen mas sg part pr a	ἐπιτροπεύω
8134	Ac 26,12	ἐπιτροπῆς	(1)	gen sg	ἐπιτροπή
8135	Lc 8,3	ἐπιτρόπου	(1)	gen sg . . .	ἐπίτροπος
8136	Ga 4,2	ἐπιτρόπους	(1)	acc pl . . .	Id
8137	Mt 20,8	ἐπιτρόπῳ	(1)	dat sg . . .	Id
8138	Ja 4,2	ἐπιτυχεῖν	(1)	inf ao2 a . .	ἐπιτυγχάνω
8139	*Ac 13,29	ἐπιτύχοντες		nom mas pl part ao2 a .	Id
8140	Ac 27,20	ἐπιφαινόντων	(1)	gen neut pl part pr a	ἐπιφαίνω
8141	Lc 1,79	ἐπιφᾶναι	(1)	inf ao a . . .	Id
8142	2Th 2,8	ἐπιφανείᾳ	(1)	dat sg . . .	ἐπιφάνεια
8143		ἐπιφάνειαν	(3)	acc sg . . .	Id
8144		ἐπιφανείας	(2)	gen sg . . .	Id
8145	Ac 2,20	ἐπιφανῆ	(1)	acc fem sg . . .	ἐπιφανής
8146	Eph 5,14	ἐπιφαύσει	(1)	3 p sg ind fut a .	ἐπιφαύσκω
8147	*Php 1,17	ἐπιφέρειν		inf pr a	ἐπιφέρω
8148	Rm 3,5	ἐπιφέρων	(1)	nom mas sg part pr a .	Id
8149	Mt 28,1	ἐπιφωσκούσῃ	(1)	dat fem sg part pr a .	ἐπιφώσκω
8150	*Ac 12,3	ἐπιχείρησις		nom sg	ἐπιχείρησις
8151	Lc 10,34	ἐπιχέων	(1)	nom mas sg part pr a . .	ἐπιχέω
8152	2Pt 1,11	ἐπιχορηγηθήσεται	(1)	3 p sg ind fut pass	ἐπιχορηγέω
8153	2Pt 1,5	ἐπιχορηγήσατε	(1)	2 p pl imper ao a	Id
8154		ἐπιχορηγίας	(2)	gen sg . .	ἐπιχορηγία
8155	Col 2,19	ἐπιχορηγούμενον	(1)	nom neut sg part pr pass	ἐπιχορηγέω
8156		ἐπιχορηγῶν	(2)	nom mas sg part pr a	Id
8157	*Eph 5,14	ἐπιφαύσεις		2 p sg ind fut a . . .	ἐπιφαύω
8158		ἐπλανήθησαν	(2)	3 p pl ind ao pass .	πλανάω
8159	Apc 19,20	ἐπλάνησεν	(1)	3 p sg ind ao a . .	Id
8160	*Rm 9,20	ἔπλασας		2 p sg ind ao a	πλάσσω
8161	1Tm 2,13	ἐπλάσθη	(1)	3 p sg ind ao pass . .	Id
8162	*Apc 7,14	ἐπλάτυναν		3 p pl ind ao a . . .	πλατύνω
8163	Ac 21,3	ἐπλέομεν	(1)	1 p pl ind impf a . .	πλέω
8164		ἐπλεόνασεν	(2)	3 p sg ind ao a . .	πλεονάζω
8165	2Co 12,17	ἐπλεονέκτησα	(1)	1 p sg ind ao a .	πλεονεκτέω
8166	2Co 7,2	ἐπλεονεκτήσαμεν	(1)	1 p pl ind ao a	Id

8167	2Co 12,18	ἐπλεονέκτησεν (1)	3 p sg ind ao a	πλεονεκτέω
8168	*Ac 15,39	ἔπλευσεν	3 p sg ind ao a . . .	πλέω
8169	Apc 8,12	ἐπλήγη (1)	3 p sg ind ao2 pass . .	πλήσσω
8170		ἐπληθύνετο (3)	3 p sg ind impf pass .	πληθύνω
8171	Ac 7,17	ἐπληθύνθη (1)	3 p sg ind ao pass . .	Id
8172	*Ac 9,31	ἐπληθύνοντο	3 p pl ind impf pass . .	Id
8173	Ac 13,25	ἐπλήρου (1)	3 p sg ind impf a . .	πληρόω
8174		ἐπληροῦντο (2)	3 p pl ind impf pass .	Id
8175	Ac 7,23	ἐπληροῦτο (1)	3 p sg ind impf pass .	Id
8176		ἐπληρώθη (7)	3 p sg ind ao pass . .	Id
8177	*Eph 1,11	ἐπληρώθημεν	1 p pl ind ao pass . .	Id
8178	*Lc 2,21	ἐπληρώθησαν	3 p pl ind ao pass . .	Id
8179		ἐπλήρωσαν (2)	3 p pl ind ao a . .	Id
8180	*Mt 23,32	ἐπληρώσατε	2 p pl ind ao a . . .	Id
8181		ἐπλήρωσεν (4)	3 p sg ind ao a . .	Id
8182	Lc 5,7	ἔπλησαν (1)	3 p pl ind ao a . . .	πίμπλημι
8183		ἐπλήσθη (5)	3 p sg ind ao pass . .	Id
8184		ἐπλήσθησαν (12)	3 p pl ind ao pass .	Id
8185		ἐπλούτησαν (2)	3 p pl ind ao a . .	πλουτέω
8186	1Co 4,8	ἐπλουτήσατε (1)	2 p pl ind ao a . .	Id
8187	1Co 1,5	ἐπλουτίσθητε (1)	2 p pl ind ao pass .	πλουτίζω
8188	Apc 7,14	ἔπλυναν (1)	3 p pl ind ao a . . .	πλύνω
8189	Lc 5,2	ἔπλυνον (1)	3 p pl ind impf a . .	Id
8190		ἔπνευσαν (2)	3 p pl ind ao a . .	πνέω
8191	Mt 18,28	ἔπνιγεν (1)	3 p sg ind impf a . .	πνίγω
8192	Mc 5,13	ἐπνίγοντο (1)	3 p pl ind impf pass .	Id
8193	Mt 13,7	ἔπνιξαν (1)	3 p pl ind ao a . . .	Id
8194		ἐποίει (13)	3 p sg ind impf a . .	ποιέω
8195	Jh 8,39	ἐποιεῖτε (1)	2 p pl ind impf a . .	Id
8196		ἐποίησα (9)	1 p sg ind ao a . . .	Id
8197		ἐποιήσαμεν (2)	1 p pl ind ao a . .	Id
8198	Ac 1,1	ἐποιησάμην (1)	1 p sg ind ao m . .	Id
8199		ἐποίησαν (15)	3 p pl ind ao a . .	Id
8200		ἐποίησας (6)	2 p sg ind ao a . .	Id
8201		ἐποιήσατε (8)	2 p pl ind ao a . .	Id
8202		ἐποίησεν (77)	3 p sg ind ao a . .	Id
8203		ἐποικοδομεῖ (3)	3 p sg ind pr a .	ἐποικοδομέω
8204	*1Pt 2,5	ἐποικοδομεῖσθε	2 p pl imper pr pass	Id
8205	Eph 2,20	ἐποικοδομηθέντες (1)	nom mas pl part ao pass	Id
8206	1Co 3,14	ἐποικοδόμησεν (1)	3 p sg ind ao a	Id
8207	Col 2,7	ἐποικοδομούμενοι (1)	nom mas pl part pr pass	Id
8208	Ju 20	ἐποικοδομοῦντες (1)	nom mas pl part pr a	Id
8209		ἐποίουν (3)	3 p pl ind impf a . .	ποιέω
8210	Ac 27,18	ἐποιοῦντο (1)	3 p pl ind impf m . .	Id
8211	*Ga 1,23	ἐπολέμει	3 p sg ind impf a . . .	πολεμέω
8212	Apc 12,7	ἐπολέμησεν (1)	3 p sg ind ao a . .	Id
8213	*Ga 1,13	ἐπολέμουν	1 p sg ind impf a . . .	Id
8214	Rm 2,17	ἐπονομάζῃ (1)	2 p sg ind pr pass .	ἐπονομάζω
8215	2Pt 1,16	ἐπόπται (1)	nom pl	ἐπόπτης

8216	1Pt 2,12	ἐποπτεύοντες	(1) nom mas sg part pr a	ἐποπτεύω
8217	1Pt 3,2	ἐποπτεύσαντες	(1) nom mas pl part ao a	Id
8218		ἐπορεύετο	(6) 3 p sg ind impf	πορεύομαι
8219		ἐπορεύθη	(12) 3 p sg ind ao	Id
8220		ἐπορεύθησαν	(5) 3 p pl ind ao	Id
8221	Ac 21,5	ἐπορευόμεθα	(1) 1 p pl ind impf	Id
8222	Ac 22,5	ἐπορευόμην	(1) 1 p sg ind impf	Id
8223		ἐπορεύοντο	(5) 3 p pl ind impf	Id
8224	Ga 1,23	ἐπόρθει	(1) 3 p sg ind impf a	πορθέω
8225	Ga 1,13	ἐπόρθουν	(1) 1 p sg ind impf a	Id
8226		ἐπόρνευσαν	(3) 3 p pl ind ao a	πορνεύω
8227	Heb 7,9	ἔπος	(1) acc sg	ἔπος
8228		ἐπότιζεν	(2) 3 p sg ind impf a	ποτίζω
8229	1Co 3,2	ἐπότισα	(1) 1 p sg ind ao a	Id
8230	Mt 25,37	ἐποτίσαμεν	(1) 1 p pl ind ao a	Id
8231		ἐποτίσατε	(2) 2 p pl ind ao a	Id
8232	1Co 3,6	ἐπότισεν	(1) 3 p sg ind ao a	Id
8233	1Co 12,13	ἐποτίσθημεν	(1) 1 p pl ind ao pass	Id
8234		ἐπουράνια	(2) nom neut pl	ἐπουράνιος
8235	Jh 3,12	ἐπουράνια	(1) acc neut pl	Id
8236	1Co 15,48	ἐπουράνιοι	(1) nom mas pl	Id
8237		ἐπουρανίοις	(5) dat neut pl	Id
8238	2Tm 4,18	ἐπουράνιον	(1) acc fem sg	Id
8239	1Co 15,48	ἐπουράνιος	(1) nom mas sg	Id
8240	1Co 15,49	ἐπουρανίου	(1) gen mas sg	Id
8241		ἐπουρανίου	(3) gen fem sg	Id
8242	Heb 12,22	ἐπουρανίῳ	(1) dat fem sg	Id
8243		ἐπουρανίων	(3) gen neut pl	Id
8244	*Lc 19,15	ἐπραγματεύσατο	3 p sg ind ao	πραγματεύομαι
8245	Jh 12,5	ἐπράθη	(1) 3 p sg ind ao pass	πιπράσκω
8246	Lc 19,23	ἔπραξα	(1) 1 p sg ind ao a	πράσσω
8247	Lc 23,41	ἐπράξαμεν	(1) 1 p pl ind ao a	Id
8248	2Co 12,21	ἔπραξαν	(1) 3 p pl ind ao a	Id
8249	Ac 3,17	ἐπράξατε	(1) 2 p pl ind ao a	Id
8250		ἔπραξεν	(2) 3 p sg ind ao a	Id
8251		ἔπρεπεν	(2) 3 p sg ind impf a	πρέπω
8252	*Heb 11,37	ἐπρήσθησαν	err cf ἐπρίσθησαν	
8253	Heb 11,37	ἐπρίσθησαν	(1) 3 p pl ind ao pass	πρίζω
8254	Ac 19,6	ἐπροφήτευον	(1) 3 p pl ind impf a	προφητεύω
8255	Mt 7,22	ἐπροφητεύσαμεν	(1) 1 p pl ind ao a	Id
8256	Mt 11,13	ἐπροφήτευσαν	(1) 3 p pl ind ao a	Id
8257		ἐπροφήτευσεν	(4) 3 p sg ind ao a	Id
8258		ἑπτά	(88) inde	ἑπτά
8259	Rm 11,11	ἔπταισαν	(1) 3 p pl ind ao a	πταίω
8260		ἑπτάκις	(4) adv	ἑπτάκις
8261	Rm 11,4	ἑπτακισχιλίους	(1) acc mas pl	ἑπτακισχίλιοι
8262	*Mt 19,29	ἑπταπλασίονα	acc neut pl	ἑπταπλασιών
8263	Jh 9,6	ἔπτυσεν	(1) 3 p sg ind ao a	πτύω
8264	2Co 8,9	ἐπτώχευσεν	(1) 3 p sg ind ao a	πτωχεύω

No.	Ref.	Form	Count	Parsing	Lemma
8265	Jh 4,52	ἐπύθετο	(1)	3 p sg ind ao2	πυνθάνομαι
8266	*Ac 10,18	ἐπύθοντο		3 p pl ind ao2	Id
8267		ἐπυνθάνετο	(5)	3 p sg ind impf	Id
8268		ἐπυνθάνοντο	(2)	3 p pl ind impf	Id
8269	*Ac 27,41	ἐπώκειλαν		3 p pl ind ao a	ἐποκέλλω
8270	Ac 5,1	ἐπώλησεν	(1)	3 p sg ind ao a	πωλέω
8271	Lc 17,28	ἐπώλουν	(1)	3 p pl ind impf a	Id
8272	*Lc 6,14	ἐπωνόμασεν		3 p sg ind ao a	ἐπονομάζω
8273	2Co 3,14	ἐπωρώθη	(1)	3 p sg ind ao pass	πωρόω
8274	Rm 11,7	ἐπωρώθησαν	(1)	3 p pl ind ao pass	Id
8275	Jh 12,40	ἐπώρωσεν	(1)	3 p sg ind ao a	Id
8276	Mt 26,67	ἐράπισαν	(1)	3 p pl ind ao a	ῥαπίζω
8277	Ac 19,22	Ἔραστον	(1)	acc sg	Ἔραστος
8278		Ἔραστος	(2)	nom	Id
8279	1Co 2,10	ἐραυνᾷ	(1)	3 p sg ind pr a	ἐραυνάω
8280	Jh 5,39	ἐραυνᾶτε	(1)	2 p pl ind pr a	Id
8281	Jh 7,52	ἐραύνησον	(1)	2 p sg imper ao a	Id
8282		ἐραυνῶν	(2)	nom mas sg part pr a	Id
8283	1Pt 1,11	ἐραυνῶντες	(1)	gen mas pl part pr a	Id
8284		ἔργα	(14)	nom pl	ἔργον
8285		ἔργα	(44)	acc pl	Id
8286		ἐργάζεσθαι	(6)	inf pr	ἐργάζομαι
8287	Ja 2,9	ἐργάζεσθε	(1)	2 p pl ind pr	Id
8288		ἐργάζεσθε	(2)	2 p pl imper pr	Id
8289		ἐργάζεται	(5)	3 p sg ind pr	Id
8290	Jh 6,30	ἐργάζῃ	(1)	2 p sg ind pr	Id
8291		ἐργάζομαι	(2)	1 p sg ind pr	Id
8292		ἐργαζόμενοι	(6)	nom mas pl part pr	Id
8293	*Lc 6,4	ἐργαζόμενον		acc mas sg part pr	Id
8294		ἐργαζόμενος	(2)	nom mas sg part pr	Id
8295	2Th 3,11	ἐργαζομένους	(1)	acc mas pl part pr	Id
8296		ἐργαζομένῳ	(3)	dat mas sg part pr	Id
8297	Apc 18,17	ἐργάζονται	(1)	3 p pl ind pr	Id
8298	Mt 21,28	ἐργάζου	(1)	2 p sg imper pr	Id
8299		ἐργαζώμεθα	(2)	1 p pl sbj pr	Id
8300	3Jh 5	ἐργάσῃ	(1)	2 p sg sbj ao	Id
8301		ἐργασίαν	(4)	acc sg	ἐργασία
8302		ἐργασίας	(2)	gen sg	Id
8303	*Jh 6,28	ἐργασώμεθα		1 p pl sbj ao	ἐργάζομαι
8304		ἐργάται	(4)	nom pl	ἐργάτης
8305		ἐργάτας	(6)	acc pl	Id
8306	2Tm 2,15	ἐργάτην	(1)	acc sg	Id
8307		ἐργάτης	(3)	nom sg	Id
8308		ἐργατῶν	(2)	gen pl	Id
8309		ἔργοις	(13)	dat pl	ἔργον
8310		ἔργον	(8)	nom sg	Id
8311		ἔργον	(30)	acc sg	Id
8312		ἔργου	(8)	gen sg	Id
8313		ἔργῳ	(10)	dat sg	Id

8314		ἔργων	(42) gen pl	ἔργον
8315	Col 3,21	ἐρεθίζετε	(1) 2 p pl imper pr a . .	ἐρεθίζω
8316		ἐρεῖ	(17) 3 p sg ind fut a . . .	λέγω
8317	*1Co 3,3	ἔρεις	nom pl	ἔρις
8318	Tit 3,9	ἔρεις	(1) acc pl	Id
8319		ἐρεῖς	(4) 2 p sg ind fut a . . .	λέγω
8320	Ac 27,41	ἐρείσασα	(1) nom fem sg part ao a .	ἐρείδω
8321		ἐρεῖτε	(5) 2 p pl ind fut a . . .	λέγω
8322	Mt 13,35	ἐρεύξομαι	(1) 1 p sg ind fut .	ἐρεύγομαι
8323		ἐρημίᾳ	(2) dat sg	ἐρημία
8324	Heb 11,38	ἐρημίαις	(1) dat pl	Id
8325	Mc 8,4	ἐρημίας	(1) gen sg	Id
8326		ἐρήμοις	(2) dat pl	ἔρημος
8327	Mc 1,45	ἐρήμοις	(1) dat mas pl	ἔρημος
8328		ἔρημον	(8) acc sg	ἔρημος
8329		ἔρημον	(5) acc mas sg	ἔρημος
8330		ἔρημος	(3) nom mas sg	Id
8331		ἔρημος	(2) nom fem sg	ἔρημος
8332		ἐρήμου	(2) gen sg	ἔρημος
8333	Lc 8,29	ἐρήμους	(1) acc pl	ἔρημος
8335		ἐρημοῦται	(2) 3 p sg ind pr pass . .	ἐρημόω
8336		ἐρήμῳ	(23) dat sg	ἔρημος
8337	Lc 9,12	ἐρήμῳ	(1) dat mas sg	ἔρημος
8338		ἐρημώσεως	(2) gen sg	ἐρήμωσις
8339	Lc 21,20	ἐρήμωσις	(1) nom sg	Id
8340	1Co 1,11	ἔριδες	(1) nom pl	ἔρις
8341	Rm 13,13	ἔριδι	(1) dat sg	Id
8342	Rm 1,29	ἔριδος	(1) gen sg	Id
8343	Ja 3,16	ἐριθεία	(1) nom sg	ἐριθεία
8344		ἐριθεῖαι	(2) nom pl	Id
8345		ἐριθείαν	(2) acc sg	Id
8346		ἐριθείας	(2) gen sg	Id
8347	Php 1,15	ἔριν	(1) acc sg	ἔρις
8348	Apc 1,14	ἔριον	(1) nom sg	ἔριον
8349	Heb 9,19	ἐρίου	(1) gen sg	Id
8350		ἔρις	(4) nom sg	ἔρις
8351	Mt 12,19	ἐρίσει	(1) 3 p sg ind fut a . . .	ἐρίζω
8352	*Rm 13,13	ἔρισι	dat pl	ἔρις
8353	Mt 25,33	ἐρίφια	(1) acc pl	ἐρίφιον
8354	*Lc 15,29	ἔριφιον	acc sg	Id
8355	Lc 15,29	ἔριφον	(1) acc sg	ἔριφος
8356	Mt 25,32	ἐρίφων	(1) gen pl	Id
8357	Rm 16,14	Ἑρμᾶν	(1) acc	Ἑρμᾶς
8358		Ἑρμῆν	(2) acc	Ἑρμῆς
8359	1Co 12,10	ἑρμηνεία	(1) nom sg	ἑρμηνεία
8360	1Co 14,26	ἑρμηνείαν	(1) acc sg	Id
8361	*Lc 24,27	ἑρμηνεύειν	inf pr a	ἑρμηνεύω
8362	*Lc 24,27	ἑρμήνευεν	3 p sg ind impf a . . .	Id
8363		ἑρμηνεύεται	(2) 3 p sg ind pr pass .	Id
8364	*Jh 1,38	ἑρμηνευόμενον	nom neut sg part pr pass	Id

No.	Ref.	Form	Freq.	Analysis	Lemma
8365	Heb 7,2	ἑρμηνευόμενος	(1)	nom mas sg part pr pass	ἑρμηνεύω
8366	*1Co 14,28	ἑρμηνευτής		nom sg	ἑρμηνευτής
8367	2Tm 1,15	Ἑρμογένης	(1)	nom	Ἑρμογένης
8368		ἐροῦμεν	(7)	1 p pl ind fut a	λέγω
8369		ἐροῦσιν	(5)	3 p pl ind fut a	Id
8370		ἑρπετά	(2)	nom pl	ἑρπετόν
8371		ἑρπετῶν	(2)	gen pl	Id
8372	2Co 11,25	ἐρραβδίσθην	(1)	1 p sg ind ao pass	ῥαβδίζω
8373	*Apc 19,13	ἐρραμμένον		acc neut sg part pf pass	ῥαίνω
8374		ἐρράντισεν	(2)	3 p sg ind ao a	ῥαντίζω
8375	*Apc 19,13	ἐρραντισμένον		acc neut sg part pf pass	Id
8376		ἐρρέθη	(10)	3 p sg ind ao pass	λέγω
8377	Ga 3,16	ἐρρέθησαν	(1)	3 p pl ind ao pass	Id
8378	Lc 9,42	ἔρρηξεν	(1)	3 p sg ind ao a	ῥήγνυμι
8379		ἐρριζωμένοι	(2)	nom mas pl part pf pass	ῥιζόω
8380	Mt 9,36	ἐρριμμένοι	(1)	nom mas pl part pf pass	ῥίπτω
8381	Lc 17,2	ἔρριπται	(1)	3 p sg ind pf pass	Id
8382	*Ac 27,19	ἐρρίψαμεν		1 p pl ind ao a	Id
8383		ἔρριψαν	(2)	3 p pl ind ao a	Id
8384		ἐρρύσατο	(4)	3 p sg ind ao	ῥύομαι
8385	2Tm 4,17	ἐρρύσθην	(1)	1 p sg ind ao (pass)	Id
8386	*2Tm 4,22	ἔρρωσ'		cf ἔρρωσο	
8387	Ac 15,29	ἔρρωσθε	(1)	2 p pl imper pf pass	ῥώννυμι
8388	*Ac 23,30	ἔρρωσο		2 p sg imper pf pass	Id
8389	Ac 7,36	ἐρυθρᾷ	(1)	dat fem sg	ἐρυθρός
8390	Heb 11,29	ἐρυθράν	(1)	acc fem sg	Id
8391	*Ac 23,27	ἐρυσάμην		1 p sg ind ao	ῥύομαι
8392		ἔρχεσθαι	(10)	inf pr	ἔρχομαι
8393		ἔρχεσθε	(2)	2 p pl imper pr	Id
8394		ἐρχέσθω	(2)	3 p sg imper pr	Id
8395		ἔρχεται	(91)	3 p sg ind pr	Id
8396	Mt 3,14	ἔρχῃ	(1)	2 p sg ind pr	Id
8397		ἔρχηται	(2)	3 p sg sbj pr	Id
8398		ἔρχομαι	(20)	1 p sg ind pr	Id
8399	Jh 21,3	ἐρχόμεθα	(1)	1 p pl ind pr	Id
8400		ἐρχόμενα	(2)	acc neut pl part pr	Id
8401		ἐρχομένη	(2)	nom fem sg part pr	Id
8402	*Lc 13,33	ἐρχομένῃ		dat fem sg part pr	Id
8403	*Ac 18,21	ἐρχομένην		acc fem sg part pr	Id
8404	1Th 1,10	ἐρχομένης	(1)	gen fem sg part pr	Id
8405		ἐρχόμενοι	(4)	nom mas pl part pr	Id
8406		ἐρχόμενον	(16)	acc mas sg part pr	Id
8407	Mt 3,16	ἐρχόμενον	(1)	acc neut sg part pr	Id
8408		ἐρχόμενος	(26)	nom mas sg part pr	Id
8409		ἐρχομένου	(2)	gen mas sg part pr	Id
8410	Mt 3,7	ἐρχομένους	(1)	acc mas pl part pr	Id
8411		ἐρχομένῳ	(3)	dat mas sg part pr	Id
8412	Ac 13,44	ἐρχομένῳ	(1)	dat neut sg part pr	Id
8413	3Jh 3	ἐρχομένων	(1)	gen mas pl part pr	Id
8414	*Lc 21,28	ἐρχομένων		gen neut pl part pr	Id
8415		ἔρχονται	(19)	3 p pl ind pr	Id

8416		ἔρχου	(11) 2 p sg imper pr	ἔρχομαι
8417	*Jh 4,15	ἔρχωμαι	1 p sg sbj pr	Id
8418		ἐρῶ	(8) 1 p sg ind fut a	λέγω
8419		ἐρωτᾷ	(3) 3 p sg ind pr a	ἐρωτάω
8420		ἐρωτᾷ	(2) 3 p sg sbj pr a	Id
8421	Jh 16,19	ἐρωτᾶν	(1) inf pr a	Id
8422		ἐρωτᾷς	(2) 2 p sg ind pr a	Id
8423	*Jh 9,23	ἐρωτᾶτε	2 p pl imper pr a	Id
8424		ἐρωτῆσαι	(2) inf ao a	Id
8425	Jh 9,21	ἐρωτήσατε	(1) 2 p pl imper ao a	Id
8426	Jh 16,23	ἐρωτήσετε	(1) 2 p pl ind fut a	Id
8427	1Jh 5,16	ἐρωτήσῃ	(1) 3 p sg sbj ao a	Id
8428	Jh 18,21	ἐρώτησον	(1) 2 p sg imper ao a	Id
8429	*Jh 1,19	ἐρωτήσουσιν	3 p pl ind fut a	Id
8430		ἐρωτήσω	(4) 1 p sg ind fut a	Id
8431	Lc 22,68	ἐρωτήσω	(1) 1 p sg sbj ao a	Id
8432	*Mc 10,35	ἐρωτήσωμεν	1 p pl sbj ao a	Id
8433	Jh 1,19	ἐρωτήσωσιν	(1) 3 p pl sbj ao a	Id
8434		ἐρωτῶ	(9) 1 p sg ind pr a	Id
8435		ἐρωτῶμεν	(3) 1 p pl ind pr a	Id
8436	Lc 7,3	ἐρωτῶν	(1) nom mas sg part pr a	Id
8437	Jh 8,7	ἐρωτῶντες	(1) nom mas pl part pr a	Id
8438	Ac 18,20	ἐρωτώντων	(1) gen mas pl part pr a	Id
8439	Ac 4,31	ἐσαλεύθη	(1) 3 p sg ind ao pass	σαλεύω
8440	Heb 12,26	ἐσάλευσεν	(1) 3 p sg ind ao a	Id
8441		ἐσάλπισεν	(7) 3 p sg ind ao a	σαλπίζω
8442	Heb 11,34	ἔσβεσαν	(1) 3 p pl ind ao a	σβέννυμι
8443	Rm 1,25	ἐσεβάσθησαν	(1) 3 p pl ind ao (pass)	σεβάζομαι
8444		ἐσείσθη	(2) 3 p sg ind ao pass	σείω
8445	Mt 28,4	ἐσείσθησαν	(1) 3 p pl ind ao pass	Id
8446		ἔσεσθαι	(4) inf fut	εἰμί
8447		ἔσεσθε	(12) 2 p pl ind fut	Id
8448		ἔσῃ	(8) 2 p sg ind fut	Id
8449	*Ac 11,28	ἐσήμαινεν	3 p sg ind impf a	σημαίνω
8450		ἐσήμανεν	(2) 3 p sg ind ao a	Id
8451	Ac 1,10	ἐσθήσεσι	(1) dat pl	ἐσθής
8452		ἐσθῆτα	(3) acc sg	Id
8453	Lc 22,30	ἐσθῆτε	(1) 2 p pl sbj pr a	ἐσθίω
8454		ἐσθῆτι	(4) dat sg	ἐσθής
8455		ἐσθίει	(10) 3 p sg ind pr a	ἐσθίω
8456		ἐσθίειν	(6) inf pr a	Id
8457	*Mc 2,16	ἐσθίεται	3 p sg ind pr m	Id
8458		ἐσθίετε	(6) 2 p pl ind pr a	Id
8459	Lc 10,8	ἐσθίετε	(1) 2 p pl imper pr a	Id
8460		ἐσθιέτω	(3) 3 p sg imper pr a	Id
8461		ἐσθίῃ	(2) 3 p sg sbj pr a	Id
8462	1Co 11,26	ἐσθίητε	(1) 2 p pl sbj pr a	Id
8463	*Mc 2,16	ἐσθίον	nom neut sg part pr a	Id
8464		ἐσθίοντα	(2) acc mas sg part pr a	Id

8465	*Mc 7,2	ἐσθίοντας	acc mas pl part pr a . .	ἐσθίω
8466		ἐσθίοντες	(4) nom mas pl part pr a .	Id
8467	Rm 14,20	ἐσθίοντι	(1) dat mas sg part pr a .	Id
8468		ἐσθιόντων	(4) gen mas pl part pr a .	Id
8469		ἐσθίουσιν	(8) 3 p pl ind pr a . .	Id
8470		ἐσθίων	(11) nom mas sg part pr a . .	Id
8471		ἐσθίωσιν	(2) 3 p pl sbj pr a . .	Id
8472		ἐσίγησαν	(2) 3 p pl ind ao a . .	σιγάω
8473	Ac 15,12	ἐσίγησεν	(1) 3 p sg ind ao a . .	Id
8474		ἐσιώπα	(2) 3 p sg ind impf a . .	σιωπάω
8475		ἐσιώπων	(2) 3 p pl ind impf a . .	Id
8476		ἐσκανδαλίζοντο	(2) 3 p pl ind impf pass	σκανδαλίζω
8477	Mt 15,12	ἐσκανδαλίσθησαν	(1) 3 p pl ind ao pass	Id
8478	Lc 6,48	ἔσκαψεν	(1) 3 p sg ind ao a . .	σκάπτω
8479	Jh 1,14	ἐσκήνωσεν	(1) 3 p sg ind ao a . .	σκηνόω
8480		ἐσκίρτησεν	(2) 3 p sg ind ao a . .	σκιρτάω
8481	Ac 19,9	ἐσκληρύνοντο	(1) 3 p pl ind impf pass .	σκληρύνω
8482	2Co 9,9	ἐσκόρπισεν	(1) 3 p sg ind ao a . .	σκορπίζω
8483	*Jh 11,52	ἐσκορπισμένα	acc neut pl part pf pass .	Id
8484	Rm 1,21	ἐσκοτίσθη	(1) 3 p sg ind ao pass . .	σκοτίζω
8485	*Apc 16,10	ἐσκοτισμένη	nom fem sg part pf pass .	Id
8486	*Eph 4,18	ἐσκοτισμένοι	nom mas pl part pf pass .	Id
8487	Apc 9,2	ἐσκοτώθη	(1) 3 p sg ind ao pass . .	σκοτόω
8488	Apc 16,10	ἐσκοτωμένη	(1) nom fem sg part pf pass .	Id
8489	Eph 4,18	ἐσκοτωμένοι	(1) nom mas pl part pf pass	Id
8490	Mt 9,36	ἐσκυλμένοι	(1) nom mas pl part pf pass	σκύλλω
8491	Lc 3,25	Ἑσλί	(1) inde	Ἑσλί
8492		ἐσμέν	(51) 1 p pl ind pr	εἰμί
8493	Mc 15,23	ἐσμυρνισμένον	(1) acc mas sg part pf pass	σμυρνίζω
8494		ἔσομαι	(13) 1 p sg ind fut . . .	εἰμί
8495		ἐσόμεθα	(4) 1 p pl ind fut . . .	Id
8496	Lc 22,49	ἐσόμενον	(1) acc neut sg part fut .	Id
8497		ἔσονται	(30) 3 p pl ind fut . . .	Id
8498	1Co 13,12	ἐσόπτρου	(1) gen sg	ἔσοπτρον
8499	Ja 1,23	ἐσόπτρῳ	(1) dat sg	Id
8500	*Mc 9,20	ἐσπάραξεν	3 p sg ind ao a . . .	σπαράσσω
8501	Lc 2,12	ἐσπαργανωμένον	(1)acc neut sg part pf pass	σπαργανόω
8502	Lc 2,7	ἐσπαργάνωσεν	(1) 3 p sg ind ao a .	Id
8503	Mc 4,15	ἐσπαρμένον	(1) acc mas sg part pf pass	σπείρω
8504	Mt 13,19	ἐσπαρμένον	(1) acc neut sg part pf pass	Id
8505	Ja 5,5	ἐσπαταλήσατε	(1) 2 p pl ind ao a . .	σπαταλάω
8506		ἔσπειρα	(2) 1 p sg ind ao a . .	σπείρω
8507	1Co 9,11	ἐσπείραμεν	(1) 1 p pl ind ao a . .	Id
8508		ἔσπειρας	(3) 2 p sg ind ao a . .	Id
8509	Mt 13,31	ἔσπειρεν	(1) 3 p sg ind ao a . .	Id
8510	Ac 4,3	ἑσπέρα	(1) nom sg	ἑσπέρα
8511	*Ac 20,15	ἑσπέρᾳ	dat sg	Id
8512	Lc 24,29	ἑσπέραν	(1) acc sg	Id
8513	Ac 28,23	ἑσπέρας	(1) gen sg	Id

8514	*Lc 12,38	ἑσπερινῇ	dat fem sg	ἑσπερινός
8515	Ac 20,16	ἔσπευδεν	(1) 3 p sg ind impf a . .	σπεύδω
8516	Ju 23	ἐσπιλωμένον	(1) acc mas sg part pf pass	σπιλόω
8517		ἐσπλαγχνίσθη	(6)3 p sg ind ao (pass)	σπλαγχνίζομαι
8518	Ga 2,10	ἐσπούδασα	(1) 1 p sg ind ao a . .	σπουδάζω
8519	1Th 2,17	ἐσπουδάσαμεν	(1) 1 p pl ind ao a . .	Id
8520		Ἑσρώμ	(3) inde	Ἑσρώμ
8521	*Apc 12,18	ἐστάθην	1 p sg ind ao pass . . .	ἵστημι
8522		ἐστάθη	(4) 3 p sg ind ao pass . .	Id
8523	Lc 24,17	ἐστάθησαν	(1) 3 p pl ind ao pass . .	Id
8524		ἔσται	(118) 3 p sg ind fut . . .	εἰμί
8525		ἑστάναι	(3) inf pf2 a	ἵστημι
8526		ἐσταυρώθη	(5) 3 p sg ind ao pass . .	σταυρόω
8527		ἐσταυρωμένον	(4) acc mas sg part pf pass	Id
8528	Ga 3,1	ἐσταυρωμένος	(1) nom mas sg part pf pass	Id
8529		ἐσταύρωσαν	(7) 3 p pl ind ao a . .	Id
8530		ἐσταυρώσατε	(2) 2 p pl ind ao a . .	Id
8531	Ga 6,14	ἐσταύρωται	(1) 3 p sg ind pf pass .	Id
8532		ἔστε	(92) 2 p pl ind pr . . .	εἰμί
8533	*Jh 11,3	ἔστειλεν	3 p sg ind ao a . . .	στέλλω
8534	Mc 7,34	ἐστέναξεν	(1) 3 p sg ind ao a . .	στενάζω
8535	Ac 16,5	ἐστερεοῦντο	(1) 3 p pl ind impf pass .	στερεόω
8536	Ac 3,7	ἐστερεώθησαν	(1) 3 p pl ind ao pass .	Id
8537	Ac 3,16	ἐστερέωσεν	(1) 3 p sg ind ao a . .	Id
8538	Heb 2,9	ἐστεφανωμένον	(1) acc mas sg part pf pass	στεφανόω
8539	Heb 2,7	ἐστεφάνωσας	(1) 2 p sg ind ao a . .	Id
8540		ἔστη	(9) 3 p sg ind ao2 a . . .	ἵστημι
8541		ἕστηκα	(3) 1 p sg ind pf a . . .	Id
8542	Rm 5,2	ἑστήκαμεν	(1) 1 p pl ind pf a . .	Id
8543		ἕστηκας	(2) 2 p sg ind pf a . . .	Id
8544		ἑστήκασιν	(3) 3 p pl ind pf a . .	Id
8545		ἑστήκατε	(4) 2 p pl ind pf a . .	Id
8546	*Jh 1,26	ἑστήκει	3 p sg ind plpf a . . .	Id
8547		ἕστηκεν	(6) 3 p sg ind pf a . . .	Id
8548	Jh 8,44	ἔστηκεν	(1) 3 p sg ind impf a . .	στήκω
8549	*Mc 11,25	ἑστήκετε	2 p pl ind plpf a . . .	ἵστημι
8550	Apc 5,6	ἑστηκός	(1) nom neut sg part pf a .	Id
8551	Mc 13,14	ἑστηκότα	(1) acc mas sg part pf a .	Id
8552		ἑστηκότες	(2) nom mas pl part pf a .	Id
8553		ἑστηκότων	(4) gen mas pl part pf a .	Id
8554		ἑστηκώς	(2) nom mas sg part pf a .	Id
8555	2Pt 1,12	ἐστηριγμένους	(1) acc mas pl part pf pass	στηρίζω
8556	Lc 16,26	ἐστήρικται	(1) 3 p sg ind pf pass .	Id
8557	*Lc 9,51	ἐστήριξεν	3 p sg ind ao a . . .	Id
8558	Lc 9,51	ἐστήρισεν	(1) 3 p sg ind ao a . .	Id
8559		ἔστησαν	(5) 3 p pl ind ao a . . .	ἵστημι
8560		ἔστησαν	(4) 3 p pl ind ao2 a . .	Id
8561		ἔστησεν	(7) 3 p sg ind ao a . . .	Id
8562		ἐστίν	(899) 3 p sg ind pr . . .	εἰμί
8563		ἑστός	(2) acc neut sg part pf2 a . .	ἵστημι

8564	Jh 20,14	ἐστράφη	(1)	3 p sg ind ao2 pass . .	στρέφω
8565	Ac 7,39	ἐστράφησαν	(1)	3 p pl ind ao2 pass .	Id
8566		ἔστρεψεν	(2)	3 p sg ind ao a . .	Id
8567	Apc 18,7	ἐστρηνίασεν	(1)	3 p sg ind ao a . .	στρηνιάω
8568		ἐστρωμένον	(2)	acc neut sg part pf pass	στρωννύω
8569	Mt 21,8	ἐστρώννυον	(1)	3 p pl ind impf a . .	Id
8570		ἔστρωσαν	(2)	3 p pl ind ao a . .	Id
8571		ἔστω	(12)	3 p sg imper pr . . .	εἰμί
8572		ἑστώς	(10)	nom mas sg part pf2 a . .	ἵστημι
8573	*Jh 8,9	ἑστῶσα		nom fem sg part pf2 a . . .	Id
8574	*Apc 11,4	ἑστῶσαι		nom fem pl part pf2 a . . .	Id
8575		ἔστωσαν	(2)	3 p pl imper pr . . .	εἰμί
8576		ἑστῶτα	(7)	acc mas sg part pf2 a . .	ἵστημι
8577	Lc 5,2	ἑστῶτα	(1)	acc neut pl part pf2 a .	Id
8578		ἑστῶτας	(5)	acc mas pl part pf2 a .	Id
8579		ἑστῶτες	(5)	nom mas pl part pf2 a .	Id
8580	Apc 10,8	ἑστῶτος	(1)	gen mas sg part pf2 a .	Id
8581	Mt 16,28	ἑστώτων	(1)	gen mas pl part pf2 a .	Id
8582	Lc 19,8	ἐσυκοφάντησα	(1)	1 p sg ind ao a	συκοφαντέω
8583	2Co 11,8	ἐσύλησα	(1)	1 p sg ind ao a . .	συλάω
8584	*Ac 16,19	ἔσυραν		3 p pl ind ao a	σύρω
8585		ἔσυρον	(2)	3 p pl ind impf a . .	Id
8586	Apc 5,9	ἐσφάγης	(1)	2 p sg ind ao2 pass . .	σφάζω
8587	Apc 13,3	ἐσφαγμένην	(1)	acc fem sg part pf pass	Id
8588		ἐσφαγμένον	(2)	nom neut sg part pf pass	Id
8589	Apc 13,8	ἐσφαγμένου	(1)	gen neut sg part pf pass	Id
8590		ἐσφαγμένων	(2)	gen mas pl part pf pass	Id
8591		ἔσφαξεν	(2)	3 p sg ind ao a . .	Id
8592		ἐσφράγισεν	(3)	3 p sg ind ao a . .	σφραγίζω
8593		ἐσφραγίσθητε	(2)	2 p pl ind ao pass .	Id
8594	*Apc 7,8	ἐσφραγισμέναι		nom fem pl part pf pass .	Id
8595		ἐσφραγισμένοι	(3)	nom mas pl part pf pass	Id
8596	Apc 7,4	ἐσφραγισμένων	(1)	gen mas pl part pf pass	Id
8597		ἔσχατα	(4)	nom neut pl	ἔσχατος
8598		ἐσχάταις	(3)	dat fem pl	Id
8599	Apc 15,1	ἐσχάτας	(1)	acc fem pl	Id
8600		ἐσχάτη	(3)	nom fem sg	Id
8601		ἐσχάτῃ	(8)	dat fem sg	Id
8602		ἔσχατοι	(9)	nom mas pl	Id
8603		ἔσχατον	(5)	acc mas sg	Id
8604		ἔσχατον	(2)	nom neut sg	Id
8605	Lc 12,59	ἔσχατον	(1)	acc neut sg	Id
8606		ἔσχατος	(6)	nom mas sg	Id
8607	*1Pt 1,19	ἐσχάτου		gen mas sg	Id
8608		ἐσχάτου	(4)	gen neut sg	Id
8609	1Co 4,9	ἐσχάτους	(1)	acc mas pl	Id
8610		ἐσχάτῳ	(2)	dat mas sg	Id
8611	Mt 20,8	ἐσχάτων	(1)	gen mas pl	Id
8612		ἐσχάτων	(2)	gen fem pl	Id
8613	Mc 5,23	ἐσχάτως	(1)	adv	ἐσχάτως

8614		ἔσχεν	(5)	3 p sg ind ao2 a	ἔχω
8615	2Co 2,13	ἔσχηκα	(1)	1 p sg ind pf a	Id
8616		ἐσχήκαμεν	(2)	1 p pl ind pf a	Id
8617	2Co 7,5	ἔσχηκεν	(1)	3 p sg ind pf a	Id
8618	Mc 5,15	ἐσχηκότα	(1)	acc mas sg part pf a	Id
8619		ἐσχίσθη	(6)	3 p sg ind ao pass	σχίζω
8620	Mt 27,51	ἐσχίσθησαν	(1)	3 p pl ind ao pass	Id
8621	*Ac 14,4	ἐσχισμένον		nom neut sg part pf pass	Id
8622	1Th 1,9	ἔσχομεν	(1)	1 p pl ind impf a	ἔχω
8623		ἔσχον	(2)	1 p sg ind ao2 a	Id
8624		ἔσχον	(3)	3 p pl ind ao2 a	Id
8625		ἔσω	(9)	adv	ἔσω
8626	Mc 6,56	ἐσῴζοντο	(1)	3 p pl ind impf pass	σῴζω
8627		ἔσωθεν	(12)	adv	ἔσωθεν
8628		ἐσώθη	(4)	3 p sg ind ao pass	σῴζω
8629	Rm 8,24	ἐσώθημεν	(1)	1 p pl ind ao a	Id
8630	*Lc 23,35	ἔσωσας		2 p sg ind ao a	Id
8631		ἔσωσεν	(4)	3 p sg ind ao a	Id
8632	Ac 16,24	ἐσωτέραν	(1)	acc fem sg	ἐσώτερος
8633	Heb 6,19	ἐσώτερον	(1)	acc neut sg	Id
8634		ἑταῖρε	(3)	vo sg	ἑταῖρος
8635	*Mt 11,16	ἑταίροις		dat pl	Id
8636		ἔταξαν	(2)	3 p pl ind ao a	τάσσω
8637	Mt 28,16	ἐτάξατο	(1)	3 p sg ind ao m	Id
8638	Php 2,8	ἐταπείνωσεν	(1)	3 p sg ind ao a	ταπεινόω
8639		ἐτάραξαν	(2)	3 p pl ind ao a	ταράσσω
8640	Jh 11,33	ἐτάραξεν	(1)	3 p sg ind ao a	Id
8641	*Jh 5,4	ἐτάρασσε		3 p sg ind impf a	Id
8642	*Jh 5,4	ἐταράσσετο		3 p sg ind impf pass	Id
8643		ἐταράχθη	(3)	3 p sg ind ao pass	Id
8644		ἐταράχθησαν	(2)	3 p pl ind ao pass	Id
8645		ἐτάφη	(3)	3 p sg ind ao2 pass	θάπτω
8646	Lc 23,55	ἐτέθη	(1)	3 p sg ind ao pass	τίθημι
8647		ἐτέθην	(2)	1 p sg ind ao pass	Id
8648		ἐτέθησαν	(2)	3 p pl ind ao pass	Id
8649	*Jh 11,21	ἐτεθνήκει		3 p sg ind plpf a	θνῄσκω
8650	Lc 3,1	ἔτει	(1)	dat sg	ἔτος
8651		ἔτεκεν	(4)	3 p sg ind ao2 a	τίκτω
8652	1Tm 5,10	ἐτεκνοτρόφησεν	(1)	3 p sg ind ao a	τεκνοτροφέω
8653	Ja 2,22	ἐτελειώθη	(1)	3 p sg ind ao pass	τελειόω
8654	*Jh 17,4	ἐτελείωσα		1 p sg ind ao a	Id
8655	Heb 7,19	ἐτελείωσεν	(1)	3 p sg ind ao a	Id
8656		ἐτέλεσαν	(2)	3 p pl ind ao a	τελέω
8657		ἐτέλεσεν	(5)	3 p sg ind ao a	Id
8658		ἐτελέσθη	(2)	3 p sg ind ao pass	Id
8659	*Lc 2,6	ἐτελέσθησαν		3 p pl ind ao pass	Id
8660		ἐτελεύτησεν	(4)	3 p sg ind ao a	τελευτάω
8661		ἑτέρα	(6)	nom fem sg	ἕτερος
8662		ἑτέρᾳ	(4)	dat fem sg	Id

No.	Ref.	Form	Freq.	Analysis	Lemma
8663		ἕτερα	(4)	acc neut pl	ἕτερος
8664	Lc 8,3	ἕτεραι	(1)	nom fem pl	Id
8665		ἑτέραις	(3)	dat fem pl	Id
8666		ἑτέραν	(3)	acc fem sg	Id
8667		ἑτέρας	(2)	gen fem sg	Id
8668	1Co 14,21	ἑτερογλώσσοις	(1)	dat pl . .	ἑτερόγλωσσος
8669	1Tm 6,3	ἑτεροδιδασκαλεῖ	(1)	3 p sg ind pr a	ἑτεροδιδασκαλέω
8670	1Tm 1,3	ἑτεροδιδασκαλεῖν	(1)	inf pr a	Id
8671	2Co 6,14	ἑτεροζυγοῦντες	(1)	nom mas pl part pr a	ἑτεροζυγέω
8672		ἕτεροι	(6)	nom mas pl	ἕτερος
8673	*Ac 15,29	ἑτέροις		dat mas pl . . .	Id
8674		ἑτέροις	(2)	dat neut pl . . .	Id
8675		ἕτερον	(18)	acc mas sg . . .	Id
8676		ἕτερον	(3)	nom neut sg . . .	Id
8677		ἕτερον	(5)	acc neut sg . . .	Id
8678		ἕτερος	(16)	nom mas sg . . .	Id
8679		ἑτέρου	(6)	gen mas sg	Id
8680		ἑτέρους	(4)	acc mas pl	Id
8681		ἑτέρῳ	(10)	dat mas sg	Id
8682		ἑτέρῳ	(2)	dat neut sg	Id
8683		ἑτέρων	(4)	gen mas pl	Id
8684	*Jh 20,26	ἑτέρων		gen neut pl	Id
8685	Php 3,15	ἑτέρως	(1)	adv	ἑτέρως
8686		ἔτεσιν	(2)	dat pl	ἔτος
8687	Lc 2,11	ἐτέχθη	(1)	3 p sg ind ao pass . .	τίκτω
8688		ἔτη	(6)	nom pl	ἔτος
8689		ἔτη	(23)	acc pl	Id
8690	Ac 12,5	ἐτηρεῖτο	(1)	3 p sg ind impf pass .	τηρέω
8691	2Co 11,9	ἐτήρησα	(1)	1 p sg ind ao a . . .	Id
8692	Jh 15,20	ἐτήρησαν	(1)	3 p pl ind ao a . .	Id
8693		ἐτήρησας	(2)	2 p sg ind ao a . .	Id
8694	Jh 17,12	ἐτήρουν	(1)	1 p sg ind impf a . .	Id
8695		ἐτήρουν	(2)	3 p pl ind impf a . .	Id
8696		ἔτι	(93)	adv	ἔτι
8697	2Co 3,13	ἐτίθει	(1)	3 p sg ind impf a . .	τίθημι
8698	Mc 6,56	ἐτίθεσαν	(1)	3 p pl ind impf a . .	Id
8699		ἐτίθουν	(2)	3 p pl ind impf a . .	Id
8700	Lc 6,1	ἔτιλλον	(1)	3 p pl ind impf a . .	τίλλω
8701	Ac 28,10	ἐτίμησαν	(1)	3 p pl ind ao a . .	τιμάω
8702	Mt 27,9	ἐτιμήσαντο	(1)	3 p pl ind ao m . .	Id
8703		ἕτοιμα	(3)	nom neut pl . . .	ἕτοιμος
8704	Phm 22	ἑτοίμαζε	(1)	2 p sg imper pr a . .	ἑτοιμάζω
8705	*Ac 13,8	Ἑτοιμας		nom	Ἑτοιμας
8706		ἑτοιμάσαι	(4)	inf ao a	ἑτοιμάζω
8707	*Mc 15,1	ἑτοιμάσαντες		nom mas pl part ao a . .	Id
8708	Lc 12,47	ἑτοιμάσας	(1)	nom mas sg part ao a .	Id
8709		ἑτοιμάσατε	(7)	2 p pl imper ao a . .	Id
8710	Apc 16,12	ἑτοιμασθῇ	(1)	3 p sg sbj ao pass . .	Id
8711	Eph 6,15	ἑτοιμασίᾳ	(1)	dat sg . . .	ἑτοιμασία
8712	Lc 17,8	ἑτοίμασον	(1)	2 p sg imper ao a . .	ἑτοιμάζω

8713	Jh 14,3	ἑτοιμάσω	(1) 1 p sg sbj ao a . .	ἑτοιμάζω
8714		ἑτοιμάσωμεν	(3) 1 p pl sbj ao a . .	Id
8715		ἑτοίμην	(2) acc fem sg	ἕτοιμος
8716		ἕτοιμοι	(6) nom mas pl	Id
8717	Mc 14,15	ἕτοιμον	(1) acc neut sg . . .	Id
8718		ἕτοιμος	(3) nom mas sg	Id
8719	Tit 3,1	ἑτοίμους	(1) acc mas pl . . .	Id
8720	*1Pt 4,5	ἑτοίμῳ	dat mas sg	Id
8721	2Co 10,6	ἑτοίμῳ	(1) dat neut sg	Id
8722		ἑτοίμως	(3) adv	ἑτοίμως
8723		ἐτόλμα	(4) 3 p sg ind impf a . .	τολμάω
8724		ἐτόλμησεν	(2) 3 p sg ind ao a . .	Id
8725	Lc 20,40	ἐτόλμων	(1) 3 p pl ind impf a . .	Id
8726		ἔτος	(2) acc sg	ἔτος
8727	*Ac 28,16	ἐτράπει	cf ἐτράπη	
8728		ἐτράπη	3 p sg ind ao2 a	τρέπω
8729	Ga 5,7	ἐτρέχετε	(1) 2 p pl ind impf a . .	τρέχω
8730	Jh 20,4	ἔτρεχον	(1) 3 p pl ind impf a . .	Id
8731	*Ac 13,18	ἐτροποφόρησαν	3 p pl ind ao a . .	τροποφορέω
8732	Ac 13,18	ἐτροποφόρησεν	(1) 3 p sg ind ao a	Id
8733	*Ac 13,18	ἐτροφοφόρησεν	3 p sg ind ao a . .	τροφοφορέω
8734	Apc 14,19	ἐτρύγησεν	(1) 3 p sg ind ao a . .	τρυγάω
8735	Ja 5,5	ἐτρυφήσατε	(1) 2 p pl ind ao a . .	τρυφάω
8736	1Co 5,7	ἐτύθη	(1) 3 p sg ind ao pass . .	θύω
8737	Heb 11,35	ἐτυμπανίσθησαν	(1) 3 p pl ind ao pass .	τυμπανίζω
8738	Lc 18,13	ἔτυπτεν	(1) 3 p sg ind impf a . .	τύπτω
8739		ἔτυπτον	(3) 3 p pl ind impf a . .	Id
8740		ἐτύφλωσεν	(2) 3 p sg ind ao a . .	τυφλόω
8741		ἐτῶν	(15) gen pl	ἔτος
8742		εὖ	(6) adv	εὖ
8743	1Tm 2,13	Εὕα	(1) nom	Εὕα
8744	*Ga 1,8	εὐαγγελιζαηται	[sic]	
8745		εὐαγγελίζεσθαι	(2) inf pr m . .	εὐαγγελίζω
8746	Lc 16,16	εὐαγγελίζεται	(1) 3 p sg ind pr pass	Id
8747		εὐαγγελίζεται	(2) 3 p sg ind pr m	Id
8748	Ga 1,8	εὐαγγελίζηται	(1) 3 p sg sbj pr m	Id
8749	Lc 2,10	εὐαγγελίζομαι	(1) 1 p sg ind pr m	Id
8750	Ac 13,32	εὐαγγελιζόμεθα	(1) 1 p pl ind pr m	Id
8751		εὐαγγελιζόμενοι	(7) nom mas pl part pr m	Id
8752		εὐαγγελιζόμενος	(3) nom mas sg part pr m	Id
8753	Lc 20,1	εὐαγγελιζομένου	(1) gen mas sg part pr m	Id
8754	Ac 8,12	εὐαγγελιζομένῳ	(1) dat mas sg part pr m	Id
8755	Rm 10,15	εὐαγγελιζομένων	(1) gen mas pl part pr m	Id
8756		εὐαγγελίζονται	(2) 3 p pl ind pr pass	Id
8757		εὐαγγελίζωμαι	(2) 1 p sg sbj pr m	Id
8758		εὐαγγέλιον	(7) nom sg . . .	εὐαγγέλιον
8759		εὐαγγέλιον	(34) acc sg . . .	Id
8760		εὐαγγελίου	(23) gen sg . . .	Id
8761	Apc 14,6	εὐαγγελίσαι	(1) inf ao a . .	εὐαγγελίζω
8762	*Ga 1,9	εὐαγγελισάμεθα	1 p pl ind ao m .	Id

8763	Ac 14,21	εὐαγγελισάμενοι (1)	nom mas pl part ao m	εὐαγγελίζω
8764	1Th 3,6	εὐαγγελισαμένου (1)	gen mas sg part ao m	Id
8765	1Pt 1,12	εὐαγγελισαμένων (1)	gen mas pl part ao m	Id
8766		εὐαγγελίσασθαι (7)	inf ao m . .	Id
8767	*Ga 1,8	εὐαγγελίσεται	3 p sg ind fut m .	Id
8768	*Ga 1,8	εὐαγγελίσηται	3 p sg sbj ao m .	Id
8769		εὐαγγελισθέν (2)	nom neut sg part ao pass	Id
8770	Heb 4,6	εὐαγγελισθέντες (1)	nom mas pl part ao pass	Id
8771	Eph 4,11	εὐαγγελιστάς (1)	acc pl . .	εὐαγγελιστής
8772	*Mc 16,#2	εὐαγγελιστής	nom sg	Id
8773		εὐαγγελιστοῦ (2)	gen sg . . .	Id
8774	1Co 9,16	εὐαγγελίσωμαι (1)	1 p sg sbj ao m	εὐαγγελίζω
8775		εὐαγγελίῳ (12)	dat sg . . .	εὐαγγέλιον
8776	2Co 11,3	Εὔαν (1)	acc	Εὔα
8777	Heb 13,16	εὐαρεστεῖται (1)	3 p sg ind pr pass	εὐαρεστέω
8778	Heb 11,5	εὐαρεστηκέναι (1)	inf pf a . .	Id
8779	Heb 11,6	εὐαρεστῆσαι (1)	inf ao a . .	Id
8780	2Co 5,9	εὐάρεστοι (1)	nom mas pl . .	εὐάρεστος
8781		εὐάρεστον (2)	acc fem sg . .	Id
8782		εὐάρεστον (3)	nom neut sg . .	Id
8783	Heb 13,21	εὐάρεστον (1)	acc neut sg . .	Id
8784	Rm 14,18	εὐάρεστος (1)	nom mas sg . .	Id
8785	Tit 2,9	εὐαρέστους (1)	acc mas pl . .	Id
8786	Heb 12,28	εὐαρέστως (1)	adv	εὐαρέστως
8787	2Tm 4,21	Εὔβουλος (1)	nom	Εὔβουλος
8788	Lc 19,17	εὖγε (1)	adv	εὖγε
8789	1Co 1,26	εὐγενεῖς (1)	nom mas pl . . .	εὐγενής
8790	Ac 17,11	εὐγενέστεροι (1)	comp nom mas pl . .	Id
8791	Lc 19,12	εὐγενής (1)	nom mas sg	Id
8792	*Rm 16,18	εὐγλωττίας	gen sg	εὐγλωττία
8793	Mt 16,2	εὐδία (1)	nom sg	εὐδία
8794	Heb 10,38	εὐδοκεῖ (1)	3 p sg ind pr a . . .	εὐδοκέω
8795		εὐδόκησα (5)	1 p sg ind ao a . .	Id
8796	1Th 3,1	εὐδοκήσαμεν (1)	1 p pl ind ao a . .	Id
8797		εὐδόκησαν (2)	3 p pl ind ao a . .	Id
8798	2Th 2,12	εὐδοκήσαντες (1)	nom mas pl part ao a .	Id
8799		εὐδόκησας (2)	2 p sg ind ao a . .	Id
8800		εὐδόκησεν (6)	3 p sg ind ao a . .	Id
8801		εὐδοκία (3)	nom sg	εὐδοκία
8802		εὐδοκίαν (4)	acc sg	Id
8803		εὐδοκίας (2)	gen sg	Id
8804		εὐδοκοῦμεν (2)	1 p pl ind pr a . .	εὐδοκέω
8805	*Rm 9,16	εὐδοκοῦντος	gen mas sg part pr a . .	Id
8806	2Co 12,10	εὐδοκῶ (1)	1 p sg ind pr a . . .	Id
8807	Ac 4,9	εὐεργεσίᾳ (1)	dat sg . . .	εὐεργεσία
8808	1Tm 6,2	εὐεργεσίας (1)	gen sg . . .	Id
8809	Lc 22,25	εὐεργέται (1)	nom pl . . .	εὐεργέτης
8810	Ac 10,38	εὐεργετῶν (1)	nom mas sg part pr a	εὐεργετέω
8811		εὐηγγελίζετο (3)	3 p sg ind impf m	εὐαγγελίζω

8812	Ac 8,25	εὐηγγελίζοντο	(1)	3 p pl ind impf m	εὐαγγελίζω
8813	Ga 1,8	εὐηγγελισάμεθα	(1)	1 p pl ind ao m	Id
8814		εὐηγγελισάμην	(4)	1 p sg ind ao m	Id
8815		εὐηγγελίσατο	(2)	3 p sg ind ao m .	Id
8816	Apc 10,7	εὐηγγέλισεν	(1)	3 p sg ind ao a .	Id
8817	1Pt 4,6	εὐηγγελίσθη	(1)	3 p sg ind ao pass	Id
8818	Heb 4,2	εὐηγγελισμένοι	(1)	nom mas pl part pf pass	Id
8819	Ac 8,21	εὐθεῖα	(1)	nom fem sg	εὐθύς
8820		εὐθεῖαν	(2)	acc fem sg	Id
8821	Lc 3,5	εὐθείαν	(1)	acc sg	εὐθεῖα
8822		εὐθείας	(4)	acc fem pl	εὐθύς
8823	Heb 6,7	εὔθετον	(1)	acc fem sg	εὔθετος
8824	Lc 14,35	εὔθετον	(1)	nom neut sg . . .	Id
8825	Lc 9,62	εὔθετος	(1)	nom mas sg	Id
8826		εὐθέως	(36)	adv	εὐθέως
8827	Ac 16,11	εὐθυδρομήσαμεν	(1)	1 p pl ind ao a	εὐθυδρομέω
8828	Ac 21,1	εὐθυδρομήσαντες	(1)	nom mas pl part ao a	Id
8829	Ja 5,13	εὐθυμεῖ	(1)	3 p sg ind pr a . . .	εὐθυμέω
8830	Ac 27,22	εὐθυμεῖν	(1)	inf pr a	Id
8831	Ac 27,25	εὐθυμεῖτε	(1)	2 p pl imper pr a . .	Id
8832	Ac 27,36	εὔθυμοι	(1)	nom mas pl	εὔθυμος
8833	*Ac 24,10	εὐθυμότερον		adv	εὐθυμότερον
8834	Ac 24,10	εὐθύμως	(1)	adv	εὐθύμως
8835	Jh 1,23	εὐθύνατε	(1)	2 p pl imper ao a . .	εὐθύνω
8836	Ja 3,4	εὐθύνοντος	(1)	gen mas sg part pr a .	Id
8837		εὐθύς	(51)	adv	εὐθύς
8838	Heb 1,8	εὐθύτητος	(1)	gen sg	εὐθύτης
8839	1Co 16,12	εὐκαιρήσῃ	(1)	3 p sg sbj ao a . .	εὐκαιρέω
8840		εὐκαιρίαν	(2)	acc sg	εὐκαιρία
8841	Heb 4,16	εὔκαιρον	(1)	acc fem sg . . .	εὔκαιρος
8842	Mc 6,21	εὐκαίρου	(1)	gen fem sg . . .	Id
8843	Mc 6,31	εὐκαίρουν	(1)	3 p pl ind impf a . .	εὐκαιρέω
8844		εὐκαίρως	(2)	adv	εὐκαίρως
8845		εὐκοπώτερον	(7)	comp nom neut sg . .	εὔκοπος
8846		εὐλαβείας	(2)	gen sg	εὐλάβεια
8847		εὐλαβεῖς	(2)	nom mas pl . . .	εὐλαβής
8848	Heb 11,7	εὐλαβηθείς	(1)	nom mas sg part ao (pass)	εὐλαβέομαι
8849		εὐλαβής	(2)	nom mas sg . . .	εὐλαβής
8850	*Mc 10,16	εὐλόγει		3 p sg ind impf a . . .	εὐλογέω
8851	Lc 24,51	εὐλογεῖν	(1)	inf pr a . . .	Id
8852	Heb 7,7	εὐλογεῖται	(1)	3 p sg ind pr pass .	Id
8853		εὐλογεῖτε	(3)	2 p pl imper pr a . .	Id
8854	*Ac 3,25	εὐλογηθήσονται		3 p pl ind fut pass . .	Id
8855	Heb 7,6	εὐλόγηκεν	(1)	3 p sg ind pf a . .	Id
8856		εὐλογημένη	(2)	nom fem sg part pf pass	Id
8857	Mt 25,34	εὐλογημένοι	(1)	nom mas pl part pf pass	Id
8858		εὐλογημένος	(7)	nom mas sg part pf pass	Id
8859	1Co 14,16	εὐλογῇς	(1)	2 p sg sbj pr a . .	Id
8860		εὐλογήσας	(5)	nom mas sg part ao a .	Id
8861		εὐλόγησεν	(9)	3 p sg ind ao a . .	Id

No.	Ref.	Form	Freq.	Parsing	Lemma
8862	*1Co 14,16	εὐλογήσῃς		2 p sg sbj ao a	εὐλογέω
8863	Heb 6,14	εὐλογήσω	(1)	1 p sg ind fut a	Id
8864		εὐλογητός	(7)	nom mas sg	εὐλογητός
8865	Mc 14,61	εὐλογητοῦ	(1)	gen mas sg	Id
8866		εὐλογία	(4)	nom sg	εὐλογία
8867	Eph 1,3	εὐλογίᾳ	(1)	dat sg	Id
8868		εὐλογίαις	(2)	dat pl	Id
8869		εὐλογίαν	(5)	acc sg	Id
8870		εὐλογίας	(4)	gen sg	Id
8871		εὐλογοῦμεν	(3)	1 p pl ind pr a	εὐλογέω
8872	Ac 3,26	εὐλογοῦντα	(1)	acc mas sg part pr a	Id
8873	Ga 3,9	εὐλογοῦνται	(1)	3 p pl ind pr pass	Id
8874		εὐλογοῦντες	(2)	nom mas pl part pr a	Id
8875		εὐλογῶν	(2)	nom mas sg part pr a	Id
8876	1Tm 6,18	εὐμεταδότους	(1)	acc mas pl	εὐμετάδοτος
8877	2Tm 1,5	Εὐνίκῃ	(1)	dat	Εὐνίκη
8878	*1Co 7,3	εὔνοιαν		acc sg	εὔνοια
8879	Eph 6,7	εὐνοίας	(1)	gen sg	Id
8880	Mt 19,12	εὐνούχισαν	(1)	3 p pl ind ao a	εὐνουχίζω
8881	Mt 19,12	εὐνουχίσθησαν	(1)	3 p pl ind ao pass	Id
8882		εὐνοῦχοι	(3)	nom pl	εὐνοῦχος
8883	*Ac 8,39	εὐνοῦχον		acc sg	Id
8884		εὐνοῦχος	(5)	nom sg	Id
8885	Mt 5,25	εὐνοῶν	(1)	nom mas sg part pr a	εὐνοέω
8886	Ac 26,29	εὐξαίμην	(1)	1 p sg opt ao	εὔχομαι
8887	*Ac 26,29	εὐξάμην		1 p sg ind ao	Id
8888	Php 4,2	Εὐοδίαν	(1)	acc	Εὐοδία
8889		εὐοδοῦσθαι	(2)	inf pr pass	εὐοδόω
8890	3Jh 2	εὐοδοῦται	(1)	3 p sg ind pr pass	Id
8891	*1Co 16,2	εὐοδωθῇ		3 p sg sbj ao pass	Id
8892	Rm 1,10	εὐοδωθήσομαι	(1)	1 p sg ind fut pass	Id
8893	1Co 16,2	εὐοδῶται	(1)	3 p sg sbj pr pass	Id
8894	1Co 7,35	εὐπάρεδρον	(1)	acc neut sg	εὐπάρεδρος
8895	Ja 3,17	εὐπειθής	(1)	nom fem sg	εὐπειθής
8896	*Heb 12,1	εὐπερίσπαστον		acc fem sg	εὐπερίσπαστος
8897	Heb 12,1	εὐπερίστατον	(1)	acc fem sg	εὐπερίστατος
8898	Heb 13,16	εὐποιίας	(1)	gen sg	εὐποιία
8899	Ac 11,29	εὐπορεῖτο	(1)	3 p sg ind impf	εὐπορέομαι
8900	Ac 19,25	εὐπορία	(1)	nom sg	εὐπορία
8901	*Ac 11,29	εὐποροῦντο		3 p pl ind impf	εὐπορέομαι
8902	Ja 1,11	εὐπρέπεια	(1)	nom sg	εὐπρέπεια
8903	2Co 6,2	εὐπρόσδεκτος	(1)	nom mas sg	εὐπρόσδεκτος
8904		εὐπρόσδεκτος	(3)	nom fem sg	Id
8905	1Pt 2,5	εὐπροσδέκτους	(1)	acc fem pl	Id
8906	Ga 6,12	εὐπροσωπῆσαι	(1)	inf ao a	εὐπροσωπέω
8907	*Ac 27,14	Εὐρακύκλων		nom	Εὐρακύκλων
8908	Ac 27,14	εὐρακύλων	(1)	nom sg	εὐρακύλων
8909	Lc 23,2	εὕραμεν	(1)	1 p pl ind ao2 a	εὑρίσκω
8910	Heb 9,12	εὑράμενος	(1)	nom mas sg part ao2 m	Id

No.	Ref.	Form	Freq.	Analysis	Lemma
8911	Php 2,7	εὑρεθείς	(1)	nom mas sg part ao pass	εὑρίσκω
8912		εὑρέθη	(13)	3 p sg ind ao pass	Id
8913		εὑρεθῇ	(4)	3 p sg sbj ao pass	Id
8914	Ga 2,17	εὑρέθημεν	(1)	1 p pl ind ao pass	Id
8915	Rm 10,20	εὑρέθην	(1)	1 p sg ind ao pass	Id
8916	2Pt 3,14	εὑρεθῆναι	(1)	inf ao pass	Id
8917		εὑρέθησαν	(2)	3 p pl ind ao pass	Id
8918	2Pt 3,10	εὑρεθήσεται	(1)	3 p sg ind fut pass	Id
8919	2Co 5,3	εὑρεθησόμεθα	(1)	1 p pl ind fut pass	Id
8920	Ac 5,39	εὑρεθῆτε	(1)	2 p pl sbj ao pass	Id
8921		εὑρεθῶ	(2)	1 p sg sbj ao pass	Id
8922	2Co 11,12	εὑρεθῶσιν	(1)	3 p pl sbj ao pass	Id
8923		εὑρεῖν	(5)	inf ao2 a	Id
8924		εὗρεν	(15)	3 p sg ind ao2 a	Id
8925		εὗρες	(2)	2 p sg ind ao2 a	Id
8926		εὕρῃ	(5)	3 p sg sbj ao2 a	Id
8927		εὕρηκα	(2)	1 p sg ind pf a	Id
8928		εὑρήκαμεν	(2)	1 p pl ind pf a	Id
8929	Rm 4,1	εὑρηκέναι	(1)	inf pf a	Id
8930	*Apc 18,14	εὕρῃς		2 p sg sbj ao2 a	Id
8931		εὑρήσει	(8)	3 p sg ind fut a	Id
8932	Mt 17,27	εὑρήσεις	(1)	2 p sg ind fut a	Id
8933		εὑρήσετε	(11)	2 p pl ind fut a	Id
8934	Jh 7,35	εὑρήσομεν	(1)	1 p pl ind fut a	Id
8935		εὑρήσουσιν	(2)	3 p pl ind fut a	Id
8936	*Mc 11,13	εὑρήσων		nom mas sg part fut a	Id
8937	*Apc 9,6	εὑρήσωσιν		3 p pl sbj ao a	Id
8938		εὕρητε	(2)	2 p pl sbj ao2 a	Id
8939		εὑρίσκει	(12)	3 p sg ind pr a	Id
8940	1Co 15,15	εὑρισκόμεθα	(1)	1 p pl ind pr pass	Id
8941	Ac 23,9	εὑρίσκομεν	(1)	1 p pl ind pr a	Id
8942	Lc 19,48	εὕρισκον	(1)	3 p pl ind impf a	Id
8943	Lc 11,24	εὑρίσκον	(1)	nom neut sg part pr a	Id
8944		εὑρίσκοντες	(2)	nom mas pl part pr a	Id
8945	*Mc 16,4	εὑρίσκουσιν		3 p pl ind pr a	Id
8946		εὑρίσκω	(6)	1 p sg ind pr a	Id
8947	Ac 17,27	εὕροιεν	(1)	3 p pl opt ao2 a	Id
8948	*Ac 27,14	Εὑροκλύδον		nom	Εὑροκλύδον
8949	*Ac 27,14	Εὑροκλύδω		nom	Εὑροκλύδω
8950	*Ac 27,14	Εὑροκλύδων		nom	Εὑροκλύδων
8951	*Ac 27,14	Εὑροκοίδον		nom	Εὑροκοίδον
8952		εὕρομεν	(2)	1 p pl ind ao2 a	εὑρίσκω
8953		εὗρον	(9)	1 p sg ind ao2 a	Id
8954		εὗρον	(24)	3 p pl ind ao2 a	Id
8955		εὑρόντες	(8)	nom mas pl part ao2 a	Id
8956	Lc 15,9	εὑροῦσα	(1)	nom fem sg part ao2 a	Id
8957	Lc 24,23	εὑροῦσαι	(1)	nom fem pl part ao2 a	Id
8958	*Ac 27,14	Εὑρυκλύδων		nom	Εὑρυκλύδων
8959	Mt 7,13	εὑρύχωρος	(1)	nom fem sg	εὑρύχωρος

8960	2Co 12,20	εὕρω	(1)	1 p sg sbj ao2 a	εὑρίσκω
8961	*Ac 27,14	Εὐρωκλύδων		nom	Εὐρωκλύδων
8962	Heb 4,16	εὕρωμεν	(1)	1 p pl sbj ao2 a	εὑρίσκω
8963		εὑρών	(10)	nom mas sg part ao2 a	Id
8964		εὕρωσιν	(3)	3 p pl sbj ao2 a	Id
8965		εὐσέβεια	(2)	nom sg	εὐσέβεια
8966		εὐσεβείᾳ	(3)	dat sg	Id
8967	2Pt 3,11	εὐσεβείαις	(1)	dat pl	Id
8968		εὐσέβειαν	(7)	acc sg	Id
8969		εὐσεβείας	(2)	gen sg	Id
8970	1Tm 5,4	εὐσεβεῖν	(1)	inf pr a	εὐσεβέω
8971	2Pt 2,9	εὐσεβεῖς	(1)	acc mas pl	εὐσεβής
8972	Ac 17,23	εὐσεβεῖτε	(1)	2 p pl ind pr a	εὐσεβέω
8973	Ac 10,7	εὐσεβῆ	(1)	acc mas sg	εὐσεβής
8974	Ac 10,2	εὐσεβής	(1)	nom mas sg	Id
8975	*Mc 16,9	Εὐσέβιος		nom	Εὐσέβιος
8976		εὐσεβῶς	(2)	adv	εὐσεβῶς
8977	1Co 14,9	εὔσημον	(1)	acc mas sg	εὔσημος
8978		εὔσπλαγχνοι	(2)	nom mas pl	εὔσπλαγχνος
8979	1Co 7,35	εὔσχημον	(1)	acc neut sg	εὐσχήμων
8980	1Co 12,24	εὐσχήμονα	(1)	nom neut pl	Id
8981	Ac 13,50	εὐσχήμονας	(1)	acc fem pl	Id
8982	*1Co 13,5	εὐσχημονεῖ		3 p sg ind pr a	εὐσχημονέω
8983	Ac 17,12	εὐσχημόνων	(1)	gen fem pl	εὐσχήμων
8984		εὐσχημόνως	(3)	adv	εὐσχημόνως
8985	1Co 12,23	εὐσχημοσύνην	(1)	acc sg	εὐσχημοσύνη
8986	Mc 15,43	εὐσχήμων	(1)	nom mas sg	εὐσχήμων
8987		εὐτόνως	(2)	adv	εὐτόνως
8988	Eph 5,4	εὐτραπελία	(1)	nom sg	εὐτραπελία
8989	Ac 20,9	Εὔτυχος	(1)	nom	Εὔτυχος
8990	Php 4,8	εὔφημα	(1)	nom neut pl	εὔφημος
8991	2Co 6,8	εὐφημίας	(1)	gen sg	εὐφημία
8992	Lc 12,16	εὐφόρησεν	(1)	3 p sg ind ao a	εὐφορέω
8993	Lc 15,24	εὐφραίνεσθαι	(1)	inf pr pass	εὐφραίνω
8994	Apc 12,12	εὐφραίνεσθε	(1)	2 p pl imper pr pass	Id
8995	Lc 16,19	εὐφραινόμενος	(1)	nom mas sg part pr pass	Id
8996	Apc 11,10	εὐφραίνονται	(1)	3 p pl ind pr pass	Id
8997	Ac 7,41	εὐφραίνοντο	(1)	3 p pl ind impf pass	Id
8998		εὐφραίνου	(2)	2 p sg imper pr pass	Id
8999	2Co 2,2	εὐφραίνων	(1)	nom mas sg part pr a	Id
9000	Lc 15,32	εὐφρανθῆναι	(1)	inf ao pass	Id
9001	*Apc 11,10	εὐφρανθήσονται		3 p pl ind fut pass	Id
9002	Rm 15,10	εὐφράνθητε	(1)	2 p pl ind ao pass	Id
9003	Ga 4,27	εὐφράνθητι	(1)	2 p sg imper ao pass	Id
9004	Lc 15,29	εὐφρανθῶ	(1)	1 p sg sbj ao pass	Id
9005	Lc 15,23	εὐφρανθῶμεν	(1)	1 p pl sbj ao pass	Id
9006	Apc 9,14	Εὐφράτῃ	(1)	dat	Εὐφράτης
9007	Apc 16,12	Ευφράτην	(1)	acc	Id
9008		εὐφροσύνης	(2)	gen sg	εὐφροσύνη

9009		εὐχαριστεῖ	(2)	3 p sg ind pr a	εὐχαριστέω
9010		εὐχαριστεῖν	(2)	inf pr a	Id
9011	1Co 14,17	εὐχαριστεῖς	(1)	2 p sg ind pr a	Id
9012	1Th 5,18	εὐχαριστεῖτε	(1)	2 p pl imper pr a	Id
9013	2Co 1,11	εὐχαριστηθῇ	(1)	3 p sg ind ao pass	Id
9014	Jh 6,23	εὐχαριστήσαντος	(1)	gen mas sg part ao a	Id
9015		εὐχαριστήσας	(9)	nom mas sg part ao a	Id
9016	Ac 27,35	εὐχαρίστησεν	(1)	3 p sg ind ao a	Id
9017		εὐχαριστία	(2)	nom sg	εὐχαριστία
9018		εὐχαριστίᾳ	(3)	dat sg	Id
9019		εὐχαριστίαν	(4)	acc sg	Id
9020		εὐχαριστίας	(4)	gen sg	Id
9021	1Tm 2,1	εὐχαριστίας	(1)	acc pl	Id
9022	2Co 9,12	εὐχαριστιῶν	(1)	gen pl	Id
9023	Col 3,15	εὐχάριστοι	(1)	nom mas pl	εὐχάριστος
9024		εὐχαριστοῦμεν	(4)	1 p pl ind pr a	εὐχαριστέω
9025		εὐχαριστοῦντες	(3)	nom mas pl part pr a	Id
9026		εὐχαριστῶ	(10)	1 p sg ind pr a	Id
9027		εὐχαριστῶν	(2)	nom mas sg part pr a	Id
9028	Ja 5,16	εὔχεσθε	(1)	2 p pl imper pr	εὔχομαι
9029	Ja 5,15	εὐχή	(1)	nom sg	εὐχή
9030		εὐχήν	(2)	acc sg	Id
9031	3Jh 2	εὔχομαι	(1)	1 p sg ind pr	εὔχομαι
9032		εὐχόμεθα	(2)	1 p pl ind pr	Id
9033	Phm 11	εὔχρηστον	(1)	acc mas sg	εὔχρηστος
9034	2Tm 2,21	εὔχρηστον	(1)	acc neut sg	Id
9035	2Tm 4,11	εὔχρηστος	(1)	nom mas sg	Id
9036	Php 2,19	εὐψυχῶ	(1)	1 p sg sbj pr a	εὐψυχέω
9037	2Co 2,15	εὐωδία	(1)	nom sg	εὐωδία
9038		εὐωδίας	(2)	gen sg	Id
9039	Apc 10,2	εὐώνυμον	(1)	acc mas sg	εὐώνυμος
9040	Ac 21,3	εὐώνυμον	(1)	acc fem sg	Id
9041		εὐωνύμων	(7)	gen neut pl	Id
9042	*Ju 12	εὐωχίαις		dat pl	εὐωχία
9043		ἐφ'		cf ἐπί	
9044		ἔφαγεν	(5)	3 p sg ind ao2 a	ἐσθίω
9045	Jh 6,26	ἐφάγετε	(1)	2 p pl ind ao2 a	Id
9046		ἐφάγομεν	(2)	1 p pl ind ao2 a	Id
9047		ἔφαγον	(2)	1 p sg ind ao2 a	Id
9048		ἔφαγον	(10)	3 p pl ind ao2 a	Id
9049	*Ac 19,16	ἐφαλλόμενος		nom mas sg part pr	ἐφάλλομαι
9050	Ac 19,16	ἐφαλόμενος	(1)	nom mas sg part ao2	Id
9051		ἐφανερώθη	(11)	3 p sg ind ao pass	φανερόω
9052	Apc 15,4	ἐφανερώθησαν	(1)	3 p pl ind ao pass	Id
9053	Jh 17,6	ἐφανέρωσα	(1)	1 p sg ind ao a	Id
9054		ἐφανέρωσεν	(5)	3 p sg ind ao a	Id
9055		ἐφάνη	(5)	3 p sg ind ao2 pass	φαίνω
9056	Lc 24,11	ἐφάνησαν	(1)	3 p pl ind ao2 pass	Id
9057		ἐφάπαξ	(5)	adv	ἐφάπαξ
9058	Ac 25,19	ἔφασκεν	(1)	3 p sg ind impf a	φάσκω

9059		ἐφείσατο	(4)	3 p sg ind ao . . .	φείδομαι
9060	Mc 4,8	ἔφερεν	(1)	3 p sg ind impf a . .	φέρω
9061	Ac 27,15	ἐφερόμεθα	(1)	1 p pl ind impf pass .	Id
9062		ἔφερον	(4)	3 p pl ind impf a . .	Id
9063	Ac 27,17	ἐφέροντο	(1)	3 p pl ind impf pass .	Id
9064	Ac 19,35	Ἐφέσιοι	(1)	nom mas pl . . .	Ἐφέσιος
9065	Ac 21,29	Ἐφέσιον	(1)	acc mas sg . . .	Id
9066	*Ac 19,26	Ἐφεσίου		gen mas sg	Id
9067	*Eph subsc	Ἐφεσίους		acc mas pl	Id
9068		Ἐφεσίων	(3)	gen mas pl . . .	Id
9069		Ἔφεσον	(8)	acc	Ἔφεσος
9070		Ἐφέσου	(2)	gen	Id
9071	2Tm 4,6	ἐφέστηκεν	(1)	3 p sg ind pf a . .	ἐφίστημι
9072	Ac 22,20	ἐφεστώς	(1)	nom mas sg part pf a .	Id
9073	Ac 28,2	ἐφεστῶτα	(1)	acc mas sg part pf a .	Id
9074		Ἐφέσῳ	(6)	dat	Ἔφεσος
9075	Rm 1,30	ἐφευρετάς	(1)	acc pl . . .	ἐφευρετής
9076		ἔφη	(43)	3 p sg ind impf a . . .	φημί
9077		ἐφημερίας	(2)	gen sg	ἐφημερία
9078	Ja 2,15	ἐφημέρου	(1)	gen fem sg . . .	ἐφήμερος
9079	*Mt 28,15	ἐφημίσθη		3 p sg ind ao pass . . .	φημίζω
9080	*1Th 2,16	ἔφθακεν		3 p sg ind pf a	φθάνω
9081		ἐφθάσαμεν	(2)	1 p pl ind ao a . .	Id
9082	*Php 3,16	ἐφθάσατε		2 p pl ind ao a	Id
9083		ἔφθασεν	(4)	3 p sg ind ao a . . .	Id
9084	2Co 7,2	ἐφθείραμεν	(1)	1 p pl ind ao a . .	φθείρω
9085	Apc 19,2	ἔφθειρεν	(1)	3 p sg ind impf a . .	Id
9086	2Co 10,13	ἐφικέσθαι	(1)	inf ao2 . . .	ἐφικνέομαι
9087	2Co 10,14	ἐφικνούμενοι	(1)	nom mas pl part pr	Id
9088		ἐφίλει	(3)	3 p sg ind impf a . .	φιλέω
9089	Mt 22,12	ἐφιμώθη	(1)	3 p sg ind ao pass . .	φιμόω
9090	Mt 22,34	ἐφίμωσεν	(1)	3 p pl ind ao a . .	Id
9091	*Apc 19,14	ἔφιπποι		nom mas pl	ἔφιππος
9092	1Th 5,3	ἐφίσταται	(1)	3 p sg ind pr m . .	ἐφίστημι
9093	Mc 6,20	ἐφοβεῖτο	(1)	3 p sg ind impf . .	φοβέομαι
9094		ἐφοβήθη	(5)	3 p sg ind ao . . .	Id
9095	*Lc 19,21	ἐφοβήθην		1 p sg ind ao . . .	Id
9096		ἐφοβήθησαν	(14)	3 p pl ind ao . .	Id
9097	Lc 19,21	ἐφοβούμην	(1)	1 p sg ind impf . .	Id
9098		ἐφοβοῦντο	(10)	3 p sg ind impf . .	Id
9099	*Lc 11,51	ἐφόνευσαν		3 p pl ind ao a . . .	φονεύω
9100		ἐφονεύσατε	(2)	2 p pl ind ao a . .	Id
9101		ἐφορέσαμεν	(2)	1 p pl ind ao a . .	φορέω
9102	Jh 11,54	Ἐφραίμ	(1)	inde	Ἐφραίμ
9103	Heb 11,33	ἔφραξαν	(1)	3 p pl ind ao a . . .	φράσσω
9104	Php 4,10	ἐφρονεῖτε	(1)	2 p pl ind impf a . .	φρονέω
9105	1Co 13,11	ἐφρόνουν	(1)	1 p sg ind impf a . .	Id
9106	2Co 11,32	ἐφρούρει	(1)	3 p sg ind impf a . .	φρουρέω
9107	Ga 3,23	ἐφρουρούμεθα	(1)	1 p pl ind impf pass .	Id
9108	Ac 4,25	ἐφρύαξαν	(1)	3 p pl ind ao a . .	φρυάσσω

9109	*Ac 7,29	ἐφυγάδευσεν		3 p sg ind ao a . . .	φυγαδεύω
9110		ἔφυγεν	(5)	3 p sg ind ao2 a . . .	φεύγω
9111		ἔφυγον	(7)	3 p pl ind ao2 a . . .	Id
9112		ἐφύλαξα	(3)	1 p sg ind ao a . . .	φυλάσσω
9113	Mc 10,20	ἐφυλαξάμην	(1)	1 p sg ind ao m . .	Id
9114	Ac 7,53	ἐφυλάξατε	(1)	2 p pl ind ao a . .	Id
9115	2Pt 2,5	ἐφύλαξεν	(1)	3 p sg ind ao a . .	Id
9116	*Mc 15,25	ἐφύλασσον		3 p pl ind impf a . . .	Id
9117	1Co 4,18	ἐφυσιώθησαν	(1)	3 p pl ind ao pass .	φυσιόω
9118	Lc 17,28	ἐφύτευον	(1)	3 p pl ind impf a . .	φυτεύω
9119	1Co 3,6	ἐφύτευσα	(1)	1 p sg ind ao a . .	Id
9120		ἐφύτευσεν	(4)	3 p sg ind ao a . .	Id
9121	Mc 7,34	ἐφφαθα	(1)	aram	ἐφφαθα
9122	Lc 8,8	ἐφώνει	(1)	3 p sg ind impf a . .	φωνέω
9123		ἐφώνησαν	(2)	3 p pl ind ao a . .	Id
9124		ἐφώνησεν	(13)	3 p sg ind ao a . .	Id
9125	Apc 21,23	ἐφώτισεν	(1)	3 p sg ind ao a . .	φωτίζω
9126	Apc 18,1	ἐφωτίσθη	(1)	3 p sg ind ao pass . .	Id
9127	Lc 13,17	ἔχαιρεν	(1)	3 p sg ind impf a . .	χαίρω
9128	Ac 13,48	ἔχαιρον	(1)	3 p pl ind impf a . .	Id
9129	2Co 11,33	ἐχαλάσθην	(1)	1 p sg ind ao pass . .	χαλάω
9130		ἐχάρη	(3)	3 p sg ind ao2 pass . .	χαίρω
9131	2Co 7,13	ἐχάρημεν	(1)	1 p pl ind ao2 pass . .	Id
9132		ἐχάρην	(3)	1 p sg ind ao2 pass . .	Id
9133		ἐχάρησαν	(5)	3 p pl ind ao2 pass . .	Id
9134	Jh 14,28	ἐχάρητε	(1)	2 p pl ind ao2 pass . .	Id
9135		ἐχαρίσατο	(7)	3 p sg ind ao . .	χαρίζομαι
9136	Php 1,29	ἐχαρίσθη	(1)	3 p sg ind ao (pass)	Id
9137	Eph 1,6	ἐχαρίτωσεν	(1)	3 p sg ind ao a . .	χαριτόω
9138		ἔχε	(4)	2 p sg imper pr a . . .	ἔχω
9139		ἔχει	(104)	3 p sg ind pr a . . .	Id
9140		ἔχειν	(30)	inf pr a	Id
9141		ἔχεις	(28)	2 p sg ind pr a . . .	Id
9142		ἔχετε	(47)	2 p pl ind pr a . . .	Id
9143		ἔχετε	(4)	2 p pl imper pr a . . .	Id
9144		ἐχέτω	(3)	3 p sg imper pr a . . .	Id
9145		ἔχῃ	(11)	3 p sg sbj pr a . . .	Id
9146		ἔχητε	(11)	2 p pl sbj pr a . . .	Id
9147		ἐχθές	(3)	adv	ἐχθές
9148		ἔχθρα	(2)	nom sg	ἔχθρα
9149	Lc 23,12	ἔχθρᾳ	(1)	dat sg	Id
9150	Ga 5,20	ἔχθραι	(1)	nom pl	Id
9151		ἔχθραν	(2)	acc sg	Id
9152	Ac 13,10	ἐχθρέ	(1)	vo mas sg	ἐχθρός
9153		ἐχθροί	(6)	nom mas pl	Id
9154		ἐχθρόν	(2)	acc mas sg	Id
9155		ἐχθρός	(7)	nom mas sg	Id
9156	Lc 10,19	ἐχθροῦ	(1)	gen mas sg	Id
9157		ἐχθρούς	(13)	acc mas pl . . .	Id

9158		ἐχθρῶν	(2)	gen mas pl	ἐχθρός
9159	Ac 28,3	ἔχιδνα	(1)	nom sg	ἔχιδνα
9160		ἐχιδνῶν	(4)	gen pl	Id
9161	Ac 17,32	ἐχλεύαζον	(1)	3 p pl ind impf a	χλευάζω
9162		ἔχοι	(2)	3 p sg opt pr a	ἔχω
9163	Ac 24,19	ἔχοιεν	(1)	3 p pl opt pr a	Id
9164		ἔχομεν	(43)	1 p pl ind pr a	Id
9165	Heb 6,9	ἐχόμενα	(1)	acc neut pl part pr m	Id
9166	Mc 1,38	ἐχομένας	(1)	acc fem pl part pr m	Id
9167		ἐχομένῃ	(3)	dat fem sg part pr m	Id
9168	*Ac 13,44	ἐχομένῳ		dat neut sg part pr pass	Id
9169		ἔχον	(2)	nom neut sg part pr a	Id
9170		ἔχον	(2)	acc neut sg part pr a	Id
9171		ἔχοντα	(23)	acc mas sg part pr a	Id
9172		ἔχοντα	(5)	nom neut pl part pr a	Id
9173		ἔχοντας	(16)	acc mas pl part pr a	Id
9174		ἔχοντες	(47)	nom mas pl part pr a	Id
9175		ἔχοντι	(10)	dat mas sg part pr a	Id
9176		ἔχοντος	(4)	gen mas sg part pr a	Id
9177	Apc 17,7	ἔχοντος	(1)	gen neut sg part pr a	Id
9178		ἐχόντων	(9)	gen mas pl part pr a	Id
9179		ἐχορτάσθησαν	(6)	3 p pl ind ao pass	χορτάζω
9180	Jh 6,26	ἐχορτάσθητε	(1)	2 p pl ind ao pass	Id
9181		ἔχουσα	(14)	nom fem sg part pr a	ἔχω
9182		ἔχουσαι	(3)	nom fem pl part pr a	Id
9183		ἐχούσαις	(4)	dat fem pl part pr a	Id
9184		ἔχουσαν	(6)	acc fem sg part pr a	Id
9185	1Th 5,3	ἐχούσῃ	(1)	dat fem sg part pr a	Id
9186		ἐχούσης	(2)	gen fem sg part pr a	Id
9187		ἔχουσι(ν)	(36)	3 p pl ind pr a	Id
9188	*Ac 11,26	ἐχρημάτισαν		3 p pl ind ao a	χρηματίζω
9189	Ac 10,22	ἐχρηματίσθη	(1)	3 p sg ind ao pass	Id
9190	1Co 9,12	ἐχρησάμεθα	(1)	1 p pl ind ao	χράομαι
9191	2Co 1,17	ἐχρησάμην	(1)	1 p sg ind ao	Id
9192	Ac 4,27	ἔχρισας	(1)	2 p sg ind ao a	χρίω
9193		ἔχρισεν	(3)	3 p sg ind ao a	Id
9194	Ac 27,17	ἐχρῶντο	(1)	3 p pl ind impf	χράομαι
9195		ἔχω	(44)	1 p sg ind pr a	ἔχω
9196		ἔχω	(5)	1 p sg sbj pr a	Id
9197		ἔχωμεν	(4)	1 p pl sbj pr a	Id
9198		ἔχων	(86)	nom mas sg part pr a	Id
9199	Phm 15	ἐχωρίσθη	(1)	3 p sg ind ao pass	χωρίζω
9200		ἔχωσιν	(5)	3 p pl sbj pr a	ἔχω
9201		ἐψευδομαρτύρουν	(2)	3 p pl ind impf a	ψευδομαρτυρέω
9202	Ac 5,4	ἐψεύσω	(1)	2 p sg ind ao (m)	ψεύδομαι
9203	1Jh 1,1	ἐψηλάφησαν	(1)	3 p pl ind ao a	ψηλαφάω
9204	*Mc 16,14	ἐών	ion	nom mas sg part pr	εἰμί
9205	*Mc 16,14	ἐώντα	ion	acc mas sg part pr	Id
9206		ἑώρακα	(3)	1 p sg ind pf a	ὁράω

9207		ἑωράκαμεν	(5) 1 p pl ind pf a . .	ὁράω
9208	Lc 9,36	ἑώρακαν	(1) 3 p pl ind pf a . .	Id
9209		ἑώρακας	(3) 2 p sg ind pf a . .	Id
9210	Jh 15,24	ἑωράκασιν	(1) 3 p pl ind pf a . .	Id
9211		ἑωράκατε	(3) 2 p pl ind pf a . .	Id
9212	Ac 7,44	ἑωράκει	(1) 3 p sg ind plpf a . .	Id
9213		ἑώρακεν	(10) 3 p sg ind pf a . .	Id
9214	Lc 24,23	ἑωρακέναι	(1) inf pf a	Id
9215	*Jh 8,57	ἑώρακες	2 p sg ind pf a	Id
9216	Jh 4,45	ἑωρακότες	(1) nom mas pl part pf a .	Id
9217		ἑωρακώς	(2) nom mas sg part pf a . .	Id
9218	*Jh 6,2	ἑώρων	att 3 p pl ind impf a . . .	Id
9219		ἕως	(146) conj	ἕως
9220	*2Pt 1,19	ἑωσφόρος	nom sg	ἑωσφόρος

ζ

9221	*Ac 12,10	ζ´	cf ἑπτά	
9222	*Mc 15,34	ζαβαφθανι	inde	ζαβαφθανι
9223	*Mc 15,34	ζαβαχθανι	inde	ζαβαχθανι
9224		Ζαβουλών	(3) inde	Ζαβουλών
9225	Lc 19,5	Ζακχαῖε	(1) vo sg	Ζακχαῖος
9226		Ζακχαῖος	(2) nom sg	Id
9227	Mt 1,3	Ζάρα	(1) inde	Ζάρα
9228	*Mt 1,3	Ζαρέ	inde	Ζαρέ
9229	*Mt 27,46	ζαφθανι	inde	ζαφθανι
9230	Lc 1,13	Ζαχαρία	(1) vo	Ζαχαρίας
9231		Ζαχαρίαν	(2) acc	Id
9332		Ζαχαρίας	(4) nom	Id
9233		Ζαχαρίου	(4) gen	Id
9234	Mc 1,20	Ζεβεδαῖον	(1) acc	Ζεβεδαῖος
9235		Ζεβεδαίου	(11) gen	Id
9236	Rm 12,11	ζέοντες	(1) nom mas pl part pr a . .	ζέω
9237		ζεστός	(3) nom mas sg	ζεστός
9238	Lc 14,19	ζεύγη	(1) acc pl	ζεῦγος
9239	Lc 2,24	ζεῦγος	(1) nom sg	Id
9240	Ac 27,40	ζευκτηρίας	(1) acc pl . . .	ζευκτηρία
9241	Ac 18,25	ζέων	(1) nom mas sg part pr a . .	ζέω
9242		ζῇ	(13) 3 p sg ind pr a . . .	ζάω
9243	Apc 3,19	ζήλευε	(1) 2 p sg imper pr a . .	ζηλεύω
9244	1Co 13,4	ζηλοῖ	(1) 3 p sg ind pr a . . .	ζηλόω
9245	*2Co 12,20	ζῆλοι	nom pl	ζῆλος
9246	*Rm 13,13	ζήλοις	dat pl	Id
9247		ζῆλον	(4) acc sg	Id
9248		ζῆλος	(8) nom sg	Id
9249		ζήλου	(2) gen sg	Id
9250	*Ac 5,17	ζήλους	acc pl	Id
9251	Ga 4,18	ζηλοῦσθαι	(1) inf pr pass	ζηλόω
9252	*Ga 4,18	ζηλοῦσθε	2 p pl imper pr pass . . .	Id
9253	Ga 4,17	ζηλοῦσιν	(1) 3 p pl ind pr a . .	Id

9254	Ja 4,2	ζηλοῦτε	(1)	2 p pl ind pr a . . .	ζηλόω
9255		ζηλοῦτε	(3)	2 p pl imper pr a . .	Id
9256	Ga 4,17	ζηλοῦτε	(1)	2 p pl sbj pr a . . .	Id
9257	2Co 11,2	ζηλῶ	(1)	1 p sg ind pr a . . .	Id
9258		ζήλῳ	(2)	dat sg	ζῆλος
9259		ζηλώσαντες	(2)	nom mas pl part ao a .	ζηλόω
9260	*Apc 3,19	ζήλωσον		2 p sg imper ao a . . .	Id
9261		ζηλωταί	(3)	nom pl	ζηλωτής
9262		ζηλωτήν	(2)	acc sg	Id
9263		ζηλωτής	(3)	nom sg	Id
9264		ζημίαν	(3)	acc sg	ζημία
9265	Ac 27,10	ζημίας	(1)	gen sg	Id
9266	Lc 9,25	ζημιωθείς	(1)	nom mas sg part ao pass .	ζημιόω
9267	Mt 16,26	ζημιωθῇ	(1)	3 p sg sbj ao pass . .	Id
9268	Mc 8,36	ζημιωθῆναι	(1)	inf ao pass . . .	Id
9269	1Co 3,15	ζημιωθήσεται	(1)	3 p sg ind fut pass .	Id
9270	2Co 7,9	ζημιωθῆτε	(1)	2 p pl sbj ao pass . .	Id
9271		ζῆν	(12)	inf pr a	ζάω
9272	Tit 3,13	Ζηνᾶν	(1)	acc	Ζηνάς
9273	*2Tm 4,19	Ζήνωνα		acc	Ζήνων
9274		ζῇς	(2)	2 p sg ind pr a . . .	ζάω
9275	Lc 2,36	ζήσασα	(1)	nom fem sg part ao a . .	Id
9276		ζήσει	(3)	3 p sg ind fut a . . .	Id
9277	Rm 8,13	ζήσεσθε	(1)	2 p pl ind fut m . .	Id
9278		ζήσεται	(9)	3 p sg ind fut m . .	Id
9279	Jh 14,19	ζήσετε	(1)	2 p pl ind fut a . . .	Id
9280	Lc 10,28	ζήσῃ	(1)	2 p sg ind fut m . . .	Id
9281	Mc 5,23	ζήσῃ	(1)	3 p sg sbj ao a . . .	Id
9282	*2Co 13,4	ζησόμεθα		1 p pl ind fut m . . .	Id
9283		ζήσομεν	(4)	1 p pl ind fut a . .	Id
9284	*Jh 5,25	ζήσονται		3 p pl ind fut m . . .	Id
9285	Jh 5,25	ζήσουσιν	(1)	3 p pl ind fut a . .	Id
9286	Ga 2,19	ζήσω	(1)	1 p sg sbj ao a . . .	Id
9287		ζήσωμεν	(4)	1 p pl sbj ao a . . .	Id
9288	Rm 8,13	ζῆτε	(1)	2 p pl ind pr a . . .	Id
9289		ζητεῖ	(9)	3 p sg ind pr a . . .	ζητέω
9290		ζήτει	(2)	2 p sg imper pr a . .	Id
9291		ζητεῖν	(2)	inf pr a	Id
9292		ζητεῖς	(2)	2 p sg ind pr a . . .	Id
9293	1Co 4,2	ζητεῖται	(1)	3 p sg ind pr pass . .	Id
9294		ζητεῖτε	(15)	2 p pl ind pr a . .	Id
9295		ζητεῖτε	(6)	2 p pl imper pr a . .	Id
9296	1Co 10,24	ζητείτω	(1)	3 p sg imper pr a . .	Id
9297	Lc 12,48	ζητηθήσεται	(1)	3 p sg ind fut pass .	Id
9298	*Ac 18,15	ζήτημα		nom sg	ζήτημα
9299	Ac 18,15	ζητήματα	(1)	nom pl	Id
9300	Ac 25,19	ζητήματα	(1)	acc pl	Id
9301	Ac 15,2	ζητήματος	(1)	gen sg	Id
9302		ζητημάτων	(2)	gen pl	Id

No.	Ref	Form	Freq	Analysis	Lemma
9303	Lc 19,10	ζητῆσαι	(1)	inf ao a	ζητέω
9304	1Pt 3,11	ζητησάτω	(1)	3 p sg imper ao a	Id
9305	*Mt 18,12	ζητήσει		3 p sg ind fut a	Id
9306		ζητήσεις	(3)	acc pl	ζήτησις
9307		ζητήσετε	(4)	2 p pl ind fut a	ζητέω
9308		ζητήσεως	(2)	gen sg	ζήτησις
9309	Lc 17,33	ζητήσῃ	(1)	3 p sg sbj ao a	ζητέω
9310	Ac 25,20	ζήτησιν	(1)	acc sg	ζήτησις
9311	Jh 3,25	ζήτησις	(1)	nom sg	Id
9312	Ac 9,11	ζήτησον	(1)	2 p sg imper ao a	ζητέω
9313		ζητήσουσιν	(2)	3 p pl ind fut a	Id
9314	*Lc 2,48	ζητοῦμεν		1 p l ind pr a	Id
9315		ζητοῦν	(2)	nom neut sg part pr a	Id
9316		ζητοῦντες	(10)	nom mas pl part pr a	Id
9317	Mt 13,45	ζητοῦντι	(1)	dat mas sg part pr a	Id
9318		ζητούντων	(2)	gen mas pl part pr a	Id
9319		ζητοῦσιν	(6)	3 p pl ind pr a	Id
9320		ζητοῦσιν	(2)	dat mas pl part pr a	Id
9321		ζητῶ	(5)	1 p sg ind pr a	Id
9322		ζητῶν	(8)	nom mas sg part pr a	Id
9323		ζιζάνια	(2)	nom pl	ζιζάνιον
9324		ζιζάνια	(5)	acc pl	Id
9325	Mt 13,36	ζιζανίων	(1)	gen pl	Id
9326		Ζοροβαβέλ	(3)	inde	Ζοροβαβέλ
9327	Ju 6	ζόφον	(1)	acc sg	ζόφος
9328		ζόφος	(2)	nom sg	Id
9329	2Pt 2,4	ζόφου	(1)	gen sg	Id
9330	Heb 12,18	ζόφῳ	(1)	dat sg	Id
9331		ζυγόν	(4)	acc sg	ζυγός
9332	Mt 11,30	ζυγός	(1)	nom sg	Id
9333	Ga 5,1	ζυγῷ	(1)	dat sg	Id
9334		ζύμη	(2)	nom sg	ζύμη
9335		ζύμῃ	(4)	dat sg	Id
9336	1Co 5,7	ζύμην	(1)	acc sg	Id
9337		ζύμης	(6)	gen sg	Id
9338		ζυμοῖ	(2)	3 p sg ind pr a	ζυμόω
9339		ζῶ	(6)	1 p sg ind pr a	ζάω
9340		ζῷα	(8)	nom pl	ζῷον
9341	Lc 5,10	ζωγρῶν	(1)	nom mas sg part pr a	ζωγρέω
9342		ζωή	(23)	nom sg	ζωή
9343		ζωῇ	(4)	dat sg	Id
9344		ζωήν	(60)	acc sg	Id
9345		ζωῆς	(48)	gen sg	Id
9346		ζῶμεν	(5)	1 p pl ind pr a	ζάω
9347		ζῶμεν	(2)	1 p pl sbj pr a	Id
9348		ζῶν	(9)	nom mas sg part pr a	Id
9349		ζῶν	(2)	acc neut sg part pr a	Id
9350		ζώνας	(2)	acc pl	ζώνη
9351	Ac 21,11	ζώνη	(1)	nom sg	Id

No.	Ref	Form	Freq	Analysis	Lemma
9352		ζώνην	(5)	acc sg	ζώνη
9353		ζῶντα	(5)	acc mas sg part pr a	ζάω
9354	Ac 7,38	ζῶντα	(1)	acc neut pl part pr a	Id
9355		ζῶντας	(4)	acc mas pl part pr a	Id
9356		ζῶντες	(7)	nom mas pl part pr a	Id
9357		ζῶντι	(7)	dat mas sg part pr a	Id
9358		ζῶντος	(13)	gen mas sg part pr a	Id
9359	Jh 7,38	ζῶντος	(1)	gen neut sg part pr a	Id
9360		ζώντων	(5)	gen mas pl part pr a	Id
9361	Ac 7,19	ζῳογονεῖσθαι	(1)	inf pr pass	ζῳογονέω
9362	*Lc 17,33	ζῳογονῆσαι		inf ao a	Id
9363	Lc 17,33	ζῳογονήσει	(1)	3 p sg ind fut a	Id
9364	1Tm 6,13	ζῳογονοῦντος	(1)	gen mas sg part pr a	Id
9365		ζῷον	(4)	nom sg	ζῷον
9366		ζῳοποιεῖ	(3)	3 p sg ind pr a	ζῳοποιέω
9367	1Co 15,36	ζῳοποιεῖται	(1)	3 p sg ind pr pass	Id
9368	1Pt 3,18	ζῳοποιηθείς	(1)	nom mas sg part ao pass	Id
9369	1Co 15,22	ζῳοποιηθήσονται	(1)	3 p pl ind fut pass	Id
9370	Ga 3,21	ζῳοποιῆσαι	(1)	inf ao a	Id
9371	Rm 8,11	ζῳοποιήσει	(1)	3 p sg ind fut a	Id
9372	Jh 6,63	ζῳοποιοῦν	(1)	nom neut sg part pr a	Id
9373	1Co 15,45	ζῳοποιοῦν	(1)	acc neut sg part pr a	Id
9374	Rm 4,17	ζῳοποιοῦντος	(1)	gen mas sg part pr a	Id
9375		ζῴου	(3)	gen sg	ζῷον
9376	1Tm 5,6	ζῶσα	(1)	nom fem sg part pr a	ζάω
9377	Ac 12,8	ζῶσαι	(1)	2 p sg imper ao m	ζώννυμι
9378		ζῶσαν	(5)	acc fem sg part pr a	ζάω
9379	*Apc 7,17	ζώσας		ac fem pl part pr a	Id
9380	Jh 21,18	ζώσει	(1)	3 p sg ind fut a	ζώννυμι
9381		ζῶσι(ν)	(2)	3 p pl ind pr a	ζάω
9382	2Co 5,15	ζῶσιν	(1)	3 p pl sbj pr a	Id
9383	*Jh 21,18	ζώσουσιν		3 p pl ind fut a	ζώννυμι
9384		ζῴων	(8)	gen pl	ζῷον

η

No.	Ref	Form	Freq	Analysis	Lemma
9385		ἡ	(985)	nom fem sg	ὁ
9386		ἤ	(344)	parti	ἤ
9387	*Heb 6,14	ἦ		parti	ἦ
9388		ᾖ	(42)	3 p sg sbj pr	εἰμί
9389		ἥ	(4)	nom fem sg	ὅς
9390		ᾗ	(37)	dat fem sg	Id
9391	*Ac 24,6	ἠβουλήθημεν		1 p pl ind ao	βούλομαι
9392		ἤγαγε	(8)	3 p sg ind ao2 a	ἄγω
9393		ἠγάγετε	(2)	2 p pl ind ao2 a	Id
9394		ἤγαγον	(13)	3 p pl ind ao2 a	Id
9395		ἠγαλλιάσατο	(4)	3 p sg ind ao	ἀγαλλιάομαι
9396	Lc 1,47	ἠγαλλίασεν	(1)	3 p sg ind ao a	ἀγαλλιάω
9397	*Ac 16,34	ἠγαλλίατο		3 p sg ind impf	ἀγαλλιάομαι
9398		ἠγανάκτησαν	(3)	3 p pl ind ao a	ἀγανακτέω
9399	Mc 10,14	ἠγανάκτησεν	(1)	3 p sg ind ao a	Id

9400		ἠγάπα	(5)	3 p sg ind impf a . . .	ἀγαπάω
9401		ἠγαπᾶτε	(2)	2 p pl ind impf a . .	Id
9402	1Jh 4,10	ἠγαπήκαμεν	(1)	1 p pl ind pf a . .	Id
9403	2Tm 4,8	ἠγαπηκόσι	(1)	dat mas pl part pf a .	Id
9404		ἠγαπημένην	(3)	acc fem sg part pf pass	Id
9405		ἠγαπημένοι	(3)	nom mas pl part pf pass	Id
9406	Ju 1	ἠγαπημένοις	(1)	dat mas pl part pf pass	Id
9407	Eph 1,6	ἠγαπημένῳ	(1)	dat mas sg part pf pass	Id
9408		ἠγάπησα	(5)	1 p sg ind ao a . . .	Id
9409	*1Jh 4,10	ἠγαπήσαμεν		1 p pl ind ao a . . .	Id
9410		ἠγάπησαν	(3)	3 p pl ind ao a . .	Id
9411		ἠγαπήσας	(5)	2 p sg ind ao a . .	Id
9412	*Jh 14,28	ἠγαπήσατε		2 p pl ind ao a . . .	Id
9413		ἠγάπησεν	(12)	3 p sg ind ao a . .	Id
9414	*Ju 1	ἠγάπομεν	(!)		
9415	Mt 27,32	ἠγγάρευσαν	(1)	3 p pl ind ao a . .	ἀγγαρεύω
9416	*Jh 4,51	ἤγγειλαν		3 p pl ind ao a	ἀγγέλλω
9417		ἤγγιζεν	(2)	3 p sg ind impf a . .	ἐγγίζω
9418	*Lc 24,28	ἤγγικαν		3 p pl ind pf a	Id
9419		ἤγγικεν	(14)	3 p sg ind pf a . .	Id
9420		ἤγγισαν	(2)	3 p pl ind ao a . .	Id
9421		ἤγγισεν	(7)	3 p sg ind ao a . .	Id
9422	Mt 8,25	ἤγειραν	(1)	3 p pl ind ao a . .	ἐγείρω
9423		ἤγειρεν	(21)	3 p sg ind ao a . .	Id
9424	1Th 5,13	ἡγεῖσθαι	(1)	inf pr	ἡγέομαι
9425		ἡγεῖσθε	(2)	2 p pl imper pr . .	Id
9426	1Tm 6,1	ἡγείσθωσαν	(1)	3 p pl imper pr . .	Id
9427		ἡγεμόνα	(2)	acc sg	ἡγεμών
9428		ἡγεμόνας	(2)	acc pl	Id
9429		ἡγεμονεύοντος	(2)	gen mas sg part pr a	ἡγεμονεύω
9430		ἡγεμόνι	(4)	dat sg	ἡγεμών
9431	Lc 3,1	ἡγεμονίας	(1)	gen sg	ἡγεμονία
9432		ἡγεμόνος	(5)	gen sg	ἡγεμών
9433	Mc 13,9	ἡγεμόνων	(1)	gen pl	Id
9434		ἡγεμόσιν	(2)	dat pl	Id
9435		ἡγεμών	(4)	nom sg	Id
9436	Ac 5,26	ἦγεν	(1)	3 p sg ind impf a . . .	ἄγω
9437		ἠγέρθη	(18)	3 p sg ind ao pass . .	ἐγείρω
9438		ἠγέρθησαν	(2)	3 p pl ind ao pass . .	Id
9439	1Co 12,2	ἤγεσθε	(1)	2 p pl ind impf pass . .	ἄγω
9440	Lc 4,1	ἤγετο	(1)	3 p sg ind impf pass . .	Id
9441		ἥγημαι	(2)	1 p sg ind pf . . .	ἡγέομαι
9442		ἡγησάμενος	(2)	nom mas sg part ao .	Id
9443		ἡγησάμην	(2)	1 p sg ind ao . . .	Id
9444	Ja 1,2	ἡγήσασθε	(1)	2 p pl ind ao . . .	Id
9445		ἡγήσατο	(3)	3 p sg ind ao . . .	Id
9446	Jh 10,36	ἡγίασεν	(1)	3 p sg ind ao a . . .	ἁγιάζω
9447	Heb 10,29	ἡγιάσθη	(1)	3 p sg ind ao pass . .	Id
9448	1Co 6,11	ἡγιάσθητε	(1)	2 p pl ind ao pass . .	Id
9449	Rm 15,16	ἡγιασμένη	(1)	nom fem sg part pf pass .	Id

No.	Ref	Form	Freq	Analysis	Lemma
9450		ἡγιασμένοι	(2)	nom mas pl part pf pass	ἁγιάζω
9451		ἡγιασμένοις	(3)	dat mas pl part pf pass	Id
9452	2Tm 2,21	ἡγιασμένον	(1)	nom neut sg part pf pass	Id
9453		ἡγίασται	(2)	3 p sg ind pf pass	Id
9454	1Pt 1,22	ἡγνικότες	(1)	nom mas pl part pf a	ἁγνίζω
9455	Ac 24,18	ἡγνισμένον	(1)	acc mas sg part pf pass	Id
9456	*1Co 14,38	ἠγνοεῖται		err cf ἀγνοεῖται	
9457	*Ac 16,39	ἠγνοήσαμεν		1 p pl ind ao a	ἀγνοέω
9458		ἠγνόουν	(2)	3 p pl ind impf a	Id
9459	Lc 23,32	ἤγοντο	(1)	3 p pl ind impf pass	ἄγω
9460	Lc 17,28	ἠγόραζον	(1)	3 p pl ind impf a	ἀγοράζω
9461		ἠγόρασα	(2)	1 p sg ind ao a	Id
9462		ἠγόρασαν	(2)	3 p pl ind ao a	Id
9463	Apc 5,9	ἠγόρασας	(1)	2 p sg ind ao a	Id
9464	Mt 13,46	ἠγόρασεν	(1)	3 p sg ind ao a	Id
9465	Apc 14,4	ἠγοράσθησαν	(1)	3 p pl ind ao pass	Id
9466		ἠγοράσθητε	(2)	2 p pl ind ao pass	Id
9467	Apc 14,3	ἠγορασμένοι	(1)	nom mas pl part pf pass	Id
9468		ἡγοῦμαι	(3)	1 p sg ind pr	ἡγέομαι
9469		ἡγούμενοι	(2)	nom mas pl part pr	Id
9470	Heb 13,17	ἡγουμένοις	(1)	dat mas pl part pr	Id
9471	Ac 7,10	ἡγούμενον	(1)	acc mas sg part pr	Id
9472		ἡγούμενος	(3)	nom mas sg part pr	Id
9473		ἡγουμένους	(2)	acc mas pl part pr	Id
9474	Heb 13,7	ἡγουμένων	(1)	gen mas pl part pr	Id
9475	2Pt 3,9	ἡγοῦνται	(1)	3 p pl ind pr	Id
9476	Jh 18,36	ἠγωνίζοντο	(1)	3 p pl ind impf	ἀγωνίζομαι
9477	2Tm 4,7	ἠγώνισμαι	(1)	1 p sg ind pf	Id
9478		ᾔδει	(15)	3 p sg ind plpf a	οἶδα
9479		ᾔδειν	(5)	1 p sg ind plpf a	Id
9480		ᾔδεις	(3)	2 p sg ind plpf a	Id
9481		ᾔδεισαν	(7)	3 p pl ind plpf a	Id
9482		ᾔδειτε	(3)	2 p pl ind plpf a	Id
9483		ἡδέως	(5)	adv	ἡδέως
9484		ἤδη	(61)	adv	ἤδη
9485	*Jh 14,7	ᾔδητε		cf ᾔδειτε	
9486	*Ac 25,10	ἠδίκηκα		1 p sg ind pf a	ἀδικέω
9487	Ac 25,10	ἠδίκησα	(1)	1 p sg ind ao a	Id
9488	2Co 7,2	ἠδικήσαμεν	(1)	1 p pl ind ao a	Id
9489	Ga 4,12	ἠδικήσατε	(1)	2 p pl ind ao a	Id
9490		ἠδίκησεν	(2)	3 p sg ind ao a	Id
9491	*Heb 11,4	ἡδίονα		comp acc fem sg	ἡδύς
9492		ἥδιστα	(2)	adv	ἥδιστα
9493		ἡδοναῖς	(2)	dat pl	ἡδονή
9494	2Pt 2,13	ἡδονήν	(1)	acc sg	Id
9495		ἡδονῶν	(2)	gen pl	Id
9496		ἠδύναντο	(3)	3 p pl ind impf	δύναμαι
9497	*Mc 7,24	ἠδυνάσθη		3 p sg ind ao	Id
9498		ἠδύνατο	(3)	3 p sg ind impf	Id
9499	Mc 7,24	ἠδυνήθη	(1)	3 p sg ind ao	Id

9500		ἠδυνήθημεν	(2)	1 p pl ind ao	δύναμαι
9501	1Co 3,1	ἠδυνήθην	(1)	1 p sg ind ao	Id
9502		ἠδυνήθησαν	(3)	3 p pl ind ao	Id
9503	Ac 13,38	ἠδυνήθητε	(1)	2 p pl ind ao	Id
9504		ἡδύοσμον	(2)	acc sg	ἡδύοσμον
9505	*Ac 16,7	ἤθελαν		3 p pl ind impf a	ἐθέλω
9506		ἤθελεν	(14)	3 p sg ind impf a	θέλω
9507	Jh 21,18	ἤθελες	(1)	2 p sg ind impf a	Id
9508		ἠθέλησα	(3)	1 p sg ind ao a	Id
9509		ἠθελήσαμεν	(2)	1 p pl ind ao a	Id
9510		ἠθέλησαν	(3)	3 p pl ind ao a	Id
9511		ἠθέλησας	(2)	2 p sg ind ao a	Id
9512		ἠθελήσατε	(3)	2 p pl ind ao a	Id
9513		ἠθέλησεν	(8)	3 p sg ind ao a	Id
9514	Ga 4,20	ἤθελον	(1)	1 p sg ind impf a	Id
9515		ἤθελον	(7)	3 p pl ind impf a	Id
9516		ἠθέτησαν	(2)	3 p pl ind ao a	ἀθετέω
9517	1Co 15,33	ἤθη	(1)	acc pl	ἦθος
9518	Lc 24,33	ἠθροισμένους	(1)	acc mas pl part pf pass	ἀθροίζω
9519	Php 4,10	ἠκαιρεῖσθε	(1)	2 p pl ind impf m	ἀκαιρέω
9520	Mc 8,3	ἥκασιν	(1)	3 p pl ind pf a	ἥκω
9521		ἥκει	(4)	3 p sg ind pr a	Id
9522	Apc 14,18	ἤκμασαν	(1)	3 p pl ind ao a	ἀκμάζω
9523	*Apc 14,18	ἤκμασεν		3 p sg ind ao a	Id
9524		ἠκολούθει	(14)	3 p sg ind impf a	ἀκολουθέω
9525	Mc 10,28	ἠκολουθήκαμεν	(1)	1 p pl ind pf a	Id
9526		ἠκολουθήσαμεν	(2)	1 p pl ind ao a	Id
9527		ἠκολούθησαν	(18)	3 p pl ind ao a	Id
9528	*2Tm 3,10	ἠκολούθησας		2 p sg ind ao a	Id
9529		ἠκολούθησεν	(8)	3 p sg ind ao a	Id
9530		ἠκολούθουν	(2)	3 p pl ind impf a	Id
9531	*Ac 28,23	ἧκον		3 p pl ind impf a	ἥκω
9532		ἤκουεν	(4)	3 p sg ind impf a	ἀκούω
9533		ἤκουον	(7)	3 p pl ind impf a	Id
9534		ἤκουσα	(34)	1 p sg ind ao a	Id
9535		ἠκούσαμεν	(10)	1 p pl ind ao a	Id
9536		ἤκουσαν	(19)	3 p pl ind ao a	Id
9537		ἤκουσας	(4)	2 p sg ind ao a	Id
9538		ἠκούσατε	(26)	2 p pl ind ao a	Id
9539		ἤκουσεν	(17)	3 p sg ind ao a	Id
9540		ἠκούσθη	(4)	3 p sg ind ao pass	Id
9541	*Mc 8,3	ἥκουσιν		3 p sg ind pr a	ἥκω
9542		ἠκρίβωσεν	(2)	3 p sg ind ao a	ἀκριβόω
9543	Mt 15,6	ἠκυρώσατε	(1)	2 p pl ind ao a	ἀκυρόω
9544		ἥκω	(3)	1 p sg ind pr a	ἥκω
9545	Ac 14,10	ἥλατο	(1)	3 p sg ind ao	ἅλλομαι
9546	2Co 8,15	ἠλαττόνησεν	(1)	3 p sg ind ao a	ἐλαττονέω
9547	Heb 2,9	ἠλαττωμένον	(1)	acc mas sg part pf pass	ἐλαττόω
9548	Heb 2,7	ἠλάττωσας	(1)	2 p sg ind ao a	Id

9549	Lc 8,29	ἠλαύνετο	(1) 3 p sg ind impf pass .	ἐλαύνω
9550	*Ac 6,10	ἠλέγχοντο	3 p pl ind impf pass . .	ἐλέγχω
9551	2Co 4,1	ἠλεήθημεν	(1) 1 p pl ind ao pass . .	ἐλεέω
9552		ἠλεήθην	(2) 1 p sg ind ao pass . .	Id
9553	Rm 11,30	ἠλεήθητε	(1) 2 p pl ind ao pass . .	Id
9554	1Pt 2,10	ἠλεημένοι	(1) nom mas pl part pf pass .	Id
9555	1Co 7,25	ἠλεημένος	(1) nom mas sg part pf pass .	Id
9556	Mt 18,33	ἠλέησα	(1) 1 p sg ind ao a . . .	Id
9557		ἠλέησεν	(2) 3 p sg ind ao a . . .	Id
9558	Lc 7,38	ἤλειφεν	(1) 3 p sg ind impf a . .	ἀλείφω
9559	Mc 6,13	ἤλειφον	(1) 3 p pl ind impf a . .	Id
9560	Lc 7,46	ἤλειψας	(1) 2 p sg ind ao a . . .	Id
9561		ἤλειψεν	(2) 3 p sg ind ao a . . .	Id
9562		ἠλευθέρωσεν	(2) 3 p sg ind ao a .	ἐλευθερόω
9563	Ac 28,14	ἤλθαμεν	(1) 1 p pl ind ao2 . . .	ἔρχομαι
9564		ἦλθαν	(5) 3 p pl ind ao2 . . .	Id
9565	Mt 25,36	ἤλθατε	(1) 2 p pl ind ao2 . . .	Id
9566		ἦλθεν	(90) 3 p sg ind ao2 . . .	Id
9567		ἦλθες	(3) 2 p sg ind ao2 . . .	Id
9568		ἤλθομεν	(9) 1 p pl ind ao2 . . .	Id
9569		ἦλθον	(20) 1 p sg ind ao2 . . .	Id
9570		ἦλθον	(43) 3 p pl ind ao2 . . .	Id
9571		ηλι	(2) aram inde	ηλι
9572	Lc 3,23	Ἠλί	(1) inde	Ἠλί
9573		Ἠλίᾳ	(4) dat	Ἠλίας
9574		Ἠλίαν	(7) acc	Id
9575		Ἠλίας	(16) nom	Id
9576	Ja 3,5	ἡλίκην	(1) acc fem sg	ἡλίκος
9577		ἡλικίᾳ	(2) dat sg	ἡλικία
9578		ἡλικίαν	(4) acc sg	Id
9579		ἡλικίας	(2) gen sg	Id
9580	*Ga 6,11	ἡλίκοις	dat neut pl	ἡλίκος
9581	Col 2,1	ἡλίκον	(1) acc mas sg	Id
9582	Ja 3,5	ἡλίκον	(1) nom neut sg	Id
9583		ἥλιον	(4) acc sg	ἥλιος
9584		ἥλιος	(14) nom sg	Id
9585		ἡλίου	(12) gen sg	Id
9586		Ἠλίου	(2) gen	Ἠλίας
9587		ἡλίῳ	(2) dat sg	ἥλιος
9588	Rm 1,23	ἤλλαξαν	(1) 3 p pl ind ao a . .	ἀλλάσσω
9589	*Rm 1,23	ἠλλάξαντο	3 p pl ind ao m . . .	Id
9590	*Lc 9,29	ἠλλοιώθη	3 p sg ind ao pass . . .	ἀλλοιόω
9591	Lc 23,8	ἤλπιζεν	(1) 3 p sg ind impf a . .	ἐλπίζω
9592	Lc 24,21	ἠλπίζομεν	(1) 1 p pl ind impf a . .	Id
9593		ἠλπίκαμεν	(2) 1 p pl ind pf a . .	Id
9594	Jh 5,45	ἠλπίκατε	(1) 2 p pl ind pf a . .	Id
9595	1Tm 5,5	ἤλπικεν	(1) 3 p sg ind pf a . .	Id
9596	1Tm 6,17	ἠλπικέναι	(1) inf pf a	Id
9597	1Co 15,19	ἠλπικότες	(1) nom mas pl part pf a .	Id

9598	2Co 8,5	ἠλπίσαμεν	(1)	1 p pl ind ao a	ἐλπίζω
9599		ἥλων	(2)	gen pl	ἧλος
9600		ἥμαρτεν	(3)	3 p sg ind ao2 a	ἁμαρτάνω
9601	1Co 7,28	ἥμαρτες	(1)	2 p sg ind ao2 a	Id
9602	1Jh 1,10	ἡμαρτήκαμεν	(1)	1 p pl ind pf a	Id
9603	*Rm 6,15	ἡμαρτήσαμεν		1 p pl ind ao a	Id
9604	*1Jh 1,10	ἡμάρτομεν		1 p pl ind ao2 a	Id
9605		ἥμαρτον	(4)	1 p sg ind ao2 a	Id
9606		ἥμαρτον	(4)	3 p pl ind ao2 a	Id
9607		ἡμᾶς	(164)	acc	ἡμεῖς
9608		ἤμεθα	(5)	1 p pl ind impf	εἰμί
9609		ἡμεῖς	(127)	nom	ἡμεῖς
9610	Heb 8,9	ἠμέλησα	(1)	1 p sg ind ao a	ἀμελέω
9611		ἤμελλεν	(12)	3 p sg ind impf a	μέλλω
9612	*Apc 3,2	ἤμελλες		2 p sg ind impf a	Id
9613	Apc 10,4	ἤμελλον	(1)	1 p sg ind impf a	Id
9614	*Jh 16,19	ἤμελλον		3 p pl ind impf a	Id
9615		ἦμεν	(8)	1 p pl ind impf	εἰμί
9616		ἡμέρα	(24)	nom sg	ἡμέρα
9617		ἡμέρᾳ	(83)	dat sg	Id
9618		ἡμέραι	(26)	nom pl	Id
9619		ἡμέραις	(49)	dat pl	Id
9620		ἡμέραν	(58)	acc sg	Id
9621		ἡμέρας	(54)	gen sg	Id
9622		ἡμέρας	(73)	acc pl	Id
9623		ἡμερῶν	(22)	gen pl	Id
9624	1Jh 1,3	ἡμετέρα	(1)	nom fem sg	ἡμέτερος
9625	Ac 2,11	ἡμετέραις	(1)	dat fem pl	Id
9626	Rm 15,4	ἡμετέραν	(1)	acc fem sg	Id
9627	Ac 26,5	ἡμετέρας	(1)	gen fem sg	Id
9628	Tit 3,14	ἡμέτεροι	(1)	nom mas pl	Id
9629	2Tm 4,15	ἡμετέροις	(1)	dat mas pl	Id
9630	*Ac 24,6	ἡμέτερον		acc mas sg	Id
9631	*Lc 16,12	ἡμέτερον		acc neut sg	Id
9632	1Jh 2,2	ἡμετέρων	(1)	gen mas pl	Id
9633		ἤμην	(15)	1 p sg ind impf	εἰμί
9634	Lc 10,30	ἡμιθανῆ	(1)	acc mas sg	ἡμιθανής
9635		ἡμῖν	(168)	dat	ἡμεῖς
9636	*Lc 19,8	ἡμίση		acc neut pl	ἥμισυς
9637	Lc 19,8	ἡμίσια	(1)	acc neut pl	Id
9638	Mc 6,23	ἡμίσους	(1)	gen neut sg	Id
9639		ἥμισυ	(3)	acc neut sg	Id
9640	Apc 8,1	ἡμιώριον	(1)	acc sg	ἡμιώριον
9641	Ac 7,24	ἠμύνατο	(1)	3 p sg ind ao m	ἀμύνω
9642		ἠμφιεσμένον	(2)	acc mas sg part pf pass	ἀμφιέννυμι
9643		ἡμῶν	(405)	gen	ἡμεῖς
9644		ἦν	(315)	3 p sg ind impf	εἰμί
9645		ἥν	(98)	acc fem sg	ὅς
9646	Ac 26,11	ἠνάγκαζον	(1)	1 p sg ind impf a	ἀναγκάζω

9647	2Co 12,11	ἠναγκάσατε	(1)	2 p pl ind ao a	ἀναγκάζω
9648		ἠνάγκασεν	(2)	3 p sg ind ao a	Id
9649	Ga 2,3	ἠναγκάσθη	(1)	3 p sg ind ao pass	Id
9650	Ac 28,19	ἠναγκάσθην	(1)	1 p sg ind ao pass	Id
9651	Mc 9,17	ἤνεγκα	(1)	1 p sg ind ao2 a	φέρω
9652		ἤνεγκαν	(3)	3 p pl ind ao2 a	Id
9653		ἤνεγκεν	(5)	3 p sg ind ao2 a	Id
9654	*2Co 11,4	ἠνείχεσθε		2 p pl ind impf	ἀνέχομαι
9655	*Jh 2,22	ἠνέστη		3 p sg ind ao2 a	ἀνίστημι
9656		ἠνέχθη	(2)	3 p sg ind ao pass	φέρω
9657	Apc 4,1	ἠνεῳγμένη	(1)	nom fem sg part pf pass	ἀνοίγω
9658	Apc 3,8	ἠνεῳγμένην	(1)	acc fem sg part pf pass	Id
9659	Apc 19,11	ἠνεῳγμένον	(1)	acc mas sg part pf pass	Id
9660		ἠνεῳγμένον	(2)	acc neut sg part pf pass	Id
9661		ἠνέῳξεν	(2)	3 p sg ind ao a	Id
9662	*Apc 20,12	ἠνέῳχθη		3 p sg ind ao pass	Id
9663		ἠνεῴχθησαν	(5)	3 p pl ind ao pass	Id
9664		ἠνίκα	(2)	conj	ἠνίκα
9665		ἠνοίγη	(3)	3 p sg ind ao2 pass	ἀνοίγω
9666	Mc 7,35	ἠνοίγησαν	(1)	3 p pl ind ao2 pass	Id
9667	*Apc 20,12	ἤνοιξαν		3 p pl ind ao a	Id
9668		ἤνοιξεν	(16)	3 p sg ind ao a	Id
9669	Apc 20,12	ἠνοίχθη	(1)	3 p sg ind ao pass	Id
9670	Apc 20,12	ἠνοίχθησαν	(1)	3 p pl ind ao pass	Id
9671	Jh 2,9	ἠντληκότες	(1)	nom mas pl part pf a	ἀντλέω
9672		ἥξει	(9)	3 p sg ind fut a	ἥκω
9673	*Lc 13,35	ἥξῃ		3 p sg sbj ao a	Id
9674	Ac 15,38	ἠξίου	(1)	3 p sg ind impf a	ἀξιόω
9675	*Ac 13,42	ἠξίουν		3 p pl ind impf a	Id
9676	Lc 7,7	ἠξίωσα	(1)	1 p sg ind ao a	Id
9677	Heb 3,3	ἠξίωται	(1)	3 p sg ind pf pass	Id
9678		ἥξουσιν	(6)	3 p pl ind fut a	ἥκω
9679		ἥξω	(3)	1 p sg ind fut a	Id
9680	*Apc 3,9	ἥξωσιν		3 p pl sbj ao a	Id
9681	1Tm 2,14	ἠπατήθη	(1)	3 p sg ind ao pass	ἀπατάω
9682	Rm 11,31	ἠπείθησαν	(1)	3 p pl ind ao a	ἀπειθέω
9683	Rm 11,30	ἠπειθήσατε	(1)	2 p pl ind ao a	Id
9684	Ac 19,9	ἠπείθουν	(1)	3 p pl ind impf a	Id
9685	1Pt 2,23	ἠπείλει	(1)	3 p sg ind impf a	ἀπειλέω
9686	Jh 12,43	ἤπερ	(1)	parti	ἤπερ
9687	*1Th 2,7	ἤπιοι		nom mas pl	ἤπιος
9688	2Tm 2,24	ἤπιον	(1)	acc mas sg	Id
9689		ἠπίστησαν	(2)	3 p pl ind ao a	ἀπιστέω
9690		ἠπίστουν	(2)	3 p pl ind impf a	Id
9691	Mc 6,20	ἠπόρει	(1)	3 p sg ind impf a	ἀπορέω
9692	*Mc 6,20	ἠπορεῖτο		3 p sg ind impf	ἐπορέομαι
9693	*Mc 6,56	ἥπτοντο		3 p pl ind impf m	ἅπτω
9694	Lc 3,28	Ἤρ	(1)	inde	Ἤρ
9695		ἦραν	(12)	3 p pl ind ao a	αἴρω
9696		ἤρατε	(3)	2 p pl ind ao a	Id
9697	Ac 18,3	ἠργάζετο	(1)	3 p sg ind impf	ἐργάζομαι

9698	*Ac 18,3	ἠργάζοντο		3 p pl ind impf	ἐργάζομαι
9699	*2Jh 8	ἠργασάμεθα		1 p pl ind ao	Id
9700		ἠργάσαντο		3 p pl ind ao	Id
9701		ἠργάσατο	(3)	3 p sg ind ao	Id
9702	2Co 9,2	ἠρέθισεν	(1)	3 p sg ind ao a	ἐρεθίζω
9703	1Tm 2,2	ἤρεμον	(1)	acc mas sg	ἤρεμος
9704		ἦρεν	(6)	3 p sg ind ao a	αἴρω
9705		ἤρεσεν	(4)	3 p sg ind ao a	ἀρέσκω
9706	Ga 1,10	ἤρεσκον	(1)	1 p sg ind impf a	Id
9707	Mt 12,18	ἡρέτισα	(1)	1 p sg ind ao a	αἱρετίζω
9708		ἠρημώθη	(2)	3 p sg ind ao pass	ἐρημόω
9709	Apc 17,16	ἠρημωμένην	(1)	acc fem sg part pf pass	Id
9710		ἤρθη	(3)	3 p sg ind ao pass	αἴρω
9711	Mt 10,30	ἠριθμημέναι	(1)	nom fem pl part pf pass	ἀριθμέω
9712	Lc 12,7	ἠρίθμηνται	(1)	3 p pl ind pf pass	Id
9713	Jh 21,15	ἠρίστησαν	(1)	3 p pl ind ao a	ἀριστάω
9714	Col 2,14	ἦρκεν	(1)	3 p sg ind pf a	αἴρω
9715	Jh 20,1	ἠρμένον	(1)	acc mas sg part pf pass	Id
9716	2Co 11,2	ἡρμοσάμην	(1)	1 p sg ind ao m	ἁρμόζω
9717	Mc 14,70	ἠρνεῖτο	(1)	3 p sg ind impf	ἀρνέομαι
9718	2Tm 3,5	ἠρνημένοι	(1)	nom mas pl part pf	Id
9719	Ac 7,35	ἠρνήσαντο	(1)	3 p pl ind ao	Id
9720		ἠρνήσασθε	(2)	2 p pl ind ao	Id
9721		ἠρνήσατο	(8)	3 p sg ind ao	Id
9722		ἠρνήσω	(2)	2 p sg ind ao	Id
9723	1Tm 5,8	ἤρνηται	(1)	3 p sg ind pf	Id
9724		ἤρξαντο	(18)	3 p pl ind ao m	ἄρχω
9725		ἤρξατο	(42)	3 p sg ind ao m	Id
9726	2Co 12,4	ἡρπάγη	(1)	3 p sg ind ao2 pass	ἁρπάζω
9727	Ac 8,39	ἥρπασεν	(1)	3 p sg ind ao a	Id
9728	Apc 12,5	ἡρπάσθη	(1)	3 p sg ind ao pass	Id
9729	Col 4,6	ἠρτυμένος	(1)	nom mas sg part pf pass	ἀρτύω
9730		ἤρχετο	(4)	3 p sg ind impf	ἔρχομαι
9731		ἤρχοντο	(6)	3 p pl ind impf	Id
9732	Ac 9,17	ἤρχου	(1)	2 p sg ind impf	Id
9733		Ἡρῴδῃ	(3)	dat	Ἡρῷδης
9734		Ἡρῴδην	(2)	acc	Id
9735		Ἡρῴδης	(25)	nom	Id
9736		Ἡρῳδιάδα	(2)	acc	Ἡρῳδιάς
9737		Ἡρῳδιάδος	(3)	gen	Id
9738		Ἡρῳδιανῶν	(3)	gen	Ἡρῳδιανοί
9739	Mc 6,19	Ἡρῳδιάς	(1)	nom	Ἡρῳδιάς
9740	Rm 16,11	Ἡρῳδίωνα	(1)	acc	Ἡρῳδίων
9741		Ἡρῴδου	(13)	gen	Ἡρῷδης
9742		ἠρώτα	(6)	3 p sg ind impf a	ἐρωτάω
9743		ἠρώτησαν	(8)	3 p pl ind ao a	Id
9744		ἠρώτησεν	(6)	3 p sg ind ao a	Id
9745	Mt 15,23	ἠρώτουν	(1)	3 p pl ind impf a	Id
9746		ἠρώτων	(8)	3 p pl ind impf a	Id

9747		ἦς	(6)	2 p sg ind impf	εἰμί
9748	Rm 2,25	ἦς	(1)	2 p sg sbj pr	Id
9749		ἧς	(49)	gen fem sg	ὅς
9750	Mc 1,2	Ἠσαΐᾳ	(1)	dat	Ἠσαΐας
9751		Ἠσαΐαν	(2)	acc	Id
9752		Ἠσαΐας	(10)	nom	Id
9753		Ἠσαΐου	(9)	gen	Id
9754		ἦσαν	(95)	3 p pl ind impf	εἰμί
9755		Ἠσαῦ	(3)	inde	Ἠσαῦ
9756	Ju 15	ἠσέβησαν	(1)	3 p pl ind ao a	ἀσεβέω
9757		ἦσθα	(2)	2 p sg ind impf	εἰμί
9758		ἠσθένει	(3)	3 p sg ind impf a	ἀσθενέω
9759	2Co 11,21	ἠσθενήκαμεν	(1)	1 p pl ind pf a	Id
9760	Mt 25,36	ἠσθένησα	(1)	1 p sg ind ao a	Id
9761	*2Co 11,21	ἠσθενήσαμεν		1 p pl ind ao a	Id
9762		ἠσθένησεν	(2)	3 p sg ind ao a	Id
9763	*Mc 2,16	ἤσθιεν		3 p sg ind impf a	ἐσθίω
9764		ἤσθιον	(4)	3 p pl ind impf a	Id
9765	Mc 9,15	ἠσπάζοντο	(1)	3 p pl ind impf	ἀσπάζομαι
9766	Lc 1,40	ἠσπάσατο	(1)	3 p sg ind ao	Id
9767	2Co 12,15	ἧσσον	(1)	nom neut sg	ἥσσων
9768	1Co 11,17	ἧσσον	(1)	acc neut sg	Id
9769	2Co 12,13	ἡσσώθητε	(1)	2 p pl ind ao	ἑσσόομαι
9770		ἠστόχησαν	(2)	3 p pl ind ao a	ἀστοχέω
9771	1Th 4,11	ἡσυχάζειν	(1)	inf pr a	ἡσυχάζω
9772	Ac 21,14	ἡσυχάσαμεν	(1)	1 p pl ind ao a	Id
9773		ἡσύχασαν	(3)	3 p pl ind ao a	Id
9774		ἡσυχίᾳ	(2)	dat sg	ἡσυχία
9775	Ac 22,2	ἡσυχίαν	(1)	acc sg	Id
9776	2Th 3,12	ἡσυχίας	(1)	gen sg	Id
9777	1Tm 2,2	ἡσύχιον	(1)	acc mas sg	ἡσύχιος
9778	1Pt 3,4	ἡσυχίου	(1)	gen neut sg	Id
9779	Mt 27,66	ἠσφαλίσαντο	(1)	3 p pl ind ao m	ἀσφαλίζω
9780	Ac 16,24	ἠσφαλίσατο	(1)	3 p sg ind ao m	Id
9781	2Th 3,7	ἠτακτήσαμεν	(1)	1 p pl ind ao a	ἀτακτέω
9782		ἦτε	(11)	2 p pl ind impf	εἰμί
9783		ἦτε	(8)	2 p pl sbj pr	Id
9784	*Ac 6,15	ἠτένιζον		3 p pl ind impf a	ἀτενίζω
9785	1Jh 5,15	ᾐτήκαμεν	(1)	1 p pl ind pf a	αἰτέω
9786	*1Jh 5,15	ᾐτήσαμεν		1 p pl ind ao a	Id
9787	*Ac 13,28	ᾔτησαν		3 p pl ind ao a	Id
9788		ᾐτήσαντο	(2)	3 p pl ind ao m	Id
9789	Jh 4,10	ᾔτησας	(1)	2 p sg ind ao a	Id
9790	Ac 3,14	ᾐτήσασθε	(1)	2 p pl ind ao m	Id
9791	Jh 16,24	ᾐτήσατε	(1)	2 p pl ind ao a	Id
9792		ᾐτήσατο	(6)	3 p sg ind ao m	Id
9793	*Rm 3,9	ᾐτιασάμεθα		1 p pl ind ao	αἰτιάομαι
9794	Mc 12,4	ἠτίμασαν	(1)	3 p pl ind ao a	ἀτιμάζω
9795	Ja 2,6	ἠτιμάσατε	(1)	2 p pl ind ao a	Id
9796	*Mc 12,4	ἠτιμασμένον		acc mas sg part pf pass	Id

9797	*Mc 12,4	ἠτιμωμένον		acc mas sg part pf pass . .	ἀτιμόω
9798		ἥτις	(38)	nom fem sg	ὅστις
9799	Rm 6,16	ἤτοι	(1)	adv	ἤτοι
9800	*Mc 10,40	ἠτοίμαθαι		err cf ἠτοίμασθαι	
9801	Mt 22,4	ἠτοίμακα	(1)	1 p sg ind pf a . .	ἑτοιμάζω
9802	*Mt 22,4	ἠτοίμασα		1 p sg ind ao a	Id
9803		ἠτοίμασαν	(6)	3 p pl ind ao a . .	Id
9804		ἠτοίμασας	(2)	2 p sg ind ao a . .	Id
9805		ἠτοίμασεν	(3)	3 p sg ind ao a . .	Id
9806	*Mc 10,40	ἠτοίμασθαι		inf pf pass	Id
9807	*Mc 10,40	ἠτοίμασθαι		cf ἠτοίμασθε	
9808	*Mc 10,40	ἠτοίμασθε		2 p pl ind pf pass . . .	ἑτοιμάζω
9809		ἠτοιμασμένην	(2)	acc fem sg part pf pass	Id
9810	Apc 9,15	ἠτοιμασμένοι	(1)	nom mas pl part pf pass	Id
9811	Apc 9,7	ἠτοιμασμένοις	(1)	dat mas pl part pf pass	Id
9812	Apc 12,6	ἠτοιμασμένον	(1)	acc mas sg part pf pass	Id
9813		ἠτοιμασμένον	(2)	acc neut sg part pf pass	Id
9814	*Mt 25,41	ἠτοιμασμένῳ		dat mas sg part pf pass .	Id
9815		ἠτοίμασται	(2)	3 p sg ind pf pass .	Id
9816		ᾐτοῦντο	(2)	3 p pl ind impf m . .	αἰτέω
9817		ἥττημα	(2)	nom sg	ἥττημα
9818	2Pt 2,19	ἥττηται	(1)	3 p sg ind pf pass . .	ἡττάω
9819	*2Co 12,15	ἧττον		adv	ἧττον
9820	*Mt 20,28	ἥττονα		acc mas sg	ἥττων
9821	*Mt 20,28	ἥττων		nom sg	ἥττων
9822	2Pt 2,20	ἡττῶνται	(1)	3 p pl ind pr pass . .	ἡττάω
9823		ἤτω	(2)	3 p sf imper pr. . . .	εἰμί
9824	*Lc 3,22	ηὐδόκησα		1 p sg ind ao a	εὐδοκέω
9825	*Ga 1,15	ηὐδόκησεν		3 p sg ind ao a	Id
9826	Ac 17,21	ηὐκαίρουν	(1)	3 p pl ind impf a . .	εὐκαιρέω
9827		ηὐλήσαμεν	(2)	1 p pl ind ao a . .	αὐλέω
9828	Lc 21,37	ηὐλίζετο	(1)	3 p sg ind impf .	αὐλίζομαι
9829	Mt 21,17	ηὐλίσθη	(1)	3 p sg ind ao . . .	Id
9830		ηὔξανεν	(6)	3 p sg ind impf a .	αὐξάνω
9831	*Lc 22,28	ηὐξήθητε		2 p pl ind ao pass . . .	Id
9832		ηὔξησεν	(2)	3 p sg ind ao a . . .	Id
9833	Heb 11,5	ηὑρίσκετο	(1)	3 p sg ind impf pass .	εὑρίσκω
9834		ηὕρισκον	(2)	3 p pl ind impf a . .	Id
9835	Ac 2,26	ηὐφράνθη	(1)	3 p sg ind ao pass . .	εὐφραίνω
9836	Rm 1,21	ηὐχαρίστησαν	(1)	3 p pl ind ao a .	εὐχαριστέω
9837	Rm 9,3	ηὐχόμην	(1)	1 p sg ind impf . . .	εὔχομαι
9838	Ac 27,29	ηὔχοντο	(1)	3 p pl ind impf . . .	Id
9839		ἤφιεν	(2)	3 p sg ind impf a . . .	ἀφίω
9840	*Lc 23,17	ἦχεν		3 p sg ind pf a	ἄγω
9841		ἤχθη	(2)	3 p sg ind ao pass . . .	Id
9842	*Ac 28,11	ἤχθημεν		1 p pl ind ao pass . . .	Id
9843	Eph 4,8	ᾐχμαλώτευσεν	(1)	3 p sg ind ao a .	αἰχμαλωτεύω
9844		ἦχος	(2)	nom sg	ἦχος
9845	Lc 21,25	ἤχους	(1)	gen sg	Id

9846	*Lc 21,25	ἠχούσης		gen fem sg part pr a	ἠχέω
9847	Rm 3,12	ἠχρεώθησαν	(1)	3 p pl ind ao pass	ἀχρειόω
9848	Heb 12,19	ἤχῳ	(1)	dat sg	ἦχος
9849	1Co 13,1	ἠχῶν	(1)	nom mas sg part pr a	ἠχέω
9850		ἥψαντο	(2)	3 p pl ind ao m	ἅπτω
9851		ἥψατο	(15)	3 p sg ind ao m	ἅπτω

θ

9852	1Co 16,22	θά	(1)	aram	θά
9853	*Mc 5,41	θαβιτα		aram	θαβιτα
9854	*Mc 3,18	Θαδαῖον		cf Θαδδαῖον	
9855	Mc 3,18	Θαδδαῖον	(1)	acc	Θαδδαῖος
9856	Mt 10,3	Θαδδαῖος	(1)	nom	Id
9857		θάλασσα	(6)	nom sg	θάλασσα
9858		θάλασσαν	(44)	acc sg	Id
9859		θαλάσσῃ	(12)	dat sg	Id
9860		θαλάσσης	(29)	gen sg	Id
9861	Eph 5,29	θάλπει	(1)	3 p sg ind pr a	θάλπω
9862	1Th 2,7	θάλπῃ	(1)	3 p sg sbj pr a	Id
9863	Mt 1,3	Θαμάρ	(1)	inde	Θαμάρ
9864	*Ac 3,11	θαμβηθέντες		nom mas pl part ao pass	θαμβέω
9865		θάμβος	(2)	nom sg	θάμβος
9866	Ac 3,10	θάμβους	(1)	gen sg	Id
9867	*Ac 9,6	θαμβῶν		nom mas sg part pr a	θαμβέω
9868	*Mc 16,18	θανάσιμον		acc neut sg	θανάσιμος
9869		θάνατε	(2)	vo sg	θάνατος
9870	Ja 3,8	θανατηφόρου	(1)	gen mas sg	θανατηφόρος
9871	2Co 11,23	θανάτοις	(1)	dat pl	θάνατος
9872		θάνατον	(25)	acc sg	Id
9873		θάνατος	(24)	nom sg	Id
9874		θανάτου	(53)	gen sg	Id
9875	Rm 8,36	θανατούμεθα	(1)	1 p pl ind pr pass	θανατόω
9876	2Co 6,9	θανατούμενοι	(1)	nom mas pl part pr pass	Id
9877	Rm 8,13	θανατοῦτε	(1)	2 p pl ind pr a	Id
9878		θανάτῳ	(15)	dat sg	θάνατος
9879	1Pt 3,18	θανατωθείς	(1)	nom mas sg part ao pass	θανατόω
9880	*2Co 1,10	θανάτων		gen pl	θάνατος
9881		θανατῶσαι	(2)	inf ao a	θανατόω
9882		θανατώσουσιν	(3)	3 p pl ind fut a	Id
9883	Mt 26,59	θανατώσωσιν	(1)	3 p pl sbj ao a	Id
9884	Lc 3,34	Θάρα	(1)	inde	Θάρα
9885	2Co 10,2	θαρρῆσαι	(1)	inf ao a	θαρρέω
9886	2Co 5,8	θαρροῦμεν	(1)	1 p pl ind pr a	Id
9887	Heb 13,6	θαρροῦντας	(1)	acc mas pl part pr a	Id
9888	2Co 5,6	θαρροῦντες	(1)	nom mas pl part pr a	Id
9889		θαρρῶ	(2)	1 p sg ind pr a	Id
9890		θάρσει	(4)	2 p sg imper pr a	θαρσέω
9891		θαρσεῖτε	(3)	2 p pl imper pr a	Id
9892	*Ac 11,25	Θαρσόν		acc	Θαρσός

9893	Ac 28,15	θάρσος	(1)	acc sg	θάρσος
9894	2Co 11,14	θαῦμα	(1)	nom sg	θαῦμα
9895	Apc 17,6	θαῦμα	(1)	acc sg	Id
9896		θαυμάζειν	(2)	inf pr a	θαυμάζω
9897		θαυμάζετε	(2)	2 p pl ind pr a	Id
9898		θαυμάζετε	(2)	2 p pl imper pr a	Id
9899	Jh 5,20	θαυμάζητε	(1)	2 p pl sbj pr a	Id
9900		θαυμάζοντες	(2)	nom mas pl part pr a	Id
9901		θαυμαζόντων	(2)	gen mas pl part pr a	Id
9902	Ga 1,6	θαυμάζω	(1)	1 p sg ind pr a	Id
9903	Lc 24,12	θαυμάζων	(1)	nom mas sg part pr a	Id
9904	Mt 15,31	θαυμάσαι	(1)	inf ao a	Id
9905	Lc 20,26	θαυμάσαντες	(1)	nom mas pl part ao a	Id
9906	Ac 13,41	θαυμάσατε	(1)	2 p pl imper ao a	Id
9907	*Apc 15,4	θαυμάσῃ		3 p sg sbj ao a	Id
9908	Jh 3,7	θαυμάσῃς	(1)	2 p sg sbj ao a	Id
9909	*Jh 5,20	θαυμάσητε		2 p pl sbj ao a	Id
9910	2Th 1,10	θαυμασθῆναι	(1)	inf ao pass	Id
9911	Apc 17,8	θαυμασθήσονται	(1)	3 p pl ind fut pass	Id
9912	Mt 21,15	θαυμάσια	(1)	acc neut pl	θαυμάσιος
9913	*Apc 17,8	θαυμάσονται		3 p pl ind fut m	θαυμάζω
9914	Apc 15,3	θαυμαστά	(1)	nom neut pl	θαυμαστός
9915		θαυμαστή	(2)	nom fem sg	Id
9916	Jh 9,30	θαυμαστόν	(1)	nom neut sg	Id
9917		θαυμαστόν	(2)	acc neut sg	Id
9918		θάψαι	(4)	inf ao a	θάπτω
9919	Ac 5,9	θαψάντων	(1)	gen mas pl part ao a	Id
9920		θεαθῆναι	(2)	inf ao (pass)	θεάομαι
9921	*Ac 19,37	θεάν		acc sg	θεά
9922	Ac 19,27	θεᾶς	(1)	gen sg	Id
9923		θεασάμενοι	(2)	nom mas pl part ao	θεάομαι
9924	*Mc 16,14	θεασαμένοις		dat mas pl part ao	Id
9925		θεασάμενος	(2)	nom mas sg part ao	Id
9926		θεάσασθαι	(4)	inf ao	Id
9927	Jh 4,35	θεάσασθε	(1)	2 p pl imper ao	Id
9928	Heb 10,33	θεατριζόμενοι	(1)	nom mas pl part pr pass	θεατρίζω
9929	1Co 4,9	θέατρον	(1)	nom sg	θέατρον
9930		θέατρον	(2)	acc sg	Id
9931		θεέ	(2)	vo sg	θεός
9932		θείας	(2)	gen fem sg	θεῖος
9933	*2Pt 2,10	θείας		acc fem pl	Id
9934		θεῖναι	(4)	inf ao2 a	τίθημι
9935	Ac 17,29	θεῖον	(1)	acc neut sg	θεῖος
9936		θεῖον	(2)	acc sg	θεῖον
9937	Rm 1,20	θειότης	(1)	nom sg	θειότης
9938		θείου	(2)	gen sg	θεῖον
9939		θείς	(4)	nom mas sg part ao2 a	τίθημι
9940		θείῳ	(3)	dat sg	θεῖον
9941	Apc 9,17	θειώδεις	(1)	acc mas pl	θειώδης

9942	*2Tm 3,11	Θέκλαν		acc	Θέκλα
9943		θέλει	(19)	3 p sg ind pr a	θέλω
9944		θέλειν	(4)	inf pr a	Id
9945		θέλεις	(18)	2 p sg ind pr a	Id
9946		θέλετε	(18)	2 p pl ind pr a	Id
9947		θέλῃ	(8)	3 p sg sbj pr a	Id
9948		θέλημα	(14)	nom sg	θέλημα
9949		θέλημα	(26)	acc sg	Id
9950		θελήματα	(2)	acc pl	Id
9951		θελήματι	(6)	dat sg	Id
9952		θελήματος	(14)	gen sg	Id
9953		θέλῃς	(4)	2 p sg sbj pr a	θέλω
9954	Lc 19,27	θελήσαντας	(1)	acc mas pl part ao a	Id
9955	*Apc 11,5	θελήσει		3 p sg ind fut a	Id
9956		θελήσῃ	(3)	3 p sg sbj ao a	Id
9957	Heb 2,4	θέλησιν	(1)	acc sg	θέλησις
9958	2Co 12,6	θελήσω	(1)	1 p sg sbj ao a	θέλω
9959	Apc 11,6	θελήσωσιν	(1)	3 p pl sbj ao a	Id
9960		θέλητε	(4)	2 p pl sbj pr a	Id
9961		θέλοι	(3)	3 p sg opt pr a	Id
9962		θέλομεν	(7)	1 p pl ind pr a	Id
9963	Mt 5,42	θέλοντα	(1)	acc mas sg part pr a	Id
9964	2Pt 3,5	θέλοντας	(1)	acc mas pl part pr a	Id
9965		θέλοντες	(7)	nom mas pl part pr a	Id
9966		θέλοντι	(2)	dat mas sg part pr a	Id
9967		θέλοντος	(2)	gen mas sg part pr a	Id
9968		θελόντων	(3)	gen mas pl part pr a	Id
9969	*Rm 8,20	θέλουσα		nom fem sg part pr a	Id
9970		θέλουσιν	(6)	3 p pl ind pr a	Id
9971		θέλω	(35)	1 p sg ind pr a	Id
9972		θέλω	(3)	1 p sg sbj pr a	Id
9973		θέλων	(13)	nom mas sg part pr a	Id
9974	Ac 26,5	θέλωσι	(1)	3 p pl sbj pr a	Id
9975	*1Tm 6,19	θέμα		acc sg	θέμα
9976	Ac 16,26	θεμέλια	(1)	acc pl	θεμέλιον
9977	Apc 21,19	θεμέλιοι	(1)	nom pl	θεμέλιος
9978		θεμέλιον	(8)	acc sg	Id
9979		θεμέλιος	(2)	nom sg	Id
9980	Lc 6,49	θεμελίου	(1)	gen sg	Id
9981		θεμελίους	(2)	acc pl	Id
9982	Eph 2,20	θεμελίῳ	(1)	dat sg	Id
9983	*1Pt 5,10	θεμελιώσαι		3 p sg opt ao a	θεμελιόω
9984	1Pt 5,10	θεμελιώσει	(1)	3 p sg ind fut a	Id
9985		θέμενος	(2)	nom mas sg part ao2 m	τίθημι
9986	Ac 21,5	θέντες	(1)	nom mas pl part ao2 a	Id
9987	Lc 14,29	θέντος	(1)	gen mas sg part ao2 a	Id
9988	1Th 4,9	θεοδίδακτοι	(1)	nom mas pl	θεοδίδακτος
9989		θεοί	(4)	nom pl	θεός
9990	Ga 4,8	θεοῖς	(1)	dat pl	Id

No.	Ref.	Form	Freq.	Parsing	Lemma
9991	* 1Jh inscr	θεολόγου		gen sg	θεολόγος
9992	Ac 5,39	θεομάχοι	(1)	nom mas pl	θεομάχος
9993	*Ac 23,9	θεομαχῶμεν		1 p pl sbj pr a	θεομαχέω
9994		θεόν	(147)	acc sg	θεός
9995	2Tm 3,16	θεόπνευστος	(1)	nom fem sg	θεόπνευστος
9996		θεός	(311)	nom sg	θεός
9997	1Tm 2,10	θεοσέβειαν	(1)	acc sg	θεοσέβεια
9998	Jh 9,31	θεοσεβής	(1)	nom mas sg	θεοσεβής
9999	Rm 1,30	θεοστυγεῖς	(1)	acc mas pl	θεοστυγής
10000	Col 2,9	θεότητος	(1)	gen sg	θεότης
10001		θεοῦ	(693)	gen sg	θεός
10002		θεούς	(2)	acc pl	Id
10003		Θεόφιλε	(2)	vo	Θεόφιλος
10004	Apc 22,2	θεραπείαν	(1)	acc sg	θεραπεία
10005		θεραπείας	(2)	gen sg	Id
10006	Lc 6,7	θεραπεύει	(1)	3 p sg ind pr a	θεραπεύω
10007		θεραπεύειν	(2)	inf pr a	Id
10008	Lc 5,15	θεραπεύεσθαι	(1)	inf pr pass	Id
10009	Lc 13,14	θεραπεύεσθε	(1)	2 p pl imper pr pass	Id
10010	Ac 17,25	θεραπεύεται	(1)	3 p sg ind pr pass	Id
10011		θεραπεύετε	(2)	2 p pl imper pr a	Id
10012	Lc 8,43	θεραπευθῆναι	(1)	inf ao pass	Id
10013	Lc 9,6	θεραπεύοντες	(1)	nom mas pl part pr a	Id
10014		θεραπεῦσαι	(3)	inf ao a	Id
10015	Mc 3,2	θεραπεύσει	(1)	3 p sg ind fut a	Id
10016	Lc 4,23	θεράπευσον	(1)	2 p sg imper ao a	Id
10017	Mt 8,7	θεραπεύσω	(1)	1 p sg ind fut a	Id
10018		θεραπεύων	(2)	nom mas sg part pr a	Id
10019	Heb 3,5	θεράπων	(1)	nom sg	θεράπων
10020	Jh 4,38	θερίζειν	(1)	inf pr a	θερίζω
10021	Lc 19,21	θερίζεις	(1)	2 p sg ind pr a	Id
10022		θερίζουσιν	(2)	3 p pl ind pr a	Id
10023	Mt 25,26	θερίζω	(1)	1 p sg ind pr a	Id
10024		θερίζων	(5)	nom mas sg part pr a	Id
10025	Apc 14,15	θερίσαι	(1)	inf ao a	Id
10026	Ja 5,4	θερισάντων	(1)	gen mas pl part ao a	Id
10027		θερίσει	(5)	3 p sg ind fut a	Id
10028		θερισμόν	(3)	acc sg	θερισμός
10029		θερισμός	(6)	nom sg	Id
10030		θερισμοῦ	(4)	gen sg	Id
10031		θερίσομεν	(2)	1 p pl ind fut a	θερίζω
10032	Apc 14,15	θέρισον	(1)	2 p sg imper ao a	Id
10033	Mt 13,39	θερισταί	(1)	nom pl	θεριστής
10034	Mt 13,30	θερισταῖς	(1)	dat sg	Id
10035	Ja 2,16	θερμαίνεσθε	(1)	2 p pl imper pr m	θερμαίνω
10036	Mc 14,67	θερμαινόμενον	(1)	acc mas sg part pr m	Id
10037		θερμαινόμενος	(3)	nom mas sg part pr m	Id
10038	Ac 28,3	θέρμης	(1)	gen sg	θέρμη
10039		θέρος	(3)	nom sg	θέρος

No.	Ref.	Form	Freq.	Analysis	Lemma
10040	Lc 9,44	θέσθε	(1)	2 p pl imper ao2 m	τίθημι
10041	*Ac 17,14	Θεσσαλίαν		acc	Θεσσαλία
10042	*1Th subsc	Θεσσαλονικεῖς		acc pl	Θεσσαλονικεύς
10043		Θεσσαλονικέων	(3)	gen pl	Id
10044	Ac 27,2	Θεσσαλονικέως	(1)	gen sg	Id
10045		Θεσσαλονίκῃ	(2)	dat	Θεσσαλονίκη
10046		Θεσσαλονίκην	(2)	acc	Id
10047	Ac 17,13	Θεσσαλονίκης	(1)	gen	Id
10048	Lc 21,14	θέτε	(1)	2 p pl imper ao2 a	τίθημι
10049	Ac 5,36	Θευδᾶς	(1)	nom	Θευδᾶς
10050		θεῷ	(158)	dat sg	θεός
10051		θεωρεῖ	(9)	3 p sg ind pr a	θεωρέω
10052		θεωρεῖν	(2)	inf pr a	Id
10053	Ac 21,20	θεωρεῖς	(1)	2 p sg ind pr a	Id
10054		θεωρεῖτε	(11)	2 p pl ind pr a	Id
10055	Heb 7,4	θεωρεῖτε	(1)	2 p pl imper pr a	Id
10056	1Jh 3,17	θεωρῇ	(1)	3 p sg sbj pr a	Id
10057	Mt 28,1	θεωρῆσαι	(1)	inf ao a	Id
10058	Lc 23,48	θεωρήσαντες	(1)	nom mas pl part ao a	Id
10059	*Lc 8,35	θεωρησάντων		gen mas pl part ao a	Id
10060	*Jh 8,51	θεωρήσει		3 p sg ind fut a	Id
10061	Jh 8,51	θεωρήσῃ	(1)	3 p sg sbj ao a	Id
10062	*Jh 6,62	θεωρήσητε		2 p pl sbj ao a	Id
10063	Jh 7,3	θεωρήσουσιν	(1)	3 p pl ind fut a	Id
10064	*Jh 7,3	θεωρήσωσιν		3 p pl sbj ao a	Id
10065	Jh 6,62	θεωρῆτε	(1)	2 p pl sbj pr a	Id
10066	Lc 23,48	θεωρίαν	(1)	acc sg	θεωρία
10067	Apc 11,11	θεωροῦντας	(1)	acc mas pl part pr a	θεωρέω
10068		θεωροῦντες	(5)	nom mas pl part pr a	Id
10069	*Ac 17,16	θεωροῦντι		dat mas sg part pr a	Id
10070	Ac 17,16	θεωροῦντος	(1)	gen mas sg part pr a	Id
10071	Ac 28,6	θεωρούντων	(1)	gen mas pl part pr a	Id
10072		θεωροῦσαι	(2)	nom fem pl part pr a	Id
10073		θεωροῦσιν	(3)	3 p pl ind pr a	Id
10074		θεωρῶ	(4)	1 p sg ind pr a	Id
10075		θεωρῶν	(4)	nom mas sg part pr a	Id
10076	Jh 17,24	θεωρῶσιν	(1)	3 p pl sbj pr a	Id
10077		θῇ	(2)	3 p sg sbj ao2 a	τίθημι
10078	Jh 18,11	θήκην	(1)	acc sg	θήκη
10079	*Mt 24,19	θηλαζομέναις		dat fem pl part pr pass	θηλάζω
10080	Mt 21,16	θηλαζόντων	(1)	gen mas pl part pr a	Id
10081		θηλαζούσαις	(3)	dat fem pl part pr a	Id
10082	Rm 1,26	θήλειαι	(1)	nom fem pl	θῆλυς
10083	Rm 1,27	θηλείας	(1)	gen fem sg	Id
10084	Ga 3,28	θῆλυ	(1)	nom neut sg	Id
10085		θῆλυ	(2)	acc neut sg	Id
10086	Rm 11,9	θήραν	(1)	acc sg	θήρα
10087	Lc 11,54	θηρεῦσαι	(1)	inf ao a	θηρεύω
10088	Tit 1,12	θηρία	(1)	nom pl	θηρίον

No.	Ref.	Form	Freq.	Analysis	Lemma
10089	Ac 11,6	θηρία	(1)	acc pl	θηρίον
10090		θηρίον	(8)	nom sg	Id
10091		θηρίον	(11)	acc sg	Id
10092		θηρίου	(16)	gen sg	Id
10093		θηρίῳ	(6)	dat sg	Id
10094		θηρίων	(3)	gen pl	Id
10095	2Co 12,14	θησαυρίζειν	(1)	inf pr a	θησαυρίζω
10096	Rm 2,5	θησαυρίζεις	(1)	2 p sg ind pr a	Id
10097		θησαυρίζετε	(2)	2 p pl imper pr a	Id
10098		θησαυρίζων	(2)	nom mas sg part pr a	Id
10099	Col 2,3	θησαυροί	(1)	nom pl	θησαυρός
10100		θησαυρόν	(5)	acc sg	Id
10101		θησαυρός	(2)	nom sg	Id
10102		θησαυροῦ	(4)	gen sg	Id
10103		θησαυρούς	(3)	acc pl	Id
10104	Mt 13,44	θησαυρῷ	(1)	dat sg	Id
10105	Heb 11,26	θησαυρῶν	(1)	gen pl	Id
10106		θήσει	(2)	3 p sg ind fut a	τίθημι
10107	Jh 13,38	θήσεις	(1)	2 p sg ind fut a	Id
10108		θήσω	(2)	1 p sg ind fut a	Id
10109	1Co 9,18	θήσω	(1)	1 p sg sbj ao a	Id
10110		θίγῃ	(2)	3 p sg sbj ao2 a	θιγγάνω
10111	Col 2,21	θίγῃς	(1)	2 p sg sbj ao2 a	Id
10112	1Th 3,4	θλίβεσθαι	(1)	inf pr pass	θλίβω
10113	2Co 1,6	θλιβόμεθα	(1)	1 p pl ind pr pass	Id
10114		θλιβόμενοι	(3)	nom mas pl part pr pass	Id
10115		θλιβομένοις	(2)	dat mas pl part pr pass	Id
10116	*Lc 8,45	θλίβουσιν		3 p pl ind pr a	Id
10117	2Th 1,6	θλίβουσιν	(1)	dat mas pl part pr a	Id
10118	Mc 3,9	θλίβωσιν	(1)	3 p pl sbj pr a	Id
10119		θλίψει	(9)	dat sg	θλῖψις
10120	Ac 20,23	θλίψεις	(1)	nom pl	Id
10121	*Apc 2,3	θλίψεις		acc pl	Id
10122		θλίψεσιν	(6)	dat pl	Id
10123		θλίψεων	(3)	gen pl	Id
10124		θλίψεως	(9)	gen sg	Id
10125		θλῖψιν	(10)	acc sg	Id
10126		θλῖψις	(7)	nom sg	Id
10127	Rm 8,11	θνητά	(1)	acc neut pl	θνητός
10128	2Co 4,11	θνητῇ	(1)	dat fem sg	Id
10129		θνητόν	(2)	nom neut sg	Id
10130	1Co 15,53	θνητόν	(1)	acc neut sg	Id
10131	Rm 6,12	θνητῷ	(1)	dat neut sg	Id
10132	Lc 10,41	θορυβάζῃ	(1)	2 p sg ind pr pass	θορυβάζω
10133	*Ac 20,10	θορυβεῖσθαι		inf pr pass	θορυβέω
10134	Mc 5,39	θορυβεῖσθε	(1)	2 p pl ind pr pass	Id
10135	Ac 20,10	θορυβεῖσθε	(1)	2 p pl imper pr pass	Id
10136		θόρυβον	(3)	acc sg	θόρυβος
10137		θόρυβος	(3)	nom sg	Id
10138	Ac 24,18	θορύβου	(1)	gen sg	Id

10139	Mt 9,23	θορυβούμενον (1)	acc mas sg part pr pass	θορυβέω
10140	*Ac 21,13	θορυβοῦντες	nom mas pl part pr a . .	Id
10141	*Mc 14,3	θραύσασα	nom fem sg part ao a . .	θραύω
10142	Jh 4,12	θρέμματα (1)	nom pl	θρέμμα
10143	Jh 16,20	θρηνήσετε (1)	2 p pl ind fut a . .	θρηνέω
10144	*Mt 2,18	θρῆνος	nom sg	θρῆνος
10145		θρησκεία (2)	nom sg	θρησκεία
10146	Col 2,18	θρησκείᾳ (1)	dat sg	Id
10147	Ac 26,5	θρησκείας (1)	gen sg	Id
10148	Ja 1,26	θρησκός (1)	nom mas sg	θρησκός
10149	2Co 2,14	θριαμβεύοντι (1)	dat mas sg part pr a	θριαμβεύω
10150	Col 2,15	θριαμβεύσας (1)	nom mas sg part ao a .	Id
10151		θρίξ (2)	nom sg	θρίξ
10152		θριξίν (4)	dat pl	Id
10153	2Th 2,2	θροεῖσθαι (1)	inf pr pass . . .	θροέω
10154		θροεῖσθε (2)	2 p pl imper pr pass .	Id
10155	*Lc 24,37	θροηθέντες	nom mas pl part ao pass . .	Id
10156	*Lc 22,44	θρόμβοι	nom pl	θρόμβος
10157	Col 1,16	θρόνοι (1)	nom pl	θρόνος
10158		θρόνον (7)	acc sg	Id
10159		θρόνος (6)	nom sg	Id
10160		θρόνου (32)	gen sg	Id
10161		θρόνους (5)	acc pl	Id
10162		θρόνῳ (9)	dat sg	Id
10163		θρόνων (2)	gen pl	Id
10164	*1Co 11,24	θρυπτόμενον	nom neut sg part pr pass .	θρύπτω
10165	Apc 1,11	Θυάτειρα (1)	acc	Θυάτειρα
10166	*Apc 1,11	Θυάτειραν	acc	Id
10167		Θυατείροις (2)	dat	Id
10168	Ac 16,14	Θυατείρων (1)	gen	Id
10169	Mt 9,22	θύγατερ (1)	vo sg	θυγάτηρ
10170		θυγατέρα (4)	acc sg	Id
10171	*Mc 7,30	θυγατέραν	err cf θυγατέρα	
10172	2Co 6,18	θυγατέρας (1)	acc pl	θυγάτηρ
10173		θυγατέρες (3)	nom pl	Id
10174	Lc 1,5	θυγατέρων (1)	gen pl	Id
10175		θυγάτηρ (13)	nom sg	Id
10176	Mt 21,5	θυγατρί (1)	dat sg	Id
10177		θυγάτριον (2)	nom sg . . .	θυγάτριον
10178		θυγατρός (4)	gen sg	θυγάτηρ
10179	*1Co 10,20	θύει	3 p sg ind pr a	θύω
10180		θύειν (2)	inf pr a	Id
10181	Heb 12,18	θυέλλῃ (1)	dat sg	θύελλα
10182	Lc 22,7	θύεσθαι (1)	inf pr pass . . .	θύω
10183	Apc 18,12	θύϊνον (1)	acc neut sg	θύϊνος
10184	Apc 8,3	θυμιάματα (1)	nom pl	θυμίαμα
10185	Apc 18,13	θυμιάματα (1)	acc pl	Id
10186		θυμιάματος (2)	gen sg	Id
10187		θυμιαμάτων (2)	gen pl	Id

10188	Lc 1,9	θυμιᾶσαι	(1)	inf ao a	θυμιάω
10189	*Heb 9,2	θυμιατήριον		nom sg	θυμιατήριον
10190	Heb 9,4	θυμιατήριον	(1)	acc sg	Id
10191		θυμοί	(2)	nom pl	θυμός
10192	Ac 12,20	θυμομαχῶν	(1)	nom mas sg part pr a	θυμομαχέω
10193		θυμόν	(3)	acc sg	θυμός
10194		θυμός	(3)	nom sg	Id
10195		θυμοῦ	(10)	gen sg	Id
10196		θύουσιν	(2)	3 p pl ind pr a	θύω
10197		θύρα	(6)	nom sg	θύρα
10198		θύρᾳ	(3)	dat sg	Id
10199		θύραι	(2)	nom pl	Id
10200		θύραις	(2)	dat pl	Id
10201		θύραν	(14)	acc sg	Id
10202		θύρας	(5)	gen sg	Id
10203		θύρας	(3)	acc pl	Id
10204	Eph 6,16	θυρεόν	(1)	acc sg	θυρεός
10205	*Ac 20,9	θυρίδι		dat sg	θυρίς
10206		θυρίδος	(2)	gen sg	Id
10207		θυρῶν	(4)	gen pl	θύρα
10208		θυρωρός	(2)	nom sg	θυρωρός
10209		θυρωρῷ	(2)	dat sg	Id
10210	Lc 15,23	θύσατε	(1)	2 p pl imper ao a	θύω
10211	Jh 10,10	θύσῃ	(1)	3 p sg sbj ao a	Id
10212	Heb 10,26	θυσία	(1)	nom sg	θυσία
10213	Php 2,17	θυσίᾳ	(1)	dat sg	Id
10214	Heb 9,9	θυσίαι	(1)	nom pl	Id
10215		θυσίαις	(3)	dat pl	Id
10216		θυσίαν	(11)	acc sg	Id
10217	Heb 9,26	θυσίας	(1)	gen sg	Id
10218		θυσίας	(8)	acc pl	Id
10219	Rm 11,3	θυσιαστήρια	(1)	acc pl	θυσιαστήριον
10220	Mt 23,19	θυσιαστήριον	(1)	nom sg	Id
10221		θυσιαστήριον	(5)	acc sg	Id
10222		θυσιαστηρίου	(11)	gen sg	Id
10223		θυσιαστηρίῳ	(5)	dat sg	Id
10224		θυσιῶν	(2)	gen pl	θυσία
10225		θῦσον	(2)	2 p sg imper ao a	θύω
10226		θῶ	(5)	1 p sg sbj ao2 a	τίθημι
10227	Jh 20,27	Θωμᾷ	(1)	dat	Θωμᾶς
10228		Θωμᾶν	(2)	acc	Id
10229		Θωμᾶς	(8)	nom	Id
10230	Mc 4,30	θῶμεν	(1)	1 p pl sbj ao2 a	τίθημι
10231		θώρακα	(2)	acc sg	θώραξ
10232		θώρακας	(3)	acc pl	Id

ι

10233	Jh 5,13	ἰαθείς	(1)	nom mas sg part ao (pass)	ἰάομαι
10234		ἰάθη	(4)	3 p sg ind ao (pass)	Id

No.	Ref	Form	Freq	Parsing	Lemma
10235	Heb 12,13	ἰαθῇ	(1)	3 p sg sbj ao (pass)	ἰάομαι
10236	*1Pt 2,24	ἰάθημεν		1 p pl ind ao (pass)	Id
10237	Lc 6,18	ἰαθῆναι	(1)	inf ao (pass)	Id
10238	Mt 8,8	ἰαθήσεται	(1)	3 p sg ind fut (pass)	Id
10239	1Pt 2,24	ἰάθητε	(1)	2 p pl ind ao (pass)	Id
10240	Ja 5,16	ἰαθῆτε	(1)	2 p pl sbj ao (pass)	Id
10241	Lc 7,7	ἰαθήτω	(1)	3 p sg imper ao (pass)	Id
10242		Ἰάϊρος	(2)	nom	Ἰάϊρος
10243		Ἰακώβ	(27)	inde	Ἰακώβ
10244		Ἰάκωβον	(16)	acc	Ἰάκωβος
10245		Ἰάκωβος	(11)	nom	Id
10246		Ἰακώβου	(13)	gen	Id
10247		Ἰακώβῳ	(2)	dat	Id
10248		ἰαμάτων	(3)	gen pl	ἴαμα
10249	2Tm 3,8	Ἰαμβρῆς	(1)	nom	Ἰαμβρῆς
10250	Lc 3,24	Ἰανναί	(1)	inde	Ἰανναί
10251	2Tm 3,8	Ἰάννης	(1)	nom	Ἰάννης
10252	*Lc 3,37	Ἰαρέδ		inde	Ἰαρέδ
10253	*Lc 3,37	Ἰάρεθ		inde	Ἰάρεθ
10254	Lc 3,37	Ἰάρετ	(1)	inde	Ἰάρετ
10255	*Lc 4,18	ἰάσασθαι		inf ao	ἰάομαι
10256		ἰάσατο	(4)	3 p sg ind ao	Id
10257	Lc 13,32	ἰάσεις	(1)	acc pl	ἴασις
10258	Ac 4,22	ἰάσεως	(1)	gen sg	Id
10259	Jh 4,47	ἰάσηται	(1)	3 p sg sbj ao	ἰάομαι
10260		ἰᾶσθαι	(2)	inf pr	Id
10261	Ac 4,30	ἴασιν	(1)	acc sg	ἴασις
10262		ἰάσομαι	(3)	1 p sg ind fut	ἰάομαι
10263	Ac 17,6	Ἰάσονα	(1)	acc	Ἰάσων
10264	*Ac 21,16	Ἰάσονι		dat	Id
10265		Ἰάσονος	(2)	gen	Id
10266		ἰάσπιδι	(2)	dat sg	ἴασπις
10267		ἴασπις	(2)	nom sg	Id
10268	*Ac 28,27	ἰάσωμαι		1 p sg sbj ao	ἰάομαι
10269		Ἰάσων	(2)	nom	Ἰάσων
10270	Ac 9,34	ἰᾶται	(1)	3 p sg ind pr	ἰάομαι
10271	Mc 5,29	ἴαται	(1)	3 p sg ind pf (pass)	Id
10272		ἰᾶτο	(2)	3 p sg ind impf	Id
10273	Lc 4,23	ἰατρέ	(1)	vo sg	ἰατρός
10274	Lc 8,43	ἰατροῖς	(1)	dat pl	Id
10275	Col 4,14	ἰατρός	(1)	nom sg	Id
10276		ἰατροῦ	(3)	gen sg	Id
10277	*Lc 8,43	ἰατρούς		acc pl	Id
10278	Mc 5,26	ἰατρῶν	(1)	gen pl	Id
10279	*Lc 3,24	Ἰαχίν		inde	Ἰαχίν
10280	*Ac 1,26	ιβ΄		cf δώδεκα	
10281		ἴδε	(34)	interj	ἴδε
10282	*Mt 28,3	ἰδέα		nom sg	ἰδέα
10283		ἰδεῖν	(38)	inf ao2 a	ὁράω
10284		ἴδετε	(9)	2 p pl imper ao2 a	Id

10285		ἴδῃ	(4)	3 p sg sbj ao2 a . . .	ὁράω
10286	Jh 1,33	ἴδῃς	(1)	2 p sg sbj ao2 a . . .	Id
10287	*Jh 14,7	ιδητε		[sic]	
10288		ἴδητε	(12)	2 p pl sbj ao2 a . . .	Id
10289	Jh 10,12	ἴδια	(1)	nom neut pl	ἴδιος
10290		ἴδια	(8)	acc neut pl	Id
10291		ἰδίᾳ	(12)	dat fem sg	Id
10292		ἰδίαις	(3)	dat fem pl	Id
10293		ἰδίαν	(24)	acc fem sg	Id
10294		ἰδίας	(3)	gen fem sg	Id
10295		ἰδίας	(3)	acc fem pl	Id
10296	Jh 1,11	ἴδιοι	(1)	nom mas pl	Id
10297		ἰδίοις	(9)	dat mas pl	Id
10298	1Co 9,7	ἰδίοις	(1)	dat neut pl . . .	Id
10299		ἴδιον	(8)	acc mas sg	Id
10300		ἴδιον	(10)	acc neut sg	Id
10301	Tit 1,12	ἴδιος	(1)	nom mas sg	Id
10302		ἰδίου	(5)	gen mas sg	Id
10303		ἰδίου	(6)	gen neut sg	Id
10304		ἰδίους	(5)	acc mas pl	Id
10305		ἰδίῳ	(4)	dat mas sg	Id
10306		ἰδίῳ	(3)	dat neut sg	Id
10307		ἰδίων	(2)	gen mas pl	Id
10308	Heb 7,27	ἰδίων	(1)	gen fem pl	Id
10309		ἰδίων	(4)	gen neut pl	Id
10310		ἰδιῶται	(2)	nom pl	ἰδιώτης
10311		ἰδιώτης	(2)	nom sg	Id
10312	1Co 14,16	ἰδιώτου	(1)	gen sg	Id
10313	*Apc 6,2	ιδον	(!)		
10314		ἰδόντες	(41)	nom mas pl part ao2 a .	ὁράω
10315		ἰδού	(200)	interj	ἰδού
10316	Mc 3,8	Ἰδουμαίας	(1)	gen	Ἰδουμαία
10317		ἰδοῦσα	(6)	nom fem sg part ao2 a . .	ὁράω
10318	*Lc 22,44	ἱδρώς		nom sg	ἱδρώς
10319		ἴδω	(3)	1 p sg sbj ao2 a . . .	ὁράω
10320		ἴδωμεν	(5)	1 p pl sbj ao2 a . . .	Id
10321		ἰδών	(61)	nom mas sg part ao2 a . .	Id
10322	*Mt 9,4	ἰδώς		cf εἰδώς	
10323		ἴδωσιν	(9)	3 p pl sbj ao2 a . .	ὁράω
10324	Apc 2,20	Ἰεζάβελ	(1)	inde	Ἰεζάβελ
10325		ἱερά	(2)	acc neut pl	ἱερός
10326	Col 4,13	Ἱεραπόλει	(1)	dat	Ἱεράπολις
10327	*Col 4,13	Ἱερᾶ Πόλει		dat	Ἱερᾶ Πόλις
10328	Heb 7,5	ἱερατείαν	(1)	acc sg	ἱερατεία
10329	Lc 1,9	ἱερατείας	(1)	gen sg	Id
10330	Lc 1,8	ἱερατεύειν	(1)	inf pr a . . .	ἱερατεύω
10331	1Pt 2,9	ἱεράτευμα	(1)	nom sg . . .	ἱεράτευμα
10332	1Pt 2,5	ἱεράτευμα	(1)	acc sg	Id
10333		ἱερέα	(2)	acc sg	ἱερεύς
10334		ἱερεῖ	(3)	dat sg	Id

10335		ἱερεῖς	(6)	nom pl	ἱερεύς
10336		ἱερεῖς	(5)	acc pl	Id
10337	Mt 16,14	Ἰερεμίαν	(1)	acc	Ἰερεμίας
10338		Ἰερεμίου	(2)	gen	Id
10339		ἱερεύς	(11)	nom sg	ἱερεύς
10340		ἱερεῦσιν	(2)	dat pl	Id
10341		ἱερέων	(2)	gen pl	Id
10342	*Ac 19,14	ἱερέως		gen sg	Id
10343		Ἱεριχώ	(7)	inde	Ἱεριχώ
10344	1Co 10,28	ἱερόθυτον	(1)	nom neut sg	ἱερόθυτος
10345	Ac 19,27	ἱερόν	(1)	nom sg	ἱερόν
10346		ἱερόν	(19)	acc sg	Id
10347	Mc 16,#1	ἱερόν	(1)	acc neut sg	ἱερός
10348	*Tit 2,3	ἱεροπρεπεῖ		dat neut sg	ἱεροπρεπής
10349	Tit 2,3	ἱεροπρεπεῖς	(1)	acc fem pl	Id
10350		Ἱεροσόλυμα	(2)	nom	Ἱεροσόλυμα
10351		Ἱεροσόλυμα	(35)	acc	Id
10352	Mc 1,5	Ἱεροσολυμῖται	(1)	nom pl	Ἱεροσολυμίτης
10353	Jh 7,25	Ἱεροσολυμιτῶν	(1)	gen pl	Id
10354		Ἱεροσολύμοις	(14)	dat	Ἱεροσόλυμα
10355		Ἱεροσολύμων	(11)	gen	Id
10356	Rm 2,22	ἱεροσυλεῖς	(1)	2 p sg ind pr a	ἱεροσυλέω
10357	Ac 19,37	ἱεροσύλους	(1)	acc mas pl	ἱερόσυλος
10358		ἱεροῦ	(19)	gen sg	ἱερόν
10359	Rm 15,16	ἱερουργοῦντα	(1)	acc mas sg part pr a	ἱερουργέω
10360		Ἰερουσαλήμ	(77)	inde	Ἰερουσαλήμ
10361		ἱερῷ	(32)	dat sg	ἱερόν
10362	Heb 7,24	ἱερωσύνην	(1)	acc sg	ἱερωσύνη
10363		ἱερωσύνης	(2)	gen sg	Id
10364		Ἰεσσαί	(5)	inde	Ἰεσσαί
10365	Heb 11,32	Ἰεφθάε	(1)	inde	Ἰεφθάε
10366	Mt 1,11	Ἰεχονίαν	(1)	acc	Ἰεχονίας
10367	Mt 1,12	Ἰεχονίας	(1)	nom	Id
10368	*Mt 1,11	Ἰεχονίου		gen	Id
10369	*Mt 27,9	Ἠσαΐου		gen	Ἠσαΐας
10370		Ἰησοῦ	(226)	gen	Ἰησοῦς
10371		Ἰησοῦ	(93)	dat	Id
10372		Ἰησοῦ	(10)	vo	Id
10373		Ἰησοῦν	(127)	acc	Id
10374		Ἰησοῦς	(463)	nom	Id
10375	Mt 28,12	ἱκανά	(1)	acc neut pl	ἱκανός
10376		ἱκαναί	(2)	nom fem pl	Id
10377	Ac 27,7	ἱκαναῖς	(1)	dat fem pl	Id
10378		ἱκανάς	(2)	acc fem pl	Id
10379		ἱκανοί	(5)	nom mas pl	Id
10380	Lc 23,9	ἱκανοῖς	(1)	dat mas pl	Id
10381		ἱκανόν	(3)	acc mas sg	Id
10382		ἱκανόν	(2)	nom neut sg	Id
10383		ἱκανόν	(4)	acc neut sg	Id

No.	Ref.	Form	Freq.	Parsing	Lemma
10384		ἱκανός	(10)	nom mas sg	ἱκανός
10385	2Co 3,5	ἱκανότης	(1)	nom sg	ἱκανότης
10386		ἱκανοῦ	(2)	gen mas sg	ἱκανός
10387	*Lc 23,8	ἱκανοῦ		gen neut sg	Id
10388		ἱκανούς	(2)	acc mas pl	Id
10389		ἱκανῷ	(2)	dat mas sg	Id
10390		ἱκανῶν	(2)	gen mas pl	Id
10391	Col 1,12	ἱκανώσαντι	(1)	dat mas sg part ao a	ἱκανόω
10392	2Co 3,6	ἱκάνωσεν	(1)	3 p sg ind ao a	Id
10393	Heb 5,7	ἱκετηρίας	(1)	acc pl	ἱκετηρία
10394	Lc 8,6	ἱκμάδα	(1)	acc sg	ἱκμάς
10395		Ἰκόνιον	(2)	acc	Ἰκόνιον
10396	Ac 14,19	Ἰκονίου	(1)	gen	Id
10397		Ἰκονίῳ	(3)	dat	Id
10398	2Co 9,7	ἱλαρόν	(1)	acc mas sg	ἱλαρός
10399	Rm 12,8	ἱλαρότητι	(1)	dat sg	ἱλαρότης
10400	Lc 18,13	ἱλάσθητι	(1)	2 p sg imper ao (pass)	ἱλάσκομαι
10401	Heb 2,17	ἱλάσκεσθαι	(1)	inf pr	Id
10402	1Jh 4,10	ἱλασμόν	(1)	acc sg	ἱλασμός
10403	1Jh 2,2	ἱλασμός	(1)	nom sg	Id
10404		ἱλαστήριον	(2)	acc sg	ἱλαστήριον
10405		ἵλεως	(2)	nom mas sg	ἵλεως
10406	Rm 15,19	Ἰλλυρικοῦ	(1)	gen	Ἰλλυρικόν
10407		ἱμάντα	(3)	acc sg	ἱμάς
10408	Ac 22,25	ἱμᾶσιν	(1)	dat pl	Id
10409		ἱμάτια	(3)	nom pl	ἱμάτιον
10410		ἱμάτια	(26)	acc pl	Id
10411		ἱματίοις	(3)	dat pl	Id
10412		ἱμάτιον	(2)	nom sg	Id
10413		ἱμάτιον	(14)	acc sg	Id
10414		ἱματίου	(8)	gen sg	Id
10415		ἱματισμένον	(2)	acc mas sg part pf pass	ἱματίζω
10416	Jh 19,24	ἱματισμόν	(1)	acc sg	ἱματισμός
10417	Lc 9,29	ἱματισμός	(1)	nom sg	Id
10418	Ac 20,33	ἱματισμοῦ	(1)	gen sg	Id
10419		ἱματισμῷ	(2)	dat sg	Id
10420	Mt 9,16	ἱματίῳ	(1)	dat sg	ἱμάτιον
10421		ἱματίων	(3)	gen pl	Id
10422	*1Th 2,8	ἱμειρόμενοι		nom mas pl part pr m	ἱμείρω
10423		ἵνα	(663)	conj	ἵνα
10424		ἱνατί	(6)	adv	ἱνατί
10425	*Ac 2,9	Ἰνδίαν		acc	Ἰνδία
10426		Ἰόππῃ	(4)	dat	Ἰόππη
10427		Ἰόππην	(4)	acc	Id
10428		Ἰόππης	(2)	gen	Id
10429		Ἰορδάνῃ	(2)	dat	Ἰορδάνης
10430		Ἰορδάνην	(2)	acc	Id
10431		Ἰορδάνου	(11)	gen	Id
10432		ἰός	(2)	nom sg	ἰός

10433	Ja 3,8	ἰοῦ	(1)	gen sg	ἰός
10434		Ἰούδα	(12)	gen	Ἰούδας
10435	Jh 13,26	Ἰούδᾳ	(1)	dat	Id
10436	Lc 22,48	Ἰούδα	(1)	vo	Id
10437		Ἰουδαία	(2)	nom	Ἰουδαία
10438	Ac 24,24	Ἰουδαίᾳ	(1)	dat fem sg	Ἰουδαῖος
10439		Ἰουδαίᾳ	(9)	dat	Ἰουδαία
10440		Ἰουδαίαν	(7)	acc	Id
10441	Jh 3,22	Ἰουδαίαν	(1)	acc fem sg	Ἰουδαῖος
10442		Ἰουδαίας	(26)	gen	Ἰουδαία
10443	Ac 16,1	Ἰουδαίας	(1)	gen fem sg	Ἰουδαῖος
10444	Ga 2,14	ἰουδαίζειν	(1)	inf pr a	ἰουδαίζω
10445	Tit 1,14	Ἰουδαϊκοῖς	(1)	dat mas pl	Ἰουδαϊκός
10446	Ga 2,14	Ἰουδαϊκῶς	(1)	adv	Ἰουδαϊκῶς
10447		Ἰουδαῖοι	(55)	nom mas pl	Ἰουδαῖος
10448		Ἰουδαῖοι	(2)	vo mas pl	Id
10449		Ἰουδαίοις	(25)	dat mas pl	Id
10450	Ac 18,2	Ἰουδαῖον	(1)	acc mas sg	Id
10451	Ac 13,6	Ἰουδαῖον	(1)	acc mas sg	Id
10452		Ἰουδαῖος	(11)	nom mas sg	Id
10453		Ἰουδαῖος	(2)	nom mas sg	Id
10454		Ἰουδαίου	(4)	gen mas sg	Id
10455	Ac 19,14	Ἰουδαίου	(1)	gen mas sg	Id
10456		Ἰουδαίους	(17)	acc mas pl	Id
10457		Ἰουδαϊσμῷ	(2)	dat sg	Ἰουδαϊσμός
10458		Ἰουδαίῳ	(2)	dat mas sg	Ἰουδαῖος
10459	Ac 10,28	Ἰουδαίῳ	(1)	dat mas sg	Id
10460		Ἰουδαίων	(69)	gen mas pl	Id
10461	Ac 19,13	Ἰουδαίων	(1)	gen mas pl	Id
10462		Ἰούδαν	(8)	acc	Ἰούδας
10463		Ἰούδας	(23)	nom	Id
10464	Rm 16,15	Ἰουλίαν	(1)	acc	Ἰουλία
10465	*Ac 27,3	Ἰουλιανός		nom	Ἰουλιανός
10466	Ac 27,3	Ἰούλιος	(1)	nom	Ἰούλιος
10467	Ac 27,1	Ἰουλίῳ	(1)	dat	Id
10468	Rm 16,7	Ἰουνιᾶν	(1)	acc	Ἰουνιᾶς
10469	*Rm 16,15	Ἰουνίαν		acc	Ἰουνία
10470		Ἰοῦστος	(2)	nom	Ἰοῦστος
10471	Ac 18,7	Ἰούστου	(1)	gen	Id
10472		ἱππεῖς	(2)	acc pl	ἱππεύς
10473	Apc 9,16	ἱππικοῦ	(1)	gen neut sg	ἱππικός
10474		ἵπποις	(2)	dat pl	ἵππος
10475		ἵππος	(5)	nom sg	Id
10476		ἵππου	(2)	gen sg	Id
10477	Apc 9,17	ἵππους	(1)	acc pl	Id
10478		ἵππων	(7)	gen pl	Id
10479		ἶρις	(2)	nom sg	ἶρις
10480		ἴσα	(2)	nom neut pl	ἴσος
10481	Lc 6,34	ἴσα	(1)	acc neut pl	Id
10482		Ἰσαάκ	(20)	inde	Ἰσαάκ
10483	Lc 20,36	ἰσάγγελοι	(1)	nom mas pl	ἰσάγγελος

10484	Mc 14,56	ἴσαι	(1)	nom fem pl	ἴσος
10485	Ac 26,4	ἴσασι	(1)	3 p pl ind pf a	οἶδα
10486	Mc 14,59	ἴση	(1)	nom fem sg	ἴσος
10487	Ac 11,17	ἴσην	(1)	acc fem sg	Id
10488		ἴσθι	(5)	2 p sg imper pr	εἰμί
10489	*Mc 3,19	Ἰσκαιώθ		inde	Ἰσκαιώθ
10490	*Mc 3,19	Ἰσκαριότην		acc mas	Ἰσκαριότης
10491		Ἰσκαριώθ	(3)	inde	Ἰσκαριώθ
10492	*Jh 13,2	Ἰσκαριώτηerr		cf Ἰσκαριώτης	
10493	*Jh 13,26	Ἰσκαριώτῃ		dat mas	Ἰσκαριώτης
10494	Lc 22,3	Ἰσκαριώτην	(1)	acc sg	Id
10495		Ἰσκαριώτης	(4)	nom sg	Id
10496	*Mc 3,19	Ἰσκαριώτιν	(?)		
10497		Ἰσκαριώτου	(3)	gen sg	Ἰσκαριώτης
10498	*Mc 3,19	Ἰσκαρώτης		nom sg	Ἰσκαρώτης
10499	*Ja 1,19	ἴσμεν		att 1 p pl ind	οἶδα
10500	Jh 5,18	ἴσον	(1)	acc mas sg	ἴσος
10501	2Co 8,14	ἰσότης	(1)	nom sg	ἰσότης
10502	Col 4,1	ἰσότητα	(1)	acc sg	Id
10503	2Co 8,13	ἰσότητος	(1)	gen sg	Id
10504	2Pt 1,1	ἰσότιμον	(1)	acc fem sg	ἰσότιμος
10505	Mt 20,12	ἴσους	(1)	acc mas pl	ἴσος
10506	Php 2,20	ἰσόψυχον	(1)	acc mas sg	ἰσόψυχος
10507		Ἰσραήλ	(68)	inde	Ἰσραήλ
10508		Ἰσραηλῖται	(2)	nom pl	Ἰσραηλίτης
10509		Ἰσραηλῖται	(5)	vo pl	Id
10510		Ἰσραηλίτης	(2)	nom sg	Id
10511	Apc 7,7	Ἰσσαχάρ	(1)	inde	Ἰσσαχάρ
10512	Rm 3,31	ἱστάνομεν	(1)	1 p pl ind pr a	ἵστημι
10513		ἴστε	(3)	2 p pl ind/imper pf a	οἶδα
10514	*Mt 4,5	ἵστησιν		3 p pl ind pr a	ἵστημι
10515	*Ac 27,15	ἱστία		acc pl	ἱστίον
10516	*Ac 27,38	ἱστόν		acc sg	ἱστός
10517	Ga 1,18	ἱστορῆσαι	(1)	inf ao a	ἱστορέω
10518	*Ja 1,19	ἴστω		3 p sg imper	Id
10519		ἰσχύει	(4)	3 p sg ind pr a	ἰσχύω
10520	Mt 8,28	ἰσχύειν	(1)	inf pr a	Id
10521		ἴσχυεν	(2)	3 p sg ind impf a	Id
10522		ἰσχύϊ	(2)	dat sg	ἰσχύς
10523	Apc 5,12	ἰσχύν	(1)	acc sg	Id
10524		ἴσχυον	(3)	3 p pl ind impf a	ἰσχύω
10525		ἰσχύοντες	(2)	nom mas pl part pr a	Id
10526	Lc 14,29	ἰσχύοντος	(1)	gen mas sg part pr a	Id
10527		ἰσχύος	(6)	gen sg	ἰσχύς
10528		ἰσχυρά	(2)	nom fem sg	ἰσχυρός
10529	1Co 1,27	ἰσχυρά	(1)	acc neut pl	Id
10530	Apc 18,2	ἰσχυρᾷ	(1)	dat fem sg	Id
10531	2Co 10,10	ἰσχυραί	(1)	nom fem pl	Id
10532	Heb 6,18	ἰσχυράν	(1)	acc fem sg	Id
10533	Heb 5,7	ἰσχυρᾶς	(1)	gen fem sg	Id
10534		ἰσχυροί	(4)	nom mas pl	Id

No.	Ref.	Form	Freq.	Analysis	Lemma
10535		ἰσχυρόν	(5)	acc mas sg	ἰσχυρός
10536		ἰσχυρός	(3)	nom mas sg	Id
10537	1Co 10,22	ἰσχυρότεροι	(1)	comp nom mas pl	Id
10538	1Co 1,25	ἰσχυρότερον	(1)	comp nom neut sg	Id
10539		ἰσχυρότερος	(4)	comp nom mas sg	Id
10540		ἰσχυροῦ	(2)	gen mas sg	Id
10541	Apc 19,18	ἰσχυρῶν	(1)	gen mas pl	Id
10542	Apc 19,6	ἰσχυρῶν	(1)	gen fem pl	Id
10543	Apc 7,12	ἰσχύς	(1)	nom sg	ἰσχύς
10544		ἰσχύσαμεν	(2)	1 p pl ind ao a	ἰσχύω
10545		ἴσχυσαν	(3)	3 p pl ind ao a	Id
10546	Mc 14,37	ἴσχυσας	(1)	2 p sg ind ao a	Id
10547	Mt 26,40	ἰσχύσατε	(1)	2 p pl ind ao a	Id
10548		ἴσχυσεν	(5)	3 p sg ind ao a	Id
10549	*Lc 14,29	ἰσχύσῃ		3 p sg sbj ao a	Id
10550	Lc 13,24	ἰσχύσουσιν	(1)	3 p pl ind fut a	Id
10551		ἰσχύω	(2)	1 p sg ind pr a	Id
10552	Lc 20,13	ἴσως	(1)	adv	ἴσως
10553		Ἰταλίαν	(2)	acc	Ἰταλία
10554		Ἰταλίας	(2)	gen	Id
10555	Ac 10,1	Ἰταλικῆς	(1)	gen fem sg	Ἰταλικός
10556	Lc 3,1	Ἰτουραίας	(1)	gen	Ἰτουραία
10557		ἰχθύας	(7)	acc pl	ἰχθύς
10558		ἰχθύδια	(2)	acc pl	ἰχθύδιον
10559	Lc 9,13	ἰχθύες	(1)	nom pl	ἰχθύς
10560		ἰχθύν	(3)	acc sg	Id
10561		ἰχθύος	(2)	gen sg	Id
10562		ἰχθύων	(7)	gen pl	Id
10563		ἴχνεσιν	(3)	dat pl	ἴχνος
10564		Ἰωαθάμ	(2)	inde	Ἰωαθάμ
10565	*Lc 3,27	Ἰωαθάν		inde	Ἰωαθάν
10566	*Mt 1,11	Ἰωακείμ		inde	Ἰωακείμ
10567	*Mt 1,11	Ἰωακίμ		inde	Ἰωακίμ
10568 a	*Jh 1,42	Ἰωανᾶ		gen	Ἰωανᾶς
10569	Lc 3,27	Ἰωανάν	(1)	inde	Ἰωανάν
10570		Ἰωάννα	(2)	nom	Ἰωάννα
10571	*Jh 1,42	Ἰωαννᾶ		gen	Ἰωαννᾶς
10572		Ἰωάννῃ	(5)	dat	Ἰωάννης
10573		Ἰωάννην	(37)	acc	Id
10574		Ἰωάννης	(54)	nom	Id
10575		Ἰωάννου	(39)	gen	Id
10576	*Mt 1,8	Ἰωάς		inde	Ἰωάς
10577	Ja 5,11	Ἰώβ	(1)	inde	Ἰώβ
10578		Ἰωβήδ	(3)	inde	Ἰωβήδ
10579	*Lc 3,32	Ἰωβήλ		inde	Ἰωβήλ
10580	Lc 3,26	Ἰωδά	(1)	inde	Ἰωδά
10581	Ac 2,16	Ἰωήλ	(1)	inde	Ἰωήλ
10582	Ac 10,38	ἰώμενος	(1)	nom mas sg part pr	ἰάομαι
10583		Ἰωνᾶ	(7)	gen	Ἰωνᾶς
10584	*Ac 4,6	Ἰωνάθας		nom	Ἰωνάθας

No.	Ref	Form	Freq	Analysis	Lemma
10585	Lc 3,30	Ἰωνάμ	(1)	inde	Ἰωνάμ
10586		Ἰωνᾶς	(2)	nom	Ἰωνᾶς
10587	*Ac 5,16	ἰῶντο		3 p pl ind impf	ἰάομαι
10588		Ἰωράμ	(2)	inde	Ἰωράμ
10589	Lc 3,29	Ἰωρίμ	(1)	inde	Ἰωρίμ
10590	*Lc 3,28	Ἰωσαφάδ		inde	Ἰωσαφάδ
10591		Ἰωσαφάτ	(2)	inde	Ἰωσαφάτ
10592	*Mt 13,55	Ἰωσῆ		gen	Ἰωσῆς
10593	*Mt 13,55	Ἰωσῆς		nom	Id
10594		Ἰωσῆτος	(3)	gen	Id
10595		Ἰωσήφ	(35)	inde	Ἰωσήφ
10596	Lc 3,26	Ἰωσῆχ	(1)	inde	Ἰωσῆχ
10597	*Lc 3,26	Ἰωσία		gen	Ἰωσίας
10598	Mt 1,10	Ἰωσίαν	(1)	acc	Id
10599	Mt 1,11	Ἰωσίας	(1)	nom	Id
10600	Mt 5,18	ἰῶτα	(1)	inde	ἰῶτα

Κ

No.	Ref	Form	Freq	Analysis	Lemma
10601	*Lc 16,6	κάβους		acc pl	κάβος
10602		κἀγώ		cf καὶ ἐγώ	
10603	*Lc 16,6	κάδους		acc pl	κάδος
10604		καθ'		cf κατά	
10605	Mt 27,10	καθά	(1)	adv	καθά
10606	Jh 15,2	καθαίρει	(1)	3 p sg ind pr a	καθαίρω
10607	Ac 19,27	καθαιρεῖσθαι	(1)	inf pr pass	καθαιρέω
10608		καθαίρεσιν	(3)	acc sg	καθαίρεσις
10609	2Co 10,4	καθαιροῦντες	(1)	nom mas pl part pr a	καθαιρέω
10610		καθάπερ	(13)	conj	καθάπερ
10611	Ja 1,27	καθαρά	(1)	nom fem sg	καθαρός
10612		καθαρά	(3)	nom neut pl	Id
10613		καθαρᾷ	(3)	dat fem sg	Id
10614		καθαρᾶς	(3)	gen fem sg	Id
10615	Heb 9,14	καθαριεῖ	(1)	3 p sg ind fut a	καθαρίζω
10616	1Jh 1,7	καθαρίζει	(1)	3 p sg ind pr a	Id
10617	Heb 9,23	καθαρίζεσθαι	(1)	inf pr pass	Id
10618	Heb 9,22	καθαρίζεται	(1)	3 p sg ind pr pass	Id
10619		καθαρίζετε	(2)	2 p pl ind pr a	Id
10620	Mt 10,8	καθαρίζετε	(1)	2 p pl imper pr a	Id
10621	*Mc 7,19	καθαρίζον		nom neut sg part pr a	Id
10622		καθαρίζονται	(2)	3 p pl ind pr pass	Id
10623	Mc 7,19	καθαρίζων	(1)	nom mas sg part pr a	Id
10624		καθαρίσαι	(3)	inf ao a	Id
10625		καθαρίσας	(2)	nom mas sg part ao a	Id
10626	Ja 4,8	καθαρίσατε	(1)	2 p pl imper ao a	Id
10627	*Lc 11,2	καθαρισάτω		3 p sg imper ao a	Id
10628	*1Jh 1,9	καθαρίσει		3 p sg ind fut a	Id
10629		καθαρίσῃ	(2)	3 p sg sbj ao a	Id
10630	*Lc 17,14	καθαρίσθητε		2 p pl imper ao pass	Id
10631		καθαρίσθητι	(3)	2 p sg imper ao pass	Id
10632		καθαρισμόν	(2)	acc sg	καθαρισμός

10633		καθαρισμοῦ	(5)	gen sg	καθαρισμός
10634	Mt 23,26	καθάρισον	(1)	2 p sg imper ao a	καθαρίζω
10635	2Co 7,1	καθαρίσωμεν	(1)	1 p pl sbj ao a	Id
10636		καθαροί	(4)	nom mas pl	καθαρός
10637	Tit 1,15	καθαροῖς	(1)	dat mas pl	Id
10638	*Apc 22,1	καθαρόν		acc mas sg	Id
10639		καθαρόν	(4)	nom neut sg	Id
10640		καθαρόν	(3)	acc neut sg	Id
10641		καθαρός	(3)	nom mas sg	Id
10642	Heb 9,13	καθαρότητα	(1)	acc sg	καθαρότης
10643	*Apc 15,6	καθαρούς		acc mas pl	καθαρός
10644	Apc 21,18	καθαρῷ	(1)	dat mas sg	Id
10645	Heb 10,22	καθαρῷ	(1)	dat neut sg	Id
10646	Mt 23,2	καθέδρας	(1)	gen sg	καθέδρα
10647		καθέδρας	(2)	acc pl	Id
10648	*Lc 22,30	καθέζησθε		2 p pl sbj pr	καθέζομαι
10649	Ac 6,15	καθεζόμενοι	(1)	nom mas pl part pr	Id
10650	Lc 2,46	καθεζόμενον	(1)	acc mas sg part pr	Id
10651	Ac 20,9	καθεζόμενος	(1)	nom mas sg part pr	Id
10652	Jh 20,12	καθεζομένους	(1)	acc mas pl part pr	Id
10653	Lc 1,52	καθεῖλεν	(1)	3 p sg ind ao2 a	καθαιρέω
10654	*2Th 2,4	καθείσαι		cf καθίσαι	
10655	Mc 15,36	καθελεῖν	(1)	inf ao2 a	καθαιρέω
10656	Ac 13,29	καθελόντες	(1)	nom mas pl part ao2 a	Id
10657	Lc 12,18	καθελῶ	(1)	1 p sg ind fut2 a	Id
10658		καθελών	(3)	nom mas sg part ao2 a	Id
10659		καθεξῆς	(5)	adv	καθεξῆς
10660	*2Th 2,4	καθέσαι		cf καθίσαι	
10661	*Mt 19,28	καθεσθήσεσθε		2 p pl ind fut	καθέζομαι
10662	*Mc 12,40	καθεσθίουσιν		3 p pl ind pr a	καθεσθίω
10663		καθεύδει	(3)	3 p sg ind pr a	καθεύδω
10664	Mt 13,25	καθεύδειν	(1)	inf pr a	Id
10665	Mc 14,37	καθεύδεις	(1)	2 p sg ind pr a	Id
10666	Lc 22,46	καθεύδετε	(1)	2 p pl ind pr a	Id
10667		καθεύδετε	(2)	2 p pl imper pr a	Id
10668	Mc 4,27	καθεύδῃ	(1)	3 p sg sbj pr a	Id
10669		καθεύδοντας	(5)	acc mas pl part pr a	Id
10670	1Th 5,7	καθεύδοντες	(1)	nom mas pl part pr a	Id
10671	1Th 5,7	καθεύδουσιν	(1)	3 p pl ind pr a	Id
10672		καθεύδωμεν	(2)	1 p pl sbj pr a	Id
10673		καθεύδων	(2)	nom mas sg part pr a	Id
10674	Ac 23,3	κάθῃ	(1)	2 p sg ind pr	κάθημαι
10675	Mt 23,10	καθηγηταί	(1)	nom pl	καθηγητής
10676	Mt 23,10	καθηγητής	(1)	nom sg	Id
10677	*Lc 6,7	καθηγορῆσαι		inf ao a	καθηγορέω=κατηγορέω
10678		καθῆκαν	(2)	3 p pl ind ao a	καθίημι
10679	Ac 22,22	καθῆκεν	(1)	3 p sg ind impf a	καθήκω
10680	Rm 1,28	καθήκοντα	(1)	acc neut pl part pr a	Id
10681	Apc 18,7	κάθημαι	(1)	1 p sg ind pr	κάθημαι

10682	Mt 27,61	καθήμεναι	(1)	nom fem pl part pr . .	κάθημαι
10683	Apc 17,3	καθημένην	(1)	acc fem sg part pr . .	Id
10684	Apc 17,1	καθημένης	(1)	gen fem sg part pr . .	Id
10685		καθήμενοι	(7)	nom mas pl part pr . .	Id
10686		καθημένοις	(2)	dat mas pl part pr .	Id
10687		καθημένοις	(2)	dat neut pl part pr .	Id
10688		καθήμενον	(11)	acc mas sg part pr .	Id
10689		καθήμενος	(16)	nom mas sg part pr .	Id
10690		καθημένου	(9)	gen mas sg part pr .	Id
10691		καθημένους	(6)	acc mas pl part pr .	Id
10692		καθημένῳ	(8)	dat mas sg part pr . .	Id
10693	Apc 19,18	καθημένων	(1)	gen mas pl part pr . .	Id
10694	Ac 6,1	καθημερινῇ	(1)	dat fem sg . .	καθημερινός
10695	*Apc 11,16	κάθηνται		3 p pl ind pr	κάθημαι
10696	*2Th 2,4	καθῆσαι		2 p sg sbj pr	Id
10697		καθήσεσθε	(2)	2 p pl ind fut . .	Id
10698		καθῆσθαι	(2)	inf pr	Id
10699	*Lc 22,30	κάθησθε		2 p pl ind pr	Id
10700	*1Co 13,3	καθήσωμαι= -σομαι		1 p sg ind fut m . .	καθίημι
10701		κάθηται	(2)	3 p sg ind pr . . .	κάθημαι
10702	*Ac 28,3	καθήψατο		3 p sg ind ao m	καθάπτω
10703	Ac 28,3	καθῆψεν	(1)	3 p sg ind ao a . . .	Id
10704	Ac 11,5	καθιεμένην	(1)	acc fem sg part pr pass	καθίημι
10705	Ac 10,11	καθιέμενον	(1)	acc neut sg part pr pass	Id
10706	*Mc 11,7	καθίζει		3 p sg ind pr a	καθίζω
10707	1Co 6,4	καθίζετε	(1)	2 p pl ind/imper pr a .	Id
10708		καθίσαι	(6)	inf ao a	Id
10709		καθίσαντες	(2)	nom mas pl part ao a .	Id
10710	Mt 5,1	καθίσαντος	(1)	gen mas sg part ao a .	Id
10711		καθίσας	(11)	nom mas sg part ao a .	Id
10712		καθίσατε	(3)	2 p pl imper ao a . .	Id
10713	Mt 25,31	καθίσει	(1)	3 p sg ind fut a . .	Id
10714	*Mt 19,28	καθίσεσθε		2 p pl ind fut m . . .	Id
10715	Mt 19,28	καθίσῃ	(1)	3 p sg sbj ao a . . .	Id
10716	*Lc 22,30	καθίσησθε		2 p pl sbj ao m . . .	Id
10717	*Mc 12,36	καθῖσον		2 p sg imper ao a . . .	Id
10718	Ac 17,15	καθιστάνοντες	(1)	nom mas pl part pr a	καθίστημι
10719		καθίσταται	(4)	3 p sg ind pr pass .	Id
10720		καθίστησιν	(2)	3 p sg ind pr a . .	Id
10721	*2Th 2,4	καθίστισι	(?)		
10722	Mc 10,37	καθίσωμεν	(1)	1 p pl sbj ao a . .	καθίζω
10723	Mt 20,21	καθίσωσιν	(1)	3 p pl sbj ao a . .	Id
10724	*Apc 18,7	καθιῶ		1 p sg ind fut a	Id
10725		καθό	(4)	adv	καθό
10726	*Ja inscr	καθολική		nom fem sg . . .	καθολικός
10727	Ac 4,18	καθόλου	(1)	adv	καθόλου
10728	Rm 1,20	καθορᾶται	(1)	3 p sg ind pr pass . .	καθοράω
10729		καθότι	(6)	conj	καθότι
10730		κάθου	(7)	2 p sg imper pr . . .	κάθημαι

No.	Ref.	Form	Freq.	Analysis	Lemma
10731	Lc 11,21	καθωπλισμένος	(1)	nom mas sg part pf pass	καθοπλίζω
10732		καθώς	(182)	adv	καθώς
10733	Heb 5,4	καθώσπερ	(1)	adv	καθώσπερ
10734		καί	(9142)	conj	καί
10735		Καϊάφα	(4)	gen	Καϊάφας
10736		Καϊάφαν	(2)	acc	Id
10737		Καϊάφας	(3)	nom	Id
10738	Jh 15,6	καίεται	(1)	3 p sg ind pr pass	καίω
10739		Κάϊν	(3)	inde	Κάϊν
10740	2Co 5,17	καινά	(1)	nom neut pl	καινός
10741		καινά	(2)	acc neut pl	Id
10742	*Mc 16,17	καιναῖς		dat fem pl	Id
10743		Καϊνάμ	(2)	inde	Καϊνάμ
10744	*Lc 3,36	Καϊνάν		inde	Καϊνάν
10745		καινή	(6)	nom fem sg	καινός
10746		καινήν	(11)	acc fem sg	Id
10747		καινῆς	(3)	gen fem sg	Id
10748		καινόν	(3)	acc mas sg	Id
10749		καινόν	(2)	nom neut sg	Id
10750		καινόν	(5)	acc neut sg	Id
10751	*Apc 21,5	καινοποιῶ		1 p sg ind pr a	καινοποιέω
10752	Ac 17,21	καινότερον	(1)	comp acc neut sg	καινός
10753		καινότητι	(2)	dat sg	καινότης
10754		καινοῦ	(2)	gen neut sg	καινός
10755		καινούς	(4)	acc mas pl	Id
10756	*1Tm 6,20	καινοφωνίας		acc pl	καινοφωνία
10757	Mt 27,60	καινῷ	(1)	dat neut sg	καινός
10758	*1Co 9,15	καινώσει		3 p sg ind fut a	καινόω
10759	Apc 4,5	καιόμεναι	(1)	nom fem pl part pr pass	καίω
10760	Lc 24,32	καιομένη	(1)	nom fem sg part pr pass	Id
10761	Apc 21,8	καιομένῃ	(1)	dat fem sg part pr pass	Id
10762	*Jh 21,9	καιομένην		acc fem sg part pr pass	Id
10763	Apc 19,20	καιομένης	(1)	gen fem sg part pr pass	Id
10764	Lc 12,35	καιόμενοι	(1)	nom mas pl part pr pass	Id
10765	Apc 8,8	καιόμενον	(1)	nom neut sg part pr pass	Id
10766		καιόμενος	(2)	nom mas sg part pr pass	Id
10767	Mt 5,15	καίουσιν	(1)	3 p pl ind pr a	Id
10768		καίπερ	(5)	conj	καίπερ
10769		καιροί	(3)	nom pl	καιρός
10770		καιροῖς	(5)	dat pl	Id
10771		καιρόν	(22)	acc sg	Id
10772		καιρός	(17)	nom sg	Id
10773		καιροῦ	(7)	gen sg	Id
10774		καιρούς	(5)	acc pl	Id
10775		καιρῷ	(24)	dat sg	Id
10776		καιρῶν	(3)	gen pl	Id
10777		Καίσαρα	(8)	acc	Καῖσαρ
10778	Ac 10,1	Καισαρείᾳ	(1)	dat	Καισαρεία
10779		Καισάρειαν	(10)	acc	Id

10780		Καισαρείας	(6)	gen	Καισαρεία
10781		Καίσαρι	(9)	dat	Καῖσαρ
10782		Καίσαρος	(12)	gen	Id
10783		καίτοι	(3)	parti	καίτοι
10784	Jh 4,2	καίτοιγε	(1)	parti	καίτοιγε
10785	*Mt 26,3	Καϊφᾶ		gen	Καϊφᾶς
10786	*Mt 26,57	Καϊφᾶν		acc	Καϊφᾶ
10787	*Jh 11,49	Καϊφᾶς		nom	Καϊφᾶς
10788		κακά	(5)	acc neut pl	κακός
10789	Tit 1,12	κακά	(1)	vo neut pl	Id
10790	1Co 15,33	κακαί	(1)	nom fem pl	Id
10791		κἀκεῖ		cf καὶ ἐκεῖ	
10792		κἀκεῖθεν		cf καὶ ἐκεῖθεν	
10793	Mt 15,18	κἀκεῖνα	(1)	nom neut pl	κἀκεῖνος
10794		κἀκεῖνα	(3)	acc neut pl	Id
10795	*Jh 8,11	κἀκεῖνη		nom fem sg	Id
10796		κἀκεῖνοι	(7)	nom mas pl	Id
10797		κἀκεῖνον	(3)	acc mas sg	Id
10798		κἀκεῖνος	(7)	nom mas sg	Id
10799	Ac 18,19	κἀκείνους	(1)	acc mas pl	Id
10800	*Ac 27,6	κἀκεῖσε		adv	κἀκεῖσε
10801	Col 3,5	κακήν	(1)	acc fem sg	κακός
10802	Mt 6,34	κακία	(1)	nom sg	κακία
10803		κακίᾳ	(4)	dat sg	Id
10804		κακίαν	(2)	acc sg	Id
10805		κακίας	(4)	gen sg	Id
10806	Rm 1,29	κακοηθείας	(1)	gen sg	κακοήθεια
10807	Mc 7,21	κακοί	(1)	nom mas pl	κακός
10808	*Rm 1,30	κακολάλους		acc mas pl	κακόλαλος
10809	Mc 9,39	κακολογῆσαι	(1)	inf ao a	κακολογέω
10810	Ac 19,9	κακολογοῦντες	(1)	nom mas pl part pr a	Id
10811		κακολογῶν	(2)	nom mas sg part pr a	Id
10812		κακόν	(4)	nom neut sg	κακός
10813		κακόν	(20)	acc neut sg	Id
10814	Ja 5,13	κακοπαθεῖ	(1)	3 p sg ind pr a	κακοπαθέω
10815	2Tm 4,5	κακοπάθησον	(1)	2 p sg imper ao a	Id
10816	Ja 5,10	κακοπαθίας	(1)	gen sg	κακοπαθία
10817	2Tm 2,9	κακοπαθῶ	(1)	1 p sg ind pr a	κακοπαθέω
10818		κακοποιῆσαι	(2)	inf ao a	κακοποιέω
10819	1Pt 3,17	κακοποιοῦντας	(1)	acc mas pl part pr a	Id
10820	1Pt 4,15	κακοποιός	(1)	nom mas sg	κακοποιός
10821	*1Pt 2,20	κακοποιοῦντες		nom mas pl part pr a	κακοποιέω
10822	*1Pt 2,12	κακοποιοῦσιν		3 p pl ind pr a	Id
10823		κακοποιῶν	(2)	gen mas pl	κακοποιός
10824	3Jh 11	κακοποιῶν	(1)	nom mas sg part pr a	κακοποιέω
10825	*Ac 4,2	κακοπονούμενοι		nom mas pl part pr	κακοπονέομαι
10826		κακούσασαι		cf καί ἀκούσασαι	
10827	Mt 24,48	κακός	(1)	nom mas sg	κακός
10828		κακοῦ	(8)	gen neut sg	Id
10829	Lc 23,32	κακοῦργοι	(1)	nom pl	κακοῦργος
10830	2Tm 2,9	κακοῦργος	(1)	nom sg	Id

10831	Lc 23,33	κακούργους	(1)	acc pl	κακοῦργος
10832	Lc 23,39	κακούργων	(1)	gen pl	Id
10833		κακούς	(3)	acc mas pl	κακός
10834	Heb 11,37	κακουχούμενοι	(1)	nom mas pl part pr pass	κακουχέω
10835	Heb 13,3	κακουχουμένων	(1)	gen mas pl part pr pass	Id
10836	Rm 13,3	κακῷ	(1)	dat neut sg	κακός
10837		κακῶν	(4)	gen neut pl	Id
10838		κακῶς	(16)	adv	κακῶς
10839		κακῶσαι	(2)	inf ao a	κακόω
10840	Ac 7,34	κάκωσιν	(1)	acc sg	κάκωσις
10841	Ac 7,6	κακώσουσιν	(1)	3 p pl ind fut a	κακόω
10842	1Pt 3,13	κακώσων	(1)	nom mas sg part fut a	Id
10843		καλά	(7)	acc neut pl	καλός
10844	1Co 3,12	καλάμην	(1)	acc sg	καλάμη
10845		κάλαμον	(6)	acc sg	κάλαμος
10846	Apc 11,1	κάλαμος	(1)	nom sg	Id
10847	3Jh 13	καλάμου	(1)	gen sg	Id
10848		καλάμῳ	(4)	dat sg	Id
10849		καλεῖ	(4)	3 p sg ind pr a	καλέω
10850	Lc 14,13	κάλει	(1)	2 p sg imper pr a	Id
10851	Heb 2,11	καλεῖν	(1)	inf pr a	Id
10852		καλεῖσθαι	(3)	inf pr pass	Id
10853		καλεῖται	(5)	3 p sg ind pr pass	Id
10854	Lc 6,46	καλεῖτε	(1)	2 p pl ind pr a	Id
10855		καλέσαι	(4)	inf ao a	Id
10856	1Pt 1,15	καλέσαντα	(1)	acc mas sg part ao a	Id
10857	Ac 4,18	καλέσαντες	(1)	acc mas pl part ao a	Id
10858	*Col 1,12	καλέσαντι		dat mas sg part ao a	Id
10859		καλέσαντος	(4)	gen mas sg part ao a	Id
10860		καλέσας	(6)	nom mas sg part ao a	Id
10861	Mt 22,9	καλέσατε	(1)	2 p pl imper ao a	Id
10862		καλέσεις	(3)	2 p sg ind fut a	Id
10863	Mt 23,9	καλέσητε	(1)	2 p pl sbj ao a	Id
10864	Mt 20,8	κάλεσον	(1)	2 p sg imper ao a	Id
10865	Mt 1,23	καλέσουσιν	(1)	3 p pl ind fut a	Id
10866	Rm 9,25	καλέσω	(1)	1 p sg ind fut a	Id
10867		καλῇ	(2)	dat fem sg	καλός
10868		καλήν	(11)	acc fem sg	Id
10869		καλῆς	(2)	gen fem sg	Id
10870	Rm 11,24	καλλιέλαιον	(1)	acc sg	καλλιέλαιος
10871	Ac 25,10	κάλλιον	(1)	adv	κάλλιον
10872	*Mt 13,48	κάλλιστα		superl acc neut pl	καλός
10873	Tit 2,3	καλοδιδασκάλους	(1)	acc fem pl	καλοδιδάσκαλος
10874	1Pt 4,10	καλοί	(1)	nom mas pl	καλός
10875	Lc 21,5	καλοῖς	(1)	dat mas pl	Id
10876		καλοῖς	(2)	dat neut pl	Id
10877	*Ja 5,10	καλοκάγαθίας		gen sg	καλοκάγαθία
10878		καλόν	(9)	acc mas sg	καλός
10879		καλόν	(29)	nom neut sg	Id

10880		καλόν (16)	acc neut sg	καλός
10881	2Th 3,13	καλοποιοῦντες (1)	acc mas pl part pr a	καλοποιέω
10882		καλός (7)	nom mas sg	καλός
10883		καλοῦ (3)	gen neut sg	Id
10884		καλουμένη (3)	nom fem sg part pr pass .	καλέω
10885		καλουμένῃ (3)	dat fem sg part pr pass .	Id
10886		καλουμένην (3)	acc fem sg part pr pass	Id
10887	Ac 10,1	καλουμένης (1)	gen fem sg part pr pass	Id
10888		καλούμενον (8)	acc mas sg part pr pass	Id
10889		καλούμενον (3)	acc neut sg part pr pass	Id
10890		καλούμενος (7)	nom mas sg part pr pass	Id
10891	Ac 7,58	καλουμένου (1)	gen mas sg part pr pass	Id
10892	Ac 1,12	καλουμένου (1)	gen neut sg part pr pass	Id
10893	Lc 22,25	καλοῦνται (1)	3 p pl ind pr pass .	Id
10894	Mc 3,31	καλοῦντες (1)	nom mas pl part pr a .	Id
10895		καλοῦντος (4)	gen mas sg part pr a .	Id
10896		καλούς (4)	acc mas pl	καλός
10897	1Pt 3,6	καλοῦσα (1)	nom fem sg part pr a . .	καλέω
10898	*Mt 10,25	καλοῦσιν	3 p pl ind pr a	Id
10899		κάλυμμα (3)	nom sg	κάλυμμα
10900	2Co 3,13	κάλυμμα (1)	acc sg	Id
10901		καλύπτει (2)	3 p sg ind pr a . .	καλύπτω
10902	Mt 8,24	καλύπτεσθαι (1)	inf pr pass . . .	Id
10903	Lc 23,30	καλύψατε (1)	2 p pl imper ao a . .	Id
10904	Ja 5,20	καλύψει (1)	3 p sg ind fut a . .	Id
10905	*Apc 2,22	καλῶ	1 p sg ind pr a	καλέω
10906	Ga 4,18	καλῷ (1)	dat neut sg	καλός
10907		καλῶν (6)	gen neut pl	Id
10908	1Th 5,24	καλῶν (1)	nom mas sg part pr a . .	καλέω
10909		καλῶς (37)	adv	καλῶς
10910		κἀμέ	cf καὶ ἐμέ	
10911		κάμηλον (4)	acc sg	κάμηλος
10912	*Mc 10,23	κάμηλος	nom sg	Id
10913		καμήλου (2)	gen sg	Id
10914	Heb 12,3	κάμητε (1)	2 p pl sbj ao2 a	κάμνω
10915	*Mc 10,25	κάμιλον	acc sg	κάμιλος
10916		κάμινον (2)	acc sg	κάμινος
10917	Apc 9,2	καμίνου (1)	gen sg	Id
10918	Apc 1,15	καμίνῳ (1)	dat sg	Id
10919	Ja 5,15	κάμνοντα (1)	acc mas sg part pr a .	κάμνω
10920		κἀμοί	cf καὶ ἐμοί	
10921	Eph 3,14	κάμπτω (1)	1 p sg ind pr a	κάμπτω
10922	Rm 14,11	κάμψει (1)	3 p sg ind fut a . . .	Id
10923	Php 2,10	κάμψῃ (1)	3 p sg sbj ao a	Id
10924		κἄν	cf καὶ ἐάν	
10925		Κανά (4)	inde	Κανά
10926	Mc 3,18	Καναναῖον (1)	acc mas sg . . .	Καναναῖος
10927	Mt 10,4	Καναναῖος (1)	nom mas sg	Id
10928	*Mc 3,18	Κανανίτην	acc	Κανανίτης
10929	*Mt 10,4	Κανανίτης	nom	Id
10930	Ac 8,27	Κανδάκης (1)	gen	Κανδάκη

No.	Ref.	Form	Freq.	Parsing	Lemma
10931	2Co 10,15	κανόνα	(1)	acc sg	κανών
10932		κανόνι	(2)	dat sg	Id
10933	2Co 10,13	κανόνος	(1)	gen sg	Id
10934	*1Tm subsc	Καπατιάνης		gen fem sg . . .	Καπατιάνη
10935	*Mt 4,13	Καπερναούμ		inde	Καπερναούμ
10936	2Co 2,17	καπηλεύοντες	(1)	nom mas pl part pr a .	καπηλεύω
10937		καπνόν	(2)	acc sg	καπνός
10938		καπνός	(6)	nom sg	Id
10939		καπνοῦ	(5)	gen sg	Id
10940	Ac 2,9	Καππαδοκίαν	(1)	acc	Καππαδοκία
10941	1Pt 1,1	Καππαδοκίας	(1)	gen	Id
10942	*Php 1,20	καραδοκίαν		acc sg	καραδοκία
10943		καρδία	(19)	nom sg	καρδία
10944		καρδίᾳ	(35)	dat sg	Id
10945		καρδίαι	(2)	nom pl	Id
10946		καρδίαις	(21)	dat pl	Id
10947		καρδίαν	(18)	acc sg	Id
10948		καρδίας	(35)	gen sg	Id
10949		καρδίας	(23)	acc pl	Id
10950	Ac 1,24	καρδιογνῶστα	(1)	vo sg . .	καρδιογνώστης
10951	Ac 15,8	καρδιογνώστης	(1)	nom sg . .	Id
10952		καρδιῶν	(4)	gen pl	καρδία
10953		καρπόν	(38)	acc sg	καρπός
10954		καρπός	(8)	nom sg	Id
10955		καρποῦ	(4)	gen sg	Id
10956		καρπούς	(10)	acc pl	Id
10957		καρποφορεῖ	(2)	3 p sg ind pr a .	καρποφορέω
10958	Rm 7,5	καρποφορῆσαι	(1)	inf ao a . . .	Id
10959	Rm 7,4	καρποφορήσωμεν	(1)	1 p pl sbj ao a .	Id
10960	*Jh 15,2	καρποφόρον		acc neut sg . . .	καρποφόρος
10961	Col 1,6	καρποφορούμενον	(1)	nom neut sg part pr m	καρπορορέω
10962	Col 1,10	καρποφοροῦντες	(1)	nom mas pl part pr a .	Id
10963	Ac 14,17	καρποφόρους	(1)	acc mas pl . .	καρποφόρος
10964		καρποφοροῦσιν	(2)	3 p pl ind pr a	καρποφορέω
10965	2Tm 4,13	Κάρπῳ	(1)	dat	Κάρπος
10966		καρπῶν	(6)	gen pl	καρπός
10967	*Jh 6,71	Καρυώτου		gen	Καρύωτος
10968		κάρφος	(6)	acc sg	κάρφος
10969		κατ'		cf κατά	
10970		κατά	(476)	prpo	κατά
10971		καταβαίνει	(2)	3 p sg ind pr a .	καταβαίνω
10972	Apc 13,13	καταβαίνειν	(1)	inf pr a . . .	Id
10973	*Mt 24,17	καταβαινέτω		3 p sg imper pr a . . .	Id
10974	*Apc 13,13	καταβαίνῃ		3 p sg sbj pr a . . .	Id
10975	Ja 1,17	καταβαῖνον	(1)	nom neut sg part pr a .	Id
10976		καταβαῖνον	(6)	acc neut sg part pr a .	Id
10977		καταβαίνοντα	(3)	acc mas sg part pr a .	Id
10978	Jh 1,51	καταβαίνοντας	(1)	acc mas pl part pr a	Id
10979	*Lc 22,44	καταβαίνοντος		gen neut sg part pr a	Id
10980	Jh 4,51	καταβαίνοντος	(1)	gen mas sg part pr a	Id

10981		καταβαινόντων	(2)	gen mas pl part pr a	καταβαίνω
10982	Apc 3,12	καταβαίνουσα	(1)	nom fem sg part pr a	Id
10983		καταβαίνουσαν	(3)	acc fem sg part pr a	Id
10984	*Apc 3,12	καταβαινούσης		gen fem sg part pr a . .	Id
10985		καταβαίνων	(2)	nom mas sg part pr a .	Id
10986	2Co 4,9	καταβαλλόμενοι	(1)	nom mas pl part pr pass	καταβάλλω
10987	Heb 6,1	καταβαλλόμενοι	(1)	nom mas pl part pr m	Id
10988	Ac 23,10	καταβάν	(1)	acc neut sg part ao2 a	καταβαίνω
10989		καταβάντες	(2)	nom mas pl part ao2 a .	Id
10990	*Mt 8,1	καταβάντι		dat mas sg part ao2 a . .	Id
10991	Mt 8,1	καταβάντος	(1)	gen mas sg part ao2 a .	Id
10992	*Mc 7,4	καταβαπτίσωνται		3 p pl sbj ao m .	καταβαπτίζω
10993	*Mc 14,40	καταβαρούμενοι		nom mas pl part pr pass	καταβαρέω
10994	Mc 14,40	καταβαρυνόμενοι	(1)	nom mas pl part pr pass	καταβαρύνω
10995		καταβάς	(12)	nom mas sg part ao2 a	καταβαίνω
10996	Lc 19,37	καταβάσει	(1)	dat sg . . .	κατάβασις
10997		καταβάτω	(5)	3 p sg imper ao2 a .	καταβαίνω
10998		καταβέβηκα	(2)	1 p sg ind pf a . .	Id
10999	*Jh 6,42	καταβεβηκέναι		inf pf a	Id
11000	Ac 25,7	καταβεβηκότες	(1)	nom mas pl part pf a	Id
11001		καταβῇ	(2)	3 p sg sbj ao2 a . . .	Id
11002		κατάβηθι	(4)	2 p sg imper ao2 a . .	Id
11003		καταβῆναι	(2)	inf ao2 a . . .	Id
11004		καταβήσεται	(2)	3 p sg ind fut . .	Id
11005		καταβήσῃ	(2)	2 p sg ind fut . . .	Id
11006	*Mt 24,17	καταβήτω		3 p sg imper ao2 a . . .	Id
11007	*Lc 10,15	καταβιβασθεῖσα		nom fem sg part fut pass	καταβιβάζω
11008	*Mt 11,23	καταβιβασθήσῃ		2 p sg ind fut pass .	Id
11009	Heb 11,11	καταβολήν	(1)	acc sg	καταβολή
11010		καταβολῆς	(10)	gen sg	Id
11011	*Ac 18,13	καταβοῶντες		nom mas pl part pr a . .	καταβοάω
11012	Col 2,18	καταβραβευέτω	(1)	3 p sg imper pr a	καταβραβεύω
11013	Rm 10,6	καταγαγεῖν	(1)	inf ao2 a . . .	κατάγω
11014	Ac 23,15	καταγάγῃ	(1)	3 p sg sbj ao2 a . .	Id
11015	Ac 23,20	καταγάγῃς	(1)	2 p sg sbj ao2 a . .	Id
11016	Lc 5,11	καταγαγόντες	(1)	nom mas pl part ao2 a	Id
11017	Ac 22,30	καταγαγών	(1)	nom mas sg part ao2 a .	Id
11018	Ac 17,18	καταγγελεύς	(1)	nom sg . . .	καταγγελεύς
11019		καταγγέλλειν	(2)	inf pr a . .	καταγγέλλω
11020		καταγγέλλεται	(3)	3 p sg ind pr pass	Id
11021	1Co 11,26	καταγγέλλετε	(1)	2 p pl ind pr a . .	Id
11022	Col 1,28	καταγγέλλομεν	(1)	1 p pl ind pr a .	Id
11023		καταγγέλλουσιν	(3)	3 p pl ind pr a .	Id
11024	1Co 9,14	καταγγέλλουσιν	(1)	dat mas pl part pr a	Id
11025		καταγγέλλω	(2)	1 p sg ind pr a . .	Id
11026	1Co 2,1	καταγγέλλων	(1)	nom mas sg part pr a .	Id
11027	*Ac 17,19	καταγγελομένη		nom fem sg part fut m .	Id
11028	*1Jh 3,21	καταγεινώσκῃ		3 p sg sbj pr a .	καταγεινώσκω
11029	*1Jh 3,21	καταγινώσκει		3 p sg ind pr a .	καταγινώσκω
11030		καταγινώσκῃ	(2)	3 p sg sbj pr a . .	Id

11031	*1Jh 3,21	καταγινώσκω 1 p sg ind/sbj pr a .	καταγινώσκω
11032	Heb 7,15	κατάδηλον (1) nom neut sg . .	κατάδηλος
11033	Lc 6,37	καταδικάζετε (1) 2 p pl imper pr a	καταδικάζω
11034	*Lc 10,15	καταδικασθήσει 2 p sg ind fut pass	Id
11035	Mt 12,37	καταδικασθήσῃ (1) 2 p sg ind fut pass	Id
11036	Lc 6,37	καταδικασθῆτε (1) 2 p pl sbj ao pass	Id
11037	Ac 25,15	καταδίκην (1) acc sg	καταδίκη
11038	2Co 11,20	καταδουλοῖ (1) 3 p sg ind pr a .	καταδουλόω
11039	Ga 2,4	καταδουλώσουσιν (1) 3 p pl ind fut a .	Id
11040	Ac 10,38	καταδυναστευομένους (1) acc mas pl part pr pass	καταδυναστεύω
11041	Ja 2,6	καταδυναστεύουσιν (1) 3 p pl ind pr a	Id
11042	Apc 22,3	κατάθεμα (1) nom sg	κατάθεμα
11043	Mt 26,74	καταθεματίζειν (1) inf pr a . .	καταθεματίζω
11044		καταθέσθαι (2) inf ao2 m . .	κατατίθημι
11045		καταισχύνει (3) 3 p sg ind pr a .	καταισχύνω
11046	1Co 11,22	καταισχύνετε (1) 2 p pl ind pr a . .	Id
11047		καταισχύνῃ (2) 3 p sg sbj pr a . .	Id
11048	1Pt 2,6	καταισχυνθῇ (1) 3 p sg sbj ao pass .	Id
11049		καταισχυνθήσεται (2) 3 p sg ind fut pass	Id
11050	*Mt 20,28	καταισχυνθήσῃ 2 p sg ind fut pass . .	Id
11051	2Co 9,4	καταισχυνθῶμεν (1) 1 p pl sbj ao pass .	Id
11052	1Pt 3,16	καταισχυνθῶσιν (1) 3 p pl sbj ao pass	Id
11053	1Co 3,15	κατακαήσεται (1) 3 p sg ind fut2 pass .	κατακαίω
11054	*2Pt 3,10	κατακαήσονται 3 p pl ind fut2 pass .	Id
11055		κατακαίεται (2) 3 p sg ind pr pass .	Id
11056	*Mt 13,40	κατακαίονται 3 p pl ind pr pass . .	Id
11057	1Co 11,7	κατακαλύπτεσθαι (1) inf pr m .	κατακαλύπτω
11058	1Co 11,6	κατακαλυπτέσθω (1) 3 p sg imper pr m .	Id
11059	1Co 11,6	κατακαλύπτεται (1) 3 p sg ind pr pass/m	Id
11060	Apc 18,8	κατακαυθήσεται (1) 3 p sg ind fut pass	κατακαίω
11061	Mt 13,30	κατακαῦσαι (1) inf ao a . . .	Id
11062		κατακαύσει (2) 3 p sg ind fut a . .	Id
11063	Apc 17,16	κατακαύσουσιν (1) 3 p pl ind fut a .	Id
11064	Rm 11,18	κατακαυχᾶσαι (1) 2 p sg ind pr	κατακαυχάομαι
11065 a	*Ja 4,16	κατακαυχᾶσθε 2 p pl ind pr . .	Id
11066	Ja 3,14	κατακαυχᾶσθε (1) 2 p pl imper pr .	Id
11067	*Ja 2,13	κατακαυχάσθω 3 p sg imper pr . .	Id
11068	Ja 2,13	κατακαυχᾶται (1) 3 p sg ind pr .	Id
11069	Rm 11,18	κατακαυχῶ (1) 2 p sg imper pr .	Id
11070	Lc 5,29	κατακείμενοι (1) nom mas pl part pr	κατάκειμαι
11071		κατακείμενον (3) acc mas sg part pr	Id
11072	*Mc 5,40	κατακείμενον nom neut sg part pr . .	Id
11073	Mc 14,3	κατακειμένου (1) gen mas sg part pr .	Id
11074		κατακεῖσθαι (2) inf pr	Id
11075	Lc 7,37	κατάκειται (1) 3 p sg ind pr . .	Id
11076	*1Pt 3,19	κατα(κε)κλεισμένοις dat neut pl part pf pass	κατακλείω
11077	Rm 14,23	κατακέκριται (1) 3 p sg ind pf pass	κατακρίνω
11078	Lc 24,30	κατακλιθῆναι (1) inf ao pass .	κατακλίνω
11079	Lc 14,8	κατακλιθῇς (1) 2 p sg sbj ao pass .	Id
11080	Lc 9,14	κατακλίνατε (1) 2 p pl imper ao a .	Id

No.	Ref.	Form	(n)	Analysis	Lemma
11081	2Pt 3,6	κατακλυσθείς	(1)	nom mas sg part ao pass	κατακλύζω
11082	2Pt 2,5	κατακλυσμόν	(1)	acc sg	κατακλυσμός
11083		κατακλυσμός	(2)	nom sg	Id
11084	Mt 24,38	κατακλυσμοῦ	(1)	gen sg	Id
11085	*Ac 16,17	κατακολουθήσασα		nom fem sg part ao a	κατακολουθέω
11086	Lc 23,55	κατακολουθήσασαι	(1)	nom fem pl part ao a	Id
11087	Ac 16,17	κατακολουθοῦσα	(1)	nom fem sg part pr a	Id
11088	Mc 5,5	κατακόπτων	(1)	nom mas sg part pr a	κατακόπτω
11089	Lc 4,29	κατακρημνίσαι	(1)	inf ao a	κατακρημνίζω
11090	*Mc 16,16	κατακριθείς		nom mas sg part ao pass	κατακρίνω
11091	*Mc 16,16	κατακριθήσεται		3 p sg ind fut pass	Id
11092	1Co 11,32	κατακριθῶμεν	(1)	1 p pl sbj ao pass	Id
11093	Rm 8,1	κατάκριμα	(1)	nom sg	κατάκριμα
11094		κατάκριμα	(2)	acc sg	Id
11095		κατακρινεῖ	(2)	3 p sg ind fut a	κατακρίνω
11096	Rm 2,1	κατακρίνεις	(1)	2 p sg ind pr a	Id
11097	*Lc 12,58	κατακρίνῃ		3 p sg sbj pr a	Id
11098		κατακρινοῦσιν	(4)	3 p pl ind fut a	Id
11099	Jh 8,11	κατακρίνω	(1)	1 p sg ind pr a	Id
11100	*Rm 8,34	κατακρίνων		nom mas sg part pr a	Id
11101	Rm 8,34	κατακρινῶν	(1)	nom mas sg part fut a	Id
11102	2Co 3,9	κατακρίσεως	(1)	gen sg	κατάκρισις
11103	2Co 7,3	κατάκρισιν	(1)	acc sg	Id
11104	1Pt 5,3	κατακυριεύοντες	(1)	nom mas pl part pr a	κατακυριεύω
11105		κατακυριεύουσιν	(2)	3 p pl ind pr a	Id
11106	*Ac 19,16	κατακυριεῦσαν		nom neut sg part ao a	Id
11107	Ac 19,16	κατακυριεύσας	(1)	nom mas sg part ao a	Id
11108	Jh 8,8	κατακύψας	(1)	nom mas sg part ao a	κατακύπτω
11109	Eph 3,18	καταλαβέσθαι	(1)	inf ao m	καταλαμβάνω
11110		καταλάβῃ	(3)	3 p sg sbj ao2 a	Id
11111	1Co 9,24	καταλάβητε	(1)	2 p pl sbj ao2 a	Id
11112	Ac 4,13	καταλαβόμενοι	(1)	nom mas pl part ao2 m	Id
11113	*Ac 25,25	καταλαβόμενος		nom mas sg part ao2 m	Id
11114	Php 3,12	καταλάβω	(1)	1 p sg sbj ao2 a	Id
11115	Ja 4,11	καταλαλεῖ	(1)	3 p sg ind pr a	καταλαλέω
11116	1Pt 3,16	καταλαλεῖσθε	(1)	2 p pl ind pr pass	Id
11117	Ja 4,11	καταλαλεῖτε	(1)	2 p pl imper pr a	Id
11118	2Co 12,20	καταλαλιαί	(1)	nom pl	καταλαλιά
11119	*1Pt 2,1	καταλαλιάν		acc sg	Id
11120	1Pt 2,1	καταλαλιάς	(1)	acc pl	Id
11121	Rm 1,30	καταλάλους	(1)	acc mas pl	κατάλαλος
11122	1Pt 2,12	καταλαλοῦσιν	(1)	3 p pl ind pr a	καταλαλέω
11123	Ja 4,11	καταλαλῶν	(1)	nom mas sg part pr a	Id
11124	*1Pt 2,12	καταλαλῶσιν		3 p pl sbj pr a	Id
11125	Ac 10,34	καταλαμβάνομαι	(1)	1 p sg ind pr m	καταλαμβάνω
11126	1Tm 5,9	καταλεγέσθω	(1)	3 p sg imper pr pass	καταλέγω
11127	*Rm 9,27	κατάλειμμα		nom sg	κατάλειμμα
11128	Lc 15,4	καταλείπει	(1)	3 p sg ind pr a	καταλείπω
11129	*Heb 10,26	καταλείπεται		3 p sg ind pr pass	Id

11130	Heb 4,1	καταλειπομένης (1)	gen fem sg part pr pass	καταλείπω
11131	2Pt 2,15	καταλείποντες (1)	nom mas pl part pr a	Id
11132	1Th 3,1	καταλειφθῆναι (1)	inf ao pass . .	Id
11133	Ac 6,2	καταλείψαντας (1)	acc mas pl part ao a	Id
11134		καταλείψει (3)	3 p sg ind fut a . .	Id
11135	Ac 25,14	καταλελειμμένος (1)	nom mas sg part pf pass	Id
11136	Lc 20,6	καταλιθάσει (1)	3 p sg ind fut a .	καταλιθάζω
11137	Mc 12,19	καταλίπῃ (1)	3 p sg sbj ao2 a .	καταλείπω
11138	Ac 21,3	καταλιπόντες (1)	nom mas pl part ao2 a	Id
11139		καταλιπών (6)	nom mas sg part ao2 a	Id
11140	Rm 5,10	καταλλαγέντες (1)	nom mas pl part ao2 pass	καταλλάσσω
11141	*Ac 12,22	καταλλαγέντος	gen mas sg part ao2 pass	Id
11142	Rm 11,15	καταλλαγή (1)	nom sg . . .	καταλλαγή
11143	Rm 5,11	καταλλαγήν (1)	acc sg	Id
11144		καταλλαγῆς (2)	gen sg	Id
11145	2Co 5,20	καταλλάγητε (1)	2 p pl imper ao2 pass	καταλλάσσω
11146	1Co 7,11	καταλλαγήτω (1)	3 p sg imper ao2 pass	Id
11147	2Co 5,18	καταλλάξαντος (1)	gen mas sg part ao a	Id
11148	2Co 5,19	καταλλάσσων (1)	nom mas sg part pr a	Id
11149	Ac 15,17	κατάλοιποι (1)	nom mas pl . .	κατάλοιπος
11150	Rm 14,20	κατάλυε (1)	2 p sg imper pr a . .	καταλύω
11151		καταλυθῇ (2)	3 p sg sbj ao pass . .	Id
11152		καταλυθήσεται (3)	3 p sg ind fut pass .	Id
11153		κατάλυμα (2)	nom sg	κατάλυμα
11154	Lc 2,7	καταλύματι (1)	dat sg	Id
11155	*Lc 23,2	καταλύοντα	acc mas sg part pr a . .	καταλύω
11156		καταλῦσαι (5)	inf ao a	Id
11157	Ac 6,14	καταλύσει (1)	3 p sg ind fut a . .	Id
11158	Mc 14,58	καταλύσω (1)	1 p sg ind fut a . .	Id
11159	Lc 9,12	καταλύσωσιν (1)	3 p pl sbj ao a . .	Id
11160		καταλύων (2)	nom mas sg part pr a .	Id
11161	Mt 6,28	καταμάθετε (1)	2 p pl imper ao2 a	καταμανθάνω
11162		καταμαρτυροῦσιν (3)	3 p pl ind pr a	καταμαρτυρέω
11163	Ac 1,13	καταμένοντες (1)	nom mas pl part pr a .	καταμένω
11164	*1Co 16,6	καταμενῶ	1 p sg ind fut a . . .	Id
11165	Heb 12,29	καταναλίσκον (1)	nom neut sg part pr a	καταναλίσκω
11166	2Co 12,14	καταναρκήσω (1)	1 p sg ind fut a .	καταναρκάω
11167		κατανοεῖς (2)	2 p sg ind pr a . .	κατανοέω
11168		κατανοῆσαι (2)	inf ao a . . .	Id
11169	Lc 20,23	κατανοήσας (1)	nom mas sg part ao a .	Id
11170		κατανοήσατε (3)	2 p pl imper ao a .	Id
11171	Ja 1,23	κατανοοῦντι (1)	dat mas sg part pr a .	Id
11172	Heb 10,24	κατανοῶμεν (1)	1 p pl sbj pr a . .	Id
11173	*Heb 11,23	κατανοῶν	nom mas sg part pr a . . .	Id
11174	Ac 26,7	καταντῆσαι (1)	inf ao a . . .	καταντάω
11175	Ac 27,12	καταντήσαντες (1)	nom mas pl part ao a	Id
11176	*Ac 18,19	καταντήσας	nom mas sg part ao a . .	Id
11177	*Ac 26,7	καταντήσειν	inf fut a	Id
11178	Php 3,11	καταντήσω (1)	1 p sg sbj ao a . .	Id

11179	Eph 4,13	καταντήσωμεν (1)	1 p pl sbj ao a . .	καταντάω
11180	Rm 11,8	κατανύξεως (1)	gen sg . . .	κατάνυξις
11181	Lc 20,35	καταξιωθέντες (1)	nom mas pl part ao pass	καταξιόω
11182	2Th 1,5	καταξιωθῆναι (1)	inf ao pass . .	Id
11183	*Heb 10,29	καταξιωθήσεται	3 p sg ind fut pass . .	Id
11184	*Lc 21,36	καταξιωθῆτε	2 p pl sbj ao pass . .	Id
11185	Lc 12,1	καταπατεῖν (1)	inf pr a . .	καταπατέω
11186	Mt 5,13	καταπατεῖσθαι (1)	inf pr pass . .	Id
11187	Heb 10,29	καταπατήσας (1)	nom mas sg part ao a .	Id
11188	Mt 7,6	καταπατήσουσιν (1)	3 p pl ind fut a .	Id
11189	*Mt 7,6	καταπατήσωσιν	3 p pl sbj ao a . . .	Id
11190	Ac 7,49	καταπαύσεως (1)	gen sg . .	κατάπαυσις
11191		κατάπαυσιν (8)	acc sg	Id
11192	*1Pt 5,8	καταπεῖν	inf ao2 a	καταπίνω
11193	Ac 26,14	καταπεσόντων (1)	gen mas pl part ao2 a	καταπίπτω
11194		καταπέτασμα (3)	nom sg . . .	καταπέτασμα
11195	Heb 9,3	καταπέτασμα (1)	acc sg	Id
11196		καταπετάσματος (2)	gen sg . . .	Id
11197	*1Pt 5,8	καταπίει	cf καταπίῃ	
11198	1Pt 5,8	καταπιεῖν (1)	inf ao2 a . . .	καταπίνω
11199	*1Pt 5,8	καταπίῃ	3 p sg sbj ao2 a	Id
11200	*1Pt 5,8	καταπῖν	err cf καταπεῖν	
11201	Mt 23,24	καταπίνοντες (1)	nom mas pl part pr a .	καταπίνω
11202	Ac 28,6	καταπίπτειν (1)	inf pr a . .	καταπίπτω
11203		καταποθῇ (2)	3 p sg sbj ao pass . .	καταπίνω
11204	2Pt 2,7	καταπονούμενον (1)	acc mas sg part pr pass	καταπονέω
11205	Ac 7,24	καταπονουμένῳ (1)	dat mas sg part pr pass	Id
11206	Mt 14,30	καταποντίζεσθαι (1)	inf pr pass .	καταποντίζω
11207	Mt 18,6	καταποντισθῇ (1)	3 p sg sbj ao pass	Id
11208		κατάρα (2)	nom sg	κατάρα
11209	Ga 3,10	κατάραν (1)	acc sg	Id
11210		κατάρας (3)	gen sg	Id
11211	Rm 12,14	καταρᾶσθε (1)	2 p pl imper pr .	καταράομαι
11212	Lc 13,7	καταργεῖ (1)	3 p sg ind pr a . .	καταργέω
11213		καταργεῖται (2)	3 p sg ind pr pass .	Id
11214	Rm 6,6	καταργηθῇ (1)	3 p sg sbj ao pass . .	Id
11215		καταργηθήσεται (2)	3 p sg ind fut pass	Id
11216	1Co 13,8	καταργηθήσονται (1)	3 p pl ind fut pass	Id
11217	Ga 3,17	καταργῆσαι (1)	inf ao a . . .	Id
11218	2Tm 1,10	καταργήσαντος (1)	gen mas sg part ao a	Id
11219	Eph 2,15	καταργήσας (1)	nom mas sg part ao a .	Id
11220		καταργήσει (3)	3 p sg ind fut a . .	Id
11221		καταργήσῃ (3)	3 p sg sbj ao a . .	Id
11222	Rm 3,31	καταργοῦμεν (1)	1 p pl ind pr a . .	Id
11223	2Co 3,7	καταργουμένην (1)	acc fem sg part pr pass	Id
11224	2Co 3,11	καταργούμενον (1)	nom neut sg part pr pass	Id
11225	2Co 3,13	καταργουμένου (1)	gen neut sg part pr pass	Id
11226	1Co 2,6	καταργουμένων (1)	gen mas pl part pr pass	Id
11227	*1Pt 5,10	καταρτιεῖ att	3 p sg ind fut a . .	καταρτίζω

No.	Ref.	Form	Freq.	Analysis	Lemma
11228	2Co 13,11	καταρτίζεσθε	(1)	2 p pl imper pr pass	καταρτίζω
11229	Ga 6,1	καταρτίζετε	(1)	2 p pl imper pr a	Id
11230		καταρτίζοντας	(2)	acc mas pl part pr a	Id
11231	1Th 3,10	καταρτίσαι	(1)	inf ao a	Id
11232	Heb 13,21	καταρτίσαι	(1)	3 p sg opt ao a	Id
11233	1Pt 5,10	καταρτίσει	(1)	3 p sg ind fut a	Id
11234	2Co 13,9	κατάρτισιν	(1)	acc sg	κατάρτισις
11235	Eph 4,12	καταρτισμόν	(1)	acc sg	καταρτισμός
11236	Ja 3,9	καταρώμεθα	(1)	1 p pl ind pr	καταράομαι
11237	*Mt 5,44	καταρώμενον		acc mas sg part pr	Id
11238	Lc 6,28	καταρωμένους	(1)	acc mas pl part pr	Id
11239		κατασείσας	(3)	nom mas sg part ao a	κατασείω
11240	Heb 3,4	κατασκευάζεται	(1)	3 p sg ind pr pass	κατασκευάζω
11241	1Pt 3,20	κατασκευαζομένης	(1)	gen fem sg part pr pass	Id
11242		κατασκευάσας	(2)	nom mas sg part ao a	Id
11243		κατασκευάσει	(3)	3 p sg ind fut a	Id
11244		κατασκηνοῦν	(2)	inf pr a	κατασκηνόω
11245	*Apc 12,12	κατασκηνοῦντες		nom mas pl part pr a	Id
11246	Ac 2,26	κατασκηνώσει	(1)	3 p sg ind fut a	Id
11247		κατασκηνώσεις	(2)	acc pl	κατασκήνωσις
11248	Heb 9,5	κατασκιάζοντα	(1)	nom neut pl part pr a	κατασκιάζω
11249	Ga 2,4	κατασκοπῆσαι	(1)	inf ao a	κατασκοπέω
11250	Heb 11,31	κατασκόπους	(1)	acc pl	κατάσκοπος
11251	Ac 7,19	κατασοφισάμενος	(1)	nom mas sg part ao	κατασοφίζομαι
11252	Rm 5,19	κατασταθήσονται	(1)	3 p pl ind fut pass	καθίστημι
11253	Ac 19,35	καταστείλας	(1)	nom mas sg part ao a	καταστέλλω
11254	Tit 2,3	καταστήματι	(1)	dat sg	κατάστημα
11255		καταστήσει	(3)	3 p sg ind fut a	καθίστημι
11256	Tit 1,5	καταστήσῃς	(1)	2 p sg sbj ao a	Id
11257	Ac 6,3	καταστήσομεν	(1)	1 p pl ind fut a	Id
11258		καταστήσω	(2)	1 p sg ind fut a	Id
11259	1Tm 2,9	καταστολῇ	(1)	dat sg	καταστολή
11260	1Tm 5,11	καταστρηνιάσωσιν	(1)	3 p pl sbj ao a	καταστρηνιάω
11261		καταστροφῇ	(2)	dat sg	καταστροφή
11262	Lc 12,58	κατασύρῃ	(1)	3 p sg sbj ao a	κατασύρω
11263	Lc 19,27	κατασφάξατε	(1)	2 p pl imper ao a	κατασφάζω
11264	Ac 7,45	κατασχέσει	(1)	dat sg	κατάσχεσις
11265	Ac 7,5	κατάσχεσιν	(1)	acc sg	Id
11266	*Ac 20,16	κατάσχεσις		nom sg	Id
11267		κατάσχωμεν	(2)	1 p pl sbj ao2 a	κατέχω
11268	Php 3,2	κατατομήν	(1)	acc sg	κατατομή
11269	*Heb 12,20	κατατοξευθήσεται		3 p sg ind fut pass	κατατοξεύω
11270	*2Co 4,4	καταυγάσαι		inf ao a	καταυγάζω
11271	Apc 10,9	κατάφαγε	(1)	2 p sg imper ao2 a	κατεσθίω
11272	Jh 2,17	καταφάγεται	(1)	3 p sg ind fut	Id
11273	Apc 12,4	καταφάγῃ	(1)	3 p sg sbj ao2 a	Id
11274	*Lc 15,30	καταφαγόντι		dat mas sg part ao2 a	Id
11275	Lc 15,30	καταφαγών	(1)	nom mas sg part ao2 a	Id
11276	Ac 20,9	καταφερόμενος	(1)	nom mas sg part pr pass	καταφέρω

11277	Ac 25,7	καταφέροντες	(1)	nom mas pl part pr a .	καταφέρω
11278	*2Pt 2,12	καταφθαρήσονται		3 p pl ind fut2 pass	καταφθείρω
11279	Lc 7,45	καταφιλοῦσα	(1)	nom fem sg part pr a	καταφιλέω
11280	Rm 2,4	καταφρονεῖς	(1)	2 p sg ind pr a .	καταφρονέω
11281	1Co 11,22	καταφρονεῖτε	(1)	2 p pl ind pr a . .	Id
11282	1Tm 4,12	καταφρονείτω	(1)	3 p sg imper pr a .	Id
11283	1Tm 6,2	καταφρονείτωσαν	(1)	3 p pl imper pr a .	Id
11284	Heb 12,2	καταφρονήσας	(1)	nom mas sg part ao a .	Id
11285		καταφρονήσει	(2)	3 p sg ind fut a .	Id
11286	Mt 18,10	καταφρονήσητε	(1)	2 p pl sbj ao a .	Id
11287	Ac 13,41	καταφρονηταί	(1)	nom pl . .	καταφρονητής
11288	2Pt 2,10	καταφρονοῦντας	(1)	acc mas pl part pr a	καταφρονέω
11289	Heb 6,18	καταφυγόντες	(1)	nom mas pl part ao2 a	καταφεύγω
11290	Ac 28,12	καταχθέντες	(1)	nom mas pl part ao pass	κατάγω
11291	Php 2,10	καταχθονίων	(1)	gen neut pl .	καταχθόνιος
11292	1Co 9,18	καταχρήσασθαι	(1)	inf ao . .	καταχράομαι
11293	1Co 7,31	καταχρώμενοι	(1)	nom mas pl part pr .	Id
11294	Lc 16,24	καταψύξῃ	(1)	3 p sg sbj ao a . .	καταψύχω
11295	Jh 19,31	κατεαγῶσιν	(1)	3 p pl sbj ao2 pass	κατάγνυμι
11296		κατέαξαν	(2)	3 p pl ind ao a . .	Id
11297	Mt 12,20	κατεάξει	(1)	3 p sg ind fut a . .	Id
11298		κατέβαινεν	(3)	3 p sg ind impf a .	καταβαίνω
11299	2Co 12,16	κατεβάρησα	(1)	1 p sg ind ao a .	καταβαρέω
11300		κατέβη	(13)	3 p sg ind ao2 a .	καταβαίνω
11301	*Ac 21,7	κατέβημεν		1 p pl ind ao2 a . . .	Id
11302	Ac 7,34	κατέβην	(1)	1 p sg ind ao2 a . .	Id
11303		κατέβησαν	(5)	3 p pl ind ao2 a . .	Id
11304	*Ac 19,33	κατεβίβασαν		3 p pl ind ao a . .	καταβιβάζω
11305	*Apc 12,10	κατεβλήθη		3 p sg ind ao pass . .	καταβάλλω
11306		κατεγέλων	(3)	3 p sg ind impf a .	καταγελάω
11307	*Mc 7,2	κατέγνωσαν		3 p pl ind ao2 a . .	καταγινώσκω
11308	Ga 2,11	κατεγνωσμένος	(1)	nom mas sg part pf pass	Id
11309	Jh 8,6	κατέγραφεν	(1)	3 p sg ind impf a .	καταγράφω
11310	Lc 10,34	κατέδησεν	(1)	3 p sg ind ao a . .	καταδέω
11311		κατεδικάσατε	(2)	2 p pl ind ao a .	καταδικάζω
11312	*Mc 1,36	κατεδίωξαν		3 p pl ind ao a . .	καταδιώκω
11313	Mc 1,36	κατεδίωξεν	(1)	3 p sg ind ao a . .	Id
11314	Ac 21,32	κατέδραμεν	(1)	3 p sg ind ao2 a .	κατατρέχω
11315	*Mc 15,46	κατέθηκεν		3 p sg ind ao a . .	κατατίθημι
11316	Ac 17,16	κατείδωλον	(1)	acc fem sg . .	κατείδωλος
11317	Jh 8,3	κατειλημμένην	(1)	acc fem sg part pf pass	καταλαμβάνω
11318	Jh 8,4	κατείληπται	(1)	3 p sg ind pf pass	Id
11319	Php 3,13	κατειληφέναι	(1)	inf pf a . . .	Id
11320		κατειργάσατο	(3)	3 p sg ind ao	κατεργάζομαι
11321	1Pt 4,3	κατειργάσθαι	(1)	inf pf . . .	Id
11322	2Co 12,12	κατειργάσθη	(1)	3 p sg ind ao (pass) .	Id
11323	*Jh 5,4	κατείχετο		3 p sg ind impf pass .	κατέχω
11324	Rm 7,6	κατειχόμεθα	(1)	1 p pl ind impf pass .	Id
11325		κατεῖχον	(2)	3 p pl ind impf a . .	Id

11326		κατεκάη	(3)	3 p sg ind ao2 pass	κατακαίω
11327	Ac 19,19	κατέκαιον	(1)	3 p pl ind impf a	Id
11328		κατέκειτο	(4)	3 p sg ind impf	κατάκειμαι
11329		κατέκλασεν	(2)	3 p sg ind ao a	κατακλάω
11330	Ac 26,10	κατέκλεισα	(1)	1 p sg ind ao a	κατακλείω
11331	Lc 3,20	κατέκλεισεν	(1)	3 p sg ind ao a	Id
11332	Ac 13,19	κατεκληρονόμησεν	(1)	3 p sg ind ao a	κατακληρονομέω
11333	Lc 7,36	κατεκλίθη	(1)	3 p sg ind ao pass	κατακλίνω
11334	Lc 9,15	κατέκλιναν	(1)	3 p pl ind ao a	Id
11335	Mt 27,3	κατεκρίθη	(1)	3 p sg ind ao pass	κατακρίνω
11336	*Apc 20,13	κατεκρίθησαν		3 p pl ind ao pass	Id
11337	Mc 14,64	κατέκριναν	(1)	3 p pl ind ao a	Id
11338		κατέκρινεν	(4)	3 p sg ind ao a	Id
11339	*Ac 19,16	κατεκυρίευσεν		3 p sg ind ao a	κατακυριεύω
11340		κατέλαβεν	(2)	3 p sg ind ao2 a	καταλαμβάνω
11341	*1Co 10,13	κατελάβη		3 p sg ind ao2 pass	Id
11342	Ac 25,25	κατελαβόμην	(1)	1 p sg ind ao2 m	καταλαμβάνω
11343	*Lc 10,40	κατέλειπεν		3 p sg ind impf a	καταλείπω
11344	*Rm 11,4	κατέλειπον		1 p sg ind impf a	Id
11345	Jh 8,9	κατελείφθη	(1)	3 p sg ind ao pass	Id
11346	*Rm 11,4	κατέλειψα		1 p sg ind ao a	Id
11347	*Lc 5,11	κατέλειψαν		3 p pl ind ao a	Id
11348	Php 3,12	κατελήμφθην	(1)	1 p sg ind ao pass	καταλαμβάνω
11349	*Jh 8,4	κατελήφθη		3 p sg ind ao pass	Id
11350		κατελθεῖν	(2)	inf ao2	κατέρχομαι
11351	*Lc 9,37	κατελθόντα		acc mas sg part ao2	Id
11352	Ac 15,1	κατελθόντες	(1)	nom mas pl part ao2	Id
11353	Lc 9,37	κατελθόντων	(1)	gen mas pl part ao2	Id
11354		κατελθών	(3)	nom mas sg part ao2	Id
11355		κατέλιπε(ν)	(4)	3 p sg ind ao2 a	καταλείπω
11356	Rm 11,4	κατέλιπον	(1)	1 p sg ind ao2 a	Id
11357	Lc 20,31	κατέλιπον	(1)	3 p pl ind ao2 a	Id
11358	Ga 2,18	κατέλυσα	(1)	1 p sg ind ao a	καταλύω
11359		κατέναντι	(8)	adv	κατέναντι
11360		κατενάρκησα	(2)	1 p sg ind ao a	καταναρκάω
11361	Lc 5,7	κατένευσαν	(1)	3 p pl ind ao a	κατανεύω
11362	Ac 20,9	κατενεχθείς	(1)	nom mas sg part ao pass	καταφέρω
11363		κατενόησεν	(2)	3 p sg ind ao a	κατανοέω
11364	Ac 11,6	κατενόουν	(1)	1 p sg ind impf a	Id
11365	Ac 27,39	κατενόουν	(1)	3 p pl ind impf a	Id
11366	Ac 2,37	κατενύγησαν	(1)	3 p pl ind ao2 pass	κατανύσσω
11367		κατενώπιον	(3)	adv	κατενώπιον
11368		κατεξουσιάζουσιν	(2)	3 p pl ind pr a	κατεξουσιάζω
11369	Lc 8,5	κατεπατήθη	(1)	3 p sg ind ao pass	καταπατέω
11370	Ac 14,18	κατέπαυσαν	(1)	3 p pl ind ao a	καταπαύω
11371		κατέπαυσεν	(3)	3 p sg ind ao a	Id
11372	Lc 8,6	κατέπεσεν	(1)	3 p sg ind ao2 a	καταπίπτω
11373	Ac 18,12	κατεπέστησαν	(1)	3 p pl ind ao2 a	κατεφίστημι
11374	Apc 12,16	κατέπιεν	(1)	3 p sg ind ao2 a	καταπίνω

11375	Lc 8,26	κατέπλευσαν	(1)	3 p pl ind ao a	καταπλέω
11376	1Co 15,54	κατεπόθη	(1)	3 p sg ind ao pass	καταπίνω
11377	Heb 11,29	κατεπόθησαν	(1)	3 p pl ind ao pass	Id
11378	*Heb 11,29	κατεποντίσθησαν		3 p pl ind ao pass	καταποντίζω
11379	*2Pt 2,6	κατέπρησεν		3 p sg ind ao a	καταπίμπρημι
11380	Rm 7,18	κατεργάζεσθαι	(1)	inf pr	κατεργάζομαι
11381	Php 2,12	κατεργάζεσθε	(1)	2 p pl imper pr	Id
11382		κατεργάζεται	(6)	3 p sg ind pr	Id
11383		κατεργάζομαι	(3)	1 p sg ind pr	Id
11384	Rm 7,13	κατεργαζομένη	(1)	nom fem sg part pr	Id
11385	Rm 1,27	κατεργαζόμενοι	(1)	nom mas pl part pr	Id
11386	*2Co 5,5	κατεργαζόμενος		nom mas sg part pr	Id
11387	Rm 2,9	κατεργαζομένου	(1)	gen mas sg part pr	Id
11388	Eph 6,13	κατεργασάμενοι	(1)	nom mas pl part ao	Id
11389	1Co 5,3	κατεργασάμενον	(1)	acc mas sg part ao	Id
11390	2Co 5,5	κατεργασάμενος	(1)	nom mas sg part ao	Id
11391	Ja 3,15	κατερχομένη	(1)	nom fem sg part pr	κατέρχομαι
11392	*Ja 1,17	κατερχόμενον		nom neut sg part pr	Id
11393	Ac 21,40	κατέσεισεν	(1)	3 p sg ind ao a	κατασείω
11394		κατεσθίει	(2)	3 p sg ind pr a	κατεσθίω
11395		κατεσθίετε	(2)	2 p pl ind pr a	Id
11396	Mc 12,40	κατεσθίοντες	(1)	nom mas pl part pr a	Id
11397	Lc 20,47	κατεσθίουσιν	(1)	3 p pl ind pr a	Id
11398	*Lc 20,47	κατέσθοντες		nom mas pl part pr a	κατέσθω
11399	Ac 15,16	κατεσκαμμένα	(1)	acc neut pl part pf pass	κατασκάπτω
11400	Rm 11,3	κατέσκαψαν	(1)	3 p pl ind ao a	Id
11401	Heb 11,7	κατεσκεύασεν	(1)	3 p sg ind ao a	κατασκευάζω
11402	Heb 9,2	κατεσκευάσθη	(1)	3 p sg ind ao pass	Id
11403	Lc 1,17	κατεσκευασμένον	(1)	acc mas sg part pf pass	Id
11404	Heb 9,6	κατεσκευασμένων	(1)	gen mas pl part pf pass	Id
11405	Lc 13,19	κατεσκήνωσεν	(1)	3 p sg ind ao a	κατασκηνόω
11406	Rm 5,19	κατεστάθησαν	(1)	3 p pl ind ao pass	καθίστημι
11407	Ac 19,36	κατεσταλμένους	(1)	acc mas pl part pf pass	καταστέλλω
11408	*Heb 2,7	κατέστησας		2 p sg ind ao a	καθίστημι
11409		κατέστησεν	(5)	3 p sg ind ao a	Id
11410	*Ac 15,16	κατεστραμμένα		acc neut pl part pf pass	καταστρέφω
11411		κατέστρεψεν	(2)	3 p sg ind ao a	Id
11412	1Co 10,5	κατεστρώθησαν	(1)	3 p pl ind ao pass	καταστρώννυμι
11413	Apc 5,1	κατεσφραγισμένον	(1)	acc neut sg part pf pass	κατασφραγίζω
11414		κατευθύναι	(2)	3 p sg opt ao a	κατευθύνω
11415	Lc 1,79	κατευθῦναι	(1)	inf ao a	Id
11416	*Ja 4,12	κατευθύνεται		3 p sg ind pr pass	Id
11417	Mc 10,16	κατευλόγει	(1)	3 p sg ind impf a	κατευλογέω
11418		κατέφαγεν	(4)	3 p sg ind ao2 a	κατεσθίω
11419	Apc 10,10	κατέφαγον	(1)	1 p sg ind ao2 a	Id
11420	2Tm 3,8	κατεφθαρμένοι	(1)	nom mas pl part pf pass	καταφθείρω
11421	Lc 7,38	κατεφίλει	(1)	3 p sg ind impf a	καταφιλέω
11422		κατεφίλησεν	(3)	3 p sg ind ao a	Id
11423	Ac 20,37	κατεφίλουν	(1)	3 p pl ind impf a	Id

11424	Ac 14,6	κατέφυγον	(1)	3 p pl ind ao2 a .	καταφεύγω
11425	*Ac 22,24	κατεφώνουν		3 p pl ind impf a . .	καταφωνέω
11426		κατέχεεν	(2)	3 p sg ind ao a . .	καταχέω
11427		κατέχειν	(2)	inf pr a	κατέχω
11428		κατέχετε	(2)	2 p pl ind pr a . .	Id
11429	1Th 5,21	κατέχετε	(1)	2 p pl imper pr a . .	Id
11430	*Rm 3,9	κατέχομεν		1 p pl ind pr a . . .	Id
11431	*Ac 20,9	κατεχόμενος		nom mas sg part pr pass .	Id
11432	2Th 2,6	κατέχον	(1)	acc neut sg part pr a .	Id
11433		κατέχοντες	(2)	nom mas pl part pr a .	Id
11434	Rm 1,18	κατεχόντων	(1)	gen mas pl part pr a .	Id
11435	Lc 8,15	κατέχουσιν	(1)	3 p pl ind pr a . .	Id
11436	Heb 10,23	κατέχωμεν	(1)	1 p pl sbj pr a . .	Id
11437	2Th 2,7	κατέχων	(1)	nom mas sg part pr a . .	Id
11438	*Ac 1,26	κατεψηφίσθη		3 p sg ind ao pass .	καταψηφίζω
11439	Ac 23,28	κατήγαγον	(1)	1 p sg ind ao2 a . .	κατάγω
11440	Ac 9,30	κατήγαγον	(1)	3 p pl ind ao2 a . .	Id
11441	Ac 15,36	κατηγγείλαμεν	(1)	1 p pl ind ao a	καταγγέλλω
11442	Ac 3,24	κατήγγειλαν	(1)	3 p pl ind ao a . .	Id
11443	Ac 17,13	κατηγγέλη	(1)	3 p sg ind ao2 pass .	Id
11444	Ac 13,5	κατήγγελλον	(1)	3 p pl ind impf a .	Id
11445		κατηγορεῖν	(6)	inf pr a . .	κατηγορέω
11446	Mt 27,12	κατηγορεῖσθαι	(1)	inf pr pass . .	Id
11447	Ac 22,30	κατηγορεῖται	(1)	3 p sg ind pr pass .	Id
11448	Lc 23,14	κατηγορεῖτε	(1)	2 p pl ind pr a . .	Id
11449	Ac 25,5	κατηγορείτωσαν	(1)	3 p pl imper pr a .	Id
11450	*Lc 11,54	κατηγορῆσαι		inf ao a	Id
11451	Jh 5,45	κατηγορήσω	(1)	1 p sg ind fut a . .	Id
11452		κατηγορήσωσιν	(2)	3 p pl sbj ao a .	Id
11453	Tit 1,6	κατηγορίᾳ	(1)	dat sg . . .	κατηγορία
11454		κατηγορίαν	(2)	acc sg	Id
11455		κατήγοροι	(2)	nom pl . . .	κατήγορος
11456	Ac 23,30	κατηγόροις	(1)	dat pl	Id
11457	*Apc 12,10	κατήγορος		nom sg	Id
11458	Ac 24,8	κατηγοροῦμεν	(1)	1 p pl ind pr a	κατηγορέω
11459	Ac 25,16	κατηγορούμενος	(1)	nom mas sg part pr pass	Id
11460	Mc 15,3	κατηγόρουν	(1)	3 p pl ind impf a . .	Id
11461	Lc 23,10	κατηγοροῦντες	(1)	nom mas pl part pr a	Id
11462	Rm 2,15	κατηγορούντων	(1)	gen mas pl part pr a	Id
11463		κατηγόρους	(2)	acc pl . . .	κατήγορος
11464		κατηγοροῦσιν	(3)	3 p pl ind pr a .	κατηγορέω
11465		κατηγορῶν	(2)	nom mas sg part pr a .	Id
11466	Heb 11,33	κατηγωνίσαντο	(1)	3 p pl ind ao	καταγωνίζομαι
11467	Apc 12,10	κατήγωρ	(1)	nom sg	κατήγωρ
11468		κατῆλθεν	(2)	3 p sg ind ao2 . .	κατέρχομαι
11469		κατήλθομεν	(2)	1 p pl ind ao2 . .	Id
11470		κατῆλθον	(4)	3 p pl ind ao2 . . .	Id
11471	Rm 5,10	κατηλλάγημεν	(1)	1 p pl ind ao2 pass	καταλλάσσω

11472	Ac 26,10	κατήνεγκα	(1)	1 p sg ind ao a . .	καταφέρω
11473	*Lc 23,14	κατηνέγκατε		2 p pl ind ao a . . .	Id
11474	1Co 10,11	κατήντηκεν	(1)	3 p sg ind pf a . .	καταντάω
11475		κατηντήσαμεν	(3)	1 p pl ind ao a . .	Id
11476		κατήντησαν	(2)	3 p pl ind ao a . .	Id
11477		κατήντησεν	(3)	3 p sg ind ao a . .	Id
11478	Ac 5,41	κατηξιώθησαν	(1)	3 p pl ind ao pass .	καταξιόω
11479	Mt 25,41	κατηραμένοι	(1)	nom mas pl part pf (pass)	καταράομαι
11480	Mc 11,21	κατηράσω	(1)	2 p sg ind ao . . .	Id
11481	Rm 7,6	κατηργήθημεν	(1)	1 p pl ind ao pass .	καταργέω
11482	Ga 5,4	κατηργήθητε	(1)	2 p pl ind ao pass .	Id
11483	1Co 13,11	κατήργηκα	(1)	1 p sg ind pf a . .	Id
11484		κατήργηται	(3)	3 p sg ind pf pass .	Id
11485	Ac 1,17	κατηριθμημένος	(1)	nom mas sg part pf pass	καταριθμέω
11486	Heb 11,3	κατηρτίσθαι	(1)	inf pf pass . .	καταρτίζω
11487	Rm 9,22	κατηρτισμένα	(1)	acc neut pl part pf pass	Id
11488	1Co 1,10	κατηρτισμένοι	(1)	nom mas pl part pf pass	Id
11489	Lc 6,40	κατηρτισμένος	(1)	nom mas sg part pf pass	Id
11490		κατηρτίσω	(2)	2 p sg ind ao m . .	Id
11491	2Co 7,14	κατῃσχύνθην	(1)	1 p sg ind ao pass	καταισχύνω
11492	Lc 13,17	κατῃσχύνοντο	(1)	3 p pl ind impf pass .	Id
11493	Ja 4,9	κατήφειαν	(1)	acc sg	κατήφεια
11494	Lc 1,4	κατηχήθης	(1)	2 p sg ind ao pass . .	κατηχέω
11495	Ac 21,21	κατηχήθησαν	(1)	3 p pl ind ao pass .	Id
11496	Ac 18,25	κατηχημένος	(1)	nom mas sg part pf pass	Id
11497	Ac 21,24	κατήχηνται	(1)	3 p pl ind pf pass .	Id
11498	*Ac 21,21	κατήχησαν		3 p pl ind ao a . . .	Id
11499	1Co 14,19	κατηχήσω	(1)	1 p sg sbj ao a . .	Id
11500	Ac 27,3	κατήχθημεν	(1)	1 p pl ind ao pass .	κατάγω
11501		κατηχούμενος	(2)	nom mas sg part pr pass	κατηχέω
11502	Ga 6,6	κατηχοῦντι	(1)	dat mas sg part pr a .	Id
11503	Lc 23,23	κατίσχυον	(1)	3 p pl ind impf a . .	κατισχύω
11504	Lc 21,36	κατισχύσητε	(1)	2 p pl sbj ao a . .	Id
11505	Mt 16,18	κατισχύσουσιν	(1)	3 p pl ind fut a .	Id
11506	Ja 5,3	κατίωται	(1)	3 p sg ind pf pass . .	κατιόω
11507		κατοικεῖ	(7)	3 p sg ind pr a . .	κατοικέω
11508	Ac 17,26	κατοικεῖν	(1)	inf pr a	Id
11509	Apc 2,13	κατοικεῖς	(1)	2 p sg ind pr a . .	Id
11510	Ac 7,4	κατοικεῖτε	(1)	2 p pl ind pr a . .	Id
11511		κατοικῆσαι	(3)	inf ao a . . .	Id
11512	*Mt 23,21	κατοικήσαντι		dat mas sg part ao a . .	Id
11513	Heb 11,9	κατοικήσας	(1)	nom mas sg part ao a .	Id
11514	Mc 5,3	κατοίκησιν	(1)	acc sg . . .	κατοίκησις
11515	Apc 18,2	κατοικητήριον	(1)	nom sg .	κατοικητήριον
11516	Eph 2,22	κατοικητήριον	(1)	acc sg . .	Id
11517	Ac 17,26	κατοικίας	(1)	gen sg	κατοικία
11518	*Col 1,19	κατοικίσαι		inf ao a	κατοικίζω
11519		κατοικοῦντας	(9)	acc mas pl part pr a	κατοικέω
11520		κατοικοῦντες	(9)	nom mas pl part pr a	Id

11521	Mt 23,21	κατοικοῦντι	(1) dat mas sg part pr a	κατοικέω
11522		κατοικούντων	(2) gen mas pl part pr a	Id
11523	*Ac 2,46	κατοικοῦσαν	acc fem sg part pr a . .	Id
11524		κατοικοῦσιν	(5) dat mas pl part pr a .	Id
11525	Ac 1,20	κατοικῶν	(1) nom mas sg part pr a .	Id
11526	*2Co 3,18	κατοπτριζόμεθα	2 p pl ind pr m .	κατοπτρίζω
11527	2Co 3,18	κατοπτριζόμενοι	(1) nom mas pl part pr m	Id
11528	*Ac 24,2	κατορθωμάτων	gen pl	κατόρθωμα
11529		κάτω	(9) adv	κάτω
11530	*Ja 4,5	κατῴκεισεν	3 p sg ind ao a . .	κατοικείζω
11531	*Ac 18,2	κατῴκησαν	3 p pl ind ao a . . .	κατοικέω
11532		κατῴκησεν	(3) 3 p sg ind ao a . .	Id
11533	Ja 4,5	κατῴκισεν	(1) 3 p sg ind ao a .	κατοικίζω
11534	Eph 4,9	κατώτερα	(1) acc neut pl . .	κατώτερος
11535	Mt 2,16	κατωτέρω	(1) adv	κατωτέρω
11536	Ac 27,16	Καῦδα	(1) inde	Καῦδα
11537	*1Co 13,3	καυθήσεται	3 p sg ind fut pass . .	καίω
11538	*1Co 13,3	καυθήσομαι	1 p sg ind fut pass . .	Id
11539	*1Co 13,3	καυθήσωμαι	cf καυθήσομαι	
11540	Apc 7,16	καῦμα	(1) nom sg	καῦμα
11541	Apc 16,9	καῦμα	(1) acc sg	Id
11542	Apc 16,8	καυματίσαι	(1) inf ao a . .	καυματίζω
11543	Heb 6,8	καῦσιν	(1) acc sg	καῦσις
11544		καυσούμενα	(2) nom neut pl part pr pass	καυσόω
11545	*1Tm 4,2	καυ(σ)τηριασμένων	err cf κεκαυστηριασμένων	
11546	Lc 12,55	καύσων	(1) nom sg	καύσων
11547	Mt 20,12	καύσωνα	(1) acc sg	Id
11548	Ja 1,11	καύσωνι	(1) dat sg	Id
11549		καυχᾶσαι	(3) 2 p sg ind pr . .	καυχάομαι
11550		καυχᾶσθαι	(3) inf pr	Id
11551	Ja 4,16	καυχᾶσθε	(1) 2 p pl ind pr . . .	Id
11552	*Ja 3,14	καυχᾶσθε	2 p pl imper pr . . .	Id
11553		καυχάσθω	(4) 3 p sg imper pr . .	Id
11554		καύχημα	(6) nom sg	καύχημα
11555		καύχημα	(4) acc sg	Id
11556	2Co 5,12	καυχήματος	(1) gen sg	Id
11557		καυχήσασθαι	(2) inf ao . . .	καυχάομαι
11558		καυχήσεως	(3) gen sg	καύχησις
11559		καυχήσηται	(2) 3 p sg sbj ao .	καυχάομαι
11560		καύχησιν	(2) acc sg	καύχησις
11561		καύχησις	(6) nom sg	Id
11562		καυχήσομαι	(5) 1 p sg ind fut .	καυχάομαι
11563	2Co 10,13	καυχησόμεθα	(1) 1 p pl ind fut . .	Id
11564		καυχήσωμαι	(3) 1 p sg sbj ao . .	Id
11565	Ga 6,13	καυχήσωνται	(1) 3 p pl sbj ao . .	Id
11566	2Co 9,2	καυχῶμαι	(1) 1 p sg ind pr . . .	Id
11567		καυχώμεθα	(2) 1 p pl ind pr . . .	Id
11568	*Rm 5,11	καυχῶμεν	err cf καυχώμενοι	
11569		καυχώμενοι	(3) nom mas pl part pr	καυχάομαι
11570		καυχώμενος	(2) nom mas sg part pr .	Id

11571	2Co 5,12	καυχωμένους	(1) acc mas pl part pr	καυχάομαι
11572		καυχῶνται	(2) 3 p pl ind pr	Id
11573		Καφαρναούμ	(16) inde	Καφαρναούμ
11574	*Apc 4,4	κδ´	cf εἴκοσι καὶ τέσσαρες	
11575		Κεγκρεαῖς	(2) dat	Κεγχρεαί
11576	*Rm subsc	Κεγχρειαῖς	dat	Κεγχρειαί
11577	*Jh 18,1	Κέδρου	gen sg	Κέδρος
11578	Jh 18,1	Κεδρών	(1) inde	Κεδρών
11579	Php 1,16	κεῖμαι	(1) 1 p sg ind pr	κεῖμαι
11580	1Th 3,3	κείμεθα	(1) 1 p pl ind pr	Id
11581		κείμενα	(3) acc neut pl part pr	Id
11582	Jh 2,6	κείμεναι	(1) nom fem pl part pr	Id
11583	Mt 5,14	κειμένη	(1) nom fem sg part pr	Id
11584	Jh 21,9	κειμένην	(1) acc fem sg part pr	Id
11585	1Co 3,11	κείμενον	(1) acc mas sg part pr	Id
11586		κείμενον	(3) acc neut sg part pr	Id
11587	Lc 23,53	κείμενος	(1) nom mas sg part pr	Id
11588	*1Tm 6,19	κειμήλιον	acc mas sg	κειμήλιος
11589	Ac 18,18	κειράμενος	(1) nom mas sg part ao m	κείρω
11590	Ac 8,32	κείραντος	(1) gen mas sg part ao a	Id
11591	1Co 11,6	κείρασθαι	(1) inf ao m	Id
11592	1Co 11,6	κειράσθω	(1) 3 p sg imper ao m	Id
11593	Jh 11,44	κειρίαις	(1) dat pl	κειρία
11594	*Ac 8,32	κείροντος	gen mas sg part pr a	κείρω
11595		κεῖται	(7) 3 p sg ind pr	κεῖμαι
11596	Heb 10,2	κεκαθαρισμένους	(1)acc mas pl part pf pass	καθαρίζω
11597	Heb 12,2	κεκάθικεν	(1) 3 p sg ind pf a	καθίζω
11598	*Lc 24,32	κεκαλυμμένη	nom fem sg part pf pass	καλύπτω
11599		κεκαλυμμένον	(3) nom neut sg part pf pass	Id
11600	Heb 12,18	κεκαυμένῳ	(1) dat neut sg part pf pass	καίω
11601	1Tm 4,2	κεκαυστηριασμένων	(1) gen mas pl part pf pass	καυστηριάζω
11602	*1Tm 4,2	κεκαυτηριασμένων	gen mas pl part pf pass	καυτηριάζω
11603	2Co 7,14	κεκαύχημαι	(1) 1 p sg ind pf	καυχάομαι
11604	Rm 4,14	κεκένωται	(1) 3 p sg ind pf pass	κενόω
11605	Apc 14,10	κεκερασμένου	(1) gen mas sg part pf pass	κεράννυμι
11606	Ac 5,23	κεκλεισμένον	(1) acc neut sg part pf pass	κλείω
11607		κεκλεισμένων	(2) gen mas pl part pf pass	Id
11608	Lc 11,7	κέκλεισται	(1) 3 p sg ind pf pass	Id
11609		κέκληκεν	(2) 3 p sg ind pf a	καλέω
11610	Lc 14,12	κεκληκότι	(1) dat mas sg part pf a	Id
11611	Lc 14,10	κεκληκώς	(1) nom mas sg part pf a	Id
11612		κεκλημένοι	(3) nom mas pl part pf pass	Id
11613		κεκλημένοις	(2) dat mas pl part pf pass	Id
11614	Lc 14,8	κεκλημένος	(1) nom mas sg part pf pass	Id
11615		κεκλημένους	(2) acc mas pl part pf pass	Id
11616	Lc 14,24	κεκλημένων	(1) gen mas pl part pf pass	Id
11617	Heb 1,4	κεκληρονόμηκεν	(1) 3 p sg ind pf a	κληρονομέω
11618		κέκληται	(2) 3 p sg ind pf pass	καλέω
11619	Lc 24,29	κέκλικεν	(1) 3 p sg ind pf a	κλίνω
11620	*1Co 7,39	κεκοιμηθη	(!)	

11621		κεκοιμημένων	(2)	gen mas pl part pf pass	κοιμάω
11622		κεκοίμηται	(2)	3 p sg ind pf pass .	Id
11623	Ac 21,28	κεκοίνωκεν	(1)	3 p sg ind pf a . .	κοινόω
11624	Heb 9,13	κεκοινωμένους	(1)	acc mas pl part pf pass	Id
11625	Heb 2,14	κεκοινώνηκεν	(1)	3 p sg ind pf a . .	κοινωνέω
11626	Ac 23,3	κεκονιαμένε	(1)	vo mas sg part pf pass	κονιάω
11627	Mt 23,27	κεκονιαμένοις	(1)	dat mas pl part pf pass	Id
11628	Ga 4,11	κεκοπίακα	(1)	1 p sg ind pf a . .	κοπιάω
11629	Jh 4,38	κεκοπιάκασιν	(1)	3 p pl ind pf a . .	Id
11630	Jh 4,38	κεκοπιάκατε	(1)	2 p pl ind pf a . .	Id
11631	Apc 2,3	κεκοπίακες	(1)	2 p sg ind pf a . .	Id
11632	Jh 4,6	κεκοπιακώς	(1)	nom mas sg part pf a .	Id
11633	1Co 4,8	κεκορεσμένοι	(1)	nom mas pl part pf pass	κορέννυμι
11634	Apc 21,2	κεκοσμημένην	(1)	acc fem sg part pf pass	κοσμέω
11635	Apc 21,19	κεκοσμημένοι	(1)	nom mas pl part pf pass	Id
11636		κεκοσμημένον	(2)	acc mas sg part pf pass	Id
11637	Lc 21,5	κεκόσμηται	(1)	3 p sg ind pf pass .	Id
11638	Jh 1,15	κέκραγεν	(1)	3 p sg ind pf2 a . .	κράζω
11639	*Lc 19,40	κεκράξονται		3 p pl ind fut . . .	Id
11640	Ac 27,13	κεκρατηκέναι	(1)	inf pf a . . .	κρατέω
11641	Jh 20,23	κεκράτηνται	(1)	3 p pl ind pf pass .	Id
11642		κέκρικα	(2)	1 p sg ind pf a . . .	κρίνω
11643	Ac 16,15	κεκρίκατε	(1)	2 p pl ind pf a . .	Id
11644	Ac 20,16	κεκρίκει	(1)	3 p sg ind plpf a . .	Id
11645	1Co 7,37	κέκρικεν	(1)	3 p sg ind pf a . .	Id
11646	Ac 16,4	κεκριμένα	(1)	acc neut pl part pf pass	Id
11647		κέκριται	(2)	3 p sg ind pf pass . .	Id
11648	Mt 13,35	κεκρυμμένα	(1)	acc neut pl part pf pass	κρύπτω
11649	Lc 18,34	κεκρυμμένον	(1)	nom neut sg part pf pass	Id
11650	Jh 19,38	κεκρυμμένος	(1)	nom mas sg part pf pass	Id
11651	Apc 2,17	κεκρυμμένου	(1)	gen neut sg part pf pass	Id
11652	Mt 13,44	κεκρυμμένῳ	(1)	dat mas sg part pf pass	Id
11653	Col 3,3	κέκρυπται	(1)	3 p sg ind pf pass . .	Id
11654	Ga 3,15	κεκυρωμένην	(1)	acc fem sg part pf pass	κυρόω
11655	Ac 23,3	κελεύεις	(1)	2 p sg ind pr a . .	κελεύω
11656	*1Tm 4,3	κελευόντων		gen mas pl part pr a . .	Id
11657	Ac 4,15	κελεύσαντες	(1)	nom mas pl part ao a .	Id
11658	Ac 25,23	κελεύσαντος	(1)	gen mas sg part ao a .	Id
11659		κελεύσας	(3)	nom mas sg part ao a .	Id
11660	*Mt 14,19	κελεύσατε		2 p pl imper ao a . . .	Id
11661	1Th 4,16	κελεύσματι	(1)	dat sg	κέλευσμα
11662		κέλευσον	(2)	2 p sg imper ao a . .	κελεύω
11663	Ac 4,25	κενά	(1)	acc neut pl	κενός
11664	Ja 2,20	κενέ	(1)	vo mas sg	Id
11665		κενή	(3)	nom fem sg	Id
11666	Col 2,8	κενῆς	(1)	gen fem sg	Id
11667	Php 2,3	κενοδοξίαν	(1)	acc sg . . .	κενοδοξία
11668	Ga 5,26	κενόδοξοι	(1)	nom mas pl . .	κενόδοξος
11669	Eph 5,6	κενοῖς	(1)	dat mas pl	κενός

No.	Ref.	Form	Freq.	Analysis	Lemma
11670		κενόν	(3)	acc mas sg	κενός
11671	1Co 15,14	κενόν	(1)	nom neut sg	Id
11672		κενόν	(5)	acc neut sg	Id
11673	1Co 15,58	κενός	(1)	nom mas sg	Id
11674	Lc 1,53	κενούς	(1)	acc mas pl	Id
11675		κενοφωνίας	(2)	acc pl	κενοφωνία
11676		κέντρα	(2)	acc pl	κέντρον
11677		κέντρον	(2)	nom sg	Id
11678	Mc 15,39	κεντυρίων	(1)	nom sg	κεντυρίων
11679	Mc 15,44	κεντυρίωνα	(1)	acc sg	Id
11680	Mc 15,45	κεντυρίωνος	(1)	gen sg	Id
11681		κενωθῇ	(2)	3 p sg sbj ao pass	κενόω
11682	Ja 4,5	κενῶς	(1)	adv	κενῶς
11683	1Co 9,15	κενώσει	(1)	3 p sg ind fut a	κενόω
11684	*1Co 9,15	κενώσ(ῃ)		3 p sg sbj ao a	Id
11685	Mt 5,18	κεραία	(1)	nom sg	κεραία
11686	Lc 16,17	κεραίαν	(1)	acc sg	Id
11687	Rm 9,21	κεραμεύς	(1)	nom sg	κεραμεύς
11688		κεραμέως	(2)	gen sg	Id
11689	Apc 2,27	κεραμικά	(1)	nom neut pl	κεραμικός
11690		κεράμιον	(2)	acc sg	κεράμιον
11691	*Lc 5,19	κεράμους		acc pl	κέραμος
11692	Lc 5,19	κεράμων	(1)	gen pl	Id
11693	Lc 1,69	κέρας	(1)	acc sg	κέρας
11694	Apc 18,6	κεράσατε	(1)	2 p pl imper ao a	κεράννυμι
11695		κέρατα	(2)	nom pl	κέρας
11696		κέρατα	(6)	acc pl	Id
11697	Lc 15,16	κερατίων	(1)	gen pl	κεράτιον
11698	*Apc 9,13	κέρατος		gen sg	κέρας
11699		κεράτων	(2)	gen pl	Id
11700	1Co 9,21	κερδάνω	(1)	1 p sg sbj ao a	κερδαίνω
11701	Php 3,7	κέρδη	(1)	nom pl	κέρδος
11702	1Pt 3,1	κερδηθήσονται	(1)	3 p pl ind fut pass	κερδαίνω
11703		κερδῆσαι	(2)	inf ao a	Id
11704	Lc 9,25	κερδήσας	(1)	nom mas sg part ao a	Id
11705	Mt 16,26	κερδήσῃ	(1)	3 p sg sbj ao a	Id
11706	Ja 4,13	κερδήσομεν	(1)	1 p pl ind fut a	Id
11707		κερδήσω	(5)	1 p sg sbj ao a	Id
11708	*Ja 4,13	κερδήσωμεν		1 p pl sbj ao a	Id
11709	Php 1,21	κέρδος	(1)	nom sg	κέρδος
11710	Tit 1,11	κέρδους	(1)	gen sg	Id
11711	Jh 2,15	κέρμα	(1)	nom sg	κέρμα
11712	*Jh 2,15	κέρματα		acc pl	Id
11713	Jh 2,14	κερματιστάς	(1)	acc pl	κερματιστής
11714		κεφαλαί	(3)	nom pl	κεφαλή
11715	Heb 8,1	κεφάλαιον	(1)	nom sg	κεφάλαιον
11716	Ac 22,28	κεφαλαίου	(1)	gen sg	Id
11717		κεφαλάς	(13)	acc pl	κεφαλή
11718		κεφαλή	(11)	nom sg	Id

11719		κεφαλῇ (4)	dat sg	κεφαλή
11720		κεφαλήν (28)	acc sg	Id
11721		κεφαλῆς (15)	gen sg	Id
11722	Heb 10,7	κεφαλίδι (1)	dat sg	κεφαλίς
11723	Apc 13,3	κεφαλῶν (1)	gen pl	κεφαλή
11724		κεχάρισμαι (2)	1 p sg ind pf .	χαρίζομαι
11725		κεχάρισται (2)	3 p sg ind pf . .	Id
11726	Lc 1,28	κεχαριτωμένη (1)	nom fem sg part pf pass	χαριτόω
11727	1Co 9,15	κέχρημαι (1)	1 p sg ind pf . . .	χράομαι
11728	Lc 2,26	κεχρηματισμένον (1)	nom neut sg part pf pass	χρηματίζω
11729	*Lc 2,26	κεχρηματισμένος	nom mas sg part pf pass	Id
11730	Heb 8,5	κεχρημάτισται (1)	3 p sg ind pf pass .	Id
11731		κεχρυσωμένη (2)	nom fem sg part pf pass	χρυσόω
11732	Heb 7,26	κεχωρισμένος (1)	nom mas sg part pf pass	χωρίζω
11733	*Mc 6,29	κηδεῦσαι	inf ao a	κηδεύω
11734	1Co 9,9	κημώσεις (1)	2 p sg ind fut a . .	κημόω
11735		κῆνσον (3)	acc sg	κῆνσος
11736	Mt 22,19	κήνσου (1)	gen sg	Id
11737	Lc 13,19	κῆπον (1)	acc sg	κῆπος
11738		κῆπος (2)	nom sg	Id
11739	Jh 20,15	κηπουρός (1)	nom sg	κηπουρός
11740		κήπῳ (2)	dat sg	κῆπος
11741	*Lc 24,42	κηρίον	acc sg	κηρίον
11742	*Lc 24,42	κηρίου	gen sg	Id
11743		κήρυγμα (3)	nom sg	κήρυγμα
11744		κήρυγμα (4)	acc sg	Id
11745	Tit 1,3	κηρύγματι (1)	dat sg	Id
11746	1Co 1,21	κηρύγματος (1)	gen sg	Id
11747	2Pt 2,5	κήρυκα (1)	acc sg	κῆρυξ
11748		κῆρυξ (2)	nom sg	Id
11749		κηρύξαι (3)	inf ao a	κηρύσσω
11750	1Co 9,27	κηρύξας (1)	nom mas sg part ao a . .	Id
11751		κηρύξατε (2)	2 p pl imper ao a . .	Id
11752	2Tm 4,2	κήρυξον (1)	2 p sg imper ao a . .	Id
11753	Mc 1,38	κηρύξω (1)	1 p sg sbj ao a . . .	Id
11754	Rm 10,15	κηρύξωσιν (1)	3 p pl sbj ao a . .	Id
11755		κηρύσσει (2)	3 p sg ind pr a . .	Id
11756		κηρύσσειν (6)	inf pr a	Id
11757	1Co 15,12	κηρύσσεται (1)	3 p sg ind pr pass .	Id
11758	Mt 10,7	κηρύσσετε (1)	2 p pl imper pr a . .	Id
11759		κηρύσσομεν (4)	1 p pl ind pr a . .	Id
11760	Apc 5,2	κηρύσσοντα (1)	acc mas sg part pr a .	Id
11761	Ac 15,21	κηρύσσοντας (1)	acc mas pl part pr a .	Id
11762	Rm 10,14	κηρύσσοντος (1)	gen mas sg part pr a .	Id
11763	Php 1,15	κηρύσσουσιν (1)	3 p pl ind pr a . .	Id
11764		κηρύσσω (2)	1 p sg ind pr a . .	Id
11765		κηρύσσων (13)	nom mas sg part pr a .	Id
11766	2Co 1,19	κηρυχθείς (1)	nom mas sg part ao pass .	Id
11767	Col 1,23	κηρυχθέντος (1)	gen neut sg part ao pass	Id

No.	Ref.	Form	Freq.	Parsing	Lemma
11768		κηρυχθῇ	(2)	3 p sg sbj ao pass	κηρύσσω
11769		κηρυχθῆναι	(2)	inf ao pass	Id
11770		κηρυχθήσεται	(2)	3 p sg ind fut pass	Id
11771	Mt 12,40	κήτους	(1)	gen sg	κῆτος
11772	1Co 1,12	Κηφᾶ	(1)	gen	Κηφᾶς
11773		Κηφᾷ	(2)	dat	Id
11774	Ga 1,18	Κηφᾶν	(1)	acc	Id
11775		Κηφᾶς	(5)	nom	Id
11776	*Ac 19,24	κιβώρια		nom pl	κιβώριον
11777		κιβωτόν	(4)	acc sg	κιβωτός
11778	Apc 11,19	κιβωτός	(1)	nom sg	Id
11779	1Pt 3,20	κιβωτοῦ	(1)	gen sg	Id
11780	1Co 14,7	κιθάρα	(1)	nom sg	κιθάρα
11781	Apc 14,2	κιθάραις	(1)	dat pl	Id
11782	Apc 5,8	κιθάραν	(1)	acc sg	Id
11783	Apc 15,2	κιθάρας	(1)	acc pl	Id
11784	1Co 14,7	κιθαριζόμενον	(1)	nom neut sg part pr pass	κιθαρίζω
11785	Apc 14,2	κιθαριζόντων	(1)	gen mas pl part pr a	Id
11786		κιθαρῳδῶν	(2)	gen pl	κιθαρῳδός
11787		Κιλικίαν	(3)	acc	Κιλικία
11788		Κιλικίας	(5)	gen	Id
11789	*Ac 23,34	Κιλιξίας		gen	Κιλιξία
11790	Ac 19,27	κινδυνεύει	(1)	3 p sg ind pr a	κινδυνεύω
11791		κινδυνεύομεν	(2)	1 p pl ind pr a	Id
11792		κινδύνοις	(8)	dat pl	κίνδυνος
11793	Rm 8,35	κίνδυνος	(1)	nom sg	Id
11794	*2Co 1,10	κινδύνου		gen sg	Id
11795	Mt 23,4	κινῆσαι	(1)	inf ao a	κινέω
11796	*Jh 5,3	κίνησιν		acc sg	κίνησις
11797	Apc 2,5	κινήσω	(1)	1 p sg ind fut a	κινέω
11798	Apc 18,13	κιννάμωμον	(1)	acc sg	κιννάμωμον
11799	*Apc 18,13	κινναμώμου		gen sg	Id
11800	Ac 17,28	κινούμεθα	(1)	1 p pl ind pr pass	κινέω
11801	Ac 24,5	κινοῦντα	(1)	acc mas sg part pr a	Id
11802		κινοῦντες	(2)	nom mas pl part pr a	Id
11803	Ac 13,21	Κίς	(1)	inde	Κίς
11804	*Ac 27,16	Κλάδιν		inde	Κλάδιν
11805		κλάδοι	(2)	nom pl	κλάδος
11806		κλάδοις	(2)	dat pl	Id
11807		κλάδος	(2)	nom sg	Id
11808		κλάδους	(2)	acc pl	Id
11809		κλάδων	(3)	gen pl	Id
11810		κλαῖε	(2)	2 p sg imper pr a	κλαίω
11811	Rm 12,15	κλαίειν	(1)	inf pr a	Id
11812		κλαίεις	(2)	2 p sg ind pr a	Id
11813		κλαίετε	(2)	2 p pl ind pr a	Id
11814		κλαίετε	(2)	2 p pl imper pr a	Id
11815		κλαίοντας	(2)	acc mas pl part pr a	Id
11816		κλαίοντες	(6)	nom mas pl part pr a	Id

No.	Ref.	Form	Freq.	Analysis	Lemma
11817	Rm 12,15	κλαιόντων	(1)	gen mas pl part pr a	κλαίω
11818		κλαίουσα	(3)	nom fem sg part pr a	Id
11819	Ac 9,39	κλαίουσαι	(1)	nom fem pl part pr a	Id
11820	Jh 11,33	κλαίουσαν	(1)	acc fem sg part pr a	Id
11821	Apc 18,11	κλαίουσιν	(1)	3 p pl ind pr a	Id
11822	*Mc 16,10	κλαίουσιν		dat mas pl part pr a	Id
11823	Php 3,18	κλαίων	(1)	nom mas sg part pr a	Id
11824	Ac 20,7	κλάσαι	(1)	inf ao a	κλάω
11825		κλάσας	(4)	nom mas sg part ao a	Id
11826		κλάσει	(2)	dat sg	κλάσις
11827		κλάσματα	(2)	acc pl	κλάσμα
11828		κλασμάτων	(7)	gen pl	Id
11829	*Ac 27,16	Κλαῦδα		nom	Κλαῦδα
11830	*Ac 27,16	Κλαῦδαν		acc	Id
11831	*Ac 27,16	Κλαύδη		nom	Κλαύδη
11832	*Ac 27,16	Κλαύδην		acc	Id
11833	2Tm 4,21	Κλαυδία	(1)	nom	Κλαυδία
11834	Ac 18,2	Κλαύδιον	(1)	acc	Κλαύδιος
11835	Ac 23,26	Κλαύδιος	(1)	nom	Id
11836	Ac 11,28	Κλαυδίου	(1)	gen	Id
11837		κλαυθμός	(9)	nom sg	κλαυθμός
11838		κλαύσατε	(2)	2 p pl imper ao a	κλαίω
11839		κλαύσετε	(2)	2 p pl ind fut a	Id
11840	Jh 11,31	κλαύσῃ	(1)	3 p sg sbj ao a	Id
11841	*Apc 18,9	κλαύσονται		3 p pl ind fut m	Id
11842	Apc 18,9	κλαύσουσιν	(1)	3 p pl ind fut a	Id
11843	Lc 11,52	κλεῖδα	(1)	acc sg	κλείς
11844	Mt 16,19	κλεῖδας	(1)	acc pl	Id
11845	*Apc 3,7	κλείει		3 p sg ind pr a	κλείω
11846	Mt 23,13	κλείετε	(1)	2 p pl ind pr a	Id
11847		κλεῖν	(2)	acc sg	κλείς
11848		κλείς	(2)	nom sg	Id
11849	*Mt 16,19	κλεῖς		acc pl	Id
11850		κλεῖσαι	(2)	inf ao a	κλείω
11851	Mt 6,6	κλείσας	(1)	nom mas sg part ao a	Id
11852	Apc 3,7	κλείσει	(1)	3 p sg ind fut a	Id
11853	1Jh 3,17	κλείσῃ	(1)	3 p sg sbj ao a	Id
11854	Apc 21,25	κλεισθῶσιν	(1)	3 p pl sbj ao pass	Id
11855	Apc 3,7	κλείων	(1)	nom mas sg part pr a	Id
11856	*Mc 7,21	κλέμματα		nom pl	κλέμμα
11857	Apc 9,21	κλεμμάτων	(1)	gen pl	Id
11858	Lc 24,18	Κλεοπᾶς	(1)	nom	Κλεοπᾶς
11859	1Pt 2,20	κλέος	(1)	nom sg	κλέος
11860		κλέπται	(4)	nom pl	κλέπτης
11861	*1Th 5,4	κλέπτας		acc pl	Id
11862	Rm 2,21	κλέπτειν	(1)	inf pr a	κλέπτω
11863	Rm 2,21	κλέπτεις	(1)	2 p sg ind pr a	Id
11864	Eph 4,28	κλεπτέτω	(1)	3 p sg imper pr a	Id
11865		κλέπτης	(12)	nom sg	κλέπτης

No.	Ref	Form	Count	Parsing	Lemma
11866		κλέπτουσιν	(2)	3 p pl ind pr a	κλέπτω
11867	Eph 4,28	κλέπτων	(1)	nom mas sg part pr a	Id
11868		κλέψεις	(2)	2 p sg ind fut a	Id
11869	Jh 10,10	κλέψῃ	(1)	3 p sg sbj ao a	Id
11870		κλέψῃς	(2)	2 p sg sbj ao a	Id
11871	*Mt 27,64	κλέψουσιν		3 p pl ind fut a	Id
11872	Mt 27,64	κλέψωσιν	(1)	3 p pl sbj ao a	Id
11873		κληθείς	(2)	nom mas sg part ao pass	καλέω
11874	Lc 2,21	κληθέν	(1)	nom neut sg part ao pass	Id
11875	Ac 24,2	κληθέντος	(1)	gen mas sg part ao pass	Id
11876		κληθῆναι	(3)	inf ao pass	Id
11877		κληθῇς	(2)	2 p sg sbj ao pass	Id
11878		κληθήσεται	(11)	3 p sg ind fut pass	Id
11879		κληθήσῃ	(2)	2 p sg ind fut pass	Id
11880		κληθήσονται	(2)	3 p pl ind fut pass	Id
11881		κληθῆτε	(2)	2 p pl sbj ao pass	Id
11882	1Jh 3,1	κληθῶμεν	(1)	1 p pl sbj ao pass	Id
11883		κλῆμα	(3)	nom sg	κλῆμα
11884	Jh 15,5	κλήματα	(1)	nom pl	Id
11885	Php 4,3	Κλήμεντος	(1)	gen	Κλήμης
11886		κλῆρον	(5)	acc sg	κλῆρος
11887	1Co 15,50	κληρονομεῖ	(1)	3 p sg ind pr a	κληρονομέω
11888	Heb 1,14	κληρονομεῖν	(1)	inf pr a	Id
11889		κληρονομῆσαι	(2)	inf ao a	Id
11890	Mt 25,34	κληρονομήσατε	(1)	2 p pl imper ao a	Id
11891		κληρονομήσει	(3)	3 p sg ind fut a	Id
11892	*Ga 4,30	κληρονομήσῃ		3 p sg sbj ao a	Id
11893	1Pt 3,9	κληρονομήσητε	(1)	2 p pl sbj ao a	Id
11894		κληρονομήσουσιν	(4)	3 p pl ind fut a	Id
11895		κληρονομήσω	(2)	1 p sg ind fut a	Id
11896	Mc 10,17	κληρονομήσω	(1)	1 p sg sbj ao a	Id
11897	*Mc 16,14	κληρονομήσωσιν		3 p pl sbj ao a	Id
11898		κληρονομία	(3)	nom sg	κληρονομία
11899		κληρονομίαν	(7)	acc sg	Id
11900		κληρονομίας	(4)	gen sg	Id
11901		κληρονόμοι	(5)	nom pl	κληρονόμος
11902	Heb 6,17	κληρονόμοις	(1)	dat pl	Id
11903		κληρονόμον	(2)	acc sg	Id
11904		κληρονόμος	(6)	nom sg	Id
11905	Heb 6,12	κληρονομούντων	(1)	gen mas pl part pr a	κληρονομέω
11906	Ja 2,5	κληρονόμους	(1)	acc pl	κληρονόμος
11907		κλῆρος	(2)	nom sg	κλῆρος
11908	Col 1,12	κλήρου	(1)	gen sg	Id
11909		κλήρους	(2)	acc pl	Id
11910	1Pt 5,3	κλήρων	(1)	gen pl	Id
11911		κλήσει	(2)	dat sg	κλῆσις
11912		κλήσεως	(6)	gen sg	Id
11913		κλῆσιν	(2)	acc sg	Id
11914	Rm 11,29	κλῆσις	(1)	nom sg	Id

11915		κλητοί	(3)	nom mas pl	κλητός
11916		κλητοῖς	(5)	dat mas pl	Id
11917		κλητός	(2)	nom mas pl	Id
11918		κλίβανον	(2)	acc sg	κλίβανος
11919		κλίμασι(ν)	(2)	dat pl	κλίμα
11920	Ga 1,21	κλίματα	(1)	acc pl	Id
11921	Ac 5,15	κλιναρίων	(1)	gen pl	κλινάριον
11922	Jh 19,30	κλίνας	(1)	nom mas sg part ao a . .	κλίνω
11923	Lc 9,12	κλίνειν	(1)	inf pr a	Id
11924		κλίνῃ	(2)	3 p sg sbj pr a . . .	Id
11925		κλίνην	(4)	acc sg	κλίνη
11926		κλίνης	(4)	gen sg	Id
11927	Lc 5,24	κλινίδιον	(1)	acc sg . . .	κλινίδιον
11928	Lc 5,19	κλινιδίῳ	(1)	dat sg	Id
11929	Lc 24,5	κλινουσῶν	(1)	gen fem pl part pr a .	κλίνω
11930	Mc 7,4	κλινῶν	(1)	gen pl	κλίνη
11931	Lc 9,14	κλισίας	(1)	acc pl	κλισία
11932		κλοπαί	(2)	nom pl	κλοπή
11933		κλύδωνι	(2)	dat sg	κλύδων
11934	Eph 4,14	κλυδωνιζόμενοι	(1)	nom mas pl part pr	κλυδωνίζομαι
11935	1Co 10,16	κλῶμεν	(1)	1 p pl ind pr a . . .	κλάω
11936	*1Co 11,24	κλώμενον		nom neut sg part pr pass . .	Id
11937	Ac 2,46	κλῶντες	(1)	nom mas pl part pr a . .	Id
11938	Jh 19,25	Κλωπᾶ	(1)	gen	Κλωπᾶς
11939	2Tm 4,3	κνηθόμενοι	(1)	nom mas pl part pr m .	κνήθω
11940	Ac 27,7	Κνίδον	(1)	acc	Κνίδος
11941	*Eph 2,21	κοδομή		nom sg	κοδομή
11942	Mt 5,26	κοδράντην	(1)	acc sg . . .	κοδράντης
11943	Mc 12,42	κοδράντης	(1)	nom sg	Id
11944		κοιλία	(4)	nom sg	κοιλία
11945		κοιλίᾳ	(6)	dat sg	Id
11946	Lc 23,29	κοιλίαι	(1)	nom pl	Id
11947		κοιλίαν	(4)	acc sg	Id
11948		κοιλίας	(7)	gen sg	Id
11949	*Jh 11,11	κοιμᾶται		3 p sg ind pr . . .	κοιμάομαι
11950		κοιμηθέντας	(2)	acc mas pl part ao .	Id
11951	1Co 15,18	κοιμηθέντες	(1)	nom mas pl part ao .	Id
11952	1Co 7,39	κοιμηθῇ	(1)	3 p sg sbj ao . . .	Id
11953	1Co 15,51	κοιμηθησόμεθα	(1)	1 p pl ind fut . .	Id
11954	Jh 11,13	κοιμήσεως	(1)	gen sg	κοίμησις
11955	Ac 12,6	κοιμώμενος	(1)	nom mas sg part pr	κοιμάομαι
11956	Lc 22,45	κοιμωμένους	(1)	acc mas pl part pr .	Id
11957		κοιμωμένων	(2)	gen mas pl part pr .	Id
11958	1Co 11,30	κοιμῶνται	(1)	3 p pl ind pr . . .	Id
11959	Ac 4,32	κοινά	(1)	nom neut pl	κοινός
11960	Ac 2,44	κοινά	(1)	acc neut pl	Id
11961		κοιναῖς	(2)	dat fem pl	Id
11962	Tit 1,4	κοινήν	(1)	acc fem sg	Id
11963	Ju 3	κοινῆς	(1)	gen fem sg	Id
11964		κοινοῖ	(6)	3 p sg ind pr a . . .	κοινόω

11965	Ac 10,28	κοινόν	(1)	acc mas sg	κοινός
11966		κοινόν	(5)	nom neut sg	Id
11967		κοινόν	(2)	acc neut sg	Id
11968		κοίνου	(2)	2 p sg imper pr a	κοινόω
11969	*Mc 7,15	κοινοῦν		nom neut sg part pr a	Id
11970		κοινοῦντα	(2)	nom neut pl part pr a	Id
11971	2Jh 11	κοινωνεῖ	(1)	3 p sg ind pr a	κοινωνέω
11972	1Tm 5,22	κοινώνει	(1)	3 p sg imper pr a	Id
11973	1Pt 4,13	κοινωνεῖτε	(1)	2 p pl ind pr a	Id
11974	Ga 6,6	κοινωνείτω	(1)	3 p sg imper pr a	Id
11975		κοινωνία	(7)	nom sg	κοινωνία
11976		κοινωνίᾳ	(2)	dat sg	Id
11977		κοινωνίαν	(7)	acc sg	Id
11978		κοινωνίας	(3)	gen sg	Id
11979	1Tm 6,18	κοινωνικούς	(1)	acc mas pl	κοινωνικός
11980		κοινωνοί	(6)	nom mas pl	κοινωνός
11981	Phm 17	κοινωνόν	(1)	acc mas sg	Id
11982		κοινωνός	(2)	nom mas sg	Id
11983	Rm 12,13	κοινωνοῦντες	(1)	nom mas pl part pr a	κοινωνέω
11984	1Co 10,20	κοινωνούς	(1)	acc mas pl	κοινωνός
11985	*Mc 3,17	κοινῶς		adv	κοινῶς
11986		κοινῶσαι	(2)	inf ao a	κοινόω
11987	Rm 13,13	κοίταις	(1)	dat pl	κοίτη
11988	Heb 13,4	κοίτη	(1)	nom sg	Id
11989		κοίτην	(2)	acc sg	Id
11990	Ac 12,20	κοιτῶνος	(1)	gen sg	κοιτών
11991	Mt 27,28	κοκκίνην	(1)	acc fem sg	κόκκινος
11992		κόκκινον	(3)	acc neut sg	Id
11993		κοκκίνου	(2)	gen neut sg	Id
11994		κόκκον	(3)	acc sg	κόκκος
11995	Jh 12,24	κόκκος	(1)	nom sg	Id
11996		κόκκῳ	(3)	dat sg	Id
11997	*1Pt 2,20	κολαζόμενοι		nom mas pl part pr pass	κολάζω
11998	2Pt 2,9	κολαζομένους	(1)	acc mas pl part pr pass	Id
11999	1Th 2,5	κολακείας	(1)	gen sg	κολακεία
12000	*Mc 3,29	κολάσεως		gen sg	κόλασις
12001		κόλασιν	(2)	acc sg	Id
12002	*Col 1,2	Κολασσαῖς		dat	Κολασσαί
12003	Ac 4,21	κολάσωνται	(1)	3 p pl sbj ao m	κολάζω
12004	Mc 14,65	κολαφίζειν	(1)	inf pr a	κολαφίζω
12005	2Co 12,7	κολαφίζῃ	(1)	3 p sg sbj pr a	Id
12006	1Co 4,11	κολαφιζόμεθα	(1)	1 p pl ind pr pass	Id
12007	1Pt 2,20	κολαφιζόμενοι	(1)	nom mas pl part pr pass	Id
12008		κολλᾶσθαι	(3)	inf pr m	κολλάω
12009	Lc 10,11	κολληθέντα	(1)	acc mas sg part ao pass	Id
12010	Ac 17,34	κολληθέντες	(1)	nom mas pl part ao pass	Id
12011	Mt 19,5	κολληθήσεται	(1)	3 p sg ind fut pass	Id
12012	Ac 8,29	κολλήθητι	(1)	2 p sg imper ao pass	Id
12013	Apc 3,18	κολλούριον	(1)	acc sg	κολλούριον

No.	Ref	Form	Freq	Parsing	Lemma
12014		κολλυβιστῶν	(3)	gen pl	κολλυβιστής
12015	*Apc 3,18	κολλύριον		acc sg	κολλύριον
12016	Rm 12,9	κολλώμενοι	(1)	nom mas pl part pr pass	κολλάω
12017		κολλώμενος	(2)	nom mas sg part pr pass	Id
12018	Mt 24,22	κολοβωθήσονται	(1)	3 p pl ind fut pass	κολοβόω
12019	*Col subsc	Κολ(ο)σσαεῖς		acc pl	Κολοσσαεύς
12020	Col 1,2	Κολοσσαῖς	(1)	dat	Κολόσσαι
12021	Lc 16,23	κόλποις	(1)	dat pl	κόλπος
12022		κόλπον	(4)	acc sg	Id
12023	Jh 13,23	κόλπῳ	(1)	dat sg	Id
12024	Ac 27,43	κολυμβᾶν	(1)	inf pr a	κολυμβάω
12025	Jh 5,2	κολυμβήθρα	(1)	nom sg	κολυμβήθρα
12026	*Jh 5,4	κολυμβήθρᾳ		dat sg	Id
12027		κολυμβήθραν	(2)	acc sg	Id
12028	Ac 16,12	κολωνία	(1)	nom sg	κολωνία
12029		κομᾷ	(2)	3 p sg sbj pr a	κομάω
12030	1Co 11,15	κόμη	(1)	nom sg	κόμη
12031	1Pt 5,4	κομιεῖσθε	(1)	2 p pl ind fut m	κομίζω
12032	1Pt 1,9	κομιζόμενοι	(1)	nom mas pl part pr m	Id
12033	*2Pt 2,13	κομιούμενοι		nom mas pl part fut m	Id
12034	*Heb 11,13	κομισάμενοι		nom mas pl part ao m	Id
12035	Lc 7,37	κομίσασα	(1)	nom fem sg part ao a	Id
12036		κομίσεται	(2)	3 p sg ind fut m	Id
12037	Heb 10,36	κομίσησθε	(1)	2 p pl sbj ao m	Id
12038	2Co 5,10	κομίσηται	(1)	3 p sg sbj ao m	Id
12039	Jh 4,52	κομψότερον	(1)	adv	κομψότερον
12040		κονιορτόν	(5)	acc sg	κονιορτός
12041	Ac 8,2	κοπετόν	(1)	acc sg	κοπετός
12042	Heb 7,1	κοπῆς	(1)	gen sg	κοπή
12043	Lc 12,27	κοπιᾷ	(1)	3 p sg ind pr a	κοπιάω
12044	Lc 5,5	κοπιάσαντες	(1)	nom mas pl part ao a	Id
12045	Eph 4,28	κοπιάτω	(1)	3 p sg imper pr a	Id
12046	*Mt 6,28	κοπιοῦσιν		3 p pl ind pr a	Id
12047	Col 1,29	κοπιῶ	(1)	1 p sg ind pr a	Id
12048		κοπιῶμεν	(2)	1 p pl ind pr a	Id
12049	2Tm 2,6	κοπιῶντα	(1)	acc mas sg part pr a	Id
12050		κοπιῶντας	(2)	acc mas pl part pr a	Id
12051		κοπιῶντες	(2)	nom mas pl part pr a	Id
12052	1Co 16,16	κοπιῶντι	(1)	dat mas sg part pr a	Id
12053	Rm 16,12	κοπιώσας	(1)	acc fem pl part pr a	Id
12054	Mt 6,28	κοπιῶσιν	(1)	3 p pl ind pr a	Id
12055		κόποις	(3)	dat pl	κόπος
12056		κόπον	(5)	acc sg	Id
12057		κόπος	(2)	nom sg	Id
12058	1Th 1,3	κόπου	(1)	gen sg	Id
12059		κόπους	(4)	acc pl	Id
12060	Lc 13,8	κόπρια	(1)	acc pl	κόπριον
12061	Lc 14,35	κοπρίαν	(1)	acc sg	κοπρία
12062	*Lc 13,8	κοπρίων		gen pl	κόπριον

12063	*Ac 24,4	κόπτω		1 p sg sbj pr a	κόπτω
12064		κόπῳ	(2)	dat sg	κόπος
12065	Apc 14,13	κόπων	(1)	gen pl	Id
12066	Lc 12,24	κόρακας	(1)	acc pl	κόραξ
12067		κοράσιον	(4)	nom sg	κοράσιον
12068	Mc 5,41	κοράσιον	(1)	vo sg	Id
12069		κορασίῳ	(3)	dat sg	Id
12070	Mc 7,11	κορβᾶν	(1)	aram inde	κορβᾶν
12071	Mt 27,6	κορβανᾶν	(1)	acc sg	κορβανᾶς
12072	Ju 11	Κόρε	(1)	inde	Κόρε
12073	Ac 27,38	κορεσθέντες	(1)	nom mas pl part ao pass	κορέννυμι
12074	2Co 6,11	Κορίνθιοι	(1)	vo pl	Κορίνθιος
12075	*1Co subsc	Κορινθίους		acc pl	Id
12076	Ac 18,8	Κορινθίων	(1)	gen pl	Id
12077		Κόρινθον	(2)	acc	Κόρινθος
12078	*Rm subsc	Κορίνθου		gen	Id
12079		Κορίνθῳ	(4)	dat	Id
12080		Κορνήλιε	(2)	vo	Κορνήλιος
12081		Κορνήλιος	(5)	nom	Id
12082	Ac 10,17	Κορνηλίου	(1)	gen	Id
12083	Lc 16,7	κόρους	(1)	acc pl	κόρος
12084	1Tm 2,9	κοσμεῖν	(1)	inf pr a	κοσμέω
12085	Mt 23,29	κοσμεῖτε	(1)	2 p pl ind pr a	Id
12086	Tit 2,12	κοσμικάς	(1)	acc fem pl	κοσμικός
12087	Heb 9,1	κοσμικόν	(1)	acc neut sg	Id
12088	1Tm 3,2	κόσμιον	(1)	acc mas sg	κόσμιος
12089	1Tm 2,9	κοσμίῳ	(1)	dat fem sg	Id
12090	*1Tm 2,9	κοσμίως		adv	κοσμίως
12091	Eph 6,12	κοσμοκράτορας	(1)	acc pl	κοσμοκράτωρ
12092		κόσμον	(46)	acc sg	κόσμος
12093		κόσμος	(32)	nom sg	Id
12094		κόσμου	(72)	gen sg	Id
12095		κόσμῳ	(36)	dat sg	Id
12096	Tit 2,10	κοσμῶσιν	(1)	3 p pl sbj pr a	κοσμέω
12097	Rm 16,23	Κούαρτος	(1)	nom	Κούαρτος
12098	Mc 5,41	κουμ	(1)	aram inde	κουμ
12099	*Mc 5,41	κουμι		aram inde	κουμι
12100	Mt 27,65	κουστωδίαν	(1)	acc sg	κουστωδία
12101		κουστωδίας	(2)	gen sg	Id
12102	Lc 9,17	κόφινοι	(1)	nom pl	κόφινος
12103	*Lc 13,8	κόφινον		acc sg	Id
12104		κοφίνους	(4)	acc pl	Id
12105	Mc 6,43	κοφίνων	(1)	gen pl	Id
12106	Mc 11,8	κόψαντες	(1)	nom mas pl part ao a	κόπτω
12107		κόψονται	(3)	3 p pl ind fut m	Id
12108	Mc 6,55	κραβάττοις	(1)	dat pl	κράβαττος
12109		κράβαττον	(8)	acc sg	Id
12110	Ac 9,33	κραβάττου	(1)	gen sg	Id
12111	Ac 5,15	κραβάττων	(1)	gen pl	Id
12112	*Jh 5,12	κράβ(β)ατ(τ)ον		acc sg	κράβ(β)ατ(τ)ος

12113		κράζει	(5)	3 p sg ind pr a . . .	κράζω
12114	Mc 10,47	κράζειν	(1)	inf pr a	Id
12115	Rm 8,15	κράζομεν	(1)	1 p pl ind pr a . .	Id
12116	Ga 4,6	κρᾶζον	(1)	nom neut sg part pr a . .	Id
12117	*Lc 4,41	κράζοντα		nom neut pl part pr a . .	Id
12118	Mt 21,15	κράζοντας	(1)	acc mas pl part pr a .	Id
12119		κράζοντες	(4)	nom mas pl part pr a .	Id
12120	Ac 19,34	κραζόντων	(1)	gen mas pl part pr a .	Id
12121	Apc 7,10	κράζουσιν	(1)	3 p pl ind pr a . .	Id
12122		κράζων	(2)	nom mas sg part pr a . .	Id
12123	Lc 21,34	κραιπάλῃ	(1)	dat sg	κραιπάλη
12124	Lc 23,33	κρανίον	(1)	acc sg	κρανίον
12125		κρανίου	(3)	gen sg	Id
12126	*Mc 1,26	κράξαν		nom neut sg part ao a . . .	κράζω
12127	*Mc 15,39	κράξαντα		acc mas sg part ao a . . .	Id
12128	Ac 7,57	κράξαντες	(1)	nom mas pl part ao a .	Id
12129		κράξας	(4)	nom mas sg part ao a . .	Id
12130	*Lc 19,40	κράξονται		3 p sg ind fut m . . .	Id
12131	Lc 19,40	κράξουσιν	(1)	3 p sg ind fut a . .	Id
12132	Mt 23,5	κράσπεδα	(1)	acc pl . . .	κράσπεδον
12133		κρασπέδου	(4)	gen sg	Id
12134	1Pt 5,6	κραταιάν	(1)	acc fem sg . . .	κραταιός
12135	1Co 16,13	κραταιοῦσθε	(1)	3 p pl imper pr pass .	κραταιόω
12136	Eph 3,16	κραταιωθῆναι	(1)	inf ao pass . .	Id
12137	Eph 6,10	κράτει	(1)	dat sg	κράτος
12138	Apc 3,11	κράτει	(1)	2 p sg imper pr a . .	κρατέω
12139	*Mt 12,11	κρατεῖ		3 p sg ind pr a	Id
12140	Mc 7,4	κρατεῖν	(1)	inf pr a	Id
12141	Apc 2,13	κρατεῖς	(1)	2 p sg ind pr a . . .	Id
12142	Ac 2,24	κρατεῖσθαι	(1)	inf pr pass . . .	Id
12143	Mc 7,8	κρατεῖτε	(1)	2 p pl ind pr a . .	Id
12144	2Th 2,15	κρατεῖτε	(1)	2 p pl imper pr a . .	Id
12145		κρατῆσαι	(4)	inf ao a	Id
12146		κρατήσαντες	(3)	nom mas pl part ao a .	Id
12147		κρατήσας	(6)	nom mas sg part ao a .	Id
12148		κρατήσατε	(3)	2 p pl imper ao a . .	Id
12149	Mt 12,11	κρατήσει	(1)	3 p sg ind fut a . .	Id
12150	Mt 26,4	κρατήσωσιν	(1)	3 p pl sbj ao a . .	Id
12151	Jh 20,23	κρατῆτε	(1)	2 p pl sbj pr a . . .	Id
12152		κράτιστε	(3)	vo mas sg . .	κράτιστος
12153	Ac 23,26	κρατίστῳ	(1)	dat mas sg . . .	Id
12154		κράτος	(6)	nom sg	κράτος
12155		κράτος	(4)	acc sg	Id
12156		κρατοῦντας	(3)	acc mas pl part pr a .	κρατέω
12157	Mc 7,3	κρατοῦντες	(1)	nom mas pl part pr a .	Id
12158	Ac 3,11	κρατοῦντος	(1)	gen mas sg part pr a .	Id
12159	Eph 1,19	κράτους	(1)	gen sg	κράτος
12160	Mc 14,51	κρατοῦσιν	(1)	3 p pl ind pr a . .	κρατέω
12161	Heb 4,14	κρατῶμεν	(1)	1 p pl sbj pr a . .	Id
12162		κρατῶν	(2)	nom mas sg part pr a . .	Id

12163	Lc 4,41	κραυγάζοντα (1)	nom neut pl part pr a .	κραυγάζω
12164	Ac 22,23	κραυγαζόντων (1)	gen mas pl part pr a .	Id
12165	Mt 12,19	κραυγάσει (1)	3 p sg ind fut a . .	Id
12166		κραυγή (4)	nom sg	κραυγή
12167	Lc 1,42	κραυγῇ (1)	dat sg	Id
12168	Heb 5,7	κραυγῆς (1)	gen sg	Id
12169		κρέα (2)	acc pl	κρέας
12170	*Mc 2,3	κρεβάττῳ	dat sg	κρέβαττος
12171	Php 1,23	κρεῖσσον (1)	nom neut sg . . .	κρείττων
12172		κρεῖσσον (2)	acc neut sg . . .	Id
12173	Heb 6,9	κρείσσονα (1)	acc neut pl . . .	Id
12174		κρεῖττον (3)	nom neut sg . . .	Id
12175		κρεῖττον (2)	acc neut sg . . .	Id
12176	Heb 10,34	κρείττονα (1)	acc fem sg . . .	Id
12177	*1Co 12,31	κρεί(ττ)ονα	acc neut pl	Id
12178	Heb 7,7	κρείττονος (1)	gen mas sg . . .	Id
12179		κρείττονος (5)	gen fem sg . . .	Id
12180		κρείττοσιν (2)	dat fem pl . . .	Id
12181	*Ga 4,17	κρείττω	acc neut pl . . .	Id
12182	Heb 1,4	κρείττων (1)	nom mas sg . . .	κρείττων
12183	Ac 28,4	κρεμάμενον (1)	acc neut sg part pr pass/m	κρεμάννυμι
12184	Ga 3,13	κρεμάμενος (1)	nom mas sg part pr pass	Id
12185		κρεμάσαντες (2)	nom mas pl part ao a .	Id
12186	Lc 23,39	κρεμασθέντων (1)	gen mas pl part ao pass	Id
12187	Mt 18,6	κρεμασθῇ (1)	3 p sg sbj ao pass . .	Id
12188	Mt 22,40	κρέμαται (1)	3 p sg ind pr pass . .	Id
12189		κρημνοῦ (3)	gen sg	κρημνός
12190	2Tm 4,10	Κρήσκης (1)	nom sg	Κρήσκης
12191	Ac 2,11	Κρῆτες (1)	nom pl	Κρής
12192	Tit 1,12	Κρῆτες (1)	vo pl	Id
12193	Tit 1,5	Κρήτῃ (1)	dat	Κρήτη
12194		Κρήτην (2)	acc	Id
12195		Κρήτης (2)	gen	Id
12196	*Tit subsc	Κρητῶν	gen pl	Κρής
12197		κριθῆναι (3)	inf ao pass . . .	κρίνω
12198	*Apc 6,6	κριθῆς	gen sg	κριθή
12199	Mt 7,2	κριθήσεσθε (1)	2 p pl ind fut pass .	κρίνω
12200	*2Pt 3,10	κριθήσεται	3 p sg ind fut pass . .	Id
12201	Rm 2,12	κριθήσονται (1)	3 p pl ind fut pass .	Id
12202		κριθῆτε (3)	2 p pl sbj ao pass . .	Id
12203	Jh 6,9	κριθίνους (1)	acc mas pl . . .	κρίθινος
12204	Jh 6,13	κριθίνων (1)	gen mas pl . . .	Id
12205	Apc 6,6	κριθῶν (1)	gen pl	κριθή
12206		κριθῶσι(ν) (2)	3 p pl sbj ao pass .	κρίνω
12207		κρίμα (6)	nom sg	κρίμα
12208		κρίμα (16)	acc sg	Id
12209	Rm 11,33	κρίματα (1)	nom pl	Id
12210	1Co 6,7	κρίματα (1)	acc pl	Id
12211		κρίματι (2)	dat sg	Id

12212		κρίματος	(2)	gen sg	κρίμα
12213		κρίνα	(2)	acc pl	κρίνον
12214		κρῖναι	(2)	inf ao a	κρίνω
12215	2Co 5,14	κρίναντας	(1)	acc mas pl part ao a	Id
12216		κρίναντες	(2)	nom mas pl part ao a	Id
12217	Ac 3,13	κρίναντος	(1)	gen mas sg part ao a	Id
12218	Apc 18,8	κρίνας	(1)	nom mas sg part ao a	Id
12219		κρίνατε	(5)	2 p pl imper ao a	Id
12220	*Col 2,16	κρινάτω		3 p sg imper ao a	Id
12221		κρίνει	(7)	3 p sg ind pr a	Id
12222		κρινεῖ	(6)	3 p sg ind fut a	Id
12223		κρίνειν	(4)	inf pr a	Id
12224		κρίνεις	(4)	2 p sg ind pr a	Id
12225		κρίνεσθαι	(5)	inf pr pass	Id
12226		κρίνεται	(5)	3 p sg ind pr pass	Id
12227		κρίνετε	(5)	2 p pl ind pr a	Id
12228		κρίνετε	(5)	2 p pl imper pr a	Id
12229		κρινέτω	(2)	3 p sg imper pr a	Id
12230	Jh 3,17	κρίνῃ	(1)	3 p sg sbj pr a	Id
12231		κρίνομαι	(3)	1 p sg ind pr pass	Id
12232	1Co 11,32	κρινόμενοι	(1)	nom mas pl part pr pass	Id
12233	Ac 26,6	κρινόμενος	(1)	nom mas sg part pr pass	Id
12234		κρίνοντα	(2)	acc mas sg part pr a	Id
12235		κρίνοντες	(2)	nom mas pl part pr a	Id
12236	1Pt 2,23	κρίνοντι	(1)	dat mas sg part pr a	Id
12237	1Co 6,3	κρινοῦμεν	(1)	1 p pl ind fut a	Id
12238	*1Co 6,2	κρίνουσιν		3 p pl ind pr a	Id
12239	1Co 6,2	κρινοῦσιν	(1)	3 p pl ind fut a	Id
12240		κρίνω	(4)	1 p sg ind pr a	Id
12241		κρινῶ	(2)	1 p sg ind fut a	Id
12242	Jh 8,16	κρίνω	(1)	1 p sg sbj pr a	Id
12243	Jh 12,47	κρίνω	(1)	1 p sg sbj ao a	Id
12244	Rm 14,13	κρίνωμεν	(1)	1 p pl sbj pr a	Id
12245		κρίνων	(9)	nom mas sg part pr a	Id
12246		κρίσει	(7)	dat sg	κρίσις
12247		κρίσεις	(2)	nom pl	Id
12248		κρίσεως	(15)	gen sg	Id
12249		κρίσιν	(15)	acc sg	Id
12250		κρίσις	(8)	nom sg	Id
12251	1Co 1,14	Κρίσπον	(1)	acc	Κρίσπος
12252	Ac 18,8	Κρίσπος	(1)	nom	Id
12253		κριταί	(3)	nom pl	κριτής
12254	Ac 13,20	κριτάς	(1)	acc pl	Id
12255		κριτῇ	(2)	dat sg	Id
12256		κριτήν	(3)	acc sg	Id
12257		κριτήρια	(2)	acc pl	κριτήριον
12258	*Ac 3,13	κριτήριον		acc sg	Id
12259	1Co 6,2	κριτηρίων	(1)	gen pl	Id
12260		κριτής	(10)	nom sg	κριτής

12261	Heb 4,12	κριτικός	(1)	nom mas sg	κριτικός
12262	Lc 13,25	κρούειν	(1)	inf pr a	κρούω
12263		κρούετε	(2)	2 p pl imper pr a	Id
12264		κρούοντι	(2)	dat mas sg part pr a	Id
12265		κρούσαντος	(2)	gen mas sg part ao a	Id
12266	Apc 3,20	κρούω	(1)	1 p sg ind pr a	Id
12267	Ac 12,16	κρούων	(1)	nom mas sg part pr a	Id
12268		κρυβῆναι	(2)	inf ao2 pass	κρύπτω
12269	1Co 14,25	κρυπτά	(1)	nom neut pl	κρυπτός
12270		κρυπτά	(3)	acc neut pl	Id
12271	Lc 11,33	κρύπτην	(1)	acc sg	κρύπτη
12272		κρυπτόν	(4)	nom neut sg	κρυπτός
12273	*Lc 11,33	κρυπτόν		acc neut sg	Id
12274	1Pt 3,4	κρυπτός	(1)	nom mas sg	Id
12275		κρυπτῷ	(8)	dat neut sg	Id
12276	Apc 21,11	κρυσταλλίζοντι	(1)	dat mas sg part pr a	κρυσταλλίζω
12277	Apc 22,1	κρύσταλλον	(1)	acc sg	κρύσταλλος
12278	Apc 4,6	κρυστάλλῳ	(1)	dat sg	Id
12279		κρυφαίῳ	(2)	dat neut sg	κρυφαῖος
12280	Eph 5,12	κρυφῇ	(1)	adv	κρυφῇ
12281	*Mt 6,18	κρύφιᾳ		dat fem sg	κρύφιος
12282	Apc 6,16	κρύψατε	(1)	2 p pl imper ao a	κρύπτω
12283	*Apc 6,16	κρύψετε		2 p pl ind fut a	Id
12284		κτᾶσθαι	(2)	inf pr	κτάομαι
12285	Ac 5,1	κτῆμα	(1)	acc sg	κτῆμα
12286		κτήματα	(3)	acc pl	Id
12287		κτήνη	(2)	acc pl	κτῆνος
12288	Lc 10,34	κτῆνος	(1)	acc sg	Id
12289	1Co 15,39	κτηνῶν	(1)	gen pl	Id
12290	Lc 21,19	κτήσασθε	(1)	2 p pl imper ao	κτάομαι
12291	*Lc 21,19	κτήσεσθε		2 p pl ind fut	Id
12292	Mt 10,9	κτήσησθε	(1)	2 p pl sbj ao	Id
12293	Ac 4,34	κτήτορες	(1)	nom pl	κτήτωρ
12294	Rm 1,25	κτίσαντα	(1)	acc mas sg part ao a	κτίζω
12295	Eph 3,9	κτίσαντι	(1)	dat mas sg part ao a	Id
12296	Col 3,10	κτίσαντος	(1)	gen mas sg part ao a	Id
12297	Mt 19,4	κτίσας	(1)	nom fem sg part ao a	Id
12298		κτίσει	(4)	dat sg	κτίσις
12299		κτίσεως	(8)	gen sg	Id
12300	Eph 2,15	κτίσῃ	(1)	3 p sg sbj ao a	κτίζω
12301	*Lc 21,19	κτίσησθε		2 p pl sbj ao m	Id
12302	Eph 4,24	κτισθέντα	(1)	acc mas sg part ao pass	Id
12303	Eph 2,10	κτισθέντες	(1)	nom mas pl part ao pass	Id
12304	*Rm 1,26	κτίσιν		acc sg	κτίσις
12305		κτίσις	(7)	nom sg	Id
12306		κτίσμα	(2)	nom sg	κτίσμα
12307		κτισμάτων	(2)	gen pl	Id
12308	1Pt 4,19	κτίστῃ	(1)	dat sg	κτίστης
12309	Lc 18,12	κτῶμαι	(1)	1 p sg ind pr	κτάομαι
12310	Eph 4,14	κυβείᾳ	(1)	dat sg	κυβεία

12311	1Co 12,28	κυβερνήσεις	(1)	acc pl	κυβέρνησις
12312	Ac 27,11	κυβερνήτῃ	(1)	dat sg	κυβερνήτης
12313	Apc 18,17	κυβερνήτης	(1)	nom sg	Id
12314		κυκλόθεν	(3)	adv	κυκλόθεν
12315	Lc 21,20	κυκλουμένην	(1)	acc fem sg part pr pass	κυκλόω
12316		κύκλῳ	(8)	adv	κύκλῳ
12317	Heb 11,30	κυκλωθέντα	(1)	nom neut pl part ao pass	κυκλόω
12318	Ac 14,20	κυκλωσάντων	(1)	gen mas pl part ao a	Id
12319	*2Pt 2,22	κύλισμα		acc sg	κύλισμα
12320	2Pt 2,22	κυλισμόν	(1)	acc mas sg	κυλισμός
12321		κυλλόν	(2)	acc mas sg	κυλλός
12322		κυλλούς	(2)	acc mas pl	Id
12323	*Mt 15,31	κυλούς		cf κυλλούς	
12324		κύματα	(2)	nom pl	κῦμα
12325		κυμάτων	(3)	gen pl	Id
12326	1Co 13,1	κύμβαλον	(1)	nom sg	κύμβαλον
12327	Mt 23,23	κύμινον	(1)	acc sg	κύμινον
12328		κυνάρια	(2)	nom pl	κυνάριον
12329		κυναρίοις	(2)	dat pl	Id
12330	Php 3,2	κύνας	(1)	acc pl	κύων
12331		κύνες	(2)	nom pl	Id
12332	Ac 11,20	Κύπριοι	(1)	nom pl	Κύπριος
12333	Ac 4,36	Κύπριος	(1)	nom sg	Id
12334	Ac 21,16	Κυπρίῳ	(1)	dat sg	Id
12335		Κύπρον	(4)	acc	Κύπρος
12336	Ac 11,19	Κύπρου	(1)	gen	Id
12337	*Lc 2,2	Κυρ(ε)ῖνου		gen	Κυρ(ε)ῖνος
12338	Ac 11,20	Κυρηναῖοι	(1)	nom pl	Κυρηναῖος
12339		Κυρηναῖον	(3)	acc sg	Id
12340	Ac 13,1	Κυρηναῖος	(1)	nom sg	Id
12341	*Lc 23,26	Κυρηναίου		gen sg	Id
12342	Ac 6,9	Κυρηναίων	(1)	gen pl	Id
12343	Ac 2,10	Κυρήνην	(1)	acc	Κυρήνη
12344	Lc 2,2	Κυρηνίου	(1)	gen	Κυρήνιος
12345	2Jh 5	κυρία	(1)	vo sg	κυρία
12346	2Jh 1	κυρίᾳ	(1)	dat sg	κυρία
12347	Apc 1,10	κυριακῇ	(1)	dat fem sg	κυριακός
12348	1Co 11,20	κυριακόν	(1)	acc neut sg	Id
12349		κύριε	(120)	vo sg	κύριος
12350		κυριεύει	(2)	3 p sg ind pr a	κυριεύω
12351	2Co 1,24	κυριεύομεν	(1)	1 p pl ind pr a	Id
12352	1Tm 6,15	κυριευόντων	(1)	gen mas pl part pr a	Id
12353	Lc 22,25	κυριεύουσιν	(1)	3 p pl ind pr a	Id
12354	*Ac 19,16	κυριεύσας		nom mas sg part ao a	Id
12355	Rm 6,14	κυριεύσει	(1)	3 p sg ind fut a	Id
12356	Rm 14,9	κυριεύσῃ	(1)	3 p sg sbj ao a	Id
12357	*Lc 2,2	Κυρινίου		gen	Κυρίνιος
12358		κύριοι	(5)	nom pl	κύριος
12359	Ac 16,30	κύριοι	(1)	vo pl	Id

12360		κυρίοις	(5)	dat pl	κύριος
12361		κύριον	(69)	acc sg	Id
12362		κύριος	(175)	nom sg	Id
12363	Ju 8	κυριότητα	(1)	acc sg	κυριότης
12364	*Ju 8	κυριότητας		acc pl	Id
12365	Col 1,16	κυριότητες	(1)	nom pl	Id
12366		κυριότητος	(2)	gen sg	Id
12367		κυρίου	(240)	gen sg	κύριος
12368		κυρίῳ	(101)	dat sg	Id
12369		κυρίων	(3)	gen pl	Id
12370	2Co 2,8	κυρῶσαι	(1)	inf ao a	κυρόω
12371	Mt 7,6	κυσίν	(1)	dat pl	κύων
12372		κύψας	(2)	nom mas sg part ao a	κύπτω
12373	2Pt 2,22	κύων	(1)	nom sg	κύων
12374	Ac 21,1	Κῶ	(1)	acc	Κῶς
12375	Heb 3,17	κῶλα	(1)	nom pl	κῶλον
12376		κωλύει	(2)	3 p sg ind pr a	κωλύω
12377	Ac 24,23	κωλύειν	(1)	inf pr a	Id
12378	Heb 7,23	κωλύεσθαι	(1)	inf pr pass	Id
12379		κωλύετε	(6)	2 p pl imper pr a	Id
12380	*1Co 14,39	κωλυέτω		3 p sg imper pr a	Id
12381	Ac 16,6	κωλυθέντες	(1)	nom mas pl part ao pass	Id
12382	Lc 23,2	κωλύοντα	(1)	acc mas sg part pr a	Id
12383		κωλυόντων	(2)	gen mas pl part pr a	Id
12384		κωλῦσαι	(2)	inf ao a	Id
12385	Lc 6,29	κωλύσῃς	(1)	2 p sg sbj ao a	Id
12386		κώμας	(10)	acc pl	κώμη
12387	*Mc 8,26	κώμῃ		dat sg	Id
12388		κώμην	(13)	acc sg	Id
12389		κώμης	(4)	gen sg	Id
12390	Ga 5,21	κῶμοι	(1)	nom pl	κῶμος
12391		κώμοις	(2)	dat pl	Id
12392	Mc 1,38	κωμοπόλεις	(1)	acc pl	κωμόπολις
12393	Mt 23,24	κώνωπα	(1)	acc sg	κώνωψ
12394	Lc 3,28	Κωσάμ	(1)	inde	Κωσάμ
12395		κωφοί	(2)	nom mas pl	κωφός
12396		κωφόν	(3)	acc mas sg	Id
12397	Lc 11,14	κωφόν	(1)	nom neut sg	Id
12398	Mc 9,25	κωφόν	(1)	vo neut sg	Id
12399		κωφός	(4)	nom mas sg	Id
12400		κωφούς	(3)	acc mas pl	Id

λ

12401	*Lc 3,23	λʹ		cf τριάκοντα	
12402		λάβε	(2)	2 p sg imper ao2 a	λαμβάνω
12403		λαβεῖν	(22)	inf ao2 a	Id
12404		λάβετε	(7)	2 p pl imper ao2 a	Id
12405		λαβέτω	(2)	3 p sg imper ao2 a	Id
12406		λάβῃ	(8)	3 p sg sbj ao2 a	Id
12407	*1Co 7,28	λάβῃς		2 p sg sbj ao2 a	Id

12408	Apc 18,4	λάβητε	(1)	2 p pl sbj ao2 a . . .	λαμβάνω
12409	Ac 25,16	λάβοι	(1)	3 p sg opt ao2 a . . .	Id
12410	Lc 19,15	λαβόντα	(1)	acc mas sg part ao2 a .	Id
12411	Apc 19,20	λαβόντας	(1)	acc mas pl part ao2 a .	Id
12412		λαβόντες	(15)	nom mas pl part ao2 a .	Id
12413	*Lc 24,31	λαβόντων		gen mas pl part ao2 a . .	Id
12414		λαβοῦσα	(6)	nom fem sg part ao2 a .	Id
12415		λαβοῦσαι	(2)	nom fem pl part ao2 a .	Id
12416	Jh 10,17	λάβω	(1)	1 p sg sbj ao2 a . . .	Id
12417		λάβωμεν	(2)	1 p pl sbj ao2 a . .	Id
12418		λαβών	(41)	nom mas sg part ao2 a . .	Id
12419		λάβωσιν	(3)	3 p pl sbj ao2 a . .	Id
12420	Jh 11,43	Λάζαρε	(1)	vo	Λάζαρος
12421		Λάζαρον	(6)	acc	Id
12422		Λάζαρος	(8)	nom	Id
12423	Mc 7,24	λαθεῖν	(1)	inf ao2 a	λανθάνω
12424		λάθρᾳ	(4)	adv	λάθρᾳ
12425	2Pt 2,17	λαίλαπος	(1)	gen sg	λαῖλαψ
12426		λαῖλαψ	(2)	nom sg	Id
12427	*Ac 27,8	Λαίσσα		nom	Λαίσσα
12428	Ac 26,14	λακτίζειν	(1)	inf pr a	λακτίζω
12429		λαλεῖ	(18)	3 p sg ind pr a . . .	λαλέω
12430		λάλει	(3)	2 p sg imper pr a . . .	Id
12431		λαλεῖν	(21)	inf pr a	Id
12432		λαλεῖς	(4)	2 p sg ind pr a . . .	Id
12433	Heb 2,3	λαλεῖσθαι	(1)	inf pr pass . . .	Id
12434	*Heb 11,4	λαλεῖται		3 p sg ind pr m . . .	Id
12435	*Ja 2,8	λαλεῖτε		2 p pl ind pr a	Id
12436		λαλεῖτε	(4)	2 p pl imper pr a . .	Id
12437	1Co 14,28	λαλείτω	(1)	3 p sg imper pr a . .	Id
12438	1Co 14,29	λαλείτωσαν	(1)	3 p pl imper pr a . .	Id
12439	Jh 8,44	λαλῇ	(1)	3 p sg sbj pr a . . .	Id
12440	Heb 2,2	λαληθείς	(1)	nom mas sg part ao pass .	Id
12441	Heb 9,19	λαληθείσης	(1)	nom fem sg part ao pass	Id
12442	Lc 2,17	λαληθέντος	(1)	gen neut sg part ao pass	Id
12443	Lc 2,18	λαληθέντων	(1)	gen neut pl part ao pass	Id
12444		λαληθῆναι	(2)	inf ao pass . . .	Id
12445		λαληθήσεται	(4)	3 p sg ind fut pass .	Id
12446	Heb 3,5	λαληθησομένων	(1)	gen neut pl part fut pass	Id
12447		λαλῆσαι	(22)	inf ao a	Id
12448		λαλήσαντες	(2)	nom mas pl part ao a .	Id
12449	*Ac 23,7	λαλήσαντος		gen mas sg part ao a . .	Id
12450		λαλήσας	(2)	nom mas sg part ao a . .	Id
12451		λαλήσει	(4)	3 p sg ind fut a . .	Id
12452		λαλήσῃ	(2)	3 p sg sbj ao a . . .	Id
12453		λαλήσητε	(3)	2 p pl sbj ao a . .	Id
12454	3Jh 14	λαλήσομεν	(1)	1 p pl ind fut a . .	Id
12455		λαλήσουσιν	(2)	3 p pl ind fut a . .	Id
12456		λαλήσω	(4)	1 p sg ind fut a . . .	Id
12457	1Co 14,6	λαλήσω	(1)	1 p sg sbj ao a . . .	Id

12458	*3Jh 14	λαλήσωμεν	1 p pl sbj ao a . . .	λαλέω
12459	*Mc 16,17	λαλήσωσιν	3 p pl sbj ao a . . .	Id
12460	Mt 26,73	λαλιά	(1) nom sg	λαλιά
12461		λαλιάν	(2) acc sg	Id
12462		λαλοῦμεν	(10) 1 p pl ind pr a . .	λαλέω
12463	Ac 17,19	λαλουμένη	(1) nom fem sg part pr pass .	Id
12464		λαλουμένοις	(3) dat neut pl part pr pass	Id
12465	Mc 5,36	λαλούμενον	(1) acc mas sg part pr pass	Id
12466	1Co 14,9	λαλούμενον	(1) nom neut sg part pr pass	Id
12467		λαλοῦν	(2) nom neut sg part pr a . .	Id
12468	Heb 12,25	λαλοῦντα	(1) acc mas sg part pr a .	Id
12469	Mt 15,31	λαλοῦντας	(1) acc mas pl part pr a .	Id
12470		λαλοῦντες	(7) nom mas pl part pr a .	Id
12471		λαλοῦντι	(2) dat mas sg part pr a .	Id
12472		λαλοῦντος	(17) gen mas sg part pr a .	Id
12473		λαλούντων	(5) gen mas pl part pr a .	Id
12474	*Apc 4,1	λαλοῦσα	nom fem sg part pr a . . .	Id
12475	1Tm 5,13	λαλοῦσαι	(1) nom fem pl part pr a .	Id
12476	Apc 10,8	λαλοῦσαν	(1) acc fem sg part pr a .	Id
12477	Apc 4,1	λαλούσης	(1) gen fem sg part pr a .	Id
12478		λαλοῦσιν	(2) 3 p pl ind pr a . .	Id
12479		λαλῶ	(18) 1 p sg ind pr a . . .	Id
12480	1Co 13,1	λαλῶ	(1) 1 p sg sbj pr a . . .	Id
12481		λαλῶν	(16) nom mas sg part pr a . .	Id
12482	1Co 14,23	λαλῶσιν	(1) 3 p pl sbj pr a . . .	Id
12483	*Mt 27,46	λαμα	aram inde	λαμα
12484		λαμβάνει	(18) 3 p sg ind pr a . .	λαμβάνω
12485		λαμβάνειν	(4) inf pr a	Id
12486	Lc 20,21	λαμβάνεις	(1) 2 p sg ind pr a . .	Id
12487		λαμβάνετε	(3) 2 p pl ind pr a . .	Id
12488		λαμβάνετε	(2) 2 p pl imper pr a . .	Id
12489	Ac 8,19	λαμβάνῃ	(1) 3 p sg sbj pr a . . .	Id
12490	1Jh 3,22	λαμβάνομεν	(1) 1 p pl ind pr a . .	Id
12491	1Tm 4,4	λαμβανόμενον	(1) nom neut sg part pr pass	Id
12492	Heb 5,1	λαμβανόμενος	(1) nom mas sg part pr pass	Id
12493		λαμβάνοντες	(5) nom mas pl part pr a .	Id
12494		λαμβάνουσιν	(4) 3 p pl ind pr a . .	Id
12495	Jh 5,34	λαμβάνω	(1) 1 p sg ind pr a . . .	Id
12496		λαμβάνων	(6) nom mas sg part pr a .	Id
12497	Lc 3,36	Λάμεχ	(1) inde	Λάμεχ
12498		λαμπάδας	(3) acc pl	λαμπάς
12499		λαμπάδες	(3) nom pl	Id
12500		λαμπάδων	(2) gen pl	Id
12501	Apc 8,10	λαμπάς	(1) nom sg	Id
12502		λάμπει	(2) 3 p sg ind pr a . . .	λάμπω
12503	Apc 18,14	λαμπρά	(1) nom neut pl	λαμπρός
12504		λαμπρᾷ	(2) dat fem sg	Id
12505		λαμπράν	(2) acc fem sg	Id
12506	Apc 22,1	λαμπρόν	(1) acc mas sg	Id

12507		λαμπρόν (2)	acc neut sg	λαμπρός
12508	Apc 22,16	λαμπρός (1)	nom mas sg	Id
12509	Ac 26,13	λαμπρότητα (1)	acc sg	λαμπρότης
12510	*Apc 15,6	λαμπρούς	acc mas pl	λαμπρός
12511	Lc 16,19	λαμπρῶς (1)	adv	λαμπρῶς
12512	*2Co 4,6	λάμψαι	inf ao a	λάμπω
12513	Mt 5,16	λαμψάτω (1)	3 p sg imper ao a	Id
12514	2Co 4,6	λάμψει (1)	3 p sg ind fut a	Id
12515	2Pt 3,5	λανθάνει (1)	3 p sg ind pr a	λανθάνω
12516	Ac 26,26	λανθάνειν (1)	inf pr a	Id
12517	2Pt 3,8	λανθανέτω (1)	3 p sg imper pr a	Id
12518	*1Tm 5,13	λανθάνουσιν	3 p pl ind pr a	Id
12519	Lc 23,53	λαξευτῷ (1)	dat neut sg	λαξευτός
12520	*2Th subsc	Λαοδικαίας	gen	Λαοδικαία
12521		Λαοδικείᾳ (4)	dat	Λαοδίκεια
12522	Apc 1,11	Λαοδίκειαν (1)	acc	Id
12523	Col 4,16	Λαοδικείας (1)	gen	Id
12524	Col 4,16	Λαοδικέων (1)	gen pl	Λαοδικεύς
12525		λαοί (4)	nom pl	λαός
12526		λαοῖς (2)	dat pl	Id
12527		λαόν (44)	acc sg	Id
12528		λαός (25)	nom sg	Id
12529		λαοῦ (38)	gen sg	Id
12530	Rm 3,13	λάρυγξ (1)	nom sg	λάρυγξ
12531	Ac 27,8	Λασαία (1)	nom	Λασαία
12532	*Ac 27,8	Λασέα	nom	Λασέα
12533	*Ac 27,8	Λασία	nom	Λασία
12534	Rm 9,4	λατρεία (1)	nom sg	λατρεία
12535		λατρείαν (2)	acc sg	Id
12536	Heb 9,1	λατρείας (1)	gen sg	Id
12537	Heb 9,6	λατρείας (1)	acc pl	Id
12538		λατρεύειν (3)	inf pr a	λατρεύω
12539	*Heb 12,28	λατρεύομεν	1 p pl ind pr a	Id
12540	Ac 26,7	λατρεῦον (1)	nom neut sg part pr a	Id
12541	Heb 9,9	λατρεύοντα (1)	acc mas sg part pr a	Id
12542	Heb 10,2	λατρεύοντας (1)	acc mas pl part pr a	Id
12543		λατρεύοντες (2)	nom mas pl part pr a	Id
12544	Lc 2,37	λατρεύουσα (1)	nom fem sg part pr a	Id
12545		λατρεύουσιν (2)	3 p pl ind pr a	Id
12546		λατρεύσεις (2)	2 p sg ind fut a	Id
12547		λατρεύσουσιν (2)	3 p pl ind fut a	Id
12548	*Heb 12,28	λατρεύσωμεν	1 p pl sbj ao a	Id
12549		λατρεύω (4)	1 p sg ind pr a	Id
12550	Heb 12,28	λατρεύωμεν (1)	1 p pl sbj pr a	Id
12551	Rm 14,2	λάχανα (1)	acc pl	λάχανον
12552	Lc 11,42	λάχανον (1)	acc sg	Id
12553		λαχάνων (2)	gen pl	Id
12554	2Pt 1,1	λαχοῦσιν (1)	dat mas pl part ao2 a	λαγχάνω
12555	Jh 19,24	λάχωμεν (1)	1 p pl sbj ao2 a	Id

No.	Ref.	Form	Freq.	Parsing	Lemma
12556		λαῷ	(26)	dat sg	λαός
12557		λαῶν	(3)	gen pl	Id
12558	*Mc 3,18	Λεββαῖον		acc	Λεββαῖος
12559	*Mt 10,3	Λεββαῖος		nom	Id
12560	*Mt 10,3	Λεββεδαῖος		nom	Λεββεδαῖος
12561	Ac 22,27	λέγε	(1)	2 p sg imper pr a	λέγω
12562		λέγει	(337)	3 p sg ind pr a	Id
12563		λέγειν	(40)	inf pr a	Id
12564		λέγεις	(24)	2 p sg ind pr a	Id
12565		λέγεσθαι	(4)	inf pr pass	Id
12566		λέγεται	(9)	3 p sg ind pr pass	Id
12567		λέγετε	(23)	2 p pl ind pr a	Id
12568		λέγετε	(6)	2 p pl imper pr a	Id
12569	Ja 1,13	λεγέτω	(1)	3 p sg imper pr a	Id
12570	*Mc 5,9	λεγεών		nom sg	λεγεών
12571	*Mc 5,15	λεγεῶνα		acc sg	Id
12572	*Mt 26,53	λεγεώνων		gen pl	Id
12573	*Mt 26,53	λεγ(ε)ώνων		gen pl	λεγ(ε)ών
12574		λέγῃ	(3)	3 p sg sbj pr a	λέγω
12575	1Co 1,10	λέγητε	(1)	2 p pl sbj pr a	Id
12576		λεγιών	(2)	nom sg	λεγιών
12577	Mc 5,15	λεγιῶνα	(1)	acc sg	Id
12578	Mt 26,53	λεγιῶνας	(1)	acc pl	Id
12579		λέγομεν	(4)	1 p pl ind pr a	λέγω
12580	Lc 18,34	λεγόμενα	(1)	acc neut pl part pr pass	Id
12581		λεγομένη	(2)	nom fem sg part pr pass	Id
12582		λεγομένην	(4)	acc fem sg part pr pass	Id
12583		λεγομένης	(2)	gen fem sg part pr pass	Id
12584		λεγόμενοι	(2)	nom mas pl part pr pass	Id
12585		λεγομένοις	(4)	dat neut pl part pr pass	Id
12586		λεγόμενον	(8)	acc mas sg part pr pass	Id
12587	*Jh 5,2	λεγόμενον		nom neut sg part pr pass	Id
12588		λεγόμενον	(2)	acc neut sg part pr pass	Id
12589		λεγόμενος	(12)	nom mas sg part pr pass	Id
12590	Mt 26,3	λεγομένου	(1)	gen mas sg part pr pass	Id
12591	*Ac 6,9	λεγομένων		gen mas pl part pr pass	Id
12592	Ac 20,23	λέγον	(1)	nom neut sg part pr a	Id
12593		λέγοντα	(3)	acc mas sg part pr a	Id
12594		λέγοντα	(2)	nom neut pl part pr a	Id
12595		λέγοντας	(8)	acc mas pl part pr a	Id
12596		λέγοντες	(150)	nom mas pl part pr a	Id
12597	Mt 12,48	λέγοντι	(1)	dat mas sg part pr a	Id
12598		λέγοντος	(18)	gen mas sg part pr a	Id
12599		λέγοντος	(5)	gen neut sg part pr a	Id
12600		λεγόντων	(6)	gen mas pl part pr a	Id
12601		λέγουσα	(22)	nom fem sg part pr a	Id
12602		λέγουσαι	(4)	nom fem pl part pr a	Id
12603		λέγουσαν	(7)	acc fem sg part pr a	Id
12604		λεγούσης	(7)	gen fem sg part pr a	Id
12605		λέγουσιν	(60)	3 p pl ind pr a	Id

12606		λέγω	(212)	1 p sg ind pr a . . .	λέγω
12607		λέγω	(2)	1 p sg sbj pr a . . .	Id
12608	*2Co 9,4	λέγωμεν		1 p pl sbj pr a	Id
12609		λέγων	(179)	nom mas sg part pr a . .	Id
12610		λέγωσιν	(3)	3 p pl sbj pr a . . .	Id
12611	Lc 3,5	λείας	(1)	acc fem pl	λεῖος
12612	Rm 11,5	λεῖμμα	(1)	nom sg	λεῖμμα
12613	Lc 18,22	λείπει	(1)	3 p sg ind pr a . . .	λείπω
12614	Ja 1,5	λείπεται	(1)	3 p sg ind pr pass . .	Id
12615	Tit 3,13	λείπῃ	(1)	3 p sg sbj pr a . . .	Id
12616		λειπόμενοι	(2)	nom mas pl part pr pass	Id
12617	Tit 1,5	λείποντα	(1)	acc neut pl part pr a .	Id
12618	*Tit 1,9	λειτουργεῖν		inf pr a . . .	λειτουργέω
12619	Rm 15,27	λειτουργῆσαι	(1)	inf ao a . . .	Id
12620	Php 2,17	λειτουργίᾳ	(1)	dat sg . . .	λειτουργία
12621		λειτουργίας	(5)	gen sg	Id
12622	Heb 1,14	λειτουργικά	(1)	nom neut pl . .	λειτουργικός
12623	Rm 13,6	λειτουργοί	(1)	nom pl . . .	λειτουργός
12624		λειτουργόν	(2)	acc sg	Id
12625	Heb 8,2	λειτουργός	(1)	nom sg	Id
12626	Ac 13,2	λειτουργούντων	(1)	gen mas pl part pr a	λειτουργέω
12627	Heb 1,7	λειτουργούς	(1)	acc pl . . .	λειτουργός
12628	Heb 10,11	λειτουργῶν	(1)	nom mas sg part pr a	λειτουργέω
12629	*2Tm 4,19	Λέκτραν		acc	Λέκτρα
12630		λελάληκα	(11)	1 p sg ind pf a . .	λαλέω
12631		λελάληκεν	(2)	3 p sg ind pf a . .	Id
12632	Lc 1,45	λελαλημένοις	(1)	dat neut pl part pf pass	Id
12633	Ac 27,25	λελάληται	(1)	3 p sg ind pf pass . .	Id
12634	Mc 15,46	λελατομημένον	(1)	nom neut sg part pf pass	λατομέω
12635	*Lc 23,53	λελατομημένῳ		dat neut sg part pf pass .	Id
12636	Jh 13,10	λελουμένος	(1)	nom mas sg part pf pass	λούω
12637	Heb 10,22	λελουσμένοι	(1)	nom mas pl part pf pass	Id
12638	Mt 18,18	λελυμένα	(1)	nom neut pl part pf pass .	λύω
12639	Mt 16,19	λελυμένον	(1)	nom neut sg part pf pass .	Id
12640		λελύπηκεν	(2)	3 p sg ind pf a . .	λυπέω
12641	1Co 7,27	λέλυσαι	(1)	2 p sg ind pf pass . .	λύω
12642		λεμα	(2)	aram	λεμα
12643	Jh 13,4	λέντιον	(1)	acc sg	λέντιον
12644	Jh 13,5	λεντίῳ	(1)	dat sg	Id
12645	Apc 4,7	λέοντι	(1)	dat sg	λέων
12646		λέοντος	(2)	gen sg	Id
12647		λεόντων	(3)	gen pl	Id
12648	Ac 9,18	λεπίδες	(1)	nom pl	λεπίς
12649		λέπρα	(3)	nom sg	λέπρα
12650	Lc 5,12	λέπρας	(1)	gen sg	Id
12651		λεπροί	(4)	nom mas pl	λεπρός
12652		λεπρός	(2)	nom mas sg	Id
12653		λεπροῦ	(2)	gen mas sg	Id
12654	Mt 10,8	λεπρούς	(1)	nom mas pl	Id

12655		λεπτά	(2) acc pl	λεπτόν
12656	Lc 12,59	λεπτόν	(1) acc sg	Id
12657	*Heb 7,9	Λευεί	gen	Λευείς
12658	*Mc 2,14	Λευείν	acc	Id
12659	*Heb 7,9	Λευ(ε)ίς	nom	Id
12660	*Mc 2,14	Λευή	cf Λευί	
12661	*Mc 2,14	Λευήν	cf Λευίν	
12662	*Mc 3,18	Λευής	nom	Λευής
12663		Λευί	(2) inde	Λευί
12664		Λευί	(3) gen	Λευίς
12665		Λευίν	(2) acc	Id
12666	Lc 5,29	Λευίς	(1) nom	Id
12667	Jh 1,19	Λευίτας	(1) acc pl	Λευίτης
12668		Λευίτης	(2) nom sg	Id
12669	Heb 7,11	Λευιτικῆς	(1) gen fem sg	Λευιτικός
12670		λευκά	(2) nom neut pl	λευκός
12671	Apc 3,18	λευκά	(1) acc neut pl	Id
12672		λευκαί	(2) nom fem pl	Id
12673	Ac 1,10	λευκαῖς	(1) dat fem pl	Id
12674	Mc 9,3	λευκᾶναι	(1) inf ao a	λευκαίνω
12675		λευκάς	(2) acc fem pl	λευκός
12676		λευκή	(2) nom fem sg	Id
12677	*Ac 1,10	λευκῇ	dat fem sg	Id
12678		λευκήν	(3) acc fem sg	Id
12679	*Apc 19,14	λευκοβύσσινον	acc neut sg	λευκοβύσσινος
12680	Apc 19,14	λευκοῖς	(1) dat mas pl	λευκός
12681		λευκοῖς	(4) dat neut pl	Id
12682	Apc 20,11	λευκόν	(1) acc mas sg	Id
12683		λευκόν	(2) nom neut sg	Id
12684	Apc 19,14	λευκόν	(1) acc neut sg	Id
12685		λευκός	(3) nom mas sg	Id
12686	*Mc 2,14	Λευυί	cf Λευί	
12687	*Ac 1,23	λεχθέντων	gen neut pl part ao pass	λέγω
12688		λέων	(3) nom sg	λέων
12689	*Jh 5,5	λη΄	= τριάκοντα καὶ ὀκτώ	
12690	2Pt 1,9	λήθην	(1) acc sg	λήθη
12691		λήμψεσθε	(6) 2 p pl ind fut	λαμβάνω
12692		λήμψεται	(8) 3 p sg ind fut	Id
12693	Php 4,15	λήμψεως	(1) gen sg	λῆμψις
12694	Ja 3,1	λημψόμεθα	(1) 1 p pl ind fut	λαμβάνω
12695		λήμψονται	(4) 3 p pl ind fut	Id
12696		ληνόν	(3) acc sg	ληνός
12697	Apc 14,20	ληνός	(1) nom sg	Id
12698	Apc 14,20	ληνοῦ	(1) gen sg	Id
12699	Lc 24,11	λῆρος	(1) nom sg	λῆρος
12700		λησταί	(3) nom pl	ληστής
12701	Lc 10,30	λησταῖς	(1) dat pl	Id
12702		ληστάς	(2) acc pl	Id
12703		ληστήν	(3) acc sg	Id
12704		ληστής	(2) nom sg	Id

12705		λῃστῶν	(4)	gen pl	ληστής
12706	*Ac 9,31	λησταιβόμενοι		[sic]	
12707	*Mc 11,24	λήψεσθε		2 p pl ind fut	λαμβάνω
12708	*Ja 1,6	λήψεται		3 p sg ind fut	Id
12709	*Mt 23,14	λήψονται		3 p pl ind fut	Id
12710		λίαν	(12)	adv	λίαν
12711	Ac 27,12	λίβα	(1)	acc sg	λίψ
12712		λίβανον	(2)	acc sg	λίβανος
12713		λιβανωτόν	(2)	acc sg	λιβανωτός
12714	Ac 6,9	λιβερτίνων	(1)	gen pl	λιβερτῖνος
12715	Ac 2,10	Λιβύης	(1)	gen	Λιβύη
12716	*Ac 6,9	Λιβυστίνων		gen pl	Λιβυστῖνος
12717	Jh 8,5	λιθάζειν	(1)	inf pr a	λιθάζω
12718	Jh 10,32	λιθάζετε	(1)	2 p pl ind pr a	Id
12719	Jh 10,33	λιθάζομεν	(1)	1 p pl ind pr a	Id
12720	Jh 11,8	λιθάσαι	(1)	inf ao a	Id
12721	Ac 14,19	λιθάσαντες	(1)	nom mas pl part ao a	Id
12722	Ac 5,26	λιθασθῶσιν	(1)	3 p pl sbj ao pass	Id
12723	Jh 10,31	λιθάσωσιν	(1)	3 p pl sbj ao a	Id
12724	Apc 9,20	λίθινα	(1)	acc neut pl	λίθινος
12725	Jh 2,6	λίθιναι	(1)	nom fem pl	Id
12726	2Co 3,3	λιθίναις	(1)	dat fem pl	Id
12727	*Jh 8,5	λιθοβολεῖσθαι		inf pr pass	λιθοβολέω
12728	Heb 12,20	λιθοβοληθήσεται	(1)	3 p sg ind fut pass	Id
12729	Ac 14,5	λιθοβολῆσαι	(1)	inf ao a	Id
12730	*Mc 12,4	λιθοβολήσαντες		nom mas pl part ao a	Id
12731		λιθοβολοῦσα	(2)	nom fem sg part pr a	Id
12732		λίθοι	(4)	nom pl	λίθος
12733		λίθοις	(3)	dat pl	Id
12734		λίθον	(26)	acc sg	Id
12735		λίθος	(9)	nom sg	Id
12736	Jh 19,13	λιθόστρωτον	(1)	acc sg	λιθόστρωτος
12737		λίθου	(2)	gen sg	λίθος
12738		λίθους	(3)	acc pl	Id
12739		λίθῳ	(10)	dat sg	Id
12740		λίθων	(2)	gen pl	Id
12741		λικμήσει	(2)	2 p sg ind fut a	λικμάω
12742	*Mt 27,46	λιμα		cf λεμα	
12743	Ac 27,12	λιμένα	(1)	acc sg	λιμήν
12744	Ac 27,8	λιμένας	(1)	acc pl	Id
12745	Ac 27,12	λιμένος	(1)	gen sg	Id
12746	Apc 20,14	λίμνη	(1)	nom sg	λίμνη
12747	Apc 21,8	λίμνῃ	(1)	dat sg	Id
12748		λίμνην	(8)	acc sg	Id
12749	Lc 8,22	λίμνης	(1)	gen sg	Id
12750		λιμοί	(3)	nom pl	λιμός
12751	Ac 11,28	λιμόν	(1)	acc sg	Id
12752		λιμός	(5)	nom sg	Id
12753		λιμῷ	(3)	dat sg	Id
12754	*Mc 1,18	λίνα		acc pl	λίνον
12755	2Tm 4,21	Λίνος	(1)	nom	Λίνος

12756		λίνον	(2)	acc sg	λίνον
12757	*Apc 15,6	λινοῦν		acc neut sg	λινοῦς
12758	*Apc 15,6	λινους		[sic]	
12759	Apc 18,14	λιπαρά	(1)	nom neut pl	λιπαρός
12760	*Tit 3,13	λίπῃ		3 p sg sbj ao2 a	λείπω
12761	Jh 12,3	λίτραν	(1)	acc sg	λίτρα
12762	Jh 19,39	λίτρας	(1)	acc pl	Id
12763	1Co 16,2	λογεῖαι	(1)	nom pl	λογεία
12764	1Co 16,1	λογείας	(1)	gen sg	Id
12765		λόγια	(3)	acc pl	λόγιον
12766	*2Co 3,5	λογίζεσθαι		inf pr	λογίζομαι
12767	Jh 11,50	λογίζεσθε	(1)	2 p pl ind pr	Id
12768	Php 4,8	λογίζεσθε	(2)	2 p pl imper pr	Id
12769		λογιζέσθω	(3)	3 p sg imper pr	Id
12770		λογίζεται	(5)	3 p sg ind pr	Id
12771	Rm 2,3	λογίζῃ	(1)	2 p sg ind pr	Id
12772		λογίζομαι	(5)	1 p sg ind pr	Id
12773	Rm 3,28	λογιζόμεθα	(1)	1 p pl ind pr	Id
12774	2Co 5,19	λογιζόμενος	(1)	nom mas sg part pr	Id
12775	2Co 10,2	λογιζομένους	(1)	acc mas pl part pr	Id
12776	Rm 14,14	λογιζομένῳ	(1)	dat mas sg part pr	Id
12777	*Rm 3,28	λογιζώμεθα		1 p pl sbj pr	Id
12778	Rm 12,1	λογικήν	(1)	acc fem sg	λογικός
12779	1Pt 2,2	λογικόν	(1)	acc neut sg	Id
12780	Ac 18,24	λόγιος	(1)	nom mas sg	λόγιος
12781	Heb 11,19	λογισάμενος	(1)	nom mas sg part ao	λογίζομαι
12782	2Co 3,5	λογίσασθαι	(1)	inf ao	Id
12783		λογίσηται	(2)	3 p sg sbj ao	Id
12784	2Tm 4,16	λογισθείη	(1)	3 p sg opt ao (pass)	Id
12785		λογισθῆναι	(2)	inf ao (pass)	Id
12786	Rm 2,26	λογισθήσεται	(1)	3 p sg ind fut (pass)	Id
12787	2Co 10,4	λογισμούς	(1)	acc pl	λογισμός
12788	Rm 2,15	λογισμῶν	(1)	gen pl	Id
12789	Heb 5,12	λογίων	(1)	gen pl	λόγιον
12790		λόγοι	(10)	nom pl	λόγος
12791		λόγοις	(17)	dat pl	Id
12792	*2Tm 2,14	λογομάχει		2 p sg imper pr a	λογομαχέω
12793	2Tm 2,14	λογομαχεῖν	(1)	inf pr a	Id
12794	1Tm 6,4	λογομαχίας	(1)	acc pl	λογομαχία
12795		λόγον	(129)	acc sg	λόγος
12796		λόγος	(68)	nom sg	Id
12797		λόγου	(27)	gen sg	Id
12798		λόγους	(23)	acc pl	Id
12799	Jh 19,34	λόγχῃ	(1)	dat sg	λόγχη
12800	*Mt 27,49	λόγχην		acc sg	Id
12801		λόγῳ	(45)	dat sg	λόγος
12802		λόγων	(11)	gen pl	Id
12803	Ac 23,4	λοιδορεῖς	(1)	2 p sg ind pr a	λοιδορέω
12804	1Pt 3,9	λοιδορίαν	(1)	acc sg	λοιδορία

12805		λοιδορίας	(2)	gen sg	λοιδορία
12806	1Co 6,10	λοίδοροι	(1)	nom pl	λοίδορος
12807	1Co 5,11	λοίδορος	(1)	nom sg	Id
12808	1Co 4,12	λοιδορούμενοι	(1)	nom mas pl part pr pass	λοιδορέω
12809	1Pt 2,23	λοιδορούμενος	(1)	nom mas sg part pr pass	Id
12810	Lc 21,11	λοιμοί	(1)	nom pl	λοιμός
12811	Ac 24,5	λοιμόν	(1)	acc sg	Id
12812	*Eph 4,17	λοιπά		nom neut pl	λοιπός
12813		λοιπά	(3)	acc neut pl	Id
12814		λοιπαί	(2)	nom fem pl	Id
12815		λοιπάς	(2)	acc fem pl	Id
12816		λοιποί	(15)	nom mas pl	Id
12817		λοιποῖς	(7)	dat mas pl	Id
12818	Rm 1,13	λοιποῖς	(1)	dat neut pl	Id
12819		λοιπόν	(13)	nom neut sg	Id
12820		λοιποῦ	(2)	gen neut sg	Id
12821		λοιπούς	(3)	acc mas pl	Id
12822		λοιπῶν	(4)	gen mas pl	Id
12823	Apc 8,13	λοιπῶν	(1)	gen fem pl	Id
12824		λοιπῶν	(2)	gen neut pl	Id
12825	*Ac inscr	Λουκᾶ		gen	Λουκᾶς
12826	*Lc inscr	Λουκᾶν		acc	Id
12827		Λουκᾶς	(3)	nom	Id
12828		Λούκιος	(2)	nom	Λούκιος
12829	2Pt 2,22	λουσαμένη	(1)	nom fem sg part ao m	λούω
12830	Ac 9,37	λούσαντες	(1)	nom mas pl part ao a	Id
12831	*Apc 1,5	λούσαντι		dat mas sg part ao a	Id
12832	Tit 3,5	λουτροῦ	(1)	gen sg	λουτρόν
12833	Eph 5,26	λουτρῷ	(1)	dat sg	Id
12834		Λύδδα	(2)	acc	Λύδδα
12835	*Ac 9,32	Λύδδαν		acc	Id
12836	Ac 9,38	Λύδδας	(1)	gen	Id
12837	Ac 16,14	Λυδία	(1)	nom	Λυδία
12838	Ac 16,40	Λυδίαν	(1)	acc	Id
12839	Lc 13,15	λύει	(1)	3 p sg ind pr a	λύω
12840		λύετε	(2)	2 p pl ind pr a	Id
12841	Ac 13,43	λυθείσης	(1)	gen fem sg part ao pass	Id
12842	Jh 7,23	λυθῇ	(1)	3 p sg sbj ao pass	Id
12843		λυθῆναι	(3)	inf ao pass	Id
12844		λυθήσεται	(2)	3 p sg ind fut pass	Id
12845	2Pt 3,12	λυθήσονται	(1)	3 p pl ind fut pass	Id
12846	Ac 14,6	Λυκαονίας	(1)	gen	Λυκαονία
12847	Ac 14,11	Λυκαονιστί	(1)	adv	Λυκαονιστί
12848	Ac 27,5	Λυκίας	(1)	gen	Λυκία
12849		λύκοι	(2)	nom pl	λύκος
12850	Jh 10,12	λύκον	(1)	acc sg	Id
12851	Jh 10,12	λύκος	(1)	nom sg	Id
12852		λύκων	(2)	gen pl	Id
12853	*2Pt 3,10	λυόμενα		nom neut pl part pr pass	λύω

12854	2Pt 3,11	λυομένων	(1)	gen neut pl part pr pass	λύω
12855	Mc 11,5	λύοντες	(1)	nom mas pl part pr a	Id
12856	Lc 19,33	λυόντων	(1)	gen mas pl part pr a	Id
12857	Mc 11,4	λύουσιν	(1)	3 p pl ind pr a	Id
12858	1Pt 2,19	λύπας	(1)	acc pl	λύπη
12859		λυπεῖσθαι	(2)	inf pr pass	λυπέω
12860	Rm 14,15	λυπεῖται	(1)	3 p sg ind pr pass	Id
12861	Eph 4,30	λυπεῖτε	(1)	2 p pl imper pr a	Id
12862		λύπη	(5)	nom sg	λύπη
12863		λύπῃ	(2)	dat sg	Id
12864	Mt 14,9	λυπηθείς	(1)	nom mas sg part ao pass	λυπέω
12865	*1Pt 1,6	λυπηθέντας		acc mas pl part ao pass	Id
12866	1Pt 1,6	λυπηθέντες	(1)	nom mas pl part ao pass	Id
12867	2Co 7,11	λυπηθῆναι	(1)	inf ao pass	Id
12868	Jh 16,20	λυπηθήσεσθε	(1)	2 p pl ind fut pass	Id
12869	2Co 2,4	λυπηθῆτε	(1)	2 p pl sbj ao pass	Id
12870		λύπην	(5)	acc sg	λύπη
12871		λύπης	(3)	gen sg	Id
12872	1Th 4,13	λυπῆσθε	(1)	2 p pl sbj pr pass	λυπέω
12873		λυπούμενοι	(2)	nom mas pl part pr pass	Id
12874		λυπούμενος	(3)	nom mas sg part pr pass	Id
12875	2Co 2,2	λυπῶ	(1)	1 p sg ind pr a	Id
12876		λῦσαι	(4)	inf ao a	λύω
12877	Lc 3,1	Λυσανίου	(1)	gen	Λυσανίας
12878		λύσαντες	(2)	nom mas pl part ao a	λύω
12879	Apc 1,5	λύσαντι	(1)	dat mas sg part ao a	Id
12880		λύσας	(2)	nom mas sg part ao a	Id
12881		λύσατε	(3)	2 p pl imper ao a	Id
12882		λύσῃ	(2)	3 p sg sbj ao a	Id
12883	Mt 16,19	λύσῃς	(1)	2 p sg sbj ao a	Id
12884	Mt 18,18	λύσητε	(1)	2 p pl sbj ao a	Id
12885		Λυσίας	(3)	nom	Λυσίας
12886	1Co 7,27	λύσιν	(1)	acc sg	λύσις
12887	Lc 17,2	λυσιτελεῖ	(1)	3 p sg ind pr a	λυσιτελέω
12888		λῦσον	(2)	2 p sg imper ao a	λύω
12889		Λύστραν	(3)	acc	Λύστρα
12890		Λύστροις	(3)	dat	Λύστρα
12891	Jh 1,27	λύσω	(1)	1 p sg sbj ao a	λύω
12892		λύτρον	(2)	acc sg	λύτρον
12893	Lc 24,21	λυτροῦσθαι	(1)	inf pr m	λυτρόω
12894	Tit 2,14	λυτρώσηται	(1)	3 p sg sbj ao m	Id
12895		λύτρωσιν	(3)	acc sg	λύτρωσις
12896	*Ac 28,19	λυτρώσωμαι		1 p sg sbj ao m	λυτρόω
12897	Ac 7,35	λυτρωτήν	(1)	acc sg	λυτρωτής
12898	Heb 9,2	λυχνία	(1)	nom sg	λυχνία
12899		λυχνίαι	(2)	nom pl	Id
12900		λυχνίαν	(4)	acc sg	Id
12901	Lc 8,16	λυχνίας	(1)	gen sg	Id
12902		λυχνίας	(3)	acc pl	Id

12903	Apc 2,1	λυχνιῶν	(1)	gen pl	λυχνία
12904	Lc 12,35	λύχνοι	(1)	nom pl	λύχνος
12905		λύχνον	(4)	acc sg	Id
12906		λύχνος	(6)	nom sg	Id
12907		λύχνου	(2)	gen sg	Id
12908	2Pt 1,19	λύχνῳ	(1)	dat sg	Id
12909	2Tm 1,5	Λωΐδι	(1)	dat	Λωΐς
12910		Λώτ	(4)	inde	Λώτ

μ

12911	*Ac 10,41	μ´		cf τεσσαράκοντα	
12912	Lc 3,26	Μάαθ	(1)	inde	Μάαθ
12913	*Mc 8,10	Μαγαδά		inde	Μαγαδά
12914	Mt 15,39	Μαγαδάν	(1)	inde	Μαγαδάν
12915	*Mt 15,39	Μαγδαλά		inde	Μαγδαλά
12916	*Mt 15,39	Μαγδαλάν		inde	Μαγδαλάν
12917		Μαγδαληνή	(11)	nom	Μαγδαληνή
12918	*Mc 16,9	Μαγδαληνῇ		dat	Id
12919	*Mc 8,10	Μαγεδά		inde	Μαγεδά
12920	*Mt 15,39	Μαγεδάλ		inde	Μαγεδάλ
12921	*Mc 8,10	Μαγεδάν		inde	Μαγεδάν
12922	*Apc 16,16	Μαγε(δ)δών		inde	Μαγε(δ)δών
12923	Ac 8,11	μαγείαις	(1)	dat pl	μαγεία
12924	Ac 8,9	μαγεύων	(1)	nom mas sg part pr a	μαγεύω
12925	Mt 2,1	μάγοι	(1)	nom pl	μάγος
12926	Ac 13,6	μάγον	(1)	acc sg	Id
12927	Ac 13,8	μάγος	(1)	nom sg	Id
12928	Mt 2,7	μάγους	(1)	acc pl	Id
12929	Apc 20,8	Μαγώγ	(1)	inde	Μαγώγ
12930		μάγων	(2)	gen pl	μάγος
12931	Ac 7,29	Μαδιάμ	(1)	inde	Μαδιάμ
12932	*Apc 1,13	μαζοῖς		dat pl	μαζός
12933		μαθεῖν	(3)	inf ao2 a	μανθάνω
12934		μάθετε	(4)	2 p pl imper ao2 a	Id
12935		μαθηταί	(108)	nom pl	μαθητής
12936		μαθηταῖς	(42)	dat pl	Id
12937		μαθητάς	(39)	acc pl	Id
12938	1Co 4,6	μάθητε	(1)	2 p pl sbj ao2 a	μανθάνω
12939	Mt 13,52	μαθητευθείς	(1)	nom mas sg part ao pass	μαθητεύω
12940	Ac 14,21	μαθητεύσαντες	(1)	nom mas pl part ao a	Id
12941	Mt 28,19	μαθητεύσατε	(1)	2 p pl imper ao a	Id
12942		μαθητῇ	(3)	dat sg	μαθητής
12943		μαθητήν	(2)	acc sg	Id
12944		μαθητής	(20)	nom sg	Id
12945	Mt 10,42	μαθητοῦ	(1)	gen sg	Id
12946	Ac 9,36	μαθήτρια	(1)	nom sg	μαθήτρια
12947		μαθητῶν	(46)	gen pl	μαθητής
12948		Μαθθαῖον	(3)	acc	Μαθθαῖος
12949		Μαθθαῖος	(2)	nom	Id

12950	*Lc 3,24	Μαθθάν	inde	Μαθθάν
12951		Μαθθάτ (2)	inde	Μαθθάτ
12952		Μαθθίαν (2)	acc	Μαθθίας
12953	Lc 3,37	Μαθουσάλα (1)	inde . . .	Μαθουσάλα
12954		μαθών (2)	nom mas sg part ao2 a . .	μανθάνω
12955	1Co 14,23	μαίνεσθε (1)	2 p pl ind pr . . .	μαίνομαι
12956	Jh 10,20	μαίνεται (1)	3 p sg ind pr . . .	Id
12957		μαίνῃ (2)	2 p sg ind pr . . .	Id
12958	Ac 26,25	μαίνομαι (1)	1 p sg ind pr . . .	Id
12959		μακαρία (2)	nom fem sg . . .	μακάριος
12960	Lc 23,29	μακάριαι (1)	nom fem pl . . .	Id
12961	Tit 2,13	μακαρίαν (1)	acc fem sg . . .	Id
12962	Ja 5,11	μακαρίζομεν (1)	1 p pl ind pr a . .	μακαρίζω
12963		μακάριοι (26)	nom mas pl . . .	μακάριος
12964	Ac 26,2	μακάριον (1)	acc mas sg . . .	Id
12965	Ac 20,35	μακάριον (1)	nom neut sg . . .	Id
12966		μακάριος (16)	nom mas sg . . .	Id
12967	1Tm 1,11	μακαρίου (1)	gen mas sg . . .	Id
12968	Lc 1,48	μακαριοῦσιν (1)	3 p pl ind fut a . .	μακαρίζω
12969	Rm 4,6	μακαρισμόν (1)	acc sg . . .	μακαρισμός
12970		μακαρισμός (2)	nom sg	Id
12971	1Co 7,40	μακαριωτέρα (1)	comp nom fem sg . .	μακάριος
12972	*Ac 19,29	Μακεδόνα	acc sg	Μακεδών
12973	Ac 19,29	Μακεδόνας (1)	acc pl	Id
12974	2Co 9,4	Μακεδόνες (1)	nom pl	Id
12975	Rm 15,26	Μακεδονία (1)	nom	Μακεδονία
12976		Μακεδονίᾳ (3)	dat	Id
12977		Μακεδονίαν (11)	acc	Id
12978		Μακεδονίας (7)	gen	Id
12979	Ac 27,2	Μακεδόνος (1)	gen sg	Μακεδών
12980	2Co 9,2	Μακεδόσιν (1)	dat pl	Id
12981	Ac 16,9	Μακεδών (1)	nom sg	Id
12982	1Co 10,25	μακέλλῳ (1)	dat sg	μάκελλον
12983		μακρά (2)	acc neut pl	μακρός
12984	*Mt 23,14	μακρᾷ	dat fem sg	Id
12985		μαρκάν (2)	acc fem sg	Id
12986		μακράν (10)	adv	μακράν
12987		μακρόθεν (14)	adv	μακρόθεν
12988		μακροθυμεῖ (3)	3 p sg ind pr a .	μακροθυμέω
12989	1Th 5,14	μακροθυμεῖτε (1)	2 p pl imper pr a .	Id
12990	Heb 6,15	μακροθυμήσας (1)	nom mas sg part ao a .	Id
12991		μακροθυμήσατε (2)	2 p pl imper ao a .	Id
12992		μακροθύμησον (2)	2 p sg imper ao a .	Id
12993		μακροθυμία (2)	nom sg . . .	μακροθυμία
12994		μακροθυμίᾳ (4)	dat sg	Id
12995		μακροθυμίαν (4)	acc sg	Id
12996		μακροθυμίας (4)	gen sg	Id
12997	Ja 5,7	μακροθυμῶν (1)	nom mas sg part pr a	μακροθυμέω
12998	Ac 26,3	μακροθύμως (1)	adv . . .	μακροθύμως

12999	Eph 6,3	μακροχρόνιος	(1)	nom mas sg .	μακροχρόνιος
13000	Mt 11,8	μαλακά	(1)	acc neut pl	μαλακός
13001		μαλακίαν	(3)	acc sg	μαλακία
13002	1Co 6,9	μαλακοί	(1)	nom mas pl	μαλακός
13003		μαλακοῖς	(2)	dat neut pl . . .	Id
13004	Lc 3,37	Μαλελεήλ	(1)	inde	Μαλελεήλ
13005	*Lc 18,25	μαλίας	(!)	gen sg	μαλία
13006		μάλιστα	(12)	adv	μάλιστα
13007		μᾶλλον	(81)	adv	μᾶλλον
13008	Jh 18,10	Μάλχος	(1)	nom	Μάλχος
13009	*2Tm 3,8	Μαμβρῆς		nom	Μαμβρῆς
13010	2Tm 1,5	μάμμῃ	(1)	dat sg	μάμμη
13011	Lc 16,9	μαμωνᾶ	(1)	gen sg	μαμωνᾶς
13012		μαμωνᾷ	(3)	dat sg	Id
13013	Ac 13,1	Μαναήν	(1)	inde	Μαναήν
13014	*Mt 1,10	Μανασσῆ		inde	Μανασσῆ
13015	Apc 7,6	Μανασσῆ	(1)	inde	Id
13016	Mt 1,10	Μανασσῆ	(1)	acc	Μανασσῆς
13017	*Mt 1,10	Μανασσῆν		acc	Μανασσῆς
13018	Mt 1,10	Μανασσῆς	(1)	nom	Id
13019	*1Co 14,35	μανθάνειν		inf pr a	μανθάνω
13020	1Tm 2,11	μανθανέτω	(1)	3 p sg imper pr a . .	Id
13021		μανθανέτωσαν	(2)	3 p pl imper pr a .	Id
13022	2Tm 3,7	μανθάνοντα	(1)	acc neut pl part pr a .	Id
13023	1Tm 5,13	μανθάνουσιν	(1)	3 p pl ind pr a . .	Id
13024	1Co 14,31	μανθάνωσιν	(1)	3 p pl sbj pr a . .	Id
13025	Ac 26,24	μανίαν	(1)	acc sg	μανία
13026		μάννα	(4)	inde	μάννα
13027	Ac 16,16	μαντευομένη	(1)	nom fem sg part pr a	μαντεύομαι
13028	1Co 16,22	μαράνα		aram	μαράνα
13029	*1Co 16,22	μαραναθα		aram	μαραναθα
13030	*1Co 16,22	μαραν αθα		aram	μαραν αθα
13031	*Lc 14,34	μαρανθῇ		3 p sg sbj ao pass . . .	μαραίνω
13032	Ja 1,11	μαρανθήσεται	(1)	3 p sg ind fut pass .	Id
13033	Apc 21,21	μαργαρῖται	(1)	nom pl . . .	μαργαρίτης
13034		μαργαρίταις	(2)	dat pl	Id
13035		μαργαρίτας	(2)	acc pl	Id
13036	Apc 18,16	μαργαρίτῃ	(1)	dat sg	Id
13037	Mt 13,46	μαργαρίτην	(1)	acc sg	Id
13038	Apc 21,21	μαργαρίτου	(1)	gen sg	Id
13039	Apc 18,12	μαργαριτῶν	(1)	gen pl	Id
13040		Μάρθα	(10)	nom	Μάρθα
13041		Μάρθαν	(2)	acc	Id
13042	Jh 11,1	Μάρθας	(1)	gen	Id
13043		Μαρία	(17)	nom	Μαρία
13044	*Mc 16,9	Μαρίᾳ		dat	Id
13045		Μαριάμ	(27)	inde	Μαριάμ
13046		Μαρίαν	(2)	acc	Μαρία
13047		Μαρίας	(7)	gen	Id
13048		Μᾶρκον	(4)	acc	Μᾶρκος

No.	Ref	Form	Count	Parsing	Lemma
13049		Μᾶρκος	(3)	nom	Μᾶρκος
13050	Ac 12,12	Μάρκου	(1)	gen	Id
13051	Apc 18,12	μαρμάρου	(1)	gen sg	μάρμαρος
13052		μάρτυρα	(3)	acc sg	μάρτυς
13053	Ac 6,13	μάρτυρας	(1)	acc pl	Id
13054		μαρτυρεῖ	(8)	3 p sg ind pr a	μαρτυρέω
13055	Ac 26,5	μαρτυρεῖν	(1)	inf pr a	Id
13056	Jh 8,13	μαρτυρεῖς	(1)	2 p sg ind pr a	Id
13057	Heb 7,17	μαρτυρεῖται	(1)	3 p sg ind pr pass	Id
13058		μαρτυρεῖτε	(3)	2 p pl ind pr a	Id
13059		μάρτυρες	(10)	nom pl	μάρτυς
13060	Heb 11,39	μαρτυρηθέντες	(1)	nom mas pl part ao pass	μαρτυρέω
13061		μαρτυρῆσαι	(2)	inf ao a	Id
13062	1Tm 6,13	μαρτυρήσαντος	(1)	gen mas sg part ao a	Id
13063	Ac 13,22	μαρτυρήσας	(1)	nom mas sg part ao a	Id
13064	Jh 15,26	μαρτυρήσει	(1)	3 p sg ind fut a	Id
13065		μαρτυρήσῃ	(3)	3 p sg sbj ao a	Id
13066	Jh 18,23	μαρτύρησον	(1)	2 p sg imper ao a	Id
13067	Jh 18,37	μαρτυρήσω	(1)	1 p sg sbj ao a	Id
13068		μαρτυρία	(15)	nom sg	μαρτυρία
13069	Mc 14,56	μαρτυρίαι	(1)	nom pl	Id
13070		μαρτυρίαν	(19)	acc sg	Id
13071		μαρτυρίας	(2)	gen sg	Id
13072		μαρτύριον	(2)	nom sg	μαρτύριον
13073		μαρτύριον	(15)	acc sg	Id
13074		μαρτυρίου	(2)	gen sg	Id
13075		μαρτύρομαι	(3)	1 p sg ind pr	μαρτύρομαι
13076	Ac 26,22	μαρτυρόμενος	(1)	nom mas sg part pr	Id
13077	Ac 22,20	μάρτυρος	(1)	gen sg	μάρτυς
13078		μαρτυροῦμεν	(4)	1 p pl ind pr a	μαρτυρέω
13079		μαρτυρουμένη	(2)	nom fem sg part pr pass	Id
13080	1Th 2,12	μαρτυρόμενοι	(1)	nom mas pl part pr	μαρτύρομαι
13081		μαρτυρούμενος	(3)	nom mas sg part pr pass	μαρτυρέω
13082	Ac 6,3	μαρτυρουμένους	(1)	acc mas pl part pr pass	Id
13083	1Jh 5,6	μαρτυροῦν	(1)	nom neut sg part pr a	Id
13084	1Jh 5,7	μαρτυροῦντες	(1)	nom mas pl part pr a	Id
13085	Ac 14,3	μαρτυροῦντι	(1)	dat mas sg part pr a	Id
13086	Heb 11,4	μαρτυροῦντος	(1)	gen mas sg part pr a	Id
13087	3Jh 3	μαρτυρούντων	(1)	gen mas pl part pr a	Id
13088	Jh 5,39	μαρτυροῦσαι	(1)	nom fem pl part pr a	Id
13089	Jh 4,39	μαρτυρούσης	(1)	gen fem sg part pr a	Id
13090	Ac 10,43	μαρτυροῦσιν	(1)	3 p pl ind pr a	Id
13091		μαρτυρῶ	(6)	1 p sg ind pr a	Id
13092		μαρτυρῶ	(2)	1 p sg sbj pr a	Id
13093		μαρτυρῶν	(4)	nom mas sg part pr a	Id
13094		μαρτύρων	(9)	gen pl	μάρτυς
13095		μάρτυς	(8)	nom sg	Id
13096		μάρτυσιν	(3)	dat pl	Id
13097	Mc 3,10	μάστιγας	(1)	acc pl	μάστιξ

13098	Heb 12,6	μαστιγοῖ	(1)	3 p sg ind pr a	μαστιγόω
13099		μάστιγος	(2)	gen sg	μάστιξ
13100		μαστίγων	(2)	gen pl	Id
13101	Mt 20,19	μαστιγῶσαι	(1)	inf ao a	μαστιγόω
13102	Lc 18,33	μαστιγώσαντες	(1)	nom mas pl part ao a	Id
13103	Mt 23,34	μαστιγώσετε	(1)	2 p pl ind fut a	Id
13104		μαστιγώσουσιν	(2)	3 p pl ind fut a	Id
13105	Ac 22,25	μαστίζειν	(1)	inf pr a	μαστίζω
13106	Ac 22,24	μάστιξιν	(1)	dat pl	μάστιξ
13107		μαστοί	(2)	nom pl	μαστός
13108	Apc 1,13	μαστοῖς	(1)	dat pl	Id
13109	1Co 15,17	ματαία	(1)	nom fem sg	μάταιος
13110	1Pt 1,18	ματαίας	(1)	gen fem sg	Id
13111		μάταιοι	(2)	nom mas pl	Id
13112	1Tm 1,6	ματαιολογίαν	(1)	acc sg	ματαιολογία
13113	Tit 1,10	ματαιολόγοι	(1)	nom pl	ματαιολόγος
13114	Ja 1,26	μάταιος	(1)	nom mas sg	μάταιος
13115		ματαιότητι	(2)	dat sg	ματαιότης
13116	2Pt 2,18	ματαιότητος	(1)	gen sg	Id
13117	Ac 14,15	ματαίων	(1)	gen neut pl	μάταιος
13118		μάτην	(2)	adv	μάτην
13119	*Mt inscr	Ματθαῖον		acc	Ματθαῖος
13120		Ματθάν	(2)	inde	Ματθάν
13121	Lc 3,31	Ματταθά	(1)	inde	Ματταθά
13122		Ματταθίου	(2)	gen	Ματταθίας
13123		μάχαι	(2)	nom pl	μάχη
13124		μάχαιρα	(2)	nom sg	μάχαιρα
13125	Lc 22,38	μάχαιραι	(1)	nom pl	Id
13126		μάχαιραν	(12)	acc sg	Id
13127		μαχαίρῃ	(5)	dat sg	Id
13128		μαχαίρης	(4)	gen sg	Id
13129		μαχαιρῶν	(5)	gen pl	Id
13130		μάχας	(2)	acc pl	μάχη
13131	2Tm 2,24	μάχεσθαι	(1)	inf pr	μάχομαι
13132	Ja 4,2	μάχεσθε	(1)	2 p pl ind pr	Id
13133	*Mt 10,34	μάχην		acc sg	μάχη
13134	Ac 7,26	μαχομένοις	(1)	dat mas pl part pr	μάχομαι
13135	*Apc 11,2	μβ΄		cf τεσσερακοντακαιδύο	
13136		μέ	(292)	acc	ἐγώ
13137		μέγα	(8)	nom neut sg	μέγας
13138		μέγα	(10)	acc neut sg	Id
13139		μεγάλα	(2)	nom neut pl	Id
13140		μεγάλα	(6)	acc neut pl	Id
13141	Apc 11,15	μεγάλαι	(1)	nom fem pl	Id
13142	Lc 23,23	μεγάλαις	(1)	dat fem pl	Id
13143		μεγάλας	(2)	acc fem pl	Id
13144	*Ja 3,5	μεγαλαυχεῖ		3 p sg ind pr a	μεγαλαυχέω
13145	Ac 2,11	μεγαλεῖα	(1)	acc neut pl	μεγαλεῖος
13146	Lc 9,43	μεγαλειότητι	(1)	dat sg	μεγαλειότης
13147		μεγαλειότητος	(2)	gen sg	Id
13148		μεγάλη	(36)	nom fem sg	μέγας

13149 μεγάλῃ (35) dat fem sg . . . . . μέγας
13150 μεγάλην (19) acc fem sg . . . Id
13151 μεγάλης (15) gen fem sg . . . Id
13152 μεγάλοι (4) nom mas pl . . . . . Id
13153 *Apc 11,18 μεγάλοις dat mas pl . . . . . Id
13154 2Pt 1,17 μεγαλοπρεποῦς (1) gen fem sg μεγαλοπρεπής
13155 μεγάλου (7) gen mas sg . . . μέγας
13156 μεγάλους (4) acc mas pl . . . Id
13157 Lc 1,46 μεγαλύνει (1) 3 p sg ind pr a . . μεγαλύνω
13158 2Co 10,15 μεγαλυνθῆναι (1) inf ao pass . . Id
13159 Php 1,20 μεγαλυνθήσεται (1) 3 p sg ind fut pass Id
13160 Ac 10,46 μεγαλυνόντων (1) gen mas pl part pr a . Id
13161 Mt 23,5 μεγαλύνουσιν (1) 3 p pl ind pr a . . Id
13162 μεγάλῳ (4) dat mas sg . . . . . μέγας
13163 μεγάλων (2) gen mas pl . . . . . Id
13164 Php 4,10 μεγάλως (1) adv . . . . . . μεγάλως
13165 Ju 25 μεγαλωσύνη (1) nom sg . . . μεγαλωσύνη
13166 μεγαλωσύνης (2) gen sg . . . . . Id
13167 μέγαν (13) acc mas sg . . . . . μέγας
13168 μέγας (25) nom mas sg . . . . . Id
13169 Eph 1,19 μέγεθος (1) acc sg . . . . . μέγεθος
13170 2Pt 1,4 μέγιστα (1) superl nom neut pl . . μέγας
13171 μεγιστᾶνες (2) nom . . . . μεγιστᾶνες
13172 Mc 6,21 μεγιστᾶσιν (1) dat . . . . . Id
13173 *Ac 15,4 μεγως (!)
13174 μεθ' cf μετά
13175 Ga 5,21 μέθαι (1) nom pl . . . . . . μέθη
13176 Rm 13,13 μέθαις (1) dat pl . . . . . . Id
13177 Ac 13,8 μεθερμηνεύεται (1) 3 p sg ind pr pass μεθερμηνεύω
13178 μεθερμηνευόμενον (7) nom neut sg part pr pass Id
13179 *Mc 15,22 μεθερμηνευόμενος nom mas sg part pr pass Id
13180 Lc 21,34 μέθῃ (1) dat sg . . . . . . μέθη
13181 1Co 13,2 μεθιστάναι (1) inf pr a . . μεθίστημι
13182 *1Co 13,2 μεθιστάνειν inf pr a . . . μεθιστάνω
13183 Eph 4,14 μεθοδείαν (1) acc sg . . . . . μεθοδεία
13184 Eph 6,11 μεθοδείας (1) acc pl . . . . . Id
13185 *Eph 6,12 μεθοδίας acc pl . . . . . . μεθοδία
13186 *Mc 7,24 μεθόρια acc pl . . . . . μεθόριον
13187 1Co 11,21 μεθύει (1) 3 p sg ind pr a . . . μεθύω
13188 *1Th 5,7 μεθύοντες nom mas pl part pr a . . Id
13189 Mt 24,49 μεθυόντων (1) gen mas pl part pr a . Id
13190 Apc 17,6 μεθύουσαν (1) acc fem sg part pr a . Id
13191 μεθύουσιν (2) 3 p pl ind pr a . . Id
13192 Jh 2,10 μεθυσθῶσιν (1) 3 p pl sbj ao pass . Id
13193 Lc 12,45 μεθύσκεσθαι (1) inf pr pass . . . μεθύσκω
13194 Eph 5,18 μεθύσκεσθε (1) 2 p pl imper pr pass . Id
13195 1Th 5,7 μεθυσκόμενοι (1) nom mas pl part pr pass Id
13196 1Co 6,10 μέθυσοι (1) nom mas pl . . . . μέθυσος
13197 1Co 5,11 μέθυσος (1) nom mas sg . . . . Id
13198 μεῖζον (6) comp nom neut sg . . . μέγας
13199 Ja 3,1 μεῖζον (1) comp acc neut sg . . . Id

13200	Heb 11,26	μείζονα	(1)	comp acc mas sg . . .	μέγας
13201		μείζονα	(3)	comp acc fem sg . . .	Id
13202		μείζονα	(3)	comp acc neut pl . . .	Id
13203	Lc 12,18	μείζονας	(1)	comp acc fem pl . .	Id
13204	2Pt 2,11	μείζονες	(1)	comp nom mas pl . .	Id
13205		μείζονος	(2)	comp gen mas sg . .	Id
13206	Heb 9,11	μείζονος	(1)	comp gen fem sg . .	Id
13207	*Mt 20,28	μείζονος		comp gen neut sg . . .	Id
13208	3Jh 4	μειζοτέραν	(1)	comp acc fem sg . .	μείζων
13209	*3Jh 4	μειζότερον		comp nom neut sg . . .	Id
13210	Jh 5,36	μείζω	(1)	comp acc fem sg . . .	μέγας
13211	Jh 1,50	μείζω	(1)	comp acc neut pl . . .	Id
13212		μείζων	(23)	comp nom mas sg . . .	Id
13213		μείζων	(3)	comp nom fem sg . . .	Id
13214		μεῖναι	(6)	inf ao a	μένω
13215	*Ac 20,15	μείναντες		nom mas pl part ao a . .	Id
13216		μείνατε	(5)	2 p pl imper ao a . .	Id
13217		μείνῃ	(6)	3 p sg sbj ao a . . .	Id
13218		μείνητε	(2)	2 p pl sbj ao a . . .	Id
13219		μεῖνον	(4)	2 p sg imper ao a . .	Id
13220	*Ac 20,15	μείνοντες		nom mas pl part ao a . .	Id
13221		μείνωσιν	(3)	3 p pl sbj ao a . .	Id
13222	Mt 5,36	μέλαιναν	(1)	acc fem sg . . .	μέλας
13223	2Co 3,3	μέλανι	(1)	dat neut sg	Id
13224		μέλανος	(2)	gen neut sg . . .	Id
13225		μέλας	(2)	nom mas sg	Id
13226	Lc 3,31	Μελεά	(1)	inde	Μελεά
13227	*Mc 8,10	Μελεγαδά		inde	Μελεγαδά
13228		μέλει	(7)	3 p sg ind pr a impers .	μέλει
13229	*Lc 3,37	Μελελεήλ		inde	Μελελεήλ
13230		μέλεσιν	(5)	dat pl	μέλος
13231	1Tm 4,15	μελέτα	(1)	2 p sg imper pr a . .	μελετάω
13232	1Co 7,21	μελέτω	(1)	3 p sg imper pr a .	μέλει
13233		μέλη	(12)	nom pl	μέλος
13234		μέλη	(10)	acc pl	Id
13235	*Ac 28,1	Μελητήνη		nom	Μελητήνη
13236		μέλι	(3)	nom sg	μέλι
13237	Mc 1,6	μέλι	(1)	acc sg	Id
13238	*Lc 24,42	μελισσίου		gen neut sg . .	μελίσσιος
13239	Ac 28,1	Μελίτη	(1)	nom	Μελίτη
13240	*2Tm 4,20	Μελίτῃ		dat	Id
13241	*Ac 28,1	Μελιτήνη		nom	Μελιτήνη
13242	*Ac 28,1	Μελιτίνη		nom	Μελιτίνη
13243		μέλλει	(16)	3 p sg ind pr a . . .	μέλλω
13244		μέλλειν	(6)	inf pr a	Id
13245		μέλλεις	(4)	2 p sg ind pr a . . .	Id
13246		μέλλετε	(2)	2 p pl ind pr a . . .	Id
13247		μέλλῃ	(3)	3 p sg sbj pr a . . .	Id
13248	Mt 24,6	μελλήσετε	(1)	2 p pl ind fut a . .	Id
13249	2Pt 1,12	μελλήσω	(1)	1 p sg ind fut a . .	Id

13250	1Th 3,4	μέλλομεν	(1)	1 p pl ind pr a	μέλλω
13251		μέλλον	(3)	acc neut sg part pr a	Id
13252		μέλλοντα	(2)	acc mas sg part pr a	Id
13253		μέλλοντα	(2)	nom neut pl part pr a	Id
13254		μέλλοντα	(2)	acc neut pl part pr a	Id
13255		μέλλοντας	(3)	acc mas pl part pr a	Id
13256		μέλλοντες	(4)	nom mas pl part pr a	Id
13257		μέλλοντι	(4)	dat mas sg part pr a	Id
13258		μέλλοντος	(4)	gen mas sg part pr a	Id
13259		μέλλοντος	(2)	gen neut sg part pr a	Id
13260		μελλόντων	(4)	gen mas pl part pr a	Id
13261		μελλόντων	(4)	gen neut pl part pr a	Id
13262		μέλλουσαν	(4)	acc fem sg part pr a	Id
13263		μελλούσης	(6)	gen fem sg part pr a	Id
13264		μέλλουσιν	(2)	3 p pl ind pr a	Id
13265		μέλλω	(2)	1 p sg ind pr a	Id
13266		μέλλων	(9)	nom mas sg part pr a	Id
13267		μέλος	(5)	nom sg	μέλος
13268	*1Co 12,27	μέλους		gen sg	Id
13269		Μελχί	(2)	inde	Μελχί
13270		Μελχισέδεκ	(8)	inde	Μελχισέδεκ
13271		μελῶν	(2)	gen pl	μέλος
13272	Jh 7,15	μεμαθηκώς	(1)	nom mas sg part pf a	μανθάνω
13273	Jh 1,34	μεμαρτύρηκα	(1)	1 p sg ind pf a	μαρτυρέω
13274	Jh 3,26	μεμαρτύρηκας	(1)	2 p sg ind pf a	Id
13275		μεμαρτύρηκεν	(5)	3 p sg ind pf a	Id
13276		μεμαρτύρηται	(2)	3 p sg ind pf pass	Id
13277	2Tm 4,13	μεμβράνας	(1)	acc pl	μεμβράνα
13278	1Jh 2,19	μεμενήκεσαν	(1)	3 p pl ind plpf a	μένω
13279	*1Co 7,17	μεμέρικεν		3 p sg ind pf a	μερίζω
13280		μεμέρισται	(2)	3 p sg ind pf pass	Id
13281	Ac 2,13	μεμεστωμένοι	(1)	nom mas pl part pf pass	μεστόω
13282	Tit 1,15	μεμιαμμένοις	(1)	dat mas pl part pf pass	μιαίνω
13283	Tit 1,15	μεμίανται	(1)	3 p sg ind pf pass	Id
13284	Apc 8,7	μεμιγμένα	(1)	nom neut pl part pf pass	μίγνυμι
13285	Apc 15,2	μεμιγμένην	(1)	acc fem sg part pf pass	Id
13286	*Apc 8,7	μεμιγμένον		nom neut sg part pf pass	Id
13287	Mt 27,34	μεμιγμένον	(1)	acc neut sg part pf pass	Id
13288	Jh 15,24	μεμισήκασιν	(1)	3 p pl ind pf a	μισέω
13289	Jh 15,18	μεμίσηκεν	(1)	3 p sg ind pf a	Id
13290	Apc 18,2	μεμισημένου	(1)	gen neut sg part pf pass	Id
13291	2Tm 1,4	μεμνημένος	(1)	nom mas sg part pf	μιμνήσκομαι
13292	1Co 11,2	μέμνησθε	(1)	2 p pl ind pf	Id
13293	*Lc 1,27	μεμνησμένην		acc fem sg part pf pass	μνηστεύω
13294	*Lc 2,5	μεμνηστευμένῃ		dat fem sg part pf pass	Id
13295	*Lc 1,27	μεμνηστευμένην		acc fem sg part pf pass	Id
13296	1Tm 5,5	μεμονωμένη	(1)	nom fem sg part pf pass	μονόω
13297	Php 4,12	μεμύημαι	(1)	1 p sg ind pf pass	μυέω
13298	Rm 9,19	μέμφεται	(1)	3 p sg ind pr	μέμφομαι

13299	Heb 8,8	μεμφόμενος (1)	nom mas sg part pr .	μέμφομαι
13300	Ju 16	μεμψίμοιροι (1)	nom mas pl . .	μεμψίμοιρος
13301	*Col 3,13	μέμψιν	acc sg	μέμψις
13302		μέν (180)	parti	μέν
13303	2Tm 3,14	μένε (1)	2 p sg imper pr a . . .	μένω
13304		μένει (28)	3 p sg ind pr a . . .	Id
13305	1Co 3,14	μενεῖ (1)	3 p sg ind fut a . . .	Id
13306		μένειν (5)	inf pr a	Id
13307	Jh 1,38	μένεις (1)	2 p sg ind pr a . . .	Id
13308		μενεῖτε (2)	2 p pl ind fut a . .	Id
13309		μένετε (5)	2 p pl imper pr a . .	Id
13310	1Jh 2,27	μένετε (1)	2 p pl ind/imper pr a . .	Id
13311		μενέτω (5)	3 p sg imper pr a . .	Id
13312		μένῃ (4)	3 p sg sbj pr a . . .	Id
13313	Jh 15,4	μένητε (1)	2 p pl sbj pr a . . .	Id
13314	Lc 3,31	Μεννά (1)	inde	Μεννά
13315	1Jh 4,13	μένομεν (1)	1 p pl ind pr a . . .	μένω
13316 a		μένον (2)	nom neut sg part pr a . .	Id
13317	Jh 1,33	μένον (1)	acc neut sg part pr a . . .	Id
13318	Jh 5,38	μένοντα (1)	acc mas sg part pr a . .	Id
13319	1Pt 1,23	μένοντος (1)	nom mas pl part pr a .	Id
13320	Lc 11,28	μενοῦν (1)	parti	μενοῦν
13321		μενοῦνγε (3)	parti	μενοῦνγε
13322		μένουσαν (5)	acc fem sg part pr a .	μένω
13323		μένουσιν (2)	3 p pl ind pr a . .	Id
13324		μέντοι (8)	conj	μέντοι
13325	Jh 15,10	μένω (1)	1 p sg ind pr a . . .	μένω
13326	Php 1,25	μενῶ (1)	1 p sg ind fut a . . .	Id
13327		μένων (7)	nom mas sg part pr a . .	Id
13328		μέρει (3)	dat sg	μέρος
13329		μέρη (11)	acc pl	Id
13330		μερίδα (2)	acc sg	μερίς
13331	Ac 16,12	μερίδος (1)	gen sg	Id
13332		μέριμνα (2)	nom sg	μέριμνα
13333		μεριμνᾷ (4)	3 p sg ind pr a . . .	μεριμνάω
13334	Mc 4,19	μέριμναι (1)	nom pl	μέριμνα
13335	Lc 21,34	μερίμναις (1)	dat pl	Id
13336	1Pt 5,7	μέριμναν (1)	acc sg	Id
13337	Lc 10,41	μεριμνᾷς (1)	2 p sg ind pr a . .	μεριμνάω
13338		μεριμνᾶτε (2)	2 p pl ind pr a . .	Id
13339		μεριμνᾶτε (3)	2 p pl imper pr a . .	Id
13340		μεριμνήσει (2)	3 p sg ind fut a . .	Id
13341		μεριμνήσητε (4)	2 p pl sbj ao a . .	Id
13342	Lc 8,14	μεριμνῶν (1)	gen pl	μέριμνα
13343		μεριμνῶν (2)	nom mas sg part pr a .	μεριμνάω
13344	1Co 12,25	μεριμνῶσιν (1)	3 p pl sbj pr a . .	Id
13345		μερίς (2)	nom sg	μερίς
13346	Lc 12,13	μερίσασθαι (1)	inf ao m	μερίζω
13347		μερισθεῖσα (2)	nom fem sg part ao pass	Id
13348		μερισθῇ (2)	3 p sg sbj ao pass . .	Id
13349	Heb 2,4	μερισμοῖς (1)	dat pl	μερισμός

13350	Heb 4,12	μερισμοῦ	(1)	gen sg	μερισμός
13351	Lc 12,14	μεριστήν	(1)	acc sg	μεριστής
13352		μέρος	(16)	nom sg	μέρος
13353		μέρους	(12)	gen sg	Id
13354	*Ac 12,20	μερῶν		gen pl	Id
13355	*Jh 7,14	μεσαζούσης		gen fem sg part pr a . .	μεσάζω
13356		μεσημβρίαν	(2)	acc sg	μεσημβρία
13357	*Ac 22,6	μεσημβρίας		gen sg	Id
13358		μέσης	(2)	gen fem sg	μέσος
13359	Heb 12,24	μεσίτῃ	(1)	dat sg	μεσίτης
13360		μεσίτης	(4)	nom sg	Id
13361	Ga 3,19	μεσίτου	(1)	gen sg	Id
13362		μέσον	(3)	nom neut sg	μέσος
13363		μέσον	(13)	acc neut sg	Id
13364		μεσονύκτιον	(2)	nom sg	μεσονύκτιον
13365		μεσονυκτίου	(2)	gen sg	Id
13366	Ac 7,2	Μεσοποταμίᾳ	(1)	dat	Μεσοποταμία
13367	Ac 2,9	Μεσοποταμίαν	(1)	acc	Id
13368		μέσος	(2)	nom mas sg	μέσος
13369	Eph 2,14	μεσότοιχον	(1)	nom sg	μεσότοιχον
13370		μέσου	(8)	gen neut sg	μέσος
13371		μεσουρανήματι	(3)	dat sg . . .	μεσουράνημα
13372	Jh 7,14	μεσούσης	(1)	gen fem sg part pr a .	μεσόω
13373	Jh 1,41	Μεσσίαν	(1)	acc sg	Μεσσίας
13374	Jh 4,25	Μεσσίας	(1)	nom sg	Id
13375		μεστή	(2)	nom fem sg	μεστός
13376		μεστοί	(2)	nom mas pl	Id
13377	Jh 19,29	μεστόν	(1)	acc mas sg	Id
13378	Jh 19,29	μεστόν	(1)	nom neut sg	Id
13379	Jh 21,11	μεστόν	(1)	acc neut sg	Id
13380	Rm 1,29	μεστούς	(1)	acc mas pl	Id
13381		μέσῳ	(30)	dat neut sg	μέσος
13382		μετ᾽		cf μετά	
13383		μετά	(473)	prpo	μετά
13384	Mt 17,20	μετάβα	(1)	2 p sg imper ao2 a .	μεταβαίνω
13385	Lc 10,7	μεταβαίνετε	(1)	2 p pl imper pr a .	Id
13386	*Ac 28,6	μεταβαλλόμενοι		nom mas pl part pr m	μεταβάλλω
13387	Ac 28,6	μεταβαλόμενοι	(1)	nom mas pl part ao2 m	Id
13388		μεταβάς	(3)	nom mas sg part ao2 a	μεταβαίνω
13389	1Jh 3,14	μεταβεβήκαμεν	(1)	1 p pl ind pf a .	Id
13390	Jh 5,24	μεταβέβηκεν	(1)	3 p sg ind pf a . .	Id
13391		μεταβῇ	(3)	3 p sg sbj ao2 a . .	Id
13392	Jh 7,3	μετάβηθι	(1)	2 p sg imper ao2 a . .	Id
13393	*Mt 8,34	μεταβῆναι		inf ao2 a	Id
13394	Mt 17,20	μεταβήσεται	(1)	3 p sg ind fut . .	Id
13395	Ja 3,4	μετάγεται	(1)	3 p sg ind pr pass . .	μετάγω
13396	Ja 3,3	μετάγομεν	(1)	1 p pl ind pr a . .	Id
13397	Eph 4,28	μεταδιδόναι	(1)	inf pr a . .	μεταδίδωμι
13398	Rm 12,8	μεταδιδούς	(1)	nom mas sg part pr a .	Id
13399	Lc 3,11	μεταδότω	(1)	3 p sg imper ao2 a . .	Id

13400	1Th 2,8	μεταδοῦναι	(1)	inf ao2 a . .	μεταδίδωμι
13401	Rm 1,11	μεταδῶ	(1)	1 p sg sbj ao2 a . . .	Id
13402	Heb 11,5	μεταθέσεως	(1)	gen sg . . .	μετάθεσις
13403	Heb 12,27	μετάθεσιν	(1)	acc sg	Id
13404	Heb 7,12	μετάθεσις	(1)	nom sg	Id
13405	Ac 10,32	μετακάλεσαι	(1)	2 p sg imper ao m	μετακαλέω
13406	Ac 24,25	μετακαλέσομαι	(1)	1 p sg ind fut m .	Id
13407	Col 1,23	μετακινούμενοι	(1)	nom mas pl part pr pass	μετακινέω
13408	*Ac 27,36	μεταλαβαν	(!)		
13409		μεταλαβεῖν	(3)	inf ao2 a . .	μεταλαμβάνω
13410	Ac 24,25	μεταλαβών	(1)	nom mas sg part ao2 a .	Id
13411	Heb 6,7	μεταλαμβάνει	(1)	3 p sg ind pr a . .	Id
13412	2Tm 2,6	μεταλαμβάνειν	(1)	inf pr a . . .	Id
13413	1Tm 4,3	μετάλημψιν	(1)	acc sg . . .	μετάλημψις
13414		μεταμεληθείς	(2)	nom mas sg part ao	μεταμέλομαι
13415	Heb 7,21	μεταμεληθήσεται	(1)	3 p sg ind fut .	Id
13416	2Co 7,8	μεταμέλομαι	(1)	1 p sg ind pr . .	Id
13417	2Co 3,18	μεταμορφούμεθα	(1)	1 p pl ind pr pass	μεταμορφόω
13418	*2Co 3,18	μεταμορφούμενοι		nom mas pl part pr pass	Id
13419	*Rm 12,2	μεταμορφοῦσθαι		inf pr pass . .	Id
13420	Rm 12,2	μεταμορφοῦσθε	(1)	2 p pl imper pr pass	Id
13421	*Mt 17,2	μεταμορφωθείς		nom mas sg part ao pass .	Id
13422		μετανοεῖν	(2)	inf pr a	μετανοέω
13423		μετανοεῖτε	(3)	2 p pl imper pr a . .	Id
13424	Apc 2,21	μετανοῆσαι	(1)	inf ao a . . .	Id
13425	2Co 12,21	μετανοησάντων	(1)	gen mas pl part ao a	Id
13426		μετανοήσατε	(2)	2 p pl imper ao a .	Id
13427		μετανοήσῃ	(2)	3 p sg sbj ao a . .	Id
13428	Apc 2,5	μετανοήσῃς	(1)	2 p sg sbj ao a . .	Id
13429	*Lc 13,3	μετανοήσητε		2 p pl sbj ao a . . .	Id
13430		μετανόησον	(5)	2 p sg imper ao a . .	Id
13431	Lc 16,30	μετανοήσουσιν	(1)	3 p pl ind fut a .	Id
13432	Apc 2,22	μετανοήσωσιν	(1)	3 p pl sbj ao a . .	Id
13433		μετανοῆτε	(2)	2 p pl sbj pr a . .	Id
13434		μετάνοιαν	(12)	acc sg	μετάνοια
13435		μετανοίας	(10)	gen sg	Id
13436		μετανοοῦντι	(2)	dat mas sg part pr a .	μετανοέω
13437	Lc 17,4	μετανοῶ	(1)	1 p sg ind pr a . . .	Id
13438	Mc 6,12	μετανοῶσιν	(1)	3 p pl sbj pr a . .	Id
13439		μεταξύ	(9)	adv	μεταξύ
13440	Ac 24,26	μεταπεμπόμενος	(1)	nom mas sg part pr m	μεταπέμπομαι
13441	Ac 10,29	μεταπεμφθείς	(1)	nom mas sg part ao (pass)	Id
13442		μετάπεμψαι	(2)	2 p sg imper ao . .	Id
13443		μεταπεμψάμενος	(2)	nom mas sg part ao .	Id
13444	Ac 10,22	μεταπέμψασθαι	(1)	inf ao . . .	Id
13445	Ac 25,3	μεταπέμψηται	(1)	3 p sg sbj ao . .	Id
13446	Lc 16,4	μετασταθῶ	(1)	1 p sg sbj ao pass .	μεθίστημι
13447	*Ac 20,1	μεταστειλάμενος		nom mas sg part ao m	μεταστέλλω
13448	Ac 13,22	μεταστήσας	(1)	nom mas sg part ao a	μεθίστημι
13449	Ac 2,20	μεταστραφήσεται	(1)	3 p sg ind fut2 pass	μεταστρέφω

No.	Ref.	Form	Freq.	Analysis	Lemma
13450	*Ja 4,9	μεταστραφήτω		3 p sg imper ao2 pass .	μεταστρέφω
13451	Ga 1,7	μεταστρέψαι	(1)	inf ao a . . .	Id
13452	2Co 11,14	μετασχηματίζεται	(1)	3 p sg ind pr pass	μετασχηματίζω
13453	2Co 11,13	μετασχηματιζόμενοι	(1)	nom mas pl part pr m	Id
13454	2Co 11,15	μετασχηματίζονται	(1)	3 p pl ind pr pass	Id
13455	Php 3,21	μετασχηματίσει	(1)	3 p sg ind fut a .	Id
13456	Heb 7,12	μετατιθεμένης	(1)	gen fem sg part pr pass	μετατίθημι
13457	Ju 4	μετατιθέντες	(1)	nom mas pl part pr a .	Id
13458	Ga 1,6	μετατίθεσθε	(1)	2 p pl ind pr pass .	Id
13459	Ja 4,9	μετατραπήτω	(1)	3 p sg imper ao2 pass	μετατρέπω
13460	*Lc 17,6	μεταφυτεύθητι		2 p sg imper ao pass .	μεταφυτεύω
13461	*Lc 17,6	μετέβαινεν		3 p sg ind impf a . .	μεταβαίνω
13462	Mt 11,1	μετέβη	(1)	3 p sg ind ao2 a . . .	Id
13463	Heb 11,5	μετέθηκεν	(1)	3 p sg ind ao a .	μετατίθημι
13464		μετεκαλέσατο	(2)	3 p sg ind ao m .	μετακαλέω
13465	Ac 2,46	μετελάμβανον	(1)	3 p pl ind impf a	μεταλαμβάνω
13466	Mt 21,32	μετεμελήθητε	(1)	2 p pl ind ao .	μεταμέλομαι
13467	2Co 7,8	μετεμελόμην	(1)	1 p sg ind impf . .	Id
13468		μετεμορφώθη	(2)	3 p sg ind ao pass	μεταμορφόω
13469		μετενόησαν	(9)	3 p pl ind ao a . .	μετανοέω
13470	Heb 12,17	μετέπειτα	(1)	adv	μετέπειτα
13471	Ac 10,29	μετεπέμψασθε	(1)	2 p pl ind ao .	μεταπέμπομαι
13472	*Ac 20,17	μετεπέμψατο		3 p sg ind ao m . . .	Id
13473		μετέστησεν	(2)	3 p sg ind ao a .	μεθίστημι
13474	Heb 2,14	μετέσχεν	(1)	3 p sg ind ao2 a . .	μετέχω
13475	Heb 7,13	μετέσχηκεν	(1)	3 p sg ind pf a . .	Id
13476	1Co 4,6	μετεσχημάτισα	(1)	1 p sg ind ao a	μετασχηματίζω
13477		μετετέθη	(2)	3 p sg ind ao pass .	μετατίθημι
13478	Ac 7,16	μετετέθησαν	(1)	3 p pl ind ao pass .	Id
13479		μετέχειν	(2)	inf pr a	μετέχω
13480	1Co 10,17	μετέχομεν	(1)	1 p pl ind pr a . .	Id
13481	1Co 9,12	μετέχουσιν	(1)	3 p pl ind pr a . .	Id
13482	1Co 10,30	μετέχω	(1)	1 p sg ind pr a . . .	Id
13483	Heb 5,13	μετέχων	(1)	nom mas sg part pr a . .	Id
13484	Lc 12,29	μετεωρίζεσθε	(1)	2 p pl imper pr pass	μετεωρίζω
13485		μετήλλαξαν	(2)	3 p pl ind ao a .	μεταλλάσσω
13486		μετῆρεν	(2)	3 p sg ind ao a . . .	μεταίρω
13487	*Ac 7,16	μετήχθησαν		3 p pl ind ao pass . . .	μετάγω
13488	Mt 1,12	μετοικεσίαν	(1)	acc sg . . .	μετοικεσία
13489		μετοικεσίας	(3)	gen sg	Id
13490	Ac 7,43	μετοικιῶ	(1)	1 p sg ind fut a .	μετοικίζω
13491	2Co 6,14	μετοχή	(1)	nom sg	μετοχή
13492		μέτοχοι	(3)	nom pl	μέτοχος
13493	Lc 5,7	μετόχοις	(1)	dat pl	Id
13494		μετόχους	(2)	acc pl	Id
13495		μετρεῖτε	(3)	2 p pl ind pr a . .	μετρέω
13496		μετρηθήσεται	(2)	3 p sg ind fut pass .	Id
13497	Apc 21,15	μετρήσῃ	(1)	3 p sg sbj ao a . . .	Id
13498	Apc 11,2	μετρήσῃς	(1)	2 p sg sbj ao a . .	Id

13499	Apc 11,1	μέτρησον	(1)	2 p sg imper ao a . .	μετρέω
13500	*Apc 11,2	μετρήσουσιν		3 p pl ind fut a . . .	Id
13501	Jh 2,6	μετρητάς	(1)	acc pl	μετρητής
13502	Heb 5,2	μετριοπαθεῖν	(1)	inf pr a . .	μετριοπαθέω
13503	Ac 20,12	μετρίως	(1)	adv	μετρίως
13504		μέτρον	(9)	acc sg	μέτρον
13505	Jh 3,34	μέτρου	(1)	gen sg	Id
13506	2Co 10,12	μετροῦντες	(1)	nom mas pl part pr a .	μετρέω
13507		μέτρῳ	(4)	dat sg	μέτρον
13508	Ac 7,4	μετῴκισεν	(1)	3 p sg ind ao a .	μετοικίζω
13509	*Lc 23,48	μέτωπα		acc pl	μέτωπον
13510		μέτωπον	(3)	acc sg	μέτωπον
13511	Apc 14,9	μετώπου	(1)	gen sg	Id
13512		μετώπων	(4)	gen pl	Id
13513		μέχρι	(17)	adv	μέχρι
13514	*Jh 6,36	μη		[cf μοι ?]	
13515		μή	(1043)	conj	μή
13516	*Jh 5,5	μη´		= τεσσεράκοντα καὶ ὀκτώ	
13517		μήγε	(7)	parti	μήγε
13518		μηδαμῶς	(2)	adv	μηδαμῶς
13519		μηδέ	(56)	parti	μηδέ
13520		μηδείς	(15)	nom mas sg	μηδείς
13521		μηδεμίαν	(7)	acc fem sg	Id
13522		μηδέν	(5)	nom neut sg	Id
13523		μηδέν	(31)	acc neut sg	Id
13524		μηδένα	(8)	acc mas sg	Id
13525		μηδενί	(16)	dat mas sg	Id
13526		μηδενί	(4)	dat neut sg	Id
13527		μηδενός	(3)	gen neut sg . . .	Id
13528	2Tm 3,7	μηδέποτε	(1)	adv	μηδέποτε
13529	Heb 11,7	μηδέπω	(1)	adv	μηδέπω
13530	Ac 2,9	Μῆδοι	(1)	nom pl	Μῆδος
13531	Ac 27,33	μηθέν	(1)	acc neut sg	μηθείς
13532		μηκέτι	(22)	adv	μηκέτι
13533		μῆκος	(3)	nom sg	μῆκος
13534	Mc 4,27	μηκύνηται	(1)	3 p sg sbj pr pass . .	μηκύνω
13535	Heb 11,37	μηλωταῖς	(1)	dat pl	μηλωτή
13536	Heb 6,14	μήν	(1)	parti	μήν
13537	Lc 1,36	μήν	(1)	nom sg	μήν
13538		μῆνα	(2)	acc sg	Id
13539		μῆνας	(14)	acc pl	Id
13540	Lc 1,26	μηνί	(1)	dat sg	Id
13541	Ac 23,30	μηνυθείσης	(1)	gen fem sg part ao pass	μηνύω
13542	1Co 10,28	μηνύσαντα	(1)	acc mas sg part ao a .	Id
13543	Jh 11,57	μηνύσῃ	(1)	3 p sg sbj ao a . . .	Id
13544		μήποτε	(25)	conj	μήποτε
13545		μήπω	(2)	adv	μήπω
13546	Apc 19,16	μηρόν	(1)	acc sg	μηρός
13547		μήτε	(34)	conj	μήτε
13548		μητέρα	(26)	acc sg	μήτηρ
13549		μητέρας	(2)	acc pl	Id

13550		μήτηρ	(32)	nom sg	μήτηρ
13551		μήτι	cf	μή τι	
13552	Lc 2,23	μήτραν	(1)	acc sg	μήτρα
13553	Rm 4,19	μήτρας	(1)	gen sg	Id
13554		μητρί	(11)	dat sg	μήτηρ
13555	1Tm 1,9	μητρολῴαις	(1)	dat pl	μητρολῴας
13556	*1Tm subsc	μητρόπολις		nom sg	μητρόπολις
13557		μητρός	(12)	gen sg	μήτηρ
13558		μία	(16)	nom fem sg	εἷς
13559		μιᾷ	(18)	dat fem sg	Id
13560	Ju 8	μιαίνουσιν	(1)	3 p pl ind pr a	μιαίνω
13561		μίαν	(36)	acc fem sg	εἷς
13562	*Ac 5,38	μιάναντες		nom mas pl part ao a	μιαίνω
13563		μιανθῶσιν	(2)	3 p pl sbj ao pass	Id
13564		μιᾶς	(9)	gen fem sg	εἷς
13565	2Pt 2,20	μιάσματα	(1)	acc pl	μίασμα
13566	*2Pt 2,10	μιασμόν		acc sg	μιασμός
13567	2Pt 2,10	μιασμοῦ	(1)	gen sg	Id
13568	Jh 19,39	μίγμα	(1)	acc sg	μίγμα
13569		μικρά	(2)	nom fem sg	μικρός
13570	*Ac 19,24	μικρά		nom neut pl	Id
13571	Apc 3,8	μικράν	(1)	acc fem sg	Id
13572	Apc 19,5	μικροί	(1)	nom mas pl	Id
13573		μικρόν	(4)	acc mas sg	Id
13574		μικρόν	(17)	nom neut sg	Id
13575	Lc 12,32	μικρόν	(1)	vo neut sg	Id
13576	Lc 19,3	μικρός	(1)	nom mas sg	Id
13577		μικρότερον	(2)	comp nom neut sg	Id
13578		μικρότερος	(3)	comp nom mas sg	Id
13579		μικροῦ	(3)	gen mas sg	Id
13580	*Mt 20,28	μικροῦ		gen neut sg	Id
13581		μικρούς	(3)	acc mas pl	Id
13582	Ac 26,22	μικρῷ	(1)	dat mas sg	Id
13583		μικρῶν	(7)	gen mas pl	Id
13584	Ac 20,15	Μίλητον	(1)	acc	Μίλητος
13585	Ac 20,17	Μιλήτου	(1)	gen	Id
13586	2Tm 4,20	Μιλήτῳ	(1)	dat	Id
13587	Mt 5,41	μίλιον	(1)	acc sg	μίλιον
13588		μιμεῖσθαι	(2)	inf pr	μιμέομαι
13589	Heb 13,7	μιμεῖσθε	(1)	2 p pl imper pr	Id
13590		μιμηταί	(6)	nom pl	μιμητής
13591	Heb 13,3	μιμνῄσκεσθε	(1)	2 p pl imper pr	μιμνῄσκομαι
13592	Heb 2,6	μιμνῄσκῃ	(1)	2 p sg ind pr	Id
13593	3Jh 11	μιμοῦ	(1)	2 p pl imper pr	μιμέομαι
13594		μισεῖ	(7)	3 p sg ind pr a	μισέω
13595	Jh 7,7	μισεῖν	(1)	inf pr a	Id
13596	Apc 2,6	μισεῖς	(1)	2 p sg ind pr a	Id
13597	1Jh 4,20	μισῇ	(1)	3 p sg sbj pr a	Id
13598		μισήσει	(2)	3 p sg ind fut a	Id
13599	Mt 5,43	μισήσεις	(1)	2 p sg ind fut a	Id
13600		μισήσουσιν	(2)	3 p pl ind fut a	Id

13601	Lc 6,22	μισήσωσιν	(1)	3 p pl sbj ao a	μισέω
13602		μισθαποδοσίαν	(3)	acc sg	μισθαποδοσία
13603	Heb 11,6	μισθαποδότης	(1)	nom sg	μισθαποδότης
13604	Lc 15,17	μίσθιοι	(1)	nom pl	μίσθιος
13605	Lc 15,19	μισθίων	(1)	gen pl	Id
13606		μισθόν	(18)	acc sg	μισθός
13607		μισθός	(7)	nom sg	Id
13608		μισθοῦ	(4)	gen sg	Id
13609	Ac 28,30	μισθώματι	(1)	dat sg	μίσθωμα
13610	Mt 20,1	μισθώσασθαι	(1)	inf ao	μισθόομαι
13611		μισθωτός	(2)	nom sg	μισθωτός
13612	Mc 1,20	μισθωτῶν	(1)	gen pl	Id
13613		μισούμενοι	(4)	nom mas pl part pr pass	μισέω
13614		μισοῦντες	(2)	nom mas pl part pr a	Id
13615	Lc 1,71	μισούντων	(1)	gen mas pl part pr a	Id
13616	Lc 6,27	μισοῦσιν	(1)	dat mas pl part pr a	Id
13617		μισῶ	(2)	1 p sg ind pr a	Id
13618		μισῶν	(5)	nom mas sg part pr a	Id
13619	Ac 20,14	Μιτυλήνην	(1)	acc	Μιτυλήνη
13620		Μιχαήλ	(2)	inde	Μιχαήλ
13621		μνᾶ	(3)	nom sg	μνᾶ
13622	Lc 19,24	μνᾶν	(1)	acc sg	Id
13623		μνᾶς	(5)	acc pl	Id
13624	Ac 21,16	Μνάσωνι	(1)	dat	Μνάσων
13625	Php 1,3	μνείᾳ	(1)	dat sg	μνεία
13626	*Rm 12,13	μνείαις		dat pl	Id
13627		μνείαν	(6)	acc sg	Id
13628		μνῆμα	(3)	nom sg	μνῆμα
13629		μνήμασιν	(3)	dat pl	Id
13630	*Apc 11,9	μνήματα		acc pl	Id
13631		μνήματι	(2)	dat sg	Id
13632		μνημεῖα	(2)	nom pl	μνημεῖον
13633		μνημεῖα	(2)	acc pl	Id
13634	Jh 5,28	μνημείοις	(1)	dat pl	Id
13635	Jh 19,42	μνημεῖον	(1)	nom sg	Id
13636		μνημεῖον	(17)	acc sg	Id
13637		μνημείου	(9)	gen sg	Id
13638		μνημείῳ	(5)	dat sg	Id
13639		μνημειων	(3)	gen pl	Id
13640	2Pt 1,15	μνήμην	(1)	acc sg	μνήμη
13641		μνημόνευε	(3)	2 p sg imper pr a	μνημονεύω
13642	Jh 16,21	μνημονεύει	(1)	3 p sg ind pr a	Id
13643	Ac 20,35	μνημονεύειν	(1)	inf pr a	Id
13644		μνημονεύετε	(4)	2 p pl ind pr a	Id
13645		μνημονεύετε	(5)	2 p pl imper pr a	Id
13646	Jh 16,4	μνημονεύητε	(1)	2 p pl sbj pr a	Id
13647		μνημονεύοντες	(2)	nom mas pl part pr a	Id
13648	*Heb 11,15	μνημονεύουσιν		3 p pl ind pr a	Id
13649	*Jh 16,4	μνημονεύσητε		2 p pl sbj ao a	Id

13650	Ga 2,10	μνημονεύωμεν	(1)	1 p pl sbj pr a .	μνημονεύω
13651		μνημόσυνον	(3)	acc sg . . .	μνημόσυνον
13652		μνησθῆναι	(3)	inf ao . . .	μιμνήσκομαι
13653	Mt 5,23	μνησθῇς	(1)	2 p sg sbj ao . . .	Id
13654	Heb 10,17	μνησθήσομαι	(1)	1 p sg ind fut . .	Id
13655		μνήσθητε	(3)	2 p pl imper ao . .	Id
13656		μνήσθητι	(2)	2 p sg imper ao . .	Id
13657	Heb 8,12	μνησθῶ	(1)	1 p sg sbj ao . . .	Id
13658	*Mt 1,16	μνηστευθεῖσα		nom fem sg part ao pass .	μνηστεύω
13659	Mt 1,18	μνηστευθείσης	(1)	gen fem sg part ao pass	Id
13660	*Mt 1,16	μνηστευσάμενον		acc mas sg part ao m .	Id
13661	*Mc 7,35	μογγιλάλου		gen mas sg . . .	μογγιλάλος
13662	Mc 7,32	μογιλάλον	(1)	acc mas sg . .	μογιλάλος
13663	Lc 9,39	μόγις	(1)	adv	μόγις
13664		μόδιον	(3)	acc sg	μόδιος
13665		μοί	(225)	dat	ἐγώ
13666	*2Pt 2,14	μοιχαλίας		gen sg	μοιχαλία
13667	Rm 7,3	μοιχαλίδα	(1)	acc sg	μοιχαλίς
13668	Ja 4,4	μοιχαλίδες	(1)	vo pl	Id
13669	Mc 8,38	μοιχαλίδι	(1)	dat sg	Id
13670	2Pt 2,14	μοιχαλίδος	(1)	gen sg	Id
13671		μοιχαλίς	(3)	nom sg	Id
13672		μοιχᾶται	(4)	3 p sg ind pr m . .	μοιχάω
13673	*Mc 7,21	μοιχεία		nom sg	μοιχεία
13674	Jh 8,3	μοιχείᾳ	(1)	dat sg	Id
13675		μοιχεῖαι	(2)	nom pl	Id
13676	*2Pt 2,14	μοιχείας		gen sg	Id
13677		μοιχεύει	(2)	3 p sg ind pr a . .	μοιχεύω
13678		μοιχεύεις	(3)	2 p sg ind pr a . .	Id
13679	Mt 5,32	μοιχευθῆναι	(1)	inf ao pass . . .	Id
13680	Jh 8,4	μοιχευομένη	(1)	nom fem sg part pr pass	Id
13681	*Jh 8,4	μοιχευομένην		acc fem sg part pr m . .	Id
13682	Apc 2,22	μοιχεύοντας	(1)	acc mas pl part pr a .	Id
13683		μοιχεύσεις	(3)	2 p sg ind fut a . .	Id
13684		μοιχεύσῃς	(3)	2 p sg sbj ao a . .	Id
13685		μοιχοί	(2)	nom pl	μοιχός
13686	*Ja 4,4	μοιχοί		vo pl	Id
13687	Heb 13,4	μοιχούς	(1)	acc pl	Id
13688		μόλις	(6)	adv	μόλις
13689	Ac 7,43	Μόλοχ	(1)	inde	Μόλοχ
13690	1Co 8,7	μολύνεται	(1)	3 p sg ind pr pass . .	μολύνω
13691	*Ac 5,38	μολύνοντες		nom mas pl part pr a . .	Id
13692	2Co 7,1	μολυσμοῦ	(1)	gen sg	μολυσμός
13693	Col 3,13	μομφήν	(1)	acc sg	μομφή
13694	Lc 24,12	μόνα	(1)	acc neut pl	μόνος
13695	Jh 14,2	μοναί	(1)	nom pl	μονή
13696		μόνας	(2)	acc fem pl	μόνος
13697	Jh 14,23	μονήν	(1)	acc sg	μονή
13698	Lc 10,40	μόνην	(1)	acc fem sg	μόνος

No.	Ref.	Form	Count	Parsing	Lemma
13799		μονογενῆ	(3)	acc mas sg	μονογενής
13700		μονογενής	(4)	nom mas sg	Id
13701		μονογενοῦς	(2)	gen mas sg	Id
13702		μόνοι	(4)	nom mas pl	μόνος
13703	Mt 12,4	μόνοις	(1)	dat mas pl	Id
13704		μόνον	(8)	acc mas sg	Id
13705		μόνον	(65)	adv	μόνος
13706		μόνος	(21)	nom mas sg	μόνος
13707		μόνου	(2)	gen mas sg	Id
13708		μόνους	(3)	acc mas pl	Id
13709		μονόφθαλμον	(2)	acc mas sg	μονόφθαλμος
13710		μόνῳ	(7)	dat mas sg	μόνος
13711	*1Jh 5,6	μόνῳ		dat neut sg	Id
13712	*Rm 3,29	μόνων		gen mas pl	Id
13713	*1Jh 2,2	μόνων		gen fem pl	Id
13714		μορφῇ	(2)	dat sg	μορφή
13715	Php 2,7	μορφήν	(1)	acc sg	Id
13716	Ga 4,19	μορφωθῇ	(1)	3 p sg sbj ao pass	μορφόω
13717		μόρφωσιν	(2)	acc sg	μόρφωσις
13718		μόσχον	(3)	acc sg	μόσχος
13719	Apc 4,7	μόσχῳ	(1)	dat sg	Id
13720		μόσχων	(2)	gen pl	Id
13721		μοῦ	(564)	gen	ἐγώ
13722	Apc 18,22	μουσικῶν	(1)	gen pl	μουσικός
13723	1Th 2,9	μόχθον	(1)	acc sg	μόχθος
13724		μόχθῳ	(2)	dat sg	Id
13725	Heb 4,12	μυελῶν	(1)	gen pl	μυελός
13726		μύθοις	(3)	dat pl	μῦθος
13727		μύθους	(2)	acc pl	Id
13728	Apc 10,3	μυκᾶται	(1)	3 p sg ind pr	μυκάομαι
13729	Ga 6,7	μυκτηρίζεται	(1)	3 p sg ind pr pass	μυκτηρίζω
13730	Lc 17,2	μυλικός	(1)	nom mas sg	μυλικός
13731	Apc 18,21	μύλινον	(1)	acc mas sg	μύλινος
13732	*Apc 18,21	μύλον		acc sg	μύλος
13733		μύλος	(2)	nom sg	Id
13734	Apc 18,22	μύλου	(1)	gen sg	Id
13735	Mt 24,41	μύλῳ	(1)	dat sg	Id
13736	*Mt 24,41	μύλωνι		dat sg	μύλων
13737	Ac 27,5	Μύρα	(1)	acc	Μύρα
13738	Lc 23,56	μύρα	(1)	acc pl	μύρον
13739	Ac 19,19	μυριάδας	(1)	acc pl	μυριάς
13740		μυριάδες	(2)	nom pl	Id
13741		μυριάδων	(3)	gen pl	Id
13742		μυριάσιν	(2)	dat pl	Id
13743		μυρίους	(2)	acc mas	μύριοι
13744	Mc 14,8	μυρίσαι	(1)	inf ao a	μυρίζω
13745	Mt 18,24	μυρίων	(1)	gen neut	μύριοι
13746		μύρον	(4)	acc sg	μύρον
13747		μύρου	(6)	gen sg	Id

13748	*Ac 27,5	Μύρρα	acc	Μύρρα
13749		μύρῳ	(3) dat sg	μύρον
13750		Μυσίαν	(2) acc	Μυσία
13751		μυστήρια	(4) acc pl	μυστήριον
13752		μυστήριον	(7) nom sg	Id
13753		μυστήριον	(10) acc sg	Id
13754		μυστηρίου	(4) gen sg	Id
13755		μυστηρίῳ	(2) dat sg	Id
13756	1Co 4,1	μυστηρίων	(1) gen pl	Id
13757	*Ac 28,1	Μυτιλήνη	nom	Μυτιλήνη
13758	2Pt 1,9	μυωπάζων	(1) nom mas sg part pr a	μυωπάζω
13759	1Pt 2,24	μώλωπι	(1) dat sg	μώλωψ
13760	2Co 6,3	μωμηθῇ	(1) 3 p sg sbj ao (pass)	μωμάομαι
13761	2Co 8,20	μωμήσηται	(1) 3 p sg sbj ao	Id
13762	2Pt 2,13	μῶμοι	(1) nom pl	μῶμος
13763	*Mc 7,13	μωρᾷ	dat fem sg	μωρός
13764	1Co 1,27	μωρά	(1) acc neut pl	μωρός
13765		μωραί	(3) nom fem pl	Id
13766		μωρανθῇ	(2) 3 p sg sbj ao pass	μωραίνω
13767		μωράς	(2) acc fem pl	μωρός
13768	Mt 5,22	μωρέ	(1) vo mas sg	Id
13769		μωρία	(3) nom sg	μωρία
13770	1Co 1,23	μωρίαν	(1) acc sg	Id
13771	1Co 1,21	μωρίας	(1) gen sg	Id
13772	1Co 4,10	μωροί	(1) nom mas pl	μωρός
13773	Mt 23,17	μωροί	(1) vo mas pl	Id
13774	Eph 5,4	μωρολογία	(1) nom sg	μωρολογία
13775	1Co 1,25	μωρόν	(1) nom neut sg	μωρός
13776	1Co 3,18	μωρός	(1) nom mas sg	Id
13777	Mt 7,26	μωρῷ	(1) dat mas sg	Id
13778	Lc 16,29	Μωϋσέα	(1) acc	Μωϋσῆς
13779		Μωϋσεῖ	(8) dat	Id
13780		Μωϋσέως	(22) gen	Id
13781	Ac 7,44	Μωϋσῇ	(1) dat	Id
13782		Μωϋσῆν	(4) acc	Id
13783		Μωϋσῆς	(44) nom	Id

ν

13784	*Ac 13,20	ν'	cf πεντήκοντα	
13785		Ναασσών	(3) inde	Ναασσών
13786	Lc 3,25	Ναγγαί	(1) inde	Ναγγαί
13787		Ναζαρά	(2) inde	Ναζαρά
13788	*Mt 4,13	Ναζαράθ	inde	Ναζαράθ
13789	*Mc 1,9	Ναζαράτ	inde	Ναζαράτ
13790	*Lc 4,16	Ναζαρέδ	inde	Ναζαρέδ
13791		Ναζαρέθ	(6) inde	Ναζαρέθ
13792		Ναζαρέτ	(4) inde	Ναζαρέτ
13793		Ναζαρηνέ	(2) vo mas sg	Ναζαρηνός
13794	Mc 16,6	Ναζαρηνόν	(1) acc mas sg	Id

13795	Mc 10,47	Ναζαρηνός	(1)	nom mas sg	Ναζαρηνός
13796		Ναζαρηνοῦ	(2)	gen mas sg	Id
13797	*Mc 10,47	Ναζοραῖος		nom sg	Ναζοραῖος
13798	*Mc 10,47	Ναζορηνός		nom sg	Ναζορηνός
13799		Ναζωραῖον	(3)	acc sg	Ναζωραῖος
13800		Ναζωραῖος	(5)	nom sg	Id
13801		Ναζωραίου	(4)	gen sg	Id
13802	Ac 24,5	Ναζωραίων	(1)	gen pl	Id
13803	*Mc 10,47	Ναζωρηνός		nom sg	Ναζωρηνός
13804	*Mc 10,47	Ναζωρινός		nom sg	Ναζωρινός
13805	Lc 3,31	Ναθάμ	(1)	inde	Ναθάμ
13806	*Lc 3,31	Ναθάν		inde	Ναθάν
13807		Ναθαναήλ	(6)	inde	Ναθαναήλ
13808		ναί	(33)	parti	ναί
13809	*Lc 7,11	Ναΐμ		inde	Ναΐμ
13810	Lc 4,27	Ναιμάν	(1)	inde	Ναιμάν
13811	Lc 7,11	Ναΐν	(1)	inde	Ναΐν
13812	*2Co 6,16	ναοί		nom pl	ναός
13813	Ac 17,24	ναοῖς	(1)	dat pl	Id
13814		ναόν	(13)	acc sg	Id
13815		ναός	(10)	nom sg	Id
13816		ναοῦ	(13)	gen sg	Id
13817	Lc 3,25	Ναούμ	(1)	inde	Ναούμ
13818	Ac 19,24	ναούς	(1)	acc pl	ναός
13819	*Mc 10,47	Ναραῖος		nom sg	Ναραῖος
13820		νάρδου	(2)	gen sg	νάρδος
13821	Rm 16,11	Ναρκίσσου	(1)	gen	Νάρκισσος
13822	Ac 27,11	ναυκλήρῳ	(1)	dat sg	ναύκληρος
13823	Ac 27,41	ναῦν	(1)	acc sg	ναῦς
13824		ναῦται	(2)	nom pl	ναύτης
13825	Ac 27,30	ναυτῶν	(1)	gen pl	Id
13826	Lc 3,34	Ναχώρ	(1)	inde	Ναχώρ
13827		ναῷ	(7)	dat sg	ναός
13828	Ac 16,11	νέαν	(1)	acc fem sg	νέος
13829	Ac 23,17	νεανίαν	(1)	acc sg	νεανιάς
13830	Ac 20,9	νεανίας	(1)	nom sg	Id
13831	Ac 7,58	νεανίου	(1)	gen sg	Id
13832	Lc 7,14	νεανίσκε	(1)	vo sg	νεανίσκος
13833		νεανίσκοι	(2)	nom pl	Id
13834		νεανίσκοι	(2)	vo pl	Id
13835		νεανίσκον	(3)	acc sg	Id
13836		νεανίσκος	(3)	nom sg	Id
13837	*Ac 16,11	Νεαπόλιν		acc	Νεαπόλις
13838	Heb 12,24	νέας	(1)	gen fem sg	νέος
13839	Tit 2,4	νέας	(1)	acc fem pl	Id
13840	*1Co 15,54	νεῖκος		acc sg	νεῖκος
13841		νεκρά	(3)	nom fem sg	νεκρός
13842	Ac 5,10	νεκράν	(1)	acc fem sg	Id
13843		νεκροί	(14)	nom mas pl	Id

13844		νεκροῖς	(2)	dat mas pl	νεκρός
13845	Ac 28,6	νεκρόν	(1)	acc mas sg	Id
13846		νεκρόν	(2)	nom neut sg	Id
13847		νεκρός	(9)	nom mas sg	Id
13848	Apc 16,3	νεκροῦ	(1)	gen mas sg	Id
13849		νεκρούς	(19)	acc mas pl	Id
13850		νεκρῶν	(74)	gen mas pl	Id
13851		νεκρῶν	(2)	gen neut pl	Id
13852	Col 3,5	νεκρώσατε	(1)	2 p pl imper ao a	νεκρόω
13853	*Mc 3,5	νεκρώσει		dat sg	νέκρωσις
13854		νέκρωσιν	(2)	acc sg	Id
13855	Rm 4,19	νενεκρωμένον	(1)	acc neut sg part pf pass	νεκρόω
13856	Heb 11,12	νενεκρωμένου	(1)	gen mas sg part pf pass	Id
13857	Jh 16,33	νενίκηκα	(1)	1 p sg ind pf a	νικάω
13858		νενικήκατε	(3)	2 p pl ind pf a	Id
13859	Heb 7,11	νενομοθέτηται	(1)	3 p sg ind pf pass	νομοθετέω
13860	*Heb 7,11	νενομοθέτητο		3 p sg ind plpf pass	Id
13861	Col 2,16	νεομηνίας	(1)	gen sg	νεομηνία
13862		νέον	(7)	acc mas sg	νέος
13863	1Co 5,7	νέον	(1)	nom neut sg	Id
13864		νέος	(2)	nom mas sg	Id
13865		νεότητος	(3)	gen sg	νεότης
13866	1Tm 3,6	νεόφυτον	(1)	acc mas sg	νεόφυτος
13867	*2Tm subsc	Νέρωνι		dat	Νέρων
13868	Jh 13,24	νεύει	(1)	3 p sg ind pr a	νεύω
13869	*Lc 16,19	Νεύης		nom	Νεύης
13870	Ac 24,10	νεύσαντος	(1)	gen mas sg part ao a	νεύω
13871	Ju 12	νεφέλαι	(1)	nom pl	νεφέλη
13872		νεφέλαις	(2)	dat pl	Id
13873		νεφέλη	(5)	nom sg	Id
13874		νεφέλῃ	(2)	dat sg	Id
13875		νεφέλην	(5)	acc sg	Id
13876		νεφέλης	(5)	gen sg	Id
13877		νεφελῶν	(4)	gen pl	Id
13878		Νεφθαλίμ	(3)	inde	Νεφθαλίμ
13879	Heb 12,1	νέφος	(1)	acc sg	νέφος
13880	Apc 2,23	νεφρούς	(1)	acc pl	νεφρός
13881	Ac 19,35	νεωκόρον	(1)	acc fem sg	νεωκόρος
13882		νεωτέρας	(3)	comp acc fem pl	νέος
13883	2Tm 2,22	νεωτερικάς	(1)	acc fem pl	νεωτερικός
13884		νεώτεροι	(2)	comp nom mas pl	νέος
13885		νεώτερος	(4)	comp nom mas sg	Id
13886		νεωτέρους	(2)	comp acc mas pl	Id
13887	1Co 15,31	νή	(1)	parti	νή
13888	Lc 12,27	νήθει	(1)	3 p sg ind pr a	νήθω
13889	*Mt 6,28	νήθῃ		3 p sg sbj pr a	Id
13890	*Mt 6,28	νήθη		cf νήθει	
13891	Mt 6,28	νήθουσιν	(1)	3 p pl ind pr a	Id
13892	1Co 14,20	νηπιάζετε	(1)	2 p pl imper pr a	νηπιάζω
13893		νήπιοι	(3)	nom mas pl	νήπιος

13894		νηπίοις	(3)	dat mas pl	νήπιος
13895	*2Tm 2,24	νήπιον		acc sg	Id
13896		νήπιος	(6)	nom mas sg	Id
13897	1Co 13,11	νηπίου	(1)	gen mas sg	Id
13898		νηπίων	(2)	gen mas pl	Id
13899	Rm 16,15	Νηρέα	(1)	acc	Νηρεύς
13900	Lc 3,27	Νηρί	(1)	inde	Νηρί
13901	Ac 27,16	νησίον	(1)	nom sg	νησίον
13902		νῆσον	(2)	acc sg	νῆσος
13903		νῆσος	(3)	nom sg	Id
13904	Ac 28,7	νήσου	(1)	gen sg	Id
13905	*Mt 17,21	νηστείᾳ		dat sg	νηστεία
13906		νηστείαις	(3)	dat pl	Id
13907	Ac 27,9	νηστείαν	(1)	acc sg	Id
13908		νήστεις	(2)	acc mas pl	νῆστις
13909	Ac 14,23	νηστειῶν	(1)	gen pl	νηστεία
13910		νηστεύειν	(2)	inf pr a	νηστεύω
13911	Mt 6,16	νηστεύητε	(1)	2 p pl sbj pr a	Id
13912	Mt 9,14	νηστεύομεν	(1)	1 p pl ind pr a	Id
13913		νηστεύοντες	(2)	nom mas pl part pr a	Id
13914	Ac 13,2	νηστευόντων	(1)	gen mas pl part pr a	Id
13915		νηστεύουσιν	(4)	3 p pl ind pr a	Id
13916	Lc 5,34	νηστεῦσαι	(1)	inf ao a	Id
13917	Ac 13,3	νηστεύσαντες	(1)	nom mas pl part ao a	Id
13918	Mt 4,2	νηστεύσας	(1)	nom mas sg part ao a	Id
13919		νηστεύσουσιν	(3)	3 p pl ind fut a	Id
13920	Lc 18,12	νηστεύω	(1)	1 p sg ind pr a	Id
13921		νηστεύων	(2)	nom mas sg part pr a	Id
13922		νήσῳ	(3)	dat sg	νῆσος
13923	1Tm 3,2	νηφάλιον	(1)	acc mas sg	νηφάλιος
13924		νηφαλίους	(2)	acc mas pl	Id
13925	*Col 4,15	Νήφαν		acc	Νήφας
13926	2Tm 4,5	νῆφε	(1)	2 p sg imper pr a	νήφω
13927	1Pt 1,13	νήφοντες	(1)	nom mas pl part pr a	Id
13928	*Mt 6,28	νήφουσιν		3 p pl ind pr a	Id
13929		νήφωμεν	(2)	1 p pl sbj pr a	Id
13930		νήψατε	(2)	2 p pl imper ao a	Id
13931	Ac 13,1	Νίγερ	(1)	inde	Νίγερ
13932	*Mt 6,28	νίθουσιν		[sic]	
13933	1Jh 5,4	νικᾷ	(1)	3 p sg ind pr a	νικάω
13934	Rm 12,21	νίκα	(1)	2 p sg imper pr a	Id
13935	Ac 6,5	Νικάνορα	(1)	acc	Νικάνωρ
13936	1Jh 5,4	νίκη	(1)	nom sg	νίκη
13937	Apc 13,7	νικῆσαι	(1)	inf ao a	νικάω
13938	1Jh 5,4	νικήσασα	(1)	nom fem sg part ao a	Id
13939		νικήσει	(2)	3 p sg ind fut a	Id
13940	Rm 3,4	νικήσεις	(1)	2 p sg ind fut a	Id
13941		νικήσῃ	(2)	3 p sg sbj ao a	Id
13942	*Rm 3,4	νικήσῃς		2 p sg sbj ao a	Id

No.	Ref	Form	Count	Parsing	Lemma
13943		Νικόδημος	(5)	nom	Νικόδημος
13944		Νικολαιτῶν	(2)	gen pl . . .	Νικολαΐτης
13945	Ac 6,5	Νικόλαον	(1)	acc	Νικόλαος
13946	*1Tm subsc	Νικοπόλεως		gen	Νικόπολις
13947	Tit 3,12	Νικόπολιν	(1)	acc	Id
13948	1Co 15,55	νῖκος	(1)	nom sg	νῖκος
13949		νῖκος	(3)	acc sg	Id
13950	Rm 12,21	νικῶ	(1)	2 p sg imper pr pass . .	νικάω
13951		νικῶν	(8)	nom mas sg part pr a . .	Id
13952	Apc 15,2	νικῶντας	(1)	acc mas pl part pr a .	Id
13953		νικῶντι	(2)	dat mas sg part pr a . .	Id
13954		Νινευῖται	(2)	nom pl . . .	Νινευίτης
13955	Lc 11,30	Νινευίταις	(1)	dat pl	Id
13956		νίπτειν	(2)	inf pr a	νίπτω
13957	Jh 13,6	νίπτεις	(1)	2 p sg ind pr a . . .	Id
13958	Jh 13,5	νιπτῆρα	(1)	acc sg	νιπτήρ
13959	Mt 15,2	νίπτονται	(1)	3 p pl ind pr m . .	νίπτω
13960		νίψαι	(3)	2 p sg imper ao m . . .	Id
13961	Jh 9,11	νιψάμενος	(1)	nom mas sg part ao m .	Id
13962	Jh 13,10	νίψασθαι	(1)	inf ao m	Id
13963	Jh 13,8	νίψῃς	(1)	2 p sg sbj ao a . . .	Id
13964	Jh 13,8	νίψω	(1)	1 p sg sbj ao a . . .	Id
13965	Mc 7,3	νίψωνται	(1)	3 p pl sbj ao m . .	Id
13966	2Tm 2,7	νόει	(1)	2 p sg imper pr a . . .	νοέω
13967		νοεῖτε	(5)	2 p pl ind pr a . . .	Id
13968		νοείτω	(2)	3 p sg imper pr a . .	Id
13969	2Co 10,5	νόημα	(1)	nom sg	νόημα
13970		νοήματα	(2)	nom pl	Id
13971		νοήματα	(3)	acc pl	Id
13972	Eph 3,4	νοῆσαι	(1)	inf ao a	νοέω
13973	Jh 12,40	νοήσωσιν	(1)	3 p pl sbj ao a . .	Id
13974	Heb 12,8	νόθοι	(1)	nom mas pl	νόθος
13975		νοΐ	(6)	dat sg	νοῦς
13976		νομήν	(2)	acc sg	νομή
13977	1Co 7,36	νομίζει	(1)	3 p sg ind pr a . . .	νομίζω
13978	Ac 17,29	νομίζειν	(1)	inf pr a	Id
13979	*Rm 2,3	νομίζεις		2 p sg ind pr a	Id
13980	Ac 14,19	νομίζοντες	(1)	nom mas pl part pr a .	Id
13981	1Tm 6,5	νομιζόντων	(1)	gen mas pl part pr a .	Id
13982	1Co 7,26	νομίζω	(1)	1 p sg ind pr a . . .	Id
13983	Ac 16,27	νομίζων	(1)	nom mas sg part pr a . .	Id
13984	Tit 3,9	νομικάς	(1)	acc fem pl	νομικός
13985	Lc 7,30	νομικοί	(1)	nom mas pl	Id
13986		νομικοῖς	(2)	dat mas pl . . .	Id
13987	Tit 3,13	νομικόν	(1)	acc mas sg	Id
13988		νομικός	(2)	nom mas sg	Id
13989	Lc 14,3	νομικούς	(1)	acc mas pl . . .	Id
13990	Lc 11,45	νομικῶν	(1)	gen mas pl	Id
13991		νομίμως	(2)	adv	νομίμως

13992	Lc 2,44	νομίσαντες	(1)	nom mas pl part ao a .	νομίζω
13993		νομίσητε	(2)	2 p pl sbj ao a . .	Id
13994	Mt 22,19	νόμισμα	(1)	acc sg	νόμισμα
13995		νομοδιδάσκαλοι	(2)	nom pl .	νομοδιδάσκαλος
13996	Ac 5,34	νομοδιδάσκαλος	(1)	nom sg . .	Id
13997	*Lc 5,17	νομοδιδασκάλους		acc pl .	Id
13998	Rm 9,4	νομοθεσία	(1)	nom sg . . .	νομοθεσία
13999	Ja 4,12	νομοθέτης	(1)	nom sg . . .	νομοθέτης
14000		νόμον	(62)	acc sg	νόμος
14001		νόμος	(33)	nom sg	Id
14002		νόμου	(65)	gen sg	Id
14003		νόμους	(2)	acc pl	Id
14004		νόμῳ	(33)	dat sg	Id
14005		νοός	(6)	gen sg	νοῦς
14006		νοοῦμεν	(2)	1 p pl ind pr a . . .	νοέω
14007	Rm 1,20	νοούμενα	(1)	nom neut pl part pr pass .	Id
14008	1Tm 1,7	νοοῦντες	(1)	nom mas pl part pr a .	Id
14009	*Jh 5,4	νοσήματι		dat sg	νόσημα
14010		νόσοις	(3)	dat pl	νόσος
14011		νόσον	(3)	acc sg	Id
14012		νόσους	(3)	acc pl	Id
14013	Mt 23,37	νοσσία	(1)	acc pl	νοσσίον
14014	Lc 13,34	νοσσιάν	(1)	acc sg	νοσσιά
14015	Lc 2,24	νοσσούς	(1)	acc pl	νοσσός
14016	Tit 2,10	νοσφιζομένους	(1)	acc mas pl part pr m	νοσφίζω
14017	Ac 5,3	νοσφίσασθαι	(1)	inf ao m . . .	Id
14018	1Tm 6,4	νοσῶν	(1)	nom mas sg part pr a . .	νοσέω
14019		νόσων	(2)	gen pl	νόσος
14020	Lc 12,55	νότον	(1)	acc sg	νότος
14021		νότου	(6)	gen sg	Id
14022	Eph 6,4	νουθεσίᾳ	(1)	dat sg	νουθεσία
14023		νουθεσίαν	(2)	acc sg	Id
14024	*Tit 1,11	νουθέτει		2 p sg imper pr a	νουθετέω
14025	Rm 15,14	νουθετεῖν	(1)	inf pr a	Id
14026		νουθετεῖτε	(2)	2 p pl imper pr a . .	Id
14027	*1Co 4,14	νουθετῇ		3 p sg sbj pr a	Id
14028	1Th 5,12	νουθετοῦντας	(1)	acc mas pl part pr a .	Id
14029		νουθετοῦντες	(2)	nom mas pl part pr a .	Id
14030	*1Co 4,14	νουθετῶ		1 p sg ind pr a	Id
14031		νουθετῶν	(2)	nom mas sg part pr a .	Id
14032		νοῦν	(9)	acc sg	νοῦς
14033	Mc 12,34	νουνεχῶς	(1)	adv	νουνεχῶς
14034		νοῦς	(3)	nom sg	νοῦς
14035		νύκτα	(4)	acc sg	νύξ
14036		νύκτας	(4)	acc pl	Id
14037		νυκτί	(13)	dat sg	Id
14038		νυκτός	(33)	gen sg	Id
14039	Col 4,15	Νύμφαν	(1)	acc	Νύμφας
14040	*Col 4,15	Νυμφᾶν		acc	Νυμφᾶς
14041	*Col 4,15	Νύμφας		nom	Νύμφας
14042		νύμφη	(2)	nom sg	νύμφη

14043		νύμφην	(5) acc sg	νύμφη
14044	Apc 18,23	νύμφης	(1) gen sg	Id
14045		νυμφίον	(2) acc sg	νυμφίος
14046		νυμφίος	(9) nom sg	Id
14047		νυμφίου	(5) gen sg	Id
14048	*Mt 25,1	νυμφίῳ	dat sg	Id
14049	*Mt 25,1	νυμφίων	gen pl	Id
14050	*Mt 22,10	νυμφών	nom sg	νυμφών
14051		νυμφῶνος	(3) gen sg	Id
14052		νῦν	(148) adv	νῦν
14053		νυνί	(20) adv	νυνί
14054		νύξ	(7) nom sg	νύξ
14055	*Ac 12,7	νύξας	nom mas sg part ao a	νύσσω
14056	2Pt 2,3	νυστάζει	(1) 3 p sg ind pr a . .	νυστάζω
14057	*2Pt 2,3	νυστάξει	3 p sg ind fut a . . .	Id
14058	2Co 11,25	νυχθήμερον	(1) acc sg	νυχθήμερον
14059		Νῶε	(8) inde	Νῶε
14060		νωθροί	(2) nom mas pl	νωθρός
14061	Rm 11,10	νῶτον	(1) acc sg	νῶτος

ξ

14062	*Mt 6,28	ξαίνουσιν	3 p pl ind pr a	ξαίνω
14063	Heb 13,9	ξέναις	(1) dat fem pl	ξένος
14064		ξενίαν	(2) acc sg	ξενία
14065	1Pt 4,12	ξενίζεσθε	(1) 2 p pl imper pr pass .	ξενίζω
14066		ξενίζεται	(3) 3 p sg ind pr pass . .	Id
14067	*1Co 16,19	ξενίζομαι	1 p sg ind pr pass . . .	Id
14068	Ac 17,20	ξενίζοντα	(1) acc neut pl part pr a .	Id
14069	1Pt 4,4	ξενίζονται	(1) 3 p pl ind pr pass .	Id
14070	Heb 13,2	ξενίσαντες	(1) nom mas pl part ao a .	Id
14071	Ac 21,16	ξενισθῶμεν	(1) 1 p pl sbj ao pass .	Id
14072		ξένοι	(4) nom mas pl	ξένος
14073	Mt 27,7	ξένοις	(1) dat mas pl	Id
14074		ξένον	(2) acc mas sg	Id
14075		ξένος	(3) nom mas sg	Id
14076	1Pt 4,12	ξένου	(1) gen neut sg	Id
14077	3Jh 5	ξένους	(1) acc mas pl	Id
14078	*Mt 6,28	ξένουσιν	cf ξαίνουσιν	
14079	Ac 17,18	ξένων	(1) gen neut pl	ξένος
14080	Mc 7,4	ξεστῶν	(1) gen pl	ξέστης
14081	Lc 6,6	ξηρά	(1) nom fem sg	ξηρός
14082	Mc 9,18	ξηραίνεται	(1) 3 p sg ind pr pass .	ξηραίνω
14083		ξηράν	(4) acc fem sg	ξηρός
14084	Heb 11,29	ξηρᾶς	(1) gen fem sg	Id
14085	Lc 23,31	ξηρῷ	(1) dat neut sg	Id
14086	Jh 5,3	ξηρῶν	(1) gen mas pl	Id
14087	1Co 3,12	ξύλα	(1) acc pl	ξύλον
14088	2Tm 2,20	ξύλινα	(1) nom neut pl	ξύλινος

No.	Ref.	Form	Freq.	Analysis	Lemma
14089	Apc 9,20	ξύλινα	(1)	acc neut pl	ξύλινος
14090	Apc 22,2	ξύλον	(1)	nom sg	ξύλον
14091		ξύλον	(4)	acc sg	Id
14092		ξύλου	(8)	gen sg	Id
14093	Lc 23,31	ξύλῳ	(1)	dat sg	Id
14094		ξύλων	(5)	gen pl	Id
14095	1Co 11,6	ξυρᾶσθαι	(1)	inf pr pass/m . . .	ξυράω
14096	Ac 21,24	ξυρήσονται	(1)	3 p pl ind fut m . .	Id
14097	*Ac 21,24	ξυρήσωνται		3 p pl sbj ao m . . .	Id

O

No.	Ref.	Form	Freq.	Analysis	Lemma
14098		ὁ	(2946)	nom mas sg	ὁ
14099		ὅ	(240)	nom/acc neut sg	ὅς
14100		ὀγδόῃ	(2)	dat fem sg	ὄγδοος
14101	Lc 16,7	ὀγδοήκοντα	(1)	inde	ὀγδοήκοντα
14102	Lc 2,37	ὀγδοηκοντατεσσάρων	(1)	gen neut pl	ὀγδοηκοντατέσσαρες
14103	2Pt 2,5	ὄγδοον	(1)	acc mas sg	ὄγδοος
14104		ὄγδοος	(2)	nom mas sg	Id
14105	Heb 12,1	ὄγκον	(1)	acc sg	ὄγκος
14106	*Lc 16,25	ὅδε		nom mas sg	ὅδε
14107	Lc 10,33	ὁδεύων	(1)	nom mas sg part pr a . .	ὁδεύω
14108	*Apc 7,17	ὁδηγεῖ		3 p sg ind pr a	ὁδηγέω
14109	Lc 6,39	ὁδηγεῖν	(1)	inf pr a	Id
14110	Mt 15,14	ὁδηγῇ	(1)	3 p sg sbj pr a . . .	Id
14111		ὁδηγήσει	(3)	3 p sg ind fut a . .	Id
14112	*Ac 8,31	ὁδηγήσῃ		3 p sg sbj ao a	Id
14113	Mt 15,14	ὁδηγοί	(1)	nom pl	ὁδηγός
14114		ὁδηγοί	(2)	vo pl	Id
14115	Rm 2,19	ὁδηγόν	(1)	acc sg	Id
14116	Ac 1,16	ὁδηγοῦ	(1)	gen sg	Id
14117	*Mt 15,14	ὁδηγῶν		gen pl	Id
14118		ὁδοί	(2)	nom pl	ὁδός
14119	2Co 11,26	ὁδοιπορίαις	(1)	dat pl	ὁδοιπορία
14120	Jh 4,6	ὁδοιπορίας	(1)	gen sg	Id
14121	*Mc 2,23	ὁδοιποροῦντες		nom mas pl part pr a .	ὁδοιπορέω
14122	Ac 10,9	ὁδοιπορούντων	(1)	gen mas pl part pr a	Id
14123		ὁδοῖς	(3)	dat pl	ὁδός
14124		ὁδόν	(51)	acc sg	Id
14125	Mt 5,38	ὀδόντα	(1)	acc sg	ὀδούς
14126		ὀδόντας	(2)	acc pl	Id
14127	Apc 9,8	ὀδόντες	(1)	nom pl	Id
14128	Mt 5,38	ὀδόντος	(1)	gen sg	Id
14129		ὀδόντων	(7)	gen pl	Id
14130	*Mc 2,23	ὁδοποιεῖν		inf pr a	ὁδοποιέω
14131		ὁδός	(5)	nom sg	ὁδός
14132		ὁδοῦ	(8)	gen sg	Id
14133		ὁδούς	(9)	acc pl	Id
14134	1Tm 6,10	ὀδύναις	(1)	dat pl	ὀδύνη
14135	Lc 16,25	ὀδυνᾶσαι	(1)	2 p pl ind pr pass . .	ὀδυνάω

14136	*Rm 8,22	ὀδυνεῖ		3 p sg ind pr a	ὀδυνέω
14137	Rm 9,2	ὀδύνη	(1)	nom sg	ὀδύνη
14138	Lc 16,24	ὀδυνῶμαι	(1)	1 p sg ind pr pass	ὀδυνάω
14139		ὀδυνώμενοι	(2)	nom mas pl part pr pass	Id
14140	2Co 7,7	ὀδυρμόν	(1)	acc sg	ὀδυρμός
14141	Mt 2,18	ὀδυρμός	(1)	nom sg	Id
14142		ὁδῷ	(13)	dat sg	ὁδός
14143	Mt 22,9	ὁδῶν	(1)	gen pl	Id
14144	Jh 11,39	ὄζει	(1)	3 p sg ind pr a	ὄζω
14145	*Lc 3,27	Ὀζία		gen	Ὀζίας
14146	Mt 1,8	Ὀζίαν	(1)	acc	Id
14147	Mt 1,9	Ὀζίας	(1)	nom	Id
14148		ὅθεν	(15)	adv	ὅθεν
14149		ὀθόνην	(2)	acc sg	ὀθόνη
14150		ὀθόνια	(4)	acc pl	ὀθόνιον
14151	Jh 19,40	ὀθονίοις	(1)	dat pl	Id
14152	Jh 20,7	ὀθονίων	(1)	gen pl	Id
14153		οἱ	(1121)	nom mas pl	ὁ
14154		οἵ	(31)	nom mas pl	ὅς
14155		οἵα	(2)	nom fem sg	οἷος
14156		οἷα	(2)	nom neut pl	Id
14157		οἶδα	(56)	1 p sg ind pf a	εἴδω
14158		οἴδαμεν	(43)	1 p pl ind pf a	Id
14159		οἶδας	(17)	2 p sg ind pf a	Id
14160		οἴδασιν	(7)	3 p pl ind pf a	Id
14161		οἴδατε	(63)	2 p pl ind pf a	Id
14162		οἶδεν	(22)	3 p sg ind pf a	Id
14163	Ja 1,7	οἰέσθω	(1)	3 p sg imper pr	οἴομαι
14164		οἰκεῖ	(4)	3 p sg ind pr a	οἰκέω
14165		οἰκεῖν	(2)	inf pr a	Id
14166	Eph 2,19	οἰκεῖοι	(1)	nom mas pl	οἰκεῖος
14167	Ga 6,10	οἰκείους	(1)	acc mas pl	Id
14168	1Tm 5,8	οἰκείων	(1)	gen mas pl	Id
14169	1Pt 2,18	οἰκέται	(1)	nom pl	οἰκέτης
14170	Mt 24,45	οἰκετείας	(1)	gen sg	οἰκετεία
14171	Rm 14,4	οἰκέτην	(1)	acc sg	οἰκέτης
14172	Lc 16,13	οἰκέτης	(1)	nom sg	Id
14173	*Phm subsc	οἰκέτου		gen sg	Id
14174	Ac 10,7	οἰκετῶν	(1)	gen pl	Id
14175	Ac 12,7	οἰκήματι	(1)	dat sg	οἴκημα
14176	*Mt 23,21	οἰκήσαντι		dat mas sg part ao a	οἰκέω
14177		οἰκητήριον	(2)	nom sg	οἰκητήριον
14178		οἰκία	(8)	nom sg	οἰκία
14179		οἰκίᾳ	(26)	dat sg	Id
14180	Mt 10,36	οἰκιακοί	(1)	nom pl	οἰκιακός
14181	*Mt 10,25	οἰκιακοῖς		dat pl	Id
14182	Mt 10,25	οἰκιακούς	(1)	acc pl	Id
14183		οἰκίαν	(41)	acc sg	οἰκία
14184		οἰκίας	(10)	gen sg	Id

No.	Ref	Form	Freq	Analysis	Lemma
14185		οἰκίας	(8)	acc pl	οἰκία
14186	Ac 4,34	οἰκιῶν	(1)	gen pl	Id
14187	1Tm 5,14	οἰκοδεσποτεῖν	(1)	inf pr a .	οἰκοδεσποτέω
14188		οἰκοδεσπότῃ	(4)	dat sg .	οἰκοδεσπότης
14189	Mt 10,25	οἰκοδεσπότην	(1)	acc sg . . .	Id
14190		οἰκοδεσπότης	(5)	nom sg . . .	Id
14191		οἰκοδεσπότου	(2)	gen sg . . .	Id
14192	Mc 13,1	οἰκοδομαί	(1)	nom pl	οἰκοδομή
14193		οἰκοδομάς	(2)	acc pl	Id
14194		οἰκοδομεῖ	(4)	3 p sg ind pr a .	οἰκοδομέω
14195	Lc 14,30	οἰκοδομεῖν	(1)	inf pr a	Id
14196	1Pt 2,5	οἰκοδομεῖσθε	(1)	2 p pl ind/imper pr pass	Id
14197	1Co 14,17	οἰκοδομεῖται	(1)	3 p sg ind pr pass .	Id
14198		οἰκοδομεῖτε	(3)	2 p pl ind pr a . .	Id
14199	1Th 5,11	οἰκοδομεῖτε	(1)	2 p pl imper pr a .	Id
14200		οἰκοδομή	(2)	nom sg	οἰκοδομή
14201	Jh 2,20	οἰκοδομήθη	(1)	3 p sg ind ao pass	οἰκοδομέω
14202	1Co 8,10	οἰκοδομηθήσεται	(1)	3 p sg ind fut pass	Id
14203	*Ac 9,31	οἰκοδομημένοι		[sic]	
14204		οἰκοδομήν	(11)	acc sg	οἰκοδομή
14205		οἰκοδομῆς	(2)	gen sg	Id
14206		οἰκοδομῆσαι	(3)	inf ao a . .	οἰκοδομέω
14207	Lc 6,49	οἰκοδομήσαντι	(1)	dat mas sg part ao a	Id
14208	Ac 7,47	οἰκοδόμησεν	(1)	3 p sg ind ao a . .	Id
14209	Ac 7,49	οἰκοδομήσετε	(1)	2 p pl ind fut a .	Id
14210	Lc 6,48	οἰκοδομῆσθαι	(1)	inf pf pass . .	Id
14211		οἰκοδομήσω	(3)	1 p sg ind fut a . .	Id
14212	*Ac 9,31	οἰκοδομούμεναι		nom fem pl part pr pass .	Id
14213	Ac 9,31	οἰκοδομουμένη	(1)	nom fem sg part pr pass	Id
14214	*Ac 9,31	οἰκοδομούμενοι		nom mas pl part pr pass .	Id
14215		οἰκοδομοῦντες	(4)	nom mas pl part pr a	Id
14216	Lc 6,48	οἰκοδομοῦντι	(1)	dat mas sg part pr a .	Id
14217	Ga 2,18	οἰκοδομῶ	(1)	1 p sg ind pr a . .	Id
14218	Rm 15,20	οἰκοδομῶ	(1)	1 p sg sbj pr a . . .	Id
14219		οἰκοδομῶν	(2)	nom mas sg part pr a .	Id
14220	Ac 4,11	οἰκοδόμων	(1)	gen pl . . .	οἰκοδόμος
14221	Mt 11,8	οἴκοις	(1)	dat pl	οἶκος
14222		οἶκον	(59)	acc sg	Id
14223	Lc 16,2	οἰκονομεῖν	(1)	inf pr a . .	οἰκονομέω
14224	Eph 3,9	οἰκονομία	(1)	nom sg . . .	οἰκονομία
14225		οἰκονομίαν	(6)	acc sg	Id
14226		οἰκονομίας	(2)	gen sg	Id
14227	1Pt 4,10	οἰκονόμοι	(1)	nom pl . . .	οἰκονόμος
14228	1Co 4,2	οἰκονόμοις	(1)	dat pl	Id
14229		οἰκονόμον	(3)	acc sg	Id
14230		οἰκονόμος	(3)	nom sg	Id
14231		οἰκονόμους	(2)	acc pl	Id
14232		οἶκος	(17)	nom sg	οἶκος
14233		οἴκου	(12)	gen sg	Id

14234	Ac 19,27	οἰκουμένη	(1)	nom sg	οἰκουμένη
14235		οἰκουμένῃ	(4)	dat sg	Id
14236		οἰκουμένην	(6)	acc sg	Id
14237		οἰκουμένης	(4)	gen sg	Id
14238	*Rm 8,11	οἰκοῦν		acc neut sg part pr a	οἰκέω
14239	Tit 2,5	οἰκουργούς	(1)	acc fem pl	οἰκουργός
14240	*Tit 2,5	οἰκουρούς		acc fem pl	οἰκουρός
14241		οἴκους	(4)	acc pl	οἶκος
14242		οἰκοῦσα	(2)	nom fem sg part pr a	οἰκέω
14243		οἰκτιρήσω	(1)	1 p sg ind fut a	οἰκτίρω
14244	Php 2,1	οἰκτιρμοί	(1)	nom pl	οἰκτιρμός
14245		οἰκτίρμονες	(2)	nom mas pl	οἰκτίρμων
14246	Col 3,12	οἰκτιρμοῦ	(1)	gen sg	οἰκτιρμός
14247		οἰκτιρμῶν	(3)	gen pl	Id
14248	Ja 5,11	οἰκτίρμων	(1)	nom mas sg	οἰκτίρμων
14249	Rm 9,15	οἰκτίρω	(1)	1 p sg sbj pr a	οἰκτίρω
14250		οἴκῳ	(20)	dat sg	οἶκος
14251	1Tm 3,12	οἴκων	(1)	gen pl	Id
14252	1Tm 6,16	οἰκῶν	(1)	nom mas sg part pr a	οἰκέω
14253	Jh 21,25	οἶμαι	(1)	1 p sg ind pr	οἴομαι
14254		οἶνον	(19)	acc sg	οἶνος
14255		οἰνοπότης	(2)	nom sg	οἰνοπότης
14256		οἶνος	(4)	nom sg	οἶνος
14257		οἴνου	(7)	gen sg	Id
14258	1Pt 4,3	οἰνοφλυγίαις	(1)	dat pl	οἰνοφλυγία
14259		οἴνῳ	(4)	dat sg	οἶνος
14260	Php 1,17	οἰόμενοι	(1)	nom mas pl part pr	οἴομαι
14261		οἷοι	(2)	nom mas pl	οἷος
14262	*Rm 1,13	οἴομαι		1 p sg ind pr	οἴομαι
14263		οἷον	(2)	acc mas sg	οἷος
14264	Rm 9,6	οἷον	(1)	nom neut sg	Id
14265		οἷος	(3)	nom mas sg	Id
14266	*Lc 9,55	οἵου		gen neut sg	Id
14267		οἵους	(2)	acc mas pl	Id
14268		οἷς	(46)	dat mas/neut pl	ὅς
14269	Jh 21,18	οἴσει	(1)	3 p sg ind fut a	φέρω
14270	*Rm 1,13	οἶσμαι		1 p sg ind pf pass	Id
14271	Apc 21,26	οἴσουσιν	(1)	3 p pl ind fut a	Id
14272		οἵτινες	(60)	nom mas pl	ὅστις
14273	*Jh 5,4	οἵῳ		dat neut sg	οἷος
14274	Mt 25,26	ὀκνηρέ	(1)	vo mas sg	ὀκνηρός
14275	Rm 12,11	ὀκνηροί	(1)	nom mas pl	Id
14276	Php 3,1	ὐκνηρόν	(1)	nom neut sg	Id
14277	Ac 9,38	ὀκνήσῃς	(1)	2 p sg sbj ao a	ὀκνέω
14278	*Heb 12,1	ὄκνον		acc sg	ὄκνος
14279	Php 3,5	ὀκταήμερος	(1)	nom mas sg	ὀκταήμερος
14280		ὀκτώ	(6)	inde	ὀκτώ
14281	*Rm 16,23	ὅλαι		nom fem pl	ὅλος
14282	*2Th 1,9	ὀλέθριον		acc fem sg	ὀλέθριος
14283		ὄλεθρον	(3)	acc sg	ὄλεθρος
14284	1Th 5,3	ὄλεθρος	(1)	nom sg	Id

14285	*2Th 1,9	ὀλέθρου		gen sg	ὄλεθρος
14286		ὅλη	(8)	nom fem sg	ὅλος
14287		ὅλῃ	(15)	dat fem sg	Id
14288		ὅλην	(20)	acc fem sg	Id
14289		ὅλης	(18)	gen fem sg	Id
14290		ὀλίγα	(6)	acc neut pl	ὀλίγος
14291	Ac 17,4	ὀλίγαι	(1)	nom fem pl	Id
14292	*Ac 15,30	ὀλίγαις		dat fem pl	Id
14293		ὀλίγας	(2)	acc fem pl	Id
14294	Ac 19,24	ὀλίγην	(1)	acc fem sg	Id
14295	Ac 15,2	ὀλίγης	(1)	gen fem sg	Id
14296		ὀλίγοι	(7)	nom mas pl	Id
14297	Mc 6,5	ὀλίγοις	(1)	dat mas pl	Id
14298		ὀλίγον	(2)	acc mas sg	Id
14299		ὀλίγον	(11)	nom neut sg	Id
14300	Mt 14,31	ὀλιγόπιστε	(1)	vo mas sg	ὀλιγόπιστος
14301	Mt 17,20	ὀλιγοπιστίαν	(1)	acc sg	ὀλιγοπιστία
14302		ὀλιγόπιστοι	(4)	vo mas pl	ὀλιγόπιστος
14303		ὀλίγος	(2)	nom mas sg	ὀλίγος
14304	Ac 27,20	ὀλίγου	(1)	gen mas sg	Id
14305	1Th 5,14	ὀλιγοψύχους	(1)	acc mas pl	ὀλιγόψυχος
14306		ὀλίγῳ	(3)	dat neut sg	ὀλίγος
14307		ὀλίγων	(2)	gen neut pl	Id
14308	Heb 12,5	ὀλιγώρει	(1)	2 p sg imper pr a	ὀλιγωρέω
14309	2Pt 2,18	ὀλίγως	(1)	adv	ὀλίγως
14310	1Co 10,10	ὀλοθρευτοῦ	(1)	gen sg	ὀλοθρευτής
14311	Heb 11,28	ὀλοθρεύων	(1)	nom mas sg part pr a	ὀλοθρεύω
14312	*Heb 10,6	ὁλοκαύτωμα		acc sg	ὁλοκαύτωμα
14313		ὁλοκαυτώματα	(2)	acc pl	Id
14314	Mc 12,33	ὁλοκαυτωμάτων	(1)	gen pl	Id
14315	Ac 3,16	ὁλοκληρίαν	(1)	acc sg	ὁλοκληρία
14316	Ja 1,4	ὁλόκληροι	(1)	nom mas pl	ὁλόκληρος
14317	1Th 5,23	ὁλόκληρον	(1)	nom neut sg	Id
14318	Ja 5,1	ὀλολύζοντες	(1)	nom mas pl part pr a	ὀλολύζω
14319		ὅλον	(12)	acc mas sg	ὅλος
14320		ὅλον	(18)	nom neut sg	Id
14321		ὅλον	(5)	acc neut sg	Id
14322		ὅλος	(4)	nom mas sg	Id
14323	1Th 5,23	ὁλοτελεῖς	(1)	acc mas pl	ὁλοτελής
14324	1Jh 2,2	ὅλου	(1)	gen mas sg	ὅλος
14325		ὅλου	(2)	gen neut sg	Id
14326	Tit 1,11	ὅλους	(1)	acc mas pl	Id
14327	Rm 16,15	Ὀλυμπᾶν	(1)	acc	Ὀλυμπᾶς
14328	*Rm 16,15	Ὀλυμπιδα	(?)		
14329	Apc 6,13	ὀλύνθους	(1)	acc pl	ὄλυνθος
14330		ὅλῳ	(5)	dat mas sg	ὅλος
14331	Php 1,13	ὅλῳ	(1)	dat neut sg	Id
14332		ὅλως	(4)	adv	ὅλως
14333	Lc 12,54	ὄμβρος	(1)	nom sg	ὄμβρος

14334	1Th 2,8	ὁμειρόμενοι	(1)	nom mas pl part pr	ὁμείρομαι
14335	*1Co 14,19	ομεν		[sic]	
14336	Lc 24,15	ὁμιλεῖν	(1)	inf pr a	ὁμιλέω
14337	Ac 20,11	ὁμιλήσας	(1)	nom mas sg part ao a	Id
14338	1Co 15,33	ὁμιλίαι	(1)	nom pl	ὁμιλία
14339	*Apc 18,17	ὅμιλος		nom sg	ὅμιλος
14340	2Pt 2,17	ὁμίχλαι	(1)	nom pl	ὁμίχλη
14341	*2Pt 2,17	ὁμίχλη		nom sg	Id
14342	Mc 8,23	ὄμματα	(1)	acc pl	ὄμμα
14343	Mt 20,34	ὀμμάτων	(1)	gen pl	Id
14344		ὀμνύει	(4)	3 p sg ind pr a	ὀμνύω
14345	Mt 26,74	ὀμνύειν	(1)	inf pr a	Id
14346	Ja 5,12	ὀμνύετε	(1)	2 p pl imper pr a	Id
14347	Mc 14,71	ὀμνύναι	(1)	inf pr a	ὄμνυμι
14348	Heb 6,16	ὀμνύουσιν	(1)	3 p pl ind pr a	ὀμνύω
14349		ὁμοθυμαδόν	(11)	adv	ὁμοθυμαδόν
14350		ὁμοία	(13)	nom fem sg	ὅμοιος
14351		ὅμοια	(2)	nom neut pl	Id
14352	Apc 13,11	ὅμοια	(1)	acc neut pl	Id
14353	*Mt 26,73	ὁμοιάζει		3 p sg ind pr a	ὁμοιάζω
14354	*Mt 23,27	ὁμοιάζετε		2 p pl ind pr a	Id
14355	Apc 9,19	ὅμοιαι	(1)	nom fem pl	ὅμοιος
14356	Apc 9,10	ὁμοίας	(1)	acc fem pl	Id
14357		ὅμοιοι	(7)	nom mas pl	Id
14358	*Apc 9,10	ὁμοίοις		dat mas pl	Id
14359		ὅμοιον	(3)	acc mas sg	Id
14360		ὅμοιον	(5)	nom neut sg	Id
14361	Ac 17,29	ὅμοιον	(1)	acc neut sg	Id
14362	Ac 14,15	ὁμοιοπαθεῖς	(1)	nom mas pl	ὁμοιοπαθής
14363	Ja 5,17	ὁμοιοπαθής	(1)	nom mas sg	Id
14364		ὅμοιος	(11)	nom mas sg	ὅμοιος
14365		ὁμοιότητα	(2)	acc sg	ὁμοιότης
14366	*Apc 13,11	ὁμοίῳ		dat neut sg	ὅμοιος
14367	Ac 14,11	ὁμοιωθέντες	(1)	nom mas pl part ao pass	ὁμοιόω
14368	Heb 2,17	ὁμοιωθῆναι	(1)	inf ao pass	Id
14369		ὁμοιωθήσεται	(3)	3 p sg ind fut pass	Id
14370	Mt 6,8	ὁμοιωθῆτε	(1)	2 p pl sbj ao pass	Id
14371	*Apc 9,7	ὁμοίωμα		nom sg	ὁμοίωμα
14372	*Apc 1,13	ὁμοίωμα		acc sg	Id
14373	Apc 9,7	ὁμοιώματα	(1)	nom pl	Id
14374		ὁμοιώματι	(5)	dat sg	Id
14375		ὁμοίως	(30)	adv	ὁμοίως
14376	Ja 3,9	ὁμοίωσιν	(1)	acc sg	ὁμοίωσις
14377		ὁμοιώσω	(5)	3 p sg ind fut a	ὁμοιόω
14378	Mc 4,30	ὁμοιώσωμεν	(1)	1 p pl sbj ao a	Id
14379		ὁμολογεῖ	(2)	3 p sg ind pr a	ὁμολογέω
14380	Rm 10,10	ὁμολογεῖται	(1)	3 p sg ind pr pass	Id
14381	*1Jh 4,15	ὁμολογῇ		3 p sg sbj pr a	Id
14382	Heb 11,13	ὁμολογήσαντες	(1)	nom mas pl part ao a	Id
14383		ὁμολογήσει	(4)	3 p sg ind fut a	Id
14384		ὁμολογήσῃ	(2)	3 p sg sbj ao a	Id

14385	Rm 10,9	ὁμολογήσῃς	(1)	2 p sg sbj ao a	ὁμολογέω
14386		ὁμολογήσω	(2)	3 p sg ind fut a	Id
14387		ὁμολογίαν	(3)	acc sg	ὁμολογία
14388		ὁμολογίας	(3)	gen sg	Id
14389	*1Tm 3,16	ὁμολογοῦμεν		1 p pl ind pr a	ὁμολογέω
14390	1Tm 3,16	ὁμολογουμένως	(1)	adv	ὁμολογουμένως
14391	2Jh 7	ὁμολογοῦντες	(1)	nom mas pl part pr a	ὁμολογέω
14392	Heb 13,15	ὁμολογούντων	(1)	gen mas pl part pr a	Id
14393		ὁμολογοῦσιν	(2)	3 p pl ind pr a	Id
14394	Ac 24,14	ὁμολογῶ	(1)	1 p sg ind pr a	Id
14395	1Jh 1,9	ὁμολογῶμεν	(1)	1 p pl sbj pr a	Id
14396	1Jh 2,23	ὁμολογῶν	(1)	nom mas sg part pr a	Id
14397		ὀμόσαι	(2)	inf ao a	ὀμνύω
14398		ὀμόσας	(3)	nom mas sg part ao a	Id
14399	*Ac 20,18	ὁμόσε		adv	ὁμόσε
14400		ὀμόσῃ	(4)	3 p sg sbj ao a	ὀμνύω
14401	Mt 5,36	ὀμόσῃς	(1)	2 p sg sbj ao a	Id
14402	Ac 18,3	ὁμότεχνον	(1)	acc mas sg	ὁμότεχνος
14403		ὁμοῦ	(4)	adv	ὁμοῦ
14404	1Pt 3,8	ὁμόφρονες	(1)	nom mas pl	ὁμόφρων
14405		ὅμως	(3)	adv	ὅμως
14406	Mc 4,31	ὄν	(1)	nom neut sg part pr	εἰμί
14407		ὅν	(167)	acc mas sg	ὅς
14408	Phm 20	ὀναίμην	(1)	1 p sg opt ao2 m	ὀνίνημι
14409		ὄναρ	(6)	inde	ὄναρ
14410	Jh 12,14	ὀνάριον	(1)	nom sg	ὀνάριον
14411	Mt 11,20	ὀνειδίζειν	(1)	inf pr a	ὀνειδίζω
14412	1Pt 4,14	ὀνειδίζεσθε	(1)	2 p pl ind pr pass	Id
14413	*1Tm 4,10	ὀνειδιζόμεθα		1 p pl ind pr pass	Id
14414	*Heb 10,33	ὀνειδιζόμενοι		nom mas pl part pr pass	Id
14415	Ja 1,5	ὀνειδίζοντος	(1)	gen mas sg part pr a	Id
14416	Rm 15,3	ὀνειδιζόντων	(1)	gen mas pl part pr a	Id
14417	*1Tm 4,10	ὀνειδιζώμεθα		1 p pl sbj pr pass	Id
14418	Rm 15,3	ὀνειδισμοί	(1)	nom pl	ὀνειδισμός
14419	Heb 10,33	ὀνειδισμοῖς	(1)	dat pl	Id
14420		ὀνειδισμόν	(3)	acc sg	Id
14421		ὀνειδίσωσιν	(2)	3 p pl sbj ao a	ὀνειδίζω
14422	Lc 1,25	ὄνειδος	(1)	nom sg	ὄνειδος
14423	Phm 10	Ὀνήσιμον	(1)	acc	Ὀνήσιμος
14424	*Col subsc	Ὀνησίμου		gen	Id
14425	Col 4,9	Ὀνησίμῳ	(1)	dat	Id
14426		Ὀνησιφόρου	(2)	gen	Ὀνησίφορος
14427		ὀνικός	(2)	nom mas sg	ὀνικός
14428		ὄνομα	(39)	nom sg	ὄνομα
14429		ὄνομα	(66)	acc sg	Id
14430	Ac 19,13	ὀνομάζειν	(1)	inf pr a	ὀνομάζω
14431	Eph 5,3	ὀνομαζέσθω	(1)	3 p sg imper pr pass	Id
14432	Eph 3,15	ὀνομάζεται	(1)	3 p sg ind pr pass	Id
14433	1Co 5,11	ὀνομαζόμενος	(1)	nom mas sg part pr pass	Id

14434	Eph 1,21	ὀνομαζομένου	(1)	gen neut sg part pr pass	ὀνομάζω
14435	2Tm 2,19	ὀνομάζων	(1)	nom mas sg part pr a	Id
14436		ὀνόματα	(6)	nom pl	ὄνομα
14437		ὀνόματα	(5)	acc pl	Id
14438		ὀνόματι	(95)	dat sg	Id
14439		ὀνόματος	(18)	gen sg	Id
14440		ὀνομάτων	(2)	gen pl	Id
14441		ὄνον	(4)	acc sg	ὄνος
14442	*Lc 14,5	ὄνος		nom sg	Id
14443	Jh 12,15	ὄνου	(1)	gen sg	Id
14444	*Mc 15,6	ὅνπερ		acc mas sg	ὅσπερ
14445		ὄντα	(12)	acc mas sg part pr	εἰμί
14446		ὄντα	(3)	nom neut pl part pr	Id
14447		ὄντα	(4)	acc neut pl part pr	Id
14448		ὄντας	(11)	acc mas pl part pr	Id
14449		ὄντες	(26)	nom mas pl part pr	Id
14450		ὄντι	(4)	dat mas sg part pr	Id
14451		ὄντος	(14)	gen mas sg part pr	Id
14452	Ac 7,5	ὄντος	(1)	gen neut sg part pr	Id
14453		ὄντων	(4)	gen mas pl part pr	Id
14454		ὄντων	(2)	gen neut pl part pr	Id
14455		ὄντως	(10)	adv	ὄντως
14456		ὀξεῖα	(2)	nom fem sg	ὀξύς
14457	Apc 2,12	ὀξεῖαν	(1)	acc fem sg	Id
14458	Rm 3,15	ὀξεῖς	(1)	nom mas pl	Id
14459		ὄξος	(2)	nom sg	ὄξος
14460		ὄξους	(4)	gen sg	Id
14461		ὀξύ	(4)	acc neut sg	ὀξύς
14462	Heb 11,38	ὀπαῖς	(1)	dat pl	ὀπή
14463	*1Pt 2,3	ὅπερ		acc neut sg	ὅσπερ
14464	Ja 3,11	ὀπῆς	(1)	gen sg	ὀπή
14465		ὄπισθεν	(7)	adv	ὄπισθεν
14466		ὀπίσω	(35)	adv	ὀπίσω
14467	2Co 10,4	ὅπλα	(1)	nom pl	ὅπλον
14468		ὅπλα	(3)	acc pl	Id
14469	1Pt 4,1	ὁπλίσασθε	(1)	2 p pl imper ao m	ὁπλίζω
14470		ὅπλων	(2)	gen pl	ὅπλον
14471	1Th 1,9	ὁποίαν	(1)	acc fem sg	ὁποῖος
14472	Ga 2,6	ὁποῖοι	(1)	nom mas pl	Id
14473	1Co 3,13	ὁποῖον	(1)	nom neut sg	Id
14474		ὁποῖος	(2)	nom mas sg	Id
14475	*Lc 6,3	ὁπότε		adv	ὁπότε
14476		ὅπου	(84)	adv	ὅπου
14477	Ac 1,3	ὀπτανόμενος	(1)	nom mas sg part pr	ὀπτάνομαι
14478	Ac 26,19	ὀπτασίᾳ	(1)	dat sg	ὀπτασία
14479		ὀπτασίαν	(2)	acc sg	Id
14480	2Co 12,1	ὀπτασίας	(1)	acc pl	Id
14481	Lc 24,42	ὀπτοῦ	(1)	gen mas sg	ὀπτός
14482	Apc 18,14	ὀπώρα	(1)	nom sg	ὀπώρα

14483		ὅπως	(53)	adv/conj	ὅπως
14484	Lc 16,23	ὁρᾷ	(1)	3 p sg ind pr a	ὁράω
14485		ὅρα	(5)	2 p sg imper pr a	Id
14486		ὅραμα	(2)	nom sg	ὅραμα
14487		ὅραμα	(5)	acc sg	Id
14488		ὁράματι	(3)	dat sg	Id
14489		ὁράματος	(2)	gen sg	Id
14490		ὁράσει	(3)	dat sg	ὅρασις
14491	Ac 2,17	ὁράσεις	(1)	acc pl	Id
14492	*Apc 4,3	ὅρασις		nom sg	Id
14493	Col 1,16	ὁρατά	(1)	nom neut pl	ὁρατός
14494	Ja 2,24	ὁρᾶτε	(1)	2 p pl ind pr a	ὁράω
14495		ὁρᾶτε	(7)	2 p pl imper pr a	Id
14496		ὀργή	(10)	nom sg	ὀργή
14497		ὀργῇ	(3)	dat sg	Id
14498		ὀργήν	(9)	acc sg	Id
14499		ὀργῆς	(14)	gen sg	Id
14500	Eph 4,26	ὀργίζεσθε	(1)	2 p pl imper pr	ὀργίζομαι
14501	Mt 5,22	ὀργιζόμενος	(1)	nom mas sg part pr	Id
14502	Tit 1,7	ὀργίλον	(1)	acc mas sg	ὀργίλος
14503		ὀργισθείς	(2)	nom mas sg part ao (pass)	ὀργίζω
14504		ὀργυιάς	(2)	acc pl	ὀργυιά
14505	1Tm 3,1	ὀρέγεται	(1)	3 p sg ind pr	ὀρέγομαι
14506	1Tm 6,10	ὀρεγόμενοι	(1)	nom mas pl part pr	Id
14507	Heb 11,16	ὀρέγονται	(1)	3 p pl ind pr	Id
14508		ὄρει	(11)	dat sg	ὄρος
14509	Lc 1,65	ὀρεινῇ	(1)	dat fem sg	ὀρεινός
14510	Lc 1,39	ὀρεινήν	(1)	acc fem sg	Id
14511	Rm 1,27	ὀρέξει	(1)	dat sg	ὄρεξις
14512		ὄρεσιν	(4)	dat pl	ὄρος
14513	Apc 6,15	ὀρέων	(1)	gen pl	Id
14514		ὄρη	(2)	nom pl	Id
14515		ὄρη	(6)	acc pl	Id
14516	Heb 12,13	ὀρθάς	(1)	acc fem pl	ὀρθός
14517	Ga 2,14	ὀρθοποδοῦσιν	(1)	3 p pl ind pr a	ὀρθοποδέω
14518	Ac 14,10	ὀρθός	(1)	nom mas sg	ὀρθός
14519	2Tm 2,15	ὀρθοτομοῦντα	(1)	acc mas sg part pr a	ὀρθοτομέω
14520	Lc 24,22	ὀρθριναί	(1)	nom fem pl	ὀρθρινός
14521	Ac 5,21	ὄρθρον	(1)	acc sg	ὄρθρος
14522		ὄρθρου	(2)	gen sg	Id
14523		ὀρθῶς	(4)	adv	ὀρθῶς
14524		ὅρια	(4)	acc pl	ὅριον
14525	Heb 4,7	ὁρίζει	(1)	3 p sg ind pr a	ὁρίζω
14526		ὁρίοις	(2)	dat pl	ὅριον
14527	Ac 17,26	ὁρίσας	(1)	nom mas sg part ao a	ὁρίζω
14528	Rm 1,4	ὁρισθέντος	(1)	gen mas sg part ao pass	Id
14529		ὁρίων	(6)	gen pl	ὅριον
14530	*Ac 19,13	ὁρκίζομεν		1 p pl ind pr a	ὁρκίζω
14531		ὁρκίζω	(2)	1 p sg ind pr a	Id

No.	Ref.	Form	Freq.	Analysis	Lemma
14532		ὅρκον	(2)	acc sg	ὅρκος
14533	Heb 6,16	ὅρκος	(1)	nom sg	Id
14534		ὅρκου	(2)	gen sg	Id
14535		ὅρκους	(3)	acc pl	Id
14536		ὅρκῳ	(2)	dat sg	Id
14537		ὁρκωμοσίας	(4)	gen sg	ὁρκωμοσία
14538		ὁρμή	(2)	nom sg	ὁρμή
14539	Apc 18,21	ὁρμήματι	(1)	dat sg	ὅρμημα
14540	Apc 19,21	ὄρνεα	(1)	nom pl	ὄρνεον
14541	Apc 19,17	ὀρνέοις	(1)	dat pl	Id
14542	Apc 18,2	ὀρνέου	(1)	gen sg	Id
14543	*Lc 13,34	ὄρνιξ		nom sg	ὄρνιξ
14544		ὄρνις	(2)	nom sg	ὄρνις
14545	*Ac 17,26	ὁροθεσίαν		acc sg	ὁροθεσία
14546	Ac 17,26	ὁροθεσίας	(1)	acc pl	Id
14547		ὄρος	(4)	nom sg	ὄρος
14548		ὄρος	(24)	acc sg	Id
14549	*Mc 16,14	ὅρος		nom sg	ὅρος
14550		ὄρους	(12)	gen sg	ὄρος
14551		ὀρφανούς	(2)	acc mas pl	ὀρφανός
14552	*Mc 12,40	ὀρφανῶν		gen pl	Id
14553	Mc 6,22	ὀρχησαμένης	(1)	gen fem sg part ao	ὀρχέομαι
14554		ὁρῶ	(2)	1 p sg ind pr a	ὁράω
14555	Heb 2,8	ὁρῶμεν	(1)	1 p pl ind pr a	Id
14556	Heb 11,27	ὁρῶν	(1)	nom mas sg part pr a	Id
14557	1Pt 1,8	ὁρῶντες	(1)	nom mas pl part pr a	Id
14558	Lc 23,49	ὁρῶσαι	(1)	nom fem sg part pr a	ὁράω
14559		ὅς	(217)	nom mas sg	ὅς
14560		ὅσα	(8)	nom neut pl	ὅσος
14561		ὅσα	(48)	acc neut pl	Id
14562	2Co 1,20	ὅσαι	(1)	nom fem pl	Id
14563		ὁσάκις	(3)	adv	ὁσάκις
14564	*Mc 3,28	ὅσας		acc fem pl	ὅσος
14565	Ac 13,34	ὅσια	(1)	acc neut pl	ὅσιος
14566		ὅσιον	(3)	acc mas sg	Id
14567		ὅσιος	(3)	nom mas sg	Id
14568		ὁσιότητι	(2)	dat sg	ὁσιότης
14569	1Tm 2,8	ὁσίους	(1)	acc mas pl	ὅσιος
14570	1Th 2,10	ὁσίως	(1)	adv	ὁσίως
14571		ὀσμή	(2)	nom sg	ὀσμή
14572		ὀσμήν	(3)	acc sg	Id
14573	Jh 12,3	ὀσμῆς	(1)	gen sg	Id
14574		ὅσοι	(29)	nom mas pl	ὅσος
14575		ὅσον	(4)	acc mas sg	Id
14576		ὅσον	(3)	nom neut sg	Id
14577		ὅσον	(10)	acc neut sg	Id
14578		ὅσους	(3)	acc mas pl	Id
14579	Lc 24,39	ὀστέα	(1)	acc pl	ὀστέον
14580		ὀστέων	(2)	gen pl	Id
14581	Jh 19,36	ὀστοῦν	(1)	nom sg	Id
14582		ὅστις	(26)	nom mas sg	ὅστις

14583	2Tm 2,20	ὀστράκινα	(1)	nom neut pl	ὀστράκινος
14584	2Co 4,7	ὀστρακίνοις	(1)	dat neut pl	Id
14585	1Co 12,17	ὄσφρησις	(1)	nom sg	ὄσφρησις
14586	1Pt 1,13	ὀσφύας	(1)	acc pl	ὀσφῦς
14587	Lc 12,35	ὀσφύες	(1)	nom pl	Id
14588	Heb 7,10	ὀσφύϊ	(1)	dat sg	Id
14589		ὀσφύν	(3)	acc sg	Id
14590		ὀσφύος	(2)	gen sg	Id
14591	*Lc 12,35	ὀσφῦς		nom sg	Id
14592		ὅσῳ	(3)	dat neut sg	ὅσος
14593	Lc 11,8	ὅσων	(1)	gen neut pl	Id
14594		ὅταν	(123)	conj	ὅταν
14595		ὅτε	(103)	conj	ὅτε
14596		ὅ τι	(9)	acc neut sg	ὅστις
14597		ὅτι	(1297)	conj	ὅτι
14598		ὅτου	(5)	att gen neut sg	ὅστις
14599		οὔ	(17)	parti	οὔ
14600		οὐ	(1613)	parti	οὐ
14601		οὗ	(85)	gen mas/neut sg	ὅς
14602		οὗ	(54)	adv	οὗ
14603	Mc 15,29	οὐά	(1)	interj	οὐά
14604		οὐαί	(47)	interj	οὐαί
14605	Mt 2,6	οὐδαμῶς	(1)	adv	οὐδαμῶς
14606		οὐδέ	(144)	conj	οὐδέ
14607		οὐδείς	(98)	nom mas sg	οὐδείς
14608		οὐδεμία	(3)	nom fem sg	Id
14609		οὐδεμίαν	(8)	acc fem sg	Id
14610		οὐδέν	(23)	nom neut sg	Id
14611		οὐδέν	(62)	acc neut sg	Id
14612		οὐδένα	(16)	acc mas sg	Id
14613		οὐδενί	(5)	dat mas sg	Id
14614		οὐδενί	(4)	dat neut sg	Id
14615		οὐδενός	(7)	gen mas sg	Id
14616	Ac 20,24	οὐδενός	(1)	gen neut sg	Id
14617		οὐδέποτε	(16)	adv	οὐδέποτε
14618		οὐδέπω	(4)	adv	οὐδέπω
14619	*1Co 9,15	οὐθείς		nom mas sg	οὐθέις
14620		οὐθέν	(2)	nom neut sg	Id
14621		οὐθέν	(3)	acc neut sg	Id
14622	2Co 11,9	οὐθενός	(1)	gen mas sg	Id
14623	Lc 22,35	οὐθενός	(1)	gen neut sg	Id
14624		οὐκ cf οὐ			
14625		οὐκέτι	(47)	adv	οὐκέτι
14626	Jh 18,37	οὐκοῦν	(1)	adv	οὐκοῦν
14627	*Lc 24,13	Οὐλαμμαούς		nom	Οὐλαμμαούς
14628		οὖν	(501)	parti	οὖν
14629		οὔπω	(26)	adv	οὔπω
14630	Apc 12,4	οὐρά	(1)	nom sg	οὐρά
14631	Apc 9,19	οὐραί	(1)	nom pl	Id
14632		οὐραῖς	(2)	dat pl	Id
14633	Apc 18,20	οὐρανέ	(1)	vo sg	οὐρανός

No.	Ref	Form	Count	Parsing	Lemma
14634	*Heb 8,1	οὐρανίοις		dat neut pl	οὐράνιος
14635		οὐράνιος	(7)	nom mas sg . . .	Id
14636	Lc 2,13	οὐρανίου	(1)	gen fem sg . . .	Id
14637	Ac 26,19	οὐρανίῳ	(1)	dat fem sg	Id
14638		οὐρανόθεν	(2)	adv	οὐρανόθεν
14639		οὐρανοί	(7)	nom pl	οὐρανός
14640		οὐρανοῖς	(37)	dat pl	Id
14641		οὐρανόν	(42)	acc sg	Id
14642		οὐρανός	(12)	nom sg	Id
14643		οὐρανοῦ	(93)	gen sg	Id
14644		οὐρανούς	(5)	acc pl	Id
14645		οὐρανῷ	(35)	dat sg	Id
14646		οὐρανῶν	(42)	gen pl	Id
14647	Apc 9,10	οὐράς	(1)	acc pl	οὐρά
14648	Rm 16,9	Οὐρβανόν	(1)	acc	Οὐρβανός
14649	Mt 1,6	Οὐρίου	(1)	gen	Οὐρίας
14650	1Co 2,9	οὖς	(1)	nom sg	οὖς
14651		οὖς	(12)	acc sg	Id
14652		οὕς	(53)	acc mas pl	ὅς
14653		οὖσα	(6)	nom fem sg part pr . . .	εἰμί
14654	Rm 13,1	οὖσαι	(1)	nom fem pl part pr . .	Id
14655		οὖσαν	(6)	acc fem sg part pr . .	Id
14656	*Ac 13,10	οὖσας		acc fem pl part pr . . .	Id
14657		οὔσῃ	(4)	dat fem sg part pr . . .	Id
14658		οὔσης	(6)	gen fem sg part pr . .	Id
14659	Lc 15,13	οὐσίαν	(1)	acc sg	οὐσία
14660	Lc 15,12	οὐσίας	(1)	gen sg	Id
14661		οὖσιν	(9)	dat mas pl part pr . .	εἰμί
14662	1Th 2,14	οὐσῶν	(1)	gen fem pl part pr . .	Id
14663		οὔτε	(87)	conj	οὔτε
14664	*Ja 3,12	οὐτεμία		cf οὔτε μία	
14665		οὗτοι	(74)	nom mas pl	οὗτος
14666		οὗτος	(186)	nom mas sg	Id
14667	*Mc 4,40	οὕτω		cf οὕτως	
14668		οὕτως	(208)	adv	οὕτως
14669		οὐχ		cf οὐ	
14670		οὐχί	(53)	adv	οὐχί
14671	Rm 13,7	ὀφειλάς	(1)	acc pl	ὀφειλή
14672		ὀφείλει	(11)	3 p sg ind pr a . .	ὀφείλω
14673		ὀφείλεις	(3)	2 p sg ind pr a . .	Id
14674		ὀφειλέται	(3)	nom pl . . .	ὀφειλέτης
14675	Mt 6,12	ὀφειλέταις	(1)	dat pl	Id
14676	Jh 13,14	ὀφείλετε	(1)	2 p pl ind pr a . .	ὀφείλω
14677	Rm 13,8	ὀφείλετε	(1)	2 p pl imper pr a . .	Id
14678		ὀφειλέτης	(3)	nom sg . . .	ὀφειλέτης
14679	Rm 4,4	ὀφείλημα	(1)	acc sg	ὀφείλημα
14680	Mt 6,12	ὀφειλήματα	(1)	acc pl	Id
14681		ὀφειλήν	(2)	acc sg	ὀφειλή
14682	*Rm 13,8	ὀφείλητε		2 p pl sbj pr a	ὀφείλω
14683		ὀφείλομεν	(7)	1 p pl ind pr a . .	Id

14684	*1Co 7,3	ὀφειλομένην		acc fem sg part pr pass	ὀφείλω
14685		ὀφειλόμενον	(2)	acc neut sg part pr pass	Id
14686	Heb 5,12	ὀφείλοντες	(1)	nom mas pl part pr a	Id
14687	Lc 11,4	ὀφείλοντι	(1)	dat mas sg part pr a	Id
14688		ὀφείλουσιν	(2)	3 p pl ind pr a	Id
14689	Mt 10,16	ὄφεις	(1)	nom pl	ὄφις
14690	*Mc 16,18	ὄφεις		acc pl	Id
14691	Mt 23,33	ὄφεις	(1)	vo pl	Id
14692		ὄφελον	(4)	parti	ὄφελον
14693		ὄφελος	(3)	nom sg	ὄφελος
14694	Apc 9,19	ὄφεσιν	(1)	dat pl	ὄφις
14695		ὄφεων	(2)	gen pl	Id
14696	Apc 12,14	ὄφεως	(1)	gen sg	Id
14697	Col 3,22	ὀφθαλμοδουλίᾳ	(1)	dat sg	ὀφθαλμοδουλία
14698	*Col 3,22	ὀφθαλμοδουλίαις		dat pl	Id
14699	Eph 6,6	ὀφθαλμοδουλίαν	(1)	acc sg	Id
14700		ὀφθαλμοί	(15)	nom pl	ὀφθαλμός
14701		ὀφθαλμοῖς	(6)	dat pl	Id
14702	Mt 5,38	ὀφθαλμόν	(1)	acc sg	Id
14703		ὀφθαλμός	(15)	nom sg	Id
14704		ὀφθαλμοῦ	(6)	gen sg	Id
14705		ὀφθαλμούς	(38)	acc pl	Id
14706		ὀφθαλμῷ	(8)	dat sg	Id
14707		ὀφθαλμῶν	(11)	gen pl	Id
14708	Ac 9,17	ὀφθείς	(1)	nom mas sg part ao pass	ὁράω
14709	Lc 9,31	ὀφθέντες	(1)	nom mas pl part ao pass	Id
14710	Ac 7,35	ὀφθέντος	(1)	gen mas sg part ao pass	Id
14711	Heb 9,28	ὀφθήσεται	(1)	3 p sg ind fut pass	Id
14712	Ac 26,16	ὀφθήσομαι	(1)	1 p sg ind fut pass	Id
14713		ὄφιν	(3)	acc sg	ὄφις
14714		ὄφις	(4)	nom sg	Id
14715	Lc 4,29	ὀφρύος	(1)	gen sg	ὀφρῦς
14716	*Mc 7,19	ὀχετόν		acc sg	ὀχετός
14717		ὄχλοι	(28)	nom pl	ὄχλος
14718		ὄχλοις	(11)	dat pl	Id
14719		ὄχλον	(35)	acc sg	Id
14720	Ac 17,5	ὀχλοποιήσαντες	(1)	nom mas pl part ao a	ὀχλοποιέω
14721		ὄχλος	(46)	nom sg	ὄχλος
14722		ὄχλου	(25)	gen sg	Id
14723	Ac 5,16	ὀχλουμένους	(1)	acc mas pl part pr pass	ὀχλέω
14724		ὄχλους	(17)	acc pl	ὄχλος
14725		ὄχλῳ	(12)	dat sg	Id
14726	Lc 11,29	ὄχλων	(1)	gen pl	Id
14727	*Mt 1,8	Ὀχοζίαν		acc	Ὀχοζίας
14728	*Mt 1,8	Ὀχοζίας		nom	Id
14729	*Lc 3,28	Ὀχοζίου		gen	Id
14730	2Co 10,4	ὀχυρωμάτων	(1)	gen pl	ὀχύρωμα
14731	*Lc 11,15	ὀχυροί		nom mas pl	ὀχυρός
14732	Jh 6,9	ὀψάρια	(1)	acc pl	ὀψάριον

No.	Ref.	Form	Freq.	Analysis	Lemma
14733		ὀψάριον	(2)	acc sg	ὀψάριον
14734		ὀψαρίων	(2)	gen pl	Id
14735		ὀψέ	(3)	adv	ὀψέ
14736		ὄψεσθε	(13)	2 p pl ind fut	ὁράω
14737		ὄψεται	(4)	3 p sg ind fut	Id
14738		ὄψῃ	(3)	2 p sg ind fut	Id
14739	Lc 13,28	ὄψησθε	(1)	2 p pl sbj ao m	Id
14740	Jh 6,16	ὀψία	(1)	nom sg	ὀψία
14741		ὀψίας	(13)	gen sg	Id
14742	Mc 11,11	ὀψίας	(1)	gen fem sg	ὄψιος
14743	Ja 5,7	ὄψιμον	(1)	acc mas sg	ὄψιμος
14744	Jh 7,24	ὄψιν	(1)	acc sg	ὄψις
14745	*Mc 11,11	ὀψινῆς		gen fem sg	ὀψινός
14746		ὄψις	(2)	nom sg	ὄψις
14747		ὄψομαι	(2)	1 p sg ind fut	ὁράω
14748	1Jh 3,2	ὀψόμεθα	(1)	1 p pl ind fut	Id
14749		ὄψονται	(9)	3 p pl ind fut	Id
14750	Rm 6,23	ὀψώνια	(1)	nom pl	ὀψώνιον
14751		ὀψωνίοις	(2)	dat pl	Id
14752	2Co 11,8	ὀψώνιον	(1)	acc sg	Id

π

No.	Ref.	Form	Freq.	Analysis	Lemma
14753		παγίδα	(3)	acc sg	παγίς
14754	Mt 22,15	παγιδεύσωσιν	(1)	3 p pl sbj ao a	παγιδεύω
14755	2Tm 2,26	παγίδος	(1)	gen sg	παγίς
14756	Lc 21,35	παγίς	(1)	nom sg	Id
14757	Ac 17,19	πάγον	(1)	acc sg	πάγος
14758	Ac 17,22	πάγου	(1)	gen sg	Id
14759	1Th 4,5	πάθει	(1)	dat sg	πάθος
14760		παθεῖν	(12)	inf ao2 a	πάσχω
14761	Rm 1,26	πάθη	(1)	acc pl	πάθος
14762	Mc 9,12	πάθῃ	(1)	3 p sg sbj ao a	πάσχω
14763	Heb 2,9	πάθημα	(1)	acc sg	πάθημα
14764		παθήμασιν	(4)	dat pl	Id
14765		παθήματα	(3)	nom pl	Id
14766	1Pt 1,11	παθήματα	(1)	acc pl	Id
14767		παθημάτων	(7)	gen pl	Id
14768	Ac 26,23	παθητός	(1)	nom mas sg	παθητός
14769	1Pt 5,10	παθόντας	(1)	acc mas pl part ao2 a	πάσχω
14770	1Pt 4,1	παθόντος	(1)	gen mas sg part ao2 a	Id
14771	Col 3,5	πάθος	(1)	acc sg	πάθος
14772	Mc 5,26	παθοῦσα	(1)	nom fem sg part ao2 a	πάσχω
14773	1Pt 4,1	παθών	(1)	nom mas sg part ao2 a	Id
14774		παῖδα	(5)	acc sg	παῖς
14775	Ga 3,25	παιδαγωγόν	(1)	acc sg	παιδαγωγός
14776	Ga 3,24	παιδαγωγός	(1)	nom sg	Id
14777	1Co 4,15	παιδαγωγούς	(1)	acc pl	Id
14778	Jh 6,9	παιδάριον	(1)	nom sg	παιδάριον

No.	Ref.	Form	Freq.	Analysis	Lemma
14779		παιδᾶς	(3)	acc pl	παῖς
14780	Heb 12,11	παιδεία	(1)	nom sg	παιδεία
14781	Eph 6,4	παιδείᾳ	(1)	dat sg	Id
14782		παιδείαν	(2)	acc sg	Id
14783		παιδείας	(2)	gen sg	Id
14784	Heb 12,6	παιδεύει	(1)	3 p sg ind pr a	παιδεύω
14785	1Tm 1,20	παιδευθῶσιν	(1)	3 p pl sbj ao pass	Id
14786	1Co 11,32	παιδευόμεθα	(1)	1 p pl ind pr pass	Id
14787	2Co 6,9	παιδευόμενοι	(1)	nom mas pl part pr pass	Id
14788	*Ac 22,3	παιδευόμενος		nom mas sg part pr pass	Id
14789	2Tm 2,25	παιδεύοντα	(1)	acc mas sg part pr a	Id
14790	Tit 2,12	παιδεύουσα	(1)	nom fem sg part pr a	Id
14791		παιδεύσας	(2)	nom mas sg part ao a	Id
14792	Heb 12,9	παιδευτάς	(1)	acc pl	παιδευτής
14793	Rm 2,20	παιδευτήν	(1)	acc sg	Id
14794	Apc 3,19	παιδεύω	(1)	1 p sg ind pr a	παιδεύω
14795		παιδία	(4)	nom pl	παιδίον
14796		παιδία	(6)	acc pl	Id
14797		παιδία	(3)	vo pl	Id
14798	Mc 9,21	παιδιόθεν	(1)	adv	παιδιόθεν
14799		παιδίοις	(2)	dat pl	παιδίον
14800		παιδίον	(11)	nom sg	Id
14801		παιδίον	(15)	acc sg	Id
14802	Lc 1,76	παιδίον	(1)	vo sg	Id
14803		παιδίου	(6)	gen sg	Id
14804	Lc 12,45	παιδίσκας	(1)	acc pl	παιδίσκη
14805		παιδίσκη	(5)	nom sg	Id
14806		παιδίσκην	(2)	acc sg	Id
14807		παιδίσκης	(4)	gen sg	Id
14808	Mc 14,66	παιδισκῶν	(1)	gen pl	Id
14809		παιδίων	(4)	gen pl	παιδίον
14810		παιδός	(5)	gen sg	παῖς
14811	Lc 15,26	παίδων	(1)	gen pl	Id
14812	1Co 10,7	παίζειν	(1)	inf pr a	παίζω
14813		παῖς	(9)	nom sg	παῖς
14814		παίσας	(2)	nom mas sg part ao a	παίω
14815	Apc 9,5	παίσῃ	(1)	3 p sg sbj ao a	Id
14816	Mt 14,2	παισίν	(1)	dat pl	παῖς
14817	*1Tm subsc	Πακατιανῆς		gen fem sg	Πακατιανός
14818		πάλαι	(7)	adv	πάλαι
14819	1Jh 2,7	παλαιά	(1)	nom fem sg	παλαιός
14820	Mt 13,52	παλαιά	(1)	acc neut pl	Id
14821		παλαιᾷ	(2)	dat fem sg	Id
14822	1Jh 2,7	παλαιάν	(1)	acc fem sg	Id
14823	2Co 3,14	παλαιᾶς	(1)	gen fem sg	Id
14824		παλαιόν	(3)	acc mas sg	Id
14825		παλαιόν	(2)	acc neut sg	Id
14826		παλαιός	(2)	nom mas sg	Id
14827	Rm 7,6	παλαιότητι	(1)	dat sg	παλαιότης

No.	Ref	Form	Freq	Analysis	Lexical form
14828	Mc 2,21	παλαιοῦ	(1)	gen neut sg	παλαιός
14829	Lc 12,33	παλαιούμενα	(1)	acc neut pl part pr pass	παλαιόω
14830	Heb 8,13	παλαιούμενον	(1)	nom neut sg part pr pass	Id
14831		παλαιούς	(3)	acc mas pl	παλαιός
14832		παλαιῷ	(2)	dat neut sg	Id
14833	Heb 1,11	παλαιωθήσονται	(1)	3 p pl ind fut pass	παλαιόω
14834	Eph 6,12	πάλη	(1)	nom sg	πάλη
14835	Mt 19,28	παλιγγενεσίᾳ	(1)	dat sg	παλιγγενεσία
14836	Tit 3,5	παλιγγενεσίας	(1)	gen sg	Id
14837		πάλιν	(141)	adv	πάλιν
14838	Lc 23,18	παμπληθεί	(1)	adv	παμπληθεί
14839	*Mc 8,1	παμπόλλου		gen mas sg	πάμπολυς
14840	*Mc 16,9	Παμφίλου		gen	Πάμφιλος
14841		Παμφυλίαν	(3)	acc	Παμφυλία
14842		Παμφυλίας	(2)	gen	Id
14843		πᾶν	(75)	nom/acc neut sg	πᾶς
14844	Lc 10,35	πανδοχεῖ	(1)	dat sg	πανδοχεύς
14845	Lc 10,34	πανδοχεῖον	(1)	acc sg	πανδοχεῖον
14846	*1Pt inscr	πανευφήμου		gen mas sg	πανεύφημος
14847	Heb 12,22	πανηγύρει	(1)	dat sg	πανήγυρις
14848	Ac 16,34	πανοικεί	(1)	adv	πανοικεί
14849		πανοπλίαν	(3)	acc sg	πανοπλία
14850		πανουργίᾳ	(4)	dat sg	πανουργία
14851	Lc 20,23	πανουργίαν	(1)	acc sg	Id
14852	2Co 12,16	πανοῦργος	(1)	nom sg	πανοῦργος
14853		πάντα	(18)	acc mas sg	πᾶς
14854		πάντα	(244)	nom/acc neut pl	Id
14855		πάντας	(90)	acc mas pl	Id
14856	Ac 21,28	πανταχῆ	(1)	adv	πανταχῆ
14857		πανταχοῦ	(7)	adv	πανταχοῦ
14858		παντελές	(2)	acc neut sg	παντελής
14859		πάντες	(178)	nom mas pl	πᾶς
14860	Ac 24,3	πάντῃ	(1)	adv	πάντῃ
14861		παντί	(59)	dat mas/neut sg	πᾶς
14862		πάντοθεν	(3)	adv	πάντοθεν
14863		παντοκράτορος	(2)	gen sg	παντοκράτωρ
14864		παντοκράτωρ	(8)	nom sg	Id
14865		παντός	(34)	gen mas/neut sg	πᾶς
14866		πάντοτε	(41)	adv	πάντοτε
14867		πάντων	(135)	gen mas/neut pl	πᾶς
14868		πάντως	(8)	adv	πάντως
14869		παρ'		cf παρά	
14870		παρά	(194)	prpo	παρά
14871	Mt 15,3	παραβαίνετε	(1)	2 p pl ind pr a	παραβαίνω
14872	Mt 15,2	παραβαίνουσιν	(1)	3 p pl ind pr a	Id
14873	*2Jh 9	παραβαίνων		nom mas sg part pr a	Id
14874	*Mc 4,30	παραβάλομεν		err cf παραβαλοῦμεν	
14875		παραβαλοῦμεν		1 p pl ind fut a	παραβάλλω
14876	*Mc 4,30	παραβάλωμεν		1 p pl sbj ao2 a	Id
14877	1Tm 2,14	παραβάσει	(1)	dat sg	παράβασις

14878	Ga 3,19	παραβάσεων	(1)	gen pl	παράβασις
14879		παραβάσεως	(3)	gen sg	Id
14880		παράβασις	(2)	nom sg	Id
14881	Ja 2,9	παραβάται	(1)	nom pl	παραβάτης
14882		παραβάτην	(2)	acc sg	Id
14883		παραβάτης	(2)	nom sg	Id
14884		παραβολαῖς	(12)	dat pl	παραβολή
14885		παραβολάς	(4)	acc pl	Id
14886	Php 2,30	παραβολευσάμενος	(1)	nom mas sg part ao	παραβολεύομαι
14887		παραβολή	(3)	nom sg	παραβολή
14888		παραβολῇ	(2)	dat sg	Id
14889		παραβολήν	(26)	acc sg	Id
14890		παραβολῆς	(3)	gen sg	Id
14891	*Php 2,30	παραβουλευσάμενος		nom mas sg part ao	παραβουλεύομαι
14892	Ac 16,23	παραγγείλαντες	(1)	nom mas pl part ao a	παραγγέλλω
14893		παραγγείλας	(4)	nom mas sg part ao a	Id
14894	1Tm 1,3	παραγγείλῃς	(1)	2 p sg sbj ao a	Id
14895	*Ac 17,30	παραγγελεῖ		3 p sg ind fut a	Id
14896	Ac 5,28	παραγγελίᾳ	(1)	dat sg	παραγγελία
14897		παραγγελίαν	(2)	acc sg	Id
14898	1Tm 1,5	παραγγελίας	(1)	gen sg	Id
14899	1Th 4,2	παραγγελίας	(1)	acc pl	Id
14900		παράγγελλε	(3)	2 p sg imper pr a	παραγγέλλω
14901		παραγγέλλει	(2)	3 p sg ind pr a	Id
14902	Ac 15,5	παραγγέλλειν	(1)	inf pr a	Id
14903		παραγγέλλομεν	(3)	1 p pl ind pr a	Id
14904		παραγγέλλω	(3)	1 p sg ind pr a	Id
14905	1Co 11,17	παραγγέλλων	(1)	nom mas sg part pr a	Id
14906	*Ac 10,25	παραγεγονέναι		inf pf2	παραγίνομαι
14907		παράγει	(2)	3 p sg ind pr a	παράγω
14908		παραγενόμενοι	(6)	nom mas pl part ao2	παραγίνομαι
14909	Ac 9,39	παραγενόμενον	(1)	acc mas sg part ao2	Id
14910		παραγενόμενος	(11)	nom mas sg part ao2	Id
14911	Ac 25,7	παραγενομένου	(1)	gen mas sg part ao2	Id
14912	Lc 22,52	παραγενομένους	(1)	acc mas pl part ao2	Id
14913	*Lc 8,35	παραγενομένων		gen mas pl part ao2	Id
14914	1Co 16,3	παραγένωμαι	(1)	1 p sg sbj ao2	Id
14915	Ac 23,35	παραγένωνται	(1)	3 p pl sbj ao2	Id
14916		παράγεται	(2)	3 p sg ind pr pass	παράγω
14917		παραγίνεται	(3)	3 p sg ind pr	παραγίνομαι
14918	Mc 15,21	παράγοντα	(1)	acc mas sg part pr a	παράγω
14919	Mt 9,27	παράγοντι	(1)	dat mas sg part pr a	Id
14920		παράγων	(4)	nom mas sg part pr a	Id
14921	Ac 14,26	παραδεδομένοι	(1)	nom mas pl part pf pass	παραδίδωμι
14922	Lc 4,6	παραδέδοται	(1)	3 p sg ind pf pass	Id
14923	Mc 15,10	παραδεδώκεισαν	(1)	3 p pl ind plpf a	Id
14924	Ac 15,26	παραδεδωκόσι	(1)	dat mas pl part pf a	Id
14925	Heb 6,6	παραδειγματίζοντας	(1)	acc mas pl part pr a	παραδειγματίζω
14926	*Mt 1,19	παραδειγματίσαι		inf ao a	Id

No.	Ref.	Form	Freq.	Analysis	Lemma
14927	2Co 12,4	παράδεισον	(1)	acc sg . . .	παράδεισος
14928	*Apc 2,7	παραδείσου		gen sg	Id
14929		παραδείσῳ	(2)	dat sg	Id
14930	*Ac 16,21	παραδέξασθαι		inf ao	παραδέχομαι
14931	Ac 22,18	παραδέξονται	(1)	3 p pl ind fut . .	Id
14932	Ac 16,21	παραδέχεσθαι	(1)	inf pr . . .	Id
14933	Heb 12,6	παραδέχεται	(1)	3 p sg ind pr . .	Id
14934	Mc 4,20	παραδέχονται	(1)	3 p pl ind pr . .	Id
14935	1Tm 5,19	παραδέχου	(1)	2 p sg imper pr . .	Id
14936	2Co 4,11	παραδιδόμεθα	(1)	1 p pl ind pr pass	παραδίδωμι
14937		παραδιδόναι	(2)	inf pr a . . .	Id
14938	Jh 13,11	παραδιδόντα	(1)	acc mas sg part pr a .	Id
14939		παραδιδόντες	(2)	nom mas pl part pr a .	Id
14940		παραδιδόντος	(2)	gen mas sg part pr a .	Id
14941		παραδίδοσθαι	(2)	inf pr pass . .	Id
14942		παραδίδοται	(8)	3 p sg ind pr pass .	Id
14943		παραδιδούς	(10)	nom mas sg part pr a .	Id
14944	1Co 15,24	παραδιδῷ	(1)	3 p sg sbj pr a . .	Id
14945	Lc 22,48	παραδίδως	(1)	2 p sg ind pr a . .	Id
14946	*Mt 10,19	παραδιδῶσιν		3 p pl sbj pr a . . .	Id
14947	Ac 15,40	παραδοθείς	(1)	nom mas sg part ao pass	Id
14948	Ju 3	παραδοθείσῃ	(1)	dat fem sg part ao pass	Id
14949	2Pt 2,21	παραδοθείσης	(1)	gen fem sg part ao pass	Id
14950		παραδοθῆναι	(2)	inf ao pass . . .	Id
14951	Lc 21,16	παραδοθήσεσθε	(1)	2 p pl ind fut pass .	Id
14952		παραδοθήσεται	(3)	3 p sg ind fut pass .	Id
14953	Jh 18,36	παραδοθῶ	(1)	1 p sg sbj ao pass . .	Id
14954		παραδοῖ	(4)	3 p sg sbj ao2 a . .	Id
14955	Lc 5,26	παράδοξα	(1)	acc neut pl . .	παράδοξος
14956	Mc 7,13	παραδόσει	(1)	dat sg	παράδοσις
14957		παραδόσεις	(2)	acc pl	Id
14958	Ga 1,14	παραδόσεων	(1)	gen pl	Id
14959		παράδοσιν	(9)	acc sg	Id
14960		παραδοῦναι	(3)	inf ao2 a . .	παραδίδωμι
14961		παραδούς	(4)	nom mas sg part ao2 a .	Id
14962	1Co 13,3	παραδῶ	(1)	1 p sg sbj ao2 a . . .	Id
14963		παραδῷ	(3)	3 p sg sbj ao2 a . . .	Id
14964		παραδώσει	(7)	3 p sg ind fut a . .	Id
14965	Mt 10,19	παραδῶσιν	(1)	3 p pl sbj ao2 a . .	Id
14966		παραδώσουσιν	(7)	3 p pl ind fut a .	Id
14967	Mt 26,15	παραδώσω	(1)	1 p sg ind fut a . .	Id
14968	Jh 6,64	παραδώσων	(1)	nom mas sg part fut a .	Id
14969	*Mt 10,19	παραδώσωσιν		3 p pl sbj ao a . . .	Id
14970	1Co 10,22	παραζηλοῦμεν	(1)	1 p pl ind pr a .	παραζηλόω
14971	Rm 11,11	παραζηλῶσαι	(1)	inf ao a . . .	Id
14972	Rm 10,19	παραζηλώσω	(1)	1 p sg ind fut a . .	Id
14973	Rm 11,14	παραζηλώσω	(1)	1 p sg ind fut a/sbj ao a	Id
14974	Mt 4,13	παραθαλασσίαν	(1)	acc fem sg .	παραθαλάσσιος
14975	*Lc 4,31	παραθαλάσσιον		acc fem sg . .	Id

No.	Ref	Form	Parsing	Lemma
14976	Lc 9,16	παραθεῖναι	(1) inf ao2 a	παρατίθημι
14977	*Mc 8,7	παραθέτε	2 p pl imper ao a	Id
14978		παραθήκην	(3) acc sg	παραθήκη
14979	*Mc 8,7	παραθῆναι	cf παραθεῖναι	
14980	*Lc 23,46	παραθήσομαι	1 p sg ind fut m	παρατίθημι
14981	Lc 11,6	παραθήσω	(1) 1 p sg ind fut a	Id
14982	2Tm 2,2	παράθου	(1) 2 p sg imper ao2 m	Id
14983	*Mc 6,41	παραθῶσιν	3 p pl sbj ao2 a	Id
14984	Ac 27,22	παραινῶ	(1) 1 p sg ind pr a	παραινέω
14985	*Lc 3,18	παραινῶν	nom mas sg part pr a	Id
14986	Lc 14,18	παραιτεῖσθαι	(1) inf pr	παραιτέομαι
14987	Heb 12,25	παραιτησάμενοι	(1) nom mas pl part ao	Id
14988	Heb 12,25	παραιτήσησθε	(1) 2 p pl sbj ao	Id
14989		παραιτοῦ	(4) 2 p sg imper pr	Id
14990	Ac 25,11	παραιτοῦμαι	(1) 1 p sg ind pr	Id
14991	Lc 10,39	παρακαθεσθεῖσα	(1) nom fem sg part ao	παρακαθέζομαι
14992	*Lc 10,39	παρακαθίσασα	nom fem sg part ao a	παρακαθίζω
14993	*1Tm 2,1	παρακάλει	2 p sg imper pr	παρακαλέω
14994		παρακαλεῖν	(3) inf pr a	Id
14995	2Co 13,11	παρακαλεῖσθε	(1) 2 p pl imper pr pass/m	Id
14996	Lc 16,25	παρακαλεῖται	(1) 3 p sg ind pr pass	Id
14997		παρακαλεῖτε	(3) 2 p pl imper pr a	Id
14998		παρακαλέσαι	(5) inf ao a	Id
14999	2Th 2,17	παρακαλέσαι	(1) 3 p sg opt ao a	Id
15000	*Mc 5,12	παρακαλέσαντες	nom mas pl part ao a	Id
15001		παρακαλέσας	(2) nom mas sg part ao a	Id
15002	*Heb 3,13	παρακαλέσατε	2 p pl imper ao a	Id
15003		παρακαλέσῃ	(2) 3 p sg sbj ao a	Id
15004	2Tm 4,2	παρακάλεσον	(1) 2 p sg imper ao a	Id
15005		παρακαλούμεθα	(2) 1 p pl ind pr pass	Id
15006		παρακαλοῦμεν	(6) 1 p pl ind pr a	Id
15007		παρακαλοῦντες	(4) nom mas pl part pr a	Id
15008	2Co 5,20	παρακαλοῦντος	(1) gen mas sg part pr a	Id
15009		παρακαλοῦσιν	(2) 3 p pl ind pr a	Id
15010		παρακαλῶ	(20) 1 p sg ind pr a	Id
15011		παρακαλῶν	(9) nom mas sg part pr a	Id
15012	1Co 14,31	παρακαλῶνται	(1) 3 p pl sbj pr pass	Id
15013	*Mc 5,36	παρακαούσας	err cf παρακούσας	
15014	*1Tm subsc	Παρακατιανῆς	gen	Παρακατιανή
15015		παράκειται	(2) 3 p sg ind pr	παράκειμαι
15016	Lc 9,45	παρακεκαλυμμένον	(1) nom neut sg part pf pass	παρακαλύπτω
15017	2Co 7,13	παρακεκλήμεθα	(1) 1 p pl ind pf pass	παρακαλέω
15018	*Ac 20,1	παρακελεύσας	nom mas sg part ao a	παρακελεύω
15019	Ac 28,11	παρακεχειμακότι	(1)dat mas sg part pf a	παραχειμάζω
15020	*Mt 20,28	παρακληθέντες	nom mas pl part ao pass	παρακαλέω
15021	Mt 2,18	παρακληθῆναι	(1) inf ao pass	Id
15022	Mt 5,4	παρακληθήσονται	(1) 3 p pl ind fut pass	Id
15023	Col 2,2	παρακληθῶσιν	(1) 3 p pl sbj ao pass	Id
15024		παρακλήσει	(7) dat sg	παράκλησις

No.	Ref	Form	Freq	Parsing	Lemma
15025		παρακλήσεως	(12)	gen sg . .	παράκλησις
15026		παράκλησιν	(7)	acc sg	Id
15027		παράκλησις	(3)	nom sg	Id
15028		παράκλητον	(2)	acc sg . . .	παράκλητος
15029		παράκλητος	(3)	nom sg	Id
15030	Heb 2,2	παρακοή	(1)	nom sg	παρακοή
15031	2Co 10,6	παρακοήν	(1)	acc sg	Id
15032	Rm 5,19	παρακοῆς	(1)	gen sg	Id
15033	*Mc 5,37	παρακολουθῆσαι		inf ao a . . .	παρακολουθέω
15034	*Mc 16,17	παρακολουθήσει		3 p sg ind fut a .	Id
15035	Mc 5,36	παρακούσας	(1)	nom mas sg part ao a .	παρακούω
15036		παρακούσῃ	(2)	3 p sg sbj ao a . .	Id
15037	*Lc 5,5	παρακούσομαι		1 p sg ind fut m . . .	Id
15038	*Lc 5,5	παρακούσομεν		1 p pl ind fut a . . .	Id
15039	1Pt 1,12	παρακύψαι	(1)	inf ao a . . .	παρακύπτω
15040		παρακύψας	(3)	nom mas sg part ao a .	Id
15041		παράλαβε	(3)	2 p sg imper ao2 a .	παραλαμβάνω
15042	Mt 1,20	παραλαβεῖν	(1)	inf ao2 a . . .	Id
15043	Ac 15,39	παραλαβόντα	(1)	acc mas sg part ao2 a .	Id
15044		παραλαβόντες	(2)	nom mas pl part ao2 a	Id
15045		παραλαβών	(10)	nom mas sg part ao2 a .	Id
15046		παραλαμβάνει	(8)	3 p sg ind pr a .	Id
15047		παραλαμβάνεται	(2)	3 p sg ind pr pass .	Id
15048	Heb 12,28	παραλαμβάνοντες	(1)	nom mas pl part pr a	Id
15049	Mc 4,36	παραλαμβάνουσιν	(1)	3 p pl ind pr a .	Id
15050	Ac 27,8	παραλεγόμενοι	(1)	nom mas pl part pr	παραλέγομαι
15051	Heb 12,12	παραλελυμένα	(1)	acc neut pl part pf pass	παραλύω
15052	Ac 8,7	παραλελυμένοι	(1)	nom mas pl part pf pass	Id
15053		παραλελυμένος	(2)	nom mas sg part pf pass	Id
15054	Lc 5,24	παραλελυμένῳ	(1)	dat mas sg part pf pass	Id
15055		παραλημφθήσεται	(3)	3 p sg ind fut (pass)	παραλαμβάνω
15056	Jh 14,3	παραλήμψομαι	(1)	1 p sg ind fut . .	Id
15057	Lc 6,17	παραλίου	(1)	gen fem sg . . .	παράλιος
15058	Ja 1,17	παραλλαγή	(1)	nom sg . . .	παραλλαγή
15059	*Ja 1,17	παραλλαγῆς		gen sg	Id
15060	Col 2,4	παραλογίζηται	(1)	3 p sg ind pr .	παραλογίζομαι
15061	Ja 1,22	παραλογιζόμενοι	(1)	nom mas pl part pr	Id
15062		παραλυτικόν	(2)	acc mas sg . .	παραλυτικός
15063		παραλυτικός	(2)	nom mas sg . .	Id
15064	Mt 4,24	παραλυτικούς	(1)	acc mas pl . . .	Id
15065		παραλυτικῷ	(5)	dat mas sg . . .	Id
15066	*Jh 5,3	παραλυτικῶν		gen mas pl	Id
15067	Ja 1,25	παραμείνας	(1)	nom mas sg part ao a .	παραμένω
15068	Heb 7,23	παραμένειν	(1)	inf pr a . . .	Id
15069		παραμενῶ	(2)	1 p sg ind fut a . .	Id
15070	1Th 5,14	παραμυθεῖσθε	(1)	2 p pl imper pr .	παραμυθέομαι
15071	Jh 11,19	παραμυθήσωνται	(1)	3 p pl sbj ao . .	Id
15072	1Co 14,3	παραμυθίαν	(1)	acc sg . . .	παραμυθία
15073	Php 2,1	παραμύθιον	(1)	acc sg . . .	παραμύθιον

No.	Ref.	Form	Freq.	Parsing	Lemma
15074		παραμυθούμενοι	(2)	nom mas pl part pr	παραμυθέομαι
15075	*2Pt 2,16	παράνοιαν		acc sg	παράνοια
15076	*Ju 16	παρανομίᾳ		dat sg	παρανομία
15077	*2Pt 2,16	παρανομίαν		acc sg	Id
15078	2Pt 2,16	παρανομίας	(1)	gen sg	Id
15079	Ac 23,3	παρανομῶν	(1)	nom mas sg part pr a	παρανομέω
15080	Heb 6,6	παραπεσόντας	(1)	acc mas pl part ao2 a	παραπίπτω
15081		παραπικρασμῷ	(2)	dat sg	παραπικρασμός
15082	Ac 20,16	παραπλεῦσαι	(1)	inf ao a	παραπλέω
15083	Php 2,27	παραπλήσιον	(1)	adv	παραπλήσιον
15084	Heb 2,14	παραπλησίως	(1)	adv	παραπλησίως
15085	Mc 2,23	παραπορεύεσθαι	(1)	inf pr	παραπορεύομαι
15086		παραπορευόμενοι	(3)	nom mas pl part pr	Id
15087	*Mc 2,23	παραπορευόμενον		acc mas sg part pr	Id
15088		παράπτωμα	(3)	nom sg	παράπτωμα
15089		παραπτώμασιν	(3)	dat pl	Id
15090		παραπτώματα	(7)	acc pl	Id
15091		παραπτώματι	(4)	dat sg	Id
15092	Rm 5,18	παραπτώματος	(1)	gen sg	Id
15093		παραπτωμάτων	(2)	gen pl	Id
15094	Heb 2,1	παραρυῶμεν	(1)	1 p pl sbj ao2 pass	παραρρέω
15095	Ac 28,11	παρασήμῳ	(1)	dat neut sg	παράσημος
15096	Ac 10,10	παρασκευαζόντων	(1)	gen mas pl part pr a	παρασκευάζω
15097	1Co 14,8	παρασκευάσεται	(1)	3 p sg ind fut m	Id
15098		παρασκευή	(3)	nom sg	παρασκευή
15099		παρασκευήν	(2)	acc sg	Id
15100	Lc 23,54	παρασκευῆς	(1)	gen sg	Id
15101	*Rm 16,2	παραστάτις		nom sg	παραστάτις
15102	Ac 27,24	παραστῆναι	(1)	inf ao2 a	παρίστημι
15103		παραστῆσαι	(7)	inf ao a	Id
15104		παραστήσατε	(2)	2 p pl imper ao a	Id
15105		παραστήσει	(3)	3 p sg ind fut a	Id
15106	Eph 5,27	παραστήσῃ	(1)	3 p sg sbj ao a	Id
15107	Rm 14,10	παραστησόμεθα	(1)	1 p pl ind fut m	Id
15108	Col 1,28	παραστήσωμεν	(1)	1 p pl sbj ao a	Id
15109	Rm 16,2	παραστῆτε	(1)	2 p pl sbj ao2 a	Id
15110	Ac 17,31	παρασχών	(1)	nom mas sg part ao2 a	παρέχω
15111	Ga 4,10	παρατηρεῖσθε	(1)	2 p pl ind pr m	παρατηρέω
15112	Lc 20,20	παρατηρήσαντες	(1)	nom mas pl part ao a	Id
15113	Lc 17,20	παρατηρήσεως	(1)	gen sg	παρατήρησις
15114	*Ga 4,10	παρατηροῦντες		nom mas pl part pr a	παρατηρέω
15115	Lc 14,1	παρατηρούμενοι	(1)	nom mas pl part pr m	Id
15116		παρατίθεμαι	(3)	1 p sg ind pr m	παρατίθημι
15117	Lc 10,8	παρατιθέμενα	(1)	acc neut pl part pr pass	Id
15118	1Co 10,27	παρατιθέμενον	(1)	acc neut sg part pr pass	Id
15119	Ac 17,3	παρατιθέμενος	(1)	nom mas sg part pr m	Id
15120	Mc 8,7	παρατιθέναι	(1)	inf pr a	Id
15121	1Pt 4,19	παρατιθέσθωσαν	(1)	3 p pl imper pr pass	Id
15122	*Lc 23,46	παρατίθημι		1 p sg ind pr a	Id

15123		παρατιθῶσιν	(2)	3 p pl sbj pr a	παρατίθημι
15124	Ac 17,17	παρατυγχάνοντας	(1)	acc mas pl part pr a	παρατυγχάνω
15125	*Ac 17,17	παρατύχοντας		acc mas pl part ao2 a	Id
15126	2Co 4,17	παραυτίκα	(1)	adv	παραυτίκα
15127	Heb 13,9	παραφέρεσθε	(1)	2 p pl imper pr pass	παραφέρω
15128	Ju 12	παραφερόμεναι	(1)	nom fem pl part pr pass	Id
15129	*Ju 12	παραφερόμενοι		nom mas pl part pr pass	Id
15130	*Lc 11,42	παραφιέναι		inf pr a	παραφίημι
15131	2Pt 2,16	παραφρονίαν	(1)	acc sg	παραφρονία
15132	2Co 11,23	παραφρονῶν	(1)	nom mas sg part pr a	παραφρονέω
15133	*2Pt 2,16	παραφροσύνην		acc sg	παραφροσύνη
15134		παραχειμάσαι	(2)	inf ao a	παραχειμάζω
15135	Ac 27,12	παραχειμασίαν	(1)	acc sg	παραχειμασία
15136	1Co 16,6	παραχειμάσω	(1)	1 p sg ind fut a	παραχειμάζω
15137		παραχρῆμα	(18)	adv	παραχρῆμα
15138	*1Co 7,31	παραχρώμενοι		nom mas pl part pr	παραχράομαι
15139	Apc 13,2	παρδάλει	(1)	dat sg	πάρδαλις
15140	Ac 20,15	παρεβάλομεν	(1)	1 p pl ind ao2 a	παραβάλλω
15141	Ac 1,25	παρέβη	(1)	3 p sg ind ao2 a	παραβαίνω
15142	Lc 24,29	παρεβιάσαντο	(1)	3 p pl ind ao	παραβιάζομαι
15143	Ac 16,15	παρεβιάσατο	(1)	3 p sg ind ao	Id
15144		παρεγένετο	(5)	3 p sg ind ao2	παραγίνομαι
15145		παρεγενόμην	(2)	1 p sg ind ao2	Id
15146		παρεγένοντο	(4)	3 p pl ind ao2	Id
15147	Jh 3,23	παρεγίνοντο	(1)	3 p pl ind impf	Id
15148	Ac 15,4	παρεδέχθησαν	(1)	3 p pl ind ao (pass)	παραδέχομαι
15149	1Co 11,23	παρεδίδετο	(1)	3 p sg ind impf pass	παραδίδωμι
15150	Ac 16,4	παρεδίδοσαν	(1)	3 p pl ind impf a	Id
15151		παρεδίδου	(2)	3 p sg ind impf a	Id
15152	Ac 27,1	παρεδίδουν	(1)	3 p pl ind impf a	Id
15153		παρεδόθη	(4)	3 p sg ind ao pass	Id
15154	Ac 28,17	παρεδόθην	(1)	1 p sg ind ao pass	Id
15155	*Ac 15,4	παρεδόθησαν		3 p pl ind ao pass	Id
15156	Rm 6,17	παρεδόθητε	(1)	2 p pl ind ao pass	Id
15157	Lc 1,2	παρέδοσαν	(1)	3 p pl ind ao2 a	Id
15158	1Co 9,13	παρεδρεύοντες	(1)	nom mas pl part pr a	παρεδρεύω
15159		παρέδωκα	(4)	1 p sg ind ao a	παραδίδωμι
15160	Jh 18,30	παρεδώκαμεν	(1)	1 p pl ind ao a	Id
15161		παρέδωκαν	(6)	3 p pl ind ao a	Id
15162		παρέδωκας	(2)	2 p sg ind ao a	Id
15163		παρεδώκατε	(2)	2 p pl ind ao a	Id
15164		παρέδωκεν	(17)	3 p sg ind ao a	Id
15165		παρέθεντο	(2)	3 p pl ind ao2 m	παρατίθημι
15166	Ac 6,1	παρεθεωροῦντο	(1)	3 p pl ind impf pass	παραθεωρέω
15167	Mc 8,6	παρέθηκαν	(1)	3 p pl ind ao a	παρατίθημι
15168		παρέθηκεν	(3)	3 p sg ind ao a	Id
15169	Mt 26,50	πάρει	(1)	2 p sg ind pr	πάρειμι
15170	Heb 12,12	παρειμένας	(1)	acc fem pl part pf pass	παρίημι
15171		παρεῖναι	(3)	inf pr a	πάρειμι

15172	Lc 11,42	παρεῖναι (1)	inf ao2 a	παρίημι
15173	Ga 2,4	παρεισάκτους (1)	acc mas pl . .	παρείσακτος
15174	2Pt 2,1	παρεισάξουσιν (1)	3 p pl ind fut a	παρεισάγω
15175	*Ju 4	παρεισεδύησαν	3 p pl ind ao2 pass .	παρεισδύω
15176	Ju 4	παρεισέδυσαν (1)	3 p pl ind ao a . .	Id
15177	2Pt 1,5	παρεισενέγκαντες (1)	nom mas pl part ao a	παρεισφέρω
15178	Rm 5,20	παρεισῆλθεν (1)	3 p sg ind ao2	παρεισέρχομαι
15179	Ga 2,4	παρεισῆλθον (1)	3 p pl ind ao2 . .	Id
15180	Ac 17,6	πάρεισιν (1)	3 p pl ind pr . . .	πάρειμι
15181	Ac 1,10	παρειστήκεισαν (1)	3 p pl ind plpf a	παρίστημι
15182	Ac 16,16	παρεῖχεν (1)	3 p sg ind impf a . .	παρέχω
15183	Ac 19,24	παρείχετο (1)	3 p sg ind impf m . .	Id
15184	Ac 28,2	παρεῖχον (1)	3 p pl ind impf a . .	Id
15185		παρεκάλει (13)	3 p sg ind impf a .	παρακαλέω
15186		παρεκάλεσα (5)	1 p sg ind ao a . .	Id
15187		παρεκάλεσαν (6)	3 p pl ind ao a . .	Id
15188	Mt 18,32	παρεκάλεσας (1)	2 p sg ind ao a . .	Id
15189		παρεκάλεσεν (3)	3 p sg ind ao a . .	Id
15190	Ac 21,12	παρεκαλοῦμεν (1)	1 p pl ind impf a .	Id
15191		παρεκάλουν (8)	3 p pl ind impf a . .	Id
15192	2Co 7,7	παρεκλήθη (1)	3 p sg ind ao pass . .	Id
15193		παρεκλήθημεν (2)	1 p pl ind ao pass .	Id
15194	Ac 20,12	παρεκλήθησαν (1)	3 p pl ind ao pass .	Id
15195		παρεκτός (3)	adv	παρεκτός
15196	Jh 20,11	παρέκυψεν (1)	3 p sg ind ao a .	παρακύπτω
15197		παρέλαβεν (4)	3 p sg ind ao2 a .	παραλαμβάνω
15198	Col 4,17	παρέλαβες (1)	2 p sg ind ao2 a . .	Id
15199		παρελάβετε (5)	2 p pl ind ao2 a . .	Id
15200		παρέλαβον (3)	1 p sg ind ao2 a . .	Id
15201		παρέλαβον (3)	3 p pl ind ao2 a . .	Id
15202	2Th 3,6	παρελάβοσαν (1)	3 p pl ind ao2 a . .	Id
15203	Ac 27,13	παρελέγοντο (1)	3 p pl ind impf .	παραλέγομαι
15204		παρελεύσεται (2)	3 p sg ind fut .	παρέρχομαι
15205		παρελεύσονται (5)	3 p pl ind fut . .	Id
15206	Ac 27,9	παρεληλυθέναι (1)	inf pf2 . . .	Id
15207	1Pt 4,3	παρεληλυθώς (1)	nom mas sg part pf2 .	Id
15208	Mt 26,39	παρελθάτω (1)	3 p sg imper ao2 . .	Id
15209		παρελθεῖν (4)	inf ao2	Id
15210		παρέλθῃ (6)	3 p sg sbj ao2 . . .	Id
15211	Ac 16,8	παρελθόντες (1)	nom mas pl part ao2 .	Id
15212		παρελθών (3)	nom mas sg part ao2 . .	Id
15213	Mt 24,35	παρέλθωσιν (1)	3 p pl sbj ao2 . .	Id
15214	Lc 19,43	παρεμβαλοῦσιν (1)	3 p pl ind fut a	παρεμβάλλω
15215	Heb 11,34	παρεμβολάς (1)	acc pl . . .	παρεμβολή
15216		παρεμβολήν (7)	acc sg	Id
15217		παρεμβολῆς (2)	gen sg	Id
15218	*Mc 14,36	παρενέγκαι	inf ao2 a	παραφέρω
15219		παρένεγκε (2)	2 p sg imper ao2 a . .	Id
15220	*Lc 22,42	παρενεγκεῖν	inf ao2 a	Id

15221	Ac 15,19	παρενοχλεῖν (1)	inf pr a . .	παρενοχλέω
15222	Lc 7,4	παρέξῃ (1)	2 p sg ind fut m . . .	παρέχω
15223	Heb 11,13	παρεπίδημοι (1)	nom mas pl . .	παρεπίδημος
15224	1Pt 1,1	παρεπιδήμοις (1)	dat mas pl . . .	Id
15225	1Pt 2,11	παρεπιδήμους (1)	acc mas pl . . .	Id
15226	Heb 3,16	παρεπίκραναν (1)	3 p pl ind ao a .	παραπικραίνω
15227	Mc 9,30	παρεπορεύοντο (1)	3 p pl ind impf	παραπορεύομαι
15228	Lc 11,42	παρέρχεσθε (1)	2 p pl ind pr .	παρέρχομαι
15229	Lc 18,37	παρέρχεται (1)	3 p sg ind pr . .	Id
15230	Rm 3,25	πάρεσιν (1)	acc sg	πάρεσις
15231	*1Pt 2,8	παρεσκεύασαν	3 p pl ind ao a . .	παρασκευάζω
15232	2Co 9,3	παρεσκευασμένοι (1)	nom mas pl part pf m	Id
15233	2Co 9,2	παρεσκεύασται (1)	3 p sg ind pf m .	Id
15234	Ac 10,33	πάρεσμεν (1)	1 p pl ind pr . . .	πάρειμι
15235	Apc 17,8	παρέσται (1)	3 p sg ind fut . . .	Id
15236	Ac 10,21	πάρεστε (1)	2 p pl ind pr . . .	Id
15237		παρέστη (2)	3 p sg ind ao2 a .	παρίστημι
15238		παρέστηκεν (2)	3 p sg ind pf a . .	Id
15239		παρεστηκότων (2)	gen mas pl part pf a .	Id
15240		παρεστηκώς (3)	nom mas sg part pf a .	Id
15241		παρέστησαν (3)	3 p pl ind ao a . .	Id
15242	Rm 6,19	παρεστήσατε (1)	2 p pl ind ao a . .	Id
15243		παρέστησεν (2)	3 p sg ind ao a . .	Id
15244		πάρεστιν (3)	3 p sg ind pr . . .	πάρειμι
15245	*Lc 1,19	παρεστῶς	nom mas sg part pf2 a .	παρίστημι
15246		παρεστῶσιν (3)	dat mas pl part pf2 a .	Id
15247	Jh 19,26	παρεστῶτα (1)	acc mas sg part pf2 a .	Id
15248		παρεστῶτες (2)	nom mas pl part pf2 a .	Id
15249	*Jh 18,22	παρεστώτων	gen mas pl part pf2 a . .	Id
15250	*Ac 17,31	παρεσχειν (!)		
15251	Ac 22,2	παρέσχον (1)	3 p pl ind ao2 a . .	παρέχω
15252	Ac 20,7	παρέτεινεν (1)	3 p sg ind impf a .	παρατείνω
15253	Mc 3,2	παρετήρουν (1)	3 p pl ind impf a . .	παρατηρέω
15254		παρετηροῦντο (2)	3 p pl ind impf m .	Id
15255		πάρεχε (2)	2 p sg imper pr a . .	παρέχω
15256	Lc 18,5	παρέχειν (1)	inf pr a	Id
15257	Col 4,1	παρέχεσθε (1)	2 p pl imper pr m . .	Id
15258		παρέχετε (2)	2 p pl ind pr a . .	Id
15259	Ga 6,17	παρεχέτω (1)	3 p sg imper pr a . .	Id
15260	Tit 2,7	παρεχόμενος (1)	nom mas sg part pr m .	Id
15261	1Tm 6,17	παρέχοντι (1)	dat mas sg part pr a .	Id
15262	1Tm 1,4	παρέχουσιν (1)	3 p pl ind pr a . .	Id
15263	*1Th 5,20	παρέχων	nom mas sg part pr a . . .	Id
15264		παρηγγείλαμεν (2)	1 p pl ind ao a	παραγγέλλω
15265		παρήγγειλαν (2)	3 p pl ind ao a . .	Id
15266	*Ac 4,18	παρηγγείλαντο	3 p pl ind ao m . .	Id
15267		παρήγγειλεν (7)	3 p sg ind ao a . .	Id
15268	*Lc 8,29	παρήγγελλεν	3 p sg ind impf a . . .	Id
15269	2Th 3,10	παρηγγέλλομεν (1)	1 p pl ind impf a .	Id

15270	*Mc #1	παρηγγελμένα	nom neut pl part pf pass	παραγγέλλω
15271	*Jh 8,59	παρῆγεν	3 p sg ind impf a	παράγω
15272	Col 4,11	παρηγορία (1)	nom sg	παρηγορία
15273		παρηκολούθηκας (2)	2 p sg ind pf a	παρακολουθέω
15274	Lc 1,3	παρηκολουθηκότι (1)	dat mas sg part pf a	Id
15275	*1Tm 4,6	παρηκολούθησας	2 p sg ind ao a	Id
15276		παρῆλθεν (2)	3 p sg ind ao2	παρέρχομαι
15277	Lc 15,29	παρῆλθον (1)	1 p sg ind ao2	Id
15278	*Apc 21,4	παρῆλθον	3 p pl ind ao2	Id
15279	*Jh 13,1	παρῆν	3 p sg ind impf	πάρειμι
15280	Ac 27,9	παρῄνει (1)	3 p sg ind impf a	παραινέω
15281		παρῆσαν (2)	3 p pl ind impf	πάρειμι
15282		παρῃτημένον (2)	acc mas sg part pf (pass)	παραιτέομαι
15283	Heb 12,19	παρῃτήσαντο (1)	3 p pl ind ao	Id
15284	Mc 15,6	παρῃτοῦντο (1)	3 p pl ind impf	Id
15285	Lc 2,36	παρθενίας (1)	gen sg	παρθενία
15286		παρθένοι (4)	nom pl	παρθένος
15287	Mt 25,1	παρθένοις (1)	dat pl	Id
15288		παρθένον (5)	acc sg	Id
15289		παρθένος (3)	nom sg	Id
15290	Lc 1,27	παρθένου (1)	gen sg	Id
15291	1Co 7,25	παρθένων (1)	gen pl	Id
15292	Ac 2,9	Πάρθοι (1)	nom pl	Πάρθος
15293	*Ac 17,30	παριδών	nom mas sg part ao2 a	παροράω
15294	Rm 6,16	παριστάνετε (1)	2 p pl ind pr a	παρίστημι
15295	Rm 6,13	παριστάνετε (1)	2 p pl imper pr a	Id
15296	*1Co 8,8	παρίστησι	3 p sg ind pr a	Id
15297	Ac 6,5	Παρμενᾶν (1)	acc	Παρμενᾶς
15298	1Co 16,7	παρόδῳ (1)	dat sg	πάροδος
15299	Lc 24,18	παροικεῖς (1)	2 p sg ind pr a	παροικέω
15300	Ac 13,17	παροικίᾳ (1)	dat sg	παροικία
15301	1Pt 1,17	παροικίας (1)	gen sg	Id
15302	Eph 2,19	πάροικοι (1)	nom mas pl	πάροικος
15303	Ac 7,6	πάροικον (1)	nom neut sg	Id
15304	Ac 7,29	πάροικος (1)	nom mas sg	Id
15305	1Pt 2,11	παροίκους (1)	acc mas pl	Id
15306		παροιμίαις (2)	dat pl	παροιμία
15307		παροιμίαν (2)	acc sg	Id
15308	2Pt 2,22	παροιμίας (1)	gen sg	Id
15309		πάροινον (2)	acc mas sg	πάροινος
15310	Mc 7,13	παρόμοια (1)	acc neut pl	παρόμοιος
15311	Mt 23,27	παρομοιάζετε (1)	2 p pl ind pr a	παρομοιάζω
15312	Heb 12,11	παρόν (1)	acc neut sg part pr	πάρειμι
15313	*2Pt 1,8	παρόντα	nom neut pl part pr	Id
15314	2Co 10,11	παρόντες (1)	nom mas pl part pr	Id
15315	Col 1,6	παρόντος (1)	gen neut sg part pr	Id
15316	1Co 13,5	παροξύνεται (1)	3 p sg ind pr	παροξύνομαι
15317	Heb 10,24	παροξυσμόν (1)	acc sg	παροξυσμός
15318	Ac 15,39	παροξυσμός (1)	nom sg	Id

15319	*Heb 10,24	παροξυσμοῦ		gen sg	παροξυσμός
15320	Eph 6,4	παροργίζετε	(1)	2 p pl imper pr a	παροργίζω
15321	Eph 4,26	παροργισμῷ	(1)	dat sg . . .	παροργισμός
15322	Rm 10,19	παροργιῶ	(1)	att 1 p sg ind fut a	παροργίζω
15323	2Pt 1,12	παρούσῃ	(1)	dat fem sg part pr . .	πάρειμι
15324		παρουσία	(6)	nom sg	παρουσία
15325		παρουσίᾳ	(9)	dat sg	Id
15326		παρουσίαν	(3)	acc sg	Id
15327		παρουσίας	(6)	gen sg	Id
15328	Heb 13,5	παροῦσιν	(1)	dat neut pl part pr . .	πάρειμι
15329	Mt 23,25	παροψίδος	(1)	gen sg	παροψίς
15330		παρρησία	(2)	nom sg	παρρησία
15331		παρρησίᾳ	(14)	dat sg	Id
15332	Ac 18,26	παρρησιάζεσθαι	(1)	inf pr .	παρρησιάζομαι
15333	Ac 14,3	παρρησιαζόμενοι	(1)	nom mas pl part pr	Id
15334		παρρησιαζόμενος	(2)	nom mas sg part pr	Id
15335		παρρησίαν	(10)	acc sg	παρρησία
15336		παρρησίας	(5)	gen sg	Id
15337	Ac 13,46	παρρησιασάμενοι	(1)	nom mas pl part ao	παρρησιάζομαι
15338	Eph 6,20	παρρησιάσωμαι	(1)	1 p sg sbj ao .	Id
15339	Heb 11,9	παρῴκησεν	(1)	3 p sg ind ao a . .	παροικέω
15340		παρών	(6)	nom mas sg part pr . .	πάρειμι
15341	Ac 17,16	παρωξύνετο	(1)	3 p sg ind impf .	παροξύνομαι
15342	Ac 13,50	παρώτρυναν	(1)	3 p pl ind ao a .	παροτρύνω
15343	Ac 14,16	παρῳχημέναις	(1)	dat fem pl part pf	παροίχομαι
15344		πᾶς	(96)	nom mas sg	πᾶς
15345		πᾶσα	(46)	nom fem sg	Id
15346		πᾶσαι	(16)	nom fem pl	Id
15347		πάσαις	(7)	dat fem pl	Id
15348		πᾶσαν	(57)	acc fem sg	Id
15349		πάσας	(9)	acc fem pl	Id
15350		πάσῃ	(45)	dat fem sg	Id
15351		πάσης	(42)	gen fem sg	Id
15352		πᾶσι	(88)	dat mas/neut pl . . .	Id
15353		πάσχα	(29)	inde	πάσχα
15354		πάσχει	(2)	3 p sg ind pr a . . .	πάσχω
15355		πάσχειν	(4)	inf pr a	Id
15356	2Th 1,5	πάσχετε	(1)	2 p pl ind pr a . . .	Id
15357	1Pt 4,15	πασχέτω	(1)	3 p sg imper pr a . .	Id
15358	1Pt 3,14	πάσχοιτε	(1)	2 p pl opt pr a . .	Id
15359	2Co 1,6	πάσχομεν	(1)	1 p pl ind pr a . .	Id
15360		πάσχοντες	(2)	nom mas pl part pr a .	Id
15361	2Tm 1,12	πάσχω	(1)	1 p sg ind pr a . . .	Id
15362		πάσχων	(2)	nom mas sg part pr a . .	Id
15363		πασῶν	(5)	gen fem pl	πᾶς
15364	Apc 11,6	πατάξαι	(1)	inf ao a	πατάσσω
15365		πατάξας	(3)	nom mas sg part ao a . .	Id
15366	Apc 19,15	πατάξῃ	(1)	3 p sg sbj ao a . . .	Id
15367	Lc 22,49	πατάξομεν	(1)	1 p pl ind fut a . .	Id

No.	Ref.	Form	Freq.	Parsing	Lemma
15368		πατάξω	(2)	1 p sg ind fut a	πατάσσω
15369	Ac 21,1	Πάταρα	(1)	acc	Πάταρα
15370	Apc 19,15	πατεῖ	(1)	3 p sg ind pr a	πατέω
15371	Lc 10,19	πατεῖν	(1)	inf pr a	Id
15372		πάτερ	(24)	vo sg	πατήρ
15373		πατέρα	(93)	acc sg	Id
15374	*Ac 21,1	Πάτερα		nom	Πάτερα
15375		πατέρας	(12)	acc pl	πατήρ
15376		πατέρες	(20)	nom pl	Id
15377		πατέρες	(4)	vo pl	Id
15378		πατέρων	(14)	gen pl	Id
15379		πατήρ	(112)	nom sg	Id
15380	Apc 11,2	πατήσουσιν	(1)	3 p pl ind fut a	πατέω
15381	Apc 1,9	Πάτμῳ	(1)	dat	Πάτμος
15382	Lc 21,24	πατουμένη	(1)	nom fem sg part pr pass	πατέω
15383		πατράσιν	(3)	dat pl	πατήρ
15384		πατρί	(32)	dat sg	Id
15385	Eph 3,15	πατριά	(1)	nom sg	πατριά
15386	Ac 3,25	πατριαί	(1)	nom pl	Id
15387	Ac 7,9	πατριάρχαι	(1)	nom pl	πατριάρχης
15388	Ac 7,8	πατριάρχας	(1)	acc pl	Id
15389	Heb 7,4	πατριάρχης	(1)	nom sg	Id
15390	Ac 2,29	πατριάρχου	(1)	gen sg	Id
15391	Lc 2,4	παρτιᾶς	(1)	gen sg	πατριά
15392		πατρίδα	(3)	acc sg	πατρίς
15393		πατρίδι	(5)	dat sg	Id
15394	Ga 1,14	πατρικῶν	(1)	gen mas pl	πατρικός
15395	Rm 16,14	Πατροβᾶν	(1)	acc	Πατροβᾶς
15396	1Tm 1,9	πατρολῴαις	(1)	dat pl	πατρολῴης
15397	1Pt 1,18	πατροπαραδότου	(1)	gen fem sg	πατροπαράδοτος
15398		πατρός	(100)	gen sg	πατήρ
15399	Ac 28,17	πατρῴοις	(1)	dat neut pl	πατρῷος
15400	Ac 22,3	πατρῴου	(1)	gen mas sg	Id
15401	Ac 24,14	πατρῴῳ	(1)	dat mas sg	Id
15402	Ac 6,13	παύεται	(1)	3 p sg ind pr m	παύω
15403		Παῦλε	(2)	vo	Παῦλος
15404		Παῦλον	(31)	acc	Id
15405		Παῦλος	(81)	nom	Id
15406		Παύλου	(29)	gen	Id
15407		Παύλῳ	(15)	dat	Id
15408	Eph 1,16	παύομαι	(1)	1 p sg ind pr m	παύω
15409	Col 1,9	παυόμεθα	(1)	1 p pl ind pr m	Id
15410	Ac 20,1	παύσασθαι	(1)	inf ao m	Id
15411	1Pt 3,10	παυσάτω	(1)	3 p sg imper ao a	Id
15412	*Apc 3,16	παῦσε = παῦσαι		inf ao a	Id
15413	Ac 13,10	παύσῃ	(1)	2 p sg ind fut m	Id
15414	1Co 13,8	παύσονται	(1)	3 p pl ind fut m	Id
15415		Πάφου	(2)	gen	Πάφος
15416		πέδαις	(2)	dat pl	πέδη

15417	Mc 5,4	πέδας (1)	acc pl	πέδη
15418	Lc 6,17	πεδινοῦ (1)	gen mas sg	πεδινός
15419	Ac 20,13	πεζεύειν (1)	inf pr a	πεζεύω
15420		πεζῇ (2)	adv	πεζῇ
15421	*Mt 14,13	πεζοί	nom mas pl	πεζός
15422		πειθαρχεῖν (2)	inf pr a	πειθαρχέω
15423	Ac 27,21	πειθαρχήσαντας (1)	acc mas pl part ao a	Id
15424	Ac 5,32	πειθαρχοῦσιν (1)	dat mas pl part pr a	Id
15425	Ac 26,28	πείθεις (1)	2 p sg ind pr a	πείθω
15426		πείθεσθαι (2)	inf pr pass	Id
15427	Heb 13,17	πείθεσθε (1)	2 p pl imper pr m	Id
15428	*Ac 26,28	πείθῃ	3 p sg sbj pr a	Id
15429	*1Co 2,4	πειθοῖ	dat sg	πειθός
15430	1Co 2,4	πειθοῖ(ς) (1)	dat mas pl	πειθός
15431	Ac 26,26	πείθομαι (1)	1 p sg ind pr pass	πείθω
15432	Heb 13,18	πειθόμεθα (1)	1 p pl ind pr pass	Id
15433	2Co 5,11	πείθομεν (1)	1 p pl ind pr a	Id
15434	Rm 2,8	πειθομένοις (1)	dat mas pl part pr m	Id
15435	Ac 21,14	πειθομένου (1)	gen mas sg part pr pass	Id
15436	Ga 1,10	πείθω (1)	1 p sg ind pr a	Id
15437	*2Co 5,11	πείθωμεν	1 p pl sbj pr a	Id
15438		πείθων (2)	nom mas sg part pr a	Id
15439		πεῖν (5)	inf ao2 a	πίνω
15440		πεινᾷ (2)	3 p sg ind pr a	πεινάω
15441	Rm 12,20	πεινᾷ (1)	3 p sg sbj pr a	Id
15442	Php 4,12	πεινᾶν (1)	inf pr a	Id
15443	Lc 6,25	πεινάσετε (1)	2 p pl ind fut a	Id
15444	Jh 6,35	πεινάσῃ (1)	3 p sg sbj ao a	Id
15445	Apc 7,16	πεινάσουσιν (1)	3 p pl ind fut a	Id
15446	1Co 4,11	πεινῶμεν (1)	1 p pl ind pr a	Id
15447		πεινῶντα (2)	acc mas sg part pr a	Id
15448	Lc 1,53	πεινῶντας (1)	acc mas pl part pr a	Id
15449		πεινῶντες (2)	nom mas pl part pr a	Id
15450	Ja 1,13	πειράζει (1)	3 p sg ind pr a	πειράζω
15451	Ja 1,14	πειράζεται (1)	3 p sg ind pr pass	Id
15452		πειράζετε (3)	2 p pl ind pr a	Id
15453	2Co 13,5	πειράζετε (1)	2 p pl imper pr a	Id
15454	1Co 7,5	πειράζῃ (1)	3 p sg sbj pr a	Id
15455	Ja 1,13	πειράζομαι (1)	1 p sg ind pr pass	Id
15456	*2Co 6,9	πειραζόμενοι	nom mas pl part pr pass	Id
15457	Heb 2,18	πειραζομένοις (1)	dat mas pl part pr pass	Id
15458		πειραζόμενος (4)	nom mas sg part pr pass	Id
15459		πειράζοντες (6)	nom mas pl part pr a	Id
15460		πειράζων (4)	nom mas sg part pr a	Id
15461		πεῖραν (2)	acc sg	πεῖρα
15462		πειράσαι (2)	inf ao a	πειράζω
15463	*Mt 4,7	πειράσεις	2 p sg ind fut a	Id
15464	Heb 2,18	πειρασθείς (1)	nom mas sg part ao pass	Id
15465		πειρασθῆναι (2)	inf ao pass	Id

15466	Ga 6,1	πειρασθῆς	(1)	2 p sg sbj ao pass . .	πειράζω
15467	Apc 2,10	πειρασθῆτε	(1)	2 p pl sbj ao pass .	Id
15468		πειρασμοῖς	(3)	dat pl . . .	πειρασμός
15469		πειρασμόν	(11)	acc sg	Id
15470	1Co 10,13	πειρασμός	(1)	nom sg	Id
15471		πειρασμοῦ	(4)	gen sg	Id
15472	1Co 10,13	πειρασμῷ	(1)	dat sg	Id
15473	Ac 20,19	πειρασμῶν	(1)	gen pl	Id
15474		πείσαντες	(2)	nom mas pl part ao a .	πείθω
15475	Ac 19,26	πείσας	(1)	nom mas sg part ao a . .	Id
15476	*Heb 11,13	πεισθέντες		nom mas pl part ao pass . .	Id
15477	Ac 23,21	πεισθῆς	(1)	2 p sg sbj ao pass . .	Id
15478	Lc 16,31	πεισθήσονται	(1)	3 p pl ind fut pass .	Id
15479	Ga 5,8	πεισμονή	(1)	nom sg	πεισμονή
15480		πείσομεν	(2)	1 p pl ind fut a . .	πείθω
15481	*1Jh 3,19	πείσωμεν		1 p pl sbj ao a	Id
15482	Mt 18,6	πελάγει	(1)	dat sg	πέλαγος
15483	Ac 27,5	πέλαγος	(1)	acc sg	Id
15484	2Th 2,11	πέμπει	(1)	3 p sg ind pr a . . .	πέμπω
15485	Ac 25,25	πέμπειν	(1)	inf pr a	Id
15486	1Pt 2,14	πεμπομένοις	(1)	dat mas pl part pr pass	Id
15487	Ac 25,27	πέμποντα	(1)	acc mas sg part pr a .	Id
15488	*Apc 11,10	πέμπουσιν		3 p pl ind pr a . . .	Id
15489	*Ac 20,6	πεμπταῖοι		nom mas pl	πεμπταῖος
15490	Apc 6,9	πέμπτην	(1)	acc fem sg	πέμπτος
15491		πέμπτος	(3)	nom mas sg	Id
15492	Jh 20,21	πέμπω	(1)	1 p sg ind pr a . . .	πέμπω
15493	Lc 7,10	πεμφθέντες	(1)	nom mas pl part ao pass	Id
15494		πέμψαι	(8)	inf ao a	Id
15495		πέμψαντα	(7)	acc mas sg part ao a .	Id
15496	Ac 19,31	πέμψαντες	(1)	nom mas pl part ao a .	Id
15497	Jh 5,24	πέμψαντι	(1)	dat mas sg part ao a .	Id
15498		πέμψαντος	(9)	gen mas sg part ao a .	Id
15499		πέμψας	(15)	nom mas sg part ao a . .	Id
15500	Jh 1,22	πέμψασιν	(1)	dat mas pl part ao a .	Id
15501	Jh 14,26	πέμψει	(1)	3 p sg ind fut a . . .	Id
15502	Lc 16,27	πέμψῃς	(1)	2 p sg sbj ao a . . .	Id
15503		πέμψον	(7)	2 p sg imper ao a . .	Id
15504	Apc 11,10	πέμψουσιν	(1)	3 p pl ind fut a . .	Id
15505		πέμψω	(4)	1 p sg ind fut a . . .	Id
15506		πέμψω	(2)	1 p sg sbj ao a . . .	Id
15507	2Co 9,9	πένησιν	(1)	dat mas pl	πένης
15508	Mt 9,15	πενθεῖν	(1)	inf pr a	πενθέω
15509	*Lc 23,28	πενθεῖτε		2 p pl imper pr a . . .	Id
15510		πενθερά	(3)	nom sg	πενθερά
15511		πενθεράν	(2)	acc sg	Id
15512	Mt 10,35	πενθερᾶς	(1)	gen sg	Id
15513	Jh 18,13	πενθερός	(1)	nom sg	πενθερός
15514	Ja 4,9	πενθήσατε	(1)	2 p pl imper ao a . .	πενθέω

No.	Ref	Form	Analysis	Lemma
15515	Lc 6,25	πενθήσετε (1)	2 p pl ind fut a	πενθέω
15516	*Apc 18,11	πενθήσουσιν	3 p pl ind fut a	Id
15517	2Co 12,21	πενθήσω (1)	1 p sg ind fut a	Id
15518	Apc 21,4	πένθος (1)	nom sg	πένθος
15519		πένθος (4)	acc sg	Id
15520		πενθοῦντες (3)	nom mas pl part pr a	πενθέω
15521	Apc 18,11	πενθοῦσιν (1)	3 p pl ind pr a	Id
15522	*Mc 16,10	πενθοῦσι	dat mas pl part pr a	Id
15523	Lc 21,2	πενιχράν (1)	acc fem sg	πενιχρός
15524	*1Co 14,19	πένται cf πέντε		
15525	2Co 11,24	πεντάκις (1)	adv	πεντάκις
15526		πεντακισχίλιοι (4)	nom mas	πεντακισχίλιοι
15527	Mc 8,19	πεντακισχιλίους (1)	acc mas	Id
15528	Mt 16,9	πεντακισχιλίων (1)	gen mas	Id
15529	Lc 7,41	πεντακόσια (1)	acc neut	πεντακόσιοι
15530	1Co 15,6	πεντακοσίοις (1)	dat mas	Id
15531	*Apc 14,20	πεντακοσίων	gen neut	Id
15532		πέντε (36)	inde	πέντε
15533	Lc 3,1	πεντεκαιδεκάτῳ (1)	dat neut sg	πεντεκαιδέκατος
15534		πεντήκοντα (5)	inde	πεντήκοντα
15535		πεντηκοστῆς (3)	gen sg	πεντηκοστή
15536	*1Co 11,29	πένων err cf πίνων		
15537	Ac 22,3	πεπαιδευμένος (1)	nom mas sg part pf pass	παιδεύω
15538	Heb 8,13	πεπαλαίωκεν (1)	3 p sg ind pf a	παλαιόω
15539	1Pt 4,1	πέπαυται (1)	3 p sg ind pf pass/m	παύω
15540	Heb 4,15	πεπειρασμένον (1)	acc mas sg part pf pass	πειράζω
15541		πέπεισμαι (5)	1 p sg ind pf pass	πείθω
15542	Heb 6,9	πεπείσμεθα (1)	1 p pl ind pf pass	Id
15543	Lc 20,6	πεπεισμένος (1)	nom mas sg part pf pass	Id
15544	Apc 20,4	πεπελεκισμένων (1)	gen mas pl part pf pass	πελεκίζω
15545	*Ac 1,18	πεπηρσμένος	nom mas sg part pf pass	πίμπρημι
15546	*Jh 12,40	πεπῆρωκεν	3 p sg ind pf a	πηρόω
15547	*Mc 8,17	πεπηρωμένη	nom fem sg part pf pass	Id
15548	Lc 6,38	πεπιεσμένον (1)	acc neut sg part pf pass	πιέζω
15549		πεπίστευκα (2)	1 p sg ind pf a	πιστεύω
15550		πεπιστεύκαμεν (2)	1 p pl ind pf a	Id
15551	Jh 20,29	πεπίστευκας (1)	2 p sg ind pf a	Id
15552	Jh 16,27	πεπιστεύκατε (1)	2 p pl ind pf a	Id
15553	Ac 14,23	πεπιστεύκεισαν (1)	3 p pl ind plpf a	Id
15554		πεπίστευκεν (2)	3 p sg ind pf a	Id
15555	Ac 18,27	πεπιστευκόσιν (1)	dat mas pl part pf a	Id
15556	Jh 8,31	πεπιστευκότας (1)	acc mas pl part pf a	Id
15557		πεπιστευκότες (2)	nom mas pl part pf a	Id
15558		πεπιστευκότων (3)	gen mas pl part pf a	Id
15559	Ac 16,34	πεπιστευκώς (1)	nom mas sg part pf a	Id
15560		πεπίστευμαι (2)	dat mas pl part pf pass	Id
15561	Mt 18,13	πεπλανημένοις (1)	dat mas pl part pf pass	πλανάω
15562	Jh 7,47	πεπλάνησθε (1)	2 p pl ind pf pass	Id
15563	2Co 6,11	πεπλάτυνται (1)	3 p sg ind pf pass	πλατύνω
15564	Col 4,12	πεπληροφορημένοι (1)	nom mas pl part pf pass	πληροφορέω

15565	Lc 1,1	πεπληροφορημένων (1)	gen neut pl part pf pass	πληροφορέω
15566	Ac 5,28	πεπληρώκατε (1)	2 p pl ind pf a	πληρόω
15567		πεπλήρωκεν (2)	3 p sg ind pf a	Id
15568	Rm 15,19	πεπληρωκέναι (1)	inf pf a	Id
15569		πεπλήρωμαι (2)	1 p sg ind pf pass	Id
15570	Apc 3,2	πεπληρωμένα (1)	acc neut pl part pf pass	Id
15571		πεπληρωμένη (3)	nom fem sg part pf pass	Id
15572	Jh 17,13	πεπληρωμένην (1)	acc fem sg part pf pass	Id
15573		πεπληρωμένοι (3)	nom mas pl part pf pass	Id
15574	Rm 1,29	πεπληρωμένους (1)	acc mas pl part pf pass	Id
15575	*Mc 1,15	πεπλήρωνται	3 p pl ind pf pass	Id
15576	*Rm 15,19	πεπληρῶσθαι	inf pf pass	Id
15577		πεπλήρωται (5)	3 p sg ind pf pass	Id
15578	Apc 3,17	πεπλούτηκα (1)	1 p sg ind pf a	πλουτέω
15579		πεποίηκα (2)	1 p sg ind pf a	ποιέω
15580		πεποιήκαμεν (2)	1 p pl ind pf a	Id
15581	Mc 11,17	πεποιήκατε (1)	2 p pl ind pf a	Id
15582	*Mc 5,33	πεποιήκει	3 p sg ind plpf a	Id
15583	Mc 15,7	πεποιήκεισαν (1)	3 p pl ind plpf a	Id
15584		πεποίηκεν (5)	3 p sg ind pf a	Id
15585	Jh 12,18	πεποιηκέναι (1)	inf pf a	Id
15586	Ac 3,12	πεποιηκόσιν (1)	dat mas pl part pf a	Id
15587	Jh 18,18	πεποιηκότες (1)	nom mas pl part pf a	Id
15588	Jh 12,37	πεποιηκότος (1)	gen mas sg part pf a	Id
15589	*Ac 3,12	πεποιηκότων	gen mas pl part pf a	Id
15590		πεποιηκώς (2)	nom mas sg part pf a	Id
15591	Heb 12,27	πεποιημένων (1)	gen mas sg part pf pass	Id
15592		πέποιθα (2)	1 p sg ind pf2 a	πείθω
15593	2Th 3,4	πεποίθαμεν (1)	1 p pl ind pf2 a	Id
15594	Rm 2,19	πέποιθας (1)	2 p sg ind pf2 a	Id
15595		πέποιθεν (2)	3 p sg ind pf2 a	Id
15596	Php 3,4	πεποιθέναι (1)	inf pf2 a	Id
15597		πεποιθήσει (4)	dat sg	πεποίθησις
15598		πεποίθησιν (2)	acc sg	Id
15599		πεποιθότας (2)	acc mas pl part pf2 a	πείθω
15600		πεποιθότες (2)	nom mas pl part pf2 a	Id
15601		πεποιθώς (5)	nom mas sg part pf2 a	Id
15602	Ac 23,1	πεπολίτευμαι (1)	1 p sg ind pf pass	πολιτεύομαι
15603	Lc 13,2	πεπόνθασιν (1)	3 p pl ind pf2 a	πάσχω
15604	Heb 2,18	πέπονθεν (1)	3 p sg ind pf2 a	Id
15605	1Pt 4,3	πεπορευμένους (1)	acc mas pl part pf	πορεύομαι
15606	Apc 14,8	πεπότικεν (1)	3 p sg ind pf a	ποτίζω
15607		πεπραγμένον (2)	nom neut sg part pf pass	πράσσω
15608	Mt 13,46	πέπρακεν (1)	3 p sg ind pf a	πιπράσκω
15609	Rm 7,14	πεπραμένος (1)	nom mas sg part pf pass	Id
15610	Ac 25,11	πέπραχα (1)	1 p sg ind pf a	πράσσω
15611	Ac 25,25	πεπραχέναι (1)	inf pf a	Id
15612	*Ac 1,18	πεπρησμένος	nom mas sg part pf pass	πίμπρημι
15613	*Apc 14,8	πέπτωκαν	3 p pl ind pf a	πίπτω
15614	Apc 2,5	πέπτωκας (1)	2 p sg ind pf a	Id

15615	*Apc 18,3	πεπτώκα(σι)ν	3 p pl ind pf a	πίπτω
15616	*Apc 18,3	πέπτωκεν	3 p sg ind pf a	Id
15617	Apc 9,1	πεπτωκότα (1)	acc mas sg part pf a	Id
15618	Ac 15,16	πεπτωκυῖαν (1)	acc fem sg part pf a	Id
15619	Eph 6,16	πεπυρωμένα (1)	acc neut pl part pf pass	πυρόω
15620	Apc 1,15	πεπυρωμένης (1)	gen fem sg part pf pass	Id
15621	*Apc 1,15	πεπυρωμένοι	nom mas pl part pf pass	Id
15622	Apc 3,18	πεπυρωμένον (1)	acc neut sg part pf pass	Id
15623	*Apc 1,15	πεπυρωμένῳ	dat neut sg part pf pass	Id
15624	Apc 18,3	πέπωκαν (1)	3 p pl ind pf a	πίνω
15625	*Apc 18,3	πεπώκασιν	3 p pl ind pf a	Id
15626	*Apc 18,3	πέπωκεν	3 p sg ind pf a	Id
15627	*Jh 12,40	πεπώρωκεν	3 p sg ind pf a	πωρόω
15628	Mc 6,52	πεπωρωμένη (1)	nom fem sg part pf pass	Id
15629	Mc 8,17	πεπωρωμένην (1)	acc fem sg part pf pass	Id
15630	*Lc 6,17	περαίας	gen sg	περαία
15631	Ac 19,39	περαιτέρω (1)	adv	περαιτέρω
15632		πέραν (23)	adv	πέραν
15633	Heb 6,16	πέρας (1)	nom sg	πέρας
15634	Rm 10,18	πέρατα (1)	acc pl	Id
15635		περάτων (2)	gen pl	Id
15636	Apc 1,11	Πέργαμον (1)	acc	Πέργαμος
15637	Apc 2,12	Περγάμῳ (1)	dat	Id
15638	Ac 14,25	Πέργῃ (1)	dat	Πέργη
15639	Ac 13,13	Πέργην (1)	acc	Id
15640	Ac 13,14	Πέργης (1)	gen	Id
15641		περί (333)	prpo	περί
15642	1Co 9,5	περιάγειν (1)	inf pr a	περιάγω
15643	Mt 23,15	περιάγετε (1)	2 p pl ind pr a	Id
15644	*Mc 3,16	περιάγοντας	acc mas pl part pr a	Id
15645	Ac 13,11	περιάγων (1)	nom mas sg part pr a	Id
15646	2Co 3,16	περιαιρεῖται (1)	3 p sg ind pr pass	περιαιρέω
15647	Ac 22,6	περιαστράψαι (1)	inf ao a	περιαστράπτω
15648	Lc 22,55	περιαψάντων (1)	gen mas pl part ao a	περιάπτω
15649	Apc 3,5	περιβαλεῖται (1)	3 p sg ind fut m	περιβάλλω
15650	Apc 3,18	περιβάλῃ (1)	2 p sg sbj ao2 m	Id
15651	Apc 19,8	περιβάληται (1)	3 p sg sbj ao2 m	Id
15652	Ac 12,8	περιβαλοῦ (1)	2 p sg imper ao2 m	Id
15653	*Lc 19,43	περιβαλοῦσιν	3 p pl ind fut a	Id
15654	Mt 6,31	περιβαλώμεθα (1)	1 p pl sbj ao2 m	Id
15655	Lc 23,11	περιβαλών (1)	nom mas sg part ao2 a	Id
15656		περιβεβλημένη (3)	nom fem sg part pf pass	Id
15657		περιβεβλημένοι (2)	nom mas pl part pf pass	Id
15658		περιβεβλημένον (2)	acc mas sg part pf pass	Id
15659		περιβεβλημένος (2)	nom mas sg part pf pass	Id
15660		περιβεβλημένους (2)	acc mas pl part pf pass	Id
15661	Mc 9,8	περιβλεψάμενοι (1)	nom mas pl part ao	περιβλέπομαι
15662		περιβλεψάμενος (5)	nom mas sg part ao	Id
15663	Heb 1,12	περιβόλαιον (1)	nom sg	περιβόλαιον
15664	1Co 11,15	περιβολαίου (1)	gen sg	Id

15665		περιεβάλετε	(2)	2 p pl ind ao2 a .	περιβάλλω
15666		περιεβάλετο	(2)	3 p sg ind ao2 m . .	Id
15667	Mt 25,38	περιεβάλομεν	(1)	1 p pl ind ao2 a .	Id
15668	Jh 19,2	περιέβαλον	(1)	3 p pl ind ao2 a . .	Id
15669	Mc 5,32	περιεβλέπετο	(1)	3 p sg ind impf	περιβλέπομαι
15670	Jh 11,44	περιεδέδετο	(1)	3 p sg ind plpf pass .	περιδέω
15671	Mc 6,55	περιέδραμον	(1)	3 p pl ind ao2 a . .	περιτρέχω
15672	Lc 12,35	περιεζωσμέναι	(1)	nom fem pl part pf pass	περιζώννυμι
15673	*Lc 12,35	περιεζωσμένη		nom fem sg part pf pass .	Id
15674	Apc 15,6	περιεζωσμένοι	(1)	nom mas pl part pf pass	Id
15675	Apc 1,13	περιεζωσμένον	(1)	acc mas sg part pf pass	Id
15676	Mt 27,28	περιέθηκαν	(1)	3 p pl ind ao a .	περιτίθημι
15677		περιέθηκεν	(2)	3 p sg ind ao a . .	Id
15678	Lc 1,24	περιέκρυβεν	(1)	3 p sg ind impf a	περικρύβω
15679	Lc 2,9	περιέλαμψεν	(1)	3 p sg ind ao a .	περιλάμπω
15680	Heb 10,11	περιελεῖν	(1)	inf ao2 a . .	περιαιρέω
15681	*Lc 16,21	περιέλειχον		3 p pl ind impf a . .	περιλείχω
15682	*Ac 28,13	περιελθόντες	(1)	nom mas pl part ao2	περιέρχομαι
15683	*Ac 13,6	περιελθόντων		gen mas pl part ao2 . .	Id
15684		περιελόντες	(2)	nom mas pl part ao2 a	περιαιρέω
15685	*Ac 10,24	περιέμεινεν		3 p sg ind ao a . . .	περιμένω
15686		περιεπάτει	(5)	3 p sg ind impf a .	περιπατέω
15687	Jh 21,18	περιπάτεις	(1)	2 p sg ind impf a .	Id
15688	2Co 12,18	περιεπατήσαμεν	(1)	1 p pl ind ao a .	Id
15689		περιεπατήσατε	(2)	2 p pl ind ao a .	Id
15690		περιεπάτησεν	(3)	3 p sg ind ao a . .	Id
15691	Jh 6,66	περιεπάτουν	(1)	3 p pl ind impf a .	Id
15692	1Tm 6,10	περιέπειραν	(1)	3 p pl ind ao a .	περιπείρω
15693	Lc 10,30	περιέπεσεν	(1)	3 p sg ind ao2 a .	περιπίπτω
15694	Ac 20,28	περιεποιήσατο	(1)	3 p sg ind ao m	περιποιέομαι
15695	Ac 19,19	περίεργα	(1)	acc neut pl . .	περίεργος
15696	2Th 3,11	περιεργαζομένους	(1)	acc mas pl part pr	περιεργάζομαι
15697	1Tm 5,13	περίεργοι	(1)	nom fem pl . .	περίεργος
15698	1Tm 5,13	περιερχόμεναι	(1)	nom fem pl part pr	περιέρχομαι
15699	Ac 19,13	περιερχομένων	(1)	gen mas pl part pr .	Id
15700	Lc 10,40	περιεσπᾶτο	(1)	3 p sg ind impf pass .	περισπάω
15701	Ac 25,7	περιέστησαν	(1)	3 p pl ind ao2 a .	περιίστημι
15702	Jh 11,42	περιεστῶτα	(1)	acc mas sg part pf2 a .	Id
15703	Lc 5,9	περιέσχεν	(1)	3 p sg ind ao2 a . .	περιέχω
15704	*Mc 6,51	περιέσωσεν		3 p sg ind ao a . . .	περισώζω
15705		περιέτεμεν	(2)	3 p sg ind ao2 a .	περιτέμνω
15706	Col 2,11	περιετμήθητε	(1)	2 p pl ind ao pass .	Id
15707	*Mc 6,55	περιέφερον		3 p pl ind impf a . . .	περιφέρω
15708	1Pt 2,6	περιέχει	(1)	3 p sg ind pr a . .	περιέχω
15709	*Ac 15,23	περιέχουσαν		acc fem sg part pr a . .	Id
15710		περιζωσάμενοι	(2)	nom mas pl part ao m	περιζώννυμι
15711	Lc 17,8	περιζωσάμενος	(1)	nom mas sg part ao m	Id
15712	Lc 12,37	περιζώσεται	(1)	3 p sg ind fut m . .	Id
15713		περιῆγεν	(3)	3 p sg ind impf a . .	περιάγω

15714	*Ac 10,38	περιῆλθεν		3 p sg ind ao2 . .	περιέρχομαι
15715	Heb 11,37	περιῆλθον	(1)	3 p pl ind ao2 . .	Id
15716	Ac 27,20	περιῃρεῖτο	(1)	3 p sg ind impf pass	περιαιρέω
15717	Ac 9,3	περιήστραψεν	(1)	3 p sg ind ao a .	περιαστράπτω
15718		περιθείς	(2)	nom mas sg part ao2 a	περιτίθημι
15719	Jh 19,29	περιθέντες	(1)	nom mas pl part ao2 a .	Id
15720	1Pt 3,3	περιθέσεως	(1)	gen sg . . .	περίθεσις
15721		περιΐστασο	(2)	2 p sg imper pr m .	περιΐστημι
15722	1Co 4,13	περικαθάρματα	(1)	nom pl . .	περικάθαρμα
15723	*Lc 22,55	περικαθισάντων		gen mas pl part ao a	περικαθίζω
15724	Mc 14,65	περικαλύπτειν	(1)	inf pr a . .	περικαλύπτω
15725	Lc 22,64	περικαλύψαντες	(1)	nom mas pl part ao a	Id
15726	Ac 28,20	περίκειμαι	(1)	1 p sg ind pr .	περίκειμαι
15727	Heb 12,1	περικείμενον	(1)	acc neut sg part pr .	Id
15728		περίκειται	(3)	3 p sg ind pr . .	Id
15729	Heb 9,4	περικεκαλυμμένην	(1)	acc fem sg part pf	περικαλύπτω
15730		περικεφαλαίαν	(2)	acc sg . .	περικεφαλαία
15731	Ac 27,16	περικρατεῖς	(1)	nom mas pl . .	περικρατής
15732	Lc 19,43	περικυκλώσουσιν	(1)	3 p pl ind fut a	περικυκλόω
15733	Ac 26,13	περιλάμψαν	(1)	acc neut sg part ao a	περιλάμπω
15734	*Heb 10,26	περιλείπεται		3 p sg ind pr pass .	περιλείπω
15735		περιλειπόμενοι	(2)	nom mas pl part pr pass	Id
15736	Lc 18,24	περίλυπον	(1)	acc mas sg . .	περίλυπος
15737		περίλυπος	(2)	nom mas sg . . .	Id
15738		περίλυπος	(2)	nom fem sg . . .	Id
15739	Ac 1,4	περιμένειν	(1)	inf pr a . . .	περιμένω
15740	Ac 5,16	πέριξ	(1)	adv	πέριξ
15741	Lc 1,58	περίοικοι	(1)	nom mas pl . .	περίοικος
15742	Lc 1,65	περιοικοῦντας	(1)	acc mas pl pat pr a	περιοικέω
15743	Tit 2,14	περιούσιον	(1)	acc mas sg . .	περιούσιος
15744	Ac 8,32	περιοχή	(1)	nom sg	περιοχή
15745		περιπατεῖ	(3)	3 p sg ind pr a .	περιπατέω
15746		περιπάτει	(9)	2 p sg imper pr a . .	Id
15747		περιπατεῖν	(10)	inf pr a . . .	Id
15748		περιπατεῖς	(3)	2 p sg ind pr a . .	Id
15749		περιπατεῖτε	(2)	2 p pl ind pr a . .	Id
15750		περιπατεῖτε	(7)	2 p pl imper pr a .	Id
15751	1Co 7,17	περιπατείτω	(1)	3 p sg imper pr a .	Id
15752		περιπατῇ	(3)	3 p sg sbj pr a . . .	Id
15753		περιπατῆσαι	(2)	inf ao a . . .	Id
15754	*Heb 13,9	περιπατήσαντες		nom mas pl part ao a .	Id
15755	Jh 8,12	περιπατήσῃ	(1)	3 p sg sbj ao a . .	Id
15756		περιπατήσουσιν	(2)	3 p pl ind fut a .	Id
15757		περιπατήσωμεν	(3)	1 p pl sbj ao a .	Id
15758		περιπατῆτε	(2)	2 p pl sbj pr a . .	Id
15759	2Co 5,7	περιπατοῦμεν	(1)	1 p pl ind pr a . .	Id
15760		περιπατοῦντα	(5)	acc mas sg part pr a .	Id
15761		περιπατοῦντας	(6)	acc mas pl part pr a	Id
15762		περιπατοῦντες	(5)	nom mas pl part pr a	Id

15763	Jh 1,36	περιπατοῦντι	(1)	dat mas sg part pr a	περιπατέω
15764		περιπατοῦντος	(2)	gen mas sg part pr a	Id
15765		περιπατοῦσιν	(2)	dat mas pl part pr a .	Id
15766		περιπατοῦσιν	(4)	3 p pl ind pr a . .	Id
15767		περιπατῶμεν	(3)	1 p pl sbj pr a . .	Id
15768		περιπατῶν	(6)	nom mas sg part pr a .	Id
15769	Ja 1,2	περιπέσητε	(1)	2 p pl sbj ao2 a .	περιπίπτω
15770	Ac 27,41	περιπεσόντες	(1)	nom mas pl part ao2 a	Id
15771	Lc 17,33	περιποιήσασθαι	(1)	inf ao . .	περιποιέομαι
15772	Eph 1,14	περιποιήσεως	(1)	gen sg . .	περιποίησις
15773		περιποίησιν	(4)	acc sg	Id
15774	1Tm 3,13	περιποιοῦνται	(1)	3 p pl ind pr	περιποιέομαι
15775	*Apc 19,13	περιρεραμμένον		acc neut sg part pf pass	περιραντίζω
15776	*Apc 19,13	περιρεραντισμένον		acc neut sg part pf pass	Id
15777	Ac 16,22	περιρήξαντες	(1)	nom mas pl part ao a	περιρήγνυμι
15778	*Mc 4,24	περισευθήσεται		err cf περισσευθήσεται	
15779	2Co 8,2	περισσεία	(1)	nom sg . . .	περισσεία
15780		περισσείαν	(3)	acc sg	Id
15781		περισσεύει	(3)	3 p sg ind pr a .	περισσεύω
15782		περισσεύειν	(5)	inf pr a . . .	Id
15783	2Co 8,7	περισσεύετε	(1)	2 p pl ind pr a . .	Id
15784		περισσεύῃ	(2)	3 p sg sbj pr a . .	Id
15785		περισσεύητε	(4)	2 p pl sbj pr a . .	Id
15786		περισσευθήσεται	(2)	3 p sg ind fut pass	Id
15787		περίσσευμα	(2)	nom sg . . .	περίσσευμα
15788	Mc 8,8	περισσεύματα	(1)	acc pl . . .	Id
15789		περισσεύματος	(2)	gen sg . . .	Id
15790	1Co 8,8	περισσεύομεν	(1)	1 p pl ind pr a	περισσεύω
15791		περισσεῦον	(2)	acc neut sg part pr a .	Id
15792	Lc 15,17	περισσεύονται	(1)	3 p pl ind pr m .	Id
15793		περισσεύοντες	(2)	nom mas pl pat pr a .	Id
15794		περισσεύοντος	(2)	gen neut sg part pr a	Id
15795	2Co 9,12	περισσεύουσα	(1)	nom fem sg part pr a .	Id
15796	*Lc 15,17	περισσεύουσιν		3 p pl ind pr a . . .	Id
15797	1Th 3,12	περισσεύσαι	(1)	3 p sg opt ao a . .	Id
15798	2Co 9,8	περισσεῦσαι	(1)	inf ao a . . .	Id
15799	Lc 9,17	περισσεῦσαν	(1)	nom neut sg part ao a	Id
15800	Jh 6,12	περισσεύσαντα	(1)	acc neut pl part ao a	Id
15801		περισσεύσῃ	(2)	3 p sg sbj ao a . .	Id
15802	Php 4,18	περισσεύω	(1)	1 p sg ind pr a . .	Id
15803		περισσόν	(3)	nom neut sg . . .	περισσός
15804		περισσόν	(2)	acc neut sg . . .	Id
15805	2Co 2,7	περισσοτέρᾳ	(1)	comp dat fem sg . .	Id
15806		περισσοτέραν	(3)	comp acc fem sg . .	Id
15807		περισσότερον	(10)	comp nom neut sg .	Id
15808		περισσότερον	(3)	comp acc neut sg .	Id
15809		περισσοτέρως	(12)	adv . . .	περισσοτέρως
15810	Mc 6,51	περισσοῦ	(1)	gen neut sg . . .	περισσός
15811		περισσῶς	(4)	adv	περισσῶς

15812	Mt 10,16	περισταί (1)	nom pl . . .	περιστερά
15813		περιστεράν (4)	acc sg	Id
15814		περιστεράς (4)	acc pl	Id
15815	Lc 2,24	περιστερῶν (1)	gen pl	Id
15816		περιτεμεῖν (2)	inf ao2 a . .	περιτέμνω
15817		περιτέμνειν (2)	inf pr a . . .	Id
15818		περιτέμνεσθαι (2)	inf pr pass . .	Id
15819	1Co 7,18	περιτεμνέσθω (1)	3 p sg imper pr pass .	Id
15820	Jh 7,22	περιτέμνετε (1)	2 p pl ind pr a . .	Id
15821	*Ga 6,13	περιτεμνημένοι	err cf περιτεμνόμενοι	
15822	Ga 5,2	περιτέμνησθε (1)	2 p pl sbj pr pass	περιτέμνω
15823	Ga 6,13	περιτεμνόμενοι (1)	nom mas pl part pr pass	Id
15824	Ga 5,3	περιτεμνομένῳ (1)	dat mas sg part pr pass	Id
15825	*Ga 6,13	περιτετμημένοι	nom mas pl part pf pass .	Id
15826	1Co 7,18	περιτετμημένος (1)	nom mas sg part pf pass	Id
15827	Mc 15,17	περιτιθέασιν (1)	3 p pl ind pr a .	περιτίθημι
15828	1Co 12,23	περιτίθεμεν (1)	1 p pl ind pr a . .	Id
15829	Ga 2,3	περιτμηθῆναι (1)	inf ao pass .	περιτέμνω
15830	Ac 15,1	περιτμηθῆτε (1)	2 p pl sbj ao pass .	Id
15831		περιτομή (10)	nom sg	περιτομή
15832		περιτομῇ (4)	dat sg	Id
15833		περιτομήν (7)	acc sg	Id
15834		περιτομῆς (15)	gen sg	Id
15835	Ac 26,24	περιτρέπει (1)	3 p sg ind pr a .	περιτρέπω
15836	Mc 6,55	περιφέρειν (1)	inf pr a . . .	περιφέρω
15837	*Heb 13,9	περιφέρεσθε	2 p pl imper pr pass . .	Id
15838	Eph 4,14	περιφερόμενοι (1)	nom mas pl part pr pass	Id
15839	2Co 4,10	περιφέροντες (1)	nom mas pl part pr a .	Id
15840	Tit 2,15	περιφρονείτω (1)	3 p sg imper pr a	περιφρονέω
15841		περίχωρον (4)	acc fem sg . .	περίχωρος
15842	Mt 3,5	περίχωρος (1)	nom fem sg . . .	Id
15843		περιχώρου (3)	gen fem sg . . .	Id
15844	Lc 7,17	περιχώρῳ (1)	dat fem sg . . .	Id
15845	1Co 4,13	περίψημα (1)	nom sg	περίψημα
15846	1Co 13,4	περπερεύεται (1)	3 p sg ind pr .	περπερεύομαι
15847	Rm 16,12	Περσίδα (1)	acc	Περσίς
15848		πέρυσι (2)	adv	πέρυσι
15849	Lc 16,17	πεσεῖν (1)	inf ao2 a	πίπτω
15850		πεσεῖται (2)	3 p sg ind fut . . .	Id
15851		πέσετε (2)	2 p pl imper ao2 a . .	Id
15852		πέσῃ (5)	3 p sg sbj ao2 a . . .	Id
15853	Ja 5,12	πέσητε (1)	2 p pl sbj ao2 a . . .	Id
15854	Lc 8,14	πεσόν (1)	nom neut sg part ao2 a . .	Id
15855	Lc 10,18	πεσόντα (1)	acc mas sg part ao2 a .	Id
15856	Rm 11,22	πεσόντας (1)	acc mas pl part ao2 a .	Id
15857	Mt 2,11	πεσόντες (1)	nom mas pl part ao2 a .	Id
15858		πεσοῦνται (4)	3 p pl ind fut . .	Id
15859		πεσών (13)	nom mas sg part ao2 a . .	Id
15860	Rm 11,11	πέσωσιν (1)	3 p pl sbj ao2 a . .	Id

15861		πετεινά	(8)	nom pl	πετεινόν
15862		πετεινά	(2)	acc pl	Id
15863		πετεινῶν	(3)	gen pl	Id
15864	Apc 12,14	πέτηται	(1)	3 p sg sbj pr . . .	πέτομαι
15865	Apc 19,17	πετομένοις	(1)	dat neut pl part pr .	Id
15866	Apc 14,6	πετόμενον	(1)	acc mas sg part pr . .	Id
15867	Apc 8,13	πετομένου	(1)	gen mas sg part pr . .	Id
15868	Apc 4,7	πετομένῳ	(1)	dat mas sg part pr . .	Id
15869		πέτρα	(2)	nom sg	πέτρα
15870		πέτρᾳ	(2)	dat sg	Id
15871	Mt 27,51	πέτραι	(1)	nom pl	Id
15872	Apc 6,16	πέτραις	(1)	dat pl	Id
15873		πέτραν	(5)	acc sg	Id
15874		πέτρας	(3)	gen sg	Id
15875	Apc 6,15	πέτρας	(1)	acc pl	Id
15876		Πέτρε	(3)	vo	Πέτρος
15877		Πέτρον	(26)	acc	Id
15878		Πέτρος	(100)	nom	Id
15879		Πέτρου	(12)	gen	Id
15880		Πέτρῳ	(15)	dat	Id
15881	Mc 4,5	πετρῶδες	(1)	acc neut sg . .	πετρώδης
15882		πετρώδη	(3)	acc neut pl . . .	Id
15883	2Co 5,11	πεφανερώμεθα	(1)	1 p pl ind pf pass .	φανερόω
15884		πεφανερῶσθαι	(2)	inf pf pass . .	Id
15885		πεφανέρωται	(2)	3 p sg ind pf pass .	Id
15886	Jh 16,27	πεφιλήκατε	(1)	2 p pl ind pf a . .	φιλέω
15887	Mc 4,39	πεφίμωσο	(1)	2 p sg imper pf pass .	φιμόω
15888	Mt 11,28	πεφορτισμένοι	(1)	nom mas pl part pf pass	φορτίζω
15889	1Co 5,2	πεφυσιωμένοι	(1)	nom mas pl part pf pass	φυσιόω
15890	1Co 4,19	πεφυσιωμένων	(1)	gen mas pl part pf pass	Id
15891	Lc 13,6	πεφυτευμένην	(1)	acc fem sg part pf pass	φυτεύω
15892	Eph 1,18	πεφωτισμένους	(1)	acc mas pl part pf pass	φωτίζω
15893	2Pt 2,17	πηγαί	(1)	nom pl	πηγή
15894	Lc 11,42	πήγανον	(1)	acc sg	πήγανον
15895		πηγάς	(4)	acc pl	πηγή
15896		πηγή	(4)	nom sg	Id
15897	Jh 4,6	πηγῇ	(1)	dat sg	Id
15898	Apc 21,6	πηγῆς	(1)	gen sg	Id
15899	Ja 3,4	πηδαλίου	(1)	gen sg	πηδάλιον
15900	Ac 27,40	πηδαλίων	(1)	gen pl	Id
15901	Ga 6,11	πηλίκοις	(1)	dat neut pl	πηλίκος
15902	Heb 7,4	πηλίκος	(1)	nom mas sg	Id
15903		πηλόν	(5)	acc sg	πηλός
15904	Rm 9,21	πηλοῦ	(1)	gen sg	Id
15905		πήραν	(5)	acc sg	πήρα
15906	Lc 22,35	πήρας	(1)	gen sg	Id
15907	*Mc 3,5	πηρώσει		dat sg	πήρωσις
15908		πῆχυν	(2)	acc sg	πῆχυς
15909		πηχῶν	(2)	gen pl	Id

No.	Ref.	Form	Count	Analysis	Lemma
15910		πιάσαι	(4)	inf ao a	πιάζω
15911		πιάσας	(2)	nom mas sg part ao a . .	Id
15912		πιάσωσιν	(2)	3 p pl sbj ao a . .	Id
15913	Lc 12,19	πίε	(1)	2 p sg imper ao2 a . . .	πίνω
15914		πιεῖν	(13)	inf ao2 a	Id
15915	Lc 17,8	πίεσαι	(10)	2 p sg ind fut . . .	Id
15916		πίεσθε	(2)	2 p pl ind fut . . .	Id
15917	Apc 14,10	πίεται	(1)	3 p sg ind fut . . .	Id
15918	*Mt 6,25	πίεται		cf πίετε	
15919	Mt 26,27	πίετε	(1)	2 p pl imper ao2 a . .	Id
15920		πίῃ	(2)	3 p sg sbj ao2 a . . .	Id
15921		πίητε	(3)	2 p pl sbj ao2 a . . .	Id
15922	Col 2,4	πιθανολογίᾳ	(1)	dat sg . . .	πιθανολογία
15923	*1Co 2,4	πιθοῖς		dat mas pl	πιθός
15924	Col 3,19	πικραίνεσθε	(1)	2 p pl imper pr pass .	πικραίνω
15925	Apc 10,9	πικρανεῖ	(1)	3 p sg ind fut a . .	Id
15926	Eph 4,31	πικρία	(1)	nom sg	πικρία
15927		πικρίας	(3)	gen sg	Id
15928	Ja 3,14	πικρόν	(1)	acc mas sg	πικρός
15929	Ja 3,11	πικρόν	(1)	acc neut sg	Id
15930		πικρῶς	(2)	adv	πικρῶς
15931		Πιλᾶτον	(7)	acc	Πιλᾶτος
15932		Πιλᾶτος	(39)	nom	Id
15933		Πιλάτου	(3)	gen	Id
15934		Πιλάτῳ	(6)	dat	Id
15935	Ac 28,6	πίμπρασθαι	(1)	inf pr pass	πίμπρημι
15936		πίνακι	(4)	dat sg	πίναξ
15937	Lc 1,63	πινακίδιον	(1)	acc sg	πινακίδιον
15938	Lc 11,39	πίνακος	(1)	gen sg	πίναξ
15939	1Co 11,29	πίνει	(1)	3 p sg ind pr a	πίνω
15940		πίνειν	(4)	inf pr a	Id
15941		πίνετε	(2)	2 p pl ind pr a	Id
15942		πινέτω	(2)	3 p sg imper pr a . .	Id
15943		πίνῃ	(2)	3 p sg sbj pr a . . .	Id
15944		πίνητε	(3)	2 p pl sbj pr a	Id
15945	*Mc 2,16	πίννει		err cf πίνει	
15946		πίνοντες	(2)	nom mas pl part pr a .	Id
15947	Lc 5,33	πίνουσιν	(1)	3 p pl ind pr a . .	Id
15948		πίνω	(2)	1 p sg ind pr a . . .	Id
15949		πίνω	(2)	1 p sg sbj pr a . . .	Id
15950		πίνων	(8)	nom mas sg part pr a . .	Id
15951	Rm 11,17	πιότητος	(1)	gen sg	πιότης
15952	Heb 6,7	πιοῦσα	(1)	nom fem sg part ao2 a . .	πίνω
15953	Ac 4,34	πιπρασκομένων	(1)	gen neut pl part pr pass	πιπράσκω
15954		πίπτει	(5)	3 p sg ind pr a	πίπτω
15955	Mc 13,25	πίπτοντες	(1)	nom mas pl part pr a .	Id
15956		πιπτόντων	(2)	gen neut pl part pr a .	Id
15957		Πισιδίαν	(2)	acc	Πισιδία
15958	*Ac 13,14	Πισιδίας		gen	Id
15959		πιστά	(2)	acc neut pl	πιστός
15960	1Tm 3,11	πιστάς	(1)	acc fem pl	Id

No.	Ref.	Form	Freq.	Parsing	Lemma
15961		πιστέ	(2)	vo mas sg	πιστός
15962		πίστει	(58)	dat sg	πίστις
15963		πίστευε	(2)	2 p sg imper pr a	πιστεύω
15964		πιστεύει	(3)	3 p sg ind pr a	Id
15965		πιστεύειν	(5)	inf pr a	Id
15966		πιστεύεις	(8)	2 p sg ind pr a	Id
15967	Rm 10,10	πιστεύεται	(1)	3 p sg ind pr pass	Id
15968		πιστεύετε	(13)	2 p pl ind pr a	Id
15969		πιστεύετε	(8)	2 p pl imper pr a	Id
15970		πιστεύῃ	(2)	3 p sg sbj pr a	Id
15971		πιστεύητε	(2)	2 p pl sbj pr a	Id
15972	1Th 2,4	πιστευθῆναι	(1)	inf ao pass	Id
15973		πιστεύομεν	(6)	1 p pl ind pr a	Id
15974	Ac 10,43	πιστεύοντα	(1)	acc mas sg part pr a	Id
15975		πιστεύοντας	(4)	acc mas pl part pr a	Id
15976		πιστεύοντες	(7)	nom mas pl part pr a	Id
15977		πιστεύοντι	(4)	dat mas sg part pr a	Id
15978		πιστευόντων	(4)	gen mas pl part pr a	Id
15979		πιστεύουσιν	(4)	3 p pl ind pr a	Id
15980		πιστεύουσιν	(10)	dat mas pl part pr a	Id
15981		πιστεῦσαι	(6)	inf ao a	Id
15982	Ju 5	πιστεύσαντας	(1)	nom mas pl part ao a	Id
15983		πιστεύσαντες	(7)	nom mas pl part ao a	Id
15984	Ac 4,32	πιστευσάντων	(1)	gen mas pl part ao a	Id
15985		πιστεύσας	(2)	nom mas sg part ao a	Id
15986	Lc 1,45	πιστεύσασα	(1)	nom fem sg part ao a	Id
15987		πιστεύσασιν	(3)	dat mas pl part ao a	Id
15988	*Jh 10,38	πιστεύσατε		2 p pl imper ao a	Id
15989	*Mc 9,23	πιστεῦσε		cf πιστεῦσαι.	
15990	Lc 16,11	πιστεύσει	(1)	3 p sg ind fut a	Id
15991		πιστεύσετε	(2)	2 p pl ind fut a	Id
15992	*Mc 11,23	πιστεύσῃ		3 p sg sbj ao a	Id
15993		πιστεύσῃς	(2)	2 p sg sbj ao a	Id
15994		πιστεύσητε	(11)	2 p pl sbj ao a	Id
15995	Mt 27,42	πιστεύσομεν	(1)	1 p pl ind fut a	Id
15996		πίστευσον	(2)	2 p sg imper ao a	Id
15997	*Jh 7,39	πιστεύσοντες		nom mas pl part fut a	Id
15998	*Jh 17,20	πιστευσόντων		gen mas pl part fut a	Id
15999	Jh 11,48	πιστεύσουσιν	(1)	3 p pl ind fut a	Id
16000	Jh 20,25	πιστεύσω	(1)	1 p sg ind fut a	Id
16001	Jh 9,36	πιστεύσω	(1)	1 p sg sbj ao a	Id
16002		πιστεύσωμεν	(3)	1 p pl sbj ao a	Id
16003		πιστεύσωσιν	(4)	3 p pl sbj ao a	Id
16004		πιστεύω	(5)	1 p sg ind pr a	Id
16005	*1Jh 3,23	πιστεύωμεν		1 p pl sbj pr a	Id
16006		πιστεύων	(24)	nom mas sg part pr a	Id
16007		πίστεως	(94)	gen sg	πίστις
16008	1Tm 5,16	πιστή	(1)	nom fem sg	πιστός
16009	*1Co 7,14	πιστῇ		dat fem sg	Id
16010	Ac 16,15	πιστήν	(1)	acc fem sg	Id

16011	Ac 16,1	πιστῆς	(1)	gen fem sg	πιστός
16012		πιστικῆς	(2)	gen fem sg	πιστικός
16013		πίστιν	(55)	acc sg	πίστις
16014		πίστις	(36)	nom sg	Id
16015		πιστοί	(7)	nom mas pl	πιστός
16016		πιστοῖς	(4)	dat mas pl	Id
16017		πιστόν	(3)	acc mas sg	Id
16018	1Co 4,17	πιστόν	(1)	nom neut sg	Id
16019	3Jh 5	πιστόν	(1)	acc neut sg	Id
16020		πιστός	(33)	nom mas sg	Id
16021		πιστοῦ	(2)	gen mas sg	Id
16022	1Tm 6,2	πιστούς	(1)	acc mas pl	Id
16023		πιστῷ	(5)	dat mas sg	Id
16024		πιστῶν	(2)	gen mas pl	Id
16025	*Jh 1,15	πίσω		err cf ὀπίσω	
16026		πίω	(6)	1 p sg sbj ao2 a	πίνω
16027		πίωμεν	(2)	1 p pl sbj ao2 a	Id
16028	Lc 5,39	πιών	(1)	nom mas sg part ao2 a . .	Id
16029	*Mc 16,18	πίωσιν		3 p pl sbj ao2 a	Id
16030	Heb 9,4	πλάκες	(1)	nom pl	πλάξ
16031		πλανᾷ	(3)	3 p sg ind pr a	πλανάω
16032	*Apc 20,3	πλανᾷ		3 p sg sbj pr a	Id
16033	*Mt 24,24	πλανᾶσθαι		inf pr pass	Id
16034		πλανᾶσθε	(3)	2 p pl ind pr pass . .	Id
16035		πλανᾶσθε	(4)	2 p pl imper pr pass . .	Id
16036	1Jh 3,7	πλανάτω	(1)	3 p sg imper pr a . .	Id
16037	Mt 27,64	πλάνη	(1)	nom sg	πλάνη
16038		πλάνῃ	(3)	dat sg	Id
16039		πλανηθῇ	(2)	3 p sg sbj ao pass . .	πλανάω
16040	*Mt 24,24	πλανηθῆναι		inf ao pass	Id
16041	Lc 21,8	πλανηθῆτε	(1)	2 p pl sbj ao pass . .	Id
16042		πλάνης	(6)	gen sg	πλάνη
16043		πλανῆσαι	(2)	inf ao a	πλανάω
16044		πλανήσῃ	(3)	3 p sg sbj ao a	Id
16045		πλανήσουσιν	(3)	3 p pl ind fut a . .	Id
16046	Ju 13	πλανῆται	(1)	nom pl	πλανήτης
16047	*Ju 13	πλάνητες		nom pl	πλάνης
16048		πλάνοι	(2)	nom mas pl	πλάνος
16049	1Tm 4,1	πλάνοις	(1)	dat neut pl	Id
16050		πλάνος	(2)	nom mas sg	Id
16051	1Jh 1,8	πλανῶμεν	(1)	1 p pl ind pr a . . .	πλανάω
16052	*1Pt 2,25	πλανώμενα		nom neut pl part pr pass . .	Id
16053		πλανώμενοι	(4)	nom mas pl part pr pass	Id
16054	Heb 5,2	πλανωμένοις	(1)	dat mas pl part pr pass	Id
16055	Mt 18,12	πλανώμενον	(1)	acc neut sg part pr pass	Id
16056		πλανῶν	(2)	nom mas sg part pr a . .	Id
16057	Heb 3,10	πλανῶνται	(1)	3 p pl ind pr pass . .	Id
16058	2Tm 3,13	πλανῶντες	(1)	nom mas pl part pr a .	Id
16059	1Jh 2,26	πλανώντων	(1)	gen mas pl part pr a .	Id

No.	Ref.	Form	Freq.	Parsing	Lemma
16060		πλαξίν	(2)	dat pl	πλάξ
16061	Rm 9,20	πλάσαντι	(1)	dat mas sg part ao a	πλάσσω
16062	Rm 9,20	πλάσμα	(1)	nom sg	πλάσμα
16063	2Pt 2,3	πλαστοῖς	(1)	dat mas pl	πλαστός
16064	Apc 21,21	πλατεῖα	(1)	nom sg	πλατεῖα
16065	Mt 7,13	πλατεῖα	(1)	nom fem sg	πλατύς
16066		πλατείαις	(2)	dat pl	πλατεῖα
16067		πλατείας	(2)	gen sg	Id
16068		πλατείας	(3)	acc pl	Id
16069	Mt 6,5	πλατειῶν	(1)	gen pl	Id
16070		πλάτος	(3)	nom sg	πλάτος
16071	Apc 20,9	πλάτος	(1)	acc sg	Id
16072	2Co 6,13	πλατύνθητε	(1)	2 p pl imper ao pass	πλατύνω
16073	Mt 23,5	πλατύνουσιν	(1)	3 p pl ind pr a	Id
16074	1Tm 2,9	πλέγμασιν	(1)	dat pl	πλέγμα
16075	Ac 27,2	πλεῖν	(1)	inf pr a	πλέω
16076		πλεῖον	(7)	comp nom neut sg	πολύς
16077		πλεῖον	(11)	comp acc neut sg	Id
16078	Ac 18,20	πλείονα	(1)	comp acc mas sg	Id
16079		πλείονα	(2)	comp acc fem sg	Id
16080		πλείονα	(3)	comp acc neut pl	Id
16081		πλείονας	(6)	comp acc mas pl	Id
16082		πλείονες	(4)	comp nom mas pl	Id
16083	Heb 3,3	πλείονος	(1)	comp gen fem sg	Id
16084		πλειόνων	(2)	comp gen mas pl	Id
16085		πλειόνων	(3)	comp gen neut pl	Id
16086		πλείοσιν	(2)	comp dat mas pl	Id
16087		πλείους	(4)	comp nom mas pl	Id
16088	Ac 24,11	πλείους	(1)	comp nom fem pl	Id
16089		πλείους	(4)	comp acc fem pl	Id
16090	Mt 11,20	πλεῖσται	(1)	superl nom fem pl	Id
16091	*Ac 19,32	πλεῖστοι		superl nom mas pl	Id
16092	1Co 14,27	πλεῖστον	(1)	superl nom neut sg	Id
16093		πλεῖστος	(2)	superl nom mas sg	Id
16094	Mt 26,53	πλείω	(1)	comp acc neut pl	Id
16095		πλέξαντες	(3)	nom mas pl part ao a	πλέκω
16096	Ac 27,6	πλέον	(1)	acc neut sg part pr a	πλέω
16097		πλέον	(3)	comp acc neut sg	πολύς
16098	2Th 1,3	πλεονάζει	(1)	3 p sg ind pr a	πλεονάζω
16099	Php 4,17	πλεονάζοντα	(1)	acc mas sg part pr a	Id
16100	2Pt 1,8	πλεονάζοντα	(1)	nom neut pl part pr a	Id
16101	1Th 3,12	πλεονάσαι	(1)	3 p sg opt ao a	Id
16102	2Co 4,15	πλεονάσασα	(1)	nom fem sg part ao a	Id
16103		πλεονάσῃ	(2)	3 p sg sbj ao a	Id
16104	1Co 6,10	πλεονέκται	(1)	nom pl	πλεονέκτης
16105	1Co 5,10	πλεονέκταις	(1)	dat pl	Id
16106	1Th 4,6	πλεονεκτεῖν	(1)	inf pr a	πλεονεκτέω
16107	2Co 2,11	πλεονεκτηθῶμεν	(1)	1 p pl sbj ao pass	Id
16108		πλεονέκτης	(2)	nom sg	πλεονέκτης

16109	Eph 5,3	πλεονεξία	(1)	nom sg . . .	πλεονεξία
16110		πλεονεξίᾳ	(3)	dat sg	Id
16111	Mc 7,22	πλεονεξίαι	(1)	nom pl	Id
16112		πλεονεξίαν	(2)	acc sg	Id
16113		πλεονεξίας	(3)	gen sg	Id
16114	Ac 27,24	πλέοντας	(1)	acc mas pl part pr a .	πλέω
16115	*Ac 27,15	πλέοντι		dat neut sg part pr a . .	Id
16116	Lc 8,23	πλεόντων	(1)	gen mas pl part pr a .	Id
16117		πλευράν	(5)	acc sg	πλευρά
16118	Apc 18,17	πλέων	(1)	nom mas sg part pr a . .	πλέω
16119		πληγαί	(2)	nom pl	πληγή
16120		πληγαῖς	(3)	dat pl	Id
16121		πληγάς	(6)	acc pl	Id
16122		πληγή	(3)	nom sg	Id
16123	Apc 11,6	πληγῇ	(1)	dat sg	Id
16124	Apc 13,14	πληγήν	(1)	acc sg	Id
16125	Apc 16,21	πληγῆς	(1)	gen sg	Id
16126		πληγῶν	(5)	gen pl	Id
16127	Heb 11,12	πλήθει	(1)	dat sg	πλῆθος
16128	Ac 5,14	πλήθη	(1)	nom pl	Id
16129		πλῆθος	(20)	nom sg	Id
16130		πλῆθος	(5)	acc sg	Id
16131		πλήθους	(4)	gen sg	Id
16132	*2Co 9,10	πληθύναι		3 p sg opt ao a	πληθύνω
16133	2Co 9,10	πληθυνεῖ	(1)	3 p sg ind fut a . .	Id
16134		πληθυνθείη	(3)	3 p sg opt ao pass . .	Id
16135	Mt 24,12	πληθυνθῆναι	(1)	inf ao pass . . .	Id
16136	Ac 6,1	πληθυνόντων	(1)	gen mas pl part pr a .	Id
16137	Heb 6,14	πληθυνῶ	(1)	1 p sg ind fut a . .	Id
16138	Heb 6,14	πληθύνων	(1)	nom mas sg part pr a .	Id
16139		πλήκτην	(2)	acc sg	πλήκτης
16140	Lc 6,48	πλημμύρης	(1)	gen sg . . .	πλήμμυρα
16141		πλήν	(31)	adv	πλήν
16142	Ac 19,28	πλήρεις	(1)	nom mas pl	πλήρης
16143		πλήρεις	(3)	acc mas pl	Id
16144	*Mc 4,28	πλήρες		nom neut sg	Id
16145		πλήρη	(2)	acc mas sg	Id
16146		πλήρης	(8)	nom mas sg	Id
16147	Ac 9,36	πλήρης	(1)	nom fem sg	Id
16148	Col 4,17	πληροῖς	(1)	2 p sg sbj pr a . . .	πληρόω
16149	Lc 2,40	πληρούμενον	(1)	nom neut sg part pr pass	Id
16150	Eph 1,23	πληρουμένου	(1)	gen mas sg part pr pass/m	Id
16151	Lc 9,31	πληροῦν	(1)	inf pr a	Id
16152	Eph 5,18	πληροῦσθε	(1)	2 p pl imper pr pass .	Id
16153	*Mt 13,14	πληροῦται		3 p sg ind pr pass . .	Id
16154	Rm 14,5	πληροφορείσθω	(1)	3 p sg imper pr pass	πληροφορέω
16155	Rm 4,21	πληροφορηθείς	(1)	nom mas sg part ao pass	Id
16156	2Tm 4,17	πληροφορηθῇ	(1)	3 p sg sbj ao pass .	Id
16157	*Eph 3,19	πληροφορηθῆτε		2 p pl sbj ao pass . .	Id
16158	*Rm 15,13	πληροφορήσαι		3 p sg opt ao a . . .	Id

16159	2Tm 4,5	πληροφόρησον	(1)	2 p sg imper ao a	πληροφορέω
16160		πληροφορίᾳ	(2)	dat sg	πληροφορία
16161	Heb 6,11	πληροφορίαν	(1)	acc sg	Id
16162	Col 2,2	πληροφορίας	(1)	gen sg	Id
16163	Ac 24,27	πληρωθείσης	(1)	gen fem sg part ao pass	πληρόω
16164	Ac 7,30	πληρωθέντων	(1)	gen neut pl part ao pass	Id
16165		πληρωθῇ	(20)	3 p sg sbj ao pass	Id
16166		πληρωθῆναι	(2)	inf ao pass	Id
16167	Lc 3,5	πληρωθήσεται	(1)	3 p sg ind fut pass	Id
16168	Lc 1,20	πληρωθήσονται	(1)	3 p pl ind fut pass	Id
16169		πληρωθῆτε	(2)	2 p pl sbj ao pass	Id
16170	2Tm 1,4	πληρωθῶ	(1)	1 p sg sbj ao pass	Id
16171		πληρωθῶσιν	(5)	3 p pl sbj ao pass	Id
16172		πλήρωμα	(10)	nom sg	πλήρωμα
16173	Eph 3,19	πλήρωμα	(1)	acc sg	Id
16174		πληρώματα	(2)	acc pl	Id
16175	Rm 15,29	πληρώματι	(1)	dat sg	Id
16176		πληρώματος	(3)	gen sg	Id
16177	Rm 15,13	πληρώσαι	(1)	3 p sg opt ao a	πληρόω
16178		πληρῶσαι	(3)	inf ao a	Id
16179	Ac 12,25	πληρώσαντες	(1)	nom mas pl part ao a	Id
16180	*Ja 2,10	πληρώσας		nom mas sg part ao a	Id
16181		πληρώσατε	(2)	2 p pl imper ao a	Id
16182	Php 4,19	πληρώσει	(1)	3 p sg ind fut a	Id
16183	Ac 2,28	πληρώσεις	(1)	2 p sg ind fut a	Id
16184	*Mt 23,32	πληρώσετε		2 p pl ind fut a	Id
16185		πληρώσῃ	(2)	3 p sg sbj ao a	Id
16186	*Apc 6,11	πληρώσονται		3 p pl ind fut m	Id
16187	*Apc 6,11	πληρώσουσιν		3 p pl ind fut a	Id
16188	*Apc 6,11	πληρώσωσιν		3 p pl sbj ao a	Id
16189	*Jh 19,29	πλήσαντες		nom mas pl part ao a	πίμπλημι
16190	Mt 27,48	πλήσας	(1)	nom mas sg part ao a	Id
16191		πλησθείς	(2)	nom mas sg part ao pass	Id
16192	Lc 21,22	πλησθῆναι	(1)	inf ao pass	Id
16193	*Ac 7,30	πλησθέντων		gen neut pl part ao pass	Id
16194	Ac 9,17	πλησθῇς	(1)	2 p sg sbj ao pass	Id
16195	Lc 1,15	πλησθήσεται	(1)	3 p sg ind fut pass	Id
16196	*Lc 1,20	πλησθήσονται		3 p pl ind fut pass	Id
16197		πλησίον	(17)	adv	πλησίον
16198	Col 2,23	πλησμονήν	(1)	acc sg	πλησμονή
16199	Mc 4,36	πλοῖα	(1)	nom pl	πλοῖον
16200		πλοῖα	(5)	acc pl	Id
16201	Jh 6,23	πλοιάρια	(1)	nom pl	πλοιάριον
16202	Jh 6,24	πλοιάρια	(1)	acc pl	Id
16203		πλοιάριον	(2)	nom sg	Id
16204	Jh 21,8	πλοιαρίῳ	(1)	dat sg	Id
16205	*Jh 6,23	πλοιαρίων		gen pl	Id
16206		πλοῖον	(6)	nom sg	πλοῖον
16207		πλοῖον	(27)	acc sg	Id

16208		πλοίου	(12)	gen sg	πλοῖον
16209		πλοίῳ	(14)	dat sg	Id
16210		πλοίων	(2)	gen pl	Id
16211	*1Pt 3,3	πλοκῆς		gen sg	πλοκή
16212	Ac 27,9	πλοός	(1)	gen sg	πλοῦς
16213		πλοῦν	(2)	acc sg	Id
16214		πλούσιοι	(4)	nom mas pl . . .	πλούσιος
16215		πλουσίοις	(2)	dat mas pl . . .	Id
16216		πλούσιον	(3)	acc mas sg . . .	Id
16217		πλούσιος	(13)	nom mas sg . . .	Id
16218		πλουσίου	(2)	gen mas sg . . .	Id
16219		πλουσίους	(4)	acc mas pl . . .	Id
16220		πλουσίως	(4)	adv	πλουσίως
16221		πλουτεῖν	(2)	inf pr a	πλουτέω
16222	Apc 18,15	πλουτήσαντες	(1)	nom mas pl part ao a .	Id
16223	Apc 3,18	πλουτήσῃς	(1)	2 p sg sbj ao a . .	Id
16224	2Co 8,9	πλουτήσητε	(1)	2 p pl sbj ao a . .	Id
16225	2Co 9,11	πλουτιζόμενοι	(1)	nom mas pl part pr pass	πλουτίζω
16226	2Co 6,10	πλουτίζοντες	(1)	nom mas pl part pr a .	Id
16227		πλοῦτον	(3)	acc sg	πλοῦτος
16228		πλοῦτος	(13)	nom sg	Id
16229		πλούτου	(6)	gen sg	Id
16230	Lc 1,53	πλουτοῦντας	(1)	acc mas pl part pr a . .	πλουτέω
16231		πλουτῶν	(2)	nom mas sg part pr a . .	Id
16232	Apc 22,14	πλύνοντες	(1)	nom mas pl part pr a .	πλύνω
16233	Apc 7,1	πνέῃ	(1)	3 p sg sbj pr a . . .	πνέω
16234	Jh 3,8	πνεῖ	(1)	3 p sg ind pr a . . .	Id
16235	Lc 12,55	πνέοντα	(1)	acc mas sg part pr a . .	Id
16236	Jh 6,18	πνέοντος	(1)	gen mas sg part pr a .	Id
16237	Ac 27,40	πνεούσῃ	(1)	dat fem sg part pr a . .	Id
16238		πνεῦμα	(89)	nom sg	πνεῦμα
16239		πνεῦμα	(67)	acc sg	Id
16240	Mc 5,8	πνεῦμα	(1)	vo sg	Id
16241		πνεύμασι	(5)	dat pl	Id
16242		πνεύματα	(8)	nom pl	Id
16243		πνεύματα	(10)	acc pl	Id
16244		πνεύματι	(91)	dat sg	Id
16245		πνευματικά	(4)	acc neut pl . .	πνευματικός
16246		πνευματικαῖς	(2)	dat fem pl . . .	Id
16247	1Pt 2,5	πνευματικάς	(1)	acc fem pl . . .	Id
16248		πνευματικῇ	(2)	dat fem sg . . .	Id
16249	*Mc 16,14	πνευματικήν		acc fem sg	Id
16250	1Co 10,4	πνευματικῆς	(1)	gen fem sg . . .	Id
16251	Ga 6,1	πνευματικοί	(1)	nom mas pl . . .	Id
16252	1Co 3,1	πνευματικοῖς	(1)	dat mas pl . . .	Id
16253		πνευματικοῖς	(2)	dat neut pl . .	Id
16254		πνευματικόν	(2)	nom neut sg . . .	Id
16255		πνευματικόν	(5)	acc neut sg . . .	Id
16256		πνευματικός	(4)	nom mas sg . . .	Id

16257	*Eph 5,19	πνευματικούς		acc mas pl	πνευματικός
16258	1Co 12,1	πνευματικῶν	(1)	gen neut pl	Id
16259		πνευματικῶς	(2)	adv	πνευματικῶς
16260		πνεύματος	(97)	gen sg	πνεῦμα
16261		πνευμάτων	(11)	gen pl	Id
16262	*Apc 7,1	πνεύσῃ		3 p sg sbj ao a	πνεύω
16263	Ac 21,25	πνικτόν	(1)	acc neut sg	πνικτός
16264	Ac 15,20	πνικτοῦ	(1)	gen neut sg	Id
16265	Ac 15,29	πνικτῶν	(1)	gen neut pl	Id
16266	*Ac 27,40	πνοῇ		dat sg	πνοή
16267	Ac 17,25	πνοήν	(1)	acc sg	Id
16268	Ac 2,2	πνοῆς	(1)	gen sg	Id
16269		πόδα	(3)	acc sg	πούς
16270		πόδας	(55)	acc pl	Id
16271		πόδες	(7)	nom pl	Id
16272	Apc 1,13	ποδήρη	(1)	acc mas sg	ποδήρης
16273	*Jh 13,5	ποδονιπτῆρα		acc sg	ποδονιπτήρ
16274	Ac 7,5	ποδός	(1)	gen sg	πούς
16275		ποδῶν	(19)	gen pl	Id
16276		πόθεν	(29)	adv	πόθεν
16277	*Col 4,13	πόθον		acc sg	πόθος
16278		ποία	(6)	nom fem sg	ποῖος
16279	Lc 24,19	ποῖα	(1)	acc neut pl	Id
16280		ποίᾳ	(12)	dat fem sg	Id
16281	Apc 3,3	ποίαν	(1)	acc fem sg	Id
16282		ποίας	(2)	gen fem sg	Id
16283	Mt 19,18	ποίας	(1)	acc fem pl	Id
16284		ποιεῖ	(28)	3 p sg ind pr a	ποιέω
16285		ποίει	(3)	2 p sg imper pr a	Id
16286		ποιεῖν	(25)	inf pr a	Id
16287		ποιεῖς	(13)	2 p sg ind pr a	Id
16288		ποιεῖσθαι	(3)	inf pr m	Id
16289	*2Pt 1,10	ποιεῖσθε		2 p pl ind pr m	Id
16290	Rm 13,14	ποιεῖσθε	(1)	2 p pl imper pr m	Id
16291	Eph 4,16	ποιεῖται	(1)	3 p sg ind pr m	Id
16292		ποιεῖτε	(17)	2 p pl ind pr a	Id
16293		ποιεῖτε	(17)	2 p pl imper pr a	Id
16294		ποιείτω	(2)	3 p sg imper pr a	Id
16295	*2Pt 1,10	ποιέσθαι		cf ποιεῖσθαι	
16296	*Ac 15,29	ποιετε		cf ποιῆτε	
16297		ποιῇ	(3)	3 p sg sbj pr a	ποιέω
16298	Eph 2,10	ποίημα	(1)	nom sg	ποίημα
16299	Rm 1,20	ποιήμασιν	(1)	dat pl	Id
16300		ποιῇς	(5)	2 p sg sbj pr a	ποιέω
16301		ποιῆσαι	(47)	inf ao a	Id
16302	Lc 6,11	ποιήσαιεν	(1)	3 p pl opt ao a	Id
16303	Ac 23,13	ποιησάμενοι	(1)	nom mas pl part ao m	Id
16304		ποιησάμενος	(2)	nom mas sg part ao m	Id
16305	*Ac 13,44	ποιησαμένου		gen mas sg part ao m	Id
16306	*Ac 14,15	ποιήσαντα		acc mas sg part ao a	Id

16307		ποιήσαντες	(7)	nom mas pl part ao a .	ποιέω
16308		ποιήσαντι	(3)	dat mas sg part ao a .	Id
16309		ποιήσας	(20)	nom mas sg part ao a . .	Id
16310	Mc 5,32	ποιήσασαν	(1)	acc fem sg part ao a .	Id
16311	Rm 15,26	ποιήσασθαι	(1)	inf ao m	Id
16312		ποιήσατε	(11)	2 p pl imper ao a . .	Id
16313	1Pt 3,11	ποιησάτω	(1)	3 p sg imper ao a . .	Id
16314		ποιήσει	(16)	3 p sg ind fut a . .	Id
16315	Ja 1,25	ποιήσει	(1)	dat sg	ποίησις
16316		ποιήσεις	(3)	2 p sg ind fut a . .	ποιέω
16317		ποιήσετε	(2)	2 p pl ind fut a . .	Id
16318		ποιήσῃ	(9)	3 p sg sbj ao a . . .	Id
16319	Mc 10,35	ποιήσῃς	(1)	2 p sg sbj ao a . . .	Id
16320	Lc 17,10	ποιήσητε	(1)	2 p pl sbj ao a	Id
16321	*2Pt 1,10	ποιῆσθε		2 p pl sbj pr m	Id
16322	*1Pt 3,6	ποίησιν		acc sg	ποίησις
16323	*Jh 14,23	ποιήσομαι		1 p sg ind fut m . . .	ποιέω
16324	Jh 14,23	ποιησόμεθα	(1)	1 p pl ind fut m . .	Id
16325		ποιήσομεν	(4)	1 p pl ind fut a . .	Id
16326		ποίησον	(9)	2 p sg imper ao a . .	Id
16327		ποιήσουσιν	(5)	3 p pl ind fut a . .	Id
16328		ποιήσω	(14)	1 p sg ind fut a . .	Id
16329		ποιήσω	(11)	1 p sg sbj ao a . . .	Id
16330		ποιήσωμεν	(8)	1 p pl sbj ao a . .	Id
16331	Ac 24,17	ποιήσων	(1)	nom mas sg part fut a .	Id
16332		ποιήσωσιν	(4)	3 p pl sbj ao a . .	Id
16333		ποιηταί	(2)	nom pl	ποιητής
16334		ποιῆτε	(7)	2 p pl sbj pr a . . .	ποιέω
16335		ποιητής	(3)	nom sg	ποιητής
16336	Ac 17,28	ποιητῶν	(1)	gen pl	Id
16337		ποικίλαις	(7)	dat fem pl	ποικίλος
16338	1Pt 4,10	ποικίλης	(1)	gen fem sg	Id
16339		ποικίλοις	(2)	dat mas pl	Id
16340	*Ga 6,11	ποικίλοις		dat neut pl	Id
16341	Jh 21,16	ποίμαινε	(1)	2 p sg imper pr a . .	ποιμαίνω
16342	1Co 9,7	ποιμαίνει	(1)	3 p sg ind pr a . .	Id
16343		ποιμαίνειν	(2)	inf pr a . . .	Id
16344	Lc 17,7	ποιμαίνοντα	(1)	acc mas sg part pr a .	Id
16345	Ju 12	ποιμαίνοντες	(1)	nom mas pl part pr a .	Id
16346		ποιμανεῖ	(4)	3 p sg ind fut a . .	Id
16347	1Pt 5,2	ποιμάνατε	(1)	2 p pl imper ao a . .	Id
16348		ποιμένα	(6)	acc sg	ποιμήν
16349	Eph 4,11	ποιμένας	(1)	acc pl	Id
16350		ποιμένες	(3)	nom pl	Id
16351	Lc 2,18	ποιμένων	(1)	gen pl	Id
16352		ποιμήν	(7)	nom sg	Id
16353	Jh 10,16	ποίμνη	(1)	nom sg	ποίμνη
16354		ποίμνην	(2)	acc sg	Id
16355		ποίμνης	(2)	gen sg	Id

No.	Ref	Form	Freq	Parsing	Lemma
16356	1Pt 5,2	ποίμνιον	(1)	acc sg	ποίμνιον
16357	Lc 12,32	ποίμνιον	(1)	vo sg	Id
16358		ποιμνίου	(2)	gen sg	Id
16359	Ac 20,28	ποιμνίῳ	(1)	dat sg	Id
16360		ποῖον	(2)	acc mas sg	ποῖος
16361	1Pt 2,20	ποῖον	(1)	nom neut sg	Id
16362	Jh 10,32	ποῖον	(1)	acc neut sg	Id
16363	*Ac 7,49	ποῖος		nom mas sg	Id
16364	Rm 3,27	ποίου	(1)	gen mas sg	Id
16365	*Lc 9,55	ποίου		gen neut sg	
16366		ποιοῦμαι	(2)	1 p sg ind pr m	ποιέω
16367		ποιοῦμεν	(4)	1 p pl ind pr a	Id
16368	1Th 1,2	ποιούμενοι	(1)	nom mas pl part pr m	Id
16369		ποιούμενος	(5)	nom mas sg part pr m	Id
16370		ποιοῦν	(7)	nom neut sg part pr a	Id
16371		ποιοῦντα	(4)	acc mas sg part pr a	Id
16372	Apc 16,14	ποιοῦντα	(1)	nom neut pl part pr a	Id
16373	Lc 5,33	ποιοῦνται	(1)	3 p pl ind pr m	Id
16374		ποιοῦντας	(3)	acc mas pl part pr a	Id
16375		ποιοῦντες	(7)	nom mas pl part pr a	Id
16376	Ja 4,17	ποιοῦντι	(1)	dat mas sg part pr a	Id
16377	Mt 21,43	ποιοῦντι	(1)	dat neut sg part pr a	Id
16378	Mt 6,3	ποιοῦντος	(1)	gen mas sg part pr a	Id
16379		ποιοῦσιν	(11)	3 p pl ind pr a	Id
16380	Ja 3,18	ποιοῦσιν	(1)	dat mas pl part pr a	Id
16381		ποιῶ	(22)	1 p sg ind pr a	Id
16382	Jh 6,38	ποιῶ	(1)	1 p sg sbj pr a	Id
16383		ποίῳ	(3)	dat mas sg	ποῖος
16384		ποίῳ	(2)	dat neut sg	Id
16385		ποιῶμεν	(2)	1 p pl sbj pr a	ποιέω
16386		ποιῶν	(27)	nom mas sg part pr a	Id
16387		ποιῶσιν	(4)	3 p pl sbj pr a	Id
16388		πόλει	(22)	dat sg	πόλις
16389		πόλεις	(2)	nom pl	Id
16390		πόλεις	(10)	acc pl	Id
16391	Apc 19,11	πολεμεῖ	(1)	3 p sg ind pr a	πολεμέω
16392	Ja 4,2	πολεμεῖτε	(1)	2 p pl ind pr a	Id
16393		πολεμῆσαι	(2)	inf ao a	Id
16394	Apc 17,14	πολεμήσουσιν	(1)	3 p pl ind fut a	Id
16395	Apc 2,16	πολεμήσω	(1)	1 p sg ind fut a	Id
16396	Ja 4,1	πόλεμοι	(1)	nom pl	πόλεμος
16397		πόλεμον	(10)	acc sg	Id
16398	Apc 12,7	πόλεμος	(1)	nom sg	Id
16399		πολέμους	(3)	acc pl	Id
16400	Heb 11,34	πολέμῳ	(1)	dat sg	Id
16401		πολέμων	(2)	gen pl	Id
16402		πόλεσιν	(2)	dat pl	πόλις
16403		πόλεων	(6)	gen pl	Id
16404		πόλεως	(35)	gen sg	Id
16405		πόλιν	(65)	acc sg	Id

16406		πόλις	(22)	nom sg	πόλις
16407	Lc 19,14	πολῖται	(1)	nom pl	πολίτης
16408	*Ac 17,9	πολιτάρχαι		nom pl	πολιτάρχης
16409		πολιτάρχας	(2)	acc pl	Id
16410	Ac 22,28	πολιτείαν	(1)	acc sg	πολιτεία
16411	Eph 2,12	πολιτείας	(1)	gen sg	Id
16412	Php 1,27	πολιτεύεσθε	(1)	2 p pl imper pr	πολιτεύομαι
16413	Php 3,20	πολίτευμα	(1)	nom sg	πολίτευμα
16414	Heb 8,11	πολίτην	(1)	acc sg	πολίτης
16415	Ac 21,39	πολίτης	(1)	nom sg	Id
16416	Lc 15,15	πολιτῶν	(1)	gen pl	Id
16417		πολλά	(13)	nom neut pl	πολύς
16418		πολλά	(52)	acc neut pl	Id
16419		πολλαί	(6)	nom fem pl	Id
16420		πολλαῖς	(4)	dat fem pl	Id
16421		πολλάκις	(18)	adv	πολλάκις
16422	Lc 18,30	πολλαπλασίονα	(1)	acc neut pl	πολλαπλασίων
16423		πολλάς	(11)	acc fem pl	πολύς
16424		πολλή	(4)	nom fem sg	Id
16425		πολλῇ	(8)	dat fem sg	Id
16426		πολλήν	(10)	acc fem sg	Id
16427		πολλῆς	(14)	gen fem sg	Id
16428		πολλοί	(84)	nom mas pl	Id
16429		πολλοῖς	(5)	dat mas pl	Id
16430		πολλοῖς	(2)	dat neut pl	Id
16431		πολλοῦ	(5)	gen mas sg	Id
16432		πολλοῦ	(2)	gen neut sg	Id
16433		πολλούς	(23)	acc mas pl	Id
16434		πολλῷ	(5)	dat mas sg	Id
16435		πολλῷ	(15)	dat neut sg	Id
16436		πολλῶν	(22)	gen mas pl	Id
16437		πολλῶν	(2)	gen fem pl	Id
16438		πολλῶν	(15)	gen neut pl	Id
16439		πολύ	(10)	nom neut sg	Id
16440		πολύ	(13)	acc neut sg	Id
16441	*Ja 3,1	πολυδιδάσκαλοι		nom pl	πολυδιδάσκαλος
16442	*Ja 5,11	πολυεύσπλαγχνος		nom mas sg	πολυεύσπλαγχνος
16443	Mt 6,7	πολυλογίᾳ	(1)	dat sg	πολυλογία
16444	Heb 1,1	πολυμερῶς	(1)	adv	πολυμερῶς
16445		πολύν	(9)	acc mas sg	πολύς
16446	*Ac 14,7	πολυπλήθεια		nom sg	πολυπλήθεια
16447	Eph 3,10	πολυποίκιλος	(1)	nom fem sg	πολυποίκιλος
16448		πολύς	(26)	nom mas sg	πολύς
16449	Ja 5,11	πολύσπλαγχνος	(1)	nom mas sg	πολύσπλαγχνος
16450	1Tm 2,9	πολυτελεῖ	(1)	dat mas sg	πολυτελής
16451	1Pt 3,4	πολυτελές	(1)	nom neut sg	Id
16452	Mc 14,3	πολυτελοῦς	(1)	gen fem sg	Id
16453	Mt 13,46	πολύτιμον	(1)	acc mas sg	πολύτιμος
16454	1Pt 1,7	πολυτιμότερον	(1)	comp nom neut sg	Id

No.	Ref.	Form	Freq.	Parsing	Lemma
16455	Jh 12,3	πολυτίμου	(1)	gen neut sg	πολύτιμος
16456	Heb 1,1	πολυτρόπως	(1)	adv	πολυτρόπως
16457	1Co 10,4	πόμα	(1)	acc sg	πόμα
16458	Heb 9,10	πόμασιν	(1)	dat pl	Id
16459		πονηρά	(5)	nom fem sg	πονηρός
16460	*Mt 17,17	πονηρά		vo fem sg	Id
16461		πονηρά	(4)	nom neut pl	Id
16462		πονηρά	(4)	acc neut pl	Id
16463		πονηρᾷ	(2)	dat fem sg	Id
16464		πονηραί	(2)	nom fem pl	Id
16465	*Ac 25,18	πονηράν		acc fem sg	Id
16466	Heb 10,22	πονηρᾶς	(1)	gen fem sg	Id
16467		πονηρέ	(3)	vo mas sg	Id
16468	*Mc 7,22	πονηρία		nom sg	πονηρία
16469	Rm 1,29	πονηρίᾳ	(1)	dat sg	Id
16470	Mc 7,22	πονηρίαι	(1)	nom pl	Id
16471	Mt 22,18	πονηρίαν	(1)	acc sg	Id
16472		πονηρίας	(3)	gen sg	Id
16473	Ac 3,26	πονηριῶν	(1)	gen pl	Id
16474		πονηροί	(5)	nom mas pl	πονηρός
16475	3Jh 10	πονηροῖς	(1)	dat mas pl	Id
16476		πονηροῖς	(2)	dat neut pl	Id
16477		πονηρόν	(3)	acc mas sg	Id
16478		πονηρόν	(2)	nom neut sg	Id
16479		πονηρόν	(7)	acc neut sg	Id
16480		πονηρός	(8)	nom mas sg	Id
16481		πονηρότερα	(2)	comp acc neut pl	Id
16482		πονηροῦ	(10)	gen mas sg	Id
16483		πονηροῦ	(2)	gen neut sg	Id
16484		πονηρούς	(7)	acc mas pl	Id
16485	1Jh 5,19	πονηρῷ	(1)	dat mas sg	Id
16486	Mt 5,39	πονηρῷ	(1)	dat neut sg	Id
16487		πονηρῶν	(2)	gen mas pl	Id
16488		πονηρῶν	(4)	gen neut pl	Id
16489	Col 4,13	πόνον	(1)	acc sg	πόνος
16490	Apc 21,4	πόνος	(1)	nom sg	Id
16491	Apc 16,10	πόνου	(1)	gen sg	Id
16492	Ac 18,2	Ποντικόν	(1)	acc mas sg	Ποντικός
16493	Ac 4,27	Πόντιος	(1)	nom	Πόντιος
16494		Ποντίου	(2)	gen	Id
16495	*Mt 27,2	Ποντίῳ		dat	Id
16496	Ac 2,9	Πόντον	(1)	acc	Πόντος
16497	*Apc 18,17	πόντον		acc sg	πόντος
16498	1Pt 1,1	Πόντου	(1)	gen	Πόντος
16499	Apc 16,11	πόνων	(1)	gen pl	πόνος
16500	Ac 28,8	Ποπλίου	(1)	gen	Πόπλιος
16501	Ac 28,7	Ποπλίῳ	(1)	dat	Id
16502	Ja 1,11	πορείαις	(1)	dat pl	πορεία
16503	Lc 13,22	πορείαν	(1)	acc sg	Id
16504		πορεύεσθαι	(17)	inf pr	πορεύομαι
16505		πορεύεσθε	(7)	2 p pl imper pr	Id

16506		πορεύεται	(7)	3 p sg ind pr	πορεύομαι
16507		πορευθείς	(8)	nom mas sg part ao	Id
16508	*Mc 16,10	πορευθεῖσα		nom fem sg part ao	Id
16509	Mt 28,7	πορευθεῖσαι	(1)	nom fem pl part ao	Id
16510		πορευθέντες	(15)	nom mas pl part ao	Id
16511	Ac 27,3	πορευθέντι	(1)	dat mas sg part ao	Id
16512	Lc 16,30	πορευθῇ	(1)	3 p sg sbj ao	Id
16513		πορευθῆναι	(2)	inf ao	Id
16514	Lc 21,8	πορευθῆτε	(1)	2 p pl sbj ao	Id
16515		πορεύθητι	(4)	2 p sg imper ao	Id
16516		πορευθῶ	(2)	1 p sg sbj ao	Id
16517	Ac 23,23	πορευθῶσιν	(1)	3 p pl sbj ao	Id
16518		πορεύομαι	(8)	1 p sg ind pr	Id
16519	*Ac 9,31	πορευόμεναι		nom fem pl part pr	Id
16520	Ac 9,31	πορευομένη	(1)	nom fem sg part pr	Id
16521		πορευόμενοι	(7)	nom mas pl part pr	Id
16522	*Mc 16,12	πορευομένοις	(1)	dat mas pl part pr	Id
16523	Ac 1,11	πορευόμενον	(1)	acc mas sg part pr	Id
16524	Lc 9,53	πορευόμενον	(1)	acc neut sg part pr	Id
16525		πορευόμενος	(3)	nom mas sg part pr	Id
16526		πορευομένου	(2)	gen mas sg part pr	Id
16527		πορευομένους	(2)	acc mas pl part pr	Id
16528	Ac 22,6	πορευομένῳ	(1)	dat mas sg part pr	Id
16529		πορευομένων	(4)	gen mas pl part pr	Id
16530		πορεύου	(16)	2 p sg imper pr	Id
16531	Lc 11,5	πορεύσεται	(1)	3 p sg ind fut	Id
16532	Ac 25,12	πορεύσῃ	(1)	2 p sg ind fut	Id
16533		πορεύσομαι	(2)	1 p sg ind fut	Id
16534	Ja 4,13	πορευσόμεθα	(1)	1 p pl ind fut	Id
16535	1Co 16,4	πορεύσονται	(1)	3 p pl ind fut	Id
16536		πορεύωμαι	(2)	1 p sg sbj pr	Id
16537	Ac 9,21	πορθήσας	(1)	nom mas sg part ao a	πορθέω
16538	1Tm 6,5	πορισμόν	(1)	acc sg	πορισμός
16539	1Tm 6,6	πορισμός	(1)	nom sg	Id
16540	Ac 24,27	Πόρκιον	(1)	acc	Πόρκιος
16541		πόρναι	(2)	nom pl	πόρνη
16542		πορνεία	(4)	nom sg	πορνεία
16543		πορνείᾳ	(4)	dat sg	Id
16544		πορνεῖαι	(2)	nom pl	Id
16545		πορνείαν	(3)	acc sg	Id
16546		πορνείας	(11)	gen sg	Id
16547	1Co 7,2	πορνείας	(1)	acc pl	Id
16548	*Apc 17,5	πορνειῶν		gen pl	Id
16549	*2Pt 2,10	πορνευομένους		acc mas pl part pr m	πορνεύω
16550		πορνεῦσαι	(2)	inf ao a	Id
16551	Apc 18,9	πορνεύσαντες	(1)	nom mas pl part ao a	Id
16552	*Mc 10,19	πορνεύσῃς		2 p sg sbj ao a	Id
16553	1Co 10,8	πορνεύωμεν	(1)	1 p pl sbj pr a	Id
16554	1Co 6,18	πορνεύων	(1)	nom mas sg part pr a	Id

16555		πόρνη	(3)	nom sg	πόρνη
16556	1Co 6,16	πόρνῃ	(1)	dat sg	Id
16557		πόρνην	(2)	acc sg	Id
16558		πόρνης	(2)	gen sg	Id
16559		πόρνοι	(2)	nom pl	πόρνος
16560		πόρνοις	(4)	dat pl	Id
16561		πόρνος	(3)	nom sg	Id
16562	Heb 13,4	πόρνους	(1)	acc pl	Id
16563		πορνῶν	(2)	gen pl	πόρνη
16564		πόρρω	(4)	adv	πόρρω
16565		πόρρωθεν	(2)	adv	πόρρωθεν
16566	Lc 24,28	πορρώτερον	(1)	adv	πορρώτερον
16567	*Lc 24,28	πορρωτέρω		adv	πορρωτέρω
16568		πορφύραν	(3)	acc sg	πορφύρα
16569	Apc 18,12	πορφύρας	(1)	gen sg	Id
16570	Ac 16,14	πορφυρόπωλις	(1)	nom sg	πορφυρόπωλις
16571	*Apc 18,12	πορφυροῦ		gen neut sg	πορφυροῦς
16572		πορφυροῦν	(4)	acc neut sg	Id
16573		πόσα	(2)	acc neut pl	πόσος
16574	Ac 21,20	πόσαι	(1)	nom fem pl	Id
16575		ποσάκις	(5)	adv	ποσάκις
16576	Mt 16,10	πόσας	(1)	acc fem pl	πόσος
16577	Col 2,16	πόσει	(1)	dat sg	πόσις
16578	2Co 7,11	πόσην	(1)	acc fem sg	πόσος
16579		ποσίν	(5)	dat pl	πούς
16580		πόσις	(2)	nom sg	πόσις
16581	Lc 15,17	πόσοι	(1)	nom mas pl	πόσος
16582	Mt 6,23	πόσον	(1)	nom neut sg	Id
16583		πόσον	(2)	acc neut sg	Id
16584	Mc 9,21	πόσος	(1)	nom mas sg	Id
16585	*Ac 22,28	πόσου		gen mas sg	Id
16586		πόσους	(5)	acc mas pl	Id
16587		πόσῳ	(11)	dat neut sg	Id
16588	Mc 8,20	πόσων	(1)	gen fem pl	Id
16589		ποταμοί	(3)	nom pl	ποταμός
16590		ποταμόν	(5)	acc sg	Id
16591		ποταμός	(2)	nom sg	Id
16592	Apc 22,2	ποταμοῦ	(1)	gen sg	Id
16593	Apc 16,4	ποταμούς	(1)	acc pl	Id
16594	Apc 12,15	ποταμοφόρητον	(1)	acc fem sg	ποταμοφόρητος
16595		ποταμῷ	(3)	dat sg	ποταμός
16596		ποταμῶν	(2)	gen pl	Id
16597	Mc 13,1	ποταπαί	(1)	nom fem pl	ποταπός
16598	Lc 7,39	ποταπή	(1)	nom fem sg	Id
16599	1Jh 3,1	ποταπήν	(1)	acc fem sg	Id
16600	Mc 13,1	ποταποί	(1)	nom mas pl	Id
16601		ποταπός	(2)	nom mas sg	Id
16602	2Pt 3,11	ποταπούς	(1)	acc mas pl	Id
16603	*Ac 20,18	ποταπῶς		adv	ποταπῶς
16604		πότε	(19)	adv	πότε

16605		ποτέ	(29)	parti	ποτέ
16606	Jh 7,17	πότερον	(1)	adv	πότερον
16607		ποτήριον	(3)	nom sg	ποτήριον
16608		ποτήριον	(21)	acc sg	Id
16609		ποτηρίου	(4)	gen sg	Id
16610		ποτηρίῳ	(2)	dat sg	Id
16611	Mc 7,4	ποτηρίων	(1)	gen pl	Id
16612	Rm 12,20	πότιζε	(1)	2 p sg imper pr a	ποτίζω
16613	Lc 13,15	ποτίζει	(1)	3 p sg ind pr a	Id
16614		ποτίζων	(2)	nom mas sg part pr a	Id
16615	Ac 28,13	Ποτιόλους	(1)	acc	Ποτίολοι
16616		ποτίσῃ	(2)	3 p sg sbj ao a	ποτίζω
16617	1Pt 4,3	πότοις	(1)	dat pl	πότος
16618		ποῦ	(48)	adv	ποῦ
16619		πού	(4)	adv	πού
16620	2Tm 4,21	Πούδης	(1)	nom	Πούδης
16621	*Ac 28,7	Πουπλίῳ		dat	Πούπλιος
16622		πούς	(3)	nom sg	πούς
16623		πρᾶγμα	(2)	nom sg	πρᾶγμα
16624	1Co 6,1	πρᾶγμα	(1)	acc sg	Id
16625	2Tm 2,4	πραγματείαις	(1)	dat pl	πραγματεία
16626	*Lc 19,13	πραγματεύεσθαι		inf pr	πραγματεύομαι
16627	*Lc 19,13	πραγματεύεσθε		2 p pl imper pr	Id
16628	*Lc 19,13	πραγματεύσασθαι		inf ao	Id
16629	Lc 19,13	πραγματεύσασθε	(1)	2 p pl imper ao	Id
16630	*Lc 19,15	πραγματεύσατο		cf ἐπραγματεύσατο	
16631		πράγματι	(3)	dat sg	πρᾶγμα
16632	Mt 18,19	πράγματος	(1)	gen sg	Id
16633		πραγμάτων	(4)	gen pl	Id
16634	Mt 5,5	πραεῖς	(1)	nom mas pl	πραύς
16635	1Pt 3,4	πραέως	(1)	gen neut sg	Id
16636	Ac 5,4	πραθέν	(1)	nom neut sg part ao pass	πιπράσκω
16637		πραθῆναι	(3)	inf ao pass	Id
16638	Mc 15,16	πραιτώριον	(1)	nom sg	πραιτώριον
16639		πραιτώριον	(5)	acc sg	Id
16640		πραιτωρίῳ	(2)	dat sg	Id
16641	Lc 12,58	πράκτορι	(1)	dat sg	πράκτωρ
16642	Lc 12,58	πράκτωρ	(1)	nom sg	Id
16643	Ac 26,9	πρᾶξαι	(1)	inf ao a	πράσσω
16644	Jh 5,29	πράξαντες	(1)	nom mas pl part ao a	Id
16645		πραξάντων	(2)	gen mas pl part ao a	Id
16646	1Co 5,2	πράξας	(1)	nom mas sg part ao a	Id
16647	*Ac 15,29	πράξατε		2 p pl imper ao a	Id
16648	Lc 23,51	πράξει	(1)	dat sg	πρᾶξις
16649	*Ac inscr	πράξεις		nom pl	Id
16650		πράξεις	(2)	acc pl	Id
16651	Col 3,9	πράξεσιν	(1)	dat pl	Id
16652	Ac 15,29	πράξετε	(1)	2 p pl ind fut a	πράσσω
16653	*Ga 3,19	πράξεων		gen pl	πρᾶξις

16654	Ac 16,28	πράξῃς	(1)	2 p sg sbj ao a . . .	πράσσω
16655	*Ac 15,29	πράξητε		2 p pl sbj ao a . . .	Id
16656		πρᾶξιν	(2)	acc sg	πρᾶξις
16657	*1Tm 6,11	πρα(ό)τητα		acc sg	πραότης
16658	*2Co 1,12	πραότητι		dat sg	Id
16659		πρασιαί	(2)	nom pl	πρασιά
16660	Ac 26,31	πράσσει	(1)	3 p sg ind pr a . . .	πράσσω
16661		πράσσειν	(4)	inf pr a	Id
16662	Rm 2,1	πράσσεις	(1)	2 p sg ind pr a . .	Id
16663		πράσσετε	(2)	2 p pl imper pr a . .	Id
16664	Rm 2,25	πράσσῃς	(1)	2 p sg sbj pr a . . .	Id
16665		πράσσοντας	(3)	acc mas pl part pr a .	Id
16666		πράσσοντες	(2)	nom mas pl part pr a .	Id
16667	Rm 13,4	πράσσοντι	(1)	dat mas sg part pr a .	Id
16668	Ac 17,7	πράσσουσιν	(1)	3 p pl ind pr a . .	Id
16669	Rm 1,32	πράσσουσιν	(1)	dat mas pl part pr a .	Id
16670		πράσσω	(4)	1 p sg ind pr a . . .	Id
16671	Jh 3,20	πράσσων	(1)	nom mas sg part pr a . .	Id
16672	*Col 4,9	πραττόμενα		acc neut pl part pr pass .	πράττω
16673	1Tm 6,11	πραυπαθίαν	(1)	acc sg	πραυπαθία
16674		πραΰς	(2)	nom mas sg	πραΰς
16675	Ga 5,23	πραΰτης	(1)	nom sg	πραΰτης
16676		πραΰτητα	(2)	acc sg	Id
16677		πραΰτητι	(3)	dat sg	Id
16678		πραΰτητος	(5)	gen sg	Id
16679		πρέπει	(3)	3 p sg ind pr a . . .	πρέπω
16680		πρέπον	(2)	nom neut sg part pr a . .	Id
16681		πρεσβείαν	(2)	acc sg	πρεσβεία
16682	2Co 5,20	πρεσβεύομεν	(1)	1 p pl ind pr a . .	πρεσβεύω
16683	*Phm 9	πρεσβευτής		nom sg	πρεσβευτής
16684	Eph 6,20	πρεσβεύω	(1)	1 p sg ind pr a . .	πρεσβεύω
16685	Tit 2,2	πρεσβύτας	(1)	acc pl	πρεσβύτης
16686	1Tm 5,2	πρεσβυτέρας	(1)	acc fem pl . .	πρεσβύτερος
16687		πρεσβυτέριον	(2)	nom sg . .	πρεσβυτέριον
16688	1Tm 4,14	πρεσβυτερίου	(1)	gen sg . . .	Id
16689		πρεσβύτεροι	(20)	nom mas pl . .	πρεσβύτερος
16690	Ac 4,8	πρεσβύτεροι	(1)	vo mas pl . . .	Id
16691		πρεσβυτέροις	(5)	dat mas pl . . .	Id
16692		πρεσβύτερος	(3)	nom mas sg . . .	Id
16693	1Tm 5,19	πρεσβυτέρου	(1)	gen mas sg . . .	Id
16694		πρεσβυτέρους	(12)	acc mas pl . .	Id
16695		πρεσβυτέρῳ	(2)	dat mas sg . . .	Id
16696		πρεσβυτέρων	(22)	gen mas pl . . .	Id
16697		πρεσβύτης	(2)	nom sg . . .	πρεσβύτης
16698	Tit 2,3	πρεσβύτιδας	(1)	acc pl . . .	πρεσβῦτις
16699	Ac 1,18	πρηνής	(1)	nom mas sg	πρηνής
16700	*Ac 1,18	πρησθείς		nom mas sg part ao pass . .	πίμπρημι
16701		πρίν	(13)	adv	πρίν
16702	1Co 16,19	Πρίσκα	(1)	nom	Πρίσκα
16703		Πρίσκαν	(2)	acc	Id

No.	Ref.	Form	Freq.	Analysis	Lemma
16704		Πρίσκιλλα	(2)	nom	Πρίσκιλλα
16705	Ac 18,2	Πρίσκιλλαν	(1)	acc	Id
16706		πρό	(47)	prpo	πρό
16707		προαγαγεῖν	(2)	inf ao2 a	προάγω
16708	Ac 16,30	προαγαγών	(1)	nom mas sg part ao2 a	Id
16709		προάγει	(2)	3 p sg ind pr a	Id
16710		προάγειν	(2)	inf pr a	Id
16711		προάγοντες	(3)	nom mas pl part pr a	Id
16712	1Tm 5,24	προάγουσαι	(1)	nom fem pl part pr a	Id
16713	1Tm 1,18	προαγούσας	(1)	acc fem pl part pr a	Id
16714	Heb 7,18	προαγούσης	(1)	gen fem sg part pr a	Id
16715	Mt 21,31	προάγουσιν	(1)	3 p pl ind pr a	Id
16716	*Mc 16,7	προάγω		1 p sg ind pr a	Id
16717		προάγων	(2)	nom mas sg part pr a	Id
16718	*2Co 9,7	προαιρεῖται		3 p sg ind pr	προαιρέομαι
16719		προάξω	(2)	1 p sg ind fut a	προάγω
16720	Mc 14,68	προαύλιον	(1)	acc sg	προαύλιον
16721	Ac 19,33	προβαλόντων	(1)	gen mas pl part ao2 a	προβάλλω
16722	Lc 21,30	προβάλωσιν	(1)	3 p pl sbj ao2 a	Id
16723		προβάς	(2)	nom mas sg part ao2 a	προβαίνω
16724		πρόβατα	(11)	nom pl	πρόβατον
16725		πρόβατα	(15)	acc pl	Id
16726	*Jh 10,3	προβάτια		acc pl	προβάτιον
16727	*Jh 5,2	προβατική		nom fem sg	προβατικός
16728	Jh 5,2	προβατικῇ	(1)	dat fem sg	Id
16729	Ac 8,32	πρόβατον	(1)	nom sg	πρόβατον
16730		πρόβατον	(2)	acc sg	Id
16731	Mt 12,12	προβάτου	(1)	gen sg	Id
16732		προβάτων	(9)	gen pl	Id
16733	Lc 1,7	προβεβηκότες	(1)	nom mas pl part pf a	προβαίνω
16734		προβεβηκυῖα	(2)	nom fem sg part pf a	Id
16735	Mt 14,8	προβιβασθεῖσα	(1)	nom fem sg part ao pass	προβιβάζω
16736	Heb 11,40	προβλεψαμένου	(1)	gen mas sg part ao m	προβλέπω
16737	Rm 3,25	προγεγονότων	(1)	gen neut pl part pf	προγίνομαι
16738	Ju 4	προγεγραμμένοι	(1)	nom mas pl part pf pass	προγράφω
16739		προγινώσκοντες	(2)	nom mas pl part pr a	προγινώσκω
16740	Ac 2,23	προγνώσει	(1)	dat sg	πρόγνωσις
16741	1Pt 1,2	πρόγνωσιν	(1)	acc sg	Id
16742	1Tm 5,4	προγόνοις	(1)	dat pl	πρόγονος
16743	2Tm 1,3	προγόνων	(1)	gen pl	Id
16744	1Tm 5,25	πρόδηλα	(1)	nom neut pl	πρόδηλος
16745	1Tm 5,24	πρόδηλοι	(1)	nom fem pl	Id
16746	Heb 7,14	πρόδηλον	(1)	nom neut sg	Id
16747	*Mc 14,10	προδοῖ		3 p sg sbj ao2 a	προδίδωμι
16748		προδόται	(2)	nom pl	προδότης
16749	Lc 6,16	προδότης	(1)	nom sg	Id
16750	Lc 19,4	προδραμών	(1)	nom mas sg part ao2 a	προτρέχω
16751	Heb 6,20	πρόδρομος	(1)	nom mas sg	πρόδρομος

16752	*Ac 19,33	προεβίβασαν	3 p pl ind ao a . .	προβιβάζω
16753		προέγνω (2)	3 p sg ind ao2 a .	προγινώσκω
16754	1Pt 1,20	προεγνωσμένου (1)	gen mas sg part pf pass	Id
16755		προεγράφη (2)	3 p sg ind ao2 pass .	προγράφω
16756	Eph 3,3	προέγραψα (1)	1 p sg ind ao a . .	Id
16757	Jh 20,4	προέδραμεν (1)	3 p sg ind ao2 a . .	προτρέχω
16758	Rm 11,35	προέδωκεν (1)	3 p sg ind ao a .	προδίδωμι
16759	Rm 1,13	προεθέμην (1)	1 p sg ind ao2 m .	προτίθημι
16760		προέθετο (2)	3 p sg ind ao2 m . .	Id
16761	*Heb 11,40	προειδομένου	gen mas sg part ao2 m . .	προοράω
16762	*Ac 2,31	προειδώς	nom mas sg part	προοῖδα
16763	1Th 4,6	προείπαμεν (1)	1 p pl ind ao2 a . .	προλέγω
16764	Ac 1,16	προεῖπεν (1)	3 p sg ind ao2 a . .	Id
16765	Ga 5,21	προεῖπον (1)	1 p sg ind ao2 a . .	Id
16766		προείρηκα (4)	1 p sg ind pf a . .	Id
16767	Ga 1,9	προειρήκαμεν (1)	1 p pl ind pf a . .	Id
16768	Rm 9,29	προείρηκεν (1)	3 p sg ind pf a . .	Id
16769	*Heb 10,15	προειρηκέναι	inf pf a	Id
16770		προειρημένων (2)	gen neut pl part pf pass	Id
16771	Heb 4,7	προείρηται (1)	3 p sg ind pf pass .	Id
16772	Lc 2,52	προέκοπτεν (1)	3 p sg ind impf a . .	προκόπτω
16773	Ga 1,14	προέκοπτον (1)	1 p sg ind impf a . .	Id
16774	Rm 13,12	προέκοψεν (1)	3 p sg ind ao a . .	Id
16775	Mc 14,8	προέλαβεν (1)	3 p sg ind ao2 a .	προλαμβάνω
16776	1Th 3,4	προελέγομεν (1)	1 p pl ind impf a . .	προλέγω
16777	Lc 1,17	προελεύσεται (1)	3 p sg ind fut .	προέρχομαι
16778		προελθόντες (2)	nom mas pl part ao2 .	Id
16779		προελθών (2)	nom mas sg part ao2 . .	Id
16780	2Co 9,5	προέλθωσιν (1)	3 p pl sbj ao2 . .	Id
16781	2Co 8,10	προενήρξασθε (1)	2 p pl ind ao .	προενάρχομαι
16782	2Co 8,6	προενήρξατο (1)	3 p sg ind ao . .	Id
16783	Ac 20,38	προέπεμπον (1)	3 p pl ind impf a . .	προπέμπω
16784	Rm 1,2	προεπηγγείλατο (1)	3 p sg ind ao m	προεπαγγέλλω
16785	2Co 9,5	προεπηγγελμένην (1)	acc fem sg part pf pass	Id
16786	1Tm 5,17	προεστῶτες (1)	nom mas pl part pf a	προΐστημι
16787	Ac 22,25	προέτειναν (1)	3 p pl ind ao a . .	προτείνω
16788	Ga 3,8	προευηγγελίσατο (1)	3 p sg ind ao	προευαγγελίζομαι
16789	Ju 14	προεφήτευσεν (1)	3 p sg ind ao a .	προφητεύω
16790	Mt 17,25	προέφθασεν (1)	3 p sg ind ao a . .	προφθάνω
16791	Ac 22,14	προεχειρίσατο (1)	3 p sg ind ao .	προχειρίζομαι
16792	Rm 3,9	προεχόμεθα (1)	1 p pl ind pr pass/m .	προέχω
16793	*Rm 3,9	προεχώμεθα	1 p pl sbj pr pass/m . .	Id
16794	Ac 21,29	προεωρακότες (1)	nom mas pl part pf a .	προοράω
16795	*Ac 16,30	προήγαγεν	3 p sg ind ao2 a . . .	προάγω
16796	Ac 25,26	προήγαγον (1)	1 p sg ind ao2 a . .	Id
16797	Mt 2,9	προῆγεν (1)	3 p sg ind impf a . .	Id
16798	Rm 12,10	προηγούμενοι (1)	nom mas pl part pr	προηγέομαι
16799	*Heb 13,7	προηγουμένων	gen mas pl part pr . .	Id
16800	Col 1,5	προηκούσατε (1)	2 p pl ind ao a . .	προακούω

No.	Ref	Form	Freq	Parsing	Lemma
16801	*Ac 12,13	προῆλθεν		3 p sg ind ao2	προέρχομαι
16802	*Ac 20,13	προήλθομεν		1 p pl ind ao2	Id
16803		προῆλθον	(2)	3 p pl ind ao2	Id
16804	Eph 1,12	προηλπικότας	(1)	acc mas pl part pf a	προελπίζω
16805	2Co 13,2	προημαρτηκόσιν	(1)	dat mas pl part pf a	προαμαρτάνω
16806	2Co 12,21	προημαρτηκότων	(1)	gen mas pl part pf a	Id
16807	2Co 9,7	προήρηται	(1)	3 p sg ind pf m	προαιρέομαι
16808	Lc 22,47	προήρχετο	(1)	3 p sg ind impf	προέρχομαι
16809	Rm 3,9	προῃτιασάμεθα	(1)	1 p pl ind ao	προαιτιάομαι
16810		προητοίμασεν	(2)	3 p sg ind ao a	προετοιμάζω
16811		προθέσει	(2)	dat sg	πρόθεσις
16812		προθέσεως	(4)	gen sg	Id
16813		πρόθεσιν	(4)	acc sg	Id
16814		πρόθεσις	(2)	nom sg	Id
16815	Ga 4,2	προθεσμίας	(1)	gen sg	προθεσμία
16816		προθυμία	(2)	nom sg	προθυμία
16817		προθυμίαν	(2)	acc sg	Id
16818	Ac 17,11	προθυμίας	(1)	gen sg	Id
16819		πρόθυμον	(3)	nom neut sg	πρόθυμος
16820	*Rm 1,15	πρόθυμος		nom mas sg	Id
16821	1Pt 5,2	προθύμως	(1)	adv	προθύμως
16822	Ga 3,8	προϊδοῦσα	(1)	nom fem sg part ao2 a	προοράω
16823	Ac 2,31	προϊδών	(1)	nom mas sg part ao2 a	Id
16824	Ja 5,7	πρόϊμον	(1)	acc neut sg	πρόϊμος
16825	1Tm 3,12	προϊστάμενοι	(1)	nom mas pl part pr m	προΐστημι
16826	1Tm 3,4	προϊστάμενον	(1)	acc mas sg part pr m	Id
16827	Rm 12,8	προϊστάμενος	(1)	nom mas sg part pr m	Id
16828	1Th 5,12	προϊσταμένους	(1)	acc mas pl part pr m	Id
16829	*Rm 12,8	προϊστανόμενος		nom mas sg part pr m	προϊστάνω
16830	*1Th 5,12	προϊστανομένους		acc mas pl part pr m	Id
16831		προΐστασθαι	(2)	inf pr m	προΐστημι
16832	Ga 5,26	προκαλούμενοι	(1)	nom mas pl part pr m	προκαλέω
16833	Ac 7,52	προκαταγγείλαντας	(1)	acc mas pl part ao a	προκαταγγέλλω
16834	2Co 9,5	προκαταρτίσωσιν	(1)	3 p pl sbj ao a	προκαταρτίζω
16835	*Rm 3,9	προκατεχόμεθα		1 p pl ind pr m	προκατέχω
16836	*Rm 3,9	προκατέχομεν		1 p pl ind pr a	Id
16837	Ac 3,18	προκατήγγειλεν	(1)	3 p sg ind ao a	προκαταγγέλλω
16838		προκειμένης	(2)	gen fem sg part pr	πρόκειμαι
16839	Heb 12,1	προκείμενον	(1)	acc mas sg part pr	Id
16840	Ju 7	πρόκεινται	(1)	3 p pl ind pr	Id
16841	2Co 8,12	πρόκειται	(1)	3 p sg ind pr	Id
16842	Ga 3,17	προκεκυρωμένην	(1)	acc fem sg part pf pass	προκυρόω
16843	Ac 3,20	προκεχειρισμένον	(1)	acc mas sg part pf pass	προχειρίζομαι
16844	Ac 10,41	προκεχειροτονημένοις	(1)	dat mas pl part pf pass	προχειροτονέω
16845	Ac 13,24	προκηρύξαντος	(1)	gen mas sg part ao a	προκηρύσσω
16846	1Tm 4,15	προκοπή	(1)	nom sg	προκοπή

16847		προκοπήν	(2)	acc sg	προκοπή
16848		προκόψουσιν	(3)	3 p pl ind fut a . .	προκόπτω
16849	1Tm 5,21	προκρίματος	(1)	gen sg	πρόκριμα
16850	*Lc 19,4	προλαβών		nom mas sg part ao2 a .	προλαμβάνω
16851	1Co 11,21	προλαμβάνει	(1)	3 p sg ind pr a . .	Id
16852		προλέγω	(2)	1 p sg ind pr a . . .	προλέγω
16853	Ga 6,1	προλημφθῇ	(1)	3 p sg sbj ao pass .	προλαμβάνω
16854	1Pt 1,11	προμαρτυρόμενον	(1)	nom neut sg part pr	προμαρτύρομαι
16855	*1Pt 1,11	προμαρτυρούμενον		nom neut sg part pr m	προμαρτυρέω
16856	Lc 21,14	προμελετᾶν	(1)	inf pr a . .	προμελετάω
16857	*Lc 21,14	προμελετῶντες		nom mas pl part pr a . .	Id
16858	Mc 13,11	προμεριμνᾶτε	(1)	2 p pl imper pr a	προμεριμνάω
16859	1Tm 5,8	προνοεῖ	(1)	3 p sg ind pr a . . .	προνοέω
16860	*1Tm 5,8	προνοεῖται		3 p sg ind pr m . . .	Id
16861	Rm 13,14	πρόνοιαν	(1)	acc sg	πρόνοια
16862	Ac 24,2	προνοίας	(1)	gen sg	Id
16863	2Co 8,21	προνοοῦμεν	(1)	1 p pl ind pr a . .	προνοέω
16864	Rm 12,17	προνοούμενοι	(1)	nom mas pl part pr m .	Id
16865	Eph 1,5	προορίσας	(1)	nom mas sg part ao a .	προορίζω
16866	Eph 1,11	προορισθέντες	(1)	nom mas pl part ao pass	Id
16867	*Rm 1,4	προορισθέντος		gen mas sg part ao pass .	Id
16868	Ac 2,25	προορώμην	(1)	1 p sg ind impf m . .	προοράω
16869	1Th 2,2	προπαθόντες	(1)	nom mas pl part ao2 a .	προπάσχω
16870	Rm 4,1	προπάτορα	(1)	acc sg	προπάτωρ
16871	Ac 21,5	προπεμπόντων	(1)	gen mas pl part pr a .	προπέμτω
16872	Ac 15,3	προπεμφθέντες	(1)	nom mas pl part ao pass	Id
16873		προπεμφθῆναι	(2)	inf ao pass . .	Id
16874	3Jh 6	προπέμψας	(1)	nom mas sg part ao a .	Id
16875	1Co 16,11	προπέμψατε	(1)	2 p pl imper ao a . .	Id
16876	*3Jh 6	προπέμψεις		2 p sg ind fut a . . .	Id
16877	1Co 16,6	προπέμψητε	(1)	2 p pl sbj ao a . .	Id
16878	Tit 3,13	πρόπεμψον	(1)	2 p sg imper ao a . .	Id
16879	2Tm 3,4	προπετεῖς	(1)	nom mas pl . . .	προπετής
16880	Ac 19,36	προπετές	(1)	acc neut sg . . .	Id
16881	*Lc 1,17	προπορεύσεται		3 p sg ind fut . .	προπορεύομαι
16882	Lc 1,76	προπορεύσῃ	(1)	2 p sg ind fut . .	Id
16883	Ac 7,40	προπορεύσονται	(1)	3 p pl ind fut .	Id
16884		πρός	(699)	prpo	πρός
16885	Mc 15,42	προσάββατον	(1)	nom sg . . .	προσάββατον
16886	Lc 9,41	προσάγαγε	(1)	2 p sg imper ao2 a . .	προσάγω
16887	*Ac 12,6	προσαγαγεῖν		inf ao2 a	Id
16888	1Pt 3,18	προσαγάγῃ	(1)	3 p sg sbj ao2 a . .	Id
16889	Ac 16,20	προσαγαγόντες	(1)	nom mas pl part ao2 a	Id
16890	Ac 27,27	προσάγειν	(1)	inf pr a	Id
16891	Heb 5,10	προσαγορευθείς	(1)	nom mas sg part ao pass	προσαγορεύω
16892		προσαγωγήν	(3)	acc sg	προσαγωγή
16893		προσαίτης	(2)	nom sg . . .	προσαίτης
16894	Jh 9,8	προσαιτῶν	(1)	nom mas sg part pr a	προσαιτέω
16895	Lc 14,10	προσανάβηθι	(1)	2 p sg imper ao2 a	προσαναβαίνω

No.	Ref.	Form	Analysis	Lemma
16896	Lc 8,43	προσαναλώσασα	(1) nom fem sg part ao a	προσαναλίσκω
16897	2Co 9,12	προσαναπληροῦσα	(1)nom fem sg part pr a	προσαναπληρόω
16898	Ga 1,16	προσανεθέμην	(1) 1 p sg ind ao2 m	προσανατίθημι
16899	Ga 2,6	προσανέθεντο	(1) 3 p pl ind ao2 m	Id
16900	*Ac 28,2	προσανελάμβανον	3 p pl ind impf a	προσαναλαμβάνω
16901	2Co 11,9	προσανεπλήρωσαν	(1) 3 p pl ind ao a	προσαναπληρόω
16902	*Ac 27,27	προσανέχειν	inf pr a . . .	προσανέχω
16903	Ac 4,21	προσαπειλησάμενοι	(1) nom mas pl part ao	προσαπειλέομαι
16904		προσαφεθήσεται	3 p sg ind fut pass .	προσαφίημι
16905	*Lc 17,36	προσαφηθήσεται	err cf προσαφεθήσεται	
16906	*Ac 27,27	προσαχεῖν	inf pr a	προσαχέω
16907	*Heb 11,40	προσβλεψαμένου	gen mas sg part ao m	προσβλέπω
16908	Lc 10,35	προσδαπανήσῃς	(1) 2 p sg sbj ao a .	προσδαπανάω
16909	Heb 11,35	προσδεξάμενοι	(1) nom mas pl part ao	προσδέχομαι
16910	Rm 16,2	προσδέξησθε	(1) 2 p pl sbj ao . .	Id
16911	Ac 17,25	προσδεόμενος	(1) nom mas sg part pr	προσδέομαι
16912	Php 2,29	προσδέχεσθε	(1) 2 p pl imper pr .	προσδέχομαι
16913	Lc 15,2	προσδέχεται	(1) 3 p sg ind pr . .	Id
16914		προσδεχόμενοι	(3) nom mas pl part pr .	Id
16915		προσδεχομένοις	(2) dat mas pl part pr .	Id
16916		προσδεχόμενος	(2) nom mas sg part pr .	Id
16917	Ac 24,15	προσδέχονται	(1) 3 p pl ind pr . .	Id
16918		προσδοκᾷ	(2) 3 p sg ind pr a .	προσδοκάω
16919		προσδοκίας	(2) gen sg . . .	προσδοκία
16920		προσδοκῶμεν	(4) 1 p pl ind pr a .	προσδοκάω
16921		προσδοκῶν	(3) nom mas sg part pr a .	Id
16922	2Pt 3,12	προσδοκῶντας	(1) acc mas pl part pr a .	Id
16923		προσδοκῶντες	(3) nom mas pl part pr a .	Id
16924	Lc 3,15	προσδοκῶντος	(1) gen mas sg part pr a .	Id
16925	Ac 28,6	προσδοκώντων	(1) gen mas pl part pr a .	Id
16926		προσδραμών	(2) nom mas sg part ao2 a	προστρέχω
16927	*Ac 19,33	προσεβίβασαν	3 p pl ind ao a . .	προσβιβάζω
16928	*Ac 27,27	προσεγγίζειν	inf pr a . . .	προσεγγίζω
16929	*Ac 10,25	προσεγγίζοντος	gen mas sg part pr a .	Id
16930	*Mc 2,4	προσεγγίσαι	inf ao a	Id
16931	Heb 10,34	προσεδέξασθε	(1) 2 p pl ind ao .	προσδέχομαι
16932	Lc 23,51	προσεδέχετο	(1) 3 p sg ind impf . .	Id
16933	*Lc 24,30	προσεδίδου	3 p sg ind impf a . .	προσδίδωμι
16934	Ac 28,6	προσεδόκων	(1) 3 p pl ind impf a .	προσδοκάω
16935	*Jh 20,16	προσέδραμεν	3 p sg ind ao2 a . .	προστρέχω
16936	*1Co 9,13	προσεδρεύοντες	nom mas pl part pr a	προσεδρεύω
16937		προσέθετο	(3) 3 p sg ind ao2 m .	προστίθημι
16938	Lc 3,20	προσέθηκεν	(1) 3 p sg ind ao a . .	Id
16939		προσεῖχον	(3) 3 p pl ind impf a . .	προσέχω
16940	*Lc 18,16	προσεκαλεῖτο	3 p sg ind impf . .	προσκαλέομαι
16941	Lc 18,16	προσεκαλέσατο	(1) 3 p sg ind ao m	προσκαλέω
16942	*Ac 2,46	προσεκαρτέρουν	3 p pl ind impf a .	προσκαρτερέω
16943	Ac 17,4	προσεκληρώθησαν	(1) 3 p pl ind ao pass	προσκληρόω

No.	Ref.	Form	Freq.	Analysis	Lemma
16944	Ac 5,36	προσεκλίθη	(1)	3 p sg ind ao pass	προσκλίνω
16945		προσέκοψαν	(2)	3 p pl ind ao a	προσκόπτω
16946	*Mt 7,25	προσέκρουσαν		3 p pl ind ao a	προσκρούω
16947	Mc 15,46	προσεκύλισεν	(1)	3 p sg ind ao a	προσκυλίω
16948		προσεκύνει	(4)	3 p sg ind impf a	προσκυνέω
16949	*Apc 19,10	προσεκύνησα		1 p sg ind ao a	Id
16950		προσεκύνησαν	(12)	3 p pl ind ao a	Id
16951		προσεκύνησεν	(4)	3 p sg ind ao a	Id
16952	Mc 15,19	προσεκύνουν	(1)	3 p pl ind impf a	Id
16953		προσελάβετο	(2)	3 p sg ind ao2 m	προσλαμβάνω
16954	*Ac 27,36	προσέλαβον		3 p pl ind ao2 a	Id
16955		προσελάβοντο	(3)	3 p pl ind ao2 m	Id
16956	*Ac 27,36	προσελάμβανον		3 p pl ind impf a	Id
16957	*Mc 16,14	προσέλεγεν		3 p sg ind impf a	προσλέγω
16958	*Lc 1,17	προσελεύσεται		3 p sg ind fut	προσέρχομαι
16959		προσεληλύθατε	(2)	2 p pl ind pf2	Id
16960	Ac 8,29	πρόσελθε	(1)	2 p sg imper ao2	Id
16961	*Mc 2,4	προσελθεῖν		inf ao2	Id
16962		προσελθόντες	(17)	nom mas pl part ao2	Id
16963	*Mc 10,2	προσελθόντι		dat mas sg part ao2	Id
16964	Mt 26,60	προσελθόντων	(1)	gen mas pl part ao2	Id
16965		προσελθοῦσα	(2)	nom fem sg part ao2	Id
16966	Mt 28,9	προσελθοῦσαι	(1)	nom fem pl part ao2	Id
16967		προσελθών	(23)	nom mas sg part ao2	Id
16968	Mc 2,4	προσενέγκαι	(1)	inf ao2 a	προσφέρω
16969		προσενέγκας	(2)	nom mas sg part ao2 a	Id
16970		προσενέγκε	(2)	2 p sg imper ao2 a	Id
16971	*Mc 2,4	προσενεγκεῖν		inf ao2 a	Id
16972	Heb 8,3	προσενέγκῃ	(1)	3 p sg sbj ao2 a	Id
16973	Mt 8,4	προσένεγκον	(1)	2 p sg imper ao2 a	Id
16974	Heb 9,28	προσενεχθείς	(1)	nom mas sg part ao pass	Id
16975	*Ac 21,26	προσενεχθῇ		3 p sg sbj ao pass	Id
16976	Heb 11,17	προσενήνοχεν	(1)	att 3 p sg ind pf a	Id
16977	Mt 7,25	προσέπεσαν	(1)	3 p pl ind ao2 a	προσπίπτω
16978		προσέπεσεν	(5)	3 p sg ind ao2 a	Id
16979	*Mc 3,11	προσέπιπτεν		3 p sg ind impf a	Id
16980	Mc 3,11	προσέπιπτον	(1)	3 p pl ind impf a	Id
16981	*Lc 24,28	προσεποιεῖτο		3 p sg ind impf m	προσποιέω
16982	Lc 24,28	προσεποιήσατο	(1)	3 p sg ind ao m	Id
16983		προσέρηξεν	(2)	3 p sg ind ao a	προσρήγνυμι
16984	*Mt 7,25	προσέρρηξαν		3 p pl ind ao a	Id
16985	Ac 10,28	προσέρχεσθαι	(1)	inf pr	προσέρχομαι
16986	*Tit 1,9	προσερχέσθωσαν		3 p pl imper pr	Id
16987	1Tm 6,3	προσέρχεται	(1)	3 p sg ind pr	Id
16988	*Rm 3,9	προσερχόμεθα		1 p pl ind pr	Id
16989		προσερχόμενοι	(2)	nom mas pl part pr	Id
16990	Heb 11,6	προσερχόμενον	(1)	acc mas sg part pr	Id
16991		προσερχομένου	(2)	gen mas sg part pr	Id
16992		προσερχομένους	(2)	acc mas pl part pr	Id
16993		προσέρχονται	(2)	3 p pl ind pr	Id

No.	Ref.	Form	Freq.	Analysis	Lemma
16994		προσερχώμεθα	(2)	1 p pl sbj pr	προσέρχομαι
16995	*Heb 7,13	πρόσεσχεν		3 p sg ind ao2 a	προσέχω
16996	Heb 7,13	προσέσχηκεν	(1)	3 p sg ind pf a	Id
16997		προσέταξεν	(5)	3 p sg ind ao a	προστάσσω
16998		προσετέθη	(3)	3 p sg ind ao pass	προστίθημι
16999	Ac 2,41	προσετέθησαν	(1)	3 p pl ind ao pass	Id
17000	Ac 2,47	προσετίθει	(1)	3 p sg ind impf a	Id
17001	Ac 5,14	προσετίθεντο	(1)	3 p pl ind impf pass	Id
17002	Mt 6,6	πρόσευξαι	(1)	2 p sg imper ao	προσεύχομαι
17003		προσευξάμενοι	(5)	nom mas pl part ao	Id
17004	Ac 28,8	προσευξάμενος	(1)	nom mas sg part ao	Id
17005		προσεύξασθαι	(6)	inf ao	Id
17006	Ja 5,14	προσευξάσθωσαν	(1)	3 p pl imper ao	Id
17007	Mt 19,13	προσεύξηται	(1)	3 p sg sbj ao	Id
17008		προσεύξομαι	(2)	1 p sg ind fut	Id
17009		προσεύξωμαι	(2)	1 p sg sbj ao	Id
17010	Rm 8,26	προσευξώμεθα	(1)	1 p pl sbj ao	Id
17011		προσευχαί	(2)	nom pl	προσευχή
17012		προσευχαῖς	(6)	dat pl	Id
17013		προσευχάς	(3)	acc pl	Id
17014		προσεύχεσθαι	(6)	inf pr	προσεύχομαι
17015	*Lc 11,2	προσεύχεσθε		2 p pl ind pr	Id
17016		προσεύχεσθε	(14)	2 p pl imper pr	Id
17017		προσευχέσθω	(2)	3 p sg imper pr	Id
17018		προσεύχεται	(2)	3 p sg ind pr	Id
17019	Mt 6,6	προσεύχῃ	(1)	2 p sg sbj pr	Id
17020		προσευχή	(2)	nom sg	προσευχή
17021		προσευχῇ	(11)	dat sg	Id
17022		προσευχήν	(2)	acc sg	Id
17023		προσευχῆς	(6)	gen sg	Id
17024		προσεύχησθε	(2)	2 p pl sbj pr	προσεύχομαι
17025	Php 1,9	προσεύχομαι	(1)	1 p sg ind pr	Id
17026	2Th 1,11	προσευχόμεθα	(1)	1 p pl ind pr	Id
17027	1Co 11,5	προσευχομένη	(1)	nom fem sg part pr	Id
17028		προσευχόμενοι	(11)	nom mas pl part pr	Id
17029		προσευχόμενον	(2)	acc mas sg part pr	Id
17030	Lc 1,10	προσευχόμενον	(1)	acc neut sg part pr	Id
17031		προσευχόμενος	(5)	nom mas sg part pr	Id
17032		προσευχομένου	(2)	gen mas sg part pr	Id
17033	Lc 20,47	προσεύχονται	(1)	3 p pl ind pr	Id
17034	1Co 14,14	προσεύχωμαι	(1)	1 p sg sbj pr	Id
17035		προσευχῶν	(5)	gen pl	προσευχή
17036	Heb 11,17	προσέφερεν	(1)	3 p sg ind impf a	προσφέρω
17037		προσέφερον	(3)	3 p pl ind impf a	Id
17038	Ac 22,2	προσεφώνει	(1)	3 p sg ind impf a	προσφωνέω
17039		προσεφώνησεν	(4)	3 p sg ind ao a	Id
17040	1Tm 4,13	πρόσεχε	(1)	2 p sg imper pr a	προσέχω
17041		προσέχειν	(4)	inf pr a	Id
17042	*1Tm 6,3	προσέχεται		3 p sg ind pr m	Id

17043		προσέχετε	(12)	2 p pl imper pr a . .	προσέχω
17044	1Tm 3,8	προσέχοντας	(1)	acc mas pl part pr a .	Id
17045		προσέχοντες	(3)	nom mas pl part pr a .	Id
17046	Ac 27,7	προσεῶντος	(1)	gen mas sg part pr a .	προσεάω
17047		προσῆλθαν	(2)	3 p pl ind ao2 .	προσέρχομαι
17048		προσῆλθεν	(9)	3 p sg id ao2 . . .	Id
17049		προσῆλθον	(15)	3 p pl ind ao2 . .	Id
17050	Ac 2,11	προσήλυτοι	(1)	nom pl . . .	προσήλυτος
17051		προσήλυτον	(2)	acc sg	Id
17052	Ac 13,43	προσηλύτων	(1)	gen pl	Id
17053	Col 2,14	προσηλώσας	(1)	nom mas sg part ao a .	προσηλόω
17054	Mt 17,16	προσήνεγκα	(1)	1 p sg ind ao2 a . .	προσφέρω
17055		προσήνεγκαν	(7)	3 p pl ind ao2 a . .	Id
17056		προσηνέγκατε	(2)	2 p pl ind ao2 a .	Id
17057		προσήνεγκεν	(6)	3 p sg ind ao2 a . .	Id
17058		προσηνέχθη	(3)	3 p sg ind ao pass .	Id
17059	Mt 19,13	προσηνέχθησαν	(1)	3 p pl ind ao pass .	Id
17060	Lc 19,16	προσηργάσατο	(1)	3 p sg ind ao	προσεργάζομαι
17061	*Lc 22,47	προσήρχετο		3 p sg ind impf . .	προσέρχομαι
17062	Ac 28,9	προσήρχοντο	(1)	3 p pl ind impf . .	Id
17063	Ac 8,15	προσηύξαντο	(1)	3 p pl ind ao .	προσεύχομαι
17064		προσηύξατο	(7)	3 p sg ind ao . .	Id
17065		προσηύχετο	(5)	3 p sg ind impf . .	Id
17066	*Ac 27,27	προσηχεῖν		inf pr a	προσηχέω
17067	*Mt 18,24	προσήχθη		3 p sg ind ao pass . . .	προσάγω
17068		προσθεῖναι	(2)	inf ao2 a . .	προστίθημι
17069	Lc 19,11	προσθείς	(1)	nom mas sg part ao2 a .	Id
17070	Lc 17,5	πρόσθες	(1)	2 p sg imper ao2 a . .	Id
17071	*Mc 14,25	προσθῶ		1 p sg sbj ao2 a	Id
17072	*Mc 14,25	προσθῶμεν		1 p pl sbj ao2 a . . .	Id
17073	2Co 4,18	πρόσκαιρα	(1)	nom neut pl . .	πρόσκαιρος
17074	Mc 4,17	πρόσκαιροι	(1)	nom mas pl . . .	Id
17075	Heb 11,25	πρόσκαιρον	(1)	acc fem sg . . .	Id
17076	*2Co 4,17	πρόσκαιρον		nom neut sg	Id
17077	Mt 13,21	πρόσκαιρος	(1)	nom mas sg . . .	Id
17078		προσκαλεῖται	(2)	3 p sg ind pr	προσκαλέομαι
17079		προσκαλεσάμενοι	(2)	nom mas pl part ao .	Id
17080		προσκαλεσάμενος	(20)	nom mas sg part ao	Id
17081	Ja 5,14	προσκαλεσάσθω	(1)	3 p sg imper ao . .	Id
17082	Ac 2,39	προσκαλέσηται	(1)	3 p sg sbj ao . .	Id
17083	Col 4,2	προσκαρτερεῖτε	(1)	2 p pl imper pr a	προσκαρτερέω
17084	Mc 3,9	προσκαρτερῇ	(1)	3 p sg sbj pr a . .	Id
17085	Eph 6,18	προσκαρτερήσει	(1)	dat sg .	προσκαρτέρησις
17086	Ac 6,4	προσκαρτερήσομεν	(1)	1 p pl ind fut a	προσκαρτερέω
17087		προσκαρτεροῦντες	(5)	nom mas pl part pr a	Id
17088	Ac 10,7	προσκαρτερούντων	(1)	gen mas pl part pr a	Id
17089	Ac 8,13	προσκαρτερῶν	(1)	nom mas sg part pr a .	Id
17090	Ac 13,2	προσκέκλημαι	(1)	1 p sg ind pf	προσκαλέομαι
17091	Ac 16,10	προσκέκληται	(1)	3 p sg ind pf . .	Id

17092	Mc 4,38	προσκεφάλαιον	(1) acc sg	προσκεφάλαιον
17093	*1Tm 5,21	πρόσκλησιν	acc sg	πρόσκλησις
17094	1Tm 5,21	πρόσκλισιν	(1) acc sg	πρόσκλισις
17095		προσκολληθήσεται	(2) 3 p sg ind fut pass	προσκολλάω
17096	1Co 8,9	πρόσκομμα	(1) nom sg	πρόσκομμα
17097	Rm 14,13	πρόσκομμα	(1) acc sg	Id
17098		προσκόμματος	(4) gen sg	Id
17099	2Co 6,3	προσκοπήν	(1) acc sg	προσκοπή
17100		προσκόπτει	(3) 3 p sg ind pr a	προσκόπτω
17101	1Pt 2,8	προσκόπτουσιν	(1) 3 p pl ind pr a	Id
17102		προσκόψῃς	(2) 2 p sg sbj ao a	Id
17103	Mt 27,60	προσκυλίσας	(1) nom mas sg part ao a	προσκυλίω
17104	Apc 14,9	προσκυνεῖ	(1) 3 p sg ind pr a	προσκυνέω
17105		προσκυνεῖν	(3) inf pr a	Id
17106	Jh 4,22	προσκυνεῖτε	(1) 2 p pl ind pr a	Id
17107		προσκυνῆσαι	(3) inf ao a	Id
17108	Lc 24,52	προσκυνήσαντες	(1) nom mas pl part ao a	Id
17109	Apc 14,7	προσκυνήσατε	(1) 2 p pl imper ao a	Id
17110	Heb 1,6	προσκυνησάτωσαν	(1) 3 p pl imper ao a	Id
17111	1Co 14,25	προσκυνήσει	(1) 3 p sg ind fut a	Id
17112		προσκυνήσεις	(2) 2 p sg ind fut a	Id
17113	Jh 4,21	προσκυνήσετε	(1) 2 p pl ind fut a	Id
17114		προσκυνήσῃς	(2) 2 p sg sbj ao a	Id
17115		προσκύνησον	(2) 2 p sg imper ao a	Id
17116		προσκυνήσουσιν	(7) 3 p pl ind fut a	Id
17117	Mt 2,8	προσκυνήσω	(1) 1 p sg ind fut a	Id
17118		προσκυνήσων	(2) nom mas sg part fut a	Id
17119		προσκυνήσωσιν	(2) 3 p pl sbj ao a	Id
17120	Jh 4,23	προσκυνηταί	(1) nom pl	προσκυνητής
17121	Jh 4,22	προσκυνοῦμεν	(1) 1 p pl ind pr a	προσκυνέω
17122		προσκυνοῦντας	(5) acc mas pl part pr a	Id
17123	Apc 14,11	προσκυνοῦντες	(1) nom mas pl part pr a	Id
17124	Mt 20,20	προσκυνοῦσα	(1) nom fem sg part pr a	Id
17125	*Ac 27,34	προσλαβεῖν	inf ao2 a	προσλαμβάνω
17126		προσλαβόμενοι	(2) nom mas pl part ao2 m	Id
17127		προσλαβόμενος	(2) nom mas sg part ao2 m	Id
17128	Phm 17	προσλαβοῦ	(1) 2 p sg imper ao2 m	Id
17129	Ac 28,20	προσλαλῆσαι	(1) inf ao a	προσλαλέω
17130	Ac 13,43	προσλαλοῦντες	(1) nom mas pl part pr a	Id
17131		προσλαμβάνεσθε	(2) 2 p pl imper pr	προσλαμβάνομαι
17132	Rm 11,15	πρόσλημψις	(1) nom sg	πρόσλημψις
17133	1Tm 1,3	προσμεῖναι	(1) inf ao a	προσμένω
17134	Ac 18,18	προσμείνας	(1) nom mas sg part ao a	Id
17135	1Tm 5,5	προσμένει	(1) 3 p sg ind pr a	Id
17136		προσμένειν	(2) inf pr a	Id
17137		προσμένουσιν	(2) 3 p pl ind pr a	Id
17138	Phm 19	προσοφείλεις	(1) 2 p sg ind pr a	προσοφείλω
17139	Ac 10,10	πρόσπεινος	(1) nom mas sg	πρόσπεινος
17140	Lc 8,47	προσπεσοῦσα	(1) nom fem sg part ao2 a	προσπίπτω

17141	Ac 2,23	προσπήξαντες	(1) nom mas pl part ao a	προσπήγνυμι
17142	*Jh 8,6	προσποιούμενος	nom mas sg part pr m .	προσποιέω
17143	Mc 10,35	προσπορεύονται	(1) 3 p pl ind pr	προσπορεύομαι
17144	Rm 16,2	προστάτις	(1) nom sg . . .	προστάτις
17145	Heb 12,19	προστεθῆναι	(1) inf ao pass . .	προστίθημι
17146		προστεθήσεται	(3) 3 p sg ind fut pass .	Id
17147	Ac 10,33	προστεταγμένα	(1) acc neut pl part pf pass	προστάσσω
17148	Ac 17,26	προστεταγμένους	(1) acc mas pl part pf pass	Id
17149	1Tm 3,5	προστῆναι	(1) inf ao2 a . .	προΐστημι
17150	*Lc 19,26	προστίθεται	3 p sg ind pr pass . .	προστίθημι
17151	Mc 9,15	προστρέχοντες	(1) nom mas pl part pr a	προστρέχω
17152	Jh 21,5	προσφάγιον	(1) acc sg . . .	προσφάγιον
17153	Heb 10,20	πρόσφατον	(1) acc fem sg . .	πρόσφατος
17154	Ac 18,2	προσφάτως	(1) adv	προσφάτως
17155	Mt 5,24	πρόσφερε	(1) 2 p sg imper pr a . .	προσφέρω
17156	Heb 9,7	προσφέρει	(1) 3 p sg ind pr a . .	Id
17157		προσφέρειν	(3) inf pr a	Id
17158	Heb 12,7	προσφέρεται	(1) 3 p sg ind pr pass .	Id
17159		προσφέρῃ	(2) 3 p sg sbj pr a . .	Id
17160	Mt 5,23	προσφέρῃς	(1) 2 p sg sbj pr a . .	Id
17161	Heb 10,2	προσφερόμεναι	(1) nom fem pl part pr pass	Id
17162		προσφέρονται	(2) 3 p pl ind pr pass .	Id
17163	Lc 23,36	προσφέροντες	(1) nom mas pl part pr a .	Id
17164	Heb 8,4	προσφερόντων	(1) gen mas pl part pr a .	Id
17165	Heb 10,1	προσφέρουσιν	(1) 3 p pl ind pr a . .	Id
17166	*Mc 10,13	προσφέρουσιν	dat mas pl part pr a . .	Id
17167	Heb 10,11	προσφέρων	(1) nom mas sg part pr a .	Id
17168	Php 4,8	προσφιλῆ	(1) nom neut pl . .	προσφιλής
17169		προσφορά	(3) nom sg	προσφορά
17170	Heb 10,14	προσφορᾷ	(1) dat sg	Id
17171		προσφοράν	(2) acc sg	Id
17172	Heb 10,10	προσφορᾶς	(1) gen sg	Id
17173		προσφοράς	(2) acc pl	Id
17174	*Ac 22,2	προσφωνεῖ	3 p sg ind pr a . .	προσφωνέω
17175	*Ac 11,2	προσφωνήσας	nom mas sg part ao a . .	Id
17176	Mt 11,16	προσφωνοῦντα	(1) nom neut pl part pr a	Id
17177	Lc 7,32	προσφωνοῦσιν	(1) dat mas pl part pr a .	Id
17178	*Mc 9,15	προσχαίροντες	nom mas pl part pr a .	προσχαίρω
17179	Heb 11,28	πρόσχυσιν	(1) acc sg . . .	πρόσχυσις
17180	Lc 11,46	προσψαύετε	(1) 2 p pl ind pr a . .	προσψαύω
17181		πρόσωπα	(2) nom pl	πρόσωπον
17182		πρόσωπα	(5) acc pl	Id
17183	Ja 2,9	προσωπολημπτεῖτε	(1)2 p pl ind pr a	προσωπολημπτέω
17184	Ac 10,34	προσωπολήμπτης	(1) nom sg .	προσωπολήμπτης
17185		προσωπολημψία	(3) nom sg .	προσωπολημψία
17186	Ja 2,1	προσωπολημψίαις	(1) dat pl . .	Id
17187		πρόσωπον	(6) nom sg	πρόσωπον
17188		πρόσωπον	(36) acc sg	Id
17189		προσώπου	(18) gen sg	Id

17190		προσώπῳ	(8) dat sg	πρόσωπον
17191	2Co 1,11	προσώπων	(1) gen pl	Id
17192	Mc 6,53	προσωρμίσθησαν	(1)3 p pl ind ao (pass)	προσορμίζομαι
17193	Heb 3,10	προσώχθισα	(1) 1 p sg ind ao a .	προσοχθίζω
17194	Heb 3,17	προσώχθισεν	(1) 3 p sg ind ao a . .	Id
17195	*2Co 7,8	προτέρᾳ	dat fem sg	πρότερος
17196	Eph 4,22	προτέραν	(1) acc fem sg . . .	Id
17197		πρότερον	(10) nom neut sg . . .	Id
17198	*Ac 17,26	προτεταγμένους	acc mas pl part pf pass	προτάσσω
17199	Ac 18,27	προτρεψάμενοι	(1) nom mas pl part ao m .	προτρέπω
17200	*Ac 8,9	προϋπάρχων	nom mas sg part pr a .	προϋπάρχω
17201	Ac 8,9	προϋπῆρχεν	(1) 3 p sg ind impf a . .	Id
17202	Lc 23,12	προϋπῆρχον	(1) 3 p pl ind impf a . .	Id
17203		προφάσει	(6) dat sg	πρόφασις
17204	Jh 15,22	πρόφασιν	(1) acc sg	Id
17205		προφέρει	(2) 3 p sg ind pr a . .	προφέρω
17206		προφῆται	(21) nom pl	προφήτης
17207		προφήταις	(10) dat pl	Id
17208		προφήτας	(15) acc pl	Id
17209		προφητεία	(5) nom sg	προφητεία
17210	1Co 14,6	προφητείᾳ	(1) dat sg	Id
17211	1Co 13,8	προφητεῖαι	(1) nom pl	Id
17212		προφητείαν	(2) acc sg	Id
17213		προφητείας	(7) gen sg	Id
17214		προφητείας	(3) acc pl	Id
17215		προφητεύειν	(2) inf pr a . .	προφητεύω
17216		προφητεύητε	(2) 2 p pl sbj pr a . .	Id
17217	1Co 13,9	προφητεύομεν	(1) 1 p pl ind pr a . .	Id
17218	1Co 11,5	προφητεύουσα	(1) nom fem sg part pr a .	Id
17219	Ac 21,9	προφητεύουσαι	(1) nom fem pl part pr a	Id
17220	Apc 10,11	προφητεῦσαι	(1) inf ao a . . .	Id
17221	1Pt 1,10	προφητεύσαντες	(1) nom mas pl part ao a	Id
17222		προφήτευσον	(3) 2 p sg imper ao a .	Id
17223		προφητεύσουσιν	(3) 3 p pl ind fut a .	Id
17224	*Ac 2,18	προφητεύσωσιν	3 p pl sbj ao a . . .	Id
17225		προφητεύων	(4) nom mas sg part pr a .	Id
17226	1Co 14,24	προφητεύωσιν	(1) 3 p pl sbj pr a . .	Id
17227	Mc 1,2	προφήτῃ	(1) dat sg	προφήτης
17228		προφήτην	(12) acc sg	Id
17229		προφήτης	(27) nom sg	Id
17230	2Pt 1,19	προφητικόν	(1) acc mas sg . .	προφητικός
17231	Rm 16,26	προφητικῶν	(1) gen neut pl . . .	Id
17232	Apc 2,20	προφῆτιν	(1) acc sg	προφῆτις
17233	Lc 2,36	προφῆτις	(1) nom sg	Id
17234		προφήτου	(26) gen sg	προφήτης
17235		προφητῶν	(32) gen pl	Id
17236	Ac 26,16	προχειρίσασθαι	(1) inf ao .	προχειρίζομαι
17237	Ac 6,5	Πρόχορον	(1) acc	Πρόχορος
17238		προώρισεν	(3) 3 p sg ind ao a . .	προορίζω

No.	Ref.	Form	Freq.	Analysis	Lemma
17239	Ac 27,41	πρύμνα	(1)	nom sg	πρύμνα
17240	Mc 4,38	πρύμνῃ	(1)	dat sg	Id
17241	Ac 27,29	πρύμνης	(1)	gen sg	Id
17242		πρωί	(12)	adv	πρωί
17243		πρωίας	(2)	gen sg	πρωία
17244	Apc 2,28	πρωϊνόν	(1)	acc mas sg	πρωϊνός
17245	Apc 22,16	πρωϊνός	(1)	nom sg	Id
17246	Ac 27,41	πρῷρα	(1)	nom sg	πρῷρα
17247	Ac 27,30	πρῴρης	(1)	gen sg	Id
17248	Apc 21,4	πρῶτα	(1)	nom neut pl	πρῶτος
17249	Apc 2,5	πρῶτα	(1)	acc neut pl	Id
17250	Col 1,18	πρωτεύων	(1)	nom mas sg part pr a	πρωτεύω
17251		πρώτη	(12)	nom fem sg	πρῶτος
17252		πρώτῃ	(6)	dat fem sg	Id
17253		πρώτην	(6)	acc fem sg	Id
17254		πρώτης	(4)	gen fem sg	Id
17255		πρῶτοι	(11)	nom mas pl	Id
17256	Mc 6,21	πρώτοις	(1)	dat mas pl	Id
17257	1Co 15,3	πρώτοις	(1)	dat neut pl	Id
17258	Lc 11,43	πρωτοκαθεδρίαν	(1)	acc sg	πρωτοκαθεδρία
17259		πρωτοκαθεδρίας	(3)	acc pl	Id
17260		πρωτοκλισίαν	(2)	acc sg	πρωτοκλισία
17261		πρωτοκλισίας	(3)	acc pl	Id
17262	*Ac 22,20	πρωτομάρτυρος		gen sg	πρωτόμαρτυς
17263		πρῶτον	(3)	acc mas sg	πρῶτος
17264		πρῶτον	(60)	nom neut sg	Id
17265		πρῶτον	(2)	acc neut sg	Id
17266		πρῶτος	(32)	nom mas sg	Id
17267	Ac 24,5	πρωτοστάτην	(1)	acc sg	πρωτοστάτης
17268	Heb 11,28	πρωτότοκα	(1)	acc neut pl	πρωτότοκος
17269	*Heb 12,16	πρωτοτοκεῖας		acc pl	πρωτοτοκεῖα
17270	Heb 12,16	πρωτοτόκια	(1)	acc pl	προτοτόκια
17271		πρωτότοκον	(3)	acc mas sg	πρωτότοκος
17272		πρωτότοκος	(3)	nom mas sg	Id
17273	Heb 12,23	πρωτοτόκων	(1)	gen mas pl	Id
17274	Jh 19,32	πρώτου	(1)	gen mas sg	πρῶτος
17275	Apc 13,12	πρώτου	(1)	gen neut sg	Id
17276		πρώτους	(3)	acc mas pl	Id
17277		πρώτῳ	(3)	dat mas sg	Id
17278	Mt 21,28	πρώτῳ	(1)	dat neut sg	Id
17279	Mt 21,36	πρώτων	(1)	gen mas pl	Id
17280	Ac 17,4	πρώτων	(1)	gen fem pl	Id
17281		πρώτων	(5)	gen neut pl	Id
17282	Ac 11,26	πρώτως	(1)	adv	πρώτως
17283	Ja 3,2	πταίει	(1)	3 p sg ind pr a	πταίω
17284	Ja 3,2	πταίομεν	(1)	1 p pl ind pr a	Id
17285	*Ja 2,10	πταίσει		3 p sg ind fut a	Id
17286	Ja 2,10	πταίσῃ	(1)	3 p sg sbj ao a	Id
17287	2Pt 1,10	πταίσητε	(1)	2 p pl sbj ao a	Id

17288	Jh 13,18	πτέρναν	(1)	acc sg	πτέρνα
17289		πτέρυγας	(3)	acc pl	πτέρυξ
17290	Apc 12,14	πτέρυγες	(1)	nom pl	Id
17291		πτερύγιον	(2)	acc sg	πτερύγιον
17292	Apc 9,9	πτερύγων	(1)	gen pl	πτέρυξ
17293	1Co 15,39	πτηνῶν	(1)	gen neut pl	πτηνός
17294	Lc 24,37	πτοηθέντες	(1)	nom mas pl part ao pass	πτοέω
17295	Lc 21,9	πτοηθῆτε	(1)	2 p pl sbj ao pass . .	Id
17296	1Pt 3,6	πτόησιν	(1)	acc sg	πτόησις
17297	Ac 21,7	Πτολεμαΐδα	(1)	acc	Πτολεμαΐς
17298	Lc 4,20	πτύξας	(1)	nom mas sg part ao a . .	πτύσσω
17299		πτύον	(2)	acc sg	πτύον
17300	Php 1,28	πτυρόμενοι	(1)	nom mas pl part pr pass	πτύρω
17301		πτύσας	(2)	nom mas sg part ao a . .	πτύω
17302	Jh 9,6	πτύσματος	(1)	gen sg	πτύσμα
17303		πτῶμα	(2)	nom sg	πτῶμα
17304		πτῶμα	(4)	acc sg	Id
17305	*Apc 11,8	πτώματα		nom pl	Id
17306	Apc 11,9	πτώματα	(1)	acc pl	Id
17307	*Apc 18,9	πτώσεως		gen sg	πτῶσις
17308	Lc 2,34	πτῶσιν	(1)	acc sg	Id
17309	Mt 7,27	πτῶσις	(1)	nom sg	Id
17310	Ga 4,9	πτωχά	(1)	acc neut pl	πτωχός
17311	2Co 8,2	πτωχεία	(1)	nom sg	πτωχεία
17312	2Co 8,9	πτωχείᾳ	(1)	dat sg	Id
17313	Apc 2,9	πτωχείαν	(1)	acc sg	Id
17314		πτωχή	(3)	nom fem sg	πτωχός
17315		πτωχοί	(5)	nom mas pl	Id
17316		πτωχοῖς	(9)	dat mas pl	Id
17317		πτωχόν	(2)	acc mas sg	Id
17318		πτωχός	(3)	nom mas sg	Id
17319		πτωχούς	(8)	acc mas pl	Id
17320	Ja 2,3	πτωχῷ	(1)	dat mas sg	Id
17321		πτωχῶν	(2)	gen mas pl	Id
17322	Mc 7,3	πυγμῇ	(1)	dat sg	πυγμή
17323	Jh 13,24	πυθέσθαι	(1)	inf ao2	πυνθάνομαι
17324	*Ac 20,4	Πυθίου		gen	Πύθιος
17325	Ac 23,34	πυθόμενος	(1)	nom mas sg part ao2	πυνθάνομαι
17326	Ac 16,16	πύθωνα	(1)	acc sg	πύθων
17327	*Ac 16,16	πύθωνος		gen sg	Id
17328	*Mc 7,3	πυκμῇ		err cf πυγμῇ	
17329	Lc 5,33	πυκνά	(1)	nom neut pl	πυκνός
17330	1Tm 5,23	πυκνάς	(1)	acc fem pl	Id
17331	Ac 24,26	πυκνότερον	(1)	comp nom neut sg . .	Id
17332	1Co 9,26	πυκτεύω	(1)	1 p sg ind pr a . . .	πυκτεύω
17333	Mt 16,18	πύλαι	(1)	nom pl	πύλη
17334	Ac 9,24	πύλας	(1)	acc pl	Id
17335		πύλη	(2)	nom sg	Id
17336		πύλῃ	(2)	dat sg	Id

17337	Ac 12,10	πύλην	(1)	acc sg	πύλη
17338		πύλης	(3)	gen sg	Id
17339		πυλῶνα	(4)	acc sg	πυλών
17340		πυλῶνας	(3)	acc pl	Id
17341		πυλῶνες	(6)	nom pl	Id
17342		πυλῶνος	(2)	gen sg	Id
17343	Apc 21,21	πυλώνων	(1)	gen pl	Id
17344		πυλῶσιν	(2)	dat pl	Id
17345	Ac 23,20	πυνθάνεσθαι	(1)	inf pr	πυνθάνομαι
17346	Ac 10,29	πυνθάνομαι	(1)	1 p sg ind pr	Id
17347	*Ac 17,19	πυνθανόμενοι		nom mas pl part pr	Id
17348		πῦρ	(11)	nom sg	πῦρ
17349		πῦρ	(16)	acc sg	Id
17350		πυράν	(2)	acc sg	πυρά
17351		πύργον	(3)	acc sg	πύργος
17352	Lc 13,4	πύργος	(1)	nom sg	Id
17353	Mc 1,30	πυρέσσουσα	(1)	nom fem sg part pr a	πυρέσσω
17354	Mt 8,14	πυρέσσουσαν	(1)	acc fem sg part pr a	Id
17355	Ac 28,8	πυρετοῖς	(1)	dat pl	πυρετός
17356		πυρετός	(3)	nom sg	Id
17357		πυρετῷ	(2)	dat sg	Id
17358		πυρί	(19)	dat sg	πῦρ
17359	Apc 9,17	πυρίνους	(1)	acc mas sg	πύρινος
17360		πυρός	(27)	gen sg	πῦρ
17361	*Ac 20,4	Πύρου		gen	Πύρος
17362	2Co 11,29	πυροῦμαι	(1)	1 p sg ind pr pass	πυρόω
17363	2Pt 3,12	πυρούμενοι	(1)	nom mas pl part pr pass	Id
17364	1Co 7,9	πυροῦσθαι	(1)	inf pr pass	Id
17365	*Ac 20,4	Πύρρα		inde	Πύρρα
17366		πυρράζει	(2)	3 p sg ind pr a	πυρράζω
17367		πυρρός	(2)	nom mas sg	πυρρός
17368	Ac 20,4	Πύρρου	(1)	gen	Πύρρος
17369	1Pt 4,12	πυρώσει	(1)	dat sg	πύρωσις
17370		πυρώσεως	(2)	gen sg	Id
17371	Mt 13,44	πωλεῖ	(1)	3 p sg ind pr a	πωλέω
17372	Mt 10,29	πωλεῖται	(1)	3 p sg ind pr pass	Id
17373	*Lc 12,6	πωλεῖτε		2 p pl ind pr a	Id
17374	Apc 13,17	πωλῆσαι	(1)	inf ao a	Id
17375	Ac 4,37	πωλήσας	(1)	nom mas sg part ao a	Id
17376	Lc 12,33	πωλήσατε	(1)	2 p pl imper ao a	Id
17377	Lc 22,36	πωλησάτω	(1)	3 p sg imper ao a	Id
17378		πώλησον	(3)	2 p sg imper ao a	Id
17379		πῶλον	(12)	acc sg	πῶλος
17380	1Co 10,25	πωλούμενον	(1)	acc neut sg part pr pass	πωλέω
17381	Lc 12,6	πωλοῦνται	(1)	3 p sg ind pr pass	Id
17382		πωλοῦντας	(5)	acc mas pl part pr a	Id
17383	Ac 4,34	πωλοῦντες	(1)	nom mas pl part pr a	Id
17384		πωλούντων	(2)	gen mas pl part pr a	Id
17385	Jh 2,16	πωλοῦσιν	(1)	dat mas pl part pr a	Id

17386		πώποτε (6)	adv	πώποτε
17387	Mc 3,5	πωρώσει (1)	dat sg	πώρωσις
17388	Eph 4,18	πώρωσιν (1)	acc sg	Id
17389	Rm 11,25	πώρωσις (1)	nom sg	Id
17390		πώς (15)	parti	πώς
17391		πῶς (103)	adv	πῶς

ρ

17392		Ῥαάβ (2)	inde	Ῥαάβ
17393		ῥαββί (15)	inde	ῥαββί
17394		ῥαββουνί (2)	inde	ῥαββουνί
17395	*Jh 20,16	ῥαββωνι	inde	ῥαββωνι
17396	Ac 16,22	ῥαβδίζειν (1)	inf pr a	ῥαβδίζω
17397		ῥάβδον (3)	acc sg	ῥάβδος
17398		ῥάβδος (3)	nom sg	Id
17399	Heb 11,21	ῥάβδου (1)	gen sg	Id
17400	*Mt 10,10	ῥάβδους	acc pl	Id
17401	Ac 16,38	ῥαβδοῦχοι (1)	nom pl	ῥαβδοῦχος
17402	Ac 16,35	ῥαβδούχους (1)	acc pl	Id
17403		ῥάβδῳ (5)	dat sg	ῥάβδος
17404	*Mc 5,41	ραβιθα	aram	ραβιθα
17405	Lc 3,35	Ῥαγαύ (1)	inde	Ῥαγαύ
17406	Ac 18,14	ῥᾳδιούργημα (1)	acc sg	ῥᾳδιούργημα
17407	Ac 13,10	ῥᾳδιουργίας (1)	gen sg	ῥᾳδιουργία
17408	Ac 7,43	Ῥαιφάν (1)	inde	Ῥαιφάν
17409	Mt 5,22	ῥακά (1)	inde	ῥακά
17410		ῥάκους (2)	gen sg	ῥάκος
17411	Mt 2,18	Ῥαμά (1)	inde	Ῥαμά
17412	Heb 9,13	ῥαντίζουσα (1)	nom fem sg part pr a	ῥαντίζω
17413	1Pt 1,2	ῥαντισμόν (1)	acc sg	ῥαντισμός
17414	Heb 12,24	ῥαντισμοῦ (1)	gen sg	Id
17415	*Mc 7,4	ῥαντίσωνται	3 p pl sbj ao pass	ῥαντίζω
17416	Mt 5,39	ῥαπίζει (1)	3 p sg ind pr a	ῥαπίζω
17417	*Mt 5,39	ῥαπίσει	3 p sg ind fut a	Id
17418	Jh 18,22	ῥάπισμα (1)	acc sg	ῥάπισμα
17419	Mc 14,65	ῥαπίσμασιν (1)	dat pl	Id
17420	Jh 19,3	ῥαπίσματα (1)	acc pl	Id
17421		ῥαφίδος (2)	gen sg	ῥαφίς
17422	*Mt 5,22	ῥαχά	inde	ῥαχά
17423	Mt 1,5	Ῥαχάβ (1)	inde	Ῥαχάβ
17424	Mt 2,18	Ῥαχήλ (1)	inde	Ῥαχήλ
17425	Rm 9,10	Ῥεβέκκα (1)	nom	Ῥεβέκκα
17426	Apc 18,13	ῥεδῶν (1)	gen pl	ῥέδη
17427	*Ac 7,43	Ῥεμφά	inde	Ῥεμφά
17428	*Ac 7,43	Ῥεμφάμ	inde	Ῥεμφάμ
17429	*Ac 7,43	Ῥεμφάν	inde	Ῥεμφάν
17430	*Ac 7,43	Ῥεμφφάν	inde	Ῥεμφφάν
17431	Heb 10,22	ῥεραντισμένοι (1)	nom mas pl part pf pass	ῥαντίζω
17432	*Apc 19,13	ῥεραντισμένον	acc neut sg part pf pass	Id

No.	Ref.	Form	Freq.	Parsing	Lemma
17433	*Apc 19,13	ῥεραμμένον		acc neut sg part pf pass	ῥαντίζω
17434	Jh 7,38	ῥεύσουσιν	(1)	3 p pl ind fut a	ῥέω
17435	*Ac 7,43	Ῥεφά		inde	Ῥεφά
17436	*Ac 7,43	Ῥεφάν		inde	Ῥεφάν
17437	Ac 28,13	Ῥήγιον	(1)	acc	Ῥήγιον
17438	Lc 6,49	ῥῆγμα	(1)	nom sg	ῥῆγμα
17439	Mt 9,17	ῥήγνυνται	(1)	3 p pl ind pr pass	ῥήγνυμι
17440	Mt 3,3	ῥηθείς	(1)	nom mas sg part ao pass	λέγω
17441		ῥηθέν	(10)	nom neut sg part ao pass	Id
17442		ῥηθέν	(2)	acc neut sg part ao pass	Id
17443	*Ac 16,38	ῥηθέντα		ac neut pl part ao pass	Id
17444		ῥῆμα	(10)	nom sg	ῥῆμα
17445		ῥῆμα	(12)	acc sg	Id
17446	Jh 5,47	ῥήμασιν	(1)	dat pl	Id
17447		ῥήματα	(5)	nom pl	Id
17448		ῥήματα	(22)	acc pl	Id
17449		ῥήματι	(5)	dat sg	Id
17450		ῥήματος	(7)	gen sg	Id
17451		ῥημάτων	(6)	gen pl	Id
17452		ῥήξει	(2)	3 p sg ind fut a	ῥήγνυμι
17453	Ga 4,27	ῥῆξον	(1)	2 p sg imper pr a	Id
17454	Mt 7,6	ῥήξωσιν	(1)	3 p pl sbj ao a	Id
17455	Lc 3,27	Ῥησά	(1)	inde	Ῥησά
17456	Mc 9,18	ῥήσσει	(1)	3 p sg ind pr a	ῥήγνυμι
17457	*Lc 5,6	ῥήσσεσθαι		inf pr pass	ῥήσσω
17458	Ac 24,1	ῥήτορος	(1)	gen sg	ῥήτωρ
17459	1Tm 4,1	ῥητῶς	(1)	adv	ῥητῶς
17460		ῥίζα	(7)	nom sg	ῥίζα
17461		ῥίζαν	(8)	acc sg	Id
17462	Rm 11,17	ῥίζης	(1)	gen sg	Id
17463	Mc 11,20	ῥιζῶν	(1)	gen pl	Id
17464	1Co 15,52	ῥιπῇ	(1)	dat sg	ῥιπή
17465	Ja 1,6	ῥιπιζομένῳ	(1)	dat mas sg part pr pass	ῥιπίζω
17466	Ac 22,23	ῥιπτούντων	(1)	gen mas pl part pr a	ῥιπτέω
17467	Lc 4,35	ῥῖψαν	(1)	nom neut sg part ao a	ῥίπτω
17468	Ac 27,29	ῥίψαντες	(1)	nom mas pl part ao a	Id
17469	Mt 27,5	ῥίψας	(1)	nom mas sg part ao a	Id
17470		Ῥοβοάμ	(2)	inde	Ῥοβοάμ
17471	Ac 12,13	Ῥόδη	(1)	nom	Ῥόδη
17472	Ac 21,1	Ῥόδον	(1)	acc	Ῥόδος
17473	2Pt 3,10	ῥοιζηδόν	(1)	adv	ῥοιζηδόν
17474	*Ac 7,43	Ῥομφά		inde	Ῥομφά
17475		ῥομφαία	(3)	nom sg	ῥομφαία
17476		ῥομφαίᾳ	(3)	dat sg	Id
17477	Apc 2,12	ῥομφαίαν	(1)	acc sg	Id
17478	*Lc 21,24	ῥομφαίας		gen sg	Id
17479	*Ac 7,43	Ῥομφάν		inde	Ῥομφάν
17480	*1Co 15,52	ῥοπῇ		dat sg	ῥοπή
17481	*Ja 1,17	ῥοπή		nom sg	Id
17482	*Ja 1,17	ῥοπῆς		gen sg	Id

17483	Apc 7,5	῾Ρουβήν	(1) inde	῾Ρουβήν
17484	Mt 1,5	῾Ρούθ	(1) inde	῾Ρούθ
17485	Rm 16,13	῾Ροῦφον	(1) acc	῾Ροῦφος
17486	Mc 15,21	῾Ρούφου	(1) gen	Id
17487	2Pt 2,9	ῥυέσθαι	(1) inf pr	ῥύομαι
17488	*2Co 1,10	ῥύεται	3 p sg ind pr	Id
17489	*2Pt 3,10	ῥυήσεται	3 p sg ind fut	ῥέω
17490	Mt 6,2	ῥύμαις	(1) dat pl	ῥύμη
17491	Lc 14,21	ῥύμας	(1) acc pl	Id
17492		ῥύμην	(2) acc sg	Id
17493	1Th 1,10	ῥυόμενον	(1) acc mas sg part pr	ῥύομαι
17494	Rm 11,26	ῥυόμενος	(1) nom mas sg part pr	Id
17495	Apc 22,11	ῥυπανθήτω	(1) 3 p sg imper ao pass	ῥυπαίνω
17496	Ja 2,2	ῥυπαρᾷ	(1) dat fem sg	ῥυπαρός
17497	*Apc 22,11	ῥυπαρευθήτω	3 p sg imper ao (pass)	ῥυπαρεύομαι
17498	Ja 1,21	ῥυπαρίαν	(1) acc sg	ῥυπαρία
17499	Apc 22,11	ῥυπαρός	(1) nom mas sg	ῥυπαρός
17500	1Pt 3,21	ῥύπου	(1) gen sg	ῥύπος
17501	Mt 6,13	ῥῦσαι	(1) 2 p sg imper ao	ῥύομαι
17502	*2Pt 2,9	ῥύσασθαι	inf ao	Id
17503	Mt 27,43	ῥυσάσθω	(1) 3 p sg imper ao	Id
17504		ῥύσει	(2) dat sg	ῥύσις
17505		ῥύσεται	(4) 3 p sg ind fut	ῥύομαι
17506	Lc 1,74	ῥυσθέντας	(1) acc mas pl part ao (pass)	Id
17507	Rm 15,31	ῥυσθῶ	(1) 1 p sg sbj ao (pass)	Id
17508	2Th 3,2	ῥυσθῶμεν	(1) 1 p pl sbj ao (pass)	Id
17509	*Ac 5,15	ῥυσθῶσιν	3 p pl sbj ao (pass)	Id
17510	Lc 8,44	ῥύσις	(1) nom sg	ῥύσις
17511	Eph 5,27	ῥυτίδα	(1) acc sg	ῥυτίς
17512	*Lc 23,38	῾Ρωμαϊκοῖς	dat neut pl	῾Ρωμαϊκός
17513	*Lc 23,38	῾Ρωμαικοῖς	dat neut pl	῾Ρωμαικός
17514		῾Ρωμαῖοι	(3) nom pl	῾Ρομαῖος
17515		῾Ρωμαίοις	(2) dat pl	Id
17516	Ac 22,25	῾Ρωμαῖον	(1) acc sg	Id
17517		῾Ρωμαῖος	(4) nom sg	Id
17518	Ac 16,37	῾Ρωμαίους	(1) acc pl	Id
17519	Jh 19,20	῾Ρωμαϊστί	(1) adv	῾Ρωμαϊστί
17520	Ac 28,17	῾Ρωμαίων	(1) gen pl	῾Ρωμαῖος
17521		῾Ρώμῃ	(3) dat	῾Ρώμη
17522		῾Ρώμην	(4) acc	Id
17523	Ac 18,2	῾Ρώμης	(1) gen	Id

σ

17524		σά	(3) nom neut pl	σός
17525	Lc 6,30	σά	(1) acc neut pl	Id
17526	*Mt 27,46	σαβακθανι	inde	σαβακθανι
17527		σαβαχθανι	(2) aram inde	σαβαχθανι
17528		σαβαώθ	(2) inde	σαβαώθ

17529		σάββασιν	(13)	dat pl	σάββατον
17530	Ac 17,2	σάββατα	(1)	acc pl	Id
17531	Heb 4,9	σαββατισμός	(1)	nom sg	σαββατισμός
17532		σάββατον	(5)	nom sg	σάββατον
17533		σάββατον	(9)	acc sg	Id
17534		σαββάτου	(13)	gen sg	Id
17535		σαββάτῳ	(16)	dat sg	Id
17536		σαββάτων	(11)	gen pl	Id
17537	Mt 13,47	σαγήνῃ	(1)	dat sg	σαγήνη
17538		Σαδδουκαῖοι	(5)	nom pl	Σαδδουκαῖος
17539	Mt 22,34	Σαδδουκαίους	(1)	acc pl	Id
17540		Σαδδουκαίων	(8)	gen pl	Id
17541		Σαδώκ	(2)	inde	Σαδώκ
17542	1Th 3,3	σαίνεσθαι	(1)	inf pr pass . . .	σαίνω
17543	Apc 6,12	σάκκος	(1)	nom sg	σάκκος
17544	Apc 11,3	σάκκους	(1)	acc pl	Id
17545		σάκκῳ	(2)	dat sg	Id
17546		Σαλά	(2)	inde	Σαλά
17547	*Lc 3,32	Σαλαθαήλ		inde	Σαλαθαήλ
17548		Σαλαθιήλ	(3)	inde	Σαλαθιήλ
17549	Ac 13,5	Σαλαμῖνι	(1)	dat	Σαλαμίς
17550	Jh 3,23	Σαλείμ	(1)	inde	Σαλείμ
17551		σαλευθῆναι	(2)	inf ao pass . . .	σαλεύω
17552		σαλευθήσονται	(3)	3 p pl ind fut pass .	Id
17553	Ac 2,25	σαλευθῶ	(1)	1 p sg sbj ao pass . .	Id
17554	Heb 12,27	σαλευόμενα	(1)	nom neut pl part pr pass	Id
17555		σαλευόμενον	(2)	acc mas sg part pr pass	Id
17556	Heb 12,27	σαλευομένων	(1)	gen neut pl part pr pass	Id
17557	Ac 17,13	σαλεύοντες	(1)	nom mas pl part ao a .	Id
17558	Lc 6,48	σαλεῦσαι	(1)	inf ao a	Id
17559		Σαλήμ	(2)	inde	Σαλήμ
17560	*Lc 3,32	Σαλμάν		inde	Σαλμάν
17561		Σαλμών	(2)	inde	Σαλμών
17562	Ac 27,7	Σαλμώνην	(1)	acc	Σαλμώνη
17563	Lc 21,25	σάλου	(1)	gen sg	σάλος
17564	Apc 9,14	σάλπιγγα	(1)	acc sg	σάλπιγξ
17565	Apc 8,6	σάλπιγγας	(1)	acc pl	Id
17566	Apc 8,2	σάλπιγγες	(1)	nom pl	Id
17567		σάλπιγγι	(2)	dat sg	Id
17568		σάλπιγγος	(5)	gen sg	Id
17569	*Apc 18,22	σαλπίγγων		gen pl	Id
17570	1Co 14,8	σάλπιγξ	(1)	nom sg	Id
17571		σαλπίζειν	(2)	inf pr a	σαλπίζω
17572	1Co 15,52	σαλπίσει	(1)	3 p sg ind fut a . .	Id
17573	Mt 6,2	σαλπίσῃς	(1)	2 p sg sbj ao a . . .	Id
17574	Apc 18,22	σαλπιστῶν	(1)	gen pl	σαλπιστής
17575	Apc 8,6	σαλπίσωσιν	(1)	3 p pl sbj ao a . .	σαλπίζω
17576		Σαλώμη	(2)	nom	Σαλώμη
17577	Ac 8,14	Σαμάρεια	(1)	nom	Σαμάρεια

17578	Ac 1,8	Σαμαρείᾳ	(1)	dat	Σαμάρεια
17579	Ac 15,3	Σαμάρειαν	(1)	acc	Id
17580		Σαμαρείας	(8)	gen	Id
17581	Jh 4,40	Σαμαρῖται	(1)	nom pl . . .	Σαμαρίτης
17582	Jh 4,9	Σαμαρίταις	(1)	dat pl	Id
17583		Σαμαρίτης	(3)	nom sg	Id
17584	Jh 4,9	Σαμαρίτιδος	(1)	gen sg	Σαμαρῖτις
17585	Jh 4,9	Σαμαρῖτις	(1)	nom sg	Id
17586		Σαμαριτῶν	(4)	gen pl	Σαμαρίτης
17587	Ac 16,11	Σαμοθρᾴκην	(1)	acc	Σαμοθρᾴκη
17588	Ac 20,15	Σάμον	(1)	acc	Σάμος
17589		Σαμουήλ	(3)	inde	Σαμουήλ
17590	*Jh 11,54	Σαμφουρίν		inde	Σαμφουρίν
17591	Heb 11,32	Σαμψών	(1)	inde	Σαμψών
17592		σανδάλια	(2)	acc pl	σανδάλιον
17593	Ac 27,44	σανίσιν	(1)	dat pl	σανίς
17594		Σαούλ	(9)	inde	Σαούλ
17595	Mt 13,48	σαπρά	(1)	acc neut pl	σαπρός
17596		σαπρόν	(2)	acc mas sg	Id
17597		σαπρόν	(3)	nom neut sg	Id
17598	Mt 12,33	σαπρόν	(1)	acc neut sg	Id
17599	Eph 4,29	σαπρός	(1)	nom mas sg	Id
17600	*Lc 6,43	σαπρούς		acc mas pl	Id
17601	Ac 5,1	Σαπφίρῃ	(1)	dat	Σάπφιρα
17602	Apc 21,19	σάπφιρος	(1)	nom sg	σάπφιρος
17603	*Heb 11,11	Σάρα		nom	Σάρα
17604	2Co 11,33	σαργάνῃ	(1)	dat sg	σαργάνη
17605	Apc 1,11	Σάρδεις	(1)	acc	Σάρδεις
17606		Σάρδεσιν	(2)	dat	Id
17607	Apc 21,20	σάρδιον	(1)	nom sg	σάρδιον
17608	*Apc 21,20	σάρδιος		nom sg	σάρδιος
17609	Apc 4,3	σαρδίῳ	(1)	dat sg	σάρδιον
17610	Apc 21,20	σαρδόνυξ	(1)	nom sg	σαρδόνυξ
17611	Lc 4,26	Σάρεπτα	(1)	acc	Σάρεπτα
17612		σάρκα	(37)	acc sg	σάρξ
17613		σάρκας	(7)	acc pl	Id
17614		σαρκί	(39)	dat sg	Id
17615	2Co 10,4	σαρκικά	(1)	nom neut pl	σαρκικός
17616	1Co 9,11	σαρκικά	(1)	acc neut pl	Id
17617	2Co 1,12	σαρκικῇ	(1)	dat fem sg	Id
17618	*Heb 7,16	σαρκικῆς		gen fem sg	Id
17619		σαρκικοί	(2)	nom mas pl	Id
17620	*1Co 3,1	σαρκικοῖς		dat mas pl	Id
17621	Rm 15,27	σαρκικοῖς	(1)	dat neut pl . . .	Id
17622	*Rm 7,14	σαρκικός		nom mas sg	Id
17623	1Pt 2,11	σαρκικῶν	(1)	gen fem pl	Id
17624	2Co 3,3	σαρκίναις	(1)	dat fem pl	σάρκινος
17625	Heb 7,16	σαρκίνης	(1)	gen fem sg . . .	Id
17626	*1Co 3,1	σάρκινοι		nom mas pl	Id
17627	1Co 3,1	σαρκίνοις	(1)	dat mas pl . . .	Id

17628	Rm 7,14	σάρκινος	(1)	nom mas sg	σάρκινος
17629		σαρκός	(37)	gen sg	σάρξ
17630	Apc 19,21	σαρκῶν	(1)	gen pl	Id
17631		σάρξ	(26)	nom sg	Id
17632	Lc 15,8	σαροῖ	(1)	3 p sg ind pr a . . .	σαρόω
17633		Σάρρα	(2)	nom	Σάρρα
17634	Rm 9,9	Σάρρᾳ	(1)	dat	Id
17635	Rm 4,19	Σάρρας	(1)	gen	Id
17636	*Ac 9,35	Σαρρῶνα		acc	Σαρρῶν
17637	Ac 9,35	Σαρῶνα	(1)	acc	Σαρών
17638	*Ac 9,35	Σαρωνᾶν		acc	Σαρωνᾶ
17639		σάτα	(2)	acc pl	σάτον
17640	*2Co 12,7	Σατᾶν		inde	Σατᾶν
17641		σατανᾶ	(10)	gen	σατανᾶς
17642		σατανᾶ	(3)	vo	Id
17643		σατανᾷ	(2)	dat	Id
17644		σατανᾶν	(4)	acc	Id
17645		σατανᾶς	(17)	nom	Id
17646		Σαῦλον	(4)	acc	Σαῦλος
17647		Σαῦλος	(8)	nom	Id
17648		Σαύλου	(2)	gen	Id
17649	Ac 9,24	Σαύλῳ	(1)	dat	Id
17650	*Mt 27,46	σαφθανι		inde	σαφθανι
17651	Mt 25,8	σβέννυνται	(1)	3 p pl ind pr pass .	σβέννυμι
17652		σβέννυται	(3)	3 p sg ind pr pass . .	Id
17653	1Th 5,19	σβέννυτε	(1)	2 p pl imper pr a . .	Id
17654	Eph 6,16	σβέσαι	(1)	inf ao a	Id
17655	Mt 12,20	σβέσει	(1)	3 p sg ind fut a . . .	Id
17656		σέ	(197)	acc	σύ
17657		σεαυτόν	(33)	acc mas sg	σεαυτοῦ
17658		σεαυτοῦ	(5)	gen mas sg	Id
17659		σεαυτῷ	(5)	dat mas sg	Id
17660	2Th 2,4	σέβασμα	(1)	acc sg	σέβασμα
17661	Ac 17,23	σεβάσματα	(1)	acc pl	Id
17662	Ac 27,1	Σεβαστῆς	(1)	gen fem sg	σεβαστός
17663	Ac 25,25	Σεβαστόν	(1)	acc mas sg	Id
17664	Ac 25,21	Σεβαστοῦ	(1)	gen mas sg	Id
17665	Ac 18,13	σέβεσθαι	(1)	inf pr	σέβομαι
17666	Ac 19,27	σέβεται	(1)	3 p sg ind pr . . .	Id
17667	Ac 13,50	σεβομένας	(1)	acc fem pl part pr . .	Id
17668	Ac 16,14	σεβομένη	(1)	nom fem sg part pr . .	Id
17669	Ac 17,17	σεβομένοις	(1)	dat mas pl part pr . .	Id
17670	Ac 18,7	σεβομένου	(1)	gen mas sg part pr . .	Id
17671		σεβομένων	(2)	gen mas pl part pr . .	Id
17672		σέβονται	(2)	3 p pl ind pr . . .	Id
17673	*Ac 15,33	Σειλεᾷ		dat	Σειλεᾶς
17674	Apc 6,13	σειομένη	(1)	nom fem sg part pr pass .	σείω
17675	2Pt 2,4	σειραῖς	(1)	dat pl	σειρά
17676	*2Pt 2,4	σειροῖς		dat pl	σειρός
17677	*Ac 21,40	σείσας		nom mas sg part ao a . . .	σείω

17678		σεισμοί	(3)	nom pl	σεισμός
17679	Mt 27,54	σεισμόν	(1)	acc sg	Id
17680		σεισμός	(9)	nom sg	Id
17681	Apc 11,13	σεισμῷ	(1)	dat sg	Id
17682	Heb 12,26	σείσω	(1)	1 p sg ind fut a	σείω
17683	*Heb 12,26	σείω		1 p sg ind pr a	Id
17684	Ac 20,4	Σεκοῦνδος	(1)	nom	Σεκοῦνδος
17685	Ac 13,4	Σελεύκειαν	(1)	acc	Σελεύκεια
17686		σελήνη	(5)	nom sg	σελήνη
17687	Lc 21,25	σελήνῃ	(1)	dat sg	Id
17688		σελήνης	(3)	gen sg	Id
17689	Mt 17,15	σεληνιάζεται	(1)	3 p sg ind pr	σεληνιάζομαι
17690	Mt 4,24	σεληνιαζομένους	(1)	acc mas pl part pr	Id
17691	Lc 3,26	Σεμείν	(1)	inde	Σεμείν
17692	Apc 18,13	σεμίδαλιν	(1)	acc sg	σεμίδαλις
17693	Php 4,8	σεμνά	(1)	nom neut pl	σεμνός
17694	1Tm 3,11	σεμνάς	(1)	acc fem pl	Id
17695	Tit 2,7	σεμνότητα	(1)	acc sg	σεμνότης
17696	1Tm 2,2	σεμνότητι	(1)	dat sg	Id
17697	1Tm 3,4	σεμνότητος	(1)	gen sg	Id
17698		σεμνούς	(2)	acc mas pl	σεμνός
17699	Ac 13,7	Σεργίῳ	(1)	dat	Σέργιος
17700	*Lc 3,35	Σερούκ		inde	Σερούκ
17701	Lc 3,35	Σερούχ	(1)	inde	Σερούχ
17702	Lc 6,38	σεσαλευμένον	(1)	acc neut sg part pf pass	σαλεύω
17703		σεσαρωμένον	(2)	acc mas sg part pf pass	σαρόω
17704	Ja 5,2	σέσηπεν	(1)	3 p sg ind pf2 a	σήπω
17705	Rm 16,25	σεσιγημένου	(1)	gen neut sg part pf pass	σιγάω
17706	2Pt 1,16	σεσοφισμένοις	(1)	dat mas pl part pf pass	σοφίζω
17707		σέσωκεν	(7)	3 p sg ind pf a	σῴζω
17708	2Tm 3,6	σεσωρευμένα	(1)	acc neut pl part pf pass	σωρεύω
17709		σεσῳσμένοι	(2)	nom mas pl part pf pass	σῴζω
17710	*Ac 4,9	σέσωσται		3 p sg ind pf pass	Id
17711	Ac 4,9	σέσωται	(1)	3 p sg ind pf pass	Id
17712		σῇ	(4)	dat fem sg	σός
17713	Lc 3,38	Σήθ	(1)	inde	Σήθ
17714	Lc 3,36	Σήμ	(1)	inde	Σήμ
17715		σημαίνων	(3)	nom mas sg part pr a	σημαίνω
17716	Ac 25,27	σημᾶναι	(1)	inf ao a	Id
17717		σημεῖα	(7)	nom pl	σημεῖον
17718		σημεῖα	(25)	acc pl	Id
17719		σημείοις	(4)	dat pl	Id
17720		σημεῖον	(17)	nom sg	Id
17721		σημεῖον	(21)	acc sg	Id
17722	2Th 3,14	σημειοῦσθε	(1)	2 p pl imper pr m	σημειόω
17723		σημείων	(3)	gen pl	σημεῖον
17724		σήμερον	(41)	adv	σήμερον
17725	Jh 4,42	σήν	(1)	acc fem sg	σός
17726		σής	(3)	nom sg	σής

17727		σῆς	(3)	gen fem sg	σός
17728	Ja 5,2	σητόβρωτα	(1)	nom neut pl	σητόβρωτος
17729	*1Pt 5,10	σθενώσαι		3 p sg opt ao a	σθενόω
17730	1Pt 5,10	σθενώσει	(1)	3 p sg ind fut a	Id
17731		σιαγόνα	(2)	acc sg	σιαγών
17732	*1Th 3,3	σιαίνεσθαι		inf pr	σιαίνομαι
17733	Ac 12,17	σιγᾶν	(1)	inf pr a	σιγάω
17734		σιγάτω	(2)	3 p sg imper pr a	Id
17735	1Co 14,34	σιγάτωσαν	(1)	3 p pl imper pr a	Id
17736	Apc 8,1	σιγή	(1)	nom sg	σιγή
17737	Ac 21,40	σιγῆς	(1)	gen sg	Id
17738	Ac 15,13	σιγῆσαι	(1)	inf ao a	σιγάω
17739	Lc 18,39	σιγήσῃ	(1)	3 p sg sbj ao a	Id
17740	*Lc 19,40	σιγήσουσιν		3 p pl ind fut a	Id
17741	*Ac 12,17	σιγῶσιν		3 p pl sbj pr a	Id
17742		σιδηρᾷ	(3)	dat fem sg	σιδηροῦς
17743	Ac 12,10	σιδηρᾶν	(1)	acc fem sg	Id
17744	Apc 18,12	σιδήρου	(1)	gen sg	σίδηρος
17745	Apc 9,9	σιδηροῦς	(1)	acc mas pl	σιδηροῦς
17746	*Mc 3,8	Σιδόνα		acc	Σιδόν
17747		Σιδῶνα	(2)	acc	Σιδών
17748		Σιδῶνι	(4)	dat	Id
17749	Lc 4,26	Σιδωνίας	(1)	gen fem sg	Σιδώνιος
17750	Ac 12,20	Σιδωνίοις	(1)	dat mas pl	Id
17751		Σιδῶνος	(3)	gen	Σιδών
17752	Ac 21,38	σικαρίων	(1)	gen pl	σικάριος
17753	Lc 1,15	σίκερα	(1)	inde	σίκερα
17754		Σιλᾷ	(3)	dat	Σιλᾶς
17755		Σιλᾶν	(6)	acc	Id
17756		Σιλᾶς	(4)	nom	Id
17757	*Ac 15,34	Σιλέᾳ		dat	Σιλέας
17758		Σιλουανός	(2)	nom	Σιλουανός
17759		Σιλουανοῦ	(2)	gen	Id
17760		Σιλωάμ	(3)	inde	Σιλωάμ
17761	*2Tm 4,19	Σιμαίαν		acc	Σιμάιας
17762	Ac 19,12	σιμικίνθια	(1)	acc pl	σιμικίνθιον
17763		Σίμων	(27)	nom	Σίμων
17764		Σίμων	(9)	vo	Id
17765		Σίμωνα	(16)	acc	Id
17766		Σίμωνι	(7)	dat	Id
17767		Σίμωνος	(16)	gen	Id
17768		Σινᾶ	(4)	inde	Σινᾶ
17769		σινάπεως	(5)	gen sg	σίναπι
17770		σινδόνα	(3)	acc sg	σινδών
17771		σινδόνι	(3)	dat sg	Id
17772	Lc 22,31	σινιάσαι	(1)	inf ao a	σινιάζω
17773	Apc 18,12	σιρικοῦ	(1)	gen neut sg	σιρικός
17774	*2Pt 2,4	σιροῖς		dat pl	σιρός
17775	*Ac 7,12	σῖτα		acc pl	σῖτος

17776		σιτευτόν	(3)	acc mas sg	σιτευτός
17777	Ac 7,12	σιτία	(1)	acc pl	σιτίον
17778	Mt 22,4	σιτιστά	(1)	nom neut pl	σιτιστός
17779	Lc 12,42	σιτομέτριον	(1)	acc sg	σιτομέτριον
17780		σῖτον	(9)	acc sg	σῖτος
17781	*Mc 4,28	σῖτος		nom sg	Id
17782		σίτου	(5)	gen sg	Id
17783	*Jh 4,5	Συχάρ		inde	Συχάρ
17784		Σιών	(7)	inde	Σιών
17785	Mc 4,39	σιώπα	(1)	2 p sg imper pr a	σιωπάω
17786	*Jh 11,28	σιωπῇ		adv	σιωπῇ
17787	Mc 10,48	σιωπήσῃ	(1)	3 p sg sbj ao a	σιωπάω
17788	Ac 18,9	σιωπήσῃς	(1)	2 p sg sbj ao a	Id
17789	Lc 19,40	σιωπήσουσιν	(1)	3 p pl ind fut a	Id
17790	Mt 20,31	σιωπήσωσιν	(1)	3 p pl sbj ao a	Id
17791	Lc 1,20	σιωπῶν	(1)	nom mas sg part pr a	Id
17792		σκάνδαλα	(4)	acc pl	σκάνδαλον
17793		σκανδαλίζει	(6)	3 p sg ind pr a	σκανδαλίζω
17794		σκανδαλίζεται	(2)	3 p sg ind pr pass	Id
17795		σκανδαλίζῃ	(3)	3 p sg sbj pr a	Id
17796	Mc 4,17	σκανδαλίζονται	(1)	3 p pl ind pr pass	Id
17797	*Mt 17,27	σκανδαλίζωμεν		1 p pl sbj pr a	Id
17798		σκανδαλίσῃ	(3)	3 p sg sbj ao a	Id
17799		σκανδαλισθῇ	(2)	3 p sg sbj ao pass	Id
17800		σκανδαλισθήσεσθε	(2)	2 p pl ind fut pass	Id
17801	Mt 26,33	σκανδαλισθήσομαι	(1)	1 p sg ind fut pass	Id
17802		σκανδαλισθήσονται	(3)	3 p pl ind fut pass	Id
17803	Jh 16,1	σκανδαλισθῆτε	(1)	2 p pl sbj ao pass	Id
17804	1Co 8,13	σκανδαλίσω	(1)	1 p sg sbj ao a	Id
17805	Mt 17,27	σκανδαλίσωμεν	(1)	1 p pl sbj ao a	Id
17806		σκάνδαλον	(4)	nom sg	σκάνδαλον
17807		σκάνδαλον	(4)	acc sg	Id
17808		σκανδάλου	(2)	gen sg	Id
17809	Mt 18,7	σκανδάλων	(1)	gen pl	Id
17810	Lc 16,3	σκάπτειν	(1)	inf pr a	σκάπτω
17811	*Jh 14,22	Σκαριότα		nom	Σκαριότα
17812	*Lc 6,16	Σκαριώθ		inde	Σκαριώθ
17813	*Jh 13,26	Σκαριώτῃ		dat	Σκαριώτης
17814	*Mt 10,4	Σκαριώτης		nom	Id
17815	*Jh 6,71	Σκαριώτου		gen	Id
17816	Ac 27,30	σκάφην	(1)	acc sg	σκάφη
17817		σκάφης	(2)	gen sg	Id
17818	Lc 13,8	σκάψω	(1)	1 p sg sbj ao a	σκάπτω
17819	Jh 19,31	σκέλη	(1)	nom pl	σκέλος
17820		σκέλη	(2)	acc pl	Id
17821	1Tm 6,8	σκεπάσματα	(1)	acc pl	σκέπασμα
17822	Ac 19,14	Σκευᾶ	(1)	gen	Σκευᾶς
17823		σκεύει	(2)	dat sg	σκεῦος
17824	2Co 4,7	σκεύεσιν	(1)	dat pl	Id

17825		σκεύη	(3)	nom pl	σκεῦος
17826		σκεύη	(5)	acc pl	Id
17827	Ac 27,19	σκευήν	(1)	acc sg	σκευή
17828		σκεῦος	(5)	nom sg	σκεῦος
17829		σκεῦος	(7)	acc sg	Id
17830	Heb 11,9	σκηναῖς	(1)	dat pl	σκηνή
17831		σκηνάς	(4)	acc pl	Id
17832	2Co 5,4	σκήνει	(1)	dat sg	σκῆνος
17833		σκηνή	(4)	nom sg	σκηνή
17834	Heb 13,10	σκηνῇ	(1)	dat sg	Id
17835		σκηνήν	(6)	acc sg	Id
17836		σκηνῆς	(4)	gen sg	Id
17837	Jh 7,2	σκηνοπηγία	(1)	nom sg . . .	σκηνοπηγία
17838	Ac 18,3	σκηνοποιοί	(1)	nom pl . . .	σκηνοποιός
17839	Apc 13,6	σκηνοῦντας	(1)	acc mas pl part pr a .	σκηνόω
17840	Apc 12,12	σκηνοῦντες	(1)	nom mas pl part pr a .	Id
17841	*Apc 13,6	σκηνούντων		gen mas pl part pr a . .	Id
17842	2Co 5,1	σκήνους	(1)	gen sg	σκῆνος
17843	Ac 7,46	σκήνωμα	(1)	acc sg	σκήνωμα
17844	2Pt 1,13	σκηνώματι	(1)	dat sg	Id
17845	2Pt 1,14	σκηνώματος	(1)	gen sg	Id
17846		σκηνώσει	(2)	3 p sg ind fut a . .	σκηνόω
17847		σκιά	(2)	nom sg	σκιά
17848		σκιᾷ	(3)	dat sg	Id
17849		σκιάν	(2)	acc sg	Id
17850	Lc 6,23	σκιρτήσατε	(1)	2 p pl imper ao a .	σκιρτάω
17851		σκληροκαρδίαν	(3)	acc sg . .	σκληροκαρδία
17852	Ac 26,14	σκληρόν	(1)	nom neut sg . . .	σκληρός
17853		σκληρός	(2)	nom mas sg . . .	Id
17854	Rm 2,5	σκληρότητα	(1)	acc sg . . .	σκληρότης
17855	Ac 7,51	σκληροτράχηλοι	(1)	vo mas pl	σκληροτράχηλος
17856	Rm 9,18	σκληρύνει	(1)	3 p sg ind pr a . .	σκληρύνω
17857		σκληρύνητε	(3)	2 p pl sbj pr a . .	Id
17858	Heb 3,13	σκληρυνθῇ	(1)	3 p sg sbj ao pass . .	Id
17859	Ja 3,4	σκληρῶν	(1)	gen mas pl	σκληρός
17860	Ju 15	σκληρῶν	(1)	gen neut pl . . .	Id
17861	Lc 3,5	σκολιά	(1)	nom neut pl	σκολιός
17862		σκολιᾶς	(2)	gen fem sg	Id
17863	1Pt 2,18	σκολιοῖς	(1)	dat mas pl . . .	Id
17864	2Co 12,7	σκόλοψ	(1)	nom sg	σκόλοψ
17865	Lc 11,35	σκόπει	(1)	2 p sg imper pr a . .	σκοπέω
17866	Rm 16,17	σκοπεῖν	(1)	inf pr a	Id
17867	Php 3,17	σκοπεῖτε	(1)	2 p pl imper pr a . .	Id
17868	*Php 2,4	σκοπείτω		3 p sg imper pr a . . .	Id
17869	Php 3,14	σκοπόν	(1)	acc sg	σκοπός
17870	Php 2,4	σκοποῦντες	(1)	nom mas pl part pr a .	σκοπέω
17871	2Co 4,18	σκοπούντων	(1)	gen mas pl part pr a .	Id
17872	Ga 6,1	σκοπῶν	(1)	nom mas sg part pr a . .	Id
17873		σκορπίζει	(3)	3 p sg ind pr a . .	σκορπίζω

No.	Ref.	Form	Freq.	Analysis	Lemma
17874	Apc 9,3	σκορπίοι	(1)	nom pl	σκορπίος
17875	Apc 9,10	σκορπίοις	(1)	dat pl	Id
17876	Lc 11,12	σκορπίον	(1)	acc sg	Id
17877	Apc 9,5	σκορπίου	(1)	gen sg	Id
17878	*Lc 11,23	σκορπίσει		3 p sg ind fut a . . .	σκορπίζω
17879	Jh 16,32	σκορπισθῆτε	(1)	2 p pl sbj ao pass .	Id
17880	Lc 10,19	σκορπίων	(1)	gen pl	σκορπίος
17881		σκότει	(5)	dat sg	σκότος
17882		σκοτεινόν	(2)	nom neut sg . .	σκοτεινός
17883	Lc 11,36	σκοτεινόν	(1)	acc neut sg . . .	Id
17884		σκοτία	(6)	nom sg	σκοτία
17885		σκοτίᾳ	(9)	dat sg	Id
17886	Jh 20,1	σκοτίας	(1)	gen sg	Id
17887	*Lc 23,45	σκοτισθέντος		gen mas sg part ao pass .	σκοτίζω
17888	Apc 8,12	σκοτισθῇ	(1)	3 p sg sbj ao pass . .	Id
17889		σκοτισθήσεται	(2)	3 p sg ind fut pass .	Id
17890	Rm 11,10	σκοτισθήτωσαν	(1)	3 p pl imper ao pass	Id
17891		σκότος	(8)	nom sg	σκότος
17892		σκότος	(6)	acc sg	Id
17893		σκότους	(12)	gen sg	Id
17894	*Heb 12,18	σκότῳ		dat sg	Id
17895	Php 3,8	σκύβαλα	(1)	acc pl	σκύβαλον
17896	Col 3,11	Σκύθης	(1)	nom	Σκύθης
17897		σκυθρωποί	(2)	nom mas pl . .	σκυθρωπός
17898	Lc 11,22	σκῦλα	(1)	acc pl	σκῦλον
17899	Lc 8,49	σκύλλε	(1)	2 p sg imper pr a . . .	σκύλλω
17900	Mc 5,35	σκύλλεις	(1)	2 p sg ind pr a . . .	Id
17901	Lc 7,6	σκύλλου	(1)	2 p sg imper pr pass/m .	Id
17902	Ac 12,23	σκωληκόβρωτος	(1)	nom mas sg	σκωληκόβρωτος
17903		σκώληξ	(3)	nom sg	σκώληξ
17904	Apc 4,3	σμαραγδίνῳ	(1)	dat mas sg . .	σμαράγδινος
17905	*Apc 4,3	σμαραγδίνων		gen neut pl	Id
17906	Apc 21,19	σμάραγδος	(1)	nom sg	σμάραγδος
17907	*Apc 4,3	σμαράγδῳ		dat sg	Id
17908	*Jh 19,39	σμίγμα		acc sg	σμίγμα
17909	*Jh 19,39	σμῆγμα		acc sg	σμῆγμα
17910	Apc 1,11	Σμύρναν	(1)	acc	Σμύρνα
17911	Mt 2,11	σμύρναν	(1)	acc sg	σμύρνα
17912	Apc 2,8	Σμύρνῃ	(1)	dat	Σμύρνα
17913	Jh 19,39	σμύρνης	(1)	gen sg	σμύρνα
17914		Σόδομα	(3)	nom	Σόδομα
17915		Σοδόμοις	(2)	dat	Id
17916		Σοδόμων	(4)	gen	Id
17917		σοί	(213)	dat	σύ
17918		σοί	(2)	dat mas sg	σός
17919		σοί	(2)	nom mas pl	Id
17920		Σολομών	(4)	nom	Σολομών
17921	Mt 1,6	Σολομῶνα	(1)	acc	Id
17922		Σολομῶνος	(5)	gen	Id

No.	Ref.	Form	Freq.	Parsing	Lemma
17923		Σολομῶντος	(2)	gen	Σολομών
17924		σόν	(2)	nom neut sg	σός
17925		σόν	(2)	acc neut sg	Id
17926	Lc 7,14	σοροῦ	(1)	gen sg	σορός
17927	Jh 17,17	σός	(1)	nom mas sg	σός
17928		σοῦ	(481)	gen	σύ
17929	Ac 19,12	σουδάρια	(1)	acc pl	σουδάριον
17930	Jh 20,7	σουδάριον	(1)	acc sg	Id
17931		σουδαρίῳ	(2)	dat sg	Id
17932	Mc 5,19	σούς	(1)	acc mas pl	σός
17933	Lc 8,3	Σουσάννα	(1)	nom	Σουσάννα
17934		σοφία	(12)	nom sg	σοφία
17935		σοφίᾳ	(13)	dat sg	Id
17936		σοφίαν	(14)	acc sg	Id
17937		σοφίας	(12)	gen sg	Id
17938	2Tm 3,15	σοφίσαι	(1)	inf ao a	σοφίζω
17939		σοφοί	(3)	nom mas pl	σοφός
17940	Rm 1,14	σοφοῖς	(1)	dat mas pl	Id
17941		σοφός	(6)	nom mas sg	Id
17942		σοφούς	(4)	acc mas pl	Id
17943	Rm 16,27	σοφῷ	(1)	dat mas sg	Id
17944		σοφῶν	(4)	gen mas pl	Id
17945	1Co 1,25	σοφώτερον	(1)	comp nom neut sg	Id
17946		Σπανίαν	(2)	acc	Σπανία
17947	Mc 1,26	σπαράξαν	(1)	nom neut sg part ao a	σπαράσσω
17948	Mc 9,26	σπαράξας	(1)	nom mas sg part ao a	Id
17949	Lc 9,39	σπαράσσει	(1)	3 p sg ind pr a	Id
17950		σπαρείς	(4)	nom mas sg part ao2 pass	σπείρω
17951	Mc 4,20	σπαρέντες	(1)	nom mas pl part ao2 pass	Id
17952		σπαρῇ	(2)	3 p sg sbj ao2 pass	Id
17953		σπασάμενος	(2)	nom mas sg part ao m	σπάω
17954	1Tm 5,6	σπαταλῶσα	(1)	nom fem sg part pr a	σπαταλάω
17955	Jh 18,12	σπεῖρα	(1)	nom sg	σπεῖρα
17956		σπεῖραι	(2)	inf ao a	σπείρω
17957		σπεῖραν	(3)	acc sg	σπεῖρα
17958	Mt 13,24	σπείραντι	(1)	dat mas sg part ao a	σπείρω
17959	Mt 13,18	σπείραντος	(1)	gen mas sg part ao a	Id
17960	Mt 13,39	σπείρας	(1)	nom mas sg part ao a	Id
17961	Mc 4,14	σπείρει	(1)	3 p sg ind pr a	Id
17962		σπείρειν	(4)	inf pr a	Id
17963		σπείρεις	(3)	2 p sg ind pr a	Id
17964		σπείρεται	(6)	3 p sg ind pr pass	Id
17965	Ga 6,7	σπείρῃ	(1)	3 p sg sbj pr a	Id
17966		σπείρης	(3)	gen sg	σπεῖρα
17967		σπειρόμενοι	(2)	nom mas pl part pr pass	σπείρω
17968	*Mt 13,19	σπειρόμενον		acc neut sg part pr pass	Id
17969	2Co 9,10	σπείροντι	(1)	dat mas sg part pr a	Id
17970	*Mt 13,18	σπείροντος		gen mas sg part pr a	Id
17971		σπείρουσιν	(2)	3 p pl ind pr a	Id

17972		σπείρων	(11)	nom mas sg part pr a . .	σπείρω
17973	Mc 6,27	σπεκουλάτορα	(1)	acc sg . .	σπεκουλάτωρ
17974		σπένδομαι	(2)	1 p sg ind pr pass . .	σπένδω
17975		σπέρμα	(12)	nom sg	σπέρμα
17976		σπέρμα	(12)	acc sg	Id
17977	Ga 3,16	σπέρμασιν	(1)	dat pl	Id
17978		σπέρματι	(7)	dat sg	Id
17979		σπέρματος	(8)	gen sg	Id
17980		σπερμάτων	(3)	gen pl	Id
17981	Ac 17,18	σπερμολόγος	(1)	nom mas sg . .	σπερμολόγος
17982	2Pt 3,12	σπεύδοντας	(1)	acc mas pl part pr a .	σπεύδω
17983	Lc 2,16	σπεύσαντες	(1)	nom mas pl part ao a .	Id
17984		σπεύσας	(2)	nom mas sg part ao a . .	Id
17985	Ac 22,18	σπεῦσον	(1)	2 p sg imper ao a . .	Id
17986	Apc 6,15	σπήλαια	(1)	acc pl	σπήλαιον
17987	Heb 11,38	σπηλαίοις	(1)	dat pl	Id
17988	Jh 11,38	σπήλαιον	(1)	nom sg	Id
17989		σπήλαιον	(3)	acc sg	Id
17990	*Lc 2,7	σπηλαίῳ		dat sg	Id
17991	Ju 12	σπιλάδες	(1)	nom pl	σπιλάς
17992	2Pt 2,13	σπίλοι	(1)	nom pl	σπίλος
17993	Eph 5,27	σπίλον	(1)	acc sg	Id
17994	Ja 3,6	σπιλοῦσα	(1)	nom fem sg part pr a . .	σπιλόω
17995		σπλάγχνα	(6)	nom pl	σπλάγχνον
17996		σπλάγχνα	(3)	acc pl	Id
17997		σπλαγχνίζομαι	(2)	1 p sg ind pr	σπλαγχνίζομαι
17998		σπλαγχνισθείς	(4)	nom mas sg part ao (pass)	Id
17999		σπλάγχνοις	(2)	dat pl . . .	σπλάγχνον
18000		σπόγγον	(3)	acc sg	σπόγγος
18001	Heb 9,13	σποδός	(1)	nom sg	σποδός
18002		σποδῷ	(2)	dat sg	Id
18003	1Pt 1,23	σπορᾶς	(1)	gen sg	σπορά
18004		σπορίμων	(3)	gen neut pl	σπόριμος
18005		σπόρον	(4)	acc sg	σπόρος
18006		σπόρος	(2)	nom sg	Id
18007	Eph 4,3	σπουδάζοντες	(1)	nom mas pl part pr a .	σπουδάζω
18008	*2Pt 1,15	σπουδάζω		1 p sg ind pr a	Id
18009	2Co 8,22	σπουδαῖον	(1)	acc mas sg . .	σπουδαῖος
18010	2Co 8,22	σπουδαιότερον	(1)	comp acc mas sg .	Id
18011	*2Tm 1,17	σπουδαιότερον		comp nom neut sg . .	Id
18012	2Co 8,17	σπουδαιότερος	(1)	comp nom mas sg .	Id
18013	Php 2,20	σπουδαιοτέρως	(1)	comp adv . .	σπουδαίως
18014		σπουδαίως	(3)	adv	Id
18015		σπουδάσατε	(2)	2 p pl imper ao a . .	σπουδάζω
18016		σπούδασον	(4)	2 p sg imper ao a . .	Id
18017	2Pt 1,15	σπουδάσω	(1)	1 p sg ind fut a . .	Id
18018	Heb 4,11	σπουδάσωμεν	(1)	1 p pl sbj ao a . .	Id
18019		σπουδῇ	(3)	dat sg	σπουδή
18020		σπουδήν	(6)	acc sg	Id

18021		σπουδῆς	(3)	gen sg	σπουδή
18022		σπυρίδας	(3)	acc pl	σπυρίς
18023	Ac 9,25	σπυρίδι	(1)	dat sg	Id
18024	Mc 8,20	σπυρίδων	(1)	gen pl	Id
18025	*Jh 6,19	στάδια		acc pl	στάδιον
18026	*Apc 21,16	σταδίου	(!)	gen sg	Id
18027		σταδίους	(3)	acc pl	Id
18028	1Co 9,24	σταδίῳ	(1)	dat sg	Id
18029		σταδίων	(3)	gen pl	Id
18030		σταθείς	(6)	nom mas sg part ao pass	ἵστημι
18031	Ac 11,13	σταθέντα	(1)	acc mas sg part ao pass	Id
18032		σταθέντες	(2)	nom mas pl part ao pass	Id
18033		σταθῇ	(2)	3 p sg sbj ao pass	Id
18034		σταθῆναι	(4)	inf ao pass	Id
18035	Mc 13,9	σταθήσεσθε	(1)	2 p pl ind fut pass	Id
18036		σταθήσεται	(5)	3 p sg ind fut pass	Id
18037	Col 4,12	σταθῆτε	(1)	2 p pl sbj ao pass	Id
18038	Heb 9,4	στάμνος	(1)	nom sg	στάμνος
18039	*Mc 3,31	στάντες		nom mas pl part ao2 a	ἵστημι
18040	Ac 24,20	στάντος	(1)	gen mas sg part ao2 a	Id
18041		στάς	(2)	nom mas sg part ao2 a	Id
18042	Lc 7,38	στᾶσα	(1)	nom fem sg part ao2 a	Id
18043	Mc 15,7	στάσει	(1)	dat sg	στάσις
18044	Ac 24,5	στάσεις	(1)	acc pl	Id
18045		στάσεως	(3)	gen sg	Id
18046	Mc 15,7	στασιαστῶν	(1)	gen pl	στασιαστής
18047		στάσιν	(3)	acc sg	στάσις
18048	Ac 23,7	στάσις	(1)	nom sg	Id
18049	Mt 17,27	στατῆρα	(1)	acc sg	στατήρ
18050	*Mt 26,15	στατῆρας		acc pl	Id
18051		σταυρόν	(10)	acc sg	σταυρός
18052	1Co 1,17	σταυρός	(1)	nom sg	Id
18053		σταυροῦ	(12)	gen sg	Id
18054		σταύρου	(2)	2 p sg imper pr a	σταυρόω
18055	Mt 27,38	σταυροῦνται	(1)	3 p pl ind pr pass	Id
18056		σταυροῦσιν	(2)	3 p pl ind pr a	Id
18057		σταυρῷ	(4)	dat sg	σταυρός
18058	*Mt 27,44	σταυρωθέντες		nom mas pl part ao pass	σταυρόω
18059		σταυρωθῇ	(3)	3 p sg sbj ao pass	Id
18060		σταυρωθῆναι	(3)	inf ao pass	Id
18061		σταυρωθήτω	(2)	3 p sg imper ao pass	Id
18062		σταυρῶσαι	(3)	inf ao a	Id
18063	Mt 27,35	σταυρώσαντες	(1)	nom mas pl part ao a	Id
18064	Jh 19,6	σταυρώσατε	(1)	2 p pl imper ao a	Id
18065	Mt 23,34	σταυρώσετε	(1)	2 p pl ind fut a	Id
18066		σταύρωσον	(5)	2 p sg imper ao a	Id
18067	*Mc 15,20	σταυρώσουσιν		3 p pl ind fut a	Id
18068	Jh 19,15	σταυρώσω	(1)	1 p sg ind fut a	Id
18069	Mc 15,20	σταυρώσωσιν	(1)	3 p pl sbj ao a	Id

18070	Apc 14,18	σταφυλαί	(1)	nom pl	σταφυλή
18071	Mt 7,16	σταφυλάς	(1)	acc pl	Id
18072	*Apc 14,18	σταφυλή		nom sg	Id
18073	Lc 6,44	σταφυλήν	(1)	acc sg	Id
18074	*Mt 7,16	σταφυληνας		err cf σταφυλήν/σταφυλάς	
18075		στάχυας	(3)	acc pl	στάχυς
18076	Mc 4,28	στάχυϊ	(1)	dat sg	Id
18077	Mc 4,28	στάχυν	(1)	acc sg	Id
18078	Rm 16,9	Στάχυν	(1)	acc	Στάχυς
18079	1Co 13,7	στέγει	(1)	3 p sg ind pr a . . .	στέγω
18080		στέγην	(3)	ac sg	στέγη
18081	1Co 9,12	στέγομεν	(1)	1 p pl ind pr a . .	στέγω
18082	1Th 3,1	στέγοντες	(1)	nom mas pl part pr a .	Id
18083	1Th 3,5	στέγων	(1)	nom mas sg part pr a . .	Id
18084		στεῖρα	(3)	nom fem sg	στεῖρος
18085	Ga 4,27	στεῖρα	(1)	vo fem sg	Id
18086	Lc 1,36	στείρᾳ	(1)	dat fem sg	Id
18087	Lc 23,29	στεῖραι	(1)	nom fem pl	Id
18088	2Th 3,6	στέλλεσθαι	(1)	inf pr m	στέλλω
18089	2Co 8,20	στελλόμενοι	(1)	nom mas sg part pr m .	Id
18090	Ac 14,13	στέμματα	(1)	acc pl	στέμμα
18091	Rm 8,26	στεναγμοῖς	(1)	dat pl . . .	στεναγμός
18092	Ac 7,34	στεναγμοῦ	(1)	gen sg	Id
18093	Ja 5,9	στενάζετε	(1)	2 p pl imper pr a . .	στενάζω
18094		στενάζομεν	(3)	1 p pl ind pr a . .	Id
18095	Heb 13,17	στενάζοντες	(1)	nom mas pl part pr a .	Id
18096	Mt 7,14	στενή	(1)	nom fem sg	στενός
18097		στενῆς	(2)	gen fem sg	Id
18098		στενοχωρεῖσθε	(2)	2 p pl ind pr pass	στενοχωρέω
18099		στενοχωρία	(2)	nom sg . . .	στενοχωρία
18100		στενοχωρίαις	(2)	dat pl . . .	Id
18101	2Co 4,8	στενοχωρούμενοι	(1)	nom mas pl part pr pass	στενοχωρέω
18102	Heb 5,14	στερεά	(1)	nom fem sg	στερεός
18103	Heb 5,12	στερεᾶς	(1)	gen fem sg	Id
18104	1Pt 5,9	στερεοί	(1)	nom mas pl	Id
18105	2Tm 2,19	στερεός	(1)	nom mas sg	Id
18106	Col 2,5	στερέωμα	(1)	acc sg	στερέωμα
18107		Στεφανᾶ	(3)	gen	Στεφανᾶς
18108	*Ac 16,27	Στεφανᾶς		nom	Id
18109	Apc 9,7	στέφανοι	(1)	nom pl	στέφανος
18110		στέφανον	(10)	acc sg	Id
10111		Στέφανον	(3)	acc	Στέφανος
18112		στέφανος	(5)	nom sg	στέφανος
18113	Ac 6,8	Στέφανος	(1)	nom	Στέφανος
18114	Ac 22,20	Στεφάνου	(1)	gen	Id
18115		στεφάνους	(2)	acc pl	στέφανος
18116	2Tm 2,5	στεφανοῦται	(1)	3 p sg ind pr pass .	στεφανόω
18117		Στεφάνῳ	(2)	dat	Στέφανος
18118		στήθη	(2)	acc pl	στῆθος

18119		στῆθι	(3)	2 p sg imper ao2 a	ἵστημι
18120		στῆθος	(3)	acc sg	στῆθος
18121	Rm 14,4	στήκει	(1)	3 p sg ind pr a	στήκω
18122		στήκετε	(3)	2 p pl ind pr a	Id
18123		στήκετε	(4)	2 p pl imper pr a	Id
18124	*1Th 3,8	στήκητε		2 p pl sbj pr a	Id
18125	Mc 3,31	στήκοντες	(1)	nom mas pl part pr a	Id
18126		στῆναι	(4)	inf ao2 a	ἵστημι
18127	2Pt 3,17	στηριγμοῦ	(1)	gen sg	στηριγμός
18128	*Ac 18,23	στηρίζων		nom mas sg part pr a	στηρίζω
18129		στηρίξαι	(3)	inf ao a	Id
18130	2Th 2,17	στηρίξαι	(1)	3 p sg opt ao a	Id
18131	Ja 5,8	στηρίξατε	(1)	2 p pl imper ao a	Id
18132		στηρίξει	(2)	3 p sg ind fut a	Id
18133	*2Th 3,3	στηρίσει		3 p sg ind fut a	Id
18134		στήρισον	(2)	2 p sg imper ao a	Id
18135	Rm 1,11	στηριχθῆναι	(1)	inf ao pass	Id
18136		στῆσαι	(3)	inf ao a	ἵστημι
18137		στήσαντες	(2)	nom mas pl part ao a	Id
18138	Mt 25,33	στήσει	(1)	3 p sg ind fut a	Id
18139	*Lc 21,36	στήσεσθε		2 p pl ind fut m	Id
18140	Heb 10,9	στήσῃ	(1)	3 p sg sbj ao a	Id
18141	Ac 7,60	στήσῃς	(1)	2 p sg sbj ao a	Id
18142	Mc 7,9	στήσητε	(1)	2 p pl sbj ao a	Id
18143	Apc 18,15	στήσονται	(1)	3 p pl ind fut m	Id
18144	Eph 6,14	στῆτε	(1)	2 p sg imper ao2 a	Id
18145	1Pt 5,12	στῆτε	(1)	2 p pl sbj ao2 a	Id
18146	Mc 11,8	στιβάδας	(1)	acc pl	στιβάς
18147	Ga 6,17	στίγματα	(1)	acc pl	στίγμα
18148	Lc 4,5	στιγμῇ	(1)	dat sg	στιγμή
18149	Mc 9,3	στίλβοντα	(1)	nom neut pl part pr a	στίλβω
18150		στοᾷ	(3)	dat sg	στοά
18151	*Mc 12,38	στοαῖς		dat pl	Id
18152	Jh 5,2	στοάς	(1)	acc pl	Id
18153	*Ac 20,15	Στογυλίῳ		dat	Στογύλιον
18154		στοιχεῖα	(2)	nom pl	στοιχεῖον
18155		στοιχεῖα	(4)	acc pl	Id
18156	Php 3,16	στοιχεῖν	(1)	inf pr a	στοιχέω
18157	Ac 21,24	στοιχεῖς	(1)	2 p sg ind pr a	Id
18158	Col 2,20	στοιχείων	(1)	gen pl	στοιχεῖον
18159	Ga 6,16	στοιχήσουσιν	(1)	3 p pl ind fut a	στοιχέω
18160	*Ga 6,16	στοιχήσωσιν		3 p pl sbj ao a	Id
18161	*Ga 6,16	στοιχοῦσιν		3 p pl ind pr a	Id
18162	Rm 4,12	στοιχοῦσιν	(1)	dat mas pl part pr a	Id
18163	Ga 5,25	στοιχῶμεν	(1)	1 p pl sbj pr a	Id
18164		στολαῖς	(2)	dat pl	στολή
18165		στολάς	(4)	acc pl	Id
18166	Apc 6,11	στολή	(1)	nom sg	Id
18167		στολήν	(2)	acc sg	Id
18168		στόμα	(11)	nom sg	στόμα

No.	Ref.	Form	Freq.	Parsing	Lemma
18169		στόμα	(17)	acc sg	στόμα
18170		στόματα	(3)	acc pl	Id
18171		στόματι	(11)	dat sg	Id
18172		στόματος	(34)	gen sg	Id
18173		στομάτων	(2)	gen pl	Id
18174	1Tm 5,23	στόμαχον	(1)	acc sg	στόμαχος
18175	1Tm 1,18	στρατείαν	(1)	acc sg	στρατεία
18176	2Co 10,4	στρατείας	(1)	gen sg	Id
18177	1Co 9,7	στρατεύεται	(1)	3 p sg ind pr	στρατεύομαι
18178	1Tm 1,18	στρατεύῃ	(1)	2 p sg sbj pr	Id
18179	Ac 23,10	στράτευμα	(1)	acc sg	στράτευμα
18180	Lc 23,11	στρατεύμασιν	(1)	dat pl	Id
18181	Apc 19,14	στρατεύματα	(1)	nom pl	Id
18182		στρατεύματα	(2)	acc pl	Id
18183	Ac 23,27	στρατεύματι	(1)	dat sg	Id
18184	Apc 19,19	στρατεύματος	(1)	gen sg	Id
18185	Apc 9,16	στρατευμάτων	(1)	gen pl	Id
18186	2Co 10,3	στρατευόμεθα	(1)	1 p pl ind pr	στρατεύομαι
18187	Lc 3,14	στρατευόμενοι	(1)	nom mas pl part pr	Id
18188	2Tm 2,4	στρατευόμενος	(1)	nom mas sg part pr	Id
18189	Ja 4,1	στρατευομένων	(1)	gen mas pl part pr	Id
18190	1Pt 2,11	στρατεύονται	(1)	3 p pl ind pr	Id
18191	*1Tm 1,18	στρατεύσῃ		3 p sg sbj ao m	στρατεύω
18192		στρατηγοί	(3)	nom pl	στρατηγός
18193		στρατηγοῖς	(3)	dat pl	Id
18194		στρατηγός	(3)	nom sg	Id
18195	Lc 22,52	στρατηγούς	(1)	acc pl	Id
18196	Ac 7,42	στρατιᾷ	(1)	dat sg	στρατιά
18197	Lc 2,13	στρατιᾶς	(1)	gen sg	Id
18198		στρατιῶται	(9)	nom pl	στρατιώτης
18199		στρατιώταις	(3)	dat pl	Id
18200		στρατιώτας	(5)	acc pl	Id
18201		στρατιώτῃ	(2)	dat sg	Id
18202	Ac 10,7	στρατιώτην	(1)	acc sg	Id
18203	2Tm 2,3	στρατιώτης	(1)	nom sg	Id
18204		στρατιωτῶν	(5)	gen pl	Id
18205	2Tm 2,4	στρατολογήσαντι	(1)	dat mas sg part ao a	στρατολογέω
18206	*Ac 28,16	στρατοπεδάρχῃ		dat sg	στρατοπεδάρχης
18207	*Ac 28,16	στρατοπεδάρχῳ		dat sg	στρατοπέδαρχος
18208	Lc 21,20	στρατοπέδων	(1)	gen pl	στρατόπεδον
18209		στραφείς	(10)	nom mas sg part ao2 pass	στρέφω
18210	Jh 20,16	στραφεῖσα	(1)	nom fem sg part ao2 pass	Id
18211	Mt 7,6	στραφέντες	(1)	nom mas pl part ao2 pass	Id
18212	Mt 18,3	στραφῆτε	(1)	2 p pl sbj ao2 pass	Id
18213	Jh 12,40	στραφῶσιν	(1)	3 p pl sbj ao2 pass	Id
18214	2Pt 3,16	στρεβλοῦσιν	(1)	3 p pl ind pr a	στρεβλόω
18215	*2Pt 3,16	στρεβλώσουσιν		3 p pl ind fut a	Id
18216	Apc 11,6	στρέφειν	(1)	inf pr a	στρέφω
18217	Ac 13,46	στρεφόμεθα	(1)	1 p pl ind pr pass	Id

18218	Mt 5,39	στρέφον	(1)	2 p sg imper ao a	στρέφω
18219	Apc 18,9	στρηνιάσαντες	(1)	nom mas pl part ao a	στρηνιάω
18220	Apc 18,3	στρήνους	(1)	gen sg	στρῆνος
18221	*Ac 20,15	Στρογγυλίῳ		dat	Στρογγύλιον
18222		στρουθία	(2)	nom pl	στρουθίον
18223		στρουθίων	(2)	gen pl	Id
18224	Ac 9,34	στρῶσον	(1)	2 p sg imper ao a	στρωννύω
18225	Tit 3,3	στυγητοί	(1)	nom mas pl	στυγητός
18226	Mt 16,3	στυγνάζων	(1)	nom mas sg part pr a	στυγνάζω
18227	Mc 10,22	στυγνάσας	(1)	nom mas sg part ao a	Id
18228		στῦλοι	(2)	nom pl	στῦλος
18229	Apc 3,12	στῦλον	(1)	acc sg	Id
18230	1Tm 3,15	στῦλος	(1)	nom sg	Id
18231	Ac 17,18	Στωϊκῶν	(1)	gen mas pl	Στωϊκός
18232		σύ	(175)	nom	σύ
18233	Ac 7,14	συγγένειαν	(1)	acc sg	συγγένεια
18234		συγγενείας	(2)	gen sg	Id
18235		συγγενεῖς	(2)	nom mas pl	συγγενής
18236		συγγενεῖς	(3)	acc mas pl	Id
18237		συγγενεῦσιν	(2)	dat pl	Id
18238	Rm 16,11	συγγενῆ	(1)	acc mas sg	Id
18239	Jh 18,26	συγγενής	(1)	nom mas sg	Id
18240	Lc 1,36	συγγενίς	(1)	nom sg	συγγενίς
18241		συγγενῶν	(2)	gen mas pl	συγγενής
18242	1Co 7,6	συγγνώμην	(1)	acc sg	συγγνώμη
18243	Ac 26,30	συγκαθήμενοι	(1)	nom mas pl part pr	συγκάθημαι
18244	Mc 14,54	συγκαθήμενος	(1)	nom mas sg part pr	Id
18245	Lc 22,55	συγκαθισάντων	(1)	gen mas pl part ao a	συγκαθίζω
18246		συγκακοπάθησον	(2)	2 p sg imper ao a	συγκακοπαθέω
18247	Heb 11,25	συγκακουχεῖσθαι	(1)	inf pr	συγκακουχέομαι
18248		συγκαλεῖ	(2)	3 p sg ind pr a	συγκαλέω
18249	*Lc 15,6	συγκαλεῖται		3 p sg ind pr m	Id
18250	*Ac 5,21	συγκαλεσάμενοι		nom mas pl part ao m	Id
18251		συγκαλεσάμενος	(3)	nom mas sg part ao m	Id
18252	Ac 28,17	συγκαλέσασθαι	(1)	inf ao m	Id
18253	Mc 15,16	συγκαλοῦσιν	(1)	3 p pl ind pr a	Id
18254	Rm 11,10	σύγκαμψον	(1)	2 p sg imper ao a	συγκάμπτω
18255	Ac 25,5	συγκαταβάντες	(1)	nom mas pl part ao2 a	συγκαταβαίνω
18256	2Co 6,16	συγκατάθεσις	(1)	nom sg	συγκατάθεσις
18257	*Ac 18,27	συγκατανεύσαντος		gen mas sg part ao a	συγκατανεύω
18258	Lc 23,51	συγκατατεθειμένος	(1)	nom mas sg part pf	συγκατατίθεμαι
18259	*Lc 23,51	συγκατατιθέμενος		nom mas sg part pr m	συγκατατίθημι
18260	*Ac 4,18	συγκατατιθεμένων		gen mas pl part pf m	Id
18261	Ac 1,26	συγκατεψηφίσθη	(1)	3 p sg ind ao (pass)	συγκαταψηφίζομαι
18262	Lc 12,2	συγκεκαλυμμένον	(1)	nom neut sg part pf pass	συγκαλύπτω
18263	*Heb 4,2	συγκεκεραμένους		acc mas pl part pf pass	συγκεράννυμι
18264	*Heb 4,2	συγκεκεραμμένοι		err cf συγκεκερασμένοι	
18265		συγκεκερασμένοι		nom mas pl part pf pass	συγκεράννυμι
18266	*Heb 4,2	συγκεκερασμένος		nom mas sg part pf pass	Id
18267	Heb 4,2	συγκεκερασμένους	(1)	acc mas pl part pf pass	Id

18268	*Ga 3,23	συγκεκλεισμένοι	nom mas pl part pf pass	συγκλείω
18269	*Heb 4,2	συγκεκραμένος	nom mas sg part pf pass	συγκεράννυμι
18270	*Heb 4,2	συγκεκραμένους	acc mas pl part pf pass	Id
18271	Ac 19,32	συγκεχυμένη (1)	nom fem sg part pf pass	συγχύννω
18272	*Ac 21,31	συγκέχυται	3 p sg ind pf pass . . .	συγχέω
18273	Ga 3,23	συγκλειόμενοι (1)	nom mas pl part pr pass	συγκλείω
18274	Eph 3,6	συγκληρονόμα (1)	acc neut pl .	συγκληρονόμος
18275	Rm 8,17	συγκληρονόμοι (1)	nom mas pl . .	Id
18276	1Pt 3,7	συγκληρονόμοις (1)	dat mas pl .	Id
18277	*Ga 4,7	συγκληρονόμος	nom mas sg . . .	Id
18278	*1Pt 3,7	συγκληρονόμους	acc mas pl . .	Id
18279	*1Pt 3,7	συγκληρονόμῳ	dat mas sg . . .	Id
18280	Heb 11,9	συγκληρονόμων (1)	gen mas pl .	Id
18281	Eph 5,11	συγκοινωνεῖτε (1)	2 p pl imper pr a	συγκοινωνέω
18282	Php 4,14	συγκοινωνήσαντες (1)	nom mas pl part ao a	Id
18283	Apc 18,4	συγκοινωνήσητε (1)	2 p pl sbj ao a .	Id
18284		συγκοινωνός (3)	nom mas sg . .	συγκοινωνός
18285	Php 1,7	συγκοινωνούς (1)	acc mas pl . . .	Id
18286	2Co 10,12	συγκρῖναι (1)	inf ao a	συγκρίνω
18287		συγκρίνοντες (2)	nom mas pl part pr a .	Id
18288	Lc 13,11	συγκύπτουσα (1)	nom fem sg part pr a .	συγκύπτω
18289	Lc 10,31	συγκυρίαν (1)	acc sg	συγκυρία
18290		συγχαίρει (2)	3 p sg ind pr a . .	συγχαίρω
18291	Php 2,18	συγχαίρετε (1)	2 p pl imper pr a . .	Id
18292	Php 2,17	συγχαίρω (1)	1 p sg ind pr a . . .	Id
18293		συγχάρητε (2)	2 p pl imper ao2 pass .	Id
18294	Jh 4,9	συγχρῶνται (1)	3 p pl ind pr .	συγχράομαι
18295	Ac 21,31	συγχύννεται (1)	3 p sg ind pr pass .	συγχύννω
18296	Ac 19,29	συγχύσεως (1)	gen sg	σύγχυσις
18297	*Ac 21,39	συγχωρῆσαι	inf ao a	συγχωρέω
18298	2Co 7,3	συζῆν (1)	inf pr a	συζάω
18299		συζήσομεν (2)	1 p pl ind fut a . .	Id
18300	*Rm 6,8	συζήσωμεν	1 p pl sbj ao a . . .	Id
18301		συζητεῖν (4)	inf pr a	συζητέω
18302	Mc 9,16	συζητεῖτε (1)	2 p pl ind pr a . .	Id
18303	*Ac 28,29	συζήτησιν	acc sg . . .	συζήτησις
18304	1Co 1,20	συζητητής (1)	nom sg . . .	συζητητής
18305	Mc 9,14	συζητοῦντας (1)	acc mas pl part pr a .	συζητέω
18306		συζητοῦντες (2)	nom mas pl part pr a .	Id
18307	Mc 12,28	συζητούντων (1)	gen mas pl part pr a .	Id
18308	Php 4,3	σύζυγε (1)	vo mas sg	σύζυγος
18309	*Php 4,3	Σύζυγε	vo	Σύζυγος
18310		σῦκα (3)	acc pl	σῦκον
18311	Lc 17,6	συκαμίνῳ (1)	dat sg	συκάμινος
18312		συκῆ (5)	nom sg	συκῆ
18313	Lc 13,7	συκῇ (1)	dat sg	Id
18314		συκῆν (6)	acc sg	Id
18315		συκῆς (4)	gen sg	Id
18316	Lc 19,4	συκομορέαν (1)	acc sg	συκομορέα
18317	Lc 3,14	συκοφαντήσητε (1)	2 p pl sbj ao a	συκοφαντέω

18318	Mc 11,13	σύκων	(1)	gen pl	σῦκον
18319	Col 2,8	συλαγωγῶν	(1)	nom mas sg part pr a	συλαγωγέω
18320		συλλαβεῖν	(3)	inf ao2 a . .	συλλαμβάνω
18321	Lc 5,7	συλλαβέσθαι	(1)	inf ao2 m . . .	Id
18322	Ac 26,21	συλλαβόμενοι	(1)	nom mas pl part ao2 m	Id
18323	Lc 22,54	συλλαβόντες	(1)	nom mas pl part ao2 a	Id
18324	Ja 1,15	συλλαβοῦσα	(1)	nom fem sg part ao2 a .	Id
18325	Ac 1,16	συλλαβοῦσιν	(1)	dat mas pl part ao2 a .	Id
18326	*Ac 18,12	συλλαλήσαντες		nom mas pl part ao a . .	συλλαλέω
18327	Ac 25,12	συλλαλήσας	(1)	nom mas sg part ao a .	Id
18328		συλλαλοῦντες	(2)	nom mas pl part pr a .	Id
18329	Php 4,3	συλλαμβάνου	(1)	2 p sg imper pr m	συλλαμβάνω
18330	Mt 13,40	συλλέγεται	(1)	3 p sg ind pr pass .	συλλέγω
18331	*Mt 13,30	συλλέγετε		2 p pl imper pr a . . .	Id
18332	Mt 13,29	συλλέγοντες	(1)	nom mas pl part pr a .	Id
18333		συλλέγουσιν	(2)	3 p pl ind pr a . .	Id
18334	Mt 13,30	συλλέξατε	(1)	2 p pl imper ao a . .	Id
18335	Mt 13,41	συλλέξουσιν	(1)	3 p pl ind fut a . .	Id
18336	Mt 13,28	συλλέξωμεν	(1)	1 p pl sbj ao a . .	Id
18337	Lc 1,31	συλλήμψῃ	(1)	2 p sg ind fut . .	συλλαμβάνω
18338	Ac 23,27	συλλημφθέντα	(1)	acc mas sg part ao pass	Id
18339	Lc 2,21	συλλημφθῆναι	(1)	inf ao pass . .	Id
18340	Mc 3,5	συλλυπούμενος	(1)	nom mas sg part pr pass	συλλυπέω
18341	Mc 10,32	συμβαίνειν	(1)	inf pr a . . .	συμβαίνω
18342	1Pt 4,12	συμβαίνοντος	(1)	gen neut sg part pr a	Id
18343	Lc 14,31	συμβαλεῖν	(1)	inf ao2 a . . .	συμβάλλω
18344	*Lc 11,53	συμβάλλειν		inf pr a	Id
18345	Lc 2,19	συμβάλλουσα	(1)	nom fem sg part pr a .	Id
18346	Ac 20,19	συμβάντων	(1)	gen mas pl part ao2 a .	συμβαίνω
18347	2Tm 2,12	συμβασιλεύσομεν	(1)	1 p pl ind fut a	συμβασιλεύω
18348	1Co 4,8	συμβασιλεύσωμεν	(1)	1 p pl sbj ao a .	Id
18349	2Pt 2,22	συμβέβηκεν	(1)	3 p sg ind pf a . .	συμβαίνω
18350	Ac 3,10	συμβεβηκότι	(1)	dat neut sg part pf a	Id
18351	Lc 24,14	συμβεβηκότων	(1)	gen neut pl part pf a	Id
18352		συμβιβαζόμενον	(2)	nom neut sg part pr pass	συμβιβάζω
18353	Ac 16,10	συμβιβάζοντες	(1)	nom mas pl part pr a	Id
18354	Ac 9,22	συμβιβάζων	(1)	nom mas sg part pr a .	Id
18355	1Co 2,16	συμβιβάσει	(1)	3 p sg ind fut a . .	Id
18356	Col 2,2	συμβιβασθέντες	(1)	nom mas pl part ao pass	Id
18357	*Col 2,2	συμβιβασθέντων		gen mas pl part ao pass .	Id
18358	*Col 2,2	συμβιβασθῶσιν		3 p pl sbj ao pass . .	Id
18359	Jh 18,14	συμβουλεύσας	(1)	nom mas sg part ao a	συμβουλεύω
18360	Apc 3,18	συμβουλεύω	(1)	1 p sg ind pr a . .	Id
18361		συμβούλιον	(7)	acc sg . . .	συμβούλιον
18362	Ac 25,12	συμβουλίου	(1)	gen sg	Id
18363	Rm 11,34	σύμβουλος	(1)	nom sg	σύμβουλος
18364		Συμεών	(7)	inde	Συμεών
18365	Jh 11,16	συμμαθηταῖς	(1)	dat pl . . .	συμμαθητής
18366	Rm 8,16	συμμαρτυρεῖ	(1)	3 p sg ind pr a .	συμμαρτυρέω

No.	Ref	Form	Freq	Parsing	Lemma
18367	*Heb 2,4	συμμαρτυροῦντος		gen mas sg part pr a	συμμαρτυρέω
18368		συμμαρτυρούσης	(2)	gen fem sg part pr a	Id
18369	1Co 9,13	συμμερίζονται	(1)	3 p pl ind pr	συμμερίζομαι
18370	Eph 3,6	συμμέτοχα	(1)	acc neut pl	συμμέτοχος
18371	Eph 5,7	συμμέτοχοι	(1)	nom mas pl	Id
18372	Php 3,17	συμμιμηταί	(1)	nom pl	συμμιμητής
18373	Php 3,10	συμμορφιζόμενος	(1)	nom mas sg part pr pass	συμμορφίζω
18374	Php 3,21	σύμμορφον	(1)	acc neut sg	σύμμορφος
18375	Rm 8,29	συμμόρφους	(1)	acc mas pl	Id
18376	1Pt 3,8	συμπαθεῖς	(1)	nom mas pl	συμπαθής
18377	Heb 4,15	συμπαθῆσαι	(1)	inf ao a	συμπαθέω
18378	Lc 23,48	συμπαραγενόμενοι	(1)	nom mas pl part ao2	συμπαραγίνομαι
18379	Rm 1,12	συμπαρακληθῆναι	(1)	inf ao pass	συμπαρακαλέω
18380	Ac 15,37	συμπαραλαβεῖν	(1)	inf ao2 a	συμπαραλαμβάνω
18381	Ac 12,25	συμπαραλαβόντες	(1)	nom mas pl part ao2 a	Id
18382	Ga 2,1	συμπαραλαβών	(1)	nom mas sg part ao2 a	Id
18383	Ac 15,38	συμπαραλαμβάνειν	(1)	inf pr a	Id
18384	*Php 1,25	συμπαραμενῶ		1 p sg ind fut a	συμπαραμένω
18385	*2Tm 4,16	συμπαρεγένετο		3 p sg ind ao2	συμπαραγίνομαι
18386	Ac 25,24	συμπαρόντες	(1)	nom mas pl part pr	συμπάρειμι
18387	1Co 12,26	συμπάσχει	(1)	3 p sg ind pr a	συμπάσχω
18388	Rm 8,17	συμπάσχομεν	(1)	1 p pl ind pr a	Id
18389	*Lc 12,1	συμπεριεχόντων		gen mas pl part pr a	συμπεριέχω
18390	Ac 20,10	συμπεριλαβών	(1)	nom mas sg part ao2 a	συμπεριλαμβάνω
18391		συμπληροῦσθαι	(2)	inf pr pass	συμπληρόω
18392	Mt 13,22	συμπνίγει	(1)	3 p sg ind pr a	συμπνίγω
18393	*Lc 12,1	συμπνίγειν		inf pr a	Id
18394	Lc 8,14	συμπνίγονται	(1)	3 p pl ind pr pass	Id
18395	Mc 4,19	συμπνίγουσιν	(1)	3 p pl ind pr a	Id
18396	Eph 2,19	συμπολῖται	(1)	nom pl	συμπολίτης
18397	Mc 10,1	συμπορεύονται	(1)	3 p pl ind pr	συμπορεύομαι
19398		συμπόσια	(2)	acc pl	συμπόσιον
18399	*Mc 6,39	συμποσίαν		acc sg	συμποσία
18400	1Pt 5,1	συμπρεσβύτερος	(1)	nom sg	συμπρεσβύτερος
18401		συμφέρει	(10)	3 p sg ind pr a	συμφέρω
18402	*2Co 12,1	συμφέρομεν		1 p pl ind pr a	Id
18403		συμφέρον	(3)	acc neut sg part pr a	Id
18404	Ac 20,20	συμφερόντων	(1)	gen neut pl part pr a	Id
18405	Rm 7,16	σύμφημι	(1)	1 p sg ind pr a	σύμφημι
18406		σύμφορον	(2)	acc neut sg	σύμφορον
18407	Lc 8,7	συμφυεῖσαι	(1)	nom fem pl part ao2 pass	συμφύω
18408	1Th 2,14	συμφυλετῶν	(1)	gen pl	συμφυλέτης
18409	Rm 6,5	σύμφυτοι	(1)	nom mas pl	σύμφυτος
18410	Mt 20,2	συμφωνήσας	(1)	nom mas sg part ao a	συμφωνέω
18411	Lc 5,36	συμφωνήσει	(1)	3 p sg ind fut a	Id
18412	2Co 6,15	συμφώνησις	(1)	nom sg	συμφώνησις
18413	*Mt 18,19	συμφωνήσουσιν		3 p pl ind fut a	συμφωνέω
18414	Mt 18,19	συμφωνήσωσιν	(1)	3 p pl sbj ao a	Id
18415	Lc 15,25	συμφωνίας	(1)	gen sg	συμφωνία

18416	1Co 7,5	συμφώνου (1)	gen neut sg	σύμφωνος
18417	Ac 15,15	συμφωνοῦσιν (1)	3 p pl ind pr a	συμφωνέω
18418	Php 2,2	σύμψυχοι (1)	nom mas pl	σύμψυχος
18419		σύν (128)	prpo	σύν
18420		συναγαγεῖν (3)	inf ao2 a	συνάγω
18421		συναγάγετε (2)	2 p pl imper ao2 a	Id
18422	Jh 11,52	συναγάγῃ (1)	3 p sg sbj ao2 a	Id
18423		συναγαγόντες (2)	nom mas pl part ao2 a	Id
18424	Mt 13,47	συναγαγούσῃ (1)	dat fem sg part ao2 a	Id
18425		συναγαγών (2)	nom mas sg part ao2 a	Id
18426	*Mt 20,28	συνάγε	2 p sg imper pr a	Id
18427	Jh 4,36	συνάγει (1)	3 p sg ind pr a	Id
18428	Mc 4,1	συνάγεται (1)	3 p sg ind pr pass	Id
18429	*Mt 13,30	συνάγετε	2 p pl imper pr a	Id
18430		συνάγονται (2)	3 p pl ind pr pass	Id
18431		συνάγουσιν (2)	3 p pl ind pr a	Id
18432	Mt 25,26	συνάγω (1)	1 p sg ind pr a	Id
18433		συναγωγαῖς (15)	dat pl	συναγωγή
18434		συναγωγάς (8)	acc pl	Id
18435		συναγωγή (2)	nom sg	Id
18436		συναγωγῇ (12)	dat sg	Id
18437		συναγωγήν (12)	acc sg	Id
18438		συναγωγῆς (6)	gen sg	Id
18439	Lc 13,10	συναγωγῶν (1)	gen pl	Id
18440		συνάγων (3)	nom mas sg part pr a	συνάγω
18441	Rm 15,30	συναγωνίσασθαι (1)	inf ao	συναγωνίζομαι
18442	Php 1,27	συναθλοῦντες (1)	nom mas pl part pr a	συναθλέω
18443	Ac 19,25	συναθροίσας (1)	nom mas sg part ao a	συναθροίζω
18444	Mt 25,19	συναίρει (1)	3 p sg ind pr a	συναίρω
18445	Mt 18,24	συναίρειν (1)	inf pr a	Id
18446		συναιχμάλωτος (2)	nom sg	συναιχμάλωτος
18447	Rm 16,7	συναιχμαλώτους (1)	acc pl	Id
18448	Mc 5,37	συνακολουθῆσαι (1)	inf ao a	συνακολουθέω
18449	Lc 23,49	συνακολουθοῦσαι (1)	nom fem pl part pr a	Id
18450	Ac 1,4	συναλιζόμενος (1)	nom mas sg part pr	συναλίζομαι
18451	*Ac 1,4	συναλισκόμενος	nom mas sg part pr	συναλίσκομαι
18452	*Ac 13,31	συναναβαίνουσιν	dat mas pl part pr a	συναναβαίνω
18453	Mc 15,41	συναναβᾶσαι (1)	nom fem pl part ao2 a	Id
18454	Ac 13,31	συναναβᾶσιν (1)	dat mas pl part ao2 a	Id
18455	Lc 7,49	συνανακείμενοι (1)	nom mas pl part pr	συνανάκειμαι
18456	Mc 6,22	συνανακειμένοις (1)	dat mas pl part pr	Id
18457	Mt 14,9	συνανακειμένους (1)	acc mas pl part pr	Id
18458		συνανακειμένων (2)	gen mas pl part pr	Id
18459		συναναμίγνυσθαι (3)	inf pr pass	συναναμίγνυμι
18460	*1Co 5,9	συναναμίγνυσθε	2 p pl imper pr m	Id
18461	*Rm 15,32	συναναπαύσομαι	1 p sg ind fut	συναναπαύομαι
18462	Rm 15,32	συναναπαύσωμαι (1)	1 p sg sbj ao	Id
18463		συνανέκειντο (2)	3 p pl ind impf	συνανάκειμαι
18464		συναντήσας (2)	nom mas sg part ao a	συναντάω

18465 Lc 22,10 συναντήσει (1) 3 p sg ind fut a . . συναντάω
18466 *Mt 8,34 συνάντησιν acc sg . . . . . συνάντησις
18467 Ac 20,22 συναντήσοντα (1) acc neut pl part fut a συναντάω
18468 Lc 10,40 συναντιλάβηται (1)3 p sg sbj ao2 συναντιλαμβάνομαι
18469 Rm 8,26 συναντιλαμβάνεται (1) 3 p sg ind pr Id
18470 *Ac 14,27 συνάξαντες nom mas pl part ao a . . συνάγω
18471 Mt 3,12 συνάξει (1) 3 p sg ind fut a . . Id
18472 συνάξω (2) 1 p sg ind fut a . . . Id
18473 Rm 12,16 συναπαγόμενοι (1) nom mas pl part pr pass συναπάγω
18474 2Pt 3,17 συναπαχθέντες (1) nom mas pl pat ao pass Id
18475 2Tm 2,11 συναπεθάνομεν (1) 1 p pl ind ao2 a συναποθνήσκω
18476 2Co 12,18 συναπέστειλα (1) 1 p sg ind ao a συναποστέλλω
18477 Ga 2,13 συναπήχθη (1) 3 p sg ind ao pass . . συναπάγω
18478 συναποθνῄσκω (2) inf ao2 a . . συναποθνήσκω
18479 Heb 11,31 συναπώλετο (1) 3 p sg ind ao2 m . συναπόλλυμι
18480 Mt 18,23 συνᾶραι (1) inf ao a . . . . . συναίρω
18481 Eph 2,21 συναρμολογουμένη (1) nom fem sg part pr pass
. . . . συναρμολογέω
18482 Eph 4,16 συναρμολογούμενον (1)nom neut sg part pr pass Id
18483 Ac 19,29 συναρπάσαντες (1) nom mas pl part ao a συναρπάζω
18484 Ac 27,15 συναρπασθέντος (1)gen neut sg part ao pass Id
18485 *Ac 1,4 συναυλιζόμενος nom mas sg part pr συναυλίζομαι
18486 Mt 13,30 συναυξάνεσθαι (1) inf pr . συναυξάνομαι
18487 Mt 28,12 συναχθέντες (1) nom mas pl part ao pass συνάγω
18488 1Co 5,4 συναχθέντων (1) gen mas pl part ao pass Id
18489 συναχθῆναι (2) inf ao pass . . . Id
18490 *Mt 25,32 συναχθήσεται 3 p sg ind fut pass . . Id
18491 συναχθήσονται (2) 3 p pl ind fut pass . Id
18492 Apc 19,17 συνάχθητε (1) 2 p pl imper ao pass . Id
18493 Heb 13,3 συνδεδεμένοι (1) nom mas pl part pf pass συνδέω
18494 Ac 8,23 σύνδεσμον (1) acc sg . . . σύνδεσμος
18495 Col 3,14 σύνδεσμος (1) nom sg . . . . . Id
18496 Eph 4,3 συνδέσμῳ (1) dat sg . . . . . Id
18497 Col 2,19 συνδέσμων (1) gen pl . . . . . Id
18498 Rm 8,17 συνδοξασθῶμεν (1) 1 p pl sbj ao pass συνδοξάζω
18499 σύνδουλοι (2) nom pl . . . σύνδουλος
18500 Mt 18,33 σύνδουλον (1) acc sg . . . . . Id
18501 σύνδουλος (4) nom sg . . . . . Id
18502 Col 1,7 συνδούλου (1) gen sg . . . . . Id
18503 Mt 24,49 συνδούλους (1) acc pl . . . . . Id
18504 Mt 18,28 συνδούλων (1) gen pl . . . . . Id
18505 Ac 21,30 συνδρομή (1) nom sg . . . . . συνδρομή
18506 1Co 10,11 συνέβαινεν (1) 3 p sg ind impf a . . συμβαίνω
18507 *1Co 10,11 συνέβαινον 3 p pl ind impf a . . . Id
18508 *Ac 20,14 συνέβαλεν 3 p sg ind ao2 a . . . συμβάλλω
18509 Ac 18,27 συνεβάλετο (1) 3 p sg ind ao2 m . . Id
18510 Ac 20,14 συνέβαλλεν (1) 3 p sg ind impf a . . Id
18511 *Ac 18,27 συνεβάλλετο 3 p sg ind impf m . . . Id
18512 συνέβαλλον (2) 3 p pl ind impf a . . Id
18513 Ac 21,35 συνέβη (1) 3 p sg ind ao2 a . . . συμβαίνω

18514	Ac 19,33	συνεβίβασαν (1)	3 p pl ind ao a .	συμβιβάζω
18515		συνεβουλεύσαντο (2)	3 p pl ind ao m	συμβουλεύω
18516	Ac 3,11	συνέδραμεν (1)	3 p sg ind ao2 a . .	συντρέχω
18517	Mc 6,33	συνέδραμον (1)	3 p pl ind ao2 a . .	Id
18518		συνέδρια (2)	acc pl . . .	συνέδριον
18519		συνέδριον (3)	nom sg	Id
18520		συνέδριον (7)	acc sg	Id
18521		συνεδρίου (3)	gen sg	Id
18522	*Ac 5,35	συνεδρίους	acc pl	συνέδριος
18523		συνεδρίῳ (7)	dat sg . . .	συνέδριον
18524		συνέζευξεν (2)	3 p sg ind ao a .	συζεύγνυμι
18525	Ac 9,29	συνεζήτει (1)	3 p sg ind impf a . .	συζητέω
18526		συνεζωοποίησεν (2)	3 p sg ind ao a	συζωοποιέω
18527		συνέθεντο (2)	3 p pl ind ao2 m .	συντίθημι
18528	Mc 5,24	συνέθλιβον (1)	3 p pl ind impf a . .	συνθλίβω
18529		συνειδήσει (3)	dat sg . . .	συνείδησις
18530	2Co 5,11	συνειδήσεσιν (1)	dat pl . . .	Id
18531		συνειδήσεως (7)	gen sg . . .	Id
18532		συνείδησιν (16)	acc sg	Id
18533		συνείδησις (3)	nom sg	Id
18534	Ac 5,2	συνειδυίης (1)	gen fem sg part pf a .	σύνοιδα
18535	Lc 1,36	συνείληφεν (1)	3 p sg ind pf a .	συλλαμβάνω
18536	*Lc 1,36	συνειληφυῖα	nom fem sg part pf a . .	Id
18537	Ac 20,4	συνείπετο (1)	3 p sg ind impf .	συνέπομαι
18538	*Ac 20,4	συνείποντο	3 p pl ind impf . . .	Id
18539		συνεισῆλθεν (2)	3 p sg ind ao2	συνεισέρχομαι
18540	*Mc 6,33	συνεισῆλθον	3 p pl ind ao2 . .	Id
18541	Ac 18,5	συνείχετο (1)	3 p sg ind impf pass .	συνέχω
18542	Lc 8,37	συνείχοντο (1)	3 p pl ind impf pass .	Id
18543	Eph 2,6	συνεκάθισεν (1)	3 p sg ind ao a .	συγκαθίζω
18544	Ac 5,21	συνεκάλεσαν (1)	3 p pl ind ao a . .	συγκαλέω
18545	2Co 8,19	συνέκδημος (1)	nom sg . . .	συνέκδημος
18546	Ac 19,29	συνεκδήμους (1)	acc pl	Id
18547	1Co 12,24	συνεκέρασεν (1)	3 p sg ind ao a	συγκεράννυμι
18548	Ac 6,12	συνεκίνησαν (1)	3 p pl ind ao a . .	συγκινέω
18549	Lc 5,6	συνέκλεισαν (1)	3 p pl ind ao a . .	συγκλείω
18550		συνέκλεισεν (2)	3 p sg ind ao a . .	Id
18551	1Pt 5,13	συνεκλεκτή (1)	nom fem sg . .	συνεκλεκτός
18552	Ac 8,2	συνεκόμισαν (1)	3 p pl ind ao a .	συγκομίζω
18553	Lc 1,24	συνέλαβεν (1)	3 p sg ind ao2 a .	συλλαμβάνω
18554		συνέλαβον (2)	3 p pl ind ao2 a . .	Id
18555	Lc 22,4	συνελάλησεν (1)	3 p sg ind ao a . .	συλλαλέω
18556		συνελάλουν (2)	3 p pl ind impf a . .	Id
18557	Mt 13,48	συνέλεξαν (1)	3 p pl ind ao a . .	συλλέγω
18558	*Lc 7,12	συνεληλύθει	3 p sg ind plpf . .	συνέρχομαι
18559	Ac 19,32	συνεληλύθεισαν (1)	3 p pl part plpf .	Id
18560	Ac 10,27	συνεληλυθότας (1)	acc mas pl part pf .	Id
18561	*Lc 5,17	συνελυληθότες	nom mas pl part pf . .	Id
18562	Lc 23,55	συνεληλυθυῖαι (1)	nom fem pl part pf .	Id
18563		συνελθεῖν (3)	inf ao2	Id

18564 1Co 14,23 συνέλθῃ (1) 3 p sg sbj ao2 . . συνέρχομαι
18565 Ac 15,38 συνελθόντα (1) acc mas sg part ao2 . Id
18566 Jh 11,33 συνελθόντας (1) acc mas pl part ao2 . Id
18567 Ac 1,6 συνελθόντες (1) nom mas pl part ao2 . Id
18568 *Lc 8,4 συνελθόντος gen mas sg part ao2 . . Id
18569 συνελθόντων (3) gen mas pl part ao2 . Id
18570 Ac 16,13 συνελθούσαις (1) dat fem pl part ao2 . Id
18571 *Lc 20,5 συνελογίζοντο 3 p pl ind impf . . συλλογίζομαι
18572 Lc 20,5 συνελογίσαντο (1) 3 p pl ind ao . . Id
18573 Ac 19,19 συνενέγκαντες (1) nom mas pl part ao2 a συμφέρω
18574 *Ac 3,11 συνεξεπορεύετο 3 p sg ind impf συνεκπορεύομαι
18575 Lc 19,43 συνέξουσιν (1) 3 p pl ind fut a . . συνέχω
18576 Heb 10,34 συνεπαθήσατε (1) 2 p pl ind ao a . . συμπαθέω
18577 Ac 24,9 συνεπέθεντο (1) 3 p pl ind ao2 συνεπιτίθεμαι
18578 συνεπέμψαμεν (2) 1 p pl ind ao a . . συμπέμπω
18579 Lc 6,49 συνέπεσεν (1) 3 p sg ind ao2 a . . συμπίπτω
18580 Ac 16,22 συνεπέστη (1) 3 p sg ind ao2 a . συνεφίστημι
18581 *Ac 16,22 συνεπέστησαν 3 p pl ind ao2 a . . . Id
18582 Heb 2,4 συνεπιμαρτυροῦντος (1) gen mas sg part pr a
. . . . συνεπιμαρτυρέω
18583 Ac 10,41 συνεπίομεν (1) 1 p pl ind ao2 a . . συμπίνω
18584 *Php 1,1 συνεπισκόποις dat pl . . . συνεπίσκοπος
18585 Lc 8,23 συνεπληροῦντο (1) 3 p pl ind impf pass συμπληρόω
18586 Lc 8,42 συνέπνιγον (1) 3 p pl ind impf a . . συμπνίγω
18587 Mc 4,7 συνέπνιξαν (1) 3 p pl ind ao a . . Id
18588 Lc 24,15 συνεπορεύετο (1) 3 p sg ind impf συμπορεύομαι
18589 συνεπορεύοντο (2) 3 p pl ind impf . Id
18590 συνεργεῖ (2) 3 p sg ind pr a . . συνεργέω
18591 συνεργοί (5) nom mas pl . . . συνεργός
18592 συνεργόν (3) acc mas sg . . . Id
18593 συνεργός (2) nom mas sg . . . Id
18594 2Co 6,1 συνεργοῦντες (1) nom mas pl part pr a . συνεργέω
18595 1Co 16,16 συνεργοῦντι (1) dat mas sg part pr a . Id
18596 *Mc 16,20 συνεργοῦντος gen mas sg part pr a . Id
18597 Rm 16,3 συνεργούς (1) acc mas pl . . . συνεργός
18598 Phm 1 συνεργῷ (1) dat mas sg . . . . Id
18599 Php 4,3 συνεργῶν (1) gen mas pl . . . Id
18600 1Co 11,17 συνέρχεσθε (1) 2 p pl ind pr . . συνέρχομαι
18601 Mc 3,20 συνέρχεται (1) 3 p sg ind pr . . Id
18602 *1Co 7,5 συνέρχεσθε 2 p pl imper pr . . . Id
18603 συνέρχησθε (2) 2 p pl sbj pr . . Id
18604 1Co 11,33 συνερχόμενοι (1) nom mas pl part pr . Id
18605 συνερχομένων (2) gen mas pl part pr . Id
18606 συνέρχονται (2) 3 p pl ind pr . . Id
18607 συνέσει (2) dat sg . . . . . σύνεσις
18608 συνέσεως (2) gen sg . . . . . Id
18609 Lc 15,2 συνεσθίει (1) 3 p sg ind pr a . . συνεσθίω
18610 1Co 5,11 συνεσθίειν (1) inf pr a . . . Id
18611 σύνεσιν (3) acc sg . . . . . σύνεσις
18612 συνεσπάραξεν (2) 3 p sg ind ao a . συσπαράσσω
18613 1Co 7,29 συνεσταλμένος (1) nom mas sg part pf pass συστέλλω

18614	Rm 6,6	συνεσταυρώθη	(1)	3 p sg ind ao pass	συσταυρόω
18615	Ga 2,19	συνεσταύρωμαι	(1)	1 p sg ind pf pass	Id
18616	Mc 15,32	συνεσταυρωμένοι	(1)	nom mas pl part pf pass	Id
18617	Ac 5,6	συνέστειλαν	(1)	3 p pl ind ao a . .	συστέλλω
18618	Col 1,17	συνέστηκεν	(1)	3 p sg ind pf a . .	συνίστημι
18619	2Co 7,11	συνεστήσατε	(1)	2 p pl ind ao a . .	Id
18620	*Ac 11,28	συνεστραμμένων		gen mas pl part pf pass .	συστρέφω
18621	*Ac 10,41	συνεστράφημεν		1 p pl ind ao2 pass . .	Id
18622	2Pt 3,5	συνεστῶσα	(1)	nom fem sg part pf a	συνίστημι
18623	*2Pt 3,5	συνεστῶσαι		nom fem pl part pf2 a . .	Id
18624	*2Pt 3,5	συνεστώσης		gen fem sg part pf2 a . .	Id
18625	*2Pt 3,5	συνεστῶτα		nom neut pl part pf2 a . .	Id
18626	Lc 9,32	συνεστῶτας	(1)	acc mas pl part pf2 a .	Id
18627	Ac 7,57	συνέσχον	(1)	3 p pl ind ao2 a . .	συνέχω
18628		συνέταξεν	(3)	3 p sg ind ao a . .	συντάσσω
18629	*Lc 9,42	συνετάραξεν		3 p sg ind ao a . .	συνταράσσω
18630	Rm 6,4	συνετάφημεν	(1)	1 p pl ind ao2 pass .	συνθάπτω
18631	Mc 7,14	σύνετε	(1)	2 p pl imper ao2 a . .	συνίημι
18632	Jh 9,22	συνετέθειντο	(1)	3 p pl ind plpf m	συντίθημι
18633	*Mt 7,28	συνετέλεσεν		3 p sg ind ao a . . .	συντελέω
18634	*Jh 2,3	συνετελέσθη		3 p sg ind ao pass . .	Id
18635	*Lc 2,21	συνετελέσθησαν		3 p pl ind ao pass . .	Id
18636		συνετήρει	(2)	3 p sg ind impf a . .	συντηρέω
18637	Ac 13,7	συνετῷ	(1)	dat mas sg	συνετός
18638		συνετῶν	(3)	gen mas pl	Id
18639		συνευδοκεῖ	(2)	3 p sg ind pr a .	συνευδοκέω
18640	*Lc 11,48	συνευδοκεῖν		inf pr a	Id
18641	Lc 11,48	συνευδοκεῖτε	(1)	2 p pl ind pr a . .	Id
18642	*Rm 1,32	συνευδοκοῦντες		nom mas pl part pr a .	Id
18643	Rm 1,32	συνευδοκοῦσιν	(1)	3 p pl ind pr a .	Id
18644		συνευδοκῶν	(2)	nom mas sg part pr a .	Id
18645	*Ju 12	συνευχόμενοι		nom mas pl part pr .	συνεύχομαι
18646		συνευωχούμενοι	(2)	nom mas pl part pr	συνευωχέομαι
18647	*Ac 11,3	συνέφαγεν		3 p sg ind ao2 a . . .	συνεσθίω
18648	Ac 11,3	συνέφαγες	(1)	2 p sg ind ao2 a . .	Id
18649	Ac 10,41	συνεφάγομεν	(1)	1 p pl ind ao2 a . .	Id
18650	Ac 5,9	συνεφωνήθη	(1)	3 p sg ind ao pass .	συμφωνέω
18651	*Mt 20,13	συνεφώνησα		1 p sg ind ao a . . .	Id
18652	Mt 20,13	συνεφώνησας	(1)	2 p sg ind ao a . .	Id
18653	*Ac 5,9	συνεφώνησεν		3 p sg ind ao a . . .	Id
18654	Lc 1,58	συνέχαιρον	(1)	3 p pl ind impf a . .	συγχαίρω
18655	2Co 5,14	συνέχει	(1)	3 p sg ind pr a . . .	συνέχω
18656	Ac 21,27	συνέχεον	(1)	3 p pl ind impf a . .	συγχέω
18657		συνέχομαι	(2)	1 p sg ind pr pass . .	συνέχω
18658	Lc 4,38	συνεχομένη	(1)	nom fem sg part pr pass	Id
18659	Ac 28,8	συνεχόμενον	(1)	acc mas sg part pr pass	Id
18660	Mt 4,24	συνεχομένους	(1)	acc mas pl part pr pass	Id
18661	Lc 22,63	συνέχοντες	(1)	nom mas pl part pr a .	Id
18662	Lc 8,45	συνέχουσιν	(1)	3 p pl ind pr a . .	Id
18663	Ac 2,6	συνεχύθη	(1)	3 p sg ind ao pass . .	συγχύννω

18664	*Ac 11,26	συνεχύθησαν		3 p pl ind ao pass . .	συγχύννω
18665	Ac 9,22	συνέχυννεν	(1)	3 p sg ind impf a . .	Id
18666	Ac 19,19	συνεψήφισαν	(1)	3 p pl ind ao a .	συμψηφίζω
18667	*Ac 1,26	συνεψηφίσθη		3 p sg ind ao pass . .	Id
18668	*1Pt 2,24	συ(ν)ζήσωμεν		1 p pl sbj ao a . . .	συνζητέω
18669	Apc 16,16	συνήγαγεν	(1)	3 p sg ind ao2 a . .	συνάγω
18670		συνηγάγετε	(2)	2 p pl ind ao2 a . .	Id
18671	Mt 25,38	συνηγάγομεν	(1)	1 p pl ind ao2 a . .	Id
18672		συνήγαγον	(4)	3 p pl ind ao2 a . .	Id
18673	Eph 2,6	συνήγειρεν	(1)	3 p sg ind ao a .	συνεγείρω
18674		συνηγέρθητε	(2)	2 p pl ind ao pass .	Id
18675	Apc 19,19	συνηγμένα	(1)	acc neut pl part pf pass	συνάγω
18676	*Mc 1,33	συνηγμένη		nom fem sg part pf pass	Id
18677		συνηγμένοι	(3)	nom mas pl part pf pass	Id
18678		συνηγμένων	(3)	gen mas pl part pf pass	Id
18679	Rm 7,22	συνήδομαι	(1)	1 p sg ind pr . .	συνήδομαι
18680	Jh 18,39	συνήθεια	(1)	nom sg	συνήθεια
18681	1Co 8,7	συνηθείᾳ	(1)	dat sg	Id
18682	1Co 11,16	συνήθειαν	(1)	acc sg	Id
18683	Php 4,3	συνήθλησαν	(1)	3 p pl ind ao a . .	συναθλέω
18684	Ac 12,12	συνηθροισμένοι	(1)	nom mas pl part pf pass	συναθροίζω
18685	*Lc 24,33	συνηθροισμένους		acc mas pl part pf pass	Id
18686		συνῆκαν	(6)	3 p pl ind ao a . . .	συνίημι
18687	Mt 13,51	συνήκατε	(1)	2 p pl ind ao a . .	Id
18688	Mc 14,51	συνηκολούθει	(1)	3 p sg ind impf a	συνακολουθέω
18689	*Ac 7,26	συνήλασεν		3 p sg ind ao a . .	συνελαύνω
18690	Ac 10,45	συνῆλθαν	(1)	3 p pl ind ao2 . .	συνέρχομαι
18691		συνῆλθεν	(2)	3 p sg ind ao2 . . .	Id
18692		συνῆλθον	(2)	3 p pl ind ao2 . . .	Id
18693	Ga 1,14	συνηλικιώτας	(1)	acc pl .	συνηλικιώτης
18694	Ac 7,26	συνήλλασσεν	(1)	3 p sg ind impf a	συναλλάσσω
18695	*Lc 9,18	συνήντησαν		3 p pl ind ao a . . .	συναντάω
18696		συνήντησεν	(2)	3 p sg ind ao a . .	Id
18697	Lc 8,29	συνηρπάκει	(1)	3 p sg ind plpf a .	συναρπάζω
18698	Ac 6,12	συνήρπασαν	(1)	3 p pl ind ao a . .	Id
18699	Ac 5,16	συνήρχετο	(1)	3 p sg ind impf .	συνέρχομαι
18700	Lc 5,15	συνήρχοντο	(1)	3 p pl ind impf . .	Id
18701	Lc 9,18	συνῆσαν	(1)	3 p pl ind impf . . .	σύνειμι
18702	Ga 2,12	συνήσθιεν	(1)	3 p sg ind impf a . .	συνεσθίω
18703	*Ga 2,12	συνήσθιον		3 p pl ind impf a . . .	Id
18704	Rm 15,21	συνήσουσιν	(1)	3 p pl ind fut a . .	συνίημι
18705		συνῆτε	(2)	2 p pl sbj ao2 a . . .	Id
18706		συνήχθη	(4)	3 p sg ind ao pass . .	συνάγω
18707		συνήχθησαν	(9)	3 p pl ind ao pass .	Id
18708		συνθλασθήσεται	(2)	3 p sg ind fut pass	συνθλάω
18709	Mc 5,31	συνθλίβοντα	(1)	acc mas sg part pr a	συνθλίβω
18710	Ac 21,13	συνθρύπτοντες	(1)	nom mas pl part pr a	συνθρύπτω
18711	2Co 10,12	συνιᾶσιν	(1)	3 p pl ind pr a . .	συνίημι
18712	Ac 14,6	συνιδόντες	(1)	nom mas pl part ao2 a .	συνοράω

18713 Ac 12,12 συνιδών (1) nom mas sg part ao2 a . συνοράω
18714 Mt 13,23 συνιείς (1) nom mas sg part pr a . . συνίημι
18715 συνιέναι (2) inf pr a . . . . Id
18716 *Ac 13,27 συνιέντες nom mas pl part pr a . . Id
18717 Mt 13,19 συνιέντος (1) gen mas sg part pr a . Id
18718 συνίετε (2) 2 p pl ind pr a . . . Id
18719 συνίετε (2) 2 p pl imper pr a . . Id
18720 *Mc 4,9 συνιέτω 3 p sg imper pr a . . . Id
18721 Lc 8,4 συνιόντος (1) gen mas sg part pr . . σύνειμι
18722 Mt 13,13 συνίουσιν (1) 3 p pl ind pr a . . συνίημι
18723 *2Co 10,12 συνίσασιν err cf συνιᾶσιν
18724 2Co 3,1 συνιστάνειν (1) inf pr a . . συνίστημι
18725 2Co 5,12 συνιστάνομεν (1) 1 p pl ind pr a . . Id
18726 2Co 4,2 συνιστάνοντες (1) nom mas pl part pr a Id
18727 2Co 10,12 συνιστανόντων (1) gen mas pl part pr a . Id
18728 2Co 6,4 συνιστάντες (1) nom mas pl part pr a . Id
18729 Ga 2,18 συνιστάνω (1) 1 p sg ind pr a . . Id
18730 2Co 10,18 συνιστάνων (1) nom mas sg part pr a . Id
18731 2Co 12,11 συνίστασθαι (1) inf pr pass . . . Id
18732 Rm 16,1 συνίστημι (1) 1 p sg ind pr a . . Id
18733 συνίστησιν (3) 3 p sg ind pr a . . Id
18734 *2Co 10,18 συνιστῶν nom mas sg part pr a . . . συνιστάω
18735 *2Co 4,2 συνιστῶντες nom mas pl part pr a . . συνίστημι
18736 Rm 3,11 συνίων (1) nom mas sg part pr a . . συνίημι
18737 συνιῶσιν (2) 3 p pl sbj pr a . . Id
18738 *Ac 8,31 συνκαθίσαι inf ao a . . . . . συνκαθίζω
18739 *Heb 4,2 συνκεκεραμμένοι cf συγκεκεραμμένοι
18740 *Heb 4,2 συνκεκερασμένους acc mas pl part pf pass .
. . . . συνκεράννυμι
18741 *Heb 4,2 συνκεκραμένους acc mas pl part pf pass Id
18742 *1Pt 3,7 συνκληρονόμοις dat mas pl . συνκληρονόμος
18743 *Lc 9,30 συνλαλοῦντες nom mas pl part pr a . . συνλαλέω
18744 Ac 9,7 συνοδεύοντες (1) nom mas pl part pr a . συνοδεύω
18745 Lc 2,44 συνοδίᾳ (1) dat sg . . . . . συνοδία
18746 1Co 4,4 σύνοιδα (1) 1 p sg ind pf a . . . σύνοιδα
18747 Eph 2,22 συνοικοδομεῖσθε (1)2 p pl ind pr pass συνοικοδομέω
18748 1Pt 3,7 συνοικοῦντες (1) nom mas pl part pr a συνοικέω
18749 *Ac 23,14 σύνολον adv . . . . σύνολον
18750 *1Pt 3,7 συνομιλοῦντες nom mas pl part pr a . συνομιλέω
18751 Ac 10,27 συνομιλῶν (1) nom mas sg part pr a . Id
18752 Ac 18,7 συνομοροῦσα (1) nom fem sg part pr a συνομορέω
18753 *Lc 8,4 συνόντος gen mas sg part pr . . . σύνειμι
18754 Ac 22,11 συνόντων (1) gen mas pl part pr . . Id
18755 Lc 21,25 συνοχή (1) nom sg . . . . . . συνοχή
18756 2Co 2,4 συνοχῆς (1) gen sg . . . . . Id
18757 *Php 3,16 συνστοιχεῖν inf pr a . . . . συνστοιχέω
18758 Col 2,12 συνταφέντες (1) nom mas pl part ao2 pass συνθάπτω
18759 Mt 13,39 συντέλεια (1) nom sg . . . . . συντέλεια
18760 συντελείᾳ (3) dat sg . . . . . Id
18761 συντελείας (2) gen sg . . . . . Id
18762 συντελεῖσθαι (2) inf pr pass . . . συντελέω

No.	Ref	Form	Freq	Parsing	Lemma
18763	Lc 4,13	συντελέσας	(1)	nom mas sg part ao a	συντελέω
18764	Lc 4,2	συντελεσθεισῶν	(1)	gen fem pl part ao pass	Id
18765	Heb 8,8	συντελέσω	(1)	1 p sg ind fut a	Id
18766	*Ac 21,27	συντελουμένης		gen fem sg part pr pass	Id
18767	Rm 9,28	συντελῶν	(1)	nom mas sg part pr a	Id
18768	Rm 9,28	συντέμνων	(1)	nom mas sg part pr a	συντέμνω
18769	*Rm 9,23	συντετμημένον		acc mas sg part pf pass	Id
18770	Mt 12,20	συντετριμμένον	(1)	acc mas sg part pf pass	συντρίβω
18771	*Lc 4,18	συντετριμμένους		acc mas pl part pf pass	Id
18772	*Mc 5,4	συντετριφέναι		inf pf a	Id
18773	Mc 5,4	συντετρῖφθαι	(1)	inf pf pass	Id
18774	*Ac 19,25	συντεχνῖται		nom pl	συντεχνίτης
18775	Mt 9,17	συντηροῦνται	(1)	3 p pl ind pr pass	συντηρέω
18776		συντόμως	(2)	adv	συντόμως
18777	1Pt 4,4	συντρεχόντων	(1)	gen mas pl part pr a	συντρέχω
18778	Apc 2,27	συντρίβεται	(1)	3 p sg ind pr pass	συντρίβω
18779	Jh 19,36	συντριβήσεται	(1)	3 p sg ind fut2 pass	Id
18780	Lc 9,39	συντρῖβον	(1)	nom neut sg part pr a	Id
18781	Rm 3,16	σύντριμμα	(1)	nom sg	σύντριμμα
18782	*Rm 16,20	συντρίψαι		3 p sg opt ao a	συντρίβω
18783	Mc 14,3	συντρίψασα	(1)	nom fem sg part ao a	Id
18784	Rm 16,20	συντρίψει	(1)	3 p sg ind fut a	Id
18785	Ac 13,1	σύντροφος	(1)	nom mas sg	σύντροφος
18786	Lc 8,19	συντυχεῖν	(1)	inf ao2 a	συντυγχάνω
18787	Php 4,2	Συντύχην	(1)	acc	Συντύχη
18788	*Lc 10,31	συντυχίαν		acc sg	συντυχία
18789	*Ac 11,25	συντυχών		nom mas sg part ao2 a	συντυγχάνω
18790	Ga 2,13	συνυπεκρίθησαν	(1)	3 p pl ind ao	συνυποκρίνομαι
18791	2Co 1,11	συνυπουργούντων	(1)	gen mas pl part pr a	συνυπουργέω
18792	Rm 8,22	συνωδίνει	(1)	3 p sg ind pr a	συνωδίνω
18793	Ac 23,13	συνωμοσίαν	(1)	acc sg	συνωμοσία
18794		συνῶσιν	(2)	3 p pl sbj ao2 a	συνίημι
18795	*Mc 7,26	Σύρα		nom	Σύρα
18796	Ac 28,12	Συρακούσας	(1)	acc	Συράκουσαι
18797	*Lc 4,26	Σύραν		acc	Σύρα
18798	Apc 12,4	σύρει	(1)	3 p sg ind pr a	σύρω
18799		Συρίαν	(6)	acc	Συρία
18800		Συρίας	(2)	gen	Id
18801	Jh 21,8	σύροντες	(1)	nom mas pl part pr a	σύρω
18802	Lc 4,27	Σύρος	(1)	nom	Σύρος
18803	Mc 7,26	Συροφοινίκισσα	(1)	nom	Συροφοινίκισσα
18804	*2Pt 3,10	συρρυήσεται		3 p sg ind fut (m)	συρρέω
18805	Ac 27,17	Σύρτιν	(1)	acc	Σύρτις
18806	Ac 8,3	σύρων	(1)	nom mas sg part pr a	σύρω
18807	Mc 14,44	σύσσημον	(1)	acc sg	σύσσημον
18808	Eph 3,6	σύσσωμα	(1)	acc neut pl	σύσσωμος
18809	*Mc 15,7	συστασιαστῶν		gen pl	συστασιαστής
18810	2Co 3,1	συστατικῶν	(1)	gen fem pl	συστατικός
18811	Mt 27,44	συσταυρωθέντες	(1)	nom mas pl part ao pass	συσταυρόω
18812	Jh 19,32	συσταυρωθέντος	(1)	gen mas sg part ao pass	Id

No.	Ref.	Form	Analysis	Lemma
18813	*Ac 5,10	συστείλαντες	nom mas pl part ao a	συστέλλω
18814	Rm 8,22	συστενάζει	(1) 3 p sg ind pr a	συστενάζω
18815	Ga 4,25	συστοιχεῖ	(1) 3 p sg ind pr a	συστοιχέω
18816	*Php 3,16	συστοιχεῖν	inf pr a	Id
18817	*Ga 4,25	συστοιχοῦσα	nom fem sg part pr a	Id
18818	Phm 2	συστρατιώτῃ	(1) dat sg	συστρατιώτης
18819	Php 2,25	συστρατιώτην	(1) acc sg	Id
18820	*Ac 23,12	συστραφέντες	nom mas pl part ao2 pass	συστρέφω
18821	*Ac 16,39	συστραφῶσιν	3 p pl sbj ao2 pass	Id
18822	Mt 17,22	συστρεφομένων	(1) gen mas pl part pr pass	Id
18823	*Ac 17,5	συστρέψαντες	nom mas pl part ao a	Id
18824	Ac 28,3	συστρέψαντος	(1) gen mas sg part ao a	Id
18825	Ac 23,12	συστροφήν	(1) acc sg	συστροφή
18826	Ac 19,40	συστροφῆς	(1) gen sg	Id
18827	*Rm 12,2	συσχηματίζεσθαι	inf pr m	συσχηματίζω
18828	Rm 12,2	συσχηματίζεσθε	(1) 2 p pl imper pr	συσχηματίζομαι
18829	1Pt 1,14	συσχηματιζόμενοι	(1) nom mas pl part pr	Id
18830	Jh 4,5	Συχάρ	(1) inde	Συχάρ
18831		Συχέμ	(2) inde	Συχέμ
18832	Ac 8,32	σφαγήν	(1) acc sg	σφαγή
18833		σφαγῆς	(2) gen sg	Id
18834	Ac 7,42	σφάγια	(1) acc pl	σφάγιον
18835	*Mt 15,14	σφαλήσεται	3 p sg ind fut2 pass	σφάλλω
18836	Apc 6,4	σφάξουσιν	(1) 3 p pl ind fut a	σφάζω
18837	*Apc 6,4	σφάξωσιν	3 p pl sbj ao a	Id
18838		σφόδρα	(11) adv	σφόδρα
18839	Ac 27,18	σφοδρῶς	(1) adv	σφοδρῶς
18840		σφραγῖδα	(10) acc sg	σφραγίς
18841		σφραγῖδας	(3) acc pl	Id
18842	Apc 6,1	σφραγίδων	(1) gen pl	Id
18843	1Co 9,2	σφραγίς	(1) nom sg	Id
18844		σφραγισάμενος	(2) nom mas sg part ao m	σφραγίζω
18845	Mt 27,66	σφραγίσαντες	(1) nom mas pl part ao a	Id
18846	Apc 22,10	σφραγίσῃς	(1) 2 p sg sbj ao a	Id
18847	Apc 5,1	σφραγῖσιν	(1) dat pl	σφραγίς
18848	Apc 10,4	σφράγισον	(1) 2 p sg imper ao a	σφραγίζω
18849	Apc 7,3	σφραγίσωμεν	(1) 1 p pl sbj ao a	Id
18850	Ac 3,7	σφυδρά	(1) nom pl	σφυδρόν
18851	*Ac 3,7	σφυρά	nom pl	σφυρόν
18852		σχεδόν	(3) adv	σχεδόν
18853	*Ja 2,14	σχῇ	3 p sg sbj ao2 a	ἔχω
18854	1Co 7,31	σχῆμα	(1) nom sg	σχῆμα
18855	Php 2,7	σχήματι	(1) dat sg	Id
18856	2Co 1,15	σχῆτε	(1) 2 p pl sbj ao2 a	ἔχω
18857	Mc 1,10	σχιζομένους	(1) acc mas pl part pr pass	σχίζω
18858	Lc 5,36	σχίσας	(1) nom mas sg part ao a	Id
18859	Lc 5,36	σχίσει	(1) 3 p sg ind fut a	Id
18860		σχίσμα	(6) nom sg	σχίσμα
18861	1Co 1,10	σχίσματα	(1) nom pl	Id
18862	1Co 11,18	σχίσματα	(1) acc pl	Id

18863	Jh 19,24	σχίσωμεν	(1)	1 p pl sbj ao a	σχίζω
18864	Ac 27,32	σχοινία	(1)	acc pl	σχοινίον
18865	Jh 2,15	σχοινίων	(1)	gen pl	Id
18866	Mt 12,44	σχολάζοντα	(1)	acc mas sg part pr a	σχολάζω
18867	1Co 7,5	σχολάσητε	(1)	2 p pl sbj ao a	Id
18868	Ac 19,9	σχολῇ	(1)	dat sg	σχολή
18869		σχῶ	(5)	1 p sg sbj ao2 a	ἔχω
18870		σχῶμεν	(2)	1 p pl sbj ao2 a	Id
18871	*Jh 8,6	σχῶσιν		3 p l sbj ao2 a	Id
18872		σῷ	(2)	dat mas sg	σός
18873		σῷ	(3)	dat neut sg	Id
18874	1Pt 3,21	σῴζει	(1)	3 p sg ind pr a	σῴζω
18875		σῴζειν	(2)	inf pr a	Id
18876	Ac 27,20	σῴζεσθαι	(1)	inf pr pass	Id
18877	1Co 15,2	σῴζεσθε	(1)	2 p pl ind pr pass	Id
18878	1Pt 4,18	σῴζεται	(1)	3 p sg ind pr pass	Id
18879	Ju 23	σῴζετε	(1)	2 p pl imper pr a	Id
18880	Lc 13,23	σῳζόμενοι	(1)	nom mas pl part pr pass	Id
18881		σῳζομένοις	(2)	dat mas pl part pr pass	Id
18882	Ac 2,47	σῳζομένους	(1)	acc mas pl part pr pass	Id
18883	*Mt 16,16	σῴζοντος		gen mas sg part pr a	Id
18884		σωθῇ	(3)	3 p sg sbj ao pass	Id
18885		σωθῆναι	(10)	inf ao pass	Id
18886	*Ac 8,37	σωθήσει		err cf σωθήσῃ	
18887		σωθήσεται	(13)	3 p sg ind fut pass	σῴζω
18888		σωθήσῃ	(3)	2 p sg ind fut pass	Id
18889		σωθήσομαι	(2)	1 p sg ind fut pass	Id
18890		σωθησόμεθα	(2)	1 p pl ind fut pass	Id
18891	Ac 2,40	σώθητε	(1)	2 p pl imper ao pass	Id
18892	Jh 5,34	σωθῆτε	(1)	2 p pl sbj ao pass	Id
18893	Ac 16,30	σωθῶ	(1)	1 p sg sbj ao pass	Id
18894	*Lc 3,10	σωθῶμεν		1 p pl sbj ao pass	Id
18895		σωθῶσιν	(3)	3 p pl sbj ao pass	Id
18896		σῶμα	(39)	nom sg	σῶμα
18897		σῶμα	(31)	acc sg	Id
18898	*2Co 4,10	σώμασιν		dat pl	Id
18899		σώματα	(6)	nom pl	Id
18900		σώματα	(4)	acc pl	Id
18901		σώματι	(25)	dat sg	Id
18902	1Tm 4,8	σωματική	(1)	nom fem sg	σωματικός
18903	Lc 3,22	σωματικῷ	(1)	dat neut sg	Id
18904	Col 2,9	σωματικῶς	(1)	adv	σωματικῶς
18905		σώματος	(36)	gen sg	σῶμα
18906	Apc 18,13	σωμάτων	(1)	gen pl	Id
18907	Ac 20,4	Σώπατρος	(1)	nom	Σώπατρος
18908	Rm 12,20	σωρεύσεις	(1)	2 p sg ind fut a	σωρεύω
18909		σῶσαι	(14)	inf ao a	σῴζω
18910	2Tm 1,9	σώσαντος	(1)	gen mas sg part ao a	Id
18911	Ju 5	σώσας	(1)	nom mas sg part ao a	Id

18912	Lc 23,35	σωσάτω	(1)	3 p sg imper ao a	σῴζω
18913		σώσει	(6)	3 p sg ind fut a	Id
18914		σώσεις	(3)	2 p sg ind fut a	Id
18915	*Lc 21,19	σώσετε		2 p pl ind fut a	Id
18916	Ac 18,17	Σωσθένην	(1)	acc	Σωσθένης
18917	1Co 1,1	Σωσθένης	(1)	nom	Id
18918	*1Co subsc	Σωσθένους		gen	Id
18919	Rm 16,21	Σωσίπατρος	(1)	nom	Σωσίπατρος
18920		σῶσον	(7)	2 p sg imper ao a	σῴζω
18921		σώσω	(3)	1 p sg sbj ao a	Id
18922	Mt 27,49	σώσων	(1)	nom mas sg part fut a	Id
18923		σωτήρ	(4)	nom sg	σωτήρ
18924		σωτῆρα	(4)	acc sg	Id
18925		σωτῆρι	(2)	dat sg	Id
18926		σωτηρία	(8)	nom sg	σωτηρία
18927		σωτηρίαν	(18)	acc sg	Id
18928		σωτηρίας	(20)	gen sg	Id
18929	Ac 28,28	σωτήριον	(1)	nom sg	σωτήριον
18930		σωτήριον	(2)	acc sg	Id
18931	Tit 2,11	σωτήριος	(1)	nom fem sg	σωτήριος
18932	Eph 6,17	σωτηρίου	(1)	gen sg	σωτήριον
18933		σωτῆρος	(14)	gen sg	σωτήρ
18934		σώφρονα	(2)	acc mas sg	σώφρων
18935	Tit 2,2	σώφρονας	(1)	acc mas pl	Id
18936	Tit 2,5	σώφρονας	(1)	acc fem pl	Id
18937		σωφρονεῖν	(2)	inf pr a	σωφρονέω
18938	1Pt 4,7	σωφρονήσατε	(1)	2 p pl imper ao a	Id
18939	*Tit 2,4	σωφρονίζουσι(ν)		3 p pl ind pr a	σωφρονίζω
18940	Tit 2,4	σωφρονίζωσιν	(1)	3 p pl sbj pr a	Id
18941	2Tm 1,7	σωφρονισμοῦ	(1)	gen sg	σωφρονισμός
18942	2Co 5,13	σωφρονοῦμεν	(1)	1 p pl ind pr a	σωφρονέω
18943		σωφρονοῦντα	(2)	acc mas sg part pr a	Id
18944	Tit 2,12	σωφρόνως	(1)	adv	σωφρόνως
18945		σωφροσύνης	(3)	gen sg	σωφροσύνη

τ

18946		τά	(837)	nom/acc neut pl	ὁ
18947	Ac 28,15	ταβερνῶν	(1)	gen pl	ταβέρνη
18948		Ταβιθά	(2)	aram	Ταβιθά
18949	*Mc 5,41	ταβιθα		aram	ταβιθα
18950	1Co 15,23	τάγματι	(1)	dat sg	τάγμα
18951	*Mc 3,18	Ταδδαῖον		acc	Ταδδαῖος
18952		τάδε	(8)	acc neut pl	ὅδε
18953		ταῖς	(203)	dat fem pl	ὁ
18954	*2Pt 3,12	τακήσεται		3 p sg ind fut2 pass	τήκω
18955	Ac 12,21	τακτῇ	(1)	dat fem sg	τακτός
18956	Ja 4,9	ταλαιπωρήσατε	(1)	2 p pl imper ao a	ταλαιπωρέω
18957	Rm 3,16	ταλαιπωρία	(1)	nom sg	ταλαιπωρία
18958	Ja 5,1	ταλαιπωρίαις	(1)	dat pl	Id

No.	Ref.	Form	Freq.	Analysis	Lemma
18959		ταλαίπωρος	(2)	nom mas sg	ταλαίπωρος
18960		τάλαντα	(10)	acc pl	τάλαντον
18961	Apc 16,21	ταλαντιαία	(1)	nom fem sg	ταλαντιαῖος
18962		τάλαντον	(3)	acc sg	τάλαντον
18963	Mt 18,24	ταλάντων	(1)	gen pl	Id
18964	Mc 5,41	ταλιθα	(1)	aram	ταλιθα
18965		ταμείοις	(2)	dat pl	ταμεῖον
18966	Lc 12,24	ταμεῖον	(1)	nom sg	Id
18967	Mt 6,6	ταμεῖον	(1)	acc sg	Id
18968	Ac 28,23	ταξάμενοι	(1)	nom mas pl part ao m	τάσσω
18969	Lc 1,8	τάξει	(1)	dat sg	τάξις
18970		τάξιν	(8)	acc sg	Id
18971		ταπεινοῖς	(3)	dat mas pl	ταπεινός
18972		ταπεινός	(3)	nom mas sg	Id
18973		ταπεινούς	(2)	acc mas pl	Id
18974	Php 4,12	ταπεινοῦσθαι	(1)	inf pr pass	ταπεινόω
18975	1Pt 3,8	ταπεινόφρονες	(1)	nom mas pl	ταπεινόφρων
18976		ταπεινοφροσύνῃ	(3)	dat sg	ταπεινοφροσύνη
18977		ταπεινοφροσύνην	(2)	acc sg	Id
18978		ταπεινοφροσύνης	(2)	gen sg	Id
18979		ταπεινωθήσεται	(4)	3 p sg ind fut pass	ταπεινόω
18980		ταπεινώθητε	(2)	2 p pl imper ao pass	Id
18981		ταπεινῶν	(3)	nom mas sg part pr a	Id
18982		ταπεινώσει	(2)	3 p sg ind fut a	Id
18983		ταπεινώσει	(2)	dat sg	ταπείνωσις
18984	Php 3,21	ταπεινώσεως	(1)	gen sg	Id
18985	2Co 12,21	ταπεινώσῃ	(1)	3 p sg sbj ao a	ταπεινόω
18986	Lc 1,48	ταπείνωσιν	(1)	acc sg	ταπείνωσις
18987		ταρασσέσθω	(2)	3 p sg imper pr pass	ταράσσω
18988		ταράσσοντες	(2)	nom mas pl part pr a	Id
18989	Ga 5,10	ταράσσων	(1)	nom mas sg part pr a	Id
18990	*Mc 13,8	ταραχαί		nom pl	ταραχή
18991	*Jh 5,4	ταραχήν		acc sg	Id
18992	Jh 5,7	ταραχθῇ	(1)	3 p sg sbj ao pass	ταράσσω
18993	1Pt 3,14	ταραχθῆτε	(1)	2 p pl sbj ao pass	Id
18994		τάραχος	(2)	nom sg	τάραχος
18995	Ac 9,11	Ταρσέα	(1)	acc	Ταρσεύς
18996	Ac 21,39	Ταρσεύς	(1)	nom	Id
18997		Ταρσόν	(2)	acc	Ταρσός
18998	Ac 22,3	Ταρσῷ	(1)	dat	Id
18999	2Pt 2,4	ταρταρώσας	(1)	nom mas sg part ao a	ταρταρόω
19000		τάς	(341)	acc fem pl	ὁ
19001	Lc 7,8	τασσόμενος	(1)	nom mas sg part pr pass	τάσσω
19002	Mt 22,4	ταῦροι	(1)	nom pl	ταῦρος
19003	Ac 14,13	ταύρους	(1)	acc pl	Id
19004		ταύρων	(2)	gen pl	Id
19005		ταῦτα	(240)	nom/acc neut pl	οὗτος
19006		ταύταις	(11)	dat fem pl	Id
19007		ταύτας	(9)	acc fem pl	Id

19008		ταύτῃ	(32)	dat fem sg	οὗτος
19009		ταύτην	(53)	acc fem sg	Id
19010		ταύτης	(34)	gen fem sg	Id
19011	Mt 27,7	ταφήν	(1)	acc sg	ταφή
19012	Mt 23,27	τάφοις	(1)	dat pl	τάφος
19013		τάφον	(3)	acc sg	Id
19014	Rm 3,13	τάφος	(1)	nom sg	Id
19015	Mt 27,61	τάφου	(1)	gen sg	Id
19016	Mt 23,29	τάφους	(1)	acc pl	Id
19017		τάχα	(2)	adv	τάχα
19018		τάχει	(8)	dat sg	τάχος
19019		ταχέως	(10)	adv	ταχέως
19020	2Pt 1,14	ταχινή	(1)	nom fem sg	ταχινός
19021	2Pt 2,1	ταχινήν	(1)	acc fem sg	Id
19022		τάχιον	(4)	comp adv	ταχέως
19023	Ac 17,15	τάχιστα	(1)	superl adv	Id
19024		ταχύ	(12)	adv nom neut sg	ταχύ
19025	Ja 1,19	ταχύς	(1)	nom mas sg	ταχύς
19026		τέ	(215)	parti	τέ
19027	Jh 1,32	τεθέαμαι	(1)	1 p sg ind pf	θεάομαι
19028	1Jh 4,14	τεθεάμεθα	(1)	1 p pl ind pf	Id
19029	1Jh 4,12	τεθέαται	(1)	3 p sg ind pf	Id
19030		τέθεικα	(2)	1 p sg ind pf a	τίθημι
19031	Jh 11,34	τεθείκατε	(1)	2 p pl ind pf a	Id
19032	2Pt 2,6	τεθεικώς	(1)	nom mas sg part pf a	Id
19033	Jh 19,41	τεθειμένος	(1)	nom mas sg part pf pass	Id
19034	Mc 15,47	τέθειται	(1)	3 p sg ind pf pass	Id
19035		τεθεμελιωμένοι	(2)	nom mas pl part pf pass	θεμελιόω
19036	*Heb 12,23	τεθεμελιωμένων		gen mas pl part pf pass	Id
19037	Mt 7,25	τεθεμελίωτο	(1)	3 p sg ind plpf pass	Id
19038	Lc 8,2	τεθεραπευμέναι	(1)	nom fem pl part pf pass	θεραπεύω
19039	Ac 4,14	τεθεραπευμένον	(1)	acc mas sg part pf pass	Id
19040	Jh 5,10	τεθεραπευμένῳ	(1)	dat mas sg part pf pass	Id
19041	*Lc 17,14	τεθεράπευσθε		2 p pl imper pf pass	Id
19042		τεθῇ	(2)	3 p sg sbj ao pass	τίθημι
19043	Apc 11,9	τεθῆναι	(1)	inf ao pass	Id
19044	2Pt 3,7	τεθησαυρισμένοι	(1)	nom mas pl part pf pass	θησαυρίζω
19045	Mt 7,14	τεθλιμμένη	(1)	nom fem sg part pf pass	θλίβω
19046	Mt 2,20	τεθνήκασιν	(1)	3 p pl ind pf a	θνήσκω
19047		τέθνηκεν	(3)	3 p sg ind pf a	Id
19048	Ac 14,19	τεθνηκέναι	(1)	inf pf a	Id
19049	Jh 19,33	τεθνηκότα	(1)	acc mas sg part pf a	Id
19050	Ac 25,19	τεθνηκότος	(1)	gen mas sg part pf a	Id
19051		τεθνηκώς	(2)	nom mas sg part pf a	Id
19052	Lc 4,16	τεθραμμένος	(1)	nom mas sg part pf pass	τρέφω
19053	Lc 4,18	τεθραυσμένους	(1)	acc mas pl part pf pass	θραύω
19054	Mt 22,4	τεθυμένα	(1)	nom neut pl part pf pass	θύω
19055	Heb 10,13	τεθῶσιν	(1)	3 p pl sbj ao pass	τίθημι
19056	Heb 11,30	τείχη	(1)	nom pl	τεῖχος

19057 Apc 21,14 τεῖχος (1) nom sg . . . . . . τεῖχος
19058 τεῖχος (3) acc sg . . . . . . Id
19059 τείχους (4) gen sg . . . . . . Id
19060 τεκεῖν (4) inf ao2 a . . . . . τίκτω
19061 Apc 12,4 τέκῃ (1) 3 p sg sbj ao2 a . . . . Id
19062 Ac 1,3 τεκμηρίοις (1) dat pl . . . . τεκμήριον
19063 τέκνα (24) nom pl . . . . . . τέκνον
19064 τέκνα (35) acc pl . . . . . . Id
19065 τέκνα (4) vo pl . . . . . . Id
19066 τεκνία (8) vo pl . . . . . . τεκνίον
19067 1Tm 5,14 τεκνογονεῖν (1) inf pr a . . . τεκνογονέω
19068 1Tm 2,15 τεκνογονίας (1) gen sg . . . . τεκνογονία
19069 τέκνοις (8) dat pl . . . . . τέκνον
19070 τέκνον (3) nom sg . . . . . . Id
19071 τέκνον (4) acc sg . . . . . . Id
19072 τέκνον (9) vo sg . . . . . . Id
19073 τέκνου (2) gen sg . . . . . . Id
19074 τέκνῳ (3) dat sg . . . . . . Id
19075 τέκνων (7) gen pl . . . . . . Id
19076 *Heb 11,11 τεκνῶσαι inf ao a . . . . . . τεκνόω
19077 *Mc 6,3 τέκτον err cf τέκτων
19078 Mt 13,55 τέκτονος (1) gen sg . . . . . . τέκτων
19079 Mc 6,3 τέκτων (1) nom sg . . . . . . Id
19080 Mt 17,24 τελεῖ (1) 3 p sg ind pr a . . . . τελέω
19081 1Jh 4,18 τελεία (1) nom fem sg . . . . . τέλειος
19082 τέλειοι (5) nom mas pl . . . . . Id
19083 1Co 2,6 τελείοις (1) dat mas pl . . . . Id
19084 τέλειον (3) acc mas sg . . . . . Id
19085 τέλειον (3) nom neut sg . . . . Id
19086 Ja 1,4 τέλειον (1) acc neut sg . . . . Id
19087 τέλειος (3) nom mas sg . . . . . Id
19088 Heb 9,11 τελειοτέρας (1) comp gen fem sg . . Id
19089 Heb 6,1 τελειότητα (1) acc sg . . . . τελειότης
19090 Col 3,14 τελειότητος (1) gen sg . . . . . Id
19091 Lc 13,32 τελειοῦμαι (1) 1 p sg ind pr pass . τελειόω
19092 *1Co 1,8 τελείους acc mas pl . . . . . . τέλειος
19093 *2Co 12,9 τελειοῦται 3 p sg ind pr pass . . . τελειόω
19094 2Co 12,9 τελεῖται (1) 3 p sg ind pr pass . . τελέω
19095 τελεῖτε (2) 2 p pl ind pr a . . . Id
19096 Heb 5,9 τελειωθείς (1) nom mas sg part ao pass τελειόω
19097 Jh 19,28 τελειωθῇ (1) 3 p sg sbj ao pass . . Id
19098 *1Jh 2,5 τελειωθῶμεν 1 p pl sbj ao pass . . Id
19099 Heb 11,40 τελειωθῶσιν (1) 3 p pl sbj ao pass . Id
19100 *Php 3,12 τελείωμαι err cf τετελείωμαι
19101 Heb 5,14 τελείων (1) gen mas pl . . . . . τέλειος
19102 1Pt 1,13 τελείως (1) adv . . . . . . τελείως
19103 τελειῶσαι (4) inf ao a . . . . . τελειόω
19104 Lc 2,43 τελειωσάντων (1) gen mas pl part ao a Id
19105 Jh 17,4 τελειώσας (1) nom mas sg part ao a . Id

19106		τελείωσις	(2)	nom sg	τελείωσις
19107		τελειώσω	(2)	1 p sg sbj ao a	τελειόω
19108	Heb 12,2	τελειωτήν	(1)	acc sg	τελειωτής
19109	*Ja 2,10	τελέσει		3 p sg ind fut a	τελέω
19110		τελέσητε	(2)	2 p pl sbj ao a	Id
19111		τελεσθῇ	(4)	3 p sg sbj ao pass	Id
19112	Lc 22,37	τελεσθῆναι	(1)	inf ao pass	Id
19113	Lc 18,31	τελεσθήσεται	(1)	3 p sg ind fut pass	Id
19114	Apc 17,17	τελεσθήσονται	(1)	3 p pl ind fut pass	Id
19115	Apc 15,8	τελεσθῶσιν	(1)	3 p pl sbj ao pass	Id
19116	Lc 8,14	τελεσφοροῦσιν	(1)	3 p pl ind pr a	τελεσφορέω
19117	Apc 11,7	τελέσωσιν	(1)	3 p pl sbj ao a	τελέω
19118		τελευτᾷ	(3)	3 p sg ind pr a	τελευτάω
19119	Lc 7,2	τελευτᾶν	(1)	inf pr a	Id
19120		τελευτάτω	(2)	3 p sg imper pr a	Id
19121	Mt 2,15	τελευτῆς	(1)	gen sg	τελευτή
19122	Mt 2,19	τελευτήσαντος	(1)	gen mas sg part ao a	τελευτάω
19123	Heb 11,22	τελευτῶν	(1)	nom mas sg part pr a	Id
19124	1Co 10,11	τέλη	(1)	nom pl	τέλος
19125	Mt 17,25	τέλη	(1)	acc pl	Id
19126		τέλος	(16)	nom sg	Id
19127		τέλος	(17)	acc sg	Id
19128		τέλους	(5)	gen sg	Id
19129	Rm 2,27	τελοῦσα	(1)	nom fem sg part pr a	τελέω
19130		τελῶναι	(8)	nom pl	τελώνης
19131	Lc 5,27	τελώνην	(1)	acc sg	Id
19132		τελώνης	(5)	nom sg	Id
19133		τελώνιον	(3)	acc sg	τελώνιον
19134		τελωνῶν	(7)	gen pl	τελώνης
19135		τέξεται	(2)	3 p sg ind fut	τίκτω
19136	Lc 1,31	τέξῃ	(1)	2 p sg ind fut	Id
19137		τέρασι(ν)	(4)	dat pl	τέρας
19138		τέρατα	(2)	nom pl	Id
19139		τέρατα	(9)	acc pl	Id
19140	Rm 15,19	τεράτων	(1)	gen pl	Id
19141	*Rm 16,22	Τερέντιος		nom	Τερέντιος
19142	Rm 16,22	Τέρτιος	(1)	nom	Τέρτιος
19143	*Rm subsc	Τερτίου		gen	Id
19144	Ac 24,2	Τέρτυλλος	(1)	nom	Τέρτυλλος
19145	Ac 24,1	Τερτύλλου	(1)	gen	Id
19146		τέσσαρα	(5)	nom neut	τέσσαρες
19147	Jh 19,23	τέσσαρα	(1)	acc neut	Id
19148	*Apc 13,18	τεσσαράκοντα		cf τεσσεράκοντα	
19149		τέσσαρας	(3)	acc mas	Id
19150		τέσσαρας	(3)	acc fem	Id
19151		τέσσαρες	(3)	nom mas	Id
19152	Ac 27,27	τεσσαρεσκαιδεκάτη	(1)	nom fem sg	τεσσαρεσκαιδέκατος
19153	Ac 27,33	τεσσαρεσκαιδεκάτην	(1)	acc fem sg	Id
19154		τέσσαρσιν	(2)	dat mas	τέσσαρες
19155		τέσσαρσιν	(3)	dat fem	Id

No.	Ref.	Form	Freq.	Analysis	Lemma
19156		τεσσάρων	(3)	gen mas	τέσσαρες
19157		τεσσάρων	(7)	gen pl	Id
19158		τεσσεράκοντα	(15)	inde	τεσσεράκοντα
19159	Ac 13,18	τεσσερακονταετῆ	(1)	acc mas sg	τεσσερακονταετής
19160	Ac 7,23	τεσσερακονταετής	(1)	nom mas sg	Id
19161		τεσσερακοντακαιδύο	(2)	inde	τεσσερακοντακαιδύο
19162	Jh 2,20	τεσσερακοντακαίεξ	(1)	inde	τεσσερακοντακαίεξ
19163	Rm 13,1	τεταγμέναι	(1)	nom fem pl part pf pass	τάσσω
19164	Ac 13,48	τεταγμένοι	(1)	nom mas pl part pf pass	Id
19165	*Ac 17,26	τεταγμένους		acc mas pl part pf pass	τάσσω
19166	Ac 22,10	τέτακται	(1)	3 p sg ind pf pass	Id
19167	Lc 24,38	τεταραγμένοι	(1)	nom mas pl part pf pass	ταράσσω
19168	Jh 12,27	τετάρακται	(1)	3 p sg ind pf pass	Id
19169	Jh 11,39	τεταρταῖος	(1)	nom mas sg	τεταρταῖος
19170	Mt 14,25	τετάρτῃ	(1)	dat fem sg	τέταρτος
19171		τετάρτην	(2)	acc fem sg	Id
19172	Ac 10,30	τετάρτης	(1)	gen fem sg	Id
19173	Apc 4,7	τέταρτον	(1)	nom neut sg	Id
19174	Apc 6,8	τέταρτον	(1)	acc neut sg	Id
19175		τέταρτος	(3)	nom mas sg	Id
19176	Apc 6,7	τετάρτου	(1)	gen neut sg	Id
19177	*Ac 18,2	τεταχέναι		inf pf a	τάσσω
19178	Heb 10,14	τετελείωκεν	(1)	3 p sg ind pf a	τελειόω
19179	Php 3,12	τετελείωμαι	(1)	1 p sg ind pf pass	Id
19180	1Jh 4,12	τετελειωμένη	(1)	nom fem sg part pf pass	Id
19181	Jh 17,23	τετελειωμένοι	(1)	nom mas pl part pf pass	Id
19182	Heb 7,28	τετελειωμένον	(1)	acc mas sg part pf pass	Id
19183	Heb 12,23	τετελειωμένων	(1)	gen mas pl part pf pass	Id
19184		τετελείωται	(3)	3 p sg ind pf pass	Id
19185	2Tm 4,7	τετέλεκα	(1)	1 p sg ind pf a	τελέω
19186		τετέλεσται	(2)	3 p sg ind pf pass	Id
19187	Jh 11,39	τετελευτηκότος	(1)	gen mas sg part pf a	τελευτάω
19188	*Heb 8,6	τέτευχεν		3 p sg ind pf a	τυγχάνω
19189		τετήρηκα	(2)	1 p sg ind pf a	τηρέω
19190	Jh 17,6	τετήρηκαν	(1)	3 p pl ind pf a	Id
19191	Jh 2,10	τετήρηκας	(1)	2 p sg ind pf a	Id
19192	Ju 6	τετήρηκεν	(1)	3 p sg ind pf a	Id
19193	1Pt 1,4	τετηρημένην	(1)	acc fem sg part pf pass	Id
19194	Ju 1	τετηρημένοις	(1)	dat mas pl part pf pass	Id
19195		τετήρηται	(2)	3 p sg ind pf pass	Id
19196	Mt 27,9	τετιμημένου	(1)	gen mas sg part pf pass	τιμάω
19197		τετραάρχης	(3)	nom sg	τετραάρχης
19198	Ac 13,1	τετραάρχου	(1)	gen sg	Id
19199		τετρααρχοῦντος	(3)	gen mas sg part pr a	τετρααρχέω
19200	Apc 21,16	τετράγωνος	(1)	nom fem sg	τετράγωνος
19201	Ac 12,4	τετραδίοις	(1)	dat pl	τετράδιον
19202		τετρακισχίλιοι	(2)	nom mas	τετρακισχίλιοι
19203		τετρακισχιλίους	(2)	acc mas	Id
19204	Mt 16,10	τετρακισχιλίων	(1)	gen mas	Id

19205 Ac 7,6 τετρακόσια (1) acc neut . . . τετρακόσιοι
19206 Ga 3,17 τετρακοσιακαιτριάκοντα (1) acc neut . . .
. . . . τετρακοσιοικαιτριάκοντα
19207 Ac 13,20 τετρακοσιοισκαιπεντήκοντα (1) dat neut . .
. . . . τετρακοσιοικαιπεντήκοντα
19208 Ac 5,36 τετρακοσίων (1) gen mas . . τετρακόσιοι
19209 Jh 4,35 τετράμηνος (1) nom mas sg . . τετράμηνος
19210 Lc 19,8 τετραπλοῦν (1) acc neut sg . . τετραπλοῦς
19211 Ac 10,12 τετράποδα (1) nom neut pl . . τετράπους
19212 Ac 11,6 τετράποδα (1) acc neut pl . . . Id
19213 Rm 1,23 τετραπόδων (1) gen neut pl . . . Id
19214 *Ac 10,11 τέτρασιν dat fem pl . . . . . τέσσαρες
19215 Ac 19,16 τετραυματισμένους (1)acc mas pl part pf pass .
. . . . τραυματίζω
19216 Heb 4,13 τετραχηλισμένα (1)nom neut pl part pf pass τραχηλίζω
19217 Jh 12,40 τετύφλωκεν (1) 3 p sg ind pf a . . τυφλόω
19218 2Tm 3,4 τετυφωμένοι (1) nom mas pl part pf (pass) τυφόομαι
19219 1Tm 6,4 τετύφωται (1) 3 p sg ind pf (pass) . Id
19220 Heb 8,6 τέτυχεν (1) 3 p sg ind pf a . . . τυγχάνω
19221 *Heb 8,6 τετύχηκεν 3 p sg ind pf a . . . Id
19222 2Pt 2,6 τεφρώσας (1) nom mas sg part ao a . τεφρόω
19223 Mt 2,2 τεχθείς (1) nom mas sg part ao pass . τίκτω
19224 Ac 18,3 τέχνῃ (1) dat sg . . . . . . τέχνη
19225 τέχνης (2) gen sg . . . . . . Id
19226 Ac 19,38 τεχνῖται (1) nom pl . . . . . τεχνίτης
19227 Ac 19,24 τεχνίταις (1) dat pl . . . . . Id
19228 *Ac 19,25 τεχνίτας acc pl . . . . . . Id
19229 τεχνίτης (2) nom sg . . . . . Id
19230 τῇ (879) dat fem sg . . . . . ὁ
19231 Lc 10,39 τῇδε (1) dat fem sg . . . . . ὅδε
19232 2Pt 3,12 τήκεται (1) 3 p sg ind pr pass . . τήκω
19233 Mc 8,25 τηλαυγῶς (1) adv . . . . . . τηλαυγῶς
19234 Ja 3,4 τηλικαῦτα (1) nom neut pl . . τηλικοῦτος
19235 Heb 2,3 τηλικαύτης (1) gen fem sg . . . Id
19236 *Heb 12,1 τηλικοῦτον acc neut sg . . . Id
19237 Apc 16,18 τηλικοῦτος (1) nom mas sg . . . Id
19238 2Co 1,10 τηλικούτου (1) gen mas sg . . . Id
19239 *2Co 1,10 τηλικούτων gen mas pl . . . . Id
19240 τήν (1528) acc fem sg . . . . . ὁ
19241 Ja 4,13 τήνδε (1) acc fem sg . . . . ὅδε
19242 τηρεῖ (4) 3 p sg ind pr a . . . . τηρέω
19243 Apc 3,3 τήρει (1) 2 p sg imper pr a . . . Id
19244 τηρεῖν (7) inf pr a . . . . . Id
19245 τηρεῖσθαι (3) inf pr pass . . . . Id
19246 Mt 23,3 τηρεῖτε (1) 2 p pl imper pr a . . Id
19247 1Jh 2,5 τηρῇ (1) 3 p sg sbj pr a . . . Id
19248 1Th 5,23 τηρηθείη (1) 3 p sg opt ao pass . . Id
19249 Ac 25,21 τηρηθῆναι (1) inf ao pass . . . Id
19250 *Jh 14,21 τηρηθήσεται 3 p sg ind fut pass . . Id
19251 1Tm 6,14 τηρῆσαι (1) inf ao a . . . . . Id
19252 Ju 6 τηρήσαντας (1) acc mas pl part ao a . Id

19253	Ju 21	τηρήσατε	(1)	2 p pl imper ao a	τηρέω
19254	Jh 14,23	τηρήσει	(1)	3 p sg ind fut a	Id
19255	Ac 5,18	τηρήσει	(1)	dat sg	τήρησις
19256	Jh 14,15	τηρήσετε	(1)	2 p pl ind fut a	τηρέω
19257		τηρήσῃ	(4)	3 p sg sbj ao a	Id
19258	Jh 17,15	τηρήσῃς	(1)	2 p sg sbj ao a	Id
19259	Jh 15,10	τηρήσητε	(1)	2 p pl sbj ao a	Id
19260	Ac 4,3	τήρησιν	(1)	acc sg	τήρησις
19261	1Co 7,19	τήρησις	(1)	nom sg	Id
19262		τήρησον	(2)	2 p sg imper ao a	τηρέω
19263	Jh 15,20	τηρήσουσιν	(1)	3 p pl ind fut a	Id
19264		τηρήσω	(2)	1 p sg ino fut a	Id
19265	*1Jh 2,3	τηρήσωμεν		1 p pl sbj ao a	Id
19266	*Mc 7,9	τηρῆτε		2 p pl sbj pr a	Id
19267	1Jh 3,22	τηροῦμεν	(1)	1 p pl ind pr a	Id
19268	2Pt 3,7	τηρούμενοι	(1)	nom mas pl part pr pass	Id
19269	2Pt 2,4	τηρουμένους	(1)	acc mas pl part pr pass	Id
19270	*Lc 5,38	τηροῦνται		3 p sg ind pr pass	Id
19271		τηροῦντες	(4)	nom mas pl part pr a	Id
19272		τηρούντων	(2)	gen mas pl part pr a	Id
19273	Jh 8,55	τηρῶ	(1)	1 p sg ind pr a	Id
19274		τηρῶμεν	(2)	1 p pl sbj pr a	Id
19275		τηρῶν	(6)	nom mas sg part pr a	Id
19276		τῆς	(1301)	gen fem sg	ὁ
19277		τι	(95)	nom/acc neut sg	τις
19278		τί	(340)	nom/acc neut sg	τίς
19279		Τιβεριάδος	(3)	gen	Τιβεριάς
19280	Lc 3,1	Τιβερίου	(1)	gen	Τιβέριος
19281	Mt 5,15	τιθέασιν	(1)	3 p pl ind pr a	τίθημι
19282	Mc 10,16	τιθείς	(1)	nom mas sg part pr a	Id
19283		τιθέναι	(2)	inf pr a	Id
19284	Mc 15,19	τιθέντες	(1)	nom mas pl part pr a	Id
19285	1Co 16,2	τιθέτω	(1)	3 p sg imper pr a	Id
19286		τίθημι	(5)	1 p sg ind pr a	Id
19287		τίθησιν	(6)	3 p sg ind pr a	Id
19288	Ja 1,15	τίκτει	(1)	3 p sg ind pr a	τίκτω
19289	Jh 16,21	τίκτῃ	(1)	3 p sg sbj pr a	Id
19290		τίκτουσα	(2)	nom fem sg part pr a	Id
19291	Mt 12,1	τίλλειν	(1)	inf pr a	τίλλω
19292	Mc 2,23	τίλλοντες	(1)	nom mas pl part pr a	Id
19293		τιμᾷ	(3)	3 p sg ind pr a	τιμάω
19294		τίμα	(7)	2 p sg imper pr a	Id
19295	Mc 10,46	Τιμαίου	(1)	gen	Τιμαῖος
19296	Ac 28,10	τιμαῖς	(1)	dat pl	τιμή
19297		τιμάς	(2)	acc pl	Id
19298	1Pt 2,17	τιμᾶτε	(1)	2 p pl imper pr a	τιμάω
19299		τιμή	(7)	nom sg	τιμή
19300		τιμῇ	(5)	dat sg	Id
19301		τιμήν	(19)	acc sg	Id
19302		τιμῆς	(7)	gen sg	Id

19303	1Pt 2,17	τιμήσατε	(1) 2 p pl imper ao a . .	τιμάω
19304		τιμήσει	(2) 3 p sg ind fut a . .	Id
19305	*Ac 17,34	τίμια	nom fem sg	τίμιος
19306	2Pt 1,4	τίμια	(1) nom neut pl	Id
19307	Ac 20,24	τιμίαν	(1) acc fem sg	Id
19308	Ja 5,7	τίμιον	(1) acc mas sg	Id
19309		τίμιος	(2) nom mas sg	Id
19310	Apc 18,19	τιμιότητος	(1) gen sg	τιμιότης
19311	Apc 18,12	τιμίου	(1) gen mas sg	τίμιος
19312	1Co 3,12	τιμίους	(1) acc mas pl	Id
19313		τιμίῳ	(3) dat mas sg	Id
19314	1Pt 1,19	τιμίῳ	(1) dat neut sg	Id
19315	Apc 18,12	τιμιωτάτου	(1) superl gen neut sg .	Id
19316	Apc 21,11	τιμιωτάτῳ	(1) superl dat mas sg . .	Id
19317		Τιμόθεε	(2) vo	Τιμόθεος
19318		Τιμόθεον	(6) acc	Id
19319		Τιμόθεος	(12) nom	Id
19320		Τιμοθέου	(2) gen	Id
19321		Τιμοθέῳ	(2) dat	Id
19322	Jh 8,49	τιμῶ	(1) 1 p sg ind pr a . . .	τιμάω
19323	Jh 5,23	τιμῶν	(1) nom mas sg part pr a . .	Id
19324	Ac 6,5	Τίμωνα	(1) acc	Τίμων
19325	Ac 22,5	τιμωρηθῶσιν	(1) 3 p pl sbj ao pass .	τιμωρέω
19326	Heb 10,29	τιμωρίας	(1) gen sg	τιμωρία
19327	Ac 26,11	τιμωρῶν	(1) nom mas sg part pr a . .	τιμωρέω
19328	Jh 5,23	τιμῶσι	(1) 3 p pl ind pr a . . .	τιμάω
19329	Jh 5,23	τιμῶσι	(1) 3 p pl sbj pr a . . .	Id
19330		τινα	(42) acc mas sg	τις
19331	2Pt 3,16	τινα	(1) nom neut pl	Id
19332		τινα	(2) acc neut pl	Id
19333		τίνα	(22) acc mas sg	τίς
19334		τίνα	(2) nom neut pl	Id
19335		τινας	(24) acc mas pl	τις
19336	Jh 13,18	τίνας	(1) acc mas pl	τίς
19337	1Th 4,2	τίνας	(1) acc fem pl	Id
19338		τινές	(76) nom mas pl	τις
19339		τίνες	(6) nom mas pl	τίς
19340		τινί	(10) dat mas sg	τις
19341		τινί	(2) dat fem sg	Id
19342	Ga 6,1	τινί	(1) dat neut sg	Id
19343		τίνι	(19) dat mas/fem/neut sg . .	τίς
19344		τινός	(19) gen mas sg	τις
19345		τινός	(2) gen neut sg	Id
19346		τίνος	(11) gen mas sg	τίς
19347		τίνος	(2) gen neut sg	Id
19348		τινῶν	(8) gen mas pl	τις
19349	Ac 25,13	τινῶν	(1) gen fem pl	Id
19350	Ac 27,44	τινῶν	(1) gen neut pl	Id
19351		τίνων	(2) gen mas pl	τίς
19352	1Tm 1,7	τίνων	(1) gen neut pl	Id

No.	Ref	Form	Freq	Analysis	Lemma
19353		τις	(238)	nom mas/fem sg	τις
19354		τίς	(146)	nom mas/fem sg	τίς
19355		τισίν	(4)	dat mas pl	τις
19356		τίσιν	(2)	dat mas pl	τίς
19357	2Th 1,9	τίσουσιν	(1)	3 p pl ind fut a	τίνω
19358	Ac 18,7	Τιτίου	(1)	gen	Τίτιος
19359		τίτλον	(2)	acc sg	τίτλος
19360		Τίτον	(4)	acc	Τίτος
19361		Τίτος	(3)	nom	Id
19362		Τίτου	(5)	gen	Id
19363	Tit 1,4	Τίτῳ	(1)	dat	Id
19364		τό	(1702)	nom/acc neut sg	ὁ
19365	*Mc 14,60	τοί		parti	τοί
19366	2Pt 1,17	τοιᾶσδε	(1)	gen fem sg	τοιόσδε
19367		τοιαῦτα	(9)	acc neut pl	τοιοῦτος
19368	Mc 6,2	τοιαῦται	(1)	nom fem pl	Id
19369		τοιαύταις	(2)	dat fem pl	Id
19370	Jh 8,5	τοιαύτας	(1)	acc fem pl	Id
19371		τοιαύτη	(3)	nom fem sg	Id
19372		τοιαύτην	(6)	acc fem sg	Id
19373		τοιγαροῦν	(2)	parti	τοιγαροῦν
19374		τοίνυν	(3)	parti	τοίνυν
19375	Mt 18,5	τοιοῦτο	(1)	acc neut sg	τοιοῦτος
19376		τοιοῦτοι	(6)	nom mas pl	Id
19377		τοιούτοις	(3)	dat mas pl	Id
19378	1Co 7,15	τοιούτοις	(1)	dat neut pl	Id
19379		τοιοῦτον	(6)	acc mas sg	Id
19380		τοιοῦτος	(5)	nom mas sg	Id
19381	2Co 12,5	τοιούτου	(1)	gen mas sg	Id
19382		τοιούτους	(4)	acc mas pl	Id
19383		τοιούτῳ	(2)	dat mas sg	Id
19384	*1Tm 6,5	τοιούτων		gen mas pl	Id
19385		τοιούτων	(6)	gen neut pl	Id
19386		τοῖς	(625)	dat mas/neut pl	ὁ
19387	Ac 23,3	τοῖχε	(1)	vo sg	τοῖχος
19388	*Lc 21,6	τοίχῳ		dat sg	Id
19389		τόκῳ	(2)	dat sg	τόκος
19390		τολμᾷ	(2)	3 p sg ind pr a	τολμάω
19391	2Co 11,21	τολμᾷ	(1)	3 p sg sbj pr a	Id
19392	Php 1,14	τολμᾶν	(1)	inf pr a	Id
19393	Rm 15,15	τολμηρότερον	(1)	comp adv	τολμηρός
19394	*Rm 15,15	τολμηροτέρως		adv	τολμηροτέρως
19395	2Co 10,2	τολμῆσαι	(1)	inf ao a	τολμάω
19396	Mc 15,43	τολμήσας	(1)	nom mas sg part ao a	Id
19397	Rm 15,18	τολμήσω	(1)	1 p sg ind fut a	Id
19398	2Pt 2,10	τολμηταί	(1)	nom pl	τολμητής
19399	2Co 11,21	τολμῶ	(1)	1 p sg ind pr a	τολμάω
19400	2Co 10,12	τολμῶμεν	(1)	1 p pl ind pr a	Id
19401	Heb 4,12	τομώτερος	(1)	comp nom mas sg	τομός
19402		τόν	(1584)	acc mas sg	ὁ

19403	Apc 6,2	τόξον	(1)	acc sg	τόξον
19404	Apc 21,20	τοπάζιον	(1)	nom sg	τοπάζιον
19405		τόποις	(2)	dat pl	τόπος
19406		τόπον	(46)	acc sg	Id
19407		τόπος	(16)	nom sg	Id
19408		τόπου	(7)	gen sg	Id
19409		τόπους	(5)	acc pl	Id
19410		τόπῳ	(15)	dat sg	Id
19411		τόπων	(3)	gen pl	Id
19412	1Co 14,10	τοσαῦτα	(1)	nom neut pl . . .	τοσοῦτος
19413		τοσαῦτα	(3)	acc neut pl . . .	Id
19414		τοσαύτην	(2)	acc fem sg . . .	Id
19415	Heb 7,22	τοσοῦτο	(1)	acc neut sg . . .	Id
19416	Mt 15,33	τοσοῦτοι	(1)	nom mas pl . . .	Id
19417		τοσοῦτον	(3)	acc mas sg . . .	Id
19418	Heb 12,1	τοσοῦτον	(1)	acc neut sg . . .	Id
19419	Apc 18,17	τοσοῦτος	(1)	nom mas sg . . .	Id
19420		τοσούτου	(2)	gen neut sg . . .	Id
19421	Jh 6,9	τοσούτους	(1)	acc mas pl . . .	Id
19422		τοσούτῳ	(2)	dat mas sg	Id
19423	Heb 10,25	τοσούτῳ	(1)	dat neut sg . . .	Id
19424	Jh 21,11	τοσούτων	(1)	gen mas pl . . .	Id
19425		τότε	(160)	adv	τότε
19426		τοῦ	(2520)	gen mas/neut sg . . .	ὁ
19427		τοὐναντίον	cf	τὸ ἐναντίον	
19428		τοὔνομα	cf	τὸ ὄνομα	
19429		τούς	(731)	acc mas pl	ὁ
19430		τοῦτο	(340)	nom/acc neut sg . . .	οὗτος
19431		τούτοις	(19)	dat mas/neut pl . . .	Id
19432		τοῦτον	(60)	acc mas sg	Id
19433		τούτου	(69)	gen mas/neut sg . . .	Id
19434		τούτους	(28)	acc mas pl . . .	Id
19435		τούτῳ	(88)	dat mas/neut sg . . .	Id
19436		τούτων	(72)	gen mas/fem/neut pl . .	Id
19437		τράγων	(4)	gen pl	τράγος
19438		τράπεζα	(2)	nom sg	τράπεζα
19439	Ac 6,2	τραπέζαις	(1)	dat pl	Id
19440		τράπεζαν	(2)	acc sg	Id
19441		τραπέζας	(3)	acc pl	Id
19442		τραπέζης	(7)	gen sg	Id
19443	Mt 25,27	τραπεζίταις	(1)	dat pl	τραπεζίτης
19444	Lc 10,34	τραύματα	(1)	acc pl	τραῦμα
19445	Lc 20,12	τραυματίσαντες	(1)	nom mas pl part ao a	τραυματίζω
19446	Lc 3,5	τραχεῖαι	(1)	nom fem pl . . .	τραχύς
19447	Ac 27,29	τραχεῖς	(1)	acc mas pl . . .	Id
19448		τράχηλον	(7)	acc sg	τράχηλος
19449	*Mt 18,6	τραχήλῳ		dat sg	Id
19450	Lc 3,1	Τραχωνίτιδος	(1)	gen	Τραχωνῖτις
19451		τρεῖς	(13)	nom mas	τρεῖς
19452		τρεῖς	(2)	nom fem	Id
19453		τρεῖς	(8)	acc mas	Id

19454		τρεῖς	(19)	acc fem	τρεῖς
19455		τρέμουσα	(2)	nom fem sg part pr a	τρέμω
19456	2Pt 2,10	τρέμουσιν	(1)	3 p pl ind pr a	Id
19457	*Ac 9,6	τρέμων		nom mas sg part pr a	Id
19458		τρέφει	(2)	3 p sg ind pr a	τρέφω
19459	Ac 12,20	τρέφεσθαι	(1)	inf pr pass	Id
19460	Apc 12,14	τρέφεται	(1)	3 p sg ind pr pass	Id
19461	*Apc 12,14	τρέφηται		3 p sg sbj pr pass	Id
19462	*Apc 12,6	τρέφουσιν		3 p pl ind pr a	Id
19463	Apc 12,6	τρέφωσιν	(1)	3 p pl sbj pr a	Id
19464	Jh 20,2	τρέχει	(1)	3 p sg ind pr a	τρέχω
19465	1Co 9,24	τρέχετε	(1)	2 p pl imper pr a	Id
19466	2Th 3,1	τρέχῃ	(1)	3 p sg sbj pr a	Id
19467	1Co 9,24	τρέχοντες	(1)	nom mas pl part pr a	Id
19468	Rm 9,16	τρέχοντος	(1)	gen mas sg part pr a	Id
19469	Apc 9,9	τρεχόντων	(1)	gen mas pl part pr a	Id
19470	1Co 9,24	τρέχουσιν	(1)	3 p pl ind pr a	Id
19471	1Co 9,26	τρέχω	(1)	1 p sg ind pr a	Id
19472	Ga 2,2	τρέχω	(1)	1 p sg sbj pr a	Id
19473	Heb 12,1	τρέχωμεν	(1)	1 p pl sbj pr a	Id
19474	Lc 18,25	τρήματος	(1)	gen sg	τρῆμα
19475	1Co 13,13	τρία	(1)	nom neut	τρεῖς
19476		τρία	(8)	acc neut	Id
19477		τριάκοντα	(9)	inde	τριάκοντα
19478	Jh 5,5	τριακονταοκτώ	(1)	inde	τριακονταοκτώ
19479	*Ac 13,20	τριακοσίοις		dat neut	τριακόσιοι
19480		τριακοσίων	(2)	gen neut	Id
19481	Heb 6,8	τριβόλους	(1)	acc pl	τρίβολος
19482	Mt 7,16	τριβόλων	(1)	gen pl	Id
19483		τρίβους	(3)	acc pl	τρίβος
19484	Ac 20,31	τριετίαν	(1)	acc sg	τριετία
19485	Mc 9,18	τρίζει	(1)	3 p sg ind pr a	τρίζω
19486	Heb 11,23	τρίμηνον	(1)	acc sg	τρίμηνος
19487		τρίς	(12)	adv	τρίς
19488		τρισίν	(2)	dat mas	τρεῖς
19489		τρισίν	(4)	dat fem	Id
19490	Ac 20,9	τριστέγου	(1)	gen sg	τρίστεγον
19491	Ac 2,41	τρισχίλιαι	(1)	nom fem	τρισχίλιοι
19492	*Jh 6,10	τρισχίλιοι		nom mas	Id
19493		τρίτη	(3)	nom fem sg	τρίτος
19494		τρίτῃ	(13)	dat fem sg	Id
19495		τρίτην	(3)	acc fem sg	Id
19496		τρίτης	(2)	gen fem sg	Id
19497	Lc 20,11	τρίτον	(1)	acc mas sg	Id
19498		τρίτον	(20)	nom neut sg	Id
19499		τρίτον	(4)	acc neut sg	Id
19500		τρίτος	(7)	nom mas sg	Id
19501	2Co 12,2	τρίτου	(1)	gen mas sg	Id
19502		τρίτου	(2)	gen neut sg	Id
19503	Mt 5,36	τρίχα	(1)	acc sg	θρίξ

19504		τρίχας	(3)	acc pl	θρίξ
19505		τρίχες	(3)	nom pl	Id
19506	Apc 6,12	τρίχινος	(1)	nom mas sg	τρίχινος
19507		τριχῶν	(2)	gen pl	θρίξ
19508		τριῶν	(5)	gen mas	τρεῖς
19509		τριῶν	(5)	gen fem	Id
19510	Mc 16,8	τρόμος	(1)	nom sg	τρόμος
19511		τρόμου	(3)	gen sg	Id
19512	1Co 2,3	τρόμῳ	(1)	dat sg	Id
19513	*Ja 1,17	τροπή		nom sg	τροπή
19514	Ja 1,17	τροπῆς	(1)	gen sg	Id
19515		τρόπον	(10)	acc sg	τρόπος
19516	Heb 13,5	τρόπος	(1)	nom sg	Id
19517		τρόπῳ	(2)	dat sg	Id
19518	Jh 4,8	τροφάς	(1)	acc pl	τροφή
19519		τροφή	(2)	nom sg	Id
19520		τροφήν	(2)	acc sg	Id
19521		τροφῆς	(11)	gen sg	Id
19522		Τρόφιμον	(2)	acc	Τρόφιμος
19523	Ac 20,4	Τρόφιμος	(1)	nom	Id
19524	1Th 2,7	τροφός	(1)	nom sg	τροφός
19525	Heb 12,13	τροχιάς	(1)	acc pl	τροχιά
19526	Ja 3,6	τροχόν	(1)	acc sg	τροχός
19527	Mc 14,20	τρύβλιον	(1)	acc sg	τρύβλιον
19528	Mt 26,23	τρυβλίῳ	(1)	dat sg	Id
19529	Apc 14,18	τρύγησον	(1)	2 p sg imper ao a	τρυγάω
19530	Lc 2,24	τρυγόνων	(1)	gen pl	τρυγών
19531	Lc 6,44	τρυγῶσιν	(1)	3 p pl ind pr a	τρυγάω
19532	Mc 10,25	τρυμαλιᾶς	(1)	gen sg	τρυμαλιά
19533	*Mc 10,23	τρυμαλῖδος		gen sg	τρυμαλῖτις
19534	Mt 19,24	τρυπήματος	(1)	gen sg	τρύπημα
19535	Rm 16,12	Τρύφαιναν	(1)	acc	Τρύφαινα
19536	Lc 7,25	τρυφῇ	(1)	dat sg	τρυφή
19537	2Pt 2,13	τρυφήν	(1)	acc sg	Id
19538	*2Pt 2,13	τρυφῆς		gen sg	Id
19539	Rm 16,12	Τρυφῶσαν	(1)	acc	Τρυφῶσα
19540		Τρῳάδα	(3)	acc	Τρῳάς
19541		Τρῳάδι	(2)	dat	Id
19542	Ac 16,11	Τρῳάδος	(1)	gen	Id
19543	Mt 24,38	τρώγοντες	(1)	nom mas pl part pr a	τρώγω
19544	*Ac 20,15	Τρωγυ(λ)λίῳ		dat	Τρωγύλλιον
19545		τρώγων	(5)	nom mas sg part pr a	τρώγω
19546	*Lc 10,30	τυγχάνοντα		acc mas sg part pr a	τυγχάνω
19547	Ac 24,2	τυγχάνοντες	(1)	nom mas pl part pr a	Id
19548	1Co 10,11	τυπικῶς	(1)	adv	τυπικῶς
19549		τύποι	(2)	nom pl	τύπος
19550		τύπον	(10)	acc sg	Id
19551		τύπος	(2)	nom sg	Id
19552	Ac 7,43	τύπους	(1)	acc pl	Id

19553		τύπτειν	(4) inf pr a	τύπτω
19554	Ac 23,3	τύπτεσθαι	(1) inf pr pass . . .	Id
19555	*1Pt 2,23	τυπτόμενος	nom mas sg part pr pass . .	Id
19556		τύπτοντες	(3) nom mas pl part pr a .	Id
19557	Lc 6,29	τύπτοντι	(1) dat mas sg part pr a .	Id
19558	*Ac 5,39	τύραννοι	nom pl	τύραννος
19559	Ac 19,9	Τυράννου	(1) gen	Τύραννος
19560	*Lc 10,41	τυρβάζῃ	2 p sg ind pr m	τυρβάζω
19561	Ac 12,20	Τυρίοις	(1) dat pl	Τύριος
19562		Τύρον	(2) acc	Τύρος
19563		Τύρου	(5) gen	Id
19564	*Mc 7,26	Τυροφοινίκισσα	nom . . .	Τυροφοινίκισσα
19565	*Ac 19,9	Τυρρανίου	gen	Τυρράνιος
19566		Τύρῳ	(4) dat	Τύρος
19567	Mt 23,26	τυφλέ	(1) vo mas sg	τυφλός
19568		τυφλοί	(10) nom mas pl	Id
19569		τυφλοί	(4) vo mas pl	Id
19570		τυφλοῖς	(2) dat mas pl	Id
19571		τυφλόν	(6) acc mas sg	Id
19572		τυφλός	(15) nom mas sg	Id
19573		τυφλοῦ	(3) gen mas sg	Id
19574		τυφλούς	(4) acc mas pl	Id
19575	Jh 9,17	τυφλῷ	(1) dat mas sg	Id
19576		τυφλῶν	(4) gen mas pl	Id
19577	Mt 12,20	τυφόμενον	(1) acc neut sg part pr	τύφομαι
19578	1Tm 3,6	τυφωθείς	(1) nom mas sg part ao (pass)	τυφόομαι
19579	Ac 27,14	τυφωνικός	(1) nom mas sg . .	τυφωνικός
19580	*Lc 10,31	τύχα	acc duel	τύχη
19581		τυχεῖν	(2) inf ao2 a	τυγχάνω
19582		Τύχικον	(2) acc	Τύχικος
19583		Τύχικος	(3) nom	Id
19584	*Eph subsc	Τυχίκου	gen	Id
19585		τύχοι	(2) 3 p sg opt ao2 a . . .	τυγχάνω
19586	1Co 16,6	τυχόν	(1) nom neut sg part ao2 a . .	Id
19587	*Lc 20,13	τυχόν	acc neut sg part ao2 a . .	Id
19588	Ac 28,2	τυχοῦσαν	(1) acc fem sg part ao2 a .	Id
19589	Ac 19,11	τυχούσας	(1) acc fem pl part ao2 a .	Id
19590	Ac 26,22	τυχών	(1) nom mas sg part ao2 a . .	Id
19591		τύχωσιν	(2) 3 p pl sbj ao2 a . .	Id
19592		τῷ	(1240) dat mas/neut sg . . .	ὁ
19593		τῶν	(1212) gen mas/fem/neut pl . .	Id

υ

19594	*Ac 13,20	υ´	cf τετρακόσιοι	
19595	Apc 9,17	ὑακινθίνους	(1) acc mas pl . .	ὑακίνθινος
19596	Apc 21,20	ὑάκινθος	(1) nom sg	ὑάκινθος
19597	Apc 4,6	ὑαλίνη	(1) nom fem sg	ὑάλινος
19598		ὑαλίνην	(2) acc fem sg	Id
19599	Apc 21,21	ὕαλος	(1) nom sg	ὕαλος
19600	Apc 21,18	ὑάλῳ	(1) dat sg	Id

19601	2Co 12,10	ὕβρεσιν	(1)	dat pl	ὕβρις
19602	Ac 27,10	ὕβρεως	(1)	gen sg	Id
19603	Lc 11,45	ὑβρίζεις	(1)	2 p sg ind pr a . .	ὑβρίζω
19604	*Tit 1,11	ὑβρίζοντες		nom mas pl part pr a . .	Id
19605	Ac 27,21	ὕβριν	(1)	acc sg	ὕβρις
19606	Ac 14,5	ὑβρίσαι	(1)	inf ao a	ὑβρίζω
19607	Mt 22,6	ὕβρισαν	(1)	3 p pl ind ao a . . .	Id
19608	1Th 2,2	ὑβρισθέντες	(1)	nom mas pl part ao pass	Id
19609	Lc 18,32	ὑβρισθήσεται	(1)	3 p sg ind fut pass .	Id
19610	Rm 1,30	ὑβριστάς	(1)	acc pl	ὑβριστής
19611	1Tm 1,13	ὑβριστήν	(1)	acc sg	Id
19612	3Jh 2	ὑγιαίνειν	(1)	inf pr a	ὑγιαίνω
19613		ὑγιαίνοντα	(2)	acc mas sg part pr a .	Id
19614	Tit 2,2	ὑγιαίνοντας	(1)	acc mas pl part pr a .	Id
19615	Lc 5,31	ὑγιαίνοντες	(1)	nom mas pl part pr a .	Id
19616	2Tm 1,13	ὑγιαινόντων	(1)	gen mas pl part pr a .	Id
19617		ὑγιαινούσῃ	(3)	dat fem sg part pr a .	Id
19618	2Tm 4,3	ὑγιαινούσης	(1)	gen fem sg part pr a .	Id
19619	1Tm 6,3	ὑγιαίνουσιν	(1)	dat mas pl part pr a .	Id
19620	Tit 1,13	ὑγιαίνωσιν	(1)	3 p pl sbj pr a . .	Id
19621	Mt 15,31	ὑγιεῖς	(1)	acc mas pl	ὑγιής
19622		ὑγιῆ	(4)	acc mas sg	Id
19623		ὑγιής	(5)	nom mas sg	Id
19624		ὑγιής	(2)	nom fem sg	Id
19625	*Ac 28,9	ὑγιοῦς		gen mas sg	Id
19626	Lc 23,31	ὑγρῷ	(1)	dat neut sg	ὑγρός
19627	Mt 8,32	ὕδασιν	(1)	dat pl	ὕδωρ
19628	Jh 3,23	ὕδατα	(1)	nom pl	Id
19629		ὕδατα	(4)	acc pl	Id
19630		ὕδατι	(13)	dat sg	Id
19631		ὕδατος	(23)	gen sg	Id
19632		ὑδάτων	(12)	gen pl	Id
19633	Jh 2,6	ὑδρίαι	(1)	nom pl	ὑδρία
19634	Jh 4,28	ὑδρίαν	(1)	acc sg	Id
19635	Jh 2,7	ὑδρίας	(1)	acc pl	Id
19636	1Tm 5,23	ὑδροπότει	(1)	2 p sg imper pr a .	ὑδροποτέω
19637	Lc 14,2	ὑδρωπικός	(1)	nom mas sg . .	ὑδρωπικός
19638		ὕδωρ	(6)	nom sg	ὕδωρ
19639		ὕδωρ	(18)	acc sg	Id
19640		ὑετόν	(3)	acc sg	ὑετός
19641	Apc 11,6	ὑετός	(1)	nom sg	Id
19642	Ac 14,17	ὑετούς	(1)	acc pl	Id
19643		υἱέ	(9)	vo sg	υἱός
19644	Rm 9,4	υἱοθεσία	(1)	nom sg	υἱοθεσία
19645		υἱοθεσίαν	(3)	acc sg	Id
19646	Rm 8,15	υἱοθεσίας	(1)	gen sg	Id
19647		υἱοί	(31)	nom pl	υἱός
19648	Ac 13,26	υἱοί	(1)	vo pl	Id
19649		υἱοῖς	(7)	dat pl	Id

19650		υἱόν	(86)	acc sg	υἱός
19651		υἱός	(162)	nom sg	Id
19652		υἱοῦ	(36)	gen sg	Id
19653		υἱούς	(14)	acc pl	Id
19654		υἱῷ	(16)	dat sg	Id
19655		υἱῶν	(17)	gen pl	Id
19656	Ja 3,5	ὕλην	(1)	acc sg	ὕλη
19657		ὑμᾶς	(435)	acc	ὑμεῖς
19658		ὑμεῖς	(237)	nom	Id
19659		Ὑμέναιος	(2)	nom	Ὑμέναιος
19660	Lc 6,20	ὑμετέρα	(1)	nom fem sg	ὑμέτερος
19661	Ga 6,13	ὑμετέρᾳ	(1)	dat fem sg	Id
19662	1Co 15,31	ὑμετέραν	(1)	acc fem sg	Id
19663		ὑμετέρας	(2)	gen fem sg	Id
19664	Jh 15,20	ὑμέτερον	(1)	acc mas sg	Id
19665		ὑμέτερον	(2)	acc neut sg	Id
19666	Jh 7,6	ὑμέτερος	(1)	nom mas sg	Id
19667	Jh 8,17	ὑμετέρῳ	(1)	dat mas sg	Id
19668	Rm 11,31	ὑμετέρῳ	(1)	dat neut sg	Id
19669		ὑμῖν	(610)	dat	ὑμεῖς
19670		ὑμνήσαντες	(2)	nom mas pl part ao a .	ὑμνέω
19671	Heb 2,12	ὑμνήσω	(1)	1 p sg ind fut a . .	Id
19672		ὕμνοις	(2)	dat pl	ὕμνος
19673	Ac 16,25	ὕμνουν	(1)	3 p pl ind impf a . .	ὑμνέω
19674		ὑμῶν	(565)	gen pl	ὑμεῖς
19675	*Jh 5,4	ὑοδήποτε	[sic]		
19676		ὑπ'	cf ὑπό		
19677		ὕπαγε	(24)	2 p sg imper pr a . .	ὑπάγω
19678		ὑπάγει	(11)	3 p sg ind pr a	Id
19679		ὑπάγειν	(5)	inf pr a	Id
19680		ὑπάγεις	(5)	2 p sg ind pr a	Id
19681		ὑπάγετε	(14)	2 p pl imper pr a . .	Id
19682	Apc 14,4	ὑπάγῃ	(1)	3 p sg sbj pr a	Id
19683	*Lc 9,57	ὑπάγῃς		2 p sg sbj pr a	Id
19684	Jh 15,16	ὑπάγητε	(1)	2 p pl sbj pr a	Id
19685	Mc 6,33	ὑπάγοντας	(1)	acc mas pl part pr a .	Id
19686	Mc 6,31	ὑπάγοντες	(1)	nom mas pl part pr a .	Id
19687		ὑπάγω	(14)	1 p sg ind pr a . . .	Id
19688	*Mc 6,31	ὑπάγωμεν		1 p pl sbj pr a	Id
19689	*Mt 21,18	ὑπάγων		nom mas sg part pr a . .	Id
19690	Rm 16,19	ὑπακοή	(1)	nom sg	ὑπακοή
19691		ὑπακοῇ	(2)	dat sg	Id
19692		ὑπακοήν	(9)	acc sg	Id
19693		ὑπακοῆς	(3)	gen sg	Id
19694		ὑπακούει	(2)	3 p sg ind pr a . .	ὑπακούω
19695	Rm 6,12	ὑπακούειν	(1)	inf pr a	Id
19696	Rm 6,16	ὑπακούετε	(1)	2 p pl ind pr a . .	Id
19697		ὑπακούετε	(4)	2 p pl imper pr a . .	Id
19698		ὑπακούουσιν	(3)	3 p pl ind pr a . .	Id
19699		ὑπακούουσιν	(2)	dat mas pl part pr a .	Id

19700	Ac 12,13	ὑπακοῦσαι	(1)	inf ao a	ὑπακούω
19701	*2Th 1,8	ὑπακούσασιν		dat mas pl part ao a . .	Id
19702	Rm 7,2	ὕπανδρος	(1)	nom fem sg . . .	ὕπανδρος
19703		ὑπαντῆσαι	(2)	inf ao a	ὑπαντάω
19704	*Lc 22,10	ὑπαντήσει		3 p sg ind fut a . . .	Id
19705		ὑπάντησιν	(3)	acc sg . . .	ὑπάντησις
19706	Ac 2,45	ὑπάρξεις	(1)	acc pl	ὕπαρξις
19707	Heb 10,34	ὕπαρξιν	(1)	acc sg	Id
19708		ὑπάρχει	(3)	3 p sg ind pr a . . .	ὑπάρχω
19709		ὑπάρχειν	(6)	inf pr a	Id
19710	Ac 17,27	ὑπάρχοντα	(1)	acc mas sg part pr a .	Id
19711		ὑπάρχοντα	(2)	nom neut pl part pr a .	Id
19712		ὑπάρχοντα	(5)	acc neut pl part pr a .	Id
19713	Ac 16,37	ὑπάρχοντας	(1)	acc mas pl part pr a .	Id
19714		ὑπάρχοντες	(6)	nom mas pl part pr a .	Id
19715		ὑπάρχοντος	(2)	gen mas sg part pr a .	Id
19716	Ac 19,40	ὑπάρχοντος	(1)	gen neut sg part pr a .	Id
19717	*Mt 5,12	ὑπαρχόντων		gen mas pl part pr a . .	Id
19718		ὑπαρχόντων	(5)	gen neut pl part pr a .	Id
19719	*Ju 7	ὑπάρχουσαι		nom fem pl part pr a . .	Id
19720	Ac 27,21	ὑπαρχούσης	(1)	gen fem sg part pr a .	Id
19721	Ac 21,20	ὑπάρχουσιν	(1)	3 p pl ind pr a . .	Id
19722		ὑπάρχουσιν	(3)	dat neut pl part pr a .	Id
19723		ὑπάρχων	(15)	nom mas sg part pr a .	Id
19724	Ja 2,15	ὑπάρχωσιν	(1)	3 p pl sbj pr a . .	Id
19725	*Ac 1,9	ὑπέβαλεν		3 p sg ind ao2 a . . .	ὑποβάλλω
19726	Ac 6,11	ὑπέβαλον	(1)	3 p pl ind ao2 a . .	Id
19727	Ac 20,35	ὑπέδειξα	(1)	1 p sg ind ao a .	ὑποδείκνυμι
19728		ὑπέδειξεν	(2)	3 p sg ind ao a . .	Id
19729		ὑπεδέξατο	(2)	3 p sg ind ao . .	ὑποδέχομαι
19730	*Ac 15,4	ὑπεδέχθησαν		3 p pl ind ao (pass) . .	Id
19731	Rm 16,4	ὑπέθηκαν	(1)	3 p pl ind ao a .	ὑποτίθημι
19732	Heb 13,17	ὑπείκετε	(1)	2 p pl imper pr a . .	ὑπείκω
19733	Ac 1,9	ὑπέλαβεν	(1)	3 p sg ind ao2 a .	ὑπολαμβάνω
19734	Rm 11,3	ὑπελείφθην	(1)	1 p sg ind ao pass .	ὑπολείπω
19735	Ac 17,14	ὑπέμειναν	(1)	3 p pl ind ao a . .	ὑπομένω
19736	Heb 10,32	ὑπεμείνατε	(1)	2 p pl ind ao a . .	Id
19737		ὑπέμεινεν	(2)	3 p sg ind ao a . .	Id
19738	Lc 22,61	ὑπεμνήσθη	(1)	3 p sg ind ao pass .	ὑπομιμνήσκω
19739	Col 2,14	ὑπεναντίον	(1)	nom neut sg . .	ὑπεναντίος
19740	Heb 10,27	ὑπεναντίους	(1)	acc mas pl . .	Id
19741	1Co 10,13	ὑπενεγκεῖν	(1)	inf ao2 a . . .	ὑποφέρω
19742	Ac 25,18	ὑπενόουν	(1)	1 p sg ind impf a . .	ὑπονοέω
19743	Ac 27,27	ὑπενόουν	(1)	3 p pl ind impf a . .	Id
19744		ὑπεπλεύσαμεν	(2)	1 p pl ind ao a . .	ὑποπλέω
19745		ὑπέρ	(150)	prpo	ὑπέρ
19746	*2Co 12,7	ὑπεραίρομαι		1 p sg ind pr pass . .	ὑπεραίρω
19747	2Th 2,4	ὑπεραιρόμενος	(1)	nom mas sg part pr	ὑπεραίρομαι
19748		ὑπεραίρωμαι	(2)	1 p sg sbj pr .	Id
19749	1Co 7,36	ὑπέρακμος	(1)	nom fem sg . .	ὑπέρακμος

No.	Ref.	Form	Analysis	Lemma
19750		ὑπεράνω	(3) adv	ὑπεράνω
19751	*Ja 1,27	ὑπερασπίζειν	inf pr a . . .	ὑπερασπίζω
19752	2Th 1,3	ὑπεραυξάνει	(1) 3 p sg ind pr a .	ὑπεραυξάνω
19753	1Th 4,6	ὑπερβαίνειν	(1) inf pr a . .	ὑπερβαίνω
19754		ὑπερβάλλον	(2) nom neut sg part pr a	ὑπερβάλλω
19755	*Eph 2,7	ὑπερβάλλοντα	acc mas sg part pr a . .	Id
19756	2Co 11,23	ὑπερβαλλόντως	(1) adv . .	ὑπερβαλλόντως
19757		ὑπερβάλλουσαν	(2) acc fem sg part pr a	ὑπερβάλλω
19758	2Co 3,10	ὑπερβαλλούσης	(1) gen fem sg part pr a	Id
19759	2Co 4,7	ὑπερβολή	(1) nom sg	ὑπερβολή
19760	2Co 12,7	ὑπερβολῇ	(1) dat sg	Id
19761		ὑπερβολήν	(6) acc sg	Id
19762	2Co 10,16	ὑπερέκεινα	(1) adv . . .	ὑπερέκεινα
19763		ὑπερεκπερισσοῦ	(3) adv . .	ὑπερεκπερισσοῦ
19764	*1Th 5,13	ὑπερεκπερισσῶς	adv . . .	ὑπερεκπερισσῶς
19765	2Co 10,14	ὑπερεκτείνομεν	(1) 1 p pl ind pr a	ὑπερεκτείνω
19766	Lc 6,38	ὑπερεκχυννόμενον	(1) acc neut sg part pr pass	ὑπερεκχύννω
19767	Rm 8,26	ὑπερεντυγχάνει	(1) 3 p sg ind pr a	ὑπερεντυγχάνω
19768	Rm 5,20	ὑπερεπερίσσευσεν	(1) 3 p sg ind ao a	ὑπερπερισσεύω
19769	1Tm 1,14	ὑπερεπλεόνασεν	(1) 3 p sg ind ao a	ὑπερπλεονάζω
19770	Php 3,8	ὑπερέχον	(1) acc neut sg part pr a .	ὑπερέχω
19771	Php 2,3	ὑπερέχοντας	(1) acc mas pl part pr a .	Id
19772	1Pt 2,13	ὑπερέχοντι	(1) dat mas sg part pr a .	Id
19773	Php 4,7	ὑπερέχουσα	(1) nom fem sg part pr a .	Id
19774	*Ju 7	ὑπερέχουσαι	nom fem pl part pr a . .	Id
19775	Rm 13,1	ὑπερεχούσαις	(1) dat fem pl part pr a .	Id
19776	Mc 7,22	ὑπερηφανία	(1) nom sg . . .	ὑπερηφανία
19777	2Tm 3,2	ὑπερήφανοι	(1) nom mas pl . .	ὑπερήφανος
19778		ὑπερηφάνοις	(2) dat mas pl . . .	Id
19779		ὑπερηφάνους	(2) acc mas pl . . .	Id
19780	Ac 17,30	ὑπεριδών	(1) nom mas sg part ao2 a .	ὑπεροράω
19781		ὑπερλίαν	(2) adv	ὑπερλίαν
19782	Rm 8,37	ὑπερνικῶμεν	(1) 1 p pl ind pr a .	ὑπερνικάω
19783		ὑπέρογκα	(2) acc neut pl . .	ὑπέρογκος
19784	1Tm 2,2	ὑπεροχῇ	(1) dat sg	ὑπεροχή
19785	1Co 2,1	ὑπεροχήν	(1) acc sg	Id
19786	2Co 7,4	ὑπερπερισσεύομαι	(1)1 p sg ind pr m	ὑπερπερισσεύω
19787	Mc 7,37	ὑπερπερισσῶς	(1) adv . .	ὑπερπερισσῶς
19788	Php 2,9	ὑπερύψωσεν	(1) 3 p sg ind ao a .	ὑπερυψόω
19789	Rm 12,3	ὑπερφρονεῖν	(1) inf pr a . .	ὑπερφρονέω
19790		ὑπερῷον	(2) acc sg	ὑπερῷον
19791		ὑπερῴῳ	(2) dat sg	Id
19792		ὑπεστειλάμην	(2) 1 p sg ind ao m	ὑποστέλλω
19793	Ga 2,12	ὑπέστελλεν	(1) 3 p sg ind impf a .	Id
19794	*Lc 8,37	ὑπέστρεφεν	3 p sg ind impf a . .	ὑποστρέφω
19795		ὑπέστρεφον	(2) 3 p pl ind impf a . .	Id
19796	Ga 1,17	ὑπέστρεψα	(1) 1 p sg ind ao a . .	Id
19797		ὑπέστρεψαν	(10) 3 p pl ind ao a .	Id
19798		ὑπέστρεψεν	(6) 3 p sg ind ao a . .	Id

19799	Lc 19,36	ὑπεστρώννυον	(1)	3 p pl ind impf a	ὑποστρωννύω
19800	Rm 8,20	ὑπετάγη	(1)	3 p sg ind ao2 pass . .	ὑποτάσσω
19801	Rm 10,3	ὑπετάγησαν	(1)	3 p pl ind ao2 pass .	Id
19802	Heb 2,8	ὑπέταξας	(1)	2 p sg ind ao a . .	Id
19803		ὑπέταξεν	(3)	3 p sg ind ao a . .	Id
19804	Ju 7	ὑπέχουσαι	(1)	nom fem pl part pr a .	ὑπέχω
19805	*Ju 7	ὑπέχουσιν		3 p pl ind pr a . .	Id
19806	Lc 9,10	ὑπεχώρησεν	(1)	3 p sg ind ao a . .	ὑποχωρέω
19807		ὑπῆγον	(2)	3 p pl ind impf a . .	ὑπάγω
19808		ὑπήκοοι	(2)	nom mas pl	ὑπήκοος
19809	Php 2,8	ὑπήκοος	(1)	nom mas sg	Id
19810	*1Pt 3,6	ὑπήκουεν		3 p sg ind impf a . . .	ὑπακούω
19811	Ac 6,7	ὑπήκουον	(1)	3 p pl ind impf a . .	Id
19812	Rm 10,16	ὑπήκουσαν	(1)	3 p pl ind ao a . .	Id
19813		ὑπηκούσατε	(2)	2 p pl ind ao a . .	Id
19814		ὑπήκουσεν	(3)	3 p sg ind ao a . .	Id
19815	2Tm 3,11	ὑπήνεγκα	(1)	1 p sg ind ao2 a . .	ὑποφέρω
19816		ὑπήντησαν	(2)	3 p pl ind ao a . .	ὑπαντάω
19817		ὑπήντησεν	(6)	3 p sg ind ao a . .	Id
19818		ὑπηρέται	(9)	nom pl	ὑπηρέτης
19819	Ac 5,26	ὑπηρέταις	(1)	dat pl	Id
19820		ὑπηρέτας	(3)	acc pl	Id
19821	Ac 24,23	ὑπηρετεῖν	(1)	inf pr a	ὑπηρετέω
19822		ὑπηρέτῃ	(2)	dat sg	ὑπηρέτης
19823		ὑπηρέτην	(2)	acc sg	Id
19824	Ac 20,34	ὑπηρέτησαν	(1)	3 p pl ind ao a . .	ὑπηρετέω
19825	Ac 13,36	ὑπηρετήσας	(1)	nom mas sg part ao a .	Id
19826	*Ac 13,5	ὑπηρετοῦντα		acc mas sg part pr a . .	Id
19827		ὑπηρετῶν	(3)	gen pl	ὑπηρέτης
19828		ὑπῆρχεν	(5)	3 p sg ind impf a . .	ὑπάρχω
19829		ὑπῆρχον	(2)	3 p pl ind impf a . .	Id
19830		ὕπνου	(4)	gen sg	ὕπνος
19831		ὕπνῳ	(2)	dat sg	Id
19832		ὑπό	(220)	prpo	ὑπό
19833	1Pt 2,21	ὑπογραμμόν	(1)	acc sg . . .	ὑπογραμμός
19834	Ac 17,7	ὑποδέδεκται	(1)	3 p sg ind pf .	ὑποδέχομαι
19835	Mc 6,9	ὑποδεδεμένους	(1)	acc mas pl part pf m	ὑποδέω
19836		ὑπόδειγμα	(3)	acc sg	ὑπόδειγμα
19837	Heb 9,23	ὑποδείγματα	(1)	nom pl	Id
19838		ὑποδείγματι	(2)	dat sg	Id
19839	*Ac 2,37	ὑποδείξατε		2 p pl imper ao a . .	ὑποδείκνυμι
19840		ὑποδείξω	(3)	1 p sg ind fut a . .	Id
19841	Ja 2,25	ὑποδεξαμένη	(1)	nom fem sg part ao	ὑποδέχομαι
19842		ὑπόδημα	(2)	acc sg	ὑπόδημα
19843		ὑποδήματα	(5)	acc pl	Id
19844	Jh 1,27	ὑποδήματος	(1)	gen sg	Id
19845		ὑποδημάτων	(3)	gen pl	Id
19846	Ac 12,8	ὑπόδησαι	(1)	2 p sg imper ao m . .	ὑποδέω
19847	Eph 6,15	ὑποδησάμενοι	(1)	nom mas pl part ao m .	Id
19848	Rm 3,19	ὑπόδικος	(1)	nom mas sg	ὑπόδικος

No.	Ref.	Form	Freq.	Parsing	Lemma
19849	Ac 27,16	ὑποδραμόντες	(1)	nom mas pl part ao2 a	ὑποτρέχω
19850	2Pt 2,16	ὑποζύγιον	(1)	nom sg	ὑποζύγιον
19851	Mt 21,5	ὑποζυγίου	(1)	gen sg	Id
19852	Ac 27,17	ὑποζωννύντες	(1)	nom mas pl part pr a	ὑποζώννυμι
19853		ὑποκάτω	(11)	adv	ὑποκάτω
19854	*Lc 6,42	ὑποκεῖται		3 p sg ind pr	ὑποκεῖμαι
19855	Lc 20,20	ὑποκρινομένους	(1)	acc mas pl part pr	ὑποκρίνομαι
19856		ὑποκρίσει	(2)	dat sg	ὑπόκρισις
19857	1Pt 2,1	ὑποκρίσεις	(1)	acc pl	Id
19858	Mt 23,28	ὑποκρίσεως	(1)	gen sg	Id
19859	Mc 12,15	ὑπόκρισιν	(1)	acc sg	Id
19860	Lc 12,1	ὑπόκρισις	(1)	nom sg	Id
19861		ὑποκριτά	(2)	vo sg	ὑποκριτής
19862		ὑποκριταί	(3)	nom pl	Id
19863		ὑποκριταί	(11)	vo pl	Id
19864		ὑποκριτῶν	(2)	gen pl	Id
19865	Lc 10,30	ὑπολαβών	(1)	nom mas sg part ao2 a	ὑπολαμβάνω
19866	3Jh 8	ὑπολαμβάνειν	(1)	inf pr a	Id
19867	Ac 2,15	ὑπολαμβάνετε	(1)	2 p pl ind pr a	Id
19868	Lc 7,43	ὑπολαμβάνω	(1)	1 p sg ind pr a	Id
19869	*1Pt 2,21	ὑπολαμβάνων		nom mas sg part pr a	Id
19870	*Ac 20,8	ὑπολαμπάδες		nom pl	ὑπολαμπάς
19871	Rm 9,27	ὑπόλειμμα	(1)	nom sg	ὑπόλειμμα
19872	Mc 12,1	ὑπολήνιον	(1)	acc sg	ὑπολήνιον
18973	1Pt 2,21	ὑπολιμπάνων	(1)	nom mas sg part pr a	ὑπολιμπάνω
19874	Ja 5,11	ὑπομείναντας	(1)	acc mas pl part ao a	ὑπομένω
19875		ὑπομείνας	(3)	nom mas sg part ao a	Id
19876	Heb 12,3	ὑπομεμενηκότα	(1)	acc mas sg part pf a	Id
19877		ὑπομένει	(2)	3 p sg ind pr a	Id
19878	*Ja 1,12	ὑπομενεῖ		3 p sg ind fut a	Id
19879	*1Th 1,10	ὑπομένειν		inf pr a	Id
19880		ὑπομενεῖτε	(2)	2 p pl ind fut a	Id
19881	Heb 12,7	ὑπομένετε	(1)	2 p pl ind pr a	Id
19882	2Tm 2,12	ὑπομένομεν	(1)	1 p pl ind pr a	Id
19883	*Ja 5,11	ὑπομένοντας		acc mas pl part pr a	Id
19884	Rm 12,12	ὑπομένοντες	(1)	nom mas pl part pr a	Id
19885	2Tm 2,10	ὑπομένω	(1)	1 p sg ind pr a	Id
19886		ὑπομίμνησκε	(2)	2 p sg imper pr a	ὑπομιμνήσκω
19887	2Pt 1,12	ὑπομιμνήσκειν	(1)	inf pr a	Id
19888	*2Tm 1,6	ὑπομιμνήσκω		1 p sg ind pr a	Id
19889	Ju 5	ὑπομνῆσαι	(1)	inf ao a	Id
19890	Jh 14,26	ὑπομνήσει	(1)	3 p sg ind fut a	Id
19891		ὑπομνήσει	(2)	dat sg	ὑπόμνησις
19892	2Tm 1,5	ὑπόμνησιν	(1)	acc sg	Id
19893	3Jh 10	ὑπομνήσω	(1)	1 p sg ind fut a	ὑπομιμνήσκω
19894		ὑπομονή	(4)	nom sg	ὑπομονή
19895		ὑπομονῇ	(9)	dat sg	Id
19896		ὑπομονήν	(11)	acc sg	Id
19897		ὑπομονῆς	(8)	gen sg	Id

19898	Ac 13,25	ὑπονοεῖτε	(1)	2 p pl ind pr a . .	ὑπονοέω
19899	1Tm 6,4	ὑπόνοιαι	(1)	nom pl	ὑπόνοια
19900	Ac 27,13	ὑποπνεύσαντος	(1)	gen mas sg part ao a	ὑποπνέω
19901		ὑποπόδιον	(2)	nom sg	ὑποπόδιον
19902		ὑποπόδιον	(5)	acc sg	Id
19903		ὑποστάσει	(2)	dat sg . . .	ὑπόστασις
19904		ὑποστάσεως	(2)	gen sg	Id
19905	Heb 11,1	ὑπόστασις	(1)	nom sg	Id
19906	Heb 10,38	ὑποστείληται	(1)	3 p sg sbj ao m .	ὑποστέλλω
19907	Heb 10,39	ὑποστολῆς	(1)	gen sg	ὑποστολή
19908	Lc 8,39	ὑπόστρεφε	(1)	2 p sg imper pr a .	ὑποστρέφω
19909		ὑποστρέφειν	(4)	inf pr a . . .	Id
19910	Heb 7,1	ὑποστρέφοντι	(1)	dat mas sg part pr a .	Id
19911	Ac 8,28	ὑποστρέφων	(1)	nom mas sg part pr a .	Id
19912		ὑποστρέψαι	(2)	inf ao a	Id
19913		ὑποστρέψαντες	(3)	nom mas pl part ao a .	Id
19914	Ac 22,17	ὑποστρέψαντι	(1)	dat mas sg part ao a .	Id
19915	*Mt 8,13	ὑποστρέψας		nom mas sg part ao a . .	Id
19916		ὑποστρέψασαι	(2)	nom fem pl part ao a .	Id
19917	Lc 11,24	ὑποστρέψω	(1)	1 p sg ind fut a . .	Id
19918	*Mc 16,14	ὑποστρέψωσιν		3 p pl sbj ao a . . .	Id
19919	1Pt 3,22	ὑποταγέντων	(1)	gen mas pl part ao2 pass	ὑποτάσσω
19920	1Co 15,28	ὑποταγῇ	(1)	3 p sg sbj ao2 pass . .	Id
19921		ὑποταγῇ	(4)	dat sg	ὑποταγή
19922	1Co 15,28	ὑποταγήσεται	(1)	3 p sg ind fut2 pass .	ὑποτάσσω
19923	Heb 12,9	ὑποταγησόμεθα	(1)	1 p pl ind fut2 pass	Id
19924		ὑποτάγητε	(3)	2 p pl imper ao2 pass .	Id
19925	*1Pt 5,5	ὑποτάγωμεν		1 p pl sbj ao2 pass . .	Id
19926		ὑποτάξαι	(2)	inf ao a	Id
19927	Rm 8,20	ὑποτάξαντα	(1)	acc mas sg part ao a .	Id
19928	1Co 15,28	ὑποτάξαντι	(1)	dat mas sg part ao a .	Id
19929	1Co 15,27	ὑποτάξαντος	(1)	gen mas sg part ao a .	Id
19930	*Rm 13,5	ὑποτάσεσθε		err cf ὑποτάσσεσθε	
19931		ὑποτάσσεσθαι	(3)	inf pr pass . .	ὑποτάσσω
19932	Col 3,18	ὑποτάσσεσθε	(1)	2 p pl imper pr pass .	Id
19933	Rm 13,1	ὑποτασσέσθω	(1)	3 p sg imper pr pass .	Id
19934	1Co 14,34	ὑποτασσέσθωσαν	(1)	3 p pl imper pr pass .	Id
19935		ὑποτάσσεται	(5)	3 p sg ind pr pass .	Id
19936	1Co 16,16	ὑποτάσσησθε	(1)	2 p pl sbj pr m . .	Id
19937		ὑποτασσόμεναι	(2)	nom fem pl part pr pass	Id
19938	Tit 2,5	ὑποτασσομένας	(1)	acc fem pl pat pr pass	Id
19939		ὑποτασσόμενοι	(2)	nom mas pl part pr m	Id
19940	Lc 2,51	ὑποτασσόμενος	(1)	nom mas sg part pr pass	Id
19941	Heb 2,8	ὑποτεταγμένα	(1)	acc neut pl part pf pass	Id
19942	1Co 15,27	ὑποτέτακται	(1)	3 p sg ind pf pass .	Id
19943	1Tm 4,6	ὑποτιθέμενος	(1)	nom mas sg part pr m	ὑποτίθημι
19944		ὑποτύπωσιν	(2)	acc sg . . .	ὑποτύπωσις
19945	1 Pt 2,19	ὑποφέρει	(1)	3 p sg ind pr a . .	ὑποφέρω
19946	*Lc 20,20	ὑποχωρήσαντες		nom mas pl part ao a . .	ὑποχωρέω

19947	Lc 5,16	ὑποχωρῶν	(1)	nom mas sg part pr a .	ὑποχωρέω
19948	Lc 18,5	ὑπωπιάζῃ	(1)	3 p sg sbj pr a . .	ὑπωπιάζω
19949	1Co 9,27	ὑπωπιάζω	(1)	1 p sg ind pr a . .	Id
19950	2Pt 2,22	ὗς	(1)	nom sg	ὗς
19951	*Jh 19,29	ὑσσῷ		dat sg	ὑσσός
19952	Heb 9,19	ὑσσώπου	(1)	gen sg	ὕσσωπος
19953	Jh 19,29	ὑσσώπῳ	(1)	dat sg	Id
19954	Mc 10,21	ὑστερεῖ	(1)	3 p sg ind pr a . . .	ὑστερέω
19955		ὑστερεῖσθαι	(3)	inf pr pass . . .	Id
19956	2Co 11,9	ὑστερηθείς	(1)	nom mas sg part ao pass	Id
19957		ὑστερηκέναι	(2)	inf pf a . . .	Id
19958		ὑστέρημα	(5)	acc sg	ὑστέρημα
19959		ὑστερήματα	(3)	acc pl	Id
19960	Lc 21,4	ὑστερήματος	(1)	gen sg	Id
19961	2Co 12,11	ὑστέρησα	(1)	1 p sg ind ao a . .	ὑστερέω
19962	Jh 2,3	ὑστερήσαντος	(1)	gen mas sg part ao a .	Id
19963	Lc 22,35	ὑστερήσατε	(1)	2 p pl imper ao a . .	Id
19964	Mc 12,44	ὑστερήσεως	(1)	gen sg . . .	ὑστέρησις
19965	Php 4,11	ὑστέρησιν	(1)	acc sg	Id
19966	1Tm 4,1	ὑστέροις	(1)	dat mas pl . . .	ὕστερος
19967		ὕστερον	(11)	adv nom neut sg . . .	Id
19968	*Mt 21,29	ὕστερος		nom mas sg	Id
19969	1Co 8,8	ὑστερούμεθα	(1)	1 p pl ind pr pass .	ὑστερέω
19970	Heb 11,37	ὑστερούμενοι	(1)	nom mas pl part pr pass	Id
19971	1Co 12,24	ὑστερουμένῳ	(1)	dat mas sg part pr pass	Id
19972	Rm 3,23	ὑστεροῦνται	(1)	3 p pl ind pr pass .	Id
19973	*1Co 12,24	ὑστεροῦντι		dat mas sg part pr a . .	Id
19974	Mt 19,20	ὑστερῶ	(1)	1 p sg ind pr a . . .	Id
19975	Heb 12,15	ὑστερῶν	(1)	nom mas sg part pr a . .	Id
19976	*Lc 12,27	ὑφαίνει		3 p sg ind pr a	ὑφαίνω
19977	Jh 19,23	ὑφαντός	(1)	nom mas sg	ὑφαντός
19978	Ja 1,9	ὕψει	(1)	dat sg	ὕψος
19979		ὑψηλά	(2)	acc neut pl	ὑψηλός
19980	Heb 1,3	ὑψηλοῖς	(1)	dat neut pl . . .	Id
19981	Lc 16,15	ὑψηλόν	(1)	nom neut sg	Id
19982		ὑψηλόν	(5)	acc neut sg	Id
19983	Heb 7,26	ὑψηλότερος	(1)	comp nom mas sg . .	Id
19984	Ac 13,17	ὑψηλοῦ	(1)	gen mas sg	Id
19985	*Rm 11,20	ὑψηλοφρόνει		2 p sg imper pr a . .	ὑψηλοφρονέω
19986	1Tm 6,17	ὑψηλοφρονεῖν	(1)	inf pr a . . .	Id
19987		ὑψίστοις	(4)	dat neut pl . . .	ὕψιστος
19988	Ac 7,48	ὕψιστος	(1)	nom mas sg	Id
19989		ὑψίστου	(8)	gen mas sg	Id
19990	*Mc 11,9	ὑψίστῳ		dat mas sg	Id
19991	*Mt 11,23	ὑψοθήσει		cf ὑψωθήσει	
19992		ὕψος	(2)	nom sg	ὕψος
19993	Eph 4,8	ὕψος	(1)	acc sg	Id
19994		ὕψους	(2)	gen sg	Id
19995	Ac 2,33	ὑψωθείς	(1)	nom mas sg part ao pass .	ὑψόω

19996	*Mt 11,23	ὑψωθεῖσα	nom fem sg part ao pass . .	ὑψόω
19997		ὑψωθῆναι	(2) inf ao pass . . .	Id
19998	*Mt 11,23	ὑψώθης	2 p sg ind ao pass . . .	Id
19999		ὑψωθήσει	2 p sg ind fut pass . . .	Id
20000		ὑψωθήσεται	(3) 3 p sg sbj fut pass .	Id
20001		ὑψωθήσῃ	(2) 2 p sg ind fut pass . .	Id
20002	2Co 11,7	ὑψωθῆτε	(1) 2 p pl sbj ao pass . .	Id
20003	Jh 12,32	ὑψωθῶ	(1) 1 p sg sbj ao pass . .	Id
20004	Rm 8,39	ὕψωμα	(1) nom sg	ὕψωμα
20005	2Co 10,5	ὕψωμα	(1) acc sg	Id
20006		ὑψῶν	(2) nom mas sg part pr a . .	ὑψόω
20007		ὑψώσει	(2) 3 p sg ind fut a . . .	Id
20008		ὕψωσεν	(4) 3 p sg ind ao a . . .	Id
20009	1Pt 5,6	ὑψώσῃ	(1) 3 p sg ind ao a . . .	Id
20010	Jh 8,28	ὑψώσητε	(1) 2 p pl sbj ao a . . .	Id

φ

20011		φάγε	(5) 2 p sg imper ao2 a . . .	ἐσθίω
20012		φαγεῖν	(34) inf ao2 a	Id
20013	Lc 17,8	φάγεσαι	(1) 2 p sg ind fut . . .	Id
20014		φάγεται	(2) 3 p sg ind fut . . .	Id
20015	Mt 26,26	φάγετε	(1) 2 p pl imper ao2 a . .	Id
20016		φάγῃ	(4) 3 p sg sbj ao2 a . . .	Id
20017	Mc 14,12	φάγῃς	(1) 2 p sg sbj ao2 a . . .	Id
20018		φάγητε	(5) 2 p pl sbj ao2 a . . .	Id
20019	Mc 11,14	φάγοι	(1) 3 p sg opt ao2 a . . .	Id
20020	*Lc 22,16	φάγομαι	1 p sg ind fut	Id
20021	Apc 17,16	φάγονται	(1) 3 p pl ind fut . . .	Id
20022		φαγόντες	(2) nom mas pl part ao2 a .	Id
20023		φάγος	(2) nom sg	φάγος
20024		φάγω	(5) 1 p sg sbj ao2 a . . .	ἐσθίω
20025		φάγωμεν	(5) 1 p pl sbj ao2 a . .	Id
20026	*Lc 24,43	φαγών	nom mas sg part ao2 a . . .	Id
20027		φάγωσιν	(6) 3 p pl sbj ao2 a . .	Id
20028	2Tm 4,13	φαιλόνην	(1) acc sg	φαιλόνης
20029		φαίνει	(3) 3 p sg ind pr a . . .	φαίνω
20030		φαίνεσθε	(2) 2 p pl ind pr pass . .	Id
20031		φαίνεται	(4) 3 p sg ind pr pass . .	Id
20032	*Apc 8,12	φαίνῃ	3 p sg sbj pr a	Id
20033	Ja 4,14	φαινομένη	(1) nom fem sg part pr pass .	Id
20034	Mt 2,7	φαινομένου	(1) gen mas sg part pr pass	Id
20035	Heb 11,3	φαινομένων	(1) gen neut pl part pr pass	Id
20036	Mt 23,27	φαίνονται	(1) 3 p pl ind pr pass . .	Id
20037	2Pt 1,19	φαίνοντι	(1) dat mas sg part pr a .	Id
20038	Jh 5,35	φαίνων	(1) nom mas sg part pr a . .	Id
20039	*Lc 3,35	Φαλέγ	inde	Φαλέγ
20040	Lc 3,35	Φάλεκ	(1) inde	Φάλεκ
20041	*Lc 3,35	Φάλεχ	inde	Φάλεχ

20042	1Pt 4,18	φανεῖται (1)	3 p sg ind fut m . .	φαίνω
20043	1Tm 4,15	φανερά (1)	nom fem sg	φανερός
20044		φανερά (3)	nom neut pl	Id
20045	1Co 11,19	φανεροί (1)	nom mas pl	Id
20046		φανερόν (2)	acc mas sg	Id
20047		φανερόν (6)	nom neut sg . . .	Id
20048		φανερόν (2)	acc neut sg . . .	Id
20049	*1Co 3,13	φανερός	nom mas sg	Id
20050	2Co 3,3	φανερούμενοι (1)	nom mas pl part pr pass	φανερόω
20051	Eph 5,14	φανερούμενον (1)	nom neut sg part pr pass	Id
20052	2Co 2,14	φανεροῦντι (1)	dat mas sg part pr a .	Id
20053	Php 1,13	φανερούς (1)	acc mas pl . . .	φανερός
20054	Eph 5,13	φανεροῦται (1)	3 p sg ind pr pass .	φανερόω
20055		φανερῷ (2)	dat neut sg	φανερός
20056	*2Co 11,6	φανερωθείς	nom mas sg part ao pass . .	φανερόω
20057	2Tm 1,10	φανερωθεῖσαν (1)	acc fem sg part ao pass	Id
20058	*2Co 11,6	φανερωθέντες	nom mas pl part ao pass .	Id
20059	1Pt 5,4	φανερωθέντος (1)	gen mas sg part ao pass	Id
20060		φανερωθέντος (2)	gen neut sg part ao pass	Id
20061		φανερωθῇ (10)	3 p sg sbj ao pass . .	Id
20062		φανερωθῆναι (2)	inf ao pass . . .	Id
20063	Col 3,4	φανερωθήσεσθε (1)	2 p pl ind fut pass .	Id
20064	*Lc 12,2	φανερωθήσεται	3 p sg ind fut pass . .	Id
20065	1Jh 2,19	φανερωθῶσιν (1)	3 p pl sbj ao pass .	Id
20066	*Heb 1,3	φανερῶν	nom mas sg part pr a . . .	Id
20067		φανερῶς (3)	adv	φανερῶς
20068	2Co 11,6	φανερώσαντες (1)	nom mas pl part ao a .	φανερόω
20069	1Co 4,5	φανερώσει (1)	3 p sg ind fut a . .	Id
20070	2Co 4,2	φανερώσει (1)	dat sg . . .	φανέρωσις
20071	1Co 12,7	φανέρωσις (1)	nom sg	Id
20072	Jh 7,4	φανέρωσον (1)	2 p sg imper ao a . .	φανερόω
20073	Col 4,4	φανερώσω (1)	1 p sg sbj ao a . .	Id
20074	*Ac 4,16	φανερώτερον	comp nom neut sg . . .	φανερός
20075		φανῇ (3)	3 p sg sbj ao2 pass . .	φαίνω
20076	Mt 6,18	φανῇς (1)	2 p sg sbj ao2 pass .	Id
20077	Mt 24,30	φανήσεται (1)	3 p sg ind fut2 pass .	Id
20078	Lc 2,36	Φανουήλ (1)	inde	Φανουήλ
20079	Heb 12,21	φανταζόμενον (1)	nom neut sg part pr pass	φαντάζω
20080	Ac 25,23	φαντασίας (1)	gen sg	φαντασία
20081		φάντασμα (2)	nom sg	φάντασμα
20082	*Lc 24,37	φάντασμα	acc sg	φάντασμα
20083	2Co 13,7	φανῶμεν (1)	1 p pl sbj ao2 pass . .	φαίνω
20084	Jh 18,3	φανῶν (1)	gen pl	φανός
20085		φανῶσιν (3)	3 p pl sbj ao2 pass . .	φαίνω
20086	Lc 3,5	φάραγξ (1)	nom sg	φάραγξ
20087		Φαραώ (5)	inde	Φαραώ
20088		Φαρές (3)	inde	Φαρές
20089	Mt 23,26	Φαρισαῖε (1)	vo sg . . .	Φαρισαῖος
20090		Φαρισαῖοι (44)	nom pl	Id
20091		Φαρισαῖοι (7)	vo pl	Id

20092		Φαρισαίοις	(2)	dat pl	Φαρισαῖος
20093	*Lc 18,14	Φαρισαῖον		acc sg	Id
20094		Φαρισαῖος	(9)	nom sg	Id
20095		Φαρισαίου	(2)	gen sg	Id
20096		Φαρισαίους	(5)	acc pl	Id
20097		Φαρισαίων	(29)	gen pl	Id
20098	Ga 5,20	φαρμακεία	(1)	nom sg	φαρμακεία
20099	Apc 18,23	φαρμακείᾳ	(1)	dat sg	Id
20100	*Apc 9,21	φαρμακειῶν		gen pl	Id
20101	*Apc 9,21	φαρμακιῶν		cf φαρμακειῶν	
20102	Apc 22,15	φάρμακοι	(1)	nom pl	φάρμακος
20103	Apc 21,8	φαρμάκοις	(1)	dat pl	Id
20104	Apc 9,21	φαρμάκων	(1)	gen pl	φάρμακον
20105	Rm 3,8	φασίν	(1)	3 p pl ind pr a	φημί
20106	Ac 21,31	φάσις	(1)	nom sg	φάσις
20107		φάσκοντες	(2)	nom mas pl part pr a	φάσκω
20108		φάτνῃ	(3)	dat sg	φάτνη
20109	Lc 13,15	φάτνης	(1)	gen sg	Id
20110		φαῦλα	(2)	acc neut pl	φαῦλος
20111	Ja 3,16	φαῦλον	(1)	nom neut sg	Id
20112		φαῦλον	(3)	acc neut sg	Id
20113		φέγγος	(2)	acc sg	φέγγος
20114		φείδομαι	(2)	1 p sg ind pr	φείδομαι
20115	Ac 20,29	φειδόμενοι	(1)	nom mas pl part pr	Id
20116	2Co 1,23	φειδόμενος	(1)	nom mas sg part pr	Id
20117		φειδομένως	(2)	adv	φειδομένως
20118	Rm 11,21	φείσεται	(1)	3 p sg ind fut	φείδομαι
20119	2Co 13,2	φείσομαι	(1)	1 p sg ind fut	Id
20120		φέρε	(3)	2 p sg imper pr a	φέρω
20121		φέρει	(3)	3 p sg ind pr a	Id
20122		φέρειν	(2)	inf pr a	Id
20123	*Ac 17,20	φέρεις		2 p sg ind pr a	Id
20124	Heb 9,16	φέρεσθαι	(1)	inf pr pass	Id
20125	*Mc #1	φέρεται		3 p sg ind pr pass	Id
20126	Jh 18,29	φέρετε	(1)	2 p pl ind pr a	Id
20127		φέρετε	(7)	2 p pl imper pr a	Id
20128	Jh 15,2	φέρῃ	(1)	3 p sg sbj pr a	Id
20129		φέρητε	(2)	2 p pl sbj pr a	Id
20130	*Mc 16,8	φερόμενα		nom neut pl part pr pass	Id
20131	1Pt 1,13	φερομένην	(1)	acc fem sg part pr pass	Id
20132	Ac 2,2	φερομένης	(1)	gen fem sg part pr pass	Id
20133	2Pt 1,21	φερόμενοι	(1)	nom mas pl part pr pass	Id
20134		φέρον	(2)	nom neut sg part pr a	Id
20135		φέροντες	(4)	nom mas pl part pr a	Id
20136	Lc 24,1	φέρουσαι	(1)	nom fem pl part pr a	Id
20137	Ac 12,10	φέρουσαν	(1)	acc fem sg part pr a	Id
20138		φέρουσιν	(6)	3 p pl ind pr a	Id
20139	Heb 6,1	φερώμεθα	(1)	1 p pl sbj pr pass	Id
20140		φέρων	(2)	nom mas sg part pr a	Id

20141		φεῦγε (3)	2 p sg imper pr a . . .	φεύγω
20142		φεύγει (2)	3 p sg ind pr a . . .	Id
20143		φεύγετε (3)	2 p pl imper pr a . .	Id
20144		φευγέτωσαν (3)	3 p pl imper pr a . .	Id
20145	*2Pt 3,12	φεύγοντας	acc mas pl part pr a . .	Id
20146	Ja 4,7	φεύξεται (1)	3 p sg ind fut . .	Id
20147	Jh 10,5	φεύξονται (1)	3 p pl ind fut . .	Id
20148	Ac 23,24	Φήλικα (1)	acc	Φῆλιξ
20149	Ac 23,26	Φήλικι (1)	dat	Id
20150	Ac 25,14	Φήλικος (1)	gen	Id
20151		Φῆλιξ (5)	nom	Id
20152	Ac 24,3	Φῆλιξ (1)	vo	Id
20153		φήμη (2)	nom sg	φήμη
20154		φημί (4)	1 p sg ind pr a . . .	φημί
20155	*Ac 13,43	φημισθῆναι	inf ao pass	φημίζω
20156		φησίν (18)	3 p sg ind pr a . . .	φημί
20157	Ac 26,25	Φῆστε (1)	vo	Φῆστος
20158		Φῆστον (3)	acc	Id
20159		Φῆστος (7)	nom	Id
20160	Ac 25,23	Φήστου (1)	gen	Id
20161	Ac 26,32	Φήστῳ (1)	dat	Id
20162	2Co 11,3	φθαρῇ (1)	3 p sg sbj ao2 pass . .	φθείρω
20163	2Pt 2,12	φθαρήσονται (1)	3 p sg ind fut2 pass .	Id
20164	1Pt 1,23	φθαρτῆς (1)	gen fem sg	φθαρτός
20165	1Pt 1,18	φθαρτοῖς (1)	dat neut pl . . .	Id
20166	1Co 9,25	φθαρτόν (1)	acc mas sg	Id
20167	1Co 15,54	φθαρτόν (1)	nom neut sg . . .	Id
20168	1Co 15,53	φθαρτόν (1)	acc neut sg . . .	Id
20169	Rm 1,23	φθαρτοῦ (1)	gen mas sg	Id
20170	1Th 4,15	φθάσωμεν (1)	1 p pl sbj ao a . .	φθάνω
20171	Ac 4,18	φθέγγεσθαι (1)	inf pr . . .	φθέγγομαι
20172	2Pt 2,18	φθεγγόμενοι (1)	nom mas pl part pr .	Id
20173	2Pt 2,16	φθεγξάμενον (1)	nom neut sg part ao .	Id
20174		φθείρει (2)	3 p sg ind pr a . . .	φθείρω
20175	*1Co 3,17	φθειρεῖ	3 p sg ind fut a	Id
20176	*1Co 3,17	φθειρῇ	3 p sg sbj pr a	Id
20177	Eph 4,22	φθειρόμενον (1)	acc mas sg part pr pass	Id
20178	Ju 10	φθείρονται (1)	3 p pl ind pr pass .	Id
20179	1Co 15,33	φθείρουσιν (1)	3 p pl ind pr a . .	Id
20180	*1Co 3,17	φθηρεῖ	3 p sg ind fut a	φθήρω
20181	Ju 12	φθινοπωρινά (1)	nom neut pl . .	φθινοπωρινός
20182	1Co 14,7	φθόγγοις (1)	dat pl	φθόγγος
20183	Rm 10,18	φθόγγος (1)	nom sg	Id
20184	*1Co 14,7	φθόγγου	gen sg	Id
20185	*Ja 4,2	φθονεῖτε	2 p pl ind pr a	φθονέω
20186	Ga 5,21	φθόνοι (1)	nom pl	φθόνος
20187		φθόνον (4)	acc sg	Id
29188	1Tm 6,4	φθόνος (1)	nom sg	Id
20189	Rm 1,29	φθόνου (1)	gen sg	Id

No.	Ref.	Form	Freq.	Analysis	Lemma
20190	Ga 5,26	φθονοῦντες	(1)	nom mas pl part pr a	φθονέω
20191	1Pt 2,1	φθόνους	(1)	acc pl	φθόνος
20192	Tit 3,3	φθόνῳ	(1)	dat sg	Id
20193	1Co 15,50	φθορά	(1)	nom sg	φθορά
20194		φθορᾷ	(2)	dat sg	Id
20195		φθοράν	(3)	acc sg	Id
20196		φθορᾶς	(3)	gen sg	Id
20197	*2Pt 1,4	φθοράς		acc pl	Id
20198		φιάλας	(5)	acc pl	φιάλη
20199		φιάλην	(7)	acc sg	Id
20200	Tit 1,8	φιλάγαθον	(1)	acc mas sg	φιλάγαθος
20201	Apc 3,7	Φιλαδελφείᾳ	(1)	dat	Φιλαδέλφεια
20202	Apc 1,11	Φιλαδέλφειαν	(1)	acc	Id
20203	Heb 13,1	φιλαδελφία	(1)	nom sg	φιλαδελφία
20204		φιλαδελφίᾳ	(2)	dat sg	Id
20205		φιλαδελφίαν	(2)	acc sg	Id
20206	1Th 4,9	φιλαδελφίας	(1)	gen sg	Id
20207	1Pt 3,8	φιλάδελφοι	(1)	nom mas pl	φιλάδελφος
20208	Tit 2,4	φιλάνδρους	(1)	acc fem pl	φίλανδρος
20209	Tit 3,4	φιλανθρωπία	(1)	nom sg	φιλανθρωπία
20210	Ac 28,2	φιλανθρωπίαν	(1)	acc sg	Id
20211	Ac 27,3	φιλανθρώπως	(1)	adv	φιλανθρώπως
20212	1Tm 6,10	φιλαργυρία	(1)	nom sg	φιλαργυρία
20213		φιλάργυροι	(2)	nom mas pl	φιλάργυρος
20214	Lc 15,9	φίλας	(1)	acc fem pl	φίλος
20215	2Tm 3,2	φίλαυτοι	(1)	nom mas pl	φίλαυτος
20216		φίλε	(2)	vo mas sg	φίλος
20217		φιλεῖ	(3)	3 p sg ind pr a	φιλέω
20218		φιλεῖς	(3)	2 p sg ind pr a	Id
20219	2Tm 3,4	φιλήδονοι	(1)	nom mas pl	φιλήδονος
20220	Lc 7,45	φίλημα	(1)	acc sg	φίλημα
20221		φιλήματι	(6)	dat sg	Id
20222	*Phm subsc	Φιλήμονα		acc	Φιλήμων
20223	Phm 1	Φιλήμονι	(1)	dat	Id
20224	Lc 22,47	φιλῆσαι	(1)	inf ao a	φιλέω
20225		φιλήσω	(2)	1 p sg sbj ao a	Id
20226	2Tm 2,17	Φίλητος	(1)	nom	Φίλητος
20227	Ja 4,4	φιλία	(1)	nom sg	φιλία
20228	Jh 14,9	Φίλιππε	(1)	vo	Φίλιππος
20229	Php 4,15	Φιλιππήσιοι	(1)	vo pl	Φιλιππήσιος
20230	*Php subsc	Φιλιππησίους		acc pl	Id
20231		Φιλίπποις	(2)	dat	Φίλιπποι
20232		Φίλιππον	(9)	acc	Φίλιππος
20233		Φίλιππος	(14)	nom	Id
20234		Φιλίππου	(7)	gen	Id
20235	Ac 16,12	Φίλιππους	(1)	acc	Φίλιπποι
20236		Φιλίππῳ	(5)	dat	Φίλιππος
20237	Ac 20,6	Φιλίππων	(1)	gen	Φιλίπποι
20238	2Tm 3,4	φιλόθεοι	(1)	nom mas pl	φιλόθεος

No.	Ref.	Form	Freq.	Parsing	Lemma
20239		φίλοι	(3)	nom mas pl	φίλος
20240	Lc 12,4	φίλοις	(1)	dat mas pl	Id
20241	Rm 16,15	Φιλόλογον	(1)	acc	Φιλόλογος
20242		φίλον	(2)	acc mas sg	φίλος
20243	Lc 22,24	φιλονεικία	(1)	nom sg	φιλονεικία
20244	1Co 11,16	φιλόνεικος	(1)	nom mas sg	φιλόνεικος
20245	Rm 12,13	φιλοξενίαν	(1)	acc sg	φιλοξενία
20246	Heb 13,2	φιλοξενίας	(1)	gen sg	Id
20247	1Pt 4,9	φιλόξενοι	(1)	nom mas pl	φιλόξενος
20248		φιλόξενον	(2)	acc mas sg	Id
20249	3Jh 9	φιλοπρωτεύων	(1)	nom mas sg part pr a	φιλοπρωτεύω
20250		φίλος	(9)	nom mas sg	φίλος
20251	Col 2,8	φιλοσοφίας	(1)	gen sg	φιλοσοφία
20252	Ac 17,18	φιλοσόφων	(1)	gen pl	φιλόσοφος
20253	Rm 12,10	φιλόστοργοι	(1)	nom mas pl	φιλόστοργος
20254	Tit 2,4	φιλοτέκνους	(1)	acc fem pl	φιλότεκνος
20255	1Th 4,11	φιλοτιμεῖσθαι	(1)	inf pr	φιλοτιμέομαι
20256	*Rm 15,20	φιλοτιμοῦμαι		1 p sg ind pr	Id
20257	2Co 5,9	φιλοτιμούμεθα	(1)	1 p pl ind pr	Id
20258	Rm 15,20	φιλοτιμούμενον	(1)	acc mas sg part pr	Id
20259	Tit 3,15	φιλοῦντας	(1)	acc mas pl part pr a	φιλέω
20260	Lc 20,46	φιλούντων	(1)	gen mas pl part pr a	Id
20261		φίλους	(9)	acc mas pl	φίλος
20262		φιλοῦσιν	(2)	3 p pl ind pr a	φιλέω
20263	*1Pt 3,8	φιλόφρονες		nom mas pl	φιλόφρων
20264	Ac 28,7	φιλοφρόνως	(1)	adv	φιλοφρόνως
20265		φιλῶ	(3)	1 p sg ind pr a	φιλέω
20266	Apc 3,19	φιλῶ	(1)	1 p sg sbj pr a	Id
20267		φιλῶν	(4)	nom mas sg part pr a	Id
20268		φίλων	(3)	gen mas pl	φίλος
20269	1Pt 2,15	φιμοῦν	(1)	inf pr a	φιμόω
20270		φιμώθητι	(2)	2 p sg imper ao pass	Id
20271	1Tm 5,18	φιμώσεις	(1)	2 p sg ind fut a	Id
20272	Rm 16,14	Φλέγοντα	(1)	acc	Φλέγων
20273		φλογά	(2)	acc sg	φλόξ
20274		φλογί	(2)	dat sg	Id
20275	Ja 3,6	φλογιζομένη	(1)	nom fem sg part pr pass	φλογίζω
20276	Ja 3,6	φλογίζουσα	(1)	nom fem sg part pr a	Id
20277	2Th 1,8	φλογός	(1)	gen sg	φλόξ
20278		φλόξ	(2)	nom sg	Id
20279	1Tm 5,13	φλύαροι	(1)	nom fem pl	φλύαρος
20280	3Jh 10	φλυαρῶν	(1)	nom mas sg part pr a	φλυαρέω
20281	Rm 13,3	φοβεῖσθαι	(1)	inf pr	φοβέομαι
20282		φοβεῖσθε	(12)	2 p pl imper pr	Id
20283	Heb 10,27	φοβερά	(1)	nom fem sg	φοβερός
20284		φοβερόν	(2)	nom neut sg	Id
20285	Lc 23,40	φοβῇ	(1)	2 p sg ind pr	φοβέομαι
20286		φοβηθείς	(3)	nom mas sg part ao	Id
20287	Mc 5,33	φοβηθεῖσα	(1)	nom fem sg part ao	Id

20288	Lc 8,25	φοβηθέντες	(1)	nom mas pl part ao	φοβέομαι
20289	Apc 15,4	φοβηθῇ	(1)	3 p sg sbj ao	Id
20290	*Lc 12,5	φοβηθῆναι		inf pr pass	φοβέω
20291	Mt 1,20	φοβηθῇς	(1)	2 p sg sbj ao	φοβέομαι
20292	Heb 13,6	φοβηθήσομαι	(1)	1 p sg ind fut	Id
20293	*Mt 10,28	φοβήθητε		2 p pl imper ao pass	φοβέω
20294		φοβηθῆτε	(7)	2 p pl sbj ao	φοβέομαι
20295	Heb 4,1	φοβηθῶμεν	(1)	1 p pl sbj ao	Id
20296	Eph 5,33	φοβῆται	(1)	3 p sg sbj pr	Id
20297	Lc 21,11	φόβητρα	(1)	nom pl	φόβητρον
20298	2Co 7,5	φόβοι	(1)	nom pl	φόβος
20299		φόβον	(15)	acc sg	Id
20300		φόβος	(12)	nom sg	Id
20301		φόβου	(9)	gen sg	Id
20302		φοβοῦ	(13)	2 p sg imper pr	φοβέομαι
20303		φοβοῦμαι	(4)	1 p sg ind pr	Id
20304	Mt 21,26	φοβούμεθα	(1)	1 p pl ind pr	Id
20305	1Pt 3,6	φοβούμεναι	(1)	nom fem pl part pr	Id
20306		φοβούμενοι	(6)	nom mas pl part pr	Id
20307		φοβουμένοις	(2)	dat mas pl part pr	Id
20308		φοβούμενος	(6)	nom mas sg part pr	Id
20309	*Apc 11,18	φοβουμένους		acc mas pl part pr m	φοβέω
20310		φόβῳ	(10)	dat sg	φόβος
20311	Rm 16,1	Φοίβην	(1)	acc	Φοίβη
20312	*Rm subsc	Φοίβης		gen	Id
20313	Ac 27,12	Φοίνικα	(1)	acc	Φοῖνιξ
20314	*Apc 7,9	φοίνικας		acc pl	φοίνιξ
20315	Apc 7,9	φοίνικες	(1)	nom pl	Id
20316		Φοινίκην	(2)	acc	Φοινίκη
20317	Ac 11,19	Φοινίκης	(1)	gen	Id
20318	*Mc 7,26	Φοινίκισσα		nom	Φοινίκισσα
20319	Jh 12,13	φοινίκων	(1)	gen pl	φοίνιξ
20320	*Mc 7,26	Φοίνισσα		nom	Φοίνισσα
20321	Ac 3,14	φονέα	(1)	acc sg	φονεύς
20322		φονεῖς	(2)	nom pl	Id
20323	Mt 22,7	φονεῖς	(1)	acc pl	Id
20324	Ja 2,11	φονεύεις	(1)	2 p sg ind pr a	φονεύω
20325	Ja 4,2	φονεύετε	(1)	2 p pl ind pr a	Id
20326		φονεύς	(2)	nom sg	φονεύς
20327	Mt 23,31	φονευσάντων	(1)	gen mas pl part ao a	φονεύω
20328		φονεύσεις	(3)	2 p sg ind fut a	Id
20329	Mt 5,21	φονεύσῃ	(1)	3 p sg sbj ao a	Id
20330		φονεύσῃς	(3)	2 p sg sbj ao a	Id
20331	Apc 21,8	φονεῦσιν	(1)	dat pl	φονεύς
20332		φόνοι	(2)	nom pl	φόνος
20333		φόνον	(3)	acc sg	Id
20334	*Mc 7,21	φόνος		nom sg	Id
20335		φόνου	(2)	gen sg	Id
20336	*1Pt 2,1	φόνους		acc pl	Id

20337	Heb 11,37	φόνῳ	(1)	dat sg	φόνος
20338	Apc 9,21	φόνων	(1)	gen pl	Id
20339	Rm 13,4	φορεῖ	(1)	3 p sg ind pr a . . .	φορέω
20340	1Co 15,49	φορέσομεν	(1)	1 p pl ind fut a . .	φορέω
20341	*1Co 15,49	φορέσωμεν		1 p pl sbj ao a . . .	Id
20342		φόρον	(3)	acc sg	φόρος
20343	Ac 28,15	φόρου	(1)	gen sg	φόρον
20344	Ja 2,3	φοροῦντα	(1)	acc mas sg part pr a .	φορέω
20345	Mt 11,8	φοροῦντες	(1)	nom mas pl part pr a .	Id
20346		φόρους	(2)	acc pl	φόρος
20347		φορτία	(2)	acc pl	φορτίον
20348	Lc 11,46	φορτίζετε	(1)	2 p pl ind pr a . .	φορτίζω
20349	Lc 11,46	φορτίοις	(1)	dat pl	φορτίον
20350	Mt 11,30	φορτίον	(1)	nom sg	Id
20351	Ga 6,5	φορτίον	(1)	acc sg	Id
20352	Ac 27,10	φορτίου	(1)	gen sg	Id
20353	Jh 19,5	φορῶν	(1)	nom mas sg part pr a . .	φορέω
20354	1Co 16,17	Φορτουνάτου	(1)	gen	Φορτουνάτος
20355	Jh 2,15	φραγέλλιον	(1)	acc sg . . .	φραγέλλιον
20356		φραγελλώσας	(2)	nom mas sg part ao a	φραγελλόω
20357	Rm 3,19	φραγῇ	(1)	3 p sg sbj ao2 pass . .	φράσσω
20358	2Co 11,10	φραγήσεται	(1)	3 p sg ind fut2 pass .	Id
20359		φραγμόν	(2)	acc sg	φραγμός
20360	Eph 2,14	φραγμοῦ	(1)	gen sg	Id
20361	Lc 14,23	φραγμούς	(1)	acc pl	Id
20362	Mt 15,15	φράσον	(1)	2 p sg imper ao a . .	φράζω
20363	Jh 4,11	φρέαρ	(1)	nom sg	φρέαρ
20364		φρέαρ	(3)	acc sg	Id
20365		φρέατος	(3)	gen sg	Id
20366	Ga 6,3	φρεναπατᾷ	(1)	3 p sg ind pr a .	φρεναπατάω
20367	Tit 1,10	φρεναπάται	(1)	nom pl	φρεναπάτης
20368		φρεσίν	(2)	dat pl	φρήν
20369	Ja 2,19	φρίσσουσιν	(1)	3 p pl ind pr a . .	φρίσσω
20370	Rm 14,6	φρονεῖ	(1)	3 p sg ind pr a . . .	φρονέω
20371	Rm 11,20	φρόνει	(1)	2 p sg imper pr a . .	Id
20372		φρονεῖν	(6)	inf pr a	Id
20373		φρονεῖς	(3)	2 p sg ind pr a . . .	Id
20374	*Php 2,5	φρονείσθω		3 p sg imper pr pass . .	Id
20375	Php 3,15	φρονεῖτε	(1)	2 p pl ind pr a . .	Id
20376		φρονεῖτε	(3)	2 p pl imper pr a . .	Id
20377		φρόνημα	(4)	nom sg	φρόνημα
20378		φρονήσει	(2)	dat sg	φρόνησις
20379	Ga 5,10	φρονήσετε	(1)	2 p pl ind fut a . .	φρονέω
20380	Php 2,2	φρονῆτε	(1)	2 p pl sbj pr a . . .	Id
20381		φρόνιμοι	(8)	nom mas pl . . .	φρόνιμος
20382		φρονίμοις	(2)	dat mas pl . . .	Id
20383		φρόνιμος	(2)	nom mas sg . . .	Id
20384		φρονίμῳ	(2)	dat mas sg	Id
20385	Lc 16,8	φρονίμως	(1)	adv	φρονίμως
20386	Lc 16,8	φρονιμώτεροι	(1)	comp nom mas pl . .	φρόνιμος
20387	*Php 3,15	φρονοῦμεν		1 p pl ind pr a . . .	φρονέω

20388		φρονοῦντες	(4)	nom mas pl part pr a .	φρονέω
20389	Rm 8,5	φρονοῦσιν	(1)	3 p pl ind pr a . .	Id
20390	Tit 3,8	φροντίζωσιν	(1)	3 p pl sbj pr a . .	φροντίζω
20391	Php 3,15	φρονῶμεν	(1)	1 p pl sbj pr a . .	φρονέω
20392	Rm 14,6	φρονῶν	(1)	nom mas sg part pr a . .	Id
20393	Php 4,7	φρουρήσει	(1)	3 p sg ind fut a . .	φρουρέω
20394	1Pt 1,5	φρουρουμένους	(1)	acc mas pl part pr pass	Id
20395	Ac 28,3	φρυγάνων	(1)	gen pl	φρύγανον
20396		Φρυγίαν	(3)	acc	Φρυγία
20397	*1Tm subsc	Φρυγίας		gen	Id
20398		φυγεῖν	(3)	inf ao2 a	φεύγω
20399	2Tm 1,15	Φύγελος	(1)	nom	Φύγελος
20400	Mt 24,20	φυγή	(1)	nom sg	φυγή
20401	Mt 23,33	φύγητε	(1)	2 p pl sbj ao2 a . . .	φεύγω
20402		φυέν	(2)	nom neut sg part ao2 pass .	φύω
20403		φυλαί	(2)	nom pl	φυλή
20404	Ja 1,1	φυλαῖς	(1)	dat pl	Id
20405		φυλακαῖς	(3)	dat pl	φυλακή
20406		φυλακάς	(3)	acc pl	Id
20407		φύλακας	(2)	acc pl	φύλαξ
20408	Ac 12,6	φύλακες	(1)	nom pl	Id
20409		φυλακή	(3)	nom sg	φυλακή
20410		φυλακῇ	(17)	dat sg	Id
20411		φυλακήν	(15)	acc sg	Id
20412		φυλακῆς	(6)	gen sg	Id
20413	Ac 22,19	φυλακίζων	(1)	nom mas sg part pr a .	φυλακίζω
20414	Mt 23,5	φυλακτήρια	(1)	acc pl	φυλακτήριον
20415	*Mt 27,66	φυλακῶν		gen pl	φυλακή
20416		φυλάξαι	(2)	inf ao a	φυλάσσω
20417	1Jh 5,21	φυλάξατε	(1)	2 p pl imper ao a . .	Id
20418		φυλάξει	(2)	3 p sg ind fut a . .	Id
20419	Jh 12,47	φυλάξῃ	(1)	3 p sg sbj ao a . . .	Id
20420	1Tm 5,21	φυλάξῃς	(1)	2 p sg sbj ao a . . .	Id
20421		φύλαξον	(2)	2 p sg imper ao a . .	Id
20422	*Rm 14,19	φυλάξωμεν		1 p pl sbj ao a . . .	Id
20423		φυλάς	(2)	acc pl	φυλή
20424		φυλάσσειν	(2)	inf pr a	φυλάσσω
20425		φυλάσσεσθαι	(2)	inf pr m . . .	Id
20426		φυλάσσεσθε	(2)	2 p pl imper pr m . .	Id
20427		φυλάσσῃ	(2)	3 p sg sbj pr a . . .	Id
20428	*Rm 2,25	φυλάσσῃς		2 p sg sbj pr a	Id
20429	Lc 8,29	φυλασσόμενος	(1)	nom mas sg part pr m .	Id
20430		φυλάσσοντες	(2)	nom mas pl part pr a .	Id
20431	Ac 28,16	φυλάσσοντι	(1)	dat mas sg part pr a .	Id
20432	2Tm 4,15	φυλάσσου	(1)	2 p sg imper pr m . .	Id
20433	Ga 6,13	φυλάσσουσιν	(1)	3 p pl ind pr a . .	Id
20434		φυλάσσων	(2)	nom mas sg part pr a . .	Id
20435		φυλήν	(3)	acc sg	φυλή
20436		φυλῆς	(20)	gen sg	Id
20437	Apc 22,2	φύλλα	(1)	nom pl	φύλλον

20438		φύλλα	(5)	acc pl	φύλλον
20439		φυλῶν	(3)	gen pl	φυλή
20440	Heb 12,15	φύουσα	(1)	nom fem sg part pr a	φύω
20441		φύραμα	(3)	nom sg	φύραμα
20442	1Co 5,6	φύραμα	(1)	acc sg	Id
20443	Rm 9,21	φυράματος	(1)	gen sg	Id
20444		φύσει	(6)	dat sg	φύσις
20445		φύσεως	(2)	gen sg	Id
20446	2Pt 2,12	φυσικά	(1)	nom neut pl	φυσικός
20447		φυσικήν	(2)	acc fem sg	Id
20448	Ju 10	φυσικῶς	(1)	adv	φυσικῶς
20449		φύσιν	(5)	acc sg	φύσις
20450	1Co 8,1	φυσιοῖ	(1)	3 p sg ind pr a	φυσιόω
20451	Col 2,18	φυσιούμενος	(1)	nom mas sg part pr pass	Id
20452	1Co 4,6	φυσιοῦσθε	(1)	2 p pl sbj pr pass	Id
20453	1Co 13,4	φυσιοῦται	(1)	3 p sg ind pr pass	Id
20454	1Co 11,14	φύσις	(1)	nom sg	φύσις
20455	2Co 12,20	φυσιώσεις	(1)	nom pl	φυσίωσις
20456	Mt 15,13	φυτεία	(1)	nom sg	φυτεία
20457	1Co 9,7	φυτεύει	(1)	3 p sg ind pr a	φυτεύω
20458	Lc 17,6	φυτεύθητι	(1)	2 p sg imper ao pass	Id
20459		φυτεύων	(2)	nom mas sg part pr a	Id
20460		φωλεούς	(2)	acc pl	φωλεός
20461		φωναί	(5)	nom pl	φωνή
20462		φωναῖς	(2)	dat pl	Id
20463		φωνάς	(2)	acc pl	Id
20464		φωνεῖ	(6)	3 p sg ind pr a	φωνέω
20465	Lc 14,12	φώνει	(1)	2 p sg imper pr a	Id
20466	Jh 13,13	φωνεῖτε	(1)	2 p pl ind pr a	Id
20467		φωνή	(33)	nom sg	φωνή
20468		φωνῇ	(32)	dat sg	Id
20469	Lc 19,15	φωνηθῆναι	(1)	inf ao pass	φωνέω
20470		φωνήν	(40)	acc sg	φωνή
20471		φωνῆς	(23)	gen sg	Id
20472		φωνῆσαι	(6)	inf ao a	φωνέω
20473	Mc 1,26	φωνῆσαν	(1)	nom neut sg part ao a	Id
20474	Ac 10,18	φωνήσαντες	(1)	nom mas pl part ao a	Id
20475		φωνήσας	(5)	nom mas sg part ao a	Id
20476	Mc 10,49	φωνήσατε	(1)	2 p pl imper ao a	Id
20477	Lc 22,34	φωνήσει	(1)	3 p sg ind fut a	Id
20478	Jh 13,38	φωνήσῃ	(1)	3 p sg sbj ao a	Id
20479	Jh 4,16	φώνησον	(1)	2 p sg imper ao a	Id
20480	*Ac 14,15	φωνοῦντες		nom mas pl part pr a	Id
20481	Mc 10,49	φωνοῦσιν	(1)	3 p pl ind pr a	Id
20482		φωνῶν	(2)	gen pl	φωνή
20483		φῶς	(27)	nom sg	φῶς
20484		φῶς	(22)	acc sg	Id
20485	Apc 21,11	φωστήρ	(1)	nom sg	φωστήρ
20486	Php 2,15	φωστῆρες	(1)	nom pl	Id

20487	2Pt 1,19	φωσφόρος	(1)	nom mas sg . . .	φωσφορός
20488	Ac 16,29	φῶτα	(1)	acc pl	φῶς
20489	Mt 17,5	φωτεινή	(1)	nom fem sg	φωτεινός
20490		φωτεινόν	(4)	nom neut sg . . .	Id
20491		φωτί	(9)	dat sg	φῶς
20492	Jh 1,9	φωτίζει	(1)	3 p sg ind pr a . . .	φωτίζω
20493	Lc 11,36	φωτίζῃ	(1)	3 p sg sbj pr a . . .	Id
20494	Eph 3,9	φωτίσαι	(1)	inf ao a	Id
20495	2Tm 1,10	φωτίσαντος	(1)	gen mas sg part ao a .	Id
20496		φωτίσει	(2)	3 p sg ind fut a . .	Id
20497	Heb 6,4	φωτισθέντας	(1)	acc mas pl part ao pass	Id
20498	Heb 10,32	φωτισθέντες	(1)	nom mas pl part ao pass	Id
20499		φωτισμόν	(2)	acc sg	φωτισμός
20500		φωτός	(13)	gen sg	φῶς
20501	Ja 1,17	φώτων	(1)	gen pl	Id

Χ

20502		χαῖρε	(5)	2 p sg imper pr a . . .	χαίρω
20503		χαίρει	(3)	3 p sg ind pr a . . .	Id
20504		χαίρειν	(7)	inf pr a	Id
20505		χαίρετε	(11)	2 p pl imper pr a . .	Id
20506	Jh 4,36	χαίρῃ	(1)	3 p sg sbj pr a . . .	Id
20507	2Co 13,9	χαίρομεν	(1)	1 p pl ind pr a . .	Id
20508	*Ac 3,8	χαιρόμενος		nom mas sg part pr pass . .	Id
20509		χαίροντες	(6)	nom mas pl part pr a .	Id
20510	Rm 12,15	χαιρόντων	(1)	gen mas pl part pr a . .	Id
20511	Apc 11,10	χαίρουσιν	(1)	3 p pl ind pr a . .	Id
20512		χαίρω	(8)	1 p sg ind pr a . . .	Id
20513	Apc 19,7	χαίρωμεν	(1)	1 p pl sbj pr a . .	Id
20514		χαίρων	(4)	nom mas sg part pr a . .	Id
20515		χάλαζα	(3)	nom sg	χάλαζα
20516	Apc 16,21	χαλάζης	(1)	gen sg	Id
20517		χαλάσαντες	(2)	nom mas pl part ao a .	χαλάω
20518	Ac 27,30	χαλασάντων	(1)	gen mas pl part ao a .	Id
20519	Lc 5,4	χαλάσατε	(1)	2 p pl imper ao a . .	Id
20520	Lc 5,5	χαλάσω	(1)	1 p sg ind fut a . . .	Id
20521	*Lc 5,5	χαλάσωμεν		1 p pl sbj ao a . . .	Id
20522	Ac 7,4	Χαλδαίων	(1)	gen pl	Χαλδαῖος
20523		χαλεποί	(2)	nom mas pl	χαλεπός
20524	Ja 3,2	χαλιναγωγῆσαι	(1)	inf ao a . . .	χαλιναγωγέω
20525	Ja 1,26	χαλιναγωγῶν	(1)	nom mas sg part pr a .	Id
20526	Ja 3,3	χαλινούς	(1)	acc pl	χαλινός
20527	Apc 14,20	χαλινῶν	(1)	gen pl	Id
20528	Apc 9,20	χαλκᾶ	(1)	acc neut pl	χαλκοῦς
20529	*Mc 7,4	χαλκείων		gen pl	χαλκεῖον
20530	2Tm 4,14	χαλκεύς	(1)	nom sg	χαλκεύς
20531	Apc 21,19	χαλκηδών	(1)	nom sg	χαλκηδών
20532	Mc 7,4	χαλκίων	(1)	gen pl	χαλκίον

20533		χαλκολιβάνῳ	(2)	dat sg . .	χαλκολίβανον
20534		χαλκόν	(3)	acc sg	χαλκός
20535	1Co 13,1	χαλκός	(1)	nom sg	Id
20536	Apc 18,12	χαλκοῦ	(1)	gen sg	Id
20537	Mc 2,4	χαλῶσι	(1)	3 p pl ind pr a . . .	χαλάω
20538		χαμαί	(2)	adv	χαμαί
20539		Χανάαν	(2)	inde	Χανάαν
20540	Mt 15,22	Χαναναία	(1)	nom fem sg	Χαναναῖος
20541		χαρά	(17)	nom sg	χαρά
20542		χαρᾷ	(6)	dat sg	Id
20543		χάραγμα	(7)	acc sg	χάραγμα
20544	*Apc 13,16	χαράγματα		acc pl	Id
20545	Ac 17,29	χαράγματι	(1)	dat sg	Id
20546	*Apc 15,2	χαράγματος		gen sg	Id
20547	Lc 19,43	χάρακα	(1)	acc sg	χάραξ
20548	Heb 1,3	χαρακτήρ	(1)	nom sg	χαρακτήρ
20549		χαράν	(14)	acc sg	χαρά
20550		χαρᾶς	(22)	gen sg	Id
20551		χαρῆναι	(2)	inf ao2 pass . . .	χαίρω
20552		χαρήσεται	(2)	3 p sg ind fut2 . .	Id
20553	Php 1,18	χαρήσομαι	(1)	1 p sg ind fut2 . .	Id
20554	Lc 1,14	χαρήσονται	(1)	3 p pl ind fut2 . .	Id
20555	Lc 6,23	χάρητε	(1)	2 p pl imper ao2 pass . .	Id
20556		χαρῆτε	(2)	2 p pl sbj ao2 pass . .	Id
20557	Ac 25,16	χαρίζεσθαι	(1)	inf pr . . .	χαρίζομαι
20558	2Co 2,10	χαρίζεσθε	(1)	2 p pl ind pr . . .	Id
20559	Col 3,13	χαριζόμενοι	(1)	nom mas pl part pr .	Id
20560		χάριν	(9)	adv	χάριν
20561		χάριν	(43)	acc sg	χάρις
20562		χάρις	(61)	nom sg	Id
20563	Col 2,13	χαρισάμενος	(1)	nom mas sg part ao	χαρίζομαι
20564		χαρίσασθαι	(2)	inf ao	Id
20565	2Co 12,13	χαρίσασθε	(1)	2 p pl imper ao . .	Id
20566	Rm 8,32	χαρίσεται	(1)	3 p sg ind fut . .	Id
20567	1Co 2,12	χαρισθέντα	(1)	acc neut pl part ao (pass)	Id
20568	Ac 3,14	χαρισθῆναι	(1)	inf ao (pass) . .	Id
20569	Phm 22	χαρισθήσομαι	(1)	1 p sg ind fut (pass)	Id
20570		χάρισμα	(3)	nom sg	χάρισμα
20571		χάρισμα	(5)	acc sg	Id
20572	Rm 11,29	χαρίσματα	(1)	nom pl	Id
20573		χαρίσματα	(5)	acc pl	Id
20574	1Co 1,7	χαρίσματι	(1)	dat sg	Id
20575	1Tm 4,14	χαρίσματος	(1)	gen sg	Id
20576	1Co 12,4	χαρισμάτων	(1)	gen pl	Id
20577		χάριτα	(2)	acc sg	χάρις
20578	*Ac 24,27	χάριτας		acc pl	Id
20579		χάριτι	(24)	dat sg	Id
20580		χάριτος	(26)	gen sg	Id
20581		Χαρράν	(2)	inde	Χαρράν

20582	2Jh 12	χάρτου	(1) gen sg	χάρτης
20583	Lc 16,26	χάσμα	(1) acc sg	χάσμα
20584		χείλεσιν	(3) dat pl	χεῖλος
20585	Heb 13,15	χειλέων	(1) gen pl	Id
20586		χείλη	(2) acc pl	Id
20587	Heb 11,12	χεῖλος	(1) acc sg	Id
20588	Ac 27,18	χειμαζομένων	(1)gen mas pl part pr pass	χειμάζομαι
20589	Jh 18,1	χειμάρρου	(1) gen sg	χείμαρρος
20590		χειμών	(2) nom sg	χειμών
20591	*Lc 21,11	χειμῶνες	nom pl	Id
20592		χειμῶνος	(4) gen sg	Id
20593		χείρ	(13) nom sg	χείρ
20594		χεῖρα	(31) acc sg	Id
20595	Ac 22,11	χειραγωγούμενος	(1)nom mas sg part pr pass	χειραγωγέω
20596	Ac 9,8	χειραγωγοῦντες	(1) nom mas pl part pr a	Id
20597	Ac 13,11	χειραγωγούς	(1) acc pl . . .	χειραγωγός
20598	*Jh 20,25	χεῖραν	acc sg	χείρ
20599		χεῖρας	(60) acc pl	Id
20600		χεῖρες	(2) nom pl	Id
20601		χειρί	(20) dat sg	Id
20602	Col 2,14	χειρόγραφον	(1) acc sg . . .	χειρόγραφον
20603		χεῖρον	(3) nom neut sg	χείρων
20604		χεῖρον	(2) acc neut sg	Id
20605	2Pt 2,20	χείρονα	(1) nom neut pl	Id
20606		χείρονα	(2) acc neut pl . . .	Id
20607	Heb 10,29	χείρονος	(1) gen fem sg	Id
20608	Heb 9,24	χειροποίητα	(1) acc neut pl . .	χειροποίητος
20609	Ac 17,24	χειροποιήτοις	(1) dat mas pl .	Id
20610	Ac 7,48	χειροποιήτοις	(1) dat neut pl .	Id
20611	Mc 14,58	χειροποίητον	(1) acc mas sg . .	Id
20612		χειροποιήτου	(2) gen fem sg . .	Id
20613		χειρός	(26) gen sg	χείρ
20614	*Tit 1,9	χειροτονεῖν	inf pr a . . .	χειροτονέω
20615	2Co 8,19	χειροτονηθείς	(1) nom mas sg part ao pass	Id
20616	*2Tm subsc	χειροτονηθέντα	acc mas sg part ao pass .	Id
20617	Ac 14,23	χειροτονήσαντες	(1) nom mas pl part ao a	Id
20618		χειρῶν	(17) gen pl	χείρ
20619	1Tm 5,8	χείρων	(1) nom mas sg	χείρων
20620	Mt 27,64	χείρων	(1) nom fem sg	Id
20621	*Ac 7,16	χέμ	err cf Συχέμ	
20622	Heb 9,5	Χερουβίν	(1) inde	Χερουβίν
20623		χερσίν	(9) dat pl	χείρ
20624		χήρα	(10) nom sg	χήρα
20625		χῆραι	(3) nom pl	Id
20626		χήραις	(2) dat pl	Id
20627		χήραν	(3) acc sg	Id
20628	*Ac 16,1	χήρας	gen sg	Id
20629		χήρας	(6) acc pl	Id
20630	*1Co 7,8	χήροις	dat mas pl	χῆρος
20631		χηρῶν	(3) gen pl	χήρα

No.	Ref	Form	Freq	Parsing	Lemma
20632		χίλια	(8)	nom neut	χίλιοι
20633		χιλιάδες	(20)	nom pl	χιλιάς
20634		χιλιάδων	(2)	gen pl	Id
20635	*Mt 8,13	χιλιαρχῆ		dat sg	χιλιάρχης
20636	*Mt 8,8	χιλιάρχης		nom sg	Id
20637	Apc 6,15	χιλίαρχοι	(1)	nom pl	χιλίαρχος
20638		χιλιάρχοις	(2)	dat pl	Id
20639		χιλίαρχον	(3)	acc sg	Id
20640		χιλίαρχος	(11)	nom sg	Id
20641		χιλιάρχῳ	(4)	dat sg	Id
20642	Apc 19,18	χιλιάρχων	(1)	gen pl	Id
20643	Lc 14,31	χιλιάσιν	(1)	dat pl	χιλιάς
20644		χιλιοιδιακοσιοιεξήκοντα	(2)	inde	χιλιοιδιακοσιοιεξήκοντα
20645	Apc 14,20	χιλιωνεξακοσίων	(1)	gen neut	χιλιοιεξακόσιοι
20646	Ac 20,15	Χίου	(1)	gen	Χίος
20647	Jh 19,23	χιτών	(1)	nom sg	χιτών
20648		χιτῶνα	(4)	acc sg	Id
20649		χιτῶνας	(6)	acc pl	Id
20650		χιών	(2)	nom sg	χιών
20651		χλαμύδα	(2)	acc sg	χλαμύς
20652	Apc 3,16	χλιαρός	(1)	nom mas sg	χλιαρός
20653	1Co 1,11	Χλόης	(1)	gen	Χλόη
20654	Apc 9,4	χλωρόν	(1)	acc neut sg	χλωρός
20655		χλωρός	(2)	nom mas sg	Id
20656	Mc 6,39	χλωρῷ	(1)	dat mas sg	Id
20657	*Apc 13,18	χξς΄		cf ἑξακοσιοιεξηκονταέξ	
20658		χοϊκοί	(2)	nom mas pl	χοϊκός
20659	1Co 15,47	χοϊκός	(1)	nom mas sg	Id
20660	1Co 15,49	χοϊκοῦ	(1)	gen mas sg	Id
20661	Apc 6,6	χοίνικες	(1)	nom pl	χοῖνιξ
20662		χοῖνιξ	(2)	nom sg	Id
20663	Lc 15,16	χοῖροι	(1)	nom pl	χοῖρος
20664		χοίρους	(5)	acc pl	Id
20665		χοίρων	(6)	gen pl	Id
20666	Jh 7,23	χολᾶτε	(1)	2 p pl ind pr a	χολάω
20667	*Ac 8,23	χολῇ		dat sg	χολή
20668	Ac 8,23	χολήν	(1)	acc sg	Id
20669	Mt 27,34	χολῆς	(1)	gen sg	Id
20670		Χοραζίν	(2)	inde	Χοραζίν
20671	1Pt 4,11	χορηγεῖ	(1)	3 p sg ind pr a	χορηγέω
20672	*2Co 9,10	χορηγήσαι		3 p sg opt ao a	Id
20673	2Co 9,10	χορηγήσει	(1)	3 p sg ind fut a . . .	Id
20674	*1Pt 4,11	χορηγίαν		acc sg	χορηγία
20675	Php 4,12	χορτάζεσθαι	(1)	inf pr pass	χορτάζω
20676	Ja 2,16	χορτάζεσθε	(1)	2 p pl imper pr pass .	Id
20677		χορτάσαι	(2)	inf ao a	Id
20678		χορτασθῆναι	(3)	inf ao pass	Id
20679	Lc 6,21	χορτασθήσεσθε	(1)	2 p pl ind fut pass .	Id
20680	Mt 5,6	χορτασθήσονται	(1)	3 p pl ind fut pass	Id
20681	Ac 7,11	χορτάσματα	(1)	acc pl	χόρτασμα

No.	Ref.	Form	Count	Parsing	Lemma
20682		χόρτον	(6)	acc sg	χόρτος
20683		χόρτος	(5)	nom sg	Id
20684		χόρτου	(3)	gen sg	Id
20685	*Mt 14,19	χόρτους		acc pl	Id
20686	Mc 6,39	χόρτῳ	(1)	dat sg	Id
20687	Lc 15,25	χορῶν	(1)	gen pl	χορός
20688	Lc 8,3	Χουζᾶ	(1)	gen	Χουζᾶς
20689		χοῦν	(2)	acc sg	χοῦς
20690		χρεία	(2)	nom sg	χρεία
20691		χρείαις	(2)	dat pl	Id
20692		χρείαν	(40)	acc sg	Id
20693		χρείας	(3)	gen sg	Id
20694		χρείας	(2)	acc pl	Id
20695	Lc 7,41	χρεοφειλέται	(1)	nom pl	χρεοφειλέτης
20696	Lc 16,5	χρεοφειλετῶν	(1)	gen pl	Id
20697	Ja 3,10	χρή	(1)	impers 3 p sg ind pr	χρή
20698	Lc 11,8	χρῄζει	(1)	3 p sg ind pr a	χρῄζω
20699		χρῄζετε	(2)	2 p pl ind pr a	Id
20700	Rm 16,2	χρῄζῃ	(1)	3 p sg sbj pr a	Id
20701	2Co 3,1	χρῄζομεν	(1)	1 p sg ind pr a	Id
20702	Ac 4,37	χρῆμα	(1)	acc sg	χρῆμα
20703	*Mc 10,24	χρήμασιν		dat pl	Id
20704	Ac 24,26	χρήματα	(1)	nom pl	Id
20705		χρήματα	(3)	acc pl	Id
20706	Heb 12,25	χρηματίζοντα	(1)	acc mas sg part pr a	χρηματίζω
20707	Ac 11,26	χρηματίσαι	(1)	inf ao a	Id
20708	Rm 7,3	χρηματίσει	(1)	3 p sg ind fut a	Id
20709		χρηματισθείς	(2)	nom mas sg part ao pass	Id
20710	Mt 2,12	χρηματισθέντες	(1)	nom mas pl part ao pass	Id
20711	Rm 11,4	χρηματισμός	(1)	nom sg	χρηματισμός
20712	Ac 8,20	χρημάτων	(1)	gen pl	χρῆμα
20713	1Co 7,21	χρῆσαι	(1)	2 p sg imper ao	χράομαι
20714	Ac 27,3	χρησάμενος	(1)	nom mas sg part ao	Id
20715	*1Tm 1,8	χρήσηται		3 p sg sbj ao	Id
20716	2Tm 2,14	χρήσιμον	(1)	acc neut sg	χρήσιμος
20717		χρῆσιν	(2)	acc sg	χρῆσις
20718	Lc 11,5	χρῆσον	(1)	2 p sg imper ao a	κίχρημι
20719	1Co 15,33	χρηστά	(1)	acc neut pl	χρηστός
20720	1Co 13,4	χρηστεύεται	(1)	3 p sg ind pr	χρηστεύομαι
20721	*Ac 26,28	Χρηστιανόν		acc sg	Χρηστιανός
20722	*1Pt 4,16	Χρηστιανός		nom sg	Id
20723	*Ac 11,26	Χρηστιανούς		acc pl	Id
20724	Eph 4,32	χρηστοί	(1)	nom mas pl	χρηστός
20725	Rm 16,18	χρηστολογίας	(1)	gen sg	χρηστολογία
20726	Rm 2,4	χρηστόν	(1)	nom neut sg	χρηστός
20727		χρηστός	(4)	nom mas sg	Id
20728	*Lc 5,39	χρηστότερος		comp nom mas sg	Id
20729		χρηστότης	(3)	nom sg	χρηστότης
20730		χρηστότητα	(3)	acc sg	Id

No.	Ref.	Form	Freq.	Parsing	Lemma
20731		χρηστότητι	(3)	dat sg	χρηστότης
20732	Rm 2,4	χρηστότητος	(1)	gen sg	Id
20733	2Co 13,10	χρήσωμαι	(1)	1 p sg sbj ao	χράομαι
20734	1Tm 1,8	χρῆται	(1)	3 p sg sbj pr	Id
20735	2Co 1,21	χρίσας	(1)	nom mas sg part ao a	χρίω
20736		χρῖσμα	(2)	nom sg	χρῖσμα
20737	1Jh 2,20	χρῖσμα	(1)	acc sg	Id
20738	Mt 26,68	Χριστέ	(1)	vo	Χριστός
20739	*Ac 11,26	Χριστιανοί		nom pl	Χριστιανός
20740	Ac 26,28	Χριστιανόν	(1)	acc sg	Id
20741	1Pt 4,16	Χριστιανός	(1)	nom sg	Id
20742	Ac 11,26	Χριστιανούς	(1)	acc pl	Id
20743		Χριστόν	(66)	acc	Χριστός
20744		Χριστός	(112)	nom	Id
20745		Χριστοῦ	(250)	gen	Id
20746		Χριστῷ	(102)	dat	Id
20747		χρονίζει	(2)	3 p sg ind pr a	χρονίζω
20748	Lc 1,21	χρονίζειν	(1)	inf pr a	Id
20749	Mt 25,5	χρονίζοντος	(1)	gen mas sg part pr a	Id
20750	Heb 10,37	χρονίσει	(1)	3 p sg ind fut a	Id
20751		χρόνοις	(2)	dat pl	χρόνος
20752		χρόνον	(27)	acc sg	Id
20753		χρόνος	(7)	nom sg	Id
20754	Ac 20,16	χρονοτριβῆσαι	(1)	inf ao a	χρονοτριβέω
20755		χρόνου	(4)	gen sg	χρόνος
20756		χρόνους	(3)	acc pl	Id
20757		χρόνῳ	(5)	dat sg	Id
20758		χρόνων	(6)	gen pl	Id
20759	2Tm 2,20	χρυσᾶ	(1)	nom neut pl	χρυσοῦς
20760	Apc 9,20	χρυσᾶ	(1)	acc neut pl	Id
20761	*Apc 1,20	χρυσαῖ		nom fem pl	Id
20762	Apc 1,13	χρυσᾶν	(1)	acc fem sg	Id
20763		χρυσᾶς	(5)	acc fem pl	Id
20764	*Apc 2,1	χρυσέων		gen fem pl	Id
20765	Heb 9,4	χρυσῆ	(1)	nom fem sg	Id
20766		χρυσίον	(2)	nom sg	χρυσίον
20767		χρυσίον	(2)	acc sg	Id
20768		χρυσίου	(2)	gen sg	Id
20769		χρυσίῳ	(5)	dat sg	Id
20770	1Pt 3,3	χρυσίων	(1)	gen pl	Id
20771	Ja 2,2	χρυσοδακτύλιος	(1)	nom mas sg	χρυσοδακτύλιος
20772	*Apc 9,7	χρυσοῖ		nom mas pl	χρυσοῦς
20773	Apc 21,20	χρυσόλιθος	(1)	nom sg	χρυσόλιθος
20774		χρυσόν	(5)	acc sg	χρυσός
20775	Apc 21,20	χρυσόπρασος	(1)	nom sg	χρυσόπρασος
20776		χρυσός	(2)	nom sg	χρυσός
20777	Apc 18,12	χρυσοῦ	(1)	gen sg	Id
20778	Apc 9,13	χρυσοῦ	(1)	gen neut sg	χρυσοῦς
20779	Apc 8,3	χρυσοῦν	(1)	acc mas sg	Id

20780	*Heb 9,2	χρυσοῦν		nom neut sg	χρυσοῦς
20781		χρυσοῦν	(5)	acc neut sg	Id
20782	Apc 4,4	χρυσοῦς	(1)	acc mas pl	Id
20783		χρυσῷ	(3)	dat sg	χρυσός
20784	Apc 2,1	χρυσῶν	(1)	gen fem pl	χρυσοῦς
20785	1Tm 5,23	χρῶ	(1)	impers 2 p sg imper pr	χράομαι
20786	2Co 3,12	χρώμεθα	(1)	1 p pl ind pr	Id
20787	1Co 7,31	χρώμενοι	(1)	nom mas pl part pr	Id
20788	Ac 19,12	χρωτός	(1)	gen sg	χρώς
20789		χωλοί	(4)	nom mas pl	χωλός
20790		χωλόν	(2)	acc mas sg	Id
20791	Heb 12,13	χωλόν	(1)	nom neut sg	Id
20792		χωλός	(2)	nom mas sg	Id
20793		χωλούς	(4)	acc mas pl	Id
20794	Jh 5,3	χωλῶν	(1)	gen mas pl	Id
20795		χώρα	(2)	nom sg	χώρα
20796		χώρᾳ	(3)	dat sg	Id
20797	Lc 21,21	χώραις	(1)	dat pl	Id
20798		χώραν	(14)	acc sg	Id
20799		χώρας	(5)	gen sg	Id
20800		χώρας	(3)	acc pl	Id
20801		χωρεῖ	(2)	3 p sg ind pr a	χωρέω
20802		χωρεῖν	(2)	inf pr a	Id
20803	Mt 19,12	χωρείτω	(1)	3 p sg imper pr a	Id
20804		χωρῆσαι	(2)	inf ao a	Id
20805	2Co 7,2	χωρήσατε	(1)	2 p pl imper ao a	Id
20806	*Jh 21,25	χωρήσειν	(1)	inf fut a	Id
20807	Ac 28,7	χωρία	(1)	nom pl	χωρίον
20808		χωρίζεσθαι	(2)	inf pr m	χωρίζω
20809	1Co 7,15	χωριζέσθω	(1)	3 p sg imper pr m	Id
20810	1Co 7,15	χωρίζεται	(1)	3 p sg ind pr m	Id
20811		χωριζέτω	(2)	3 p sg imper pr a	Id
20812		χωρίον	(2)	nom sg	χωρίον
20813		χωρίον	(4)	acc sg	Id
20814		χωρίου	(2)	gen sg	Id
20815		χωρίς	(41)	adv	χωρίς
20816	Rm 8,39	χωρίσαι	(1)	inf ao a	χωρίζω
20817	Rm 8,35	χωρίσει	(1)	3 p sg ind fut a	Id
20818	Ac 18,1	χωρισθείς	(1)	nom mas sg part ao pass	Id
20819	1Co 7,11	χωρισθῇ	(1)	3 p sg sbj ao pass	Id
20820	1Co 7,10	χωρισθῆναι	(1)	inf ao pass	Id
20821	*Ac 4,32	χωρισμός		nom sg	χωρισμός
20822	Ac 4,34	χωρίων	(1)	gen pl	χωρίον
20823	Ac 27,12	χῶρον	(1)	acc sg	χῶρος
20824	Jh 2,6	χωροῦσαι	(1)	nom fem pl part pr a	χωρέω
20825	Mt 19,11	χωροῦσιν	(1)	3 p pl ind pr a	Id
20826	*Ac 11,2	χωρῶν		gen pl	χώρα

ψ

20827	Ja 5,13	ψαλλέτω	(1) 3 p sg imper pr a . .	ψάλλω
20828	Eph 5,19	ψάλλοντες	(1) nom mas pl part pr a .	Id
20829		ψαλμοῖς	(3) dat pl	ψαλμός
20830	1Co 14,26	ψαλμόν	(1) acc sg	Id
20831	Ac 13,33	ψαλμῷ	(1) dat sg	Id
20832		ψαλμῶν	(2) gen pl	Id
20833		ψαλῶ	(3) 1 p sg ind fut a . . .	ψάλλω
20834	*Jh 13,26	ψας	[sic]	
20835	2Co 11,26	ψευδαδέλφοις	(1) dat pl . . .	ψευδάδελφος
20836	Ga 2,4	ψευδαδέλφους	(1) acc pl . . .	Id
20837	2Co 11,13	ψευδαπόστολοι	(1) nom pl .	ψευδαπόστολος
20838		ψεύδει	(2) dat sg	ψεῦδος
20839		ψευδεῖς	(2) acc mas pl	ψευδής
20840		ψεύδεσθε	(2) 2 p pl imper pr . .	ψεύδομαι
20841	Apc 21,8	ψευδέσιν	(1) dat mas pl . . .	ψευδής
20842	2Pt 2,1	ψευδοδιδάσκαλοι	(1) nom pl .	ψευδοδιδάσκαλος
20843	1Tm 4,2	ψευδολόγων	(1) gen pl . . .	ψευδολόγος
20844		ψεύδομαι	(4) 1 p sg ind pr . . .	ψεύδομαι
20845	1Co 15,15	ψευδομάρτυρες	(1) nom pl . .	ψευδόμαρτυς
20846	Mt 19,18	ψευδομαρτυρήσεις	(1)2 p sg ind fut a	ψευδομαρτυρέω
20847		ψευδομαρτυρήσῃς	(2) 2 p sg sbj ao a	Id
20848	Mt 15,19	ψευδομαρτυρίαι	(1) nom pl .	ψευδομαρτυρία
20849	Mt 26,59	ψευδομαρτυρίαν	(1) acc sg . .	Id
20850	Mt 26,60	ψευδομαρτύρων	(1) gen pl . .	ψευδόμαρτυς
20851	1Jh 1,6	ψευδόμεθα	(1) 1 p pl ind pr . . .	ψεύδομαι
20852	Mt 5,11	ψευδόμενοι	(1) nom mas pl part pr .	Id
20853	*Mt 5,11	ψευδόμενον	acc neut sg part pr m . .	ψεύδω
20854	Apc 3,9	ψεύδονται	(1) 3 p pl ind pr . .	ψεύδομαι
20855		ψευδοπροφῆται	(5) nom pl .	ψευδοπροφήτης
20856	Lc 6,26	ψευδοπροφήταις	(1) dat pl . .	Id
20857	Ac 13,6	ψευδοπροφήτην	(1) acc sg . .	Id
20858		ψευδοπροφήτης	(2) nom sg . .	Id
20859	Apc 16,13	ψευδοπροφήτου	(1) gen sg . .	Id
20860	Mt 7,15	ψευδοπροφητῶν	(1) gen pl . .	Id
20861		ψεῦδος	(3) nom sg	ψεῦδος
20862		ψεῦδος	(4) acc sg	Id
20863		ψευδόχριστοι	(2) nom pl . .	ψευδόχριστος
20864	1Tm 6,20	ψευδωνύμου	(1) gen fem sg . .	ψευδώνυμος
20865		ψεύσασθαι	(2) inf ao	ψεύδομαι
20866	Rm 3,7	ψεύσματι	(1) dat sg	ψεῦσμα
20867	Tit 1,12	ψεῦσται	(1) nom pl	ψεύστης
20868	1Tm 1,10	ψεύσταις	(1) dat pl	Id
20869	*Tit 1,9	ψεύστας	acc pl	Id
20870		ψεύστην	(2) acc sg	Id
20871		ψεύστης	(6) anom sg	Id
20872	*Heb 12,18	ψηλαφαμένῳ	err cf ψηλαφωμένῳ	
20873	*Ac 17,27	ψηλαφήσαιεν	3 p pl opt ao a . . .	ψηλαφάω

No.	Ref.	Form	Analysis	Lemma
20874	*Ac 17,27	ψηλαφήσαισαν	3 p pl opt ao a	ψηλαφάω
20875	Lc 24,39	ψηλαφήσατε	(1) 2 p pl imper ao a	Id
20876	Ac 17,27	ψηλαφήσειαν	(1) 3 p pl opt ao a	Id
20877	*Ac 17,27	ψηλαφήσειεν	3 p sg opt ao a	Id
20878	*Heb 12,18	ψηλαφομένῳ	err cf ψηλαφωμένῳ	
20879	*Heb 12,18	ψηλαφουμένῳ	dat neut sg part pr pass	ψηλαφόω
20880	Heb 12,18	ψηλαφωμένῳ	(1) dat neut sg part pr pass	ψηλαφάω
20881	Lc 14,28	ψηφίζει	(1) 3 p sg ind pr a	ψηφίζω
20882	Apc 13,18	ψηφισάτω	(1) 3 p sg imper ao a	Id
20883		ψῆφον	(3) acc sg	ψῆφος
20884	2Co 12,20	ψιθυρισμοί	(1) nom pl	ψιθυρισμός
20885	Rm 1,29	ψιθυριστάς	(1) acc pl	ψιθυριστής
20886	*Heb 12,18	ψιλαφωμένῳ	cf ψηλαφωμένῳ	
20887		ψιχίων	(2) gen pl	ψιχίον
20888	*Mc 7,28	ψιχῶν	gen pl	ψίξ
20889	Mt 24,12	ψυγήσεται	(1) 3 p sg ind fut2 pass	ψύχω
20890		ψυχαί	(3) nom pl	ψυχή
20891		ψυχαῖς	(3) dat pl	Id
20892		ψυχάς	(15) acc pl	Id
20893	2Co 11,27	ψύχει	(1) dat sg	ψῦχος
20894		ψυχή	(15) nom sg	ψυχή
20895		ψυχῇ	(8) dat sg	Id
20896	Lc 12,19	ψυχή	(1) vo sg	Id
20897		ψυχήν	(41) acc sg	Id
20898		ψυχῆς	(12) gen sg	Id
20899	Ja 3,15	ψυχική	(1) nom fem sg	ψυχικός
20900	Ju 19	ψυχικοί	(1) nom mas pl	Id
20901		ψυχικόν	(3) nom neut sg	Id
20902	1Co 2,14	ψυχικός	(1) nom mas sg	Id
20903	Jh 18,18	ψῦχος	(1) nom sg	ψῦχος
20904	Ac 28,2	ψῦχος	(1) acc sg	Id
20905		ψυχρός	(3) nom mas sg	ψυχρός
20906	Mt 10,42	ψυχροῦ	(1) gen neut sg	Id
20907	*Mt 10,42	ψυχροῦν	acc neut sg part pr a	ψυχρόω
20908		ψυχῶν	(5) gen pl	ψυχή
20909	Rm 12,20	ψώμιζε	(1) 2 p sg imper pr a	ψωμίζω
20910		ψωμίον	(4) acc sg	ψωμίον
20911	1Co 13,3	ψωμίσω	(1) 1 p sg sbj ao a	ψωμίζω
20912	*Mt 12,1	ψώχειν	inf pr a	ψώχω
20913	Lc 6,1	ψώχοντες	(1) nom mas pl part pr a	Id

ω

No.	Ref.	Form	Analysis	Lemma
20914		Ὦ	(3) inde	Ὦ Ω
20915		ὦ	(17) interj	ὦ
20916		ὦ	(2) 1 p sg sbj pr	εἰμί
20917		ᾧ	(119) dat mas/neut sg	ὅς
20918	*Lc 3,32	ʼΩβήδ	inde	ʼΩβήδ
20919	*Lc 3,32	ʼΩβήλ	inde	ʼΩβήλ

20920		ᾠδαῖς	(2)	dat pl	ᾠδή
20921		ὧδε	(61)	adv	ὧδε
20922		ᾠδήν	(5)	acc sg	ᾠδή
20923	1Th 5,3	ὠδίν	(1)	nom sg	ὠδίν
20924	Ac 2,24	ὠδῖνας	(1)	acc pl	Id
20925		ὠδίνουσα	(2)	nom fem sg part pr a	ὠδίνω
20926	Ga 4,19	ὠδίνω	(1)	1 p sg ind pr a	Id
20927		ὠδίνων	(2)	gen pl	ὠδίν
20928		ᾠκοδόμησεν	(5)	3 p sg ind ao a	οἰκοδομέω
20929	Lc 4,29	ᾠκοδόμητο	(1)	3 p sg ind plpf pass	Id
20930	Lc 17,28	ᾠκοδόμουν	(1)	3 p sg ind impf a	Id
20931		ὦμεν	(3)	1 p pl sbj pr	εἰμί
20932	Ac 24,26	ὡμίλει	(1)	3 p sg ind impf a	ὁμιλέω
20933	Lc 24,14	ὡμίλουν	(1)	3 p pl ind impf a	Id
20934		ὡμοιώθη	(3)	3 p sg ind ao pass	ὁμοιόω
20935	Rm 9,29	ὡμοιώθημεν	(1)	1 p pl ind ao pass	Id
20936	1Tm 6,12	ὡμολόγησας	(1)	2 p sg ind ao a	ὁμολογέω
20937		ὡμολόγησεν	(4)	3 p sg ind ao a	Id
20938	Jh 12,42	ὡμολόγουν	(1)	3 p pl ind impf a	Id
20939		ὤμοσα	(2)	1 p sg ind ao a	ὀμνύω
20940		ὤμοσεν	(7)	3 p sg ind ao a	Id
20941		ὤμους	(2)	acc pl	ὦμος
20942		ὤν	(44)	nom mas sg part pr	εἰμί
20943		ὧν	(80)	gen mas/fem/neut/ pl	ὅς
20944	*1Tm 4,10	ὠνειδιζόμεθα		1 p pl ind impf pass	ὀνειδίζω
20945		ὠνείδιζον	(2)	3 p pl ind impf a	Id
20946	*Mc 15,34	ὠνείδισας		2 p sg ind ao a	Id
20947	*Mc 16,14	ὠνείδισεν		3 p sg ind ao a	Id
20948	Ac 7,16	ὠνήσατο	(1)	3 p sg ind ao	ὠνέομαι
20949		ὠνόμασεν	(3)	3 p sg ind ao a	ὀνομάζω
20950	Rm 15,20	ὠνομάσθη	(1)	3 p sg ind ao pass	Id
20951	Lc 11,12	ᾠόν	(1)	acc sg	ᾠόν
20952		ὥρα	(33)	nom sg	ὥρα
20953		ὥρᾳ	(27)	dat sg	Id
20954	Jh 11,9	ὧραι	(1)	nom pl	Id
20955	Ac 3,10	ὡραίᾳ	(1)	dat fem sg	ὡραῖος
20956	Ac 3,2	ὡραίαν	(1)	acc fem sg	Id
20957		ὡραῖοι	(2)	nom mas pl	Id
20958	*Mt 23,27	ὡραῖος		nom mas sg	Id
20959		ὥραν	(21)	acc sg	ὥρα
20960		ὥρας	(21)	gen sg	Id
20961	Lc 22,59	ὥρας	(1)	acc pl	Id
20962		ὠργίσθη	(3)	3 p sg ind ao pass	ὀργίζω
20963	Apc 11,18	ὠργίσθησαν	(1)	3 p pl ind ao pass	Id
20964	Lc 21,38	ὤρθριζεν	(1)	3 p sg ind impf a	ὀρθρίζω
20965	Ac 11,29	ὥρισαν	(1)	3 p pl ind ao a	ὁρίζω
20966	Ac 17,31	ὥρισεν	(1)	3 p sg ind ao a	Id
20967	Ac 2,23	ὡρισμένῃ	(1)	dat fem sg part pf pass	Id
20968	Lc 22,22	ὡρισμένον	(1)	acc neut sg part pf pass	Id

No.	Ref	Form	Freq	Parsing	Lemma
20969	Ac 10,42	ὡρισμένος	(1)	nom mas sg part pf pass	ὁρίζω
20970		ὥρμησαν	(2)	3 p pl ind ao a	ὁρμάω
20971		ὥρμησεν	(3)	3 p sg ind ao a	Id
20972		ὤρυξεν	(3)	3 p sg ind ao a	ὀρύσσω
20973	1Pt 5,8	ὠρυόμενος	(1)	nom mas sg part pr	ὠρύομαι
20974		ὠρχήσασθε	(2)	2 p pl ind ao	ὀρχέομαι
20975	Mt 14,6	ὠρχήσατο	(1)	3 p sg ind ao	Id
20976	Ac 5,7	ὡρῶν	(1)	gen pl	ὥρα
20977		ὡς	(504)	adv/conj	ὡς
20978	*1Co 12,2	ὡσάν		cf ὡς ἄν	
20979		ὡσαννά	(6)	inde	ὡσαννά
20980		ὡσαύτως	(17)	adv	ὡσαύτως
20981		ὡσεί	(21)	adv	ὡσεί
20982	Rm 9,25	Ὡσηέ	(1)	inde	Ὡσηέ
20983		ὦσιν	(10)	3 p pl sbj pr	εἰμί
20984		ὠσίν	(6)	dat pl	οὖς
20985		ὥσπερ	(36)	adv	ὥσπερ
20986	1Co 15,8	ὡσπερεί	(1)	adv	ὡσπερεί
20987		ὥστε	(83)	conj	ὥστε
20988		ὦτα	(2)	nom pl	οὖς
20989		ὦτα	(16)	acc pl	Id
20990		ὠτάριον	(2)	acc sg	ὠτάριον
20991		ὠτίον	(2)	acc sg	ὠτίον
20992	Lc 22,51	ὠτίου	(1)	gen sg	Id
20993		ὤφειλεν	(3)	3 p sg ind impf a	ὀφείλω
20994	1Co 5,10	ὠφείλετε	(1)	2 p pl ind impf a	Id
20995	Lc 17,10	ὠφείλομεν	(1)	1 p pl ind impf a	Id
20996	2Co 12,11	ὤφειλον	(1)	1 p sg ind impf a	Id
20997		ὠφελεῖ	(4)	3 p sg ind pr a	ὠφελέω
20998	Rm 3,1	ὠρέλεια	(1)	nom sg	ὠφέλεια
20999	Ju 16	ὠφελείας	(1)	gen sg	Id
21000	Lc 9,25	ὠφελεῖται	(1)	3 p sg ind pr pass	ὠφελέω
21001	Jh 12,19	ὠφελεῖτε	(1)	2 p pl ind pr a	Id
21002	Mc 5,26	ὠφεληθεῖσα	(1)	nom fem sg part ao pass	Id
21003		ὠφεληθῇς	(2)	2 p sg sbj ao pass	Id
21004	Heb 13,9	ὠφελήθησαν	(1)	3 p pl ind ao pass	Id
21005	Mt 16,26	ὠφεληθήσεται	(1)	3 p sg ind fut pass	Id
21006	Ga 5,2	ὠφελήσει	(1)	3 p sg ind fut a	Id
21007	Heb 4,2	ὠφέλησεν	(1)	3 p sg ind ao a	Id
21008	1Co 14,6	ὠφελήσω	(1)	1 p sg ind fut a	Id
21009	Tit 3,8	ὠφέλιμα	(1)	nom neut pl	ὠφέλιμος
21010	1Tm 4,8	ὠφέλιμος	(1)	nom fem sg	Id
21011	1Co 13,3	ὠφελοῦμαι	(1)	1 p sg ind pr pass	ὠφελέω
21012		ὤφθη	(18)	3 p sg ind ao pass	ὁράω
21013	Ac 26,16	ὤφθην	(1)	1 p sg ind ao pass	Id
21014	Ac 2,3	ὤφθησαν	(1)	3 p pl ind ao pass	Id

Statistics
Statistiques
Estadística
Statistik
Statistice

Number of forms of the Greek text of the New Testament
Nombre de formes du texte grec du Nouveau Testament
Número de formas del texto griego del Nuevo Testamento
Formennummer des griechischen Text des Neuen Testaments
Numero di forme del testo greco del Nuovo Testamento 18 320

Number of forms in the critical apparatus
Nombre de formes dans les apparats critiques
Número de formas en las ediciones críticas
Formennummer in den kritischen Ausgaben
Numero di forme negli apparati critici 2 655

Number of forms which explain another form
Nombre de formes qui expliquent une autre forme
Número de formas que explican otra forma
Formennummer die andere Form erklären
Numero di forme che spiegano un'altra forma 9

Crasis, elision
Crase, élision
Crasis, elisión
Krasis, Elision
Crasi, elisione 30

21 014

Total vocabulary of the Greek text of the New Testament
Vocabulaire total du texte grec du Nouveau Testament
Vocabulario total del texto griego del Nuevo Testamento
Völliges Wörterverzeichnis des griechischen Text des Neuen Testaments
Vocabolario totale del testo greco del Nuovo Testamento 5 519

Number of words in the Greek text of the New Testament
Nombre de mots dans le texte grec du Nouveau Testament
Número de palabras en el texto griego del Nuevo Testamento
Wortzahl des griechischen Text des Neuen Testaments
Numero di parole nel testo greco del Nuovo Testamento...............138 055

About the Author

Born in Plessisville, province of Quebec, Canada, in 1943, Professor Pierre Guillemette currently teaches New Testament exegesis at the Faculty of Theology of the University of Montreal. He lives in St. Lambert, a suburb of Montreal.

Having received a B.A. before entering university, he first chose to study the profession of actuary, but after two years changed to theology. He received a B.Th. and a M.Th. at Sherbrooke University.

Professor Guillemette engaged in biblical studies in Europe and the Middle East, and studied Hebrew, Greek, and archaeology in Jerusalem. Later he spent two years in Rome at the Pontifical Biblical Institute, where he received a License in Sacred Scriptures.

Returning home, he served as an assistant pastor in a parish of Sherbrooke while teaching part time at the University of Sherbrooke and at the University of Montreal. He was ordained to the priesthood in 1974 and became a full-time teacher in 1975.

Guillemette has published a number of general and scholarly articles on the Synoptics and on the letters of Paul. His constant aim has been to explain the Word of God so that the Christian will better understand the call for the new way of living in Christ.

Guillemette has also led many conferences for various Christian groups—scholarly and otherwise. He has taken an active part in the retraining of pastors, pastors' assistants, nuns, teachers of religion in public schools, and groups active in parochial schools.

From 1980 to 1984, Guillemette served on the administration of the Faculty of Theology of the University of Montreal. He has been Director of the Biblical section and the students' academic adviser. Over the years Guillemette has retained pastoral responsibilities on a marginal basis and has continued involvement in diocesan programs related to biblical studies.

Au sujet de l'auteur

Né en 1943, à Plessisville dans la Province de Québec, Canada, le professeur Guillemette enseigne actuellement l'exégèse du Nouveau Testament à la Faculté de Théologie de l'Université de Montréal. Il habite à St-Lambert, une banlieue de Montréal.

Ayant reçu un baccalauréat avant son admission à l'université, il a tout d'abord choisi d'étudier l'actuariat, mais après deux ans, il opta pour la théologie. Il est détenteur d'un B.Th. et d'un M.Th. de l'Université de Sherbrooke.

Le professeur Guillemette a fait des études bibliques en Europe et au Moyen-Orient; il a étudié l'hébreu, le grec et l'archéologie à Jérusalem. Il a aussi passé deux ans à l'Institut Biblique Pontifical de Rome dont il détient la Licence en Ecritures Saintes.

A son retour au pays, il a été vicaire dans une paroisse de Sherbrooke tout en enseignant à temps partiel à l'Université de Sherbrooke et à l'Université de Montréal. Il a été ordonné prêtre en 1974 et il est devenu professeur à plein temps en 1975.

Les travaux publiés par Monsieur Guillemette comprennent un certain nombre d'articles de caractère général ou scientifique sur les Evangiles Synoptiques et sur les lettres de Saint Paul. Son but a toujours été d'expliquer la Parole de Dieu d'une manière qui permette aux chrétiens de mieux comprendre la nouvelle façon de vivre en Christ.

Monsieur Guillemette a aussi donné plusieurs conférences pour des groupes divers—des groupes de spécialistes ou autres. Il a joué un rôle actif dans la mise à jour des connaissances bibliques des prêtres, des religieuses, des professeurs de religion des écoles publiques et des groupes actifs dans les paroisses.

De 1980 à 1984, le professeur Guillemette a consacré la moitié de son temps à l'administration de la Faculté de Théologie de l'Université de Montréal. Il a été responsable de la Section des Etudes Bibliques et conseiller pédagogique des étudiants. Au cours des années, il a accepté des responsabilités pastorales sur une base irrégulière, et il s'est constamment intéressé aux programmes diocésains ayant des rapports avec les études bibliques.

Sobre el autor

El profesor Pierre Guillemette nació en 1943 en Plessisville, provincia de Quebec, Canadá, y hoy enseña exégesis del Nuevo Testamento en la Facultad de Teología de la Universidad de Montreal. Su lugar de residencia es St. Lambert, un suburbio de Montreal.

Después de recibir su Licenciatura, el Profesor Guillemette eligió primero la carrera de actuario pero dos años más tarde decide estudiar teología y obtiene los grados de Licenciatura y Maestría en Teología de la Universidad de Sherbrooke.

Los estudios bíblicos del Profesor Guillemette continuan luego en Europa y el Medio Oriente. En Jerusalén estudia hebreo, griego, y arqueología y, más tarde, asiste al Instituto Bíblico Pontificio de Roma por dos años donde recibe una Licencia en las Sagradas Escrituras.

De regreso a Sherbrooke asiste al pastor de la parroquia mientras enseña en la Universidad de Sherbrooke y en la Universidad de Montreal. En 1974 es ordenado sacerdote y al año siguiente es nombrado profesor, dedicándose por completo a la enseñanza.

El Profesor Guillemette ha publicado varios artículos, generales y eruditos, sobre los Evangelios Sinópticos y sobre las Epístolas de San Pablo. Una constante en su trabajo ha sido explicar la Palabra de Dios de tal manera que el llamado a seguir el nuevo camino de vivir en Cristo sea más comprensible al cristiano.

El autor ha dictado numerosas conferencias, algunas de carácter erudito y otras generales, a diversos grupos cristianos. Ha participado también en el adiestramiento de pastores, asistentes de pastores, monjas, maestros de religión en escuelas públicas y grupos activos en escuelas parroquiales.

De 1980 a 1984, el Profesor Guillemette dedicó parte de su tiempo a la administración de la Facultad de Teología de la Universidad de Montreal donde es Director de la Sección Bíblica y consejero académico. A través de los años, el Profesor Guillemette ha retenido parcialmente sus responsabilidades pastorales y continuado asistiendo a los programas diocesanos sobre estudios bíblicos.

Über den Autor

Der 1943 in Plessisville, in der Provinz Quebec in Kanada, geborene Professor Pierre Guillemette, lehrt jetzt an der Theologischen Fakultät der Universität von Montreal die Auslegung des Neuen Testamentes. Er lebt in St. Lambert, einem Vorort von Montreal.

Nachdem er vor Zulassung zur Universität ein B.A. (Bakkalaureat) erworben hatte, zog er anfangs das Studium eines Aktuars vor; nach zwei Jahren aber wechselte er zur Theologie über.

Professor Guillemette befasste sich in Europa und im Mittleren Osten mit biblischen Studien and studierte Hebräisch, Griechisch und Archäologie in Jerusalem. Später verbrachte er zwei Jahre am Päpstlichen Bibelinstitut in Rom, wo er ein Lizentiat in der Heiligen Schrift erhielt.

Nach seiner Rückkehr nach Hause diente er in der Gemeinde von Sherbrooke als Kaplan, während er nebenher an den Universitäten von Sherbrooke und Montreal unterrichtete. 1974 wurde er zum Priester geweiht, und 1975 begann er seine Lehrtätigkeit.

Herr Guillemette hat eine Anzahl Artikel allgemeiner und fachlicher Natur, wie z.B. über die Briefe des Heiligen Paulus und die Synoptiker, veröffentlicht. Sein ständiges Ziel ist es gewesen, das Wort Gottes zu erklären, damit die Christen besser den Aufruf zur neuen Lebensweise in Christus verstehen mögen.

Herr Guillemette hat auch viele Konferenzen für verschiedene christliche Fachund Nichtfachgruppen gehalten. Er hat aktiv an der Umschulung von Kräften, wie Pfarrern, Kaplanen, Nonnen, den in öffentlichen Schulen tätigen Religionslehrern, sowie den in tätigen Gemeindengruppen, teilgenommen.

Von 1980 bis 1984 widmet Professor Guillemette die Hälfte seiner Zeit der Verwaltung der Theologischen Fakultät an der Universität von Montreal. Er war Direktor der Abteilung für Biblische Studien und Akademischer Berater der Studenten. Über die Jahre hat er seine seelsorgerischen Verantwortungen beibehalten und am Rande ausgeübt; seine aktive Mitwirkung an den von der Diözese veranstalteten biblischen Studien hat er weiter fortgesetzt.

Biografia dell'autore

Nato nel 1943, a Plessisville, nella provincia de Quebec, in Canada, il Prof. Pierre Guillemette attualmente insegna l'esegesi del Nuovo Testamento nella Facoltà de Teologia dell'Università di Montreal. Egli abita a S. Lambert, alla periferia di Montreal.

Avendo ottenuto una laurea in lettere prima di far parte dell'università, il Prof. Guillemette decise prima di studiare matematica finanziaria, ma dopo due anni cambiò a teologia. Ha ottenuto la laurea all'università di Sherbrooke.

Il Prof. Guillemette si impegnò in studi biblici in Europa e nel Medio Oriente e studiò l'Ebraico, e il Greco, nonchè archeologia a Gerusalemme. Più tardi trascorse due anni a Roma al Pontificio Istituto Biblico ove ricevette una licenza in Sacre Scritture.

Di rientro in Canada, egli servì come assistente pastorale nella parrocchia di Sherbrooke e nello stesso tempo insegnò, a tempo parziale, presso le Università di Sherbrooke e Montreal. Fu ordinato sacerdote nel 1974 e si dette all'insegnamento nel 1975.

Il Prof. Guillemette ha pubblicato un certo numero di articoli, sia approfonditi che di carattere generale, sugli Sinottici e sulle lettere di Paolo. Il suo scopo è stato sempre quello di spiegare la Parola di Dio in modo che il cristiano potesse meglio comprendere il richiamo del nuovo modo di vivere in Cristo.

Il Prof. Guillemette ha inoltre tenuto molte conferenze di vario carattere per conto di diversi gruppi cristiani. Ha preso parte attiva nel tirocinio di pastori, assistenti pastorali, suore, insegnanti di religione in scuole pubbliche e gruppi attivi in scuole parrocchiali.

Da 1980 a 1984, Il Prof. Guillemette dedico metà del suo tempo all'amministrazione della Facoltà di Teologia dell'Università di Montreal. E stato Direttore della Sezione Biblica e Consigliere Accademico per gli studenti della Facoltà. Negli anni passati egli ha conservato le sue responsabilità pastorali su base marginale ed ha continuato ad interessarsi in programmi diocesiani attinenti a studi biblici.